浙江文化年鑑

2016

《浙江文化年鉴》编纂委员会 编

图书在版编目(CIP)数据

浙江文化年鉴. 2016 /《浙江文化年鉴》编纂委员会编. —杭州 : 浙江工商大学出版社, 2017. 12
ISBN 978-7-5178-2459-6

Ⅰ. ①浙… Ⅱ. ①浙… Ⅲ. ①地方文化—文化事业—浙江—2016—年鉴 Ⅳ. ①G127. 55—54

中国版本图书馆 CIP 数据核字(2017)第 292246 号

浙江文化年鉴

《浙江文化年鉴》编纂委员会 著

责任编辑 沈 娴
封面设计 林朦朦
责任印制 包建辉
出版发行 浙江工商大学出版社
(杭州市教工路 198 号 邮政编码 310012)
(E-mail: zjgsupress@163. com)
(网址: http://www. zjgsupress. com)
电话: 0571-88904980, 88831806(传真)
排　　版 杭州朝曦图文设计有限公司
印　　刷 杭州恒力通印务有限公司
开　　本 889mm×1194mm 1/16
印　　张 47
字　　数 1349 千
版 印 次 2017 年 12 月第 1 版 2017 年 12 月第 1 次印刷
书　　号 ISBN 978-7-5178-2459-6
定　　价 280. 00 元

《浙江文化年鉴》编纂委员会

《浙江文化年鉴》编辑部

◆10月12日，中共中央政治局原委员、全国人大常委会原副委员长李铁映（中）到浙江省博物馆孤山馆区调研

◆5月1日，全国政协副主席韩启德（右二）视察宁波中国港口博物馆

◆12 月 20 日，文化部部长雒树刚（左三）为宁波市 2016“东亚文化之都”授牌

◆8 月 9 日，中央纪委驻文化部纪检组组长、党组成员王铁（左一）到嘉兴专题调研公共文化服务体系建设工作

◆11 月 4 日，文化部副部长董伟(右五)到浙江音乐学院(筹)参观调研

◆4 月 27 日，文化部党组成员、部长助理刘玉珠(右四)参观义乌国际博览中心浙江非遗“传承与创新”生活主题馆

◆8月27日，浙江省委书记、省人大常委会主任夏宝龙(中)考察浙江音乐学院建设情况

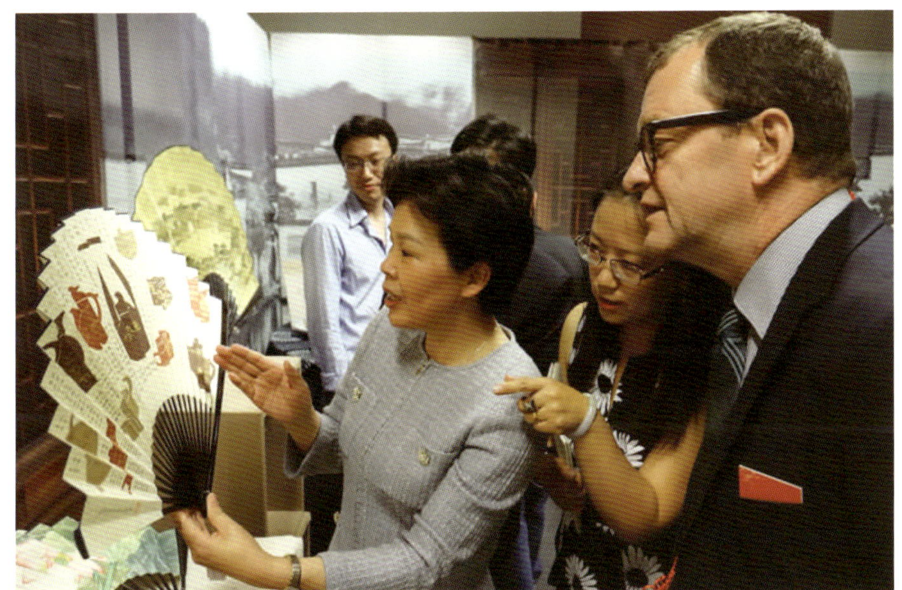

◆瑞士当地时间6月16日下午，浙江省委常委、宣传部部长葛慧君(左二)陪同瑞士汝拉州州长米歇尔·唐兹(右一)参观在汝拉州州府德莱蒙市举办的“美丽浙江——浙江省非物质文化遗产展”

◆7月15日，副省长郑继伟出席全省公共文化服务重点市县工作座谈会并讲话

◆5月20日，第27届中国戏剧梅花奖颁奖典礼在广州举行，浙江省施洁净、杨霞云摘得“一度梅”

◆5月24日，浙江小百花越剧团奠基之作《五女拜寿》在杭州剧院封箱演出(原生代)，图为全团演职人员合影

◆5月28日至6月10日，第八届全国儿童剧优秀剧目展演在杭州举办，图为开幕式演出剧目浙江话剧团有限公司《第十二夜》剧照

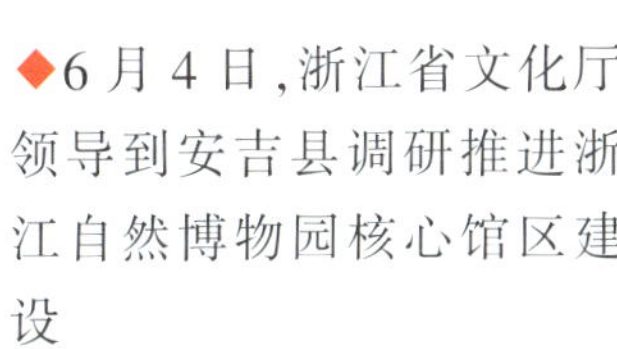

◆6月4日，浙江省文化厅领导到安吉县调研推进浙江自然博物园核心馆区建设

◆6月13日，2015年文化遗产日主场城市（衢州）活动启动

◆6月14日，2015年度舟山水下考古调查启动暨“中国考古01”首航舟山仪式举行

◆6月18日至7月2日，浙江省濒危剧种青年传承人培训班在嵊州市越剧艺术学校举行，图为授课现场

◆6月25日，湖州钱山漾文化遗址被正式命名为“世界丝绸之源”

◆6月26日，磐安民间艺术团在第32届法国瓦龙国际民间艺术节开幕式上代表中国出演“非遗”节目“磐安金龙”

◆7 月 15 日，全省公共文化服务重点市县工作座谈会在衢州召开

◆7 月 23 日，浙江省加快构建现代公共文化服务体系新闻发布会在杭州市之江饭店召开

◆7 月 28 日,2015 土耳其·美丽浙江文化节在土耳其开幕

◆8月1日,国家重点美术馆评估委员会专家组一行9人到浙江美术馆实地考察

◆8月7日，浙江省级宣传文化系统助推浦江“四个全面”战略布局试点县建设座谈会在浦江召开

◆8月20日,平湖市舞蹈《打菜油》应邀参加日本大阪国际艺术节并获群舞类金奖

◆8月26日，“抗日战争在浙江”——纪念中国人民抗日战争暨世界反法西斯战争胜利70周年图片展在浙江美术馆开幕

◆9月1日，浙江省纪念中国人民抗日战争暨世界反法西斯战争胜利70周年大型交响乐晚会在浙江省人民大会堂举办

◆9月13日，浙江小百花越剧团携新版《梁山伯与祝英台》参加第17届泰国曼谷国际音乐舞蹈艺术节，梁山伯扮演者茅威涛、祝英台扮演者章益清与泰国诗琳通公主合影

◆10月12日至19日，第六届中国昆曲艺术节上，浙江昆剧团汇报演出了《望乡》《借扇》《题曲》《借靴》等传承剧目。图为毛文霞、项卫东出演的《望乡》剧照

◆10月28日，浙江自然博物园核心馆区主馆建设项目开工仪式在安吉工地现场举行

◆11月4日，“新松计划”十周年“一脉相承”名师带徒戏曲晚会在杭州剧院上演

◆11月11日，赵松庭竹笛国际艺术中心在浙江音乐学院(筹)举办成立仪式

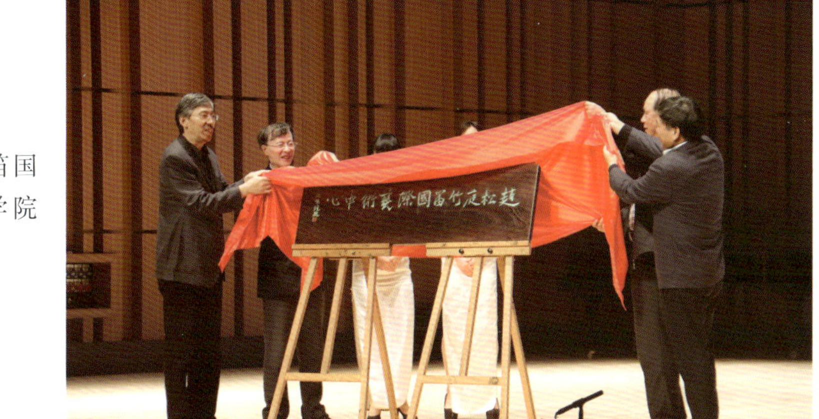

◆11月12日，第二批浙江省传统戏剧之乡授牌仪式暨浙江好腔调"开唱了"传统戏剧传承人群专场活动在杭州红星剧院举行

◆11月13日，由文化部外联局、浙江省文化厅主办的"非洲图书馆计算机自动化管理培训班"顺利完成预定课程，浙江省文化厅副巡视员李莎为学员颁发结业证书

◆11月20日至12月4日，浙江省首个“三改一拆”大型成果展亮相浙江图书馆

◆11月26日，浙江省农村文化礼堂群众文艺展演在杭州西湖文化广场举办

◆12月8日，联合国教科文组织“纸张保护：东亚纸张保护方法与纸张制造传统”项目成果发布会在宁波举办

◆12 月 10 日晚，2016 浙江省非物质文化遗产电视春节晚会在湖州安吉龙山体育馆录制

◆12 月 15 日，温州新落成 7 家城市书房，图为市府路城市书房

◆12 月 20 日,“浙江省文化志愿者总队成立暨浙江省文化馆建馆 60 周年”新年音乐会举办,为浙江省文化志愿者总队授旗

◆12 月 21 日,浙江图书馆首届理事会成立仪式在浙江图书馆举行

目　录

特　载

特　辑

浙江省不断深化文化体制改革

2015年全省文化广电新闻出版局长会议

浙江省级文化系统干部大会

2015年全省文物局长会议

概　览

概　况

文化市场管理

文化市场综合行政执法

文化产业与科技

对外对港澳台工作

文物保护

市、县(市、区)文化工作

文献资料

统计资料

附　录

索　引

Contents

Cultural Heritage Protection

Museum Affairs

Cultural Heritage Safety

Team Construction and Personnel Training

Cultural Facilities Construction

Work Concerning Party, Labor Union and Youth League

Memorabilia

The Construction and Development of Subordinate Institutions

Cultural Work in Cities, Counties (Cities and County-level Cities)

Statistic Materials

Appendices

Index

特　载

ZHEJIANG CULTURE YEARBOOK

“十二五”时期浙江省文化建设主要成就

“十二五”时期，是浙江省从文化大省迈向文化强省的跨越期，也是创建全国文化发展示范区的重要时期。全省文化系统以“干在实处、走在前列”为要求，以改革创新为动力，认真落实“以文化人、以文惠民、以文强省”的理念，深入实施文化发展“六区”计划，即着力推进全国公共文化服务示范区、文艺精品创作繁荣区、文化遗产保护模范区、文化产业发展先行区、优秀文化人才集聚区、文化体制机制创新区建设，推动全省文化快速发展，多方面工作走在全国前列。

一、文化服务大局积极主动

紧扣省委省政府中心工作，找准服务大局的切入点，努力在服务大局中发挥文化工作的功能与作用。紧扣“五水共治”“三改一拆”等重大工作部署，组织举办了“美丽浙江·水之韵”国庆文艺晚会、“五水共治”专场音乐会等一系列文艺活动，有力地宣传了中心工作，凝聚了社会共识。紧扣“中国梦”“美丽浙江”等主题，创作了一批弘扬主旋律、传播正能量的现实题材作品，举办了“中国梦想·美丽浙江”优秀创作歌曲音乐会、“中国腔·中国梦”全国小戏精品邀请展演、“中国梦想·美丽浙江”浙江省文化礼堂乡村排舞大赛等一系列重要演出活动和“中国梦想·美丽浙江”传统手工艺主题创作展、“美丽浙江”浙江省视觉艺术创作群体优秀作品展等一系列展览活动，用艺术的形式描摹“中国梦想”，讴歌“最美精神”。紧紧抓住庆祝中国共产党成立90周年、纪念辛亥革命100周年、举办第八届全国残疾人运动会等主题，发挥文化系统优势，组织开展了一系列内容丰富、特色鲜明的文化活动，给广大人民群众献上了高水平的艺术享受，在全社会营造了隆重热烈、欢乐喜庆、团结奋进的良好氛围。

二、艺术创作取得丰硕成果

编制实施了《浙江省舞台艺术精品创作生产规划》和《浙江省舞台艺术精品创作生产五年行动计划(2013—2017)》，不断改进和创新艺术管理方法，综合运用政策扶持、资金支持、人才培育等手段，积极推动我省舞台艺术的创作生产。“十二五”以来，有近百部(个)优秀作品在国内、国外重大艺术评比中取得佳绩，其中，音乐剧《告诉海》、越剧《我的娘姨我的娘》、歌剧《红帮裁缝》等作品先后获中宣部“五个一工程”奖；京剧《藏羚羊》、话剧《谁主沉浮》入选国家舞台艺术精品工程年度重点资助剧目，京剧《飞虎将军》入选国家舞台艺术精品工程年度资助剧目；昆剧《十五贯》获文化部第二届保留剧目大奖；杂技《墨荷·蹬伞》获第十届武汉国际杂技艺术节“黄鹤”金奖。成功举办了世界第六届合唱比赛、第三届中国越剧艺术节、第二届浙江文化艺术节，每年轮流举办省戏剧节、省音乐舞蹈节、省曲艺杂技节，并使之成为推动文艺创作、培育文艺新人的重要载体。召开首次全省美术工作会议，加强对全省美术工作的指导和管理，大力实施“浙籍美术名家作品引聚展示工程”，浙江美术馆跻身全国十大美术馆。

三、公共文化服务基本实现城乡全覆盖

加大公共服务供给，持续开展文化惠民活动，全省文化系统平均每年送戏下乡2万场、送图书200万册、送讲座展览4000余场、开展“文化走亲”活动1100余场。人均公共图书馆藏书数0.94册；全省可共享的电子图书达360万种，电子期刊1万多种，视频2万多部，有声读物6万多部。开展基本公共文化服务标准化均等化课题研究，浙江省制订的基本公共文化服务标准成为全国标准的重要参考。持续推进农村文化礼堂建设，全省共建成农村文化礼堂4959个，全省文化系统联动推出包含1708项服务内容的服务菜单，受到普遍欢迎。文化部在浙江召开了全国基层公共文化服务工作现场经验交流会，总结推广浙江农村文化礼堂建设、流动文化加油站等经验。积极打造群众广泛参与的公共文化品牌活动，策划举办了浙江省合唱节、浙江省群众舞蹈大赛、浙江省音乐新作大赛等系列品牌活动及赛事。整体推进公共文化示

范载体创建，建成全国文化先进县(市、区)32个，达到省级文化先进县标准的县(市、区)63个；省级以上公共文化服务体系示范区8个，省级以上示范项目12个；文化强镇98个、文化示范村(社区)746个。持续开展全国领先的全省基层公共文化服务评估，督促全省各地加快完善公共文化服务体系。

四、文化体制改革取得重要进展

积极改革创新公共文化运行机制，浙江省被文化部确定为全国公共文化服务标准化、基层综合性文化服务中心建设、公共文化机构法人治理结构改革试点省份。大力转变政府职能，全面推进“简政放权”，不断减少和下放行政审批事项，建立了“权力清单”和“责任清单”。清理后，“省级保留”的行政权力事项从109项减少至25项，精简比例达77%。国有文艺院团全面完成阶段性改革任务，全省64家承担改革任务的文艺院团中，转制21家、划转14家、撤销29家。不断改革创新公益性文化事业单位年度目标管理责任制、岗位设置管理、绩效工资等内部管理机制和运行机制，促进了公共文化服务能力的提升，社会效益显著。经营性文化单位转企改制扎实推进，浙江新远文化产业集团有限公司组建后，先后完成了下属6家单位的转企改制任务，集团的电影等主营业务不断发展壮大，其中2014年新远影城票房收入达6300万元，创历年新高。深化文化市场综合执法改革工作，全省各市县全部完成了改革任务，组建了文化市场综合执法机构，建立了制度化、规范化的管理运行机制。

五、文化遗产保护取得重要成果

杭州西湖文化景观和大运河(浙江段)先后被正式列入世界遗产名录，实现了浙江省世界文化遗产零的突破。在国务院核定公布的第七批全国重点文物保护单位名单中，浙江省新增99处，总数达231处。海宁皮影戏入选联合国“人类非物质文化遗产代表作名录”，浙江省累计有9个项目入选，上榜数位居全国首位。在国务院公布的四批国家级非物质文化遗产名录中，分别入选44项、58项、85项、30项，浙江省累计入选数量217项，实现“四连冠”。在第三次全国不可移动文物普查中，调查总数、登录总数及新发现总数均居全国首位。良渚遗址等7处大遗址被国家文物局、财政部公布为“十二五”时期重要大遗址项目。依法实施了余杭玉架山遗址等140余项考古发掘项目，水下考古保护工作取得新突破。“十二五”末期，全省有各级各类博物馆270家；“十二五”期间，每年举办展览超1000个。省政府累计公布了四批998项省级非遗目录项目，省文化厅累计认定了四批935名省级非遗项目代表性传承人，命名了20个全省重大文化节庆活动，36个省级非遗传承基地，131个省级非遗传承教学基地，55个省级非遗生产性保护基地，22个省级非遗旅游经典景区(景点)，9个省级非遗生态保护区试点。《海洋渔文化(象山)生态保护实验区总体规划》获国家文化部批准，中国唯一以海洋渔文化为保护核心的文化生态保护实验区落户浙江。青田石雕、东阳木雕，制扇技艺(王星记扇)、湖笔制作技艺、铜雕技艺等项目保护单位先后被列入国家级第一批、第二批生产性保护示范基地。在全国率先实现省、市、县三级非遗保护工作机构全覆盖。

六、文化产业和文化市场不断发展壮大

全省文化产业增加值由2010年的1056.09亿元增加到2015年的2490亿元，年均增长18%；文化产业增加值占全省地区生产总值的比重由2010年的3.88%提高到2015年的5.81%，文化产业已成为浙江省国民经济支柱性产业之一，综合实力位居全国第4位。“十二五”以来，浙江省演出市场发展较为迅速，市场规模超过20亿元，位居全国前列，其中，共有活跃在演出市场一线的民营文艺表演团体676家，年演出场次近21.3万场，演出收入约10亿元。分别占全省文艺表演团体总数的92%、总演出场次的95%、演出总收入的90%。艺术品市场发展在全国处于领先地位，2014年全省艺术品拍卖交易保持活跃势头，总拍卖场次达56场，成交额达33亿元。网络游戏市场迈入高速发展快车道，网络游戏市场规模占全国的9.6%，位居全国第四。全省网吧营业年收入28.92亿元。全省共有民营文化企业4万余家，投资总规模达到230亿元以上，从业人员50余万人。义乌文交会和杭州动漫节已成为浙江省文化产业两大会展品牌。

七、对外对港澳台文化交流成效显著

组织实施了多项高规格、高水平的对外文化活动，有力地配合了国家的整体外交部署。2014年浙江交响乐团赴巴西参加庆祝中国和巴西建交40周年庆典系列活动，并配合习近平主席对巴西的国事访问开展文化交流活动，得到了习主席的高度评价；在非洲举办“2011非洲文化聚焦·浙江文化节”，成功地配合了刘云山同志的访问，得到刘云山同志的表扬。连续参与五届海外“欢乐春节”活动，涉及欧洲、美洲、亚洲、大洋洲、非洲的22个国家和地区的39个城市，出访团组31批。着力打造“浙江文化节”文化交流品牌，每年确定一个国家举办“浙江文化节”活动；每年在台湾举办“台湾·浙江文化节”活动，2011年备受海内外关注的《富春山居图》实现海峡两岸合璧展出，成为对台文化交流史上的盛事，有力地服务了中央对台工作大局。截至“十二五”末期，浙江省已与150个国家和地区开展了文化交流活动，与许多国家和地区建立了相对稳定的交流关系。两次被文化部评为全国“对外对港澳台文化工作先进单位”，两次被文化部授予海外“欢乐春节”活动优秀组织奖。

八、公共文化设施建设取得重大进步

“十二五”期间，全省建成及在建各类县级以上公共文化设施项目200个，约占总项目数的42%；总建筑面积153万平方米，约占全部建筑面积的52%。其中博物馆和美术馆、纪念馆类项目发展尤为显著，项目数量和建设规模增速超过100%；新增大型图书馆、文化馆和博物馆41个，较“十一五”增长120%。省级重大文化设施强力推进，编制实施了《省级重大文化设施“四个一批”规划》，浙江音乐学院和浙江小百花艺术中心施工有力推进，浙江自然博物园核心馆区、中国丝绸博物馆改扩建、浙江之江文化中心等一批重大项目筹备进展顺利。基层公共文化设施建设进一步加强，县级图书馆、文化馆、乡镇综合文化站基本实现全覆盖，村级文化活动室覆盖率达99.5%，初步建成“城市15分钟和农村30分钟文化服务圈”。全省文化行政主管部门归口管理的各级博物馆、美术馆、图书馆、文化馆（站）、文化礼堂全面实现了无障碍、零门槛进入，公共空间设施场地全部免费开放，所提供的基本服务项目全部免费。公共文化设施的城乡差距明显缩小，为丰富基层群众精神文化生活、实现城乡公共文化服务标准化均等化打下了扎实基础。

九、文化人才培养工作形成体系

分高等艺术院校、高职艺术院校和艺术学校三个层面构建层次清晰、各具特色的艺术教育体系。加速文化人才培养基地——浙江音乐学院筹建工作，获教育部批准筹建。浙江艺术职业学院以“办好全国一流高职艺术学院”为目标，加大专业建设和教学改革力度，教学成果“校团合作培养戏曲演员的‘现代学徒制’探索与实践”获职业教育类2014年国家级教学成果二等奖，这是国内唯一获得过国家级教学成果奖的高职艺术院校。浙江艺术职业学院还被文化部命名为全国文化干部培训基地、全国基层文化队伍培训基地。制定实施《省属舞台艺术拔尖人才选拔培养管理办法》，启动全省中青年编剧扶持计划，谋划推出全省中青年作曲扶持计划，努力造就和推出浙江省舞台艺术创作、表演领域新一代领军人物。持续实施青年艺术人才培养“新松计划”，举办了全省青年话剧演员大赛、全省青年戏曲表演人才（老生）和中青年创作人才（舞台美术）高级研修班等，实施各类青年人才资助项目70多个。大力实施基层文化队伍素质提升工程，形成省市县分层次教育培训机制，培训基层文化人员年均20万余人次。大力扶持民营文艺表演团体人才培养，组织开展全省民营文艺表演团体千人大培训活动，分7期对民营文艺表演从业人员进行专业培训。

（厅办公室）

浙江省文化厅召开学习实践习总书记浙江非遗保护重要批示十周年座谈会

2005 年 5 月至 6 月，时任浙江省委书记的习近平同志，连续对浙江非物质文化遗产保护工作做出了 6 次重要批示。十年来，浙江省不断实践着习总书记重要批示精神，在历届省委省政府领导的高度重视下，非遗保护取得了令人瞩目的成绩，创造了非遗普查“浙江模式”、非遗名录“浙江现象”、非遗传承“浙江经验”，领跑全国率先开启了文化“四馆”时代。

值此十周年之际，5 月 29 日下午，浙江省文化厅在浙江美术馆召开学习实践习总书记浙江非遗保护重要批示十周年座谈会，金兴盛厅长出席会议并作重要讲话。省委统战部、省旅游局等相关部门处室以及省新生代企业家联谊会，部分省、市文化单位，杭州师范大学、浙江传媒学院省非遗研究基地，各市及部分县（市、区）文化广电新闻出版局、非遗保护中心负责人以及省非遗保护专家、非遗代表性传承人代表共 60 多人，重温习总书记浙江非遗保护重要批示精神，共话习总书记在浙江关怀文化遗产保护情景，畅谈浙江非遗保护的光荣与梦想。

（厅非遗处）

文化部表扬浙江对台文化工作

3 月 24 日，文化部致函省政府，表扬省文化厅 2014 年对台文化工作。文化部指出，浙江被设立为对台文化交流基地以来，高度重视文化对推动两岸关系和平发展的重要作用，发挥文化强省优势，积极开展浙台文化交流，在全国对台工作文化中起到了较好的示范作用。

（厅外事处）

省领导充分肯定我省传统戏剧非遗项目保护工作

是年，省文化厅传统戏剧非遗项目保护工作受到了省委省政府领导的充分肯定。11 月 30 日，省委书记、省人大常委会主任夏宝龙批示：“这件事办得好。”12 月 1 日，省委副书记、省长李强批示：“这项工作很有意义，省市县各级政府都要高度重视，一定要让浙江的传统戏剧活下来、传承下去。”11 月 27 日，省委常委、宣传部长葛慧君批示：“这项工作做得扎实，很有价值。”12 月 7 日，副省长郑继伟批示：“此项工作做得很实，持之以恒做下去。”

（厅非遗处）

浙江音乐学院建校申请通过

10 月 16 日，经教育部高校设置评委会审议，浙江音乐学院建校申请通过。是年，浙江音乐学院（筹）围绕“正式建校”中心工作，以党建为统领，以校园建设、运行保障为主线，严格按照教育部关于本科高校的设置标准推进各项工作，9 月，学院新校园顺利建成并交付使用。

（浙江音乐学院〈筹〉）

浙江省一市两项目入选第三批国家公共文化服务体系示范区（项目）

7 月 22 日，文化部、财政部公布第三批创建国家公共文化服务体系示范区（项目）创建名单，浙江省台州市获第三批国家公共文化服务体系示范区创建资格，丽水市“乡村春晚”和温州市“城市书网公共图书馆现代服务模式”获第三批国家公共文化服务体系示范项目创建资格。

近年来，台州市积极构建公共文化服务体系，深入实施公共文化规范化建设，有效提升了服务水平和群众满意度；根据创建要求，下一步将在公共文化基础设施建设、公共文化服务供给及保障体系、社会力量参与公共文化服务等领域取得突破。丽水市积极探索欠发达地区农村自办文化方式，“乡村春晚”较好地解决了农村地区开展文化活动的群众参与难题。温州市在原有四级图书服务网络基础上，按照“15 分钟文化圈”的要求，构建“城市书网”——城市书房、城市书吧、城市书站和掌上“温图”。

（厅公共文化处）

湖州钱山漾文化遗址被正式命名为“世界丝绸之源”

6 月 25 日，“世界丝绸之源”命名暨闪耀米兰世博会仪式在京举行，湖州钱山漾文化遗址被正式命名为“世界丝绸之源”。国务院副秘书长、国务院参事室主任王仲伟向湖州颁发“世界丝绸之源”荣誉证书和纪念牌。钱山漾的两件丝绸精品，也将随“中国梦丝路梦”互联互通丝路行考察团亮相米兰世博会。钱山漾遗址位于湖州市城南 7 公里的潞村古村落，1956 年和 1958 年出土的绸片、丝带、丝线等一批尚未碳化的丝麻织物，距今 4200 至 4400 年，是世界上迄今发现最早的家蚕丝织品。

（湖州市文化广电新闻出版局）

宁波当选2016东亚文化之都

12月20日，第七次中日韩文化部长会议在青岛举行，宁波市副市长张明华代表宁波市政府参加授牌仪式，从中国文化部部长雒树刚手中接过“东亚文化之都·中国宁波”的授牌。当天，还举行了2016东亚文化之都(宁波、济州、奈良)市长见面会。

(宁波市文化广电新闻出版局)

浙江省4街区入选首批中国历史文化街区

4月3日，住房和城乡建设部、国家文物局公布17个省份的30个街区为第一批中国历史文化街区。浙江省有4个街区入选，名列第二位。它们分别是，杭州市中山中路历史文化街区、龙泉市西街历史文化街区、兰溪市天福山历史文化街区和绍兴市蕺山(书圣故里)历史文化街区。

(省文物局)

上虞禁山早期越窑遗址入选“2014年度全国十大考古新发现”

4月9日，“2014年度全国十大考古新发现”终评结果在北京揭晓，上虞禁山早期越窑遗址被选为“2014年度全国十大考古新发现”。这是浙江省时隔三年后再次获得“全国十大考古新发现”这个中国考古界最受关注的奖项，也是自1991年评选活动开展以来我省第16项获选项目。

(省文物局)

浙江省获批成立国内首个文化科技类部省协同创新平台

文化部正式批复在浙江成立中国艺术科技研究所浙江协同创新平台。批文指出：中国艺术科技研究所浙江协同创新平台借助现有基础条件与科研平台，加强与国内高校和企业间交流合作，创新了文化科技体制机制。作为全国首个文化科技类部省协同创新平台，这将对加强浙江省文化科技研发与成果应用，提升浙江省文化科技创新能力起到引领作用。12月9日，中国艺术科技研究所浙江协同创新平台成立仪式在浙江工业大学举行。平台本着“服务创新驱动战略，推动文化发展繁荣”的目的，致力于搭建国内一流的文化科技产业创新公共平台，探索“产学研用”协同创新模式，共同打造互利共赢的合作平台，培育具有国际竞争力的现代文化产业，力争形成“浙江文化科技创新模式”，并为全国文化科技创新发展提供示范。

（厅文化产业与科技处）

浙江美术馆获评第二批国家重点美术馆

10 月 15 日，文化部公布了第二批国家重点美术馆名单，浙江美术馆位居榜首。文化部专家认为，浙江美术馆自开馆以来，适逢全国美术馆事业发展的新时期，能够按照文化部有关评估标准，认真精心地打造一个现代美术馆，已跻身中国美术馆当代发展的先进行列。入选国家重点美术馆，充分体现了文化部和全国美术馆界对浙江美术馆 5 年来在学术研究、展览策划、藏品征集、公共教育、综合管理、建筑环境、传承美术文化等方面的肯定。

（浙江美术馆）

浙江省文化系统举办系列活动纪念抗战胜利 70 周年

为纪念中国人民抗日战争胜利暨世界反法西斯战争胜利 70 周年，浙江全省文化系统紧扣主题，依托本地文化资源，通过文艺创作与演出、举办展览、挖掘利用抗战旧址、组织群众文化活动等多种方式，为纪念活动营造浓厚的社会氛围。一是组织抗战主题创作与演出。推出京剧抗战大戏《东极英雄》、交响音乐会《胜利之歌》、大型歌舞剧《和平三部曲》等一批优秀作品。二是以展览巡展模式扩大主题宣传。推出“抗日战争在浙江——纪念中国人民抗日战争暨世界反法西斯战争胜利 70 周年图片展”、全省公共图书馆“浙江抗战历史图片展”巡展等丰富多彩的抗战主题美术展、文物展和图片展。三是挖掘旧址打造抗战文化体验区。杭州市富阳区浙江抗日战争纪念馆、余杭区抗日战争纪念馆、金华市李友邦将军办公处旧址、长兴县新四军苏浙军区纪念馆等一批抗战遗址设施完成维修布展并陆续对外开放，成为开展爱国主义教育的重要阵地。四是组织举办系列群众性文化活动。宁波市举办纪念抗战胜利 70 周年主题合唱大赛。丽水市组织开展纪念抗战胜利 70 周年暨双拥下基层慰问演出活动。象山县在农村文化礼堂开展抗战故事汇活动。磐安县全民唱响纪念抗战胜利 70 周年红色经典歌曲。同时，群众性纪念活动网上网下联动，在全社会掀起纪念抗战胜利 70 周年热潮。

（厅办公室综合）

浙江省文化厅积极助推浦江“四个全面”战略布局试点县建设

8 月 7 日，浙江省文化厅与浦江县签订《省文化厅助推浦江县贯彻“四个全面”战略布局试点县建设 2015—2017 年文化共建框架协议书》，帮助浦江县将公共文化服务做实做好，结合实际率先实现基本公共文化服务标准化、均等化；将特色文化做精做强，发挥浦江剪纸、乱弹等民间文化和书画文化的特色优势；将传统文化做透做深，加大江南第一家家训家规宣传力度，让传统文化深入人心；将遗址文化做深做响，深入挖掘上山遗址、宋代窑址、月泉遗址等的文化精神内涵，加强宣传，做响品牌；将文化产业做大做活，把丰富的文化资源跨界融合，转化为产业优势。

（厅办公室、浦江县文化广电新闻出版局）

第八届全国儿童剧优秀剧目展演在杭举办

5月28日至6月10日，由文化部艺术司、浙江省文化厅主办，浙江话剧团有限公司执行承办的第八届全国儿童剧优秀剧目展演在杭举办。

此次展演汇聚了来自全国21个省、自治区、直辖市及中直单位的23台参演剧目和2台祝贺演出剧目，在杭州剧院、浙话艺术剧院、浙江胜利剧院等7个剧场上演。除了展演、祝贺演出外，还举办了“一剧一评”专家点评会、儿童戏剧发展研讨会、“我与儿童剧”征文比赛以及儿童戏剧名家、儿童剧送戏进校园等活动。展演开幕剧目为浙江话剧团有限公司演出的《第十二夜》。

（浙江话剧团有限公司）

“新松计划”实施10周年成果丰硕

2015年是“新松计划”实施10周年。十年来，浙江针对戏曲、音乐、舞蹈、曲艺、杂技、话剧等各艺术门类，累计实施了各类青年艺术人才培养项目150多个，发现、培养和资助青年艺术人才1500余人，培育了一支青年艺术人才队伍，为浙江文化事业繁荣发展提供了有力的人才支撑。通过实施“新松计划”，浙江发现和培养了一批崇德尚艺、富有潜质的青年艺术人才，探索和建立了一整套结构合理、富有实效的人才培养机制，带动和形成了一系列覆盖完整、各具特色的人才培养品牌。“新松计划”始终坚持持之以恒，形成了全省上下重视关心青年艺术人才成长的“新松现象”；始终坚持行之有效，形成了广大青年艺术从业人员崇德尚艺、学以致用的“新松精神”；始终坚持精益求精，形成了青年艺术从业人员拜师求艺、勇攀高峰的“新松品格”。

（厅艺术处、浙江艺术职业学院）

浙江图书馆理事会成立

12月21日，浙江图书馆首届理事会成立仪式举行。据悉，这在浙江省级公共文化机构中尚属首例。浙江图书馆理事会是浙江图书馆的决策与监督机构。本届理事会由13位理事组成。在理事会预备会议上，经过全体理事选举，确定由钟桂松担任理事长。

（浙江图书馆）

“国际丝路之绸研究联盟”在杭签约成立

10月12日，由中国丝绸博物馆牵头，联合12个国家和地区的24家专业机构和团体参加的“国际丝路之绸研究联盟”在杭州正式签约成立。该联盟是世界上第一个以丝绸之路纺织品为研究主题的国际联盟，也是文化领域践行“一带一路”国家战略的重要举措。联盟旨在通过联合丝绸之路沿途或相关的研究机构（包括大学、博物馆、图书馆、考古所、研究机构、研究团体等），针对丝绸、纺织品相关材料、工艺等文物和文化遗产，进行合作研究、资源共享，推动该领域研究水平进一步提升。联合国教科文组织世界遗产中心主任和国际古迹遗址理事会主席特意发来贺信。国家文物局副局长童明康到会致辞，来自21个国家的120余位中外代表出席了成立仪式。

（中国丝绸博物馆）

王淼、吴凤花、林丹3位同志获“2015全国艺德标兵”称号

在由中国教科文卫体工会全国委员会主办的全国职工职业道德建设（艺德标兵）评选活动中，浙江省文化厅非遗处处长王淼、绍兴市柯桥区小百花越剧艺术传习中心党支部书记兼副主任吴凤花、乐清市文化馆馆长林丹获“2015全国艺德标兵”称号。

（厅直属机关党委）

特 辑

ZHEJIANG CULTURE YEARBOOK

浙江省不断深化文化体制改革

省委常委、宣传部长葛慧君到省文化厅调研深化文化体制改革工作

3月13日上午，省委常委、宣传部长葛慧君到省文化厅调研指导深化文化体制改革工作。省委宣传部副部长唐中祥及有关处室负责人陪同调研。省文化厅厅长金兴盛作专题汇报，厅领导陈瑶、黄健全、杨越光、柳河、蔡晓春以及省文化厅、省文物局处室负责人出席调研汇报会。

在听取省文化厅深化文化体制改革工作情况汇报后，葛慧君对省文化厅2014年改革工作给予了充分肯定。她认为，2014年以来，省文化厅高度重视改革发展，抓得比较紧，做了大量工作，取得了很多可喜成绩：一是理清了权力清单，简政放权迈出大步伐；二是出台了多个有分量的文件，如《浙江省传统戏剧保护振兴计划》等；三是争取了多个国家级改革试点；四是创造了具有“浙江特色”的经验。

葛慧君指出，省文化厅作为全省宣传系统的重要部门，摊子大、任务重，全省深化文化改革工作能不能取得成效，省文化厅的工作非常重要。要着力抓好三点：一要突出重点。省文化厅2015年的改革要以夏宝龙书记提出“撕开一道口子”的改革要求，在人力、物力、财力有限的情况下，要突破重点，特别是国家级的三项试点，要有好谋划、细方案，有试点、出经验。抓好公共文化服务体系建设协调机制建设，尽快成立省级协调小组。扎实推进以农村文化礼堂为主体的基层综合性文化服务中心建设试点，要建一个成一个，突出质量。深化公共文化机构法人治理结构试点，温州图书馆模式或浙江图书馆模式，如果可行，可在文化系统内部进行适当推广。这三个试点工作要明确责任主体、明确推进时间、明确评价量化标准。二要突破难点。继续深化国有文艺院团改革，要对原来的改革做一次回头看，总结好的做法，研究完善不足，实事求是地提出方案，理顺完善管理体制。三要形成亮点。国家级的三个试点要成为2015年改革工作的亮点。此外，民办文化、民营经济进入文化领域方面和剧院联盟的组建也要争取成为改革的亮点项目。

（厅政策法规处）

省文化厅扎实推进文化体制改革工作

党的十八届三中全会以来，在省委宣传部、省文改办的有力指导下，省文化厅以创建全国文化体制机制创新区为目标，突出率先性和实效性，沿着先试先行、重点突破、整体推进的改革路径，主动谋划和推进改革工作，多项改革任务取得阶段性成效。一是公共文化服务标准化、基层综合性文化服务中心建设和公共文化机构法人治理结构三项工作被列为全国改革试点，是全国试点最

多的省份。率先开展基本公共文化服务标准化均等化课题调研，制订的标准成为全国标准的重要参考；在省委宣传部的强力推动下，全省共建成农村文化礼堂3000余家，全省文化系统联动推出了包含1708项内容的礼堂服务菜单；公共文化机构法人治理结构改革进入扩面阶段，全省已有10家单位成立了理事会，台州市黄岩区63个农村文化礼堂均成立了理事会。二是简政放权成效明显，建立了“权力清单”和“责任清单”。清理后，“省级保留”的行政权力事项从109项减少至25项，精简比例达77%；为确保下放的权力规范运行，制定出台了《加强事中事后监管制度》和《行政许可委托监督办法》。三是传统戏剧保护与传承机制得以强化，出台了《浙江省传统戏剧保护振兴计划》，制订了全省56个传统戏剧项目分级保护措施，命名了首批22个浙江省传统戏剧之乡。四是国有文艺院团改革进一步深化。浙江话剧团有限公司锐意改革，形成了“浙话现象”，受到了话剧界的广泛关注；浙江小百花越剧团吸引社会力量筹划组建“百越文化创意有限公司”。五是公益性事业单位内部机制改革持续深化，制定实施《关于进一步完善厅属事业单位绩效工资分配的实施意见》等。六是文化产业和文化市场管理机制不断创新。积极配合文化部推动义乌文交会转型升级，展会市场化、专业化、国际化程度明显提升；调整和改进网吧等行业准入管理办法，进入市场机制自我调节时代；率先建立省级文化市场行业发展报告编制发布机制，强化信息服务和引导。七是促进民办文化发展。组织了首届浙江省民营文艺表演团体中青年戏曲演员大赛，开展了千人大培训，助推民营文艺表演团体发展；深化了全省国有博物馆对口帮扶民办博物馆试点工作；开展了促进民办文化发展专项调研。

2015年是全面深化改革的关键之年。省文化厅紧扣中央和省委关于深化文化体制改革的相关部署，坚持问题导向和效果导向，切实把各项改革任务落到实处，使改革成效转化成为发展动力。做好公共文化服务标准化、基层综合性文化服务中心建设、公共文化机构法人治理结构改革三项全国试点工作，总结提炼“浙江模式”，努力为全国提供“浙江经验”。争取建立公共文化服务体系建设协调机制，建设浙江省公共文化供需对接网络平台，拓宽社会力量“办文化”路径，健全向社会购买公共文化服务机制，探索国有剧院提供公共文化服务的政府补贴机制。深化国有文艺院团改革，理顺国有院团管理体制，推动保留事业体制的文艺院团探索企业化管理。深入推进简政放权工作，切实做好省级行政审批事项的下放和衔接工作，进一步加强事中事后监管，实现所有行政权力事项在浙江省政务服务网网上运行。改进文化评奖办法。推进优秀传统文化传承体系建设。推动文化产业和文化市场改革发展。创新文化人才培养与评价机制。

（厅办公室）

浙江省加快推进公共文化机构法人治理改革

4月23日至24日，全省公共文化机构法人治理结构试点工作推进会在杭州举行。浙江图书馆、温州市图书馆等12家单位交流了法人治理结构改革进展情况。国家级专家杨永恒、巫志南对各单位法人治理工作做了点评，提出了针对性的意见和建议。

浙江省按照十八届三中全会精神，推进公共文化机构法人治理改革已取得一定成效。全省有6个市的10家单位成立了理事会，台州市黄岩区63个农村文化礼堂形成了法人治理模式。会议提出了下阶段的工作重点是：已成立理事会的单位要抓紧开展实质性运作，真正“理事”；正在筹建的要抓紧完成理事会筹建；尚未开展法人治理工作的市要抓紧进行试点。在面上铺开的同时，法人治理试点要向下延伸至镇、村的文化机构。全省法人治理改革要进一步提速扩面，尽快取得实质性进展和成效。

专家还就法人治理结构改革工作进行了专题讲课。

（厅公共文化处）

浙江图书馆积极稳妥推进法人治理结构试点工作

为进一步深化文化事业单位管理体制和运行机制改革，提升公共文化服务效能，浙江图书馆从2014年初开始积极筹备法人治理结构试点工作，收集整理国内外有关理事会制度建设资料，并进行广泛调研。同年9月，成立由馆主要领导为组长的理事会筹建工作小组。经过深入调研、专家论证，明确了试点工作思路，完成工作方案和章程草案的起草。浙江图书馆法人治理结构试点工作积极稳妥推进。

一是建章立制，梳理清单。浙江图书馆在法人治理结构改革试点工作方案中明确提出先立章程再依章程组建理事会的工作思路。在调研的基础上，梳理完成图书馆业务清单、举办单位权利清单、理事会职权清单、管理层职权清单，明确了举办单位、理事会、管理层三者的职权和关系，为起草章程准备好素材，为明确法人治理结构各方职权提供依据。

二是突破模板，广受认可。浙江图书馆经过专家论证，明确了《浙江图书馆章程(草案)》的基本框架和主要内容，增加了事业单位法人各个组成部分，并重新编排章节顺序，厘清了事业单位法人内部和外部的各种关系，使其在《事业单位章程示范文本》的基础上率先制定真正意义上的法人章程，而非理事会章程。章程共十一章，包括：总则、宗旨和业务范围、举办单位、服务对象及服务人员、组织机构(理事会、管理层、职工代表大会)、资产和财务的管理、信息披露、终止和剩余资产处理、图书馆和社会、章程修改、附则。在2014年11月文化部召开的"公共文化机构法人治理结构工作研讨会"上，工作方案和章程草案得到与会专家的认可。

三是广征意见，完善章程。浙江图书馆是文化部确定的法人治理结构改革试点单位，改革涉及面广、影响大。浙江图书馆通过学习文件，领会改革精神，坚持科学论证，专门邀请知名专家和学者专题论证章程草案主要内容。同时，广泛征求意见，向历任5位馆长(副馆长)、单位法律顾问、图书馆义务监督员以及省委宣传部、省人力社保厅、省财政厅等部门征求意见。章程草案易稿25次，并提交至文改办研究讨论。

(浙江图书馆)

温州市图书馆理事会建设稳步推进

2014年2月，温州市图书馆启动法人治理结构建设，6月组建成立温州市图书馆理事会，9月入选文化部10家"全国公共文化机构法人治理试点单位"。文化部文化体制改革简报第144期《浙江省温州市图书馆理事会组建成立，以四个突破凸显四项成效》充分肯定了试点工作。温州市图书馆理事会建设在前期取得成绩的基础上，积极探索，稳步推进，理事会运作渐入佳境。

一是初显成效，广受肯定。温州市图书馆理事会在半年多的探索和实践中，以"四个突破创新"凸显法人治理结构建设的四项成效，即理事产生的创新，面向社会公开招募；理事构成的突破，社会代表比例增大；理事长人选的突破，社会代表理事"掌舵"；运行管理的突破，明确理事会参与人财管理权限，实现了政府与图书馆的"管办分离"，保证了党和政府对图书馆的有效领导，实现了图书馆利益相关群体的共同治理，激发了社会力量参与公共文化服务建设的积极性，20余家兄弟单位到温州市图书馆考察。国家行政学院社会和文化教研部受文化部委托，到温州就"法人治理结构改革”开展了专题调研工作。温州市图书馆法人治理结构喜获“温州市 2014 年度党政工作创新项目”二等奖。

二是积极运作，渐入正轨。制订《关于进一步推进温州市图书馆理事会的指导意见》，规定了酝酿机制、表决机制、“一票否决”机制、听证机制等理事会议事规则，进一步明确了理事会参与人财管理权限，并在图书馆建立理事会工作部，负责理事会的事务性工作。组织理事参加文化部法人治理座谈会、温州市“春风文化”培训班、“中国梦·我的梦”第八届新温州人梦想演说大赛，参与“图书馆 LOGO 征集”以及完善馆舍改造方案等工作，促进理事了解图书基础工作，引导理事主动关心和积极参与图书馆各项事务，搭建其所在行业或单位与图书馆合作的桥梁。如理事长李国胜积极向省、市人大提交相关提案，向财政局相关领导沟通协商解决图书馆理事会问题，包括允许相关专业自主招生、允许理事会有权利根据实际工作情况对图书馆相关项目经费用途进行调整等问题；副理事长郑雪君以温州晚报雪君工作室主持人的角色和活动品牌在图书馆设立公益道德讲坛；理事杨桦积极倡议促成图书馆与银行的业务合作战略，在建行网点建设 ATM 借阅机。

三是探索创新，稳步推进。积极组织召开理事会议，集体审议《图书馆 2015 年财政预算》《图书馆馆舍改造方案》《图书馆“十三五”规划》等重大事项。积极筹划建立图书馆基金会，用于图书馆事业的拓展、基层文化服务等，在深入研讨了资金注入方式、运作机制等相关内容后，向省民政厅提交申请。自是年 3 月份起，每月最后一个周日定为理事接待日，13 位理事依次轮流接待读者问询，通过与读者的面对面交流，进一步了解图书馆业务、读者需求等，以明确理事会工作方向。3 月 29 日，推出了首个理事接待日，温州市图书馆首届理事会理事长李国胜接受了读者咨询。积极推行内部管理机制改革，建立岗位管理、全员聘用、绩效考核三项制度为核心，干部管理、绩效工资管理、岗位竞聘、日常工作管理四项机制为配套的事业单位综合管理体系，形成能上能下、富有生机、充满激励和竞争活力的事业单位工作机制，激发干部职工创业活力。此外，进一步有计划地加强业内工作交流，汲取图书馆法人治理结构建设经验，有效推进理事会各项工作的开展。

（温州市文化广电新闻出版局）

温州市推动基层公共文化设施委托社会力量管理

为积极引导社会力量参与公共文化服务，破解基层公共文化设施“重建设、轻管理”的难题，探索市场化、多元化和社会化供给机制，实现公共文化服务设施建设从外延扩张向内涵提升转变，温州市文广新局与市委宣传部制定印发了《关于社会力量参与基层公共文化设施管理试点工作的指导意见》，将管理人员紧缺、使用效能相对不高、群众需求强烈的乡镇文化中心、农村“文化礼堂”列入社会力量参与管理的试点范围。《指导意见》出台后，各县（市、区）纷纷结合本地文化设施的管理情况，积极动员、精心选择适宜的基层公共文化设施进行试点。截至是年 4 月，全市 21 个乡镇文化中心、农村“文化礼堂”开展社会力量管理试点。在推进该项工作过程中，温州市积极发挥改革创新精神，社会力量参与基层公共文化设施管理凸显三个特点：

一是受托对象更加广泛。进一步放宽了受委托的社会力量范围，让更多的社会组织、团体参与进来。参与管理基层文化设施的社会力量可以是具备法人资格的企业或社会服务机构等社会组织，也可以是在文化部门登记备案的社会文化业余团体或协会，还可以是文化志愿者团队。通过放宽受托方的准入条件，进一步激活社会力量参与公共文化服务的热情，如鹿城区滨江街道文化中心，原来一直限于管理人员不足，开放时间不正常，设施得不到充分利用，但辖区内艺术团平时活动又缺场地，通过将该文化中心场地委托给辖区艺术团管理，将文艺团队的需求和公共文化设施的使用结合起来，一方面团队的日常排练场地有了保障，另一方面整个文化中心开放更加有序。

二是管理模式更加灵活。委托的方式既可以是公开招募社会组织，也可以是定向委托文化团队，还可以是志愿者团队参与管理。在委托的范围上，既可以将文化中心整体委托给单一社会组织管理，也可以划分功能区块（如图书室、排练厅）分别委托给多个社会组织管理。如平阳县水头镇文化中心根据功能区块采用不同的管理模式，有政府直接管理的，也有委托不同社会力量分割切块进行管理的。通过这种“混合管理制”的模式，让每一种管理方式都充分发挥自身优势，推动公共文化设施服务效能提升。

三是绩效考核更加科学。基层公共文化设施委托社会力量进行管理，必须坚持公共文化服务公益、免费的原则，保障公共文化设施面向群众免费开放，被委托的公共文化设施不能成为盈利或者变相盈利的经营场所。对于受委托管理的社会组织和团队，主管单位建立优胜劣汰的动态调整机制，加强对日常管理的监督。对于免费开放补助资金，不是定额一次性给予，而是采用动态补助方式，通过日常的明察暗访、年终的综合评估，评定其服务等级再给予相应补助。

温州市将基层公共文化设施委托给社会力量进行管理，政府向其购买服务，是创新基层公共文化体系建设、推动服务方式改革的一大转变。通过将基层公共文化设施委托给社会力量管理，政府从“直接举办、直接提供”转为“购买服务、监督质量”、从“大包大揽”到“分工精细”，有效弥补了基层文化管理人员不足的问题。委托管理作为管理模式的重要补充，使文化设施的服务效能得到进一步提升，服务质量更加标准化、规范化。

（温州市文化广电新闻出版局）

2015年全省文化广电新闻出版局长会议

【概况】 1月27日至28日，省文化厅组织召开2015年全省文化广电新闻出版局长会议。会议以习近平总书记系列重要讲话精神为指引，认真贯彻落实全国宣传部长会议、全国文化厅局长会议和全省宣传思想工作会议精神，回顾总结2014年主要工作，研究分析全省文化发展新常态，部署2015年重点工作。省文化厅党组书记、厅长金兴盛在会上做工作报告，厅党组成员、副厅长、浙江音乐学院（筹）党委书记褚子育主持会议并作总结讲话，厅领导陈瑶、赵和平、黄健全、杨越光、柳河、蔡晓春、鲍贤伦、尤炳秋、李莎，各市、县（市、区）文化广电新闻出版局局长，省文化厅、省文物局机关各处室和厅属各单位负责人出席会议。

会议全面回顾总结了2014年文化工作。2014年全省文化系统真抓实干，开拓进取，各项工作取得了明显进展，呈现出了亮点突显、整体推进的良好发展态势。一是服务中心工作积极主动，二是文艺精品创作成果丰硕，三是公共文化服务体系日趋完善，四是文化遗产保护工作取得重要成果，五是文化体制改革实现新突破，六是文化产业和文化市场不断发展壮大，七是对外文化交流工作成效显著，八是文化人才培养工作力度不断加大，九是重大文化设施建设整体推进，十是机关廉政建设与作风建设进一步加强。

会议认真分析了我省文化发展新常态：文化对社会风尚的引领作用日益凸显；大众对文化产品的多样化需求越来越强烈；文化发展模式由数量扩张转向提质增效；节俭办文化的活动组织方式成为新风尚；社会力量参与文化建设越来越广泛；文化与旅游、制造、教育等其他行业的融合趋势越来越明显。会议指出，认识新常态、适应新常态、引领新常态，是今后干好文化工作的大逻辑。要在观念、方法、能力、工作四方面做到主动适应，改革破除传统的思维定式、行为惯性和路径依赖，主动研究新情况新问题，把握新规律新方法，增强引领新常态的工作能力。

会议对2015年的重点工作进行了部署：一是加强文艺精品

创作，二是提升现代公共文化服务水平，三是深化文化体制改革，四是推动文化产业和文化市场转型升级，五是加强文化遗产保护与利用，六是强化文化人才培养，七是推动浙江文化“走出去”，八是加强文化设施建设与利用。会议要求全省文化系统强化政治意识、大局意识、适应意识、群众意识、改革意识、法治意识，以更高的文化自觉、更新的工作理念和更实的工作作风，着力提升文化治理能力，着力夯实文化发展基础，着力推动文化改革发展，全面做好2015年各项工作。

会上，对荣获全国先进的单位和个人进行了表彰，推选了8个典型代表做经验交流。与会代表分5组围绕金兴盛厅长的工作报告进行了热烈的交流与讨论，并就做好2015年浙江省文化工作提出意见与建议。

（厅办公室）

在2015年全省文化广电新闻出版局长会议上的讲话

省文化厅党组书记、厅长　金兴盛

（2015年1月27日）

同志们：

这次全省文化广电新闻出版局长会议的主要任务是：以习近平总书记系列重要讲话精神为指引，认真贯彻落实全国宣传部长会议、全国文化厅局长会议和全省宣传思想工作会议精神，回顾总结2014年主要工作，研究分析我省文化发展新常态，部署2015年重点工作。

下面，我代表省文化厅党组讲四点意见。

一、关于2014年全省文化工作

全省文化系统深入学习贯彻党的十八大、十八届三中、四中全会精神和习近平总书记系列重要讲话精神，紧扣省委省政府重大决策部署，以创建全国文化发展示范区为目标，真抓实干，开拓进取，我省文化工作呈现出许多新亮点。

一是服务中心工作积极主动。围绕省委省政府“五水共治”“三改一拆”“美丽浙江”等重大部署，创作排演了一批弘扬主旋律、传播正能量的现实题材作品，成功举办了“美丽浙江·水之韵”国庆文艺晚会、“五水共治”专场音乐会等一系列重大主题文艺晚会。同时，开展了以“中国梦想·美丽浙江”为主题的全省文艺巡演和优秀剧目展演，累计演出379场次，观众20万多人次，有力地宣传了中心工作。

二是文艺精品创作成果丰硕。深入学习贯彻习近平总书记在文艺工作座谈会上的重要讲话精神，创作生产了一批精品力作。越剧《我的娘姨我的娘》、歌剧《红帮裁缝》等作品入选全国“五个一工程”奖，另有24个作品入选浙江省“五个一工程”奖。温州成功承办第三届中国越剧艺术节。浙江美术馆“敦煌艺术展”引发观展热潮。

三是公共文化服务体系日趋完善。我省率先开展基本公共文化服务标准化均等化课题调研，制订的标准成为全国标准的重要参考。农村文化礼堂建设扩面提质，全省新建1683个，推出了包含1708项服务内容的菜单。成功承办全国基层公共文化服务工作现场经验交流会，我省农村文化礼堂建设、衢州“流动文化加油站”等经验得到推广。各地积极创新公共文化服务载体，如舟山“淘文化网”、丽水“乡村春晚”、嘉兴文化馆总分馆服务体系、杭州图书借阅便民举措等，成效明显。

四是文化遗产保护工作取得重要成果。大运河成功列入《世界遗产名录》。我省入选第四批国家级非遗项目的数量实现“四连冠”。湖州被国务院列为国家历史文化名城。我省第一次全国可移动文物普查工作整体进度走在全国前列。水下考古工作进一步加强。文物平安工程正式启动。文物安全和执法巡查工作扎实有效。全省公共博物馆参观人数再创新高。根据中宣部部长刘奇葆在浙江调研时的重要指示精神，加强传统戏剧保护，命名了首批浙江省传统戏剧之乡，制订了全省56个传统戏剧项目分级保护措施。古籍保护工作体系日趋完善。

五是文化体制改革实现新突破。我省被文化部确定为全国公共文化服务标准化、基层综合性文化服务中心建设、公共文化机构法人治理结构改革试点，是全国试点最多的省份。全面推进“简政放权”，建立了“权力清单”和“责任清单”。经过清理，权力事项精简比例达77%，同时，制定出台了《加强事中事后监管制度》和《行政许可委托监督办法》。完成了厅机关部分内设机构及职能调整工作。

六是文化产业和文化市场不断发展壮大。积极配合文化部推动义乌文交会转型升级，第9届文交会市场化、专业化、国际化程度较往届有了明显提升。开展浙江省文化产业示范基地(园区)评选。应对上网服务等行业准入政策调整，率先在全国建立了文化市场发展报告编制发布工作机制。加强对文化市场的执法指导监督，全省文化市场总体规范有序。与省科技厅签订合作备忘录，建立全国首个省级文化与科技协同创新合作机制。各地积极扶持文化产业发展，台州、绍兴等地出台了《关于加快文化产业发展的实施意见》。

七是对外文化交流工作成效显著。赴美国、泰国举办了“浙江文化节”，赴台举办了第八届“台湾·浙江文化节”，赴美国等8个国家承办了文化部海外“欢乐春节”活动。特别是浙江交响乐团参加中巴建交40周年音乐会，得到了习近平主席的高度评价。宁波舞剧《十里红妆·女儿梦》赴美国商演获成功。

八是文化人才培养工作力度不断加大。浙江音乐学院已获教育部批准筹建。持续加强青年艺术人才培养，举办了全省青年话剧演员大赛，启动了全省中青年编剧扶持计划，确定了第二批拔尖艺术人才培养对象。深入实施基层文化队伍素质提升工程，培训人员20万余人次。

九是重大文化设施建设整体推进。浙江音乐学院(筹)校区15个建筑单体及两个地下车库的主体结构提前两个月结顶。浙江小百花艺术中心已开展基础施工。浙江自然博物园核心馆区项目已委托设计。中国丝绸博物馆改扩建工程正在进行建筑方案深化设计等工作。各地文化设施建设也快速推进，绍兴市文化中心、金华市文化艺术中心等建成投用。

十是机关廉政建设与作风建设进一步加强。认真落实党风廉政建设“两个责任”，积极配合省委巡视组工作，制定实施了一系列廉政管理制度。加强对厅属单位的监督管理，开展“公务支出和公款消费”等专项审计。深化群众路线教育实践活动成果，保持作风监督常态化。

这些成绩的取得，一是得益于省委省政府的高度重视。去年夏宝龙书记6次到文化系统调研，李强省长、葛慧君部长和郑继伟副省长等省领导也多次到文化系统调研，有效激励了文化系统的干劲。二是得益于有关部门和社会各界的广泛支持。越来越多的社会力量支持文化建设，广大群众参与文化建设的热情也越来越高。三是得益于全省文化系统广大干部的积极主动作为。各地各单位积极探索，推出了一系列改革创新举措。刚才，8个地方和单位发言很有代表性，很好地体现了全省文化系统改革精神和进取意识。借此机会，我代表省文化厅党组，向在座的各位，并通过你们向全省文化系统广大干部职工致以衷心的感谢!

但是我们也要清醒地认识到：我们对文化发展新常态认识和驾驭还不足，文化治理能力存在短板，文化管理、服务效能与群众需求还有不少差距；引导社会力量参与文化建设的措施不够有力，尚未形成“文化共治”的格局；文化投入仍显不足，政策措施仍不完善，文化建设考核体系尚不健全。这些问题都有待于我们在今后的工作中努力加以解决。

二、深刻认识和主动适应我省文化发展新常态

当前，随着全球化趋势日益加强，经济发展进入新常态，社会结构面临重大转型，大众文化自觉明显增强，文化建设的宏观环境发生了重大变化，我省文化发展进入了新阶段，面临着新的常态：

文化对社会风尚的引领作用日益凸显。当前，出现社会思想意识日趋多元多样多变的现象，带来一些社会思潮暗流涌动，不良社会风气滋长蔓延，社会各界越来越认识到文化具有洗涤心灵、振奋精神的引领作用与感召功能，对文化部门与文化工作有了更高的期待。这就要求我们坚持以社会主义核心价值观为引领，发展先进文化，扶持通俗文化，引导流行文化，改造落后文化，抵制有害文化，促进在全社会形成积极向上的精神追求和健康文明的生活方式。

大众对文化产品的多样化需求越来越强烈。改革开放30多年来，大众的物质生活明显改善，文化生活的选择趋于多元化，对文化产品和文化服务的要求越来越高，文化消费习惯也在变化，更多的年轻人趋向于从“线下”走到“线上”。这就要求我们大力加强现代公共文化服务体系和现代文化市场体系建设，提升公共文化产品质量，培育新的文化消费热点，为大众提供多样化的文化选择。

文化发展模式由数量扩张转向提质增效。当前，我省公共文化设施、公共文化服务机构已基本实现全覆盖，全省文化工作者队伍的人数处于相对稳定的区间，公共文化服务和文化市场的总量达到一定的规模。但是，我们所提供的一些文化产品和文化服务与群众需求、市场需求还存在较大的差距。这就要求我们加快工作转型，提升文化治理能力，在整合资源、优化布局上下功夫，在科技应用、管理创新上求突破，在拓展功能、优化服务上求实效，进一步提升文化发展质量。

节俭办文化的活动组织方式成为新风尚。随着党的群众路线教育实践活动的深化和中央八项规定的深入实施，转变作风、务实节俭越来越成为文化工作的主基调。这就要求我们无论专业舞台艺术创作，还是群众文化活动，不搞大制作、大舞美，不拼规模、不拼场面、不拼豪华，着力在提升文化内涵上下功夫，力求提高作品的艺术水准和表现力、感染力，让精品创作回归艺术本体。

社会力量参与文化建设越来越广泛。当前，社会文化自觉较之前有了明显增强，社会力量与民间资本参与文化建设的意愿也与日俱增。这就要求我们树立“大文化”的观念，强化引导措施，发动更多的社会力量积极参与文化建设，形成“文化共建”格局。

文化与其他行业的融合趋势越来越明显。文化具有很强的渗透性和融合性，文化的服务、增值功能受到越来越多的重视，文化与旅游、制造、教育等行业的融合趋势越来越明显，文化与科技的融合越来越紧密。这就要求我们把握趋势，充分利用好文化资源，进一步推动文化与其他行业的融合发展，努力为经济社会转型发展提供有力支撑。

总之，面对文化发展新常态，我们要保持清醒头脑、增强忧患意识，理性认识文化发展条件的新变化，全面把握机遇，沉着应对挑战，顺势而为、迎难而上，深入研究新情况，主动采取新措施，努力推动新发展。

三、准确把握2015年工作重点

2015年是全面深化改革的关键之年，是全面推进依法治国的开局之年，是“十二五”规划收官之年。做好今年文化工作，指导思想与总体要求是：高举中国特色社会主义伟大旗帜，全面贯彻落实党的十八大和十八届三中、四中全会以及省委十三届五次、六次全会精神，深入学习贯彻习近平总书记系列重要讲话特别是文艺工作座谈会重要讲话精神，紧扣省委省政府中心工作，牢固树立以人民为中心的工作导向，立足我省文化发展新常态，着力提升文化治理能力，着力夯实文化发展基础，着力推动文化改革发展，全面完成“十二五”各项目标任务，努力为“十三五”发展打好基础，为深入实施“八八战略”，干好“一三五”、实现“四翻番”、建设“两富”“两美”浙江提供有力的文化支撑。

2015年工作要点已印发给大家征求意见，下面，我就几方面重点工作再做强调：

（一）加强文艺精品创作

去年，习总书记主持召开文艺工作座谈会并发表重要讲话，今年，中央将制定繁荣发展文艺的意见，这些为新时期文艺工作提供了重要遵循。我们一定要做好深度学习，牢固树立以人民为中心的创作导向，着力推动艺术创作繁荣。征集、储备、资助一批优秀剧本，论证、创作、提高一批原创精品，重点抓好话剧《钱江潮涌》（暂名）、越剧《杭兰英》、京剧《东极英雄》等剧目。探索项目制、联盟制、订单式等艺术生产样式，激发艺术创作活力。制定实施《浙江省文艺工作者职业道德准则》和《文艺工作者深入基层蹲点采风活动实施管理办法》。加强文艺院团建设，指导省属文艺院团编制中长期发展规划，推动“一团一（剧）场”建设。加强文艺评论工作，实施浙江中青年评论人才培养计划。承办第八届全国儿童剧优秀剧目展演，举办纪念中国人民抗日战争暨世界反法西斯战争胜利70周年优秀作品展演、第五届浙江省曲艺杂技魔术节等艺术活动。加强国家艺术基金项目申报工作。

（二）提升现代公共文化服务水平

近日中办国办印发了《关于加快构建现代公共文化服务体系

的意见》和《国家基本公共文化服务指导标准》。这是现代公共文化服务体系建设的标志性重大节点，我们要抓住机遇，强力推进公共文化事业发展。制定实施浙江省基本公共文化服务标准体系，扶持10个基本公共文化服务标准化重点县，开展全省基本公共文化服务标准化评估工作。新建农村文化礼堂1000个，进一步丰富文化礼堂的服务内容和文化内涵。探索建立"浙淘文化"供需对接网。重点加强贫困地区和弱势群体的文化服务。指导做好第三批国家公共文化服务体系示范区(项目)申报工作，配合做好第二批验收工作。做好浙江省文化强镇和浙江省文化示范村(社区)的评选与复查工作。加强对全省各类群文活动品牌的分类管理和指导，努力形成"一县一品牌，一乡一特色，一村一亮点"。出台推动民办文化发展的政策措施，加强向社会力量购买公共文化服务，拓宽社会力量"办文化"路径。

(三)深化文化体制改革

去年，我省三项工作被确定为全国试点，这是文化部对浙江工作的充分肯定与信任。作为全国唯一的公共文化服务标准化省级试点，省里正在抓紧做好与国家《意见》和《标准》的衔接工作，制定相关工作方案，各地也要积极行动起来，认真做好调查摸底与落实标准的准备工作，省里的相关文件下发后，便可形成方案，迅速开展工作；以农村文化礼堂为代表的基层综合性文化服务中心建设是我省的一大创新，今年再次列入了省政府十方面民生实事，各地要通过总结经验、完善机制，把这项工作抓实抓好，为全国提供借鉴；公共文化机构法人治理结构改革方面，我们共有国家级试点单位2个、省级试点单位6个，推进试点工作的同时，各地要再作一些面上的拓展，比如在文化站、文化礼堂、民办博物馆等也可以开展试点探索。今年第四季度，文化部将对三项试点工作进行检查验收，时间很紧，各地和有关单位一定要高度重视，抓紧行动，确保高质量按时完成全国试点任务。同时，要深入推进简政放权工作，加强事中事后监管，实现所有行政权力事项在浙江省政务服务网网上运行。全面深化国有文艺院团改革，理顺国有院团管理体制，完善改制院团和新远集团的现代企业制度，推动保留事业体制的文艺院团探索企业化管理。着力抓好"十三五"时期文化改革发展规划编制工作。

(四)推动文化产业和文化市场转型升级

当前，我国进入经济发展新常态，将更加注重转方式调结构惠民生，更加注重发挥消费的拉动作用。在这样背景下，文化产业和文化市场大有可为。我们要启动实施文化系统管理的六类文化产业转型升级"六大计划"，即小微文化企业扶持计划、文化与科技融合发展计划、文化金融合作计划、特色文化产业提升计划、文化企业上市培育计划、文化产业人才培训计划。继续支持义乌文交会转型提升工作。积极创建国家文化金融合作实验区。进一步放宽文化市场准入，引导促进上网服务和游艺娱乐行业转型升级。探索建立演出联盟等新型营销模式，培育演出消费市场。制定实施《浙江省文化市场综合执法机构规范化建设标准》，加强文化市场监管。推动文化市场行业协会建设。

(五)加强文化遗产保护与利用

近日，中央媒体集中报道了习总书记关心历史文物保护工作纪实，并发表了系列评论员文章。国务院常务会议审议通过《博物馆条例(草案)》。我们要利用好这些重要机遇，大力推进文化遗产保护工作。继续做好良渚遗址申遗工作。推进浙江省第一次全国可移动文物普查。持续开展国保省保集中成片传统村落整体保护利用。深入实施文物平安工程。加强文物安全日常检查。深化国有博物馆对口帮扶民办博物馆工作，开展民办博物馆运行评估。开展浙江省优秀传统文化传承体系建设(非遗工作)深化年活动。利用"时任浙江省委书记习近平四次就非遗保护工作作出重要批示"十周年之际，召开纪念座谈会，举办全国原生态非遗展演。推进各地非遗数据库、展示场所建设。制定实施《浙江省传统戏剧保护振兴计划》，深入开展濒危剧种守护行动，强化师徒传承机制，构建省市县乡村五级保护工作体系。认真做好《浙江通志》文化部类的编撰工作。

(六)强化文化人才培养

完善艺术教育体系，着力打造全国文化人才高地。今年要确保浙江音乐学院(筹)顺利通过教育部批准，正式建校，做好新校区秋季开学工作；进一步发挥好浙江艺术职业学院的文化人才培训基地作用；鼓励探索校团合作办学、省地合作共建等办学新机制，带动相关附属学校建设，形成艺术教育体系。加强紧缺创作人才培养，继续实施全省中青年编剧扶持计划，举办第2期全省中青年创作人才（作曲）高级研修班。继续实施拔尖艺术人才培养计划、青年艺术人才培养“新松计划”，深入实施基层文化队伍素质提升工程。完善民营文艺表演团体人才培养机制，由单一的越剧培训转向多剧种培训。

（七）推动浙江文化“走出去”

去年3月，国务院出台了《关于加快发展对外文化贸易的意见》。近期，中办、国办又出台了《关于进一步加强对外和对港澳台文化工作的意见》。扶持政策的密集出台，为对外文化工作提供了有力支撑。我们要把握机遇，拓展渠道，扩大范围，加速浙江文化“走出去”步伐。服务国家外交大局，赴南非、土耳其和爱尔兰举办“美丽浙江文化节”；赴智利参加“中国文化年”活动，赴秘鲁、摩洛哥、巴林、科威特、马拉维等国举办“欢乐春节”系列演出活动；实施中非文化交流合作计划。深化对港澳台文化交流，举办第九届台湾·浙江文化节。推进对外文化贸易发展，构建双边、多边政府间文化贸易对话机制，引导行业间、企业间合作与交流。完善文化系统文化交流和文化贸易重点项目库。

（八）加强文化设施建设与利用

继续实施《省级文化系统重大设施建设“四个一批”规划》，确保浙江音乐学院（筹）校区项目三季度前建成投用，浙江自然博物园核心馆区项目上半年开工建设，力争小百花艺术中心项目年底前主体结构结顶，中国丝绸博物馆改扩建工程年底前开工建设，之江文化中心项目批复项目建议书、完成征地。继续做好浙江京剧团地块改造等一批改造项目的前期工作。加强文化阵地的管理与利用，研究制定《全省国办演出场馆管理办法》，适当开放公共文化设施为民营文艺表演院团和社会文化团体提供排练演出场地，探索建立国办演出场馆提供公共文化服务的政府补贴机制。做好西湖文化广场大剧院利用的后续推进工作。

四、以新的要求做好2015年各项工作

2015年文化改革发展任务很重，全省文化系统要主动适应新常态，以更高的文化自觉、更新的工作理念和更实的工作作风，抓好各项工作落实。

（一）强化政治意识大局意识

文化工作具有很强的意识形态属性，文化部门是意识形态工作重要部门。一要切实加强自身队伍建设。认真学习贯彻党的路线、方针、政策，站稳政治立场，严守政治纪律，确保有令必行、有禁即止。要把学习贯彻习总书记系列重要讲话精神作为一项长期的重要政治任务，切实做到学而信、学而用、学而行，坚定理想信念，增强政治定力。二要强化文化阵地管理。增强意识形态工作的敏锐性和主动性，把好导向，加强管理，改进服务，充分发挥好文艺队伍、文艺作品、文化活动和文化阵地等特殊优势，确保文化系统在意识形态工作大局中不缺位、有作为。三要坚持服务大局。紧扣党委政府中心工作，找准服务大局的切入点，努力在服务大局中发挥作用，提升地位。

（二）强化适应意识

认识新常态、适应新常态、引领新常态，是今后干好文化工作的基本走向。一是观念上要适应。提高思想敏锐性，尊重客观事实和发展规律，以变应变，加快转变传统管理模式下的惯性思维，以改革创新的观念与思维对待文化发展的阶段性特征。二是方法上要适应。改革和破除传统的思维定式、行为惯性、路径依赖，积极创新工作方法。三是能力上要适应。学习新知识，把握新规律，切实增强引领新常态的工作能力。四是工作上要适应。适应新常态，既要做好打持久战的心理准备，更要从当下入手，建立文化新常态分析预判机制，把新常态的新要求落实到文化改革发展的各项工作中去，趋利避害、顺势而为。

（三）强化群众意识

面向基层，服务群众是做好文化工作的本质要求。

一要树立服务群众的工作导向。坚持眼睛往下看，重心往下移，强化基层文化队伍建设，不断健全基层公共文化服务网络，全面推进文化惠民工程，推出更多符合基层特点、适应基层群众需要的文化服务项目。二要树立依靠群众的工作方法。进一步加强谋划，开辟文化共享的渠道，设置文化共建的平台，探索文化共治的途径，挖掘群众中的丰富资源，壮大文化建设力量。三要树立走进群众的工作作风。广泛听取基层和群众意见，建立健全深入基层、扎根实践的长效机制，让走进群众、服务群众成为全省文化系统的价值追求和自觉行动。

（四）强化改革意识

我省文化正处于转型发展的关键时期。改革是解决问题、推动发展的重要途径。一要强化改革自觉。新常态带来了新问题新矛盾。任何一个地方、一个单位，困难与问题都是无法绕开的。要主动加强改革研究与设计，着力解决问题，力求形成发展新优势。二要增强改革担当。改革势必触及利益调整。但是，只要有利于事业发展，我们就要拿出胆识，坚定信心，敢于动真碰硬。三要注重改革成果。改革不是为了完成任务。改革的最终目的是释放活力，促进发展。有了改革成果，我们要宣传，更要推广，促进交流互鉴、共同发展。

（五）强化法治意识

文化工作不仅依靠个人自觉，更需要法治思维和法治方式，把文化工作全面纳入法制轨道，才能获得持续发展。一要坚持依法行政。全面推进政务公开，健全行政审批监管制度，坚持严格规范公正文明执法。健全依法决策机制。二要推动文化立法。做好文化立法项目申报和调研工作，研究制订《公共文化服务保障法》等法律法规的实施意见。三要坚持廉洁从政。严格遵守“中央八项规定”和省委“28 条办法”，切实推动党的群众路线教育实践活动整改措施落实到位，推动作风建设常态化长效化，严防“四风”问题反弹。严格落实党风廉政建设“两个责任”，加强重点问题整治，进一步扎紧制度的笼子，强化廉政监督，健全廉政风险防控机制，努力营造风清气正的文化发展环境。

同志们，做好今年各项工作，不仅关系“十二五”完美收官，而且关系“十三五”顺利开局。全省文化系统一定要主动适应文化工作新常态，把握文化工作主动权，锐意进取，开拓创新，努力推动文化强省建设再上新台阶。

农历新年将至，借此机会，提前祝大家工作顺利、生活愉快、阖家幸福！

浙江省级文化系统干部大会

【概况】 2月26日上午，省文化厅召开了省级文化系统干部大会，总结2014年主要工作，部署2015年重点任务，动员省级文化系统全体干部职工锐意进取、克难攻坚，全力以赴抓好2015年各项工作任务，合力推动我省文化建设再上新台阶。省文化厅党组书记、厅长金兴盛做了讲话，厅领导陈瑶、褚子育、赵和平、黄健全、杨越光、柳河、蔡晓春、鲍贤伦、李莎等出席会议。

金兴盛厅长回顾总结了2014年度主要工作，充分肯定了2014年省级文化系统取得的成绩。他指出，过去一年，省级文化系统在省委省政府的正确领导下，以习近平总书记系列重要讲话精神为指引，以创建全国文化发展示范区为目标，集中精力抓重点，深化改革求突破，真抓实干促发展，各项工作取得了显著成效，充分发挥了在全省文化建设中的示范、引领与推动作用，较好地体现了服务大局的根本要求、以民为本的工作导向、走在前列的使命担当、改革创新的行动自觉、克难攻坚的发展决心、规范管理的作风追求。

金兴盛厅长阐述了干好2015年工作的工作理念、工作方法和工作重点。他提出，要围绕“四定”、突出“四重”，确保把2015年各项工作任务落到实处。“四定”指的是：一是定向即定好方向。始终坚持为意识形态工作服务的方向、为人民群众服务的方向、为中心工作服务的方向；二是定位即确定坐标。进一步明确浙江文化在全国的定位，文化工作在全局中的定位，各单位各处室要明确自身在全国、全省文化系统的定位；三是定规即制定规范。要积极争取出台更多的文化法规规章，推进依法治理、依规管理，完善规章制度，努力做到用制度管权管事管人；四是定力即有意志力。面对文化工作新常态，我们要保持清醒头脑、增强忧患意识，强化政治定力、改革定力、执行定力，切实增强干好文化工作的定力。“四重”指的是：一是把握重要机遇。把握习近平总书记在文艺工作座谈会的重要讲话给文化部门带来的历史机遇，把握中办国办《关于加快构建现代公共文化服务体系的意见》出台的重要契机等重要机遇；二是抓住重要节点。抓住2015年确保浙江音乐学院(筹)正式建校、纪念中国人民抗日战争暨世界反法西斯战争胜利70周年、“十三五”规划谋划等重要节点；三是推动重点项目。着力推动三个全国试点项目、文化设施建设重点项目、实施《浙江省传统戏剧保护振兴计划》等重点项目；四是破解重点问题。逐步形成厅领导领衔破解重点问题制度，重点探索解决公共文化服务供需信息不对接、全省国有剧院利用不足、文化系统文化外贸基础薄弱等六个重点问题。

他强调，省级文化系统干部要进一步强化责任担当。抓好2015年工作，不仅要有高度的政治自觉和文化自觉，还要牢牢树立学习自觉、谋划自觉、创新自觉、廉政自觉。省级文化系统广大干部是全省文化建设的“领头雁”，要带头主动适应文化发展新常态，以更高的文化自觉、更新的工作理念和更实的工作作风，模范地抓好各项工作落实。

会上，表彰了厅属单位、厅局机关2014年度考核为“优秀”的单位、处室和个人，厅党组与厅属单位负责人签订了《省级文化系统党风廉政建设2015年度责任书》。省文化厅和省文物局机关全体人员及厅属各单位领导班子成员共180多人参加会议。

（厅办公室）

在省级文化系统干部大会上的讲话

省文化厅党组书记、厅长　金兴盛

（2015年2月26日）

同志们：

春节刚过，我们就召开省级文化系统干部大会，首先我代表厅党组给大家拜个晚年，祝大家在新的一年里，身体健康，工作顺利，万事如意！刚才，厅党组对2014年度考核为“优秀”的单位、处室和个人进行了表彰。在此，我代表厅党组对受表彰的先进集体和先进个人表示祝贺，希望在新的一年里再接再厉、再创佳绩，也希望其他单位和同志们向先进学习，合力推动我省文化建设再上新台阶。下面，我代表厅党组，讲几方面意见。

一、去年省级文化系统取得显著成绩

过去一年，省级文化系统在省委、省政府的正确领导下，以习近平总书记系列重要讲话精神为指引，以创建全国文化发展示范区为目标，集中精力抓重点，深化改革求突破，真抓实干促发展，各项工作取得了显著成效，充分发挥了在全省文化建设中的示范、引领与推动作用。概括起来有以下几方面特点：

（一）较好地体现了服务大局的根本要求

省级文化系统把服务大局作为本质要求，一方面，围绕省委省政府“五水共治”“三改一拆”“美丽浙江”等重大部署，省级艺术单位创作排演了一批弘扬主旋律、传播正能量的现实题材作品，成功举办了“美丽浙江·水之韵”国庆文艺晚会、“五水共治”专场音乐会等一系列重大主题文艺晚会，艺术水准和演出质量得到了省领导的充分肯定。同时，开展了“中国梦想·美丽浙江”为主题的全省文艺巡演和优秀剧目展演，累计演出379场次，观众20多万人次，有力地宣传和助推了中心工作。另一方面，围绕国家外交大局，组织实施了多项高规格、高水平的对外文化交流活动。赴美国、泰国举办了“浙江文化节”，赴台举办了第八届“台湾·浙江文化节”，赴美国等8个国家承办了文化部海外“欢乐春节”活动，特别是浙江交响乐团参加中巴建交40周年音乐会，得到了习近平总书记的高度评价；浙江歌舞剧院有限公司“彩蝶女乐”配合刘云山同志出访丹麦和葡萄牙的演出，得到中外嘉宾好评；省非遗保护中心形成了天工遗风、春节习俗、忆江南三个非遗“走出去”品牌，其中天工遗风赴印度交流演出，得到了夏宝龙书记的充分肯定；省文化馆等单位积极参与中非文化交流合作计划，被文化部授予“对非培训基地”。

(二)较好地体现了以民为本的工作导向

认真学习贯彻习近平总书记在文艺工作座谈会上的重要讲话精神，进一步坚定以人民为中心的创作导向，加强了文艺精品创作。越剧《二泉映月》《牡丹亭》、京剧《滚灯王》、昆剧《红梅记》《大将军韩信》、话剧《闲言碎语不多讲》、方言喜剧《生死之间》等一批新创作品搬上舞台。越剧《我的娘姨我的娘》入选全国“五个一工程”奖。歌曲《谁是最美的人》《富春山居图》、电视纪录片《浙江戏剧名家》、音乐剧《简·爱》等作品入选省“五个一工程”奖。成功举办了第三届中国越剧艺术节，集中展示了近年来我国越剧艺术创作演出的最新成果和最高成就，参与人数达100余万人次。8家省属文艺院团送戏下乡1900场。博物馆等公共文化场馆免费开放质量进一步提升，浙江美术馆“敦煌艺术展”和省博物馆“唐宋元书画珍品特展”引发观展热潮，浙江自然博物馆全年接待观众超200万人次。农村文化礼堂建设扩面提质，全省新建1683个，推出了包含1708项服务内容的菜单。全省文化馆实施了“百名专家联百村”四季行动计划，全省公共图书馆实施了“百场优秀传统文化故事走进文化礼堂”活动，浙江艺术职业学院开展点对点服务百家农村文化礼堂，并为管理人员开展专门培训，受到普遍欢迎。

(三)较好地体现了走在前列的使命担当

我省率先开展基本公共文化服务标准化均等化课题调研，制订的标准成为全国标准的重要参考。成功承办全国基层公共文化服务工作现场经验交流会，我省农村文化礼堂建设、“流动文化加油站”等经验得到推广。大运河浙江段成功列入《世界遗产名录》。我省第一次全国可移动文物普查工作整体进度走在全国前列。在国务院公布的第四批国家级非遗项目名录中，我省入选的数量实现“四连冠”。率先加强传统戏剧保护，命名了首批浙江省传统戏剧之乡，制订了全省56个传统戏剧项目分级保护措施。古籍保护工作体系日趋完善，我省在全国古籍保护工作会议上做经验交流。应对上网服务等行业准入政策调整，率先在全国建立了文化市场发展报告编制发布工作机制。全省各级文化、文物执法监察机构加大了对违法案件的查处力度，在文化部通报表彰的2014年全国文化市场先进办案单位中，我省受到表彰的办案单位总数位居全国第一。加强文物考古工作，龙游荷花山早期新石器时代遗址、余杭良渚官井头新石器时代遗址入围“全国十大考古新发现”终评。

(四)较好地体现了改革创新的行动自觉

我省被文化部确定为全国公共文化服务标准化、基层综合性文化服务中心建设、公共文化机构法人治理结构改革试点，是全国试点最多的省份。全面推进“简政放权”，建立了“权力清单”和“责任清单”。经过清理，权力事项精简比例达77%，同时，制定出台了《加强事中事后监管制度》和《行政许可委托监督办法》。完成了厅机关部分内设机构及职能调整工作。国有文艺院团改革进一步深化，浙江话剧团有限公司锐意改革，形成了新时期“浙话现象”，受到了话剧界的广泛关注；浙江小百花越剧团吸引社会力量开展了组建“百越文化创意有限公司”的改革尝试；浙江京剧团运用自身的创演实力，积极引进外来创作资金；浙江昆剧团推出御乐堂体验版《牡丹亭》等。新远集团在着力解决遗留问题的基础上推进改革发展，去年新远影城年总票房6300万元，创历年新高。配合文化部积极推动义乌文交会转型发展，转型升级后的展会市场化、专业化、国际化程度较往届有了明显提升。与省科技厅签订合作备忘录，建立全国首个省级文化与科技协同创新合作机制；与省旅游局签订了战略合作框架协议，推动文化与旅游融合发展。

(五)较好地体现了克难攻坚的发展决心

浙江音乐学院已获教育部批准筹建，为确保2015年浙江音乐学院(筹)顺利通过教育部建校批准迈出了关键性的一步。重大文化设施建设整体推进，浙江音乐学院(筹)校区15个建筑单体及两个地下车库的主体结构提前两个月结顶。搁置13年之久的浙江小百花艺术中心项目已开展基础施工。浙江自然博物园核心馆区项目已委托设计。中国丝绸博物馆改扩建工程正在进行建筑方案深化设计等工作。西湖文化广场中心剧院招商工作已达成初步合作意向。开展了全省剧院利用情况调研，探索解决部分剧院利用率不高、社会文化团体缺乏排练演出场地的难题。经过努力争取，浙江省文物平安工程正式启动，文物安全保障进一步加强。

(六)较好地体现了规范管理的作风追求

认真落实党风廉政建设“两个责任”，积极配合省委巡视组工作，制定实施了《廉政谈话制度》《重大事项请示报告制度》等一系列廉政管理制度，为推动规范化管理提供制度保障。加强对厅属单位的监督管理，开展“公务支出和公款消费”等专项审计，持续组织法定代表人离任审计、任期经济责任审计、工程跟踪审计、财务专项审计等，促进厅属单位规范内部管理机制。深化群众路线教育实践活动成果，厅机关2014年“三公经费”实际支出同比下降20.19%。保持作风监督常态化，厅机关每周开展一次不定时检查，着重检查工作人员的上班时间、工作纪律等情况，工作作风有了明显改进。

总之，过去一年，省级文化系统业务有亮点、工作有创新、改革有突破，广大干部职工展现出了团结一致、积极向上、敢拼敢干的良好精神风貌。在这里，我代表厅党组，向在座的各位并通过你们向省级文化系统的全体干部职工表示衷心的感谢！在肯定成绩的同时，我们也要清醒地看到，省级文化系统还存在着不少问题与困难：比如，有些单位对文化发展新常态不适应，工作创新不够，文化管理、服务效能有待提高；有些单位管理不严、制度不完善、监督不到位，作风建设和廉政建设存在薄弱环节；省级文化系统人才青黄不接的现象依然存在；制约厅属单位发展的一些瓶颈问题还有待克难攻坚。对这些问题，我们要高度重视，采取有力措施认真加以解决。

二、全面落实今年各项目标任务

今年的工作要点，已经印发给各单位各处室，我在全省文化广电新闻出版局长会议上也已作了全面部署。下一步的关键是要围绕全年目标任务，突出重点，狠抓落实。今天，我主要跟大家讲一讲干好今年工作的工作理念、工作方法和工作重点的思考。

今年是全面深化改革的关键之年，是全面推进依法治国的开局之年，是“十二五”规划的收官之年，是“十三五”规划的谋划之年。干好今年，要围绕“四定”、突出“四重”，确保把各项工作任务落到实处。

“四定”指的是定向、定位、定规和定力。

定向即定好方向。文化工作关乎人的灵魂，尤其需要坚持正确的前进方向，牢记自己的政治责任与社会责任。一是要始终坚持为意识形态工作服务的方向。文化是意识形态的载体，意识形态是文化的灵魂。去年6月，夏宝龙书记到省级文化系统调研时指出：文化系统是我们党加强意识形态工作的重要力量，要充分发挥在意识形态属性领域的积极作用。我国意识形态工作总体形势向上向好，但是意识形态工作的复杂性和艰巨性依然十分突出。因此，我们要把意识形态工作的责任放在心上，扛在肩上，落实在行动上，进一步唱响主旋律，传播正能量，在事关重大原则的问题上要敢于斗争，敢于亮剑，努力打好意识形态工作主动仗。二是要始终坚持为人民群众服务的方向。这是做好文化工作的本质要求。我们要加强群众文化需求调研，加大公共文化产品与服务供给力度，提升公共文化服务的品质，开辟文化共享的渠道，设置文化共建的平台，探索文化共治的途径，推出更多符合基层特点、适应群众需要的文化服务项目。三是要始终坚持为中心工作服务的方向。紧扣省委省政府中心工作，找准服务大局的切入点，努力在服务大局中发挥作用，赢得尊重，提升地位。

定位即确定坐标。李强省长在今年的政府工作报告中提出，要着力提升浙江发展在全国的战略地位。要实现这个目标，浙江文化发展也必须要有全国影响、全国地位。一是要进一步明确浙江文化在全国的定位。2012年底，我们提出了落实“三以”理念，实施“六区”计划，建设“全国文化发展示范区”，这个部署与今年政府工作报告提出的发展目标是高度吻合的。今年和今后一定时期，要持续推动“全国文化发展示范区”建设。二是要明确文化工作在全局中的定位。我们文化部门不可妄自菲薄，亦不能妄自尊大。要着眼于“文化是推动经济社会发展动力系统”的定位，切实增强文化自觉与文化自信，胸怀大局、把握大势，充分发挥文化独特的功能与作用。三是各单位各处室要明确自身在全国、全省文化系统的定位。只有各条线上各块工作都处于领先水平，才能实现浙江文化工作整体领跑全国的目标。因此，各单位各处室要学会正确的比较方法，加强与先进兄弟省市的同行比较，认清不足，认真改进，努力推动本领域工作走在全国前列。

定规即制定规范。党的十八届四中全会对全面推进依法治国做出了新部署。文化法治是全面推进依法治国的重要内容。与其他领域相比，文化法治体系不健全的问题十分突出，依法治理、依规管理尤显紧迫。一是要积极争取出台更多的文化法规规章。文化领域还存在许多立法盲点，我们要加强文化立法调研，研究制订中长期立法规划。当前重点要深化公共文化服务、文化产业发展等方面的立法调研，条件成熟的，要争取出台地方性法规；条件不成熟的，要出台国家相关法规的实施意见。二是要推进依法治理、依规管理。进一步强化法治意识，严格按照法定权限和规定程序行使权力、履行职责，规范行政行为，强化行政监督，切实做到依法行政。三是要完善规章制度。加强问题排查，查漏补缺，进一步研究制定有针对性的管理制度，努力做到用制度管权管事管人。

定力即有意志力。当前，随着全球化趋势日益加强，文化建设的宏观环境发生了重大变化，我省文化发展进入了新阶段，面临着新常态。我已经在全省文化广电新闻出版局长会议上从6方面进行了阐述。我们要保持清醒头脑、增强忧患意识，切实增强干好文化工作的定力。一是要强化政治定力。俗话说，“一棵大树抓住根，带动树叶和树枝；一团大绳先找头，捆在一起牵着走”。政治定力是文化工作最重要的定力。文化部门是意识形态工作相关的重要部门，意识形态工作是政治工作，讲政治对文化部门是第一位的要求。因此，我们要认真学习贯彻党的路线、方针、政策，坚守政治红线，筑牢思想防线。二是要强化改革定力。今年是全面深化改革的关键之年，改革目标就是要提高文化治理能力。我们要着眼问题抓改革、着眼发展抓改革、着眼完善抓改革、着眼服务抓改革，敢于动真碰硬，坚定不移地推进文化体制改革。三是要强化执行定力。近年来，通过加强谋划，我们不仅完善了各项事业的发展规划，而且密集出台了一系列管理制度。去年可以说是制度建设年，今年应该是制度执行年。规划再好，制度再多，关键在于执行。当前尤需我们进一步改进作风，提升执行力，将各项任务和制度真正落到实处。

“四重”指的是干好今年工作，要把握重要机遇、抓住重要节点、推动重点项目、破解重点问题。

把握重要机遇：

一是要把握习近平总书记在文艺工作座谈会的重要讲话给文化部门带来的历史机遇。该讲话是继毛泽东主席在延安文艺工作座谈会上的讲话之后，又一篇指导我们党文艺工作的马克思主义纲领性文件，是新时期文艺工作的基本遵循。今年中央还将出台繁荣文艺的文件。我们要抓住机遇，大力推动文艺繁荣。一要抓题材规划，着力改变“历史题材多、现实题材少”的状况，关注当下、关注现实，重点加强反映城镇化、最美浙江人、浙商精神等创作题材；二要抓主题创作，围绕纪念中国人民抗日战争暨世界反法西斯战争胜利70周年、中国梦等主题，抓好爱国主义主题作品创作；三要抓艺术质量，强化精品意识，以精品打动观众、打开市场；四要抓艺术评论，加强艺术评论人才培养，搭建评论平台；五要用好国家艺术基金，加强国家艺术基金项目申报；六要加强采风，制定实施《文艺工作者深入基层蹲点采风活动实施管理办法》，开展“深入生活、扎根人民”主题实践活动。

二是要把握中办国办印发《关于加快构建现代公共文化服务体系的意见》和《国家基本公共文化服务指导标准》的重要机遇。这个文件是推动公共文化服务体系的纲领性文件，也是抓好这项工作的法器。我省作为全国公共文化服务标准化试点省，要深入开展试点工作。一要抓规范、定标准，抓紧制定实施《浙江省加快构建现代公共文化服务体系实施意见》和《浙江省基本公共文化服务标准》，扶持一批基本公共文化服务标准化重点县；二要抓统筹、促均衡，通过标准化建设，提升全省公共文化服务水平，促进基本公共文化服务的城乡均等、区域均等和人群均等；三要抓改革、增动力，吸引社会力量参与公共文化服务，建立健全向社会采购公共文化服务机制，培育和规范社会中介组织；四要抓供给、提效能，改进供给方式，提供供需对接的文化产品与服务；五要抓基础、强保障，争取加大文化投入，强化基础设施建设，加强人才队伍配备与培训。

三是要把握经济发展新常态下文化产业发展的新机遇。当前，我国进入经济发展新常态，将更加注重转方式调结构惠民生，更加注重发挥消费的拉动作用。一要抓融合促发展，推动文化产业与其他行业及科技的融合；二要抓改革促发展，深化文化企业管理与运营机制改革，引进社会力量参与国有企业改革，激发发展活力；三要抓平台促发展，继续支持办好义乌文交会、杭州国家动漫节等文化产品发展综合平台；四要抓人才促发展，文化产业是人的智慧产业，要加紧产业人才培育；五要抓服务促发展，政府部门要以好政策、优服务促进文化产业发展。具体要启动实施文化系统管理的文化产业转型升级“六大计划”，即小微文化企业扶持计划、文化与科技融合发展计划、文化金融合作计划、特色文化产业提升计划、文化企业上市培育计划、文化产业人才培训计划，努力为经济转型升级做出积极贡献。加强文化市场管理与培育。推动文化市场行业协会建设，逐步引导行业协会承接政府转移的部分职能。

四是要把握“2005 年 5 月时任浙江省委书记习近平四次就非遗保护工作作出重要批示”十周年的重要契机，组织举办全国原生态非遗展演等一系列纪念活动，加强文化遗产保护工作。一要增强全社会的文化遗产保护意识，二要构建完善的文化遗产保护体系，三要积极转变非遗工作重心，更多地关注保护、传承和发展，四要发挥文化遗产助推经济发展的作用。

五是要把握中办、国办出台《关于进一步加强对外和对港澳台文化工作的意见》的重要契机，推动我省对外文化交流工作再上新台阶。一要立足于走进去“走出去”，走进他们的心灵，影响他们的价值观，讲好中国故事，发好中国声音；二要立足于重视发展文化外贸“走出去”，精心打造对外文化精品；三要立足于发挥民间力量“走出去”，形成文化“走出去”的大格局。

抓住重要节点：

一是要抓住今年确保浙江音乐学院(筹)正式建校这一重要节点。推进浙江音乐学院(筹)师资队伍和学科建设，确保顺利通过全国高校设置评审委员会审核和教育部批准，做好新校区秋季开学工作。

二是要抓住今年是纪念中国人民抗日战争暨世界反法西斯战争胜利 70 周年这一重要节点，精心谋划、认真准备一批重大革命历史题材作品，重点创作推出京剧《东极英魂》等剧目，组织好大型歌咏会、交响音乐会等主题文艺活动。

三是要抓住争取良渚遗址列入 2017 年中国世界文化遗产正式申报项目这一重要节点。倒排时间，扎实推进良渚遗址申遗各项工作，争取为我省文化遗产保护工作再添新荣誉。

四是要抓住今年是第一次全国可移动文物普查第二阶段最后一年这一重要节点。根据国务院和省政府的部署，加快我省“一普”工作步伐，完成文物信息采集登录及审核工作，保持前列优势。

五是要抓住今年是“十三五”规划谋划之年这一重要节点。深入调研，精心谋划提出“十三五”时期我省文化发展的目标、原则、重点任务和保障措施，为未来文化发展提供遵循。

推动重点项目：

一是要着力推进三个全国试点项目。去年，我省公共文化服务标准化、基层综合性文化服务中心建设、公共文化机构法人治理结构改革被文化部确定为全国试点，是全国试点最多的省份。我们一定要扎实推进，努力为全国贡献新鲜经验，以不辜负文化部对浙江文化工作的期望。

二是要着力推进文化设施建设重点项目。确保浙江音乐学院(筹)校区项目三季度前建成投用，浙江自然博物园核心馆区项目开工建设，力争小百花艺术中心项目年底前主体结构结顶，中国丝绸博物馆改扩建工程年底前开工建设，之江文化中心项目批复项目建议书、完成征地。继续做好一批改造项目。

三是要着力实施《浙江省传统戏剧保护振兴计划》。今年初，省文化厅与省委宣传部、省财政厅联合出台了《浙江省传统戏剧保护振兴计划》。这个计划是加强对我省现有 56 个传统戏剧整体保护的重点项目，相关单位和处室要认真抓好落实，努力让丰富多彩的浙江传统戏剧活起来、传下去。

四是着力办好重点活动项目。继续支持办好义乌文交会，承办第八届全国儿童剧优秀剧目展演，举办第五届浙江省曲艺杂技魔术节、浙江省传统戏剧经典剧目展演等重点艺术活动。

破解重点问题：

近期，厅党组会作出部署，要求每位厅领导每年领衔解决 1—2 个重点问题，逐步形成厅领导领衔破解重点问题制度。今年重点要破解的问题是：

一是要探索解决公共文化服务供需信息不对接的问题。构建公共文化服务供需对接网络平台，努力做到按需配送，提供更加适合适应适当的服务。

二是要探索解决全省国有剧院利用不足的问题。制定实施《关于加强我省国有剧院运营管理的实施意见》，强化国有剧院公共服务功能。进一步做好西湖文化广场大剧院利用的后续工作。

三是要探索解决省级文化系统相关改革难题。理顺新远集团管理体制，拓展经营渠道；理顺省级文艺院团的管理与运行机制；争取解决三个改制院团遗留共性问题。

四是要探索解决对民办文化扶持与引导不够的问题。出台促进民办文化发展的政策措施，完善向民营文艺表演团体、民办博物馆等社会力量购买公共文化服务的机制，拓宽社会力量“办文化”路径。

五是要探索解决文化系统文化外贸基础薄弱的问题。认真贯彻《国务院关于加快发展对外文化贸易的意见》，提出加快文化系统对外文化产品和服务出口的指导意见，建立文化系统文化产品和服务出口统计指标体系，强化相关措施，提升我省文化产品和服务的国际竞争力。

六是要探索解决人才队伍建设相关问题。积极谋划高层次人才培养引进的方法与措施，加大人才引进与培养力度，进一步完善文化人才评价体系，建立人才梯队培养机制。

三、进一步强化责任担当

今年文化改革发展任务很重，省级文化系统广大干部是全省文化建设的“领头雁”，要带头主动适应文化发展新常态，以更高的文化自觉、更新的工作理念和更实的工作作风，模范地抓好各项工作落实。抓好今年工作，不仅要有高度的政治自觉和文化自觉，还要牢牢树立以下四种自觉：

（一）学习自觉

当前，面对新一届中央领导集体治国理政的新理念，面对文化发展新常态，面对知识结构的快速更新，唯有增强学习自觉，不断提升自身素质，方能适应新常态、引领新常态。我们要把习近平总书记系列重要讲话精神特别是文艺工作座谈会重要讲话精神作为学习的首要任务，切实学深学透。习近平总书记系列重要讲话精神是中国特色社会主义理论体系的最新成果，也是一个不断发展的、开放的理论体系。我们要把学习贯彻讲话精神纳入各级党组织的学习计划，坚持持久学、跟进学，第一时间学习习近平总书记最新发表的重要讲话，使讲话精神成为文化系统广大干部职工的行动指南，切实做到学而信、学而用、学而行，增强道路自信、理论自信和制度自信。同时，要主动学习新知识，把握新规律，增强新常态下文化工作能力，切实做到思想上清醒、政治上坚定、业务上精湛。

（二）谋划自觉

今年是“十三五”规划的谋划之年。规划就是方向、是蓝图，对未来的发展起到引领作用。各单位各处室要把编制“十三五”规划作为今年工作的一项重要任务，全面加强谋划。首先，谋划要勤，新常态下出现许多新情况新问题，我们必须要强化谋划自觉，坚决破除等靠要的惰性思维，形成提前思考、超前谋划的工作习惯，增强预见性，掌握主动权。其次，谋划要高，编制“十三五”规划时，既要立足省级层面的顶层设计，体现前瞻性和科学性，又要体现浙江文化率先发展的特点，在不脱离实际情况下保持适度超前，科学地提出总体目标和重点任务，为全省文化系统提供参照。再次，谋划要实，要立足浙江文化发展实情，精心设计一系列项目和载体，防止“华而不实”。

（三）创新自觉

创新驱动是形势所迫、发展所需。从我省文化发展现阶段看，群众越来越高的需求呼唤文化创新，深化文化体制改革的任务催促文化创新，文化发展新常态倒逼文化创新。如何树立创新自觉，首先，要强化创新意识。创新是一种思想状态和精神风貌，是熔勇气、责任、方法于一炉的实践。面对新情况新形势新任务，我们要反观我们的工作，哪些是不合时宜的，就从哪里开始创新，自觉地把思想认识和思维方式从墨守成规中解放出来。其次，要创新工作方法。在不违反法律法规、政策原则前提下多研究新思路、新方法、新举措，加强新科技运用，积极借鉴省内外成功经验，推动各项工作实现新突破。再次，要培育创新文化。创新需要环境，今后可以考虑在厅属单位和机关处室年度目标责任制考核中提高工作创新的分值，建立创新激励机制，让干部愿创新、敢创新、能创新。

（四）廉政自觉

2月2日，习近平总书记在省部级主要领导干部专题研讨班上发表讲话，阐述了全面建成小康社会、全面深化改革、全面依法治国、全面从严治党的逻辑关系，宣示了“四个全面”已成为党中央治国理政的全新战略布局。其中，全面从严治党作为治国理政的新常态，大家肯定在近年来中央频频地“打老虎”“拍苍蝇”行动中感受深刻。当然，我们文化系统也不是“世外桃源”“一泓清泉”，去年省委巡视组到省级文化系统巡视时帮助我们查找出了不少问题，近年来也出现了一些干部因为违法违纪受到了惩处，这些活生生的案例给我们敲响了警钟。作风建设永远在路上，廉政建设没有休止符。我们一定要守住“底线”，不触“红线”，严格遵守“中央八项规定”和省委“28 条办法”，严格执行党风廉政建设“两个责任”，严格落实党的群众路线教育实践活动整改措施和巡视整改措施，推进党风廉政建设责任体系、教育机制、制度体系、监管网络和纪检监察队伍建设，进一步完善不想腐、不能腐、不敢腐的防范与约束机制，树立文化部门的良好形象。

同志们，俗话说，“天有三宝日月星，地有三宝水光风，人有三宝精气神”。新的一年赋予我们新的任务、新的使命，让我们一起锐意进取、克难攻坚，全面完成“十二五”各项目标任务，努力为“十三五”发展打好基础，为深入实施“八八战略”，干好“一三五”、实现“四翻番”、建设“两富”“两美”浙江提供有力的文化支撑。

谢谢大家！

2015 年全省文物局长会议

【概况】 3 月 3 日至 4 日，省文物局在杭州组织召开了全省文物局长会议。省文化厅党组书记、厅长金兴盛出席会议并讲话，省文化厅副厅长、省文物局局长陈瑶做工作报告，全省各设区市及义乌市文物行政部门分管负责人及业务处(科)室负责人，良渚遗址管委会和省直各文博单位相关负责人参加会议。

金兴盛厅长在讲话中充分肯定了全省文物战线在 2014 年所取得的成绩，认为当前的文物工作发展态势良好，有许多工作可圈可点。同时，他强调要以更高的战略站位认识文物工作，积极发挥文物资源在弘扬社会主义核心价值观、丰富人民群众生活、助推经济和文化产业发展、推进新型城镇化等方面的重要作用；要以更大的力度加强文物保护，用责任、法治、科技进一步筑牢文物的安全防线，当好中华优秀传统文化和文物的“保护神”“守门人”；要以更宽的视野加强文物资源利用，积极融入国家“一带一路”重大战略、现代公共文化服务体系建设、“两美”浙江建设、社会主义核心价值观培育等大局工作，努力推动文物资源“活”起来；要以更广的渠道发动吸引社会各界积极参与文物保护，积极探索“文物共治”的途径；要以更实的作风落实好各项目标任务的落实，推动我省文物事业发展再创新业绩。

陈瑶局长在工作报告中全面回顾了 2014 年全省文物工作，周密部署了 2015 年的重点工作，并就如何做好“新常态”下的文物工作提出了要求。她指出，“新常态”对文物工作既带来了机遇，也提出了更高要求，赋予了更多的新任务、新使命，做好文物工作前景乐观，同时又任重道远。她强调，全省文物系统要科学认识、正确把握、主动适应“新常态”，要进一步树立文化自觉和文化自信，以高度的责任感使命感，不断夯实文物工作基础，进一步推动文物工作改革创新、融入大局，实现可持续发展、创新性发展。她要求，全省文物系统要以习近平总书记文物保护重要论述精神为指引，进一步推动文物监管“硬”起来、文物资源“活”起来，全面提升文物保护利用工作水平，努力打造浙江文物事业“升级版”。

会上，与会代表围绕当前文物事业发展中存在的突出问题进行了广泛深入的交流。会议还对第二届全省博物馆免费开放最佳做法推介项目和 2014 年度全国文物行政处罚案卷评比获奖单位进行了颁奖、授牌。

（省文物局综合处）

在2015年全省文物局长会议上的讲话

省文化厅党组书记、厅长　金兴盛

（2015年3月3日）

同志们：

按照中国的传统习俗，“不过元宵不出年”，今天还属于羊年春节。首先，我谨代表省文化厅向大家拜个晚年，祝大家在新的一年里身体健康、工作顺利、阖家幸福！

近年来，全省文物部门在省委、省政府的正确领导下，坚持“保护为主、抢救第一、合理利用、加强管理”的工作方针，以建设文物强省为目标，以改革创新为动力，以夯实基础、提升保护利用能力为着力点，谋长远、抓重点、攻难点，我省文物工作发展态势良好，整体走在全国前列。2014年我省文物工作取得了一系列新成绩，许多工作可圈可点：一是申遗工作再创佳绩，大运河成功列入《世界遗产名录》，良渚遗址申遗进展顺利、前景乐观；二是“一普”工作高效推进，各项工作有序开展，整体走在全国前列；三是自身改革不断深化，行政审批制度改革、文保工程项目审批综合改革、博物馆法人治理结构改革、文保项目资金监管等重点领域改革均取得了较大进展；四是历史文化名城、名镇、名村保护工作卓有成效，全省新增中国历史文化名城1座，省历史文化名城1座，中国历史文化名镇4个，中国历史文化名村14个，中国历史文化村落86个；五是文物安全及执法监察工作业绩不俗，文物平安工程专项资金得以设立，6处被列入全国消防安全百项工程，1处被列为全国文物消防安全专项规划编制试点单位，五个案卷入选2014年度全国文物行政处罚“十佳案卷”“优秀案卷”；六是博物馆建设与管理成效显著，浙江自然博物园核心馆区、中国丝绸博物馆改扩建等重点项目顺利推进，宁波港口博物馆、桐乡博物馆、安吉吴昌硕博物馆等一批新馆建成开放，国家二、三级博物馆运行评估、国有博物馆对口帮扶民办博物馆、博物馆陈列展览精品项目等工作均取得了显著成效。去年一年成绩的取得，离不开全省各级文物部门和广大干部职工的积极进取、辛勤工作。借此机会，我代表省文化厅党组，向在座的各位，并通过你们向全省广大文物工作者致以衷心的感谢！

2012年底，省文化厅党组提出了落实“三以”理念，实施“六区”计划，建设“全国文化发展示范区”。实现这个目标，离不开文物部门的奋斗与奉献。下面，我就做好当前和今后一个时期的文物工作，讲几方面意见。

一、以更高的战略站位认识文物工作

习近平总书记历来十分重视历史文化遗产保护工作，并身体力行推动保护和抢救文物工作。从上世纪80年代担任河北正定县委书记开始，针对文化遗产保护工作提出过一系列重要指示、批示，特别是在浙江任职期间，对我省良渚遗址申遗、西湖文化景观保护、上山遗址保护等工作都十分关心，多次亲临一线进行指导。党的十八大以来，习近平总书记更是站在时代发展的战略高度，在多个重要会议、重大场合，就保护历史文化遗产、传承中华优秀传统文化发表了系列重要论述。前段时间，中央媒体集中报道了习近平总书记关心历史文物保护工作纪实，并发表了系列评论员文章，引起了强烈反响。李强省长和郑继伟副省长还专门做出了批示。通过学习习近平总书记重要论述，我们越来越深刻地感受到文物工作的历史厚重与当代价值：

（一）文物资源是培育和弘扬社会主义核心价值观的重要载体

文物是人类文明的物化成果，蕴含着优秀传统文化的思想精华和道德精髓，也包含着以爱国主义为核心的民族精神和以改革创新为核心的时代精神，是社会主义核心价值观的深厚源泉。深入挖掘、阐发和弘扬文物资源中蕴含的仁爱、民本、诚信、正义、和合、大同等优秀传统文化精神内核，对引领和培育广大群众的价值观具有“日学而不察、日用而不觉”的潜移默化作用。

(二)文物资源是丰富群众文化生活的重要内容

近年来，随着公共博物馆的全面免费开放，全省博物馆参观人数逐年递增，去年，我省博物馆参观人数超2000万人次。文物旅游越来越红火，成为老百姓休闲娱乐、提升生活品质的重要选择。

(三)文物资源是助推经济发展的重要元素

当前，我国进入经济发展新常态，将更加注重转方式调结构惠民生，更加注重发挥消费的拉动作用。文物资源为发展旅游等产业提供了最基础、最重要的资源，成为拉动地方经济发展新的增长点。

(四)文物资源是城镇化建设的重要选择

文物资源是“根”，反映一个地方的历史记忆与精神特质，是“乡愁”的直接体现。在推进城镇化的进程中，只有保护和弘扬好传统优秀文化，延续城市历史文脉，才能让居民“望得见山、看得见水、记得住乡愁”。

(五)文物资源是发展文化产业的重要依托

历史文化遗产是最能体现区域文化特色的资源，在影视制作、出版发行、演艺娱乐、数字内容和动漫等文化产业项目中融入历史文化元素，能使文化产品更具特色和吸引力。

二、以更大的力度筑牢文物安全防线

习近平总书记曾提出“历史文化是城市的灵魂，要像爱惜自己的生命一样保护好城市历史文化遗产”“保护历史文物是国家法律赋予每个人的责任”“我们保管不好，就是罪人，就会愧对后人”“发展经济是领导者的重要责任，保护好古建筑，保护好传统街区，保护好文物，保护好名城，同样也是领导者的重要责任，二者同等重要”等一系列重要论断，这些充分体现了习近平总书记对传承优秀传统文化、保护文化遗产的文化自觉和鲜明态度。我们要抓住有利契机，积极向当地党委、政府和社会各界宣传习近平总书记文物保护重要论述精神，以达成更广泛的共识，争取更有力的支持。同时，文物部门要自觉把思想和行动统一到习近平总书记重要论述精神上来，不断增强文物保护的责任感与使命感，切实担负起保护文化遗产的神圣职责。近日，新上任的文化部部长雒树刚到国家文物局调研时指出：“文物部门要着力做好中华优秀传统文化的守护者。在确保文物安全的问题上，你们就如同‘保护神’‘守门人’，要以如履薄冰的态度，精心呵护先辈留下的文化遗产。”为此，我们要把保护文物安全作为第一责任，进一步强化担当：

(一)用责任筑牢文物安全防线

坚持守土有责、守土负责、守土尽责的原则，进一步完善文物安全责任制和安全事故防范机制，用责任促进自觉，既要加强执法，严厉打击文物犯罪行为，又要统筹推进抢救性保护与预防性保护、文物本体保护与周边环境保护，坚决守住文物安全的底线。继续加强与公安等部门的密切协作，建立打击文物犯罪协作机制。

(二)用法治筑牢文物安全防线

党的十八届四中全会明确做出了全面推进依法治国的战略部署。全省文物部门要进一步加强立法调研和普法宣传工作，要结合《文物保护法》修订调研，全面梳理文物事业发展中存在的体制机制问题，为推动立法解决有关问题而积极努力，要扎实推进《博物馆条例》等新公布法律文件的普法宣传工作，进一步推动我省文物工作纳入法制轨道；要进一步强化文物行政执法工作，依据有关法律法规，不断强化执法责任，明确执法程序和标准，做好有法必依、执法必严，通过强有力的文物行政执法，撑起文物的“保护伞”，筑起文物安全的铜墙铁壁。

(三)用科技筑牢文物安全防线

进一步发挥好浙江省政府和国家文物局共建国家文化遗产保护科技区域创新联盟的优势，重点资助能具有较好应用前景的文物保护科技研究项目，鼓励区域创新联盟各成员单位开展协同攻关，着力培育一批文物保护利用的示范工程、关键技术，提高我省文物保护科技水平。实施好浙江省文物平安工程，将安全技防扩展至不可移动文物、野外文物等当前文物安全管理的薄弱环节，运用高科技的手段提高文物保护的主动性，运用先进的科学方法，进一步提升文物安全预警和自我抗风险能力。

三、以更宽的视野加强文物资源利用

习近平总书记多次强调，要让文物“活”起来，发挥文物在见证历史、以史鉴今、启迪后人方面的作用，努力实现传统文化的创造性转化、创新性发展，使之与现实文化相融相通，共同服务以文化人的时代任务。这是党和国家对文物工作的殷切期待，也是赋予文物工作的时代命题。我们要围绕大局，找准切入点，切实加强文物资源的利用，发挥文物工作的最大功能。

（一）积极服务国家“一带一路”重大战略

目前，党中央、国务院将推进“一带一路”建设确定为国家重大战略。省委省政府也提出要积极参与“一带一路”建设，加强与“一带一路”沿线国家的交流合作，正着手制订《浙江省参与“一带一路”建设实施方案》。浙江作为中国古代丝绸、茶叶、青瓷的主产地之一，一直是“丝绸之路”“海上丝绸之路”的重要参与者，有着悠久的历史和丰厚的丝绸文化、青瓷文化、茶文化遗产资源。因此，我省文物部门必须树立高度的政治自觉和文化自信，本着“文化先行”的理念，积极开展海上丝绸之路文化遗产调查、“一带一路”相关文物的历史文化研究与展览展示、深化与“一带一路”沿线国家的人文交流等工作，为“一带一路”战略构想提供更多的历史见证、注入更丰富的文化内涵，从而进一步深化社会大众对“一带一路”战略的认识，也为我省参与“一带一路”建设提供强有力的文化支撑。

（二）积极参与现代公共文化服务体系建设

最近，中办、国办印发了《关于加快构建现代公共文化服务体系的意见》，提出了今后一个时期我国建设具有中国特色的现代公共文化服务体系的总体要求、具体任务和指导标准。我省作为国家公共文化服务标准化试点省，需要各条线上齐力推进这项工作，文物部门也要把推进文物博物馆公共文化服务体系建设作为一项重要任务抓实抓好，要进一步拓展文物资源的社会教育功能，不断深化博物馆免费开放工作，大力提升文物保护单位开放利用率，把各级文博单位打造成保障人民群众基本文化权益的重要阵地，为构建具有浙江特色的现代公共文化服务体系做出应有的贡献。

（三）积极融入新型城镇化和“两美”浙江建设

继2013年底召开中央城镇化工作会议之后，党中央、国务院在去年又发布了《国家新型城镇化规划（2014—2020）》，明确提出注重人文城市建设，加强国家重大文化和自然遗产地、国家考古遗址公园、重点文物保护单位、历史文化名城名镇名村、重要历史建筑和历史文化街区的保护。在去年5月份召开的省委十三届五次全会上，省委提出了“两美浙江”建设，夏宝龙书记明确要求营造“青瓦灰墙诗里行、小桥流水梦中游”的江南韵味，让每个生活和来到这里的人都能领略扑面而来的江南气息、浙江味道。我省文物部门要牢牢抓住这一难得的历史机遇，秉持“在保护中发展、在发展中保护”的理念，把文物保护与城镇化建设有机结合起来，积极探索文物保护与新型城镇化协调发展之路，为“两美”浙江建设做出积极贡献。

（四）积极推动社会主义核心价值观培育活动

培育和践行社会主义核心价值观是党的十八大和十八届三中全会提出的一项战略任务。文物部门要充分发挥文物资源在弘扬中国优秀传统文化、建设社会主义核心价值体系方面的独特作用，利用优秀传统文化基因来化人、育人。一方面，要进一步挖掘文物资源的历史厚度，扩大文物的开放程度，开拓文物的利用深度，加大文物走出去的力度，推动文化遗产活起来，使优秀传统文化成为人们领悟、接受社会主义核心价值观的“催化剂”和“助推力”；另一方面，要充分发挥各级各类博物馆、纪念馆、文物保护单位在社会主义核心价值观教育实践活动中的主阵地作用，结合社会主义核心价值观主题，推出丰富多彩的教育、展览、普及活动，不断增加公众对优秀传统文化和社会主义核心价值观的认同和认知。

四、以更广的渠道发动吸引群众参与文物保护

我省文物分布点多线长面广，近年来随着文物普查和申报工作力度的加大，文物保护对象不断增加、层级不断提升，大型遗产、新型遗产不断涌现，文物工作的任务更加繁重、要求更高，如果仅仅依靠文物部门的力量肯定是势单力薄的，我们必须要积极探索“文物共治”的途径，广泛发动社会力量参与，发挥社会组织、基层群众组织和志愿者在文物保护中的重要作用。

（一）加强社会宣传

依靠人民群众共同参与文化遗产保护，文化遗产保护工作就有了深厚的群众基础。要加强与新闻媒体合作，发挥新闻舆论导向作用，强化文物法制教育及对

文化遗产价值作用的宣传，增强全社会的文化遗产保护意识。鼓励群众举报各类文物违法案件，促进文物违法事件的制止和处理，形成强大的文化遗产保护网。积极支持、引导、培育文物保护领域社会组织的发展。

(二)争取社会支持

要研究制订一系列行之有效的激励措施，如对于捐助的企业或人士给予荣誉称号、冠名权等，以激发社会捐赠和赞助的积极性，吸引更多的企业、机构、个人支持文化遗产保护。近年来，我们已有不少成功的案例，如浙籍港商曹其镛夫妇将珍藏30多年价值数亿元的160件(组)中国古代漆器精品捐献给省博物馆，曹其镛夫妇还将省政府奖励给他们善举的1000万元奖金也捐赠了出来，用于成立浙江省博物馆漆器研究基金会。

(三)加强社会合作

要建立健全以政府为主、全社会广泛参与的保护管理机制，调动一切社会因素投入到文化遗产保护管理中，文化遗产保护的路子才会愈走愈宽。要继续推进国有博物馆对民办博物馆的帮扶工作，探索向民办博物馆购买公共文化服务，进一步推动全省民办博物馆的发展。加大对非文物部门管理的文物和非国有文物的监管和资助力度，在给予财政支持的同时也给予一定的技术指导，并通过适当的培训引导其树立正确的保护理念，用科学的手段保护文物。

五、以更实的作风抓好各项任务落实

当前，文物保护利用工作任务艰巨。全省文物部门要以更大的决心、更高的标准、更新的举措和更实的作风抓好各项目标任务的落实。

(一)注重学习

2月2日，习近平总书记在省部级主要领导干部专题研讨班上发表讲话，阐述了全面建成小康社会、全面深化改革、全面依法治国、全面从严治党的逻辑关系，宣示了“四个全面”已成为党中央治国理政的全新战略布局。习近平总书记系列重要讲话精神是中国特色社会主义理论体系的最新成果，我们要增强政治自觉，把习近平总书记系列重要讲话精神特别是关于文化遗产保护的重要讲话精神作为学习的首要任务，切实学深学透。一方面，要切实做到学而信、学而用、学而行，增强道路自信、理论自信和制度自信。另一方面，要从实际出发，积极寻求贯彻落实习近平总书记重要论述精神的切入点、着力点，推动习近平总书记重要论述精神转化为推动发展的动力、创新工作的思路和解决问题的举措，从而更好地承担起保护历史文化遗产的时代使命。

(二)注重谋划

目前的文物工作依然存在体制机制不够完善、保护利用能力有待增强、安全形势严峻、文物保护与民生改善难以兼顾等突出问题。今年是“十三五”规划的谋划之年。规划就是方向、是蓝图，对未来的发展起到引领作用。全省文物部门要把编制“十三五”规划作为今年工作的一项重要任务，坚持问题导向，形成提前思考、超前谋划的工作习惯，紧紧抓住主要矛盾和问题，加强调研，积极谋划设计重大项目和重点工程，研究提出“十三五”发展方向、主要目标、重点任务和保障措施。在谋划的过程中，要注重以下几个问题：一是工作重点上，要从重申报转向重保护、重传承、重发展，着眼于推动文物事业持续健康发展；二是管理能力上，要推动文物行政部门由办文物博物馆事业向管文物博物馆事业、由微观管理向宏观管理、由部门管理向行业管理转变；三是保护力量上，要由政府主体转向政府主导、社会共治，着眼于发动更多的社会力量参与文物保护，形成文物共治格局；四是保护手段上，要从传统的人防转向技防，进一步提升科技保护水平；五是服务质量上，特别是博物馆事业，要由数量扩张转向质量提升，着力在优化布局、整合资源、拓展功能上下功夫、见实效。

(三)注重改革创新

党的十八届三中全会以来，我国已进入全面深化改革的关键时期，改革创新已经成了时代的最强音。文物是古的，但文物人的观念要新，把改革创新作为文物博物馆事业加速发展的强大动力。以推行政府权力清单和责任清单制度、深化行政执法体制改革、落实行政执法责任制等为抓手，进一步深化改革，努力提升文物依法行政工作水平；在全省文物部门着力推进博物馆法人治理机构改革、文保工程项目审批综合改革、全省文博事业发展水平评估、民间收藏文物鉴定试点工作、博物馆青少年教育功能试点工作等各项改革任务和试点举措，不断增强我省文物部门的保护能力、管理能力、创新能力。推进观念创新、体制机制创新、科技创新、传播手段创新、保护传承方式创新，努力推动文化遗产资源实现现代化转化和创新性发展。

（四）注重廉洁自律

全面从严治党是党的十八大以来治国理政的新常态。近年来，随着文化强省战略的推进，各地普遍加大文物投入，文物部门的廉政压力增大，必须进一步增强反腐倡廉的自觉性、主动性，严格遵守“中央八项规定”和省委“28 条办法”，严格落实党风廉政建设“两个责任”，坚决守住“底线”，不触“红线”。要坚持防微杜渐、抓早抓小，对党员干部身上的问题早发现、早教育、早查处，防止小问题变成大问题。要严格按照党中央“作风建设永远在路上，没有休止符”的要求，持之以恒地抓好作风建设，切实推动党的群众路线教育实践活动整改措施落实到位，坚决防止“四风”问题反弹，要以优良的作风推动文物事业再上新台阶。

同志们，今年是全面深化改革的关键之年，是全面推进依法治国的开局之年，是“十二五”规划收官之年，也是“十三五”规划的谋划之年。做好今年工作，责任重大，意义深远。全省文物部门一定要把握新形势，落实新要求，激发新动力，不断增强文物工作主动权，努力推动我省文物事业再创新业绩，为创建全国文化发展示范区做出新的更大贡献。

适应新形势　谋求新发展
努力打造浙江文物事业“升级版”

——在 2015 年全省文物局长会议上的讲话

省文化厅副厅长、省文物局局长　陈瑶

（2015 年 3 月 3 日）

同志们：

这次全省文物局长会议主要任务是：学习贯彻习近平总书记文物保护重要论述精神，贯彻落实党的十八届三中、四中全会、省委十三届五次全会、全国文物局长会议精神，总结回顾 2014 年工作，研究分析我省文物事业发展新问题、新情况、新任务，部署 2015 年重点工作。

刚才，金厅长做了重要讲话，我们要认真学习领会，抓好贯彻落实。下面，我讲几点意见：

一、2014 年工作回顾

2014 年，全省文物系统认真贯彻落实习近平总书记系列重要讲话精神，围绕建设文物强省的目标，紧扣“十二五”规划目标任务，加快推进文物系统改革，不断夯实文物工作基础，努力提升文物事业管理水平，圆满完成全年各项任务。

（一）重点工作闪耀新亮点

大运河成功列入《世界遗产名录》，我省拥有了第二处世界文化遗产。良渚遗址申遗工作遵照争取列入 2017 年中国世界文化遗产正式申报项目的目标强力推进。“一普”工作扎实推进，组织保障切实有力，各级普查办均落实了普查经费，2013—2014 年共落实经费 3645 万元，市县落实比例名列全国前茅；普查业务工作高效推进，在全国可移动文物信息登录平台登录藏品 17 万余件（套），普查工作整体走在全国前列。

（二）自身改革取得新突破

大力推进行政权力制度改革，完成“四张清单一张网”有关工作，推动简政放权落到实处。不断加快重点领域改革，参照国家文物局顶层设计主要做法，结合我省实际，初步形成文保工程项目审批综合改革方案；积极探索博物馆法人治理结构新模式，在嘉兴博物馆实施了理事会制度试点；积极推进县（市、区）文博事业发展水平评估体系建设，形成了评估工作框架性方案。积极转变文物保护资金监管方式，改革 2014 年省级文物保护专项资金分配方法，设置了以项目为主导的因素分配法；进一步加强文物保护专项补助资金监管，委托会计师事务所对 15 个县（市、区）的专项资金使用情况进行了检查并提出整改要求。

（三）文物保护取得新成效

考古工作顺利推进，组织实

施考古调查、勘探、发掘项目38项，其中龙游荷花山早期新石器时代遗址、余杭良渚官井头新石器时代遗址入围“2013年度全国十大考古新发现”终评；国家水下文化遗产保护宁波基地全面建成，象山渔山“小白礁1号”清代沉船完成水下考古发掘并启动船体保护修复项目。文保单位“四有”及保护规划编制工作扎实推进，提请省政府调整、公布文保单位保护范围和建设控制地带117处，审查、审批省级以上文保单位建设控制地带内建设项目14项。文保工程管理规范高效，审查上报全国重点文保单位保护工程立项申请27项、维修方案20余项，审查省级以上文保单位修缮方案及施工设计148项，竣工验收省级以上文保单位维修工程19处，其中杭州飞来峰造像二期保护工程入围“首届(2013年度)全国十佳文物保护工程”终评。文保工程资质管理不断优化，新增资质单位14家，提升资质等级15家。历史文化名城、名镇、名村(街区)申报和保护工作卓有成效，湖州被列为国家历史文化名城，丽水被列为省历史文化名城，有4个镇和14个村列入第六批中国历史文化名镇(村)，全省中国历史文化名镇名村增加至48个，总数居全国之首。

(四)合理利用有了新手段

大遗址保护利用工作扎实推进，良渚国家考古遗址公园顺利通过国家文物局运行评估，首批省级考古遗址公园建设顺利推进，大窑龙泉窑省级考古遗址公园完成了规划编制。全省国保省保集中成片传统村落保护利用工作启动实施，明确了今后3年总体安排，完成了建德新叶、诸暨斯宅、永嘉芙蓉等首批项目总体方案的编制，选定了松阳县酉田村为省文物局重点扶持的历史文化村落保护利用示范项目。同时，还完成了《浙江省古村落综合保护利用调研——以浙江省建德新叶村为例》《浙江省传统民居类文物建筑再利用研究》等课题，编制了浙江省传统民居类文物建筑保护利用导则、图制，为我省传统民居类文物建筑进行改造利用提供了技术准则。博物馆衍生产品开发思路得到拓展，组织15家博物馆组团参加第九届中国(义乌)文交会，组织80余位博物馆馆长、设区市文物行政部门负责人观摩文交会，有效促进我省博物馆文化衍生产品的开发和推广。

(五)文物安全及执法监察工作得到新加强

经努力争取，省财政设立全省文物平安工程专项资金3000万元/年，实施期限暂定3年。正式启动文物平安工程，编制了今后3年文保单位安防、消防和防雷工作计划，初步形成文物平安工程项目库。文物安防项目申报及工程建设业绩不俗，建德市新叶村乡土建筑等6处成功列入全国文物消防安全百项工程，平阳县顺溪古建筑群被列为全国文物消防安全专项规划编制试点单位；审核批准中国茶叶博物馆提升改造等安防工程方案11项，竣工验收杭州章太炎纪念馆等安防工程5项。文物行政执法巡查工作不断加强，各级文物监察机构全年出动23373人次，检查文博单位11783家次，督察文物违法案件36起，积极开展古城保护中的文物违法与消防安全专项督查、管辖海域内文化遗产联合执法、全省文物执法交叉检查等活动。成功破获安吉龙山越国贵族墓群内的八亩墩盗掘案、庆元胡纮墓被盗案等重大文物违法案件，绍兴市成功摧毁了特大盗掘古墓、盗卖文物犯罪团伙。努力提升文物行政执法工作水平，完成“天地一体”系统框架编制工作，在2014年度全国文物行政处罚案卷评查活动中，我省两个案卷入选“十佳案卷”、三个案卷入选“优秀案卷”，获奖率名列全国前茅，省文物局荣获“优秀组织单位”奖。

(六)博物馆建设与管理跃上新水平

浙江自然博物园核心馆区、中国丝绸博物馆改扩建等项目快速推进，安吉吴昌硕博物馆、新昌博物馆、磐安茶文化博物馆等新馆建成开放，丽水博物馆、嘉兴博物馆二期、浙江抗战胜利纪念馆等博物馆正在建设或布展。根据国家文物局部署，对全省45家国家二、三级博物馆进行了运行评估，形成了《浙江省国家二、三级博物馆运行评估工作报告(2013年度)》，得到国家文物局的肯定。积极推进全省国有博物馆对口帮扶民办博物馆工作，总结推广试点经验，扩大对口帮扶范围。开展了全省博物馆免费开放最佳做法推介活动，评出最佳做法推介项目13个。大力提升博物馆公共文化服务水平，组织开展全省第八届(2013年度)博物馆陈列展览精品项目申报评选工作，评出精品奖10项、优秀奖8项。完成国家文物局委托的“完善博物馆青少年教育功能试点”工作。此外，浙江自然博物馆被评为第六届中国博物馆十佳志愿者服务之星。

(七)社会文物管理增添新气象

西泠印社艺术品鉴定评估中心被国家文物局确定为民间收藏文物鉴定试点。浙江省文物鉴定委员会完成换届，召开了换届大会暨委员会年会，组建了第六届浙江省文物鉴定委员会。全年审核文物拍卖经营活动45场，审核文物拍卖标的35895件(套)，做好文物拍卖经营资质管理工作，新增第一类文物拍卖资质企业1家，文物拍卖企业3家，文物商店2家。

(八)文物保护科技收获新成果

进一步加强文化遗产保护科技创新联盟建设，组织召开创新联盟理事会会议，选举产生新一届理事会，成立了由19名国内外文物保护科技领域专家组成的创新联盟学术委员会，提出了打造文保科技工作“升级版”的主要思路。联合相关企业积极推进浙江省文物保护传承专用设备产业技术联盟工作，依托该联盟行业优势，大力开展文物保护专用设备研发。加快实施文物保护科技及应用推广项目，国家科技支撑计划项目——文化遗产数字化公共服务平台与产业化应用等一批文物保护科技项目成果得到应用并取得良好成效。

(九)文物事业影响力有了新提升

大力开展普查宣传工作，开通了省普查网络信息平台，在杭州公交移动电视等媒体投放普查宣传片，在《今日浙江》半月刊开展了专题宣传，为“一普”工作营造了良好氛围。积极拓展文物宣传工作平台，推动良渚遗址成为省委党校干部任职培训现场教学点，并积极开展现场教学活动，使教学点逐步成为面向各级干部宣传文物工作的重要窗口。认真做好“文化遗产日”等节庆日宣传，与丽水市人民政府合作举办了“2014文化遗产日浙江主场城市(丽水)活动”，收到了良好成效。积极主办、承办重大学术会议论坛，举办了首届“水下考古·宁波论坛”、博物馆发展现状和未来使命学术研讨会等一系列学术研讨会，不断扩大浙江文物工作影响力。

二、做好“新常态”下文物工作的几点思考

党的十八大以来，以习近平同志为总书记的党中央，秉持功成不必在我、克难理应在我的使命担当，励精图治、锐意进取，提出了协调推进全面建成小康社会、全面深化改革、全面依法治国、全面从严治党的战略布局，打破了掣肘中国发展进步的诸多惯性思维、陈规陋习和利益牵绊，在改革发展稳定、内政外交国防、治党治国治军等各个方面取得了一系列令人振奋的重大成果，逐步形成了国家发展“新常态”。尤其是党的十八大以来，从党和国家做出的一系列重要战略决策和习近平总书记的系列重要讲话中，我们可以强烈地感受到文化遗产事业已被提到了前所未有的高度，文物工作在“新常态”下又被赋予了新的时代使命和历史责任。为此，我们当前需要深入思考的一个问题是：文物工作者该如何看待“新常态”？怎样才能把握“新常态”、适应“新常态”？下面，我结合自己的学习体会谈几点想法：

(一)科学认识“新常态”，进一步增强做好文物工作的信心

所谓“新常态”，最初是指我国经济发展呈现出的一种新特征。众所周知，经济基础决定上层建筑，经济发展的“新常态”必将对政治、社会、文化等方面都产生深远影响。文物事业作为文化建设的重要组成部分，必然也会受到经济“新常态”的深度影响。因此，我们首先要从科学认识经济“新常态”入手，全面评估它对文物事业发展带来的影响。经济“新常态”的一个特征是对经济增速的要求渐趋理性，唯GDP的政绩观将得到矫正，这在一定程度上为推动各级党委政府改变一切(包括文物保护)都要为GDP增长让路的理念提供了有利条件，为更好地落实文物保护地方责任制提供了空间。其二是经济结构和经济发展方式趋于优化，经济发展重心从高投入、高能耗、重基建的产业转向低能耗、高就业率的服务业，生产能力和产业组织方式转向小型化、智能化、专业化，财政资金和社会资本的投资重点从经济建设转向服务民生，这在一定程度上可以使经济活动对文物保护的高压态势有所减缓，也为引入社会资本参与文物事业发展提供了更多的机会。其三是“消费升级”，即随着全面深化改革释放出更多民生红利，人民群众生活水平得到较大提升，消费结构升级不断加快，消费需求尤其是精神文化消费需求更趋品质化、多元化、个性化，对文物“活”起来的期待更加迫切，对文物博物馆公共文化服务水平提出了更高的要求。其四是经济“新常态”下，创新成为驱动发展的新

引擎，而中国优秀传统文化因为有着彰显“中国特色”的主要文化基因，是经济、政治、社会领域创新的重要精神动力源泉之一，弘扬中华优秀传统文化并实现创造性转化，为经济社会发展提供精神支撑、创新动力，成了中华优秀传统文化主要传承者——文物部门新的时代责任。由此可见，经济“新常态”既为我们破解文物保护地方责任制落实不到位、基本建设与文物保护矛盾突出、文物保护领域资金缺口大等瓶颈问题提供了有利契机，也对我们的工作提出了更高要求，赋予了新的任务。

（二）正确把握“新常态”，进一步增强做好文物工作的责任感使命感

前一段时间，新华社、《人民日报》、《光明日报》、中国广播网等中央媒体集中报道了习近平总书记关心历史文物保护工作纪实，《人民日报》《光明日报》还就此分别发表了题为《守护文化遗产才能开创未来》《将文化遗产保护提升为基本国策》的评论员文章。党的十八大以来，习近平总书记更是在多个场合、多次强调了传承中华优秀传统文化、保护历史文物的重要性，提出了一系列文化遗产保护的重要理念、原则和方法。习近平总书记还积极从文化遗产资源中汲取创新资源用于治国理政，在和其他中央领导人观看了国家博物馆《复兴之路》历史展览后提出了“中国梦”的理念，基于“丝绸之路”的遗产概念创造性地提出了建设“丝绸之路经济带”和“21 世纪海上丝绸之路”的战略构想，这些不仅表明了习近平总书记是中华优秀传统文化的忠实继承者和文化遗产保护的忠实践行者，也表明文化遗产事业已成为国家发展“新常态”不可或缺的重要组成部分。为此，我们要以高度的责任感使命感，认真学习贯彻习近平总书记文物保护重要论述精神，把习近平总书记关于文物保护的正确理念、重要原则在工作实践中贯彻好、落实好，并积极推动当地党委政府进一步强化文化遗产保护的主体责任，进一步尊重文物工作的客观规律，进一步推动文物事业科学健康发展；同时，要进一步树立开放包容的文物工作理念，认真研究国家发展“新常态”赋予文物工作的新内容、新任务，努力推动文化遗产事业融入经济社会发展大局，以扎实的举措、创新的手段努力推动文化遗产资源实现创造性转化和创新性发展，使文物工作在社会主义核心价值观教育活动和现代公共文化服务体系建设上有更大作为，为“两美”浙江和文化强省建设提供更有力的支持。

（三）主动适应“新常态”，努力打造浙江文物“升级版”

去年，我们就提出要打造浙江文物事业“升级版”。到了今天，对于“升级版”我们有了更加清晰的认识。所谓“升级版”，一方面是要在自身能力上有所“升级”，就是要在文物系统内部建立起更加完善的监管体系、培育更强的保护利用能力、树立更加科学有效的管理方式；另一方面是要在增强文物工作与经济社会发展互动效应上有所“升级”，就是要达成更加广泛的文物保护共识、打造更加开放的文物工作格局、获取更加有力的支撑和保障，从而确保我省丰厚的文化遗产资源既能安全、健康地传承下去，又能更好地融入当代实践实现创新性发展。现在看来，打造“升级版”是文物工作主动适应“新常态”，完成“新常态”赋予的新使命、新任务，实现事业科学健康可持续发展的内在要求，是我们必须坚持的主攻方向。

那么该如何打造浙江文物“升级版”呢？我认为可以从以下方面着手：

一是要主动融合策动“升级”。推动文物工作融入大局、服务大局，建立起开放、包容、合作的新格局是适应“新常态”，实现文物事业又好又快发展的迫切要求。2015 年，是“十三五”规划的编制之年，各级文物部门要紧紧抓住这一契机，积极推动文物工作纳入经济社会发展大格局中、置于大众视野中谋篇布局、出招落子。要进一步推动文化遗产保护和博物馆教育纳入国民教育体系；要进一步挖掘历史文化遗产的潜力，在助推文化创意、旅游等产业发展中发挥更加积极的作用；要进一步发挥文化遗产资源在文明交流互鉴、弘扬中华优秀传统文化方面的独特作用，更好地服务国家外交大局；要进一步推动文化遗产保护与环境改善、民生改善结合起来，通过考古遗址公园建设、传统村落保护利用等抓手，实现与新型城镇化、新农村建设的良性互动。总而言之，做好文物工作就必须因经济社会发展大势而谋、顺人民群众期待而为。二是要改革创新驱动“升级”。近年来，我们在文保工程项目审批、博物馆法人治理结构等方面的改革取得了一些成绩，但离真正破解体制机制障碍还有很

远的距离，不平衡、不协调、不可持续的问题依然存在。因此，我们抓改革创新丝毫不能松劲，必须以久久为功的韧劲，持续用力、真抓实改。在体制机制上，要进一步落实文物保护地方责任制，积极推动党委统一领导、文物部门主要负责、各部门齐抓共管、社会各方面共同参与的文物保护合作共建新机制的形成；在宏观管理上，要进一步推动文保工程管理、考古项目管理、文物保护资金监管、博物馆公共文化服务等重点领域的理念创新、制度创新和科技创新，真正建立科学完备、权责明晰、监管到位、保障有力的文化遗产保护管理体系。三是要强化利用促进“升级”。目前，文物利用仍是我们的一块短板，既存在“不够”的问题，也存在“不当”的问题。抓好文物利用已成为一项重要而紧迫的现实任务。首先，要树立理性的文物利用观，既要克服只保不用的保守观念和不敢利用、被动应付的消极心态，又要坚决抵制一切庸俗化、功利化的利用，始终坚持合理、适度、可持续和社会效益优先的原则，进一步树立和普及“在保护中发展，在发展中保护”的理念。其次，要在推动文物利用手段的合理化、规范化上有所作为，要努力克服文物利用在法律法规中缺乏系统性规定的困难，从原则性规定出发进一步加强文物利用的规划编制、技术标准制定、利用手段监管等工作，坚决遏制当前文物利用中的不规范行为；再次，要进一步做好基础研究工作，在认真、细致、全面研究文化遗产资源自身价值和当代发展需求的基础上，理性思考文物资源的合理利用方式，以准确、生动、鲜活的方式推动文物走进寻常百姓家，融入日常生活中，激活历史文物资源的生命力。四是要夯实基础推动“升级”。文物是不可再生的特殊文化资源，“一旦失去就将永远失去”，所以保护文物本体安全及其原生环境的真实性、完整性始终是我们工作的逻辑起点。离开了这个起点，打造文物事业“升级版”就是无源之水、无本之木。夯实文物工作基础，首先要牢牢守住文物安全的底线，要结合文物平安工程的实施，全面提升文物安全防范和文物行政执法监管水平；要不折不扣地做好文保单位“四有”工作等规定动作，杜绝一切由于法律职责落实不到位而造成的被动局面；要进一步强化保护规划的实施以及建设控制地带内建设活动的审批、监管等工作，以制度约束、强化监管等手段真正推动文物监管“硬”起来；要进一步加强“三普”登录不可移动文物的保护，充分发挥主观能动性，克服对毁坏“三普”登录文物行为进行行政处罚的依据不够明确的困境，努力遏止“三普”登录文物灭失的势头。

三、2015 年重点工作

2015 年，是全面完成“十二五”规划的收官之年，是全面深化改革的关键之年，也是“十三五”规划的编制之年。在这承前启后、继往开来的一年里，我们要着力抓好以下方面工作：

（一）重谋划、抓重点，描绘我省文物事业发展新蓝图

在圆满完成“十二五”规划目标任务的基础上，认真开展“十三五”规划编制工作，精心绘制文物事业发展蓝图。加快良渚古城遗址申遗步伐，积极争取列入 2017 年中国世界文化遗产正式申报项目并做好申遗准备工作。大力推进大运河后申遗时代相关工作，建立完善大运河保护管理长效机制。强化世界文化遗产预备名单管理，协调指导慈溪、龙泉、上虞等地做好浙江青瓷窑遗址保护管理及申遗前期准备工作，做好江南水乡古镇、明清城墙联合申遗相关工作。加快“一普”工作步伐，完成文物信息采集登录及审核工作，开展文物普查培训、普查工作督查等工作，严把普查质量关，确保“一普”工作优质高效推进。进一步加强文物保护管理机构和文博人才队伍建设，按照《全国文博人才发展中长期规划纲要》，着力推进文博人才“金鼎工程”。

（二）促改革、强利用，推动文物资源“活”起来

进一步深化文物系统自身改革，认真落实政府权力清单制度、责任清单制度、行政裁量权基准制度等制度，开展全省县（市、区）文物事业发展水平评估试行工作。加快推进文保工程项目审批综合改革，切实加强文保工程管理，指导行业组织评选全省优秀文保工程，总结、推广成功案例，提升文保工程质量。进一步加大传统村落保护利用力度，协调推进国保省保集中成片传统村落整体保护利用工作，有序推进建德新叶、诸暨斯宅、永嘉芙蓉等首批项目，启动苍南碗窑、兰溪诸葛等第二批项目，会同松阳县人民政府推动实施西田村“浙江省历史文化村落保护利用示范项目”。应用推广浙江省传统民居类文物建筑保护利用导则、图则，启动浙江省传统村落核心要素保护与发

展再利用研究，为传统村落历史环境整治及梳理展示提供指导。有序推进省级考古遗址公园建设，指导嘉兴马家浜遗址、龙泉大窑龙泉窑遗址做好参评国家考古遗址公园准备工作，推进一批具有示范意义的大遗址保护展示工程。努力解决文保单位利用“不够”和“不当”的问题，引导各地在保护规划、维修方案编制过程中统筹考虑利用措施。积极推动具备开放条件的文保单位纳入公共文化服务体系，组织开展文保单位保护利用优秀案例征集评选活动，提高文保单位开放利用率。

（三）重保护、优管理，不断夯实文物工作基础

全面完成省级以上文保单位“四有”记录档案编制、保护范围和建设控制地带划定等工作。组织开展文保单位保护范围、建设控制地带划定及保护区划管理课题研究，制定相应的技术规范和管理办法。启动浙江省文物资源地理信息系统（GIS）管理平台建设，构建全省不可移动文物基础数据平台。启动第七批省级文保单位申报推荐工作。完善考古发掘项目管理制度，做好考古调查勘探和发掘项目的组织工作，加强古遗址、古墓葬类省级以上文保单位及钱塘江中上游、金衢盆地等区域性、专题性地下古文化遗址的考古调查、勘探工作。建立健全新技术、新材料介入考古学研究的机制，提升考古遗址及出土文物的科技保护水平。大力发展水下文物保护事业，加强水下文化遗产保护专业力量、工作网络的培养、建设，契合“一带一路”战略构想，推进东海海域海上丝绸之路水下调查和研究、出水文物保护修复等工作。加强文保工程资质管理，优化文保工程资质单位的类型和等级结构。在已开展传统工匠调查的基础上，研究制定我省传统工匠认定扶持及传统工艺传承的相关办法和措施。推进新型城镇化建设中的名城名镇名村保护工作，协同省建设厅支持、指导温州、海宁、龙泉、平湖等地申报国家或省历史文化名城，提请省政府公布第五批省历史文化街区、名镇、名村。加快推进历史文化街区、名镇、名村保护规划编制和历史建筑保护工作，确定保护对象、区域及相应的保护措施、控制要求，并强化保护规划实施情况监管。进一步强化社会文物管理，指导推进西泠印社艺术品鉴定评估中心开展民间收藏文物鉴定试点工作，探索建立符合我省实际的社会文物监管和服务体系。做好文物拍卖企业资质管理和文物拍卖标的审核等工作，促进社会文物依法流通。

（四）保安全、强科技，不断强化文物事业发展保障

加强不可移动文物安防、消防和防雷等基础设施建设，推进文物收藏单位文物库房、安全技防设施的新建、更新和改造，严把方案审核关，强化事中事后监管，确保文物平安工程高效优质推进。进一步加大文物安全巡查和文物案件查办力度，深入开展文物执法日常巡查和文物违法行为的查处工作，做好全省文物执法监察机构的交叉执法检查和辖区海域内文物执法联合执法工作，开展“天地一体”文物执法监察预警系统建设及试点工作。努力提升文物保护科技支撑能力，围绕国家文化遗产保护科技创新联盟（浙江省）建设，积极承担国家重大文物保护科技专项及课题，深化省文物保护科技项目，结合我省文物保护科技难点，实现文物保护关键技术的突破。充分发挥纺织品文物保护国家文物局重点科研基地、省文物保护科研基地、浙江大学文物保护与科技考古试验基地等科研平台的作用，强化科研基础条件和科研能力。加强与国内外文物保护科研机构的合作，提高我省文物保护科技的地位和影响力。进一步增强文物事业发展财政保障能力，在积极争取扩大文物保护资金总盘子的基础上，着力提升资金使用效益。

（五）抓建设、优服务，进一步提升博物馆公共文化服务能力

全面贯彻实施《博物馆条例》和《关于加快构建现代公共文化服务体系的意见》。积极支持、推进浙江自然博物园核心馆区、中国丝绸博物馆改扩建等项目，推动、指导松阳传统村落生态博物馆及武义、上虞、嘉善、慈溪、龙游、义乌、平阳、临安、富阳、玉环、永嘉等地的博物馆建设工作。积极探索智慧博物馆、数字博物馆建设新路子。组织开展未定级国有博物馆运行评估研究及试点工作，适时开展民办博物馆运行评估工作，建立完善覆盖全省的博物馆运行评估机制和体系。开展民办博物馆发展政策调研。进一步开展国有博物馆对口帮扶民办博物馆工作，继续探索推进博物馆理事会制度建设工作。进一步提升博物馆公共文化服务能力，召开全省博物馆公共文化服务体系建设经验交流会，推介湖州“博物馆在行动”等博物馆公共文化服务先进经验；深入推进全省博

物馆陈列展览精品项目，组织有关博物馆参加全国博物馆十大陈列展览精品项目评选，开展全省第九届博物馆陈列展览精品项目评选工作；进一步完善“博物馆陈列展览交流信息平台”并发挥其作用，促进馆际文物藏品资源整合共享；鼓励博物馆加大文化衍生产品开发力度，组织我省博物馆参加第十届中国义乌文交会。

（六）拓平台、重成效，不断扩大我省文物工作影响力

继续推进省委党校良渚遗址教学点工作，优化教学点合作模式，提升教学效果和受众面。继续办好浙江文物网、《浙江文物》（双月刊）等载体，努力提升办网、办刊水平。深入挖掘我省文物保护领域重大事件、重要活动和典型人物，大力宣传我省文物资源所凝聚的深刻内涵和多重价值。以国际博物馆日、文化遗产日、国际古遗址日等为节点，结合抗战胜利70周年纪念的主题，以丰富多样的形式向社会各界宣传历史文化遗产资源与当下生活密切融合的生动事例，充分发挥文化遗产的资源特点，主动做好社会主义核心价值观的宣传教育工作，发挥正面的舆论引导作用。

同志们，文物事业发展已经迎来新的春天，我们所肩负的责任重大、使命光荣。在新的一年里，我们要在习近平总书记文物保护重要论述精神的指引下，进一步树立进取意识、创新意识、责任意识，鼓足干劲、奋发有为，努力推动我省文物事业更上一层楼，创造更加美好的未来。

谢谢大家！

（省文物局综合处）

第三届浙江省美丽乡村建设中非遗保护工作现场推进会

【概况】 3月31日至4月1日，第三届浙江省美丽乡村建设中非遗保护工作现场推进会暨2015年全省非遗保护工作会议在天台县召开。省文化厅厅长金兴盛出席会议并讲话，省文化厅副厅长柳河主持会议并部署了2015年全省非遗保护工作，省农办、省旅游局等部门相关处室负责人应邀参加。

金兴盛厅长充分肯定了自第一届浙江省美丽乡村建设中非遗保护工作现场会以来，我省非遗保护工作所取得的成绩以及天台县建设和培育“非遗主题小镇”的主要做法，同时提出了“后申遗时代”的非遗保护工作理念。他指出，培育和打造“非遗主题小镇”，要与省政府提出的“在全省建设一批聚焦七大产业、兼顾丝绸黄酒等历史经典产业、具有独特文化内涵和旅游功能的特色小镇”紧密挂钩，实现无缝对接，通过后续工作的跟进和深化，为美丽乡村城镇建设塑魂，为美丽乡村城镇建设兴业，为美丽乡村城镇建设育人，为美丽乡村城镇建设添乐，为美丽乡村城镇建设扬名。

他强调，面对新形势新任务，浙江非遗保护工作要遵照习总书记的重要讲话精神，以“干在实处、走在前列”为要求，结合浙江实际，静下心来，冷静思索；要积极探索工作新机制、新方法；要不断深入深化美丽乡村建设中的非遗保护工作，丰富与提升非遗的“文化内涵”，努力打造“文化品牌”，发挥“文化动力”，抓好“文脉传承”，探索“文化利用”，建设“文化小镇”；要着力提升非遗事业发展能力，着力夯实非遗工作基础，着力推动非遗创新发展，全面完成“十二五”各项目标任务，努力为“十三五”发展打好基础，为建设“两富”“两美”浙江做出积极贡献。

柳河副厅长要求，我省广大非遗工作者要适应时代发展的需要，理清思路，夯实基础，抓住机遇，乘势而上，努力推进非遗工作的新转型与新提升；要坚持保护为主、抢救第一、合理利用、传承发展的指导方针，强本固基，转型升级，促进发展，提升水平，健全非遗保护工作机制，充分发挥非遗功能作用，大力弘扬优秀传统文化，为建设美丽浙江创造美好生活做出探索和实践。

会上，杭州、宁波、温州、金华、嘉兴市文广新局负责人就各自2015年非遗保护工作做了交流。天台县、舟山市普陀区、龙游县、杭州市余杭区、嵊州市黄泽镇介绍了本地美丽乡村建设中非遗保护工作的有效做法。

（厅非遗处）

在第三届浙江省美丽乡村建设中非遗保护工作现场推进会暨2015年全省非遗保护工作会议上的讲话

省文化厅党组书记、厅长　金兴盛

（2015年3月31日）

（根据录音整理）

同志们：

浙江省美丽乡村建设中非遗保护工作现场推进会举办至今，已经是第三届了。今年的这一届现场会跟往届相比有着特殊的意义和背景：第一，今年是习总书记在浙江当省委书记的时候，对浙江非遗保护工作作出重要批示十周年。习总书记的批示为十年来的浙江非遗保护工作，指明了方向，增强了动力。第二，2013年12月底，中央召开城镇化工作会议，习近平总书记、李克强总理都做了非常重要的讲话。会议提出，城镇化是现代化的必由之路，城镇化的建设要依托现有山水脉络等独特风光，让城市融入大自然，让居民望得见山，看得见水，记得住乡愁。会议同时提出，要融入现代化元素，更要保护和弘扬传统优秀文化，延续城市历史文脉。所以，这次会议，实际上是非遗在城镇化建设中的地位和作用的再明确。第三，在今年年初召开的省十二届人大三次会议上，李强省长所做的政府工作报告中提出，要建设一批产业、文化、旅游功能叠加的特色小镇。这是省政府的一项重大战略部署，必将为我们充分发挥非遗在城镇化建设中的作用提供广阔的舞台。无论是从中央，还是省委，都非常重视城镇化建设当中的文化元素。城镇化建设的过程不只是一个物理空间建设的过程，同时也是一个文化空间、精神空间建设的过程。而非遗本身就是文化的一种存在形态。所以，在这样的背景下，召开这次会议，有着它特殊的意义。

这次会议的主要任务就是，以习近平总书记一系列重要讲话精神为指导，认真总结近年来我省非遗保护工作的经验，深入探索在美丽乡村建设、特色小镇建设过程中非遗保护利用的新途径，研究部署当前和今后一个时期，我省非遗工作的主要任务。下面，我讲几个方面的意见：

一、充分肯定我省非遗工作取得的成绩

近年来，我省非遗工作以习总书记的重要批示精神为指导，以干在实处、走在前列为要求，大胆探索、勇于进取、敢于创新，不断创造新经验，取得新突破，赢得了“浙江非遗领跑全国”的赞誉。过去的一年，我省非遗各方面工作都可圈可点，以下几方面尤为突出，多次得到省领导的肯定：

一是服务中心积极有为。围绕“中国梦”“美丽浙江”“五水共治”“三改一拆”等重大主题，全省非遗战线举办“中国梦想·美丽浙江”系列活动、“山水依旧”浙江传统戏剧曲艺主题演唱会等60余场次，以生动活泼的非遗展演与展示，有力地配合了省委、省政府的中心工作。同时，积极推动浙江非遗“走出去”，让境外、国外民众也能够领略浙江的美丽非遗，弘扬和彰显中国传统文化的独特魅力。其中，省非遗保护中心配合夏宝龙书记访问印度，在印度举办的“天工遗风”非遗展，不仅得到了夏宝龙书记的充分肯定，同时也得到了印度政要的充分肯定，印度民众的充分肯定。

二是“国遗”申报工作实现“四连冠”。大家都知道，浙江省从地域面积来说是一个小省，非遗资源在全国来说也不是太多的一个省份，但是国遗数量位列全国第一。2014年12月，在国务院公布的第四批国家级非物质文化遗产代表性项目名录中，我省30个项目上榜，在入选数量上蝉联四连冠，国遗项目总数以217项继续领跑全国。

三是传统戏剧非遗项目保护取得重要突破。浙江是戏剧大省，温州是南戏的故里。当年南戏有四大唱腔：余姚腔、弋阳腔、

昆山腔、海盐腔，其中昆山腔就是现在昆曲源头。戴不凡先生曾经有句话“一部中国戏剧史，至少半部在浙江”。目前，浙江大地还存活着的传统戏剧非遗项目有56个。这56个剧种都是国遗、省遗项目。去年，中宣部部长刘奇葆同志到浙江来专门调研，就如何保护好传统戏剧做了重要指示。夏宝龙书记专门花了两天时间到文化厅调研传统戏剧的保护工作，夏书记提出“要像保护大熊猫一样，来保护我们的每一个传统戏剧”。他说，“在我们手上这56个戏剧项目，一个都不能少，哪怕是这个项目可能就存活在一个村或者几个村，但是只要我们现在把它保护好，种子保留下来，等到以后有一天，条件成熟了，它会发芽、开花、结果”。按照刘部长和夏书记的指示精神，我们去年制订了全省56个传统戏剧项目分级保护措施，命名了首批22个浙江省的传统戏剧之乡，绘制了项目分布图，同时我们还拍摄微纪录片，56个戏剧项目，每一个3到5分钟。同时，省财政给予了大力的支持，每一个非遗的剧种，每年资助20万，连续3年，总共每年财政拿出1120万。三年之后看保护成效，我们再跟财政进行协商。此外，我们还推进濒危剧种守护行动，举办了“浙江好腔调”展演，制订了全国首个传统戏剧保护振兴计划，中宣部、文化部都给予了高度的肯定，《中国文化报》专门做了报道，业界引起了广泛的反响。有了这个计划，以后怎样来保护56个戏剧项目就有了工作的目标，工作的原则，思路的遵循，政策的保障。

四是“美丽非遗”品牌进一步打响。组织开展了2014年浙江省非遗电视春节晚会、第九届浙江省非物质文化遗产节、浙江省“美丽非遗赶大集”、浙江省“美丽非遗进礼堂”等系列活动。同时，我们还举办了第六届中国（浙江）非遗博览会，启动浙江省美丽非遗志愿服务行动，推动非遗走进群众、融入生活。

五是非遗保护工作基础进一步夯实。基础应该包括这样几个方面：首先是场馆设施。到目前为止，我们做过一个粗略统计，全省已经建成各类非遗展示场所（非遗馆、展示中心、陈列室）400多座。今天我们开会的边上，就有在建的天台非遗馆；第二是机构人员。这是非遗保护一个非常重要的基础，现在全省90个县、市、区，非遗保护机构已经实行了全覆盖，并且都配备了专职人员；第三是志愿者队伍。非遗保护工作的量很大，光是靠文化系统内的人员来承担，是远远不够，需要有大量的志愿者共同参与到非遗保护的工作中来；第四是保护机制。保护工作机制非常重要，现在我省已经形成了政府主导、部门配合、社会参与的非遗保护工作机制。有了这样的一个工作机制，非遗的保护就有了强大的支撑。政府财政性的资金投入毕竟是有限的，怎样让社会积极参与非遗的保护，浙江民营经济比较发达，有着非常广阔的前景和深厚的基础。此外，还有理论研究。这一块工作做得非常好，我们有一支强大的非遗专家队伍。依托这支队伍，举办研讨会、论坛等等，夯实了非遗理论研究的基础。

六是美丽乡村建设中的非遗保护工作再创佳绩。坚持保护与利用相结合，同步推进非遗保护工作与美丽乡村建设。在这方面，我省在全国范围内做得比较早。2012年，我到文化厅工作，第一个参加的大型会议就是在桐庐，研究如何来推进美丽乡村建设中的非遗保护，会议提出了美丽中国首先要建设美丽乡村，美丽乡村首先要保护美丽非遗。我们跟省旅游局一直有非常良好的工作合作机制，去年签订了《促进文化与旅游融合发展的合作备忘录》，并且已经创建了两批非遗旅游景区，其中第二批创建重点就是民俗文化村。在这次会议上，我们还将推出第三批的非遗旅游景区的评选，侧重于推动非遗主题小镇和民俗文化村建设。刚才，天台、杭州的余杭区、嵊州的黄泽镇、衢州的龙游县、舟山的普陀区都做了很好的发言。这些美丽乡村建设当中的非遗保护的新举措、新探索都值得肯定、值得借鉴、值得推广。

这些成绩的取得，首先是得益于中央和省委、省政府的高度重视。习近平同志担任总书记之后，对于中华传统文化的弘扬和发展，做过十多次的重要讲话，为我们做好非遗工作指明了方向。前段时间，福建日报专门刊登了《像爱惜自己的生命一样保护好文化遗产——习近平在福建保护文化遗产纪事》。后来，新华社也刊出了《留住历史根脉　传承中华文明——习总书记关心历史文物保护纪实》。在这篇通讯中，习近平在浙江当省委书记重视文化遗产保护工作的内容也写入了其中，这些都为非遗保护工作提供了一个强有力的指导；第二是得益于有关部门的大力配合。非遗保护不能单打独斗，需要各个部门的努力配合。今天省农办、省旅游局都派了有关处室的负责人参加会议。没有来参加会议的，比方说财政、建设等等部门，一直以来也都对非遗保护工作给予大力的支持和帮助；第三是得益于非遗保护专家的研究指导。非遗保护工作不仅仅是一些具体项目，还要有理论研究和指导，特别是，非遗文化内涵的挖掘、提炼和阐释。浙江非遗专家在这方面做了大量的、卓有成效的工作，得到了文化部的高度肯定。比如我省民俗文化促进会，省委宣传部原常务副部长童芍素是这个协会会长等等；第四得益于社会各界的高度关注。比如刚才我提到的民营企业家，热心非遗事业，还有我们的志愿者，放弃休息时间，来参与非遗保护工作；第五是得益于以王淼同志为代表的全省广大非遗工作者敢于担当，无私奉献的精神。浙江非遗资源比较全国其他省份不算多，但我们为什么能够在非遗项目申报中实现四连冠，其中一个很重要的原因，就是我们这支非遗工作队伍的辛勤和努力，正因为有了你们的奉献，才有了我省非遗保护工作今天的成就。所以我想借这个机会，也代表省文化厅党组向在座的非遗工作者，并通过你们向全省的非遗保护的工作者致以衷心的感谢！

二、深刻认识新形势下非遗的功能与价值

刚才我讲了，中央和省委、省政府对加强非遗保护利用、传承中华优秀传统文化是高度的重视。党的十八大以来，习近平总书记站在时代发展的战略高度，在多个重要会议、重大场合，就保护传承中华优秀传统文化发表了系列重要论述。非遗作为人类文明的“活化石”，是中华传统优秀文化的重要内容，让我们越来越深刻地感受到它的历史厚重与当代价值。它的功能与价值，可以从很多的方面去进行阐述。著名民俗学家冯骥才曾经说过，非物质文化遗产“既是那一方水土独特的精神创造和审美创造，又是人们乡土情感、亲和力和自豪感的凭借，更是永不过时的文化资源和文化资本”。今天，我想结合会议的主题，结合如何发挥美丽非遗在美丽乡村建设，特别是在特色小镇建设中的作用，谈些我个人的观点。现在，中央提出来要推进新型城市化建设，浙江省政府提出要加快特色小镇的建设。刚刚上个星期五，李强省长就如何推进我们省特色小镇建设专门召开了一个专题会议，我也参加了这个会议。会上，李强省长就特色小镇建设功能概念的梳理、推进的方法步骤等都做出了具体的部署和要求。在这样的背景下，非遗究竟能在其中发挥怎样的功能，究竟能够起到什么样的作用，我觉得至少有五个方面的功能和价值：

（一）非遗能够为城镇建设塑魂

非物质文化遗产对一定区域的居民来说具有共同的认知情感，共同的价值观和共同的信仰，能够成为这个区域居民的一种精神共同体。比如天台的和合文化小镇。和合二仙传说作为省级非遗项目，所形成的和合文化，在当地民众心中，它有一种精神的认同，情感的认同，深刻地影响当地民众的生产与生活。刚才台州的叶市长和天台的杨县长跟我讲，在接访的地点进行和合文化宣传，化解地方民众矛盾效果很明显。又比如，象山开渔节中妈祖巡安仪式、岱山休渔谢洋大典中的祭海仪式等，都是非遗项目，都源于一种精神的依托和情感的认同，是当地民众的精神共同体。在龙游，我看过在农村文化礼堂举行的开耕礼，仪式感也很强。开春了，一年之计在于春，要敬畏自然，感谢大地，祈求丰收的一年。这种仪式在那个村里，那个区域里面，它也是一种文化的认同，一种情感的归属。所以，有效推进城镇化建设，不仅仅是基础设施的建设，更重要的是灵魂的塑造。非物质文化遗产能够凝聚人心，可以为城镇化建设塑魂。

（二）非遗能够为城镇化建设兴业

省政府确定的十大历史经典产业，茶叶、丝绸、黄酒、中药、青瓷、木雕、根雕、石雕、文房四宝等，都属于非遗生产性保护的范畴，每一个都可以实行产业化生产。特色小镇建设，产业是一个平台支撑。没有产业，作为一个镇，它不可能长期的繁荣，也不可以达到人口的集聚。在各级非遗项目中，许多都可以进行生产性的保护，可以在保护的前提下合理地开发利用。比如龙泉的青瓷，比如今天看到的天台和合文化中一根藤的技艺，还有昨天参观天台佛教城的国家级非遗项目干漆夹苎技艺，等等。这些非遗项目都能够合理开发利用，能够富民，可以为城镇建设兴业。

（三）非遗能够为城镇化建设育人

许许多多的非物质文化遗产

体现的是重民本、守诚信、尚和合、求大同,以行孝道的优秀传统思想精华和道德精髓。这些思想精华和道德精髓,同样具有时代价值,是社会主义核心价值观的重要源泉。通过非物质文化遗产的传承和弘扬,能够使人的素质进一步提高,人的文化内涵进一步丰富,非遗能够为城镇建设育人。

(四)非遗能够为城镇化建设添乐

许多非遗项目都有启迪人的心智与心灵作用。比如,前面讲到的56个传统戏剧非遗项目。戏剧是一种文艺表现形式,能够为人民群众提供丰富的文化生活。台州乱弹是国家级非遗,春节期间市场很好。金华婺剧,在金华及周边地区都很有市场,每逢过年过节,家里有大的事情,都要请婺剧团演一场。浙一医院院长是著名的器官移植专家,他在动手术的时候,就要放婺剧伴奏带,因为他是龙游人,从小听婺剧长大,他说放了婺剧以后手术才动得好。非遗能够丰富城镇居民的精神文化生活,能够为城镇化建设添乐。

(五)非遗能够为城镇化建设扬名

城镇也要有自己的特色,树立自己的品牌。文化特色是根本的特色。经济的特色可能是暂时的,但是,文化的特色是根本的、长远的。改革开放初期,乐清的纽扣很有名,它是产业品牌,杜桥的眼镜也是产业品牌,当时讲起来都很有名,但是几十年以后,又有多少人能想起柳市的纽扣、杜桥的眼镜?而文化品牌随着时间的推移,反而越是能够发出它耀眼的光彩。比如,龙泉的青瓷和宝剑、东阳的木雕、青田的石雕、开化的根雕、杭州的丝绸。这些品牌只会随着时间的推移越来越有韵味。不是有句话:“千里迢迢来杭州,一半西湖一半绸。”文化品牌是根本,非遗能够为城镇化建设打出响亮的文化品牌,为城镇建设扬名。扬名之后,财富也就自然而然地会来。所以,现在天台提出建设非遗主题小镇,我觉得这个概念非常好。我们要充分认识到非遗在城镇化建设、在特色小镇建设、在美丽乡村建设当中的作用。只有认识到非遗的作用和功能,我们的工作可能会更有目标,更有动力,最后也会更有成效。

三、积极转变非遗工作理念

当前和今后一个时期的具体工作,明天上午,柳河同志还会做专门部署。借此机会,我主要想跟大家谈一谈“后申遗时代”非遗工作的理念。我多次在厅长办公会议上讲过,非遗工作重心要转移。浙江的非遗资源跟全国比,我们不是最丰富的。但是通过前四届的努力,我省非遗保护名录,列入世界级的已经有9项,列入国家级的已经有217项,列入省级的已经有970多项。下一步,工作的重心,我觉得要把重申报转到重保护上来。当然重保护,并不是说申报就不要了,申报仍然是保护的一个非常重要的环节。现在的问题是,有的地方申报成功就万事大吉,到最后这个非遗项目不能够很好的保护和传承。所以,我认为,在新的阶段,非遗工作的理念,需要给它进行重新的梳理和调整。

伴随着城镇化步伐的快速推进和经济社会快速的发展,以农耕生活为主流的农民洗脚上岸,换脑进城,生产与生活方式、审美趣味和文化需求都发生了相应变化,这使得以乡土文化为生存土壤的非遗项目保护工作受到挑战,非遗保护形势日趋严峻、任务更加艰巨,时代发展对非遗保护工作的要求更加苛刻,党和政府高度重视,以及社会各界对非遗保护认知的提升,也给非遗保护工作提出了更高的要求。

浙江是全国非遗的“排头兵”,文化部对浙江寄予厚望,全国文化系统也很关注浙江。面对新的形势与任务,我们需要静下心来,冷静思索,遵照习总书记的重要讲话精神,结合浙江实际,调整工作思路与理念,积极探索工作新机制、新方法,以实现领跑的目标。

(一)在工作重点上,要从重申报转向重保护、重传承、重发展

一些地方对非遗工作“重申报、轻保护”,往往对申报工作表现出极大的热情,但对一些与经济效益无关的文化遗产项目,由于无利可图,一旦申报成功,保护工作就此终结。我们必须要扭转这个局面,否则的话这个保护工作就会流于形式。一是要坚持依法保护。法律法规是加强非遗保护的最有力的保障。但是,法律的尊严在于有法必依,执法必严。在文化领域,法律、法规是非常少的,前段时间也粗粗统计了一下,从国家层面的来说,文化类的立法只占了总立法的1.6%。这个跟文化作为中国特色社会主义事业五大布局之一的地位,是很不平衡的。其他经济类的、生态类的、政治类的、社会类的立法都要远远多于文化类的立法。现在文化软实力太软,就是因为我们缺

少法律。然而，在非遗保护方面我们是有一部法律的，国家有《非遗法》，浙江有《浙江省非物质文化遗产保护条例》。所以，我们要充分发挥非遗法律法规的约束作用，规范政府行为，严惩违法行为，从而增强各级党委政府和全社会的保护自觉，更好地促进非遗保护工作。二是要抓好抢救性保护。活态发展是非遗的发展规律。一些非遗项目以口耳相传为重要特征，当前受工业化、城镇化的严重冲击，生存状态是非常不容乐观的，甚至是濒危的。一些非遗传承人年纪偏大，后继无人，面临着一些手工技艺的失传。比如，全省列入国家级和省级非遗名录的戏剧项目有56个，现在能正常演出的不足三分之一。有的演出，甚至说完全是靠一个家族，没有其他人来学这个戏剧项目。那天去温州调研，温州的局长和我讲，瑞安高腔就是一个家族组成的一个团，到处巡演。有一次这个团坐面包车巡演翻车了，出了交通事故。他说还好没有出大事情，如果出大事情的话，不仅是这个家庭的悲剧，同时这个非遗项目也就消失了。所以怎么样来培养传承人，是我们非遗工作面临的一个非常严峻的问题。同时，我省还有不少门类的非遗项目濒临消亡。要对全省非遗项目的状况进行细致而详细的调查摸底，了解濒危非遗项目的生存状态，及时对濒危项目采取切实有效的保护。三是要推行动态保护。探索对非遗目录和传承人进行动态管理，建立健全保护工作评估体系、监察体系，取消终身制，完善退出机制，努力使非遗申报成为促进保护的“砝码”。

（二）在保护方式上，要从粗放型转向集约化

一些地方对非遗保护方式单一。为了保护而保护，非遗保护工作始终停滞在最传统的管理方式，未能很好地体现非遗工作的时代性。为此，一方面，要采取分类保护、精细化管理。非遗种类繁多，内涵丰富，表现形式多样。国务院公布的国家级非遗名录中把非遗项目分为十个门类，包括民间文学、传统音乐、传统舞蹈、传统戏剧、传统美术、民俗等多个门类。每个类别的非遗项目都有着与其他类别不同的特点，我们开展非遗保护工作，首先应研究、了解和掌握非遗项目类别的特点，因类制宜，采取有针对性的措施，这样才能真正取得保护的实效。前两年，省文化厅出台了“八个一”的非遗保护措施，就是怎么样来因地制宜、因类制宜来做好我们的保护工作。另一方面，要推进从项目保护向整体性保护的转变。当前做好非遗保护工作已经不能仅仅局限于对单个项目保护，更为重要的是要加强非遗赖以生存的文化生态环境的保护。观念上应强调整体、关联、生态地对待文化遗产，实践上应探索多元主体、多种层次和多种方法的保护与传承。近年来，我们已经开展了国家级海洋渔文化生态保护实验区等一批文化生态区建设试点。

（三）在利用模式上，要从利用不足转向合理利用

一些地方对非遗资源在经济社会发展中的重要作用认识不足，利用不足，实际上有的时候利用就是最好的保护。一方面，要主动融合。在大力促进消费的背景下，要把非遗产品作为现代消费新领域来拓展，将非遗与促进旅游、发展工艺美术、拓展文化产业、现代文化服务、对外文化贸易等有机结合、深度融入，切实将资源优势转化为发展优势。实际上在这方面，还是大有文章可做的。前面我说非遗能够为城镇化建设兴业，就是这个道理。现在很多地方非遗产业化搞得非常好。比如邵永丰的麻饼，看他的制作技艺就是一种享受。他的麻饼在台湾很有名，他在全国有很多连锁店，他一年交到当地的税收就了不得。当然，有的时候，非遗并不能直接产生经济效益，但它可以带动产业的发展。比方，建德新叶村，四千多的村民，几乎家家户户都能唱昆曲。浙江省第一批传统戏剧之乡的命名就放在新叶村。由于昆曲名气大增，湖南卫视也找到新叶村拍了一集《爸爸去哪儿》。结果一下子旅游就兴旺了，从去年到今年2月底，它的旅游门票收入就达到980多万。另一方面，要积极创新。积极借鉴国内外先进做法，深入发掘和利用好非遗资源，将其转化为可供物质消费或精神消费的文化产品或文化服务，打造特色文化品牌，增强非遗生存活力，延伸文化产业链，使非遗保护利用真正成为“惠民工程”和“富民产业”。

（四）在保护手段上，要从传统型保护转向智慧型保护

当代科技和信息网络的发展，为非遗保护提供了形式多样的科技平台和载体。要大力建设智慧非遗工程，推进非遗资源数字化、非遗管理现代化、非遗服务网络化。一是保存方面，可通过非遗数据平台建设，建成省、市、

县级非遗数据库。也可利用声像技术及设备做好非遗的保存工作。非遗是活态的文化遗产，也是动态和发展的文化遗产。可利用声像技术，通过在不同时间阶段，采用同样的方式对非遗项目的生态环境、传承方式、传承方法、项目形态特征等多维而立体地拍摄记录，从而为后人留下全真可复制性的参考资料和发展轨迹的研究资料。二是传播方面，可借助信息网络平台，让非遗项目通过网络平台展示活态的丰姿，让更多的人了解非遗的风采和多重价值。同时，还可通过网络平台开通非遗产品的营销渠道。三是传承方面，有针对性地开展非遗项目的科研保护工作，利用科技的手段，对非遗绝技的科技含量进行剖析、鉴别和确定，从而破解传承和保护的难题。

（五）在保护力量上，要从政府主体转向政府主导、社会共治

非遗保护是复杂的社会工程，既是各级政府的责任，也是全社会的责任。《非遗法》第九条明确规定："国家鼓励和支持公民、法人和其他组织参与非物质文化遗产保护工作。"因此，在坚持"政府主导"，强调各级政府继续勇挑重担的同时，我们还需努力推动社会的力量广泛参与非遗保护，形成非遗共治共享格局。一是要加强宣传。通过广泛的宣传与引导，实施文化遗产保护的全民动员，充分调动个人、企事业单位和其他社会团体等各方面的力量，激发他们参与非遗保护的积极性、主动性，为他们参与非遗保护工作创造条件、提供服务，集全社会之力，共同推进非遗保护工作。二是要健全非遗专家队伍和志愿者队伍。不断充实非遗专家库，建设一支有学术思想和丰富实践经验，肯做事、勇担当、有作为的专家队伍，来科学指导非遗保护工作；进一步壮大志愿者队伍，开展多层次的志愿服务活动。三是要探索向社会购买服务。将一些救命性抢救的工作，采用由政府买单，将濒危项目的保护项目化，通过向社会招标保护、研究课题设立等手段，将保护责任落到单位、团体或个人，由有能力的社会法人和自然人承担保护的法律责任，从而带动、引导有能力的社会团体与个人参与非遗保护。四是可探索谁保护谁得利的办法。鼓励有条件的社会人士参与合理开发利用，调动社会各界参与保护的积极性。

四、以更实的作风推动非遗事业率先发展

今年是习总书记任浙江省委书记的时候对非遗保护工作批示十周年，厅里要借这个契机，开展一系列的活动，通过这些活动推动非遗保护工作更上一个台阶。浙江非遗要实现加快发展、率先发展，需要发扬像王淼同志一样的担当精神和过硬作风，需要有更大的决心、更高的标准、更新的举措和更实的作风抓好各项工作落实。

一是要进一步强化前列意识。浙江是全国非遗保护的先行地，我们凭借着领导的重视、政策的支持和广大非遗工作者的开拓进取，多年来一直处于领先的位置。但是随着《非遗法》的推动，全国各地"非遗热"的形成，我省的先发优势逐渐在弱化，甚至在数字非遗数据库建设等方面已落后于一些省市。2012 年底，省文化厅党组提出了建设"全国文化发展示范区"的目标，要求落实"三以"理念，实施"六区"计划，其中一个区就是"文化遗产保护模范区"。要实现持续领先的目标，就必须要强化前列意识，进一步增强责任担当。当前，强化前列意识不是一句口号，要落实到工作理念和实际行动中：进一步健全非遗保护与评价制度体系，积极探索非遗合理利用新途径新模式，大力争取建立持续增长投入机制，推进非遗展示场馆建设，培育壮大非遗保护队伍，进一步夯实发展的基础。

二是要进一步强化创新意识。改革开放以来，体制机制的先发优势，是浙江经济社会活力的重要源泉。非遗工作也是如此。今年是中央部署的全面深化改革的关键之年，我们要坚持问题导向，善于发现问题、正视问题，以改革的手段和创新的方法破解问题，努力再创非遗工作体制机制新优势。在省委召开的全面深化改革领导小组会议上，夏书记提出，改革一定要坚持两个导向，一是问题导向，二是效果导向。我们要立足问题抓改革，要立足完善抓改革，要立足发展抓改革。对非遗工作，我们也要这样做。要立足问题抓改革，不要以为浙江非遗工作已经做得很好，对存在的问题麻木不仁。我们必须清醒地认识到，我们的非遗工作还存在着管理与绩效评估机制不尽完善，非遗保护专业人才匮乏，保护传承载体形式不够丰富，非遗资源尚未得到有效利用等问题。因此，必须要有强烈的创新意识，积极探索、先行先试，始终把创新作为推进工作的

引擎，确保非遗事业健康持续发展。

三是要进一步强化服务意识。在当前形势下，做好非遗工作，既要有大局观又要有群众观，努力在优化服务中赢得尊重与支持。首先，要服务好大局。围绕弘扬社会主义核心价值观、生态文明建设、美丽乡村建设、特色小镇建设等主题，主动融入，有效服务，充分发挥好非遗的多重价值。其次，要服务好群众。群众是非遗的创造者、所有者、鉴赏者和传承者。在非遗保护工作实践中，不能将非遗工作神秘化，或者束之高阁，要通过各种形式和途径，让非遗进一步走进群众走进生活，推动非遗保护成果最大限度地惠及群众，才能更好地赢得群众的支持。群众是非遗的创造者，不仅仅是非遗的欣赏者。要体现这样的理念，让非遗走进群众，走进生活。讲到这里，我想到台湾，台湾的文化创意产业之所以发展得这么好，是因为他们有一个很好的理念，让文化走进生活，让创意走进生活，所以，台湾很多文化创意产品，就是日常的生活用品，真正地把文化创意转化为一种生产力，转化为一种财富，同时又刺激更多的文化创意者去发挥他们的智慧，这个非常重要。再次，要服务好非遗项目代表性传承人。代表性传承人是非遗的重要承载者和传递者，掌握着非遗的丰富知识和精湛技艺，是非遗活态传承的关键。我们要持续关心他们，积极创造条件，鼓励和支持代表性传承人开展传承传播活动。

四是要进一步强化谋划意识。我多次说过，谋划思路是宏观，谋划方法是中观，谋划抓手是微观。谋划思路，就是既要围绕整体布局，又要紧扣重点工作和核心任务，在调研的基础上，制定清晰的整体推进方案，提出操作性强的工作思路和实施措施，使各项工作干有方向，做有目标；谋划方法，就是要善于把握非遗工作的发展规律，寻求有效的办法和手段，也需要开放包容的视野，相互学习借鉴别人的好方法好经验，创造属于自己的好的工作方法；谋划抓手，就是要善于谋划有效的工作载体，推动各项文化工作落到实处。今年是“十三五”规划的谋划之年。规划就是方向、是蓝图，对未来的发展起到引领作用。全省各级非遗部门要把编制“十三五”规划作为今年工作的一项重要任务，形成提前思考、超前谋划的工作习惯，深入开展调研，研究提出“十三五”发展方向、主要目标、重点任务和保障措施，积极谋划重点项目和重点工程，精心谋划好未来五年非遗发展蓝图。

同志们，今年是全面深化改革的关键之年，是全面推进依法治国的开局之年，是“十二五”规划收官之年，也是“十三五”规划的谋划之年。做好今年工作，责任重大，意义深远。让我们紧扣省委省政府中心工作，着力提升非遗治理能力，着力夯实非遗工作基础，着力推动非遗创新发展，全面完成“十二五”各项目标任务，努力为“十三五”发展打好基础，为建设“两富”“两美”浙江做出积极贡献。

学习实践习总书记浙江非遗保护重要批示十周年座谈会

【概况】 2005年5月至6月，时任浙江省委书记习近平同志，连续对浙江省非物质文化遗产保护工作做出了6次重要批示。十年来，浙江省不断实践着习总书记重要批示的批示精神，在历届省委省政府领导的高度重视下，非遗保护取得了令人瞩目的成绩，创造了非遗普查“浙江模式”、非遗名录“浙江现象”、非遗传承“浙江经验”，领跑全国率先开启了文化“四馆”时代。

值此十周年之际，5月29日下午，浙江省文化厅在浙江美术馆召开学习实践习总书记浙江非遗保护重要批示十周年座谈会，金兴盛厅长出席会议并作重要讲话。省委统战部、省旅游局等相关部门处室以及省新生代企业家联谊会，部分省、市文化单位，杭州师范大学、浙江传媒学院省非遗研究基地，各市及部分县（市、区）文化广电新闻出版局、非遗保护中心负责人以及省非遗保护专家、非遗代表性传承人代表共60多人，重温习总书记浙江非遗保护重要批示精神，共话习总书记在浙江关怀文化遗产保护情景，畅谈浙江非遗保护的光荣与梦想。

金兴盛厅长指出，习总书记重要批示是浙江非遗十年发展的力量源泉，是浙江非遗十年来走在全国前列的思想保证，是传统文化系列论述精神宝库的重要内容，是浙江非遗保护始终不渝的行动纲领。我们必须站在传承弘扬中华优秀传统文化的高度，深入学习习总书记重要批示精神，更加深刻地理解和准确把握非遗的当代价值，认真贯彻落实省委省政府关于“两美”浙江建设的重大决定。习总书记重要批示和历届省委省政府对传承弘扬传统文化的高度重视，奠定了我省非遗保护事业干在实处的基石，指明了我省非遗保护事业走在前列的方向，加快了我省非遗保护事业持续发展的步伐。

金兴盛厅长强调，要从非遗的传承保护有助于加强生态文明建设，有助于培育和弘扬社会主义核心价值观，有助于构建现代公共文化服务体系，有助于推进新型城镇化和“特色小镇”建设等五个方面把握传统文化的当代意义。他要求，在新形势下，我省非遗保护工作要主动应对挑战，把握工作方向，创新工作方法。要突出核心价值的构建，强调保护为本的底线，坚守人本传承的原则，服务国计民生的需要，强化社会参与的理念，探索创新发展的方法。未来的十年，要继续以习总书记的重要批示精神为动力，强化法治非遗，进一步推动浙江非遗科学发展；强化规划引领，进一步推动浙江非遗持续发展；强化转型升级，进一步推动浙江非遗率先发展；强化“非遗＋”理念，进一步推动浙江非遗融合发展，以斑斓多姿的浙江非遗梦助力国富民强的中国梦，进一步开创浙江非遗保护工作的新局面。

会上，与会代表饱含深情，畅所欲言，纷纷回顾我省非遗保护事业在习总书记重要批示精神指引下，从零起步，干在实处，走在前列，取得非凡业绩的经历，并畅谈了对未来浙江非遗保护事业发展的期望与打算。会上，特别编辑的《浙江非遗这十年》画册和《浙里繁花》浙江省非遗宣传手册首次与读者见面。

（厅非遗处）

智慧的光芒　实践的指南

——在学习实践习总书记浙江非遗保护重要批示十周年座谈会上的讲话

省文化厅党组书记、厅长　金兴盛

（2015 年 5 月 29 日）

同志们：

今年，在非遗事业的发展进程中，是一个具有特殊意义的重要时间节点。其一，十年前的 2005 年，国务院先后印发了《关于加强我国非物质文化遗产保护工作的意见》和《关于加强文化遗产保护的通知》两个重要文件，我国非物质文化遗产保护工作大幕由此正式揭开。其二，我国从 2006 年开始，设立的文化遗产日到今年是第十个年头，我省为开展好每年的文化遗产日活动而举办的非物质文化遗产节今年也正好是第十届。其三，2005 年 5 至 6 月，时任浙江省委书记的习近平，在国务院办公厅《关于加强我国非物质文化遗产保护工作的意见》下发后不到一个月的时间里，对非遗保护工作连续做出六个重要批示。十年来，正是不断实践着习总书记的批示精神，浙江非遗才取得如此丰硕的成果。

在这样三个“十周年”的背景之下，召开座谈会，重温和学习习总书记在浙江工作期间有关非遗保护的重要批示精神，我认为，不仅对浙江，乃至全国；不仅对今天，乃至将来，都具有重大的现实意义和深远的历史意义。刚才，大家的发言都很好。由于时间关系，今天还有许多聆听过习总书记教诲的参会同志没有发言。作为浙江非遗保护事业的亲历者，无论是非遗保护的基层工作者，非遗专家学者、代表性传承人，还是政府部门行政干部、新生代企业家，都从各自的视角，为我们生动再现了十年来，在习总书记重要批示精神的激励下，我省非遗从零开始、干在实处、走在前列的发展历程。我和在座的同志们一样，深受教育、深受感动、深受鼓舞。下面，我谈几点意见：

一、习总书记重要批示是浙江非遗十年发展的力量源泉

2002 年至 2007 年，习总书记在浙江工作的五年，正是浙江非遗先行先试、起步发展的五年。浙江的山山水水间，留下了他许许多多关怀和重视非遗保护的实例和足迹。他以对传统文化的浓郁情感和深刻理解，身体力行地呵护和推动了正处在起步阶段的浙江非遗，使我们取得了今天浙江非遗领跑全国的成绩。我认为，他对浙江非遗的贡献和影响，是根本性和决定性的。

（一）奠定了我省非遗保护事业走在前列的基石

习总书记主政浙江五年间，省委省政府推出了一系列有关非遗工作的重大部署：2003 年，我省率先启动了民族民间艺术保护工作，并被文化部列为中国民族民间文化保护工程两个综合试点省之一。2004 年，省政府办公厅下发《关于加强民族民间艺术保护工作的通知》，做出全面工作部署。2005 年，浙江省委做出《关于加快建设文化大省的决定》，把实施文化保护工程作为文化建设八项工程的重要内容。2006 年，省政府出台《关于进一步加强文化遗产保护的意见》，对全省非遗保护工作提出进一步要求。2007 年，省人大常委会颁布了《浙江省非物质文化遗产保护条例》，比我国《非遗法》的出台整整提前了 4 年时间。从工作部署到政策法规，一年一步台阶，有力地推动着浙江非遗有法可依的进程。与此同时，浙江率先启动非遗普查；率先公布省级名录，建立全省非遗名录体系；率先建立省级非遗保护专项资金，率先推行传承人终身政府津贴制度。据 2006 年有关材料显示，浙江还是当年全国投入非遗保护经费最多的省份。这些为当时先行先试的浙江非遗提供了非常重要的基础性保障，也为全国提供了示范和样板。这些都与时任浙江省委书记的习总书记的重视、支持和推动是分不开的。

（二）指明了我省非遗保护事业走在前列的方向

习总书记在浙江工作期间，有许多关于优秀传统文化的精彩批示、讲话和文章，去年，我叫办公室进行了汇编，印发给文化系统学习。这些批示、讲话和文章，内涵丰富、立意深远。比如，他在很多重要会议上对浙江优秀传统文化和浙江精神的关系作了深刻阐述。2005 年他组织对浙江精神做出新的提炼——“求真务实、诚信和谐、开放图强”，这 12 字充满浙江地域文化的个性和特色，是浙江深厚的文化底蕴、文化传统与当今时代精神的有机结合，是对浙江优秀传统文化的继承和发展。尤其值得我们称赞和自豪的是，2005 年 5 至 6 月他对非遗保护传承做出了六个重要批示。这是在国务院办公厅的文件刚刚下达不到一个月的时间里连续做出的，密度之高，关注之切，体现了他的高度文化自觉和对非遗工作的高度重视。六个重要批示是他对浙江非遗工作全面、具体而深刻的指导，深深地影响和引领着浙江非遗领跑全国的前进道路：贯彻国务院文件精神，体现的是依法保护的要求；关怀非遗传承人，体现的是以人为本的要求；抢救振兴永嘉昆曲，体现的是抢救性保护的要求；传承发展民间工艺，体现的是生产性保护的要求；保护传统文化古村落，体现的是整体性保护的要求。这些要求是持续指导我们前进的方向和动力。再比如，今年 6 月 13 日是第十个遗产日。在第一个遗产日的时候，总书记有一段对“遗产日”的定位要求，很具体、很深刻。他说：“要借此机会，利用各种渠道宣传文化遗产保护，通过展示、演出和媒体等各种载体向人民群众，尤其是青少年进行文化遗产的保护宣传和教育。”十年后的今天，这段话仍然指导着我们遗产日活动的方向。刚才大家参观的浙江国遗项目图片展、手里翻看的《浙江非遗这十年画册》《浙里繁花——浙江非遗宣传手册》，都是实践总书记批示精神、面向公众的宣传和普及。其中，宣传手册的 6 本小小的册子，笔调清新、文风活跃，吸引的就是青年群体对非遗的关注，是一次有益的探索和尝试。

（三）注入了我省非遗保护事业走在前列的持久动力

第一个遗产日调研文化遗产保护工作、越剧百年大会亲临致辞、三赴龙泉推动青瓷保护发展、亲笔致信孙家正部长关心绍兴大禹祭典项目申报国遗等等，总书记身体力行地关怀和重视非遗的实例不胜枚举。我还记得 2006

年的时候，习总书记到磐安玉山古茶场视察工作后，有一个古茶场保护的工作批示。当年我在发改委，还在办理件上签过意见，推动过这个批示件的办理落实。这些点点滴滴，示范、引领并推动形成了浙江历届党委政府高度重视非遗保护工作和浙江广大非遗人奋力拼搏的良好氛围。继任省委书记赵洪祝多次对非遗做出重要批示，2009年1月在文化厅上报的有关材料上批示“应该首先感谢文化系统的同志们围绕‘非遗’保护做了大量的卓有成效的工作。它不仅是全省、全国的工作，而且是世界人类文明的传承工作，意义十分重大，要继续深入抓好”。2014年6月，现任省委书记夏宝龙在调研我省文化工作时强调：“要把蕴藏在民间的不同艺术形式都挖掘出来，让我们优秀的传统文化保留、传承和弘扬下去。”“要像四川保护大熊猫一样，确保全省56个剧种（项目）一个都不能少。”遵照夏书记的指示，省财政从今年开始实施了保护传统戏剧项目三年行动计划，每个戏剧项目每年20万，一年总计1120万。我厅在2013年与省统战部、省新生代企业家联谊会等一起推出濒危剧种守护行动的基础上，开展“浙江好腔调”系列活动，并评选传统戏剧之乡，推进了浙江传统戏剧项目的保护工作。这些都有力地激励了全省文化工作者特别是非遗工作者敢于担当，勇于创造第一。

二、习总书记重要批示是传统文化系列论述精神宝库的重要内容

十八大之后，习总书记在不同场合多次论述传承中华优秀传统文化的重要性。无论在福建、在浙江，还是在中央，他对中华优秀传统文化的重视、思考和阐述，都是一以贯之的。我们必须站在传承弘扬中华优秀传统文化的高度，深入学习习总书记重要批示精神，更加深刻地理解和准确把握非遗的当代价值：

（一）非遗的传承保护有助于加强生态文明建设

2015年3月，中央政治局审议通过《关于加快推进生态文明建设的意见》。生态既包括自然生态，也应包含文化生态。狭义的文化生态指的是原生性的、祖先传下来的文化环境，广义的文化生态指的是优秀传统文化和社会文明。通过非遗保护，不仅促进了文化生态的守护和修复，而且能够有效地传承中华传统美德，弘扬勤俭节约、敬畏自然等生活方式，引导人们向绿色低碳、文明健康的方向转变。

（二）非遗的传承保护有助于培育和弘扬社会主义核心价值观

习总书记指出：培育和弘扬社会主义核心价值观必须立足中华优秀传统文化。抛弃传统、丢掉根本，就等于割断了自己的精神命脉。非遗与民众的精神世界和世俗生活的联系非常紧密，直接地影响人们的价值取向和处事原则。保护优秀传统文化，传承历史文脉和民族精神，增强民族凝聚力，是非遗保护的重要内容，也是非遗传承的目的所在。

（三）非遗的传承保护有助于推动经济的转型发展

总书记在浙江期间三赴龙泉，不但推动了青瓷的保护和发展，而且使之成了当地的支柱产业、一张响亮的文化名片。没有比这个案例更能诠释总书记对非遗保护和经济发展的要求。非遗“生产性保护”的概念，不仅有利于非遗的传承传播，而且对经济增长方式的转变也有重要的现实意义。许多非遗具有重要的资源价值，可以转化为经济价值。比如传统美术、传统手工技艺的项目，本身就具有文化产品的属性，有市场需求和产业前景。而一些民间文学、戏剧曲艺、民俗项目，看似不能直接产生经济效益，但经过整理发掘，可以提升地方知名度，继而转化为旅游资源、文化产业和经济优势。当然，在开发利用的过程中要注意适度，不能舍本逐末，破坏非遗项目的原真性和人文价值。

（四）非遗的传承保护有助于构建现代公共文化服务体系

今年1月，中办国办印发了《关于加快构建现代公共文化服务体系的意见》，我省的《实施意见》也即将出台。挖掘特色非遗资源，以“我们的节日”为主题，组织开展群众性节日民俗活动，既是政府部门加强公共文化服务的重要途径，也是广大群众参与文化共建、共享公共文化服务的重要方式。

（五）非遗的传承保护有助于推进新型城镇化和“特色小镇”建设

在2013年12月的中央城镇化工作会议上，习总书记指出，在城镇化建设中要“让居民望得见山、看得见水、记得住乡愁”。今年省政府对特色小镇建设进行专门部署，提出要规划建设一批产业、文化、旅游功能叠加的特色小镇。2012年以来，我们已连续召开三届全省美丽乡村建设中非遗保护工作现场会,今年3月底在天台召开了第三届,重点部署推进非遗主题小镇和民俗文化村建设,其目的就是践行习总书记有关讲话精神,切实把非遗保护工作融入新型城镇化和"特色小镇"建设。

三、习总书记重要批示是浙江非遗保护传承始终不渝的行动纲领

浙江非遗的十年,是极不平凡的十年,创造了非遗普查"浙江模式"、非遗名录"浙江现象"、非遗传承"浙江经验",领跑全国率先开启了"四馆"时代。成绩有目共睹,但是保护工作永远在路上。

(一)主动应对挑战

经历了十年的初发期,我们迎来的是更加艰巨的"途中跑"。当前,我们面临的挑战主要是:

一是先发优势逐步减弱。全国非遗保护氛围日益浓厚,一些非遗资源相对深厚的省份和民族自治区,后程发力强劲,赶超势头很猛。

二是发展瓶颈初步显现。保护手段如何创新、保护载体如何丰富、保护方向如何转型,成为新的课题。

三是社会环境快速变化。在现代化浪潮和西方生活方式的冲击下,许多非遗原有的生存方式受到了毁灭性的破坏,面临断代消失的困境。

四是民众期望与日俱增。传统文化越来越受到社会各界的关注和重视,民众对非遗保护的期望值高涨,责任之重不言而喻。

(二)把握工作方向

站在"十三五"即将开启的新起点上,面对新的形势和方位,我省非遗工作继续走在前列,必须深入贯彻贯彻习总书记有关优秀传统文化论述精神实质,坚持和强化以下几个具体工作原则:

一是要强化服务大局。树立宏观视野和战略思维,强化"非遗+"的融合理念,围绕中心、服务大局,充分发挥非遗的功能与作用,更加主动地服务社会主义核心价值体系的构建,更加主动地服务于经济社会发展,更加主动地服务于文化强省建设。

二是要强化保护为本。非遗保护是基础,是前提,是底线。面对一些地方"重申报、轻保护"现象的存在,强调保护为本尤为重要。浙江现有217项国遗项目,970项省遗项目,数量全国第一。有了量的积累之后,如何实现保护质量和效率的提升,将是今后一段时期非遗工作的重点课题。

三是要强化人本传承。非物质文化遗产以人为载体,口传心授,言传身教。传承人是非遗保护的核心和关键,中青年传承人是非遗的希望和未来。要进一步强化对传承人服务机制的探索,激励传承人带徒授艺,强化对中青年传承人的培养,推进非遗的薪火相传。文化部今年将试点推出非遗研究培训计划,着力培养中青年传承人,浙江应该积极跟进。这次罗微主任和荣书琴处长一行来杭州,一方面是参加座谈会,另一方面就是为了这个计划的试点工作。

四是要强化合理利用。在保持非遗本体及其原生环境的真实性、完整性的前提下,强化生产性保护,充分发掘和利用好非遗资源,将其转化为可供物质消费或精神消费的文化产品或文化服务,打造文化品牌,培育产业链,在利用中实现保护,使非遗保护成果真正转化为"惠民工程"和"富民产业"。

五是要强化社会参与。在充分发挥各级政府主导地位和作用的基础上,积极与其他政府部门合作、利用民间资本、支持公益机构、培育志愿者,动员社会各种力量共同参与保护,发动广大群众积极参与,并共享保护成果。非遗与财政、旅游、农办、统战,以及媒体等都有很好的合作传统。民间资本参与遗产保护,浙江有很好的案例,省新生代企业家联谊会对传统戏剧保护的参与已经快三年时间了。

六是要强化改革创新。面对新形势、新要求、新挑战,浙江应该主动思考提档转型的发展要求。这就需要我们强化创新探索的意识,转变思维的定势,调整工作理念、思路和方法,始终把创新作为推进工作的引擎,确保非遗事业健康持续发展,实现继续领跑的目标。

(三)创新工作方法

十年弹指一挥间。过去十年为我们打下了较好的工作基础。未来的十年,我们将继续以习总书记的重要批示精神为动力,推动浙江非遗科学发展、持续发展、率先发展,进一步开创浙江非遗保护工作的新局面。

一要强化法治非遗,进一步推动浙江非遗科学发展。文化领域的法律、法规总体偏少。然而,在非遗保护方面,我们有法律保障。国家有《非物质文化遗产法》,浙江有《浙江省非物质文化遗产保护条例》。再过两天，6月1日，就是"非遗法"施行四周年，"省条例"施行八周年的日子。这些年，我省对"两法"的贯彻实施总体情况是好的。但是，也存在一些地方对非遗工作重视不够，依法保护、依法行政意识不强，对保护工作仍然停留在"不添乱子、不出岔子"的错误认识层面上，缺少真正的文化自觉。在全面依法治国的新形势下，我们要全面加强《非遗法》的学习宣传与贯彻实施，推进"省条例"的修订，善于以法治的思维与方式推进非遗保护工作，依托法律法规的强制力与约束力为非遗保护提供强大的保障。

二要强化规划引领，进一步推动浙江非遗持续发展。在过去十多年非遗事业发展的不同历史阶段，我省都认真研究和分析事关事业发展的战略性、全局性和趋势性问题，分析研究非遗事业发展中的热点、焦点和难点问题，出新招、有突破、求成效，强化落实措施，加大推进力度，创造条件实现目标。今年是十三五规划的谋划之年。深入开展调研，研究提出未来发展方向、主要目标、重点任务和保障措施，积极谋划重点项目和重点工程，精心谋划好未来五年非遗发展蓝图，是推进可持续发展的一项非常重要的基础性工程。我厅将出台《浙江省文化改革发展"十三五"规划》。厅非遗处要认真谋划非遗保护"十三五"规划，各地也都要认真谋划当地非遗保护"十三五"规划。同时，要认真谋划省级以上的文化生态保护区试点工作，争取在"十三五"时期撕开口子，取得重点突破。

三要强化转型升级，进一步推动浙江非遗率先发展。在今年3月的天台会议上，我对今后非遗工作的转型发展已经作了详细的阐释。面对目前非遗保护工作，仍然不同程度存在的重申报轻保护、保护方式粗放、保护手段落后、保护主体模糊、成果利用不足等问题，我觉得继续强调、重复强调浙江非遗转型发展的要求，并不为过。过去几年，我们的非遗保护工作取得了瞩目成绩，国家级非遗项目申报实现"四连冠"，总数位列全国第一。这些都为我们非遗的提档转型提供了非常扎实的基础。在新的阶段，非遗工作的理念，需要重新进行梳理和调整。要真正从思想上对保护转型升级的重要性和紧迫性引起足够的重视，并以整装再出发的心态推进转型升级。通过理念创新、机制创新、方式创新、制度创新、传播创新等，全面实现保护工作的转型升级，实现非遗工作的率先发展。

四要强化"非遗+"理念，进一步推动浙江非遗融合发展。我省非遗保护要主动融入"两美"浙江建设，融入全省经济社会发展大格局。我们要继续与省旅游局做好非遗旅游景区（非遗主题小镇、民俗文化村）的创建，特别是做好今年推出的非遗主题小镇的建设，为省政府提出的特色小镇建设造势，培育和建设一批具有浓厚乡土色彩和地方特色的文化项目。要继续加大力度推进美丽非遗进校园、美丽非遗进礼堂、美丽非遗赶大集等活动，以非遗惠民、非遗富民、非遗强民为着眼点和落脚点，推进非遗保护融入生活，服务社会。我们要让优秀传统文化的传承弘扬与公共文化服务、文化产业发展等其他文化工作汇聚成一股强大的合力，推动文化强省工作不断迈上新台阶。

同志们，中国梦照亮了中华民族伟大复兴的锦绣前程，非遗梦凝聚了浙江优秀传统文化的无穷力量。2014年9月，习近平总书记在纪念孔子诞辰2565周年国际学术研讨会上指出："不忘历史才能开辟未来，善于继承才能善于创新。只有坚持从历史走向未来，从延续民族文化血脉中开拓前进，我们才能做好今天的事业。"让我们在总书记的重要批示和系列重要讲话精神指导下，以更加奋发有为的精神状态，以更加昂扬向上的工作激情，奋发进取、开拓创新，努力再创浙江非遗事业发展新优势，为建设"两美"浙江、营造中华民族共有的精神家园做出新的更大贡献！

全省市级文化广电新闻出版局长座谈会

【概况】 8月6日，省文化厅在杭州召开全省市级文化广电新闻出版局长座谈会。会议以习近平总书记系列重要讲话和近期在浙考察重要讲话精神为指引，认真学习贯彻全国文化厅局长会议、全国戏曲工作座谈会和全省宣传文化系统专题读书会精神，总结今年上半年主要工作，部署下半年重点工作任务，研究分析“十三五”时期文化改革发展面临的主要形势、总体目标和重点任务，全面贯彻实施我省《关于加快构建现代公共文化服务体系的实施意见》，努力推动文化强省建设迈上新台阶。省文化厅厅长金兴盛出席会议并讲话，省文化厅副厅长、省文物局局长陈瑶主持会议，厅领导褚子育、蔡晓春、李莎、吴志强，全省各设区市及义乌市文广新局局长，省文物局副局长，厅局机关各处室和厅属各单位主要负责人出席会议。

金兴盛全面总结了全省文化系统上半年主要工作，充分肯定了各项工作取得的新成效，并对下半年重点任务进行部署。他指出，下半年工作关系到今年和“十二五”任务能否圆满完成，要全面加强文化系统自身建设，以严的精神和实的作风抓好各项重点任务。一是要深入学习贯彻习总书记系列重要讲话精神和中央、省委省政府关于文化建设重要部署，二是要全面深化基本公共文化服务标准化、基层综合性文化服务中心建设和公共文化机构法人治理结构三项全国改革试点工作，三是要办好浙江省纪念中国人民抗日战争暨世界反法西斯战争胜利70周年系列活动，四是要加强艺术创作生产，五是要认真贯彻落实国务院办公厅印发的《关于支持戏曲传承发展的若干政策》，六是要推进重大文化设施建设与利用，七是要加强文化遗产保护，八是要持续推动文化产业和文化市场发展，九是要提升文化走出去水平，十是要加强安全管理工作。

金兴盛对“十三五”文化发展规划编制工作进行专门部署。他强调，要在认清形势的基础上科学编制规划。从中央战略部署看，文化被摆上越来越重要的战略地位；从国际形势看，文化对于提升我国国际地位的软实力作用将日益凸显；从国内省内经济社会发展看，文化将为经济社会转型升级提供更加有力的动力支撑；从文化发展趋势看，提升文化治理能力将成为重要任务；从文化业态看，文化生产方式和传播方式面临深刻变革。他要求文化系统坚持“四个方”即认清方位、明确方向、确定方略、完善方法，努力编制出高质量的五年发展规划。

金兴盛还就全面贯彻实施我省《关于加快构建现代公共文化服务体系的实施意见》进行部署。他指出，《实施意见》是推动我省现代公共文化服务体系建设的纲领性文件，体现了标准化、均等化、社会化、现代化和高效化的目标指向。全省文化系统要抓住重要契机，认真学习、宣传、贯彻《实施意见》，确保各项任务落到实处。一是要抓紧制定实施方案，二是要抓紧建立健全协调机制，三是要重点攻坚薄弱环节，四是要提升服务效率，五是要推动公共文化服务社会化，六是要完善财政和人员保障机制。

会上，各市及义乌市文化广电新闻出版局局长交流了贯彻落实我省《关于加快构建现代公共文化服务体系的实施意见》的计划，并对《浙江省文化发展“十三五”规划（初稿）》提出了意见建议。

（厅办公室）

在全省市级文化广电新闻出版局长座谈会上的讲话

省文化厅党组书记、厅长　金兴盛

（2015年8月6日）

同志们：

这次全省市级文化广电新闻出版局长座谈会的主要任务是，以习近平总书记系列重要讲话尤其是在浙考察重要讲话精神为指引，认真学习贯彻全国文化厅局长会议、全国戏曲工作座谈会和全省宣传文化系统专题读书会精神，总结今年上半年主要工作，部署下半年重点工作任务，研究分析"十三五"时期文化改革发展面临的主要形势、总体目标和重点任务，全面贯彻实施我省《关于加快构建现代公共文化服务体系的实施意见》，努力推动文化强省建设迈上新台阶。围绕会议主题，我谈五方面意见。

一、关于上半年工作总结和下半年重点工作任务

今年以来，全省文化系统深入学习贯彻习近平总书记系列重要讲话精神，以创建全国文化发展示范区为目标，以"三严三实"为要求，着力深化文化体制改革，着力推动依法治文，着力抓好文化强省建设重点任务，各项工作取得新成效。

一是现代公共文化服务体系建设打开新局面。认真贯彻中办、国办《关于加快构建现代公共文化服务体系的意见》，推动成立浙江省公共文化服务体系建设协调组，牵头制订《浙江省关于加快构建现代公共文化服务体系的实施意见》和《浙江省基本公共文化服务实施标准》，研究提出了推进基本公共文化服务标准化重点市县建设工作方案并确定10个重点市县，深入开展了《浙江省公共文化服务保障条例》立法调研。加强农村文化礼堂建设，提供近2000项"菜单"服务。积极组织第三批国家公共文化服务体系示范区（项目）申报，我省有1个示范区、2个示范项目通过了文化部专家评审。部署浙江省文化强镇、文化示范村（社区）评选和复查工作。与省委宣传部等部门联合举办了首届浙江全民阅读节。

二是文艺创作生产和人才培养扎实推进。深入贯彻习总书记文艺工作座谈会重要讲话精神，围绕"中国梦"主题、纪念中国人民抗日战争暨世界反法西斯战争胜利70周年、弘扬浙商精神、"21世纪海上丝绸之路"等重大创作题材，推动了话剧《凤凰绣》、京剧《东极英雄》、越剧《吴越王》、交响音乐会《胜利之歌》、歌舞专场《和平与梦想》的创作。36个项目进入2015年度国家艺术基金第二阶段复评。成功承办了第八届全国儿童剧优秀剧目展演、李岚清同志篆刻书法素描艺术展。出台了《浙江省传统戏剧保护振兴计划》，举办了浙江省传统戏剧经典剧目展演。制定实施了《文艺工作者深入基层蹲点采风活动实施管理办法》。指导省属院团研究制订了中长期发展规划。浙江音乐学院筹建工作进入最后冲刺阶段，专任教师总数达到高等艺术院校设置标准。举办了2015"新松计划"全省青年演奏员大赛、全省中青年艺术人才高研班，持续实施全省中青年编剧扶持计划，推动艺术人才成长。

三是文化体制改革取得积极进展。推进基本公共文化服务标准化、基层综合性文化服务中心建设和公共文化机构法人治理结构三项全国改革试点工作。我省较早在全国出台了富有浙江特色、高于"国标"的构建现代公共文化服务体系《实施意见》和《省级标准》，得到了文化部领导的充分肯定；印发了浙江省基层综合性文化服务中心（农村文化礼堂）建设试点工作方案，积极探索完善"建、管、用"一体化机制；全省有6个市的10家单位成立了理事会，浙江图书馆在全国试点单位中第一个制订了《图书馆章程》，并正在进行理事招募工作。深化国有文艺院团改革，谋划理顺国有院团管理体制。深入推进简政放权，指导督促相关市县做好下放事项的承接工作。积极开展《浙江省文化发展"十三五"规划》调研与起草工作。

四是文化产业和文化市场实现新发展。配合省政府办公厅出台《关于进一步推动我省文化产业加快发展的实施意见》。草拟了推动文化产业转型升级三年行动计划，开展了相关历史经典产业发展专题调研。推动第10届义乌文交会转型升级向深度拓展，实现洽谈交易额50.67亿元，同比增长3.2%。举办第三届动漫衍生品授权交易会，交易额达1.58亿元。19个文化产业项目成功入选文化部文化产业项目库。与省科技厅建立科技协同创新联席会议机制，7个文化课题被纳入省重点研发项目，我省获批成立国内首个文化科技类部省协同创新平台。推动互联网上网服务行业转型升级，在全省265家场所进行了试点。划清了市、县(市、区)两级执法机构的功能、定位、职权、责任，全面加强文化市场监管工作。

五是文化遗产保护成效明显。我省第一次全国可移动文物普查、良渚古城遗址申遗准备等重点工作扎实推进，江南水乡古镇、海上丝绸之路等联合申遗项目启动。上虞禁山早期越窑遗址被列入“2014年度全国十大考古新发现”。湖州钱山漾文化遗址被命名为“世界丝绸之源”。国家文物局水下文化遗产保护舟山工作站正式挂牌成立。推进传统村落保护利用项目相关工作。我省4个历史文化街区入选首批中国历史文化街区。认真组织《博物馆条例》学习、宣传与贯彻。指导推动了各地平安工程的实施进度。召开学习实践习总书记浙江非遗保护重要批示十周年座谈会，举办了第十个“文化遗产日”、第十届浙江省非物质文化遗产节等活动。开展2015“浙江好腔调”传统戏剧系列展演活动，举办濒危剧种青年传承人培训班。开展美丽非遗乡村行动，深化美丽非遗进礼堂活动。启动我省第三批非遗旅游景区、非遗主题小镇和民俗文化村建设。我省获国家非遗专项补助2569万元。

六是对外及对港澳台文化交流有效服务大局。圆满完成美洲、非洲6国“欢乐春节”演出任务，三个艺术团共演出31场，观众人数逾7万人。组派浙江省非遗保护中心赴瑞士举办“美丽浙江”非物质文化遗产展览、组派浙江省文化馆赴捷克举办农民画渔民画展，与奥地利莫扎特音乐大学开展交流。积极开展对港澳台文化交流活动，浙江小百花越剧团新版《梁祝》和《二泉映月》《五女拜寿》在香港演艺学院上演，该项目入选文化部2015年度对港澳文化交流重点项目；组织15家文化机构或企业参加香港国际授权展，我省成为香港国际授权展中国内地馆主力。

七是重大文化设施建设态势良好。截至6月底，浙江音乐学院(筹)土建工程已全部完成，预计8月底前完成竣工验收，并接受教育部的评估。浙江小百花艺术中心项目施工总承包单位进场全面施工，目前剧场部分结构施工已经进展到地面一层。中国丝绸博物馆改扩建工程已开工。浙江自然博物园核心馆区即将开工。浙江省之江文化中心建设正在积极筹备。浙江京剧团与省广电集团的项目合作、浙江昆剧团土地房产整体置换项目等也正在洽谈与商议之中。

八是廉政建设和作风建设进一步加强。部署开展了“三严三实”专题教育。厅党组制定下发了《关于进一步加强党风廉政建设和反腐败工作的意见》，推动省级文化系统纪检监察队伍建设，召开廉政警示教育大会，保持正风肃纪高压态势。持续深化群众路线教育实践活动整改措施和巡视整改措施的落实，不断规范机关行为，形成了《浙江省文化厅工作制度汇编》。组织开展部分厅属单位法人经济责任审计和“公务支出公款消费”专项审计，加大审计监督力度。

总体来讲，上半年工作重点突破，整体推进，成效显著。这些成绩的取得，离不开全省广大文化工作者的辛勤付出。在此，我代表省文化厅党组，向与会代表，并通过你们，向全省文化系统广大干部职工表示衷心感谢！

同志们，今年已经过半。下半年工作关系到今年和“十二五”任务能否圆满完成。在剩下的时间里，要认真对照《省文化厅2015年工作要点》和年初的部署，把住时间节点，力争按时保质完成。下面，就几项重点工作再做一下强调：

一是要深入学习贯彻习总书记系列重要讲话精神和中央、省委省政府关于文化建设重要部署。持续深入地组织开展习总书记系列重要讲话精神学习活动，当前尤其要抓好习总书记在浙考察重要讲话精神的学习领会，有效地转化为推动文化发展的思路与举措。深入学习近年来中央和省委、省政府密集出台的关于加强公共文化服务、发展文化产业、促进对外文化外贸发展、加强对外和对港澳台文化工作、支持戏曲传承发展等重要文件精神，认真谋划工作抓手，抓好贯彻落实。

二是要推进文化体制改革重点任务。全面深化基本公共文化服务标准化、基层综合性文化服务中心建设和公共文化机构法人治理结构三项全国改革试点工作。今年第四季度，文化部将对三项试点工作进行检查验收，各地和有关单位一定要高度重视，合力抓好试点任务，为全国贡献“浙江经验”。

三是要办好浙江省纪念中国人民抗日战争暨世界反法西斯战争胜利70周年系列活动。认真准备一批重大革命历史题材作品，抓好重点剧目加工与展演，组织好大型歌咏会、交响音乐会、美术书法展、抗战文物展、抗战历史图片巡展等主题活动，积极开展浙江省抗战文物保护规划编制及抗战文物的认定公布工作，并全力以赴为各级党委、政府在抗战纪念地和博物馆、美术馆、图书馆举行的主题纪念活动提供好服务。

四是要加强艺术创作生产。积极备战明年第十一届中国艺术节，抓好重点作品的打磨与推荐，力争在“文华奖”“群星奖”评选中取得好成绩。同时，还要办好浙江省第五届曲艺杂技魔术节、“新松计划”实施10周年研讨展示等活动。

五是要认真贯彻落实国务院办公厅印发的《关于支持戏曲传承发展的若干政策》。召开全省戏曲工作座谈会，研究制订浙江省支持戏曲传承发展的实施意见，完善相关保障措施，深入实施《浙江省传统戏剧保护振兴计划》，督促落实56个地方戏剧（项目）的保护责任，努力推动浙江戏曲活起来、传下去。

六是要推进重大文化设施建设与利用。确保浙江音乐学院（筹）顺利通过教育部批准建校，做好新校区秋季开学工作。同时，持续推进浙江小百花艺术中心、浙江自然博物园核心馆区、中国丝绸博物馆改扩建、浙江省之江文化中心等重大文化设施建设及筹建工作。加强全省剧院管理与利用工作，出台《关于加强国有剧院运营管理的意见》。

七是要加强文化遗产保护。贯彻好即将召开的全国文物工作会议精神，积极谋划推进文物保护利用工作措施。继续推进浙江省第一次全国可移动文物普查工作、良渚古城遗址申遗等工作。以56个地方戏剧（项目）的抢救性记录数据库建设为突破口，启动实施“智慧非遗”建设三年行动计划。做好第五批国家级代表性传承人推荐申报工作。

八是要持续推动文化产业和文化市场发展。完善和实施文化产业转型升级三年行动计划，推动出台相关历史经典产业扶持政策。建成省文化科技专家库和全省文化科技综合查新咨询平台。推进行政审批制度改革，落实“先照后证”，对工商部门登记核准的相关内容，如验资报告、房产证明等材料不再核验。进一步降低审批门槛，放开游戏娱乐场所的审批。加强事中事后监管，开展全省文化市场行政审批规范化大检查。加强文化市场监管。

九是要提升文化走出去水平。在南非“中国年”框架内举办“南非·美丽浙江文化节”。贯彻中央“一带一路”战略构想，赴丝绸之路沿线国家土耳其举办“美丽浙江文化节”，按照跨国联合申报的路径做好浙江省“海上丝绸之路”的基础研究和申遗点遴选、保护工作。同时，还要办好“爱尔兰·美丽浙江文化节”，组派艺术团体参加中泰建交40周年、中英文化交流年等相关活动，深入实施中非文化交流合作计划，深化对台港澳文化交流。

十是要加强安全管理工作。近期，我省发生多起安全事件，为我们敲响了警钟。我们要从文化系统自身特点与实际出发，重点从内容、活动和场所三方面入手加强安全管理。尤其是下半年各类大型文化活动多，我们一定要强化安全意识，把安全工作纳入活动组织方案，确保各类活动安全圆满地完成。

构建现代公共文化服务体系和编制“十三五”文化发展规划这两项重要工作，下面我将作专门部署，还有许多没有点到的工作，同样需要我们认真完成，希望大家再接再厉、敢于担当，积极推动各项工作取得明显成效。

二、关于我省文化改革发展面临的形势

当前正处于谋划“十三五”规划的关键时期。只有认清形势，才能准确定位，谋划长远。我们既要放眼世界发展宏观大势，又要把握国内省内经济社会发展大局；既要主动融入“四个全面”战略布局，又要把握文化发展新常态。

（一）从中央战略部署看，文化被摆上越来越重要的战略地位

党中央高度重视文化建设，将文化建设作为“五位一体”重要内容，做出了建设文化强国的战略部署。习近平总书记就提高国家文化软实力、培育社会主义核心价值观、保护弘扬中华优秀传统文化、繁荣文艺创作、推进文明互鉴等做出了重要论述。近年来，中央和省委、省政府关于文化建设的文件密集出台。这些都为浙江文化改革发展营造了良好的政策支撑和发展环境。我们要进一步强化文化自觉和文化自信，抢抓发展机遇，找准关键路径，加快构建现代公共文化服务体系、现代文化市场体系、优秀传统文化传承体系和现代文化治理体系，加快推进文化强省建设，为我省全面建成小康社会、基本实现现代化提供重要支撑。

（二）从国际形势看，文化对于提升我国国际地位的软实力作用将日益凸显

目前，我国已经成为全球第二大经济体，经济实力和综合国力达到新的高度，随着“一带一路”战略的实施和亚洲基础设施投资银行的筹建，加强国际之间合作、提升我国国际影响力将成为今后的重大任务。与此同时，我国的国家软实力相对落后，国际话语权与国家地位尚不匹配。充分发挥中华文化的影响力和感召力，提升国家软实力，显得越来越重要。浙江文化作为中华文化的重要组成部分，要加快提升综合实力，推出更多优秀产品，积极参与国际文化交流与合作，积极开拓国际文化市场，努力为国家战略做出贡献。

（三）从国内省内经济社会发展看，文化将为经济社会转型升级提供更加有力的动力支撑

当前，我国经济发展进入“新常态”，中央把转方式调结构放在重要的位置，突出创新驱动，加快培育文化产业等新的增长点和增长极。同时，文化与旅游、制造、教育等行业的融合日趋明显，文化与科技的结合日趋紧密。在我省“五水共治”“三改一拆”等中心工作中，文化发挥的鼓与呼的作用愈加明显。在新型城镇化和特色小镇规划建设中，发展有文化内涵、历史记忆和“美丽乡愁”的特色城镇将成为重要方向。面对社会转型期，一些社会思潮暗流涌动，亟需加强引领。总之，文化的凝聚、引领、服务、增值、经济等功能受到越来越多的重视，“文化＋”逐渐成为社会共识。我们要着眼大局，更加深刻地理解文化的功能与作用，充分发挥文化在服务大局、推动发展中的作用；要将社会主义核心价值观构建作为文化发展的首要任务，引领社会风气向上向善；要大力发展文化产业、扩大文化消费，努力为经济转型升级做出积极贡献；要充分挖掘和利用好文化资源，积极助推特色小镇建设。

（四）从文化发展趋势看，提升文化治理能力将成为重要任务

“十三五”时期既是全面建成小康社会的关键时期，也是推进国家治理体系和治理能力现代化的重要时期。从群众文化需求看，随着物质小康的逐步实现，广大群众对文化产品和服务的要求越来越高，对文化部门的期待也越来越高；从文化发展模式看，将由数量扩张转向提质增效，更加注重提高发展的质量和效益；从文化管理手段看，将由从行政化管理转向法治化治理，更加突出“依法治文”；从文化建设力量看，社会文化自觉将明显增强，社会参与文化建设将越来越广泛；从文化组织方式看，艺术评奖将大幅减少，节俭办文化、高效办文化将成为新风尚。我们要主动适应文化发展新常态，加快工作转型，提升文化治理能力，提高文化资源的利用与配置效率，提供更加优质的文化产品和服务；要积极推进“依法治文”，加快地方性文化立法进程，以法治的思维和方式推动文化改革发展；要强化引导措施，发动更多的社会力量积极参与文化建设，形成“文化共建”格局。

（五）从文化业态看，文化生产方式和传播方式面临深刻变革

“互联网＋”时代的到来和高新科技的日益发展，开辟了文化传播新途径和新方式，也促进了文化消费习惯的变化，更多的年轻人趋向于从“线下”走到“线上”。从电子阅读的逐渐普及到剧场、影院的网络低价售票，近年来互联网的广泛应用已经深入到广大老百姓文化生活的方方面面。我们要主动借助网络与科技的力量，进一步转变文化产品的生产方式、传播手段、经营模式、消费路径，提高自主创新能力，培育新的文化业态，实现文化线上线下交互体验，提高人民群众的生活质量和幸福指数。

三、关于“十三五”时期我省文化发展规划编制工作

规划是发展蓝图，也是方向指引。我们必须要认真对待规划编制工作，以规划引领发展，牢牢把握发展主动权，创造浙江文化发展新优势。省文化厅较早启动规划编制工作，目前，已经形成了《浙江省文化发展“十三五”规划》

初稿，下一步还要进行多轮修改，请各地各单位提出修改意见。下面，对进一步做好规划编制工作提几点要求：

(一)要认清方位

首先，要认清浙江经济社会在全国的方位。李强省长在今年政府工作报告中提出，要着力提升浙江发展在全国的战略地位。浙江作为我国东部发达省份，文化的发展要与经济社会发展相适应，决不能让文化成为短板。

其次，要认清浙江文化在全国文化系统的方位。我省历届省委、省政府对文化建设高度重视，文化工作敢于创新，多项工作和文化发展主要指标位居全国前列。我们要在现有的基础上扩大优势，争当全国文化工作排头兵。

再次，要认清"十三五"时期文化工作在文化强省建设进程中的方位。"十三五"时期，是我省实现全面建成小康社会、基本实现现代化目标的关键时期，也是省委十二届十次全会提出"到2020年基本建成与浙江经济社会发展水平相适应的文化强省"奋斗目标的攻坚时期。

围绕以上三个定位，"十三五"时期，我们要认真贯彻落实习近平总书记系列重要讲话精神和"四个全面"战略布局，以"八八战略"为总纲，以"干在实处永无止境，走在前列要谋新篇"为要求，以弘扬社会主义核心价值观、弘扬浙江精神为主线，以建设文化强省、创建全国文化发展示范区为目标，以改革创新、科技进步为动力，以完善文化治理体系、提升文化治理能力为着力点，进一步提升浙江文化发展品质，进一步提升浙江文化综合实力，为我省全面建成小康社会、建设"两富""两美"现代化浙江提供强有力的文化支撑。

(二)要明确方向

第一，要明确政治方向。坚持正确导向，以社会主义核心价值观为引领，牢牢把握先进文化前进方向，大力弘扬浙江精神，发展先进文化，发挥文化引领功能，促进在全社会形成积极向上的精神追求。

第二，要明确目标方向。"十三五"我省文化建设要争取达到以下目标：文化强省建设取得重要进展，基本建成全国公共文化服务示范区、文艺精品创作繁荣区、文化产业发展先行区、文化遗产保护模范区、优秀文化人才集聚区、文化体制机制创新区，文化发展主要指标位居全国前列，成为在全国具有重要影响力的文化发展示范区域。

第三，要明确发展方向。十三五将是"互联网+"时代，要顺应发展趋势，用互联网创新文化生产方式和传播方式，提升文化产品供给，激发文化消费需求，促进文化整体业态升级。

第四，要明确工作方向。坚持文化工作的根本宗旨，把惠民富民作为终极目标，切实保障人民群众基本文化权益，确保广大人民群众共享文化发展成果。

(三)要确定方略

"十三五"时期文化发展将站在一个更高的起点上，面临的形势也将更加复杂，我们要坚持实施"四个方略"：

一是改革创新方略。不断深化文化体制改革，实施文化创新驱动，加快转变政府职能，完善管理体制机制，积极转变文化发展方式，进一步解放和发展文化生产力。

二是依法治文方略。树立法治理念，强化法治思维，推动文化法规建设，加强依法行政工作，以法治的思维与方式推进文化强省建设，把文化建设引入持续发展的道路。重点推动《浙江省公共文化服务保障条例》等法规规章的出台。

三是科技支撑方略。把科技作为文化发展的重要引擎，加强文化科研和成果应用，改造提升传统文化业态，催生新的文化业态，发挥科技对于文化发展的重要支撑和推动作用。

四是社会共治方略。进一步简政放权，引入市场机制，探索建立社会力量参与的有效载体和激励措施，充分调动社会力量参与文化建设的积极性，最大程度盘活社会文化资源，构建文化发展内生机制，形成共建共享的文化发展格局。

(四)要完善方法

一要注重统筹结合。一方面，要紧密结合重要决策部署，把习总书记关于文化建设的系列重要讲话精神，十八大以来党中央、国务院、相关国家部委和省委、省政府关于文化建设的部署，以及省文化厅确立的重要发展思路进行消化吸收，融入规划的编制。另一方面，要结合我省及各地经济社会文化发展现状，科学论证重要目标指标和重大工程、重大项目，做到立足实际、适度超前，又便于操作、能够落地。

二要注重深谋项目。积极推动"文化智库"建设，主动加强对新形势下文化改革发展重大问题、关键问题和前沿问题的思考与研究。坚持项目带动战略，在挖掘项目上广开思路，从本地优势资源出发谋划项目，从解决重大发展问题着手设计项目，从对接国家和省级重大政策上切入寻找项目，建立项目储备库。各地要及时将“十三五”重大项目报送省文化厅，以利于纳入省里的规划，争取有利实施条件。

三要注重集思广益。要坚持开门编制规划，进一步完善规划编制的公众参与机制，切忌闭门造车。要充分借助“外脑”，发挥高校和研究机构的作用，鼓励专家学者建言献策。要调动基层文化单位和群众的积极性，问计于民、问需于民，畅通社情民意反馈渠道，吸引社会各界关注并支持文化建设。

四要注重相互衔接。各地要及时了解本地区国民经济和社会发展规划编制进程，加强与宣传、发改、财政等部门的沟通，听取他们的意见，争取将重大工程和项目纳入总体规划。厅局机关有关处室要强化服务意识和合作意识，指导各地开展规划编制，对各地具有引导性、示范性的重大工程和项目，可考虑纳入省里的规划，以形成联动效应和工作合力。

四、关于全面贯彻实施我省《关于加快构建现代公共文化服务体系的实施意见》

日前，省委办公厅、省政府办公厅共同印发了《关于加快构建现代公共文化服务体系的实施意见》，这是推动我省现代公共文化服务体系建设的纲领性文件。这个文件由省文化厅牵头起草，共八个部分30条，附件是《浙江省基本公共文化服务标准》。

《实施意见》主要体现以下几方面的目标指向：一是标准化。通过制定出台责任明确、指标明晰的《浙江省基本公共文化服务标准》，在基本服务内容、硬件设施标准、人员配备等方面建立规范化的指标，使基本公共文化服务有了“硬杠杠”，能够同义务教育、基本医疗服务一样，可对标可量化、可分解可考核，从而让文化惠民真正落地。二是均等化。以标准化为抓手，以公共文化服务薄弱地区和弱势群体为重点，加大扶持力度，补齐短板，统筹推进城乡、区域、人群三个方面均衡发展，扭转二元结构、缩小地区落差、填平文化鸿沟，让广大群众同等享受基本公共文化服务。三是社会化。通过进一步简政放权、鼓励社会力量广泛参与、鼓励群众自办文化等途径，弥补政府力量的不足，增强公共文化服务的发展动力，拓展公共文化服务的空间。四是现代化。现代化是构建现代公共文化服务体系的题中之意，以文化科技创新为动力，重视文化与科技的结合，综合运用现代传播手段推进现代公共文化服务体系建设，进一步提升公共文化服务水平。五是高效化。通过完善公共文化服务管理体制和运行机制、丰富公共文化产品供给、强化供给与需求对接等途径，提升公共文化资源的配置效率和服务效益，不断提高群众满意度，增强百姓幸福感。

《实施意见》的出台，是我省加快文化改革发展的重要助推器。全省文化系统务必要抓住重要契机，认真学习、宣传、贯彻《实施意见》，确保各项任务落到实处。

一是要抓紧制定实施方案。按照中央要求，省制定实施意见和标准，以县为基本单位推进落实。各地要在充分调研的基础上，结合实际，在今年10月底前，以党委、政府名义出台具有操作性的工作方案。要以《省级标准》为底线，结合各地的实际，尽快制定适合本地区的细化的、具体的实施标准，明确各级政府和公益性文化单位的文化服务内容、种类、数量和水平，以及应具备的公共文化服务基本条件和政府需要提供的保障底线，并形成动态调整机制，适时调整提高具体指标。

二是要抓紧建立健全协调机制。目前，国家和省级层面的公共文化服务体系建设协调机制已正式建立。根据《实施意见》要求，“省、市、县三级建立公共文化服务体系建设协调机制，充分发挥各有关部门职能作用和资源优势，形成全省统一配套的现代公共文化服务协调体系”。各地要尽快成立公共文化服务体系建设协调组，建立公共文化服务体系建设协调机制。

三是要重点攻坚薄弱环节。《实施意见》提出，要促进淳安等26县文化建设与社会经济协调发展，重点推进泰顺、磐安、龙游、开化、天台、庆元、遂昌等7个公共文化建设整体提升重点县实现基本公共文化服务标准，推进金华、衢州、丽水等3个市市本级农村公共文化发展。7月中旬，郑继伟副省长牵头召开了10个重点市县提升工作座谈会，约谈7个重点县的主要领导和3个重点市的分管领导，对重点市县的标准化提升工作提出了明确要求，要求省文化厅加大督查和指导力度。10个重点市县要抓紧完善基本公共文化服务标准化提升计划,相关的市级文化部门要加强对县级的指导和帮扶,力争在今后2年使重点市县的公共文化服务有明显的改观。

四是要提升服务效率。大力丰富优秀公共文化产品供给,规范各级各类公共文化机构服务项目和服务流程,完善内部管理机制,提升服务水平。省文化厅将以数字技术为核心,运用多种方式,建立群众文化供需对接平台。各地各单位要通过各种途径把握群众文化需求,制定公共文化服务供需目录,开展"菜单式""订单式"服务。探索完善公共文化服务评价工作机制。扎实做好公共文化服务示范区(项目)创建工作,宣传推广各地创新经验,发挥示范引领作用。

五是要推动公共文化服务社会化。前不久,国务院办公厅转发了《文化部等部门关于做好政府向社会力量购买公共文化服务工作意见的通知》,就加快推进政府向社会力量购买公共文化服务提出了详细的操作办法。各地要积极鼓励和引导社会力量参与公共文化服务,培育和规范文化类社会组织,大力推进文化志愿服务,壮大公共文化服务力量。认真完成公共文化机构法人治理结构试点工作,推广理事会管理模式,吸纳社会各界参与管理。

六是要完善财政和人员保障机制。《实施意见》明确提出,"按照省级基本公共文化服务的保障标准,由县(市、区)政府落实本地公共文化服务所需的经费"。"每个乡镇综合文化站配备编制人员1—2名,规模较大的乡镇适当增加。推广县级文化员下派、村(社区)文化管理员制度,村(社区)公共服务中心设立由政府购买服务的公益文化岗位"。各地要抓住契机,加大争取力度,努力落实基本公共文化服务项目所需资金,并强化基层文化队伍建设。

五、关于进一步加强文化系统自身建设

当前,文化改革发展任务很重,我们要高度重视自身建设,把文化系统的力量凝聚起来,把精气神鼓起来,确保各项目标任务的全面完成。

一要强化严实作风。开展"三严三实"专题教育是当前一项重要政治任务,要坚持问题导向和效果导向,扎实推进活动,深入查找文化系统干部队伍中存在的"不严不实"问题,认真抓好整改落实,以更加扎实的工作作风和更加饱满的精神面貌投入到文化强省建设中去。

二要强化系统联动。文化厅许多任务部署需要各地、各厅属单位联动完成,各地、各厅属单位的一些重要问题也需要与文化厅联动解决。今年文化厅推出了厅属单位"一把手"工作交流例会制度,意在促进省级文化系统的联动,今后,还要通过活动联抓、实事联办、难题联解、队伍联建等形式,不断促进全省文化系统联动发展,凝聚发展合力。

三要强化责任担当。夏宝龙书记多次强调,各级党员干部要强化责任担当,争做敢担当、能担当、善担当的表率。我们要牢牢把握当前难得的发展机遇,切实增强发展自觉,在谋事创业、勇于担当上下功夫,加大克难攻坚力度,推动文化强省建设重大任务的完成和重点问题的破解,努力在全国文化系统树立发展标杆。

四要强化廉政意识。上半年,文化厅原执法处姚颂和、邵安强案件受到宣判,这个案子的教训非常沉痛和深刻。全省文化系统要引以为戒,一定要把纪律挺在前面,认真落实党风廉政建设"两个责任",严格执行中央"八项规定"和省委"六个严禁"以及各项廉政规定,切实做到扬清风、树正气。

同志们,文化建设是发展所需、民意所愿,任务艰巨、责任重大。全省文化系统要主动担负起习总书记在浙考察时提出的"干在实处永无止境,走在前列要谋新篇"新使命,振奋精神,开拓进取,加快文化强省建设,努力实现浙江文化领跑全国。

谢谢大家!

2015年度浙江省文化厅属单位“一把手”工作交流例会

【概况】 10月12日，省文化厅召开首次厅属单位“一把手”工作交流例会。省文化厅党组书记、厅长金兴盛主持会议并讲话。他强调，要深入学习贯彻习近平总书记系列重要讲话精神，带头践行“三严三实”，争做敢担当有作为的表率，持续推动我省文化建设走在前列。

厅领导黄健全、柳河、李莎、吴志强，厅属单位党政主要负责人，厅(局)机关副处长以上干部参加会议。会上，浙江音乐学院(筹)、浙江话剧团有限公司、浙江小百花越剧团、省文化馆、浙江美术馆、浙江自然博物馆等6家单位做了工作交流发言。

在认真听取大家发言后，金兴盛指出，2015年以来，省级文化系统坚持正确的政治方向，坚持围绕中心、服务大局，坚持拼搏奋进的精神状态，坚持从严治院、治团、治馆，尤其是厅属单位“一把手”以身作则、率先垂范，形成了干事创业的良好氛围，文化工作实现了持续健康发展，多项工作得到了省领导和文化部领导的充分肯定。他强调，剩下的第四季度，既是本年度的最后三个月，也是“十二五”时期的最后一个季度。要倒排时间，对照目标，集中精力做好冲刺工作，确保完成全年和“十二五”时期的各项目标任务。重点抓好十方面工作：一是扎实开展好“三严三实”专题教育活动，二是大力推进三项全国改革试点任务，三是深入贯彻落实中央关于文艺工作的一系列指示与方针，四是深入贯彻落实《关于加快构建现代公共文化服务体系的实施意见》，五是认真研究落实相关历史经典产业扶持政策，六是加强文化市场管理，七是做好文化遗产保护利用工作，八是组织好对外和对港澳台文化交流重点项目，九是推进重大文化设施建设，十是认真抓好工作总结与思路谋划。

他强调，厅属单位“一把手”是文化强省建设的“领头雁”，是文化系统“关键的少数”，要切实强化担当精神，真正发挥“关键的作用”。

一是要增强服务大局的意识。持续深入学习习总书记系列重要讲话精神，增强对大局的敏锐性，充分挖掘和利用文化系统的特色与优势，做到把握大局、融入大局，并以协作的精神服务大局。二是要强化追求一流的决心。培育“功成不必在我、功成必定有我”的胸怀、善于克难攻坚的勇气、率先垂范的自觉。努力探索一流的管理，打造一流的队伍，创造一流的业绩，推动本领域工作走在全国前列。三是要树立直面困难的勇气。破除“等靠要”的惰性思维，积极争取条件，破除困难推动发展；坚持问题导向，主动查找问题，勇挑责任、思考良方、解决问题。四是要弘扬开拓创新的精神。大胆创新体制机制，全面深化文化体制改革，创新管理体制和运行机制；顺应“互联网+”潮流，积极借助科技手段创新文化业态。五是要加强从严从实的修为。把纪律挺在前面，带头树立严的观念，培养实的作风，把从严从实的要求贯彻到文化建设的全过程。

建立厅属单位“一把手”工作交流例会制度，是省文化厅加强厅属单位建设的一项延展性举措，也是促进厅属单位改革发展的一项制度性安排。厅党组决定厅属单位“一把手”工作交流例会每季度举行一次，每次选择6个左右单位的“一把手”，进行工作亮点与经验交流，每人交流发言时间10分钟。主要目的是进一步加强厅属单位之间的工作交流，促进经验互鉴，形成比学赶超的良好工作氛围，努力达到提高厅属单位发展能力和管理水平的目的。

（厅办公室）

在2015年度浙江省文化厅属单位“一把手”工作交流例会上的讲话

省文化厅党组书记、厅长　金兴盛

（2015年10月12日）

同志们：

2012年底，省文化厅印发了《关于进一步加强厅属单位建设的意见》，并且召开了推进大会。三年来，各厅属单位无论是队伍建设、业务能力建设，还是基础设施和经费保障建设、管理能力建设，都跃上了新的台阶。建立厅属单位“一把手”工作交流例会制度，是我厅加强厅属单位建设的一项延展性举措，也是促进厅属单位改革发展的一项制度性安排。厅党组决定厅属单位“一把手”工作交流例会每季度举行一次，每次选择6个左右单位的“一把手”，进行工作亮点与经验交流，每人交流发言时间10分钟。主要目的是进一步加强厅属单位之间的工作交流，促进经验互鉴，形成比学赶超的良好工作氛围，努力达到提高厅属单位发展能力和管理水平的目的。

本次会议是厅属单位“一把手”工作交流第一次例会，参加本次会议的人员有厅属单位党政主要负责人，厅（局）机关副处长以上干部。本次交流发言的6家单位，分别是浙江音乐学院（筹）、浙江话剧团有限公司、浙江小百花越剧团、省文化馆、浙江美术馆、浙江自然博物馆。

这次会议会风很好，一是厅属单位“一把手”到得比较齐；二是大家听得比较认真，会议纪律很好；三是6家单位做了很好的发言，并配以PPT，图文并茂，听后令人深受鼓舞和启发，精神为之振奋。综合大家的发言，我感觉今年以来厅属单位主要有以下四个特点：

一是坚持正确的政治方向。以社会主义核心价值观为引领，坚持社会主义文化前进方向，把社会效益放在首位，既讴歌时代风貌，又弘扬中华优秀传统文化。

二是坚持服务中心服务大局。紧密围绕中心工作，很好地体现了大局意识与全局观念。浙江音乐学院（筹）不负重托，不仅把省政府工作报告提出的建校目标扎实快速推进，而且主动参与了五水共治、抗战胜利等重大主题演出，有效服务了大局。浙江话剧团有限公司积极创排了话剧《凤凰》，大力弘扬浙商精神。浙江小百花越剧团赴泰国演出了经典剧目《梁山伯与祝英台》，为庆祝中泰建交40周年做出积极贡献，得到了泰国领导人和我驻泰大使的盛赞。省文化馆深入实施文化礼堂品牌建设“四季行动”，有效助推了全省农村文化礼堂建设，而且举办了以抗战胜利为主题的美术书法摄影名家邀请展、“历史不会忘记”合唱晚会等活动。浙江美术馆围绕纪念抗战胜利70周年重大主题，举办了6个主题系列展，有效弘扬以爱国主义为核心的伟大民族精神。浙江自然博物馆服从服务于省委、省政府异地建设浙江自然博物园的决策，积极抓好各项筹建工作。

三是坚持拼搏奋进的精神状态。6家发言单位都秉持着对事业高度负责的态度，透露出了强烈的进取意识和拼搏精神，向我们展示了良好的精神面貌。浙江音乐学院（筹）在不到两年的时间里，实现“蓝图”落地，其背后凝聚了学院领导班子和全体工作人员“白加黑”“5＋2”的辛勤付出，创造了“浙音”建设精神。浙江话剧团有限公司在演出市场不景气的大背景下，大力发扬“浙话”精神，积极创作优秀剧目，奋力开拓演出市场。其他厅属单位也都积极克难攻坚，以拼搏精神凝聚合力、促进发展。同时，大家都取得了明显的工作成效。浙江音乐学院（筹）在9月中旬接受了教育部的评估，即将正式获批。浙江美术馆在全国重点美术馆评估中，初评、终评得票均为第一。浙江小百花越剧团积极排演《二泉映月》《吴越王》《周仁哭坟》等精品剧目，两个项目入选国家艺术基金2015年度资助项目。浙江话剧团有限公司锐意改革，创造了“浙话”现象，获得了中国话剧协会的表彰。省文化馆着力发挥龙头馆作用,积极服务我省公共文化服务体系建设,经文化部评估验收,符合国家一级馆标准。浙江自然博物馆一手抓新馆建设,一手抓精品展览,参观人数在全省博物馆中持续保持领先。

四是坚持从严治院治团治馆。6家单位都把完善制度、严格考核作为重要抓手,如浙江音乐学院(筹)制订了200多项管理制度,浙江话剧团有限公司推行末位淘汰制考核制度,浙江美术馆专门出台了《部门值周制度》《工作日志制度》,等等,既有效推进各项工作的规范化有序化,又调动了干部职工的积极性。同时,各位厅属单位"一把手"以身作则、率先垂范,带头投入工作,形成了干事创业的良好氛围。

除了以上6家单位以外,其他厅属单位的工作也是可圈可点,厅党组期待着更多的厅属单位在今后的工作交流会上捷报频传。总之,今年前三季度,全省文化建设实现了持续健康发展,多项工作得到了省领导和文化部领导的充分肯定,这同厅属单位的辛勤工作是密不可分的。在此,我代表厅党组,对厅属单位"一把手"和省级文化系统广大干部职工表示衷心感谢!

借此机会,下面再强调两点意见:

一、集中精力抓好第四季度各项重点工作

剩下的第四季度,既是本年度的最后三个月,也是"十二五"时期的最后一个季度。厅属各单位和厅机关各处室要倒排时间,对照目标,集中精力做好冲刺工作,确保完成全年和"十二五"时期的各项目标任务。

一是要扎实开展好"三严三实"专题教育活动。开展"三严三实"专题教育是今年的一项重大政治任务。9月11日,中央政治局就践行"三严三实"进行第二十六次集体学习。习总书记在会上提出,中国人历来崇尚气节、崇尚严谨、崇尚务实,讲良知、守信用,严和实是中华民族传统美德的基本内容,是传承民族品性、倡导社会新风、培育和践行社会主义核心价值观的重要内容。践行"三严三实",要立根固本,挺起精神脊梁;要落细落小,注重细节小事;要修枝剪叶,自觉改造提高;要从谏如流,自觉接受监督。总书记对下一步专题教育活动提出了五方面具体要求:党委(党组)要强化主体责任,党委(党组)书记要敢抓敢管,在以身作则上见表现,在遵规守矩上见行动,在整改落实上见实效;要坚持以正反典型为镜子,实行组织力量、班子力量、个人力量、群众力量相结合,在查找和解决不严不实突出问题上下功夫;要开好专题民主生活会和组织生活会,联系班子和个人实际深入查摆问题,严肃认真开展批评和自我批评;在此基础上进一步立规执纪,推动领导干部践行"三严三实"制度化、常态化、长效化;要把专题教育同推进改革发展稳定工作紧密结合起来,努力营造积极向上、干事创业、风清气正的良好政治生态,扎扎实实把党和国家各项工作落到实处。省级文化系统各级党组织尤其是厅属单位党政"一把手",要认真学习贯彻总书记的重要讲话精神,切实增强政治意识和责任意识,严格对照活动要求,以身作则,带头示范,确保"三严三实"专题活动善始善终、取得实效。

二是要大力推进三项全国改革试点任务。第四季度,文化部将对基本公共文化服务标准化、基层综合性文化服务中心建设和公共文化机构法人治理结构三项全国改革试点进行检查验收。有关单位和处室要高度重视,抓紧时间全面深化改革任务,认真总结试点经验,努力交出满意的答卷。

三是要认真贯彻落实中央关于文艺工作的一系列指示与方针。当前是习近平总书记在文艺工作座谈会上的讲话发表一周年之际。9月11日,中共中央政治局审议通过了《关于繁荣发展社会主义文艺的意见》。今年,国务院办公厅印发了《关于支持戏曲传承发展的若干政策》。我们切实将相关政策落到实处,加强文艺精品创作,强化文艺繁荣措施,以更大的力度落实文艺惠民。

四是要深入贯彻落实《关于加快构建现代公共文化服务体系的实施意见》。组织开展跟踪督查,督促各地在10月底前出台具有操作性的工作方案,制定适合本地区的细化的、具体的实施标准。认真做好浙江省文化强镇、第二批浙江省公共文化服务体系示范项目的评审验收与第三批示范项目创建工作。积极筹备元旦春节期间相关文化活动,争取策划推出一系列丰富多彩、富有年味的文化产品与文化服务,让老百姓实实在在感受到构建现代公共文化服务体系的成效与实惠。

五是要认真贯彻落实相关历史经典产业扶持政策。在今年的政府工作报告中,李强省长提出要加快发展十大历史经典产业。根据省政府的部署，我厅负责制订雕刻产业和文房产业两个政策性文件，参与青瓷宝剑产业政策性文件制订的相关工作。近期，这些文件即将正式出台。作为责任部门，我们要加强组织领导和统筹协调，落实相关扶持措施，大力促进历史经典产业发展，为我省经济转型发展做出贡献。

六是要加强文化市场管理。加强对市、县文化市场管理的指导和监督，开展全省文化市场行政审批规范化大检查。加强文化市场监管，严厉打击各类违法经营行为。认真落实夏宝龙书记在全省安全生产工作紧急会议上的讲话精神，持续开展全省文化市场安全生产整治行动。同时，也要重点加强对文化系统大型文化活动、大型公共文化设施的安全管理，努力确保文化系统平安稳定。

七是要做好文化遗产保护利用工作。深入推进可移动文物“一普”、文物平安工程、传统村落保护利用等工作。启动第七批省级文物保护单位申报推荐。实施全省未定级博物馆、非国有博物馆运行评估和全省基层文博事业发展水平评估。做好第五批国家级非遗代表性传承人推荐申报、第二批浙江省传统戏剧之乡命名、第一批浙江省非遗小镇评选工作。组织好“浙江好腔调”传统戏剧展演活动。

八是要组织好对外和对港澳台文化交流重点项目。办好“南非·浙江文化节”、第九届“台湾·浙江文化节”，组织赴澳门参加第四届世界旅游经济论坛文化活动。做好海外“欢乐春节”相关项目的筹备工作。研究制订《关于进一步加强对外和对港澳台文化工作的实施意见》。

九是要推进重大文化设施建设。持续推进浙江音乐学院（筹）项目后续建设工作，扎实做好浙江小百花艺术中心、浙江自然博物园核心馆区、中国丝绸博物馆改扩建、浙江省之江文化中心等重大文化设施建设及筹建工作。

十是要认真抓好工作总结与思路谋划。认真总结今年及“十二五”时期文化工作主要成绩、经验及存在的问题，持续推进“十三五”文化发展规划的研究编制工作，及早谋划明年工作的主要思路与重点项目。各单位、各处室要及早将相关材料报送至厅办公室，厅办公室也要抓好督查工作。

二、争做敢担当有作为的表率

厅属单位属于全省文化系统的上层建筑，厅属单位“一把手”不是一般的岗位，可以说是文化强省建设的“领头雁”，是文化系统“关键的少数”。厅属单位“一把手”要切实强化担当精神，以身作则、率先垂范，真正发挥“关键的作用”。

一是要增强服务大局的意识。8月27日，夏宝龙书记在浙江音乐学院（筹）考察时指出，浙江要干成任何一件事，没有大局意识和协作精神是不可能做成的。他认为，浙江音乐学院建设之所以能够得以快速推进，主要得益于各部门的大局意识和协作精神。目前，还有个别厅属单位故步自封，应对新形势主动谋划的意识和能力欠缺，面对新任务，首先想到的是要钱要人，缺乏大局意识、服务意识。文化部门敢于担当的第一要务就是要主动瞄准大局、服务大局，充分发挥文化的功能与作用。首先要把握大局。持续深入学习习总书记系列重要讲话精神，及时学习把握中央和省委、省政府的中心工作与重大决策部署，深入学习中央和省委、省政府对文化工作的新部署以及对文化部门的新要求，做到胸怀大局、把握大势、着眼大事。反之，没有大局意识，就业务抓业务，工作游离于大局之外，文化工作将日益边缘化。其次要融入大局。牢牢树立“文化＋”的理念，增强对大局的敏锐性，充分挖掘和利用文化系统的特色与优势，紧扣大局找准切入点和着力点，精心谋划项目、载体与抓手，做到因势而谋、应势而动、顺势而为。再次要以协作的精神服务大局。服务大局不能靠单兵突进，要形成声势，才能扩大成效。文化系统各单位、各处室在服务大局上要打破界限、协同配合，实现资源共享，工作共推。

二是要强化追求一流的决心。习近平总书记在党的群众路线教育实践活动工作会议上指出：“干部就要有担当，有多大担当才能干多大事业，尽多大责任才会有多大成就。”敢于担当，要培育“功成不必在我、功成必定有我”的胸怀、善于克难攻坚的勇气、率先垂范的自觉。敢于担当就要对事业发展负责，力争有所作为、大有作为。首先要创造一流的业绩。党的十八大以来，厅党组提出以“三以六区”为抓手，全力创建全国文化发展示范区域的目标。各单位、各处室也要以勇创全国一流为目标，努力推动本领域工作走在全国前列甚至领跑全国，以一流的业绩验证过硬的担当。其次要打造一流的队伍。把队伍建设作为事业发展的重要支撑，通盘考虑人才培育计划，重点加大对拔尖人才和优秀青年人才的扶持与培养力度，构建合理的人才梯队，想方设法留住人才、引进人才、用好人才，建立健全考核激励机制，激发文化人才的积极性和创造性。再次要探索一流的管理。一流的管理是打造一流队伍、创造一流业绩的基础。要积极借鉴其他单位的先进做法与成熟经验，创新管理手段，完善各项管理制度，建立规范高效的运行机制，大力营造和谐奋进的组织环境。

三是要树立直面困难的勇气。在矛盾纠纷面前，最能考验我们领导干部的担当精神。一方面，要积极争取条件破除困难推动发展。由于历史原因，文化发展基础薄弱，文化部门拥有资源不多，一些工作推进难度大，尤其需要在省领导重视和其他部门大力支持下才能顺利推进，不主动不争取就会坐失良机。这就需要我们破除“等靠要”的惰性思维，树立积极争取意识，主动联系沟通相关部门，力争最大的支持。另一方面，要坚持问题导向。当前是全面深化文化体制改革的关键时期，改革越往纵深推进，问题与矛盾就越是交织叠加。我们一些单位和处室还不同程度地存在着不敢担当、不愿担当、不能担当、不善担当的现象，习惯把问题与矛盾上交，将自身置之度外。厅属单位“一把手”要坚持问题负责制，对问题切不可视而不见、躲躲闪闪，而是要主动查找问题，主动抓源头、抓苗头、抓基础，在问题的第一线勇挑责任、思考良方、解决问题，为本单位事业发展多做贡献，为省文化厅减轻负担。

四是要弘扬开拓创新的精神。开拓创新是敢于担当的内在要求，也是外在的表现形式。敢于担当就要在开拓创新上深耕细作，久久为功。一方面，要大胆创新体制机制。体制机制的创新是改革开放以来我省率先发展的重要法宝。我省文化发展要想持续走在前列，改革创新就是最大的驱动力。我们要全面深化文化体制改革，创新管理体制和运行机制。厅党组支持各类改革新探索，鼓励各单位探索新模式新经验。另一方面，要积极借助科技手段创新文化业态。随着“互联网＋”时代的到来和高新科技的日益发展，文化生产方式和传播方式面临深刻变革。我们要顺应潮流，把科技作为文化发展的重要引擎，加强文化科研和成果应用，利用互联网等手段改造提升传统文化业态，积极转变文化发展方式。

五是要加强从严从实的修为。担当的背后是品格、是境界，也是修养。夏宝龙书记在总结浙江音乐学院（筹）建设经验时也指出，浙江音乐学院（筹）建设的快速推进，体现了“严”和“实”的精神。我们一定要把从严从实的要求贯彻到文化建设的全过程。首先要把纪律挺在前面。我们作为意识形态工作相关部门，厅属单位“一把手”要把遵守党的政治纪律和政治规矩挺在最前面，同时也要严守工作纪律、组织纪律和生活纪律，带头落实党风廉政建设“两个责任”，带头执行中央“八项规定”和省委“六个严禁”，带头依法办事，层层传导压力，管好班子、带好队伍，使党纪国法真正成为不可逾越的红线。其次要树立严的观念。近年来，文化系统发生的案件，从根本上说，就是对自身的要求不够严，从温水煮蛙开始到最后不能自拔。因此，要以开展“三严三实”专题教育活动为契机，以严以修身、严以用权、严以律己为要求，注重以上率下、率先垂范，筑牢清正廉洁的思想防线，守住大节防好小节，做到慎独慎微。再次要培养实的作风。我们个别干部还存在慵懒散漫、推诿扯皮、作风松懈等“不作为”现象，厅属单位“一把手”要带头做到谋事要实、创业要实、做人要实，既要为敢于担当的干部撑腰鼓劲，也要树立勇于斗争的“碰硬”态度，不当“老好人”，大胆整治不正之风，倡导讲实话，干实事，求实效。

同志们，本次厅属单位“一把手”工作交流例会是一次良好的开端，厅党组期待通过交流会不断增强文化干部敢于担当、勇于担当、善于担当的底气和锐气，积极进取、克难攻坚，在文化系统形成争先恐后、比学赶超的良好氛围，推动我省文化强省建设再上新台阶。

概　览

ZHEJIANG CULTURE YEARBOOK

浙江文化概览

浙江地处中国东南沿海、长江三角洲地区南翼，毗邻上海市和江苏、安徽、江西、福建等省，向有“鱼米之乡、丝茶之府、文物之邦、旅游胜地”之美誉。全省陆域面积10.55万平方公里，海域总面积26万平方公里，海岸线总长6486.24公里，居全国首位。境内有面积500平方米以上岛屿2878个，是中国岛屿最多的省份。

浙江的名称，最早见于《山海经·海内东经》。唐肃宗乾元元年(758)，置浙江西道和东道两节度使，分辖浙江以西(长江以南)十州和以东八州，这是浙江作为行政区域名称之始。南宋(1127—1279)建都临安(今杭州)，历时152年。元代丙午年(1366)置江浙行中书省，明初改元制为浙江承宣布政使司，辖11府1州75县，清康熙初年改称浙江省，省界区域基本定型，沿用至今。

浙江有雁荡山、普陀山、雪窦山、天目山、天台山等名山，有杭州西湖、千岛湖、绍兴东湖、嘉兴南湖等名湖，有钱塘江、楠溪江等名江。京杭大运河穿越浙江北部，在杭州与钱塘江汇合。

浙江属亚热带季风气候，四季分明，光照充足，雨量充沛。年平均气温15℃—18℃。按单位面积计算，浙江水资源量居全国第四位。

浙江素有中国“东南植物宝库”之称，树种资源丰富。“活化石”银杏等50多种野生植物列入国家珍稀植物保护名录。已知野生动物1900种，其中列入国家重点保护野生动物名录的有120多种。浙江矿产以非金属矿产为主。已发现的固体矿产113种，叶蜡石、明矾石探明资源储量居全国第一位，萤石、伊利石列第二位。东海大陆架蕴藏着丰富的石油和天然气资源，开发前景良好。浙江海域渔业资源丰富，舟山群岛是中国最大的海洋渔业基地。

改革开放以来，历届省委、省政府团结带领全省人民艰苦奋斗、开拓创新，走出了一条具有浙江特色的发展路子，浙江经济快速发展，社会全面进步，城乡面貌发生了巨大变化，实现了从资源小省向经济大省的历史性跨越，人民生活实现了由基本温饱向全面小康的历史性跨越。2015年，全省生产总值42886亿元，居全国第四位，比上年增长8%；全省人均生产总值77644元(按年平均汇率折算为12466美元)，比上年增长7.6%。2015年，财政总收入8549亿元，比上年增长8.7%；地方公共财政收入4810亿元，增长7.8%。城乡居民生活继续改善，2015年全省城镇居民人均可支配收入43714元，农村居民人均纯收入21125元，扣除价格因素，分别比上年实际增长8.2%和9%。

浙江风光秀丽，旅游资源丰富。浙江有18处国家级风景名胜区和41处省级风景名胜区，总量居全国首位。国家级和省级历史文化名城、自然保护区、森林公园、地质公园、湿地公园和重点文物保护单位等旅游资源的数量均居全国前列。

浙江省有杭州、宁波两个副省级城市，温州、湖州、嘉兴、绍兴、金华、衢州、舟山、台州、丽水等9个地级市，下设36个市辖区、20个县级市和34个县。2015年，全省常住人口5539万人。浙江属少数民族散杂居省份，在浙江居住的人口中已包含全部56个民族，世居浙江的少数民族主要是畲族，全省畲族常住人口16.6万人。浙江丽水市的景宁畲族自治县是全国唯一的畲族自治地方。

浙江历史悠久，是中国古代文明的发祥地之一。长兴七里亭旧石器早期遗址的考古发现表明，早在100万年前浙江就已出现了人类活动。境内已发现新石器时代遗址百余处，最著名的有距今4000—5000年的良渚文化、距今5000—7000年的河姆渡文化、距今6000多年的马家浜文化、距今7000—8000年的跨湖桥文化、距今1万年的上山文化，其中在良渚遗址还发现了5000年前中国最大的古城。

浙江文物古迹众多。全省有世界文化遗产2处，国家级历史文化名城8座，省级历史文化名城12座;中国历史文化名镇20个,中国历史文化名村28个;省级历史文化街区、名镇、名村143处。全省有全国重点文物保护单位231处,省级文物保护单位627处。第三次全国文物普查中全省共登录不可移动文物73943处,其中新发现61728处。全省现有各类博物馆285个,其中民办博物馆122个。杭州西湖文化景观成为我国列入《世界遗产名录》独一无二的湖泊类文化遗产,填补了世界遗产中以“文化名湖”为主要价值特征的湖泊类遗产空白。

浙江的藏书之盛自古闻名。杭州文澜阁、宁波天一阁、瑞安玉海楼、湖州嘉业堂等著名藏书楼在保存与传播文献典籍、培养人才、促进学术研究等方面成就卓越。始建于明嘉靖四十年(1561)的天一阁是中国现存年代最早的私家藏书楼。同时,浙江也是中国兴办近代图书馆较早的省份之一,1902年绍兴古越藏书楼的建立,标志着中国私立藏书楼向公共图书馆的过渡,而1903年在原杭州藏书楼(1900年建立)基础上扩充改建的浙江图书馆,则是中国最早建立的省级公共图书馆之一。目前全省共有县级以上的公共图书馆100个,公共图书馆人均藏书量为1.13册。

浙江的戏剧艺术底蕴丰厚,是中国南曲戏文的诞生地,并拥有越、婺、绍、瓯、甬、姚、湖等多个剧种。越剧是中国主要剧种之一,20世纪初发源于浙江嵊县(今嵊州市),曲调优美婉转,细腻抒情。早期越剧全部由女演员演出,中华人民共和国成立后,提倡男女合演,越剧得到迅速发展并日益成为国内最具影响的地方剧种之一。新世纪以来,浙江创作生产了一大批优秀剧目,越剧《陆游与唐琬》、昆剧《公孙子都》、越剧《梁山伯与祝英台》、京剧《藏羚羊》、话剧《谁主沉浮》等先后入选国家舞台艺术精品工程重点资助剧目。越剧《五女拜寿》、昆剧《十五贯》荣获文化部优秀保留剧目大奖。

浙江书画名家辈出,自成一派,影响深远。书画艺术成就在中国书画史上占有极其重要的地位。历史上曾出现王羲之、吴镇、赵孟頫、吴昌硕等浙籍书画大家,现当代又出现了黄宾虹、潘天寿、沙孟海等知名书画家。成立于1928年的中国美术学院(前身为国立艺术院),是中国最早的美术高等教育学校,如今已成为美术人才辈出的摇篮之一。创建于1904年的西泠印社是中国最早的以研究印学为主的学术团体和专业金石书画出版机构,在国内外享有很高的声誉。绍兴兰亭因东晋(317—420)大书法家王羲之曾在此作《兰亭集序》而成为中国的“书法圣地”。

浙江浓郁的乡土风情孕育了绚丽多姿的民间艺术。“三雕一塑”即东阳木雕、青田石雕、温州黄杨木雕和瓯塑蜚声中外;剪纸、刺绣、染织、编织和灯彩丰富多彩;而以嘉兴秀洲、宁波慈溪和舟山为代表的农民画和渔民画则充满了生活劳作气息。浙江民间的音乐、舞蹈、戏曲、曲艺独具浓郁的地域特色。浙江有7个项目入选联合国教科文组织公布的“人类非物质文化遗产名录”,2个项目入选联合国教科文组织公布的“急需保护的非物质文化遗产名录”,上榜数居全国第一;在国务院公布的四批国家级非物质文化遗产名录中,浙江共有217项入选,入选数量居全国第一。

浙江自古人文荟萃、文风鼎盛、代有人出。自东汉以来,载入史册的著名浙江籍文学家已逾千人,约占全国的六分之一。举凡思想家王充、王阳明、黄宗羲、龚自珍,诗人贺知章、骆宾王、孟郊、陆游,科学家沈括,戏剧家李渔、洪昇等都是杰出代表。20世纪,中国文学巨匠鲁迅、茅盾,教育家蔡元培,著名科学家茅以升、竺可桢、钱学森、陈省身,以及李叔同、王国维、夏衍、艾青、徐志摩、陈望道、马寅初、金庸等一批名人均为浙江人。中华人民共和国成立以来的全国“两院”院士(学部委员)中,浙江籍人士占近五分之一。

浙江省委、省政府高度重视文化建设,对文化建设作出了一系列重大部署。1999年,提出了建设文化大省的战略目标。2000年,颁布了《浙江省建设文化大省纲要》。2001年,出台了《关于建设文化大省的若干文化经济政策》。2002年,将建设文化大省、发展文化经济写入省党代会报告,并召开全省文化工作会议。2003年,部署了文化体制改革综合试点工作。2004年,出台了《关于深化文化体制改革加快文化产业发展的若干意见》。2005年,省委作出了《关于加快建设文化大省的决定》,全面实施文化建设“八项工程”。2006年,省政府出台《浙江省文化建设“四个一批”规划(2008—2012)》。2007年,省政府召开全省农村文化工作会议,部署实施“新农村文化建设十项工程”。2008年,省委召开工作会议，制订出台了《浙江省推动文化大发展大繁荣纲要(2008—2012)》。2009 年，省政府办公厅印发《关于加快发展民营文艺表演团体的意见》。2010 年，省委专门成立了由省委书记任组长的文化建设小组。2011 年，省委召开十二届十次全会专题研究部署文化强省建设，出台了《中共浙江省委关于认真贯彻党的十七届六中全会精神大力推进文化强省建设的决定》；省政府出台了《浙江省文化产业发展规划(2010—2015)》《浙江省文化服务业"十二五"发展规划》。2012 年，省委召开第十三次党代会，将文化建设作为实现物质富裕精神富有的现代化浙江的重要目标。2013 年，省委、省政府召开全省文化产业发展大会，出台了《关于进一步加快发展文化产业的若干意见》。2015 年，省委办公厅、省政府办公厅印发《关于加快构建现代公共文化服务体系的实施意见》。这些举措有力地推动了浙江省文化持续快速发展，多项工作走在全国前列。

(陈如福)

概 况

ZHEJIANG CULTURE YEARBOOK

2015年浙江省文化工作

2015年，在省委、省政府的正确领导下，全省文化系统深入学习贯彻习近平总书记系列重要讲话精神，紧紧围绕省委、省政府中心工作，以创建全国文化发展示范区为目标，以“三严三实”为要求，着力抓好文化强省建设重点任务，各项工作取得明显成效，“十二五”时期确定的各项任务圆满收官，为“十三五”时期我省文化改革发展打下了坚实的基础。

一、文艺创作生产呈现新气象

深入贯彻习总书记文艺工作座谈会重要讲话精神，制定实施了《浙江省文艺工作者深入基层蹲点采风活动实施管理办法》，加大文艺创作扶持力度，全省文艺创作日益活跃。围绕“中国梦”主题、纪念中国人民抗日战争暨世界反法西斯战争胜利70周年、弘扬浙商精神等重大创作题材，推动了话剧《凤凰》、京剧《东极英雄》、越剧《吴越王》、越剧版《牡丹亭》、交响音乐会《胜利之歌》、音乐舞蹈专场《和平三部曲》的创作。我省30个项目获国家艺术基金2015年度资助，获资助资金总额3350万元(立项率和获助资金数均列省区市第4位)；32个项目入选2015年度文化部“中华优秀传统艺术传承发展计划”戏曲专项扶持项目。成功举(承)办了浙江省纪念中国人民抗日战争暨世界反法西斯战争胜利70周年系列活动并承担了全国纪念抗战胜利70周年优秀剧目巡演华东(南)片的组织工作、第八届全国儿童剧优秀剧目展演、第五届浙江曲艺杂技魔术节、李岚清同志篆刻书法素描艺术展、第二届世界互联网大会文艺演出等重大艺术活动；组织举办了浙江省第十四届音乐新作演唱演奏大赛、浙江省第二届村歌大赛、浙江省农村文化礼堂群众文艺展演等17次省级重大群文活动，促进了文艺创作，丰富了群众文化生活，营造了良好的社会氛围。浙江美术馆入选文化部第二批国家重点美术馆，跻身全国一流美术馆行列。

二、现代公共文化服务体系打开新局面

认真贯彻中办、国办《关于加快构建现代公共文化服务体系的意见》，推动成立浙江省公共文化服务体系建设协调组，牵头制订《浙江省关于加快构建现代公共文化服务体系的实施意见》和《浙江省基本公共文化服务标准》，制定实施《浙江省基本公共文化服务标准化均等化行动计划(2015—2020年)》，研究提出了推进基本公共文化服务标准化重点市县建设工作方案并确定10个重点市县，指导推动各重点市县人民政府制定实施为期2年的基本公共文化服务标准化提升计划。认真贯彻国办《关于推进基层综合性文化服务中心建设的指导意见》，研究起草了《浙江省推进基层综合性文化服务中心建设的实施意见》，2015年建成农村文化礼堂1512个(截至是年底，全省共有文化礼堂4959个)；推进全省县图书馆乡镇分馆建设，是年全省共建成乡镇(街道)分馆577个。积极组织第三批国家公共文化服务体系示范区(项目)申报，我省有1个示范区、2个示范项目通过了文化部专家评审；15个项目入选浙江省第三批示范项目。开展浙江省文化强镇、文化示范村(社区)评选和复查工作。与省委宣传部等部门联合举办了首届浙江全民阅读节。加强基层公共文化服务工作，全省文化系统共送戏下乡1.78万场，送书235万册次，送讲座展览4140场；开展文化走亲1270场。成立了省文化志愿者总队。

三、传统戏曲保护与传承迈出重要步伐

率先制定实施了《浙江省传统戏剧保护振兴计划》，每年安排1620万元用于全省56个传统戏剧非遗项目的保护传承和越剧艺术的振兴发展。国办《关于支持戏曲传承发展的若干政策》下发后，积极研究起草了我省《关于支持戏曲传承发展的实施意见》和《关于振兴发展越剧的指导意见》。推进传统戏剧非遗项目分级保护，出台《全省传统戏剧非遗项目“五个百”保护传承工作指导性计划(2015—2017)》，组织评审并命名了第二批浙江省传统戏剧之乡20个。在浙江电视台影视娱乐频道连续两个月播出“浙江好腔调”56个传统戏剧项目微纪录片，组织举办了浙江省传统戏剧经典剧目展演、2015年传统戏剧非遗项目5个专场活动，推动戏剧深入基层、走进校园、走进群众，赢得关注与好评。实施濒危传统戏剧项目抢救记录，是年，我省已有10位传统戏剧代表性传承人抢救性记录列入了国家抢救性记录工作计划。

四、文化体制改革取得积极进展

推进基本公共文化服务标准化、基层综合性文化服务中心建设和公共文化机构法人治理结构三项全国改革试点工作。我省较早出台了富有浙江特色的构建现代公共文化服务体系实施意见和省级标准，受到了文化部和媒体的高度评价。全省有38个市、县(市、区)已经制定实施意见或工作方案，63个正在制定过程中；有57个建立了协调机制；共制定了96个地方标准，其中与质监部门联合制定的7个。印发了浙江省基层综合性文化服务中心(农村文化礼堂)建设试点工作方案，积极推动以农村文化礼堂为核心的基层综合文化服务中心建设，提供了2000多项服务“菜单”，开展了“百名专家联百村”四季行动，省本级专题培训农村文化礼堂人员1000余人次，还开展了百名图书馆长走进礼堂宣讲中华优秀传统文化故事、非遗进礼堂等系列活动，有效丰富了文化礼堂的内涵。推动公共文化机构法人治理结构改革，全省已有49家文化事业单位成立了理事会，其中，浙江图书馆率先制定公共图书馆事业法人组织章程，为全国公共图书馆改革提供了一种样本。文化部在我省召开公共文化机构法人治理结构建设交流研讨活动。深化国有文艺院团改革，谋划理顺国有院团管理体制，指导省属院团研究制订了中长期发展规划。指导推动新远集团深化改革，做大做强主营业务，创新经营项目，影院年度票房收入破亿元，浙江文交所拟发展影视、非遗、邮币卡和珠宝四大业务证券化板块，同时分别与该领域优秀企业合作，以会员制形式开展业务。深入推进简政放权，指导督促相关市县做好下放事项的承接工作，做好省深化“四张清单一张网”改革相关推进工作。深化行政审批制度改革，进一步放宽文化市场准入，全面落实文化市场主体准入“先照后证”制度，全省上网服务场所营业面积准入要求已全部降至20平方米的全国最低标准。

五、文化遗产保护成效明显

我省第一次全国可移动文物普查进展顺利，截至2015年12月底，全省申报藏品总数887399件/套，已登录藏品总数865324件/套(含浙江图书馆古籍普查转换导入93370件/套)，藏品报送进度达97.51%。加强大运河申遗后保护管理，统筹推动良渚古城遗址申遗和江南水乡古镇、海上丝绸之路、中国明清城墙、浙江青瓷窑址联合申遗。加强大遗址保护管理，13处遗址类国保单位保护规划编制获国家文物局批准立项。考古管理获重要成果，依法实施了36项考古发掘项目，上虞禁山早期越窑遗址被列入“2014年度全国十大考古新发现”，湖州钱山漾文化遗址被命名为“世界丝绸之源”。指导实施建德新叶等国家文物局首批传统村落保护利用项目，指导推动松阳县传统村落保护利用，松阳县被国家文物局列为传统村落保护利用试验区。推进水下考古工作，建立了全省水下考古工作业务指导机构，国家文物局水下文化遗产保护舟山工作站挂牌成立。4个历史文化街区入选首批中国历史文化街区，新增省历史文化名城1座。认真组织《博物馆条例》学习、宣传与贯彻。进一步充实完善了全省博物馆陈列展览交流平台，开展了从线上到线下的展览交流。开展了非国有博物馆运行评估工作和未定级国有博物馆运行评估课题研究。持续实施博物馆陈列展览精品工程，两个展览荣获全国博物馆十大陈列展览精品推介优胜奖。开展“2015年度完善博物馆青少年教育功能试点工作”。指导推动了各地平安工程的实施，国有文物收藏单位实现第十个安全年。进一步强化文物行政执法监察工作，加快推进“天地一体”预警系统研发应用。召开学习实践习总书记浙江非遗保护重要批示十周年座谈会，举办了第十个“文化遗产日”、第十届浙江省非物质文化遗产节、2015年非遗电视春晚、第七届中国(浙江)非物质文化遗产博览会等活动。开展美丽非遗乡村行动，深化美丽非遗进礼堂活动。积极探索非遗主题小镇(实验)建设，共评出非遗主题(实验)小镇和民俗文化村30个。完成了第五批国家级代表性传承人推荐申报工作。建立3个国家级培训试点基地，实施了传承人群研修培训计划。全省12家市县综合非遗馆建成开馆。古籍保护工作持续推进，国家级古籍修复技艺传习中心、浙江传习所在浙江图书馆成立。

六、文化产业和文化市场实现新发展

研究制定了我省《关于扶持木雕根雕石刻产业传承发展的指导意见》和《关于扶持文房产业传承发展的指导意见》。草拟了推动文化产业转型升级三年行动计划，推动义乌文交会、杭州动漫节转型升级向深度拓展，其中第10届义乌文交会实现洽谈交易额50.67亿元，同比增长3.2%，文化"广交会"地位进一步显现。举办第三届动漫衍生品授权交易会，交易额达1.58亿元。开展文化产业示范园区基地巡检考核和认定工作，做好重点文化产业项目的申报推荐，19个项目成功入选文化部文化产业重点项目库。2015年我省文化系统管理的29个文化产业项目得到中央专项资金补助8653万元。与省科技厅建立文化科技协同创新联席会议机制，2个专项、7个文化科技重大项目被纳入省重点研发计划，预计争取科技资金1500万元。我省获批成立国内首个文化科技类部省协同创新平台，批复成立了2个全省文化科技创新基地(中心)。有14个项目入选国家社科基金艺术学项目(总数居全国第三)。积极探索国有剧院加强运营管理的有效途径，推动浙江新远文化产业集团着手组建"剧院院线""剧院联盟"。开展"上网服务行业转型升级"和"上网服务营业场所分级管理"试点工作。着力推进网络文化内容自审管理工作，对145家新设立网络文化企业内容审核人员进行了培训。加大对民营文艺表演团体扶持力度，重点支持曲目创作与人才培育，评出年度4家"优秀剧团"和4部"优秀剧目"，并开展了进农村文化礼堂活动。进一步完善了民营文艺表演团体人才培养机制，逐步由单一的越剧培训向多剧种培训转变，培训演职人员近千人次。进一步加强对文化市场综合行政执法的指导监督，一手抓内容安全、一手抓场所安全，开展2015年"平安浙江"专项行动，部署"清网""护苗""打违"三大行动，加强与公安、工商、消防、通管、城管等部门的协作和联系，积极探索文化市场综合执法信息化、规范化监管创新机制，全省文化市场保持了平稳有序、规范发展的良好态势，得到了文化部等上级部门的充分肯定。在文化部2013—2015年度全国文化市场综合执法案卷评查中，获得了全国"十佳案卷""优秀案卷"和"规范案卷"全部三个奖项。圆满完成文化部委托我省承担制作的8个文化市场综合执法规范化课件课题。

七、对外对港澳台文化交流工作有效服务大局

围绕国家重大公共外交活动、"一带一路"战略，组织实施了多项高水平的对外文化活动，组派艺术表演、非遗展示参加南非"中国年"活动，组派浙江小百花越剧团赴泰国参加庆祝中泰建交40周年演出活动，长兴百叶龙艺术团赴英参加2015中英文化交流年"中国文化季"活动——爱丁堡皇家军乐节演出，举办中阿合作论坛框架下的首期阿拉伯国家文博专家研修班，组派浙江歌舞剧院有限公司赴"丝绸之路"沿线国家——卡塔尔和巴林演出；配合中日韩外交战略，成功推荐宁波市当选为2016年"东亚文化之都"；圆满完成文化部海外"欢乐春节"演出任务，组派三个艺术团赴美洲、非洲6国共演出31场，观众人数逾7万人，获得了当地媒体的广泛报道。积极配合省委、省政府重大涉外活动，组派文化艺术团赴瑞士、捷克举办演出展览活动，赴澳门参与第四届世界旅游经济论坛活动。持续实施"浙江文化节"品牌项目，赴爱尔兰、土耳其、南非成功举办了"浙江文化节"，进一步扩大了"浙江文化节"的影响力和辐射力。根据文化部工作部署，落实"2015年对非文化工作部省对口合作计划"，继续开展与驻莫桑比克、马拉维、马达加斯加使馆的对口合作。发挥对台文化交流基地作用，赴台举办第九届"台湾·浙江文化节"，成功承办由中华文化联谊会、省人民政府主办的"情系青春——两岸青年吴越行"活动，并在文化创意、宗教文化、民间艺术、博物科普等领域开展多项双向交流。继续深化对港澳文化交流，组派浙江小百花越剧团参加第43届香港艺术节演出活动，该项目被列入文化部2015年度全国对港澳文化交流重点项目；组织15家文化机构(企业)参加香港国际授权展，我省成为香港国际授权展中国内地馆主力；组织14家澳门文创机构参加第10届中国(义乌)文化产品交易会；组派浙江歌舞剧院有限公司赴澳门参加《澳门之歌》音乐会演出。深入开展文化系统文化产品和服务对外贸易发展调研，扶持我省文化企事业单位赴国外开展商业性演展活动，评审出10个演展项目入选《浙江省商业演出展览文化产品出口指导目录》。2015年，我省共实施对外对港澳台文化交流项目1168起，其中，对外文化交流项目991起，对台文化交流活动94起，对港澳文化交流项目83起。

八、艺术教育与人才培养取得重要突破

浙江音乐学院筹建工作快速

推进，校园建设、学科专业、师资队伍、管理制度等“硬件”和“软件”同步提升，“去筹”获全国高校设置评议委员会专家组通过，将进一步优化我省艺术教育体系。浙江艺术职业学院充分发挥全国文化干部培训基地和全国基层文化队伍培训基地的优势，充分整合省内外优质培训资源，逐步形成了“立足浙江，辐射全国”的培训网络格局。2015年，浙江艺术职业学院共开展51期培训班，培训3100余人次。青年艺术人才培养“新松计划”实施迎来十周年，累计实施各类青年艺术人才培养150多个项目，发现、培养和资助青年艺术人才1500余人，带动形成了青年文化艺术人才培养的“浙江模式”。成功举办了全省青年演奏员大赛、全省中青年创作人才(作曲)高级研修班、第十期全省戏曲表演人才高级研修班，持续实施全省中青年编剧扶持计划，推动艺术人才成长。深入实施基层文化队伍素质提升工程，全省培训基层文化队伍20万余人次。制定了文化系统各领域专业人才的评价条件，建立了文化专业人才评价机制。建立了基层文化艺术人才引进的绿色通道，切实解决了长期困扰基层“人岗不匹配”问题。建立了全省高层次文化艺术人才数据库，已经登记入库的文化艺术专家人才有800余人。

九、重大文化设施建设态势良好

浙江音乐学院(筹)校区建设工程建成投用，为正式建校提供了有力保障，得到了各级领导和社会各界的充分肯定。中国丝绸博物馆改扩建工程顺利结顶。浙江小百花艺术中心项目即将结顶。浙江自然博物园核心馆区工程开工建设。浙江省之江文化中心(包括省博物馆新馆、省图书馆新馆、省非遗馆、省文学馆等)项目地块征迁工作正式启动，同时开展了项目建议书的编制和概念性规划方案的设计。浙江京剧团与省广电集团的合作项目、浙江昆剧团土地房产整体置换项目等重大项目在积极协调中稳步推进。省文物考古研究所教工路科研业务用房、浙江话剧艺术剧院、浙江音乐厅等一批省级文化系统单位提升改造项目持续推进。

十、从严从实的要求全面落到实处

深入学习贯彻习近平总书记系列重要讲话，部署开展了“三严三实”专题教育，省级文化系统在巩固和拓展党的群众路线教育实践活动成果、守纪律讲规矩、推动文化改革发展上取得了实效。深入学习贯彻党的十八届五中全会和省委十三届八次全会精神，认真研究编制《浙江省文化发展“十三五”规划》。落实党建工作责任制，严格党内组织生活，选树先进典型、强化责任担当，推广微型党课、微信党课等党员思想教育新方式。严格落实党风廉政建设“两个责任”，厅党组制定下发了《关于进一步加强党风廉政建设和反腐败工作的意见》，召开廉政警示教育大会，组织处级干部党章党规党纪集中轮训，推动省级文化系统纪检监察队伍建设，强化监督执纪，保持正风肃纪高压态势。针对巡视发现的问题深入开展“五大整改行动”，进一步健全管理制度、完善运行机制、推动工作创新。厅党组制定下发了《关于进一步加强省级文化系统干部队伍建设的实施意见》，建立了优秀年轻干部培养选拔工作机制，认真抓好领导干部个人事项报告工作，及时调整了厅属单位干部队伍，有效地改善了干部队伍的结构层次。推进依法行政和文化立法工作，加强行政规范性文件合法性审查，加强普法宣传，在省级文化系统建立法律顾问制度和法律咨询制度。深化厅属单位建设工作，建立了厅属单位“一把手”交流例会制度。进一步改进调研工作，研究制订调研实施办法。开展“深改革、强规范、提能效”作风建设专项行动，发起“立家训·树家风”活动，不断规范党员干部行为，修订了《浙江省文化厅工作制度汇编》。

(厅办公室)

2015年浙江省文物工作

2015年是“十二五”规划收官之年和“十三五”规划编制之年。全省文物系统以习近平总书记文物保护重要论述精神为指引，全面贯彻落实“三严三实”要求和党的十八届五中全会精神，主动对接省委省政府中心工作，加快适应文物工作新常态，以创新的思路、扎实的举措，抓好“十二五”规划既定任务和年度重点工作，取得了明显成效，为打造浙江文物事业“升级版”奠定了坚实基础。

一、注重学习改作风，着眼长远抓谋划

(一)深入学习贯彻习总书记文物保护重要论述精神

在有关中央媒体集中报道习

近平总书记关心历史文物保护工作纪实并发表系列评论员文章后，迅速向省委、省政府和厅党组作了专题汇报，多次进行了专题学习研讨，在全省文物系统掀起了学习贯彻热潮，形成了深刻全面的学习体会、贯彻落实情况报告。同时，按照习总书记“干在实处永无止境、走在前列要谋新篇”的要求，找差距、改作风、提精神、谋发展，切实把习总书记重要讲话精神落到实处，转化为促进改革、引领发展的新动力。

（二）着力推进机关党风廉政及效能建设

进一步巩固和拓展党的群众路线教育活动成果，积极开展“三严三实”专题教育活动，认真学习贯彻新修订的《中国共产党纪律处分条例》《中国共产党廉洁自律准则》，全面落实机关党风廉政主体责任，努力提升机关工作效能，积极营造风清气正、崇俭尚廉、干事创业的良好氛围。

（三）大力推进“十三五”规划编制工作

全面总结回顾“十二五”时期我省文物事业的发展成就、存在问题，认真分析“十三五”时期全省文物事业发展方向、重要任务和保障措施，形成“十二五”时期文物事业发展情况评估报告、“十三五”时期文物事业发展调研报告、“十三五”规划文本（初稿），并上报了“十三五”时期我省文物事业发展的重大项目、重大工程和重大政策。

二、突出重点狠抓落实，提高效率加快进度

（一）“一普”进度走在前列

全面推进文物信息采集登录审核工作，截至12月底，全省申报藏品总数887399件/套，已登录藏品总数865324件/套（含浙江图书馆古籍普查转换导入93370件/套），藏品报送进度97.51%，位居全国前列。开展了普查专项督查工作，由省普查办领导分别带队实地督查“一普”工作，切实推进普查进度，保障普查质量。举办了“一普”进度管理与数据审核培训班、浙江古代青瓷鉴定培训班、浙江古代书画鉴定培训班。建立了普查进度定期通报制度，通过普查简报、浙江文物网等载体，及时通报各地普查进度。积极做好省普查网络信息平台和全国可移动文物公众网浙江地方频道的维护更新。

（二）文物平安工程深入实施

积极推进有关县（市、区）的文物平安工程规划及总体方案编制工作，部分已具备方案报批条件。加快实施文物平安工程项目，平阳、永康、黄岩、瑞安、东阳等地部分工程启动施工，一批项目通过国家文物局立项审批，部分全国重点文保单位平安工程设计方案报国家文物局。认真做好文物平安工程的技术指导和调研，先后对嘉兴、嵊州、兰溪等10余个市县开展调研，就规划编制、技术路线和共管模式等与当地达成一致意见，为提高方案可操作性奠定了良好基础。

（三）《博物馆条例》得以贯彻落实

认真抓好《博物馆条例》的宣传、贯彻、落实，组织参加国家文物局召开的学习贯彻电视电话会议；召开学习贯彻座谈会，就我省进一步贯彻落实条例精神，促进博物馆事业发展进行了研讨；向全省各级文物部门印发《博物馆条例》文本，并充分利用国际博物馆日等节点，开展了广泛深入的普法宣传；根据《博物馆条例》具体条款，完成有关行政权力事项的梳理和调整。

（四）传统村落保护利用工作卓有成效

根据国家文物局统一部署，加快实施传统村落保护利用项目，实施建德新叶等首批传统村落保护利用项目，上报了11个第二批传统村落保护利用项目，完成了9个传统村落的文物保护工程总体方案审查和6个村落的工程技术方案审查，做好第三批传统村落保护利用项目储备。松阳县被列为国家文物局传统村落保护利用试验区，松阳酉田村“浙江省历史文化村落保护利用示范项目”加快实施并受国家文物局充分肯定。在第二届海峡两岸及港澳地区文化遗产活化再利用研讨会上，浙江传统村落保护实践被作为大陆唯一案例进行重点推介，获得高度评价。浙江省传统村落核心要素保护和再利用研究课题顺利推进，浙江省传统民居类文物建筑保护利用导则、图则在全省试行。

（五）进一步深化文物系统自身改革

进一步深化行政审批制度改革，不断加大简政放权力度，再次下放行政许可事项10项。做好取消和调整行政许可事项的落实衔接工作和国务院下放和取消行政审批项目的承接工作，对行政审批事项实行动态管理。积极开展规范性文件清理工作，制定局机关行政规范性文件制定管理办法。积极推进文物保护工程项目审批综合改革，培育专业咨询评估机构负责技术方案评估，省文物考古研究所被国家文物局确定为全国5家国保单位保护项目咨询评估机构之一。强化行政权力的制约和监督，建立健全行政裁量权基准制度。积极推进博物馆法人治理结构改革，在宁波华茂美术馆开展法人治理结构试点。

三、夯实基础重保护，强化管理求实效

（一）抓好世界文化遗产保护与管理

进一步巩固大运河申遗成果，协调大运河沿线各地做好大运河遗产保护管理和遗产监测等工作，提请省政府办公厅对参与大运河申遗工作的23家先进集体和48个先进个人进行表彰，协调处理好大运河沿线有关建设项目。大力推进良渚古城遗址申遗前期准备工作，积极争取有关方面支持，指导促进遗产所在地做好良渚古城遗址环境整治、突出普遍价值提炼、遗产价值展示工程、迎接国家文物局现场考察等工作，组织召开良渚古城遗址保护申遗专家评审会，为良渚古城申遗奠定基础。积极推进江南水乡古镇、海上丝绸之路及中国明清城墙等联合申遗项目，建立江浙两省推动江南水乡古镇联合申遗工作模式，完成“海丝”申遗点遴选标准制定及申遗点上报工作，协调推进临海台州府城墙参与中国明清城墙联合申遗前期工作，组织召开浙江青瓷窑址申遗专家咨询会，协调有关市县实质性启动浙江青瓷窑址联合申遗前期准备工作。

（二）强化大遗址保护和考古管理

进一步加强大遗址保护管理，杭州郊坛下和老虎洞窑址等13处国保单位保护规划项目获国家文物局批准立项，嘉兴马家浜遗址保护规划获省政府批准，安吉古城省级考古遗址公园规划等通过省级专家评审，实施了绍兴越国贵族墓等一批大遗址的考古调查。考古管理获得重要成果，组织编制五年考古工作规划3项，依法实施考古发掘项目36项，上虞禁山早期越窑遗址被列入“2014年度全国十大考古新发现”。积极推进水下考古工作，建立全省水下考古工作业务指导机构——水下文化遗产中心，成立了国家文物局水下文化遗产保护舟山工作站，中国第一艘水下考古船“中国考古01”号停靠舟山，完成了白节山海域水下文物重点调查二期项目。

（三）做好文保单位保护管理等基础工作

督促指导全省大部分市、县（市、区）完成省级以上文保单位“两划”工作，委托专业机构启动文保单位“两划”工作规程的研究制定工作。基本完成省级以上文保单位“四有”档案编制和全国重点文保单位“四有”档案备案工作。强化文保工程管理，实地检查省级以上文保单位维修工程工地20余处并提出整改要求。进一步规范技术方案审批，累计审查、上报全国重点文保单位修缮、展示工程立项申请28项，审批全国重点文保单位保护维修方案和施工图49项，审查省级以上文保单位修缮方案及施工设计81项，审批省级文保单位保护工程立项38项，竣工验收省级以上文保单位维修工程47处。进一步强化文保单位保护范围、建控地带内建设项目方案审查和论证，审查、上报涉及全国重点文保单位建控地带建设项目9项，审批涉及省级文保单位建控地带建设项目4项。进一步加强文保工程资质管理，新增三级施工资质单位10家。会同省地理信息与测绘局启动浙江省文物资源地理信息系统(GIS)管理平台建设。启动第七批省保单位申报推荐工作。举办全省第六期文物保护工程从业人员上岗培训班和“四有”培训班。

（四）协同做好历史文化名城、名镇、名村保护工作

平阳县被列为省历史文化名城。有4个历史文化街区入选首批中国历史文化街区（全国共30个），完成第五批省历史文化街区、名镇、名村申报的现场考察工作，形成初步推荐意见。继续协助、指导温州、海宁、龙泉、余姚等城市申报国家历史文化名城，配合完成住建部、国家文物局对温州市申报国家历史文化名城的实地考察评估。参与丽水市城市总体规划、宁波历史文化名城规划以及景宁鹤溪镇、永嘉枫林镇等历史文化名镇、名村保护规划评审。

（五）积极推进文博单位安消防工作

全面推进数字监控技术在博物馆安全防范系统中的应用，使视频安防监控水平和效能得到了几何级提升，全省国有文物收藏单位连续10年实现安全年。竣工验收了浙江省博物馆孤山馆区等18项安防工程，审批了中国丝绸博物馆等14项安防工程设计方案。组织相关市县认真推进全国文物消防安全百项工程和文物消防安全专项规划编制试点工

作，缙云县河阳村乡土建筑消防工程基本实施到位，平阳顺溪古建筑群消防专项规划编制基本完成，建德新叶村、嵊州崇仁村、武义俞源村、兰溪芝堰村和临海桃渚城消防方案设计进入尾声。积极部署开展夏季文物消防安全检查行动。组织召开全省文物安全工作研讨会。

四、注重建设提升服务，实施评估优化管理

（一）着力推进博物馆建设与管理

加快推进浙江自然博物园核心馆区、中国丝绸博物馆改扩建等项目，指导有关县（市、区）做好博物馆基础设施建设、改造提升工作，金华市博物馆、丽水市博物馆建成开馆，台州市博物馆建设顺利推进，温州市龙湾区博物馆改扩建工程完工，武义县博物馆新馆奠基开工，乐清市、瓯海区、温岭市、临海市、黄岩区等一批博物馆完成土建施工。进一步提升全省博物馆管理运行水平，启动未定级国有博物馆运行评估项目试点研究工作，深入推进国有博物馆对口帮扶非国有博物馆工作，首次开展全省非国有博物馆运行评估工作，有效促进了非国有博物馆的规范化建设。举办第三期全省博物馆馆长培训班、第二期全省民办博物馆馆长培训班。

（二）不断提升博物馆公共文化服务水平

组织召开博物馆公共文化服务体系建设经验交流会，对“湖州·博物馆在行动”等做法进行宣传推介。进一步充实完善全省博物馆陈列展览交流平台，开展博物馆陈列展览线下交流，促进馆藏资源共享。组织浙江自然博物馆等 24 家文博单位参加第 10 届中国（义乌）文交会，浙江省博物馆获评“首批全国博物馆文化产品示范单位”。在第十二届（2014 年度）全国博物馆陈列展览十大精品奖评选中，嘉兴博物馆“禾兴之源——史前时期的嘉兴”、宁波港口博物馆的“港通天下——中国港口历史陈列”荣获优胜奖。组织开展第九届（2014 年度）全省博物馆陈列展览精品项目推介评选工作，评选出陈列展览精品奖 10 个、优秀奖 5 个。开展 2015 年度完善博物馆青少年教育功能试点工作，初步建立全省博物馆青少年教育项目库，组织开展了 2015 年全省博物馆十佳青少年教育项目初选。

（三）认真履行社会文物管理职能

审核文物拍卖经营活动 45 场，审核文物拍卖标的 36477 件（套），撤拍 137 件（套）。办理文物出境许可 2 批次（8 件），文物临时进境登记 8 批次（219 件），旧家具及复仿制品出境审核 48 批次（14226 件）。做好涉案文物鉴定工作，全年办理涉案文物鉴定 63 起，鉴定各类器物 1631 件，现场勘查认定古墓葬、古文化遗址 15 座（处）。做好文物拍卖企业经营文物拍卖许可审批工作，新增文物拍卖企业 1 家，配合国家文物局开展文物拍卖企业经营管理情况调研活动。指导西泠印社艺术品鉴定评估中心开展民间收藏文物鉴定试点工作。

五、强化执法监察保安全，借力现代科技强保障

（一）进一步强化文物行政执法监察工作

全省各级文物执法监察机构共出动 20056 人次，检查文博单位 10443 家（处），发现安全隐患 303 处，调查处理违法行为 36 起，立案调查文物违法案件 20 起。开展管辖海域内文化遗产联合执法行动，进一步强化与省海监总队的协作，有效维护我省管辖海域内文化遗产安全。加快推进“天地一体”预警系统研发工作，省级平台系统已现雏形，杭州、宁波、温州、宁波市海曙区等部分试点单位也启动了相关工作。

（二）进一步提升文物保护科技水平

我省文化遗产保护科技区域创新联盟成员单位承担的国家“十二五”科技计划项目“文化遗产数字化公共服务平台与产业化应用示范项目”，以及国家“十二五”科技计划课题“古代建筑营造传统工艺科学化研究”“古代建筑基本材料（砖、瓦、灰）科学化研究”通过科技部结项验收。召开浙江省文物保护装备产业创新联盟技术研讨交流会，增加新成员单位 3 家。积极参加国家重点研发计划“‘一带一路’文化遗产保护与传承科技”专项申报工作，组织参与国家自然科学基金相关文物保护科技项目的凝练，完成 2015 年度省文物保护科技项目评审，20 个项目立项。联合举办“丝路之绸：起源、传播与交流”国际学术报告会，成立了 12 国 24 家专业机构和团体参加的“国际丝路之绸研究联盟”。推进纺织品文物保护国家文物局科研基地及新疆、西藏工作站工作，与甘肃省博物馆签署建立甘肃工作站的协议。

六、围绕节点做好宣传，扩大影响凝聚共识

(一)努力提升公众的文化遗产保护意识

认真做好“文化遗产日”宣传活动，围绕“保护成果全面共享”主题，在衢州举行2015年文化遗产日浙江主场城市活动，与《钱江晚报》合作开展专题宣传活动，有效提升了我省文物工作影响力。积极开展“国际博物馆日”活动，围绕“博物馆致力于社会的可持续发展”主题，在湖州市举行第39个“国际博物馆日”暨湖州博物馆联盟馆藏集萃展开幕仪式，组织召开“浙江省公共文化体系视野下的博物馆”学术研讨会，就如何提升博物馆公共文化服务水平等问题进行深入研讨。首次开展浙江省年度考古重要发现评选活动，评定杭州余杭玉架山良渚文化环壕聚落遗址等10项2015年重要考古新发现，举办了浙江省重要考古发现公众分享会。

(二)积极开展纪念抗战胜利70周年宣传活动

根据中央《关于举行中国人民抗日战争暨世界反法西斯战争胜利70周年纪念活动的通知》精神和文物系统纪念中国人民抗战胜利70周年工作推进电视电话会议要求，积极部署开展有关纪念活动。加快推进全省抗战文物的认定公布、保护规划编制、抗战文物保护展示工程等工作，委托省古建院编制全省抗战文物保护利用规划。积极推进浙江省抗战胜利受降纪念馆、长兴新四军革命纪念馆等抗战主题馆的建设、改造提升工程。指导推进全省各级文博单位举办纪念抗战胜利70周年纪念活动，其中浙江省博物馆“钱江怒潮——抗日战争在浙江展”等一批展览获得良好反响。

(省文物局综合处)

专业艺术

【概况】 2015年，全省专业艺术领域加强创作生产和人才培养，完成“中国人民抗日战争暨世界反法西斯战争胜利70周年”、第二届互联网大会、“新松计划”实施十周年、第五届浙江曲艺杂技魔术节等一批重大活动和赛事；注重“两个效益”，继续做好文化惠民工作；加强政策制定和制度建设；国家艺术基金项目申报工作成绩斐然；做好美术工作。专业艺术工作总体呈现欣欣向荣、充满活力的良好局面。

【国家艺术基金项目申报】 浙江小百花越剧团《吴越王》、浙江话剧团有限公司话剧《谁主沉浮》全国巡演计划、浙江歌舞剧院有限公司民族管弦乐《富春山居图随想》、浙江绍剧艺术研究院绍剧小戏《奈何桥》、浙江艺术职业学院群舞《凳之龙》、浙江曲艺杂技团有限公司苏州评弹《胡雪岩传奇》等30个创作项目和个人入选2015年度国家艺术基金资助项目，其中省本级入选13个、获资助资金1400万元，申报数127项、与湖北省并列第12位，立项数30个，与陕西、山西省并列第7位，立项率接近25%、在省市区中排第4位(总排名第6位)。

【精品创作】 以纪念中国人民抗日战争暨世界反法西斯战争胜利70周年、中国梦、“一带一路”等为主题，全省专业院团陆续推出一批舞台艺术作品与观众见面：4月10日，浙江交响乐团大型咏诵交响套曲《唐诗之路》在新昌与观众见面；浙江昆剧团创作的历史题材昆剧《韩信大将军》上半年成功首演；浙江话剧团创作排练的浙商题材话剧《凤凰》9月15日首演；浙江歌舞剧院有限公司的“和平三部曲”、浙江交响乐团创作的大型交响音乐会《胜利之歌》、浙江京剧团创作排演的现代京剧《东极英雄》相继在9月、10月公演；浙江越剧团继推出越剧版《牡丹亭》；台州乱弹剧团创作排演历史剧《戚继光》。

【重大艺术活动】 办好浙江省纪念中国人民抗日战争暨世界反法西斯战争胜利70周年系列活动。一是浙江歌舞剧院有限公司的“和平三部曲”，即大型民族管弦乐音乐会《和平颂》、大型合唱音乐会《和平之歌》、主题歌舞晚会《和平与梦想》分别于5月21日、8月14日、8月29日在浙江省人民大会堂举办，其中《和平颂》此前赴澳门交流演出，反响热烈。二是作为浙江省委、省政府纪念中国人民抗日战争暨世界反法西斯战争胜利70周年系列活动主场，由浙江交响乐团创作的大型交响音乐会《胜利之歌》，于9月1日在浙江省人民大会堂举行，省委、省府、省政协、省人大、省军区五套班子出席，抗战老兵、驻浙人民解放军、武警部队、公安民警、少先队员、社会各界人士1500余人观看演出。三是由浙江京剧团创作排演的反映抗日战争时期舟山群众救援英军战俘、与日军殊死搏斗的现代京剧《东极英雄》于9月15日在浙江省人民大会堂上演。四是由省委宣传部、省文化厅主办，省文化馆承办的大型群众合唱晚会《历史不会忘记》于9月25日在浙江省人民大会堂举行。五是根据文化部统一部署，省文化厅大力开展“纪念中国人民抗日战争暨世界反法西斯战争胜利70周年优秀剧目华东(南)片巡演”活动。浙江京剧团《东极英雄》为启动演出剧目，并赴福建、上海交流演出9场。同时，引进福建京剧团的青春版《红灯记》、上海长宁沪剧团的现代沪剧《赵一曼》、上海歌剧院的音乐剧《国之当歌》、上饶歌舞话剧团的情景诗画剧《为了可爱的中国》等4部优秀剧目于11月上中旬在杭州、绍兴、宁波、金华等地演出12场。

成功承办第八届全国儿童剧优秀剧目展演。全国21个省区市及中央直属院团的25台优秀剧目参演，观众达3万人次，受到各界广泛好评。本届展演坚持低票价惠民，通过政府补贴平抑演出票价，平均演出票价在50元以下。展演平均上座率80%以上，杭州市中心的浙话艺术剧院、胜利剧院等几乎场场爆满，“六一”前后和开闭幕式演出一票难求。

举办浙江省传统戏剧经典剧目展演。7月12日至25日在杭州、绍兴、金华联动演出。11台浙江经典的传统剧目连番上演。内容涵盖越剧、婺剧、绍剧、甬剧以及京剧、昆曲等传统戏剧剧种，其中包括浙江小百花越剧团的《五女拜寿》《西厢记》、浙江越剧团《九斤姑娘》、浙江京剧团《飞虎将军》、浙江昆剧团《西园记》、浙江婺剧艺术研究院《白蛇传》等经典剧目，大部分剧目已入选浙江省第一批、第二批优秀保留剧目。展演实施惠民标价，最低票价50元，最高票价180元；采取“省市联动”方式，为戏迷观众提供了更多了解不同戏曲艺术的机会。

成功举办第五届浙江曲艺杂技魔术节。近70个新作品、120多名演员报名参加曲艺、杂技魔术、木偶皮影三个大类的比赛，范围涉及省本级和杭州、宁波、温州、绍兴、金华、嘉兴、湖州、丽水8个市。获奖节目带有浓郁的地域特色和强烈的生活气息，反映出近年来浙省曲艺杂技创作的新趋势。一大批年轻的艺术新秀，在本届曲杂节上脱颖而出、崭露头角，全省曲艺杂技人才队伍不断壮大，为我省曲艺杂技事业的可持续发展注入活力，同时也展示了浙江曲艺杂技事业的发展后劲。

在全省范围内开展2015“浙江好腔调”传统戏剧系列主题活动，精心组织了五个专场演出。一是浙江好腔调“开学了”中小学生专场(温州)，选择一批优秀的传统木偶戏、皮影戏等走进中小学校园，培养中小学生学习传统戏剧的兴趣；二是浙江好腔调“开讲了”大学生(留学生)专场(金华)，组织传统戏剧走入高校、走近大学生、走近留学生，展示传统戏剧魅力，传播传统戏剧文化；三是浙江好腔调“开锣了”濒危剧种传统剧目专场(台州)，在列入浙江省非遗名录的56个剧种(剧目)中选出6个剧种，参演剧目具有本剧种艺术特色，为经典的传统折子戏；四是浙江好腔调“开演了”青年演员专场(绍兴)，以濒危剧种青年传承人培训班成果展演为基础，选择我省近年来部分优秀青年演员，共同参演；五是浙江好腔调“开唱了”戏剧名家票友专场(杭州)，组织名家名角展演、票友优秀戏剧选段展演、票友互动等，同时进行浙江省传统戏剧之乡、“浙江好腔调”传统戏剧“五个百”以及系列展演活动颁牌颁奖。

举办“新松计划”十周年研讨展示活动。于11月初成功举办了“新松计划”实施十周年研讨展示活动。11月4日晚，在杭州剧院举办《一脉相承》名师带徒戏曲晚会，11月5日上午在浙江艺术职业学院举行了“新松计划”实施十周年研讨会。文化部副部长董伟出席了上述活动并发表重要讲话，充分肯定了浙江“新松计划”在人才培养上的成功经验和做法。

大力开展“中国梦”主题教育活动和“深入生活，扎根人民”主题实践活动。2014年12月初至2015年3月上旬，全省专业剧团积极开展“我们的中国梦·文化进万家”活动，陆续组织了1100多场文艺演出送到山区、海岛、乡间、部队、社区、街道，营造了浓厚的节日文化氛围，极大地丰富了全省节日生活，受到人民群众的热烈响应。为更好地体现本次“文化进万家”活动成果，体现省属艺术院团艺术性、示范性、引领性作用，还专门组织了2015“我们的中国梦·文化进万家”省属院团走进安吉县上墅村文化礼堂专场文艺演出。

【人才队伍建设】 成功举办“新松计划”全省青年演奏员大赛。大赛于2014年11月启动申报工作，并于是年4月圆满结束。本次大赛坚持“零门槛、多元化”，面向基层、开门办赛，共收到全省9个市和省本级60多家单位、近300名选手的参赛申请，涵盖了专业院团、大专院校、文化馆站及社会各行各业。惠及全社会特别是市、县基层的平台设计，在发现优秀人才的同时，也极大地推动了基层音乐人才队伍的发展壮大。

举办全省中青年创作人才(作曲)高级研修班。7月1日至10日，来自全省专业艺术院团、院校、文化馆的46名学员在浙江音乐学院(筹)玉皇山校区进行了为期10天的学习活动。通过作品交流研讨、名家讲座授课、实地采风等多样化的学习形式，开阔了眼界，增长了见识，领略了当代音乐创作新趋势，拓宽了音乐创作的思路。

举办了“新松计划”第十期表演人才高级研修班(小丑、老旦、花脸)。7月7日至17日在浙江艺术职业学院举办，来自全省16个专业剧团的优秀青年戏曲演员27人参训。

继续推进中青年编剧扶持计划，浙江省文化艺术研究院管尔东《商途异梦》等8个项目入选浙江省中青年编剧扶持计划2015年剧本资助项目。

【政策制定与制度建设】 结合“十三五”文化发展规划调研工作，对省属文艺院团中长期发展规划做了专题研究，重点对省属8家文艺院团的生存现状、存在问题、发展目标、主要任务和保障措施等方面进行总体研究和布局，提出了围绕“三以”理念、“六区”计划和打造全国文化发展示范区总目标，分别制订了8家文艺院团《省属院团中长期发展规划》。

制定《浙江省文艺工作者职业道德准则》。坚持以社会主义核心价值观为引领，加强艺术创作的主题和内容管理，坚决抵制庸俗媚俗低俗之风，努力创作出有筋骨、有道德、有温度的优秀作品。

出台《浙江省传统戏剧保护振兴计划》(浙文艺〔2015〕1号)。1月19日，由省委宣传部、省文化厅、省财政厅联合出台，努力通过实施一系列抢救、保护、扶持和振兴措施，让丰富多样的浙江传统戏剧活起来、传下去。

着力加强厅艺术委员会建设，审议通过《浙江省文化厅艺术委员会章程》，提升艺委会的参谋作用、把关作用、评论作用和桥梁作用。

制定下发《浙江省文艺工作者深入基层蹲点采风活动实施管理办法》，推动各类艺术单位和艺术家从生活中采撷鲜活的创作素材。各设区市文化部门积极跟进，根据本地实际情况分别制定了采风管理办法。各级文化部门和艺术单位通过考察、推荐、自主申报等形式，在全省基本确定了56处各类采风基地，涉及革命历史传统、民间音乐舞蹈、传统戏曲、海洋文化、山地文化、少数民族文化、生态经济、社会主义新农村、基层文化建设、社会主义核心价值观等多个方面，涵盖音乐、舞蹈、曲艺、戏剧、美术等诸多艺术门类。省文化厅结合中青年创作人才(作曲)高级研修班，组织学员赴余杭区梦想小镇、浙江音乐学院(筹)建设工地开展采风活动；省京剧团针对年度大戏《东极英雄》的创作排练三赴舟山群岛实地走访采风；浙江歌舞剧院有限公司为创作纪念抗战胜利70周年《和平三部曲》两次组织创作人员，沿南京、上海、长兴、舟山、宁波、金华、东阳一路采集抗战历史遗存资料；浙江话剧团精心创作排练的浙商题材话剧《凤凰》，导演组和主要演员多次走进企业，与浙商企业家广泛深入座谈。各地文化部门充分结合“种文化、结对子”“文化下乡”等活动组织采风，作风踏实，轻车简从，注重实效，让艺术工作者进一步走近普通群众，倾听基层干部群众的声音，切实感受民风社情。10月27日，根据省委宣传部关于为第二届世界互联网大会(乌镇峰会)创作主题歌《织梦乌镇》的有关要求，省文化厅组织省内25位优秀词曲作者赴水乡乌镇实地采风并最终完成了歌曲《织梦乌镇》的创作。12月15日，《织梦乌镇》在第二届世界互联网大会欢迎晚宴上成功演出。据不完全统计，全年全省各级文化系统共开展了各类艺术创作采风活动38批次，参与人数1000人次，为繁荣我省艺术创作发挥了积极作用。

【文化惠民】 全省各国办院团深入学习习近平总书记文艺座谈会讲话精神，深入基层完成各类演出7590余场，其中新年演出季、文化下乡、高雅艺术进校园、雏鹰计划、新年演出季和驻场演出等政府采购的惠民演出3672场。

各地文化部门和艺术单位通力协作，采取多种措施降低成本，平抑票价，加大宣传力度，扩大社会影响，实现艺术惠民。浙江越剧团《我的娘姨我的娘》《九斤姑娘》，浙江京剧团《飞虎将军》，浙江话剧团有限公司的儿童剧，浙江歌舞剧院有限公司的综合歌舞及民乐专场，浙江曲艺杂技总团有限公司的曲艺魔术综合晚会等一批优秀舞台艺术剧目在各地久演不衰，受到各地观众的欢迎。浙江昆剧团、浙江交响乐团立足驻场演出和高雅艺术进校园等活动，不断培育年轻观众群体，提升大众的艺术审美格调品位，收效良好。

【美术工作】 浙江美术馆顺利通过第二次国家重点美术馆评估，名列榜首。浙江美术馆以评估为契机，在综合管理、建筑与环境、藏品资源、展览与社会影响、公共教育和公共文化服务等方面，全面促进美术馆的管理运行水平。

《浙江通志·美术卷》的编纂工作创新实施梯队编纂工作模式，取得阶段性成果，新增资料卡片1000余张，完成资料长编150余万字，资料长编进入扫尾阶段，并启动部分章节的初稿纂写工作。

加大展览自主策划力度，启动“画风画峰——浙江花鸟画名家作品展”，举办“艺游正道——马一浮书法展”“崇文载学铁如意——张宗祥逝世五十周年纪念特展”“四川博物院藏明清书画精品展”等一批高水准的展览。

藏品征集方面，重点征集与浙江百年美术发展脉络相关联的美术家作品，与美国傅狷夫家属就99件傅狷夫藏品达成征集意向，其中包括任薰、徐悲鸿、唐云、丰子恺、于右任、黄君璧、潘伯鹰、邓白、赵少昂、潘韵等近现代名家的作品，有的还填补了浙江美术馆典藏的空白。

集中举办纪念抗战胜利70周年六大系列展览。7月中旬至9月底，由省委宣传部等单位主办的“抗日战争在浙江——纪念中国人民抗日战争暨世界反法西斯战争胜利70周年图片展”，观众数量超过3万人次，团体参观数达50多批次。浙江美术馆在“胜利日”前后成为爱国主义教育的重要课堂。

深化“五水共治”主题宣传，策划实施了“碧水流觞——‘五水共治’书法巡回展”。在宁波、绍兴、诸暨、淳安、嘉兴、慈溪、温州、丽水等10个地方展出，融展览、讲座、作品导览于一体，提升了“五水共治”的传播效力。

深入开展全省农村文化礼堂内容建设。策划了“艺游乡里”乡村艺术公开课项目，历时半年，在全省20个乡村文化大礼堂开展艺术教育和美术体验活动，内容涵盖绘画、雕塑、篆刻、手工、布艺、织染、戏曲等10余个艺术门类，先后在萧山、富阳、南浔、平湖、舟山、庆元、东阳、宁波、温州、临海、淳安、临安等地的农村文化礼堂举办活动，把优秀的资源推广到更广阔的乡村地区，为文化礼堂建设提供了新思路。

（薛　亮）

链接

2015年浙江省文化系统专业艺术门类在国际和全国性及华东区域性专业艺术评比中的获奖情况

评比活动名称	获奖剧(节)目名称	获奖类别及等次	获奖单位或个人
第27届中国戏剧“梅花奖”评选		梅花奖	施洁净(浙江绍剧艺术研究院)
			杨霞云(浙江婺剧艺术研究院)
金狮奖·第四届全国木偶皮影剧(节)目展演	《知县·轿夫》大型廉政木偶剧	最佳剧目奖	平阳木偶戏保护传承中心
		造型设计制作奖	
		表演奖	
“全国艺德标兵”评选		全国艺德标兵	吴凤花(绍兴小百花越剧艺术中心)
第25届“上海白玉兰戏剧表演艺术奖”评选	婺剧《遥祭香魂》	主角奖	朱元昊(浙江婺剧艺术研究院)
	绍剧《佘太君》	主角奖	施洁净(浙江绍剧艺术研究院)
	越剧《宇宙锋》	主角提名奖	陈　飞(绍兴县小百花越剧艺术传习中心)
	绍剧《于谦》	新人主角奖	应林锋(浙江绍剧艺术研究院)

续　表

评比活动名称	获奖剧(节)目名称	获奖类别及等次	获奖单位或个人
国家艺术基金 2015 年度资助项目评选	越剧《吴越王》	舞台艺术创作资助项目大型舞台剧和作品	浙江小百花越剧院(浙江小百花越剧团)
	昆剧《大将军韩信》		浙江京昆艺术中心(浙江昆剧团)
	民族舞剧《王羲之》		浙江歌舞剧院有限公司
	民族管弦乐《富春山居图随想》		
	话剧《凤凰绣》		浙江话剧团有限公司
	越剧《玲珑女》		杭州越剧传习院
	交响乐《七阙西湖》		杭州爱乐乐团
	越剧《屈原》		绍兴市柯桥区小百花越剧艺术传习中心(绍兴小百花越剧团)
	越剧《钗头凤》		绍兴大剧院管理经营有限公司
	婺剧《宫锦袍》		浙江婺剧艺术研究院(浙江婺剧团)
	话剧《大先生》		浙江省乌镇旅游股份有限公司
	越剧小戏《周仁哭坟》	舞台艺术创作资助项目小型舞台剧(节)目和作品	浙江小百花越剧院(浙江小百花越剧团)
	苏州评弹《胡雪岩传奇》		浙江曲艺杂技总团有限公司
	杂技《禅·武——头顶技巧》		
	歌曲《念奴娇·追思焦裕禄》		浙江音乐学院(筹)
	群舞《凳之龙》		浙江艺术职业学院
	杭州小热昏《分财产》		杭州滑稽艺术剧院演艺有限公司
	绍剧小戏《奈何桥》		浙江绍剧艺术研究院
	甬剧唱腔艺术人才培养	艺术人才培养资助项目	宁波市甬剧团有限公司
	铜雕艺术人才培养		浙江朱炳仁铜雕艺术博物馆
	木版水印艺术传承专业人才培养		杭州十竹斋艺术馆
	音乐作曲	青年艺术创作人才资助项目	杨浩平(浙江越剧团)
	话剧《谁主沉浮》巡演	传播交流推广资助项目	浙江话剧团有限公司
	“八秒之声”合唱团巡演		浙江音乐学院(筹)
	中国金石篆刻艺术海外推广活动		西泠印社出版社
	越剧《梁山伯与祝英台》巡演		绍兴市演出有限公司

公共文化

【概况】 截至2015年底，全省建成县级以上文化馆102家、公共图书馆100家、博物馆105家、美术馆（书画院、艺术馆）112家；县图书馆乡镇分馆557个、农村文化礼堂4959家；乡镇综合文化站、村级文化活动室实现全覆盖。县级图书馆、文化馆、乡镇综合文化站平均面积分别达到6635平方米、4390平方米和2182平方米，比“十一五”期末分别增加了2215平方米、1168平方米和1098平方米。与此同时，全省公共文化产品日益丰富，服务方式不断创新，服务效能不断提升，各地涌现了一大批在国内有影响的公共文化服务示范地区和活动品牌。

【《关于加快构建现代公共文化服务体系的实施意见》】 7月10日，省委办公厅、省政府办公厅印发了《关于加快构建现代公共文化服务体系的实施意见》（浙委办发〔2015〕46号）。浙江是全国第3个出台实施意见的省份。相比其他地区，浙江的标准最完整最全面，具有以下六个特点：

一是突出“三个均等”。《浙江省基本公共文化服务标准》是我省推进现代公共文化服务体系建设的刚性要求，从基本服务内容、硬件设施、人员配备三个方面明确了49条标准，使基本公共文化服务有了“硬杠杠”，可对标可量化、可分解可考核，确保文化惠民真正落地。同时，部署促进淳安等26县文化建设与社会经济协调发展，重点推进相对薄弱的10个重点市县建设水平，补齐短板，从根本上扭转二元结构、缩小地区差距，实现均衡发展。

二是突出改革创新。成立省、市、县三级公共文化服务体系建设协调组，建立公共文化服务协调机制，整合有关部门的优势资源，共同促进现代公共文化服务体系建设。深化公益性文化事业单位改革，探索推广法人治理结构，健全公共文化服务评价机制。鼓励创新基层公共文化服务管理机制，探索开展公共文化设施社会化运营试点。提升推广图书馆和文化馆总分馆、文化加油站、文化礼堂等我省公共文化创新品牌，增强我省公共文化服务的动力和活力。

三是突出社会参与。改善投资环境，鼓励和引导社会力量参与公共文化服务体系建设。落实政府购买公共文化服务政策，完善政府向社会力量购买服务的操作规范；培育和规范文化类社会组织，完善文化类社会组织参与公共文化服务的运作机制；组建文化志愿者队伍，广泛开展多种形式的文化志愿活动，不断推动政府与社会力量在资本、项目、产品研发等方面合作，促进公共文化服务提供主体和方式更加多元，服务内容和形式更加丰富，服务手段和机制更加灵活。

四是突出融合发展。探索建立公共文化创新和科技研发的协调机制，加强文化专用设备、软件和系统的研发应用。加快推进公共文化服务数字化建设，统筹各类数字文化资源，建立分布式资源库群，实现数字化公共文化服务的互联互通、共建共享。推广“一站式”服务，扩大数字文化资源在智能社区中的应用。提升公共文化服务现代传播能力，实现文化信息广覆盖、高效能、更安全地快捷传播。

五是突出效能优先。实施“菜单式”“订单式”服务，强化供给与需求对接。深化“浙江文化通”“文化有约”“淘文化”等我省首创的公共文化品牌，促进公共文化资源跨部门、跨行业、跨地域融合。推动公共文化场馆免费开放，丰富公共文化产品供给，提升公共文化资源的配置效率和服务效益，不断提高群众满意度，增强百姓幸福感。

六是突出可操作性。此次发布的《浙江省基本公共文化服务标准》，从数量上看，包括了3个方面共49条，是已出台标准的省份中政府保障最多的；从内容上看，明确提出了“看书读报、收听广播”等11个方面的基本服务项目，还对各类文化设施、人员配备提出了明确要求，大部分条款提出了量化标准，使基本公共文化服务有了“硬杠杠”，可对标可量化、可分解可考核；从保障上看，明确了政府主体责任，提出建立动态评估机制，可操作性极强。

链接

浙江省加快构建现代公共文化服务体系新闻发布会

7月23日上午，浙江省加快构建现代公共文化服务体系新闻发布会在浙江省新闻发布厅（杭州市之江饭店会议中心3楼）举行。省文化厅厅长金兴盛出席发布会发布有关信息并答记者问。以下为此次发布会省政府新闻办发布稿：

浙江省出台加快构建现代公共文化服务体系实施意见

浙江省文化厅

（2015 年 7 月 23 日）

各位新闻界的朋友，上午好：

7 月 10 日，省委办公厅、省政府办公厅印发《浙江省关于加快构建现代公共文化服务体系的实施意见》（以下简称《实施意见》）及其附件《浙江省基本公共文化服务标准》，对我省加快现代公共文化服务体系建设，推进基本公共文化服务标准化均等化作出了全面部署。这是我省贯彻落实党的十八届三中全会提出的"构建现代公共文化服务体系"改革发展任务和中办、国办《关于加快构建现代公共文化服务体系意见》精神的重大举措，对于促进文化强省建设、保障和改善文化民生具有十分重要的意义。

浙江省委、省政府历来重视公共文化服务体系建设，不断加大投入，夯实基础，推动我省公共文化服务不断提高水平，多项指标走在全国前列。目前，我省初步建成了覆盖城乡的公共文化设施网络，全省公共博物馆、美术馆、图书馆、文化馆（站）、文化礼堂全面实现免费开放，年均送戏下乡 2 万场次、送书 200 万册次、送电影 30 万场次、送讲座展览 4000 余场次、开展"文化走亲"活动 1000 余场次、培训基层文化队伍 10 万人次，在全国率先制订施行基层公共文化服务评价指标体系，涌现了衢州"文化加油站"、嘉兴"公共图书馆乡镇分馆"、舟山"淘文化"等一大批在国内有影响的文化品牌。2014 年，文化部将我省基本公共文化服务标准化建设、基层综合文化服务中心建设和公共文化机构法人治理结构等三项工作列为全国试点。

省委、省政府主要领导高度重视《实施意见》的起草工作，亲自过问、亲自审核；省委省政府分管领导多次到基层开展调研，并对公共文化服务体系建设提出具体要求。我省制定的《实施意见》以国家意见为基本遵循，结合浙江实际，提出了一系列具有浙江特色的重要目标和具体举措，是国家意见精神在浙江工作中的具体落实。在起草过程中，我们坚持立足当前和着眼长远相结合、全面推进和重点突破相结合、解决现实问题和建立长效机制相结合、保障底线标准和发展特色服务相结合，努力使《实施意见》达到以下六方面的目标指向。

一是突出"三个均等"。《浙江省基本公共文化服务标准》是我省推进现代公共文化服务体系建设的刚性要求，从基本服务内容、硬件设施、人员配备三个方面明确了 49 条标准，使基本公共文化服务有了"硬杠杠"，可对标可量化、可分解可考核，确保文化惠民真正落地。同时，部署促进淳安等 26 县文化建设与社会经济协调发展，重点推进相对薄弱的 10 个重点市县建设水平，补齐短板，从根本上扭转二元结构、缩小地区差距，实现均衡发展。

二是突出改革创新。成立省、市、县三级公共文化服务体系建设协调组，建立公共文化服务协调机制，整合有关部门的优势资源，共同促进现代公共文化服务体系建设。深化公益性文化事业单位改革，探索推广法人治理结构，健全公共文化服务评价机制。鼓励创新基层公共文化服务管理机制，探索开展公共文化设施社会化运营试点。提升推广图书馆和文化馆总分馆、文化加油站、文化礼堂等我省公共文化创新品牌，增强我省公共文化服务的动力和活力。

三是突出社会参与。改善投资环境，鼓励和引导社会力量参与公共文化服务体系建设。落实政府购买公共文化服务政策，完善政府向社会力量购买服务的操作规范；培育和规范文化类社会组织，完善文化类社会组织参与公共文化服务的运作机制；组建文化志愿者队伍，广泛开展多种形式的文化志愿活动，不断推动政府与社会力量在资本、项目、产品研发等方面合作，促进公共文化服务提供主体和方式更加多元，服务内容和形式更加丰富，服务手段和机制更加灵活。

四是突出融合发展。探索建立公共文化创新和科技研发的协调机制，加强文化专用设备、软件和系统的研发应用。加快推进公共文化服务数字化建设，统筹各类数字文化资源，建立分布式资源库群，实现数字化公共文化服务的互联互通、共建共享。推广“一站式”服务，扩大数字文化资源在智能社区中的应用。提升公共文化服务现代传播能力，实现文化信息广覆盖、高效能、更安全地快捷传播。

五是突出效能优先。实施“菜单式”“订单式”服务，强化供给与需求对接。深化“浙江文化通”“文化有约”“淘文化”等我省首创的公共文化品牌，促进公共文化资源跨部门、跨行业、跨地域融合。推动公共文化场馆免费开放，丰富公共文化产品供给，提升公共文化资源的配置效率和服务效益，不断提高群众满意度，增强百姓幸福感。

六是突出可操作性。此次发布的《浙江省基本公共文化服务标准》，从数量上看，包括了三个方面共49条，是目前已出台标准的省份中政府保障最多的；从内容上看，明确提出了“看书读报、收听广播”等11个方面的基本服务项目，还对各类文化设施、人员配备提出了明确要求，大部分条款提出了量化标准，使基本公共文化服务有了“硬杠杠”，可对标可量化、可分解可考核；从保障上看，明确了政府的主体责任，提出建立动态评估机制，具有极强的可操作性。

《实施意见》的出台，是我省公共文化服务体系建设的标志性重大节点，是推进公共文化事业发展的重大机遇。下一步，省文化厅和相关部门将深入学习领会《实施意见》精神，加快推进我省现代公共文化服务体系建设。

（一）积极培育和弘扬社会主义核心价值观

现代公共文化服务体系是培育和弘扬社会主义核心价值观的重要载体，是民生幸福的重要保障。进一步强化导向意识、阵地意识和政治意识，发展先进文化，创新传统文化，扶持通俗文化，引导流行文化，改造落后文化，抵制有害文化，实现文化内容、形式和服务的多样化与包容性发展，有效发挥公共文化引领风尚、教育人民、服务社会、推动发展的作用。

（二）扎实推进基本公共文化服务标准化均等化

统筹城乡和区域文化均等化发展，加快构建“体现时代发展趋势、符合文化发展规律、适应社会主义市场经济、具有浙江特点的现代公共文化服务体系”，是我们今后一段时间的工作目标。着眼均等化发展需要，把工作重心放到城乡基层和贫困地区等薄弱环节，眼睛向下、重心下移，找准老百姓最关心、最迫切的需要，提升公共文化服务短板。

（三）不断丰富公共文化产品和服务的供给

深入实施《浙江省舞台艺术精品创作生产五年行动计划》，推出更多更优质的文艺作品。深入实施《浙江省传统戏剧保护振兴计划》，持续开展优秀文化遗产和高雅艺术进校园、进社区、进企业、进务工人员集聚区等活动，丰富基层文化生活。结合当地实际，通过文化走亲、流动文化、图书馆和文化馆分馆建设、网络数字文化等方式，丰富公共文化产品的供给，提升公共文化服务的品质。

（四）切实提高公共文化机构和设施的效能

加强不同部门公共文化设施、项目和资源得统筹力度，努力在设施上互联互通、在资源上整合通融。推动文化和科技融合发展，健全群众文化供需对接平台，准确把握群众文化需求，创新公共文化服务手段。按照“建、管、用”并重原则，健全公共文化设施管理与服务标准，提升公共文化设施免费开放水平。不断加强基层公共文化队伍建设，完善基层公共文化服务人才培训和激励机制，不断提高从业人员的素质。

（五）不断创新公共文化服务的体制机制

加快理顺政府、社会和市场的关系，通过引入竞争机制，充分激发社会活力，提升公共文化服务的专业化水平，形成政府主导、社会参与的建设格局。进一步完善政策，采取政府购买、项目补贴、定向资助、贷款贴息等措施，引导和鼓励社会力量参与公共文化服务。前不久，国办转发了《文化部等部门关于政府向社会力量购买公共文化服务的意见》，我省也正在协调相关部门，拟定相关文件。

谢谢大家！

【推进三项国家试点】 2014年

底，浙江省被文化部确定为国家公共文化服务标准化试点地区（责任单位为浙江省人民政府）、国家基层综合性文化服务中心建设试点地区（责任单位为浙江省人民政府），浙江图书馆、温州市图书馆被确定为国家公共文化机构法人治理结构试点单位。浙江省委、省政府高度重视三项试点工作，将公共文化服务标准化试点工作列入省委全面深化改革领导小组“2015年浙江省重点突破改革项目”。通过一年的努力，试点工作取得了积极进展，主要表现在以下方面：

公共文化服务标准化试点方面：继省定标准出台以后，各类地方标准和行业标准陆续出台。全省制定地方标准96个，其中与质监部门联合制定7个，如杭州余杭区《乡镇（街道）综合文化站公共服务规范》，对乡镇综合文化站标准化建设提出系列要求，这是省内也是国内第一个正式发布的乡镇综合文化站公共服务规范地方标准；嘉兴市发布《嘉兴市公共图书馆中心馆——总分馆服务体系标准》，推动各级各类图书馆对照服务标准进行一系列改革和提升；宁波镇海区《基层公共文化服务规范》，着眼于当地公共文化服务的特色与亮点，制定了各个领域相关的规范；杭州下城区制定了《社区公共文化服务评估规范》；衢州市制定了《流动文化服务规范》。这些标准，内容涉及公共文化服务内容、设施运行规范、服务保障、公共文化服务考核评估等各个领域。是年，文化部在浙江召开了基层文化建设、流动文化现场会。

基层综合性文化服务中心建设试点方面：浙江和安徽是以省为单位的试点。建成文化礼堂4959个，指导开展农村文化礼堂主题活动2.56万场次，培训农村文艺骨干1万余人次；全省乡镇、村开展文化走亲2300余场次。全省文化馆联手实施“百名专家联百村”“业务建设四季行动计划”，开展辅导、培训、村歌创作等各类服务5万余次。同时根据《国务院办公厅关于推进基层综合性文化服务中心建设的指导意见》，省文化厅代拟了《关于推进基层综合性文化服务中心建设的实施意见》，结合我省实际，突出以农村文化礼堂为代表，科学布局、有效整合和统筹利用基层公共文化资源，提升基层公共文化设施建设、管理和使用水平。

公共文化机构法人治理结构试点方面：全省49家公共文化机构成立理事会，台州市黄岩区63个农村文化礼堂均成立了理事会。浙江图书馆、温州图书馆全面完成试点任务，浙江图书馆理清主管部门和理事会及管理层权力清单，成为全国法人治理结构改革的一种范例，受到好评。

【探索文化供给侧改革路径】 坚持以人民为中心，探索公共文化供给侧改革新路，实现公共文化服务和人民需求的有效对接、公共文化产品和基层活动的双向选择。

一是编印文化服务菜单。提供近2000项浙江省文化礼堂供给服务菜单，按公益类、市场类、招标类三个类别，以项目的形式，对全省范围内的公共文化资源进行分类整理。每个项目从服务内容、可供数量、服务时间、服务规模等7个方面进行详细介绍，并明确联系人和联系方式，供农村文化礼堂自主“点单”。

二是文化惠民活动持续开展。全省联动开展送文化下乡、文化走亲等活动，持续推进“耕山播海”免费培训活动。全省文化系统共送戏下乡1.78万场次，送书235万册次，送讲座展览4140场；开展文化走亲1270场。利用文化馆、文化广场、农村文化礼堂等场所，广泛开展形式多样的群众性文化活动，先后组织开展了“五水共治”海报招贴画优秀作品展、优秀摄影作品展、“城市·山水”主题中国画展等。围绕纪念抗战胜利70周年，组织举办中国人民抗日战争暨世界反法西斯战争胜利70周年美术书法摄影名家邀请展、“历史不会忘记”2015年全省群众经典歌曲合唱晚会等。

三是文艺创作不断繁荣。贯彻落实《中共中央关于繁荣发展社会主义文艺的意见》精神，以群文赛事为载体，推动各门类创作活动。先后举办了全省新农村题材音乐新作展演活动暨全省第十四届音乐新人新作演唱演奏大赛、幼少儿舞蹈大赛、浙江省群众舞蹈大赛（舞台、广场）、第26届戏剧小品邀请赛、曲艺新作大赛、第九届排舞大赛、第二十六届戏剧小品邀请赛、第六届中国梦乡村诗歌大赛、全省农村文化礼堂摄影大赛及展览、第四届群星视觉艺术大展（美术、书法、摄影）等展演赛事。通过各类赛事，增加优秀文艺作品储备。

四是文化志愿者队伍不断壮大。筹备成立浙江文化志愿总队，通过专项技能辅导、岗位培训、设置奖励机制等举措，鼓励文化志愿者与农村文化礼堂结对、结亲，做好服务基层文化工作。引导各级文化部门发挥职能优势，加强文化志愿者队伍建设。积极组织“爱心拉拉勾——文化志愿者在行动”，先后组织了志愿者走进外来务工者子弟学校天成小学、浙江省盲人学校、泰顺县罗阳镇鹊巢小学开展送爱心活动。组织文化专家志愿者面向欠发达地区，开展“耕山播海”免费培训，通过网络“点单”提供农村文艺骨干培训服务，累计辅导培训56个地区，受惠人数达8000多人。

五是推动政府向社会力量购买服务。省政府办公厅印发《关于政府向社会力量购买公共文体服务的实施意见》。温州等地在规定服务内容、服务项目、服务时间等内容的前提下，探索委托管理的形式，解决在编人员不足的问题。图书馆系统以服务外包的形式，将日常事务性工作外包，让图书馆专业人员从事务中解放出来，推动文化工作的专业化建设。台州等地发挥村民自治组织的作用，吸引一批热爱文化事业的热心人士，参与基层公共文化设施的管理和日常运行，推动基层公共文化设施在使用过程中的决策民主化、活动经常化和管理科学化。

【优化公共文化服务创新平台】 优化公共文化服务创新平台，努力营造鼓励创新、宜于创新的工作氛围，推动我省公共文化服务实现跨越式发展。

一是继续开展公共文化服务体系示范区(项目)创建活动。省文化厅组织专家对第二批创建省级公共文化服务体系示范项目进行验收，杭州市拱墅区、萧山区等4个项目被命名为浙江省公共文化服务体系综合性示范项目，杭州市下城区社区文化动态评估体系、宁海县民间特色活动机制建设等11个项目被命名为浙江省公共文化服务体系示范项目。积极组织开展第三批国家公共文化服务体系示范区(项目)创建申报，台州市获第三批国家公共文化服务体系示范区创建资格，丽水市“乡村春晚”和温州市“城市书网”公共图书馆现代服务模式获第三批国家公共文化服务体系示范项目创建资格。开展省级公共文化服务体系示范项目创建，杭州市西湖区、宁波市江东区等15个项目获得浙江省公共文化服务体系示范项目创建资格。成立浙江省现代公共文化服务体系建设专家库，充分发挥专家的专业指导作用，优化我省公共文化决策机制。

二是组织开展第四次全国文化馆评估定级。按照文化部统一部署，组织全省各级文化馆参加第四次全国文化馆评估定级工作，共有97个文化馆参加评估，其中省馆1个，副省馆2个，市级馆9馆，县级馆82个。评估内容主要包括办馆条件、队伍建设、公共服务、内部管理、提高指标等5大方面，经各级文化馆自查自评、数据录入，省市两级评估组实地检查，全省符合等级馆必备条件的一级馆有82个、二级馆有10个、三级馆有5个。

三是建设公共文化服务App。舟山市创新公共文化服务体制，依托网络技术，在全国率先推出“淘文化”网公共文体产品和服务社会化运作平台。通过该平台，文化产品和服务交易、售后服务、评价等都可以在网上完成，从而建立起文化产品和服务供需双方的信息互通平台和群众反馈机制，实现了文化项目与群众文化需求的有效对接，确保了公共文化服务的公开透明。浙江图书馆“浙江文化通”、嘉兴市“文化有约”、衢州市“流动文化加油站”等App平台有效实现了公共文化服务与人民群众的有效对接。

(汪仕龙)

图书馆事业

【概况】 截至2015年底，全省有县以上公共图书馆100个，其中省级馆1个、市级馆14个(包括市级少儿馆3个)，县级馆85个。2015年，全省公共图书馆财政拨款9.46亿元；总藏量6250万册，人均藏书1.13册；外借册次5727万册；总流通人次7942万；2015年人均购书经费2.7元；全省公共图书馆总建筑面积95.08万平方米，平均建筑面积约9508平方米。全省各级文化行政部门和公共图书馆广泛开展了送书下乡活动，全年送书下乡235万册次，送讲座、展览下乡4140场次。

【推进公共图书馆城乡一体化服务体系建设】 积极构建以省、市图书馆为依托，县级图书馆为中心，图书馆乡镇(街道)分馆为重点，村(社区)图书室为基础的城乡一体化公共图书馆服务体系。下发文件督促推进全省县图书馆乡镇分馆建设，至是年底，全省共建成乡镇(街道)分馆557个。

【推进全民阅读工作】 与省委宣传部、省新闻出版广电局等单位联合主办首届浙江全民阅读节，全省公共图书馆联动举办了“五水共治，两美浙江”大型朗诵活动。举办第十一届浙江省未成年人读书节，于5月13日开幕，为期一个月。读书节以“五水共治、两美浙江”为主题，全省各级公共图书馆组织开展1000余场活动，为全省未成年人献上丰盛的文化大餐。推广数字阅读，引领阅读潮流。组织全省各级公共图书馆联动开展“寻遍浙江·阅动全城”活动，依托微博、微信等新媒体，全省各级公共图书馆共同开展线上线下互动活动，激发了读者的阅读兴趣，营造了良好的阅读氛围。

【推进信息服务工作】 在2015年各级人大、政协会议召开期间，全省各级公共图书馆进驻两会代表驻地，开展信息咨询服务。浙江图书馆“两会”服务人员在杭州新侨饭店驻点服务时，省委书记的夏宝龙到服务台前问候工作人员，询问了浙江图书馆“两会”服务的有关情况，并在签名本上签名，对浙图的服务工作表示支持。浙江图书馆结合社会热点和未来浙江全省重点发展规划，联合全省35家公共图书馆，合作编辑了《2015视界·浙江两会》专题信息，内容涉及浙江经济、政治、文化、社会、生态发展建设等42个主题，为各地代表和委员们提供参考服务。同时，还为“两会”代表委员提供24小时文献信息查找服务。

【公共图书馆服务农村文化礼堂】 全省公共图书馆联动开展“文化惠民书香礼堂浙江省公共图书馆走进文化礼堂系列活动”。一是开展浙江省公共图书馆走进文化礼堂“双百”活动，在全省开展百场展览走进文化礼堂、百名馆长走进文化礼堂现场讲解展览故事活动，传扬中华优秀传统文化，培育和提升广大农民群众的文化修养，推动农民群众共有精神家园建设。二是开展“文化共享结伴礼堂”浙江省文化共享工程文化礼堂行活动，内容包括：“一乡一品”公益节目，形式为反映地方特色的文化类演出、公益类讲座或培训；赠送100台“中国文化网络电视”数字机顶盒给农村文化礼堂；与现场群众进行节目互动。

【推进公共图书馆服务“互联网＋”战略】 全省公共图书馆联合发布《开放融合，连接一切——浙江省公共图书馆“互联网＋”行动计划》。图书馆服务入驻支付宝钱包，浙江图书馆与蚂蚁金服签订协议，实现技术平台与公共文化服务行业的对接。首期合作包括在支付宝的图书馆服务中开通书目和活动信息查询、续借预约办理等服务。对浙江文化通App进行升级，管理平台支持全省各级文化机构直接发布文化信息，支持各级公共图书馆用户登录使用，开通浙江文化通微信公众号。浙江文化通客户端全年下载量达5.4万个，点击量达205.2万余次。浙江网络图书馆全年访问量1246.5万次，电子书阅读56.2万次，文献传递31.5万次，期刊下载417.7万篇。开展2015年全省地方特色资源建设申报工作。浙江戏曲多媒体数据库项目获得2015年度全国文化信息资源共享工程地方特色资源建设项目立项。开展浙江省2015年春雨工程——文化共享志愿者边疆万里数字文化长廊行活动。

【推进古籍保护工作】 每月用简报的形式通报古籍普查工作进度，古籍普查明显提速。截至是年底，全省古籍普查共完成317325部2311692册，普查完成率为92.26%。启动第三批省级重点古籍保护单位和珍贵古籍名录、第二批省级古籍修复中心修复站评选工作，并召开评审会。举行国家级古籍修复技艺传习中心浙江传习所揭牌仪式，并承办“第一期全国古籍编目合作进修班”。开展古籍保护宣传推广活动，举办古籍修复技艺展示与体验活动、古籍修复知识与成果展。

（施 莹）

非物质文化遗产保护

【概况】 2015年，浙江非遗坚持以党的十八大、十八届三中、四中全会和习近平总书记系列重要讲话为指针，认真贯彻落实省委关于建设美丽浙江创造美好生活的决定精神，紧紧围绕“三以六区”目标，坚持“保护为主、抢救第一、合理利用、传承发展”的指导方针，强基固本，转型升级，促进发展，提升水平，健全非遗保护工作机制，充分发挥非遗功能作用，大力弘扬优秀传统文化，为建设美丽浙江创造美好生活作出探索和实践。

【召开学习实践习总书记浙江非遗保护重要批示十周年座谈会】

2005年5月至6月，时任浙江省委书记的习近平同志，在不到一个月的时间里连续对我省非物质文化遗产保护工作作出6次重要批示。是年5月29日，以纪念习总书记重要批示十周年、国务院相关重要文件出台十周年为契机，省文化厅在浙江美术馆召开了学习实践习总书记浙江非遗保护重要批示十周年座谈会，金兴盛厅长出席会议并作重要讲话。有关省级机关及省、市、县文化行政部门领导，省非遗保护专家、非遗代表性传承人共60多人济济一堂，重温习总书记浙江非遗保护重要批示精神，共话习总书记在浙江关怀文化遗产保护情景，畅谈浙江非遗保护的光荣与梦想，进一步振奋精神，增强浙江非遗保护工作继续走在前列的信心。文化部部长雒树刚在《文化部简报》上专门批示，要求发《情况通报》，作为地方经验供大家学习交流。

【第十个文化遗产日系列活动】 是年6月13日是全国第十个文化遗产日，省文化厅推出第十届省非遗节暨杭州主场城市系列活动，举办了“我们的精神家园”——浙江省国家级非物质文化遗产图片大展和以“中国梦·非遗梦”为主题的第十届浙江省非物质文化遗产节暨2015“文化遗产日”主场城市（杭州）展演活动。编印了6本套的《“浙里繁花”浙江非遗宣传手册（撷英版）》，以图文并茂的方式，生动展示非遗成果，传播非遗常识，服务并融入民众生活。发行了《浙江非遗这十年》画册，全面回顾浙江非遗保护历程，讲述非遗保护从2005年至2014年十年中发生的100件大事。

【“特色小镇·非遗之光”非遗电视春晚】 12月10日在安吉以“特色小镇·非遗之光”为主题录制2016年非遗电视春晚，并计划于2016年大年初一在我省电视台播出，宣传我省十大历史经典产业建设和发展，彰显“后申遗时代”非遗在建设“两富浙江”“两美浙江”中的作用和意义，丰富百姓春节文化生活。

【第七届中国（浙江）非物质文化遗产博览会】 10月15日至19日，第七届中国（浙江）非物质文化遗产博览会在杭州白马湖国际会展中心举办。本届非遗博览会以“源于生活、回归生活”的理念，精心打造丝绸之路非遗主题长廊、浙江特色小镇非遗主题馆、浙江农村文化礼堂非遗主题馆、浙江纸艺彩扎精品馆、浙江曲艺展演展评、龙泉青瓷生活主题馆六大展馆，涉及全国400多个非物质文化遗产代表性项目，展示了400多位非物质文化遗产代表性传承人、工艺美术大师的1500余件精品力作。博览会期间，参观总人数达24.6万人次。

【第三届浙江省美丽乡村建设中非遗保护工作现场推进会】 3月31日，省文化厅在天台召开第三届浙江省美丽乡村建设中非遗保护工作现场推进会，厅长金兴盛出席会议并讲话，来自全省各地的与会代表系统梳理了我省美丽乡村建设中非遗保护工作实践。组织部署全省“美丽非遗进礼堂”“美丽非遗赶大集”“美丽非遗志愿者行动”等品牌展示展演活动，鼓励不同地区、不同项目之间资源共享，优势互补，做大活动声势，做出品牌效应。4月21日，省文化厅与省委宣传部在德清县洛舍镇东衡村共同启动了“美丽非遗进礼堂”首站活动，继续推进“美丽非遗”八进文化礼堂730家。

【实施文化部、教育部“中国非遗传承人群研培计划”】 在深入研究我省高等院校情况、手工艺非遗项目发展状况和传承人群情况基础上，8月，浙江师范大学作为培训试点院校举办了为期一个月的“瓷器烧制技艺”类浙江传承人群培训班，受训传承人51名；11月初，中国美院作为研修试点院校举办了为期一个月的“雕刻技艺”类全国传承人群研修班，面向全国范围培训传承人20名。同时，积极向文化部推荐11名我省优秀非遗传承人到其他省份高等院校参加7个门类非遗项目的研修活动。全年总计培训全省63名传承人，有效拓宽了传承人群的实践视野，提升了传承能力，也为开展省级传承人群培训和研修积累了经验。

【公布第三批浙江省非物质文化遗产旅游景区】 3月，会同省旅游局，启动第三批浙江省非物质文化遗产旅游景区的申报和认定工作。以特色非遗资源为基础，以文化旅游融合发展为方式，积极探索非遗主题小镇建设，影响和助推区域经济社会发展，共评出第三批浙江省非遗旅游景区

30个，其中，浙江省非遗主题(实验)小镇17个，浙江省民俗文化村13个。

链接

第三批浙江省非物质文化遗产旅游景区

一、非遗主题(实验)小镇(17个)

1. 杭州市拱墅区桥西直街(非遗活态展示方向)
2. 杭州市余杭区塘栖镇(运河文化方向)
3. 乐清市柳市镇象阳后横村(黄杨木雕方向)
4. 泰顺县仕阳镇龟湖村(泰顺石雕方向)
5. 绍兴市柯桥区安昌镇(水乡年味方向)
6. 湖州市南浔区双林镇(绫绢织造方向)
7. 长兴县水口乡(紫笋茶方向)
8. 安吉县溪龙乡(安吉白茶方向)
9. 嘉兴市秀洲区油车港镇(农民画方向)
10. 嘉善县西塘镇(江南生活方向)
11. 海宁市盐官景区(潮文化方向)
12. 义乌市佛堂镇(商埠文化方向)
13. 浦江县郑宅镇(传统风尚方向)
14. 金华市婺城区雅畈镇(婺州窑青瓷方向)
15. 仙居县溪港乡(文化生态方向)
16. 天台县街头镇(和合文化方向)
17. 岱山县东沙镇(东海渔文化方向)

二、民俗文化村(13个)

1. 桐庐县富春江镇茆坪村
2. 宁海县深甽镇龙宫村
3. 苍南县龙港镇鲸头村
4. 新昌县小将镇南洲村
5. 湖州市南浔区和孚镇荻港村
6. 长兴县泗安镇上泗安村
7. 安吉县梅溪镇上舍村
8. 武义县柳城畲族镇江下村
9. 东阳市虎鹿镇蔡宅村
10. 缙云县壶镇镇金竹村
11. 松阳县望松街道吴弄村
12. 开化县马金镇霞山村
13. 三门县横渡镇岩下村

【深入实施《浙江省传统戏剧保护振兴计划》】 在2015年国家非遗保护专项资金的申报过程中，强化传统戏剧非遗项目的申报，获得补助资金1050万元，占财政部下达我省非遗保护专项资金总量的40%，为复排代表性剧目、培养年轻一代传承人以及开展传统戏剧进社区、进校园等展演活动提供了良好的资金保障。同时与省财政厅办公室共同研究，及时下发《关于报送56个传统戏剧非遗项目三年保护计划及年度资金使用计划的通知》，加强国家补助资金和省级专项资金的使用引导。出台《全省传统戏剧非遗项目“五个百”保护传承工作指导性计划(2015—2017)》，着力通过三年时间在全省培育100个戏剧广场或戏剧角、100所戏剧传承学校、100家濒危剧种民间剧团剧社、100名濒危剧种青年传承人、100部濒危剧种传统剧目，推进全省面上传统戏剧非遗项目的保护和传承。

【“浙江好腔调”系列展演活动】 6月12日开始，以“全民共享传统戏剧文化，让传统戏剧走进当代生活”为主题，启动了“2015年传统戏剧非遗项目5个专场活动”，即“开讲了”浙江好腔调大学生(留学生)专场，“开学了”浙江好腔调中、小学生专场，“开锣了”浙江好腔调濒危剧种传统剧目专场，“开演了”浙江好腔调青年传承人专场和“开唱了”浙江好腔调戏剧班社票友专场，以新颖的专场形式和丰富的专场内容，推动戏剧深入基层、走进校园、走进群众，赢得关注。

【实施国遗项目代表性传承人抢救性记录工作】 按照文化部统一部署，启动国遗项目代表性传承人抢救性记录工作。我省的传承人抢救性记录，全部向濒危传统戏剧项目倾斜。10位传统戏剧代表性传承人抢救性记录列入了国家抢救性记录工作计划，为推动我省56个传统戏剧非遗项目的数字化保存和数据库建设创造了良好条件。

【省文化厅公布20个浙江省传统戏剧之乡】 在原有22个戏剧之乡的基础上，评审命名了20个传统戏剧之乡，并在11月12日举行颁牌仪式，有力推进了五级保护工作体系建设，初步形成“省市支持、县乡落实、村为基础”的传统戏剧保护网络。

【加强非遗专业队伍建设】 以非遗“保护与传承”为主题，举办非遗处长、中心主任培训班，培训130人，强化非遗保护管理工作人员队伍建设；举办新生代专家培训班，培训 145 人，强化后备非遗专家人才队伍建设；举办全省非遗业务骨干、非遗代表性传承人培训班，培训 112 人；举办濒危剧种青年传承人培训班，培训 53 人，推动濒危项目薪火相传，改善项目存继状况。

（叶　涛）

文化市场管理

【概况】 2015 年，浙江省各级文化市场管理部门认真贯彻落实中央和省委、省政府决策部署，以围绕中心、促进发展为主线，积极主动作为，从简化审批手续，优化行政服务，强化市场培育入手，释放文化市场经营主体活力，规范市场良性运行，推动了文化市场健康繁荣发展。

【营造更加公开平等的市场环境】

深化行政审批制度改革，进一步放宽市场准入。按照行政审批制度改革要求，文化市场行政审批事项全面实行先照后证管理。坚决贯彻文化部等四部委《关于加强执法监督完善管理政策促进互联网上网服务行业健康有序发展的通知》（文市发〔2014〕41 号）精神，在全国率先取消网吧总量布局规划、开放单体网吧的基础上，不断降低上网服务行业审批准入门槛，全省上网服务场所营业面积准入要求全部降至 20 平方米的全国最低标准。认真组织开展上网服务场所管理长效机制试点工作，扎实细致地做好政策解读、难点分析、督查推进等工作，使上网服务场所审批和管理工作与市场发展更相适应。根据《文化部关于落实"先照后证"改进文化市场行政审批工作的通知》（文市函〔2015〕627 号）要求，全面落实文化市场主体准入"先照后证"制度，不再要求申请人重复提供已被工商行政部门登记核准的项目材料，如验资报告、章程、房产证明、租房合同、法定代表人身份证明等，但对房屋性质有明确要求的除外。取消设立经营性互联网文化单位最低注册资本 100 万元、从事网络游戏经营活动最低注册资本 1000 万元的限制。

严格履行行政审批职责，进一步规范审批行为。一是督促检查。按照省政府"四张清单一张网"改革及 2015 年浙江省文化市场行政审批规范化建设检查工作要求，各地对已取消和下放的审批项目开展自查自纠，逐项检查中途截留、变相审批、随意新设、明减暗增等落实不到位的情况。检查审批项目下放过程中，是否存在违规设置前置条件、违规转交给中介机构审批等问题，坚决杜绝"拖""卡""堵"等行为，进一步提速增效。二是主动衔接。根据《浙江省文化厅转发文化部关于落实"先照后证"改进文化市场行政审批工作的通知》（浙文市〔2015〕9 号）要求，要求各地文化行政部门主动与工商部门做好信息对接，督促取得营业执照的相关行政相对人及时办理相应行业的文化经营许可证。三是沟通交流。12 月初，举办全省文化市场行政审批业务培训，从游艺娱乐、歌舞娱乐、营业性演出、网吧等方面审批入手，邀请工作做得较好的地区的一线审批人员作授课指导，加强对市、县文化市场管理的审批服务，有效提升文化市场管理人员履职能力，全省 123 名审批人员参训。同时，为做好审批权限下放后的指导服务工作，积极开展审批业务座谈会，进行业务交流，解决各地行政审批部门在实际操作中遇到的难点及问题。

加快政府职能转变，进一步强化事中事后监管。一是加强业务指导。在放宽市场准入的同时，将工作重心从注重事前审批向注重事中、事后监管转移。按照《浙江省文化厅关于进一步深化行政审批制度改革加强事中事后监管的通知》和《浙江省文化厅行政许可委托监督办法》要求，指导督促相关市、县做好下放事项的承接工作，重点做好对舟山新区、义乌等地的指导服务工作。5 月 26 日，省文化厅在舟山市召开了文化市场行政审批服务座谈会，研究讨论了舟山市对省级文化市场行政审批下放事项的衔接落实工作，并就省级下放事项的审批新形式、新变化及要点、难点问题作了讲解和释疑。二是推进信用系统建设。根据文化部文化市场司《关于开展文化市场经营主体黑名单试点工作的通知》《关于试行开展文化产品黑名单管理工作的通知》及《浙江省发展和改革委员会 浙江省信用浙江建设领导小组办公室关于印发浙江省失信黑名单制度建设工作方案》（浙发改法规〔2014〕936 号）工作要求，积极申报全国文化市场经营主体黑名单管理制度全省试点，以健全文化市场失信惩戒机制，增强文化市场经营主体及从业人员诚信自律意识，加强文化市场诚信体系建设。三是促进全省文化市场行业协会建设。调研我省部分地市的行业协会，总结经验，促进各地行业协会建设，在此基础上，计划出台浙江省文化市场行业协会建设指导意见，推进全省行业协会建设。

【促进文化市场繁荣发展】 强化对文化市场主体的培育与引导。一是积极探索国有剧院加强运营管理的有效途径，推动浙江新远文化产业集团着手组建“剧院院线”“剧院联盟”，以进一步提高文化设施资源利用率，提升国有剧院在推进公共文化服务体系建设和构建现代文化市场体系中的服务效能。二是积极扶持培育杭州市艺博会等具有较强竞争力与品牌影响力的市场主体与项目，满足群众不同层次的文化消费需求。

着力推动相关行业转型升级。紧紧把握经济发展新常态下文化市场发展新机遇，积极贯彻文化部《关于推动互联网上网服务行业转型升级的意见》等精神，主动将文化部选取5个以上地、市、区开展上网服务行业转型升级试点的要求拓展至全省，确保政策统一、步骤一致。在各市确定了265家转型升级试点场所，以“因地制宜、分类指导、以点带面、整体推进”为总体思路，协同多方力量，明确责任分工，通过现场观摩、论坛交流、行业培训、发布案例、推广经验、行业激励等多种方式，发挥各地试点场所的典型示范作用，引导上网服务行业尝试和探索“网咖”“电子竞技”“电子商务”“社区服务”等新型运营模式，进一步改善环境，优化服务，提升行业整体形象。

加强文化市场区域一体化建设。1月，在文化部的指导下，江浙沪两省一市文化行政部门联合召开了长三角地区文化市场一体化建设座谈会，探索建立资源共享、优势互补、管理联动的区域文化市场发展模式，合力推进江浙沪文化市场一体化建设进程。配合办好第二十二届江浙沪演出业务洽谈会暨第八届长三角国际演出项目洽谈会(上海)，组派我省演出经营单位104人参加。12月底，江浙沪文化市场一体化建设规划会在南京举行，提出3年计划行动，拟从审批放开、体制建设、活动设计等方面凝聚三地实力，促进区域文化市场整体发展。

【提升市场主体自主管理能力】 强化文化企业自主管理。一是加强培训。认真贯彻文化部相关部署，着力推进网络文化内容自审管理工作。3月10日至13日，分三批对145家新设立网络文化企业370余名内容审核人员进行了培训，督促按照“四有一运行”的要求，将部分原由政府部门承揽的文化产品内容审核和管理责任归由企业承担。二是加强交流。分别于4月20日、10月19日召开涉外演出经纪机构及演出场所经营单位座谈会、全省网络游戏行业座谈会，传达相关文件会议精神，交流行业发展现状，针对市场中出现的新情况、新问题和新特点，加强沟通互动，促进企业间的相互了解、资源共享、互惠合作，达到规范企业经营行为、促进市场良序运行的效果。

推动民营剧团能力素质提升。一是组织开展扶持民营文艺表演团体发展推荐展示活动。充分利用好曲目创作与人才培育资金，于2015年至2017年集中力量打造我省民营文艺表演团体品牌标杆。加大曲目创作扶持，推出民营文艺表演团体“优秀剧目”；加大重点民营剧团扶持，建设民营文艺表演“优秀剧团”。引导民营文艺表演团体在创作演出中体现“把握时代进步脉搏，体悟群众冷暖诉求”的要求，通过示范效应提高民营文艺表演团体的艺术表演水准和办团管理水平。建德市婺剧团的《天下第一疏》等4部剧目被评选为2015年度民营文艺表演团体“优秀剧目”、杭州新青年歌舞团股份有限公司等4家剧团被评选为2015年度民营文艺表演团体“优秀剧团”。这些剧团及相应剧目将走进全省各地文化礼堂展演，以巩固民营文艺表演团体推荐展示活动成果，并切实满足基层群众精神文化需求。12月底，民营剧团进农村文化礼堂展演启动仪式在丽水缙云拉开帷幕，缙云300多名群众参加了活动，受到了各方好评。二是完善民营文艺表演团体人才培养机制。继续加强与浙江艺术职业学院协作，强化对全省民营文艺表演团体培训力度，按照《2015年度全省民营文艺表演团体业务培训方案》，实际培训9期，共计711人。进一步转变民营文艺表演团体管理和从业人员的培训方式。逐步由单一的越剧培训向多剧种培训转变，由戏剧培训向戏剧、歌舞多元化培训转变。根据市场和团队的实际需求，通过联合办学、省地合作等方式，细化培训人员和种类，进一步提升民营文艺表演团体人员素质和表演水平。在金华和温州分别开展了婺剧和瓯剧培训，并将培训成果进行了汇报演出。

（王　华）

文化市场综合行政执法

【概况】 以继续加大文化市场监管力度和加强执法队伍建设为主线，着力提高文化市场综合行政效率，提升队伍整体能力，扎实开展各类专项整治行动，全省文化市场保持了平稳有序、规范发展的良好态势。

【文化市场监管】 全省各地文化市场监管机构紧抓文化市场内容、场所和活动的安全监管工作，完善立体化社会治安防控体系，加强网络监管，依法严厉打击暴力恐怖活动、宗教极端违法犯罪、涉及民生犯罪、涉黑涉拐涉枪和“黄赌毒”等违法犯罪活动，加强重大活动、节假日、人员密集场所等公共安全管理，保障人民生命财产安全。围绕重点时间节点，组织开展了元旦、春节、五一等节假日及“两会”期间的文化市场专项整治行动，共下发了10余个关于加强安全生产方面的文件，开展了2015年“平安浙江”清网、护苗和打违三大专项行动、全省各市局领导带队的文化市场综合执法交叉检查以及第二十三批违法违规互联网文化活动查处工作。省文化厅牵头联合有关部门开展了秋季安全、消防、禁毒工作联合检查。按照中央和省委、省政府要求，结合浙江实际，多次就文化市场安全、消防和保护未成年人、打击各类非法演出下发通知进行工作部署。全年日常巡查出动检查11.78万人次，检查出动17.45万家次，违规4785家次；举报(督查)受理1293件，属实案件739件，不属实案件396件，其他案件158件；行政处罚立案调查2721件，办结案件2669件，警告1865家次，停业整顿126家次，吊销许可证14家次，没收非法所得33.12万元，没收违法物品59.68万个，听证6家次，重大案件31家次，移交27家次。

【提高综合执法效能】 提高行政处罚案件质量。省文化厅转发《文化部文化市场司关于全国文化市场综合执法案卷抽查情况》，对各地选送的行政处罚案件进行了评查，并在文化部部署开展的2013—2015年度全国文化市场综合执法案卷评查中，获得了“十佳案卷”“优秀案卷”及“规范案卷”全部三个奖项。宁波市文化市场行政执法总队、义乌市文化市场行政执法大队被文化部评为全国文化市场综合行政执法先进集体，黄卓、王菡蓉、谢明显3人被文化部评为全国文化市场综合行政执法优秀个人。杭州、宁波、绍兴等市办理的淘宝未遵守《出版物市场管理规定》案件等6个案件被文化部评为2014—2015年度全国文化市场重大案件。

举办各类执法培训班。开展了2015年全国文化市场综合执法师资（江浙沪片区）巡讲培训班、全省文化市场综合执法工作会议、全省文化市场综合执法规范化与信息化建设现场会和两期全省文化综合执法局长队长培训班、案卷评查培训班等。举办了文化市场行政执法资格业务考试。开展了中西部地区文化市场综合执法能力提升三年行动计划浙陕对口交流协作结对工作、有效进行了浙陕文化市场综合执法交流活动。

开展文化市场调研工作。对全省文化市场综合执法工作进行了查访调研，理清了关于文化市场执法、机构队伍、困难问题、执法程序、政策法规、执法改革等方面情况，撰写了《农村文化市场监管：现状、问题与对策》等4篇调研报告，制订了《浙江省文化市场综合执法机构规范化建设标准》、2015年浙江省文化市场综合行政执法考评细则、目标管理责任书和文化市场管理联动省级部门机制等新制度，汇编了《探索与实践——文化市场综合行政执法研讨文集》《浙江省文化市场综合行政执法案件评析选编》《全省文化市场综合执法政策法规汇编文化卷》等书籍。完成文化部市场司委托我省承担制作的8个文化市场综合执法规范化课件课题，得到了文化部充分肯定并获得13万元制作经费。建立了省级文化市场综合执法师资库并开展2015年度师资人员选拔。

着力加强技术监管。对我省文化市场三大信息化平台（全省文化市场OA系统、全省网吧监管平台、全省文化市场地理信息系统）进行了梳理，建立健全了信息化监管平台管理工作机制，调整并重新部署全省网吧技术监管平台。

【规范举报受理制度】 进一步落实举报受理制度。按照文化部《文化市场举报办理规范》和《浙江省文化市场举报办法》要求，我省各级文化市场执法机构进一步健全、规范全省文化市场举报受理工作，并将此项工作列入年终考核指标，积极推动举报受理督办工作深入开展，采取了行之有效的措施。

强化规范举报监督机制。为切实落实文化部《文化市场举报办理规范》和《浙江省文化市场举报办法》要求，全省各级文化市场执法机构始终把举报工作作为全省文化市场监管的一项重要工作来抓，建立健全省、市、县(市、区)三级举报受理督办联动机制，不断从思想上充分认识加强文化市场举报监督体系建设的重要意义。

进一步提高对举报处置的效率。全省采取举报分级办理制度，严格按照属地管理、分级责任原则，尽量在第一时间进行现场确认并控制事态发展，充分发挥举报办理工作在预防和打击文化市场违法违规行为中发挥的重要作用。

切实加强举报监督体系建设。各地对举报投诉情况特别是针对本地区本部门群众反映的热点、重点问题进行梳理、分析，使其成为面向群众、强化监督、创新管理、规范行为的有效手段，有利于及时发现、提前预防和有效查处文化市场违法行为，打击和震慑了一些不法分子的不良行为。

不断畅通举报投诉渠道。充分发挥群众举报监督的积极性，凡举报人有反馈要求的，都能将查处情况及时反馈，做到有报必查、有报必复，做到了“快处理、快答复、快结案”，保证群众反映的问题能在最短时限内调查处理，将调查处理结果第一时间回复举报人，并按时上报相关部门，办结率达100%。

【狠抓文化市场信息工作】 全力做好信息报送工作，提高全体人员对信息工作的重视度、敏感性和参与度，召开了全省文化市场综合执法信息工作培训会议，建立了全省文化市场数字网络监管系统信息审发制度和浙江省文化市场信息群，一些好的信息被文化部和省政府采用。召开了全省文化市场综合执法信息工作培训会议并建立了全省文化市场数字网络监管系统信息审发制度，下发《浙江省文化厅关于进一步规范文化市场综合执法信息报送工作的通知》，在原文化市场OA信息板块新增“动态简讯”“综合信息”“调查思考”等栏目，进一步规范信息报送工作。被文化部市场司信息摘报录用23篇，居全国第一，并在全国文化市场信息工作培训会上作交流发言。被中国文化市场网录用98篇，居全国第二。浙江省文化市场直报点获文化部市场司奖励2万元。省法制办录用信息106篇，居全省第三。

【加强政策调研】 强化制度建设。推进建立较为完善的调研工作长效机制，形成省、市、县文化行政部门和文化单位积极推进、分工负责、协调共享的全省文化系统“大调研”格局，制订下发了《浙江省文化厅调研工作实施办法》，召开了全省文化调研工作会议。11月，在文化部全国文化调研工作会议上做典型交流。对全省文化市场、基层文化队伍和意识形态工作、文化荣誉制度等进行查访调研，撰写了《全省基层文化市场综合执法队伍建设及阵地建设思想宣传调研报告》《关于设立省级文化荣誉制度的调研报告》《当前我省文化意识形态领域形势及对策研究》《省督查组第九组关于对进一步加强和改进意识形态工作的督查报告》等4篇调研报告。制订了《浙江省文化市场综合执法机构规范化建设标准》、文化市场管理联动省里机制、全省文化市场数字网络监管系统信息审发制度等新制度，汇编了《探索与实践——文化市场综合行政执法研讨文集》《浙江省文化市场综合行政执法案件评析选编》《全省文化市场综合执法政策法规汇编文化卷》等书籍。谋划智库建设，策划建立厅文化发展专家组，充分发挥政策咨询、调研论证、理论深化等作用。

强化协调职能。组织部署“十三五”规划编制处室子规划调研、2015年厅领导重点课题调研、2016年重点工作思路调研工作。统筹协调厅局机关各处室加强调研工作，加大对厅属单位调研工作的组织协调、督促检查和考核评估，完成2015年省级文化系统的调研课题报送工作，下发《浙江省文化厅关于2015年全省文化系统调研课题选题情况的通报》，对是年全省文化系统的调研成果进行汇总督查并下发通报。对厅局各个处室的文化政策进行了初步梳理登记，整理分类、汇编成册。加大全省文化调研课题管理、转化利用、交流共享，发动各地市和县(市、区)文广新局，加强调研工作，完成全省文化系统调研课题统计工作。在全省基层文化工作队伍和文化市场执法队伍中开展了《解决基层文化工作薄弱状况的对策研究》课题调研。筹备编印《调查与思考——2015年度浙江省文化系统调研成果汇编》。

【推进“十三五”规划编制】 集中力量，加强协调，成立规划编写组，全力推进《浙江省文化发展“十三五”规划》编制工作。召开全省“十三五”文化发展规划编制专题培训班，确定了厅“十三五”规划一般专项规划目录和规划编制目录体系，确定了拟纳入国家和省“十三五”规划的“三重”事项以及拟纳入省“十三五”规划基本思路的重点内容。形成了厅《“十三五”时期全省文化发展规划调研报告》。起草完成《浙江省文化发展“十三五”规划》初稿，分别召开了厅属单位和市县文化部门规划稿征求意见座谈会，对初稿进行完善。

【深化文化体制改革】 制订《省文化厅深化文化体制改革2015年主要任务分解方案》并进行年终督查。抓好三项全国改革试点。推进公共文化服务标准化、基层综合性文化服务中心建设和公共文化机构法人治理结构三项文化部改革试点工作。推进国有文艺院团改革遗留问题解决。对三家改制院团历史遗留问题进行了调研和分析，形成了《三家改制院团改制后亟待理顺和解决的问题一览表》，并和有关单位进行针对性对接。积极沟通相关部门，牵头协调浙江越剧团、浙江小百花越剧团、浙江京剧团、浙江昆剧团四院团独立建制工作。推进国有文化企业改革。调研新远集团改制中存在的问题和困难，完善制度建设，推进相关改革措施，推动浙江省文化艺术品交易所等发展。进一步深入推进简政放权。权力清单和责任清单在省政府政务服务网公布，每项权力都列明依据、流程图、责任处室、责任人、监督电话等信息，并实行动态调整。省文化厅行政许可事项全部在浙江省政务服务网办理，实现了网上申请、审批、查询等功能，截止到12月31日已受理办结1386件。承办省深化“四张清单一张网”改革推进职能转变协调小组教科文卫委改革专题组第四次会议省文化厅现场会。省文化厅权力清单保留权力事项25项，精简比例达77%；责任清单主要职责15项，具体工作事项81项，建立事中事后监督管理制度14项。

【推进法治建设】 深入推进依法行政工作。制订了《浙江省文化厅行政规范性文件管理规定》《浙江省文化厅行政规范性文件操作指南》《浙江省文化厅合同管理规定》。加强对行政规范性文件的合法性审查，全年共制定以省文化厅名义下发的行政规范性文件3件，并报省法制办审查备案，以省政府办公厅名义发文立项5件。规范合同签订程序，对省文化厅厅机关办公临时过渡用房的房屋租赁合同进行了合法性审查，并报省政府法制办备案。进一步完善规范决策机制，继续推进简政放权工作。在2014年浙江省政府法治政府建设(依法行政)考核中，省文化厅名列省级部门第6名，被评为先进单位；浙江省政府法制办评选的2014年23件优秀行政处罚(行政强制)案卷中，省文化系统案卷3件，位列各部门第一。规范行政处罚裁量权，监督指导各地贯彻执行《浙江省文化厅关于规范行政处罚裁量权的若干意见》和各地行政处罚自由裁量权标准。加强对行政执法办案的监督指导，加强行政案卷评查和考核，组织开展了全省行政许可优秀案卷评比和行政处罚案卷评查工作，台州市办理的一件网络案件获评文化部十大优秀案卷。5月，在全国文化法治工作会议上做典型交流。

全面推进普法宣传工作。在全省文化系统建立“大普法”格局，统筹协调全省特别是省级文化系统的普法宣传教育。积极开展机关工作人员普法教育，落实领导干部学法用法长效制度，将领导干部普法工作常态化、制度化，3月，省文化厅厅长金兴盛在全省普法教育领导小组会议上作了典型发言。组织2015年度省直单位公务员学法用法考试。全年组织法制培训两次以上，举办了两期普法专题讲座。在省级文化系统初步建立了法律顾问制度和法律咨询制度，并把制度建立情况列入了厅属单位年终考核，发挥厅机关法律顾问在行政决策中的积极作用，防范法律风险。

积极推进文化立法工作。重点抓好《浙江省公共文化服务保障条例》调研起草、论证完善工作，与省人大教科文卫委、法工委召开了立法协调会，并联合赴基层开展了立法调研，积极配合省文化厅公共文化处加快推进相关工作，形成了条例草案和起草说明报省人大。积极支持景宁县人大和文化部门起草制定《景宁县公共文化服务保障条例》。协调处室推进文化产业、民营文艺表演团体、非物质文化遗产生态区保护、乡镇综合文化站、文化市场综合执法等方面立法或者法律法规修订的可行性调查研究。

(周　颖)

文化产业与科技

【概况】 以建设"文化产业发展先行区"和"文化科技创新实验区"为目标，围绕文化产业转型升级和文化科技创新发展两条主线，着力提高文化产业发展的规模化、集约化、专业化水平，着力提高科技在文化建设中的创新驱动和融合发展水平，为提升文化软实力、助推经济转型升级作出应有贡献。年度中国省市文化产业发展指数结果表明，浙江省文化产业发展综合指数居全国第3位。

【制定出台文化产业政策】 研究制定《浙江省人民政府办公厅关于扶持木雕根雕石刻产业传承发展的指导意见》(浙政办发〔2015〕121号)和《浙江省人民政府办公厅关于扶持文房产业传承发展的指导意见》(浙政办发〔2015〕122号)，由省政府办公厅正式印发。

【举办中国(义乌)文化产品交易会】 4月27日至30日，第10届中国义乌文化产品交易博览会在浙江义乌举行。文交会实现成交额50.7亿元，同比增长3.2%，其中外贸成交额30.65亿元，同比增长8.4%；共有来自110个国家和地区的9.3万名境内外专业采购商参会。

【举办中国国际动漫节】 4月2日至5月3日，第11届中国国际动漫节在杭州举办。本届动漫节以"动漫盛会·人民节日"为宗旨，以"国际动漫·美丽杭州"为年度主题，设立了高新区(滨江)白马湖主会场和12个分会场，围绕会展、论坛、商务、赛事、活动五大板块组织实施了58项活动，吸引了78个国家和地区参与，617家中外企业、机构参展参会，参与国家和地区数再创新高。共有137.29万人次参加了动漫节各项活动，其中主会场35.49万人次；达成签约交易、意向合作项目325项，涉及金额93.54亿元，现场实际成交和消费涉及金额54.92亿元，总计148.46亿元，举办第四届动漫衍生品授权交易会，组织16家动漫企业参加，交易总额2.09亿元。

【国家级文化产业示范基地考核、巡检】 按照文化部文化产业司《关于开展国家级文化产业示范(试验)园区考核与国家文化产业示范基地巡检工作的通知》要求，对省内16家国家文化产业示范基地进行全面巡检。16家国家文化产业示范基地发展态势良好，均通过复核。

【国家动漫企业考核、巡检】 会同省财政厅、省国税局、省地税局等部门，对已获得国家认定的26家动漫企业进行年度审核。18家动漫企业通过复核。

【重点文化产业项目申报推荐工作】 推荐龙泉宝剑生产工艺传承基地建设项目、欧诗漫珍珠文化旅游开发建设项目、台绣丝绸商品创新营销模式全面提升项目等3个项目列入文化部2015年度特色文化产业重点项目；推荐南浔古镇旅游发展有限公司的南浔古镇保护与文化旅游开发一期项目等13个项目入选文化部2015年度文化金融合作项目库(信贷融资类)、乌镇旅游股份有限公司等3个项目入选2015年度文化金融合作项目库(债券融资类)。总共19个项目入选文化部文化产业重点项目库。

【重点动漫项目、品牌推荐工作】 推荐上报浙江中南卡通股份有限公司的《郑成功》、横店影视制作有限公司的《西游记之大圣归来》、杭州阿优文化创意有限公司的《阿优之神奇萝卜》等3个项目入选文化部产业司产品类项目名单；杭州漫奇妙动漫制作有限公司的《绿茵少年》、宁波卡酷动画制作有限公司的《回马亭》等两个项目入选创意类项目名单。推荐浙江中南卡通股份有限公司的《魔幻仙踪》、美盛文化创意股份有限公司的《星学院》等两个项目入选国家动漫品牌建设产品名单，杭州蒸汽工场文化创意有限公司的《口袋森林》、宁波大慈文化传播有限公司的《布袋小和尚》等两个项目入选国家动漫品牌建设创意名单。

【文化产业发展专项资金申报推荐工作】 协助做好有关文化产业项目申报中央文化产业发展专项资金工作，2015年文化系统管理的29个文化产业项目得到中央文化产业发展专项资金补助8653万元。

【文化科技协同创新及平台建设】 建成中国艺术科研所浙江协同创新平台，是国内首个文化科技协同创新平台；培育建设浙江艺术科技研究中心和浙江省文化科技应用创新基地2个省级文化科技重点实验室；与省科技厅联合设立文化科技专家库；依托浙江大学，建成全省文化科技综合查新咨询平台。

【国家级、省级和厅级文化科技项目申报评选】 开展2015年度国家社会科学基金艺术学项目的申报、论证、遴选工作。在全省文化事业和文化产业重点领域主动设计省文化科技重大专项7个，争取科技专项资金1000余万元；全省共有14个项目入选国家社科基金艺术学项目（总数居全国第三），其中国家社科基金艺术学项目11个，占全国入选数的6.5%；推荐浙江传媒学院《“中国梦”影视创作与传播策略研究》入选2015年度国家社科基金艺术学重大项目；文化部艺术科研课题2个。完成国家文化科研项目中期检查一次，完成11个历年国家级项目、29个历年厅级项目结题。认定省文化厅厅级课题项目87个。

【编辑文化产业书籍】 委托浙江大学编制《浙江文化产业发展报告》计30余万字。

【浙江新远文化产业集团有限公司年度考核】 新远集团进一步做大做强主营业务，电影业继续保持经营优势，2015年，新远集团旗下四家影院全年共计放映电影63511场，观众达205.89万人次，实现票房收入10497.39万元。其中，新远国际影城全年接待观众108.69万人次，实现票房收入6159.8万元，成为全省票房和观影人次两个“第一”的影城。

（方学斌）

对外对港澳台工作

【概况】 全年实施对外、对港澳文化交流项目1074起，8258人次。其中引进项目954起，6702人次；派出项目120起，1556人次。获省部领导批示3项，驻外使领馆表扬8项。

【海外“欢乐春节”活动】 春节期间，省文化厅组派3批团组83人次赴美洲、非洲6国，参与海外“欢乐春节”活动。1月2日至23日，浙江歌舞剧院“彩蝶女乐”一行24人赴智利、秘鲁；1月27至2月10日，浙江婺剧艺术研究院一行30人赴南非、马拉维、赞比亚演出；1月30日至2月7日，浙江歌舞剧院有限公司和浙江曲艺杂技总团有限公司一行29人赴摩洛哥。3个艺术团共演出31场，观众人数逾7万人，所到国政要、外国使节及当地民众观看了演出。

【赴瑞士、捷克举办“美丽浙江”文化交流活动】 6月14日至24日，为庆祝中瑞建交65周年及浙江省与2015年“欧洲文化之都”捷克皮尔森州建立友好关系10周年，省文化厅赴瑞士汝拉州、捷克皮尔森州举办“美丽浙江——浙江非物质文化遗产展览”和“美丽浙江——浙江农民渔民画展”，省委常委、宣传部长葛慧君，省文化厅厅长金兴盛出席相关活动。活动期间，代表团赴奥地利与莫扎特音乐大学进行访问，探讨其与浙江音乐学院（筹）间远程教育、互派师生、组派团队演出等多种形式的交流合作。

【庆祝香港回归祖国18周年暨香港浙联会第九届理事会就职仪式演出】 6月21日至23日，省文化厅组派文艺演出团一行7人赴港，参加庆祝香港回归祖国18周年暨香港浙联会第九届理事会就职仪式演出，省委副书记王辉忠、香港中联办副主任林武，香港特区政府民政事务局局长曾德成，省政协副主席、省委统战部部长孙文友等出席。

【2015爱尔兰、土耳其美丽浙江文化节】 7月25日至8月11日，由浙江省政府、爱尔兰凯瑞郡政府、土耳其伊兹密尔省政府、中国驻爱尔兰大使馆、中国驻土耳其大使馆、中国驻土耳其伊兹密尔省总领馆联合举办的“2015爱尔兰·美丽浙江文化节”“2015土耳其·美丽浙江文化节”分别在爱尔兰、土耳其举办。期间，省文化厅先后组派文化团组4批33人赴爱尔兰、土耳其举办相关活动，在友好省州——爱尔兰凯瑞郡、土耳其伊兹密尔省分别举办“浙江·再设计”文化创意设计展和“丝路之绸——两千年的亚洲东西方文化交流”展，并献演了三场中国民族音乐会，郑继伟副省长、中国驻爱尔兰大使徐建国、中国驻土耳其伊兹密尔总领事苏高潮、中国驻土耳其大使馆文化参赞朱自浩，爱尔兰前副总理、外交贸易部长兼劳工党领袖埃蒙·吉尔摩，爱尔兰凯瑞郡政府议长、郡长帕特·麦卡锡，土耳其大国民议会议员俄兹姜恩、伊兹密尔

省副省长法提赫·达玛特拉尔、伊兹密尔市市长阿奇兹·卡扎欧鲁等出席文化节相关活动。

【长兴百叶龙艺术团参加中英文化交流年中国文化季活动】 8月1日至30日，作为中英文化交流年中国文化季项目内容，省文化厅组派长兴百叶龙艺术团一行67人赴英参加爱丁堡皇家军乐节演出。百叶龙艺术团与23个国家的演出团队共同演出27场，现场观众24万人次，通过电视等媒体收看演出的人数达3亿余人，为促进中英文化交流作出了积极的贡献，为10月习总书记访英营造了良好氛围。

【浙江小百花参加第17届泰国曼谷国际音乐舞蹈艺术节】 9月9日至15日，为庆祝中泰建交40周年和诗琳通公主六十岁生日，受文化部委托，省文化厅组派浙江小百花越剧团一行69人携新版《梁祝》赴曼谷参加第17届泰国曼谷国际音乐舞蹈艺术节开幕演出。《梁祝》连演3天，1800座位的泰国国家文化中心大剧场座无虚席。驻泰国大使宁赋魁陪同泰王国诗琳通公主、巴育总理夫妇、外交部长、文化部长、卫生部长和多国驻泰大使出席观看，给予了极高评价。文化部部长雒树刚专门为艺术节发去贺信。驻泰国使馆专函向文化部和浙江省政府表示感谢，评价演出为“中泰一家亲”再续新篇。

【浙江歌舞剧院有限公司民乐小组赴卡塔尔、巴林演出】 9月19日至26日，省文化厅组派浙江歌舞剧院有限公司民乐小组赴丝绸之路沿线国家——卡塔尔和巴林，参加驻卡使馆国庆招待会、宰牲节等演出及驻巴使馆中秋招待会活动。当地政要、社会主流人士和各国驻外使节观摩演出。我国驻卡、巴使馆为艺术小组对中国传统音乐的精湛演绎和活动所取得的成效来函表示感谢。

【第四届世界旅游经济论坛浙澳文化交流活动】 10月12日至14日，以“一带一路——释放文化旅游经济新动力”为主题的第四届世界旅游经济论坛在澳门举行，我省作为主宾省参加此次论坛并举办浙澳旅游、经贸与文化交流活动。省文化厅选派了文化展演团组一行72人赴澳门参加相关演展活动，于10月12日晚在澳门美高梅酒店为论坛开幕演出交响乐一场；10月12日至13日在论坛主会场——澳门威尼斯人酒店举办“诗画浙江”展区的文化创意设计展。全国政协副主席、大会主席何厚铧，浙江省委副书记王辉忠、副省长梁黎明、省政协副主席孙文友，国家旅游局局长李金早，澳门特区政府社会文化司司长谭俊荣等嘉宾出席观摩。

【2015南非·美丽浙江文化节】 10月16日至21日，由中国文化部、南非艺术文化部、浙江省文化厅、中国驻开普敦总领事馆共同主办的“2015南非·美丽浙江文化节”在南非立法首都开普敦举行，活动被纳入南非中国文化年活动框架。文化节期间省文化厅举办“天工遗风——浙江非物质文化遗产展览”和“锦绣江南”两场综艺演出。中国驻开普敦总领事康勇、南非国民议会警务委员会主席、西开普省文化厅厅长、开普敦市市政委员等当地政要以及多国驻开普敦使节出席活动。

【阿拉伯国家文物（纸质）修复专家研修班】 11月22日至12月12日，在中阿合作论坛框架下，省文化厅与文化部外联局、宁波市文广新局成功主办了阿拉伯国家文物（纸质）修复专家研修班。来自阿尔及利亚、埃及、伊拉克、约旦、科威特、黎巴嫩、摩洛哥、巴勒斯坦、苏丹、突尼斯、阿联酋等10个阿拉伯国家的20名文物修复专家参加研修活动。

【宁波市当选2016“东亚文化之都”】 为积极响应文化部“东亚文化之都”建设号召，配合中日韩外交战略，12月20日，宁波市同韩国济州、日本奈良共同当选为2016“东亚文化之都”，将有力推动宁波城市文化建设和发展，丰富中日韩文化领域的务实合作内涵。

【部省合作加强对非文化交流与合作】 根据文化部工作部署，落实“2015年对非文化工作部省对口合作计划”，继续开展与驻莫桑比克、马拉维、马达加斯加使馆的对口合作。6月11至19日，省文化厅委托浙江文化馆邀请马拉维音乐家来浙交流，开展专题讲座、交流演出等活动。6月15日至7月29日，浙江省文化馆开展对非文化培训，承办文化部非洲人员陶艺创作交流活动，组织来自加蓬、刚果（布）、布隆迪3国的10名学员在浙江开展观摩考察、艺术创作、成果展示等活动。8

月，浙江图书馆向莫桑比克、马拉维、马达加斯加3国各捐赠图书500册左右。11月4日至13日，浙江图书馆举办非洲图书馆专业管理人员信息化管理培训班，莫桑比克、马拉维、马达加斯加3国文化行政部门官员和图书馆专业人员参加图书馆数字化管理、公共图书馆网络服务体系建设、图书馆活动运营管理、古籍修复管理等专业培训。12月13日至19日，省文化厅组派浙江省文化馆赴马达加斯加举办“美丽浙江摄影艺术展”，中国驻马达加斯加大使杨民、马达加斯加文化和手工业部部长布丽吉特出席开幕式。

【参加国际文化节庆活动】 杭州艺术学院实验艺术团分别于2月5日至16日，7月2日至7日，7月22日至27日先后三次赴新加坡参加“春城洋溢华夏情”和“国际华乐音乐会”活动。

5月12日至21日，浙江话剧团携话剧《孔子》赴德国栋茨多夫市参加德国第九届国际话剧节演出和交流活动。

8月26日至9月7日，嘉善“辣妈宝贝”艺术团赴西班牙参加第42届西班牙龙达国际民间艺术节。

【推进文化交流和互鉴】 3月19日至4月19日，浙江美术馆在保加利亚举办“湖山之约——浙江现代版画作品”巡展；6月17日至22日，杭州市赴德国举办“黑白艺术——纽伦堡印刷造纸展”；嘉兴市举办第七届·嘉兴国际漫画双年展系列活动，并于5月28日至6月28日赴日本举办“嘉兴之子——丰子恺张乐平米谷漫画展”；7月20日至24日，义乌市赴意大利举办米兰世博会中国馆“浙江义乌日”活动、举办“新丝路·新起点——全国美术名家‘丝路行’”主题创作展览活动；浙江博物馆分别于7月、9月赴韩国、澳门举办“朝鲜名儒崔溥的中国见闻展”和“吴赵风流——吴让之、赵之谦书画印特展”。9月15日至20日，杭州越剧传习院参加第22届中日韩(Besoto)戏剧节；12月17日至24日，湖州市安吉县竹乐艺术团赴法国参加联合国教科文组织成立70周年庆祝音乐会。

此外，中国丝绸博物馆举办了“丝路之绸:起源、传播与交流”国际学术报告会，成立国际丝路之绸研究联盟。中国美术学院举办了第九届IMPACT国际版画会议、2015年克孜尔石窟壁画国际学术研究会、“包豪斯与创造力”国际研讨会、建筑遗产保护国际论坛，20多个国家的300多名专家学者和艺术家应邀参加活动；杭州市举办了“2015文化在城市可持续发展中的角色国际会议”；杭州图书馆举办公共图书馆国际学术研讨会；绍兴市的“大师对话”之“鲁迅与托尔斯泰:跨时空对话”非官方文化交流活动引起极大反响。

我省演出经纪机构引进的爱尔兰大河之舞舞蹈团、白俄罗斯国家舞蹈团、瑞士苏黎世国家剧院、台湾云门舞集、台湾明华园剧团等知名演艺团体，以及浙江省博物馆引进的“海上瓷路——粤港澳文物大展”、宁波美术馆引进的法国鲁昂当代艺术展、杭州创意设计中心以艺术授权方式引进的梵高艺术大展等演展活动，丰富了人民的文化生活，扩大了我省群众接触国际一流艺术作品的渠道。乌镇戏剧节积极引进国际戏剧名团名剧，促进中外文化交融，逐步发展成为一个具有国际影响力的文化品牌，第三届乌镇戏剧节成功举办，邀请来自12个国家的8大国家级名团上演20台顶尖剧目，上座率96%，总出票数超过3万张。

【加强人文学术交流】 浙江音乐学院(筹)、中国丝绸博物馆、浙江省博物馆、浙江自然博物馆、浙江艺术职业学院、浙江图书馆等单位利用专业优势积极开展文化交流，分别与波兰肖邦音乐大学、大英图书馆、印度甘地国家艺术中心、悉尼动力博物馆、丹麦安徒生博物馆、台中自然科学博物馆、奥地利维也纳音乐学院、德国歌德学院等国际知名文化机构开展了学术交流合作。加强人才培养，组织我省专业人员参加文化部举办的文化外宣培训、文博艺术类培训并组派舞蹈专家赴以色列进行观摩和交流。

【多个国外文化团组访问浙江】 接待拉美艺术节负责人代表团、以色列苏珊德拉舞剧艺术中心、悉尼动力博物馆等重要文化团组来浙考察，推动我省文化机构与国外建立直接合作。

【对外文化贸易】 1月12日至14日，省文化厅组织浙江省文博单位、动漫企业、创意设计企业等15家机构参加文化部主办的第十三届香港国际授权展“中国内地馆”展示活动，成为中国内地馆主力，为我省对外对港澳台文化贸易开辟了新途径。

扶持我省文化企事业单位赴国外开展商业性演展活动。指导和推介长兴百叶龙演出有限公司等单位入选2015—2016年度省文化出口重点企业。评审出10个演展项目入选《浙江省商业演出展览文化产品出口指导目录》，为我省的文化产品通过市场走出去探索路径，增加动力。浙江昆剧团、浙江婺剧团、浙江曲艺杂技总团有限公司、宁波市演艺集团分别赴香港、新加坡、德国、澳大利亚和新西兰参加商业演出。培育和提升区域文化贸易平台——中国(义乌)文化产品交易会。第10届文交会吸引了境外15个国家、地区和国内22个省市的1184家企业参展，其中境外参展企业150家、展位466个，分别占比13%和14%；吸引韩国、俄罗斯等境外采购团12个，采购商568人。

【有效拓展对港澳文化交流】 作为文化部2015年度全国对港澳文化交流重点项目，3月21日至30日，选派浙江小百花越剧团一行65人赴香港参加第43届香港艺术节演出活动，上演新版《梁祝》和《二泉映月》《五女拜寿》，演出进行商业运作，6场上座率达到九成，受到广泛好评；10月21日，旅港乡贤、香港永新企业集团副董事长曹其镛与浙江省博物馆合作举办“仍存曹家——曹其镛夫妇珍藏中国古代漆器特展”；12月6日至9日，省文化厅厅长金兴盛、副巡视员李涉赴香港参加“2015年亚洲文化合作论坛”，并与相关文化机构进行交流，拓展浙江与香港两地的合作。

3月23至29日，应澳门特别行政区政府文化局邀请，组派浙江歌舞剧院有限公司一行50人赴澳门与澳门中乐团联合举办《澳门之歌》音乐会演出；4月26日，组织邀请14家澳门文创机构赴义乌参加第10届中国(义乌)文化产品交易会。交易会首次设立澳门创意展区。澳门广告商会被本届义乌文交会授予“最佳参展企业”称号。4月28日，由澳门6个文创团体组成的“澳门动漫联盟”赴杭州参加第11届中国国际动漫节；5月21日，由浙歌民乐团、澳门中乐团及浙歌合唱团近200名艺术家在浙江省人民大会堂联袂演绎《和平颂》，以纪念中国人民抗日战争暨世界反法西斯战争胜利70周年；8月11日、12日，浙江歌舞剧院有限公司一行42人赴港澳参加由中国侨联等单位主办的“亲情中华·历史不会忘记”纪念中国人民抗日战争暨世界反法西斯战争胜利70周年大型晚会。

【对外对港澳台文化事务管理】 对全省的交流项目规范管理，并做好指导和服务工作，保证对外对港澳台文化活动有序开展。召开全省对外对港澳台文化工作座谈会。做好涉外涉港澳台营业性演出的会办工作，杜绝不符合我国意识形态、国家法规的内容和项目进入我省，维护国家文化安全。

(杨 惠)

文物保护

【概况】 2015年，继续以全面提升浙江省不可移动文物保护、利用和管理水平为目的，加大文物保护力度。

抓好世界文化遗产保护与管理工作。继续做好大运河后申遗时代相关工作。巩固大运河保护和申遗工作成果，协调大运河沿线各地做好大运河遗产保护管理和遗产监测等工作，积极推动大运河保护管理的法制化、科学化、规范化。提请省政府办公厅对参与大运河申遗工作的23家先进集体和48个先进个人进行了通报表彰；协调处理好大运河沿线宁波轨道交通4号线、姚江及慈江堤防加固工程等建设项目与大运河遗产保护的关系；举办了全省大运河保护管理培训班。良渚古城遗址申遗各项前期工作有序推进，积极争取省政府和国家文物局对良渚古城申遗项目的支持。组织召开良渚古城遗址保护申遗专家评审会，为良渚古城遗址申遗工作的扎实推进奠定基础。同时，积极推动江南水乡古镇、海上丝绸之路及中国明清城墙等联合申遗项目相关工作，协调指导慈溪、龙泉、上虞等地实质性启动浙江青瓷窑遗址联合申遗前期准备工作。

强化大遗址保护和考古管理工作。抓紧实施安吉古城、绍兴越国贵族墓、湖州毗山遗址、慈溪上林湖越窑遗址、武义吕祖谦及家族墓等大遗址考古调查工作，为编制大遗址保护规划、实施遗址保护展示工程提供基础资料。组织对绍兴市上虞区越窑遗址群保护规划等全国重点文物保护单位保护规划进行论证，嘉兴马家浜遗址保护规划获省政府批准，大窑龙泉窑遗址、上山遗址、安吉古城遗址等省级考古遗址公园规划通过省级专家评审。积极倡导并组织实施学术目的明确的考古项目,组织编制了上虞曹娥江中游汉六朝早期越窑遗址考古工作规划等3项五年考古工作规划并上报国家文物局,明确了下一阶段考古科研工作思路。依法实施了永康湖西遗址、上虞凤凰山窑址等36项考古发掘项目,并获得重要成果,上虞禁山早期越窑遗址获评"2014年度全国十大考古新发现"。发展水下考古工作,在省文物考古研究所内设水下文化遗产中心,初步建立全省水下考古工作业务指导机构。国家文物局水下文化遗产保护舟山工作站正式挂牌成立,中国第一艘水下考古船"中国考古01"号首航浙江停靠舟山。完成了白节山海域水下文物重点调查二期项目。国家水下文化遗产保护宁波基地成功承办了"国家水下文化遗产保护'十三五'规划暨'海上丝绸之路'申遗前期研究"研讨会。指导开展了2015年度浙江考古重要发现评选,成功举办了浙江省重要考古发现公众分享会。

扎实做好文物保护工程管理等基础工作。攻坚克难,基本按计划完成全省省级以上文物保护单位保护范围和建设控制地带划定及"四有"记录档案编制工作。审查并向国家文物局上报涉及丽水市莲都区通济堰等全国重点文物保护单位建设控制地带建设项目9项,审批涉及省级文物保护单位建设控制地带建设项目4项。举办了全省"四有"工作培训班。加强重要濒危文保单位的保护维修工作。推进文物保护工程项目审批制度改革,积极培育第三方专业咨询评估机构,省文物考古研究所被国家文物局确定为全国5家国保单位保护项目咨询评估机构之一。进一步规范文保单位保护修缮技术文件审查批准工作,累计审查、上报全国重点文物保护单位修缮、展示工程立项申请28项,审批全国重点文物保护单位保护维修方案和施工图49项。组织了四次省级以上文物保护单位保护方案集中审查,累计审查省级以上文保单位修缮方案及施工设计81项,审批省级文保单位保护工程立项38项。进一步强化文保工程管理,重点检查了温州、金华等地正在实施或完工的20处省级以上文保单位维修工程,并就兰溪诸葛村等47处省级以上文保单位维修工程组织竣工验收。推进我省文物保护单位的合理利用工作。在全省启动文物保护单位保护利用优秀案例征集评选活动,以宣传和推广文物保护单位保护和可持续管理的成功经验。在全省试行浙江省传统民居类文物建筑保护利用导则和图则,为我省传统民居类文物建筑因当代使用需要而进行的内部空间改造提供相应技术标准。加强文物保护工程资质管理。委托下放文物保护工程丙、三级资质许可权限,在此基础上制定出台我省文物保护勘察设计、施工、监理丙、三级资质单位行业准入条件、标准及相关资质申报认定、管理程序。全年新增文物保护工程施工三级资质单位10家。会同省测绘局启动浙江省文物资源地理信息系统(GIS)管理平台建设,基本完成需求研究分析及平台框架搭建工作。启动第七批省级文物保护单位申报推荐工作。委托专业单位开展省级文保单位评估指标体系研究。

推进中国传统村落保护利用工作。分步有序地推动建德新叶、诸暨斯宅、永嘉芙蓉等国家文物局首批传统村落保护利用项目的文物维修、环境整治、展示利用及民居改善等工作,并配合国家文物局开展了对首批项目实施情况的中期检查。向国家文物局上报第二批传统村落保护利用项目11个,并完成9个传统村落文物保护工程总体方案审查,6个村落的工程技术方案审查。会同松阳县人民政府积极推动松阳县传统村落保护及松阳西田村"浙江省历史文化村落保护利用示范项目"实施。应邀组建浙江代表团参加第二届海峡两岸及港澳地区文化遗产活化再利用研讨会,作为大陆唯一代表,以浙江省及松阳县传统村落保护发展实践为例作了发言。松阳县被国家文物局列为全国唯一的传统村落保护利用试验区。启动浙江省传统村落核心要素和整体风貌保护控制研究课题,为传统村落历史环境的整治及梳理展示工作提供指导和参考。

协同省建设厅做好历史文化名城、名镇、名村保护工作。全省有4个历史文化街区入选首批中国历史文化街区(全国共30个)。省人民政府批复同意将平阳县列为省级历史文化名城,新批准公布省级历史文化名镇名村7处。会同省建设厅完成第五批省历史文化街区、名镇、名村申报对象的现场考察评估及专家遴选审查工作;继续会同省建设厅,支持、指导温州、海宁、龙泉、余姚等城市申报国家历史文化名城,配合完成住建部、国家文物局对温州市申报国家历史文化名城的实地考察评估；参与丽水等城市总体规划、宁波等名城保护规划以及景宁鹤溪、永嘉枫林等历史文化名镇、名村保护规划的评审工作。

【2015年全省文物局长会议在杭召开】 3月3日至4日，省文物局在杭召开2015年全省文物局长会议。省文化厅党组书记、厅长金兴盛到会并讲话，省文化厅副厅长、省文物局局长陈瑶在会上作了工作报告。全省各设区市及义乌市文物行政部门分管负责人及业务处（科）室负责人，良渚遗址管委会和省直各文博单位相关负责人等参会。会议回顾了2014年全省文物工作，部署了2015年全省文物系统重点工作，就做好新常态下的文物工作提出要求，围绕当前文物事业发展中存在的突出问题进行了交流，就破解问题达成一定共识。会上还为第二届全省博物馆免费开放最佳做法推介项目和2014年度全国文物行政处罚案卷评比获奖单位颁奖授牌。

【江南水乡古镇申报世界文化遗产工作推进会召开】 3月26日，国家文物局在苏州召开“江南水乡古镇申报世界文化遗产工作推进会”，江浙两省江南水乡古镇联合申遗工作正式启动。江南水乡古镇申遗项目包括江苏的周庄、锦溪、千灯、同里、角直、沙溪、黎里、震泽、凤凰及浙江的乌镇、西塘、南浔、新市等13个古镇，涉及江浙两省三个地级市。江苏、浙江两省文物局、有关市、县（市、区）与镇政府领导，以及相关领导专家等共110余人出席会议。会议公布了江南水乡古镇申报世界文化遗产协调指导委员会组成人员名单，签署了《江南水乡古镇联合申报世界文化遗产协定》和《关于委托编制江南水乡古镇申报世界文化遗产文本及保护管理规划的框架协议》，揭牌成立了“江南水乡古镇联合申报世界文化遗产办公室”，讨论通过了《江南水乡古镇申报世界文化遗产工作方案》。

【上虞禁山早期越窑遗址获评“2014年度全国十大考古新发现”】 4月，由国家文物局主办的2014年度全国十大考古新发现评选结果揭晓，上虞禁山早期越窑遗址成功入选。上虞禁山早期越窑遗址位于绍兴市上虞区上浦镇大善村，是曹娥江流域汉六朝时期的典型窑址。遗址内发现了一个全新的汉代成熟青瓷类型和比较完整的三段式龙窑结构，出土了大量高档青瓷器，揭示了较完整的窑场布局和东汉至西晋时期包括窑炉与装烧工艺在内的系统发展过程，为认识青瓷在东汉起源后至三国西晋第一个高峰期的发展提供了考古学上的可靠依据。

【良渚古城遗址保护申遗专家评审会在北京召开】 5月20日，浙江省文物局在北京组织召开了良渚古城遗址保护申遗专家评审会。北京大学考古文博学院严文明教授等10位考古、文物保护和世界文化遗产专家应邀参加会议。国家文物局副局长童明康、文物保护与考古司（世界文化遗产司）司长关强、副司长陆琼等也参加了会议，对良渚古城遗址保护和申遗工作进行指导。会议由浙江省文化厅副厅长、省文物局局长陈瑶主持，省文化厅副巡视员、省文物局副局长吴志强等也参加了会议。会上，专家组听取了良渚古城遗址最新考古成果汇报、良渚古城遗址遗产突出普遍价值提炼情况介绍及遗产保护、展示方案的汇报，并展开讨论，基本同意了遗产保护、展示方案，并就如何更加科学地提炼突出普遍价值、细化完善良渚古城遗址保护和展示方案提出了建议。童明康副局长赞成评审会的专家意见和建议，并强调良渚古城遗址要在展示中加强保护，加强数字化展示技术的运用。

【第二届海峡两岸及港澳地区文化遗产活化再利用研讨会召开】 5月25日至26日，由台湾沈春池文教基金会、中华文物交流协会、香港特区政府发展局与澳门特区政府社会文化司主办的第二届海峡两岸及港澳地区文化遗产活化再利用研讨会在台湾召开。由浙江省文化厅副厅长、省文物局局长陈瑶，省古建筑设计研究院院长黄滋，松阳县人民政府县长王峻等组成的浙江代表团，作为大陆唯一代表，在大会案例剖析核心环节，以浙江省及松阳县传统村落保护发展实践为例，作了精彩发言，引发与会代表的共鸣和热烈讨论交流，得到国家文物局领导和专家的高度评价。

【浙江省政府办公厅表彰大运河浙江段申报世界文化遗产工作先进集体和先进个人】 5月，经浙江省人民政府同意，省政府办公厅印发了《关于表彰大运河浙江段申报世界文化遗产工作先进集体和先进个人的通报》(浙政办发〔2015〕43 号),对浙江省文物局文物保护与考古处等 23 个先进集体和戈芝卉等 48 位先进个人予以通报表彰。

【2015 年舟山水下考古调查启动暨“中国考古 01”首航舟山仪式举行】 6 月 14 日,2015 年度舟山水下考古调查项目启动暨“中国考古 01”首航舟山仪式在临城长峙岛码头举行。国家文物局水下文化遗产保护中心主任柴晓明出席仪式。2015 年度舟山水下考古调查项目是由国家文物局批准的全国水下重点项目之一,由国家文物局水下文化遗产保护中心牵头,联合舟山市文化广电新闻出版局共同组织实施,项目工作重点位于舟山市普陀海域,分两个阶段进行,共计 40 天。第一阶段为 3 月至 4 月,进行水下文物线索和疑点的实地探测工作,利用海洋探测设备,排除水下文物疑点,初步确认了一批沉船疑似点;第二阶段为 6 月,调集全国 7 个省、市水下考古一线人员组成专业调查队伍,在普陀区东极海域展开实地水下考古探摸活动,搜集了第一手调查资料。

【西湖监测预警体系建设项目通过国家文物局评估】 6 月 17 日至 18 日,中国世界文化遗产地监测预警体系建设项目评估工作小组一行 11 人,对西湖文化景观遗产监测预警系统建设情况开展了为期 2 天的检查评估。评估工作组认真听取了关于杭州西湖文化景观遗产预警监测体系建设情况的汇报,实地考察了名胜区指挥中心、信息中心机房,以及岳飞墓(庙)、飞来峰造像、六和塔、雷峰塔遗址、苏堤等遗产点,查阅了相关资料档案,一致认为杭州市政府高度重视,部门配合有力,管理体制成熟,监测部门设置合理、定位准确,工作机制顺畅,经费保障充足,遗产预警监测体系建设进展顺利,成效明显,遗产监测管理工作已走在全国前列。浙江省文化厅副厅长、浙江省文物局局长陈瑶会见评估组组长中国文化遗产研究院院长刘曙光一行。

【全省“海上丝绸之路”申遗点遴选工作座谈会在杭州召开】 8 月 10 日,浙江省文物局在杭州组织召开全省“海上丝绸之路”申遗点遴选工作座谈会。中国丝绸博物馆、浙江省文物考古研究所、浙江省古建筑设计研究院以及宁波市、温州市、舟山市、台州市、慈溪市、龙泉市、绍兴市上虞区等“海上丝绸之路”相关市、县(市、区)文物行政部门负责人参加会议。杭州市、湖州市文物行政部门应邀列席会议。省文化厅副巡视员、省文物局副局长吴志强出席会议并讲话。与会专家听取了“海上丝绸之路”沿线城市前期工作情况汇报,就浙江省“海上丝绸之路”的主题内容、遗产类型、价值特征及遗产点遴选技术路线发表了意见和建议。会议审议了《关于浙江省“海上丝绸之路”遗产点遴选的若干建议(讨论稿)》,基本明确了下阶段海丝申遗点遴选的基本要求和日后保护管理工作的导向。

【松阳县被国家文物局列为全国唯一的传统村落保护利用试验区】 9 月,国家文物局发文,将松阳县列为国家文物局传统村落保护利用试验区。此前,松阳县已被住建部授予“中国传统村落保护发展示范县”称号,在传统村落整体保护发展方面进行了初步探索,通过分类保护、以奖代补、健全机制、活态展演等方式使得文化遗产保护利用取得新进展,并逐步形成了全民参与保护文化遗产的良好氛围。国家文物局要求,试验区建设要以制度创新为核心,以形成可复制可推广的经验为基本要求,解放思想,先行先试,着力创新传统村落保护工作模式,统筹保护与发展的关系,促进乡土建筑等各类文物资源分级分类保护利用,切实维护传统村落环境风貌,进一步完善基础设施条件,培育壮大符合传统村落历史文化价值的特色产业等业态,保障和改善民生,推进生态文明建设,努力把试验区建设成为文化遗产和传统村落整体保护利用的示范区、生态文明和美丽乡村建设的排头兵。

【传统村落保护发展路径学术研讨会在松阳召开】 10 月 29 日至 31 日,由浙江省文物局、北京建筑大学、松阳县人民政府主办,浙江省考古学会、浙江省古建筑设计研究院、松阳县文化广电新闻出版局承办的“复兴之履——传统村落保护发展路径学术研讨会”在松阳举办。浙江省文化厅副厅长、省文物局局长陈瑶到会致辞。来自 12 个省 25 个单位的 40 余位专家学者参加了研讨会。会上,24 位代表就本土传统村落保护发展工作、传统村落保护发展体制改革与创新、乡村民宿发展等内容作了交流和探讨。会议期间，与会者还参观了省级历史文化名村界首村、中国最大的骑行茶园“大木山骑行茶园”以及中国传统村落杨家堂村等，一致认为松阳作为住建部的传统村落示范县以及国家文物局的传统村落保护利用试验区，先期做了大量的工作，取得了很好的成效，并探索出了一条适合松阳保护发展的路子。

【2015年浙江考古重要发现公众分享会成功举办】 12月27日，由浙江省考古学会主办，浙江省文物考古研究所承办，杭州市文物考古研究所、宁波市文物考古研究所、温州市文物保护考古所、西湖博物馆、《钱江晚报》等单位协办的2015年浙江考古重要发现公众分享会在杭州举行。本次公众分享会是浙江第一次举办的面向公众的考古成果分享会，向公众分享了近年来浙江省的考古发现和研究成果。分享会介绍了杭州良渚古城遗址、安吉上马山古墓葬、杭州古海塘遗址、宁波象山“小白礁1号”清代沉船遗址考古发现的过程，将成果分享给公众的同时也促进了考古工作者的相互交流。

【浙江省传统民居类文物建筑保护利用导则、图则(试行)下发】 12月，浙江省文物局组织编制的《浙江省传统民居类文物建筑保护利用导则(试行)》《浙江省传统民居类文物建筑保护利用图则(试行)》印发试行。《导则》和《图则》依据《中华人民共和国文物保护法》《浙江省文物保护管理条例》《文物保护工程管理办法》的相关规定制订，经过多方评审和修改，最终下发试行，为省内传统民居类文物建筑因当代使用需要而进行的内部空间改造提供相应技术标准。

【推进“十三五”规划编制工作】 省文物局多次组织召开“十三五”规划编制工作会议，牵头做好总结回顾“十二五”时期我省文物博物馆事业的发展状况、分析评估“十三五”时期我省文物博物馆事业发展方向及抓手、起草“十三五”规划初稿等工作；组织、召开“十三五”规划初稿征求意见会，及时向国家文物局、省发改委等部门提交了“十三五”时期我省文物博物馆事业发展的重大项目、重大工程和重大政策。

【推进基层文博事业发展水平评估工作】 省文物局印发浙江省2014年度基层文博事业发展水平试评估指标体系及办法，完成了评估指标填报系统研发、试评估数据收集整理和复核等工作，为在全省范围内正式开展基层文博事业发展水平评估积累了经验、奠定了基础。

【优化专项资金管理】 省文物局举办《国家重点文物保护专项资金管理办法》《浙江省文化遗产专项资金管理办法》《浙江省文物平安工程专项资金管理办法》学习贯彻培训班，指导全省各市县完成2015年度中央和省级专项资金的申报工作；会同有关处室做好2015年度省级专项资金的分配和下达、2014年度全省基本公共文化服务中免费开放博物馆(纪念馆)考核实施细则研究制定、2014年度全省各地公共博物馆的运行和服务情况考核评分等工作；积极探索创新文化遗产保护专项资金管理机制，会同有关处室完成了2016年度浙江省文化遗产保护转移支付因素分配、省本级专项资金分配和预算编制工作，对在2011—2013年度文物保护专项资金使用情况重点检查中发现问题的15个市、县(区)整改情况进行了督查，加强中央和省级文物保护专项资金补助项目的年度财务决算和竣工财务验收工作。

【加强文物宣传】 省文物局组织开展了文化遗产日浙江主场城市(衢州)活动，积极联系《浙江日报》、《钱江晚报》、浙江在线等媒体，合作开展文化遗产日活动专题宣传。认真办好“一网一刊一年鉴”。浙江文物网坚持每日更新网站信息，全年发布各类信息10554条，其中原创信息2225条。《浙江文物》(双月刊)密切关注全省文博工作重点、热点、难点，对文物工作中的新情况、新观点、新思路及涌现出来的先进典型等进行了深入报道。

(宋丹妮)

博物馆事业

【概况】 2015年，围绕建设文化强省的总目标，根据“十二五”规划基本思路、目标任务，结合国家文物局、省文化厅和省文物局中心工作，各项工作圆满完成。

一、深入开展可移动文物普查工作，全面完成年度目标

(一)全面推进文物的信息采集登录和审核工作

完成普查登录平台650家收藏单位账号注册及维护，全面开展文物信息采集登录审核，组织实施离线数据预审，全省申报藏品总数88.7万件/套，登录藏品总数86.5万件/套，完成登录单位642家，藏品登录进度和收藏单位完成比例分别为97.5%和98.8%。

(二)举办普查相关业务培训班

结合普查工作实际需要，先后举办浙江古代青瓷鉴定培训班、全省普查进度管理与数据审核培训班、浙江古代书画鉴定培训班，总计培训人员约300人次。

(三)做好已有数据批量转换导入后续工作

根据普查的相关标准规范，全面完成"文物调查及数据库管理系统建设"项目数据批量转换导入后续核对工作，保证数据质量。

(四)继续做好全省可移动文物普查宣传工作

印发普查工作简报，建立全省普查登录进度月报制，做好浙江文物网普查网络信息平台及全国可移动文物公众网浙江地方频道的维护更新，积极参加《中国文物报》普查征文活动。

(五)开展全省普查督查工作

8—9月，省普查办主任陈瑶，副主任吴志强、郑建华分别率领督查组，赴全省各地实地督查第一次全国可移动文物普查工作，切实推进普查进度，保障普查质量。

二、进一步加强博物馆建设与管理水平，推动并完善博物馆体系建设

(一)继续推动浙江特色博物馆体系构建

推进浙江自然博物园核心馆区、中国丝绸博物馆改扩建等项目，指导推进有关县(市、区)做好博物馆基础设施建设、改造提升工作；金华市博物馆、丽水市博物馆新馆开馆，台州市博物馆新馆建设工程顺利推进，温州市龙湾区博物馆改扩建工程完工，武义县博物馆新馆奠基开工，乐清市、瓯海区、温岭市、临海市、黄岩区等一批博物馆完成土建施工。

(二)提升博物馆管理水平，规范博物馆科学发展

根据国家文物局统一部署，开展全省非国有博物馆运行评估工作。启动未定级国有博物馆运行评估工作，编制评估方案，建立评估领导小组，完成了未定级国有博物馆运行评估试点工作，建立起覆盖全省各级博物馆的博物馆运行评估系统。在宁波华茂美术馆开展法人治理结构试点，帮助、指导该馆建立非国有博物馆的理事会制度。举办第三期全省博物馆馆长培训班。

(三)夯实馆藏文物科学管理基础，提升我省可移动文物管理水平

推动温州博物馆可移动文物预防性保护项目实施，鼓励开展博物馆库房环境达标工程。继续做好馆藏文物鉴定建档和征集工作，定级鉴定832件(套)博物馆馆藏文物，对浙江省博物馆等20余家单位的3245件(套)待征集文物进行鉴定。依据文物保护行业标准，规范和提高博物馆藏品的保护、修复工作水平，审批可移动文物修复方案5个。

(四)促进非国有博物馆健康发展

完成全省第二批国有博物馆对口帮扶民办博物馆工作，支持民办博物馆走进国有博物馆举办展览，委托浙江省博物馆举办全省民办博物馆馆长培训班。结合非国有博物馆运行评估工作，指导非国有博物馆规范化发展。

(五)开展《博物馆条例》宣传贯彻落实工作

组织相关人员参加国家文物局召开的学习贯彻电视电话会议。召开了学习《博物馆条列》座谈会，就我省下一步如何贯彻落实条列精神，促进博物馆事业规范化发展进行了研讨。向全省各级文物部门印发了《博物馆条例》文本，并充分利用国际博物馆日等节点，以现场咨询、分发材料、网络宣传等形式进行广泛深入地普法宣传。根据《博物馆条例》具体条款，完成有关行政权力事项的梳理和调整工作。

三、持续深化博物馆免费开放工作，有效提升博物馆公共文化服务能力。

(一)进一步深化博物馆免费开放工作

开展"2015年度完善博物馆青少年教育功能试点工作"，建立全省"博物馆青少年教育项目库"，编辑出版"浙江省优秀博物馆青少年教育项目汇编"，组织"2015年全省博物馆十佳青少年教育项目"评选，提升教育项目库质量，推广完善博物馆青少年教育功能试点工作经验。组织浙江自然博物馆等24家文博单位参加第10届中国(义乌)文交会，其

中浙江自然博物馆承办的“春暖花开——浙江文博衍生产品揽粹”展销成果斐然，成为我省博物馆衍生产品宣传的一张亮丽名片。

（二）进一步加强馆际合作、促进馆藏资源整合共享，强化博物馆陈列展览精品意识

进一步充实完善全省博物馆陈列展览交流平台，召开全省博物馆陈列展览交流会，以更好地促进资源共享，提供更多的公共文化服务产品。委托浙江省博物馆举办全省博物馆陈列展览培训班。积极组织参加第十二届（2014年度）全国博物馆十大陈列展览精品评选活动，宁波港口博物馆的“港通天下”中国港口历史陈列和嘉兴博物馆的“禾兴之源——史前时期的嘉兴”展览荣获全国博物馆十大陈列展览精品推介优胜奖。组织开展第九届（2014年度）全省博物馆陈列展览精品项目申报评选工作，评选出浙江省博物馆“心放俗外——定州静志、净众佛塔地宫文物展”等陈列展览精品奖10个，“生态畲乡·美丽景宁——景宁畲族自治县成立三十周年生态文明成果展”等陈列展览优秀奖5个。

（三）强化博物馆公共文化服务能力，丰富免费开放博物馆的公共文化服务项目

组织召开“全省博物馆公共文化服务体系建设”主题经验交流会，对“湖州·博物馆在行动”等全省博物馆公共文化服务体系建设的先进做法进行了交流研讨和推介宣传。省博物馆学会组织召开了“浙江省公共文化体系视野下的博物馆”学术研讨会，就如何提升博物馆公共文化服务水平等问题进行了深入研讨。

四、完善文物保护科技合作模式，提升文物保护科技整体水平

（一）推进国家文化遗产保护科技创新联盟（浙江省）建设

创新联盟成员单位各研究小组依托相关课题积极推进技术研发、装备升级、人才培养、成果转化，并举办各种类型学术研讨。召开浙江省文物保护装备产业创新联盟技术研讨交流会，新增3家成员单位。完成省文物保护科技项目立项评审工作，共有20个项目通过专家评审并立项。同时，多个历年已立项目上报了中期检查表或结项验收材料。

（二）促进相关单位开展文保科技项目研究

我省承担的国家“十二五”科技计划项目“文化遗产数字化公共服务平台与产业化应用示范项目”，以及国家“十二五”科技计划课题“古代建筑营造传统工艺科学化研究”“古代建筑基本材料（砖、瓦、灰）科学化研究”通过了科技部组织的结项验收。积极参加国家文物局组织的国家重点研发计划“十三五”优先启动专项“‘一带一路’文化遗产保护与传承科技”建议的申报，组织参与国家自然科学基金相关文物保护科技项目的凝练。支持国家文物局文物保护科技优秀青年研究计划“丝绸之路纺织纤维的精细鉴别及技术交流”项目研究。

（三）进一步发挥文博科研基地作用

推进纺织品文物保护国家文物局科研基地及新疆、西藏工作站建设，与甘肃省博物馆签署建立甘肃工作站协议，并积极承担全国重要纺织品文物的保护修复工作。组织省文物保护科研基地、浙江大学文物保护与科技考古试验基地为有关文博单位提供技术服务。联合国内外研究机构举办“丝路之绸：起源、传播与交流”国际学术报告会，成立了12国24家专业机构和团体参加的“国际丝路之绸研究联盟”。

五、转变方式，强化服务，做好社会文物管理工作

（一）做好社会文物日常管理

审核文物拍卖经营活动45场，审核文物拍卖标的36477件（套），撤拍137件（套）。做好国家文物局文物拍卖经营资质审批权限下放承接工作，审批新增文物拍卖企业1家。配合国家文物局开展文物拍卖企业经营管理情况调研活动。

（二）指导西泠印社艺术品鉴定评估中心开展民间收藏文物鉴定试点工作

根据国家文物局要求，指导并推进西泠印社艺术品鉴定评估中心开展民间收藏文物鉴定试点工作，探索建立文物鉴定工作程序、标准，为规范民间收藏文物鉴定活动积累经验。

【组织参加宣传贯彻落实《博物馆条例》电视电话会议】　3月20日，国家文物局组织召开宣传贯彻落实《博物馆条例》电视电话会议。根据会议要求，浙江省文物局认真组织全省各设区市文物行政部门、省直博物馆、省博物馆学会、浙江大学文博系、国家一级博物馆及部分设区市博物馆、行业博物馆、非国有博物馆相关人员在浙江分会场参加会议。浙江省文化厅副厅长、省文物局局长陈

瑶出席会议并提出贯彻落实意见，要求全省地各单位要将贯彻落实本次电视电话会议尤其是励小捷局长的讲话精神作为当前一个时期的重要任务抓实、抓细、抓深，在全省文物系统内努力形成学习、贯彻、实施《博物馆条例》的热潮，并要及时向各地党委、政府领导汇报好会议精神，宣传《博物馆条例》具体规定，努力提升《博物馆条例》在各级领导干部和社会各界的普及率。她强调，要从各地各单位实际出发，因地制宜开展《博物馆条例》的宣传贯彻落实工作，并结合工作实践，认真总结实施过程中的经验、教训，及时发现执行过程中出现的问题，在认真研究、分析问题的基础上不断改进和提升，及时向省文物局反馈报告。

【全省博物馆公共文化服务体系建设经验交流会】 5月18日，浙江省文物局在湖州召开全省博物馆公共文化服务体系建设经验交流会。省文化厅副厅长、省文物局局长陈瑶出席会议并讲话。全省各设区市文物行政部门相关负责人，部分市、县（市、区）博物馆馆长，省直博物馆负责人和湖州博物馆联盟成员单位代表等70多人参加会议。会议期间，代表们还实地考察了湖州“博物馆在行动”部分参与项目。会上，湖州市文物局以“湖州·博物馆在行动”为例推介了“博物馆行业规范可持续发展的湖州探索”，杭州市园林文物局交流了“利用博物馆开展中小学生第二课堂教育的经验”，温州市文广新局分享了“利用历史建筑建设博物馆纪念馆的经验”，宁波市鄞州区文广新局介绍了“鼓励引导社会力量参与博物馆建设的经验”，安吉县文物局交流了“建立博物馆公共文化服务城乡联动机制”，浙江省博物馆交流了“原创（或引进）展览及教育活动的开拓创新”。这些博物馆公共文化服务体系建设的先进做法，从不同方面展示了全省博物馆积极进取、融入生活、服务社会的喜人成果。

【全省第三期博物馆馆长培训班】 为学习贯彻落实《博物馆条例》精神，由浙江省文物局主办的全省第三期博物馆馆长培训班于7月27日至31日在杭州举办。全省博物馆馆长、文博主管部门业务负责人60余人参训。为期5天的培训邀请了中国博物馆协会副理事长兼秘书长安来顺研究馆员、南京博物院院长龚良研究馆员等国内知名专家讲课，内容包括《博物馆条例》释读、博物馆运行管理、陈列展览、藏品保管、博物馆教育、博物馆与国际交流等。

【全省第二期非国有博物馆馆长培训班】 为学习贯彻落实《博物馆条例》，进一步促进我省非国有博物馆健康发展，规范和提高办馆水平，提升非国有博物馆公共文化服务能力，由浙江省文物局主办，浙江省博物馆承办的全省第二期非国有博物馆馆长培训班9月13日至16日在浙江省博物馆武林馆区举办。全省60余位非国有博物馆的馆长或负责人参训。培训班针对我省非国有博物馆的发展现状和实际需要，设置了《博物馆条例》解读、博物馆陈列展览的策划、博物馆教育项目的开发和拓展、博物馆的职业道德、博物馆运行管理等专业课程，分别由复旦大学、浙江自然博物馆、中国丝绸博物馆、中国茶叶博物馆、浙江省文物局等单位的教授、专家讲授。通过培训，学员在博物馆陈列展览的策划、教育项目的开发、运营能力以及从业人员职业道德等方面有较大提升。

【金华市博物馆建成开馆】 9月28日，金华市博物馆经过改造、提升，正式对外开放。金华市博物馆总建筑面积13600平方米，展厅面积4700平方米，收藏文物、古籍37000余件（套），下设基本陈列展厅、专题陈列展厅和临时展厅。基本陈列设有“八婺古韵”“神奇大地”“乡土民风”“百工之乡”“诗书传家”5个展厅，保存并展示了金华的丰厚文化遗产及珍贵遗存。金华市博物馆是一座集教育、收藏、研究功能于一体，弘扬和传承优秀传统文化、展示历史遗存、传播文博知识的地市级综合性博物馆，是该市重要的历史文化地标，精神文明窗口，也是广大市民的文化家园。

【丽水市博物馆正式开馆】 10月15日，丽水市举行丽水市博物馆开馆仪式，正式对外开放。丽水市博物馆位于莲都区大猷街30号，建筑由三幢二层楼屋构成庭院式馆舍，面积13800平方米，有机融入瓯江之畔南明湖景观。该馆展厅面积7000多平方米，有“秀山丽水”“括风瓯韵”两个基本陈列，“畲族风情”“华侨之乡”“括苍石语”“丽水三宝”四个专题陈列，另有一个临时展厅。多层次、多角度系统展示丽水丰富的自然资源、深厚的历史底蕴和独特的文化风貌。

（杨文庆）

文物安全工作

【概况】 2015年，文物安全工作围绕全局中心工作，以营造文物保护安全环境为抓手，深入推进文物安全督查；以促进依法行政为目标，落实法治建设各项工作，为服务文物保护工作大局，提供安全和法制保障，文物安全及法制工作取得一定成效。

【进一步治理文物安全隐患】 结合国家文物局《关于开展传统村落文物保护专项督察的通知》精神和省消防委员会《全省夏季消防检查行动方案》的总体部署，全面部署、整合力量、统筹推进全省夏季文物消防安全检查和传统村落文物保护专项督察工作。及时向全省各市、县文物部门印发了《浙江省文物局关于组织开展夏季文物消防安全检查行动的通知》《浙江省文物局转发国家文物局关于开展传统村落文物保护专项督察的通知》，就有关工作提出了具体要求，作出了具体部署。联合省消防总队，全面整合局机关、省文物监察总队、省文物考古研究所、省古建筑设计研究院等有关单位专业力量，成立了4个专项检查工作组，确定了每个工作组的领队、联络员，形成了专项检查工作规程，进行了各小组的任务分工，明确了检查工作原则和要求。通过实地抽查，听取汇报、走访居民等多种形式全面检查古村落、古建筑在消防及保护利用方面存在的问题，并就检查中发现的问题提出整改意见，做到防患于未然。

【进一步增强文物安全防范能力】 持续完善文物保护单位安全防范设施。组织省文物安全技术防范工程审核组专家对浙江省博物馆孤山馆区、舟山博物馆、丽水市博物馆、金华市博物馆等15项工程进行了竣工验收；中国丝绸博物馆、瓯海博物馆、宁波博物馆提升改造工程等12项安防工程设计方案通过审批。根据安全防范技术发展现状，全面推进数字监控技术在博物馆安全防范系统中的应用，使视频安防监控水平得到提升。全省国有文物收藏单位连续10年实现安全年。

积极组织做好文物消防安全专项工作。积极组织相关县市认真推进全国文物消防安全百项工程和文物消防安全专项规划编制试点。缙云县河阳村乡土建筑消防工程获国家文物局批准后已基本实施到位，10月底会同省消防总队组织竣工验收。建德新叶村、嵊州崇仁村、武义俞源村、兰溪芝堰村和临海桃渚城消防方案均进入设计尾声。平阳顺溪古建筑群消防专项规划编制委托设计单位，完成相关设计工作。

稳步推进文物平安工程。会同省财政厅做好2015年省文物平安工程专项资金下达工作。瑞安、平阳、嘉兴、安吉，嵊州、兰溪、浦江、金华、永康、丽水、缙云、临海、黄岩等地着手规划，编制总体方案，部分县市已具备方案报批条件。一批项目通过国家文物局立项审批、部分全国重点文物保护单位的文物平安工程设计方案报送国家文物局。平阳、永康、黄岩、瑞安等地部分工程进入施工。

【进一步提升队伍工作能力】 加强对全省实施安全防范工作的指导。做好文物安全防控体系建设的技术指导和调研，提高服务水平。先后赴嘉兴、嵊州、兰溪、临海、黄岩、安吉、丽水、缙云、永康、衢州、浦江等地开展调研，与当地有关部门就规划编制、技术路线和共管模式等进行沟通，并努力取得一致意见，对提高方案的可操作性作全面指导。

召开全省文物安全工作研讨会。为推进文物安全工作的理论研究，提高文物安全管理人员的研究和工作水平，推进文物安全工作的创新化管理，在杭州召开了全省文物安全工作研讨会，全省文博系统的30余位代表参加。研讨会为期两天，围绕文物安全工作的制度建设、安全管理创新、文物平安工程实施条件、困难及对策研究、文物系统博物馆安全防范系统建设规范化管理等文物安全工作中的重点、热点和难点问题开展了研讨。会同有关处室完成援藏任务。派人赴西藏那曲地区执行援藏培训任务，完成了安防知识、可移动文物普查和文物保护等三项专业培训。

【进一步推动文物法治建设】 深入推进简政放权和权力清单梳理工作。做好行政权力事项库事项信息规范比对和动态调整。根据《全国人民代表大会常务委员会关于修改〈中华人民共和国文物保护法〉的决定》，重新梳理增加“文物拍卖许可”事项。在省法制办统一部署下，对省政府公布的《全省行政许可事项目录(2015年)中涉及的文物行政许可事项》进行核对。基于《博物馆条例》实施，做好与省法制办和省编办协调工作，调整了相关行政许可事项。做好承接国务院下放和取消行政审批项目。经梳理，确定省级文物部门的权力清单共83项，其中行政许可18项，行政处罚11项，行政强制1项，行政确认5项，行政奖励1项，其他行政权力26项，审核转报21项。对22项暂予保留的行政权力进行了清理，分别提出取消、保留和转为内部管理的意见，并对要求予以保留的行政权力完善补充了相关法律依据。在做好省本级部门职权清理工作的基础上，加强对市县工作权力清单工作的指导，接受业务咨询，为各地做好服务工作。

积极做好立法建议答复和法制服务工作。积极协调处理重大涉法事务，认真对待立法项目建议申报、立法草案意见征求，全年答复《最高人民法院、最高人民检察院关于办理文物犯罪刑事案件适用法律若干问题的解释(征求意见稿)》等立法建议20余件。对省法制办批办的公民范炳锦申请对历史建筑"姚斗门桥"进行异地迁建保护进行行政复议，做好复议审查配合工作。公民范炳锦诉浙江省住房和城乡建设厅、浙江省文物局审批同意"姚斗门桥"迁移异地保护事项，积极做好应诉工作，经西湖区法院审理，一审胜诉。

规范行政审批管理、开展法制监督工作。制定《浙江省文物局关于规范行政许可办理工作的通知》，对行政许可办理的各个环节提出明确要求。通过明确完善相关法律文书，改进工作薄弱环节，转变审批职能，使行政许可办理更加规范。做好文物法制宣传，向全省印发了一批文物法律法规。组织做好行政处罚裁量制定工作，根据《浙江省行政处罚裁量基准办法》要求，为规范行政处罚裁量权、强化权力监督制约、促进严格规范公正文明执法，在《浙江省文物部门行政处罚裁量权细化量化标准和规范行政处罚裁量权实施意见》基础上，制定《浙江省文物行政处罚适用裁量基准》。做好行政许可、处罚案件统计行政执法主体和行政执法人员资格管理等工作。聘请法律顾问，做好相关沟通衔接事宜。

积极开展规范性文件清理工作。做好规范性文件合法性审查和备案工作。对涉及文物职能的省政府及省政府办公厅行政规范性文件进行了全面清理，提出清理补充意见，清理涉及文物规范性文件51件。制定《浙江省文物局关于进一步做好行政规范性文件制定管理工作的通知》，进一步明确规范性文件管理内部流程和制定规范，明确规范性文件的认定标准，为各处室制定规范性文件提供参考。

(徐昕韡)

队伍建设与人才培养

【概况】 2015年，省文化厅深入贯彻落实党的十八届三中、四中及五中全会精神，紧紧围绕省委、省政府关于干部人才工作的部署要求，认真履职，探索创新，在人才队伍建设方面，以人事为主逐步转向人事与人才并重，以脚下为主逐步转向天下与脚下并重，以注重培养高端人才为主逐步转向培养高端人才和基础人才并重，不断提升人事人才工作水平。在干部工作上，从严管理监督，选人用人高标准严要求。在劳动工资工作上，厅机关与厅属单位有序进行。在老干部服务工作上，悉心周到，得到老干部一致好评。社会组织管理日趋规范，常规工作按期高质量完成。

【认真部署开展"三严三实"专题教育活动】 为贯彻落实全面从严治党要求，巩固和拓展党的群众路线教育实践活动成果，根据中央、省委关于在县处级以上领导干部中开展"三严三实"专题教育工作的总体部署，印发了《关于在省级文化系统县处级以上领导干部中开展"三严三实"专题教育的实施方案》，并根据方案总体要求，以学习和践行"严以修身、严以用权、严以律己，谋事要实、创业要实、做人要实"为主题，以"文化强省""三以六区"建设任务和目标为牵引，围绕"修身做人""律己用权""谋事创业"三个专题，深入开展"三严三实"专题教育学习研讨活动，厅领导及各处室负责人分别作了交流发言，并邀请省委组织部领导参加了第二专题的学习研讨活动。在学习研讨期间，省级文化系统相继以机关党委、党支部、各处室为单位分别组织召开学习会、研讨会、查摆问题分析会，同时举办了以"坚定清醒、勇于担当"为主题的微型党课比赛。学习研讨过程中，各单位坚持以问题为导向，共梳理出问题清单293条，并迅速形成整改清单，以便逐条予以解决和落实。通过“三严三实”专题教育，省级文化系统在深化“四风”整治、巩固和拓展党的群众路线教育实践活动成果上取得了实效，在守纪律讲规矩、营造良好政治生态上见到了实效，在真抓实干、推动改革发展稳定上体现了实效。

【加强全省文化人事人才工作制度建设】 提出“十三五”全省文化人才工作思路。以文化部制定并颁布实施的《全国文化系统人才发展规划（2010—2020年）》（以下简称《文化人才规划》）为指导，在全面回顾总结“十二五”全省文化系统人才工作取得的成绩和经验的同时，明确提出“十三五”全省文化人才工作的指导思想、目标任务和发展指数。力争在“十三五”期间，引进和培养高层次文化人才110名，打造优秀文化创新团队50个，培养“浙江省文化厅优秀专家”100名，培训基层公共文化服务从业人员4万名。提出打造一批政治坚定、能力过硬、敢于创新的适应文化强省建设需求的文化创新团队和领军人才，培养一批优秀的文化艺术人才、文化管理人才、文化经营人才和基层文化服务人才，坚持与时俱进，创设接轨国际平台，引进一批具有国际领先学术水平和先进理念的海外高端专业人才，并逐步建立人才工作项目化管理机制，推动文化人才繁荣发展。

建立文化专业人才评价机制。积极引入业绩量化、成果展示、考评结合等多种评价办法，不断完善文化系统专业人才评价条件。《浙江省群众文化中、高级专业技术资格评价条件》正式颁布，拟于2016年开始执行。修订《浙江省图书资料中、高级专业技术资格评价条件（试行）》（浙人社发〔2013〕65号），印发了《浙江省图书资料中、高级专业技术资格评价条件》。《浙江省文物博物中、高级专业技术资格评价条件》和《浙江省艺术系列专业技术资格评价条件（修订稿）》，经多次征求意见和专家论证后，递交省人力社保厅，待审定发文。起草修订艺术系列美术专业评价条件。本次职称评价条件修订工作，遵循各类人才成长规律，适应行业发展要求，坚持重业绩、重能力的激励导向，积极发挥“职称”在实践工作中的导向作用，真正形成评价人才与使用人才相结合的良性循环机制，增加评价工作的针对性和科学性，促进全省各类专业技术人才队伍建设。

出台基层文化事业单位公开招聘有关政策解读。针对我省基层公共文化设施规模逐步扩大，各地全面实施免费开放政策，基层文化人才队伍建设工作面临较大压力，特别是人才总量不足、专业结构不合理等矛盾突出的情况，专门赴绍兴、宁波等地就相关问题进行调研，召集各市文化广电新闻出版局人事处长和部分文化事业单位负责人进行专题座谈，并对全省11个设区市及90个县（市、区）就基层文化事业单位公开招聘情况进行了问卷调查，形成《浙江省文化厅关于基层文化事业单位公开招聘有关问题的函》报省人力社保厅。争取省人力社保厅出台《关于基层文化事业单位公开招聘有关问题的复函》的方式，知照全省各地人力社保部门和文化部门，建立文化艺术人才引进绿色通道，切实解决长期困扰基层的“人岗不匹配”问题，保障基层文化工作健康、有序、繁荣发展。鼓励文化事业单位打破系统、身份、地域限制，强化用人单位主体责任，不求所有，但求所用，探索更加科学有效的人才招聘和引进机制。

建立全省高层次文化艺术人才数据库。为加快文化人才队伍建设信息化发展，充分发挥文化人才（专家）在文化强省中的智库作用，省文化厅会同浙江省文化艺术研究院，按艺术类、文博类等5个大类，38个专业门类，建立了我省文化艺术领域高层次人才数据库，全面了解各条线文艺人才数量、年龄、文化、特长、知识结构等基本情况，动态掌握全省文化艺术人才队伍建设发展情况，为后续制定文艺人才培养、扶持政策提供科学依据，为各类人才信息资源的共享和信息集成提供可靠平台。登记入库的文化艺术专家人才已有800余人。

搭建浙江文化干部网络学院平台。为贯彻落实中央、省关于干部培训教育改革的精神，积极探索文化干部队伍建设培养新途径新模式，更好地满足全省文化行业专业技术人才、文化管理人才多层次、经常性学习需求，建立了“浙江文化干部网络学院”。根据省政府电子政务处专家组《关于2016年浙江省文化厅拟建电子政务项目的审核意见》精神，该网络学院与浙江省全民学习中心整合，依托浙江网络图书馆的海量资源，实现了资源的丰富性和内容的针对性。同时，根据《中共浙江省委组织部等5部门关于印发浙江省专业技术人才知识更新工程(2013—2020)实施方案的通知》等文件精神，从2016年开始，省文化厅将利用浙江文化干部网络学院，把专业技术人员每年度的网络学院继续教育和知识更新项目学习情况，与职称申报、职业资格注册登记、岗位考核聘用等结合起来，并作为职称晋升的必备条件。

启动年轻干部培养工作。制定出台了《中共浙江省文化厅党组关于进一步加强省级文化系统干部队伍建设的实施意见》，并先后印发了《关于加强和改进优秀年轻干部培养选拔工作的实施意见》和《浙江省文化厅优秀年轻干部培养工作实施方案》，就加强和改进优秀年轻干部培养选拔工作，提出了具体要求和相关措施。根据工作部署，已选拔70余名厅属单位优秀年轻干部。10月，在省委党校举办了2015年省级文化系统年轻干部集中培训班，就学习领会“四个全面”战略布局，贯彻落实习近平系列讲话精神，以及公共文化服务体系建设等专业知识进行了专题学习。为进一步提升年轻干部领导能力，培训期间还专门安排了领导科学、心理压力与情绪管理等课程，并组织学员赴乔司监狱进行警示教育，为全面提升年轻干部队伍素质、充分发挥年轻干部在文化改革发展中的积极作用，打下了坚实基础。

完成厅主管系列职称评审工作。完成厅主管群文、图书、文博、艺术四大系列职称年度评审工作。为加快推进浙江音乐学院筹建工作，按浙江音乐学院(筹)审核验收标准中对“双师型”教师比例需达到40%、聘任的专任教师比例不低于25%的要求，对其推荐的102名教师兼评艺术系列初、中级专业技术资格进行了评审，并在厅属艺术类单位中选聘了70余名专业技术人员作为兼职老师，组建了兼职老师师资库。

【高标准严要求做好组织干部工作】 明确用人导向，改善厅属单位班子结构。深入贯彻落实《党政领导干部选拔任用工作条例》和新出台的《事业单位领导人员管理暂行规定》，严格按照条例和规定明确的基本原则、基本条件、选拔任用程序，做好选人用人工作。认真执行党政领导干部选拔任用工作纪律的有关规定，从制度上、程序上牢牢把好选人用人关口，确保选人用人质量，真正把思想过硬、工作能力强、群众公认的好干部选上领导岗位。根据厅属单位干部队伍实际，以及领导班子的新老梯次，对省考古研究所、浙江越剧团、省文化馆、浙江昆剧团4家厅属单位的领导班子成员进行了调整，共选拔任用厅属单位领导干部9人，有效改善了厅属单位领导班子的结构层次，为文化事业发展注入了新的活力。同时，根据厅局机关干部结构层次，对部分空缺岗位进行了补充调整，激发了广大机关干部的工作积极性。

从严管理监督干部，认真抓好领导干部个人事项报告工作。根据省委组织部统一部署，依据《领导干部个人有关事项报告抽查核实办法(试行)》的相关规定，认真组织开展领导干部个人有关事项报告抽查核实工作。6月下旬，按照10%的比例，由分管领导随机抽查了15名处级领导干部，并将人员名单及时上报给省委组织部进行核实。抽到的15名处级领导干部中，厅局机关干部5人，事业单位领导干部10人。9月初，根据省委组织部反馈的核查结果，及时对个人事项报告内容与核查结果进行了比对，并按照《领导干部个人有关事项报告抽查核实结果处理办法(征求意见稿)》的要求，对部分填报不规范，有漏报、瞒报现象的6名干部进行了函询，要求本人说明情况，并根据事实结果按规定要求进行了处理。

精心组织，顺利完成厅管干部人事档案专项审核工作。根据省委组织部印发的《浙江省干部人事档案专项审核工作实施方案》要求，组织开展了省级文化系统干部人事档案专项审核工作，按照干部管理权限，对所有厅管干部档案做好审核登记、材料归档、总结报告等工作。4月24日，省文化厅召开了厅属单位人事部门负责人、业务干部参加的人事工作会议，分管厅领导到会讲话，对干部人事档案审核工作进行了具体部署。根据厅属单位情况，采取分单位、分阶段审核的办法，单位之间交叉互审，参加档案审核的人事干部以两人一组的形式开展审核工作，分别负责初审和复审。共审核厅管干部人事档案157份，对19份存疑档案进行了组织认定，基本完成厅管干部的人事档案专项审核。同时，督促抓好厅属单位开展人事档案做好专项审核工作，明确了时间表。11月上旬，省委组织部对省文化厅干部人事档案专项审核工作进行了调研督查，对省文化厅档案规范化管理和专项审核工作完成情况给予了好评。

【提升对厅机关、厅属事业单位的科学化管理水平】 梳理机关各处室工作职能。根据省文化厅、省文物局“三定”方案，进一步厘清厅(局)机关各处室工作职能，杜绝职能交叉、推诿扯皮现象。系统梳理各处室每名工作人员岗位职责，填报《岗位职责说明书》，做到分工明确、任务落实、责任到位，定岗定责，全面提升厅(局)机关处室的工作效率，推动行政管理的科学化、规范化发展。

统筹事业单位编制配备、岗位设置及工资绩效工作。积极顺应文化体制改革和文化事业发展需要，完善城乡基本公共文化服务体系，根据中央和省里有文件精神，拟定了《浙江省县级公共文化机构编制标准指导意见》(初稿)报省编委办。完成浙江交响乐团、浙江美术馆、浙江省文化馆、浙江图书馆、浙江省文物考古研究所等厅属单位内设机构、内设机构职能及编制数调整等工作。向省编委办分别报送了《关于要求增加浙江音乐学院(筹)事业编制报备员额的函》和《关于要求调整浙江艺术职业学院机构编制的函》并获批准，既扎实推进了浙江音乐学院(筹)办学和筹建工作，也满足了浙江艺术职业学院基本办学条件和事业发展的需要。核查事业单位绩效工资分配情况，督促事业单位建立适应单位实际的绩效工资分配制度，进一步规范了绩效工资分配办法，促使收入分配激励作用的真正发挥。同时，根据厅属事业单位编制核减情况，及时调整岗位设置方案，并在此基础上，不断强化事业单位岗位管理制度的实施工作，对事业单位实行竞聘上岗等内部管理制度，加强了监管力度。

有序完成工资调标及养老保险制度改革等工作。根据《国务院办公厅转发人力资源社会保障部财政部关于调整机关事业单位工作人员基本工资标准和增加机关事业单位离退休人员离退休费三个实施方案的通知》(国办发〔2015〕3号)规定及省级相关政策精神，于7月完成了机关工作人员调整工资标准及养老保险缴费基数计算等相关工作，8月完成了机关工作人员养老清算工作，督促审核厅属单位完成调整工资标准及养老保险缴费基数计算相关工作。10月，完成了机关在职、退休等112人养老保险信息采集工作与全部厅属单位数据采集系统审核工作。组织多次培训及其他形式业务指导。同时，完成每月机关工资申报、保险等工作，厅属事业单位工作人员薪级工资正常晋升审核、岗位变动工资调整审批、新进人员工资核定、退休人员审核、事业单位人员工资数据库维护上报等日常管理工作。

监督指导厅属单位人员招聘工作。根据《浙江省事业单位公开招聘人员暂行办法》，完成浙江音乐学院(筹)、浙江艺术职业学院、浙江省博物馆等14家厅属单位公开招聘工作实施方案及有关材料的审核、公布、报批、指导、监督工作。招聘期间，邀请纪检、监察机关参与，明确投诉电话，自觉接受各方面监督。据统计，是年14家厅属单位共公开招聘227人，浙江音乐学院(筹)等12家单位引进和调配高层次实用型人才78人，属历史上人数最多的一年。同时，出台了《浙江省文化厅关于进一步规范省属改制院团和新远集团人员招聘工作的意见》，对4家国有企业的人员招聘工作作了进一步规范。在深化文化体制改革的同时，激活了文化单位用人机制，提升了浙江歌舞剧院有限公司、浙江话剧团有限公司、浙江曲艺杂技总团有限公司、浙江新远文化产业集团有限公司等单位人事管理的科学化、制度化和规范化水平。

完成目标责任制与年度考核工作。组织协调厅(局)机关各处室、厅属各单位及时签订2015年度目标(经营)管理责任书，细分工作任务，明确工作职责，落实工作责任。同时，健全和完善目标责任制管理长效机制，切实做好对各责任制部门、单位责任目标实施工作的全程监管和动态管理。督促各责任制部门、单位每半年召开一次责任目标完成情况分析会，及时发现问题，查漏补缺，研究对策及跟进措施。完成厅(局)机关处室、工作人员2015年度考核工作，及厅属单位2015年度目标(经营)管理责任制考核和聘(任)期考核工作。

拟定厅属企业负责人薪酬制度改革办法。7月，省委、省委政府联合下发了《关于深化省管企业负责人薪酬制度改革的实施意见》(浙委发〔2015〕11号)，启动了省管企业负责人薪酬制度改革工作。省文化厅根据省委、省政府总体部署，认真学习领导《实施意见》精神实质，对新远集团及三家改制企业的资产情况、盈利能力等进行了摸排，并结合厅属企业实际，初步提出了厅属企业负责人的薪酬制度改革实施意见。

规范出国（境）政审审批、报备工作。做好因公因私出国（境）人员的审批管理工作，完成因公出国（境）审批130批次，因私出国（境）审批30人次。同时，根据省委组织部、省公安厅有关规定，按照“应备尽备、应查尽查、应交尽交、应处尽处、应防尽防”要求，结合本系统实际，修订出台了《浙江省文化厅关于进一步加强省级文化系统因私出国（境）管理工作的意见》（浙文人〔2015〕65号），就因私出国（境）管理工作的登记备案、审批程序、证件管理、加强领导等方面进行了规范。积极落实省级文化系统因公出国（境）团组行前和外事纪律教育工作，有效提升了审批效率和服务水平。

推进了厅机关“日志式管理”工作。把推行“日志式”管理，加强公务员平时考核工作列入处室日常工作，会同厅办公室、直属机关党委及省文物局综合处等处室，对厅（局）机关工作人员进行“日志式”管理。加强督促检查，会同厅办公室、直属机关党委及省文物局综合处等处室，抽查工作人员上下班纪律，查阅工作人员周记，确保工作顺利推进，并把平时考核工作情况与年度考核工作相结合。同时，积极探索完善办法，按照简便易行、公开透明、注重实效的原则，健全完善“日志式”管理系统和公务员平时考核办法。注重考核结果的运用，充分发挥考核在引导激励、转变作风、提高效能等方面的作用。

建立厅管社会组织的监管机制。加强对社会组织规范化管理，下发《浙江省文化厅业务主管社会组织管理暂行办法的通知》（浙文人〔2015〕8号），予以规范管理。明确厅管社会组织业务归口，出台《浙江省文化厅关于社会组织实行对口业务管理的通知》（浙文人〔2015〕7号）。同时，下发《浙江省文化厅关于变更文化类非国有博物馆业务主管单位的函》（浙文人〔2015〕71号），将省文化厅业务主管的13家非国有博物馆以及此后新设立的文化类非国有博物馆移交给省文物局，由省文物局作为业务主管单位，依法行使有关管理职责。对厅管干部担任社会组织负责人的社会团体进行财务审计，共对浙江省考古学会、浙江省博物馆学会等17家社会团体进行了专项审计，对其中7家财务管理欠规范的单位下发了整改通知书，进行限期整改。召开了厅管社会组织负责人会议，总结经验，梳理问题，布置任务。在厅官方网站上开辟专栏，对厅管社会组织的相关信息作实时公开，接受社会监督，不断提高厅管社会组织的社会公信力。完成了65家社会组织2014年度检查工作。是年，共新审查设立社会组织2家。温州市优秀历史文化发展基金会、浙江省合唱协会等6家社会组织完成了换届工作，对浙江省企业家民间文化遗产保护促进会予以注销。指导马寅初纪念馆、浙江林炎古陶瓷博物馆参加了2015年度全省性社会组织评估工作。

【完成日常工作】 高质量做好离退休老干部服务工作。认真落实离退休老同志的政治待遇，为机关离退休党员干部做好服务工作。召开了厅（局）机关老同志的迎春茶话会，安排、陪同厅领导走访了系统内25名老党员、老艺术家等；分别组织厅机关离退休女同志开展“三八”节活动、离退休老同志“走基层、看变化、促发展”活动和重阳节活动。9月，组织开展省级文化系统抗战胜利70周年走访工作，共计走访20位离休干部并发放纪念章。关心照顾好离退休老同志的生活待遇，做好系统13位生活困难的离休干部和遗属向省委老干部局申请特殊困难补助工作；组织安排系统离休干部到望江山疗养院体检疗养；配合省委老干部局，做好省级文化系统离休干部社区助老员服务、增配移动呼叫器和发放援通家政券工作；配合做好省级文化系统老干部合唱团有关工作。协助省委老干部局做好课题调研工作，先后4次召开老同志座谈会。

开展两会委员参政议政服务工作。继续做好系统人大代表、政协委员、党外干部和中青年专家的联络服务工作。组织召开座谈会，听取委员们就我省文化事业繁荣发展提出的意见和建议，并进行深入交流探讨。组织代表、委员、专家、党外干部调研浙江省音乐学院（筹）、嵊州等地的文化设施建设，为“两会”建议提案工作提供了第一手素材，为两会代表委员参政议政、建言献策创造了条件。

做好人员信息统计及数据维护工作。完成“浙江省机构编制实名制管理系统”厅机关工作人员数据的日常维护和人员进人编报送审核工作。完成省编委办机构编制年报，按时上报了厅属单位2016年空编使用计划。完成事业单位工作人员统计和企业人才统计的填报汇总工作。完成省级文化系统离休干部《全国离休干部信息管理系统》的日常维护和年终统计上报工作。完成公务员数据库的日常维护和上报工作。

（薛　建）

文化设施建设

【概况】 2015 年，重大文化设施建设态势良好。浙江音乐学院（筹）校区建成投用。中国丝绸博物馆改扩建工程顺利结顶。浙江小百花艺术中心项目即将结顶。浙江自然博物园核心馆区工程开工建设。浙江省之江文化中心（包括省博物馆新馆、省图书馆新馆、省非遗馆、省文学馆等）项目地块征迁工作正式启动，同时开展了项目建议书的编制和概念性规划方案的设计。浙江京剧团与省广电集团的合作项目、浙江昆剧团土地房产整体置换项目等重大项目在积极协调中稳步推进。省文物考古研究所教工路科研业务用房、浙江话剧艺术剧院、浙江音乐厅等一批省级文化系统单位提升改造项目持续推进。

【浙江音乐学院（筹）校区建设工程】 浙江音乐学院（筹）校区建设项目占地 602 亩，调整后测量总建筑面积 360674.72 平方米。学院已通过教育部专家现场评估，分阶段验收等，9 月 28 日正式迎新开学。项目建设得到省委、省政府高度评价。同步做好学院相关专业设备的采购、安装，专业师资、管理人员招聘及队伍建设。是年底，对校区建设进行扫尾完善。

【浙江自然博物园核心馆区建设工程】 完成前期审批手续，以及施工图的设计，于 10 月开工建设。该工程是“十三五”时期我省推进文化强省建设的龙头项目，项目占地 300 亩，总建筑面积 5.3 万余平方米。主馆将设浙江十亿年与矿物宝石馆、生态馆、贝林馆、恐龙馆、海洋馆和自然艺术馆 6 个常设展区，并设有可同时容纳 1000 人就餐的餐厅及其他功能展馆。此外，内部展陈设计工作同步推进。

【中国丝绸博物馆改扩建工程】 2016 年 G20 杭州国际峰会重要场馆项目。完成项目前期审批及招标工作，于 7 月 1 日开工建设。完成藏品楼、综合办公楼和地下停车库主体建筑结顶工程，并开始内部管道设备的安装工作。完成丝路馆内部结构改造和管道设备安装。全面铺开园区景观改造工程。启动改扩建陈列布展设计招标工作，完成展厅空间施工和展览陈列文本内容的定稿和展览形式的深化设计工作。

【浙江小百花艺术中心项目】 项目建设速度较往年有所加快。是年，实际完成投资近 4000 万元，占年度计划的 81%。项目结构施工已经进展到地面四层，同步进行钢结构吊装，地下建筑墙体砌筑全部完成。各专项设计、招投标工作抓紧推进。

【浙江省之江文化中心项目】 启动项目地块征迁工作。项目规划建筑面积约 36 万平方米，总投资约 36 亿元，包括省博物馆新馆、省图书馆新馆、省非遗馆、省文学馆等。省发改委已批复同意项目开展前期工作，省财政厅已下拨项目地块征迁经费，之江管委会已启动地块征迁工作。同时，委托省规划院编制项目建议书，已形成初稿，并委托省建筑设计院进行概念性规划的方案设计和技术咨询。

【省级文化系统单位提升改造项目】 一批省级文化系统单位提升改造项目加快推进。浙江京剧团莫干山路地块项目与省广电集团沟通对接，初步达成一致意见。浙江昆剧团剧场项目多次会商杭州市政府、市规划局等部门，选址地块规划方案已经确定。厅机关办公业务用房节能改造项目、省文物考古研究所教工路科研业务用房节能改造工程完成初步设计审批及施工招投标。浙江话剧艺术剧院剧场局部改造及加层项目基本完成图纸设计、土地评估。进一步做好教工路影业路地块等资源整合项目咨询、调查、摸底，以及浙江音乐厅内部改造项目可研报告调整等工作。

（陈如福）

党工团工作

【概况】 2015 年是省文化厅落实新形势下全面从严治党要求的重要之年，厅直属机关党委根据省直机关第 27 次党的工作会议精神，按照“三抓三强”的总体思路，以服务型基层党组织建设为主题，以“三严三实”专题教育为抓手，着力推动机关作风建设，着力规范基层党组织建设，着力加强党风廉政建设，围绕“三以六区”这个中心，紧紧依靠各单位党组织，全面做好省级文化系统的机关党建工作。

【强化思想建党】 加强理论学习。以厅党组中心组理论学习为引领，以各单位党支部为基础，深入学习习近平总书记系列重要讲话特别是关于文化工作的重要讲话精神，进一步统一思想认识，增强政治定力。在厅党组的示范带动下，组织各单位传达学习了习近平总书记、王岐山同志到浙江考察时的重要讲话精神，学习习近平总书记在十八届五中全会、中纪委五次全会、在省部级领导干部专题研讨班上和关于“三严三实”新要求等重要讲话精神，学习中央两办《关于加快构建公共文化服务体系的意见》《关于繁荣发展社会主义文艺的意见》等，把思想统一到中央的决策和部署上来。厅直属机关党委认真做好厅中心组的秘书工作、厅机关和厅属单位党组织学习的组织工作和党组精神的传达工作，要求各单位党组织以学习推动工作，注重学习成果在文化工作中的贯彻落实。8月下旬，举办省级文化系统党工团负责人读书会，邀请厅领导上主题党课，推动各级党组织理论学习深入开展，提升党工团干部的业务能力和水平。根据形势需要，每1—2月在机关大厅更新一期宣传栏，突出正面宣传和理论导向。

开展思想教育。按照省委统一部署，组织开展以处以上领导干部为重点，围绕党性、官德、人品开展“三严三实”专题教育。厅直属机关党委配合人事处，及时落实“三严三实”教育专题党课、支部学习、三次研讨、问题整改、组织生活会和民主生活会等各个环节的工作，做好与厅属单位的相关工作衔接。深化中国梦系列主题宣传，组织开展向王淼同志学习活动，大力宣传文化行业“最美人物”，组织申报“浙江好人”“省第四届道德模范”“全国职工职业道德建设先进（艺德标兵）”等，大力提倡爱岗敬业的奉献精神、勇争一流的进取精神和敢于负责的担当精神，大力弘扬社会主义核心价值观。

创新教育方式。充分认识意识形态工作的极端重要性和文化单位的意识形态属性，发挥文化单位党组织的政治核心作用，守好文化阵地。组织党员关注“共产党员”微信平台，用网络元素把党员的经常性教育融入日常工作和生活之中。推广微型党课、微信党课等党员思想教育新方式，积极参加省直机关“绿水青山就是金山银山”微型党课比赛，荣获个人一等奖。10月，以“坚定清醒、勇于担当”为主题举办省级文化系统微型党课比赛，组织系统19家单位党组织参加，在助推文化改革发展中营造了“敢担当、有作为”的浓厚氛围。开展党建研究工作，厅党组书记带头撰写中心组理论文章（获省直机关中心组成员优秀理论文章评选二等奖），发动6家单位的10多名党员参与撰写党建研究论文，其中一篇论文在省直机关党建研究年会上被选中交流。

【强化党的组织管理】 抓“三会一课”，规范党内组织生活。组织贯彻省委组织部《关于进一步落实“三会一课”制度严格党内组织生活的指导意见》，对党的组织生活作制度性规范，从细节抓起，逐步夯实各级党的组织生活。计划在3年内把省级文化系统各个党支部书记轮训一遍，是年选送40名支部书记参加省直机关党支部书记统一轮训活动。落实党建工作责任制，细化党建工作目标管理，探索开展书记述党建工作，推动党支部建设标准化、规范化。组织各单位总结提炼支部工作法，其中浙江图书馆第三支部的“三比三学”工作法以抓手有力、浙江音乐学院（筹）教工第四党支部的“七字”工作法因综合施策实现“五好”目标，被省直机关工委刊发在《机关党建》杂志上交流展示。

开展基层党组织分类定级。在年度考核基础上，按分级管理原则，对所属基层党组织实行“星级管理”，厅属党组织共评出五星级2家、四星级17家、三星级4家，对三星级以下单位组织整顿帮扶，协助省直机关工委同有关党支部进行结对活动。严格执行《中国共产党发展党员工作细则》各项规定，进一步规范党员发展工作，全年共发展新党员147名（其中学生新党员124名）。组织指导3家厅属单位党组织完成换届选举工作。

开展志愿服务和党日活动。加强经常性检查督查，增强党内政治生活的政治性、原则性和战斗性。为纪念习总书记发表“红船精神”十周年，“七一”建党节前夕，组织23家单位48名党员代表到嘉兴革命历史博物馆接受传统教育，以“学党章忆党史，认真践行'三严三实'"为主题开展省级文化系统党日活动,重温"红船精神"。围绕纪念建党节,组织党员到社区参加志愿服务,通过"西湖先锋"微平台认领"微心愿",以服务群众过好"政治生日",全年共组织1138名在职党员到社区参加志愿服务2226次,为居民群众办实事1144件,认领"微心愿"243个;围绕重阳节,组织省级文化系统各单位青年党员结对帮扶离退休老党员,为他们送去组织的关怀。

【强化党的作风建设】 开展"深改革、强规范、提能效"专项行动。推动各单位党员干部按全面深化改革的要求,改革管理制度,优化工作流程,依法依规履行职责和行使权力,尽职尽责敢担当,善作善成提能效。针对社会各界在省直机关第五次作风建设民主评议对省文化厅的意见,组织机关各处室逐条整改,加强效能监察和投诉处理,形成反"四风"、强规范、提能效的倒逼机制,抓好行风建设。

保持正风肃纪高压态势。坚持从严管党不放松,紧抓元旦、春节、五一、端午、中秋、国庆等节日的重要时间节点加强作风建设的教育引导,同时,加强对贯彻执行中央八项规定精神、我省28条办法、省委"六个严禁"等规定的监督检查力度,严肃查处顶风违纪案件,着力营造风清气正的良好环境,确保作风建设新常态落地生根。全年依法依规处理违法违纪干部职工共13人,其中给予党纪处分的3人、给予行政处分的3人、给予组织处理的7人。

培育党员干部行为规范。以"坚定信念讲政治、严于律己讲纪律、勤勉实干讲效能、艰苦奋斗讲节约、言行得体讲文明、干净干事讲廉洁"为主要内容,在省级文化系统贯彻实施《浙江省省直机关党员干部基本行为规范(试行)》,重点抓好对工作纪律、厉行节约、"酒局牌局"、会所会员卡等具体规定的执行。以"弘扬中华传统家庭美德"为主题,在省级文化系统发起"立家训·树家风"活动,共收到21家单位91条家训参加评选,其中省艺研院、美术馆的3条家训入选省直机关好家训。9月下旬,组织178名省级文化系统党员处级干部,分期进行党章党规党纪专题集中轮训,进一步提升党员干部党章意识和纪律、规矩意识。

【强化反腐倡廉】 落实党风廉政建设"两个责任"。协助厅党组制定《关于进一步加强党风廉政建设和反腐败工作的意见》、明确厅班子在党风廉政建设工作中的责任分工,贯彻落实党风廉政建设各项新要求。协助厅党组与厅属单位主要领导签订《党风廉政建设责任书》、安排与15位处长廉政谈话,进一步明确"主体责任"和"第一责任";落实各单位主要领导"五个不分管"制度;组织机关处室开展廉政风险排查、防控工作。

协助落实巡视意见整改工作。对照省委第五巡视组对省文化厅反馈的意见建议,协助厅党组开展落实巡视意见"五大整改行动",具体制定了60条整改措施,包括:针对发现的问题出台18个制度办法,涵盖干部人事、财务资产、社团管理、监督制约各方面;完善了省文化厅招投标、国有资产管理、人才选拔培养等方面的运行机制;开展一批集中行动进行清理整顿。通过强有力的整改工作,及时解决巡视发现的问题,推动省文化厅各项工作的规范化和制度创新。

组建纪检监察队伍网络。按照逐步构建结构完整、责任明确、人员充实、监督有力的纪检监察组织体系的要求,省级文化系统纪检监察队伍网络建设分两步走:一是当前要配备专兼职纪检监察人员,单位领导班子指定一名成员分管纪检工作,并配备一名纪检员从事具体工作。二是设党委的单位,要结合换届逐步设立纪委组织。各单位纪检监察组织在同级党政领导班子和厅纪检组双重领导下,担负党风廉政建设监督责任。9月下旬,举办一期省级文化系统纪检干部业务培训班。

加强廉政教育和执纪监督。开设廉政大讲堂,以党员领导干部为重点,加强理想信念、政治纪律、党风党纪、廉洁从政和艰苦奋斗教育,提高党员干部拒腐防变的意识和能力。5月18日,结合发生在省文化厅的违法案件举办了一次警示教育,邀请杭州市上城区检察院常务副检察长到省文化厅解剖案例、进行预防职务犯罪宣讲,以案说纪、以案促廉。会后,向全体干部发放家属助廉《倡议书》,将反腐倡廉建设植入"树家风·立家训"活动。组织开展部分厅属单位法人经济责任审计和"公务支出公款消费"专项审计,对9家厅属单位工会开展经审工作,加大审计监督力度,省文化厅工会被省总工会推荐申报为省直单位唯一的“全国工会经审工作先进集体”。重视信访举报核查，严肃查处违反中央八项规定精神等违纪问题。

【加强机关文化建设】 按照中共中央印发的《关于加强和改进党的群团工作的意见》精神，加强和改进对所属群团组织的政治领导、思想领导、组织领导，发挥工会、共青团、妇联等群团组织在推动本单位业务建设中的积极作用。以片组为单位，广泛开展各类健康向上的文体活动，深化“1加1”健身行动计划。继续会同省文化馆，组织开展机关干部职工文化艺术培训工作。为进一步提升广大女职工的整体素质和幸福指数，厅工会组织参加了由红旗出版社、中国妇女报社、人民网联合主办的第二届书香“三八”——“阳光女性·幸福中国”为主题的读书征文活动，共收到13家厅属单位工会报送的42篇文章，其中2家会员单位的文章获全国入围奖，1家会员单位获省直机关二等奖，厅工会女职委获本次征文活动组织奖。组织两期省级文化系统职工疗休养活动，会同杭州海关等4家单位举办龙舟赛，举办心理健康辅导讲座，引导广大干部职工快乐工作、健康生活。下半年，会同浙江图书馆在厅系统开展了2015“文化中国”微视频征集、评选活动，推动厅属各单位公共文化服务活动的开展。

加强党内关怀，组织做好元旦春节期间慰问困难党员职工工作，做好党员干部生活状况的调查了解，及时反映广大党员职工的合理诉求。坚持“五必访”，建好“职工之家”，做好职工帮困工作。盛夏期间，由厅领导带队，开展向坚守在一线岗位的文化工作者“高温送清凉”活动，送去了对基层一线职工的关心和敬意。为帮助因病致贫的困难职工，厅工会开展了职工医疗互助保障工作，为20家厅属参保单位的1257名职工补助参保经费25400元。

组织省级文化系统共青团一年一度的“两优一先”评选工作，并结合表彰举办省级文化系统“文化青年说”活动，邀请系统优秀青年骨干现场讲述各自成长经历，为广大团员青年答疑解惑，传递正能量，榜样的正向作用得到进一步发挥。

（黄　辉）

大事记

ZHEJIANG CULTURE YEARBOOK

2015年浙江文化大事记

1月

4日 省文化厅厅长金兴盛赴北京参加全国宣传部长会议和全国文化厅局长会议(至6日)。副厅长蔡晓春与省审计厅厅长徐宇宁、副厅长陈焕昌商谈相关工作。副厅长杨越光到医院看望省文化厅非遗处处长王淼。

5日 省文化厅副厅长杨越光召集会议,专题研究2015年度国家艺术基金项目申报、“深入生活、扎根人民”主题实践活动及2015年度省属院团驻场演出季社会化合作等工作;之后,接待省台办副主任张正镛一行来访,对接2015年对台文化交流项目。副厅长柳河组织考核组对浙江省非遗保护中心领导班子、浙江省文化馆领导班子进行聘(任)期考核评议。副厅长蔡晓春参加省委全面深化改革领导小组第四次会议。

6日 省文化厅副厅长、省文物局局长陈瑶主持召开省直6家文博单位2014年度目标管理责任制考核会。副厅长杨越光参加省委老干部工作领导小组会议;之后,陪同省委宣传部常务副部长胡坚到浙江交响乐团调研。厅领导柳河、鲍贤伦,浙大副校长罗卫东出席浙大出版社向浙江图书馆捐赠《元画全集》仪式。副厅长蔡晓春赴浙江音乐学院(筹)项目建设工地,与指挥部总指挥周琪等商谈跟踪审计征求意见相关事宜。

7日 省文化厅领导金兴盛、陈瑶参加全省民族工作会议暨第五次民族团结进步表彰大会。副厅长黄健全参加省委、省政府办公厅召开的中央八项规定督查调研有关工作协调会;之后,召集省级文化系统单位负责人会议,部署迎接中央八项规定精神督查调研组到浙督查有关工作。副厅长杨越光赴基层联系点绍兴市上虞区文广新局参加有关活动。副厅长柳河主持召开浙江图书馆、省文化馆、省非遗中心、省文化信息中心2014年度目标管理责任制考核会。副厅长蔡晓春到杭州市西湖区,与区委书记王立华沟通商议之江文化中心四大场馆项目建设事宜。副巡视员李莎出席香港国际授权展中国内地馆浙江展团行前会并讲话。

8日 省文化厅领导金兴盛、蔡晓春赴省审计厅商谈浙江音乐学院(筹)建设项目跟踪审计征求意见有关事宜,省审计厅厅长徐宇宁、副厅长陈焕昌出席。副厅长、省文物局局长陈瑶组织考核组对浙江省文物鉴定审核办公室领导班子进行聘(任)期考核评议。副厅长黄健全赴基层联系点德清县文广新局调研。副厅长杨越光主持召开8个省属文艺院团、浙江艺术职业学院、省文化艺术研究院以及浙江美术馆2014年度目标(经营)管理责任制考核会,副巡视员尤炳秋出席。副厅长柳河接待省老干部局副局长褚春华来访。

9日 省文化厅厅长金兴盛列席省政府第40次常务会议。厅党组书记、厅长金兴盛主持召开厅党组会,厅领导陈瑶、褚子育、黄健全、杨越光、柳河、蔡晓春、尤炳秋、李莎出席,厅局机关各处室负责人列席相关议题。副厅长、省文物局局长陈瑶组织考核组对浙江自然博物馆领导班子进行聘(任)期考核评议。副厅长黄健全参加厅监察室副主任汪樟德试用期届满评议会。副厅长柳河参加全省精神文明委员会全体成员会议。副厅长蔡晓春赴浙江新远文化产业集团有限集团、浙江歌舞剧院有限公司调研。

12日 省文化厅召开2014年度厅(局)机关处室述职大会,厅(局)机关15个处室主要负责人对2014年度处室主要工作进行了汇报,厅领导金兴盛、陈瑶、褚子育、赵和平、杨越光、柳河、蔡晓春、鲍贤伦、李莎出席。厅领导金兴盛、陈瑶参加全省县(市、区)委书记工作交流会议;副厅长黄健全列席中共浙江省第十三届委员会常务委员会第111次会议;之后,参加全省科技型中小微企业培育发展工作电视电话会议。副厅长杨越光参加全省老干部双先表彰会暨全省老干部工作会议。副厅长蔡晓春赴浙江交响乐团进行“十三五”规划调研。副巡视员尤炳秋赴岱山县开展群众路线教育实践活动督查工作(至14日)。副巡视员李莎会见以色列苏珊德拉舞剧中心总经理伊尔瓦迪。

13日　省文化厅厅长金兴盛向省委宣传部长葛慧君汇报工作;之后,参加全省组织部长会议。厅领导金兴盛、陈瑶参加全省县(市、区)委书记工作交流会议。副厅长、省文物局局长陈瑶与余杭区委、区政府领导商谈良渚申遗等事宜。副厅长黄健全参加信息经济发展规划省级部门论证会。副厅长杨越光出席观看浙江艺术职业学院2013级昆剧班期末汇报演出。副厅长柳河参加省委宣传部召开的农村文化礼堂建设研讨会。

14日　省文化厅厅长金兴盛参加全省农村工作会议。副厅长、省文物局局长陈瑶参加离休老干部遗体告别仪式。副厅长黄健全赴浙江大学(西溪校区)调研文化科技综合查新平台建设情况。副厅长柳河参加全省农村工作会议;之后,陪同文化部公共文化司副司长周广莲一行赴杭州市萧山区开展文化工作专题调研。副厅长蔡晓春赴安吉县调研省自然博物院核心馆区项目推进情况。

15日　省文化厅领导金兴盛、黄健全共同研究巡视整改工作。厅长金兴盛参加全国机关事业单位养老保险制度改革工作电视电话会议。副厅长、省文物局局长陈瑶赴杭州海关商谈有关工作。厅领导陈瑶、蔡晓春参加全省财政地税工作电视电话会议。副厅长黄健全参加省直机关第二十七次党的工作会议;之后,赴衢州市调研互联网上网服务行业管理政策调整及行业转型升级情况(至16日)。副厅长杨越光参加全省“五水共治”工作会议。副厅长柳河出席在杭州举办的2015年全国基层文化队伍培训联络员培训班开班仪式;之后,陪同文化部公共文化司副司长周广莲一行赴省文化馆调研。副厅长蔡晓春赴杭州市文广新局和杭州市文化市场执法总队开展调研。副巡视员李莎到金华审查浙江婺剧艺术研究院赴南非、马拉维、赞比亚执行“欢乐春节”演出任务节目,文化部外联局非洲处处长松雁群出席审查。

16日　省文化厅厅长金兴盛参加全省宣传思想工作会议并参加分组讨论,厅领导陈瑶、褚子育、杨越光、柳河、蔡晓春列席上午会议并听取会议报告。副厅长柳河组织考核组对省文化信息中心领导班子进行聘(任)期考核评议。

17日　浙江省文化厅与浙江省建设投资集团有限公司、杭州市推进项目建设指挥部共同召开浙江音乐学院(筹)项目建设现场推进会。厅领导金兴盛、褚子育、蔡晓春,杭州市委副书记杨戌标,浙江省建设投资集团有限公司董事长高兴夫,杭州市推进项目建设指挥部总指挥周琪出席会议。

18日至19日　省文化厅副厅长黄健全参加浙江省第十三届纪律检查委员会第四次全体会议。

19日　省文化厅党组书记、厅长金兴盛主持召开厅党组会,厅领导陈瑶、褚子育、赵和平、杨越光、蔡晓春、鲍贤伦、尤炳秋、李莎出席,厅局机关各处室负责人列席相关议题。厅领导金兴盛、陈瑶参加省纪委十三届四次全会第二次会议。厅长金兴盛参加中共浙江省委召开的“两会”党员代表、委员会议。副厅长杨越光组织考核组对浙江昆剧团领导班子进行聘(任)期考核评议。副厅长柳河赴北京参加全国文化志愿者服务工作推进会(至20日)。

20日　省文化厅领导金兴盛、陈瑶参加省政协十一届三次会议开幕式。副厅长黄健全赴河南洛阳参加全国文化市场管理工作会议(至23日)。副厅长杨越光列席省政协十一届三次会议(至23日)。副厅长蔡晓春出席由省文化厅、杭州市政府在中国丝绸博物馆联合召开的项目审批现场办公会,杭州市副市长张建庭出席;之后,到浙江小百花越剧团调研。副巡视员尤炳秋参加浙江越剧团民主生活会。副巡视员李莎审查浙江歌舞剧院、浙江曲艺杂技总团赴摩洛哥执行“欢乐春节”演出任务节目。

21日　省文化厅厅长金兴盛参加浙江省第十二届人民代表大会第三次会议(至25日)。副厅长、省文物局局长陈瑶参加浙江省第十二届人民代表大会第三次会议开幕式。副厅长柳河参加文化部《关于加快构建现代公共文化服务体系的意见》培训班(至22日)。副厅长蔡晓春赴湖州调研文化市场工作;之后,与西湖文化广场建设指挥部常务副总指挥陆秀乔、省财政厅相关处室负责人商谈西湖文化广场大剧院利用事宜。

22日　省文化厅厅长金兴盛参加省委全委扩大会议。副厅长杨越光参加省政协十一届三次会议联组讨论。副厅长、省文物局局长陈瑶陪同国家文物局副局长童明康考察乌镇、西塘等地(至23日)。副厅长蔡晓春接待厅属3家改制院团部分退休人员集体上访。副巡视员李莎会见台湾新北市文化局原副局长李斌等一行。

23日　副省长郑继伟主持召开西湖文化广场对外合作事宜专题会议,省政府副秘书长李云林、省委宣传部副巡视员何启明、省文化厅厅长金兴盛、省财政厅副巡视员罗跃琴、省建设厅副巡视员楼冰等参加会议。副厅长柳河召集厅非遗处召开处务会,宣布吴莘超同志牵头非遗处工作;之后,出席"才情激扬话新春"省级文化系统艺术培训成果展演活动,省直机关工委副书记鲁维明、省直机关工会主席章子仁应邀出席。副巡视员李莎参加浙江曲艺杂技总团有限公司民主生活会。

24日　省文化厅厅长金兴盛参加省政协十一届三次会议闭幕式。副厅长、省文物局局长陈瑶列席浙江省第十二届人民代表大会第三次会议(至25日)。

26日　省文化厅厅长金兴盛到省政府向副省长郑继伟汇报工作。副厅长黄健全组织考核组对浙江新远文化产业集团有限公司领导班子进行聘(任)期考核评议;之后,主持召开浙江新远文化产业集团有限公司2014年度经营管理目标责任制考核会。副厅长黄健全赴上海参加江浙沪两省一市第二十二届演出业务洽谈会暨第八届长三角国际演出项目交易会(至27日);副厅长柳河召集相关人员专题学习《中共中央办公厅、国务院办公厅关于加快构建现代公共文化服务体系的意见》;之后,参加省政府副秘书长李云林、省委宣传部副部长唐中祥召集的会议,研究贯彻中办、国办《关于加快构建现代公共文化服务体系的意见》精神事宜。副厅长蔡晓春到浙江京剧团调研,商谈京剧团地块合作开发事宜。副巡视员李莎到浙江歌舞剧院审查赴南非、马拉维、赞比亚执行"欢乐春节"演出任务节目。

27日　省文化厅组织召开全省文化广电新闻出版局局长会议,厅领导金兴盛、陈瑶、褚子育、赵和平、杨越光、柳河、蔡晓春、鲍贤伦、尤炳秋、李莎出席会议,厅局机关各处室负责人参加(至28日上午)。省文化厅副厅长杨越光主持召开厅机关处长会议,推荐厅机关副处以下"优秀"公务员人选。副厅长蔡晓春与省建设厅总规划师顾浩商讨中国丝绸博物馆改扩建项目规划情况及地下空间建设事宜。

28日　省文化厅厅长金兴盛参加省委宣传部召开的加强和改进意识形态工作督查汇报会。副厅长、省文物局局长陈瑶陪同文化部副部长、国家文物局局长励小捷赴义乌、松阳、缙云、兰溪等地调研国保省保集中成片传统村落整体保护利用工作(至30日)。副厅长黄健全参加第十七届浙洽会、第十四届消博会、2015中东欧博览会第一次全体会议。副厅长杨越光参加省委办公厅副主任朱重烈主持召开的部署2015省委省政府春节团拜会文艺演出工作会议。副厅长蔡晓春出席观看浙江越剧团第13届全国精神文明建设"五个一工程"获奖剧目《我的娘姨我的娘》汇报演出。

29日　省委常委、宣传部长葛慧君主持召开浙江自然博物院建设协调会,副省长郑继伟,省委宣传部副部长唐中祥,厅领导金兴盛、蔡晓春,省发改委副主任焦旭祥,省财政厅副厅长金慧群等参加会议。厅领导金兴盛、褚子育、蔡晓春听取浙江绿城建筑设计有限公司关于浙江音乐学院(筹)建设项目建筑立面、建筑声学设计、地下车库管理系统等方案汇报。副厅长杨越光参加浙江歌舞剧院有限公司民主生活会。副厅长柳河参加全省信访局长会议。副厅长蔡晓春观看省公安系统"爱民模范""美丽警营""最美警察"颁奖晚会。

30日　省文化厅厅长金兴盛参加全省扩大有效投资暨重点项目推进大会。副厅长黄健全参加首届世界互联网大会总结表彰会议。副厅长杨越光参加省委人才工作领导小组第20次会议;之后,到省编办沟通工作。副厅长柳河召集相关人员专题学习《中共中央办公厅、国务院办公厅关于加快构建现代公共文化服务体系的意见》,研究我省公共文化标准化、均等化指标体系。副厅长蔡晓春与省人力社保厅副厅长蔡国春商谈工作。

2月

2日　省文化厅厅党组书记、厅长金兴盛主持召开厅党组会,厅领导陈瑶、褚子育、赵和平、黄健全、柳河、蔡晓春、鲍贤伦、尤炳秋、李莎出席,厅局机关各处室负责人列席相关议题。厅长金兴盛听取浙江昆剧团团长林为林、浙江小百花越剧团蔡浙飞工作汇报。副厅长、省文物局局长陈瑶组织考核组对浙江省文物考古研究所领导班子进行聘(任)期考核评议。副厅长柳河参加全省旅游工作会议。副厅长蔡晓春参加浙江省文化艺术研究院民主生活会。

3 日　省文化厅副厅长柳河召集相关处室研究公共文化服务标准化、均等化工作。厅长金兴盛陪同副省长郑继伟对杭州部分文化市场开展“扫黄打非”和安全生产工作专项检查。副厅长黄健全赴中国艺术科技研究所商议工作(至 5 日上午)。副厅长蔡晓春拜访省财政厅副厅长金慧群,沟通商议 3 家改制院团离退休人员补贴、福利增发资金补助事宜。副厅长蔡晓春参加浙江话剧团有限公司民主生活会。副巡视员李莎参加浙江省参与“一带一路”建设实施方案编制工作会议。

4 日　省文化厅副厅长柳河召集非遗处全体人员共同梳理 2015 年重点工作。副厅长蔡晓春陪同省委宣传部长葛慧君对杭州部分文化市场开展“扫黄打非”和安全生产工作专项检查。副巡视员李莎赴省外办对接 2015 年两项对外“浙江文化节”活动方案。

5 日　省委常委、宣传部长葛慧君,副省长郑继伟到浙江自然博物院核心馆区建设项目现场开展调研,并主持召开现场推进会,省政府副秘书长李云林,省文化厅领导金兴盛、蔡晓春,省发改委重点办主任金敬撑,湖州市委宣传部部长胡菁菁,安吉县委书记单锦炎等参加会议。省文化厅领导金兴盛、蔡晓春审看浙江音乐学院建设部分设计效果图板;副厅长黄健全参加浙江交响乐团民主生活会;副厅长杨越光主持召开厅局机关考核组成员会议,讨论厅局机关各处室 2014 年度考核评议工作;副厅长柳河参加全省文明旅游联席会议;副厅长蔡晓春召集会议,研究 3 个改制院团相关事宜。

6 日　省文化厅领导金兴盛、陈瑶、黄健全、杨越光、柳河、蔡晓春参加省级宣传文化系统党风廉政建设工作会议。厅领导金兴盛、陈瑶、褚子育、赵和平、黄健全、杨越光、柳河、蔡晓春参加厅党组 2014 年领导班子民主生活会,省委督导组组长陈荣、省宣传纪工委书记马万里等出席会议,厅领导鲍贤伦、尤炳秋、李莎列席。副厅长杨越光参加浙江昆剧团民主生活会。副厅长蔡晓春召集厅属 3 家改制院团负责人和财务部负责人,沟通并部署改制院团离退休人员补贴、福利费增发事宜。

9 日　省文化厅厅长金兴盛列席中共浙江省第十三届委员会常务委员会第 114 次会议。厅领导金兴盛、陈瑶参加国务院第三次廉政工作电视电话会议、省政府第三次廉政工作会议。厅领导金兴盛、褚子育参加浙江音乐学院(筹)领导班子民主生活会。副厅长黄健全听取新远文化产业集团有限公司近期工作汇报。副厅长杨越光、尤炳秋参加省文联 2015 新春联欢会。副厅长柳河参加浙江省文化馆领导班子民主生活会;之后,参加由省委宣传部副部长唐中祥召集的浙江省基层综合性文化服务中心建设试点相关工作会议。副厅长蔡晓春召集浙江图书馆、浙江省博物馆、浙江省非遗保护中心 3 家单位负责人商议之江文化中心项目功能定位和市场化运作的可行性事宜;之后,参加省经济体制改革工作领导小组暨省委全面深化改革领导小组经济体制改革专项小组会议。副巡视员尤炳秋参加省文联七届五次全委会。

10 日　省文化厅厅长金兴盛拜访吴山明,随后去医院慰问厅非遗处处长王森。厅领导金兴盛、蔡晓春接待杭州市副市长陈红英到省文化厅对接浙江昆剧团异地建设事宜,杭州市政府副秘书长姚坚等参加。副厅长、浙江音乐学院(筹)党委书记褚子育到中国丝绸博物馆调研工作。副厅长杨越光参加浙江小百花越剧院领导班子民主生活会;之后,慰问援藏干部。副厅长柳河参加浙江省非物质文化遗产保护中心领导班子民主生活会、浙江图书馆领导班子民主生活会。副厅长蔡晓春与省建设厅总规划师顾浩到中国丝绸博物馆调研改扩建项目,并召开项目现场推进会。

11 日　省文化厅厅长金兴盛参加全省安全生产工作电视电话会议;之后,看望慰问厅局级离休老同志。副厅长、省文物局局长陈瑶参加浙江自然博物馆领导班子民主生活会;之后,参加浙江省博物馆领导班子民主生活会。副厅长黄健全参加浙江交响乐团领导班子民主生活会。副厅长杨越光出席慰问部队演出。副厅长柳河接待省公安厅交管局有关人员上门听取警风意见;之后,与省民宗委副主任陈振华商议民间信仰场所开展民间优秀传统文化巡礼活动有关事宜;随后,与省民俗文化促进会会长童芍素商议省民俗文化促进会换届事宜。副厅长蔡晓春到省文化馆调研;之后,到杭州电影拍摄基地调研。副巡视员尤炳秋走访慰问省级文化系统部分老艺术家。副巡视员李莎赴北京参加文化部外联局中国—加拿大、中国—拉丁美洲文化交流年工作协调会(至12日)。

12日　省文化厅领导金兴盛、柳河接待省政协文卫体委主任杨建新一行到省文化厅走访交流。厅领导金兴盛、柳河参加全省农村文化礼堂"我们的村晚"活动。副厅长、省文物局局长陈瑶参加局机关离退休老同志新春团拜会。副厅长、浙江音乐学院(筹)党委书记褚子育走访慰问省级文化系统部分老艺术家。副厅长黄健全参加新远文化产业集团有限公司领导班子民主生活会;之后,出席厅直属机关党委、机关纪委全体会议。副厅长杨越光看望慰问老同志;之后,出席观看浙江青少年交响乐团"2015新春音乐会"。副厅长蔡晓春与宁波演艺集团总裁邹建红座谈文化体制改革情况。

13日　省文化厅领导金兴盛、杨越光、蔡晓春出席厅机关老干部迎新春茶话会暨情况通报会。副厅长、省文物局局长陈瑶参加浙江省文物监察总队领导班子民主生活会。厅长金兴盛列席省政府第41次常务会议。副厅长、浙江音乐学院(筹)党委书记褚子育参加中国丝绸博物馆领导班子民主生活会。副厅长杨越光听取浙江音乐学院(筹)党委副书记、副院长汪俊昌关于学院师资队伍建设有关事项汇报。副厅长柳河走访慰问退休老同志。

15日　省文化厅厅长金兴盛参加省委对台工作领导小组会议。厅党组书记、厅长金兴盛主持召开厅党组会,厅领导陈瑶、褚子育、赵和平、黄健全、柳河、蔡晓春、鲍贤伦、尤炳秋、李莎出席,厅局机关各处室负责人列席相关议题。厅领导金兴盛、褚子育、杨越光参加省委、省政府2015春节团拜会节目审查。副厅长、省文物局局长陈瑶主持召开局务会议。副厅长蔡晓春拜访杭州市风景名胜区管委会(市园文局)局长,沟通项目地下空间建设规模事宜;之后,赴安吉县慰问浙江自然博物园核心馆区项目建设指挥部同志。

16日　省文化厅厅长金兴盛接待湖州市文广新局局长到省文化厅汇报工作。副厅长、省文物局局长陈瑶参加浙江省文物考古研究所领导班子民主生活会。副厅长黄健全慰问系统部分老同志和困难党员。副厅长蔡晓春参加省综治委暨省委维稳领导小组全体会议。

17日　省文化厅领导金兴盛、褚子育参加省委、省政府2015春节团拜会。

22日　省文化厅副巡视员尤炳秋出席观看2015省属院团"新年演出季"浙江越剧团在杭州剧院的越剧演出《牡丹亭》。

25日　省文化厅领导金兴盛、陈瑶、褚子育、黄健全、杨越光、柳河、蔡晓春、李莎走访慰问厅局机关全体干部职工。副厅长、省文物局局长陈瑶参加省文物局文物处副处长许常丰试用期届满评议会。副厅长、省文物局局长陈瑶专题听取中国丝绸博物馆关于举办"丝路之绸展"以及与之配套的国际学术研讨会方案。副巡视员尤炳秋陪同省政协副主席汤黎路赴省领导联系点——岱山县走访基层渔农户(至26日)。

26日　省文化厅召开省级文化系统干部大会,总结2014年主要工作,部署2015年重点任务。厅党组书记、厅长金兴盛作了讲话,厅领导陈瑶、褚子育、赵和平、黄健全、杨越光、柳河、蔡晓春、鲍贤伦、李莎等出席会议。

27日　省文化厅厅长金兴盛列席中共浙江省第十三届委员会常务委员会第116次会议;之后,参加全省推进26县加快发展工作会议。

28日　省文化厅厅长金兴盛参加省委全面深化改革领导小组第五次会议。厅领导金兴盛、陈瑶参加省政府第五次全体会议。副厅长、省文物局局长陈瑶接待金华市文物局局长到访。副厅长黄健全主持召开省级文化系统党建纪检工作会议。副厅长蔡晓春参加省委宣传部"文化发展指数"绩效考核工作座谈会。

3月

1日　省文化厅领导黄健全、杨越光、蔡晓春出席观看在浙江胜利剧院演出的2015省属院团"新年演出季"浙江京剧团新春京剧晚会。

2日　省文化厅党组书记、厅长金兴盛主持召开厅党组会,厅领导陈瑶、褚子育、赵和平、黄健全、杨越光、柳河、鲍贤伦、尤炳秋、李莎出席,厅局机关各处室负责人列席相关议题。副厅长、省文物局局长陈瑶与长兴县文广新局相关人员商议博物馆建设事宜。副厅长杨越光出席厅艺术处组织召开的国家艺术基金项目申报工作会议。副厅长蔡晓春参加省对口支援工作领导小组第八次会议。

3日　省文化厅领导金兴盛、陈瑶出席全省文物局长会议。副厅长黄健全到浙江胜利剧院、浙江文艺音像出版社调研；之后，参加全省浙商回归工作推进大会。副厅长杨越光向省委宣传部副部长唐中祥汇报2015年艺术工作安排。副厅长柳河到省委宣传部沟通成立浙江省公共文化服务体系建设协调组相关事宜。副厅长蔡晓春参加省级机关及所属单位房屋土地统一管理工作会议。

4日　省文化厅厅长金兴盛到浙江图书馆大学路老馆调研。厅长金兴盛听取浙江小百花越剧团团长茅威涛汇报工作。副厅长、省文物局局长陈瑶出席全省文物局长会议。副厅长柳河参加浙江省纪念“三八”国际妇女节暨男女平等基本国策宣讲会。副厅长黄健全出席全省文化市场管理工作例会并讲话。副厅长杨越光参加全省对台工作会议。副厅长柳河到省文化馆参加备战“群星奖”动员会并作动员讲话。副厅长蔡晓春到浙江省文物考古研究所、浙江省博物馆调研；之后，出席观看浙江曲艺杂技总团有限公司2015省属院团“新年演出季”《杂技魔术专场》演出。

5日　省文化厅副厅长黄健全到杭州剧院、浙江省演出有限公司、浙江省对外文化交流公司调研。副厅长柳河接待省民政厅领导来访。副厅长蔡晓春参加省管领导干部经济责任审计电视电话会议。

6日　省文化厅厅长金兴盛参加浙江艺术职业学院领导班子民主生活会。副厅长黄健全到杭州新天地新远影城项目、浙江文化艺术品交易所股份有限公司调研。副厅长杨越光赴安吉县上墅村出席“我们的中国梦”——文化进万家·安吉专场演出活动，省委宣传部副巡视员、人事处处长吴熔一同出席。副厅长柳河参加浙江老年大学校务委员会会议；之后，召集相关人员研究浙江省文化强镇、文化示范村（社区）、公共文化服务示范项目创建工作。副厅长蔡晓春赴绍兴开展文化改革发展综合执法调研。

9日　省文化厅厅长金兴盛参加省普法教育领导小组会议。厅长金兴盛赴衢州市衢江区、开化县、龙游县专题调研公共文化服务体系建设工作（至11日）。副厅长黄健全和杭州市委常委、宣传部长翁卫军赴文化部汇报工作（至10日）。副厅长杨越光出席浙江艺术职业学院干部大会。

10日　省文化厅副厅长、省文物局局长陈瑶与苏州市文物局局长商议江南水乡古镇申遗工作；之后，主持召开文化遗产保护经费方案讨论会。厅领导杨越光、李莎出席厅属单位对外对港澳台文化工作座谈会。副厅长柳河参加全省残疾人工作会议。

11日　省文化厅副厅长、省文物局局长陈瑶同中国丝绸博物馆相关人员商议“美国时装展”事宜。副厅长柳河参加省残联第六届主席团第三次全体会议。

12日　省文化厅召开厅领导述职大会，厅领导金兴盛、陈瑶、褚子育、黄健全、杨越光、柳河、尤炳秋、李莎出席，省委组织部干部一处、省委宣传部干部处派员参加，厅局机关全体在职在编人员参加。厅党组书记、厅长金兴盛主持召开厅党组会，厅领导陈瑶、褚子育、赵和平、黄健全、杨越光、柳河、蔡晓春、尤炳秋出席，厅机关相关处室负责人列席有关议题。厅领导金兴盛、蔡晓春接待吉林省文化厅厅长马少红一行。副厅长蔡晓春赴德清参加省委、省政府义务植树劳动。副巡视员李莎陪同吉林省文化厅厅长马少红一行考察杭州市历史文化街区。

13日　省委常委、宣传部部长葛慧君到省文化厅调研深化文化体制改革工作，厅领导金兴盛、陈瑶、黄健全、杨越光、柳河、蔡晓春参加座谈会，厅相关处室负责人一同参加座谈。厅长金兴盛主持召开专题会议，研究落实省委常委、宣传部长葛慧君关于推进文化体制改革重点工作有关指示精神，副厅长柳河、蔡晓春参加。副厅长、省文物局局长陈瑶出席省文物局组织召开的学习贯彻《博物馆条例》座谈会。副厅长杨越光参加省友协第七届理事会第三次全体会议。副厅长柳河召集公共文化处研究公共文化服务标准化、基层综合性文化服务中心建设、公共文化机构法人治理试点工作。副巡视员李莎陪同吉林省文化厅厅长马少红一行考察杭州大剧院。

16日　省文化厅领导金兴盛、陈瑶、褚子育、黄健全、杨越光、蔡晓春、李莎参加省委领导干部会议。厅长金兴盛列席中共浙江省第十三届委员会常务委员会第117次会议。厅领导金兴盛、蔡晓春听取中国丝绸博物馆馆长赵丰汇报工作。副厅长黄健全赴杭州电影拍摄基地、天合文化公司调研。副厅长柳河到省财政厅商议基本公共文化服务标准化重点县建设工作；之后，召集相关人员研究《浙江省加快构建现代公共文化服务体系的实施意见》。副厅长蔡晓春到省编办衔接工作。副巡视员尤炳秋赴岱山县参加群众路线教育实践活动整改督查工作（至20日上午）。

17日　省文化厅领导金兴盛、杨越光、李莎出席浙江省对台文化交流基地工作小组会议。副厅长、省文物局局长陈瑶出席省文物鉴定委员会2015年年会；之后，出席全省文物执法监察机构负责人会议。副厅长黄健全听取新远集团董事长张翼近期工作汇报。副厅长柳河参加首届浙江全民阅读节暨浙江书展组委会会议；之后，召集相关人员研究《浙江省基本公共文化服务标准》。副厅长蔡晓春参加全国国有林场和国有林区改革工作电视电话会议；之后，拜会省财政厅副厅长金慧群，沟通协调省级文化系统预算单位离退休老同志补贴、福利政策调整后缺口资金困难问题。副巡视员李莎到省旅游局调研文化旅游工作情况。

18日　省文化厅领导金兴盛、陈瑶、赵和平、黄健全、杨越光、柳河、李莎参加厅局机关干部大会，厅局机关全体在职在编工作人员参加。厅长金兴盛赴下城区调研公共文化服务评估工作。副厅长蔡晓春赴嘉兴、宁波地区开展文化综合执法调研（至19日上午）。

19日　省文化厅厅长金兴盛赴海盐调研公共文化服务评估工作。副厅长黄健全出席2015年度省级文化系统共青团工作会议并讲话；之后，赴新远集团下属文化大厦、卡尔曼物业公司、厅招待所调研。副厅长杨越光赴杭州剧院出席观看音乐剧《十年》。副厅长蔡晓春参加省人大教科文卫委“浙江省公共文化服务保障条例立法协调会”。副厅长柳河赴景宁出席全省公共文化服务体系建设专题学习会并讲话。副巡视员李莎参加全省开展制订修订村规民约社区公约活动视频会议。

20日　省委书记、省人大常委会主任夏宝龙，省委常委、宣传部部长葛慧君，省委常委、秘书长赵一德，省人大常委会副主任茅临生、省政协副主席陈加元等到杭州大剧院出席观看纪念“世界水日”舞蹈剧场《遇见大运河》演出，省文化厅领导金兴盛、杨越光一同观看。省文化厅党组书记、厅长金兴盛主持召开厅党组会，厅领导陈瑶、褚子育、赵和平、黄健全、杨越光、柳河、蔡晓春、尤炳秋出席，厅机关相关处室负责人列席有关议题。厅领导金兴盛、陈瑶出席中国丝绸博物馆“一瞥惊艳：19—20世纪西方服饰精品展”开幕式。厅长金兴盛参观禹廷油画邀请展。副厅长、省文物局局长陈瑶参加国家文物局召开的宣传贯彻落实《博物馆条例》电视电话会议。副厅长黄健全赴浙江舞台设计研究院调研。副厅长杨越光参加全省反恐怖工作会议。副厅长蔡晓春召集会议，分别听取厅艺术处、市场处、非遗处、外事处关于“十三五”规划进展情况汇报。副巡视员李莎参加省十二届人大三次会议代表建议和省政协十一届三次会议提案交办会。

22日　省文化厅副厅长、省文物局局长陈瑶赴绍兴参加全国文物新闻宣传骨干培训班的开班仪式。

23日　省文化厅厅长金兴盛参加省委学习贯彻“四个全面”战略布局专题研讨班（至25日上午）。副厅长、省文物局局长陈瑶赴绍兴市调研文物工作（至24日）。副厅长黄健全出席省级文化系统工会委员会会议。厅领导杨越光、柳河、李莎参加省委宣传部副部长来颖杰到厅调研座谈会。副厅长柳河向省政府副秘书长李云林汇报基本公共文化服务标准化重点县建设及公共文化服务体系建设协调机制事宜。副厅长蔡晓春赴衢州、丽水、温州地区调研（至25日）。

24日　省文化厅副厅长柳河分别向省非遗保护中心、省文化信息中心反馈任期考核结果，并签订年度目标责任书。副厅长黄健全赴上海调研上海文交所运营情况。厅领导杨越光、李莎参加台湾画家江明贤画展欢迎宴。

25日　省文化厅领导金兴盛、杨越光、李莎，海峡两岸关系协会原会长陈云林、中华全国台湾同胞联谊会党组书记梁国扬、省台办主任裘小玲等出席“大地行吟——台湾画家江明贤墨彩世界个展”开幕式。厅长金兴盛参加省委全委扩大会议。黄健全副厅长到省艺术品经营行业协会及西泠印社拍卖有限公司等艺术品经营机构调研。副厅长杨越光参加浙江艺术职业学院领导班子和领导干部年度考核评议会，并对浙江艺术职业学院党委书记林国荣同志履行干部选拔任用工作职责情况进行离任检查。副厅长柳河与浙江省文化馆负责人签订2015年目标管理责任书;之后,赴省委宣传部衔接中宣部、文化部、国家新闻出版广电总局召开的贯彻落实《关于加快构建现代公共文化服务体系的意见》电视电话会议相关工作。副厅长蔡晓春参加全省公安消防部队“向人民报告”主题报告会。

26日　省委副秘书长胡庆国,省政府副秘书长李云林,省委宣传部常务副部长胡坚,厅领导金兴盛、柳河参加由中宣部、文化部、国家新闻出版广电总局召开的贯彻落实《关于加快构建现代公共文化服务体系的意见》电视电话会议。副厅长、省文物局局长陈瑶赴江苏省苏州市参加江南水乡古镇申报世界文化遗产推进会。副厅长黄健全出席全省文化产业管理工作座谈会。厅领导赵和平、杨越光参加省政协艺术团2015年度工作会议。副厅长杨越光、国家艺术基金管理中心副主任王勇出席2015年全省国家艺术基金申报工作会议。副厅长蔡晓春参加全省禁毒工作视频会议;之后接待杭州市之江管委会副主任吴向前等到厅商议之江文化中心建设项目土地征迁相关事宜。副厅长蔡晓春主持召开“十三五”规划处室座谈会,听取厅公共文化处汇报。

27日　省文化厅厅长金兴盛参加李强省长听取特色小镇工作情况汇报会;之后,列席省政府第42次常务会议。副厅长、省文物局局长陈瑶赴四川省成都市参加全国文物保护项目审批制度改革座谈会。副厅长黄健全到新远集团下属单位新远影城、浙江文化艺术品交易所股份有限公司调研。副厅长杨越光参加省委对外宣传工作领导小组会议;之后,到浙江京剧团、浙江歌舞剧院专题调研2015年度文艺精品创作情况。副厅长柳河参加省公共卫生工作委员会(爱国卫生运动委员会)全体成员会议;之后,参加全省经济社会发展重点报道选题对接会。副厅长蔡晓春主持召开“十三五”规划处室座谈会,听取省文物局和厅人事处汇报。副巡视员李莎参加杭州市西湖茶文化博览会开幕式暨西湖龙井开茶节。

30日　省文化厅党组书记、厅长金兴盛主持召开厅党组会,厅领导陈瑶、褚子育、赵和平、黄健全、杨越光、柳河、尤炳秋、李莎出席,厅机关相关处室负责人列席有关议题。厅长金兴盛列席中共浙江省第十三届委员会常务委员会第118次会议。厅长金兴盛赴天台出席全省美丽乡村建设中的非遗保护工作现场会(至3月31日上午)。副厅长、省文物局局长陈瑶赴安徽参加2015年度全国省级普查办主任工作会议(至4月1日)。副厅长柳河与浙江图书馆负责人签订2015年目标管理责任书;之后,赴天台调研,并出席全省美丽乡村建设中的非遗保护工作现场会(至4月1日)。副厅长蔡晓春主持召开浙江自然博物园核心馆区建设项目设计方案和展陈策划专家咨询会;之后,主持召开中国丝绸博物馆改扩建工程项目设计方案专家咨询会。

31日　副省长郑继伟主持召开中国丝绸博物馆改扩建工程项目建设专题协调会,厅领导金兴盛、蔡晓春,省发改委副主任焦旭祥,省财政厅副厅长金慧群、省建设厅副厅长沈敏、杭州市政府副秘书长张文戈等参加。副厅长黄健全参加全省建设平安浙江工作会议;之后,参加省电子商务工作领导小组第四次会议。副厅长杨越光主持召开交响乐《人间鲁迅》讨论会。副厅长蔡晓春出席全省文化综合执法工作会议并讲话。

4月

1日　省文化厅厅长金兴盛随夏宝龙书记赴舟山调研。副厅长黄健全、蔡晓春参加省委宣传部文化改革发展和文艺工作培训班(至4月2日)。

2日　省文化厅厅长金兴盛约浙江艺术职业学院党委书记林国荣、省文物考古所新老所长谈话;之后,参加全省文化改革发展专题培训班及万达集团董事长王健林专题演讲会。副厅长、省文物局局长陈瑶听取苍南县人民政府关于苍南文物保护工作情况汇报。副厅长杨越光参加省委宣传部文化改革发展和文艺工作培训班(至4月3日)。副厅长柳河参加全省加强节庆展会论坛管理工作会议。

3日　省文化厅厅长金兴盛参加省文物考古研究所干部大会。厅领导金兴盛、陈瑶参加省委传达中央文件精神会议。副厅长、省文物局局长陈瑶主持召开局务会议。副厅长柳河召集公共文化处研究全省公共文化机构法人治理结构改革试点工作推进会及国家公共文化服务体系示范项目申报事宜。副厅长蔡晓春与省住建厅总规划师顾浩、风景名胜管理处处长陈航沟通商议丝博馆改扩建项目事宜；之后，主持召开"十三五"规划编制编写会议，听取厅产业处"十三五"规划思路汇报。副巡视员李莎参加全省侨务工作联席会议。

4日　省文化厅厅长金兴盛参加峰会筹备工作情况汇报会。

6日　省文化厅厅长金兴盛参加省委召开的峰会筹备工作会议。副巡视员李莎赴北京参加文化部"欢乐春节"工作会议(至7日)。

7日　省文化厅厅长金兴盛会见来杭参加第八届全国儿童剧优秀剧目展演剧目遴选工作的文化部艺术司副司长吕育忠及专家一行，副厅长杨越光出席。副厅长、省文物局局长陈瑶听取海宁市人民政府关于海宁盐官要求增补进入江南水乡古镇申遗预备名单的汇报。副厅长柳河参加首届浙江全民阅读节暨浙江书展新闻发布会；之后，与厅公共处集体修改加快构建现代公共文化服务体系的实施意见(至8日)。副厅长蔡晓春赴宁波接待文化部文化市场司副司长刘强。

8日　省文化厅厅长金兴盛参加省农村文化礼堂建设工作领导小组、省文化改革发展工作领导小组、省委深化文化体制改革专项小组会议。副厅长、省文物局局长陈瑶到浙江省自然博物馆调研。副厅长黄健全听取浙江文化艺术品交易所工作汇报。厅领导黄健全、尤炳秋观摩浙江交响乐团大型交响音话《唐诗之路》合成排练。厅领导杨越光、李莎赴台州出席全省对外对港澳台文化工作座谈会。副厅长蔡晓春赴宁波参加全国文化市场综合执法培训班开班仪式；之后，陪同文化部文化市场司副司长刘强赴宁波市镇海区调研。

9日　省文化厅副厅长、省文物局局长陈瑶到浙江省文物鉴定审核办公室调研；之后，到省文物监察总队听取"天地一体"方案汇报。副厅长黄健全与厅产业与科技处等商议中国艺术科技研究所浙江中心揭牌仪式有关工作；随后到省宣传纪工委商量工作。浙江交响乐团大型咏诵交响套曲《唐诗之路》在新昌首演，省委宣传部常务副部长胡坚，厅领导杨越光、李莎出席观看。厅领导杨越光、李莎在台州调研对外文化贸易工作。

10日　省文化厅党组书记、厅长金兴盛主持召开厅党组会，厅领导陈瑶、褚子育、赵和平、黄健全、杨越光、柳河、蔡晓春、尤炳秋、李莎出席，厅机关相关处室负责人列席有关议题。厅长金兴盛列席省政府第43次常务会议。厅领导金兴盛、蔡晓春参加浙江自然博物园核心馆区项目建筑设计方案汇报会。副厅长、省文物局局长陈瑶赴良渚就申遗工作进行调研。副厅长黄健全参加厅属单位2014年度公务支出审计整改会议。副厅长杨越光参加婺剧进校园活动。副厅长蔡晓春拜会杭州市下城区区委书记陈卫强，沟通商议浙昆、浙京两团资产置换异地选址建设事宜。

11日　省文化厅副厅长杨越光出席观看2015"新松计划"全省青年演奏员大赛现场复赛。

13日　省文化厅厅长金兴盛到浙江音乐学院(筹)建设工地调研。厅领导金兴盛、陈瑶参加县(市、区)委书记工作交流会议。副厅长黄健全赴省演出行业协会调研；之后，参加省标准强省和质量强省工作领导小组会议。副厅长杨越光出席《浙江通志·舞台卷》省属单位编纂任务布置会议并讲话。副厅长蔡晓春拜会省住建厅总规划师顾浩，商议中国丝绸博物馆改扩建项目专题协调会和地下空间建设规模事宜。

14日　省文化厅厅长金兴盛参加浙江艺术职业学院干部大会。厅长金兴盛会见中央音乐学院副院长、著名作曲家叶小钢，鲁迅文化基金会秘书长周令飞，商谈创作交响乐《人间鲁迅》事宜，副厅长杨越光一同参加。厅长金兴盛听取义乌市文广新局局长汇报工作。副厅长、省文物局局长陈瑶向省政府领导汇报工作；之后，到中国茶叶博物馆调研。副厅长黄健全参加2015"浙洽会"组委会第二次筹备工作会议。副厅长杨越光参加鲁迅音乐作品创作座谈会。副厅长柳河与嘉兴市委宣传部常务副部长王国华一行商议2015年中国嘉兴端午民俗文化节有关事宜。中国丝绸博物馆改扩建项目建设规模及地下空间利用专题协调会在中国丝绸博物馆举行，省住建厅总规划师顾浩、省文化厅副厅长蔡晓春参加。

15日　省文化厅厅长金兴盛参加全省科学技术奖励大会。厅长金兴盛到绍兴地区(嵊州、新昌)调研文化建设工作(至16日)。副厅长、省文物局局长陈瑶接待国家文物局副局长顾玉才到浙调研传统村落保护及文物补偿机制等工作；之后，与衢州市文广新局领导商谈“文化遗产日”宣传活动事宜。副厅长黄健全听取新远集团董事长张翼汇报近期工作。副厅长杨越光接待山东省文化厅美术工作考察团。副厅长柳河赴北京参加文化部贯彻落实《关于加快构建现代公共文化服务体系的意见》和《国家基本公共文化服务指导标准》培训班（至18日）。副厅长蔡晓春到浙江美术馆考察调研。副巡视员李莎参加中宣部加强基层宣传思想文化工作电视电话会议。

16日　省文化厅厅长金兴盛出席在绍兴大剧院举行的第27届中国戏剧梅花奖现场竞演（绍兴）启动仪式。副厅长、省文物局局长陈瑶接待诸暨市草塔镇领导一行。副厅长黄健全主持召开省级文化系统2014年度“公务支出公款消费”审计问题通报会。副厅长杨越光参加省委赵一德秘书长主持召开的峰会筹备工作推进会。副厅长蔡晓春向省委宣传部副部长唐中祥汇报文化体制改革相关工作。

17日　省文化厅党组书记、厅长金兴盛主持召开厅党组会，厅领导陈瑶、褚子育、赵和平、黄健全、杨越光、蔡晓春、尤炳秋、李莎出席，厅机关相关处室负责人列席有关议题。副厅长、省文物局局长陈瑶到西湖博物馆调研。副厅长黄健全召集厅相关职能部门负责人一起听取浙江新远文化产业集团、杭州剧院关于剧院院线公司组建方案汇报。副厅长杨越光参加省委赵一德秘书长主持召开的纪念抗战胜利90周年有关活动协调会；之后，出席观看在杭州剧院举行的“全国杂技精品展演”。

19日　省文化厅副厅长蔡晓春参加“2015全民饮茶日暨第四届万人品茶大会”。副厅长柳河参加“五水共治　两美浙江”大型主题朗诵会。

20日　省文化厅厅长金兴盛到浙江图书馆古籍部“青白山居”（杨虎楼）调研。省文化厅和省科技厅召开推进文化事业和文化产业科技协同创新第一次联席会议，省文化厅厅长金兴盛、副厅长黄健全，省科技厅厅长周国辉、副厅长曹新安出席会议。副厅长、省文物局局长陈瑶接待绍兴市上虞区政府领导一行。副厅长黄健全出席全省涉外演出经纪机构及演出场所经营单位座谈会。副厅长杨越光赴景宁出席“中国畲乡三月三”活动，并到庆元、云和、景宁开展对外文化贸易和对外文化交流调研（至22日）。副厅长柳河赴绍兴参加公祭大禹陵典礼。副厅长蔡晓春参加浙江省暨杭州市2015年侵权盗版及非法出版物集中销毁活动。副巡视员李莎赴宁波调研对外文化贸易工作（至21日）。

21日　省文化厅厅长金兴盛陪同省委宣传部部长葛慧君接待匈牙利客人。厅领导金兴盛、柳河赴德清参加全省农村文化礼堂建设工作现场会（至22日上午）。副厅长、省文物局局长陈瑶听取浙江大学光华法学院教授、博士生导师章剑生《行政诉讼法》普法专题讲座，厅局机关全体干部职工参加。副厅长、浙江音乐学院（筹）党委书记褚子育出席观看2015全省青年演奏员大赛决赛（西洋乐器）。副厅长黄健全赴新疆乌鲁木齐参加文化部文化产业对口援疆工作座谈会暨全国文化产业工作会（至23日）。副厅长蔡晓春参加国务院消防工作考核汇报会；之后，召集厅相关业务处室商议浙江小百花越剧团等4家单位分设事宜。

22日　副省长郑继伟会见国家文物局副局长童明康一行，并陪同现场踏勘良渚古城遗址，省政府副秘书长李云林，副厅长、省文物局局长陈瑶等参加。省文化厅厅长金兴盛出席浙江省文化艺术研究院举行的“《浙江戏剧名家》首映式暨音像制品和图书赠阅仪式”，并会见戏剧名家代表赵麟童、汪世瑜、郑兰香、吴光煜等。副厅长柳河陪同省委宣传部部长葛慧君接待参加浙江全民阅读节的原文化部部长王蒙。副厅长蔡晓春赴安吉参加省自然博物馆核心馆区项目推进会。副巡视员李莎赴省委外宣办商议赴瑞士、捷克、奥地利举办文化活动筹备工作事宜；之后参加浙江省石荷州促进委员会会议。

23日　省文化厅厅长金兴盛参加首届浙江全民阅读节暨浙江书展开幕式；之后，参加省政府咨询委员会2015年全体会议。副厅长、省文物局局长陈瑶主持召开良渚申遗情况汇报会。副厅长柳河参加全省公共文化机构法人治理结构试点工作推进会（至24日）。副厅长蔡晓春主持召开浙江小百花艺术中心项目推进协调会。副巡视员李莎赴温州调研对外文化贸易工作（至24日）。

24日　省文化厅厅长金兴盛参加省“五水共治”工作领导小组会议。厅领导金兴盛、褚子育参加李岚清同志“篆刻书法素描艺术展”筹备工作协调会。厅长金兴盛陪同省委常委、杭州市市委书记龚正考察浙江图书馆古籍部“青白山居”。副厅长、省文物局局长陈瑶赴中国美院调研博物馆建设工作。副厅长黄健全听取台州市文广新局关于第二届中国(台州)创意设计大赛工作方案的汇报;之后,列席省政府第44次常务会议。副厅长杨越光出席省级文化系统人事工作会议;之后,参加省委、省政府会见台湾南投县县长一行活动。副厅长蔡晓春参加省委宣传部召集的深化国有文艺院团体制改革专题协调会;之后,参加河南省文化厅调研组一行到厅调研座谈会。

26日　省文化厅领导金兴盛、黄健全赴义乌参加第十届中国(义乌)文化产品交易会(至28日)。副厅长杨越光赴湖南长沙参加2015年全国艺术创作工作会议(至28日)。副厅长柳河陪同文化部非遗司领导赴义乌调研,并参加第十届中国(义乌)文化产品交易会(至27日)。

27日　省文化厅领导陈瑶、褚子育参加全省高校思想政治工作会议。副厅长蔡晓春参加中共浙江省第十三届委员会常务委员会第121次会议;之后,赴龙泉市考察调研(至4月28日)。副巡视员李莎赴义乌会见澳门文化局文化创意产业厅厅长梁英华。

28日　省文化厅厅长金兴盛召集相关人员研究《关于加快构建现代公共文化服务体系的实施意见》《浙江省基本公共文化服务标准》和基本公共文化服务标准化重点县建设事宜,副厅长柳河参加。厅长金兴盛参加省网络安全与信息化工作领导小组会议。厅领导金兴盛、杨越光、柳河出席“新松计划”浙江省青年演奏员大赛颁奖晚会。副厅长、省文物局局长陈瑶参加浙江省博物馆“两宋香事源流”讲座。杭州市委副书记杨戌标到浙江音乐学院(筹)工地实地调研项目进展情况,副厅长、浙江音乐学院(筹)党委书记褚子育,杭州市西湖区区长章根明等陪同。副厅长黄健全参加中国国际少儿漫画展、中国动漫博物馆主题展、张乐平“三毛”80周年回顾展、中韩新人漫画家对抗赛开展仪式。

29日　省委书记夏宝龙,省委副秘书长朱重烈、吴伟斌等到浙江音乐学院(筹)建设工地调研工程建设情况,杭州市委副书记杨戌标,省文化厅领导金兴盛、褚子育,杭州市西湖区区长章根明等陪同。厅党组书记、厅长金兴盛主持召开厅党组会,厅领导陈瑶、褚子育、赵和平、黄健全、杨越光、柳河、蔡晓春、尤炳秋、李莎出席,厅机关相关处室负责人列席有关议题。副厅长杨越光与浙江交响乐团、厅艺术处商议鲁迅音乐作品创作方案。副省长郑继伟召集相关人员研究基本公共文化服务标准化重点县建设工作,省政府副秘书长李云林、省财政厅副厅长金慧群、省文化厅副厅长柳河参加会议。副厅长柳河参加全省文化艺术档案学会第四次会员代表大会。副厅长蔡晓春考察义乌文交会。

30日　省文化厅厅长金兴盛参加在省自然博物馆举行的“大美江山”江山市生态文明建设成果展开幕式。副厅长、省文物局局长陈瑶召集专题会议,讨论关于乐清省保单位被拆事件的处置情况;之后,陪同国家文物局副局长宋新潮、博物馆处处长郭长虹赴中国丝绸博物馆调研。副厅长黄健全参加“中国动漫新锐榜”颁奖活动。副厅长杨越光参加浙江省庆祝“五一”国际劳动节暨劳动模范和先进工作者表彰大会。厅领导杨越光、李莎出席2014年度商业演出展览文化产品出口指导目录的评审会。副厅长柳河参加第五届全国道德模范评选表彰活动电视电话会议。

5月

1日　省文化厅副厅长、省文物局局长陈瑶陪同国家文物局副局长宋新潮等参加中国茶叶博物馆龙井馆区开馆活动。

4日　省文化厅厅长金兴盛赴衢州地区开展“百名部长基层宣传思想文化工作大调研”活动(至6日)。副厅长、省文物局局长陈瑶赴乐清调研,并就省保单位蔡家硐楼被拆事件与乐清市政府进行沟通(至5日)。副厅长、浙江音乐学院(筹)党委书记褚子育参加省委秘书长赵一德主持召开的李岚清同志艺术展活动相关工作协调会。副厅长黄健全出席省级文化系统“五四”青年节主题活动。

5日　省文化厅副厅长黄健全参加全国农村基层党建工作座谈会筹备工作协调会。副厅长杨越光赴北京参加在国家美术馆举行的“周沧米作品展”开幕式(至6日)。副厅长柳河出席第三批国家公共文化服务体系示范区(项目)创建申报资格评审会。副厅长蔡晓春陪同省委宣传部副部长唐中祥到浙江话剧团有限公司、浙江京昆艺术中心(浙江京剧团)走访调研;之后,参加省委秘书长赵一德主持召开的杭州国际峰会项目推进协调会。

6日　省文化厅副厅长、省文物局局长陈瑶主持召开局务会议。副厅长柳河赴衢州地区参加"百名部长基层宣传思想文化工作大调研"活动(至7日)。副厅长蔡晓春赴绍兴地区参加"百名部长基层宣传思想文化工作大调研"活动(至7日)。

7日　李岚清篆刻书法素描艺术展"西泠清韵"开幕式在浙江美术馆举行。省委书记夏宝龙,省委常委、宣传部部长葛慧君,副省长郑继伟,厅领导金兴盛、褚子育、尤炳秋等参加。厅长金兴盛到浙江美术馆检查"李岚清同志篆刻书法素描艺术展开幕式"准备工作情况。厅领导金兴盛、杨越光听取浙江话剧团有限公司关于"第八届全国儿童剧优秀剧目展演"筹备工作情况汇报。厅领导陈瑶、黄健全参加全省"三严三实"专题党课暨专题教育部署会。副厅长、省文物局局长陈瑶出席全省可移动文物普查培训班开班仪式。副厅长杨越光出席"第八届全国儿童剧优秀剧目展演"新闻发布会。副巡视员尤炳秋参加国家古籍修复技艺传习中心浙江传习所揭牌仪式。

8日　省文化厅召开省级文化系统干部大会,厅局机关全体在职在编干部职工参加,厅属单位党政正职领导、厅局机关离退休干部代表参加。厅长金兴盛列席省政府第45次常务会议。副厅长黄健全接待龙泉市文广新局局长一行;之后,参加省2015年稳增长促改革调结构惠民生防风险政策措施落实情况跟踪审计进点会。副厅长杨越光出席浙江话剧团有限公司浙商题材话剧剧本《凤凰绣》论证会。副厅长柳河陪同文化部副部长王文章、非遗司司长马文辉到东阳市调研(至9日)。副厅长蔡晓春到浙江自然博物馆调研。

9日　满天星业余交响乐团在浙江音乐学院(筹)举行音乐沙龙活动暨校歌发布。李岚清夫妇,省委常委、宣传部部长葛慧君,厅领导金兴盛、褚子育出席发布会。副巡视员李莎会见台湾历史博物馆展览组组长林明美博士。

10日　李岚清同志在浙江音乐学院(筹)玉皇山校区举行讲座。省委常委、宣传部部长葛慧君,厅领导金兴盛、褚子育参加。

11日　省文化厅党组书记、厅长金兴盛主持召开厅党组会,厅领导褚子育、赵和平、黄健全、杨越光、蔡晓春、尤炳秋、李莎出席,厅机关相关处室负责人列席有关议题。浙江小百花越剧团《二泉映月》改版汇报演出。李岚清夫妇出席观看,省委常委、宣传部部长葛慧君,厅领导金兴盛、褚子育、杨越光、蔡晓春、李莎陪同观看。副厅长、省文物局局长陈瑶赴北京参加丝路之绸展览协调会。副厅长杨越光出席浙江京剧团《东极英雄》剧目开排动员会。副厅长柳河赴国家行政学院培训(至22日)。副厅长蔡晓春参加部署全国禁毒工作电视电话会议。

12日　省文化厅领导金兴盛、陈瑶参加全国推进简政放权放管结合职能转变工作电视电话会议。厅领导金兴盛、褚子育陪同省委常委、宣传部部长葛慧君,副省长郑继伟到浙江音乐学院(筹)建设工地考察调研。厅长金兴盛,副厅长、省文物局局长陈瑶分别接待宁波市文广新局新老领导一行。副厅长黄健全赴国家文化产业示范基地浙江乐富创意产业投资有限公司巡检。副厅长蔡晓春参加省级单位"十三五"规划"三个重大"谋划工作汇报会。副巡视员李莎赴宁波市北仑区出席第十一届浙江省未成年人读书节启动仪式暨"五水共治、两美浙江"故事大赛决赛(至13日)。

13日　省文化厅厅长金兴盛赴深圳参加第十一届深圳文博会(至14日)。副厅长、省文物局局长陈瑶接待丽水市文保志愿者。副厅长黄健全参加省特色小镇规划建设工作联席会议。副厅长杨越光陪同文化部副部长董伟赴浙江美术馆出席"新意无羁"楼柏安作品展开幕式并参观展览。副厅长蔡晓春赴诸暨参加"百名部长基层宣传思想文化工作大调研"活动。

14日　省文化厅副厅长、省文物局局长陈瑶接待永康市文物局领导一行。副厅长黄健全参加国家级文化产业实验园区(衢州儒学产业园)考核(至15日)。副厅长蔡晓春召集召开"十三五"规划编写组工作会议,研究规划工作事宜。

15日　省文化厅副厅长杨越光参加"戏曲传承与保护"理论建设研讨会暨《越剧文化研究》出版座谈会。副厅长蔡晓春赴天台县参加天台山文化当代价值研讨会(至16日)。

18日　省文化厅在浙江省图书馆召开省级文化系统"三严三实"专题教育部署暨廉政警示教育会,厅党组书记、厅长金兴盛在会上为省级文化系统党员干部上专题党课，厅局机关全体干部、厅属单位班子成员参加大会。副厅长、省文物局局长陈瑶赴湖州参加“518国际博物馆日”系列活动及全省博物馆公共文化服务体系建设经验交流会。副厅长蔡晓春赴北京参加全国文化法治工作会议(至20日)。

19日　省文化厅领导金兴盛、杨越光参加国际峰会筹备工作动员大会。厅长金兴盛参加基层宣传思想文化工作大调研情况汇报会；之后，接见浙江交响乐团新聘艺术总监张艺。厅长金兴盛会见中国音乐家协会主席赵季平一行，副厅长杨越光一同参加。副厅长、省文物局局长陈瑶赴北京参加良渚古城申遗评审会(至20日)。副厅长黄健全参加国家文化产业示范基地巡检(杭州)。

20日　省文化厅厅长金兴盛出席省属院团中长期发展规划座谈会。副厅长黄健全参加省宣传纪工委会议。副厅长杨越光赴文化部对接工作。副巡视员李莎参加2016卡塔尔中国文化年筹备工作协调会。

21日　浙江歌舞剧院有限公司在省人民大会堂演出纪念中国人民抗日战争暨反法西斯战争胜利70周年大型民族管弦乐音乐会《和平颂》。副省长黄旭明、省政协副主席吴晶，省委宣传部常务副部长胡坚、副部长唐中祥等出席观看，厅领导金兴盛、褚子育、杨越光、蔡晓春一同出席观看。厅长金兴盛到省委党校给2015年全省地方党委宣传部长培训班学员授课。厅长金兴盛接待文化部高级文化外交官调研团一行，副厅长杨越光参加。副厅长黄健全参加国家文化产业示范基地巡检(台州)(至22日)。

22日　省文化厅厅长金兴盛出席浙江昆剧团干部任命大会并讲话，副厅长杨越光参加。厅长金兴盛列席省政府46次常务会议。副厅长、省文物局局长陈瑶陪同河南省文物局考察组一行参观中国茶叶博物馆。

25日　省文化厅党组书记、厅长金兴盛主持召开厅党组会，厅领导褚子育、赵和平、黄健全、杨越光、柳河、蔡晓春、尤炳秋出席会议，厅局机关相关处室负责人列席有关议题。厅领导金兴盛、褚子育、杨越光、蔡晓春参加省委宣传部“三严三实”专题党课教育会。副厅长、省文物局局长陈瑶赴台湾参加第二届海峡两岸及港澳地区文化资产活化利用研讨会(至29日)。副厅长黄健全赴舟山参加舟山新区文化市场行政审批服务座谈会(至26日)。副厅长杨越光参加省委宣传部副部长唐中祥召集的会议，协调《人间鲁迅》交响乐作品创作演出事宜。副厅长柳河到深改办沟通《关于加快构建现代公共文化服务体系的实施意见》出台工作。副巡视员李莎参加省委港澳统战工作领导小组(扩大)会议；之后，赴嘉兴开展对外文化贸易调研(至27日)。

26日　省文化厅领导金兴盛召集相关处室研究修改《浙江省关于加快构建现代公共文化服务体系的实施意见》和《浙江省基本公共文化服务实施标准》，副厅长柳河参加。厅长金兴盛到浙江音乐学院(筹)建设工地调研。副厅长杨越光参加省预防职务犯罪领导小组会议；之后，赴上海参加江浙沪评弹工作领导小组2015年年会(至27日)。副厅长柳河听取厅非遗处关于学习实践习总书记浙江非遗保护重要批示十周年座谈会筹备工作相关事宜汇报。副厅长蔡晓春拜会省财政厅厅长钱巨炎，并与教科文处副处长董立国商议对接省级文化系统相关工作。

27日　省文化厅厅长金兴盛召集厅计财处(重点项目办)听取省级文化系统基本建设项目近期推进情况汇报，副厅长蔡晓春参加。副厅长黄健全参加2015年厅级文化科研项目专家评审会；之后，赴广西南宁参加中国—东盟博览会(至29日)。副厅长蔡晓春主持召开厅计财基建座谈会。

28日　省文化厅厅长金兴盛会见文化部艺术司副司长吕育忠及第八届全国儿童剧优秀剧目展演剧评专家、中央媒体，副厅长杨越光参加。第八届全国儿童剧优秀剧目展演开幕式在杭州剧院举行，厅长金兴盛致辞并宣布开幕，文化部艺术司副司长吕育忠，省文化厅副厅长杨越光出席并观看演出。第八届全国儿童剧优秀剧目展演媒体见面会在杭州剧院举行，文化部艺术司副司长吕育忠、省文化厅副厅长杨越光出席。副厅长蔡晓春到杭州市政府对接工作。

29日　省文化厅在浙江美术馆召开学习实践习总书记浙江非遗保护重要批示十周年座谈会，厅长金兴盛出席会议并作重要讲话，副厅长柳河主持座谈会。副厅长杨越光听取浙江音乐学院(筹)党委副书记、副院长汪俊昌关于学院人才引进有关情况汇报；之后，参加国际峰会筹备工作领导小组专题会议。副厅长柳河参加国美毕业季相关活动。副厅长蔡晓春到杭州之江管委会对接工作。

30日　省文化厅领导金兴盛、褚子育、赵和平、黄健全、杨越光、蔡晓春、李莎参加省委组织召开的领导干部会议。副厅长杨越光会见民族管弦乐《富春山居乐》创作者、著名作曲家刘湲。副厅长柳河陪同中国非物质文化遗产保护中心常务副主任罗微、文化部非遗司管理处处长荣书琴等一行调研“中国非物质文化遗产传承人群研修培训计划”试点院校。

6月

1日　省文化厅党组书记、厅长金兴盛主持召开厅党组会，厅领导陈瑶、褚子育、赵和平、黄健全、杨越光、柳河、蔡晓春、尤炳秋、李莎出席会议，厅局机关相关处室负责人列席有关议题。厅长金兴盛与厅局机关处室主要负责人进行“三严三实”专题教育谈话。副厅长黄健全接待浙江传媒学院院长项仲平到厅商议工作。副厅长杨越光赴北京参加全国文化厅(局)对外和对港澳台文化工作会议(至3日)。

2日　省文化厅厅长金兴盛继续与厅局机关处室主要负责人进行“三严三实”专题教育谈话。厅长金兴盛听取浙江音乐学院(筹)人才引进工作情况汇报，副厅长、浙江音乐学院(筹)党委书记褚子育参加。副厅长蔡晓春赴桐庐莪山畲族乡开展结对帮扶工作调研。

3日　省文化厅厅长金兴盛出席文化厅2015年艺术委员会全体会议并讲话，副巡视员尤炳秋主持会议。厅长金兴盛到音乐学院项目建设工地调研。副厅长黄健全主持召开厅级文化科研项目专家评审会。副厅长黄健全赴山东济南参加文化部科技司重点文化科技项目评审会(至5日)。副厅长柳河参加杭州市西湖区非遗节开幕式。

4日　省文化厅领导金兴盛、蔡晓春赴安吉县调研文化工作，出席浙江自然博物园核心馆区建设项目第7次工作例会；会后，厅长金兴盛赴湖州市、长兴县等地调研文化工作(至5日)。副厅长、省文物局局长陈瑶主持召开局务会议。副厅长、浙江音乐学院(筹)党委书记褚子育参加教育部院校设置和招生计划调研座谈会。副厅长杨越光参加全省职业教育工作电视电话会议。副厅长柳河参加省国防教育委员会会议。副厅长蔡晓春赴舟山市开展文化综合执法调研(至5日)。

5日　省文化厅副厅长、省文物局局长陈瑶参加中国丝绸博物馆“凤凰霓裳——畲族织绣服饰展”开幕式。副厅长杨越光参加国际峰会筹委会文艺部会议；之后，参加慰问部队演出活动。副厅长柳河到浦江对接协调推进“四个全面”战略布局试点县建设工作。副巡视员李莎调研浙江省艺术品行业协会对外文化贸易工作。

6日　省文化厅副厅长杨越光参加第十三届江浙沪越剧大展演活动。副厅长柳河到金华参加“重返单纯”吴山明、高晔中国画作品展。

7日　省文化厅副厅长杨越光接待参加全国基层党建现场会陕西省代表团代表。

8日　省文化厅厅长金兴盛与省财政厅厅长钱巨炎沟通重大项目资金事宜，省财政厅副厅长金慧群、省文化厅副厅长蔡晓春参加。厅长金兴盛到浙江音乐学院(筹)项目建设工地协调推进工作。副厅长黄健全赴宁波参加第十七届浙洽会、第十四届消博会、首届中东欧博览会组委会全体会议和第十七届浙洽会主场活动2015之江峰会(至9日)。副厅长杨越光参加省委宣传部精品工程会议；之后，观看金华艺校在省政协联谊俱乐部演出。副巡视员李莎听取中国丝绸博物馆赴土耳其展览情况汇报。副巡视员李莎赴湖州开展对外文化贸易调研(至10日)。

9日　省文化厅厅长金兴盛与省机关事务管理局局长王毅商谈工作，省机关事务管理局副局长王德贵、省文化厅副厅长蔡晓春参加。厅长金兴盛参加郑继伟副省长主持召开的研究历史经典产业发展规划工作会议。副厅长、省文物局局长陈瑶接待慈溪市政府领导到访。副厅长杨越光到省文化馆宣布馆领导班子调整决定；之后，参加国家艺术基金专家大会电视电话会议。副厅长杨越光出席观看2015年高雅艺术进校园——中央民族歌舞团走进浙江艺术职业学院专场演出。副厅长柳河陪同省人大副主任姒建敏、省人大教科文卫委员会副主任吴天行一行到浙江图书馆调研；之后，到杭州市余杭区参加第十个文化遗产日暨浙江省第十届非遗节浙江省传统表演艺术展演杭州主场活动。副厅长蔡晓春参加省政府深化“四张清单一张网”改革推进职能转变协调小组第一次会议；之后，会同省委宣传部副部长唐中祥到省编办对接工作。副厅长蔡晓春出席观看浙江省戏曲音乐学会、戏曲演奏家学会《戏音飘香·梦想中国》专场音乐会。

10日　省文化厅领导金兴盛、陈瑶、褚子育、黄健全、杨越光、柳河、蔡晓春听取省委十三届七次全体(扩大)会议大会报告。厅领导金兴盛、陈瑶、褚子育参加省委十三届七次全体(扩大)会议(至12日上午)。厅领导金兴盛、杨越光、蔡晓春等领导为23台展演剧目、2台祝贺演出剧目颁发纪念牌。副厅长杨越光参加第八届全国儿童剧优秀剧目展演儿童戏剧发展研讨会，文化部艺术司副司长吕育忠主持。

11日　省文化厅副厅长柳河出席浙江通志文化部类五卷的编纂会议；之后，陪同郑继伟副省长赴浙江图书馆调研。副厅长蔡晓春到南方设计公司考察；之后，到杭州市下城区调研文化市场安全监管工作。副厅长杨越光出席2015年厅艺术委员会第一次专题论证会。副巡视员李莎赴绍兴开展对外文化贸易调研(至12日)。

12日　省文化厅党组书记、厅长金兴盛主持召开厅党组会，厅领导陈瑶、褚子育、黄健全、蔡晓春、尤炳秋出席会议，厅局机关相关处室负责人列席有关议题。厅长金兴盛到浙江音乐学院(筹)宣布纪委书记任职决定，副厅长、浙江音乐学院(筹)党委书记褚子育一同参加。副厅长杨越光会见义乌市文化广电新闻出版局局长一行。副厅长柳河赴济南参加全国文化厅局长传统文化继承与发展高级研讨班(至15日)。副厅长蔡晓春到杭州市建委对接工作。副巡视员李莎赴金华参加非遗节活动。

13日　省文化厅副厅长、省文物局局长陈瑶赴衢州出席2015年中国文化遗产日浙江主场城市活动；之后，副厅长、省文物局局长陈瑶，副局长郑建华实地考察了全国重点文物保护单位衢州城墙。

15日　省文化厅厅长金兴盛参加省委宣传部部长葛慧君率领的浙江文化代表团赴瑞士、奥地利、捷克参加“美丽浙江”文化节活动(至24日)。副厅长杨越光参加国家艺术基金项目初评(至19日)。副厅长蔡晓春赴舟山参加中国海洋文化节(至16日)。

16日　省文化厅副厅长、省文物局局长陈瑶赴温州参加建设部、国家文物局对温州申报历史文化名城进行的评估汇报会，并考察了永昌堡、四连碓等文物保护单位(至17日)。副厅长黄健全、副巡视员李莎专题调研杭州市动漫游戏产业(至17日)。副厅长柳河召集相关处室人员修改《浙江省文化厅关于贯彻落实〈关于加快构建现代公共文化服务体系的实施意见〉的通知》《浙江省实施基本公共文化服务标准化均等化行动计划(2015—2020年)》。

17日　省文化厅副厅长蔡晓春主持召开“十三五”规划编写组工作会议。副厅长蔡晓春参加小百花工地建设项目推进会；之后参加省政府深化“四张清单一张网”改革推进职能转变协调小组教科文卫体改革专题组会议；随后赴浙江音乐学院(筹)项目建设工地协调推进工作。副巡视员李莎出席杭州新天地集团与太阳马戏团合作项目签约仪式。

18日　省文化厅副厅长、省文物局局长陈瑶接待长兴县宣传部、长兴县文广新局有关领导，专题听取太湖博物馆建设情况汇报。副厅长、省文物局局长陈瑶会见中国文化遗产研究院院长刘曙光一行。副厅长黄健全与浙江工业大学副校长肖刚一行商议中国艺术科技研究所浙江中心揭牌仪式事宜。副厅长杨越光赴浙江美术馆出席第二届杭州纤维艺术三年展新闻发布会；之后，参加文化部《全国美术馆管理办法(草案)》立法调研组来浙考察调研座谈会。副厅长柳河召集相关处室人员修改《浙江省文化厅关于贯彻落实〈关于加快构建现代公共文化服务体系的实施意见〉的通知》《浙江省实施基本公共文化服务标准化均等化行动计划(2015—2020年)》；之后，参加郑继伟副省长主持召开的《浙江通志》编纂工作座谈会。副厅长蔡晓春参加省知识产权联席会议成员单位第一次全体会议；之后，参加国际峰会项目推进会。副巡视员李莎向郑继伟副省长汇报爱尔兰、土耳其浙江文化节活动和出访计划。

19日　省文化厅副厅长黄健全、副巡视员李莎专题调研杭州市动漫游戏产业。副厅长杨越光参加省级有关部门职工“端午西溪龙舟邀请赛”；之后，会见文化部邀请来华访问的拉美文化机构及艺术节负责人代表团并一同观看了浙江歌舞剧院有限公司节目。副厅长柳河参加全省中小学育人工作座谈会;之后,参加省信访联席会议。副厅长蔡晓春到杭州市西湖区开展文化市场监管执法调研。

20日 省文化厅副厅长柳河赴嘉兴参加中国端午民俗文化节。副巡视员李莎陪同文化部邀请来华访问的拉美文化机构及艺术节负责人代表团观看了浙江婺剧艺术研究院节目。

22日 省文化厅副厅长、省文物局局长陈瑶出席中国丝绸博物馆《丝路之绸:起源、传播与交流》展览陈列筹备研讨会,并为大型媒体产品“丝路之绸——讲述丝绸之路上的丝绸故事”正式上线揭幕。

23日 省文化厅副厅长黄健全听取省文交所工作汇报。副厅长杨越光会见美国迷途者教育公司执行董事长、21世纪福克斯集团董事罗伯特·斯尔伯曼和美国沃戈公司总裁、发现者传播公司董事大卫·沃戈一行;之后参加《游艺证道:马一浮书法展》开幕式。副厅长柳河赴浦江参加浙江省协调推进“四个全面”战略布局试点(浦江)县建设动员大会。副厅长蔡晓春参加中国丝绸博物馆改扩建工程项目开工筹备会。

24日 省文化厅副厅长黄健全与有关处室及单位商议加强我省国有剧院运行管理工作方案;之后,参加全省特色小镇规划工作现场推进会。副厅长杨越光参加杭州市委书记龚正主持召开的国际峰会筹委会专题会议。副厅长蔡晓春出席省级文化系统新《预算法》专题培训,厅局机关各处室负责人、厅属各预算单位法人等参加。

25日 省文化厅厅长金兴盛参加李强省长听取《“十三五”时期若干重大问题研究》课题开展情况汇报会。副厅长、省文物局局长陈瑶赴西泠印社、中国财税博物馆调研。副厅长杨越光与有关处室及单位商量“情系青春”活动有关事宜。副厅长蔡晓春主持召开“十三五”规划编写组会议。副厅长蔡晓春到浙江图书馆调研;之后参加全国禁毒工作先进集体和先进个人表彰大会。

26日 省文化厅领导金兴盛、柳河参加全省加强基层宣传思想文化工作电视电话会议。副厅长黄健全到省文交所调研;之后,参加杭州剧院都市文化生活馆开馆活动。副厅长蔡晓春参加浙江省“最美禁毒人”评选揭晓仪式。副巡视员李莎出席全省部分动漫企业负责人座谈会。

27日 省文化厅副厅长蔡晓春出席桐庐当代工艺美术创新与发展研讨会。

28日 省文化厅副厅长杨越光与省委宣传部副部长唐中祥、鲁迅文化基金会秘书长周令飞会谈交响乐《人间鲁迅》创作事宜。副巡视员李莎到浙江歌舞剧院审看赴爱尔兰、土耳其演出节目。

29日 省文化厅党组书记、厅长金兴盛主持召开厅党组会,厅领导陈瑶、褚子育、赵和平、黄健全、杨越光、柳河、蔡晓春、尤炳秋、吴志强出席会议,厅局机关相关处室负责人列席有关议题。副厅长柳河参加“畲乡景宁——第五届新农村冲击播电视助推行动”的新闻发布会暨启动仪式。副巡视员李莎赴安吉参加省直机关支部书记培训班(至7月1日)。

30日 省文化厅厅长金兴盛参加省委“三严三实”专题教育学习会。副厅长、省文物局局长陈瑶参加浙江省博物馆举行的王建中捐赠汉代漆器文物仪式。副厅长黄健全赴青田、乐清、温州瓯海等地调研相关历史经典产业发展情况(至7月2日)。副厅长柳河主持召开厅办公室新老负责人交接会;之后,召集相关处室人员修改《浙江省实施基本公共文化服务标准化均等化行动计划(2015—2020年)》。副厅长蔡晓春赴安吉参加浙江自然博物院项目推进会;之后,随梁黎明副省长赴龙泉调研(至7月1日)。

7月

1日 省文化厅厅长金兴盛参加国际峰会筹备工作汇报会。副厅长、省文物局局长陈瑶参加中国丝绸博物馆改扩建项目碰头会。副厅长、浙江音乐学院(筹)党委书记褚子育,副厅长杨越光出席“新松计划”第二期全省中青年创作人才高级研修班(作曲)开班仪式。副厅长柳河出席全省濒危剧种青年传承人培训班结业仪式。

2日 省文化厅厅长金兴盛接待省财政厅厅长钱巨炎、省机关事务管理局局长王毅等一行到浙江音乐学院(筹)建设工地、浙江之江文化中心项目地块调研,副厅长蔡晓春参加。杭州市委副书记杨戌标一行到浙江音乐学院(筹)建设工地调研,厅领导金兴盛、褚子育、蔡晓春参加。副厅长杨越光参加第二届世界互联网大会浙江承办工作专题协调会。副厅长柳河赴上海参加中宣部、文化部公共文化服务体系建设运行机制经验交流会(至3日)。

3日　省文化厅厅长金兴盛、副厅长黄健全参加郑继伟副省长主持召开的专题研究西湖文化广场大剧院利用有关问题会议。厅长金兴盛、副厅长杨越光赴浙江京剧团审看纪念抗战70周年题材京剧《东极英雄》,并看望剧组人员。副厅长、省文物局局长陈瑶主持召开局务会议。副厅长杨越光、副巡视员李莎参加省委外宣办召开的全省对外和对港澳台文化工作调研座谈会。副厅长杨越光出席全省文化人事人才工作座谈会。副厅长柳河听取海盐县均等化试点方案汇报。副厅长蔡晓春接待桐庐莪山畲族乡党委书记一行到厅商议民族乡镇结对帮扶工作;之后,主持召开"十三五"规划编写组例会。副巡视员李莎与中国丝绸博物馆相关人员就赴土耳其举办丝绸展活动进行方案商讨。

6日　省文化厅领导金兴盛、陈瑶、褚子育参加省委召开的县(市、区)委书记工作交流会议。厅长金兴盛、副厅长蔡晓春与省广电集团总裁王同元、副总裁何跃新沟通商谈浙江京剧团地块合作建设事宜。副厅长、省文物局局长陈瑶与省地勘局就"十三五"期间测绘技术运用于文物保护事业相关合作事宜进行会商。副厅长黄健全参加国家社科基金艺术学项目评审(至9日)。副厅长杨越光看望结对困难老人。副厅长蔡晓春赴陕西出席陕西省"三区"文化市场综合执法人员培训班(至8日)。

7日　省委常委、宣传部长葛慧君一行到安吉县浙江自然博物园核心馆区建设工地调研并召开现场协调会,湖州市委书记裘东耀、省文化厅厅长金兴盛、省委宣传部副部长黄明辉、湖州市委宣传部长吴菁菁、安吉县委书记单锦炎等陪同调研。厅长金兴盛到中国丝绸博物馆推进其改扩建项目实施。副厅长、省文物局局长陈瑶与省住建厅领导商议西湖文化遗产保护相关事宜,副巡视员、省文物局副局长吴志强。副厅长、省文物局局长陈瑶接待省民政厅领导到访。副厅长杨越光接待舟山市普陀区副区长邱一虹等一行。

8日　省文化厅厅长金兴盛、副厅长杨越光,中国剧协主席尚长荣等出席"新松计划"第十期全省青年戏曲表演人才高级研修班(小丑、老旦、花脸)开学仪式。省委宣传部副部长唐中祥赴浙江音乐学院(筹)玉皇山校区与徐孟东院长商讨创作大禹治水题材交响乐作品事宜,副厅长杨越光参加。副厅长柳河参加省重点建设项目对接会;之后,与浙江民俗文化促进会会长童芍素商量浙江民俗文化促进会换届工作。副巡视员、省文物局副局长吴志强赴湖州调研"丝绸之源"钱山漾遗址。

9日　省文化厅厅长金兴盛到浙江音乐学院(筹)建设工地项目推进;之后,接待遂昌县文广新局负责人。副厅长、省文物局局长陈瑶接待浦江县文广新局负责人到访,副巡视员、省文物局副局长吴志强参加。副厅长、省文物局局长陈瑶听取博物馆"指触导览"文创产品推介。副厅长杨越光向省委常委、宣传部部长葛慧君汇报抗战70周年纪念活动之《胜利之歌》交响音乐会等相关活动筹备工作情况;会后,召集浙江交响乐团负责人部署落实会议有关要求。

10日　省文化厅厅长金兴盛接待开化县文广新局负责人。副厅长、省文物局局长陈瑶召集中国丝绸博物馆馆长、省文物考古研究所所长等人专题研究落实李强省长关于钱山漾遗址保护重要批示精神。副厅长、浙江音乐学院(筹)党委书记褚子育出席"新松计划"第二期全省中青年创作人才高级研修班(作曲)结业典礼。副厅长黄健全赴湖州调研文房产业发展情况。副厅长杨越光带队前往上海学习了解峰会文艺演出活动组织工作有关经验。副厅长柳河出席省文联"第二届浙江工艺美术双年展"开幕式。副厅长蔡晓春到余杭良渚博物馆调研;之后,到中国丝绸博物馆参加改扩建项目推进例会。

11日　省文化厅副巡视员、省文物局副局长吴志强赴桐乡参加乌镇保护规划论证会。

12日　全国政协文史与学习委员会副主任周国富,省政协秘书长陈荣高,副厅长杨越光出席观看浙江省传统戏剧经典剧目展演开幕演出《孙悟空三打白骨精》。

13日　省文化厅厅长金兴盛赴北京参加全国文化厅局长座谈会(至14日)。副厅长蔡晓春参加浙江省社会科学界联合会第七次代表大会(至15日)。副厅长杨越光听取浙江交响乐团工作汇报。

14日　省文化厅副厅长、省文物局局长陈瑶参加浙江自然博物馆文物捐赠仪式;之后赴丽水、金华调研文物工作(至16日)。副厅长黄健全赴富阳调研文房产业发展情况。副厅长杨越光出席普陀渔民画展开幕式;之后,出席观看浙江省传统戏剧经典剧目展演《传统戏剧经典折子戏专场》。副厅长柳河接待省委老干部局副局长褚春华一行到厅商谈工作。副巡视员李莎参加梁黎明副省长主持召开的我省参加在澳门举办的“世界旅游经济论坛”协调会。

15日　省文化厅厅长金兴盛陪同副省长郑继伟赴衢州市衢江区调研公共文化服务体系建设工作,副厅长柳河参加。副省长郑继伟出席在衢州召开公共文化服务重点市县工作座谈会,厅长金兴盛、副厅长柳河参加。副厅长黄健全参加省舞台设计院退休职工上访有关问题协调会。副厅长杨越光出席厅艺术委员会2015年度第2次专题会议。副厅长蔡晓春出席厅预算编制工作会议。

16日　省文化厅厅长金兴盛参加“网络浙军”建设工作座谈会。副省长郑继伟带队赴开化县调研公共文化服务体系建设工作,副厅长柳河参加。副厅长黄健全赴浙大网新调研文化与科技融合发展情况。副厅长杨越光出席省属院团半年度工作总结座谈会并讲话。副厅长蔡晓春赴仙居县开展帮扶结对行动(至17日)。厅副巡视员、省文物局副局长吴志强率队赴永嘉县,就国家文物局首批国保省保集中成片传统村落保护利用项目——芙蓉村传统村落保护利用项目实施情况进行督查(至17日)。

17日　省文化厅领导金兴盛、陈瑶、褚子育、黄健全、李莎参加“浙江论坛”报告会。厅党组书记、厅长金兴盛主持召开厅党组会,厅领导陈瑶、褚子育、黄健全、杨越光、柳河、蔡晓春、李莎、吴志强出席会议,厅局机关相关处室负责人列席有关议题。副厅长杨越光出席“新松计划”第十期全省青年表演人才高级研修班(小丑、老旦、花脸)结业典礼。

20日　省文化厅厅长金兴盛列席中共浙江省委第十三届委员会第129次会议。厅长金兴盛会见文化部副部长董伟等调研组一行,副厅长褚子育、杨越光、蔡晓春参加。厅领导金兴盛、陈瑶、褚子育参加省管党员领导干部党章党规党纪专题集中轮训(至22日)。副厅长黄健全参加省政府深化“四张清单一张网”改革推进职能转变协调小组教科文卫体制改革专题组第2次会议。文化部副部长董伟一行到厅调研“十三五”规划起草工作,副厅长杨越光、蔡晓春出席座谈会。副厅长柳河参加省反恐怖工作领导小组成员单位专项督查汇报会;赴台州市调研公共文化服务体系示范区创建和农村文化礼堂建设工作,并实地检查台州市第四次全国文化馆评估定级工作。

21日　省文化厅厅长金兴盛参加省委全面深化改革领导小组第六次会议。副厅长黄健全召集厅办公室、监察室、产业处、新远集团负责人和部分老同志,了解核实舞台院部分退休人员上访反映的问题。副厅长杨越光陪同文化部副部长董伟一行赴桐乡考察世界互联网大会、乌镇戏剧节筹备工作情况,赴浙江音乐学院(筹)考察新校区。副厅长蔡晓春赴上海考察调研上海自然博物馆建设情况,并与DCA设计公司就浙江自然博物园核心馆区项目设计后续工作进行对接(至22日)。副巡视员李莎到浙江省文化馆出席非洲陶艺学院培训班结业典礼。

23日　省文化厅厅长金兴盛、副厅长柳河出席浙江省加快构建现代公共文化服务体系新闻发布会,发布有关信息并答记者问。厅长金兴盛列席夏宝龙书记主持召开的峰会有关项目汇报会。副厅长黄健全、副巡视员吴志强参加省管党员领导干部党章党规党纪专题集中轮训(至25日)。副厅长杨越光接待文化部副部长丁伟来浙出席“情系青春——两岸青年吴越行”活动。副厅长蔡晓春与厅计财处商议2015预算执行和2016预算编制工作;之后,赴安吉省自然博物馆进行项目前期工作调研。郑继伟副省长率浙江文化代表团赴土耳其、爱尔兰出席“浙江文化节”活动,副巡视员李莎参加(至31日)。

24日　文化部副部长丁伟,副省长梁黎明,省政府副秘书长李云林,省文化厅厅长金兴盛、副厅长杨越光,省台办副主任张正镛及台湾“中国青年大陆研究文教基金会董事长”张德聪出席“情系青春——两岸青年吴越行”活动启动仪式并参观“两岸青年视觉艺术联合展”。厅长金兴盛到浙江音乐学院(筹)建设工地和中国丝绸博物馆改扩建工地调研。省委常委、宣传部长葛慧君,省委宣传部常务副部长胡坚等一行到浙江音乐学院(筹)建设工地调研并慰问一线建设工人,副厅长、浙江音乐学院(筹)党委书记褚子育，副厅长蔡晓春等陪同。副厅长杨越光出席观看“情系青春——两岸青年吴越行”活动“国色天香——浙江戏剧秀”。副厅长柳河赴金华市金东区参加浙江省第十四届音乐新作演唱演奏大赛优秀节目展演暨2015施光南音乐节启动仪式。副厅长蔡晓春到中国丝绸博物馆改扩建项目工地调研并慰问一线施工人员，之后参加项目建设工作例会。

25日　省文化厅副厅长柳河陪同文化部非遗司副司长马盛德、非遗司保护处副处长张晓莉赴浙江师范大学调研“中国非物质文化遗产传承人群研修培训计划”落实情况。

27日　省文化厅党组书记、厅长金兴盛主持召开厅党组会，厅领导陈瑶、褚子育、黄健全、杨越光、柳河、蔡晓春、吴志强出席会议，厅局机关相关处室负责人列席有关议题。厅长金兴盛参加省委全面深化法治浙江建设工作交流会议。副厅长、省文物局局长陈瑶赴贵州遵义参加全国文物局长会议（至31日）。副厅长黄健全主持召开厅直属机关党委、机关纪委全体会议，研究有关工作。副厅长柳河与嘉兴南湖区副区长周静等人商议全国少儿合唱节事宜。

28日　省文化厅厅长金兴盛赴北京参加中宣部、文化部落实国办“关于支持戏曲传承发展若干政策”工作会议（至30日）。副厅长蔡晓春出席浙江自然博物馆布展前期座谈会。副巡视员、省文物局副局长吴志强接待湖州市南浔区政府、文广新局等相关人员来沟通汇报318国道连接线建设项目涉及世界文化遗产大运河頔塘故道保护事宜。

29日　省文化厅副厅长杨越光参加全省深化国有企业负责人薪酬制度改革工作电视电话会议；之后，去浙江医院看望病危的原省文化局党组书记、代局长，离休干部史行。副厅长柳河赴舟山出席“网络书香·数字图书馆建设与服务”宣传推广项目（浙江站）——图书馆馆长及业务骨干高级研讨班开班仪式；之后，参加省书协理事会。副厅长蔡晓春去台州调研文化市场综合执法、“十三五”规划编制和文化设施建设工作（至30日）。

30日　省文化厅副厅长黄健全接待宁波市文广新局副巡视员一行。副厅长杨越光参加浙江曲艺杂技总团有限公司卞红英告别会；之后，参加省双拥领导小组全体会议。副厅长杨越光出席“情系青春——两岸青年吴越行”闭幕晚宴暨联欢会。副厅长蔡晓春赴安吉推进浙江自然博物院项目。

31日　省文化厅厅长金兴盛，副巡视员、省文物局副局长吴志强参加省政府第六次全体会议暨全省深化“四张清单一张网”改革推进政府职能转变工作会议。厅长金兴盛到浙江音乐学院（筹）项目建设工作现场推进。副厅长杨越光参加我省抗战胜利70周年有关纪念活动筹办工作专题会议；之后，参加全省宣传文化系统干部人才工作交流部署会。副厅长柳河出席纪念抗战胜利70周年浙江省美术作品展。副厅长蔡晓春参加省委宣传部组织召开的意识形态领域形势分析会；之后，赴淳安县调研。

8月

1日　省文化厅副厅长杨越光会见来杭出席中国青年戏剧评论家“西湖论坛”成立大会的来宾；之后，会见文化部第二批国家重点美术馆实地验收专家组一行。

3日　省文化厅厅长金兴盛参加省委宣传部组织召开的影视工作座谈会；之后，参加全省宣传文化系统专题读书会（至5日）。副厅长黄健全到浙江小百花艺术中心工地慰问。副厅长杨越光参加“浙江省参加第四届世界旅游经济论坛暨2015浙澳旅游、经贸与文化交流活动”前期考察行前会；之后召集厅办公室、厅艺术处、厅人事处召开史行告别会筹备会议。副厅长柳河出席“中国非物质文化遗产传承人群研修培训计划”浙江首期培训班开班仪式。副厅长蔡晓春出席厅计财处处务工作会议，听取处室上月工作情况和下月工作要事；之后，到中国丝绸博物馆工地推进项目建设。

4日　省文化厅厅长金兴盛接待曹其镛。厅领导陈瑶、褚子育、黄健全、柳河、李莎参加“浙江论坛”报告会。副厅长、省文物局局长陈瑶接待浙江大学城市学院文化遗产保护学者到访。副厅长杨越光赴澳门参加“浙江省参加第四届世界旅游经济论坛暨2015浙澳旅游、经贸与文化交流活动”前期考察（至6日）。副厅长柳河听取杭州市下城区文广新局工作汇报。副厅长蔡晓春到余杭良渚博物馆调研。副巡视员、省文物局副局长吴志强赴绍兴、宁波督查全国第一次可移动文物普查工作情况(至5日)。

5日　省政府副秘书长李云林就省级以上文保单位保护区划划定一事分别约谈杭州市政府副秘书长张文戈、瑞安市政府副市长郑海洁,副厅长、省文物局局长陈瑶参加。副厅长柳河赴天台参加全省农家乐休闲旅游工作现场会(至6日)。副厅长蔡晓春组织召开厅“四张清单一张网”改革推进职能转变工作领导小组第一次会议。

6日　省文化厅召开全省市级文化广电新闻出版局长座谈会,厅长金兴盛做专题报告,厅领导陈瑶、褚子育、蔡晓春、李莎、吴志强出席会议。厅长金兴盛参加郑继伟副省长听取省文化厅关于历史经典产业发展相关政策制定情况汇报会。副厅长黄健全赴武汉参加文化部文化科技司评审会(至8日)。

7日　省委常委、宣传部长葛慧君,省委宣传部常务副部长胡坚,省文化厅厅长金兴盛,省文化厅副厅长、省文物局局长陈瑶等到浦江对接“四个全面”战略布局试点县相关工作,并签订文化厅与浦江县《文化共建框架协议书》。厅长金兴盛,副厅长杨越光、柳河,副巡视员李莎参加厅老领导史行告别会。副厅长、省文物局局长陈瑶主持召开文物局局务会议,副巡视员、副局长吴志强参加。副厅长蔡晓春赴杭州嘉凯城公司联系工作;之后,到浙江小百花越剧团艺术中心建设工地推进项目建设。

8日　省文化厅副厅长柳河赴嘉兴出席第六届中国少年儿童合唱节暨第十三届南湖合唱节开幕式。

9日　省文化厅厅长金兴盛、副厅长柳河陪同文化部党组成员、中纪委驻部纪检组长王铁在嘉兴、海盐调研。厅长金兴盛、副厅长柳河赴嘉兴出席第六届中国少年儿童合唱节暨第十三届南湖合唱节闭幕式并颁奖。

10日　省文化厅党组书记、厅长金兴盛主持召开厅党组会,厅领导陈瑶、褚子育、黄健全、柳河、李莎出席会议,厅局机关相关处室负责人列席有关议题。厅长金兴盛到浙江音乐学院(筹)工地推进项目建设。副厅长杨越光、蔡晓春参加省管党员领导干部党章党规党纪专题集中轮训(至12日)。副巡视员、省文物局副局长吴志强出席全省“海上丝绸之路”申遗点遴选工作座谈会。

11日　省文化厅厅长金兴盛到省文化馆、浙江曲杂总团调研。副厅长、省文物局局长陈瑶与中国丝绸博物馆商讨“丝路之绸”展览有关事宜;之后,接待杭州市园文局负责人到访。副厅长黄健全到新远集团商议工作。副厅长柳河主持召开省公共文化服务体系建设协调组联络员会议。副巡视员、省文物局副局长吴志强赴武义、永康、浦江、诸暨进行文物夏季消防安全检查(至13日)。

12日　省文化厅厅长金兴盛到浙江美术馆调研,之后到中国丝绸博物馆推进其改扩建项目实施。副厅长、省文物局局长陈瑶赴临海、嵊州进行文物夏季消防安全检查(至13日)。副厅长黄健全参加省级宣传文化系统纪检监察工作会议。副巡视员李莎率厅外事处、厅机关党委党支部党员看望结对帮扶对象——浙江自然博物馆困难党员金芝松。

13日　省文化厅副厅长杨越光参加全省“三严三实”专题教育工作推进会。副厅长柳河、副巡视员李莎参加省管党员领导干部党章党规党纪专题集中轮训(至15日)。副厅长蔡晓春与厅计财处商讨《政府向社会力量购买公共文化服务实施意见》文稿。

14日　省文化厅厅长金兴盛主持召开专题会议,研究我省贯彻落实《国务院办公厅关于支持戏曲传承发展的若干政策》具体实施意见,副厅长杨越光参加。厅长金兴盛到浙江小百花艺术中心项目建设工地进行现场调研,并就后续推进工作进行座谈。副厅长、省文物局局长陈瑶赴余杭良渚,实地慰问高温奋战在考古工地一线的省文物考古研究所工作人员;之后,接待浙江大学博物馆领导到访。副厅长黄健全出席全省文化科技管理工作座谈会。副厅长杨越光参加省委赴澳门开展“浙江省参加第四届世界旅游经济论坛暨2015浙澳旅游、经贸与文化交流活动”前期考察汇报会;之后,参加第四届中非民间论坛协调会。副省长黄旭明,省文化厅副厅长蔡晓春出席观看浙江歌舞剧院纪念中国人民抗日战争暨世界反法西斯战争胜利70周年大型合唱音乐会“和平之歌·我们不会忘记”演出。副厅长蔡晓春到省旅游局对接历史经典产业相关事宜。副巡视员、省文物局副局长吴志强主持召开《浙江通志文物卷》编撰工作会议。

15日　省文化厅厅长金兴盛到浙江音乐学院(筹)工地项目推进;之后,出席浙江省老干部纪念中国人民抗战胜利70周年活动。

17日 省文化厅厅长金兴盛列席省委常委会第132次会议。省委常委、宣传部长葛慧君在浙江音乐厅审查由省委宣传部、省文化厅、省广电集团共同主办的浙江省纪念中国人民抗日战争暨世界反法西斯战争胜利70周年《胜利之歌》交响音乐会，省委宣传部副部长唐中祥，省文化厅厅长金兴盛、副厅长杨越光一同审查。副厅长、省文物局局长陈瑶接待绍兴市文物管理局负责人汇报绍兴轨道交通项目涉及文物保护有关事项。副厅长杨越光与浙江音乐学院（筹）党委副书记、副院长汪俊昌等商议有关学院兼职教师师资库建设、教师兼评艺术专业技术资格等相关工作。副厅长柳河接待杭州市西湖区副区长沈阳红、庆元县副县长俞明理等一行；之后，召集相关处室人员商量厅非遗处处长王淼回杭伤残鉴定相关工作。副厅长蔡晓春参加副省长梁黎明主持召开的历史经典产业工作情况汇报会；之后，参加省政府深化“四张清单一张网”改革推进职能转变协调小组科教文卫改革专题组第3次会议。副厅长蔡晓春出席观看浙江小百花越剧团新排演剧目《春香传》内部审查演出。副巡视员、省文物局副局长吴志强与局文物处商议壮士所城修缮工作；之后，与局文物处商议良渚申遗点方案修改工作。

18日 省文化厅厅长金兴盛到浙江音乐学院（筹）建设工地推进项目建设。副厅长、省文物局局长陈瑶与浙江省考古研究所、浙江古建筑设计院研究有关工作。副厅长黄健全参加2015年创新驱动与产业升级专题培训班（至23日）。副厅长杨越光参加行业协会商会与行政机关脱钩全国电视电话会议。副厅长柳河出席全省《关于加快构建现代公共文化服务体系的实施意见》专题培训班开班仪式并讲话。副厅长蔡晓春赴湖州出席第四届湖州“警察文化节”相关活动。

19日 浙江歌舞剧院创作排演的纪念中国人民抗日战争暨世界反法西斯战争胜利70周年主题歌舞诗《和平与梦想》在省人民大会堂演出。副省长黄旭明，省人大法工委副主任杨晓光，省委宣传部常务副部长胡坚、副部长唐中祥，省人大教科文卫委员会副主任吴天行、省政协文卫体委员会副主任叶成伟，省文化厅厅长金兴盛、副厅长蔡晓春等领导出席观看。厅长金兴盛赴舟山新区调研基层文化建设，对接和落实观音文化园建设中相关工作项目。副厅长、省文物局局长陈瑶赴杭州、嘉兴、湖州督查一普工作（至20日）。副厅长柳河参加文化部第四次文化馆评估定级评估组，对西藏自治区文化馆进行评估检查（至22日）。副厅长蔡晓春参加省政府办公厅副秘书长李云林主持召开的专题研究历史经典产业发展相关政策会议。副巡视员李莎赴衢州开展对外文化贸易调研（至21日）。副巡视员、省文物局副局长吴志强赴丽水参加全省美丽县城暨村庄规划设计现场会（至20日）。

20日 省委常委、宣传部长葛慧君主持召开会议专题研究支持戏曲传承发展工作，厅长金兴盛作专题汇报，省委宣传部副部长唐中祥，副厅长杨越光参加。副厅长杨越光参加省委宣传部召开的纪念中国人民抗日战争暨世界反法西斯战争胜利70周年《胜利之歌》交响音乐会工作协调会。副厅长蔡晓春陪同省财政厅厅长钱巨炎赴安吉推进浙江自然博物园项目建设。

21日 省文化厅厅长金兴盛参加省委“三严三实”专题教育第二次学习会。副厅长蔡晓春与省旅游局相关人员讨论龙泉青瓷宝剑历史经典产业发展相关政策；之后，参加中国丝绸博物馆项目推进例会。厅副巡视员、省文物局副局长吴志强赴德清就推进全国重点文物保护单位莫干山别墅群保护管理工作进行会商。

23日 省文化厅副厅长杨越光出席省文化厅艺术系列歌舞专业人员中级专业技术资格评审会。

24日 省文化厅厅长金兴盛到浙江音乐学院（筹）建设工地项目推进。厅党组书记、厅长金兴盛主持召开厅党组会，厅领导陈瑶、杨越光、柳河、蔡晓春、李莎、吴志强出席会议，厅局机关相关处室负责人列席有关议题。副厅长黄健全参加2015年创新驱动与产业升级专题班培训（至28日）。副厅长蔡晓春到省审计厅对接工作。

25日 省文化厅厅长金兴盛参加省委常委、宣传部长葛慧君，副省长郑继伟听取关于“十三五”时期文化改革发展基本设想、重点项目、重要举措情况汇报会。副厅长杨越光出席省音协第八次会员代表大会。副厅长柳河接待文化部第四次文化馆评估组一行（至26日）。副厅长蔡晓春到省经信委对接工作。副巡视员、省文物局副局长吴志强赴舟山开展“一普”督查工作。

26日 省文化厅厅长金兴盛出席浙江话剧团有限公司新创作剧目《凤凰》建组开排仪式并讲话。省委宣传部副部长唐中祥、省文化厅厅长金兴盛赴浙江交响乐团看望《胜利之歌》交响音乐会演职人员,并审看音乐会大屏幕视频内容。厅长金兴盛现场推进浙江音乐学院(筹)项目建设。副厅长柳河赴台州路桥出席“浙江好腔调濒危剧种传统剧目专场活动”。副厅长杨越光赴义乌参加第四届中非民间论坛。副厅长蔡晓春参加国际峰会建设项目管理专项会。副巡视员、省文物局副局长吴志强赴台州开展“一普”督查工作。

27日 省委书记夏宝龙到浙江音乐学院(筹)建设工地现场考察调研,省委常委、宣传部长葛慧君,省委常委、秘书长赵一德,副省长郑继伟,杭州市市长张鸿铭,市委副书记杨戌标等人参加调研和汇报会。省文化厅厅长金兴盛、浙江音乐学院(筹)党委书记褚子育等陪同,并汇报介绍相关情况。副厅长、省文物局局长陈瑶赴上海参加国际建筑遗产保护博览会(至28日)。副厅长蔡晓春陪同杭州市常务副市长马晓峰考察中国丝绸博物馆改扩建项目建设;之后,参加省政府专题研究龙泉青瓷宝剑历史经典产业有关工作专题会议。省文化厅、省文物局机关在安吉县举办读书会,厅、局机关全体同志参加(至28日)。

28日 省文化厅党组书记、厅长金兴盛作专题讲座,厅领导褚子育、杨越光、蔡晓春、李莎等出席读书会。厅长金兴盛、副厅长蔡晓春到安吉浙江自然博物园建设工地推进项目建设。副厅长杨越光参加全省机关事业单位养老保险制度改革电视电话会议。副厅长柳河陪同文化部第四次文化馆评估组到宁波调研。副巡视员、省文物局副局长吴志强赴庆元参加2015年香菇始祖吴三公祭祀活动。

30日 省委常委、宣传部长葛慧君在省人民大会堂审查由省委宣传部、省文化厅、省广电集团共同主办的浙江省纪念中国人民抗日战争暨世界反法西斯战争胜利70周年“胜利之歌”交响音乐会。省委宣传部常务副部长胡坚、副部长唐中祥,省委党史办主任金延风,省文化厅厅长金兴盛、副厅长杨越光,省广电集团总编辑吕建楚一同审查。副厅长杨越光参加世界互联网大会筹备工作专题会议。副巡视员、省文物局副局长吴志强参加良渚遗址管委会组织召开的良渚古城遗址保护展示方案专家咨询会。

9月

1日 由省委宣传部、省文化厅、省广电集团共同主办的浙江省纪念中国人民抗日战争暨世界反法西斯战争胜利70周年“胜利之歌”交响音乐会在省人民大会堂举行。省委、省人大、省政府、省政协、省军区领导出席观看。省文化厅厅长金兴盛,副厅长褚子育、杨越光、蔡晓春一同出席观看。厅长金兴盛与厅机关党委研究纪检工作。副厅长杨越光与厅外事处研究外事工作。副厅长柳河赴齐齐哈尔参加全国老年合唱节开幕式相关活动(至2日)。副厅长蔡晓春到省交投集团联系工作。

2日 省文化厅厅长金兴盛听取雕刻产业、文房产业政策制定情况汇报;之后,参加浙江音乐学院(筹)后期建设推进会。副厅长蔡晓春听取省文交所工作汇报。

6日 省文化厅党组书记、厅长金兴盛主持召开厅党组会,厅领导陈瑶、褚子育、柳河、蔡晓春、李莎、吴志强出席会议,厅局机关相关处室负责人列席有关议题。厅长金兴盛到省纪委对接相关工作。副厅长杨越光赴北京向文化部副部长丁伟汇报有关工作。副厅长蔡晓春到省艺职院调研。

7日 省文化厅厅长金兴盛陪同省委常委、宣传部长葛慧君赴诸暨、嵊州等地调研农村精神文明建设工作(至8日)。副厅长、省文物局局长陈瑶率队对杭州市开展“一普”工作督查。副厅长柳河出席中国美院和江西黎川县政府战略合作协议签约仪式;之后,赴绍兴出席全省农村文化礼堂文化员才艺大赛颁奖仪式。副厅长蔡晓春到中国丝绸博物馆工地检查安全生产工作。副巡视员、省文物局副局长吴志强出席全省不可移动文物保护专业人员培训班开班仪式。

8日 省文化厅副厅长杨越光专题听取浙江艺术职业学院关于申请举办建校60周年庆典活动的汇报;之后,参加舞剧《朱鹮》演出新闻发布会。副厅长柳河率队到相关厅属单位开展安全检查工作。副厅长蔡晓春陪同省委常委、秘书长赵一德调研中国丝绸博物馆改扩建项目情况；之后，到浙江小百花艺术中心项目现场推进建设工作。

9日　省文化厅厅长金兴盛到武义调研延福寺修缮工程和公共文化建设工作。厅领导陈瑶、柳河、李莎、吴志强参加“浙江论坛”报告会。副厅长杨越光随团赴宁夏参加2015中国—阿拉伯国家博览会和浙江省政府代表团活动（至10日）。副厅长蔡晓春赴龙游调研经典文化产业发展工作。

10日　省文化厅厅长金兴盛、副厅长蔡晓春赴龙泉、青田等地调研经典文化产业发展等工作（至11日）。副巡视员李莎参加两岸企业家峰会文创小组台湾方召集人陈立恒到杭会见活动。副巡视员、省文物局副局长吴志强参加临安功臣塔寺遗址环境整治方案论证会；之后，赴舟山出席观看“东极英雄”首演活动。

11日　省文化厅副厅长杨越光在杭州剧院出席观看“为人民而舞、为时代而舞”浙江省舞蹈家协会第七次代表大会舞蹈精品展演。副厅长柳河赴成都参加第五届中国成都国际非物质文化遗产节暨论坛相关活动（至12日）。副巡视员、省文物局副局长吴志强赴余姚商议河姆渡文化井头山遗址保护发掘工作。

13日　省文化厅副厅长杨越光参加省第五届曲艺杂技魔术节决赛阶段评委预备会。

14日　省文化厅厅长金兴盛与浙江艺术职业学院党委书记朱海闵商议工作；之后接待江山市文广新局局长一行到厅汇报工作。厅长金兴盛到浙江音乐学院（筹）推进项目建设。副厅长杨越光出席省第十八届推普周开幕式活动；之后，在浙江胜利剧院出席观看第五届曲艺杂技魔术节曲艺决赛。副厅长蔡晓春参加中国丝绸博物馆项目推进协调会。

15日　省委书记夏宝龙接待教育部高校设置专家组一行，省委常委、宣传部长葛慧君，省文化厅厅长金兴盛及副厅长、浙江音乐学院（筹）党委书记褚子育等参加。厅长金兴盛参加省委党的群团工作会议。教育部高校设置组专家一行到浙江音乐学院（筹）考察院校设置工作。省委常委、宣传部长葛慧君，省政府副秘书长李云林，省教育工委书记、厅长刘希平，省文化厅厅长金兴盛及副厅长、浙江音乐学院（筹）党委书记褚子育，省教育工委副书记、副厅长鲍学军等领导在专家考察期间出席陪同（至16日）。浙江京剧团在省人民大会堂举行纪念中国人民抗日战争暨世界反法西斯战争胜利70周年优秀剧目巡演华东（南）片启动演出现代京剧《东极英雄》。省委宣传部常务副部长胡坚，省文化厅厅长金兴盛、副厅长杨越光出席观看。副厅长柳河接待海盐县政府、慈溪市文广新局负责人到访。副厅长蔡晓春赴温州、丽水、金华等地参加省“六五”普法检查验收工作（至17日）。副巡视员李莎赴舟山调研对外文化贸易工作（至17日）。

16日　省文化厅厅长金兴盛、副厅长杨越光出席浙江省第五届曲艺杂技魔术节颁奖演出。副厅长杨越光参加省剧代会开幕式。副厅长柳河与厅公共文化处研究修改《浙江省公共图书馆服务标准》。

17日　省文化厅厅长金兴盛听取浙江图书馆工作汇报，副厅长柳河参加。副厅长杨越光赴金华出席徐勤纳导演艺术研讨会并致辞；之后，参加袁家军副省长领办省政协宁波舟山港一体化发展专题重点提案办公工作座谈会。副厅长柳河参加省书协换届会议；之后，赴绍兴出席观看“浙江好腔调青年传承人专场演出”。副巡视员李莎到浙江音乐厅审查浙江歌舞剧院有限公司、浙江曲艺杂技总团有限公司赴南非参加南非·浙江文化节演出节目。

18日　省文化厅党组书记、厅长金兴盛主持召开厅党组会暨厅党组中心组“三严三实”第二专题学习研讨会，厅领导陈瑶、褚子育、黄健全、杨越光、蔡晓春、李莎、吴志强出席会议，厅局机关相关处室负责人列席有关议题。厅长金兴盛列席省政府第53次常务会议。副厅长杨越光会见美国驻上海总领事馆新任文化领事卢桥书（Joshua Lustig）；之后出席浙江省中青年编剧扶持计划2015年度剧本创作资助项目签约仪式。副厅长柳河赴嘉兴参加华东片公共文化区域联动会议。副厅长蔡晓春接待省平安办副主任谢小云一行到厅调研平安浙江建设工作。

19日至24日　省文化厅副厅长柳河赴广西、云南参加全国文化馆评估工作。

21日　省文化厅厅长金兴盛参加省委统战工作会议。副厅长杨越光参加国际峰会专题会议；之后，出席第三届海内外江南丝竹邀请赛颁奖典礼。副厅长蔡晓春参加省建设厅基建工作会议。

22日　省文化厅厅长金兴盛参加省委对台工作领导小组成员单位会议;之后,陪同袁家军副省长接待前来参加全国自然博物馆协会年会的中国科协领导一行。厅长金兴盛听取衢州市文广新局局长一行到厅汇报公共文化服务体系建设重点市有关工作情况。副厅长黄健全参加全民推进“三证合一、一照一证”登记制度改革工作全国电视电话会议;之后参加第四届浙江省道德模范表彰活动电视特别节目。副厅长蔡晓春参加文化部在萧山举办的全国公共文化机构法人治理结构建设交流研讨会;之后,参加浙江小百花艺术中心建设推进会。

23日　省文化厅厅长金兴盛参加中国自然科学博物馆协会2015年年会暨动物艺术研讨会开幕仪式。副厅长杨越光出席第一期省级文化系统处级以上党员干部党章党规党纪专题集中轮训开班仪式(至25日)。副厅长蔡晓春出席省级文化系统禁毒工作宣教会议;之后,参加全国社会治安防控体系建设工作电视电话会议。

24日　中宣部副部长景俊海到浙调研,召开繁荣文艺精品创作工作座谈会。省委常委、宣传部部长葛慧君主持会议,中国文联党组成员、书记处书记、副主席左中一,中宣部文艺局局长汤恒等出席会议,省文化厅厅长金兴盛作汇报发言。副厅长蔡晓春赴之江管委会对接工作。副巡视员李莎参加省户籍制度改革工作领导小组会议。

25日　省文化厅厅长金兴盛参加“云图——当代摄影和现代水墨的对话”摄影展。厅长金兴盛检查浙江音乐学院(筹)开学前各项准备工作,副厅长柳河参加。厅长金兴盛、副厅长柳河出席“历史不会忘记”浙江省纪念中国人民抗日战争暨世界反法西斯战争胜利70周年群众合唱晚会。副厅长柳河出席2015全省非遗处长和中心主任培训班结业仪式。副厅长蔡晓春出席中国丝绸博物馆项目推进会。

26日　省文化厅副厅长黄健全出席2015浦江第八届中国书画界开幕式。

28日　省文化厅厅长金兴盛列席省委常委会第136次会议;之后,到浙江话剧团审看浙商题材话剧《凤凰》联排。副厅长黄健全出席第二期省级文化系统处级以上党员干部中开展党章党规党纪专题集中轮训开班仪式(至30日)。副厅长柳河赴江山出席观看三山艺术节文艺演出。副厅长柳河赴龙游参加全省农村文化礼堂建设工作研讨班(至29日)。副厅长蔡晓春与省财政厅副厅长罗石林商议工作;之后,赴安吉参加浙江省自然博物院项目推进工作会议。副巡视员李莎赴北京参加2016年“东亚文化之都”评估活动终审工作会议(至29日)。

29日　省文化厅厅长金兴盛与浙江小百花越剧团团长茅威涛商议工作。厅长金兴盛、副厅长柳河出席“非遗薪传”浙江曲艺展演展评之曲目展评活动。副厅长黄健全参加浙江传媒学院2015年度国家社会科学基金艺术学重大项目开题论证会。副厅长蔡晓春参加网吧监管系统“清网卫士”演示会;之后,出席浙江小百花艺术中心项目建设深化专题会。

30日　省文化厅党组书记、厅长金兴盛主持召开厅党组会,厅领导陈瑶、褚子育、黄健全、杨越光、柳河、蔡晓春、李莎、吴志强出席会议,厅局机关相关处室负责人列席有关议题。副厅长柳河出席第三批浙江省非物质文化遗产旅游景区评审会;之后,出席第三批浙江省公共文化服务体系示范项目创建资格评审会。副厅长蔡晓春与浙江广电集团商讨京剧团项目方案;之后,检查中国丝绸博物馆改扩建项目工地安全生产工作。

10月

8日　省文化厅厅长金兴盛听取浙江自然博物馆新馆布展方案情况汇报,副厅长蔡晓春参加。厅长金兴盛参观“丝路之绸展”。副厅长杨越光参加省政府赴澳门行前会议;之后接待澳大利亚中国文化中心主任一行。副厅长柳河向周国富同志汇报省民俗促进会换届工作情况。副厅长蔡晓春参加中国丝绸博物馆改扩建项目工作例会。

9日　省文化厅厅长金兴盛赴义乌出席“新丝路·新起点”全国美术名家“丝路行”主题创作活动启动仪式。副厅长黄健全赴北京向文化部汇报杭州市文博会有关情况(至10日)。副厅长杨越光赴杭州市中医院探望尤炳秋同志。副厅长柳河赴湖州出席省“五水共治”海报宣传招贴画优秀作品展开幕式。副厅长蔡晓春接待安吉县副县长任贵明一行。副巡视员李莎出席赴台举办浙江文化节文化团队行前教育会并作动员讲话。

10日　省文化厅厅长金兴盛接待景宁畲族自治县副县长余小军一行。副厅长杨越光参加国际峰会筹委会文艺活动部会议。副厅长蔡晓春赴省民政厅参加省“六五”普法检查验收工作。

11日　省文化厅副厅长柳河与省艺研院和周大风同志家属商量周大风同志后事安排。副厅长杨越光随省政府代表团赴澳门参加第四届世界旅游经济论坛“主宾省”活动（至14日）。副厅长蔡晓春赴延安参加省第9期厅局级干部加强党性修养专题培训班（至21日）。

12日　省文化厅召开厅属单位“一把手”工作交流例会，厅党组书记、厅长金兴盛主持会议并讲话，厅领导黄健全、柳河、李莎、吴志强，厅属单位党政主要负责人，厅（局）机关副处长以上干部参加会议。厅长金兴盛参加县（市、区）委书记工作交流会议。副厅长、省文物局局长陈瑶参加中国丝绸博物馆丝路之绸国际学术研讨会。副厅长、省文物局局长陈瑶陪同国家文物局副局长童明康一行考察松阳传统村落保护工作（至13日）。副厅长杨越光赴澳门参加第四届世界旅游经济论坛浙江“主宾省”活动（至14日）。副厅长柳河陪同文化部非遗司传统手工艺保护发展调研组来浙江开展中国传统手工艺扶持计划调研。副巡视员李莎参加省人大立法项目论证会议。副巡视员、省文物局副局长吴志强参加全省大运河保护管理培训班开班仪式。

13日　省文化厅厅长金兴盛接待文化部非遗司司长李雄一行；之后，到中国丝绸博物馆和浙江音乐学院（筹）考察调研。

14日　省文化厅厅长金兴盛陪同外交部领导考察中国丝绸博物馆和浙江音乐学院（筹）；之后，出席浙江省佛道教“梦之魂”书画展开幕式。副厅长杨越光参加G20峰会演出主创团队汇报会。全国政协文史和学习委员会副主任、省民促会名誉会长周国富，省民促会会长童芍素，省文化厅副厅长柳河出席浙江省民俗文化促进会第二届会员代表大会暨2015年学术报告会。副巡视员、省文物局副局长吴志强陪同国家文物局副局长童明康一行赴临海考察（至15日）。

15日　文化部艺术司副司长吕育忠、省委宣传部副部长唐中祥、省人大教科文卫委员会主任蒋泰维、省人大法制委员会副主任杨晓光、省文化厅厅长金兴盛等出席观看浙江话剧团有限公司话剧《凤凰》试演。厅长金兴盛、副厅长柳河出席第七届中国（浙江）非物质文化遗产博览会开幕式；随后，厅长金兴盛参加杭州文博会开幕巡馆活动。副厅长、省文物局局长陈瑶赴丽水出席丽水博物馆开馆仪式活动。副厅长杨越光参加G20峰会筹备组汇报会；之后，参加杭州创意设计中心开园仪式暨2015杭州—台湾“创意对话创意”高峰论坛。

16日　省委常委、宣传部长葛慧君，省委组织部副部长、老干部局局长王文序，省文化厅厅长金兴盛等陪同省级老领导考察浙江音乐学院（筹）。厅长金兴盛与嵊州市相关领导商议越剧原生地保护传承发展相关工作。副厅长、省文物局局长陈瑶参加浙江省博物馆“东去西来——11—14世纪藏传佛像精品展”开幕式。副厅长黄健全参加国际峰会项目建设督查会；之后，参加省政府深化“四张清单一张网”改革推进职能转变协调小组教科文卫改革专题组第四次会议。副厅长杨越光赴上海参加第十七届上海国际艺术节论坛；之后，出席观看浙江话剧团有限公司话剧《凤凰》试演。副厅长柳河陪同国务院政策措施贯彻情况第三方评估组赴宁海调研（至17日）。副巡视员吴志强出席“武义第九届温泉节暨第六届国际养生博览会开幕式”。

17日　省文化厅领导金兴盛、黄健全参加周大风同志遗体告别仪式。厅长金兴盛接待青海省文化厅厅长申红兴一行。副厅长、省文物局局长陈瑶赴温州出席郑振铎纪念馆开馆仪式（至18日）。副厅长黄健全陪同青海省文化厅厅长申红兴一行到浙学习考察。副厅长杨越光参加省委组织部牵头召开的省“千人计划”评审委员会。副巡视员、省文物局副局长吴志强参加中国首届传统村落保护利用国际高层研讨会。

18日　省文化厅副厅长杨越光赴金华出席浙江省“婺剧进校园”精品汇报演出活动。

19日　省文化厅厅长金兴盛赴北京参加中宣部“繁荣发展社会主义文艺推进会”（至20日）。副厅长、省文物局局长陈瑶主持召开省文物局局长办公会议，听取2016年文物经费预算（二上）情况汇报。副厅长黄健全列席省委常委扩大会议。副厅长杨越光赴乌镇会见台湾客人。副厅长柳河参加省政府办公厅召集的贯彻落实国务院政策情况第三方评估座谈会。

20日　省文化厅副厅长、省文物局局长陈瑶，副巡视员、省文物局副局长吴志强参加良渚古城遗址申遗工作研究。副厅长杨越光主持召开省属艺术单位国家艺术基金工作推进会，研究部署省属艺术单位2015年度国家艺术基金入选项目工作推进及2016年度申报工作。副厅长柳河陪同贯彻落实国务院政策情况第三方评估组赴海盐调研（至21日）。

21日　省文化厅厅长金兴盛，副厅长、省文物局局长陈瑶出席浙江省博物馆（武林馆区）“仍在曹家”珍藏漆器展开幕式。厅长金兴盛参加李强省长听取“十三五”规划汇报会。厅长金兴盛，副厅长、省文物局局长陈瑶接待曹其镛夫妇和贵州省文化厅厅长许明一行。副厅长黄健全出席浙江老年开放大学挂牌仪式。副厅长杨越光赴临安市潜川镇上沃村出席浙江昆剧团“幽兰寻根——昆曲百场送礼堂”项目启动仪式。副巡视员、省文物局副局长吴志强陪同贵州省文化厅厅长许明一行赴德清考察传统村落保护利用工作。

22日　省文化厅厅长金兴盛赴桐乡乌镇调研考察乌镇戏剧节。副厅长、省文物局局长陈瑶参加浙江自然博物馆新馆展陈方案论证会。副巡视员李莎率团赴台湾参加“第九届台湾·浙江文化节活动”（至27日）。

23日　省文化厅厅长金兴盛陪同曹其镛一行考察浙江音乐学院（筹）。厅长金兴盛列席省委常委会；之后接待庆元县文广新局局长一行到厅汇报工作。副厅长杨越光审查“新松计划”实施10周年电视专题片样片；之后，参加周志华收徒仪式。副厅长柳河参加浦江“四个全面”协调组会议；之后，出席全省大学生艺术节闭幕式。副巡视员、省文物局副局长吴志强赴北京参加中国古迹保护理事会传统村落专业委员会成立大会。

24日　省文化厅副厅长蔡晓春赴衢州出席“幸福柯城三十周年座谈会”。副巡视员、省文物局副局长吴志强在北京参加良渚古城遗址申遗专家咨询会。

25日　省文化厅副厅长杨越光参加嘉兴国际漫画双年展开幕式。副厅长柳河赴松阳出席2015浙江省文化礼堂乡村排舞大赛。

26日　省文化厅党组书记、厅长金兴盛主持召开厅党组会，厅领导陈瑶、黄健全、杨越光、柳河、蔡晓春、吴志强出席会议，厅局机关相关处室负责人列席有关议题。厅领导金兴盛、柳河接待浙江大学和浙学研究协同中心张涌泉教授、娄含松教授。副厅长黄健全参加第三届世界浙商大会“浙江省重点产业和历史经典产业发展新闻发布会暨特色小镇建设以及PPT项目推介会”；之后，参加“第三届世界浙商文化论坛暨浙商文化双年展”。副厅长杨越光出席厅艺委会部分专家会议，对浙江小百花越剧团、浙江越剧团《春香传》《胡雪岩》剧本进行论证。副厅长蔡晓春到中国丝绸博物馆推进项目建设。

27日　省文化厅厅长金兴盛陪同浙江省咨询委主任、原省委常委、省政府常务副省长、省人大常委会副主任章猛进等一行考察浙江音乐学院（筹）。副厅长、省文物局局长陈瑶督查省直文博单位“一普”工作情况；之后，与浙江大学相关人员商议“丝绸档案”建设事宜。副厅长黄健全听取浙江文交所工作汇报；之后，接待浙江工业大学副校长陈建孟到厅商议文化科技协同创新平台筹建工作。副厅长柳河出席第二批浙江省传统戏剧之乡评审会。副厅长蔡晓春到浙江小百花艺术中心项目推进；之后，参加省禁毒办对省文化厅检查考核验收会。副厅长杨越光参加全省规范选人用人工作会议（至28日）。副巡视员、省文物局副局长吴志强赴浦江对接落实“四个全面”推进试点地区的文物保护相关工作。

28日　省政府办公厅副秘书长李云林，省委宣传部常务副部长胡坚，省文化厅领导金兴盛、陈瑶、蔡晓春等出席浙江自然博物园核心馆区项目开工及现场推进会。副厅长黄健全参加第23届江浙沪两省一市演出业务洽谈会筹备会议；之后，随省政府办公厅副秘书长李云林赴北京参加第十届国际文化创意产业博览会（至30日）。副厅长柳河赴长兴县出席全省文化强镇评选工作会议。副巡视员、副局长吴志强参加浦江上山考古遗址公园规划评审会。

29日　省委宣传部常务副部长胡坚、省文化厅厅长金兴盛带领省委宣传部、省文化厅、省文物局机关人员到浙江音乐学院（筹）考察参观，厅领导陈瑶、杨越光、蔡晓春、吴志强参加。副厅长、省文物局局长陈瑶，副巡视员、省文物局副局长吴志强赴松阳参加传统村落保护与发展研讨会（至30日）。副厅长杨越光、副巡视员李莎参加赴卡塔尔举办

"中国年"开幕演出事宜筹备会议。副厅长柳河赴重庆参加全国文化馆年会(至 30 日)。副巡视员李莎参加省商务厅举办的文化出口重点企业评审会。

30 日　省文化厅厅长金兴盛参加中宣部学习宣传贯彻党的十八届五中全会精神视频会议。厅领导杨越光、蔡晓春、李莎参加省委领导干部会议。副厅长蔡晓春拜访省财政厅厅长钱巨炎。

31 日　省文化厅厅长金兴盛参加省委宣传部学习贯彻党的十八届五中全会精神会议。副厅长蔡晓春参加第二届中国茶奥会。

11 月

1 日　省文化厅副厅长蔡晓春参加杭州东方文化论坛暨茶与人类文明研讨会。

2 日　省文化厅厅长金兴盛列席中共浙江省第十三届委员会常务委员会第 140 次会议。厅党组书记、厅长金兴盛主持召开厅党组会,厅领导陈瑶、黄健全、杨越光、柳河、蔡晓春、李莎、吴志强出席会议,厅局机关相关处室负责人列席有关议题。副厅长柳河参加中国美院"文化部中国非物质文化遗产传承人群研修计划"中国美术学院研修班开班仪式。厅长金兴盛到中国丝绸博物馆调研并主持召开现场推进会,副厅长、省文物局局长陈瑶,副厅长蔡晓春等参加会议。副厅长黄健全参加全国推进内贸流通现代化电视电话会议。副厅长杨越光、副巡视员李莎出席我省参加 2016 卡塔尔"中国文化年"活动筹备会议。副巡视员李莎参加 2016 年立法项目听取意见座谈会。

3 日　省文化厅厅长金兴盛与浙江话剧团有限公司总经理商议工作。副厅长、省文物局局长陈瑶参加全省文物管理干部培训班开班仪式并授课。副厅长黄健全到浙大继续教育学院介绍文化产业相关情况;之后,到新华浙江大宗商品交易中心调研。副厅长杨越光参加省文联换届工作会议;之后,在杭州剧院审查"新松计划"实施 10 周年"一脉相承——名师带徒戏曲晚会"节目。副厅长柳河与公共文化处商议"基层文化中心建设实施意见"。副厅长蔡晓春到浙江音乐学院(筹)调研。副厅长蔡晓春接待台州市文广新局局长一行,商议分析 2014 年度文化发展指数;之后参加文化部文化市场司县城乡镇互联网上网服务营业场所专项整治工作视频会议。副巡视员、省文物局副局长吴志强赴江苏参加国家文物局未定级不可移动文物保护管理规则制定工作会议(至 4 日)。

4 日　省委常委、宣传部部长葛慧君,省文化厅厅长金兴盛、副厅长杨越光出席浙江艺术职业学院 60 周年校庆大会。厅长金兴盛陪同文化部副部长董伟到浙江音乐学院(筹)参观调研。副厅长、省文物局局长陈瑶与义乌市文广新局负责人商议文博会相关工作。副厅长黄健全接待浙商集团领导。由浙江省委宣传部和省文化厅共同主办的"新松计划"实施 10 周年"一脉相承——名师带徒戏曲晚会"在杭州剧院举行。文化部副部长董伟,省政协秘书长陈荣高,省文化厅厅长金兴盛,省人大教科文卫委员会副主任吴天行,省政协文卫体委员会副主任叶成伟,省委宣传部副巡视员、干部处处长吴熔,文化厅副厅长杨越光、副巡视员李莎等出席观看。副厅长杨越光接待遂昌县委宣传部部长一行到厅汇报工作,副巡视员李莎参加。副厅长蔡晓春参加省对口支援工作领导小组(扩大)会议;之后,赴丽水出席全省文化市场综合执法分管局长和队长培训班结业仪式。

5 日　由浙江省委宣传部和省文化厅共同主办的"新松计划"实施 10 周年研讨会在浙江艺术职业学院举行。文化部副部长董伟、省文化厅厅长金兴盛出席并讲话,省委宣传部副巡视员、干部处处长吴熔,省文化厅副厅长杨越光等一同出席。厅领导金兴盛、李莎与遂昌县委书记杜兴林一行商议 2016 遂昌汤显祖—莎士比亚逝世 400 周年纪念活动方案等事宜。副厅长黄健全参加省网吧行业协会第四届第二次会议;之后,出席第十八届西湖艺术品博览会开幕式。副厅长柳河参加中国艺术职业教育学会年会。副厅长蔡晓春赴金华调研"十三五"文化发展规划和文化市场综合执法工作(至 6 日)。副巡视员李莎出席非洲图书馆计算机自动化管理培训班开班仪式。副巡视员、省文物局副局长吴志强听取慈溪市文广新局关于上林湖越窑遗址申遗专家咨询会筹备情况汇报。

6 日　省文化厅厅长金兴盛参加省委"三严三实"专题教育第三次学习会;之后,参加厅办公室、信息中心支部学习会。副厅长黄健全听取新远集团董事长张翼到厅汇报舞台院近期工作情况。副厅长杨越光接待贵州省文化厅副厅长姜刚杰一行。副厅长蔡晓春赴丽水参加丽水摄影节开幕式。副巡视李莎接待台湾美术家和中华文化促进会负责人。

7日　省文化厅领导金兴盛、陈瑶、褚子育、黄健全、柳河、李莎、吴志强听取中央宣讲团作党的十八届五中全会精神宣讲报告。副厅长杨越光出席“婆娑蓬莱”台湾水墨名家特展开幕式。

8日　省文化厅副厅长蔡晓春出席2015年浙江省“119”消防宣传月暨杭州市公安机关警营开放日启动仪式。

9日　省文化厅厅长金兴盛到浙江小百花艺术中心建设工地推进项目建设。副厅长杨越光赴卡塔尔、埃及筹备“中国文化年”相关项目对接工作(至16日)。副厅长柳河参加全省旅游景区提升推进电视电话会议。副厅长蔡晓春到省人力社保厅、省财政厅对接工作;之后,主持召开全省县域乡镇互联网上网服务营业场所专项整治工作视频会议。副巡视员李莎与省委外宣办商讨《关于进一步加强对外和对港澳台文化工作的实施意见》的修改工作;之后,赴丽水、龙泉等地开展对外文化贸易调研(至11日)。

10日　省文化厅厅长金兴盛向郑继伟副省长汇报工作;之后,参加国际峰会筹备工作领导小组会议。副厅长、省文物局局长陈瑶,副巡视员、省文物局副局长吴志强赴慈溪出席上林湖越窑遗址申遗工作专家咨询会(至11日)。副厅长柳河与厅公共文化处商讨《基层文化中心建设实施意见(草案)》。副厅长蔡晓春到省审计厅对接工作。

11日　省文化厅厅长金兴盛到浙江音乐学院(筹)调研。厅领导金兴盛、褚子育、蔡晓春到浙江音乐学院(筹)出席赵松庭竹笛国际艺术中心成立音乐会。副厅长黄健全参加国家质量工作考核实地核查首次会议;之后,参加全省推进县域经济体制综合改革暨市县行政审批层级一体化改革电视电话会议。副厅长柳河出席2015年浙江省公共图书馆走进文化礼堂“双百活动”启动仪式暨富阳区图书馆“双百活动”走进湖塍村文化礼堂活动;之后,出席全省第二届村歌大赛颁奖仪式。副厅长蔡晓春到省机关事务管理局对接工作;之后,参加中国丝绸博物馆项目推进例会。副巡视员、省文物局副局长吴志强赴慈溪出席浙江青瓷窑遗址申遗工作座谈会

12日　省文化厅厅长金兴盛参加省政府“十三五”规划座谈会。第二批浙江省传统戏剧之乡授牌仪式暨浙江好腔调——“开唱了”戏曲传统戏剧传承人群专场在杭州红星剧院举行。省政协原主席、省戏剧发展促进会会长周国富,省政协文卫体委员会主任钟桂松,省人大科教文卫委员会副主任吴天行,省政协文卫体委员会专职副主任叶成伟,省文化厅厅长金兴盛、副厅长柳河等出席活动。副厅长、省文物局局长陈瑶接待杭州市富阳区区委书记姜军一行,副巡视员、省文物局副局长吴志强参加。副厅长蔡晓春参加省政府“十三五”规划座谈会。

13日　省文化厅厅长金兴盛参加省委宣传部召开的汤显祖文化建设工作专题会议;之后,列席省政府常务会议。副厅长、省文物局局长陈瑶出席“中兴纪胜——南宋风物观止”展览开幕式活动。副厅长黄健全赴华东林业产权交易所调研。副厅长蔡晓春到安吉省自然博物园推进项目建设。副巡视员李莎出席非洲图书馆计算机管理培训班结业仪式。

15日　省文化厅副厅长柳河参加省安全紧急电视电话会议;之后,出席全省第九届排舞大赛颁奖仪式。

16日　省文化厅厅长金兴盛列席中国浙江省第十三届委员会常务委员会第141次会议。原文化部副部长、国家文物局局长励小捷赴浙江就中国文物保护基金会支持传统村落中的非国有文物保护单位保护问题进行专题调研,副厅长、省文物局局长陈瑶,副巡视员、省文物局副局长吴志强等参加传统村落基金扶持工作座谈会。副厅长黄健全参加全省美丽乡村和农村精神文明建设现场会(至17日上午)。副厅长柳河出席省级文化系统安全会议,传达部署相关工作会议精神。副厅长蔡晓春参加省政府办公厅工作汇报会。

17日　省委常委、组织部长廖国勋到省文化厅调研文化强省建设和干部工作,省委组织部部务会议成员(副厅长级)、办公室主任赵雄文等陪同调研,省文化厅领导金兴盛、陈瑶、褚子育、杨越光、柳河、蔡晓春、李莎、吴志强参加调研座谈会。副厅长、省文物局局长陈瑶参加由袁家军副省长主持召开的舟山绿色石化基地第七次专题会议。副厅长杨越光参加国际峰会文艺部专题会议;

之后，出席观看美国爵士四重奏音乐会。副厅长蔡晓春赴宁波出席全省文化市场综合执法信息化与规范化建设现场会、第二批全省执法培训班及浙陕两省文化执法交流会（至18日上午）。副巡视员、省文物局副局长吴志强陪同原文化部副部长、国家文物局局长励小捷一行赴金华寺平村调研。

18日　省文化厅厅长金兴盛参加省政协围绕省委十三届八次全会重大决策专题政治协商会议。副厅长杨越光与厅外事处研究中卡文化年活动相关事宜。副厅长蔡晓春到仙居县扶贫联系点指导工作（至20日）。副巡视员、省文物局副局长吴志强参加全省推进村庄规划工作现场会（至19日上午）。

19日　省文化厅厅长金兴盛到宁波市调研文化发展“十三五规划”及相关文化产业发展工作（至20日）。副厅长黄健全参加“百日维稳攻坚大会战”工作第四次视频会议。副厅长杨越光赴江西南昌参加国际艺术基金工作会议及国家艺术基金片区培训班（至20日）。副厅长柳河赴内蒙古通辽市参加全国贫困地区公共文化建设工作推进会议（至20日）。副巡视员李莎赴文化部协调汤显祖逝世400周年纪念活动相关事宜（至20日）。副巡视员、省文物局副局长吴志强听取湖州市南浔区文广新局负责人汇报工作。

20日　省文化厅党组书记、厅长金兴盛主持召开厅党组中心组召开“三严三实”专题教育第三专题学习会，厅领导陈瑶、黄健全、蔡晓春、吴志强出席会议，厅局机关相关处室负责人，厅属单位负责人参加。副厅长蔡晓春参加郑继伟副省长主持召开的加强体育设施建设和利用工作座谈会。

21日　省文化厅副厅长柳河到中国美术馆参观舟山渔民画展。

23日　省文化厅厅长金兴盛列席省委常务会议。厅党组书记、厅长金兴盛主持召开厅党组会，厅领导陈瑶、褚子育、黄健全、杨越光、柳河、蔡晓春、李莎、吴志强出席会议，厅局机关相关处室负责人列席有关议题。副厅长杨越光出席2015年全省艺术创作题材规划会议。副厅长柳河接待德清县领导一行到访；之后，出席杭州市余杭区原创歌曲展演活动。副巡视员李莎出席由文化部外联局、浙江省文化厅、宁波市文广局主办的“首期阿拉伯国家文物（纸质）修复专家研修班”开班仪式。

24日　省文化厅厅长金兴盛到浙江美术馆参观钱瘦铁艺术展；之后，到浙江美术馆参观“文心蔚然”文蔚书画作品展。厅长金兴盛陪同李强省长会见捷克州长协会主席、南摩拉维亚洲州长米哈尔·哈谢克。副厅长杨越光与厅外事处研究“中卡文化年”开幕式演出相关事宜。副厅长柳河参加浙江省推荐申报第五批国家级非遗代表性项目代表性传承人评审会；之后，到杭州市拱墅区开展第二批浙江省公共文化服务体系示范项目和浙江省强镇、文化示范村（社区）抽查工作。副厅长蔡晓春赴安吉参加浙江自然博物园核心馆区建设项目工地现场综合协调会。副巡视员李莎赴义乌调研对外文化贸易工作（至25日）。

25日　省文化厅领导金兴盛、陈瑶、褚子育、黄健全、杨越光、柳河、蔡晓春、吴志强听取省委十三届八次全体（扩大）会议大会报告。厅领导金兴盛、陈瑶、褚子育参加省委十三届八次全体（扩大）会议（至26日上午）。副厅长、省文物局局长陈瑶，副巡视员、省文物局副局长吴志强听取龙泉市委书记王小荣一行汇报沟通大窑龙泉窑遗址保护申遗工作情况。副厅长蔡晓春赴上海同济大学设计院对接工作并考察上海科技馆（至26日）。

26日　省委常委、宣传部长葛慧君，省文化厅领导金兴盛、柳河出席浙江省农村文化礼堂群众文化展演活动。省委组织部干部一处、公务员管理处党支部赴省文化厅开展“三严三实”专题教育联学共建走基层活动，厅领导杨越光、吴志强陪同参观了良渚古城考古工作站和浙江音乐学院（筹）。副厅长柳河参加秀洲·中国农民画艺术节。

27日　省文化厅领导金兴盛、蔡晓春到桐庐县莪山乡进行对口帮扶工作调研。厅领导金兴盛、杨越光听取厅艺术处关于第二届世界互联网大会文艺演出活动筹备情况汇报。

29日　省文化厅副厅长杨越光参加“上虞青·现代国际陶艺中心”开馆活动。

30日　省文化厅召开厅局机关在编在职工作人员会议，厅领导金兴盛、陈瑶、褚子育、黄健全、杨越光、柳河、蔡晓春、李莎、吴志强出席会议，厅局机关各处室负责人参加。厅长金兴盛列席省委常委会；赴浙江歌舞剧院有限公司宣布主要领导人任命，副厅长杨越光参加。副厅长蔡晓春到省机关事务局对接工作；与浙江自然博物馆书记商议省自然博物园建设项目工作。副巡视员、省文物局副局长吴志强参加杭州市飞来峰石刻文物保护座谈会。

12 月

1 日　省文化厅厅领导金兴盛、杨越光参加 G20 峰会筹备工作动员大会。厅长金兴盛参加省委宣传部召开的党委（党组）意识形态工作责任制座谈会。中国歌剧舞剧院新版大型歌剧《白毛女》全国巡演杭州站演出在杭州剧院上演，省委常委、宣传部长葛慧君，省委常委、杭州市委书记赵一德，省人大常委会副主任姒健敏，副省长郑继伟，省政协副主席陈艳华，省文化厅厅领导金兴盛、陈瑶、杨越光、蔡晓春出席观看。厅长金兴盛接待文化部艺术司副司长明文军一行，副厅长杨越光、蔡晓春陪同。副厅长、省文物局局长陈瑶陪同郑继伟副省长调研大运河文化遗产保护工作。副厅长黄健全陪同郑继伟副省长赴湖州调研文化工作。副厅长柳河参加全国推进信访信息录入“百日会战”活动电视电话会议。副厅长蔡晓春到省广电集团对接工作。副巡视员、省文物局副局长吴志强与良渚遗址管委会商议良渚古城城垣遗址展示工作；之后，参加“2015 年浙江考古论坛”入围项目初评会。

2 日　省文化厅领导金兴盛、杨越光参加全省繁荣发展社会主义文艺推进会。副厅长黄健全参加中国民主促进会成立 70 周年和民进浙江省第九届五次全会开幕式。副厅长柳河与淘宝沟通非遗产品上线相关事宜；之后，参加文化强镇、文化示范村督查情况汇总会。副厅长蔡晓春到省博物馆调研。副巡视员李莎赴宁波参加“东亚文化之都”2016 年工作对接会。

3 日　省文化厅厅长金兴盛接待嵊州市文广新局局长一行到厅汇报工作。省委宣传部副部长、省委外宣办主任来颖杰，厅领导金兴盛、杨越光在浙江音乐厅审查第二届世界互联网大会文艺节目。副厅长、省文物局局长陈瑶主持召开省文物局局务会议，副巡视员、省文物局副局长吴志强参加。副厅长柳河赴湖州出席全省舞蹈大赛决赛现场。副厅长蔡晓春出席全省文化系统调研工作会议；之后，到省文化馆调研，商议全省文化志愿者总队成立事宜。

4 日　省文化厅党组书记、厅长金兴盛主持召开厅党组会，厅领导陈瑶、褚子育、黄健全、杨越光、柳河、蔡晓春、李莎出席会议，厅局机关相关处室负责人列席有关议题。厅长金兴盛列席省政府常务会议。副厅长柳河出席《大禹纪念歌》新闻发布会。副厅长蔡晓春参加纪念“12·4”国家宪法日暨全国法制宣传日座谈会；之后，到中国丝绸博物馆推进项目建设。副巡视员李莎到杭州市文化创意设计中心考察调研。

6 日　省文化厅领导金兴盛、李莎赴香港参加“亚洲文化合作论坛 2015”系列活动，并拜会漆器收藏家曹其镛，商谈关于中国漆器文化的研究和推广以及与浙江博物馆合作事宜（至 9 日）。

7 日　省文化厅副厅长黄健全陪同全国娱乐行业协会会长刘金华一行考察天下行游戏产业园；之后，到省宣传纪工委参加会议。副厅长杨越光列席省委常委会；之后，到浙江曲艺杂技总团有限公司宣布干部任职事宜。副厅长柳河赴丽水市莲都区、仙居县、天台县开展重点市县督查及调研工作（至 9 日）。副厅长蔡晓春到安吉县参加浙江自然博物园核心馆区建设项目现场协调工作例会。

8 日　省文化厅副厅长、省文物局局长陈瑶赴中国水利博物馆、中国湿地博物馆调研。副厅长黄健全出席全省文化市场行政审批培训班开班仪式；之后，出席 2016 年中国（义乌）文交会参展动员部署会并讲话。副厅长杨越光赴浙江交响乐团宣布干部任职事宜；之后，参加《地方志·艺术卷》工作会议。副厅长柳河随郑继伟副省长赴台州调研（至 9 日）。副厅长蔡晓春与省文化馆馆长商议文化志愿者总队成立相关事宜；之后，接待丽水市文广新局副局长一行，听取丽水市文化市场执法工作汇报。

9 日　省文化厅副厅长、省文物局局长陈瑶赴江南锡器博物馆调研对口帮扶民办博物馆工作。中国艺术科技研究所浙江协同创新平台在杭州成立，文化部文化科技司司长孙若风、中国艺术科技研究所所长王丰，浙江工业大学党委书记梅新林，省文化厅副厅长黄健全等出席。副厅长杨越光出席 2016 年国家艺术基金申报工作培训班并讲话；之后，会见厄瓜多尔总领事埃雷拉女士。副厅长蔡晓春参加省直部门领导干部学习十八届五中全会精神暨进高校上讲台工作座谈会；之后，参加全省扶贫开发工作会议。副巡视员、省文物局副局长吴志强参加第二届海上丝绸之路文化遗产保护论坛（海口）。

10日　省文化厅厅长金兴盛参加浙江省艺术系列美术专业高级专业技术资格评审会。厅领导金兴盛、柳河、蔡晓春赴安吉出席观看“特色小镇·非遗之光”2016浙江省非物质文化遗产电视春晚活动。厅领导金兴盛、蔡晓春与安吉县委书记单锦炎、县长沈铭权及安吉县相关职能部门负责人召开浙江自然博物园核心馆区后续建设工作专题会议。副厅长、省文物局局长陈瑶接待慈溪市相关领导来访。副厅长杨越光赴浙江美术馆宣布干部任职事宜；之后，参加2016国际峰会专题工作会议。副厅长杨越光赴磐安开展公共文化重点市县督查工作（至11日）。副厅长柳河、蔡晓春牵头召开浙江省文化志愿总队筹备协调会。

11日　省文化厅领导金兴盛、陈瑶、褚子育、黄健全、蔡晓春、李莎、吴志强参加《中国共产党廉洁自律准则》和《中国共产党纪律处分条例》宣讲报告会。厅长金兴盛接待浙江传媒学院宣传部长叶蒙获到厅商议工作。副厅长、省文物局局长陈瑶接待温州市文广新局相关负责人到访。副厅长柳河出席浙江风采雕塑展开幕式；之后，出席公共文化服务标准化等三个试点工作总结部署会并讲话。副厅长柳河赴德清参加游子文化节。副厅长蔡晓春参加第二届世界互联网大会维稳安保工作一级响应启动视频会议。

14日　省文化厅领导金兴盛、蔡晓春到仙居县朱溪镇文化厅扶贫联系点指导工作。副厅长、省文物局局长陈瑶赴泰顺、苍南、平阳、瑞安、东阳等地就公共文化服务标准化重点市县有关工作和文物保护工作进行督查和调研（至18日）。副厅长黄健全主持召开厅直属机关党委全体会议。副厅长杨越光出席首届浙江曲艺奖颁奖晚会。副厅长柳河与省政协教科文卫委员会主任钟桂松商议浙江图书馆首届理事会成立仪式议程。

15日　省文化厅厅长金兴盛赴东阳市调研文化工作。副厅长杨越光到浙江音乐学院（筹）出席二十世纪后民族乐派作曲家杰克·波蒂的跨文化音乐作品研讨会开幕式，并会见新西兰驻华大使麦康年；陪同杭州市峰会组委会有关人员考察浙江美术馆、浙江省博物馆场馆；出席第二届“浙江音乐奖”颁奖演出。副厅长柳河赴温岭出席全省公共文化建设培训班并讲话。副厅长蔡晓春陪同郑继伟副省长赴金华调研。副巡视员、省文物局副局长吴志强参加“让文化遗产活起来——余杭区不可移动文物保护利用成果展”开幕式活动。

16日　省文化厅厅长金兴盛赴衢州市开展公共文化重点市县督查工作，赴江山省委宣传部“十百千”典型培育计划联系点联系工作。副厅长黄健全赴北京参加全国文化系统纪检监察工作负责人培训班（至19日）。副厅长杨越光赴北京参加第二批国家重点美术馆授牌仪式暨美术馆工作座谈会（至17日）。副厅长柳河赴广州参加全国文化馆年会（至17日）。副厅长蔡晓春参加全省加强体育场地设施建设和利用工作现场会。副巡视员李莎会见台湾文化主管部门“艺术发展司”负责人梁永斐一行。

17日　省文化厅厅长金兴盛列席省委常委会。副厅长蔡晓春召集浙江图书馆、省博物馆、省非遗中心、省作协等单位负责人商议之江文化中心项目建设事宜。副厅长蔡晓春到湖州开展2015年文化市场综合执法工作考评暨禁毒、消防、安全检查工作。副巡视员李莎参加国家反恐办“12·17”电视电话会议；之后，会见台湾传统艺术中心副主任王兰生一行。副巡视员、省文物局副局长吴志强参加宁波大榭东岳宫遗址考古试掘专家论证会。

18日　省文化厅领导金兴盛、杨越光参加省级文化系统人大代表、政协委员、党外干部和中青年专家座谈会。厅党组书记、厅长金兴盛主持召开厅党组会，厅领导陈瑶、褚子育、杨越光、柳河、蔡晓春、李莎、吴志强出席会议，厅局机关相关处室负责人列席有关议题。副厅长蔡晓春参加浙江音乐学院（筹）项目先进事迹报告暨G20峰会工程誓师大会。

20日　省文化厅领导金兴盛、褚子育、杨越光、柳河、蔡晓春出席浙江省文化志愿者总队成立暨浙江省文化馆建馆60周年活动。

21日　省政府副秘书长李云林，省委宣传部副部长唐中祥，省文化厅领导金兴盛、杨越光、柳河出席浙江图书馆首届理事会成立仪式。副厅长杨越光出席浙江交响乐团聘期考核会，厅人事处处长戴言参加。副厅长蔡晓春赴中国丝绸博物馆检查改扩建项目推进情况；之后，与浙江自然博物馆馆长、书记商议“安吉馆区”设计优化、资金管理方案。副厅长蔡晓春接待文化部市场司副司长刘强一行。

22日　省文化厅厅长金兴盛列席省委常委会；之后，到浙江传媒学院宣讲十八届五中全会精神。厅领导杨越光、李莎审查中卡文化年开幕节目。副厅长蔡晓春陪同文化部市场司副司长刘强一行赴阿里巴巴考察。

23日　省文化厅领导金兴盛、陈瑶、褚子育、柳河、蔡晓春、李莎、吴志强参加省委经济工作会议。副厅长黄健全主持召开厅属产业单位党政主要负责人与厅机关党委、产业处、市场处负责人座谈会；之后，参加文化领域省重大科技专项评审会。副厅长杨越光出席浙江省艺术系列高级（艺术二级）专业技术资格评审会；之后，赴绍兴出席观看浙江绍剧艺术研究院折子戏专场演出。

24日　省文化厅厅长金兴盛陪同郑继伟副省长赴北京参加文化部2016年“欢乐春节”协调动员会，副巡视员李莎参加。厅领导陈瑶、蔡晓春陪同省建设厅总规划师顾浩、副厅长楼冰一行到中国丝绸博物馆改扩建工程现场调研并召开现场协调会。副厅长黄健全列席省政府常务会议。副厅长杨越光出席浙江小百花越剧团聘期考核会。副厅长柳河参加省委经济工作会议分组讨论。副厅长杨越光与国际峰会杭州市筹委会文艺活动部负责人汪小玫会谈国际峰会伴宴演出有关工作。

25日　省文化厅厅长金兴盛到浙江音乐学院（筹）调研。副厅长杨越光召开省属院团党政负责人民主生活会，听取各院团对厅党组党风廉政建设的意见建议；之后，出席“画风画峰——浙江花鸟画名家作品展”开幕式。副厅长蔡晓春参加省政府深化“四张清单一张网”改革推进职能转变协调小组教科文卫体改革专题组第5次会议。

26日　省委书记夏宝龙，省委常委、宣传部长葛慧君，省委秘书长陈金彪考察浙江音乐学院（筹），省教育厅厅长刘希平、省文化厅厅长金兴盛陪同接见著名钢琴家吴牧野及香港未来之星学生代表团。

28日　省文化厅厅长金兴盛列席省委常委会。厅党组书记、厅长金兴盛主持召开厅党组会、厅长办公会，厅领导陈瑶、褚子育、杨越光、柳河、蔡晓春、李莎、吴志强出席会议，厅局机关相关处室负责人列席有关议题。副厅长黄健全出席杭州顺网科技股份有限公司大清谷研发基地启动仪式。副厅长杨越光参加省文联第八次代表大会（至30日）。副厅长蔡晓春召集厅计财处、厅政策法规处及浙江音乐学院（筹）、浙江艺术职业学院、浙江省文化艺术研究院负责人召开“三严三实”厅党组征求意见座谈会。

29日　省文化厅厅长金兴盛出席省文联第八次代表大会开幕大会；之后，参加省政协十一届十四次常委会议。副厅长黄健全赴缙云出席全省民营剧团座谈会及全省优秀民营剧团剧目进农村文化礼堂展演启动仪式。副厅长柳河参加全国网信系统学习贯彻党的十八届五中全会精神报告会浙江专场。副厅长蔡晓春赴安吉参加浙江自然博物园核心馆区项目对接会。

30日　省文化厅厅长金兴盛陪同省委常委、宣传部长葛慧君考察浙江音乐学院（筹）。厅领导金兴盛、蔡晓春会见浙江省援藏建设指挥部指挥长、那曲地区常务副专员李华、西藏自治区那曲地委宣传部兼地区文化局党委书记李红伟一行。副厅长黄健全与中国国家博物馆副馆长李六三商谈博物馆衍生产品开发合作事宜；之后，参加文化领域省重大科技专项评审会。省委宣传部常务副部长胡坚、省文化厅副厅长杨越光出席观看浙江歌舞剧院《华管繁弦春风度》新年民族音乐会。副厅长柳河参加全省特色小镇规划建设工作联席会议；之后，召集厅办公室、公共文化处、非遗处及浙江图书馆、省文化馆、省非遗中心、省文化信息中心负责人召开“三严三实”厅党组征求意见座谈会。副厅长蔡晓春主持召开省“十三五”文化发展规划编写组座谈会；之后，赴萧山开展元旦节前文化市场安全工作检查。副巡视员李莎赴龙游检查基本公共文化服务标准化重点市、县工作情况（至31日）。

31日　省文化厅厅长金兴盛参加全省宣传思想文化工作务虚会。副厅长黄健全参加东阳木雕行业整体技术转型升级汇报会。副厅长柳河接待三门县副县长颜惠珍一行；之后，与杭州市上城区委常委、宣传部长金承涛一行商议区图书馆建设工作。副厅长蔡晓春召集厅计财处及基建办相关人员商议省级文化系统后续基本建设工作。

（邢吴翔）

厅属单位建设发展

ZHEJIANG CULTURE YEARBOOK

浙江省文物监察总队

【概况】 2015年末，实有在编人员8名(核定编制数8名)。

2015年，浙江省文物监察总队围绕全省文物执法总体工作目标，结合《2015年度目标管理责任书》，在执法巡查、案件督察、联合执法、人才培养、预警建设及法规宣传等方面取得显著成效。

一、把好前置关口，执法巡查工作扎实有效

按照年度工作计划，重点对省级以上文物保护单位和国有博物馆开展执法巡查工作，检查文博单位370家次，发现并整改各类安全隐患25起，制止涉嫌违法行为4起。在省总队推动下，各地积极开展执法巡查工作，出动巡查人员20056人次，检查文博单位10443家次，发现安全隐患303起，整改262起；发现涉嫌违法行为49起，立案20起，整改与立案率较往年均有所提升。

根据省文物局工作部署，组织开展文物执法监察工作交叉检查活动，对59个市、县文物执法工作情况及240家文博单位进行检查，将发现的2起违法行为与27处安全隐患向当地文物行政部门反馈，并提出整改意见。

二、维护法律尊严，违法案件督察成效显著

加强文物违法案件督察工作，尤其对有案不查、有案难查的地区进行重点督察。全年共督察案件10起，罚款92.75万元，成效显著。

3月，多次赴乐清市对省级文物保护单位乐清碉楼之蔡家碉楼被拆案件调查处理工作进行督察与指导，勘查案发现场，听取当地政府及相关部门汇报，并要求当地依法查处违法行为，撤销违法行政许可，尽快落实被毁碉楼的保护措施。

5月，赴绍兴市对市级文物保护单位王羲之故宅被人拆除一案进行督察，要求当地文物部门严肃查处违法行为，开展后续保护措施，防止文物受到进一步损害。此外，还对当地文物执法机构的案件查办流程和文书制作等进行了具体指导。此案已结案，对当事人处以25万元罚款。

7月，赴嘉善县对西塘省级文物保护单位西塘古建筑群之王宅被部分拆除一案进行现场督察，约见政府领导，要求尽快查处，及时落实整改，并以此为鉴，积极开展自查自纠等工作，杜绝此类事件再次发生。

12月，赴义乌市对三溪镇全国重点文物保护单位黄山八面厅建设控制地带内存在涉嫌违法建设一事进行督察指导。约见地方政府主要领导，提出整改要求，并督促尽快依法查处违法行为，确保文物不再遭受进一步损害。

三、科技驱动创新，“天地一体”文物执法监察预警系统建设有序推进

按照省委全面实施创新驱动发展战略要求，围绕打造我省文物工作升级版的目标，在省文物局的支持下，全面启动浙江省“天地一体”文物执法监察预警系统省级平台研发及试点工作。先后赴杭州、宁波、温州等地试点单位进行调研，协调相关事宜。基本完成“天地一体”文物执法预警系统省级平台研发及平台部署工作，与部分试点单位实现互联对接，并通过中期验收。

在省总队指导下，杭州市、宁波市及宁波市海曙区文物执法监察机构以多种方式开展试点工作。杭州市基本完成与省级平台的对接工作，实现了视频图像、告警信息互联共享；宁波市及宁波市海曙区依靠政府视频监控资源统一平台，对监控对象进行了监控预警，并与省级平台信息共享。

四、强化部门联动，海域内文化遗产联合执法工作顺利开展

5月，联合中国海监浙江省总队指导由玉环县文化广电新闻出版局、县海洋与渔业局联合举办的管辖海域内文化遗产联合执法巡查活动。对披山洋倭船、披山洋日舰、长吊洋倭船等6处遗产点分布的海面区域及无人岛上的文化遗产保存状况进行了解与排查。巡查活动为当地进一步完善管辖海域内文化遗产联合执法工作长效机制，有效保护管辖海域内文化遗产打下了坚实基础。

在省总队指导下，温州市、宁波市北仑区、象山县等地的文物执法监察机构与海洋执法机构开展联合执法专项行动，预防和打击管辖海域内文化遗产违法行为，使管辖海域内文化遗产联合执法工作走向常态化。

五、提升队伍素质，全省执法人才骨干培养工作深入开展

8月，在杭州组织举办了第二届第二期全省文物执法监察业务骨干人员学习班，讲授了文物行政执法疑难案件分析、文物违法案件具体查办及案卷制作等知识内容，全省21名业务骨干参加了学习。

10月，受省文物局委托，在绍兴市柯桥区举办了全省文物行政执法监察人员培训班，全省各市、县(市、区)100余名执法人员参训。受邀专家作了题为“文物鉴定及相关管理制度”“新行政诉讼实施后的政府法律风险防范”的专题讲座。培训班还组织学员有针对性地开展了文物保护单位巡查示范活动。

11月，第六届江浙沪文物行政执法业务交流会议在沪召开，省总队和11家设区市及部分县(市、区)执法机构的29名代表参会，杭州、舟山代表还在会上作了先进经验介绍。

六、做好其他相关工作

认真完成国家文物局、省文物局转办的其他专项工作。根据《国家文物局关于开展文物保护有关情况自查工作的通知》要求，6月至8月，省总队组织各地对文物法人违法、文物犯罪、不可移动文物消失、政府文物保护责任追究等情况开展自查自纠，并将有关情况汇总上报国家文物局。根据《国家文物局关于开展传统村落文物保护专项督察的通知》要求，9月至10月，参与指导全省25处传统村落所在地的文物部门开展自查工作，赴13处传统村落，就防火措施落实、文物安全责任制落实、涉及迁移拆除文物建筑本体违法行为等情况进行重点督察，并就存在的突出问题提出建议。10月至12月，完成全省文物行政执法人员信息采集工作。11月，完成文物行政处罚自由裁量基准的调研、征求意见及文稿修改工作。

（郑李潭）

浙江音乐学院（筹）

【概况】 2015年，浙江音乐学院(筹)围绕“正式建校”中心工作，以党建为统领，以校园建设、运行保障为主线，严格按照教育部关于本科高校的设置标准，按9月份“完成建设，实现搬迁，迎接评估”三个维度推进各项工作。9月，学院新校园顺利建成并交付使用。

一、扎实推进校园建设

按照“高起点规划，高标准设计，高质量建设”的要求，学校校园于9月完成基本建设并投入使用。校园坐落在杭州市西湖区之江板块，按全日制在校生5000人规模规划设计，占地面积602亩，校舍建筑面积35万平方米，总投资20.38亿元(不含征地费)。建有1个大剧院、1个专业音乐厅、5个小型音乐厅(剧场、演播厅)、8个报告厅、28个专用排练厅、800余间琴房、3个录音棚和2000个车位的地下车库。

二、完善治理架构

实行党委领导下的院长负责制。制定《浙江音乐学院章程》，逐步明确“院系两级管理，党委、行政、学术‘三线’治理”的管理架构。设有15个党政管理部门、12个系(部)、3个直属单位和4个实验艺术团。成立筹建期院学术委员会。建立了党委会、院长办公会议、学术委员会会议等决策机制。以国家、省法律法规为依据，结合学院特点，完善和制定学院管理制度，行政、教学科研、后勤保障运行稳定；加强法治宣传教育力度，聘请专职法律顾问。努力构建现代大学制度，推进依法治校。

三、组建师资队伍

通过“整合一批，引进一批，招聘一批，共享一批”等办法，面向省内高校、文艺院团整合教师135人(含从杭州师范大学划转)、引进优秀高层次(高水平)人才25人、面向国内外公开招聘123人、柔性引进国内外知名专家10人。有专任教师283人，其中正高职称人员44人(正教授31人)、副高以上职称教师96人(高级职称教师占总数的33.9%)；博士47人、硕士177人，具有研究生学历教师占专任教师总数的79.5%。“双师型”教师120人，占总数的42.4%。此外，学院还以招聘事业编制、合同制、劳务派遣等形式组建了114人的行政管理队伍、173人的后勤服务队伍。

四、推进学科建设

以“搭建学科平台、建设学术团队、产出重大成果、培育硕士学位点、增强社会服务能力”为出发点，编制《浙江音乐学院(筹)关于“十三五”加强学科建设的若干指导意见》，明确到2020年学院学科建设目标、任务、措施和对策等。启动“赵松庭竹笛国际艺术中心”等学科平台建设。组织科研项目和成果申报，全年获国家级项目3项，省部级项目6项，1项成果获第七届高等学校科学研究优秀成果奖（人文社会科学）三等奖。教师在核心刊物发表论文10余篇，出版著作7本。设立校级科研、创作表演项目43项，招收研究生67人（其中学术硕士9人、专业硕士58人），毕业生62人（其中学术硕士12人、专业硕士50人）。

五、深化教学改革

制定《浙江音乐学院（筹）关于“十三五”期间深化人才培养模式改革的意见》，把“培养专业基础厚实、实践适应能力较强、个性特色鲜明的高素质音乐艺术专门人才”作为人才培养目标定位。构建以育人为中心，强化教学、科研创作、艺术实践三位一体的格局，全面提高质量和水平。围绕音乐与舞蹈学、戏剧与影视学、艺术学理论等3个一级学科建构学科专业体系，首批设立作曲与作曲技术理论、音乐学、音乐表演、舞蹈学、舞蹈表演等5个专业，并按专门音乐学院特点和要求，建构“平台＋模块＋个性”基本教学模式，设立教学管理机构、教学系和基础部垂直领导、相互衔接的教学组织体系。调整优化教学计划、教学大纲和设置课程，汇编《本科教学手册》《本科教学方案》《公共课教学大纲》等。根据分类指导原则，针对“理论研究、创作表演、科技应用”三个学科群链，建立不同的指导、考核、评估体系。立项重大教改项目13项、重点课程建设5项、资助出版优秀教材6项，加快形成教学特色。

六、强化艺术实践教育

全年举办重大艺术实践活动28场。紧密结合纪念中国人民抗日战争暨世界反法西斯战争胜利70周年、“五水共治”等重大活动，实施主题创作计划，生产出一大批有影响力的原创作品。邀请秦立巍、吴强、霍永刚、王国潼等著名音乐家举办“名人名家系列音乐会”。与美国杨百翰大学等合作，举行5场国际交流音乐会。积极参加省委宣传部“水之韵”交响合唱音乐会、第二届世界互联网大会文艺演出、高雅艺术进校园活动等，积极服务社会。举办“小金钟奖”全国钢琴比赛等，为师生参与高水平艺术实践活动创造条件。推进学院艺术实践教育机制建设，将实践教育列入正常教学体系。深化与省文化厅艺术院团合作，增强院团力量，努力办强交响乐团、民乐团、歌舞团、合唱团。

七、提高学生管理水平

与杭州师范大学合作，以“专业校考、文化统考、择优录取”方式，面向全国招生800人，在计划编制、招生宣传、题库建设、校考组织、保密工作、划线录取、纪律监督等方面，全面积累经验。理顺学生工作机制，建立每月学生工作例会制度。重视学生思想政治工作，开展“文明修身计划”“美好青春、文明校园”“铭记一二·九，美丽中国梦”等主题教育活动。社会实践成果丰硕，“杭州市民艺术素养现状调查报告”荣获全省第十四届“大学生挑战杯”二等奖，学生支教团荣获“2015年浙江省大中学生暑期社会实践活动优秀团队”。组织青年志愿者1334人次，深入工地慰问，参加校园搬迁活动。建立“奖、贷、助、勤、免”制度，完善对家庭经济困难学生、入伍学生的资助工作。深入推进文明寝室建设，建立党员教师联系寝室制度。凝练“乐动浙音”社团文化节等特色校园文化品牌。开通“浙音团委”微信公众号，搭建新媒体工作平台。建立学院学生事务服务中心，配齐班主任、辅导员、团委学工干部教师队伍。启动筹建创业学院。举办专场招聘会，扩大毕业生就业，2015年毕业生就业率97.1%。

八、推进开放办学

启动国际国内交流与合作，共接待了19批180人次的外宾来访和交流。成功举办美国蜜沃斯四重奏乐队、阿里罗兰爵士乐队到院交流演出及新西兰杰克·波蒂跨文化音乐作品国际学术研讨会等。争取文化部原则同意省部共建浙江音乐学院。与中国教育学会签约共建中国教育学会艺术教育研修中心。深化与上海音乐学院、省属文艺院团、地方政府举办艺术学校、特色中小学的合作。启动筹备继续教育学院。

舞蹈和器乐作品荣获全国第四届大学生艺术展演活动一等奖　2月25日至3月2日，全国第四届大学生艺术展演活动在天津理工大学举行，选送的舞蹈作品《塔林呼恒·大玉儿的孩子们》和器乐作品《贝多芬第五交响曲第一乐章》在舞蹈和器乐现场展演中双双获得一等奖。

夏宝龙到校调研指导工程建设工作　4月29日，省委书记夏宝龙，省委副秘书长朱重烈、吴伟斌，省文化厅厅长金兴盛、杭州市委副书记杨戌标等一行专程到浙江音乐学院（筹）调研指导工程建设，学院领导班子陪同。

葛慧君、郑继伟到校检查指导工程建设 5月12日，省委常委、宣传部长葛慧君，副省长郑继伟一行到浙江音乐学院（筹）项目现场，检查指导工程建设。省发改委、省教育厅、省财政厅、省人社厅、省建设厅、省文化厅、省编办以及杭州市、西湖区有关负责人参与。

杜玉波赴学院工地考察调研 5月13日，教育部党组副书记、副部长杜玉波赴校园工地考察调研，指出学院发展要坚持长远谋划，坚持“三大”同步提升，坚持创新人才培养模式，坚持建设高素质教师队伍，坚持完善内部治理结构。

3项目入选2015年度“高端外国专家项目” 5月，经国家外专局批准，作曲与指挥系新西兰籍教授沈纳蔺博士的《跨文化的世界音乐语言与二十一世纪新音乐的融合与创新在作曲课程中的探讨》、音乐教育系韩国籍专家严恩敬博士的《西方声乐作品与舞台艺术相结合的教学与实践研究》和管弦系乌克兰籍专家维克多·巴达诺夫博士的《“室内乐”课程建设与课堂教学改革统合研究》3个课题入选2015年度“高端外国专家项目”。

批准三个学科增列为省重点学科（培育） 6月4日，省教育厅批准院音乐与舞蹈学、艺术学理论、戏剧与影视学三个学科增列为省重点学科（培育）。

国乐系师生获国家级大奖 7月17日，院国乐系教师杨磊带领国乐系学生参加第五届“金芦笙”中国民族器乐大赛。通过激烈角逐，杨磊以《冬猎》和《阿细跳月》的精彩演奏摘得吹管专业组银奖，唢呐研究生李康摘得铜奖，大一笙专业学生申晟喜获入围奖。与此同时，该系教师盛秧、杜竹松分别获得优秀指导教师奖。

夏宝龙指导学院筹建工作 8月27日，省委书记夏宝龙专程到浙江音乐学院（筹）建设工地现场考察调研，省委常委、宣传部长葛慧君，省委常委、秘书长赵一德，副省长郑继伟，杭州市市长张鸿铭、市委副书记杨戌标等人一同调研。省文化厅厅长金兴盛、学院领导班子陪同并汇报介绍相关情况。

教育部高校设置专家组考察院校设置工作 9月15日至16日，教育部高校设置专家组一行到浙江音乐学院（筹）考察院校设置工作。省委常委、宣传部部长葛慧君，省政府副秘书长李云林，省教育工委书记、厅长刘希平，省文化厅党组书记、厅长金兴盛，省文化厅副厅长、浙江音乐学院（筹）党委书记褚子育，省教育工委副书记、副厅长鲍学军，以及省政府办公厅、省委宣传部、省教育厅、省文化厅相关部门负责人在专家考察期间出席陪同。考察期间，专家组听取了院长徐孟东作的筹建工作汇报，参观了新校园，观看了师生教学成果实践展。

新校区迎来第一批学生 9月28日，浙江音乐学院（筹）新校区迎来第一批学生，近900名新生在浙音开启新的人生征程。

李保东到学院参观考察 10月14日，外交部副部长李保东一行30余人在省文化厅厅长金兴盛等陪同下参观考察校园。

学院建校申请通过 10月16日，经教育部高校设置评委会审议，浙江音乐学院建校申请通过。

袁贵仁到学院参观考察 10月23日，教育部部长袁贵仁一行参观考察浙江音乐学院（筹），对浙江音乐学院筹建模式、筹建成果给予肯定，并要求学院继续努力，办出特色和水平。省委常委、宣传部长葛慧君，省教育厅厅长刘希平，省文化厅厅长金兴盛，省文化厅副厅长、学院党委书记褚子育等陪同考察。

1项成果获教育部高等学校科学研究优秀成果奖（人文社会科学） 10月，孟凡玉教授的学术专著《假面真情——安徽贵池荡里姚傩仪式音乐的人类学研究》获教育部“第七届高等学校科学研究优秀成果奖（人文社会科学）”三等奖，实现学院在教育部高校人文社科奖零的突破。

董伟到学院参观调研 11月4日，文化部副部长董伟一行到学院参观调研。省文化厅厅长金兴盛等一同调研。

成立"松庭流芳"赵松庭竹笛国际艺术中心 11月11日,"松庭流芳"赵松庭竹笛国际艺术中心挂牌仪式暨音乐会在学院标准音乐厅举行。这是国内首个以纪念赵松庭而专门成立的国际艺术中心,也是学院通过教育部专家投票后成立的第一个学科研究平台。

(徐莹、江晓帆)

浙江艺术职业学院

【概况】 2015年末,开设专业20个,招生专业方向51个。内设机构27个,教职工416人,其中具有高级技术职务资格的112人,中级171人。学生3895人,其中高职生3296人,中专生599人(含校外合作办学班)。

2015年,浙江艺术职业学院主动适应社会、经济、文化、教育发展新常态,聚焦提高人才培养质量主线,深化课堂教学和管理体制改革,落实科研创作、社会服务、人才队伍、文化校园建设任务,加强谋划,主动作为,全面提升办学水平,各项工作取得新进展。

一、推进教育教学改革,切实提高人才培养质量

以"做精做强表演艺术类专业,做大做优非表演类专业"为思路,及时调整专业设置与专业方向。继续深化校团合作人才培养模式改革,在与浙江小百花越剧团、浙江昆剧团、萧山绍剧艺术中心等合作办班培养戏曲人才的基础上,又与福建福鼎越剧团联合招收"福鼎班",培养20名戏曲表演(越剧)专业学生。实施课堂教学创新行动计划,满足学生享受选择性教育和多元成才需求。修订完成三年制高职全部专业的人才培养方案,推出相配套的一系列教学管理制度。完成学分制教学管理服务系统的招投标、安装、调试、运行等工作。推进实施学分制,逐步推行学业导师制。高质量完成教育部行指委"戏曲表演专业企业生产实际教学案例"项目建设,顺利结项验收,成功申报"舞台艺术设计与制作专业实际教学案例库"。

推出19台舞台演出、14场展览和1个比赛项目的综合展演。加强青年实验艺术团建设,全年演出超过百场,拓展更多优秀剧(节)目推向社会。师生参加多项重大专业赛事成绩优异,获省部级奖项76项,其中一等奖16项。在全国职业院校技能大赛中职组艺术专业技能赛项、全国大学生艺术展演、全国青少年民族乐器演奏比赛等国家级比赛中获奖10项,其中2个一等奖、2个二等奖、3个三等奖、2个优秀创作奖和1个演奏奖。

招生就业工作取得新进展。规范做好2015年度全省表演艺术类专业单招单考承办组织工作,做好提前自主招生。顺利完成附中及五年一贯制招生234人,高职招生792人。学院2014届毕业生初次就业率为97.14%,比前一年上升0.2个百分点。

二、整合院内外资源,持续增强科研与创作实力

完善科研管理规章制度建设,提高教师科研水平和能力;建设科研团队,推动青年教师学术成长。全年新增省部级课题3项,厅级课题19项,院级课题22项;厅级及以上课题结题14项,院级课题结题9项。同时,加强曲艺研究团队建设,为非遗研究积聚力量。

深入探索影视创作模式和"产学研创"一体化路径,拍摄完成省委宣传部第八届精品工程扶持项目数字电影《一路百花开》等。群舞《凳之龙》入选2015年度国家艺术基金舞台艺术小型剧目创作资助项目。全年创作立项23个。

三、拓展社会服务,办学效益影响逐步扩大

整合利用院内外教育教学资源,切实开展各类培训,全年共完成55个培训班次3100人的培训任务,继续打响文化培训的"浙江品牌"。首次承办为期3个月的西藏那曲地区文化艺术人才(舞蹈演员)培训班。新疆阿克苏地区文化礼堂管理员培训班获省委领导批示表扬。做好文化行业职业技能鉴定工作,443名毕业生通过文化行业职业技能鉴定。全年9425人参加社会艺术水平考级。积极服务农村文化礼堂建设,提供"菜单式"服务,培训文化礼堂业务骨干600余人。

四、重视抓队伍建设,教师干部素质加快提升

全年完成4轮公开招聘工作,招聘专任教师和管理教辅人员65人。完成2014学年青年教师助讲培养对象期满考核工作,确定13名新教师为2015学年青年助讲培养对象。完成本年度32个专业技术岗位人员的晋岗工作。加强师资队伍培训与提高,选派8名访问学者、访问工程师，220 多人次参加各类校外培训。

是年，学院有专任教师 268 名(含“双肩挑”)，其中享有国务院特殊津贴专家 2 人，省重点创新团队带头人 1 人，省教学团队 1 个，省教学名师 3 人，省高校优秀教师 2 人，“省 151 人才工程”第三层次人选 3 人，省属舞台艺术拔尖人才 1 人，省高职高专专业带头人、培养对象 13 人，院级学科专业带头人 21 人，院优秀青年骨干教师 20 人。

五、校庆系列活动圆满成功

11 月上旬，集中开展校庆系列活动，全面展示建校 60 年的办学成就。整理收集校史资料，编撰《大事记》，编印《校史画册》，建立校史馆和 6 个特色陈列馆。举行校庆大会和纪念演出，省委常委、宣传部长葛慧君和省文化厅厅长金兴盛到会致辞。结合校庆期间的学术及演出活动，承办中国艺术职业教育学会年会、“教育创新”论坛、浙江省戏曲人才培养“新松计划”实施十周年专题研讨会和“一脉相承”戏曲专场晚会等系列学术和艺术活动。编辑出版教科研学术论文丛书、舞台艺术创作作品集等。梳理校友信息，完善校友档案，编印师生名录，走访部分知名校友。

第四届全国大学生艺术展演获奖 比赛于 2 月 25 日至 3 月 2 日在天津举行。学院参演小品《和你在一起》和男子群舞《凳之龙》获得乙组(专业组)一等奖。

党委书记任免 4 月 14 日上午召开干部大会，宣读省委文件，任命朱海闵为浙江艺术职业学院党委书记，林国荣不再担任浙江艺术职业学院党委书记。

全国职业院校技能大赛中职组获奖 比赛于 6 月 11 日至 17 日在北京举行。学院获戏曲表演类二等奖和三等奖，获中国拉弦乐器演奏类两个三等奖。

“文化中国·欧洲慰侨”演出 由国务院侨务办公室主办、浙江省人民政府外事侨务办公室承办，于 9 月 12 日至 27 日在德国法兰克福、慕尼黑，比利时布鲁塞尔和瑞典斯德哥尔摩等地举行。学院作为主要参演单位，选派 19 名师生，表演了群舞《畲家女儿拍》等 12 个节目。

2015 年浙江省大学生艺术节现场展演获奖 获专业组 7 个一等奖、2 个“校园十佳歌手”奖、1 个“优秀歌手”奖，学院获得优秀组织奖。

建校 60 周年庆祝大会暨纪念演出 于 11 月 4 日上午在浙江实验艺术剧场举行。省委常委、宣传部长葛慧君等领导出席。各方来宾和老校友代表等 1000 余人参加。校庆期间，举办“艺脉薪传”浙江艺术职业学院建校 60 周年专题展、赵松庭先生纪念展、中国艺术职业教育学会年会及“教育创新”论坛、“新松计划”实施十周年“一脉相承”戏曲晚会等。各系也开展了一系列校友交流和展览展示活动，数千名校友回校参加庆祝活动。

承办第十一届“长三角”民族乐团展演活动 12 月 12 日，“浙曲流觞”浙江艺术职业学院本土原创作品音乐会拉开展演帷幕。学院获得主办方颁发的“突出贡献奖”，音乐系荣获“最佳组织奖”，两部民族室内乐《敦煌新语》《翡翠》荣获最佳演奏奖。

院长任命 12 月 15 日召开干部大会，宣读省政府、省委宣传部文件，宣布张建国任浙江艺术职业学院院长、党委副书记。

包峥剡个人舞蹈作品专场“老包的舞台”第二季《一念之间》 于 12 月 28 日在浙江实验艺术剧场上演，29 日举行浙江地域性舞蹈创作暨院校舞蹈创作座谈会。

(余培敏)

浙江图书馆

【概况】 内设中层机构 16 个，实有在编人员 234 人(核定编制 282 人)，其中具有高级技术职务资格的 63 人，中级 128 人。

2015 年，浙江图书馆深入贯彻“创新、协调、绿色、开放、共享”发展理念，在推进法人治理改革，制定公共服务标准，实施重点文化工程，优化阅读产品供给，整合馆藏资源，提升服务效益，推动全省事业发展等方面取得进展。

一、推进管理体制改革

作为文化部确定的国家公共文化机构法人治理结构试点单位，积极贯彻落实中央和省委关于文化改革发展的战略部署，稳妥推进试点工作，取得阶段性成效。7 月 1 日，《浙江图书馆章程》经向社会公众征求意见、职工代表大会讨论通过、党政联席会议审议通过、经举办单位核准，报浙江省事业单位登记管理局登记生效。12月21日，浙江图书馆首届理事会成立。理事成员共13名，其中举办单位委派理事1名，馆长、党委书记为当然理事，职工代表大会选举产生职工代表理事1名，面向社会公开选聘社会代表理事9名。理事会预备会议选举社会代表理事钟桂松为理事长。浙江图书馆初步构建了由理事会行使决策权和监督权，管理层负责执行和管理的法人治理运行模式。

改革内部绩效分配，制定《浙江图书馆2015年度绩效考核奖分配办法》，以年度岗位目标责任书和岗位职责、实际工作完成数量和质量、业绩贡献和年度考核结果等为主要依据，制订具体的分配方案，发挥绩效考核奖的激励作用。

二、加强基础建设

改善环境和条件。编制曙光路总馆和孤山路馆舍改造概念方案，上报申请立项。改善阅览环境，完成广场盲道铺设、曙光路总馆及嘉业堂厕所改造工程、曙光路主楼外围东西两侧消防水管改造、三楼玻璃幕墙改造及庆元县淤上乡淤上村分馆装饰工程。

推进新馆和储备书库项目工作。新馆建设各项工作有序进行，按照上级有关部门和领导要求，多次修改并提交新馆项目建议书相关内容。成立储备书库项目考察小组，对周边区域的5个地块进行了考察。

三、基础业务规范优化

调研用户需求，制订采访计划，开展文献资源建设，不断优化阅读产品供给。使用新增馆藏购置经费3340.1万元。续购数据库46个。采访各类文献10.3万种19.3万册，其中购买中文图书7.6万种16.9万册、外文图书5594种5768册，订购报刊8397种，接收捐赠图书2000种2968册，国际交换528种1115册，呈缴文献5400种6390册(件)，征集文献2607种3486册。

加强文献资产管理，规范图书采访、分编、加工、入藏和入账等流程和环节的核签手续，实现文献资产在流转过程中账实相符。新入藏实体文献24.7万册(件)，图书报损1563册、调拨8.4万册，实际馆藏文献总量为648.5万册(件)。

制定全省地方文献征集制度，开展浙江省公共图书馆地方文献联合征集网构建。完成《浙江通志·图书馆卷》资料收集。完成《浙江通志·艺文卷》(下册)初稿。参编出版《金华古旧地图集》。开展浙江人物著作签名本征集工作，共征集王旭烽、何占豪、马锋辉等64位名人著作612种901册。

完成古籍修复1万多叶，刷印雕版、建档数据2.4万片，印样装订811册。加强修复质量检查，逐步完善修复档案数据库。完善古籍修复中央材料库建设，新购修复用纸54种16700张，登记入库纸张4种8000张。开展古籍再生性保护和开发利用，未刊古籍影印第一辑完成馆外专家初选目录。

开通数字资源统一检索系统，收集元数据1.2亿条，实现28个数据库的统一检索。年新增数字资源16.8TB，数字资源总量达88.6TB。发布数字资源163个(其中自建数据库3个)并提供使用。改版数字资源服务门户，推出手机版。开通试用浙江图书馆网事典藏资源库、浙江省公共图书馆政府公开信息整合服务平台。完成地方志数字化1万页，印鉴数据库新增元数据6879条。

四、读者服务提质出新

推出一系列读者服务新举措，提升服务水平。新办读者证2.30万张，同比增加7.8%；外借文献142万册，同比增加9%；总流通人次259万，文献推荐9000余种；网站访问量3181万次，同比增加90%；无线网利用483.2万次，同比增加23.2%。主办各类读者活动222场，参加人次19万。

依托“互联网＋”，利用支付宝、微信等平台，提升用户体验和服务。与蚂蚁金服开展战略合作，图书馆服务入驻支付宝服务窗。进驻浙江政务服务App，为该平台首个文化服务类便民应用。开通浙江图书馆微信公众号，提供书目检索、电子书刊阅读等多种功能。开展新兴科技体验活动，举办3D打印科普活动周，1000余名读者参与。

推出外借加倍计划，根据读者的需要灵活配置外借数量，取得良好的提升效果。推出快递借书服务，在原有邮递借书的基础上提升服务，12月试开通快递借书服务，当月完成服务25笔，外借图书40册。

开展决策信息服务。为省委办公厅提供专题报告27份，各类信息专报725期。编制《时事观察》12期，《经济洞察》81期。信息服务入驻浙江省人大代表履职服务平台和浙江政协委员履职服务综合平台，设立“浙图参考咨询”“浙图文澜资讯”专栏。为省人大服务平台编制各类信息336期；为省政协服务平台编制信息339期。“两会”期间，入驻代表委员驻地提供信息服务，发放资料756份、《时事观察》660册，发放浙江网络图书馆阅读卡179张、文化通用户卡338张，办理读者证68张；联合全省35家公共图书馆合作编辑《2015视界·浙江两会》专题信息，为全省各地“两会”代表委员提供信息服务。

深化特殊群体服务。举办“第十一届浙江省未成年人读书节”，以“五水共治、两美浙江”为主题开展各类活动2200余场，近146万人参与。与南浔实验小学签订合作协议，合作开展非物质文化遗产相关体验教育活动。开展“网聚少年”2015暑期网络夏令营系列活动，15.3万人参与。开展视障读者服务，新增自制盲文文献20种300.4万字，自制有声读物15.94GB；举办“心阅风景·爱促融合”浙江省2015国际盲人节公益活动，面向社会招募爱心车辆、志愿服务人员以及口述电影志愿者，爱心助盲志愿者团队志愿者增至280名，得到中国盲人协会、浙江省残疾人联合会以及视障人群的高度评价。推出常青E学习计划，为老年读者开设新信息技术培训课程10个。

开展馆外服务点建设。加强馆外服务点建设，为19个分馆、32个流通站送书48次2.3万册，举办讲座、展览等读者活动7场次，参与读者2800人次。10个服务点实现联网借阅。

五、重点文化工程有序实施

公共数字文化工程。完成“浙江文化通”二期改造。改版升级浙江网络图书馆。提高公共电子阅览室管理平台接入率，全年平台接入电子阅览室从1300余家增加到1500余家。加强横向联合，与经济开发区合作共建公共电子阅览室，确定杭州经济技术开发区白杨街道邻里社区、宁波余姚经济开发区党群活动中心、湖州经济技术开发区科创中心等12家单位参与共建。全省公共图书馆VPN网省—市级全部联通，县(区)级67个馆联通。全省用户管理系统用户数据达1212.7万条。全省非书资料(随书光盘)系统完成市级图书馆的部署，提供使用。全省联合目录系统在9个市级图书馆安装部署，实现数据同步。完成“元数据仓储”等5个资源联合建设项目。出版《远去的身影——浙江文化名人》《浙江学堂》专题片，制作完成《浙江戏曲名人》专题片。“浙江戏曲动漫库”等获文化部资源建设立项。“数字文化讲师团”下基层授课126场，培训人数7110人次。推出“文化浙江　最美浙江”浙江文化通上线两周年纪念系列活动，举办“数字图书馆推广工程建设成果展”，开展“网络书香过大年”“寻遍浙江·阅动全城”等活动，5.5万人次参与。“浙江文化通”客户端用户下载安装量5.4万个，用户访问量205.2万余次；浙江网络图书馆访问量1246.4万次，文献传递31.5万次，电子图书阅读56万次，期刊下载365.8万篇。

中华古籍保护计划。完成第三批《浙江省珍贵古籍名录》和“浙江省古籍重点保护单位”评选工作。完成第二批省级古籍修复中心和古籍修复站评选工作。“国家级古籍修复技艺传习中心浙江传习所”揭牌成立，聘请国家图书馆古籍修复专家胡玉清担任导师授课。举办3期全国古籍编目合作进修班，1期全省古籍修复基础维护培训班。基本完成古籍普查任务，共计著录普查数据10.9万条82.2万册。全省共完成普查著录31.7万条230.9万册，普查完成率为91%，54家单位完成普查工作，浙江省是全国唯一一家在普查平台上上传书影的省份。浙江省小微古籍藏量单位的古籍保护工作得到国家古籍保护中心的肯定，在是年全国图书馆年会上，展出浙江小微古籍书库模型，介绍相关经验，向全国推广。自2012年始在全省推行藏量在几万册以下的中小型古籍库房标准化建设，已有91%的古籍文献处于良好的库房保存环境下。加强古籍保护宣传，编制《省古籍保护工作简报》6期。与省图书馆学会、中国美术学院、绍兴图书馆等单位合作，举办展览、修复体验等活动20场，宣传古籍保护工作和知识。

六、业界交流合作持续开展

以联盟和中心为平台联动发展。浙江省公共图书馆网络技术联盟联合全省市级公共图书馆，共同发布《开放融合，连接一切——浙江省公共图书馆“互联网+”行动计划》。浙江省视障信息无障碍服务联盟组队参加全国盲人百科知识竞赛取得总分第二名；新增开化县图书馆、温州市瓯海区图书馆2家成员馆。浙江省公共图书馆讲座展览联盟完成巡讲30场次，巡展46场次，受众近17万人次。浙江省图书馆文献采编中心新增数据10万多条，获得全国图书馆联合编目中心2014—2015年度数据质量优秀奖、2015年度上海市文献联合编目中心数据上传优秀奖。浙江省图书馆学会围绕业界热点组织学术交流、培训等活动，举办省图学会第十四次(2015)学术年会，举办跨省联动论坛——浙闽论坛，邀请浙闽公共图书馆界专家学者就公共文化服务中总分馆建设有关问题进行交流和探讨；主办“互联网＋时代下的慕课研讨会”，省内及江西省公共、高校系统图书馆230名代表参会。组织召开第24届全省市级公共图书馆馆长联席会议，共同讨论公共图书馆如何在现代公共文化服务体系构建中发挥作用等问题；联动浙江省12个市、县图书馆代表参加在安徽合肥启动的浙皖公共数字文化资源走亲系列活动；联动全省开展“浙江省公共图书馆走进文化礼堂‘双百’活动”，即百场展览走进文化礼堂、百名馆长走进文化礼堂现场讲解展览，逾20万人次参加。

对外及港澳台业务交流进一步加强。与中国社会科学院历史研究所、西泠印社、海宁市人民政府、浙江美术馆等单位联合举办纪念张宗祥先生逝世五十周年系列活动。与歌德学院合办“书卷之美——留住阅读温和的回声”讲座。邀请新加坡公共图书馆总馆长郑爱清作题为“新加坡公共图书馆的现在与未来”的报告。开展与马达加斯加、马拉维和莫桑比克交流工作，向3国赠送图书、音像制品共计1261册(件)。承办文化部主办的“非洲图书馆计算机自动化管理培训班”。接待台湾汉学研究中心馆员张涵云和徐惠敏到馆业务交流。派2人赴韩国首尔参加第十七届亚洲数字图书馆国际会议。

七、人才培养和科研管理扎实推进

加强规划，注重培训，推进人才队伍建设。完成《浙江图书馆“十三五”人才规划(草案)》《关于加强和改进优秀年轻干部培养选拔工作实施办法》《浙江图书馆6411人才工程》。面向全省举办各类培训班23期，在线培训11期，总计培训2400人次。在馆内开设优秀馆员讲坛，鼓励青年馆员走上讲台讲授业务知识，共18人授课16场。成立浙江省文化志愿者总队，新招募志愿者109人、团体志愿者27家，组织志愿服务1276人次。

鼓励职工申报科研项目，馆级课题结题7个，省社科联课题立项1个、结题2个，省文化厅科研项目立项1个、结题8个。开展文化调研，撰写调查报告6篇。多个部门开展服务分析和业务分析，形成分析报告20余篇。《图书馆研究与工作》经国家新闻出版局批准取得正式刊号。

纪念张宗祥先生逝世五十周年系列活动 联合中国社会科学院历史研究所、西泠印社、浙江美术馆等单位举办系列活动，纪念张宗祥先生逝世五十周年。4月2日举行“纪念张宗祥先生逝世50周年”清明祭祀活动，全体馆员前往张宗祥先生墓地，缅怀先生的爱国主义情怀和对浙江图书馆事业所做的不朽功勋。8月16日至17日，与中国社会科学院历史研究所共同主办“艺术与文献国际学术研讨会暨张宗祥先生逝世五十周年纪念会”，来自美国、韩国及国内30多个单位的60多位专家、学者参加研讨会。8月18日至30日，与西泠印社、浙江美术馆、海宁市人民政府联合主办的“崇文载学·铁如意——张宗祥逝世五十周年纪念特展”在浙江美术馆展出，特展涵盖张宗祥辑校的各类孤本、善本的原稿，撰写的著作、诗稿以及书画真迹、藏印、信札、药方等各门类的展品总计260余件，吸引了约5万人次观展。8月，浙江图书馆文澜讲坛特别推出“纪念张宗祥月”主题系列讲座，组织编印的《崇文载学·铁如意——张宗祥逝世五十周年纪念画册》由国家图书馆出版社正式出版。

国家级古籍修复技艺传习中心浙江传习所成立 5月7日，“国家级古籍修复技艺传习中心浙江传习所”在浙江图书馆孤山分馆举行揭牌仪式，国家古籍保护中心副主任、国家图书馆副馆长张志清和浙江省文化厅副巡视员尤炳秋共同为“传习所”揭牌。揭牌仪式后依照古礼，举行了拜师仪式。传习所聘请国家图书馆古籍修复专家胡玉清担任导师授课。

信息服务入驻浙江省人大代表履职服务平台和浙江政协委员履职服务综合平台 5月22日，浙江图书馆“浙图参考咨询”栏目在浙江人大代表履职服务平台开通服务，下设“立法资讯”“专家观点”“分析综述”等7个二级栏目。9月，“浙图文澜资讯”在浙江省政协委员履职服务综合平台开通服务，下设“区域观察”“要闻精选”“浙图咨询”等4个二级栏目。两大专栏为全省的人大代表政协委员开通了信息服务的快速通道。

与蚂蚁金服开展战略合作 5月28日，浙江图书馆与浙江蚂蚁小微金融服务集团有限公司签订战略合作框架协议。首期合作包括在支付宝钱包开通图书馆书目和活动信息查询、续借预约办理、在线办证和支付等服务。浙江图书馆成为全国首个在支付宝钱包建立服务窗的公共图书馆。

“互联网＋”行动计划 7月20日，浙江图书馆、杭州图书馆、宁波市图书馆等11家浙江省公共图书馆联合发布《开放融合，连接一切——浙江省公共图书馆“互联网＋”行动计划》，确立协同一致原则，开展“互联网＋图书馆”行动，创建适应移动互联网和用户行为习惯的新型服务模式。该行动计划为全国首创，引起业内热烈反响。

浙江省“三改一拆”成果展 11月20日至12月4日，与浙江省“三改一拆”行动领导小组办公室联合主办的大型展览“美丽浙江美好生活——浙江省‘三改一拆’成果展”在馆一楼展厅展出。展览展出全省11个地区的优秀拆改案例87个，宣传各地在“三改一拆”过程中涌现出来的先进经验和做法，为建设“两美”浙江，创造美好家园增添动力，提供示范。

浙江图书馆首届理事会成立 12月21日，浙江图书馆首届理事会成立仪式在浙图举行。省政府副秘书长李云林，省委宣传部副部长唐中祥，省文化厅厅长金兴盛、副厅长杨越光，省级有关部门负责人、全体理事、浙江图书馆全体职工等参加了仪式。省文化厅副厅长柳河主持仪式。本届理事会由13位理事组成，省政协文化卫生体育委员会主任钟桂松当选理事长。省文化厅领导向13位理事颁发聘书，省政府副秘书长李云林向钟桂松理事长颁发聘书。这在浙江省省级公共文化机构中尚属首例。

首个村级分馆建成开放 12月25日，首个村级分馆——淤上分馆在丽水市庆元县淤上乡淤上村开馆。分馆为集图书借阅、报刊阅览、电子阅览等多种功能于一体的文化学习休闲场所，让广大居民享受到公益、便捷、优质的公共文化服务。

（胡益红）

浙江省文化馆

【概况】 内设机构11个。2015年末实有在编人数51人（核定编制人数64人），其中具有高级技术职务资格的35人，中级8人。

2015年，浙江省文化馆积极打造群众文化品牌活动，全面推进免费开放，加强文艺精品创作，增强创作队伍实力，注重文化工作创新，理论实践同步前进，工作呈现出新的亮点，共策划组织大中型群文活动40余次（项），大中型展览8次，各类培训班98期，其中免费开放各类公益培训86期，组织召开全省性论坛、研讨会和作品加工会13次。

一、打造群文活动品牌

（一）围绕中心工作凸显亮点

围绕省委、省政府中心工作与宣传热点，策划组织群文活动，凸显工作亮点。围绕“五水共治”中心工作，响应省文化厅“以文治水”主题文化活动，把“五水共治”“以文治水”理念，融入农村文化礼堂品牌建设中去，融入各项群文创作活动中去，先后策划组织了“美丽浙江水之韵”浙江省“五水共治”海报宣传招贴画优秀作品展、“城市·山水”主题中国画展、“美丽家园”全省第九届新故事作品征文大赛、全省第六届中国梦·乡村诗歌大赛、全省农村文化礼堂摄影大赛及展览、全省第四届群星视觉艺术大展（美术、书法、摄影）等，以实际行动助推“五水共治”，建设美丽浙江。围绕纪念抗战胜利70周年宣传热点，组织举办中国人民抗日战争暨世界反法西斯战争胜利70周年美术书法摄影名家邀请展，并承办以“重温抗战历史，缅怀革命先烈，传承抗战精神”为主题的“历史不会忘记”2015年全省群众经典歌曲合唱晚会，晚会于9月25日在省人民大会堂举行，经过馆干部5个多月的策划、组织与排练，全省17支队伍1500多人参加合唱演出，省委、省政府四套班子领导出席合唱晚会并给予高度评价。

（二）文化志愿服务全面提升

“爱心拉拉钩——文化志愿者在行动”公益活动走进校园，先后走进外来务工者子弟学校天成小学、浙江省盲人学校、泰顺县罗阳镇鹊巢小学开展送爱心活动，并赴淳安金峰乡安上村，为当地孤寡老人及留守儿童送上慰问演出。12月20日，省文化志愿者总队正式授旗成立，文化志愿者总队办公室设在浙江省文化馆。是月，省文化馆文化志愿者总数已增加到600余名。

（三）文化礼堂强化品牌建设

深入推进农村文化礼堂"品牌建设四季行动"，针对93个农村文化礼堂业务建设示范点，加大对农村文化礼堂业务建设力度，加强各级文化馆联动机制，培植文化礼堂品牌，提升文化礼堂品质。全年提供农村文化礼堂服务菜单项目增至41项，比上年增加一倍，全年点单总数达508场次。文化礼堂文化员和文化礼堂品牌质量得到普遍提高，举行了全省首届农村文化礼堂文化员才艺大赛，全省各地156名文化礼堂文化员及分管文化礼堂工作的村干部参赛。新打造丽水乡村村晚、秀洲村嫂摄影队、巧手妈妈团、余东村农民画、大陈村村歌等农村文化礼堂品牌及团队，广受群众欢迎，其中嘉善洪溪村文化礼堂"辣妈宝贝"团队，由省文化馆牵线搭桥，参加西班牙龙达国际民间艺术节。10月，浙江省文化馆农村文化礼堂业务建设"四季行动"被评选为全国公共文化品牌之一，在第二届全国文化馆年会上进行了展示。

二、打造群众文艺精品

以全国第十七届"群星奖"评奖为契机，积极备战，多方面加强文艺精品创作，取得阶段性成果。

（一）以文艺大赛推动作品创作

通过举办全省新农村题材音乐新作展演活动暨全省第十四届音乐新人新作演唱演奏大赛、2015年浙江省幼少儿舞蹈大赛、浙江省第三届青年歌手演唱大赛、2015浙江省群众舞蹈大赛（舞台、广场）、全省第26届戏剧小品邀请赛、2015年曲艺新作大赛、浙江省新农村建设题材小戏会演等各类展演赛事，增加优秀节目储备。做好"群星奖"参赛作品征集和初选活动。

（二）以专家论证提升作品质量

先后3次组织全国第17届"群星奖"候选节目加工会，对候选节目进行讨论加工，组织浙江省群文题材讨论会、浙江省戏剧题材讨论会等会议10余场，邀请省内外有关专家进行研讨指导，对候选节目提出具体修改意见和建议，精益求精，提高全国"群星奖"参评作品质量。

（三）以专业培训培养创作人才

对培训进行"升级转型"，通过开办全省舞蹈编导高级研修班、音乐创作高级研修班、声乐培训班等一系列专业性极强的培训班，注重培养一批具有创作能力的人才，全面增强创作队伍实力。

三、全面推进免费开放

进一步提高免费开放公益培训服务水平，一方面推出系统化培训，在免费公益培训的基础上推出提高班；一方面推进项目类培训，吸引留住部分老学员，也使学员能够在文化馆获得较为系统的艺术培训。截止到是年底已举办培训班86期，培训业余团队22支，人数669人。

省文化馆"耕山播海"欠发达地区农村文艺骨干培训继续向纵深推进。辅导范围由18个贫困县扩展到全省100多个县，辅导的艺术种类进一步扩大。专家辅导团队全年累计辅导56个地区，受惠人数达8000人左右。进一步调整"耕山播海"点单形式，将网络点单与各地文化馆上报需求相结合，实行走下去、请上来相结合的培训方式，确保辅导内容更有针对性、服务更加及时，在全省大受好评。6月25日，全省"耕山播海"成果展演活动在桐庐举行，展示了省文化馆群文业务辅导的丰硕成果。《浙江日报》人文版以"耕山播海文化惠民"为题作了报道。

四、拓展对外文化交流

以"文化部对非培训基地"为支点，进一步拓展对外文化交流内容。"美丽浙江——浙江农风渔俗画展"走进捷克，余杭滚打艺术团应美国亚美文化中心邀请赴美国交流；"美丽浙江——浙江民俗风情展"赴马达加斯加展出；省文化馆干部赴"南非·浙江文化节"进行杭绣展示，承办"天工遗风——浙江非物质文化遗产展览"，"钱塘声嗽——浙江地方戏集萃""戏韵流苏——浙江梨园百工展""余音绕梁——浙江乡村古戏台摄影图片展"3个项目赴台展出。组织余杭区文化馆滚灯艺术团参加亚美文化中心"亚太传统月"展演活动，与当地文艺团体进行切磋，实现了广泛深入的交流，各项活动取得圆满成功。

五、理论研究不断创新

（一）理论研究成果走在全国前列

承担文化部公共文化司"群众文艺创作研究"和"文化馆文

化志愿服务研究"课题，完成两个课题报告。为文化部起草文件《关于繁荣我国群众文艺创作的意见》，起草《文化馆文化志愿服务管理规范》并进入论证阶段。在文化部第二批培训教材编写名单中，浙江省文化馆负责主编教材《文化志愿服务与管理》（全国只有3个文化馆承接编写任务）。7个培训讲座进入2015文化部全国公共文化巡讲课程推荐名单，在全国文化馆系统中数量最多；文化部全国文化干部远程培训的"空中大课堂"于5月、6月推出省文化馆干部的培训讲座视频，全国各个远程培训点组织观看。

（二）群众文化理论研究不断深入

在2015中国文化馆协会年会理论征文评选中，浙江省9篇论文获一等奖，占一等奖论文半数，另外获得二等奖9篇。在首届全国文化杯文化馆群文期刊评选中，省文化馆编辑的《浙江公共文化》获优秀期刊奖，《杭州群众文化》优秀栏目奖《温州文化》获优秀装帧设计奖，另外有1人获优秀主编奖，1人获优秀编辑奖。举办全省数字文化馆建设理论征文、全省文化馆网站建设培训班、全省第十七届公共文化论坛等活动，全年编印《浙江公共文化》刊物4期、《文化礼堂文艺演唱资料》4期，全省群文理论研究进一步推向深入。

（三）群众文化创新实践不断完善

结合文化部数字文化馆建设试点和文化馆业务绩效考评工作，不断完善群众文化创新实践。针对2014年度全省市级文化馆业务绩效考核评估中出现的问题，修订完善业务绩效考核评估标准。做好信息报送工作，政务信息用稿数量继续保持厅属单位前列。积极运用新技术进行数字文化馆建设。发挥带头作用，引导全省各级文化馆不断创新公共文化传播内容、形式、渠道，全力推进各级文化馆数字化建设。8月，全国文化馆评估定级文化部评估专家组一行到省文化馆进行实地考察和评估，省文化馆顺利通过一级馆考评。

六、艺术考级覆盖面扩大

拓展音乐、舞蹈、美术考级考点服务范围，提升师资培训力量。中国美术学院美术考级在杭州、嘉兴、宁波、义乌、金华、台州、丽水地区设立20个考级点，考级人数由去年的3000人增加到4000人左右。中国舞蹈家协会舞蹈考级在全省设立12个考级点，考级人数近4000人。上海音乐学院在全省音乐考级人数约6000人。暑假期间，与中国舞蹈家协会合作，举办了多期舞蹈师资培训班和舞蹈展演活动，参演人数约600人，均取得了较好的社会效益和经济效益。

（周　平）

浙江省文化艺术研究院

【概况】 内设机构8个。2015年末实有在编人员23人（核定编制数为30个），其中具有高级技术职务资格的14人；具有博士学历的5人、硕士学历的5人。

2015年，浙江省文化艺术研究院坚持以党的十八届四中全会和省委十三届五、六次全会精神为指导，认真学习贯彻习近平总书记系列讲话精神，精心打造学习型、创新型、奉献型研究机构，根据省文化厅工作部署与要求，以规范管理为切入点，强化制度建设；在业务建设中，立足实际，抓住重点，发挥优势，服务中心。围绕本院发展目标，一手抓基础性研究、一手抓应用性研究，努力建设全省文化艺术研究基地，更好地发挥为省政府提供全省文化发展决策的智库作用。

一、《浙江通志》编纂工作

认真履行省文化厅《浙江通志》编纂委员会办公室工作职能，做好联络、协调、督促和指导工作，促进省级文化系统《浙江通志》编纂工作顺利开展。

组织完成《浙江通志·舞台艺术卷》《浙江通志·公共文化卷》资料长编编纂工作。

二、浙江省文化发展"十三五"规划编制工作

承担组织完成《浙江省文化发展"十三五"规划》调研和起草工作，较好地完成了阶段性工作任务。

三、课题研究工作

（一）配合省文化厅制订《浙江省传统戏剧精品创作生产规划》。根据省文化厅要求，先后两次召开讨论会，分别就如何制订该规划的具体思路和基本选题进行商讨，并撰写完成规划初稿，得到省文化厅的认可和好评。

（二）配合省文化厅开展全省中青年编剧人才培养推进计划各项活动。起草浙江省中青年编剧扶持计划《2015年度剧本创作资助项目评审办法》，配合修改《全省中青年编剧扶持计划2015年工作建议方案》,参与该项目入围资助剧目专家评委的组织、申报剧目的初选和终评工作,使该项目各项工作得以顺利进行,取得实效性进展。

(三)积极开展地方剧种发展研究。开展《温州瓯剧生态保护规划》的策划、研讨、写作、论证工作,使规划得以如期完成。

(四)举行系列电视纪录片《浙江省文化影响力影像工程·浙江戏剧名家》(第一部10集)首映暨音像制品和图书赠阅仪式。省文化厅厅长金兴盛出席仪式并讲话。该片获得第三届"银河杯"电视专题类一等奖,第二届"美丽浙江微电影大赛"二等奖。

(五)由省文化厅出品、浙江省文化艺术研究院摄制的第二部10集系列电视纪录片《浙江省文化影响力影像工程·浙江戏剧名家》正式建组拍摄。

(六)拍摄完成《新松恨不高千尺》"新松计划十周年纪念"专题电视纪录片。

(七)完成《浙江省公益性文化事业单位法人治理结构改革调研报告》。

(八)完成《浙江省文化消费调研报告》及党建调研报告。

(九)开展台州、温州等地公共文化服务观测点调研,并在台州市路桥区金清镇下梁村开展"一元文化基金"试点工作,取得预期成效,该村当天筹集基金8.9万余元,受到省委宣传部相关领导赞赏。

(十)《民间资本进入公共文化服务领域研究:以浙江省为个案》课题成果摘编以省文化厅课题组名义上报文化部,获"全国文化系统2014年度十佳调研报告"。

(十一)学术专著《文化测量:原理与方法》获第十八届省哲学社会科学优秀成果二等奖。

(十二)完成论文类研究成果10篇:

1.《我国文艺表演团体行业发展现状分析与趋势预测——基于全国及浙江省文艺表演团体行业发展数据》,发表于《2016年浙江发展报告·文化卷》。

2.《理念突破与路径成熟——国有文艺院团体制改革研究评述》发表于《四川文化产业职业学院学报》(2015年第3期)。

3.《我国文艺表演团体行业改革发展思路研究》发表于《人文天下》(2015年第11期)。

4.《论清中叶扬州曲家群的"崇元"倾向》发表于《戏剧艺术》(2015年第1期)。

5.《蒋士铨与扬州》发表于《古典文学知识》(2015第1期)。

6.《〈四弦秋〉解读》发表于《云南艺术学院学报》(2015第3期)。

7.《黄文旸交游考述》发表于《中华戏曲》(50辑)。

8.《蒋士铨主讲安定书院二三事》发表于《扬州晚报》6月27日"文化周刊"。

9.《社会资本、社区文化与城市社区发展》发表于《江汉大学学报·社会科学版》(2015年第5期)。

10.《当代中国电影的身体政治研究》发表于《重庆邮电大学学报》(2015年第3期)。

四、学术研讨工作

(一)主办"东方文化论坛"之二"茶与人类文明研讨会"。作为研究院与杭州市发展研究中心的年度合作创收项目,研讨会于10月31日至11月1日在杭州清水湾国际大酒店举办。中国国际茶文化研究会常务副会长孙忠焕发表主旨演讲。省文化厅副厅长蔡晓春到会讲话。12位专家在3个场次的分论坛上演讲。会议主题和成果获得各方好评。

(二)承办"2015生活与发展国际论坛"之五"传统文化礼俗重建与社会文化创新"分论坛。作为研究院2015年度与杭州市发展研究会的合作项目,会议于11月8日至9日在杭州之江饭店召开。中央党校、北京大学、北京外国语学院、新华文摘社、浙江大学、中国美院、浙江工商大学、浙江省社科院、浙江省社联、人民论坛网等的知名学者和资深媒体人士22人参会。

(三)召开戏剧理论评论推进会。为进一步加强我省戏剧评论工作,组织全省文化艺术研究所戏剧评论人员、部分戏剧院团院团长、部分戏剧评论专家学者和中青年评论人员,就如何结合国务院办公厅印发的《关于支持戏曲传承发展的若干政策的通知》精神,把当前戏剧理论评论与戏剧院团艺术创作生产、传承保护、剧团建设有效结合等问题展开研讨,受到戏剧院团的欢迎和好评。

(四)召开浙江省文化艺术研究院(所)联席会议。会议主题是贯彻落实习近平总书记在全国文艺工作座谈会上的讲话和国务院办公厅印发的《关于支持戏曲传承发展的若干政策的通知》精神,加强交流、深化合作,探讨新形势下如何推动我省文化艺术研究院所的建设与发展。

（五）召开“2015年‘戏文笔会’——浙江戏剧二度创作的回顾与展望”会议。与浙江省导演学会联合主办，于2月3日在杭州海华满陇度假酒店召开。全省文艺院团的编、导、音、美等二度创作人员60余人参加。

（六）成功举办“2015’浙江省公共文化服务论坛”。

（七）参与省文化厅非遗处组织的关于拟设立“嵊州越剧原生地保护区”的调研工作。参与省非遗中心举办的“2015浙江好声腔·传统戏曲保护传承研讨会”。参与金华艺术研究所举办的“婺剧流派研讨会”等。

五、编辑出版工作

（一）完成《文化艺术研究》（2015年第1—4期）的审稿、编辑、翻译、出版、发行、费用结算等系列工作。拟定了新的编委成员，并制定编委会章程。积极联系学者、专家，努力推进《文化艺术研究》组稿工作。完成《文化艺术研究》“戏文”增刊编辑出版。

（二）完成《浙江文化月刊》12期180多万字、上千幅图的采写编辑和印刷发行，受到省文化厅领导和业内外读者好评。

（三）立足浙江记者站，提高浙江文化影响力。《中国文化报》发表浙江文化新闻、专题报道或图片新闻近300篇（其中，浙江记者站3名记者发100篇左右）。同时，完成《中国文化报》指定的选题采写和其他相关任务。浙江记者站被中国文化报社评为“最具影响力的全国记者站”之一。

（四）编辑出版《浙江文化年鉴》。完成2014卷的印刷、邮寄、稿费发放等工作；2015卷的收集、财务运作、协调、印刷等工作。

六、艺术档案工作

（一）完成2014年本院及全省重大艺术活动材料的收集、整理、编目工作。

（二）送文化部民族民间艺术发展中心进行数字转换录像带的编目备份工作。

（三）移交浙江省档案馆录像带档案758盒、录音档案497盒。

（四）举办浙江省文化艺术档案学会第四次会员代表大会。会议于4月29日在之江饭店举办。省文化厅副厅长柳河，省档案局副局长、省档案学会理事长韩李敏等出席会议。会上，全省各地60余位会员选举产生了浙江省文化艺术档案学会理事、常务理事及会长、副会长和秘书长；通过了修改后的浙江省文化艺术档案章程和第三、第四届理事会工作报告。

（五）举办全省文化艺术档案业务培训班。培训班于10月22日至23日在余杭陆羽山庄举办。各市文化广电新闻出版局、厅机关各处室、厅属有关单位从事文化艺术档案工作的专兼职档案员及行政管理人员、浙江省文化艺术档案学会60余人参训。培训班邀请浙江省档案局业务专家讲授了数字档案室建设和规范化综合档案室建设。

（六）完成浙江省文化艺术档案学会年检、年审工作。

（姚卫星）

浙江美术馆

【概况】 内设机构8个。2015年末，实有人员37人（核定编制50人），其中具有高级技术职务资格的9人，中级17人。

2015年，浙江美术馆举办各类展览63个，学术活动30余场，公共教育活动280场，新增藏品788件，观众80余万人次。10月，被文化部评为国家重点美术馆，并名列榜首。

一、以国家重点美术馆评估为契机，大力推进综合管理水平

专门成立浙江美术馆评估工作领导小组，把国家重点美术馆评估作为核心工作，对照文化部《全国重点美术馆评估办法（修订稿）》《全国重点美术馆评估标准》，认真准备评估材料，全面达到评估标准，在现场考察评估和终评时，浙江美术馆的场馆设施、建筑环境、学术研究、展览策划、藏品征集、公共教育、综合管理等各方面，都得到了文化部评估专家组的高度肯定。

逐步构建规范高效的内部管理体系，进一步完善人事、合同、固定资产、藏品管理的制度建设，出台了《浙江美术馆工作人员考核办法》《浙江美术馆岗位设置实施方案》《浙江美术馆合同管理制度》等6个制度，专项修订了《浙江美术馆藏品征集管理制度》《浙江美术馆藏品库房管理工作制度》等12个典藏相关制度。

一手抓制度建设，一手抓流程控制。出台了《浙江美术馆部门值周制度》《浙江美术馆工作日志制度》，规范工作流程，提高工作效率。积极推进信息化综合管理，OA系统全面上线，涵盖公文、固定资产、藏品管理、职工考核等内容，提高了工作效率。加强制度落实，成立考核工作小组，每周进行上下班查岗，按季度检查员工工作日志执行情况，经常性地对物业开展工作检查等。

积极推进人事改革工作，出台《浙江美术馆工作人员考核办法》，建立科学有效的考核体系，加强人才队伍建设。成立由馆领导直接领导、各个部门参与的考核工作小组，以坚持客观公正、民主公开、注重实绩为原则，实行领导与群众评议相结合、定性与定量相结合、季度考核与年度考核相结合的方法，科学设置考核指标，优化考核程序，加强绩效沟通和反馈，全方位、多角度衡量员工工作表现，提高考核有效性和实用性。制定《浙江美术馆岗位设置实施方案》，建立健全岗位管理制度和人员聘用。加强人才队伍建设。引进专业技术人才2名，选派员工参加展览、典藏、公共教育、外事、财务、消防、档案等培训共计30人次，同时，积极鼓励员工在职深造，1人取得博士学位、2人硕士在读。完成中层负责人竞聘和全员聘用工作。

规范财务管理，确保资金使用安全，严格控制三公经费支出，同比2014年度三公经费下降2%。强化预算编制，预算执行进度92%。做好2014年公务支出和公款消费情况以及年度绩效工资情况专项审计、马锋辉同志任期经济责任审计，深入开展贯彻执行中央八项规定严肃财经纪律和“小金库”专项治理专项审计。审计结果总体情况良好，未有领导违反廉政建设规定及涉及个人的经济问题。做好资产清查工作，抓好固定资产管理，建账立制，编制《固定资产入库单》，办理采购设备入库登记及领用手续，加强对新增资产设备的管理。建立一物一卡登记制，由专人验收入库并登记入资产账册，定期账账核对、账实核对。增加固定资产852万元，登记卡片1000余张。

认真做好政务信息工作，并将政务信息与部门考核挂钩。做好档案管理工作，完成2014年度纸质档案的归档登记工作，文书类673件，艺术类2527件，政府采购类612件，总计3812件。加强因私出国(境)工作管理，无违反相关出国外事纪律事故发生。做好保密工作，遵守保密法，全年无泄密事故发生。

加强安全宣传教育和培训，开展全馆安全知识讲座，召开安全专题会议，及时传达上级安全工作会议精神。加强人员出入监管，升级改造安防系统。加强物业管理，做好美术馆场馆日常运营、清洁、安保等各项服务工作。全年无违纪违法案件、重大责任事故和越级集中上访事件发生。

积极拓展视野，扩大国际化交流。专门成立对外联络部，主要承担美术馆对外对港澳台工作，以及对外艺术传播和交流工作。馆长斯舜威参加第二届中东欧国家当代艺术作品展暨中东欧国家艺术馆馆长论坛并发言。美国、法国、德国、英国、西班牙、匈牙利、意大利、荷兰、芬兰、黎巴嫩、韩国、日本、马来西亚等国家和香港、台湾地区，以及山东、河南、云南、广州、西藏、上海等国内文化部门和美术机构，共50余批次代表团到馆参观访问，交流合作意向。邀请国际学者举办学术讲座和公共教育活动20余场。选派员工赴保加利亚、美国、新加坡等地学习交流，布展和参加展览开幕式等因公出国(境)9批(次)，实际完成7批(次)。选派3名员工参加国内外相关对外项目培训。积极引进优质外展项目，注重打造国际展览品牌，做好第二届“杭州纤维艺术三年展”筹备工作。

二、以梳理“浙江百年文脉”为基础，有效夯实专业学术支撑

7月，专门召开“浙江美术馆发展思路研讨会”，研究制订浙江美术馆第二个五年发展规划。以梳理“浙江百年文脉”为切入点，梳理杭州国立艺专以来的浙江美术发展历程，为学术研究、展览策划、藏品征集、公共教育提供丰富的资源和支撑。扎实推进《浙江通志·美术卷》编纂工作，为“百年文脉”研究积累资料，打下理论基础。创新实施梯队编纂工作模式，资料长编与初稿纂写齐头并进，取得阶段性成果，新增资料卡片1000余张，完成资料长编150余万字，资料长编进入扫尾阶段，并启动部分章节初稿纂写。

加强学术策划，提高展览品质。启动实施“画风画峰——浙江花鸟画名家作品展”。这是浙江美术馆自主策划实施的品牌学术展览活动与精品征集项目，参展的11位花鸟画名家，年龄有10位在70岁以上，对于学术梳理百年浙江画脉具有重要意义。另外，参与主办的“崇文载学铁如意——张宗祥逝世五十周年纪念特展”，全面呈现了张宗祥的人生历程，反映出张宗祥高尚的人品风范、深邃的艺术思想、卓越的艺术成就。由浙江省文史研究馆、浙江图书馆、浙江美术馆联合主办的“艺游正道——马一浮书法展”，展出马一浮书法作品、手稿、信札以及读书札记等近180件，其中半数以上作品系首次公开展出，较为全面地展示了“一代儒宗”马一浮学问之外的艺术世界。

以与浙江百年美术发展脉络相关联的美术家为重点，积极开展藏品征集工作。顺利从美国征集99件傅狷夫藏近现代中国书画名家作品，其中包括任薰、徐悲鸿、唐云、丰子恺、于右任、黄君璧、潘伯鹰、邓白、赵少昂、潘韵等，有的还填补了馆典藏空白。积极举办各类艺术讲座、理论研讨会、座谈会等学术交流活动，营造良好的学术氛围和学术环境。健全完善学术出版机制，提升出版体系的规范性和品质。编辑出版《崇文载学铁如意——张宗祥逝世50周年纪念特集》《文墨尚一——叶尚青书画集》《画风画峰——浙江花鸟画名家作品集》等画册、书籍，编印《浙江美术馆》馆刊，较好地提升了美术馆出版物的品质。

三、以服务中心工作为重点，精心打造艺术展览品牌

围绕重要节点和中心工作，精心策划实施配套艺术活动，弘扬主旋律，传播正能量，发挥文艺宣传主渠道和文化传播主阵地作用。全年举办展览63个，其中主办展33个，占展览总数的52%。

从7月中旬到12月底，举办了“血肉长城——浙江省纪念中国人民抗日战争胜利70周年美术、摄影展”等纪念抗战胜利70周年的七大系列展览，大力弘扬以爱国主义为核心的伟大民族精神。七大系列展览主题鲜明、内容翔实、意义深远，产生了极为广泛的社会影响。特别是在“抗日战争在浙江——纪念中国人民抗日战争暨世界反法西斯战争胜利70周年图片展”中，社会各界纷纷组织参观，观众数量超过3万人次，团体参观多达50多批次，驻杭部队官兵参观展览批次、人次之多，创下浙江美术馆开馆以来的新纪录。

充分利用馆藏资源，加大自主策划力度，发挥藏品社会效应。策划举办的“痕纪：浙江现代版画系列展”，列入文化部2015年全国美术馆馆藏精品展出季项目。藏品专题陈列厅先后举办了“纪念黄宾虹诞辰150周年逝世60周年黄宾虹书画展”“纪念吴茀之诞辰115周年——吴茀之艺术文献展”等，让观众经常性地欣赏到馆藏美术精品，社会反响良好。

在展览策划和实施中，加强与国(境)内外美术馆、博物馆和艺术机构、学术单位的交流与合作，丰富展览结构，扩大艺术视野。引进“匿名女性——帕蒂·卡罗尔(Patty Carroll)摄影作品展”“孤山丽水觅诗情——孙多慈画展”等一批高水平的优质外展。同时，积极组织策划馆藏精品展览，走出浙江，走向国际。“湖山之约——浙江美术馆藏现代版画集萃”赴保加利亚索菲亚城市美术馆展出，让更多的保加利亚人民了解中国的人文历史和浙江的艺术内涵。策划实施了“周沧米画展”在中国美术馆展览，让更多人通过作品了解周沧米的艺术人生。立足浙江本土，举办了“风从东海来——舟山普陀渔民画展”“人文绍兴——大型主题性创作作品展”等具有浓郁地方风情的展览，向观众展示浙江不同区域的文化特色。

四、以藏品普查为抓手，注重健全典藏管理体系

全年实施藏品征集项目27宗，新增藏品788件。以藏品普查为契机，大力推进藏品制度化、信息化管理。严格按照文化部全国美术馆藏品普查信息和国家文物局全国可移动文物信息普查标准要求，对原有藏品分类(指标库)进行调整和完善，修订出台了12项典藏制度。至6月，完成全部藏品的资产核查工作，实现藏品登录与财产登记的对接。同时完成文献类藏品核查、登录和建档，为浙江美术馆的展览策划、学术研究等工作提供了极大便利，使藏品管理步入规范化和科学管理的轨道。

制订下阶段藏品建设规划，确立主要征集方向，包括20世纪浙江百年书画名家精品、浙江现当代重要艺术家作品、“浙派人物画”名家作品、浙江现当代版画、以“两江创作组”为重点的浙江山水画、浙江民间美术作品等。是年完成的主要征集项目，除傅狷夫藏近现代名家作品征集外，还有叶尚青作品捐赠，含其国画及课徒稿作品191件、书画作品40件，共计231件。钱大礼与钱瘦铁作品捐赠，含钱大礼书画作品50件、钱瘦铁作品5件。“百水赋”和春联书法征集，整体收藏“美丽浙江·百水赋——浙江书坛名家百家百卷展”参展作品102件，以及“羊大为美——乙未春联展”全部参展作品60件。此外，还接受了吴宗其捐赠摄影作品118件，施明德捐赠国画作品69件、李一捐赠书法作品40件、鲍贤伦捐赠书法作品27件，以及邱振中、曾宓、佘本、王琨、孙纲、陈宜明、马松林、江明贤、吴可、文蔚等艺术家的捐赠，完成中国画双年展作品征集5件。

五、以深入基层为己任，积极实施文化惠民活动

着重突出“深入基层、文化惠民”，全年举办各类公共教育项目280余个，在乡村美育、儿童美育、网络美育等方面取得了较好的社会效益。

策划了“艺游乡里”乡村艺术公开课项目，在半年多时间里，先后在平湖、舟山、庆元、临海等20个乡村文化大礼堂举行艺术教育和美术体验活动，内容涵盖绘画、雕塑、篆刻、手工、布艺、织染、戏曲等10余个艺术门类，把优秀资源推广到更广阔的乡村地区，为文化礼堂建设提供了新思路，受到广泛赞誉。

策划实施“碧水流觞——‘五水共治’书法巡回展”，邀请全省113位书画家，以中国历史上“治水”“咏水”为主题的诗文名篇和名言警句为创作内容，通过“文”与“书”合璧的策展思路，深刻阐述治水的历史文化内涵，进一步明确“治水”是富国、利民、兴邦之本的历史意蕴和人文意义，在宁波、绍兴、诸暨、淳安、嘉兴、温州、丽水等10个地方展出，提升了“五水共治”的传播效力。

配合展览，打造“零门槛、不限时”公共教育项目，如“明清文人的一天”“跟马一浮爷爷学书法”“重唱《木刻运动之歌》”等，激发各个年龄层观众参与热情，加深对展览的理解。积极走进校园进行美育宣传，和学校合作共同开发公共教育项目，在杭州25所大中小学幼儿园设立公益宣传栏，定期更新美术知识介绍，17岁以下观众群体明显上升。积极组织社会力量，继续做好“流动宣传站”和“流动影像站”项目，走进社区、学校、商场，提供更为多元的公益服务内容。推出6期宣传站项目、10个影像站项目和25个“美术阳光”项目，直接受惠观众数量7万余人。充分利用浙江美术馆影像制作的特色，为有条件播放影像资料的地市美术馆、社区、高校、机关单位提供自制的艺术家及美术史相关电视专题片。着重做好艺术讲座、美术体验、惠民活动、导览讲解、观众互动、艺术鉴赏等9个活动类型和“新年祝福”“女人月影”“动画季”等品牌项目，并通过浙江美术馆之友会员平台，积极进行教育满意度调查，提升服务质量。

加强自媒体和网络建设，“打造服务公众的网络文艺平台”。注重网络便民服务，不断丰富网络服务内容，提供便捷丰富的文艺资讯和多层次的线上教育活动，并根据公众需要不断更新平台功能。根据中国新媒体指数月报发布，是年，“浙江美术馆”微信公众号在中国艺术机构自媒体中的月排名最好成绩为第2名；新浪官方微博粉丝量21万，位居公立美术馆新浪微博粉丝数之首；官网日均点击量突破2000人次；通过“浙江美术馆之友”微信服务公众号，近万名美术馆会员在线预约，参加线上公共教育活动近200次；百度搜索关键词“美术馆”，“浙江美术馆”位居第2，仅次于“中国美术馆”，搜索链接22.8万条。

两项目荣获文化部全国美术馆优秀项目奖　2月7日，2014年全国美术馆年会暨全国美术馆优秀项目交流推荐活动在东莞举行，会上文化部宣布了2013—2014年度全国美术馆优秀项目评选结果，浙江美术馆“杭州纤维艺术三年展”被评为优秀展览项目、“艺术共同体——艺游乡里”被评为优秀公共教育项目。

四川博物院院藏明清书画作品展　3月12日至4月12日展出。由浙江美术馆、四川博物院主办。展出作品60件，以明末清初文人书画家为主体，上衍明嘉靖时期，下至清光绪年间，横跨三百多年的历史，基本涵盖了明末清初数个主要书画流派的画家作品，其中包括清初“四大僧人”中的三位：石涛、朱耷、弘仁，引领清初艺坛的“清六家”中的王翚、王原祁、恽寿平，浙派画家蓝瑛、陈老莲等。展出的56位书画家中，江浙地区的有28位，浙江本土书画家有14位。展览从学术上梳理出一条“浙派”文人画书画脉络。

湖山之约——浙江现代版画作品展　3月19日至4月19日，在保加利亚索非亚城市美术馆展出。中国驻保加利亚大使魏敬华、保加利亚索非亚市副市长多德尔·乔巴诺夫出席开幕式并致辞。浙江版画艺术在保加利亚刮起了“中国风”，不仅推动了两国艺术界的深入交流，而且让更多的保加利亚人民了解中国的人文历史和浙江的艺术内涵。

动画季　4月至6月在浙江美术馆举办。由浙江美术馆主办。主题是“定格动画”。活动得到了英国总领事馆文化教育处、美国驻上海总领事馆、法国动画协会、加拿大国家电影局、香港艺术中心、东京艺术大学、中国美术学院传媒动画学院、捷克ATHANOR电影公司、英国Aardman动画公司、北京优扬文化传媒股份有限公司等多家机构的大力支持，展映来自英国、美国、法国、加拿大、捷克、日本等国家的优秀定格动画作品。

周沧米画展 5月6日至18日在中国美术馆展出。由浙江省文化厅、中国美术学院主办，浙江美术馆、中国美术学院国画系承办。展出周沧米作品111件。周沧米在临终前向浙江美术馆捐献了2671件作品，是浙江美术馆开馆以来接受艺术家个人数量最大的整体捐献之一。这是浙江美术馆首次在中国美术馆举办艺术家个人展览，既是对捐赠艺术家的褒奖，同时也激励全社会更多的艺术品持有者进行捐赠。

游艺证道——马一浮书法展 6月23日至8月2日展出。由浙江省文史研究馆、浙江图书馆、浙江美术馆共同主办。展出浙江省文史研究馆、浙江图书馆收藏的马一浮书法作品、手稿、信札以及读书札记等近180件，其中大部分作品为首次公开展出，较为全面地展示了“一代儒宗”马一浮学问之外的艺术世界。

庆祝抗日战争胜利“七大”系列展览 一是“人民的力量——纪念抗战胜利70周年浙江书法展”。7月15日至26日展出，由浙江省委宣传部、省文化厅、省文学艺术界联合会联合主办。展览从全省范围内选送、邀请200余名老中青书法家，书写200余件反映抗战的诗词文赋书法作品。二是“血肉长城——浙江省纪念中国人民抗日战争胜利70周年美术作品展”。7月31日至8月21日展出，由浙江省文化厅、省文学艺术界联合会联合主办。展览分“民族的脊梁”“历史在凝聚”“沧海变桑田——来自战场的报告”三个部分。三是“长枪出击——抗战时期大后方版画运动文献展”。8月15日至9月12日在重庆美术馆展出，展出实物资料约30件，版画作品和原版56件，绝大部分作品来自浙江美术馆馆藏，包括丁正献、张漾兮等艺术家抗战时期作品，多维度呈现了抗战时期大后方版画运动的发展历史。四是“抗日战争在浙江——纪念中国人民抗日战争暨世界反法西斯战争胜利70周年图片展”。8月26日至9月6日展出，由浙江省委宣传部、省委党史研究室、省档案局、浙江日报报业集团、省民政厅、中国新闻社浙江分社、省新四军历史研究会联合主办。展示内容分为五大板块，分别是“同仇敌忾——中华民族的抗日战争”，主要介绍全国抗战形势；“生灵涂炭——日军对浙江的侵略”，主要揭露日军对浙江的军事侵略、经济劫掠、沦陷区统治、各种暴行等；“中流砥柱——中国共产党与浙江抗战”，主要介绍中国共产党领导下的浙江抗日民族统一战线形成、全省抗日救亡运动和各抗日根据地情况；“共赴国难——浙江抗日的正面战场”，主要介绍发生在浙江境内的国民党与日军战场及群众自发抗日斗争和营救盟军人员等；“浩气长存——浙江抗日英烈”，主要介绍是年公布的第一批40位浙江抗战和1个抗战英雄群体的事迹。400余幅老照片，全面展示了浙江军民共赴国难、英勇抗战的伟大历史，使得浙江美术馆在“胜利日”前后成为爱国主义的教育基地。五是“榛莽之行——野夫与战时东南木刻纪念特展”。8月28日至9月6日展出，由浙江美术馆主办，展出近300件作品，梳理浙江版画文脉，再现战时版画工作者光辉业绩。六是“江淮之波——涂克、陈惠夫妇抗战艺术文献展”。9月1日至10月4日展出，由浙江美术馆主办。展出抗战题材作品及文献资料70余件。七是“绘兵纪——纪念中国人民抗日战争胜利暨世界反法西斯战争胜利70周年作品展”。12月16日至25日展出，由浙江美术馆、浙江省归国华侨联合会、中国美术学院、浙江省民政厅、民革浙江省委员会、浙江省美术家协会联合主办。展出作品330件。

崇文载学铁如意——张宗祥逝世五十周年纪念特展 8月16日至30日展出，由西泠印社、浙江图书馆、浙江美术馆、海宁市人民政府共同主办，展出张宗祥书画作品70余件，文稿书简40余种，以及大量生平文献资料，全面呈现张宗祥人生历程，对反映张宗祥高尚的人品风范、深邃的艺术思想、卓越的艺术成就，具有十分重要的意义。

湖山之约——浙江美术馆藏现代版画集萃 8月28日至9

月27日展出。由浙江美术馆主办。该展是文化部2015年全国美术馆馆藏精品展展出季展览项目“痕纪：浙江现代版画系列展”第二辑，全面展现了浙江版画艺术在“本土化”精神主旨下多样化的艺术追求，与“榛莽之行”展览在精神主旨、内容、结构等方面形成了延续与呼应关系，向观众立体地展现了浙江版画的渊源与发展历史。

实验场 8月举办。由浙江美术馆主办。主题为“实验与声音”。邀请多位关注“声音”创作的实验艺术家，以生活中的元素作为创作主线，围绕年度主题展开系列项目，为观众带来一系列关注“声音”的当代艺术实验项目，包含1场放映、2个表演、1个互动计划、1部诗剧。除邀请了国内独立创作人外，还特别邀请了来自美国、黎巴嫩、马来西亚、新加坡等国家的国际嘉宾。

傅狷夫旧藏近现代名家作品征集 12月20日，在美国旧金山与傅狷夫之子傅励生正式签署协议，征集傅狷夫藏99件近现代名家书画作品，并于当日发运回国。这99件作品包括“海派”名家任薰的花鸟画四条屏、徐悲鸿的《奔马图》及手札、唐云的四件花鸟画作品、于右任的七件书法作品，还有邓白、张书旂、赵少昂、溥心畬、潘伯鹰、郑月波、陈定山、梁寒操、王壮为等名家的作品，整体水平较高，涵盖面较广，具有很高的收藏价值，有力推进了浙江美术馆“百年文脉梳理”“百年书画征集”工程。

艺游乡里 为积极响应省委宣传部和省文化厅关于做好农村文化礼堂工作的号召，深入推进全省农村文化礼堂内容建设，年初认真筹备、走访和调查，历时两个月成功实施了20场“艺游乡里——2015浙江美术馆乡村艺术公开课”活动，内容涵盖绘画、雕塑、篆刻、手工、布艺、织染、戏曲等10余个艺术门类。活动分别由“乡村艺术公开课”的10名志愿者带头，先后深入萧山、富阳、南浔、平湖、舟山、庆元、东阳、宁波、温州、临海、淳安、临安等20个基层文化大礼堂，为近800名暑期儿童献上精彩的艺术体验活动。是年年末，还联合深圳OCAT当代艺术中心、广东时代美术馆、安徽大学新闻传播学院，为观众放映了14部农业和乡村题材影片，影片来自中国、美国、法国、泰国，展示了世界上乡村纪录片工作者对于留守儿童、民俗农事等方面冷静的观察和记录。

（张丹阳）

中国丝绸博物馆

【概况】 内设机构4个。2015年末实有在编人员41人（核定编制41人），其中具有高级技术职务资格的19人，中级14人。

2015年是“十二五”的收官之年，也是中国丝绸博物馆发展史上整旧立新、继往开来极为重要的一年。一年来，全馆干部职工按照《浙江省文化厅目标管理责任书》要求，结合中国丝绸博物馆全年工作重点，切实抓住G20国际峰会契机，有效推进了改扩建项目的全面实施，工作亮点纷呈。

一、改扩建工作

（一）项目审批

全面启动项目前期审批工作。在与省、市各职能部门充分沟通、论证的基础上，先后完成了风景名胜区遗产地专家论证、杭州三委四局立项审查、杭州市人大常委会风景区项目审议、省住建厅风景名胜区项目选址意见书等审批程序。同时，有效地把握G20国际峰会契机，成功地将改扩建项目纳入省级峰会项目和涉密工程。利用峰会项目审批简约流程，完成项目可行性研究报告和初步设计方案的审批程序，并于7月取得临时施工简复通知，成为首家取得合法施工手续的峰会建设单位。

（二）管理制度

制定《改扩建项目建设管理办法》《改扩建项目保密管理规定》《改扩建项目财务管理制度》《改扩建项目工程变更管理规定》等15个管理制度，并编印成《中国丝绸博物馆改扩建项目管理制度汇编》（手册），印发各项目建设单位贯彻执行。

（三）工程进度

通过招标，确定浙江省建工集团有限责任公司为项目施工总承包单位；杭州中新建筑工程监理有限公司为项目总监理单位。为确保项目按期完成，根据峰会简约流程，边设计、边审批、边施工。项目于7月1日开工建设，全面实施改扩建工程，已完成藏品楼、综合办公楼和地下停车库主体建筑结顶工程，并开始内部管道设备的安装工作；丝路馆完成内部结构改造和管道设备安装，并开始了陈列展览布展施工；园区景观改造工程全面铺开。

（四）展陈设计

8月启动改扩建陈列布展设计招标工作，苏州金螳螂建筑装饰股份有限公司和浙江龙邦装潢工程有限公司分别中标承担丝路馆和时装馆的陈列设计，年底前完成展厅空间施工和展览陈列文本内容的定稿和展览形式的深化设计工作。

二、业务工作

（一）藏品征集

全年新增藏品890件（套），其中文物84件（套），三级以上珍贵文物27件（套），现代藏品806件（套），捐赠682件（套）。征集范围涵盖文物，西方时装，孟加拉国、斯里兰卡等海上丝绸之路沿线国家的染织收藏，旗袍，纺织档案等。

（二）藏品管理

根据省文物局文物普查办统一部署，按时完成第一次全国可移动文物普查工作任务，完成4411件文物及18004件现代品，共计22415件（套）藏品的拍照、照片整理、藏品定名、登账、审核及校对工作。做好改扩建工程藏品搬迁及安保工作。

（三）陈列展览

全年举办13个展览，其中馆内临时展览6个，馆外临展6个，境外展览1个。

三、基地建设

新增高清晰数码输入扫描仪、便携式傅里叶红外光谱仪等6套大型仪器设备。新增俄罗斯、塔吉克斯坦等地的纺织品文物标本86件（套），现代蚕桑水土标本5套。对故宫博物院、甘肃省博物馆、早期世博会纺织品（本馆）、境外（丹麦、意大利、俄罗斯、智利）等的近200个样品进行染料检测，建立健全科学测试数据库。组织举办纺织品文物保护国家文物局重点科研基地首届学术委员会第四次会议。

四、科学研究

承担和参与15项国家级及省部级课题与5项自立课题。包括国家科技支撑计划课题及子课题2项，国家文物局文物保护优秀青年研究计划1项，指南针专项1项，国家文物局文物保护与技术研究课题1项，浙江省文物保护科技项目2项，浙江省文物保护科技项目8项。全年完成课题8项，在研课题10项，新立项课题3项。

五、文物保护

完成修复保护服饰文物149件，整理残片3031片（组），承接兄弟单位修复保护项目17项，馆藏文物修复保护项目2项。编制完成14项修复方案，其中11项顺利通过国家文物局审批。对中韩合作修复项目“王店明墓出土丝织品的修复与研究”进行面料复原，复原实际大小的滑框式多综织机和连杆式模型织机各1台。研究选择适合老官山汉墓出土织机织造的经锦。与南京锦绣盛世云锦织造有限公司共同研究明代曲水地团凤织金双鹤胸背大袖衫衣料的复制工艺，复原古代大小纹样混织为特色的补服织造工艺。复制故宫双面绣颜色，采用植物染料进行传统工艺染色。

六、学术交流

举办大型国际学术研讨会2场，联合举办小型学术会议4场，有12位专业技术人员作了专题学术交流。先后有2批境外专家来馆进行学术交流访问，4批专业技术人员赴印度、俄罗斯、日本和韩国开展学术交流活动。主办的“丝路之绸：起源、传播与交流”国际学术报告会，由中国科学院自然科学史研究所、北京大学中国古代史研究中心、浙江大学“一带一路”合作与发展协同创新中心、英国李约瑟研究所、丹麦国家基金会纺织品研究中心、英国国际敦煌项目、韩国传统文化大学等联办，来自20个国家和地区的考古学、语言学、人类学、文博界等相关领域近40位专家发表和分享各自最新研究成果。由中国丝绸博物馆牵头，联合12个国家和地区的24家专业机构和团体参加的“国际丝路之绸研究联盟”正式签约成立，是世界上第一个以丝绸之路纺织品为研究主题的国际联盟。

七、社会教育

继续开展科普养蚕、丝绸文化巡回展、丝绸文化大课堂、快乐手工坊等活动，新推“丝绸之路与丝路之绸”高校巡回展。举办“博物馆理论与实践”“世界各地的纺织品”“丝绸之路”“西方服装史”等系列讲座14次。

八、文化创意

完成系列文创产品的设计制作招标工作，包括文化用品、服饰品、生活用品、家居用品、装饰品等5个大类55品种约238个款式的文创产品，计划分批分期设计制作，确保在G20峰会前完成主要款式的设计生产。继续与合资公司杭州经纶堂文化创意有限公司合作开发丝绸文化产品，设计了40余款围巾，配色100余款。除传统方巾以外还新增了三角大方巾、斜角小长巾、大披肩等不同规格和品种。

改扩建项目 快速推进改扩建项目审批和施工进程。4月，完成西湖风景名胜区遗产地专家论证和杭州三委四局立项审查，4月底杭州市人大常委会审议通过。5月至6月，获得省住建厅风景名胜区项目选址意见书，完成项目可行性研究报告和初步设计方案审批程序，并于7月取得临时施工简复通知，确定浙江省建工集团有限责任公司为项目总承包，并正式开工。是年底，基本完成扩建、改建和修缮三大板块的主要工作。

丝绸之路文化寻根图片展 由中丝博发起，携手桐乡文化馆及非遗保护中心共同组织策划。6月13日启动，9月下旬结束，历时3个多月。展览遍至桐乡市所辖崇福、高桥、屠甸、濮院、石门、乌镇、洲泉7个镇以及凤鸣、龙翔、梧桐等3个街道，将蚕桑文化送到众多乡镇图书馆、农村文化礼堂，近4000民众参与了活动。

孟加拉国、斯里兰卡等海上丝绸之路沿线国家染织收藏 征集印度、孟加拉国、斯里兰卡、菲律宾、越南、缅甸、柬埔寨、泰国、马来西亚、印尼、土耳其等11个海丝国家18世纪至20世纪民族染织物91件，其中包括18世纪印度东南部外销到斯里兰卡手绘圆形和鸟纹祭台棉布(chintz)和外销到印尼手绘花卉包臀棉布(chintz)，20世纪中国外销印度紫罗地彩绣人物风景纹女式短袖上衣，19世纪至20世纪古吉拉特邦等印度各地染织的织金妆花披肩、纱丽，20世纪40年代越南中部女子棉布挑花上衣、裙子和男子缠腰带，1950年缅甸西部若开邦妇女织锦上衣等5件完整服饰，20世纪30—40年代土耳其外销印尼Aceh回教族丝绸刺绣男上衣，20世纪30—60年代柬埔寨高棉族佛教题材丝绸IKAT礼仪挂布，20世纪50—60年代印尼苏门答腊岛南部马来人中国丝绸竹笋和花卉纹织锦披肩等，运用盘金绣、IKAT纬向拼织、绞染(缝染、扎染)等防染技术、腰机手工挑花织锦工艺、缂丝工艺、植物染色等精细的染织工艺，具有鲜明的东南亚和南亚染织风格，形象再现了中国、印度、土耳其等国家的纺织品通过海上丝绸之路外销到东南亚国家的文化交流盛况。

国际丝路之绸研究联盟 10月12日，国际丝路之绸研究联盟成立签约仪式在杭州举行。联盟旨在联合丝绸之路沿途或相关的研究机构(包括大学、博物馆、图书馆、考古所、研究机构、研究团体等)进行合作研究、资源共享。首次作为创立者的24家机构是：英国国际敦煌项目(英国国家图书馆)、英国李约瑟研究所、英国剑桥大学麦克唐纳考古研究所、德国马普学会科学史研究所、俄罗斯艾尔米塔什博物馆、丹麦国家基金会纺织品研究中心(哥本哈根大学)、以色列国家文物局、俄罗斯斯塔夫罗波尔考古研究所、俄罗斯北高加索地区古代史与考古研究所、乌兹别克斯坦科学院考古所、印尼ASEAN传统纺织品艺术联盟、泰国诗丽吉皇后纺织博物馆、美国布莱恩特大学、意大利帕多瓦大学地理与历史学院、韩国传统文化大学、东华大学服装·艺术设计学院、成都博物院、中国丝绸博物馆、新疆文物考古研究所、北京大学中国古代史研究中心、浙江大学“一带一路”合作与发展协同创新中心、中国科学院自然科学史研究所、中国博物馆协会丝绸之路沿线博物馆专业委员会(甘肃省博物馆)、国际古迹遗址理事会西安国际保护中心。大英图书馆、英国李约瑟研究所等15家机构代表参加签约仪式。联盟将致力于文化遗产资源调查及数据库建设、认知保护关键技术研究、人才交流和联合实验室建设、丝路之绸联展、传统纺织工艺传承与创新，全面促进丝路之绸研究。在此后五年，倡议共同开展丝路沿途资源调查，设立“丝路地图”“纺织词汇与术语”等研究专项，推进联盟成员之间的交流与合作。

“丝路之绸：起源、传播与交流”国际学术报告会 10月12日上午，“丝路之绸：起源、传播与交流”国际学术报告会在杭州西湖博物馆报告厅召开。本次会议由中国丝绸博物馆主办，中国科学院自然科学史研究所、北京大学中国古代史研究中心、浙江大学“一带一路”合作与发展协同创新中心、英国李约瑟研究所、丹麦国家基金会纺织品研究中心、英国国际敦煌项目、韩国传统文化大学等联办，并且得到了丝绸之路控股集团有限公司的大力支持和协助。会议为期3天，对丝绸在中国的起源、传播以及东西方纺织文化在丝绸之路上的交流进行深入探讨，进一步促进丝路之绸的研究与保护。会上，来自世界各地20个国家和地区的考古学、语言学、人类学、文博界等相关领域近40位专家，从"丝绸之路与技术交流""丝绸考古发现：从东方到北方""丝绸考古发现：中国境内""丝路之绸：从中亚到西亚""语言学所见丝路之绸""人类学所见海上丝路之绸、大航海后的丝路之绸"等七大主题发表和分享各自最新的研究成果。会后，与会代表还赴湖州丝绸之路集团菱湖丝厂基地、荻港联合国粮农组织桑基鱼塘保护基地与南浔古镇辑里湖丝馆、丝业公所等地，考察蚕桑丝绸原产地及规划建设中的"丝绸小镇"。

获评杭州国际体验点二十佳 10月29日上午，"2015年(第八届)杭州国际日启动仪式暨上城区首届南宋酒文化节开幕式"在杭州太庙广场举办。中丝博接受了由杭州市社会治理研究与评价中心、杭州市旅游形象推广中心、杭州市城市品牌促进会联合颁发的"2015杭州国际体验点"奖牌。

乾隆花园倦勤斋丝织品保护修复 2012年始，受故宫博物院委托，科研基地对其乾隆花园倦勤斋丝织品进行了加固修复试验研究，其结果经过专家论证认可后，开始实施大范围的保护修复工作。倦勤斋内檐装修丝织品经自主研发清洗剂的清洗，丝蛋白加固和绉丝纱修复得到了有效保护。清洗剂加上真空清洗台可在有效去除污染物的同时不影响刺绣色泽。丝蛋白加固技术可大幅度提高丝织品的断裂强力，改善丝织品柔顺性，且不对丝织品外观造成影响，满足了文物保护的基本原则与要求。加固后，再用针线缝合法进行修复，并于表面覆纱。

河北遵化清东陵出土纺织品保护修复 完成其中的绛红色缎万寿如意镶边坎肩修复。此件服装所镶蕾丝部分破损严重甚至发脆，修复时采用绉丝纱局部包覆的方法进行加固，效果较好。

甘肃花海毕家滩五凉墓地出土丝绸服饰保护修复 紫缬襦在修复前残存两片，分别为左右(前)衣片。另一件绯碧裙在修复前仅残存一片，含部分裙腰和裙身。两件纺织品经修复后，不仅恢复了形制，而且对文物起到了较好的加固效果。

脆弱丝织品的蚕丝蛋白同源加固研究 该项研究属财政部、商务部2014年茧丝绸发展专项资金项目，由浙江省茧丝绸办组织，中国丝绸博物馆承担。针对有机质属性的丝绸文物进行劣化及加固保护研究，寻找能够与丝织品蛋白材料相兼容的同源性材料，辅以高反应活性、高生物相容性的助剂使丝绸文物断裂的分子链得以重新连接，使其力学性能、热学性能指标等有大幅度提高，同时尽可能减少加固对丝绸文物形貌及结构的改变，是极具挑战且意义重大的研究。通过模拟文物替代样，在文物替代样上反复进行加固工艺探索，寻找最佳加固工艺条件，在文物碎片上进行示范应用以验证其加固效果。脆弱丝织品的蚕丝蛋白同源加固项目的推进，不仅可以解决大量在挖掘出土现场已经极其糟朽或遭到丢弃的丝绸文物的抢救性保护，同时对许多精美且脆弱的丝绸文物的修复保护也存在加固可能，尽可能将丝绸文物完好无损地保留下去，意义重大。

低花本织机及其经锦织造技术研究 该研究是浙江省文化厅科研项目，由省文化厅组织，中国丝绸博物馆承担。该研究以低花本织机的田野调查与战国秦汉时期经锦文物的分析研究两方面作为基础依据，结合历史文献与图像资料，发掘低花本织机与经锦之间的联系，探讨战国秦汉时期南方地区早期提花机机型，旨在揭示早期提花织机的存在形式，完善中国古代织机与织造技术的发展脉络，一方面保护非物质文化遗产，另一方面为科技考古所用。完成对我国部分少数民族地区现存低花本织机及其织造技术和战国秦汉时期相关纺织品文物的详细调研，在此基础上，以低花本织机为母型，设计制作了一套较为合理的古代早期提花织机的装造方式，并成功复制了战国秦汉时期的对龙对凤纹锦。

(俞敏敏)

浙江省博物馆

【概况】 内设机构17个。截至2015年底，全馆在编职工144人，其中博士研究生4，硕士研究生30人，大学本科62人；具有高级技术职务资格的62人，中级40人。

一、领导视察

10月12日，中共中央政治局原委员、全国人大常委会原副委员长李铁映到浙江省博物馆孤山馆区，调研全国重点文物保护单位文澜阁。

10月13日，南京军区副司令员尤海涛中将参观浙江省博物馆孤山馆区。

10月21日，全国政协外事委员会主任潘云鹤参观在浙江省博物馆武林馆区举办的“仍存曹家——曹其镛夫妇珍藏中国古代漆器特展”。

二、可移动文物普查

按照省文物局部署，统筹协调相关业务部门认真组织实施，基本完成馆藏文物的采集登录和审核工作。

三、文物征集

全年各类文物及资料入藏15批次74件(组)，其中珍贵文物15件(组)。藏品入总登记号24个，资料号50个，其中陶瓷库入库7批次，藏品15件；书画二库入库4批次，藏品17件；工艺入库4批次，藏品42件。

四、文物保管

加强常规管理。严格按照制度开展文物库房管理工作，确保库房藏品安全。对各库的温湿度情况进行监测，确保库房设施设备正常运行。做好库房内的藏品整理、保洁等工作。完成新入藏藏品的登记、注册，并建立相应账目。全年提用藏品近3万件(次)。

推进古籍普查。继续开展本馆古籍普查，已完成馆藏古籍4582部19927册的信息采集和录入，达普查古籍总量的65%。

五、文物保护

建设浙江省文物保护科研基地。对科研设备进行充实和维护，添置手持式显微镜、陶瓷烧造温度测试仪等仪器设备，对中型文物冷冻干燥系统进行维护，对压缩机等设备进行更换，保证设备正常运行。

加强文物保护与修复。积极发挥科研技术优势，为衢州市博物馆、温州博物馆、安吉县博物馆、河姆渡遗址博物馆、跨湖桥遗址博物馆、上海历史博物馆等省内外单位制订文物保护修复方案或实施处理保护。积极稳妥实施余杭茅山良渚文化独木舟保护修复工程，利用安装完成的冷冻干燥设备与恒温浸渍设备对茅山出土木构件的渗透加固工艺和技术进行实验，为独木舟的整体冷冻干燥积累技术数据。

六、学术研究

浙江省博物馆学术委员会努力创造良好的学术环境和学术氛围，组织开展“第五届(2013—2014年度)浙江省博物馆科研成果评选”，产生一等奖1名、二等奖2名、三等奖5名和鼓励奖4名。

完成“南宋风物观止”“吴越国时期金铜造像整理研究”“馆藏抗战时期文物的整理与研究”等课题研究。继续开展“馆藏遂安地区古文书整理”“近代影印善本碑帖录”“馆藏古琴研究”等课题研究。继续开展国家文物局文物保护科技项目“南方文物环境控制方法研究”和浙江省文物保护科技项目“小型扩散吸收式恒温恒湿控制系统的研究”，完成数据采集、分析和模糊PID控制方法，设计完成基于扩散吸收式制冷的恒温恒湿循环的文物环境控制器实体模型。继续开展“出水(出土)木质文物中硫铁化合物的分析及危害控制预研究”，初步完成对田螺山遗址出土木构件、余杭茅山良渚文化独木舟、跨湖桥遗址独木舟等不同遗址出土的多批次木质文物样品的分析测试工作，同时对不同出土环境的样品进行比较研究。继续开展浙江省文物保护课题“唐五代越窑青瓷的综合性研究”，完成青瓷保护修复中粘接材料与微隙渗透加固工艺研究和课题中有关青瓷标本数据库软件调试及部分数据录入工作。以“国家文化遗产保护科技区域创新联盟(浙江省)”为平台，持续参与“文物热浸处理的传质机理探讨及自动化设备研制”“田螺山遗址出土植物遗存提取保护”等合作项目，相关项目均已通过中期验收。

举办“‘中兴纪胜——南宋风物观止’学术研讨会”。与中国美术学院艺术人文学院合作举办“黄宾虹国际学术研讨会”。与中国文物学会漆器珐琅器专业委员会联合举办“中国漆器文化研究的回顾与展望国际学术研讨会”。与杭州市萧山区政府、中国博物馆协会史前遗址博物馆专业委员会、浙江省文物考古研究所联合主办“跨湖桥遗址原址保护暨大型出土(出水)木质文物保护学术研讨会”。与黑龙江省博物馆联合承办“‘致力于社会可持续发展的博物馆’学术研讨会”。与南通博物苑联合承办“‘反思·前瞻：中国博物馆事业发展110周年’学术研讨会”。与中国博物馆协会文创产品专业委员会、杭州文化创意产业博览会组委会办公室共同举办"2015 博物馆'文化传承与创新'研讨会"。

编辑出版《东方博物》4 辑(第 54—57 辑),刊登各类文章共 63 篇,80 余万字。重点策划了考古、书画、陶瓷、建筑专栏,深入挖掘和推介浙江文物及学术成果。在立足浙江的基础上,组织发表了省外及海外作者论文 16 篇,约占全年总发表量的 25%,进一步扩大了刊物在全国乃至海外文博界的学术影响力。配合临时展览,编辑出版同名图录 14 种。此外,编辑了《中国古代佛塔地宫文物国际学术研讨会论文集》及《中国博物馆协会博物馆学专业委员会 2014 年"博物馆个性化研究"学术研讨会论文集》。

七、信息化工作

加强网站建设,对官方网站进行了全面改版,改版后的页面风格简单明了。新增图片新闻、展览活动日历版块,网站的响应式页面设计也有助于观众在不同的移动平台上查阅信息,同时保持数据的时效性。

完善"博物馆展览交流信息平台"。进一步充实完善"博物馆展览交流信息平台",新增 11 家国内博物馆为会员单位,发布可供交流的展览 41 个。

积极运用新媒体、自媒体手段,架起博物馆与公众沟通的桥梁,对官方微信进行功能完善,推送展览活动信息,增进线上互动。新推出"关注微信、打印书签"的互动服务,每位关注者每周可打印印有个人微信昵称的书签一枚,书签图案为馆藏文物精品,受到观众追捧。截至是年底,馆官方微信关注数已逾十万。

做好年度图书采购、数据输入和图书台账工作。全年共采购图书 8 批次 256 册。新增加与苏州博物馆、宁夏回族自治区博物馆的图书交流工作,全年分 8 批次赠送馆编图书 76 册。全年接收海外、兄弟博物馆、考古所以及个人捐赠图书 49 批次 156 册。

八、陈列展览

全年举办各种陈列展览 22 个,其中原创性展览 9 个,引进展览 13 个。完成外出展览 23 批(次),其中赴境外展览 2 批(次),赴省外博物馆展览 9 批(次),赴省内博物馆展览 12 批(次)。

馆内临展。包括"香远益清——唐宋香具览粹""中兴纪胜——南宋风物观止""青出于蓝——2015 年龙泉青瓷传承与创新展"等器物类展览,"纪念黄宾虹诞辰 150 周年系列展""山色浑融——黄宾虹设色山水展""另一个艺术世界——黄宾虹花鸟画展"等书画类展览,"好地方在山那边——苗族历史文化特展"中国少数民族文化文物系列特展,"金奢银华——三多九如珍藏历代金银器荟萃展""梦之缘起——清雅集古珍藏古代瓷枕展"浙江民间收藏精品走进博物馆系列特展。其他还有"另眼相看——马达罗先生镜头下的杭州与绍兴""九九阳春——乙未新春羊文物图片联展""文创中华·心系你我——第二届博物馆文创产品展"。

对外交流展。积极开展展览、人员等全方位的对外文化交流,不断提升浙江省博物馆国际影响力。馆藏品赴境外展览 2 批(次),引进境外展览 2 个,办理出访 18 批 33 人次,接待来访 5 批 100 余人次。其中赴外展览为赴韩国参加"朝鲜名儒崔溥的中国见闻"特别展,赴澳门参加"吴赵风流——吴让之、赵之谦书画印特展"。引进展览包括从丹麦引进的"魅力永恒的童话力量——安徒生童话进入中国百年纪念展",从广东省博物馆、香港艺术馆、澳门博物馆引进的"海上瓷路——粤港澳文物大展"。10 月 13 日至 17 日,派出访问团赴日本大分县国东市进行友好交流。赴香港商谈展览及合作 3 批次 7 人,赴韩国参加会议 1 人,赴日本交流 1 人。1 月 27 日,日本大分县国东市代表团来访;5 月 8 日,韩国国立光州博物馆访问团来访;6 月 10 日,印度尼西亚西努省代表团来访。

九、宣传教育

认真做好来馆参观观众的接待服务工作,坚持公益属性,体现人文关怀,不断提高公共文化服务能力。据统计,全年进馆参观观众 333.75 万人(次)。

推出丰富多彩的宣传教育活动,进一步拓展文物资源的社会教育功能,不断增强社会公众尤其是青少年对优秀传统文化和社会主义核心价值观的认知和认同。"5·18 国际博物馆日"期间,围绕"博物馆致力于社会的可持续发展",特别策划"万物生"少儿环保创意大赛诠释国际博物馆日主题活动;启动了"浙博四季课堂"系列教育活动,传播传统文化与现代艺术。在我国第十个"文化遗产日"期间,围绕"保护成果、全民共享"主题,开启了"文化遗产宣传月"活动,通过普及文化遗产知识,引导公众关注文化遗产的传承与保护。强化教育活动的系列化、品牌化特点。新辟了"武林文博讲坛”“守望非遗”系列，邀请馆内外专家学者举办专题讲座25场，深受市民尤其是文博爱好者欢迎。“文澜乐府”通过“半月一回”的运营模式，定期展示琴、棋、书、画、诗、酒、花、香、茶等中华文化精髓，引导公众感受中华文化的博大精深。继续推出面向未成年人的“浙博伴你共成长”“指尖上的假期”“小小读书郎的历史课堂”系列教育活动，新推出“我带爸妈游浙博”等系列教育活动，充分发挥浙江省博物馆爱国主义教育示范基地和“第二课堂”的作用，受到学生、家长欢迎。继续推出“赏古琴·品琴音”展厅现场演奏、古琴文化雅集、“舞动的文化”体验活动，新策划推出了“中国传统文化教育体验项目”，分别在端午、重阳两个传统节日推出“佳节又端午——五色新丝缠锦囊”“九九重阳畅秋志——重阳糕制作”活动。积极探索馆校合作新模式，以武林馆区“越地长歌——浙江历史文化陈列”为依据，将浙江通史编排成“寻踪越地长歌”选修课程送进杭州旅游职业学校。馆专业人员参与编写的杭州市旅游职业学校校本教材《博物馆密码》在浙江省首批中职课改校本教材评选活动中获二等奖。依托清代皇家藏书楼文澜阁设立的“文澜书影”选修课程在浙江大学附属中学受到了同学们的欢迎。

广泛开展宣传推广活动。与《钱江晚报》合作，深度挖掘展品背后的故事，分别推出“纪念黄宾虹诞辰150周年系列展”“中兴纪胜——南宋风物观止”展系列报道。在“另眼相看——马达罗先生镜头下的杭州与绍兴”摄影展期间，联合《都市快报》、腾讯大浙网等媒体组织“寻找老照片中人”活动，与杭州电视台“阿六头说新闻”栏目组合作举办“老马浙博观众见面会”，与观众一起追忆旧时光、共叙老杭州。全年编印《浙博天地》12期，继续推出季度展讯导览、临时展览宣传折页、导赏手册和科普读物，供观众免费取阅。在第二届“全省博物馆免费开放最佳做法推介项目评选”中，荣获“最佳媒体宣传”奖。

十、示范引领

对口帮扶民办博物馆。探索扶持民办博物馆发展的途径，提高民办博物馆的专业水平，对宁波华茂美术馆进行业务帮扶和指导，编辑完成《浙江省博物馆对口华茂美术馆帮扶手册》和《华茂美术馆藏品精选》。

承办第二届“全省文博系统陈列展览培训班”。培训班于10月27日至30日在浙江省博物馆武林馆区举办，来自全省各博物馆的80名学员参训。培训班强化了陈列展览设计人员的专业能力和素质，提高了专业技术人员的从业能力和策展水平，为全省博物馆系统人员搭建了学习交流的平台，促进了省内馆际交流。

承办第二届“全省非国有博物馆馆长培训班”。培训班于9月13日至16日在浙江省博物馆武林馆区举办。全省61家非国有博物馆的馆长或负责人参训。培训班针对我省非国有博物馆的发展现状，设置了《博物馆条例》等法规政策的解读、博物馆陈列展览的策划、博物馆教育项目的开发和拓展、博物馆的职业道德、博物馆运行管理等课程，引导和推动了我省非国有博物馆的规范化管理，提高了其陈列展览项目策划、教育项目研发及博物馆运营能力。

十一、经营服务

开发博物馆衍生品。积极开发与博物馆展览、博物馆馆藏有关的文化衍生产品，满足公众多层次、多元化、个性化文化消费需求。重点推出“纪念黄宾虹诞辰150周年系列展”系列文创产品。组织参加“第十届中国（义乌）文化产品交易会”，展示宣传博物馆文化衍生产品，荣获“最佳参展企业（单位）金奖”及“工艺美术金奖”。在中国博物馆协会、中国文物报社组织开展的“全国博物馆文化产品示范单位”评选中，入选首批十家示范单位。

十二、人才队伍建设

按照国家有关的公开招聘制度，按要求申报招聘计划、制订招聘方案及细则，成立招聘工作小组，严格按照公开、择优的程序开展公开招聘工作，择优公开招聘正式在编人员3名，其中硕士研究生2人，本科生1人。鼓励专业人员通过学习和研究提升专业技术水平，1人取得研究馆员职称，7人取得副研究馆员职称，3人取得文博馆员职称。

九九阳春——乙未新春羊文物图片联展　展览分为“和美生活——羊与人”“吉祥吉羊——羊的艺术”和“释羊为神——羊与信仰”三大部分，通过图片与文字相结合的方式，展出多家文博机构收藏的代表性羊文物图片250余幅，内容遍及金、铜、玉、石、陶、瓷、象牙、玛瑙、竹等材质的羊造型、羊饰文物，以羊为题材的书画、壁画、岩画、画像石、棺椁彩绘、瓷画，以及作为自然标本收藏的现生种野羊和家羊等，阐释了羊文物历史悠久、浓郁厚重的艺术价值和精神意义。

黄宾虹国际学术研讨会 3月25日，黄宾虹国际学术研讨会在浙江省博物馆孤山馆区举办，国内外30余位学者和在杭高校师生等150多人参加了学术研究会。研讨会分“国际视野中的黄宾虹”“黄宾虹的笔墨世界”“观念与情趣——作为现代知识分子的黄宾虹”“黄宾虹的杭州生活”四个主题。特别是“国际视野中的黄宾虹”，将人们对黄宾虹艺术的研究推向了国际艺术视域，将黄宾虹学术研究引向深广。

海上瓷路——粤港澳文物大展 展览从广东省博物馆、香港艺术馆、澳门博物馆引进，于7月18日至10月18日在浙江省博物馆武林馆区举办。展览包括“东方瓷国”“海上通衢”“瓷艺远播”三个部分，185件珍贵展品涵盖了自汉代至清代的陶瓷外销精品，立体展示了中国作为“瓷之国度”近2000年来的辉煌历史以及对亚洲和欧洲各国工艺美术发展产生的深远影响。此外，展览还展出了南宋时期“南海一号”及明朝万历时期“南澳一号”打捞所得的文物。

“朝鲜名儒崔溥的中国见闻”特别展 展览由韩国国立济州博物馆与浙江省博物馆经过两年的共同策划和筹备而成，于7月21日至10月4日期间在韩国国立济州博物馆举办。展览分“朝鲜名儒，崔溥”“崔溥一行，43个漂流者”“意外的中国见闻”“朝鲜和中国的文化交流”“朝鲜名儒的中国见闻记，漂海录”等5个部分，展示崔溥在中国的经历见闻等相关内容，促进了中韩两国的文化交流，也有助于重新认识济州的海洋文化并发掘更为丰富的文化内涵。

“钱江怒潮——抗日战争在浙江”展览 为纪念中国人民抗日战争胜利暨世界反法西斯战争胜利70周年，于9月2日至10月7日在西湖美术馆推出“钱江怒潮——抗日战争在浙江”特展。展览分前言、抗日烽火、日军暴行、胜利纪念4个部分，以省博物馆馆藏抗战时期革命文物为依托，展出文物320件组，其中国家一级文物7件，珍贵历史图片300余张，并通过文物实物与图片文献相结合的方式，展现了浙江波澜壮阔的抗战历史。

参展“吴赵风流——吴让之、赵之谦书画印特展” 展览由澳门艺术博物馆与浙江省博物馆、西泠印社、君匋艺术院联合举办，于9月11日至11月11日在澳门艺术博物馆举办。展览展出吴让之、赵之谦的书画印代表作品、吴赵之师友以及影响和承继吴赵的名家作品229件(组)，浙江省博物馆的51件藏品参加展览。

文创中华·心系你我——第二届博物馆文创产品展 展览由中国博物馆协会文创产品专业委员会、浙江省博物馆联合主办，于10月15日至11月10日期间在浙江西湖美术馆举办。全国各地30多家博物馆(院)选送蕴含各自馆藏文化元素的优秀文创产品参展，全面展示了国内博物馆近两年来在文化创意领域的新发展、新亮点，加强了博物馆间在文创产品开发领域的研究与交流。

“中兴纪胜——南宋风物观止”学术研讨会 11月14日，“中兴纪胜——南宋风物观止”学术研讨会在浙江省博物馆武林馆区报告厅举办。中国社会科学院文学研究所研究员扬之水、台湾大学历史系教授许雅惠、日本白鹤美术馆研究员田林启、日本大和文华馆研究员泷朝子、贵州省文物考古研究所所长周必素、浙江省文物考古研究所研究馆员郑嘉励、浙江大学文化遗产研究院研究员谈晟广等10名专家、学者，就南宋时期的绘画名物考证、仿铜礼器、佛教文物、墓葬等作专题讲座，进行学术交流。

“中兴纪胜——南宋风物观止”展览 展览分“中兴小纪”“都城纪胜”“武林旧事”三个单元，展出金银器、铜器、瓷器、玉器、漆器、丝织品、文书等各类展品近500件(组)，一级文物达百余件。除利用自身馆藏文物，还向省内外46家文博单位商借展品，不仅展出浙江省内众多市县南宋时期考古发掘和馆藏文物，还汇集了南宋疆域内四川、重庆、贵州、江苏、福建、湖北、湖南、广东、江西等地的重要考古发现成果。展览开幕后，受到了业内的高度评价，并得到了社会上的普遍赞誉。

仍存曹家——曹其镛夫妇珍藏中国古代漆器特展 香港著名实业家、收藏家曹其镛及夫人曹罗碧珍将珍藏的161件(组)中国古代珍贵漆器捐赠给浙江省博物馆永久收藏。这次展览从曹氏珍藏的数百件漆器中甄选了148件宋元至明清的漆器精品,其中有曾经珍藏于宫廷的官作漆器,也有民间制漆匠人制作的漆器小品,还有数量可观的宋元至明代民间漆器精品。展览根据漆器纹样分为花卉翎羽龙凤瑞兽和龙凤瑞兽花卉翎羽两个主题,让观众从细微的角度更加深入地感受中国古代漆器的魅力。

纪念黄宾虹诞辰150周年系列展 为纪念黄宾虹诞辰150周年,同时推出"画之大者——黄宾虹生平展""山色浑融——黄宾虹设色山水展""另一个艺术世界——黄宾虹花鸟画展""舒和之致——黄宾虹书法展"四个主题展览,展出黄宾虹山水、花鸟和书法作品200余件,是继2005年"黄宾虹年"系列大展后对黄宾虹艺术作品规模最大的集中展示。

魅力永恒的童话力量——安徒生童话进入中国百年纪念展 展览集中展示了安徒生手稿、生活用品、剪纸作品等文物,丹麦女王设计的安徒生童话人物服饰、蝶骨巴特艺术品、安徒生塑像等,以及早期中国翻译家翻译出版的安徒生著作、新中国翻译出版的多个版本的安徒生童话书籍或图片等,展现其对中丹文化交流发挥的桥梁作用,充分彰显安徒生童话的永恒魅力。

"另眼相看——马达罗先生镜头下的杭州与绍兴"展览 意大利人阿德里亚诺·马达罗自1976年首次踏上中国土地之后,近40年间来华190余次,足迹遍布中国各个地区,拍摄作品35000多张,见证了中国改革开放的历程和社会发展的巨变。展览精选了马达罗于改革开放初期摄于杭州、绍兴的104幅作品,展现30年前两个城市的社会百态。

"香远益清——唐宋香具览粹"展览 展览由浙江省博物馆与法门寺博物馆协力举办,分"香事与佛事""日用焚香""香料、香合及其他"三个单元,共展出浙江省博物馆、法门寺博物馆、定州博物馆等14家文博单位提供的唐宋时期香具精品66件(组)。

好地方在山那边——苗族历史文化特展 展览分"从东方出发""我们的名字叫苗族""山是主、人是客""创造美好生活""走进全球视野"五个部分,展出153件展品及170余张图片,从一件苗族的嫁衣开始,以苗族服饰为主线,展示勤劳、勇敢、坚强、智慧、和美的苗族以及其独特的语言、服饰、节庆、风俗、信仰、音乐、舞蹈、工艺、建筑、医药文化等。

(鲍亦鸥)

浙江自然博物馆

【概况】 内设机构8个。2015年末,实有在编人员67人(核定编制数68名),其中具有高级技术职务资格的46人,中级14人。

2015年浙江自然博物馆以新园建设为抓手,同步推进各项业务活动开展,有效提升办馆水平和综合业务能力,圆满完成年度目标任务。

一、新园项目主馆工程开工,布展工程完成内容设计招标

成立浙江自然博物园核心馆区项目筹建办公室,明确工作分工及职责,抽调8名人员集中办公。按照日推进、周例会、月小结的要求,召开项目例会19次、论证会及推进会等相关会议40多次。项目可研报告获浙江省发展和改革委员会批复同意,环评、节能、人防、防雷、土地和林地供地等项目完成审批。土建施工正式启动,教育服务中心土建工程结顶,10月28日主馆建筑工程开工。

完善展览主题,布展工程全面启动。召开新园展览主题专家咨询会,邀请国内外专家对展览主题进行充分论证,形成较为完善的新园展览主题。聘请周忠和院士等13位国内外专家组成新园建设专家顾问团。成立7个布展工作组,确定各工作组负责人。拟定核心馆区总体展示方案,完成展览内容设计招标。

继续开展新园建设调研。馆负责人多次陪同省文化厅、省财政厅领导赴外地博物馆考察调研,掌握国内外博物馆建设最新成果,为新园建设提供借鉴和依据。组织专业人员赴上海、北京、大连、重庆等地调研,学习基本建设、陈列展览设计、科学管理等方面的做法和经验。

二、创新服务形式，拓展教育项目，努力为公众提供高品质的公共文化服务产品

是年，接待观众203万人次，完成讲解7147场；完成科普活动715场，参与观众25.8万人次。

继续抓好重点科普活动项目。一是“环球自然日”全球总决赛再创佳绩，获得一等奖9组、二等奖3组、三等奖4组，浙江自然博物馆获年度优秀组织奖。二是深入推进完善博物馆青少年教育功能试点工作，编撰出版《浙江省完善博物馆青少年教育功能示范项目集萃》；组织召开试点方案实施研讨会；举办试点方案实施培训会，全省50家博物馆的70位相关人员参训；开展“2015年浙江省博物馆十佳青少年教育项目”评选活动，试点工作得到全国博物馆青少年教育工作研讨会与会领导和代表的充分肯定。

努力提升讲解服务品质。继续推行定时定点免费讲解服务，采取邀请专家授课、与专业人员结对等形式，提升讲解人员专业知识水平；通过对讲解人员考核、赴浙江省外博物馆学习考察等形式，打造高素质讲解队伍。

积极拓展教育项目。新推出自然亲子故事坊、个性徽章制作、生态瓶制作、植物造纸等多项活动，并针对观众的不同需求，特别定制个性化活动，深受广大少年儿童的喜爱和欢迎。

努力推进公共关系构建。一是推进与学校联姻共建。与杭州市钱塘外语学校签订馆校共建协议；与余杭金成外国语学校共同研发自然梦想课堂；为杭州第二中学、杭州第六中学等提供社会实践86批次859人次；赴杭州市濮家小学、树人小学、杭州市儿童福利院等开展科普讲座、科普话剧表演、标本观摩等活动。二是拓展与社区共建。组织科普教育活动走进杭州新颜苑、中北、大木桥、环北新村、大家苑等社区，丰富社区退休人员的业余生活。三是寻求与企业共建。与杭州辉联文化创意有限公司、杭州太芝韵生物科技有限公司合作举办展览，并赴武义等地巡展。

加强志愿者队伍建设。召开志愿者表彰大会，对志愿者乐于奉献的精神给予奖励。拓展志愿者服务项目，志愿者公益讲解1522场，组织策划科普活动51场次，全年服务时数达11919小时。继续扩大志愿者队伍，志愿者总人数达678人。与杭州市志愿者协会合作，引进志愿者数卡系统，提升了志愿者服务的积极性。

三、努力创新展览形式，丰富展览内容，打造精品陈列

勇于探索创新，打造精品陈列。推出“生命·超越——中原文化中的动物映像”“恐龙蛋·诞恐龙——中国蛋化石展”“婆娑蓬莱——台湾水墨名家”等8个原创展览。“生命·超越——中原文化中的动物映像”等两个展览入选2015全国博物馆展览季活动推介名录，其中“生命·超越——中原文化中的动物映像”展览突出自然与人文相融合、科学与艺术相结合，是博物馆跨界合作办展的创新尝试。“恐龙蛋·诞恐龙——中国蛋化石展”获《浙江省商业演出展览文化产品出口指导目录》项目。

加强合作交流，广泛进行联合办展。先后与北京自然博物馆、杭州辉联文化创意有限公司、红旗出版社等合作，联合举办“聪明的植物”“OMG梦幻奇缘国际影漫馆”“纪念抗日战争胜利70周年·抗战老漫画展”等展览13个。完成在台湾自然科学博物馆举办的“恐龙蛋·诞恐龙——中国蛋化石展”撤展。完成在日本举办的“南亚恐龙展”特展的参展工作。

做好展品维护工作，保证参观质量。根据展品保护及展示环境的技术要求，定期对场景及展区标本进行维护保养，完成标本熏杀1800件，冷冻灭杀标本3000余件，完成展品制作、修理、翻模等190件。对展厅设施设备实行每日巡查、定期抽检、定期维护和适时检修制度，使设施、设备及展品等完好率达到96%，保证了正常开放和观众的参观质量。

拓展科普阵地，实施科普下乡巡展。组织“海洋瑰宝——珊瑚特展”、“吉‘羊’如意”贺岁展、“龙行浙江——浙江出土恐龙化石特展”等赴北京、大连、衢州、永康等地博物馆巡展10处，受益观众达92.1万人次。继续关注未成年人教育，组织5套图片展赴全省13个市县的143所学校、6所幼儿园、5个文化礼堂、5个社区巡展165场次，受益观众达16.8万人次。

发挥省级龙头馆的业务优势和指导作用，做好对口帮扶中小博物馆工作。完成浙江林炎博物馆“永康松石展”改陈，得到评审专家的好评。完成陆有仁博物馆展览文本策划帮扶工作。指导帮助丽水博物馆、中国蜜蜂博物馆（浙江馆）等博物馆的陈列布展及相关业务工作。

四、成功承办学术会议，重点科研项目取得突破，学术研究成果丰硕

成功承办中国自然科学博物馆协会2015年年会暨动物艺术研讨会。本次年会是中国自然科学博物馆协会首次举办的大型行业性学术会议，有7位副部级领导专家参会。大会以“融合与创新——自然科学博物馆在生态文明建设中的社会责任”为主题，就我国当前自然科学博物馆跨界融合、博物馆教育、新技术的挑战、管理与创新等方面开展广泛的学术交流。大会设置6个主旨报告、7个分会场48个学术报告、2个专题圆桌会议，以及论文海报张贴，为代表提供了良好的学术氛围与交流平台。围绕大会主题进行的优秀论文评选活动，提交论文143篇，评选出优秀论文50篇，其中29篇获“青年学者优秀论文奖”。

积极推进学术交流和课题研究。承办学术会、研讨会4次，专业人员赴国内外参加学术会议90人次，作学术报告22人次。开展课题研究33项，结题11项。“极危物种中华凤头燕鸥的保护遗传学研究”获得国家自然科学基金面上项目立项资助。“控温控湿及覆膜技术在化石保护中的应用研究——以山旺生物群为例”获浙江省文物局立项资助。国家自然科学基金资助项目“中国西南地区三叠纪蛇颈龙祖先类群——纯信龙类的个体发育和系统演化研究”“狭义光唇鱼属的两性异型及进化”取得阶段性成果。

重要科研项目取得新进展。一是中华凤头燕鸥种群人工招引与种群恢复项目连续三年成功实施，进一步掌握了中华凤头燕鸥及大凤头燕鸥种群交流、迁徙路线以及越冬地资料，为保护中华凤头燕鸥提供了重要依据。二是古生物挖掘工作取得新突破。在建德和浦江交界的鱼化石层位发现恐龙足迹化石，为杭州地区首次发现恐龙生活痕迹。在对义乌观音塘村周围的古生物化石深入调查中，发现大量翼龙、恐龙和鸟类足迹化石、恐龙蛋碎片、虫迹等。

学术研究成果丰硕。由浙江自然博物馆主办的《自然博物》(第2卷)出版；主编或参编出版《浙江省完善博物馆青少年教育功能示范项目集萃》《微观世界——显微镜下的地学藏品》《多娇江山活力之城——江山市生态文明成果巡礼》等专著(图册)4册，专业人员发表论文57篇。参与《浙江通志·自然环境卷》《浙江通志·文物卷》相关章节的编写工作。

五、加大藏品征集力度，藏品数量大幅增加

制订并实施年度藏品征集计划，全年新增藏品10457件。如期实施贝林捐赠野生动物标本计划，首批捐赠的126件陆续运抵。接受宁波市林业局移交海关缉获没收的非洲象头骨、象牙等野生动物制品2338件。此外，接收个人捐赠鸟类史学资料20件，自行采集组织标本1049件。

完成展品数字化保护与展示项目，展品环视拍摄56件，高清拍摄171件，展厅全景采集160个点位，3D建模10件/套，微视频制作4套，AR增强现实10件/套，基本陈列虚拟展示1套。馆内研究人员入库查询、鉴定藏品142批次299人次；接待专家和研究人员入库查询、研究和参观53批次116人次；为临特展、巡展提供藏品利用598件/组。

根据藏品类型采取不同的保存方法，定期抽样检测藏品，适时对藏品库区进行杀虫处理，未发生藏品霉变虫蛀现象。继续实施“浙江自然博物馆植物标本数字化与共享”项目，全年完成2万余份植物标本的分类鉴定、粘贴条码、影像采集工作，以及1.5万份标本的录入数据库工作。维护人体标本5件，保存处理古代人体标本1具，养护化石标本135件、修理50件、翻模81件、装架复原1具。整理动物标本8228件组，协助鉴定489件，植物标本制作上台430件、整理21750余件，入藏标本整理上架6605件，处理标本(冷冻、烘干、分瓶、加液、换药)13940件。

有序开展可移动文物普查工作，完成3843条3872件标本信息登录，并上传平台，报送审核。

六、做好网站改版工作，提升信息服务效能，数字化建设成效显现

完成中文网站改版工作，改进网站界面，调整网站栏目。增加网上展览7个，藏品介绍200余件；发布新闻、公告及各类信息748条，上级部门接收新闻300余篇次，少儿网站信息发布信息55条，英文网站新增新闻18条。网站全年访问量达327万人次。

完善微信公众服务平台，新增微粉5684人，为观众提供资讯200余条；新浪微博粉丝新增700余个，发表微博近2400条。

建设数字资产管理系统，做好信息设备、弱电系统设备、网络及硬件维护，保障信息安全。收集馆内所有电子数据形式存在的文件或资源，实现数字资源的长期保存和重复利用。处理各种硬件故障400余次，处理门锁授权和门卡发卡等300余起。及时有效应对突发事件，确保各项工作正常开展，完成信息系统安全等级测评。

七、规范内部管理，优化队伍结构，严格财务管理，强化安全保障

完善规章制度，建立长效机制。修订完善《浙江自然博物馆馆长办公会议议事规则》《浙江自然博物馆信息安全制度》《浙江自然博物馆出差审批补充规定》等制度7项。

重视人才培养，优化队伍结构。继续举办中层干部培训班。抓好职工继续教育，专业人员、管理人员参加各种研修班、培训班及岗位培训109人次，支持专业人员在职读博士1人，在职读硕士4人。定期组织科普队员、保安人员业务培训。公开招聘编外人员11人。优化考核评比机制，完善考核体系。做好人才选拔推荐工作，向省文化厅推荐优秀年轻干部5人，完成文化部高级职称评委人选推荐和二级岗拟聘任人选申报方案。做好专业技术职务晋升推荐和申报工作，专业技术职务晋升正高级2名，副高级6名，中级2名。

做好图书档案工作，提升服务利用效能。整理并装订业务期刊单行本974册，合订本期刊登录253册。采购新书231册，入藏本馆出版的书刊5470册，发放各类书刊3954册。核对各类图书和期刊固定资产17376册。完成2014年度各类归档材料的收集整理，计178卷400份。指派专人负责收集浙江自然博物园建设项目相关档案材料。继续开展纸质档案数字化、档案信息录入和台账编制。提供利用87人次/224卷件。

切实加强安全管理，有效保障展藏品及观众安全。进一步完善各项安全管理制度，落实安全保卫责任制。围绕全馆中心工作，积极开展安全保卫及后勤保障等管理工作，有效落实人防、物防、技防等各项安全防范措施，确保全年安全无事故和场馆开放运行安全稳定。组织安保人员参加各类安全培训学习，举行“技能比武活动”和消防演习2次，防盗、反恐演练活动6次，并积极开展职工消防、防恐等安全宣传教育活动。完善车辆管理制度，做好车辆日常维护保养，实现全年行车25万公里安全无事故。

加强财务管理，规范财务基础工作，提升财务服务能力。完成浙江省财政厅下达的序时预算执行指标和全年预算执行指标，全年预算执行进度达到91.11%。顺利通过2014年公务支出、公款消费专项审计和绩效工资发放审计，完成本馆2015年陈列展览项目经费的绩效监控的检查。新园布展经费和展品征集经费申报取得重要进展。开展固定资产审计盘点，加强国有资产管理，提高国有资产营运效益，对行政类39086件固定资产进行实物盘点，使每件固定资产都有专人管理，盘点结果显示固定资产管理基本做到了账物相符，管理有序。完成教工路老馆的房产调拨工作。

开发文创产品，提升经营绩效。承办第10届中国义乌文化产品交易会“春暖花开——浙江文博衍生产品揽粹”展销活动，获最佳参展单位金奖和文创产品工艺美术银奖，并蝉联两届中国文化产品交易会销售冠军。与河南博物院共同策划举办“浙江自然博物馆第一届文创产品设计大赛”。引进台湾3D纸的乐园手工创意商店和七彩宝盒矿物晶体商店，以及临特展配套经营商店，全年经营绩效有较大幅度提升。创新经营管理机制，采取经营点基数管理办法，规范经营管理。积极探索新的外联经营合作途径，引进合作单位相关文创产品，实现产品类型多样化、销售渠道灵活化。

“吉‘羊’如意”“邮票上的贝壳”原创贺岁展　2月12日晚在浙江自然博物馆一楼大厅举行开幕仪式。展览由“自然界中的羊”“人类与羊”以及“历史长河中的羊”3个部分组成，展示了羊的分类、分布、身体构造等内容，从历史文化的角度阐释了羊的利用、羊的文化、羊与人类的关系，共展出羊标本20余件。“邮票上的贝壳”展览分“走进邮票和贝壳世界”“邮票上的贝类家族”“贝壳与人类的关系”3个部分，通过贝壳标本、精美邮票及视频等方式进行展示。

浙江自然博物园核心馆区建设专家咨询会　3月30日，浙江自然博物馆在安吉召开新园核心馆区建设专家咨询会。会议邀请国际古生物协会主席、中科院院士、美国科学院外籍院士、中科院古脊椎与古人类研究所所长周忠和，台湾中文版《科学人》杂志总编辑、自然科学博物馆文教基金会董事长、台北清华大学教授、台湾自然科学博物馆原馆长李家维，日本福井县立恐龙博物馆特别馆长、福井县立大学教授东洋一等10位国内外专家组成专家组。省文化厅副厅长蔡晓春出席咨询会并讲话。

“中华凤头燕鸥人工招引和种群恢复”项目持续三年获得成功 4月至8月，由浙江自然博物馆、美国俄勒冈州立大学、象山韭山列岛国家级自然保护区管理局、国际鸟盟等多家单位联合实施的“中华凤头燕鸥人工招引和种群恢复”项目实施成功，在象山、舟山两地共吸引62只中华凤头燕鸥和5000多只大凤头燕鸥栖息繁殖，成功繁殖至少20只中华凤头燕鸥幼鸟和2000多只大凤头燕鸥幼鸟，并在繁殖末期对少量雏鸟进行环志。中央电视台科教频道纪录片摄制组全程跟踪拍摄了项目实施和中华凤头燕鸥的繁殖过程。

《浙江省完善博物馆青少年教育功能示范项目集萃》首发式 6月13日，首发式在2015年文化遗产日浙江主场城市活动暨衢州市文化遗产保护宣传系列活动开幕式上举行。该书是浙江省文物局委托浙江自然博物馆组织申报国家文物局“完善博物馆青少年教育功能试点”项目的试点工作成果，涵盖了10个丰富多样的教育项目，为我省博物馆青少年教育功能的完善和发展起到了推动作用。

参展“南亚恐龙时代”特展 7月9日，由日本福井县立恐龙博物馆主办，浙江自然博物馆等协办的“南亚恐龙时代”特别展览开幕仪式在日本福井县立恐龙博物馆举行。该展是日本福井县立恐龙博物馆建馆十五周年特别展览，内容包括南亚恐龙发掘历史、二叠纪后期到三叠纪的海洋、侏罗纪中国南西部的恐龙、白垩纪早期泰国和老挝的恐龙、白垩纪后期中国南部的恐龙五个单元，浙江自然博物馆为展览提供了天台镰刀龙骨架模型、山西甲龙化石和中日联合发掘的缙云恐龙化石等24组(件)展品。展览至10月12日结束。

“环球自然日”全球总决赛再创佳绩 7月16日至21日，2015环球自然日——青少年自然科学知识挑战活动全球总决选在山东省博物馆举行。浙江自然博物馆组织带队的16组浙江地区参赛团队获一等奖9组，二等奖3组，三等奖4组。浙江自然博物馆获2015年度优秀组织奖。

“生命·超越——中原文化中的动物映像”“恐龙蛋·诞恐龙”双展 9月23日晚，举行双展开幕仪式。中国科协副主席、中国自然科学博物馆协会理事长程东红出席并讲话。“生命·超越——中原文化中的动物映像”展览由浙江自然博物馆与河南博物院共同举办，展出河南博物院132件(组)与动物有关的文物，其中26件为国家一级文物，配合浙江自然博物馆精选出的20余件动物标本共同展出，是首次跨界合作办展的有效尝试。“恐龙蛋·诞恐龙”由浙江自然博物馆和台湾自然科学博物馆联合主办，展出产自浙江、河南、陕西、广东、江西等地以及来自美国蒙大拿州、阿根廷以及法国的化石标本逾百件，从不同角度切入，展现目前恐龙蛋化石的研究与发现成果。

浙江自然博物园核心馆区主馆建筑工程开工 10月28日，开工仪式在安吉工地现场举行。浙江省政府副秘书长李云林，省委宣传部常务副部长胡坚，省文化厅厅长金兴盛，省文化厅副厅长、浙江省文物局局长陈瑶，省文化厅副厅长蔡晓春出席开工奠基仪式。

浙江自然博物馆发现本省最早的恐龙足迹化石 11月，浙江自然博物馆对诸暨、永康和建德等地的鱼化石点进行野外调查，在建德和浦江交界的鱼化石层位发现足迹化石，经初步鉴定为小型兽脚类恐龙足迹化石。这是在杭州市域首次发现恐龙生活痕迹，也是浙江迄今为止发现的最早的恐龙生活痕迹。

(韩小芳)

浙江省文物考古研究所

【概况】 内设机构11个。2015年末实有在编人员63人(核定编制63人)，其中拥有高级技术职务资格的39人，中级8人。

一、开展良渚大遗址考古工作

对良渚古城城内莫角山宫殿区等进行了考古发掘，发掘面积

1000平方米，发现了7个土台式建筑基址，基本上摸清了宫殿区遗迹分布情况。在江家山西侧发现良渚文化高等级墓葬5座。对古城外围水利系统作了进一步调查和发掘，选择了老虎岭、鲤鱼山进行解剖发掘。制作良渚古城遗址及其周边古地貌、良渚古城营建过程等方面的三维复原及动画展示片，其中良渚古城、水利系统的三维复原和动画制作工作已完成。完成《良渚古城综合研究报告》初稿。

二、组织《浙江通志》编纂工作

根据篇目大纲的要求和任务分解承担了其中6个章节的编撰工作，已开展资料收集，启动资料长编工作。修改新在线编纂系统操作指南。参加编纂培训班。

三、启动世界文化遗产监测工作

制订浙江省世界文化遗产监测中心工作方案及大运河浙江段省级保护管理监测预警平台方案。调研遗产监测中心运行情况，编写《浙江省大运河遗产监测调研报告》，承担"国内世界文化遗产监测平台工作情况调研"课题。调研大运河遗产区和缓冲区建设项目，结合运河规划和相关文保单位"四有"档案编写《浙江省大运河遗产监测调研报告》，控制协助大运河缓冲区内项目开发建设。

四、开展《浙江国宝》画册编纂工作

基本完成《浙江国宝》画册编纂工作并交付印刷。

五、开展可移动文物普查工作

完成安吉、长兴、东阳、龙泉、龙游、武义等地的可移动文物普查与资料报送工作。

六、加强考古工作

配合基建的考古调查、勘探、试掘及发掘工作共19项，其中考古调查工作6项，总计里程476.3公里、198公顷，分别为衢州至宁德铁路、台(州)金(华)铁路、83省道杜桥至白沙段、中油龙昌LNG能源改扩建储运项目、龙游县高坪桥水库工程、三门县东屏水库工程建设。考古勘探及试掘项目4项，勘探面积总计27万平方米，试掘面积327平方米，主要为潭家湾遗址、临海小芝峙山头遗址、余姚河姆渡镇养老项目、仙居下汤遗址。抢救性考古发掘项目9项，发掘面积总计15300平方米，清理墓葬160余座，出土遗物8401件(组)，分别为余杭迎乡塘遗址、义乌桥头遗址、长兴五峰张家湾土墩遗存、龙游县寺底袁古墓群、永嘉殿岭山窑址、长兴云峰村南宋韩枎墓、绍兴兰亭天章寺遗址、嘉市仁溪镇龟山窑址、瓯海温州市瓯海区莲花峰墓地。

七、做好文物保护工作

做好相关技术方案(含规划)审查、论证工作，计审查方案76个，出具施工意见函或勘察报告10余处。开展文保工程勘察设计与施工资质审查工作。做好项目工程质量控制检查与验收工作，参加省文物局组织的工程竣工验收40余次、地方文物部门实施的工程竣工项目10余处。协助省文物局完成100余家文物保护工程资质单位的年检、年审工作。1月26日，获得国家文物局认定的全国重点文物保护单位文物保护项目第三方咨询评估资格，积极开展工作，制订浙江省文物保护工程咨询评估中心工作方案，完善评估制度，规范评估流程，承接浙江、江苏等6省委托评估项目96项，其中已出具评估报告办结86项。配合省文物局协调推进国保和省保单位集中成片传统村落的整体保护利用工作。推动建德新叶村、永嘉芙蓉村及诸暨斯宅等首批项目的文物维修、环境整治、展示利用及民居改善等工作。重点做好保护利用总体方案及相关文物保护工程技术方案的审核、指导等工作，对兰溪诸葛村、长乐村等8个国保和省保单位集中成片传统村落的文物保护工程总体设计方案进行了专项审查论证。配合第5批名镇名村(含历史街区)申报考察工作，多次参加推荐评审会。累计参加省内各地历史文化名城名镇名村保护规划论证工作30余项。完成第六、七批国保"四有"档案电子档案和纸质档案的接收、审查修改并完成向国家文物局的档案移交。第六批共计10处，第七批共计110处。推进第七批国保单位两划工作。继续做好机构队伍建设和人员培训工作，定期开展文物保护管理机构和从业人员培训，并形成制度，培训重点包括文物政策法规以及文物保护、文物保护工程管理等。举办全省第六期文物保护工程从业人员上岗培训班、不可移动文物保护专业人员培训班。

八、开展科研、学术工作

(一)开展课题研究

1.开展国家级课题研究

继续开展"战国秦汉时期安吉古城及周边墓葬群的调查与研究"，主要内容为：上马山墓地发掘、安吉古城遗址发掘、龙山、笔架山大型墓葬及窑山遗址城墙、护城河钻探、上马山墓葬资料整理等。本年度安吉古城的发掘主要是在普探的基础上寻找城门，并对窑山遗址城墙进行了解剖发掘，发掘总面积780平方米。

“绍兴越国王陵及贵族墓的调查与研究”完成印山越王陵及漓渚倒骑垄越国贵族墓葬航空测绘；完成平水镇将台山越国贵族墓葬本体及部分周边区域勘探，勘探面积15万平方米，勘探表明绍兴地区越国王陵及贵族墓葬的选址、营建与水系密切相关，为研究越国墓葬习俗、墓葬营建和墓葬周边的聚落结构及环境提供了新资料。

“湖州昆山遗址的调查与勘探”延续上年度工作，共发掘面积165平方米。对探访内出土的南、北两组木桩的年代进行初步判断。完成昆山遗址1.5平方公里、蜀山遗址1平方公里1∶500的地图测绘工作，并陆续将两年来昆山考古的全部资料录入电脑。

继续开展“慈溪上林湖、古银锭湖区域越窑遗址”的调查与勘探，对上林湖荷花芯、后司岙窑址、凤凰山三国西晋窑址等进行了发掘，揭露龙窑、作坊遗址，并获取大量瓷器标本。

参加科技部“末次冰消期以来中国中东部极端气候环境事件与农业起源发展和人类适应研究(2015—2020)”重大科学研究项目的部分研究工作：完成宁波鱼山遗址10个地层土样的植物硅酸体分析，以及南壁剖面56份土样的植物种子遗存调查，鉴定植物种子8000余粒，对遗址各地层的成因、生态环境等有了初步认识。采集了仙居下汤、临海寺山头等遗址的地层和遗迹土样，为研究早期新石器时代环境和生业经济准备了研究材料。

2.开展省级课题研究

完成“木拱廊桥结构传力机理研究”“浙江古代城墙保存现状及砌筑工艺研究”“钱塘江古海塘遗产调查与保护研究”课题结题报告，提交结项材料。

开展省文物局“文物考古动植物遗存分析检测平台建设”课题工作。完成田螺山遗址出土木器及居住遗址木构件的切片和树种鉴定。制作现生植物种子标本木本190种、草本186中，合计376种，已完成课题工作指标的74%，制作树木组织标本150种，已完成课题工作指标的50%。

(二)编写出版考古报告、学术著作

出版考古报告2部(《浙北崧泽文化考古报告集(1996—2014)》、《海宁小兜里发掘报告》)、论文集1部(《原始瓷起源研究论文集》)。进行考古发掘材料整理工作，对田螺山遗址、马家浜遗址、茅山遗址、方家洲遗址等10余个考古项目进行了资料整理。全所人员共发表学术论文、考古发掘简报48篇，个人学术著作3部。

(三)积极开展学术交流与科研项目合作

在良渚古城遗址召开良渚古城遗址中华文明探源现场会，全国各地专家学者参会，为良渚古城的保护和申遗提供了技术支撑。举办田螺山遗址山茶属树根遗存研究成果论证会，公布“田螺山遗址发现的山茶属书树根是6000年前人工种植茶树的遗存”的结论。与良渚博物院、中国江南水乡博物馆合作，在北京大学赛克勒博物馆举办了《权力与信仰》良渚考古特展，出版了《权力与信仰》展览图录。与北京艺术博物馆、龙泉青瓷博物馆合作承办了“比德尚玉——龙泉窑瓷器艺术展”。

积极开展对外交流合作，与北京大学、复旦大学、中国林业科学研究院、中国水利博物馆、北京清城睿现数字科技研究院、四川省文物考古研究院、陕西省考古研究院、西藏自治区文物考古研究所，以及日本金泽大学、加拿大多伦多大学等国内外多家高校及科研院所展开合作。此外，全年接待来自日本、美国、英国、加拿大等国专家和学者60余人次，应邀派出2批2人次出访美国、英国作学术交流。

九、做好文物移交工作

完成萧山跨湖桥遗址和楼家桥遗址发掘资料移交。完成萧山金山遗址和田螺山石室遗存发掘资料移交。完成吴家埠汉墓出土文物的移交工作。

十、完成其他工作

教工路科研用房建设项目3月获省发改委批准立项，初步设计方案于9月经省发改委批复同意通过。进一步加强文化遗产保护宣传工作，做好“文化遗产日”相关活动。做好图书选购、登记、上架、整理、借阅等图书管理工作，新增图书800余册。开展“地方文博单位赠书活动”。做好图书软件的维护。做好档案整理工作，完成2014年度文书档案整理、归档，共398件；完成13个考古项目的纸质材料的整理、归档工作；完成对121个文物保护单位维修工程项目的文件、设计方案、图纸等其他相关材料的整理、归档工作。

余杭良渚古城遗址 为配合良渚古城申遗及国家考古遗址公园建设，对城内的莫角山遗址、姜家山遗址、钟家港南段进行了考古发掘，同时对以老虎岭为代表的高坝系统、鲤鱼山为代表的低坝系统进行试掘和大规模勘探工作，启动安溪路以东进行大规模的勘探工作。在大莫角山东部进行探沟发掘，发掘面积900平方米，至是年底，新发现和确认3座土台房基遗迹。至此，在大莫角山上共发现了7个面积约300至900平方米的土台式建筑基址，呈南北两排分布，其中建筑基址2柱洞保存较好，格局较为清楚，土台东西长约25.5米、东西宽约11.5米，土台上的房址可分东西两个分间，每个分间规格相当，约7.5×7.5米，面积各约56平方米；土台北坡外、东坡以及西南转角发现较大型的柱洞，似为房屋的檐廊，檐廊范围东西长约24米、南部宽约13米；在建筑基址的西南侧还分布有一处“沟槽状遗迹”，由南北向和东西向的浅沟槽组成，填土多为红烧土颗粒夹杂炭屑，部分为灰白色填土。

下半年，开始对小莫角山遗址进行发掘，布方面积900平方米，发现4座房屋建筑遗迹，其中1座年代较早，规模较大，可分为东西两个隔间，发现有大型基槽和柱洞；另外3座房址叠压于早期阶段房址上，年代较晚，东西成排分布，其中一处晚期阶段的房址保存较好，发现有基槽和15个柱洞，可分为东西两个隔间。

姜家山遗址位于莫角山遗址的西部，经过勘探和试掘确认姜家山与莫角山之间隔着一条良渚时期河沟，因此将之从莫角山遗址中区分出来。11月，在姜家山西部进行探沟试掘时发现良渚文化墓葬1座，随即扩方清理，编号姜家山M1，开口宋元地层下，打破生土，棺椁俱备，随葬文物编号65件组，以单件计175件，其中玉器165件，包括玉琮1件、玉璧9件、石钺9把、成组锥形器1组7件、冠状饰1件、三叉形器1件以及大量管珠等，为良渚文化贵族大墓。为了解姜家山贵族墓地范围，以姜家山M1为中心布方，布方面积900平方米，经过发掘，又发现13座良渚文化墓葬，墓葬大致呈三排分布，共出土文物420件组，包括玉器、石器、陶器、骨器等，以玉器为主。从出土陶器、玉器的形制判断，其年代与反山墓地相当，与反山墓地的男性墓相比，姜家山最高等级的男性墓M1，介于反山M17和M15之间，仅高于反山M18，大致相当于反山墓地的第三等级。从目前揭露的情况来看，姜家山墓地为一处贵族墓地。

11月，在莫角山东部南北向钟家港河道疏浚工程范围内发现良渚文化层分布，遂布方发掘，布方面积300平方米，在河道西岸发现一段良渚文化晚期以木桩及竹片构成的护岸遗迹，是城内的首次发现。

是年的考古勘探工作位于安溪路以东，发现台地21处，该区应为良渚古城外围一处重要的郊区聚落群。

(陈明辉)

余杭玉架山遗址发掘 遗址位于杭州市余杭区东部，总面积近150000平方米，西距良渚遗址群约20公里。本年度发掘始于3月，主要分两个区域：一是玉架山遗址南部的“古河道”，了解其形状、走向、年代、形成原因等；二是玉架山遗址环壕Ⅰ西北部。发掘目的主要有两点：一是深入、全面地了解环壕Ⅰ，为之后的学术研究做好基础资料；二是为拟实施的保护规划(遗址公园)提供复原依据。

“古河道”发掘：发掘区位于环壕Ⅰ南约300余米，发掘面积600平方米，布方以10×10米为主，局部依地形及河道走向布列。发掘区内“古河道”宽约10—14米、深0.5米。通过发掘推断，“古河道”应为自然形成。出土少量陶片、果核、骨器等遗物。

环壕Ⅰ的发掘：发掘区域位于环壕Ⅰ西北部，发掘面积1700平方米，其中新开挖面积1000平方米，原未完成的探方继续发掘的700平方米，布方皆10×10平方米。清理良渚文化墓葬8座，出土各类遗物约100件(组)。陶器组合为鼎、豆、罐，其他还有纺轮、盘、盆和双鼻壶等；石器主要为石钺；玉器主要有管珠和锥形器等。

环壕Ⅰ的西北部(TE2N9)地层中出土了一些可修复的陶器残片，M379叠压于其上。

(楼　航)

余杭迎乡塘遗址发掘 迎乡塘遗址位于杭州市余杭区瓶窑镇瓶窑社区桥东组西部，北距良渚古城南城墙约400米，南部紧邻新104国道。3月至7月，为了支持良渚遗址申遗、配合新104国道改建工程，浙江省文物考古研究所、良渚遗址管理所共同对迎乡塘遗址因施工所涉及的区域进行了抢救性发掘，共布3个探方，总发掘面积200余平方米。

经过考古发掘，进一步证实该点属于良渚文化晚期台地型遗址，发现台地3个、房址1个、灰坑5个、沟1条、墓葬4座，并出土各类小件标本200余件。

土台发现3座，分别编号为台Ⅰ、台Ⅱ、台Ⅲ，后两者大致同时，台Ⅰ偏晚，为后期在台Ⅱ、台Ⅲ的基础上加高扩建而成。台Ⅰ分布于T1、T2、T3，并延伸出探方外，开口于④层下，被近现代沟、坑部分扰乱。现揭露东西26米、南北8米，堆积主要由6层黄褐土堆积而成，最厚约1.15米。土台表面分布有H4、G1等遗迹。台Ⅱ分布于T1大部，并向南、北、西面延伸，开口⑤层下。揭露部分南北7米、东西2.3—3.35米，堆积共分为4层，主要为黄褐斑土和粉土，厚度0—1.2米。由于发掘面积小，土台表面未发现明显的遗迹现象。台Ⅲ分布于T3中部，开口⑤层下，叠压在台Ⅰ下面。整体呈规则四边形，揭露部分东西4米、南北3.65米，堆积由灰褐斑土、红褐山体土组成，厚度约0—0.85米。在其东西两侧坡缘发现两座墓葬，M2、M4；最上层堆土中发现有夹砂红褐陶鼎。

房址编号F1，位于T3南部，开口⑤C层下。东西向分布，基槽式房址，南部有一宽1.3米的豁口。整体东西7.1米、南北2.6米。基槽宽0.1—0.15米，深0.15—0.2米；近直壁，圜底；浅灰褐填土，颜色发白，少量锈斑，较多白絮斑，质硬适中，少量烧土粒和炭粒，无遗物出土。

墓葬发现4座，编号M1、M2、M3、M4。长方形竖穴土坑墓为主，单人葬，葬具仅见一具(棺)，方向东北—西南向为多。骨殖基本不存。随葬器物有玉器、石器、陶器等，其中M4出土器物最多，随葬31件，包括8件石器(石镞1件、石钺7件)，3件陶器(尊、罐、豆)，20件玉器(冠状器、镯、锥形器、坠饰、管等)。

从发掘情况看，遗址总共可以分为10个小层，第①层为现代层，第②层为近现代垫土层，第③层为汉六朝时期地层，第④—⑨层为良渚文化堆积层。从层位关系、遗迹的分布看，大致可以推测良渚文化时期遗址的形成过程：最初，这里是一片水域(⑨层)，堆积中有大量的人类生活遗物。之后，人类堆高形成生活面(⑧层)，在此生活，H1、H2、H3、H5均在这一阶段形成。之后，居址废弃，形成第⑦层，在原址进行堆高(⑥层)，在东西两侧堆筑台Ⅲ、台Ⅱ，土台边缘发现有墓葬埋入(M2、M4)。此阶段之后又有一次加高扩建的过程，形成规模更大的台Ⅰ，G1、H4、M1、M3即在此层面形成。最后整个遗址遭到废弃，形成了较厚的第④层堆积。

(闫凯凯)

上林湖越窑荷花芯窑址发掘

作为浙江省文物考古研究所越窑考古研究课题的重要一环，同时为配合考古遗址公园建设与世界文化遗产申报，经国家文物局批准，浙江省文物考古研究所与慈溪市文物管理委员会于2014年9月至是年10月对荷花芯窑址进行了主动性考古发掘。荷花芯窑址位于慈溪市桥头镇上林湖西南岸边，是上林湖地区较具代表性的唐宋时期越窑窑址。

此次发掘面积近1200平方米，清理了唐、五代、北宋时期丰富的地层堆积，揭露了包括房址、贮泥池、辘轳坑、釉料缸、道路和匣钵挡墙等在内的丰富遗迹现象。

唐代地层堆积丰厚，出土产品丰富，产品质量较高，胎质细腻，釉色青翠，釉面匀润。器物装饰以素面为主，仅少数盏、盘类器物内腹刻画四叶对称的荷叶纹。施满釉、匣钵装烧为主，常见有多件叠烧现象，叠烧的器物之间使用泥点间隔，泥点密集，形状一般呈松子形。匣钵粗陶质。

五代地层包含大量瓷质匣钵及瓷器残片。匣钵胎质细腻，胎色灰白，与瓷器的胎十分接近。瓷器产品主要有玉环底碗、盘、执壶等。器物装饰基本为素面。少量器物胎釉质量极佳，胎质极细腻，釉色天青，釉面莹润，属于秘色瓷类型。

北宋时期器物组合较为简单，质量普遍较差，胎质较粗，胎色较深，釉面干枯，釉层薄而不甚均匀，凝釉明显。从地层清理来看，匣钵数量很少，故推测绝大多数产品应为明火裸烧。

丰富的遗迹现象主要集中在两条窑炉之间的平坦开阔地带，包括盛放原料的贮泥池、成型的辘轳坑、上釉的釉料缸以及烧造的窑炉等完整的窑业过程，窑场内的废品堆积砌筑匣钵墙而进行有规划的堆放，布局科学合理。

这是对唐宋时期越窑制作作

坊进行的首次大规模考古发掘，揭露了丰富的作坊遗迹现象，揭示了唐宋时期越窑的窑场布局、制作工艺流程以及窑业生产与管理等重要信息，为恢复唐宋时期越窑的制瓷工艺、窑场格局，以及推动考古遗址公园建设等浙江青瓷申遗工作提供了大量翔实的野外材料。

通过揭露的晚唐、五代、北宋时期丰富的地层堆积，可以建立唐宋时期越窑发展较为完整的年代序列，为越窑瓷器的更详细分期提供了地层学证据，同时也从地层上建立起唐宋时期越窑的主要发展过程，揭示了唐宋时期越窑从兴起到繁荣再到逐步衰落的完整过程。

大量唐宋时期精美越窑标本的出土，大大拓宽了造型、装饰、成型、烧造等方面对越窑的认识，使越窑的内涵更加丰富多彩。

（谢西营、郑建明）

温州市瓯海区莲花峰墓地发掘　莲花峰墓地位于温州市瓯海区潘桥街道丁岙村莲花峰，为配合温州绕城高速西南线第4标段工程建设，8月19日至21日，浙江省文物考古研究所对此处墓地进行了抢救性发掘，共发掘清代民国墓葬6处（编号为M1—M6）。

6座墓葬都分布于山的南坡山腰及以下，山腰及以上的都为现代墓葬，不做清理。因在发掘前，山坡已遭挖机挖掘，故6处墓葬都受到了不同程度的破坏。M1—M6都为砖室券顶墓，其中M5四穴，M1、M2、M4为双穴，M3、M6为单穴。M1—M3都位于山腰，墓底未铺砖，无遗物出土。M4—M6在山腰以下，墓底铺砖，只有M5左2穴除外。另外，除M6墓外东侧发现两枚铜钱，余无遗物发现。M5左2穴墓底面明显高于左右的其他3穴，且底部未铺砖，据此推知此墓应为后期墓葬，且打破了M5。M6墓外东侧出土的两枚铜钱因锈无法得知年代。根据墓葬和砖块的形制，以及在墓地采集的一块清代墓碑（无具体年代）和两块墓地界碑，推测这6座墓葬应为清末民国时期的墓葬，个别可晚至中华人民共和国成立初。

此次发掘还采集到两块明代的夫妻墓志和一块明代狮子戏球花板残件。墓志分别属于王谦及其妻周氏，王谦是明代的卫所官员，曾任职温州卫指挥佥事和福建泉州卫，周氏也是卫所官员子女出身，两人合葬于永嘉建牙乡西华山莲花峰。这两块墓志对于研究明代卫所制度和卫所官员之间的姻亲状况有一定的史料价值。

乐清龟山窑址的考古发掘

龟山窑址位于永嘉县乌牛街道水对头村的龟山，窑址主要分布于龟山的东侧部分，以东南坡为密集分布区，地表有大量废品堆积。

乐东村处于永嘉、乐清两县交界区域的乌牛溪流域，西侧的永嘉地界分布有同类型的窑址，同属青瓷类型的窑址。因近年当地村民建墓破坏，同时为了厘清窑址的分布范围和年代并获取研究标本，2014年10月29日至是年1月27日，浙江省文物考古研究所对窑址进行了抢救性考古发掘，发掘清理了龙窑窑炉3座（编号为Y1—3）和探沟3条（编号为T1—3），获得大量瓷器和窑具标本。

T1探沟位于Y1前段东侧，长18米，宽1.5米，地层堆积共分4层，以北壁为例。第①层，厚0.2—0.8米，表土，黄褐色土，砂土，夹杂少量产品；第②a层，厚0—1米，黄褐色土，窑渣和产品混杂；第②b层，厚0—1米，黄褐色土，产品堆积层，夹杂较多窑渣；第③层，厚0—0.9米，黄褐色土，窑渣堆积层，夹杂少量产品；第④层，厚0—1.4米，黄褐色土，产品堆积层，夹杂大量窑渣。

T2位于Y1上方，与T1上下相距约23米，长6米，宽4.3米。探沟内发现了水平分布的3座龙窑，从西向东依次为Y1、Y2、Y3，且相互之间存在打破叠压关系：Y2打破Y1东边且稍低于Y1，Y3叠压于Y2东半边之上。从时间上看Y1最早、Y2次之、Y3最晚，可见当时是自西向东，依次水平建设龙窑。

因地面分布有较多的现代墓，3座窑炉均未做完全的清理，Y2、Y3因只清理T2内部分。Y1清理窑室前段和后段，未及火膛（火膛部分被现代建筑叠压）和窑尾，因前端已遭人为损毁，据断面剖面观察火膛已毁。窑炉为龙窑类型，头南尾北，方向190度，依山顺势而上，前段斜长约16米，后段斜长约4.5米，中间相距约23米，据估算总长约50米左右；坡度约10°—15°；窑顶都已坍塌，窑内保存部分坍塌后形成的砖块堆积；窑壁由土坯砖错缝平砌而成，残存部分窑壁，1—6层不等，残高0—0.38米；窑底由砂土铺成，并已烧结；窑室宽度1.94米；窑底残存有较多束腰状支具和匣钵。

窑址出产的青瓷制品，形式多样，胎质致密。釉色大致分为青绿和青黄两种。主要产品有碗、盘、罐、壶、执壶、钵、洗、盏、盏托、炉、粉盒、器盖、擂钵、甑具、茶碾和碾轮等，以碗、盘、罐为主，器物以素面为主，少量器物饰有莲瓣、弦纹、花草纹等。

窑具有支具（低束腰支具、高束腰支具）、垫圈、匣钵（钵形匣钵、M形匣钵、筒形匣钵）、匣钵盖等。

从大量出土的产品和窑具分析，其烧造年代集中在10世纪50年代至70年代的吴越国晚期，但大量器物依然保留着晚唐特征，从其与越窑中心产区上林湖的比较看，其生产工艺发展明显滞后，晚唐传统工艺（松子泥点、明火叠烧）和吴越国末期出现的新工艺（垫圈支垫一匣一器、泥条叠烧）并存，具有鲜明的地方特色和时代共性。

龟山窑址的发掘，揭露水平分布的龙窑遗址类型，其生产行为模式与上林湖越窑不同（越窑的窑炉多为叠压分布，而龟山窑址的窑炉为水平分布），生产行为模式的不同，地层堆积的形态也有不同；龟山窑址，晚唐工艺与五代末期新工艺的并存，第一次在考古野外成功揭示了青瓷手工业生产地区发展不平衡的问题，对研究唐宋越窑的生产、发展具有重要的学术价值。

（郑嘉励、楼泽鸣）

永嘉殿岭山窑址勘探发掘

永嘉殿岭山窑址位于温州市永嘉县三江街道芦田村村北殿岭山山坡上。因为甬台温天然气管道工程经过殿岭山窑址保护范围和建设控制地带，为配合工程建设，8月至12月，浙江省文物考古研究所和永嘉县博物馆进行考古勘探和发掘。在建设区域内发现并清理墓葬5座，灰坑7个，灰沟1条，年代均为明清至近代，均无完整器物，也未见到龙窑遗迹。

在建设区域内，发现有大量东汉时期的印纹陶罍、弦纹罐、亚腰形窑具等器物残片，可见附近确实有东汉窑址分布。未能发现与古窑址相关的遗迹现象，可能是因为建设区域已位于窑址分布范围之外。本次考古发掘，还为认识永嘉窑址早期烧造历史提供了有价值的线索。

（游晓蕾）

湖州市寺前遗址　寺前遗址位于湖州市南浔区旧馆镇寺桥村。遗址东临村间河道罗汉塘，北临寺桥头村，早年考古调查时曾在遗址地表采集到春秋、南宋时期陶瓷片。本次考古发掘的主要收获是发现了一处宋元时期的池塘，池塘呈不规则形，东西最宽处14米，南北残长15.5米，中心最深处1.1米。池塘内东南边缘处出土大量宋元时期的陶瓷器，据初步整理统计，可复原器物200余件，瓷器器形有碗、盏、双鱼洗、盘、香炉、壶、器盖、鸟食罐等；陶器器形有执壶、瓶、罐、碗、盆、灯、青砖、板瓦、瓦当等。

寺前遗址位于地势较低平的农田内，发现的宋元时期池塘开口于耕土层下，池塘内陶瓷器多为日常生活用器及建筑构件。出土器物位于池塘一隅，多已残破，品质良莠不齐，以饮食器为主，故推测为当时当地人的生活废弃品。特别值得注意的是，这些瓷器分别来自浙江龙泉窑、福建建窑、江西吉州窑等，表明当地宋元时期商品贸易相当繁荣。

（刘建安）

韩杕及东平郡主合葬墓发掘

为配合杭长高速公路延伸段（泗安至宜兴）建设，2014年5月至2016年9月对长兴县泗安镇云峰村一处古墓地进行配合性发掘。发现南宋中期墓葬一座及其墓园，出土墓志铭证实此墓为韩杕及东平郡主的夫妻合葬墓。

墓葬为方形石板椁砖室双穴合葬墓。墓葬已被多次盗扰，出土墓志石碑1件，镇墓铁牛4件，铜钱若干，以及从扰土中清理出的随葬品石砚1件，漆木器铜包边残件1枚，通过拼对的白瓷器有9件，其中有印花碗、刻花碗、盘、杯、盏等，墓底铺地砖下出土龙泉青瓷三足炉1件、银碟1件。

该墓墓园占地面积约有2000余平方米。发现有拜台、墓祠、神道、泮池和石像生。拜台由人工堆筑的土台以石条和青砖包边建成，主体成覆斗形，南北长31.5米，东西宽30.5米，高约6米，分二阶。其上以砖铺地，占地面积600多平方米。残留迹象有砖铺漫地、阙楼、围墙、散水、排水沟。墓祠主体建筑已毁，残留墓祠前后的天井、围墙、西侧山脚下的斜坡长廊和5开间的厢房基址，天井中有树池。神道已毁，残存泮池北侧神道边砖一段，厢房和神道间有砖铺走道。泮池呈长方形，东西长2米，南北宽14.6米。墓园内发掘出土石像生残件若干，已不在原来位置，计有翁仲2、羊2、马2、虎2。发掘出土大量南宋时期的砖模建筑构件，主要有各种型式的砖、瓦、瓦当、斗、拱、昂、格子门、阑干、狻猊、走兽、龙头板瓦等。

韩枎和东平郡主合葬墓墓园的发掘，为研究浙江北部南宋墓葬形制提供了十分重要的材料，也为研究南宋时期古代建筑及建筑构件提供了十分重要的实物资料。

（徐　军）

长兴五峰张家湾土墩遗存发掘　配合长兴太湖高级中学新建工程而进行。工程范围内发现26座土墩，至是年底发掘15座。共清理西周春秋时期的土墩墓8座，战国时期的土坑墓4座，两汉时期的土坑墓、砖室墓100多座，明清时期的砖室墓1座，及2座窑炉遗迹。出土随葬器物300多件，以陶器为多，含大量釉陶、硬陶，泥质灰陶、红陶及少量青瓷；器型以壶、罐、罍、瓿、盒、灶等为主，也有少量的鼎、钫。其他质地，以铁器为多，大多数墓葬都会出土1、2件铁剑、铁刀等。青铜镜、玉、琉璃璧的出土数量极少。

从已发掘的15座土墩看，其土墩堆筑、墓葬营造的过程，大致可以分为两类：一是在两周时期建有土墩墓。到两汉时期再在上面挖坑堆土建墓，形成一个更大的土墩。有D1、D2、D3、D4、D6、D10、D11等7座，如D4，共有11座墓葬，其中M11埋葬年代最早，属战国时期，其在当时的地表直接挖浅坑堆土建墓，形成一土墩。后两汉时期，有10座墓葬在该土墩上再挖坑建墓，形成一更大的土墩。二是两汉时期，在当时的地表上直接挖坑堆土建墓，形成土墩。有D5、D7、D8、D9、D12、D13、D14、D15等8座。从墓葬营造、出土随葬器物看，可发现至少在西汉早期，已有中原楚文化的因素，渗入当地埋葬习俗中。本次发掘，对认知长兴地区西周至两汉时期的丧葬文化，对本地区商周时期的土墩墓的发展演变，及两汉时期外来文化因素对当地丧葬习俗的影响，具有极为重要的资料价值。

（孟国平）

安吉古城考古发掘　分为三个部分，其中古城本体的发掘分为东西两个区块，发掘的目的是在城址普探的基础上根据有限的线索寻找城门迹象。下半年，在上半年钻探的基础上，还对古城外围窑山遗址西城墙进行了解剖发掘。3个地点的总发掘面积780平方米。

古城发掘东区位于东城墙北段县级公路马南线北侧，钻探表明这里有一条东西向水道穿过城墙与护城河连通。此处共布探方9个，发掘面积450平方米，发现东西向古河道一条，在河道北岸发现了厚2.5米的文化堆积，共分为13层，其中第1—5层为叠压古河道的晚期堆积，第6—13层为被河道叠压的河道北侧堆积，发现的其他遗迹还有灰坑13个、沟7条、水井2个，出土的遗物有绳纹瓦片、砖块、青瓷碗、钵、罐、灯、砚等，出土小件编号器物74件。从出土遗物判断，该部分堆积的时代为三国、两晋时期，未见更早的地层堆积，也未见可明确与城门有关的遗迹。

古城发掘西区为马南线北侧，西城墙中偏北段缺口，布探方4个，发掘面积180平方米，地层可分为12层，其中第10层为城墙夯土，第8、9、11、12层均为战国时期堆积，据此判断，该部分城墙为战国时期夯筑而成。发现叠压在第7、第9层下的两个块石遗迹，其他遗迹还有灰坑4个、沟1条。出土遗物以灰色、红色绳纹瓦片、兽面、卷云纹瓦当为主，兼有少量战国时期的印纹陶和原始瓷片，未见青瓷片。

窑山遗址的发掘选择在西城墙上开探沟一条，长30米、宽5米，发掘面积150平方米。表土层下即暴露硬质夯土，平面可见与城墙截面顺向的条带状夯土，为两侧夹板逐条夯筑而成，夯土厚度4—5米，土色有黄、灰、红、褐等，极为纯净，未见任何包含物。城内发现叠压城墙的春秋晚期陶片堆积，还发现一座打破城墙的西汉早中期之交的竖穴土坑墓，据此判断，城墙堆筑不晚于春秋晚期，其废弃年代当不晚于西汉中期。

安吉上马山墓地考古发掘　上马山墓地位于安吉县城北偏西约18公里的天子湖镇良朋村，原良朋镇政府所在地的东侧，因天子湖工业园区开发建设，自2007年起连续进行抢救性发掘，本年度共发掘土墩3座，清理墓葬12座，出土陶、瓷、铜、铁等各类随葬器物183件。

所发掘的12座墓葬仅1座为楚式墓，其余均为西汉竖穴土坑墓，根据墓葬形制的不同，11座西汉墓可分为凸字形、甲字形、方形、长方形及长条形等，其中凸字形墓2座，甲字形、方形、长条形墓各1座，其余6座为长方形墓。从葬具痕迹看，1座长条形墓为单棺无椁，其余各墓均可见棺椁朽痕。两座凸字形墓和一座方形墓为椁内双棺并列的同穴合葬墓，其余均为单人葬。

D163的发掘表明，该墩内共有墓葬13座。从墓葬开口层位、墓向及平面分布看，M1—M9墓坑均为南北向，墓葬规模较大，开口在同一层面上，且分布有规律，墓葬的时代为西汉晚期或新莽前后，表现为经过统一规划的家族墓地形态。M10—M13墓坑为东西向，且墓葬规模较小，时代偏早。M11、M13靠近土墩北侧边缘，两墓平行并列，为一对异穴合葬墓，且都为仅随葬1件泥质陶罐的小型墓，墓上封土自成一体。M10、M12位于土墩南侧边缘，二者也大体并列，其中M10为楚式墓，M12为西汉早期墓。由此看来，整个土墩应由3座土墩构成，靠近土墩边缘的4座墓葬分属于两座早期小型土墩，西汉晚期，在两座小型土墩的基础上统一营建一座体量较大的大型土墩，经统一规划成为一个贵族家族墓地。

D160M1为一座平面凸字形的大型同穴合葬墓，由前、后两部分组成，棺椁位于后室，而随葬品则集中放置在前室，墓葬的时代为西汉中期偏晚阶段。除了凸字形的墓坑外，该墓的特别之处还在于，在墓坑的后端正中有一条平面弯钩形的窄长排水沟，沟底均铺垫碎石，水沟一端通向土墩边缘，另一端则伸入墓室，直至前、后室交接处分成三叉形。

（田正标）

安吉县天子湖镇五福土墩遗存发掘 为配合天子湖工业园区工程建设，对天子湖镇原五福村五福墓地进行考古发掘，清理土墩遗存3座，其中D14土墩内发现汉墓6座、南北朝时期窑址2座、明墓1座；D15、D16位于民居集中区域，破坏较严重，土墩形制不明，仅发现明清墓葬3座、南北朝时期窑址1座；出土遗物主要包含汉代陶瓷器、铜器、铁器、料器、石器、南北朝陶砖、明清陶瓷器等。

本次发掘工作的主要收获集中于编号为D14的土墩遗存，该土墩形制为椭圆形，南北残长约34米、东西残宽约26米、残高约2米。6座汉代墓葬皆为竖穴土坑木构墓，墓向南北向或近南北向，墓坑长方形，葬制较为统一，汉墓分布可分为三排四组，其中土墩中心的D14M7为带墓道甲字形墓，另墓道西侧附加随葬器物坑，墓葬南北最大长约16米，墓室南北长约5.2米、东西宽约4.9米；该墓应有两条墓道，是先后两次入葬形成，墓道方向基本一致，有打破关系，随葬器物坑即为第二次入葬的陪葬坑；墓坑椁室分箱，北侧头箱放置第一次入葬的随葬品，南侧主室并列放置两具棺木。其余汉墓有序分布于D14M7南侧，皆不带墓道，椁室东西分箱，东侧摆放器物，西侧为棺室。

汉墓中出土随葬品组合基本一致，陶器以釉陶或硬陶的鼎、盒、壶、罐、瓿、罍、熏等为主，另有少量软陶器，器形以罐、灶、陶币为主，铜器以铜镜为主，另有铜币、铜釜等，其他器类还包括料器的壁、口琀、耳塞、石砚子、铁釜等。

南北朝时期的两处窑炉并列分布，位于土墩南侧，皆为马蹄形窑，产品应为方形砖；明墓位于土墩西侧，为并列异室的砖室墓，随葬品仅青花碗、韩瓶等。

五福汉墓D14是已发掘的安吉地区西汉早期规模最大的土墩墓，它的发掘为研究汉代土墩遗存的埋藏方式、西汉早中期家族墓地的墓葬制度以及安吉地区汉代历史与社会面貌等问题皆提供了较为重要的新资料。

湖州市和孚镇后村遗址发掘 为配合太嘉河工程及环湖河道工程建设，对和孚镇双福桥村后村遗址进行考古发掘，发掘两个区域，发掘面积850平方米，遗存堆积主要包含宋元时期与战国中晚期两个阶段。

宋元时期遗迹主要为大型灰沟，地层内出土大量宋元时期的陶瓷器，器形以盘、碗、瓶、罐等为主，窑口以龙泉窑、吉州窑为主，另有部分长沙窑、铁店窑、景德镇窑产品；战国时期遗迹主要为遗址边缘、临水区域连续分布的灰坑遗迹，灰坑间有明显的关联性，应是具有相近功能的遗迹分布区，推测为村落边缘的农业生产区，产品不详，出土遗物丰富，包含陶瓷器200余件，以完整器为主，器形以原始瓷盅、碗、盘以及几何印纹硬陶罐、瓿等为主，青铜工具10件，器形包括削刀、釜、凿、锸、鱼叉、镊子、镞等。

后村遗址的发掘为了解太湖南岸地区战国时期的社会面貌以及宋元时期的历史变迁，提供了较为丰富的聚落考古新资料，尤其是战国时期生产功能区的发现，弥补了对古越人社会生产、生活研究的一些空白，具有较为重要的学术价值。

（罗汝鹏）

上虞凤凰山窑址发掘 凤凰山早期越窑遗址位于绍兴市上虞区上浦镇大善村北的凤凰山东南麓，北边距禁山窑址直线距离不足800米。凤凰山窑址周边的上虞曹娥江中下游地区，不仅是成熟青瓷的起源地，同时也是汉六朝成熟青瓷窑址的最重要分布区，凤凰山窑址群是三国—西晋时期的典型代表，规模大、产量高、质量优，是成熟青瓷发展上的第一个高峰。凤凰山窑址是凤凰山窑址群中的典型窑址。

本项目是浙江省文物考古研究所"瓷之源"课题的重要组成部分，主要探索成熟青瓷的起源与早期发展过程。同时配合当地早期越窑考古遗址公园的建设与浙江青瓷世界文化遗产的申报工作，经国家文物局批准，10月至12月，浙江省文物考古研究所等单位对窑址进行主动性发掘。

发掘面积300平方米，揭露窑炉一处，并出土了大量高质量、高档次的成熟青瓷器。窑炉为长条形斜坡状龙窑，保存较为完整，包括火膛、窑床、窑尾等完整结构。

与以往以发掘的汉六朝时期窑炉相比，本窑址最大的改进在窑尾部分：以往发现的窑炉其窑尾与窑床之间有一道极高的断坎，这一结构与窑头的火膛和窑床之间的结构相似，并有与水膛大小相近的贮烟室；本窑炉断坎消失，呈弧形向窑尾过渡，断坎之上平坦的贮烟室消失，窑床铺砂一直延续到排烟孔位置。排烟孔位于底部，砖坯砌成竖长方形，排烟孔上为挡烟墙，排烟孔后为横向狭窄的排烟室。这种结构与后期唐宋时期越窑的龙窑更为接近，不仅节约了窑内空间、提高装烧量，而且在建造上更加简便易行，对于探索汉代以来窑炉结构向唐宋时期更加成熟的龙窑的演变具有重要的承上启下作用。

器物种类相当丰富，以碗、罐、盆、洗、盘口壶等为主，也包括双唇罐、鸡首壶、唾壶、盂、钵、鐎斗与火盆、砚台、罍、器盖、狮形烛插、蛙形烛插、灯、虎子、簋、盘、俑、樽、纺轮、堆塑等近30种器物，每种器类又有很多种器型，如碗有直口碗与弧敛口碗，罐有虎头罐、鸡头罐、盘口罐、方唇直口罐、圆唇直口罐等。每种器型又大小、装饰不一。许多器物器型巨大、造型复杂、装饰华丽，代表了这一时期最高的制作水平。除碗类日用器物外，部分器物应属于礼器，如簋、樽、盆、虎头罐、盘口壶等，这些器物不仅器型普遍较大、装饰复杂华丽、纹饰清晰流畅、胎釉质量更高，而且许多器物呈大小不一的序列化，如三足洗，口径最小的20多厘米，最大的近60厘米，组成大小不一的系列，通常器腹、宽沿、内底满饰纹饰，三足作精致的虎头形，外腹通常带有铺首，器型越大，铺首越精致，并且带有大型的器盖，盖面系满饰纹饰，胎釉质量也越高。

凤凰山窑址产品质量精、档次高、种类丰富、器型复杂、胎质细腻、青釉莹润、装饰华丽、装烧成熟，以之为代表的凤凰山窑址群反映了三国—西晋时期窑业发展的最高水平，再次证明了曹娥江中下游地区是汉六朝时期窑业的生产中心。

（郑建明）

义乌桥头遗址发掘 桥头遗址发现金衢地区上山文化时期的环壕遗迹。是年，环壕分布基本确认，并进一步明确了三面人工环壕、一面连接(古)河道的判断。

经过发掘揭露，遗址的东、南、北三面为人工环壕，环壕内沿基本完整，外沿破坏严重，但在南部和西北角还是得到了局部保存。南部环壕上部受到后期洪水冲击，在考古迹象上表现为商周层下堆积一层沙砾层，在沙砾层下，环壕底部得到局部保存；北部环壕被近现代动土破坏严重，仅在西北角保留一部分。总的看来，桥头环壕遗址的完整性基本确立。环壕宽度约10至15米，深度约1.5至2米。以环壕外沿为界限，则环壕聚落南北长度约80米，东西宽度约50米。

桥头遗址显示的古河道与人工环壕相结合的遗迹现象，是浙江新石器时代早期聚落考古的新发现和新突破。

（蒋乐平）

龙游寺底袁宋墓发掘 新发现墓园保存相对较好的宋墓1座，编号M56。

M56位于寺底袁村马报桥自然村西部山坡南麓，背倚山坡，面向西南，东南侧有一处水塘。M56由地表墓园和地下墓室两部分组成。墓园平面近圆形，由外向内依次为围墙、环道、环墉、地坪，南部有排水沟，左、右、后三方以围墙封闭，正面设有出入口。围墙平面近圆形，由砖砌筑，仅北部残存少许。环墉设于围墙内，平面近圆形，直径9.52米，北高南低，以砖墙包面。围墙与环墉之间，形成一道宽约1.1米的环道，北部残存砖铺痕迹。地坪位于环墉内，平面近圆形，直径9.36米，东西两侧以条砖侧砌，南北两侧为长方形砖平铺。地坪底部北高南低，紧贴环墉南端地栿处，以砖砌筑长条形排水沟，是为地表墓园的散水。

地下墓室位于墓园北端中心，由墓室、排水沟组成。墓室以砖砌筑，平面呈长方形，内长3.7米，内宽1.72米，墓室底部距地坪深0.82—0.98米，东壁北部残存三层起券。墓底平砖铺满，四周稍低，为墓室内排水沟，中部砌高一层为棺床。墓底南端正中向南通出一道排水暗沟，位于地表茔园排水沟正下方，上部覆盖板瓦，下部为半弧形土沟，横截面呈合瓦形。

墓室早期曾遭盗扰，出土随葬品较少，墓底及填土发现堆塑罐2件，瓷碗3件，铜钱若干。

（游晓蕾）

全省大运河保护管理培训班　10月12日至14日在杭州举办。浙江省文物局主办，浙江省文物考古研究所承办。全省大运河浙江段沿线主要地区文物部门相关业务负责人30余人参训。培训邀请知名专家讲课，内容涵盖了大运河浙江段保护规划、大运河环境景观保护与协调、世界文化遗产监测、西湖遗产监测工作要点等。

（傅峥嵘）

中华文明探源工程良渚古城遗址现场讨论会暨良渚古城遗址申遗及国家考古遗址公园建设专家咨询会　10月23日至25日召开。与会专家有中国社会科学院考古研究所所长王巍，北京大学考古文博学院教授赵辉、张弛、吴小红、徐天进，清城睿现数字科技研究院院长贺艳以及来自国家博物馆、南京博物院、山东大学、复旦大学、南京大学、山东省文物考古研究所、广东省文物考古研究所、青海省文物考古研究所、西藏自治区文物保护研究所等单位的20余名专家。浙江省文化厅副厅长、省文物局局长陈瑶及省文化厅副巡视员、文物局副局长吴志强出席会议，并与与会专家进行了交流。

会议期间，专家一行现场考察良渚古城遗址，参观大莫角山、莫角山南坡等考古发掘现场，并了解了莫角山、北城墙、西城墙等区域的申遗建设进展情况。专家指出，良渚古城核心区结构完整、规模宏大、要素齐全且基本保存完好，具有极高的历史价值，对于认识中华文明的起源和形成具有重要作用。对莫角山遗址的整治工作，专家认为苗木清除完毕后，莫角山的总体形态得到凸显，大莫角山边坡被破坏的部分依据考古发掘情况进行了适当修整，形态更为完整可辨，经过勘探和发掘，莫角山上房址、沙土广场的分布情况日益清晰，为今后的展示创造了良好条件。专家认为，由于遗址的特殊性，今后在申遗范围内开展的所有工程项目必须经监理专家组同意，并报请省文物行政管理部门批准后实施，申遗及国家考古遗址公园建设应由考古专家发挥主导作用，建设规划方案充分听取考古专家意见。专家们对今后城墙以及城墙与莫角山之间区域的展示方式、景观设计也进行了深入探讨，对申遗过程中遇到的问题提出了具体意见。

（陈明辉）

“一带一路”与浙江青瓷学术研讨会　11月12日至13日召开。由浙江省文物考古研究所与慈溪市博物馆主办。省内20多位古陶瓷研究学者参会，对浙江青瓷的学术地位、学术内涵、对外影响及浙江青瓷与“一带一路”等问题进行了讨论。会上，专家分别介绍了各个地区近几年在陶瓷考古与研究上的新收获。与会专家认为浙江是瓷器的起源地，也是古代制瓷业的引领者，浙江制瓷业出现时间早、延续时间长、序列完整、技术高超、影响广大，在中国陶瓷史上占有突出地位，同时也是海上丝绸之路中输出的最大宗商品，是保留至今最为丰富的文化遗产和研究古代工艺与对外交流的理想载体。

（傅峥嵘）

“2015年浙江考古重要发现”评议会　12月1日在杭州召开。浙江省考古学会主办，浙江省文物考古研究所承办，杭州市文物考古研究所、宁波市文物考古研究所、温州市文物保护考古所、西湖博物馆等单位协办。省文化厅副巡视员、浙江省文物局副局长吴志强以及省文物局相关处室、各市考古所主要负责人、专家学者等参会。

会上，专家学者对2015年度浙江全省开展的近40余项考古发掘、考古调查和勘探项目进行遴选，通过单位推荐、专题汇报及专家讨论的形式，最终评议出“宁波镇海鱼山古遗址”“杭州余杭玉架山良渚文化环壕聚落遗址”“杭州良渚古城遗址”“绍兴越国王陵及贵族墓考古调查和勘探”“南宋临安城遗址”“温州古城址”“上林湖荷花芯越窑窑址”“宁波鄞州鄞江宋元遗址”“杭州古海塘遗址”“安吉上马山古墓葬”等10项作为“2015年度浙江考古重要发现”。

评议会研究决定，于12月下旬在西湖博物馆举办面向社会公众的“2015年浙江考古重要发现”汇报会，就“杭州良渚古城遗址”“杭州古海塘遗址”“安吉上马山古墓葬”“宁波象山小白礁水下考古”4项重要考古发现向公众作学术汇报演讲。

（沈晓文）

浙江省文物鉴定审核办公室

（国家文物进出境审核浙江管理处）

【概况】 内设机构2个。2015年末实有在编在岗人员7人（核定编制数8个），其中具有高级技术职务资格的6人，中级1人。

一、文物进出境管理

文物临时进境审核登记8批次219件。文物出境（复出境）许可证核发2批次8件。旧家具（新仿制品）出境审核48批次14226件。审核查验浙江省博物馆赴澳门艺术博物馆“吴赵风流——吴让之、赵之谦书画印特展”展品228件，赴韩国国立济州博物馆“李朝名儒崔溥的中国见闻”展品101件以及查验香港艺术馆、澳门博物馆在省博物馆举办的“海上瓷路——粤港澳文物大展”临时进境文物79件，此外还对由浙江省博物馆提供，中国文物交流中心举办的赴日本长崎孔子庙中国历代博物馆“十里红妆——中国浙东地区婚俗文物展”71件组复进境文物进行了查验。

二、涉案文物鉴定

办理涉案文物鉴定63起（包括委托鉴定），鉴定各类器物1631件，其中确认二级珍贵文物3件，三级珍贵文物24件，一般文物1291件，非文物310件，待定3件。现场勘查认定古墓葬、古文化遗址15座（处）。比较有影响的案件，如3月松阳县公安局送鉴“赖家坟山”盗掘古墓葬案追缴的一批南宋时期文物，其中剔犀如意纹瓜棱形三层漆盒、剔犀蔗段式小盒2件认定为二级珍贵文物；南宋青白釉菊瓣纹小盖罐、剔犀蔗段式小盒（变形）为三级珍贵文物；嘉兴秀洲区王店镇太平桥村被盗沈曾植墓及其祖父沈维鐈、父亲沈宗涵墓葬，具有比较重要的历史、艺术和科学价值。鉴定10起各级纪委、检察机关查处贪官受贿案所涉及的文物，案件数为历年同类之最。此外，还受理了一批涉嫌盗窃古建筑构件的案件及诈骗案件。

三、文物拍卖标的审核

受理文物拍卖申报45场次，审核拍卖标的36357件，其中文物拍卖标的23204件，按类别有书画14295件、陶瓷997件、玉杂器7801件，撤拍国家禁止流通或超资质范围文物111件。

四、国有馆藏文物定级鉴定

分别对杭州博物馆、温州博物馆、宁波天一阁博物馆、浙江教育博物馆（筹）、宁波教育博物馆等国有文物收藏单位的832件/套各类文物进行了馆藏文物定级工作，其中确认一级文物3件，二级文物40件，三级文物280件。

五、待征集文物鉴定

对浙江省博物馆、中国财税博物馆、宁波中国港口博物馆、中国茶叶博物馆、杭州名人纪念馆、温州郑振铎纪念馆、湖州博物馆、温州博物馆、绍兴市博物馆、杭州工艺美术博物馆、文成博物馆、永嘉博物馆、东阳博物馆、德清博物馆、新昌博物馆、嵊州博物馆等20余家单位待征集文物开展初鉴，共30批次3245件（组）。

六、第一次可移动文物普查

上半年，对杭州市新华书店碑帖部分及中国美术学院美术馆和国画系所藏书画文物，桐庐叶浅予艺术馆和浦江博物馆部分馆藏文物进行现场指导，从年代、名称等方面逐件予以帮助，以便下一步信息采集登录工作。同时，鉴审办专业人员参加了由省普查办组织的“全省可移动文物普查进度管理与数据审核培训班”，为数据审核工作做好准备。根据省普查办部署，选派专家参加由省文物局领导带队的督查组，赴全省各地进行实地督查、指导，切实推进普查进度，保障普查质量。7月，启动离线数据审核，实行坐班制，按照国家《第一次全国可移动文物普查数据审核工作管理办法》和《馆藏文物登录规范》，逐条审核文物照片、定名、年代、质地、实际数量是否正确，确保收藏单位信息与文物信息的真实、准确、规范。

七、队伍建设

4月25日至29日，承办了“浙江古代青瓷鉴定培训班”。全省各地市博物馆、文保所的50多位学员参加。11月2日至5日，举办“古代书画鉴定培训班”，分别由省文物鉴定审核办公室和省博物馆专家授课，全省各地市的30余名博物馆专业人员参加了学习。

（邓琪瑛）

浙江省非物质文化遗产保护中心

【概况】 内设机构3个。2015年末实有在编人员7名(核定编制数8个)，其中具有高级技术职务资格的5人。坚持“保护为主，抢救第一，合理利用，传承发展”的方针和“政府主导、社会参与、明确职责、形成合力、长远规划、分步实施、点面结合、讲求实效”的原则，继续以发展非物质文化遗产事业为主线，依法、规范、高效推进工作。

一、举办第七届中国(浙江)非物质文化遗产博览会

10月15日至19日，由中国非物质文化遗产保护中心、浙江省文化厅和杭州市人民政府主办，浙江省非物质文化遗产保护中心、浙江省非物质文化遗产保护协会、杭州市文化创意产业办公室承办的第七届中国(浙江)非物质文化遗产博览会在杭州白马湖国际会展中心B馆二楼成功举办。浙江省委常委、宣传部部长葛慧君，宣传部副部长唐中祥，省文化厅厅长金兴盛，杭州市副市长陈红英等省、市领导出席开幕式。葛慧君为博览会揭幕。金兴盛致开幕词。西湖区委书记王立华代表浙江特色小镇非遗主题馆发言。省文化厅副厅长柳河主持开幕式。博览会特邀西湖区委、滨江区委、龙泉市委、嵊州市委党政主要领导参加开幕式。葛慧君及浙江省委常委、杭州市委书记赵一德，杭州市市长张鸿铭等省、市领导参观博览会。

本届非遗博览会以“传承与创新”为主题，以“一带一路”国家战略和浙江特色小镇、农村文化礼堂建设为主线，设丝绸之路非遗主题长廊、浙江特色小镇非遗主题馆、浙江农村文化礼堂非遗主题馆、浙江纸艺彩扎精品馆、大师带徒成果展、龙泉青瓷生活主题馆六大主题展馆以及百姓非遗大舞台和浙江曲艺展演展评活动，共有400多个项目、400余位传承人携1500余件作品参展参演。博览会期间，接纳观众24.6万人次。本届博览会被杭州文化创意产业博览会组委会评为最佳展示奖和优秀组织奖，被2015浙江金秋购物节活动组委会评为最聚人气展会。

二、举办“非遗薪传——浙江省非物质文化遗产濒危项目传统曲艺、纸艺展评”活动

濒危项目传统曲艺展演展评系列活动分为推选(4月至8月)、初评(8月21日至22日)、展评(9月29日)、展演(10月15日)、恳谈会(10月16日)五个阶段进行，从44个参评的省级非遗项目中评出19个优秀曲目。

传统纸艺彩扎精品展评活动与第七届中国(浙江)非遗博览会同期举行。传统剪纸、扇艺、灯彩、伞艺和造纸等项目的103位省内国家、省、市级非遗项目代表性传承人、工艺美术大师参展参演。内容包括精品展览、工艺流程展示和现场活态演示。

在两大展评活动举办的基础上，组建成立了浙江省非遗保护协会曲艺专业委员会和纸艺扇艺专业委员会。

三、举办瑞士“美丽浙江——浙江省非物质文化遗产展”

6月16日至18日，由浙江省文化厅、瑞士汝拉州经济促进署主办，浙江省非物质文化遗产保护中心承办的“美丽浙江——浙江省非物质文化遗产展”在瑞士汝拉州德莱蒙市举行，浙江省委常委、宣传部部长葛慧君，省文化厅厅长金兴盛与瑞士汝拉州州长米歇尔·唐兹、副州长兼经济部部长米歇尔·普斯特等中瑞两国贵宾出席开幕式并剪彩。葛慧君、普斯特分别致辞。

从全省非遗项目中精选龙泉青瓷、瓯塑、王星记扇艺、台绣、米塑、提线木偶等近30个省级以上非遗项目、115件(套)代表作品参展。展览汇集了浙江传统手工技艺、民间美术、传统戏剧等精品项目，6位非遗项目代表性传承人进行现场演示。活动深受瑞士人民欢迎，德莱蒙中学邀请传承人到学校进行现场授课教学。

四、举办南非·浙江文化节“天工遗风——浙江省非物质文化遗产展”

10月16日至21日，由文化部、南非文化艺术部、浙江省文化厅、中国驻开普敦总领事馆主办，浙江省非物质文化遗产保护中心承办的“天工遗风——浙江省非物质文化遗产展”在南非开普敦国家植物园会展中心举行。中国驻开普敦总领事康勇夫妇、西开普省文化体育事务部司长汉尼碟·普利兹、南非艺术文化部中国年事务负责人约翰、浙江省文化厅副巡视员李莎、驻南非使馆文化参赞郑文等出席开幕式并与当地观众一起参观了展览。

本次展览分为风华江南、吉庆祥瑞、活态展演三大部分，以绣、刻、雕、塑等传统美术和传统手工技艺项目为主线，选取龙泉青瓷传统烧制技艺、乐清细纹刻纸、乐清黄杨木雕、杭绣、泥金彩漆、桐庐剪纸、嵊州泥塑、风筝、平阳木偶戏等21个人类非遗、国家级和省级以上非遗项目的200余件代表作品、8个省级以上代表性传承人、工艺美术大师参展参演。

五、举办“2015中国(义乌)文交会——浙江非物质文化遗产传承与创新生活主题馆”展览

4月27日至5月2日，在义乌国际会展中心2015中国(义乌)文化产品交易会上举办了“浙江非遗传承与创新生活主题馆”，以“传承与创新”为主题，以“美好生活手上来”为主线，立足浙江非物质文化遗产“生产保护、生活保护和生态保护”，提高非遗衍生品的开发和创意水平，传播非遗“融入现代生活，形成现代时尚，引领生活潮流”的理念，让非遗时尚走进百姓生活。在年初与省内传统手工艺代表性传承人、中青年大师“传承与创新”签约项目的基础上，以“衣、食、住、行、乐”为策展框架进行项目组织和布展。整个展馆分为非遗精品展销活动、中国玉雕大师精品展、外商走进非遗主题系列活动、非遗大卖场、非遗绝技绝活演出五大板块，省内外30个非物质文化遗产代表性项目，60位非物质文化遗产代表性传承人、工艺美术大师携400余件精品力作及衍生产品参展参演，参观人数达10.5万人次，成交总额150万元。

六、举办2015年浙江省濒危剧种青年传承人培训班

6月18日至7月2日，在嵊州市越剧艺术学校举行2015年浙江省濒危剧种青年传承人培训班。作为我省传统戏剧振兴计划的重要组成内容，计划用三年时间，对已列入省级以上非遗名录的56项传统戏剧青年传承人进行分期分批培训，积极培养我省濒危剧种新生力量。培训期间，通过专家讲座、折子戏排练、学员交流和实地参观等方式，进一步促进戏剧流派之间的交流。昆曲、目连戏、布袋戏等16个剧种的51名学员参训。

七、举办2015年浙江省非遗处长和主任培训班

9月23日至25日，在湖州市南浔举办2015年浙江省非遗处长和主任培训班。培训班紧紧围绕《浙江省优秀传统文化传承体系建设(非遗工作)深化年方案》确定的工作思路，围绕深化非遗基础建设、保护绩效、品牌建设、制度建设四方面内容展开培训指导。全省11个市文广新局非遗处长和中心主任，90个县(市、区)非遗保护中心主任和社文科长等150余人参训。

八、举办全省非遗业务骨干、非遗传承人培训班

11月4日至6日，在杭州举办全省非遗业务骨干、非遗传承人培训班。培训紧紧围绕深化国家级非遗代表性传承人抢救性记录工程、浙江省美丽非遗走进文化礼堂、濒危剧种保护、非遗传承保护模式等主要内容展开。省委宣传部有关领导、非遗专家结合当前非遗保护工作分别授课。全省11个地市、部分县(市、区)非遗中心主任，部分国家级非遗项目保护单位负责人和国家级传承人，浙江纸艺扇艺、塑艺陶艺、曲艺等专委会秘书长，西湖区文化系统业务骨干等115人参训。

九、举办浙江省非遗新生代专家培训班

11月16日至17日，在桐庐县举办浙江省非遗新生代专家培训班。培训围绕第五批国家级非物质文化遗产代表性传承人的申报展开，旨在提高全省非遗新生代专家的专业水平和业务素质。全省各市文广新局非遗处长、各县(市、区)非遗保护中心主任、相关县(市、区)非遗保护中心业务骨干、省非遗见习专家以及桐庐县各乡镇文化站长等近150人参训。

十、举办浙江省“美丽非遗进礼堂”系列活动

根据省委宣传部、省文化厅等四部门《关于印发〈浙江省“美丽非遗进礼堂”系列活动实施方案(2014—2016年)〉的通知》要求，先后在德清县东衡村、武义县俞源村、路桥区小稠村、南浔区荻港村、平阳县鸣山村、永康市后吴村、西湖区外桐坞村、瑞安市塘下村、桐庐县荻浦村等农村文化礼堂举办“美丽非遗进礼堂”系列活动。4月，在德清东衡村举行“浙江省美丽非遗进礼堂百村行”出征暨首站活动，省委常委、宣传部长葛慧君为出征仪式授旗。

活动主要包括十个方面：一是寻找、挖掘和整理一批非遗项目；二是帮助建立一个“乡村记忆陈列室”；三是培养一支村非遗演示队伍；四是培养一批非遗传承人；五是评选一批非遗之家；六是拍摄一批“寻找乡村记忆”纪录片；七是整理一批非遗保护传承示范案例；八是发现、打造一批特色小镇和美丽乡村；九是把活动打造成为永不落幕、流动的非遗博览会；十是把活动打造成为培养非遗工作者和传承人的流动大学堂。创新活动形式：一是非遗传承人走到家门口；二是绝技绝活演到家门口；三是非遗美食吃在家门口；四是手工艺品送到家门口；五是非遗故事讲到家门口。具体工作方式：一是通过省、市、县三级联动，以当地项目为特色，服务农村文化礼堂建设；二是以“非遗大篷车”的形式组织运行，贴近生活，贴近百姓；三是工作人员以流动培训学校的形式，由省非遗中心和相关市县非遗中心工作人员与非遗志愿者组织开展培训，做到“一路走一路带、一路走一路种、一路走一路建”。

十一、举办“浙江好腔调”传统戏剧五个专场系列主题活动

6月至11月，2015“浙江好腔调”系列主题活动相继在金华市、温州市、台州市、绍兴市和杭州市5个地市举行。活动以推动全民共享、保护和传承传统戏剧文化，让传统戏剧走进当代生活为目的，按照不同的受众群体，组织开展“开学了”中小学生专场、“开讲了”大学生（留学生）专场、“开锣了”濒危剧种传统剧目专场、“开演了”传统戏剧青年传承人专场和“开唱了”传承人群专场等5个专场活动。每个专场活动按照不同的主题设计，“开学了”中小学生专场，选择一批优秀的传统木偶戏、皮影戏等走进中小学校园。在浙江师范大学举办“开讲了”大学生（留学生）专场，分为专家讲座和经典婺剧折子戏表演。“开演了”传统戏剧青年传承人专场以濒危剧种青年传承人培训班成果展演为基础，选择全省近年来部分优秀的青年演员共同参演，并举办以“现代文化生态下的戏剧传承”为主题的传统戏剧学术研讨会。“开锣了”濒危剧种传统剧目专场以浙江省濒危剧种经典折子戏为主，选择具代表性的农村文化礼堂剧场，在民间展演场地中还原传统戏剧文化空间。“开唱了”传统戏剧传承人群专场，通过全省各地选拔的优秀票友与省戏剧名家同台表演，使传统戏剧文化融入现代生活。

十二、推进浙江省非物质文化遗产馆建设步伐

根据省文化厅统一部署，按照“浙江文化新地标、全国一流、世界领先”的目标定位和“借势、借力、全力以赴”的工作要求，继续以非物质文化遗产事业发展为目标，全力以赴推进浙江非物质文化遗产馆建设步伐，进一步完善非遗馆项目建议书和规划方案。加强浙江传统手工艺精品馆建设。加强与市、县非遗中心（非遗馆）的交流互动，在场馆内部设计、展示展演、场馆布置、市场运作等方面加强指导，做好服务。

十三、实施国家级非遗代表性传承人抢救性记录工程

7月，组织相关专业人员参加文化部举办的抢救记录工作规范培训。9月，启动“海宁皮影戏”等8个国家级非遗项目的国家级非遗代表性传承人记录工作，通过培训授课方式，指导各相关地市非遗中心、非遗项目保护单位开展工作，重点开展徐二男、张坤荣等国家级非遗代表性传承人记录工作。

十四、强化非遗宣传力度

编撰完成《桐庐民间剪纸艺术馆》《龙泉神锋剑庄博物馆》《龙泉定昌青瓷博物馆》等书籍。加强对非遗大师的宣传推介力度，与《浙江画报》合作开设“非遗大师”专栏，推出周锦云、高公博、沈新培等13期系列专访文章。组织参加兄弟省市举办的博览会，参加深圳文博会、洛阳牡丹文化节非遗展演、中国淮阳非物质文化遗产展演等各类展览、展演活动10余次。

十五、积极推进省非遗协会建设

（一）召开浙江省非遗保护协会会长办公会议

召开第十次、第十一次会长办公会议，总结协会和各专委会上年工作情况，交流是年工作思路；听取纸艺扇艺、曲艺、玉石文化等专委会筹备工作情况、规章制定以及组织机构建议名单等情况汇报，批准同意筹建纸艺扇艺和曲艺、玉石文专委会，部署下一步工作任务并提出要求。

（二）成立省非遗保护协会纸艺扇艺、曲艺两大专委会

10月14日，分别组织召开了浙江省非遗保护协会纸艺扇艺专委会和曲艺专业委员会成立暨第一次会员代表大会。纸艺扇艺、曲艺专委会作为省非遗协会下属重要的专业决策咨询组织，是协会职能的必要补充和有效延伸，对于提高协会决策水平，推进协会改革发展，提高协会影响力和凝聚力具有重要作用。两个专委会分别吸纳首批会员62名、72名。杭州百年老字号王星记扇业有限公司董事长孙亚青当选为纸艺扇艺专委会主任，省非遗保护

专家委员会专家、原省曲艺家协会主席马来法当选曲艺专业委员主任。

（三）开展系列文化惠民、展示展演和培训活动

省非遗协会八大专委会组织开展了文化下乡惠民展示展演和培训系列活动。塑艺陶艺、根雕艺术、曲艺、纸艺扇艺、抽纱刺绣等专委会分别在绍兴、浦江、象山、桐庐、台州等地开展了“传承与创新——塑艺陶艺大师走进绍兴”“浙江非遗传承之旅——走进浦江”“象山文化惠民半岛行”“桐庐江南食节”等系列文化惠民演出、培训、辅导、研讨等活动。

（韩　俏）

浙江省文化信息中心

【概况】 内设机构1个。2015年末在职人员5人，其中具有高级技术职务资格的1人，中级4人。

2015年，浙江省文化信息中心深入贯彻落实党的十八大以及十八届三中、四中、五中全会，省委十三届六次、七次全会精神，继续秉持“深化改革，务实创新；加强统一管理，提升服务意识”的工作思路，积极按照“互联网＋”和集约化建设的新理念，大力推进全省文化信息化事业稳步发展，按照“树立目标，确定任务，明确责任，抓好落实”的要求，全面完成了各项工作任务。

一、加强网站管理，提升建设水平

（一）继续开展文化系统网站群绩效评估工作

在广泛征求意见的基础上，制定出台了《2015年度浙江省文化系统网站绩效评估指标体系》，明确测评内容、办法和标准。进一步扩大测评范围，从去年的厅属单位扩展至包括义乌市在内的设区市文化部门门户网站，共有29家单位参评，其中设区市文化部门网站12家，厅属单位网站17家。根据测评对象实际区别测评重点，设区市文化部门网站以“政务公开、在线服务、公众参与、网站管理”为重点，厅属单位网站则以“信息公开、在线服务、互动交流、网站管理”为重点，由第三方测评实施单位依照评估指标体系标准，采用外部测评（工人采样、模拟用户）以及网站建设管理和运维保障情况问卷调查等方式分别测评，确保测评的公平公正。测评结果显示，通过连续两年的网站群评估，全省文化系统网站整体发展水平稳步提升，网站在信息的全面性、服务的实用性和互动的便捷性等方面取得较大进步。

与此同时，由中心负责的厅机关门户网站参加2015年度文化部政府网站群绩效评估，在参评的30个省级文化行政部门中排名第五，继2012年后再次荣获“年度最佳奖”。

（二）积极做好政务信息公开工作

抽出专人按照省政府要求做好与省政务服务网的对接工作，一是做好与浙江省政务服务网网上审批系统、电子监察系统应用的技术支持，处理好各业务处室在使用审批系统中出现的各类问题，并积极与各系统开发公司加强协调，确保各项数据准确、及时、不遗漏；二是做好省政府电子政务服务网省文化厅专栏的建设，及时把政策法规处树立调整的权力事项清单更新到网上；三是完成行政处罚数据同步任务，将全省文化系统行政执法数据及时更新到省政务服务网；四是完成证照系统数据接口，将通过政务服务网审批系统生成的证照数据更新到共享政务资源库中。全年在厅“阳光政务”专栏发布审批公示1200余条，行政处罚2000余条。在省文化厅专栏发布信息122条，同步更新数据3312条。同时，及时上传省委宣传部“浙江省宣传系统网络交流平台”相关栏目内容，全年上传并被采用信息431条。

（三）进一步加强机关门户网站建设

加强信息采集发布，完善运行机制。认真审核、采编各类新闻稿件，保证网站新闻日日有更新，全年共更新文化及政务信息30848条，其中门户网站文化信息15982条，浙江文化信息网各类文化信息14866条。配合省文化厅2015年重点工作及重大时政要闻做好相关网络专题宣传，同时继续做好今年文化专题的策划制作，并对所有文化类网络专题进行了重新梳理与分类，保证网民从任一栏目进入都可看到统一分类的历年文化专题，全年共发布“深化文化体制改革”“中国梦·非遗梦”“浙江省传统戏剧经典剧目展演”等专题14个。完善机关门户网站视频播放系统，及时调整视频栏目设置，并积极和相关处室沟通，不断丰富视频资料库内容，全年增加300分钟视频节目。坚持不间断地充实“图说浙江文化”数据库，全年新添

265篇。

（四）全力配合做好全国政府网站普查工作

根据国务院办公厅《关于做好第一次全国政府网站普查工作的通知》要求，全力做好厅机关门户网站的普查登记工作，包括网站例外申请，同时按照普查要求及时调整网站栏目及内容，关停3个子栏目，开通“意见征集”1个新子栏目，并重新全面梳理网站数据，及时处理、纠正普查过程中发现的问题。在此基础上，认真做好网站系统的日常运维保障，确保网站可用性，杜绝因各种技术问题出现不能访问的情况。

（五）顺应新形势，研发新系统

深入贯彻落实党的十八届三中全会提出的“构建现代公共文化服务体系”改革任务和中央、省相关文件精神，顺应当前互联网新形势，以百姓需求为第一导向，在厅办公室和厅公共文化处的大力支持下，年初开始着手“浙江省公共文化供需平台”的方案调研与编制工作，通过搭建全省文化资源统一整合、分级管理的大数据库管理体系和全浙江范围的网络、数字电视和移动终端三网融合的公共文化供需综合服务平台，整合全省的文化资源、团体资源、人才资源、场馆资源、供需资源、评价数据，更好、更全面地服务全社会，努力实现公共文化服务的标准化均等化，有效构建多位一体的浙江省现代公共文化服务体系，切实保障和改善文化民生，同时有效提高文化治理能力，共同推动我省文化服务事业良性有序可持续发展。总体方案已经基本完成。

（六）不断完善业务应用系统、平台的维保工作

协同各中标维护公司及其驻场人员，认真、细心、负责、及时地做好厅机关综合办公OA系统、电子公文交换平台、省文化市场数字化网络管理平台、省执法人员继续教育考试平台、省非遗数据库、厅基层公共文化评估体系等多个业务应用系统的日常维保工作，确保各系统、平台全年运行正常、安全，有效保证了机关各项工作的有序进行。

此外，在全省网吧监管平台经省政府采购中心公开招标，确定新的年度运维商后，由于原运维单位没有完整移交平台系统源代码及相关技术资料，导致新维护商无法有效开展平台技术维护，全省网吧在运行“净网先锋”过程中出现了一系列问题。为彻底有效解决问题，使省文化厅文化市场信息监管工作得以顺利开展，厅政策法规处和信息中心及时组织技术力量进行应对，并专门组织召开专题会议，决定根据《互联网上网服务营业场所管理条例》规定，在报请文化部市场司正式同意后，停运原有网吧监管平台，同步研发新的浙江省网吧监管系统，在浙江全省重新部署安装。新监管平台由国内上网服务行业唯一一家上市企业——杭州顺网科技股份有限公司免费提供（包括在浙江全省的知识产权授权及平台功能的后续研发），已完成了在湖州地区的试点。

二、做好防范工作，确保网络安全

（一）开展行业等级保护工作

与省公安厅联合在全省范围开展文化行业重要信息系统信息安全等级保护工作，贯彻落实国家信息安全等级保护制度，提高全省文化系统信息安全保护与信息安全技术水平，建立安全稳定运行的长效机制。在省公安厅的大力支持下，及时出台下发了《浙江省文化系统信息安全等级保护定级工作的指导意见》，制订了全省文化系统重要信息系统等级保护测评工作实施方案，对等保工作提出具体要求。全省上报的63个系统中已有多半完成了等保定级，中心负责的厅机关门户网站也重新做了等保测评。8月，受邀在省网络与信息安全信息通报2015年第一次联络员会议上作了交流发言。

（二）加强网络安全问题的查找和整改力度

委托两家资深安全服务厂商，对全省30家各级各类文化单位的门户网站进行安全检查。两家安全厂商分别使用不同的扫描器、采用不同的扫描规则从系统和应用两个方面进行排查，各自形成安全报告。对存在安全问题的单位，及时下发《浙江省文化单位网络安全预警通报》，督促各单位抓紧整改，消除安全隐患，确保网站及信息系统安全运行。与此同时，还汇总分析各单位的安全扫描结果，为各单位下一步的安全整改工作提供参考。

（三）继续做好网络与信息系统安全工作

年初，根据上级信息安全规划，结合实际情况，制订了相应的安全应急预案，细化工作流程，修订工作记录表，建立健全工作台账制度，进一步完善了信息安全管理体系。同时，强化实时监控和应急值守，在工作中争取做到

早发现、早防控、早报告。加强内网准入控制和个人终端管理，每月更新网络安全设备及软件安全配置，做好各类应用系统的数据备份工作，并切实采取措施加强厅机关无线网络管理，通过准入设备对外来用户进行管控。协助厅机关做好信息安全、保密工作，全年无重大网络安全责任事故发生。

（四）提高网络维护人员的安全意识和工作水平

邀请省公安厅网警总队总工程师蔡林作题为《积极应对当前信息网络安全带来的挑战》的专题讲座，阐述信息网络安全问题给社会发展、社会稳定、社会管理、国防安全等带来的巨大挑战，并结合实例全面分析、阐述了计算机病毒的发展趋势、信息系统自身的脆弱性，详细介绍了我国信息安全等级保护制度的基本内容及等级保护策略，并根据我省文化系统实际情况，提出了如何全面开展等级保护工作的具体意见和建议，让全省各级各类文化部门网站管理人员进一步认识到网络安全和等级保护工作的重要性，增强做好网络安全工作的责任感和紧迫感。

三、维护双微平台，强化舆情监控

（一）维护省文化厅官方微博（新浪、腾讯）、微信平台

做好日常运营维护，全年发布微博（新浪、腾讯）1371 条；官方微信群发信息 273 条、推送一周资讯 42 期、活动预告 12 期，用户关注度不断提高，微博粉丝量由 2014 年底的 46.2 万人增加到了 48.2 万人。立足政务微官网，加强与全省各级各类文化单位的联系，构建系统微平台宣传矩阵。是年，厅属 22 家单位已有 16 家单位开通了微博，17 家单位开通了微信；全省各级文广新局共开通新浪微博账号 46 个，腾讯微博 24 个。开展各类微活动，扩大微平台影响力。推出第八届全国儿童剧优秀剧目展演、浙江省传统戏剧经典剧目展演门票抽取以及转发赢取《浙里繁花》非遗丛书等活动，微信粉丝增加近 1000 人。

（二）强化网络舆情监控管理

关注《中国文化报》《都市快报》《钱江晚报》等主要媒体，豆瓣、19 楼、浙江在线民情巷等主要论坛以及近 400 个微博账号，搜集文化舆情与热点，编发《舆情月报》12 期，《舆情快报》1 期；积极与网民互动，及时答疑解惑，全年受理微博、微信咨询 77 人次。

（三）组建文化网评员队伍

组建全省文化系统网评员队伍，建立网评员队伍微信、QQ 工作群，并组织开展全省文化系统网评员培训，邀请有关专家和资深网评员就网络评论和舆情引导进行了专题培训。

四、完善综合管理，加强队伍建设

（一）健全制度

继续健全和强化内部管理体制和运行机制，不断修订、增补、完善单位各项规章制度，努力规范内部管理，确保政令畅通，补充出台了《浙江省文化信息中心自行采购管理办法》、修改了公车管理规定，并进一步加强制度建设与工作管理，完善了机关及本单位的网络安全及突发事件应对机制，确保无重大网络安全事故发生。同时，在全单位努力强化与工作职能相适应的风险防控机制，切实做到“内控防范有措施、岗位操作有标准、事后考核有依据”，责任到人，加强协作，共同完成本单位各项工作。单位全年保持安全和谐稳定，无违纪违法案件、重大责任事故和越级集中上访事件发生。

（二）深化绩效管理

坚持效率优先、兼顾公平的原则，落实岗位工作责任制，明确岗位职责、工作目标和考核办法，理顺工作关系，做到管理规范有序，工作合理安排。根据《浙江省文化厅关于进一步规范厅属事业单位岗位管理制度有关问题的实施意见》精神，完善岗位管理制度，进一步明确岗位职责、工作目标。同时，根据《浙江省文化厅关于进一步完善厅属事业单位绩效工资实施意见》，在确保单位绩效工资制度平稳规范运行的同时，深化内部收入分配制度改革，以岗定薪，按绩取酬，根据岗位要求实施绩效考核，根据考核结果，发放绩效奖金。

（三）提升队伍素质

在加强对单位职工政治教育的基础上，坚持思想和业务两手抓，努力强化队伍建设，既积极参加各项政治学习，又继续组织安排职工参加专业技术培训，努力提高职工的业务技能，参加了文化部、省委宣传部省公安厅等有关单位部门组织的各项培训近 10 次，同时还多次参加信息安全厂商组织的培训。

（四）规范内部管理

保证政令畅通和公文报送规范有序。严格做好因私出国（境）管理工作，根据 2014 年退休人员补贴标准调整情况，完成补贴金额发放。完成人员工资数据库全

年台账申报工作。制订相应管理工作计划，规范档案收集，完成单位数字档案和文字档案的同步收集、整理和备份工作，并根据中心工作特点，强化合同的归档收集、整理和利用，同时做好每年新增的专题档案的收集整理，保证档案收集的全面完整性。

（张　烨）

浙江交响乐团

【概况】　内设机构 7 个。2015 年末实有在编人员 73 人（核定编制数 95 个），其中具有高级技术职务资格的 31 人，中级 25 人。

2015 年，浙江交响乐团以习近平总书记文艺座谈会重要讲话为指导，认真贯彻省委、省政府、省文化厅决策，认真执行省文化厅工作部署，围绕中心服务大局，各方面工作稳步推进。

一、确定乐团发展新思路

乐团班子积极适应社会、经济发展新常态，扎扎实实把各项工作落到实处。按照省文化厅部署，制定并完善《浙江交响乐团 2015 年至 2020 年发展规划》。聘任中央芭蕾舞团副团长、音乐总监张艺为新一任艺术总监（任期五年）。结合《浙江交响乐团 2015 年至 2020 年发展规划》，制定《浙江交响乐团 2015 年至 2019 年艺术规划实施计划》，明确了任务与时间，分析了不足与难点，明晰了责任与人员，力图通过五年不懈努力，将浙江交响乐团建设为“国内一流、国际有知名度”的乐团，着重做好以下四方面工作：

（一）继续坚持“中西合璧”艺术定位，做到交响乐古典作品演奏与中国交响乐作品创演“两翼丰满”，形成浙交演奏风格；原创中国交响乐优秀作品的创演，力争走在国内交响乐团前列。

（二）完善乐队编制，建立一流演奏队伍。继续深入推进演奏员考核竞聘，强化能上能下、能进能出的用人机制。通过音乐季的训练，逐步抬高普通演奏员业务技能。着重培养和引进乐团首席及各声部首席人选，形成德才兼备的高素质艺术骨干群体，带动乐团整体演奏水平的提升。

（三）提高音乐季艺术水准。加强与国内、国际一流作曲家、演奏家合作，按国际知名乐团规律提升乐团艺术活动的高度和精度，提升乐团艺术素养。

（四）打造乐团艺术品牌，提高乐团艺术声望。通过音乐季、国内巡演和国际巡演等多种方式，提升在国内外艺术舞台演出的活跃度，积极拓展浙交国内外知名度。

二、出色完成上级交付的重要演出、赛事任务

（一）圆满完成浙江省纪念中国人民抗日战争暨世界反法西斯战争胜利 70 周年“胜利之歌”交响合唱音乐会。音乐会由省委宣传部、省文化厅、浙江广播电视集团主办，浙江交响乐团和温州市合唱团承办，于 9 月 1 日晚在省人民大会堂举行，为浙江省纪念中国人民抗日战争暨世界反法西斯战争胜利 70 周年主场活动。省委、省人大、省政府、省政协、省军区领导，省离退休老同志代表，省直有关部门同志，抗战老战士代表，以及工人、农民、教师、学生、医务人员、驻浙人民解放军、武警官兵等社会各界代表近 1500 人出席观看演出。音乐会紧扣“铭记历史、缅怀先烈、珍爱和平、开创未来”主题，通过“序幕”“上篇·救亡图存”“下篇·中流砥柱”“尾声·走向复兴”4 个部分，全面展现了中国人民抗日战争暨世界反法西斯战争波澜壮阔的历史画卷，着重体现了民族凝聚力和伟大的民族精神。浙江交响乐团和浙江音乐学院（筹）、武警浙江省总队文工团、浙江歌舞剧院有限公司、浙江京剧团、杭州歌舞剧院、杭州嘉绿苑初中、杭州西湖小学等 16 个省市单位、近 400 名演职员参与演出。音乐会做到了政治立场、艺术水准双保障，得到了省领导和现场观众的高度好评。

（二）圆满完成赴澳门参加第四届“世界旅游经济论坛”演出活动。应“世界旅游经济论坛澳门·2015”组委会邀请和省政府派遣，浙江交响乐团 62 人在省文化厅副厅长杨越光的带领下，于 10 月 11 日至 13 日赴澳门为“世界旅游经济论坛”欢迎晚宴及“2015 年浙江·澳门旅游、经济与文化交流”活动开幕式进行特别演出。12 日上午，乐团首席何凡在浙江主场活动上进行了独奏表演；同日晚，为澳门特区政府欢迎晚宴进行了时长 40 分钟的助兴表演，向贵宾们呈献了体现浙江最高音乐水准的节目。演出受到全国政协副主席、澳门特别行政区前特首、世界旅游经济论坛大会主席何厚铧，浙江省委副书记王辉忠，联合国世界旅游组织秘书长兼世界旅游经济论坛荣誉主席塔勒布·瑞法依等700余名中外参会领导和嘉宾的欢迎。

（三）成功参加省政府在宁波举办的“中国·中东欧国际贸易博览会”开幕式演出。6月8日，经省政府指定和宁波市政府邀请，赴宁波为“中国·中东欧国际贸易博览会”开幕式进行晚宴演出，表演的小提琴协奏曲《梁祝》等节目和与会东欧国家的名曲联奏效果良好，得到与会领导和东欧贵宾的高度好评。李强省长和梁黎明副省长给予表扬。

（四）成功承办首届浙江省“新松计划”青年演奏员大赛。大赛由省文化厅主办，浙江交响乐团和台州市文化广电新闻出版局承办，于2014年11月启动申报，全省共有省本级及9个市60多家单位、近300名选手申请参赛，涵盖了专业院团、大专院校、文化馆站及社会各行业。在浙江交响乐团有效的组织工作保障下，比赛自始至终秩序井然、规范运行。大赛中，浙江交响乐团何凡、徐海分获西洋乐器类弦乐、木管职业组一等奖；杨光、陈路、柯闵中、徐正迪、吴思文、肖坤鹏6人获职业组二等奖；张正统、陈康、王杨、朱帆、关淞元5人获职业组三等奖；浙江交响乐团获组织工作奖。

（五）圆满完成省委、省政府交付的重要接待演出任务。圆满完成省委、省政府接待中央领导人、塞尔维亚总统、日本静冈县知事、澳门访问团4次重要演出任务，赢得领导和贵宾的高度赞赏，得到夏宝龙书记多次表扬。

三、艺术创作再上台阶

（一）完成大型咏诵交响套曲《唐诗之路》的修改和首演。该作品由“浙东唐诗之路”的提出者竺岳兵担任艺术顾问，浙江交响乐团陈西泠任策划、创意和文学本创作，陕西著名作曲家崔炳元任委约作曲。整部作品由序曲、终曲以及4个乐章构成，选用了唐代16位诗人18首描写浙东的诗歌，除交响乐、合唱外，穿插了独唱、重唱及朗诵，演奏中还加入了笛子、古筝、中阮等中国民族乐器。演出时长约65分钟。《唐诗之路》于年初完成音乐创作，4月8日、9日分别在杭州和新昌试演，听取专家、观众意见，对作品进行了修改。11月18日，《唐诗之路》在北京音乐厅举行全球首演，引起了音乐界专家、学者及观众的关注。演出由该团新任艺术总监张艺执棒，特邀中国歌剧舞剧院歌剧团合唱演员及该团著名青年歌唱家陈小朵、高鹏等联袂合作。在演出结束后举行的专家、学者座谈会上，国家交响乐团团长、著名作曲家关峡，旅澳著名作曲家于京君，著名作曲家李海鹰，北大中文系教授孔庆东，音乐评论家王纪宴、景作人、曾伟，中国音协副秘书长王建国等10余人均给予高度评价。11月20日，又在西安音乐厅演出了《唐诗之路》，让西安观众深切感受到了浙交艺术的全面发展。

（二）完成交响乐《鲁迅》音乐创作签约。该作品委约中国音乐家协会会长叶小纲担任音乐创作。委约创作协议于11月由鲁迅文化基金会、浙江交响乐团、叶小纲先生三方签订。计划于2016年9月在杭州、绍兴预演后赴北京国家大剧院举行全球首演。

（三）完成交响乐《社戏》创作前的文案修改及作曲家落实。交响乐《社戏》为交响系列《浙江组画》的第三部作品。该作品已于2014年形成创作文案，计划2016年完成音乐创作。《社戏》试图以交响乐的形式表现浙江地方戏曲（越剧、绍剧、婺剧等）在民间的传承，反映民族文化、民族精神积淀与嬗变的主题，作曲由原中央音乐学院作曲系教师、澳大利亚墨尔本大学音乐系教授于京君担任。

（四）中小型音乐作品创作、改编继续得以丰富和积累。改编编配了一批深受观众喜爱的中小型音乐作品，如法国乐曲《不要说再见》、葡萄牙法多音乐《海之歌》、中东欧16国名曲连奏，以及动漫音乐《海贼王》《80后童年回忆》《喀秋莎》《神圣的战争》等名曲。

四、演出核心业务力求全面发展

以创建品牌为主导，在巩固既有阵地的同时努力拓展交响乐覆盖面、扩大交响乐观众群，全年演出95场，收入440万元。

（一）音乐季演出。全年演出音乐会20台，邀请了众多国内外知名指挥与独奏、独唱演员参与演出，丰富了杭州观众的观赏体验。观众平均购票率及上座率继续保持在95%左右。

（二）普及型音乐会。形成品牌效应。巡回省内20多所院校举行“高雅艺术进校园”演出26场，受到学校师生的热烈欢迎。欢庆“六一”音乐会和“暑期动漫交响音乐会”根据市场和观众需求，打造有特色、接地气的音乐会曲目，分别在红星剧院和省政协联谊剧场演出8场，鲜明的主题和活泼生动的互动演出形式吸引了大量观众，红星剧院票房突破10万元，政协联谊剧场也一票难求，在扩大社会效益的同时，赢得了更大的经济效益。

（三）商业性演出。积极开拓演出市场，多层次拓展演出面，全年商业演出33场。其中社会影响较大的演出项目有：在浙江省人民大会堂参演的“敢爱前行”关爱自闭症儿童公益晚会、携手企业在安徽举行的“伊利托菲尔”孕妇胎教音乐会系列、参加武汉“EGOU冬时装发布会”等。同时，积极运用微信营销模式，借力微信平台进行演出推广，还与网络公司、新媒介等合作，开展宣传，用最快捷的方式疏通观演渠道，将运营效用最大化。

（四）主题性音乐会。配合“五水共治”和丰富农村“文化礼堂”活动，于5月进村镇、下海岛，在石浦镇、鹤浦镇、盐痒镇盐厂村、丹西街道九倾村、后山村等地演出5场“上善若水”系列交响音乐会，观众场场满座。

五、队伍素质得到进一步提高

继续坚持每年一度的业务与工作双考核，在严格考核的基础上实行岗位聘任，在微调中保持艺术骨干队伍的稳定和演奏员业务创优意识。本年度考核后，有1位原待岗人员因考核不合格继续列为待岗。1位因考核不合格，且造成重大演出事故，给予解聘。年度通过公开招聘，引进演奏人才15位。有2位演奏员通过全体演奏员推荐及表决后进编。

为加强年轻干部培养，增强乐队自我管理能力，在年轻演奏员中挑选了5位优秀骨干任队长助理职务，分别协助队长管理业务、行政、内务、接待、外联工作。提拔了1位声部首席担任乐团助理首席职务。推选两名年轻干部参加2015年省级文化系统优秀年轻干部培训班。

经乐团推选、省文化厅考核、公示等程序，12月，乐团原演出部主任陈余正式被省文化厅任命为业务副团长。

12月11日，4位优秀演奏人才及4人室内乐组合在浙江音乐厅举办了“新松计划”浙江交响乐团青年艺术家专场音乐会，精湛的表演赢得观众高度赞赏。

六、推进观众培育，发展音乐培训业，探索乐团赢利模式转型

（一）青少年交响乐团工作稳步推进。日常排练中安排5位国际及国内知名指挥家进行专业辅导。2月，受杭州剧院邀请，青交举办了2015新春音乐会，2000余座座无虚席。3月，在全省范围内吸收新团员35人。7月，受余杭区文广新局邀请，在临平剧院举办2场专场音乐会，深受观众喜爱。12月31日，青交还受邀在滨江区星光大道举办了跨年专场音乐会。

（二）创建音乐艺术培训基地。10月，与杭州宏音网络科技有限公司“音乐e家”合作，在乐团新团址（马塍路31号）成立“浙江交响乐团音乐艺术培训基地”。培训基地充分运用教师队伍优势和“音乐e家”互联网平台优势，打造乐器教育O2O生态，为学龄前儿童和在校学生提供专业、优质、高效、乐享的乐器教学服务。

七、完成新团址搬迁工作

经一年多时间的准备、筹措与装修，在省财政厅、省文化厅的大力支持下，于11月底结束了长期借用浙江歌舞剧院场地办公的历史，搬迁到马塍路新团址，乐队排练场地条件改善，乐团的凝聚力、吸引力大为增强。

八、再获“浙江音乐奖”

乐团青年小提琴演奏家卢闻强荣获2015年第二届“浙江音乐奖”，乐团作为表演团体也获此荣誉。

（陈西泠、张　翀）

浙江小百花越剧院

（浙江小百花越剧团）

【概况】 内设机构3个。2015年末，实有在编人员92名（核定编制99名），其中，具有高级技术职务资格的52人，中级13人。

2015年，浙江小百花越剧院（浙江小百花越剧团）继续秉承传承经典、展示经典、发展经典、创造经典的建团理念，继续坚持海外、国内、城乡基层三并进的市场地位，大力培养中青年人才，在演出、创作、基建等方面取得显著成绩。《西厢记》获浙江省“优秀保留剧目”称号。浙江小百花越剧团荣获省文化厅颁发的2015年度“优秀单位”及对外和对港澳台文化工作先进单位。浙江小百花越剧团乐队荣获“第三届海内外江南丝竹邀请赛”职业组优秀奖。蔡浙飞被省委宣传部、组织部确认为省宣传文化系统“五个一批”人才。

一、场次票房双收

全年演出《二泉映月》、《五女拜寿》、新版《梁祝》等13部越剧舞台剧，演出98场，其中公益演出25场，超额完成厅考核演出场次指标。全年商业演出收入500多万元。

首度尝试与保利院线战略合作，展开长三角地区巡演，《二泉映月》在常州、无锡、南京等江苏主要城市先后亮相，尤其在阿炳故乡无锡的演出大获成功。5月11日，重新修改的《二泉映月》再次在杭州剧院上演，李岚清在省委常委、省委宣传部长葛慧君及省文化厅厅长金兴盛的陪同下亲临剧院观看演出，对修改后的《二泉映月》感到非常满意，他表示："非常到位，非常好"。

原生代《五女拜寿》封箱，团庆完美收官。由省文化厅主办，跨年的浙江小百花越剧团30周年系列活动，选用原生代《五女拜寿》封箱与传承的形式，于5月24日在杭州剧院完美落幕。演出结束，团长茅威涛担任"封箱与传承"司仪，70、80、90后演员向原生代演员献花，既表达了后辈对老师的敬重，更在于传递"小百花"后继有人，经典代代相传的意义。

把艺术精品推向基层。完成嵊州、仙居、武义、开化等地的送戏下乡公益演出23场，观众超过11万人次。"十一"期间，赴温州苍南钱库镇连续商演4天8场，平均每场观众达1万人次，彰显了"小百花"的品牌效应。

二、艺术生产注重人才培养

越剧《吴越王》成功入选国家艺术基金2015年度资助项目，并于2015年底正式建组开始排练。该剧以青年演员蔡浙飞担纲主演，充分发挥"小百花"优长，以女性饰演男性，以歌舞演绎故事，赋沉重阴郁的历史题材以冲淡明净的舞台风貌。

"青春代代续、四年三部曲"——浙江小百花"新生代"人才与作品工程建设完成二部曲《春香传》的创排。该剧由著名导演郭晓男执导，优秀青年演员魏春芳、熊琦担纲主演，特邀延边歌舞团导演任编舞、形体艺术指导，12月7日在杭州剧院首演，演出反响热烈。

三、对外文化交流成效显著

3月，代表浙江小百花越剧团不同时期艺术追求和艺术风格的新版《梁祝》和《二泉映月》《五女拜寿》在香港演艺学院歌剧厅先后上演，为第43届香港艺术节压轴。"小百花"赴港演出期间，泰国曼谷国际音乐舞蹈艺术节主席乌贝罗专程前往香港，观看新版《梁祝》演出，并正式邀请该剧参加泰国第17届艺术节开幕式演出，这是自该艺术节创办以来中国舞台剧首次作为开幕式大戏参演。9月，为庆祝中泰建交40周年，新版《梁祝》在泰国文化中心连续演出3场。首演当晚，泰国诗琳通公主及相关王室人员、泰国总理巴育等政府要员，67位诸国驻泰外交使节等莅临现场观摩，中国驻泰大使宁赋魁以"非常精彩、非常圆满、非常成功"盛赞演出。"小百花"此次演出向泰国各界、向国际友人展示了中华传统文化的精髓，对促进"中泰两国一家亲"具有深远意义。

12月17日，第二届世界互联网大会在乌镇召开，团新版《梁祝》应邀为与会嘉宾献演，高水平的艺术呈现让各国嘉宾感受到了中国传统文化艺术的魅力。

四、综合治理日益完善

健全完善团部管理和运行机制，提高管理科学水平。加强单位门户网站建设管理，提高网络运行手段，专人专管官博、微信公众号，丰富内容，安全运营，及时更新有关信息。

根据事业单位人员聘用制度、岗位管理制度等有关规定，进一步规范岗位动态管理，明确岗位职责、工作目标，4月启动岗位设置工作，并根据剧团实际情况，通过两次职代会讨论和公示，制定《浙江小百花越剧团专业技术岗位竞聘细则》，经省文化厅、省人事厅与浙江小百花越剧团领导多次沟通协调，于12月正式批复。

五、艺术中心基建进展顺利

小百花艺术中心基建各专项工程全面铺开，主要完成了施工许可证，幕墙、钢结构工程质量安全监督等报批手续；电梯设备、消防工程、空调设备、智能化施工等多个招投标项目；主体结构的楼层土建工程，施工进度进展整体平稳顺利。

（章烈琴）

浙江小百花越剧院

（浙江越剧团）

【概况】 内设机构7个。2015年末实有在编人员107名（核定编制数134个），其中具有高级技术职务资格的60人，中级25人。

一、业务建设

（一）积极开展"中国梦"为主题的精品创作

创作越剧舞台剧剧本《一代浙商胡雪岩》，传递实现中华民族伟大复兴"中国梦"的精神动力。新创作排演由已故著名编剧顾锡东创作的越剧《长乐宫》,由青年演员担纲主演,促进越剧男女合演人才有序成长。

(二)人才、剧目取得佳绩

国家二级作曲杨浩平的作品青瓷乐《江雪》入选2015年度国家艺术基金青年艺术创作人才资助项目。越剧《三篙根》入选浙江省第三批优秀保留剧目。越剧《九斤姑娘》入选首届"浙江省传统戏剧经典剧目展演",于7月25日在中国婺剧院上演。越剧音乐诗画剧《牡丹亭》受邀参加上海市"嘉年华全国越剧节",成为嘉年华活动中的一大亮点,此后分别在丽水、宁波、温岭等地上演,反响强烈。

(三)积极开展文化惠民活动

参加省属院团新年演出季等惠民演出活动,于年初在杭州剧院演出了越剧音乐诗画剧《牡丹亭》和青春版越剧《双轿接亲》。开展送戏下乡、老人越剧周、驻场演出季、雏鹰计划、高雅艺术进校园等惠民演出活动120场。继续开展"越剧名家面对面"系列讲座,普及越剧知识,扩大越剧男女合演影响力。对接大学戏曲协会,组织外籍大学生走进越剧团,体验越剧艺术魅力。积极参加"高雅艺术进校园"活动,赴多个学校进行《越剧精品折子戏》演出,培育年轻观众。此外,还开展"深入生活、扎根人民"主题实践活动,多次组织人员深入生活发现素材,累计实践3周以上。

(四)认真完成省文化厅交办的任务

承办浙江省传统戏剧经典剧目展演"传统戏剧经典折子戏专场""2015'越华如水'越剧音乐演唱会",圆满完成省文化厅浙江省传统戏剧经典剧目展演的经费执行任务。

是年,剧团共完成演出193场次,演出收入524.56万元。

二、队伍建设

(一)参与实施"新松计划"青年艺术人才培养项目

积极培养后备干部,进一步健全完善中青年专业技术骨干人才培养制度。选送王海波、郑凯两人参加"新松计划"第十期全省青年表演人才高级研修班。选送倪舒参加2015"新松计划"全省青年演奏员大赛并荣获奖项。马誉嘉参加"新松计划"10周年"一脉相承"名师带徒戏曲晚会赢得好评。推出由青年演员担纲主演的青春版越剧《长乐宫》,同时在传统剧目中,大量起用青年演员,不断推出艺术新人。

(二)做好公开招聘工作

严格按照《浙江省事业单位公开招聘人员暂行办法》,公开招聘编剧、宣传策划、二胡演奏、小提琴演奏、正旦、彩旦等6个岗位7名人员,强化剧团创作储备力量。根据工作需要制订了2016年度招聘计划。

(三)加强日常管理

建立中层部门建设分析会制度,严格干部的经常性管理、监督,完善专业人员考核评价体系。抓制度完善,设立"人员去向牌",明确工作职责;抓工作落实,建立跟踪督查、进度通报制度,保证全年各项工作任务的完成;抓工作交流,不定期举行工作交流会,进一步促进部门之间的沟通交流,促进各部门工作协同高效完成;通过召开座谈会和问卷调查等方式完善专业人员考核评价体系,加强专业人员队伍日常管理。专业人员年度考核不少于一次。

(四)加强专业技术人员再教育

不断提升其业务素质和创新能力。坚持完善演员基本功训练制度,针对青年演员配备了一对一的辅导老师,在杭期间均需按时到单位进行基本功训练。制定完善了演员、乐队、舞美部门系统的学习、考勤、工作制度,由创作业务部门负责制订对专业人员的业务考核计划及实施方案,并于8月初进行了全员业务考核。考核流程及内容设置得到专家好评,为剧团的业务建设健康发展奠定基础。针对行政在职人员,通过厅里统一安排及单位组织等形式,不定期进行岗位培训。

(五)加强演职员的艺术职业道德教育

积极参加省文化厅组织的各项素质教育活动并主动开展各类形式的职业道德教育。组织党员及中层干部观看影片《百团大战》《兰辉》;组织党员开展党章、党规、党纪学习座谈会,加强党员的党性修养和辨别是非能力。组织全体演职员学习《中国共产党十八届四中全会公报》《习近平在党的群众路线教育实践活动总结大会上的讲话》《习近平在文艺工作座谈会上的重要讲话》,全面贯彻落实中央思想宣传工作会议精神。开展交流谈心活动,吸取广大群众意见,完善剧团管理。

三、财务管理

严格遵守和执行国家财经法规、财务规章制度和厅颁发的各项财务规定,无财务违纪情况。认真执行财务预算,规范管理各项收入,严格执行收支两条线标准，按照行政事业会计制度规定进行账务处理，规范核算办法，加强三公经费支出的监管，提高事业支出信息的透明度。据新财务准则、新会计制度及相关规定，修订健全各项财务管理制度，严格按照财务工作程序和要求执行，做好账务管理有关工作。

根据《关于实行“一把手”“五个不直接分管”制度的暂行规定》文件要求，拟定财务报销审批制度，加强国有资产管理，确保国有资产安全。科学合理安排收支预算，严格预、决算管理，圆满完成2016年度财务预算工作和2015年度财务决算工作。通过预先确定项目绩效目标，规范经费支出，严格执行各项财务制度，及时跟踪项目绩效目标，采集保留项目相关数据、文字、图片资料等一系列工作，按时完成本年度项目绩效评价工作。在剧目创排、演出成本上进行费用预测、核算和控制，督促有关部门降低消耗、节约费用，提高资金使用效益。

针对团离退休人员负担重、人员经费匮乏的情形，通过增加演出收入、盘活本单位可利用的项目结余资源，积极向财政申请调整补助资金，利用事业基金等多渠道解决离退休人员2014年、2015年两年所有补贴、工资调整部分，年底全部清算完毕。

是年，各项预算收支任务基本完成，全年预算执行情况较好，2015年的财政拨款资金执行进度达到94%。严格执行政府采购制度，内容主要有灯光、服装、乐器、办公设备，以及场地租赁、劳务服务、办公耗材、车辆运维等，全年共完成采购金额251.52万元。

四、改革与综合管理

（一）健全完善内部管理和运行机制，提高管理科学化水平

逐步完善《浙江越剧团领导班子分工》《浙江越剧团团长办公会议议事规则》《浙江越剧团集体宿舍管理条例》等制度，为剧团内部机制改革提供相应的规章制度。根据一把手“五不直管”文件要求，团部班子进行重新分工，制定班子议事制度及财务管理制度，使得整个工作规范有序。重视档案管理工作，将档案工作纳入团年度工作计划，由分管行政的副团长直接领导，配备专职档案员一名，隶属团办公室。积极支持档案员参加档案现代化管理的理论知识和操作技能业务培训，不断提高档案工作人员素质。组织开展全员业务考核，考核流程及内容设置得到专家好评。

（二）建立文化安全及突发事情应对机制，确保无重大文化安全事件发生

成立治安综合小组，应对文化安全及突发事件，对本团各疑点进行电、水、火等方面的排查。强调演出装台、搬运、交通运输等的安全作业，实施安全保护措施。安全保卫工作各项措施落实，有专人负责，全年没有重大责任事故发生，社会治安综合治理达标。

（三）加强政务管理，保证政令畅通

对剧团官方网站进行全新改版，内容更丰富，操作简便又实用。及时更新官方微信微博，促进交流互动。公文管理有专人负责，规范有序。涉密文件按规定处理，保密工作有条不紊，没有发生重大泄密事件。严格按照干部管理权限，做好因私出国（境）证明保管工作，严格执行登记备案制度。

（四）做好离退休老干部的管理和服务工作

本着“优先保证离退休人员经费”的原则，优先弥补离退休人员的工资、补贴发放，确保离退休老干部能安心过好生活。为老干部活动提供细致周到的组织服务，并向老同志汇报剧团有关工作情况。邀请老干部观摩新创剧目，并虚心听取意见建议。每年对老干部进行慰问、对住院老干部进行探望，得到老同志们的认可和好评。

（五）深化人事管理和收入分配制度改革

根据事业单位岗位设置和聘用制实施细则有关规定，结合本团实际，建立以岗位管理为基础的用人机制，全面推行岗位聘用制，建立按岗聘用、竞聘上岗制度。通过职工代表大会，制定分配制度，按照多劳多得原则，激发职工工作积极性。

（吴菜菜）

浙江京昆艺术中心

（浙江京剧团）

【概况】 内设部门5个。2015年末实有在编人员84人（核定编制数90个），其中具有高级技术职务资格的77人，中级41人。

2015年，浙江京剧团积极创排新剧目，加强人才培养，各类演出精彩纷呈。

一、纪念抗战胜利，不遗余力创演《东极英雄》

为纪念中国人民抗日战争暨世界反法西斯战争胜利70周年，

积极创排大型现代原创京剧《东极英雄》，讲述舟山渔民拯救“二战”时期在舟山沉没的“里斯本丸”号遇难英军战俘的故事。该剧也是省委宣传部“2015年浙江省舞台艺术精品工程重点扶持剧目”，浙京组建了实力雄厚的主创团队，配备了优秀的演员阵容。7月7日，现代京剧《东极英雄》在浙江长兴大剧院首轮试演，得到广大戏迷观众的好评；9月10日，在舟山保利大剧院举行了舟山区域首演式，随后剧组还深入舟山东海舰队开展了两场慰问演出，现场座无虚席。创演期间，《东极英雄》被推为“全国优秀创作剧目”参加“2015年文化部纪念中国人民抗日战争暨世界反法西斯战争胜利70周年”华东（南）片的全国巡演。9月15日晚，《东极英雄》在浙江省人民大会堂举行了杭州站首演式，省委宣传部常务副部长胡坚和省文化厅厅长金兴盛、副厅长杨越光等出席观看了演出，并给予肯定和好评。省委宣传部部长葛慧君、副部长唐忠祥也审看了《东极英雄》的全剧实况录像、创演专题和创排文字材料。省委宣传部文艺处还专门安排撰写了《东极英雄》基层采风、创排和全国巡演的汇报材料，上报中宣部。11月7日至19日，《东极英雄》开展了全国巡演，先后在福建省福州、马尾、莆田，上海市上海大剧院献演，广受好评。各地新闻媒体对该剧巡演给予很大关注，在社会上引起极大反响。

二、《少年中国梦》展开“纪念抗战胜利70周年”省内巡演

现代少儿京剧《少年中国梦》讲述了著名教育家陶行知在上海创办工学团的教育实践，展现了抗战时期抗战将士在上海淞沪会战中英勇奋战，具有较强的可看性和教育性。4月，作为浙江京剧团第二部纪念“中国人民抗日战争胜利70周年”巡演剧目在省内全面铺开主题巡演，剧组先后走进仙居、三门、德清、新市、乾元等地，受到当地观众热烈欢迎。该剧又作为省“雏鹰计划万里行”重点演出项目，进入中小学校园演出，收效良好。

三、人才培养出人出戏

针对青年演员进行剧目的传承创新演出，在实践中培养锻炼人才，更好地促进剧团发展。年初，重新编排传统经典京剧剧目《龙凤呈祥》，起用年轻演员进行全新演绎。作为2015年省新春演出季演出剧目，此剧在杭城胜利剧院上演后获得了杭城戏迷的赞扬。

3月，在浙京京韵坊实验剧场举办优秀青年老旦张馨雨个人京剧专场，张馨雨一人主演《巡营》《探母》《赤桑镇》三折经典京剧老旦传统折子戏，铿锵激昂的老旦演唱和细腻做工，让杭城戏迷观众欣赏到了浙京青年演员的风采。

5月，在京韵坊传承学习了传统戏《红鬃烈马》，把前辈老师请进剧团，手把手倾心教学，让青年演员很好地继承了这部经典大戏，并进一步修改打磨。此外，还组织青年演员传承学习了3台京剧传统折子戏，在京韵坊实验剧场上演，获得杭城戏迷观众的喜爱和好评。

保送中国戏曲学院重点培养的青年花旦演员罗戎征赴北京京剧“青研班”学习深造，10月，罗戎征学习的京剧传统大戏《红娘》在杭州进行了剧组集中封闭式排练，并在京韵坊实验剧场进行了汇报演出，得到了诸多京剧专家和杭城戏迷观众的好评。

第三次举办“京花盛放吐芬芳”浙京“五朵京花”京剧经典折子戏专场。精心安排她们到北京、上海学习《宝莲灯遇仙》《三击掌》《望江亭·离别》等京剧各流派的经典折子戏，并加以打磨提升，组合编排成一台展现浙京青衣、花旦和刀马旦舞台青春风采的“五朵京花”旦角专场集锦，深受观众好评。

四、各类演出精彩纷呈

编排了全新的京剧羊年贺岁京剧晚会“三羊开泰贺新年”，浙京老中青四代京剧人同台献艺。晚会节奏明快、节目多元、演员集中、唱做俱全，社会反响强烈。7月21日，携《飞虎将军》参加浙江省优秀传统戏剧经典剧目展演活动，在绍兴绍剧艺术中心的演出受到当地戏迷观众的热烈欢迎。《飞虎将军》还入选了文化部评选的“优秀传统京剧创作剧目”，被文化部特别资助进行了全国、全省20场巡演。7月24日晚，由省文化厅主办，浙江京剧团承办的大型主题戏曲晚会《国色天香》在京韵坊剧场上演，向台湾同胞展示了京剧、昆曲、越剧等戏曲艺术的多元魅力，来自台湾各地区学校的青年代表团200余人观看了演出。11月初，承接了省文化厅纪念“新松计划创办10周年”大型主题晚会“一脉相承”的创作任务，由团长翁国生担任总导演。晚会集聚了浙江省各个剧种和剧团的梨园新秀以及尚长荣、裴艳玲、汪世瑜等艺术前辈，阵容强大，形式新颖，舞台整体效果和演出样式得到了文化部副部长董伟及省文化厅领导的赞扬和肯定。11月中旬，积极参演“高雅艺术进校园”公益演出活动，携带《国色天香》剧组走进宁波理工大学、湖州外国语学院、浙江师范大学等地。

商业演出开拓良好。3月，剧团《飞虎将军》《青蛇》两剧奔赴温州市和苍南县进行4场纯商业巡演，在温州市掀起了一股京剧热。6月1日“国际儿童节”，应邀到义乌市广电集团剧场连续商业演出了6场现代少儿京剧《藏羚羊》，吸引了众多义乌青少年观众，“二带一”儿童节商业套票的销售模式收效良好。7月底，到深圳参演2015年深圳文化艺术节，这是浙京首次奔赴广东地区进行商业性演出，两场《飞虎将军》深圳观众反响强烈，艺术节组委会对演出给予很高评价。10月，携带优秀童话京剧《孔雀翎》赴吉林市进行商业演出，为吉林人民大剧院做开台首演，两场演出为剧团赢得28万元的商演收入。

此外，还积极参加了省政协艺术团组织的专项演出活动，在省政协小礼堂演出了数场京剧传统折子戏专场，获得省政协各级领导好评。

（宋　婧）

浙江京昆艺术中心

（浙江昆剧团）

【概况】 内设机构8个。2015年末实有在编人员79名（核定编制81名），其中具有高级技术职务资格的52人，中级11人。

2015年，浙江昆剧团认真落实省文化厅党组的新决策，在新的团部领导班子带领下，全团职工团结奋斗，各项工作取得新进展。

一、坚持传承创新

（一）新编昆剧历史剧《大将军韩信》入选“国家艺术基金2015年度舞台艺术创作资助项目”，3月中旬赴北京国家大剧院连演两场，10月到苏州参加第六届中国昆剧艺术节和第十四届中国戏剧节展演，并被评为第十四届中国戏剧节“优秀入选剧目”。

（二）开展“一集一开”传承计划，完成两台八出折子戏排演任务。顺利完成《问探》《惊丑》《逼婚》《后亲》《雅观楼》《四杰村》《敬德诈疯》《洪母骂畴》两台八出昆剧折子戏传承，达到了预期目标。

二、超额完成年度演出责任指标

全年完成各类演出116场（指标105场）；完成票房收入124万元（指标115万元），均超额完成年度责任指标。全年演出亮点是：

（一）昆剧《牡丹亭》自2014年4月与投资方签订协议在杭州御乐堂演出100场体验版以来，至是年上半年完成演出110场。11月下旬，第二季100场开演。

（二）原创排演佛典昆剧之一《未生怨》6月赴温州龙港福胜寺演出，11月上旬再次应邀献演香港志莲净苑。

（三）《西园记》《红梅记》《大将军韩信》《烂柯山》及现代昆剧《小萝卜头》等相继完成公益性及市场化演出。5月至6月，赴上海、苏州参加江、浙、沪联动合演《十五贯》及优秀折子戏专场演出。

（四）新推出浙昆“幽兰系列项目”，利用剧团现有资源，通过演出、讲座等形式，搞活昆曲传播，培育戏迷观众。

三、加强人才培养

（一）积极实施文化部“名家传戏——当代昆曲名家收徒传艺工程”

第六届昆曲艺术节上，分别汇报传承剧目《望乡》《借扇》《题曲》《借靴》。第三届“名家传戏”工程中，徐霓、张侃侃、耿绿洁3位演员被张世铮、龚世葵两位名师收为徒弟。19出折子戏入选文化部“昆曲传统折子戏录制名单”。

（二）认真实施省文化厅“新松计划”

9月下旬，在胜利剧院举办两台2015“新松计划”之《名家传戏》和《武戏专场》；7月，选派4人参加“新松计划”第十期全省青年表演人才（小丑、老旦、花脸）高研班，选送程峰参加“新松计划”第二期全省中青年作曲人才高研班，均如期结业。推荐孙晓燕、程峰分别参加“中国文联第七期全国中青年编导人才高研班”“中国剧协全国青年戏剧创作会议”学习深造。

（三）有序推进“代字辈”昆剧班教学管理工作

6月，选送该班吴心怡、黄羿代表浙江省赴京参加由教育部、文化部等组织联办的“2015年全国职业院校技能大赛”京昆组比赛，折子戏《牡丹亭·游园》和《石秀探庄》分获大赛二等奖、三等奖。

四、完成《浙江通志》浙昆条目编纂任务

《浙江通志》从2014年6月领受任务，至是年11月，如期编撰上报浙昆条目68条3万多字，提供剧目、论著、说明书等照片230幅。

（励栋煌）

浙江歌舞剧院有限公司

【概况】 内设机构13个。2015年末实有在岗员工232人，其中具有高级技术职务资格的60人，中级75人。

2015年，浙江歌舞剧院有限公司完成演出262场，营业额1200多万元。

一、努力开拓商演市场

（一）开展国内商演活动

统筹协调，圆满完成景宁“三月三”主题文艺晚会、“京新梦·世界行”2015京新药业二十五周年文艺晚会和“江山如此多娇”三山旅游文化节文艺晚会以及宁波北仑“一带一路”主题演出、“蓝眼睛黑眼睛”专场和浙江省总工会巡演等各类演出。

（二）探索境外合作新模式

3月，民族乐团赴澳门与澳门中乐团联袂演出大型民族音乐会“澳门之歌”。两大乐团合作交流，提升了演奏员的艺术水平，打响了知名度，提升了影响力。

（三）组织《富春山居图随想》京晋陕巡演

11月14日至27日，浙江歌舞剧院有限公司民族乐团分别与陕西广播电视民族乐团、中央民族乐团、山西民族乐团3家国内一流民族乐团强强联合，演绎了“升级版”的《富春山居图随想》。本次巡演是《富春山居图随想》入选国家艺术基金资助项目后，经作曲家刘湲第一次精心修改后的首次巡演。

二、全力完成各项演出任务

（一）唱好“和平三部曲”

响应省文化厅举办系列纪念演出活动的倡议，组织实施纪念中国人民抗日战争暨世界反法西斯战争胜利70周年“和平三部曲”演出活动。以“承载历史与未来，唤起和平与梦想”为主题，分别于5月21日、8月14日、8月19日在省人民大会堂举办“和平颂”浙江歌舞剧院有限公司民族乐团·澳门中乐团大型民族管弦乐音乐会、“和平之歌”大型合唱音乐会、“和平与梦想”主题歌舞晚会。“和平三部曲”集聚了浙歌民族乐团、合唱团、声乐团、舞蹈团、彩蝶女乐及创作团队等逾400人的专业团队力量，以强大演出阵容，向全省人民进行了一次充满“时代性、思想性、艺术性与观赏性”的歌舞乐艺术精品演出汇报，表达了中国人民缅怀抗战英烈的崇敬之情和维护世界和平的庄严宣告，以及对于和平梦想的执着追求。

（二）开展文化走基层惠民活动

开展了“中国梦·美丽浙江行”全省巡演，文化走基层、高雅艺术进校园、慰问驻浙某部演出，并利用“政协小剧场”举行惠民演出，累计开展170场。

（三）完成各项出访演出任务

完成13项出访任务，共41个对外、对港澳台及引进演出的文化交流项目，人数达269人次。

三、积极开展主题精品创作

（一）“和平与梦想”港澳巡演

中国侨联主题晚会选用《和平与梦想》创作精华，到澳门、香港巡演，晚会于10月4日在央视国际频道全程录播。此外，《和平与梦想》主题歌舞诗还入选了华东地区抗战主题优秀剧目。

（二）《富春山居图随想》《王羲之》入选国家艺术基金资助项目

对《富春山居图随想》进行修改提高，并组织申报文化部国家艺术基金资助项目，入选国家艺术基金重大修改提高资助项目。全力创排中国首部书法题材舞剧《王羲之》，并在首演后数次邀请全国舞蹈界知名专家召开座谈会，征求修改提高的意见建议，最终入选2015国家艺术基金资助项目，为进一步修改赢得了资金支持。

四、推出深化改革新举措

（一）实施业务考核新举措，激发剧院整体活力

按照公平、公正、公开原则开展业务考核，考核成绩与演员绩效工资、职称评聘、上台机会等密切挂钩，促使演员竞争上岗、择优定岗，广泛调动了演员们的工作积极性，激发了剧院整体活力。是年，浙歌的业务考核有三大突出特点：一是民乐独奏采用拉幕考试方式，即评委和考试人员之间不见面，只根据声音对演奏员的业务水平进行评判，最大限度保证了考核的严肃性和公正性，深受演奏员欢迎。二是舞蹈团考核邀请舞迷观摩，强化基训艺术性，拉近了演员与观众的距离。三是声乐演员为钢琴伴奏员打分，加强提高了演员与钢琴伴奏员之间的默契度。

（二）狠抓制度建设，构建反腐框架

对照风险防控岗位进行监督检查，针对财务、人事、资产管理

方面进一步加强规范管理，进一步完善制度，进人、出人规范化操作，针对艺术创作及演出营销出台了《浙江歌舞剧院艺术创作费发放标准（试行）》《浙江歌舞剧院演出营销提成规定（试行）》等制度，基建工程、设备采购均成立专项小组，认真执行政府采购制度，同时注重落实并建立风险防控长效机制。

（三）首推开放式沙龙，推广高雅艺术

推出首个主题为《素写》的舞蹈开放日，以艺术沙龙的形式，让观众全面了解舞蹈演员台上台下的真实状态，在欣赏到舞台上多彩艺术的同时，通过与演员互动，更好地感受舞蹈，以此推动艺术普及。

（四）完成艺术培训学校改制，拓展艺术教育市场

按教育局整改要求，完成了学校举办者和负责人更换等相关事宜。推行艺术培训学校体制改革，以入股承包办学的方式进行操作。推出系列举措，拓展艺术教育市场，突出对外合作办学，利用品牌优势、师资优势，借助社会办学力量，互惠互利实现双赢，此外，还紧跟科技步伐，在尚课无忧App平台挂出推广课程和老师简历，并提供线上琴房租用等服务。

五、浙江音乐厅工作

积极开拓市场，狠抓服务质量，细化内部管理，经营工作取得了良好成绩，圆满完成浙歌的系列演出服务、浙江交响乐团驻场演出场地服务等各项任务。全年总用场时间为86天，平均4个工作日完成一个用场项目。

（戴　立）

浙江话剧团有限公司

【概况】　内设机构6个。2015年末从业人员73人，专业技术人员54人，其中具有高级技术职务资格的20人，中级19人。

2015年，浙江话剧团有限公司坚持贯彻落实党的十八大精神，根据省文化厅《舞台艺术精品创作生产规划五年行动计划》，全体演职人员齐心协力，砥砺奋进，在剧目创作、市场拓展、人才培养等方面扎实工作，取得了新突破、新成绩。全年创排8部新剧目，演出838场，演出收入1101.81万元。浙江在线演播室在第八届全国儿童剧优秀剧目展演期间邀请浙话相关人员录制人物访谈节目《文艺范》，和网友分享浙话在转企改制中的创新成功之举——把主旋律内容进行商业化操作与包装，纳入商业模式，从国内演到国外，主动出击激活了演出市场，培育了专业演出艺术人才，受到业界、观众的好评。中国话剧协会向全国文艺院团通报表彰浙话取得的成绩，中国文化报、浙江日报等主流媒体多次对浙话创作进行报道。《浙话转企改制实践样本》收入浙江省委宣传部“浙江文化改革发展100例”。

一、艺术创作喜获丰收

全年创作了《凤凰》、《第十二夜》、《花木兰》、《孔子》（儿童剧版）、《怜香伴》、《魔法城堡》、《安全第一课》、《荒城之月》等8部新作品，有24台剧目轮番上演，不断加工提高，用精品剧目开拓市场，取得可喜成绩。

（一）主抓现实题材作品，弘扬浙江精神

坚持以人民为中心的创作导向，结合剧团特点，在创作上突显“中国梦”“中华优秀传统文化”主题，弘扬爱国主义精神、时代精神，引导传播主流价值观。话剧《凤凰》是浙江省委宣传部、省文化厅重点打造的一台重大现实题材剧目，被列入省第十批文化精品扶持工程，入选国家艺术基金2015年资助项目。从创意到排演，该剧前后历时近两年，邀请总政话剧团创作团队参与创作，走遍全省各地，深入实地采风、体验生活，积累创作素材，几易其稿，8月26日正式建组开排，10月15日至16日在浙话艺术剧院首演，受到领导专家和观众的喜爱与好评。

（二）改编世界经典名著，莎翁喜剧《第十二夜》“点亮”第八届全国儿童剧优秀剧目展演

儿童剧《第十二夜》改编自莎士比亚经典名作，让青少年观众在潜移默化间感受经典作品魅力。5月底，《第十二夜》作为开幕大戏参加第八届全国儿童剧优秀剧目展演。该剧在改编以及舞台设计，特别是导演、作曲、表演、舞美设计、灯光设计、服装设计方面，达到了上层制作水准。8月，《第十二夜》还参加了第五届中国儿童戏剧节演出，获优秀展演剧目奖。

（三）排演话剧《孔子》，传承国学经典

响应中国话剧协会关于排演话剧《孔子》赴世界各孔子学院巡演的活动，作为试点单位，率先推出话剧《孔子》并成功上演。该剧除参加高雅艺术进校园演出活动

外，还于4月28日至5月2日应邀晋京参加中国原创话剧邀请展，在中国国家话剧院连演5场，观众反响热烈。5月12日至17日，又应邀赴德国栋茨多夫市参加第九届德国国际话剧节，与世界10余个国家的话剧表演团体进行交流，获最佳剧目奖，导演李伯男获最佳导演奖，孔子的扮演者魏鹏获最佳主演奖，青年孔子的扮演者余江浩、孔子学生子路的扮演者张艳获最佳表演奖。同时，还创作了儿童剧版《孔子》，于是年春节后完成合成彩排，四组演员兵分两路参加浙江省"雏鹰计划万里行"送戏演出活动，获得老师、学生的喜爱。浙话积极配合国家战略，传递汉文化，弘扬国学精神，取得显著成绩，获中国话剧协会通报表彰。

（四）创新儿童剧模式，《花木兰》传递正能量

在多媒体肢体儿童剧《花木兰》的创排中，浙话大胆起用年轻创作团队，剧组集合了浙话史上最年轻的主创团队，从编剧、导演到舞美设计、音效设计、灯光设计等，皆是"80后""90后"。导演郭洪波独具匠心地采用简单写意的道具，仅靠9个演员，演绎了一出金戈铁马的史诗剧。在表演形式方面，该剧巧妙融合了传统戏曲的武戏身段，同时与西方肢体剧表演相结合，通过肢体动作模拟和展现角色身份、情绪、舞台背景，推动剧情发展。这种中西文化相融的手法赋予了花木兰全新的时代内涵，创新演绎了一个不一样的木兰替父从军的感人故事。11月3日，进行了浙江省"新松计划"10周年展示专场演出。

（五）深入开展话剧新春演出季，创作推出浙派话剧"民国三部曲"

着手打造发挥浙话新势力演员优势、具有浙江风格的话剧，推出温婉、抒情的"民国三部曲"。话剧《怜香伴》特邀一代昆曲大师汪世瑜监制，在导演李伯男的大胆改编下，保留了昆曲精华，但将故事拆成了前世今生的三段式，分别发生在古代、民国和现代，连接了北京、上海与台北，讲述了剧中人辗转几世的凄美爱恋。7月，该剧在上海演出时邀请白玉兰奖评委观摩，11月20日还组织了专家研讨，进一步修改加工提高。推出话剧《荒城之月》《再见徽因》，其中《荒城之月》12月31日首演。

（六）不断加工提高，《谁主沉浮》参加中国泰州梅兰芳艺术节展演

10月3日至4日，政论体话剧《谁主沉浮》赴江苏泰州大剧院参加2015年中国泰州梅兰芳艺术节暨文化部推荐优秀剧目展演，连演两场，取得圆满成功。入选国家艺术基金2015年度立项资助项目名单，话剧《谁主沉浮》全国巡演，充分发挥国家舞台艺术精品应有的作用。此外，该剧还连续两次在中央电视台戏曲频道全剧播出，在全国范围产生了很大反响。

二、演出市场开拓创新

截止到年底，共演出838场（话剧90场，儿童剧743场），其中公益演出494场，全年演出收入1101.81万元（其中商业演出收入546.71万元，国家艺术基金收入225万元）。

（一）巩固杭州演出阵地，打造"看话剧到湖墅南路"品牌

以民国风为主题，打造具有浙江风格的系列作品，做大做强这一品牌。每月推出一部儿童剧、一部话剧演出，4月到8月，举办浙话优秀话剧展演活动，让浙话艺术剧院这一专业话剧、儿童剧演出市场持续升温。

（二）面向基层"走下去"

继续开展浙江省"雏鹰计划万里行""高雅艺术进校园"等惠民公益演出，为基层观众送去优秀的精神食粮，其中"雏鹰计划万里行"演出444场，"高雅艺术进校园"演出45场，送戏下乡5场。同时，尝试送戏进校园商演这一新的演出形式。新创儿童校园剧《安全第一课》实行目标责任制管理，送戏进杭州、金华、湖州等小学商演，受到学校师生欢迎，提高了演出的社会效益和经济效益，演出超百场。进一步将送戏进校园演出模式推广到上海，《琪琪的红舞鞋》《阿拉丁和神灯》两剧同时进入上海各中小学演出。全年送戏进校园商演63场。

（三）面向全国"走进去"

实施品牌战略，积极组织经典剧目走进全国中心城市，扩大浙江话剧在全国的影响力。话剧《怜香伴》参加深圳第二届城市戏剧节，《孔子》赴北京参加中国原创话剧邀请展，《谁主沉浮》到上海、江苏泰州梅兰芳戏剧节商演，《第十二夜》参加第五届中国儿童戏剧节成都分会场展演等，全年到全国各大城市演出30余场。

（四）面向国际"走出去"

《孔子》参加德国第九届国际话剧节，其独特的表现形式、独有的中国元素、如梦如幻的中国水

墨画背景，给各国艺术家留下了深刻印象，通过戏剧表演与世界各国的同行交流、切磋，以写意的表演展示了中国传统文化。研讨会上李伯男导演介绍了孔子在中国人心目中的地位以及创作《孔子》的初衷，土耳其艺术家们还在研讨会现场表演了他们理解的中国古代圣人孔子。组织人员赴罗马尼亚参加第四届国际“剧场、街道和儿童”艺术节活动，观摩精彩儿童剧，参加阿西特基“东欧8国+其他地区”国际会议，主办方还特意安排了中国儿童戏剧推广日，浙江儿艺代表介绍的中国儿童戏剧，引起了各国的关注。

三、成功承办第八届全国儿童剧优秀剧目展演

由文化部艺术司、浙江省文化厅主办，浙江话剧团有限公司执行承办的第八届全国儿童剧优秀剧目展演，于5月28日至6月10日在杭州举办。策划、组织、落实等各个环节中，全团演职员通力合作，合理安排，互相补台，确保了25个剧团接待、29场演出、3万多小观众组织工作的顺利进行，平均上座率达到80%以上。此外，圆满完成专家一剧一评的点评会以及6月10日召开的儿童戏剧创作专题研讨会、开闭幕式活动，受到领导、专家、同行的一致好评。

展演活动期间，由浙江省文化厅主办，浙江话剧团有限公司与青年时报、都市快报联合承办的“我与儿童剧”征文比赛在全市中小学生中举行。征文以“我与儿童剧”“我喜欢的儿童剧”为主题，截止到6月15日共收到100多篇文章，征文获奖作品在《青年时报》《小记者》等杂志中发表，获奖者得到儿童剧演出票作为奖励。6月9日，组委会还组织参演剧团走进杭州市紫荆花学校，为孩子们免费公益演出，通过“儿童剧送戏进校园”活动，为特殊儿童群体送去欢乐。

四、国家艺术基金申报实现重要突破

话剧《凤凰》《谁主沉浮》成功入选国家艺术基金2015年度资助项目，受助资金总额500万元，为浙江省院团最高。浙话总经理还作为唯一的立项资助单位代表在华东、华北地区国家艺术基金2015年度立项资助项目主体颁证仪式上发言。国家艺术基金的成功立项，为新剧目的创作、投入运营、精品剧目全国巡演奠定了良好基础，坚定了剧团信心。

五、继续加强内部管理

浙话根据“稳步实施，分段进行，整体推进，重点突破”的工作思路，按照现代企业制度要求，不断建立健全各项规章制度，深化内部机制改革，使剧团逐渐步入了良性发展轨道。坚持实施全员劳动合同制、岗位目标管理责任制、成本核算制度、绩效考核以及多元化分配制度，进一步调动演职员积极性和主动性。在剧目创排中，大胆起用年轻创作团队，为年轻的编、导、演、舞美主创提供实践创作平台，以创代练、以演代练，培养人才。年初，邀请中央戏剧学院、兰州话剧团3位专家对全团演员进行年度考核，现场亮分，淘汰了成绩排在末尾的4人。通过末位淘汰考核，变“要我练”为“我要练”。招考演职人员严格按照招聘政策、人事纪律、招聘程序执行，确保选人用人公平公正。建立演出协调会制度，加强沟通，凝聚团队力量。团务公开制度、职工大会制度、领导班子议事规则等规章制度进一步健全完善。团支部连续四年被评为省级文化系统优秀团总支，党支部被评为省级文化系统四星级（90—94分）党支部。政务信息工作、综合治理工作连续6年被省文化厅评为优秀单位。

（胡海芬）

浙江曲艺杂技总团有限公司

【概况】 内设机构7个。2015年末在职演职员110人，其中具有高级技术职务资格的22人，中级27人。

2015年，浙江曲艺杂技总团有限公司以习近平总书记在全国文艺工作座谈会上的重要讲话精神和省文化厅加快推进“文化强省”建设进程的重要思想为指引，认真学习贯彻党的十八届五中全会精神，着力创作演出精品力作、积极参加（或承办）全国和全省艺术大赛、展演活动及重要的外事文化交流活动，努力完成厅下达的各项工作任务，在内部管理中突出抓谋划、抓演出、抓生产，切实提高了演职人员的收入，全面保障了离退休老同志的各项事业待遇，各项文化改革工作迈上新台阶。全年共完成演出2131场次，演出收入546万元。

一、紧抓精品创作，加强舞台艺术生产

精品创作成绩显著，荣获多个奖项。6月，在第五届浙江省曲艺新作会演中，傅克非获表演金奖，陈焯燮获表演银奖，张馨元获表演铜奖，贾冰创作的小品《画梦》荣获创作金奖和优秀节目奖。9月13至16日，参加第五届浙江省曲艺杂技魔术节，数来宝《数美浙江》、杂技《文明记忆·高台造型》《墙门记忆·蹦床》《女儿红·转毯》、中篇弹词《胡雪岩传奇》荣获优秀作品奖，小品《颁奖大会》、杂技《皮影·双人弹碗》《蚕桑曲·晃圈》荣获作品奖，5个杂技节目荣获创作单项奖，7人荣获表演金奖，8人荣获表演银奖，10人荣获表演铜奖。9月29日，评弹选回《青春之歌——决裂》参加"'非遗薪传'——浙江曲艺展演展评"活动，荣获展演银奖。11月，传承演出的长篇弹词《双珠凤》在第六届中国苏州评弹艺术节上获荣誉证书，创作演出的中篇弹词《胡雪岩传奇》在第六届中国苏州评弹艺术节上获荣誉证书。

（一）积极参加浙江省第五届曲艺杂技魔术节

选送是年新创排的作品杂技《文明记忆·高台造型》《墙门记忆·蹦床》《皮影·双人弹碗》《蚕桑曲·晃圈》《女儿红·转毯》、魔术《天羽·魔术》、曲艺《颁奖大会》《阳光拆迁》《数美浙江》《我要找到你》、中篇弹词《胡雪岩传奇》参赛。在积极准备参赛的同时，还担负起承办活动的重任，从1月开始讨论赛制安排，酝酿评奖办法，5月启动初赛，9月进入决赛，整项工作全面铺开，组织得力，圆满完成承办工作。

（二）成功申报国家艺术基金杂技、曲艺两个门类重点资助项目

积极申报国家艺术基金项目，力推新人新作，重点放在有特色、急缺、紧缺的项目上，杂技《禅武·头项技巧》入选国家艺术基金小型项目重点资助项目，列杂技类排名第一；评弹中篇《胡雪岩传奇》入选国家艺术基金小型项目重点资助项目，曲艺类排名第一，突显了浙曲杂在精品剧目创作上的高层次、灵活性、多样化特点。

（三）积极参加第六届中国苏州评弹艺术节

中篇弹词《胡雪岩传奇》打破原来的创作模式，历经连续三年的创排期，2013年筹备、2014年重点排演、2015年成功参加比赛。

（四）持续开展多项"文艺下基层"公益慰问演出和文化惠民活动

参加"到人民中去"浙江省文联文艺志愿服务演出。参加省直机关工委、省文化厅"送戏下基层丽水缙云县的大援乡"活动。参加省委宣传部、省文化厅主办的2015"我们的中国梦——文化进万家"安吉县上墅乡专场演出活动。与浙江省老年大学合作，承办女领导干部健身队成立20周年联欢会演出。承办杭州市公安消防局"向人们报告"暨119消防文艺下基层演出活动。参加台州市路桥区文化广电新闻出版局主办的2015路桥区文化惠民演出"曲艺专场·欢歌笑语"巡演。为长兴县创作了一台反腐倡廉的大戏《我们共同宣誓过》，首演后在省内各地市县巡演。是年，共开展"文化下乡""文艺进社区""119消防文艺下基层演出"等演出265场次。积极参加了在海宁南关厢、平湖新仓镇、杭州采荷街道、江山清湖镇等地的文艺志愿服务系列演出活动。1人被浙江省文学艺术联合会授予"文化志愿者之星"称号。

二、加强业务建设，拓展演出市场

积极接洽和承办各类演出活动，努力开拓市场。积极参加全国和省的各项艺术活动。1月，参加浙江省各界人士2015新年晚会演出、参加省直机关工委迎新演出；2月，策划、创作并承办了2015"城投之夜"嘉善春节文艺晚会演出；3月，参加2015省文化厅省属院团"新年演出季"演出；4月，承办"2015全国首届杂技精品展演"，完成省文化厅重要接待任务，表演杂技、魔术、评弹开篇，江泽民夫人观看了演出；5月，参加二省一市评弹工作领导小组会议；6月，参加雏鹰计划演出；7月，参加省第五届曲艺杂技魔术节参赛节目初审会、第七届中部六省曲艺大赛评审会；8月，展开夏季集训学习及业务考核工作，参加省曲艺家协会第八次会员代表大会；9月，承办"铭记历史载梦而行"海宁市纪念抗战胜利70周年文艺晚会演出，参加省杂技家协会第三次会员代表大会，举办省文化厅"新松计划"张凌平、唐蔚羽评弹汇报演出专场，参加第五届省曲艺杂技魔术节比赛、"'非遗薪传'——浙江曲艺展演展评"活动，承办宁波市"天然舞台"文化惠民演出；10月，参加省级文化系统"坚定清醒，勇于担当"主题微型党课比赛演讲活动、驻场演出；11月，参加2015第十七届西博会闭幕式总结颁奖晚会演出、中国杂技家协会第七次全国代表大会，承办杭州市公安消防局"向人们报告"暨119消防文

艺下基层演出；12 月，参加CCTV“我爱满堂彩”栏目节目录制工作、第三届全国相声小品优秀节目展演相声小品专场演出、浙江省文学艺术联合会第八次代表大会等各项活动。

此外，还积极开拓市场，试水商业性驻场演出，进驻新开业的安吉凯蒂猫家园小剧场；大力开展商演活动，参加了第 28 届丹阳市迎春文艺晚会，承办了“警歌嘹亮”浙江省公安机关“爱民模范”“温暖警营”“最美警察”颁奖典礼演出等。

三、积极响应，多方开展对外文化交流活动

2014 年 12 月 3 日至 1 月 10 日，受中国对外文化集团公司委派，荷兰星辰马戏公司德国分公司邀请，杂技《禅武——头顶技巧》节目组赴德国参加斯图加特世界圣诞马戏节演出。1 月 31 日至 2 月 6 日，应摩洛哥文化部邀请，由省文化厅组团，杂技节目《绳技》《晃圈》《弹碗》和魔术《飞桌》参加赴摩洛哥新春慰问演出。6 月 21 日至 22 日，受浙江省委、省政府委派，浙江省文化厅组团赴香港参加“香港浙江省同乡会联合会庆祝香港回归祖国 18 周年暨第九届理事会就职典礼”演出。9 月 12 日至 27 日，受国务院侨务办公室委派，魔术节目赴德国、比利时、瑞典 3 国参加“文化中国”艺术团慰侨演出。10 月 14 日至 20 日，受中国驻南非总领事馆邀请，杂技节目《地圈》《弹碗》《滚杯》《魔术》随浙江省艺术团参加“2015 南非·浙江文化节”演出。11 月 6 至 13 日，应法国电视台 2 台邀请，魔术节目《牌影》赴法国巴黎参加录制演出。

四、优化结构，加强人才队伍建设

（一）积极培养各类专业技术人才和管理人才，优化队伍结构

浙江省杂技家协会、浙江省曲艺家协会换届改选，浙曲杂吴杭平被选为新一届浙江省杂技家协会主席，陆丹、陈平当选为副主席，朱德平当选为主席团委员。贾冰被被选为新一届浙江省曲艺家协会副主席，颜丽花当选为浙江省曲艺家协会主席团委员。

浙曲杂领导班子结构进一步完善，陆丹被任命为中共浙江曲艺杂技总团有限公司支部副书记。在浙江省文学艺术联合会第八次代表大会上，吴杭平被推举为大会主席团成员，吴杭平、陆丹当选为浙江省文联委员。在首届浙江杂技奖评选活动中，荣获 4 个浙江杂技奖。

贾冰入选首批全国“牡丹绽放——曲艺英才培育行动”培育对象，是浙江省唯一入选人员。此外，贾冰还参加了纪念习总书记在文艺座谈会上讲话一周年“牡丹朵朵献人民”、第三届全国相声小品优秀节目展演等全国性重大曲艺演出。

积极培养杂技小学员，从安徽、江苏、温州等地招收了 5 名学员，让杂技学员“当年入学、当年出成果”，参加了浙江省第五届曲杂节比赛，成效显著。此外，还奔赴广西、河北、沈阳等多地，预约 2016 年毕业生的用人关系。

（二）努力改善演职人员的工作条件，提升演员队伍素质

改善杂技团影业路排练厅各项设施，启动练功房排练厅的装修改建工程并完工。努力改善练功房条件，为演员提供优质的工作环境。组织创作人员深入基层进行文化采风，体验生活，在丽水等地寻找民风民俗的创作灵感。积极与苏州评弹学校接洽招生，落实传承老师，培养艺术人才，举办评弹演员张凌平、唐蔚羽个人“新松计划”专场演出和曲艺专场演出。

（三）加强业务考核工作，完善演员薪酬待遇管理办法

一年两次集中学习，每次不少于一周。安排演员时政、综合和业务知识学习，注重提高演员的艺术水平和综合素质，对不同的演员类别设置不同的考核项目，杂技团进行基本功和完整节目类业务考核，曲艺团进行综合素质考核，评弹团进行新剧目排练和演出绩效考核。

（杨　惟）

浙江新远文化产业集团有限公司

【概况】 内设机构 5 个。2015 年末在职员工 47 人（含文化大厦、招待所），其中具有高级技术职务资格的 1 人，中级 13 人。

2015 年，浙江新远文化产业集团有限公司围绕强主业、深改革、创效益的中心任务，发掘自身优势，整合社会资源，拓展业务平台，提升营运效能，全年实现主营业务收入 26559.30 万元，与去年相比增幅 17.85%，实现净利润 2988.22 万元，超额完成年度考核目标的 96.59%。

一、全心投入，积极扩展主业优势

（一）电影产业

依靠品质经营、统一管理和

标准输出，按照经营、建设、储备的渐进式发展模式，各家影院年度经营收入总额破亿元大关。主营2家影院全年合计放映影片4.15万场，接待观众165.41万人次，票房达8283.26万元。同时，集团倾力打造新远新天地影城项目，并成功中标滨江世贸·乐缤纷影院项目。

（二）演艺产业

集团所属演艺单位进一步提升公共形象和营销效益，切实担负起舞台艺术的推广、制作和传承职能，2家剧院全年举办和承接演出277场，积极发挥和更新会员卡、戏迷卡服务功能。杭州剧院先后参与出品《十年》和《阿诗玛》两部新音乐剧，为演艺市场再添精品。省演出公司邀请近40个境外项目在全省范围内演出60场，为优质演出引进推出和演艺市场繁荣兴盛做出贡献。

（三）文化科技

浙江文艺音像出版社专注主营出版业务，发挥数字发行竞争力，全年完成出版品种32个，发行数量12.55万张。省舞台设计研究院以“转型”为目标，一方面切实服务各项场馆工程项目采购、设计和建设，另一方面大力创新，充分发挥科研及资源优势打造“滨江产业基地实验室”。

二、顺势而为，稳步推进项目创新

浙江文交所一手抓内部机制调整，一手加强与业界优秀企业的对接合作，拓展新型平台建设，初步确定影视、珠宝、邮币卡和非遗四大交易业务版块。浙江天合文化发展公司积极开展“互联网＋”电子商务的市场调研和试点，推动KTV优化服务云平台系统建设。

同时，集团经浙江产交所公开招标流程，将西湖文化广场中心大剧院租与杭州金海岸演艺有限公司，欲联手合作，为我省演艺市场打造一台新型高品质演出剧目。此外，集团于4月作为独立参展单位亮相第十届义乌文交会，以高人气、优展品和好口碑，获得“最佳参展企业（单位）金奖”荣誉。

三、务实担当，深化企业管理改革

着力健全管理制度，修订相关议事制度，印发了固定资产、投资管理、“三公”经费及重大事项请示报告等一系列管理制度。

与此同时，集团进一步推进民主管理和科学决策，一方面成立工程建设领导小组，一方面进一步加强对所属经营单位的督查考核。针对实际面临的经营管理问题，坚持开展分类指导，进一步推进和深化企业改革，对相关单位做出机构改组、人员调整、平稳过渡等处理。

四、不畏困局，尽力化解顽疾时艰

解决历史遗留问题方面，集团会同相关单位，协调人事、财务、办公室等部门，在深入调查摸底和反复测算核对的基础上，对退休人员合理的补贴需求提出发放方案。

应对房屋租赁问题方面，集团通过反复谈判、协商，借助并依靠法律手段，按照规定的操作流程，对招待所、幻灯厂、西广C区等房屋的租赁乱象予以清理和整顿，为后续经营和发展奠定基础。

五、有机协作，丰富企业文化内涵

加强组织建设和人才队伍培养。选派干部参加集中轮训，推荐优秀青年参加干部培训，组织发展对象、新党员和支部书记参加专项培训，发展新党员4名。

提升企业服务形象和团队凝聚。以规范化建设为目标，积极提升和改进窗口单位的经营环境和服务手段，同时，充分发挥群团组织的作用和优势，不断密切干群和群团联系，持续优化企业和谐发展氛围。

（李　　琤）

【杭州剧院】 内设机构4个。实有在编人员20人。全年实现总收入3324万元，其中主营业务收入1396万元。

2015年，杭州剧院演出、会议、电影总用场211天，接待观众20余万人次。全年未发生安全责任事故或案件。一是深化制度建设，强化内部管理。根据剧院发展需要，新修订《杭州剧院全员聘用制实施方案》及系列聘用制度、《职工考核奖惩办法》、《杭州剧院内部分配暂行办法》；制定和完善《杭州剧院场地租用收费标准》《杭州剧院演出剧目采购审定细则》《杭州剧院差旅费管理办法》等内部管理制度；加强社会治安综合治理工作，完成年度职工消防安全知识培训工作，剧院消防设施设备检修、更换工作，每月、每季度及重大节日的消防安全检查工作，为剧院发展提供安全保障；完成舞台机械、音响灯光设备采购，大厅、屋面、舞台维修翻新等工程的招标和改造。进一步加强细节管理，提升内部管理水平。获评省文化厅政务信息“优秀直报点”称号和浙江新远文化产业集团“2015年度综合治理先进单位”奖。二是引进高水平演出，各项业务稳步发展。完成主办演出61个剧目、72场，合作演出17个剧目、22场，外出巡演13场。通过与杭州图书馆和浙江传媒大学合作举办“安宁钢琴大师班”、与电台合作推出安宁访谈节目等活动，成功宣传、推广和运作“安宁钢琴演奏会”，取得良好票房收益；举办“杭州剧院话剧节”，运作《康有为和梁启超》《他和他的一儿一女》《一诺千金》《甄嬛》4个项目；与浙江小百花越剧团合作小百花院庆30周年收官演出，运作《梁祝》《江南好人》《五女拜寿》3个项目，获得较好票房；举办首届原创音乐剧展演，上演《简·爱》《十年》《阿诗玛》等优秀音乐剧剧目，社会反响较好；运作国家京剧院《红灯记》等经典京剧剧目，获得戏迷观众追捧；引进获得国家艺术基金扶持的广东大型舞剧《沙湾往事》、山西民族歌剧《太行奶娘》，以及获得中国歌剧节优秀剧目二等奖的四川歌舞剧《彝红》、广西壮族岩画音乐舞蹈诗剧《花山》等大型优秀原创获奖精品剧目，丰富杭城艺术舞台，深受会员欢迎；值延安首演70周年之际，新版歌剧《白毛女》隆重献演剧院，一票难求。此外，还举办了一系列大型音乐会，如法国巴黎爱乐乐团、纪念帕瓦罗蒂诞辰80周年音乐会、美国南芝加哥交响音乐会等。荣获“中国演出行业诚信营业单位”。新办文化卡229张，续卡436张，合计收入108.35万元。年底文化卡持有量990张，会员合计领票40875张。积极拓展文化卡增值服务，已签约14家文化卡优惠商家。继续原创音乐剧品牌建设，谋求行业发展新模式。联合创排音乐剧《十年》和国家艺术基金资助项目音乐剧《阿诗玛》，分别于3月和9月在杭州剧院首演后展开全国巡演。音乐剧《简·爱》获评“2015中国演出市场最具影响力演出”。荣获中国音乐剧协会颁发的“中国音乐剧发展贡献奖”。三是构建和谐内部环境，增强剧院职工凝聚力。院党支部积极开展“三严三实”专题教育学习等活动，引领广大职工身体力行社会主义核心价值观。院工会“三八”妇女节组织在职及离退休女职工共同活动，增进团结；年末走访70岁以上离退休老同志；第一时间前往医院看望慰问生病住院的职工，为剧院和谐、稳定发展提供有力保障。院团支部以省级“青年文明号”创建工作为核心，开展形式多样的团日活动，增强团队凝聚力和活跃度。

（骆夷婷）

【浙江胜利剧院】 内设机构3个。2015年末，实有在编人员17人（核定编制19人），其中具有高级技术职务资格的2人，中级6人。

2015年，浙江胜利剧院实现总收入1256.19万元，资产负债率19.04%。全年演出121场次，观众8万人次；放映电影4604场次。一是开展“金舞台”项目5周年庆祝活动。制作了2000册周末戏剧金舞台五周年庆宣传册，汇报“金舞台”五年以来取得的成绩，进一步提高了剧院演出品牌影响力。对剧院戏迷卡进行更新升级，升级后的会员卡可以充值、刷卡消费，会员资料更完善，有利于维护戏迷会员。邀请省内外优秀专业院团到剧院演出，邀请戏迷剧社、民间剧团参加演出，为演员相互观摩、提高演出水平提供了平台。“周末戏剧金舞台”和“小伢儿金舞台”项目演出79场，观众平均上座率七成以上。二是电影小厅经营有新成效。通过百度糯米、美团、猫眼、格瓦拉等网络渠道，为观众提供团购、票价查询、在线选座购票服务，截至12月底放映电影4604场次，观众52868人次，电影票房收入187.7万元，剔除应缴专资及院线片款，扣除税金后，纯收入89.56万元。三是完成其他各项演出工作。全年接待新年演出季5场。5月底至6月初，成功接待第八届全国儿童剧优秀剧目展演7场。2月、11月，接待浙江曲杂团驻场演出30场。四是认真抓好日常管理工作。完善制度建设。结合剧院工作实际，不断完善剧院各项规章制度如《票房现金存款管理》等。加强内部考核管理。年初，与办公室、业务部签订《工作目标管理责任书》，视工作完成情况在年底予以奖惩，有效调动了职工的积极性和创造性。坚持每月召开监审委会议，全年表扬20人次，批评及警告11人次，扣罚绩效工资1人次。通过监审委这一载体，倾听职工意见建议，保证剧院领导班子正确决定的贯彻落实，有利于整体工作的稳定开展。高度重视社会治安综合治理工作。年初与各部门负责人及租赁单位签订综治工作目标责任书，明确责任目标内容和工作要求。全年未发生安全责任事故。做好多种经营管理工作。顺利完成承租单位的更换，保证了剧院多种经营收入。

（傅备文）

【浙江舞台设计研究院有限公司】 内设机构9个。2015年末在职人员103人，其中具有高级技术职务资格的10人，中级11人。

2015年，浙江舞台设计研究院有限公司以企业转型为主要目标，深化体制改革，强化管理，不断创新研发新技术，积极拓展对外业务，各项工作取得新进展。一是积极开展各项业务工作。积极扩大对大、中型剧场工程项目的营销力度，开拓剧场技术管理、剧场工程监理、剧场工程验收等新业务，在剧场工艺设计方面有了新的技术突破。在工程项目方面承接完成了宿豫文化公园舞台系统工程项目，创院舞台单项工程合同额之最。完成山西朔州平鲁区敬德大剧院舞台设备安装工程，充分运用低碳环保理念，采用节能减排的荧光灯、LED灯，变电所低压集中补偿和智能照明控制。完成青田县文化会展中心舞台机械、舞台灯光工程，永康市广播电视台舞台机械控制系统采购项目，浙江财经学院东方学院舞台设备采购安装工程等一系列国内一流的舞台技术工程。承接了云南大学工程安装施工项目，河北省艺术中心场馆设施设备修缮项目大剧院舞台机械设备采购及安装工程，中信银行杭州分行升降灯系统工程供货安装项目等。继续发挥技术优势，突显设计强劲实力，先后承接了河曲县多功能影剧院舞台机械、灯光、音响工程建设设计与监理的项目，东北石油大学艺术学院教学楼工程小剧场项目，淳安千岛湖国际会议中心舞台机械、灯光、音响工程建设等设计、监理项目。二是科技创新出成果。合理利用现有场地作为艺术表演、艺术教育等形式的新尝试，发挥平台优势，将艺术与科技进行有机结合，与数家上市公司进行充分的交流沟通，寻求合作机会。深入调研《艺术科技》杂志编辑工作，邀请文化事业品牌企业到院调研，初步达成合作意向。滨江产业基地实验室建设通过省科技厅验收。新增舞台工程检测中心，主要针对已完成或即将完成的场馆机械、灯光、音响、LED大屏进行技术指标检测。该项目已经在省科技厅立项。三是重视团队建设及专业项目培训。积极发挥党工团作用，促进公司业务全面发展，在认真组织学习各项政策法规的基础上，开展特色实践活动，做到围绕中心、服务大局，真正了解职工群众的心声，全面实现公司经营任务。成立专业培训基地，全面实施职工培训。特聘专家顾问团、专家等，通过理论实际相结合，讲授解答疑难问题，分享经验，使职工的技能明显提高，态度明显改善，进一步提升了企业竞争力，增强了企业凝聚力。

（徐　琳）

【浙江文化艺术品交易所股份有限公司】 内设机构6个。2015年末在职人员14人。

2015年是浙江文化艺术品交易所股份有限公司新领导班子上任的第一年，各项工作稳步开展。一是厘清战略定位和发展思路。年初，浙江文交所领导班子先后走访南京、江苏、南方、深圳、新华大宗和华东林权等交易所参观学习，了解优秀兄弟单位的经营情况，为厘清思路奠定基础。针对交易所“文化＋金融”的属性特征，明确了通过对文化产业证券化，构建文化产业投融资平台的战略定位以及与文化、金融领域规模实力强大的优秀企业合作开发和运营交易平台的发展思路。二是加强团队建设和内部建章立制。对原有制度进行系统性整理修改，立足交易业务，针对交易活跃、风险控制和资源整合等问题，制定一系列交易规则。拟定了影视、珠宝和邮币卡交易规则。建立和完善基于交易特有运行模式的风险管理制度及风险监控技术。以《浙江文交所会员管理办法》《浙江文交所合规管理办法》为准则，建立健全各运营平台风险保证金、涨跌幅度、熔断机制、限时限仓、大户报告和风险警示等一系列制度。通过对行业以及市场深入了解，针对业务规律，确定了交易、风险控制、软硬件技术管理和市场营销的业务组织架构以及人力资源管理、行政和财务的内部管理架构。同时，引进金融、市场和技术管理人才，为下一步开展业务奠定基础。三是初步确定影视、非遗、珠宝和邮币卡四大业务版块。确定影视、珠宝、邮币卡和非遗为开展业务初期的四大业务板块，并明确金诚集团、浙江文交文化艺术有限公司和天津宏通商品经纪有限公司三家业内资深企业为一级交易会员和合作伙伴，分别协助浙江文交所开展影视、珠宝和邮币卡交易业务。四是建立战略合作，实现资源共享。与平安银行杭州分行签署战略合作协议。双方在互利互惠基础上，共享各自拥有的客户资源，共同进行联动营销和市场开发。与中国国家博物馆在限量艺术复制品、现代艺术品再创作、艺术家公盘和艺术品版权交易等方面达成合作共识，合作构建国家博物院藏品证券化生态链，实现双方互惠共赢。与交易软件开发商合作，利用其先进的软件开发技术和投资者资源，共同开发文化产业证券化市场。

（潘颖颖）

【浙江文艺音像出版社有限公司】 内设机构3个。2015年末在职人员14人，其中具有高级技术职务资格的2人，中级职称7人，持有新闻出版广电总局统一颁发的编辑《职业资格证书》的5人。

浙江文艺音像出版社有限公司拥有国际领先的数码音视频制作设备——EDIUS高清数字非线编辑系统。在坚持做好传统出版的同时，正努力向网络、数字出版转型升级。一是始终坚持正确的出版导向。将社会效益放在首位，实现社会效益与经济效益的统一。是年，共申报音像电子选题79个，音像类71个、电子类8个。"'传世盛秀'百折昆曲中英文出版工程"项目入选国家新闻出版广电总局、全国老龄工作委员会办公室向全国老年人推荐的优秀出版物目录；出版的《大美西藏》CD荣获第24届浙江树人出版奖；《张自忠将军》DVD入选2015年国家新闻出版广电总局第三届向全国青少年推荐百种优秀音像电子出版物目录；《少年师爷》(第三季)DVD荣获第五届中华优秀出版物奖；《开创——邓小平与中国特色社会主义》CD-ROM荣获第五届中华优秀出版物奖。二是加强和完善出版管理工作。严格执行国家有关出版管理的法律法规和各项规章制度，坚持"两为"方向，坚持以马列主义、毛泽东思想、邓小平理论、"三个代表"重要思想及科学发展观为指导，深入学习贯彻习近平总书记系列重要讲话精神，牢牢把握正确出版导向。坚持选题论证、"三审三校"责任制度，严格把握政治性和政策性问题，提高了节目的科学性、艺术性和知识性，在坚持社会效益的前提下，确保选题结构合理、具有可行性和创新性，又有一定的经济效益。努力提高节目制作质量，保证出版导向不出偏差，将弘扬主旋律和发展传统文化相结合。树立品牌意识，开拓产品发行渠道，提高市场占有率，增加发行收入，改变出版社形象。坚持发展传统出版业与新媒体的融合，多做原创节目，开拓合作出版业务，全方位为客户提供出版服务，增加出版业的附加值。加强编辑人员力量，提高编辑人员的业务素质，鼓励编辑人员参加学术交流活动与各种编辑业务培训。对编辑、发行人员和行政人员均实行年度业务考核制度。对年度考核优秀者，进行奖励；对年度考核不合格者，实行下岗或换岗。坚持传统出版仍然是出版社生存基础的理念。将传统出版做强做大，做到了独树一帜。享有大量的传统文化节目资源，在戏曲出版上，内容涵盖了浙江地区所有的戏剧剧种和非遗文化作品，继承和发扬了传统文化。加快传统出版的转型和产品结构的调整。根据数字出版发展方向，加强网站功能开发，给用户更多样的体验和个性服务。以网络出版和电子商务为重点，开拓电子出版、网络出版、电商、电子版权贸易等经营新模式。

（赵益凤）

【杭州电影拍摄基地】 内设机构4个。2015年末实有在编人员20名(核定编制27名)，其中具有中级技术职务资格的3人。

2015年，杭州电影拍摄基地提出了完善经营机制、巩固基本收入、加强内部管理、降低管理成本、提高工作效率、保障职工收入等六大措施，基本完成经济效益和安全经营两个重点工作目标。一是推进招商工作。进一步调整部分租赁单位，至12月，合同签订总面积7848平方米，租赁时间为3—6年。实现营业收入增长82%，是近20年来增长幅度最大的一年；房屋租金收取率达100%。二是加快基础设施改造。6月全部完成消防设施、安全用电、通信系统改造和园区环境基础设施改造工程。三是与华川专修学院的租赁纠纷诉讼胜诉。2014年10月23日，西湖区人民法院就电影基地与华川专修学院的租赁纠纷一审判决电影基地胜诉。之后，华川专修学院提起上诉。5月19日，杭州市人民法院终审判决电影基地胜诉。四是改进经营管理工作。增设客户专管维护人员，确立信息反馈机制，畅通沟通渠道，及时解决问题。加强园区管理，制定园区环境卫生、设备维修等日常维护工作流程，督促流程执行与台账记录。严格执行车辆管理制度，执行情况纳入相关部门职工绩效工资考核指标。确保安全经营，与租赁户签订安全责任协议，督促各租赁户做好各自内部安全管理；定期召开社区警察与租赁户会议，加强安全防范意识。社会治安综合治理达标,全年无重大安全责任事故发生。五是加强内部管理。落实民主制度管理,制定《领导班子议事规则及责任分工制度》。贯彻执行符合工作业态的奖励性绩效工资分配方案,进一步完善《劳动纪律和假期待遇的规定》《加强安保力量的规定》制度。加强内控机制建设,进一步落实资产管理、维修改造资金管理等财务管理制度,完善材料采购、消耗和领用操作流程。完成档案审核工作。

(陈　靓)

【浙江省演出有限公司】 内设机构3个。2015年末人员7人,其中具有高级技术职务资格的1人,中级1人。

2015年,浙江省演出有限公司继续坚持走品牌化、精品化路线,对演出项目精挑细选,在项目运营上基本能保持收支平衡,略有盈余。是年,公司主要运作了下述重点活动:

5月30日到5月31日,和动听968音乐调频共同主办了西湖音乐节,吸引了广大音乐爱好者,反响良好。

6月20日到8月21日,组织了儿童剧《爱探险的朵拉》杭州、宁波、北京、上海等地的巡演,取得了较好的社会效益,为2016年朵拉巡演的继续推广奠定了基础。

10月24日,和动听968音乐调频等共同主办了苏打绿杭州演唱会,取得圆满成功。

12月24日、26日,和《都市快报》、"动听968"共同主办的小野丽莎杭州演唱会取得圆满成功,演出票售罄。

12月27日,公司独家主办的德国柏林交响乐团新年音乐会上座率达到95%,成为年上座率最高的新年音乐会之一。

在日常经营中,继续加大客户服务力度,完善各项服务平台。注重团队建设,严格要求员工工作作风,打造高效、团结、刻苦、诚信的运营团队。

(尤兴华)

市、县(市、区)文化工作

ZHEJIANG CULTURE YEARBOOK

杭州市文化广电新闻出版局(版权局)

【概况】 内设职能处室14个,直属单位8个。2015年末人员461人(其中:机关75人,事业386人;具有高级技术职务资格的91人,中级154人)。

一、文化创新创优成果丰硕

实施推进"数字图书资源覆盖中小学校"项目,免费为城乡师生提供阅读、教辅等数字文献信息资源,已成功覆盖774所城乡中小学校,点击量超过100万人次。在全市101个文化特色社区开展"我送你秀"百家社区文化行活动,开展送图书、演出、电影、文化器材、综合服务以及文化展演等系列活动1.3万场次,组织开展市民"秀"文化活动230场次。杭州图书馆实现与全球49个国家和地区1万余家图书馆间的馆际互借和文献传递业务,成为我国第三个实现全球馆际互借的公共图书馆;新建科技、运动、电影3家主题分馆,形成总量达10家的公共图书馆主题分馆集群;全市公共图书馆全年服务市民1558.2万人次,在历史最佳基础上增长10%。实施"在杭高校文化站"工程,已建高校文化站21家,下沙高校文化站覆盖率100%。

二、公共文化服务标准化、均等化扎实推进

贯彻落实国家和浙江省关于加快构建现代公共文化服务体系的相关意见,制定实施杭州市《关于加快构建现代公共文化服务体系的实施意见》和《杭州市基本公共文化服务标准(2016—2020)》。拱墅区发布国内首个针对文化志愿者管理的区级地方性规范,萧山区发布国内首个镇级公共文化服务评估标准,下城区发布国内首个社区文化动态评估、公共文化服务第三方评价和需求征集规范,初步建成具有杭州特点、全国领先的"1+X"现代公共文化服务标准化体系。牵头成立由26个部门参与的杭州市公共文化服务体系建设协调组。接受市人大常委会对城乡公共文化服务体系建设的专项评议。出台《杭州市基本公共文化服务专项资金管理办法》,试点"网络文化进社区"项目。完成"文化两中心"装饰装修工程项目二次立项和设计招标工作。创建市级乡镇(街道)示范综合文化站20个,新建乡镇(街道)图书分馆21个,公共电子阅览室43个。全年累计送戏下乡7000余场,送书下乡95万余册,开展文化走亲605场次,188.6万人次受惠。

三、精品创作能力得到提升

1部地方戏剧本入选国家"中华优秀传统艺术传承发展计划",3个项目获国家艺术基金资助。杭州艺校原创音乐剧《灰姑娘的梦》入选第8届全国儿童剧展演,是参演剧目中唯一一部由中职学校创排的剧目。婺剧《畲女凤凰》入选2015年度浙江省文化精品工程扶持项目并首演成功。有34件作品在浙江省曲艺展演展评等系列活动中获奖,占全省获奖总数的26.5%。涌现出《春江花月夜》《孝子周雄》等具有地方特色的原创作品。举办纪念抗战胜利70周年美术书法作品展和全市合唱展演活动。

四、主题节庆活动好戏连台

第八届杭州艺术博览会吸引54家机构参展,成交额1200万元,较上年增长近20%。2015"西湖之春"艺术节推出11场演出和8个专项活动,涵盖戏曲、话剧、音乐会、书画摄影展、艺术讲座等内容。承办首届南宋文化节,推出"诗意杭州"主题晚会、南宋商贸文化风情体验周、跟着诗词游杭州、"南宋印象"视觉写作大赛等系列活动,吸引3万余名市民游客参与。开展"美丽杭州"群众文化节、"三江"歌手大赛、大运河文化节等活动,让人民群众共享文化发展成果。组团赴德国参加"黑白艺术"纽伦堡印刷造纸展,联办"当阿里山恋上西子湖"首届杭台音乐交流节,承办第三届海内外江南丝竹邀请赛,参与组织"文化在城市可持续发展中的角色"国际会议,推动文化交流。

五、非遗保护工作持续深入

评出第5批杭州市非遗代表性传承人65名,首批市级非遗旅游经典景区11个。2地入选2014—2016年"中国民间文化艺术之乡";9地入选省级各类非遗

保护基地。积极开展试点镇级非遗名录建设工作,临安市已实现全覆盖,是国内首批开展非遗保护镇级名录建设的城市;下城区在全省率先建立街道级非遗名录。实施濒危剧种守护行动和地方戏剧振兴计划,对杭剧等5个地方剧种下拨补助经费100万元,杭州艺术学校曲艺大专班恢复招生,举办杭州市传统戏剧大赛,协办2015年中国(杭州)非物质文化保护传承论坛。

六、文化行业管理依法开展

制定形成杭州市“十三五”期间文化广电新闻出版发展规划初稿,同步做好两个专项规划的起草、修改、完善工作。推行互联网上网服务场所管理长效机制和网吧转型升级试点工作,全市新增网吧238家,其中80%以上的新增网吧为网咖等新型模式。全年出动执法检查8755次,2.7万人次,检查文化市场经营场所3.8万家次,销毁各类非法出版物11万余件。驻点淘宝网,探索网络文化监管新模式。首次编撰《文化娱乐市场发展报告》,为文化领域社会投资提供决策参考。探索事业单位法人治理结构,成立杭州图书馆、杭州文化馆理事会。加强干部人才队伍建设,对全市985个社区2000余名文化工作者进行专题培训,杭州艺术学校师生在全国职业院校技能大赛、长三角管乐独奏大赛等赛事中获奖,1人获全国文化市场综合执法优秀个人。

“欢乐中国年”主题文化活动 新春期间,杭州市、县两级文化部门通过“你点我演”群众需求对接平台,陆续为基层老百姓送上近百台文艺演出、综艺晚会及民间艺术展演等丰富多彩的文化活动,覆盖主城区及42个县(市、区)文化礼堂。其中,综艺性群文精品展演活动9场,集合了近年来群众自编、自导、自演的优秀获奖节目。以街道、社区为主体,组织小型分散、热闹有趣的元宵活动,安排和组织“迎新年”书画活动、民俗文化展示、新春跳绳比赛等各类文化活动552场。

第八届杭州艺术博览会 5月7日至10日在浙江世贸国际展览中心举办。展区面积10000平方米,吸引54家机构参展,展出当代艺术作品1500余件,3万余人参观,成交额达到1200万元,较上年增长近20%。展出了原弓、周春芽、岳敏君、庞茂琨等10余位当代艺术家的作品,为国内顶尖当代艺术资源首次亮相艺博会。设置“蝶变艺术阵”“行进中的火焰”玻璃灯工表演等一系列公共艺术活动和讲座,关注观众体验,生活化布局展会。

2015年“西湖之春”艺术节 5月20日至6月6日举办。由杭州市委宣传部、市文化广电新闻出版局联合主办。推出9个专项文化活动、8场传统表演艺术巡演和3场大戏,涵盖戏剧曲艺、音乐会、书画摄影展、艺术培训和艺术互动等多个领域。重点推出杭州市传统表演艺术巡演,含越剧、杭剧、睦剧、小热昏、独角戏、莲花落等多种曲艺样式,赴临安、淳安等地巡演,体现“人人参与艺术节,人人享受艺术节”的主题,吸引观众近2万人。

杭州市传统戏剧大赛 5月启动。杭州市文化广电新闻出版局主办,杭州市非物质文化遗产保护中心承办。9月22日进行决赛,评选出5个金奖、7个银奖、10个铜奖和5个优秀奖。部分优秀节目参加了第二批浙江省传统戏剧之乡授牌仪式暨浙江好腔调“开唱了”传统戏剧传承人群专场展演。

第二十三届“三江”歌手大赛 5月启动。杭州市文化广电新闻出版局、萧山区人民政府、富阳区人民政府主办,杭州市文化馆、萧山区文化馆、富阳区文化馆、萧山区文化广电新闻出版局、富阳区文化广电新闻出版局承办。决赛于9月26日、27日在萧山区图书馆举行。吸引了全市13个区、县(市)和市学联等单位的数千人参与。分青年组和中老年组,分别评出演唱、创作、辅导、组织等各类奖项134个。

第五届“我行我棒”阳光宝宝系列活动 本届活动以“倡导爱的教育”为主题,决赛及颁奖仪式于5月26日、27日在萧山区闻堰镇湘湖艺术中心剧场举行;吸引了全市914所幼儿园、近28万名幼儿参加;评选出“阳光宝宝”21名,优秀征文35篇,创意DV 18个,最佳创意奖12个,最佳表演奖17个。

黑白艺术——纽伦堡印刷造纸展 6月17日至22日,应德国纽伦堡工业文化博物馆和纽伦堡—埃尔兰根孔子学院邀请,杭州市文广新闻出版局与市友协联合十竹斋、华宝斋、中国茶叶博物馆等文化机构赴德国参加“黑白艺术——纽伦堡印刷造纸展”，现场演示造纸技艺、木版水印等项目，并以视频形式展示杭州非物质文化遗产技艺和发展保护情况，推动了世界各国文明的交流互鉴。

杭州市纪念中国人民抗日战争暨世界反法西斯战争胜利70周年美术书法主题创作活动 组织各县(市、区)文化广电新闻出版局、书画院、美术馆、文化馆、美协、书协，以及在杭高校等相关创作机构和美术工作者，开展纪念抗日战争胜利70周年主题创作活动，征集到国画、油画、版画、雕塑、水彩(粉)画和书法作品300余幅。6月25日至7月4日，在杭州图书馆集中展出优秀作品137幅，其中6幅作品被省文化厅推荐至文化部参评。

杭州市纪念中国人民抗日战争暨世界反法西斯战争胜利70周年合唱展演 8月17日在浙江大学(玉泉校区)永谦剧场举行。由杭州市委宣传部、杭州市文化广电新闻出版局主办，杭州市文化馆承办。全市12支合唱团600多位演员参演。演员来自社会各个层面，其中还有一支残疾人自强合唱团。

文化“两中心”建设工程 9月1日，杭州市群众文化展示中心(新馆)、市非物质文化遗产保护中心(新馆)装饰装修工程项目立项。12月22日，杭州市文化广电新闻出版局与“文化两中心”展品展项深化设计及装饰装修施工图设计中标单位汉嘉设计集团股份有限公司正式签订合同。12月25日，项目技术交底会召开，文化“两中心”建设取得实质性进展。

第三届海内外江南丝竹邀请赛暨中国(杭州)江南丝竹音乐节 9月18日至21日在杭州艺术学校举行。浙江省、上海市、江苏省音乐家协会主办。中国音乐学院华夏丝竹乐团、上海音乐学院“昕悦”组合等40支音乐代表队600余名选手参赛。

中国(杭州)非物质文化保护传承论坛 9月19日举办。杭州市非物质文化遗产保护中心、杭州万向职业技术学院主办。主题为“非遗保护传承与中国高校教育”。浙沪学者和非遗传承人、研究者近百人参加论坛。论坛邀请了复旦大学、浙江大学、中国美术学院等高校知名学者发表学术演讲，肯定了非遗进校园、进课程、进教材工作的重要性。

首届南宋文化节 9月23日至11月30日在杭州举办。围绕“展南宋古韵　建品质杭州”主题展开。主要包括“诗意杭州”2015年首届中国南宋文化节开幕式、南宋文化大讲堂、南宋商贸文化风情体验周、跟着诗词游杭州、“南宋印象”视觉写作大赛等“六个一”活动，旨在更好地发掘、保护、整合和传播杭州丰厚的南宋文化资源，打造“南宋文化”特色品牌。

我送你秀——百家社区文化行活动 9月28日至11月30日举办。杭州市政府2015年为民办实事项目。以“政府主导、服务为先；群众主体，形式多样；对接需求，注重实效”为原则，首次整合图书、电影、展览、非遗项目、演出、文艺培训等公共文化资源，联合公共文化机构、专业团体、民营院团、文化类社会组织力量，为全市101家特色文化社区提供有针对性的文化服务1.3万余场次，开展社区居民“秀”文化活动230余场次。

“公共图书馆：社会教育与市民终身学习”国际研讨会 10月22日至23日在杭州召开。美国、德国、新加坡、日本、葡萄牙等国家的图书馆馆长和国内各省市图书馆馆长、知名学者、代表等100余人参会。会上，杭州市公共图书馆致力于社会教育和市民终身学习的做法得到业内人士高度评价。

“文化在城市可持续发展中的角色”国际会议 12月10日至12日在杭州召开。第三届联合国“住房和可持续城市发展大会”重要预备会议。联合国教科文组织主办，中国联合国教科文组织全国委员会、杭州市政府承办。联合国机构和国际组织代表，全球各地文化创意、建筑设计、城市规划、文化遗产保护等领域200余名知名人士参会。围绕“城市文化遗产保护”和“城市文化创意产业”两大主题，设置了8个全体大会、8个分论坛、1个主题会议及1个研究者论坛。议题包括文化机构和活动，城市多元文化，可持续发展城市的文化遗产等。展示和讨论的研究成果形成了《杭州成果》和《文化及可持续城市发展全球报告》。

“1＋X”现代公共文化服务标准化体系建设 牵头制订《杭州市基本公共文化服务标准(2016—2020)》,作为全市实施公共文化服务工作的“1”。拱墅区《文化志愿服务管理规范》,下城区《公共文化服务第三方评价规范》《公共文化服务需求调查规范》《公共文化服务第三方评价规范》,萧山区《乡镇(街道)公共文化服务评估规范》先后发布,加上余杭区2014年发布的《乡镇综合文化站服务规范》,初步形成了具有杭州特色的“1＋X”现代公共文化服务标准化体系,涉及公共文化管理、运行、评价、反馈以及社会参与等多个领域,在省内均为首创,并且联合质监部门发布,具有较高的实施效力。

高校文化站工程 杭州市文化馆牵头在全市10所高校文化站开设3项文化培训课目,共36个班级,培训学员960人。工程始于2012年,至2015年末,全市已建有高校文化站21家,下沙高校文化站覆盖率100%,累计开设公益培训班102个,参与学生近万人次,获2015年杭州市宣传思想文化工作“创新奖”。

【大事记】

1月

27日　杭州文化市场行政执法总队驻淘宝网联系室正式挂牌。

2月

4日　杭州图书馆完成联机计算机图书馆中心(简称OCLC)平台开通工作,实现与全球49个国家1万个图书馆间的馆际互借和文献传递业务。

3月

16日　杭州滑稽艺术剧院、浙江艺术职业学院、杭州艺术学校正式签约合作办学,恢复了中断十年的曲艺专业3＋2大专班招生。

4月

20日　在黄龙体育中心西广场,现场销毁各类非法侵权盗版图书报刊、音像制品、电子出版物和计算机软件11万余件。

5月

7日至10日　2015年(第八届)杭州艺术博览会在浙江世贸国际展览中心举办,展区面积10000平方米,吸引54家机构参展,展出当代艺术作品1500余件,3万余人次参观,成交额达到1200万元。

20日至6月6日　由杭州市委宣传部、市文化广电新闻出版局联合主办的2015年“西湖之春”艺术节举办,共推出9个专项文化活动、8场传统表演艺术巡演和3场大戏,吸引观众近2万人。

26日至27日　杭州市“我行·我棒”阳光宝宝系列活动决赛及颁奖仪式在萧山区闻堰镇湘湖艺术中心剧场举行。

26日至6月15日　杭州市“扫黄打非”办公室以“‘扫黄打非’护助少年儿童健康成长,远离和抵制有害出版物”为主题,在全市广泛开展“绿书签”系列宣传活动。

6月

9日　第十届浙江省非物质文化遗产节暨2015“文化遗产日”主场城市(杭州)展演活动在余杭区举行,13个国家级、省级非物质文化遗产名录项目亮相。

17日至22日　应德国纽伦堡工业文化博物馆和纽伦堡—埃尔兰根孔子学院邀请,杭州市十竹斋、华宝斋、中国茶叶博物馆等文化机构赴德国参加“黑白艺术——纽伦堡印刷造纸展”。

18日　杭州市“网络文化进社区、进乡村”活动在江干区当堂网吧启动。

25日至7月4日　杭州市纪念中国人民抗日战争暨世界反法西斯战争胜利70周年美术书法主题创作活动优秀作品展在杭州图书馆举办,展出137幅。

27日　浙江杰拉网咖科技公司电子竞技馆投入运行,并与浙江日报传媒集团股份公司签订战略投资合作协议,以期实现强强联手、合作共赢。

7月

18日至19日、25日至26日　杭州图书馆首次与市新华书店合作,推出“立等可借——教育局推荐,图书馆买单”活动。

21日　杭州市人大常委会组织召开城乡公共文化服务体系建设工作评议会。

8月

11日至15日　世界级非物质文化遗产项目“古琴艺术(浙派)”首期公益传承班在香积寺开班。

17日　杭州市纪念中国人民抗日战争暨世界反法西斯战争胜利70周年合唱展演在浙大(玉泉校区)永谦剧场举行。

9月

18日至21日　第三届海内

外江南丝竹邀请赛暨中国(杭州)江南丝竹音乐节在杭州艺术学校举行。

19日　由杭州市非物质文化遗产保护中心、杭州万向职业技术学院主办的"中国(杭州)非物质文化保护传承论坛"召开,主题为"非遗保护传承与中国高校教育"。

同日　杭州图书馆运动分馆正式开馆,是杭州市首家引入企业力量参与办馆的公共图书馆。

22日　杭州市传统戏剧大赛决赛举行,最终评选出5个金奖、7个银奖、10个铜奖和5个优秀奖。

26日至27日　杭州市第23届"三江"歌手大赛决赛在萧山区图书馆举行。

28日　杭州市"我送你秀——百家社区文化行"活动在拱墅区祥符街道阮家桥社区和苑小区广场正式启动,11月30日在西湖区体育馆落幕。

同日至10月31日　2015年首届中国南宋文化节在杭州举办,围绕"展南宋古韵　建品质杭州"主题展开。

10月

22日至23日　"公共图书馆:社会教育与市民终身学习"国际研讨会在杭州召开。

30日　杭州市公共文化服务体系建设协调组第一次会议在杭州图书馆召开。

11月

29日　杭州图书馆电影分馆开馆,为国内首家电影主题公共图书馆。

30日　第五批杭州市非物质文化遗产项目代表性传承人名单公布,吴桑梓等65名传承人入选。

12月

7日　杭州市文广新局和市旅委共同评出的首批"杭州市非物质文化遗产旅游经典景区"名单公布。拱宸桥街道桥西历史街区等11家单位被评为第一批杭州市非物质文化遗产旅游经典景区。

10日至12日　2015"文化在城市可持续发展中的角色"国际会议在杭州召开。

11日　杭州图书馆第一届理事会成立。

26日　杭州图书馆科技分馆暨滨江区图书馆正式启动试运营。

(孙立波)

杭州市县(市、区)文化工作概况

【上城区文化广电新闻出版局(体育局)】　内设职能科室4个,直属单位4家。2015年末人员34人(其中:机关10人,事业24人;具有高级技术职务资格的3人,中级4人)。

2015年,上城区文化广电新闻出版局深入贯彻落实党的十八大和十八届三中、四中全会精神,认真学习习近平总书记系列重要讲话特别是文艺工作座谈会讲话精神,以"全力建设现代化美丽上城"为总目标,以践行党的群众路线教育实践活动为引领,以深入实施"三大主题,四项工程"文体惠民工作为载体,围绕"上改六条"积极构建现代公共文化服务体系,进一步推进上城区文化工作再上新台阶。

一是重民生,公共服务逐步完善。公共文化服务体系建设不断完善。制定了《上城区公共文化服务体系建设工作方案》和《上城区公共文化服务体系建设标准分解表》,成立了《上城区现代公共文化服务体系建设工作领导小组》,编辑制作了上城区公共文化史料汇编。加快推进上城区"美丽上城"展示中心建设工作和区文化馆扩容升级工作。文体惠民工程深入人心。继续推进2015年"七送"文化体育惠民工程,全年举办各类文体免费培训班95项、247期、4360课时、受益群众35055人次。发放电影券5200张(惠及全区1000余环保工人)、书券8000张,举办"百团百场"公益演出、送戏送电影活动136场次,为特色文体团队定制表演服装250套,总价值达140余万元,惠及群众12万余人。文化事业发展科学谋划,积极做好《上城区文化体育事业发展"十三五"规划(2016—2020)》制定有关工作。二是抓创新,群众文化彰显特色。节庆文化活动丰富多彩。紧紧围绕"欢度新春·休闲""欢度新春·娱乐"两大主题,举办上城区2015年"欢度新春"休闲文化系列活动;开展"五水共治进行时"、迎"五四"、建党94周年、纪念抗战胜利70周年等主题思想明确、群众参与广泛的大型文艺演出。特色文化活动参与性强。开展2015年上城区"打造书香社区,共建美丽家园"读书节、区"百善孝为先"专场文艺演出以及风雅杭州·2015首届中国南宋文化节开幕式暨第九届杭州西湖读书节闭幕式等活动。举办区首届"社区之歌"原创歌曲作品比赛等专题活动。艺术创作再创佳绩。

荣获杭州市"三江"歌手大赛优秀组织奖、优秀辅导奖;原创歌曲《河坊街上·琅格琅珰》入围杭州市精品文化工程扶持项目。三是重传承,非遗保护有序推进。非遗保护日益重视。区委区政府主要领导专题调研区公共文化工作和非遗保护利用工作。举办"全国文化遗产日"非遗展系列活动8场。非遗名录保护体系有效推进。区第5批非物质文化遗产代表性项目名录经上城区政府批准正式公布,涵盖了民间文学、传统体育、传统美术、传统技艺、传统医药、民俗六大类11个项目。凝练非遗特色文化。加快上城区"美丽上城"展示中心建设,收集非遗传承影像资料,提高非遗保护力度;结合上城特色,积极打造南宋古韵小镇;积极开展非遗交流活动,组织各级非遗传承人参加国家、省、市组织的非遗展示活动8次。拓展宣传渠道,加大非遗宣传力度。在杭州日报、都市快报等报刊刊登新闻报道10余篇。编撰《上城区非遗精粹普及版》《上城区非遗地图》等。四是严执法,文化市场安全有序。深入开展文化市场专项整治行动。联合区消防大队、区公安分局禁毒大队开展文化市场公众聚集场所安全生产专项检查,消除火灾等安全隐患5个。顺利完成"国卫复评"省级明查和全国文明城市复评的迎检工作。全区文化市场呈现平稳有序、繁荣发展的态势,未发生重大安全责任事故。全年出动检查各类场所2872家次,1362人次;受理各类举报8件,结案满意率达100%;撰写各类信息168篇;办理各类行政处罚案件24件,罚款1.23万元,没收违法物品1518件,查处结案率达100%。五是明管理,行政权力公开透明。深入开展文化市场法律法规培训。推进法治文体建设,出台了《区法律顾问制度实施细则》文件。全年组织著作权(版权)法律法规培训等7次,参训单位327家次,参训人员658人次。规范行政权力运行,推行政审批标准化建设,切实加强事中事后监管。积极开展权力清单、责任清单梳理。继续深化行政审批制度改革,建立健全公开、平等、有序的准入机制。全年办理行政许可、备案案件126件,接受咨询165人次,发放法律法规宣传资料125份,提供咨询服务15人次。狠抓宣传教育、队伍建设、执法监管、机制建设,努力提高安全生产综合执法能力和监管水平。区消防安全行业监管职责及企业主体责任进一步落实,社会单位的消防安全管理水平进一步提高,安全工作基础进一步牢固,文体市场和公共文化活动安全形势平稳。全年编印发放文化市场消防安全制度、工作登记本600本,投入资金2万多元。

(张雪梅)

【下城区文化广电新闻出版局(体育局)】 内设职能科室4个,直属单位4个。2015年末人员37人(其中:机关7人,参照公务员管理11人,事业19人;具有高级技术职务资格的3人,中级4人)。

2015年,下城区文化广电新闻出版局以创建省公共文化服务体系示范项目为中心,以深化群众需求征集和评价反馈机制为目标,以打造公共文化服务惠民品牌为载体,以提升公共文化服务水平为抓手,着力推进各项重点工作、创新项目和惠民工程等,取得了可喜成绩。特别是区公共文化服务实现跨越式发展,在全省基层公共文化服务评估排名中连续实现"三级跳"(2012年、2013年、2014年、2015年分别位居全省第68名、第18名、第9名和第4名)。一是创新项目成效显著。制定并发布《社区文化动态评估规范》《公共文化服务第三方评价规范》和《公共文化服务需求征集规范》3个地方标准。群众需求征集和评价反馈机制入围第三批浙江省公共文化服务体系示范项目。探索实践非遗城市保护创新机制,武林街道获全省首个城市街道级非遗名录试点单位,并正式命名街道级非遗项目18个。二是为民办实事项目惠民生。完成政府采购送演出60场、讲座50场、送书2万册、送培训1000课时,全年备案文化非营利组织15家。完成星级团队考评,举办全区公共文化服务成果展示会。区图书馆实现无线网络全覆盖。三是示范性文化活动项目品牌化。打造"全民主题读书年""暑期非遗体验月""星级团队展演季"等品牌活动和"关爱盲童书画作品拍卖""皮皮鲁儿童剧回馈读者"等惠民活动。区图书馆"五个一百"系列活动获市西湖读书节"优秀项目"奖。四是文化设施免费开放常态化。区文化馆免费开放项目培训社区群众4.2万人次。区图书馆各项业务数据名列城区前茅。创新开展窗口服务读者评价与反馈机制,读者满意率达99%以上。五是群众原创文艺创作精品化。围绕纪念中国人民抗日战争暨世界反法西斯战争胜利70周年开展专题原创文艺创作。区文化馆花儿组合获新加坡国际华人艺术节声乐比赛女声六重唱金奖。34幅推荐作品在市儿童画大赛中获奖，数量为历年之最。获市“三江歌手”大赛银奖2个、铜奖4个。六是文化市场监管规范有序。持续深入实施“6+1”下城监管模式，以文化市场综合治理为基础，以“扫黄打非”(“清源”“秋风”“净网”和“护苗”)4个专项行动为抓手，全年文化市场平安有序，全年共出动检查1379次，出动执法人员4360人次，检查经营单位4466家次，监管营业性演出33场，立案处罚21起，取缔无证经营2家，停业整顿1家，警告14家，共罚款人民币2.54万元，收缴违法物品2547件。区文化市场行政执法大队被评为2014年度杭州市文化市场行政执法工作先进集体。深化行政审批改革，推进网吧审批转型升级。实行行政审批“首席代表制”。区文化馆顺利通过文化部第四次一级文化馆评估；成功申报第5批杭州市非物质文化遗产代表性传承人3个；成功创建省级文化强镇(街道)1个、省级示范社区1个、市级示范综合文化站1个、特色文化社区8个。

在全国率先启动“社区文化动态评估体系”建设 于2013年底启动“社区文化动态评估体系”建设，成功创建省级示范项目，形成了包含“文化管理、文化投入、文化设施、文化队伍、文化服务、服务质量和创新创优”7个类别30项指标并根据公共文化服务发展不断优化调整的指标体系和“四位一体”的城市社区公共文化服务绩效评估机制，构建起上下一体的群众评价反馈信息网络，使得公共文化服务体系运作效能不断提升。

创新建立群众需求征集和评价反馈机制 率先在全省乃至全国开展“6431”群众评价与反馈机制的探索实践，即6个需求征集渠道、“征求、梳理、实施、反馈”4个环节、3种群众评价模式和1个包含“需求征集—项目评审—预告供给—评价反馈”的可操作、可持续性循环系统，提高了公共文化服务的针对性和群众满意度。在全市公共服务的民意调查中，市民对下城区公共文化服务的满意度遥遥领先，达到98.5%。

(吴　哲)

【江干区文化广电新闻出版局(体育局)】 内设职能科室4个，直属单位5个。2015年末人员48人(其中：机关10人，参照公务员管理11人，事业27人；具有高级技术职务资格的4人，中级11人)。

2015年，江干区文化广电新闻出版局围绕推进基本公共文体服务标准化、均等化建设这一主线，按照年初确定的各项目标任务，深化改革，创新机制，精心组织，狠抓落实，各项工作取得了新成效。一是扎实推进文体设施建设。九堡东城文体中心建设项目是杭州市主城区首个政府投资的实施设计—采购—建设(EPC)的重大工程，2月12日完成招投标，4月2日完成签约，成立了九堡建设项目领导小组和工作小组，并分别召开第一次工作例会，协调解决相关问题。11月正式开工。着手开展夏衍纪念馆建设项目方案制定工作。二是精心谋划文体活动开展。举办第二届钱塘江文化节。以“繁华钱塘、卓越江干”为主题，开展文化经贸十大系列活动，注重凸显特色和群众参与。4月18日，文化节正式开幕，发布了文化节十大活动。开幕式上，区文化馆进行了群众原创文艺节目展演，4月19日到5月3日的每个双休日，8个街道又轮番在钱江新城进行了街道特色文艺展演。钱塘悦读活动也于4月22日正式启动，表彰了年度示范达标图书馆和阅读达人，其他十大系列活动有序开展，闭幕式暨“德耀钱塘”第四届“感动江干十佳道德模范”评选表彰活动于12月1日举行。深化文体场馆免费开放。区、街道各文化场馆继续实行“无障碍、零门槛”免费开放，为辖区文化团队免费提供活动场地。区文化馆推出舞蹈、书画、摄影、器乐、文学创作等市民免费培训班40余班次，培训市民1000余名。积极开展文博系列活动。4月，江南锡器博物馆被评为杭州市优秀民办博物馆。积极整合辖区文博资源，开展“悠游钱塘”江干文博体验之旅活动，除免费参观外，还举办了公益鉴宝、文物讲座、文物真伪鉴别等特色活动。三是全面加强文化市场管理。深化行政审批制度改革。以“两张清单一张网”建设为重点，结合审批权力事项下放，主动对标，认真学习，全面完成权力清单、责任清单的梳理、上网、公示工作，有行政许可权力事项19项，行政确认及非许可19项，行政处罚118项。严格按浙江政务服务网要求，切实加强对行政审批权力运行的监控，按规定放宽文化市场准入标准。局行政审批窗口被区直机关党工委评为“党员先锋号”，被行政服务中心8次评为月度“金牌窗口”，6次评为月度“服务之星”。引导促进上网服务和游艺娱乐行业转型升级。根据全省上网服务行业转型升级试点工作要求，坚持“以政府为主导，以市场为导向，以企业为主体”，积极推动“网吧”转型升级，全区39.1%的“网吧”实现转型升级，通过“上网服务＋咖啡简餐”“上网服务＋网络课堂”“上网服务＋图书借阅”“上网服务＋电子竞技”等模式增加月净利润40%，新增就业岗位27%。全年受理行政许可申请事项137件，均按规定时间办结。严格文化市场行政执法。加强制度建设，修订完善日常监督检查、举报核查、行政处罚案件办理、规范处罚裁量标准等制度，进一步明确执法主体、严格执法依据、规范执法程序，努力提升行政执法水平。同时，落实执法责任制和责任倒查制，对于日常监管、案件查处等做到职责清晰、要求明确、责任到人。以“动态监管提升年”为抓手，在动态监管、智慧监管、阳光执法、和谐执法等方面下功夫，努力打造规范、有序、平安、繁荣的文化市场。全年出动检查350次，计1007人次，检查经营场所1452家次；办理各类行政处罚案件36件。

（陶艳磊）

【拱墅区文化广电新闻出版局(体育局)】 内设职能科室4个，直属单位7家。2015年末人员63人(其中：机关13人，参公11人，事业39人；具有高级技术职务资格的5人，中级12人)。

2015年，拱墅区文化广电新闻出版局围绕打造“运河文化名区”总目标，以“一项创建两个课题三联模式为抓手，唱响运河文化四季歌，实现五个新突破”，深入推进公共文化服务体系建设，传承和发展运河文化，不断丰富文化产品供给，实践文化惠民。在全国率先推出《文化志愿服务管理规范》区级地方标准。一是积极创建，省级公共文化服务体系综合性示范项目通过验收。11月，顺利通过浙江省公共文化服务体系综合性示范项目验收。出台《公共文化服务场馆引入社会力量的招募制度》《拱墅区关于加快构建现代公共文化服务体系的实施办法》《拱墅区现代公共文化服务体系建设协调机制》等公共文化服务政策性文件，并出版《公共文化服务协调机制研究：以浙江拱墅“三联模式”为样本》。《杭州市拱墅区社会力量参与公共文化服务建设研究》课题在“浙江省大学生第十四届挑战杯竞赛”中获得一等奖，“全国大学生挑战杯赛”三等奖。二是机制推进，“三联模式”新内涵统筹文化资源。三联模式即联盟、联姻、联群。联盟：创办大运河文化沙龙，与舒羽咖啡、运河集团手工艺活态馆等63家联盟单位签订《拱墅区公共文化服务联盟公约》，开展“一河串百艺”第二届运河文化创新设计营、稀捍行动等文化活动20余场。联姻：“文体联姻”“文旅联姻”“文科联姻”，成功举办新年走运、半山立夏节、大运河庙会、拱宸地书邀请赛等活动，与科技局创办好奇实验室。联群：成立运河文化公益促进会，在册志愿者达1000余人。建成“1＋10”民星大舞台展演基地，开展展演活动120余场。新增6个“草营8号”街道分中心免费开放区域共建基地，全年开展各类公益培训200多期。开展“五送五进”活动，全年送电影130场、演出120场、展览15场、讲座12场、图书万余册。举办少儿影评院、好奇实验室、运河大讲堂等活动79场次。总受惠人数达10万以上，努力实现服务均等化。三是项目带动，文化服务设施和非遗保护取得新突破。12月30日，区图书馆、区文化馆新馆正式向市民开放，引进中国摄影出版社、吴宗其摄影工作室、中国诗歌网浙江频道拱墅采风基地等10多家工作室入驻。桥西历史街区被省文化厅、省旅游局命名为浙江省“非遗小镇”非遗活态展示方向。新确定了浙派琵琶、香积素食等13个区级第五批非遗代表性项目，认定了8位区级非遗代表性传承人，新增区级非遗保护基地8个。四是惠民利民，系列活动唱响“运河文化四季歌”。以大运河文化节为抓手，唱响运河文化四季歌。文化四季歌为“春走大运”“夏品民俗”“秋游庙会”“冬赏花灯”。“春走大运”：举办“新年走运、香积祈福”活动，让非遗食品“香积福饼”走进千家万户。“立春送福”联合浙江省作家、书法家协会为市民送出春联、福字千余幅。“夏品民俗”：举办“立夏跑山共品民俗”半山立夏节系列活动，不仅有“琴艺、诗书、雅集”三重文化汇聚的“皋亭修禊”，还将“半山、虎山、龙山”三山串成一线，开展跑山活动，实现了文化与体育的互动联合。“秋游庙会”：承办第二届中国大运河庙会，其中非遗集市集中展示了区代表性非遗项目，并特邀运河沿线各具特色的非遗项目助阵，共 21 个项目参加。“冬赏花灯”：“运河元宵灯会暨杭州市民俗文化体验周”活动作为主城区唯一有大型灯展的城区，吸引游客 20 余万人。大运河申遗成功一周年，“大运河文化节”更显影响力，39 家市级文博单位参与文化遗产日活动；举办了两项国际性活动，“纪念中日文化交流大师东皋心越逝世 320 周年——2015’中国古琴音乐会”“第三届海内外江南丝竹邀请赛”首次亮相拱墅；举办纪念抗战胜利 70 周年歌咏大会、第三届太极游艺大会等。五是创作精品，原创作品展现拱墅风情。出版运河系列丛书《运河南端市井荟》《运河南端觅遗址》入选杭州市文化精品工程项目；原创歌舞《画里康桥》《最爱米市巷》分别入围“美丽浙江”原创歌曲大赛省级决赛和省第二届村歌大赛决赛；为自闭症儿童谱写歌曲《极地之星》；创作儿童歌曲《半山小泥猫》，首演半山金秋文化节；《公益型书场生存困境与出路探析——杭州市拱墅区百姓书场个案研究》入选第四届中国曲艺高峰论坛。六是监管到位，文化市场安全有序繁荣稳定。全年出动 430 次（1558 人次）执法，检查文化经营单位 1647 家，立案 35 件，结案 35 件，罚没款到位 3.92 万元。配合省市积极开展“平安浙江”等 10 余场专项整治行动。受理审批行政许可 180 件，企业年度登记 108 件，咨询 1420 余起。根据“三管”工作要求，与 270 余家文化经营单位签订消防安全责任书。全区文化市场全年未发生重大案事件。

（陈　琳）

【西湖区文化广电新闻出版局（体育局）】 内设科室 5 个，直属单位 6 个。2015 年末人员 48 人（其中：机关 14 人，参公 12 人，事业 22 人；具有高级技术职称的 6 人，中级 3 人）

2015 年，西湖区文化广电新闻出版局深入贯彻落实党的十八大及十八届三中、四中、五中全会精神，紧紧围绕“建设美丽幸福的首善之区”目标，扎实开展“三严三实”专题教育，深入实施“文化名区”战略，大力推进基本公共文化服务均等化、标准化建设，全力实施“十二五”规划，取得了可喜的成绩。以综合评分第 1 名的成绩顺利通过了省公共文化服务体系综合性示范项目的申报评审；荣获第 7 届中国（浙江）非物质文化遗产博览会优秀组织奖；留下街道老东岳社区成功申报“浙江省传统戏剧之乡”、蒋村街道成功创建“中国民间文化艺术之乡”。一是高质量完成两个项目。一为创优项目。6 月，第三批浙江省公共文化服务体系综合性示范项目创建活动正式启动。先后起草撰写了《西湖区申报第三批省级示范项目方案》《西湖区申报第三批省级示范项目分析报告》《制度设计研究方案》《西湖区创建浙江省公共文化服务体系示范项目规划（2015—2016）》等，并于 9 月 29 日参加了评审会，以综合评分第一名的成绩顺利通过了省公共文化服务体系综合性示范项目的申报评审。二为实事项目。“加快智慧文化建设，提高文化惠民水平”被列入全区 8 件民生实事项目，开发了“智慧文化”应用项目并试运。项目包含数据库、展示平台、互动交流、评价监督等四个功能，构建智慧文化数据库、网站、触摸屏展示等服务网络，利用互联网全方位展示全区文化资源、文化服务概况，并实现实时互动，为基层文化站（室）、群众提供更便捷、更全面的文化服务。抓“以文惠民”力度。举办开茶节、村歌大赛、群众文化艺术节、基层文化走亲“321 工程”等 10 余项大型文化活动，举办各类演出 845 场。二是高标准深化两项工作。一为深化非遗保护“1＋8”模式。优化机制，创新载体，强化传承，深化非遗保护工作，着力推进“非遗”保护工作科学化、系统化、智慧化发展，打造具有西湖特色的“1＋8”传承模式，即 1 支展演团队，8 项特色工作——抢救濒危项目、打通四级教育体系、成立非遗文化专家顾问团和非遗公益基金、创建非遗展示厅和基地、建立激励机制、培育行业协会、打造“智慧非遗”。评选出 8 项区级非遗名录，并推荐申报市级名录。作为全市唯一一家“特色小镇”主题馆代表，参加第七届中国（浙江）非物质文化遗产博览会。成功承办 2015 年中国（杭州）非物质文化保护传承论坛、全省非遗业务骨干和代表性传承人培训班。二为深化执法改革和诉调对接机制。针对区域面积大、文化市场经营单位多，执法人员编制少的实际，制定了全局全员参与、分片责任包干的工作制度并抓好落实。针对市场管理中存在多头管理,抓而不实的情况,充分发挥区“扫黄打非”工作领导小组办公室职责,组织各职能部门联合执法6次。积极发挥区属文化市场行业协会作用,建立健全文化市场信用评定等级,促进全行业的自我净化和自我管理,出动执法1203人次,检查经营场所2521家次,行政处罚立案调查48件,警告26家次,罚款8.24万元,没收违法物品3.61万个。不断完善与区法院著作权纠纷诉调对接合作机制,规范细化具体行为,成功化解5起著作权纠纷案件。三是高规格建好两支队伍。一为文体志愿者1213队伍。组建了规模较大、素质较高的西湖区文化志愿者服务总队,下辖“1213”分队,即1个“西湖区文化专家顾问团”,吸纳了包括黄亚洲、吕洪年、翁仁康、黄大同、吴露生等省市文化领域的权威专家;2个区级文化名人工作室——吴大同音乐工作室、楼一敏工作室;13支分队,由11个镇街和文化馆、图书馆文化专干组成,下联661支文化团队。志愿者们利用文艺特长为辖区群众提供文化服务,极大地丰富了基层群众的文化生活。二为文化联络员、宣传员队伍。整合部门资源,加强工作联动,组建西湖区部门文体联络网络,在区属及市直驻区60个部门配备文体分管领导和文体联络员,并于10月15日召开了部门文体联席会议。各镇街重新选聘农村文化宣传员97名。形成覆盖全面的文体联络员、宣传员队伍。四是高水平办好三大活动。一为“文化三堂”:“西湖人文大讲堂”开课48场,内容涵盖国学、法学、家庭教育等10多个领域;“西湖文艺大课堂”开设10个班,含舞蹈、表演、摄影、戏曲等课程,开课440次,为村社送课136场次,吸引2万余人参加;“非遗大学堂”设10个教学点,举办178堂课,其中公开课15堂。二为“西湖交享阅”:区图书馆本馆文献借还总量98.16万册,到馆人次37.7万,举办好书、新书推荐活动85期,提供馆际借阅配送服务277册次。各镇街图书分馆、村社图书室借还总量52万册次,累计配送图书、期刊8万余册次,举办公益展览20次。此外,区图书馆积极与浦塘村、湖埠村、骆家庄等村社文化礼堂联动,与淳安等区县结对帮扶,联手杭州日报“爱心捐书”活动,开展了图书阅读交流活动。三为“戏聚群音汇”:通过戏曲老师教、名师带徒学、戏迷票友演等形式,定期开展戏迷业务交流学习活动,并对基层戏聚点和戏曲团队进行业务指导培训,累计授课85课时,开展演出352场次。

(万　怡)

【高新区(滨江)社会发展局】 内设职能科室1个,下属文化事业单位1个。2015年末人员16人(其中:机关5人,事业4人;具有高级技术职务资格的2人,中级1人)。

2015年,滨江区文化广电新闻出版工作以完善文化设施建设为抓手,以社区、企业群众文化活动为载体,突出文化惠民,大力传播社会主义先进文化,加强文化市场管理,各项工作取得了新的成绩。一是文化设施建设取得新进展。区文化中心建设项目于12月试开馆。新建长河街道山一社区1个社区文化场所,提升改造温馨、天官、新生、联庄等4个社区文化活动场所。二是群众文化活动丰富多彩。开展了“喜气洋洋迎新春”文艺巡演活动和“中国梦·迎新春”写春联、送春联及新年美术书画展活动。继续开展文化产品配送服务暨“电影巡映·送戏进社区”活动,全年送戏100场,电影巡映1000场,观众超5万人次。举办了第二届长三角地区青少年西洋管乐大赛。三是文艺类培训工作有序开展。开展“文艺大课堂”进社区培训活动,举办674堂课,培训人数达1万人次。继续开展中小学非遗普及性教育,开展课程160余堂,参与学生达500余人次。四是文化市场发展健康有序。以网吧、校园周边、网络环境和出版物市场为重点,认真开展护苗行动;以打击危害青少年身心健康的违禁出版物为重点,对校园周边音像、书刊店进行集中检查;以护航中、高考为重点,加强娱乐场所整治规范,行动期间向网吧、娱乐经营单位等发放专项检查告知书100余份,责令改正和口头警告6家次。深入开展“扫黄打非”各专项行动,全面开展“清源”“秋风”2015专项行动、政治性有害出版物整治、网络交易平台店铺专项清理活动。组织召开全区重点行业安全生产管理工作会议和消防安全培训,签订了《安全生产、消防安全目标管理责任书》和《诚信经营承诺书》。将存在较大隐患的单位及时抄告消防部门。文体市场数字化监管软件系统取得技术性突破,利用科学化管理手段,在巩固行政管理手段的基础上,强化网上在线监控、移动监控等功能。认真做好文化市场行政许可工作,全年受理设立、变更审批文化经营单位 63 家。是年,全区文化类场所 471 家,其中网吧 46 家,游艺娱乐场所 8 家,歌舞娱乐场所 16 家,印刷企业 46 家,出版物 112 家,广播电视节目制作经营单位 65 家,电影院 4 家,文艺表演团体 9 个,演出经纪机构 12 家,打字、复印 80 家,网络文化 70 家,互联网视听 3 家。

(陈思烨)

【经济技术开发区社会发展局】 内设科室 7 个,归口管理事业单位 6 个。2015 年末人员 53 人(其中:公务员 17 名,事业编制人员 11 名,雇员 15 名,借用人员 10 名。具有中级技术职务资格的 4 人)。

2015 年,经济技术开发区文化工作围绕打造“富裕富有、魅力彰显”和谐社会,以全面深化改革为主线,以实施民生工程为抓手,按照“抓根本抓强基、抓服务提品质、抓创新出品牌、抓实事惠民生”的思路,扎实工作,开拓创新,各项工作有序推进。精心组织了一系列特色文化品牌活动。全年配送文化演出 70 场,电影放映 100 场。打造“学习型开发区”,大力发展群众文化,推进文化惠民保障工程,加强基层文化设施建设,满足人民群众基本文化权益。实现文化活动有亮点,文化队伍有特色,文化工作有成效。一是文化工作机制完善。年初,联合财政局出台了《杭州经济技术开发区群众文化特色活动项目申报管理暂行办法》(杭经开社〔2015〕38 号),对有广泛群众基础、良好社会效应、有效保障措施的基层文化团体,开展具有地域特征、服务大众的文化特色活动项目给予立项;并保障其可持续发展。深化“校地文化共建”工作,依托 14 所高校文化站,组建开发区文艺导师团,实现高校文化资源与地方文化资源优势转化和相互融合。二是基层文化阵地建设加强。积极推进开发区群文中心和科文中心建设,加快开发区文化馆和公共图书馆工作进程。新建杭铣、美达、江潮、观澜、伊萨卡 5 个社区图书室,杭铣、美达、观澜 3 个社区图书“一证通”基层服务点,东湾、伊萨卡、闻潮 3 个社区公共电子阅览室,超额完成年初目标任务。11 月,联合区总工会、区高教办启动开发区“书香东部湾”最佳、最美图书室(馆)评选活动,分别评定 5 家为最美图书室(馆)。联合白杨街道多蓝水岸社区和东东城商管中心运行 24 小时微型图书室,方便辖区内老百姓读书生活。三是基层文化骨干培训加强。承办市级社区文化工作者会议。对各社区文化工作者和文艺骨干开展培训。组织创建 2015 年图书信息服务“一证通”工程社区的文体委员赴杭州图书馆参加业务操作培训课。四是群众文化特色活动项目申报及星级示范团队、活动评选多样。举办群众文化特色活动项目评审会,推选首批立项项目 15 个,并进行了表彰,下拨了扶持经费。针对辖区高校、中小学、企事业单位及社区等群众文化艺术团队,分类别开展开发区“第二届群众文化星级示范团队”评选工作,以及参评高校、社区、企业等群众文化示范团队展演活动。选出三星级团队 5 支、二星级团队 10 支和一星级团队 15 支,并给予经费扶持。开展“我最喜爱的新春文化活动”评选,“文化演出下基层”“书画送万家”“请留杭外来务工人员吃年夜饭”等 12 项活动被评为 2015 年“我最喜欢的新春文化活动”。五是文化活动开展丰富多彩。举办首届开发区全民阅读节。以“读书、敬业、创新、发展”为主题,开展了“下沙书市集展”、“予人玫瑰,手有余香”图书换赠、“我的读书故事”征文比赛等活动。举办首届开发区青年歌手大赛。吸引了辖区内大学生、社区居民和企业员工近 500 余人参加。举办“美丽东部湾杯”第六届全省硬笔书法大赛。175 位作者从众多参赛者中脱颖而出,其中,王阳君等 15 位作者荣获一等奖。举办抗战胜利 70 周年书画展。收到书画作品 60 余幅,举办了为期一周的纪念抗战胜利 70 周年书画展。闻潮和邻里社区入选杭州十大阅读书香社区。“书香东部湾”最佳、最美图书室(馆)评选活动被杭州市西湖读书节组委会评为“第九届西湖读书节优秀项目”。早城和邻里社区被评为“市级特色文化社区”。14 幅作品入选杭州市“纪念中国人民抗日战争暨世界反法西斯战争胜利 70 周年美术书法作品展”,社发局荣获“组织工作奖”。六是文化遗产传承保护有序。开展了“五个一”非遗文化活动,即组织一次非遗项目和基地专家评审会、举办一场非遗馆体验活动、组织一台非遗项目现场展演、组建一支区级非遗文化保护队伍和开展一堂非遗传承文化讲座。同时,完成杭州市第三届非遗曲艺巡演“送戏进邻里”活动。龙鳞装技艺和下沙大麦烧传统酿制技艺被列入“第五批杭州市非物质文化遗产代表性项目名录”。七是文化市场管理加强。全年办理各类文化市场行政事项306件,其中许可审批95件,办结率达100%。完成开发区网吧、歌舞娱乐场所、游艺娱乐场所、文艺表演团体的文化经营许可证统一审核和换证工作。完成文化类经营单位及两个街道综合文化站数据年报统计和上报工作。完成79卷2014年文化审批案卷的档案整理工作。

村歌《小巷》荣获全国多项大奖 由陈策作词、作曲、演唱的村歌《小巷》荣获第七届全国村歌大赛“十大金曲大奖”“作曲金奖”“作词金奖”“中国村歌好声音金奖”。该作品用小巷来体现下沙社区的风土人情,借助中国风的旋律展示社区的无限魅力,更是用乡愁让更多的开发区人重视非物质文化遗产保护。

(房露婷)

【萧山区文化广电新闻出版局(体育局)】 内设职能处室7个,局属单位9个。2015年末人员240人(其中:机关23人,参公19人,事业163人,国企35人;具有高级技术职务资格的45人,中级81人)。

2015年,萧山区成功创建省级公共文化服务体系综合示范项目,成功创建省级文化强镇1个、省级文化示范村(社区)2个、市级乡镇示范综合文化站3个、市级特色文化社区11个。各项主要指标经浙江省公共文化动态数据库评估,居全省前列。一是群众文化丰富多彩。开展送戏下乡、周末剧场、文化走亲等公共文化服务。全年送戏下乡603场;“周末剧场”演出72场,观众2万人次。新建农村文化礼堂20个。举办第六届跨湖桥文化节、纪念抗战胜利70周年文艺晚会等。承办文化部公共文化法人治理结构建设交流研讨会、浙江省第26届戏剧小品邀请赛、杭州市三江歌手大赛等国家、省、市级活动。绍剧《跳无常》参加第六届全国小戏小品展演,《兄弟山》首演。小品《收获》《治水风波》获“中华颂”第六届全国小戏小品曲艺大展银奖。小品《满地找牙》获浙江省第二十六届戏剧小品邀请赛创作一等奖、表演一等奖;小品《让爱飞起来》获表演一等奖、创作二等奖。二是现代公共文化服务体系建设取得进展。区省级公共文化服务体系综合示范项目获省政府批准通过。衙前镇被命名为浙江省文化强镇。新塘街道泰和社区、城厢街道潇湘社区被命名为浙江省文化示范社区。5个文化强镇、11个文化示范村(社区)顺利通过复评。衙前镇文化站、所前镇文化站、南阳街道文化站成功创建市级综合文化站;蜀山街道山水苑社区、瓜沥镇下街社区等11个社区成功创建杭州市特色文化社区。制定“1”个区级公共文化服务保障标准《萧山区基本公共文化服务保障标准》,明确区本级、镇街、村(社区)三级公共文化服务机构硬件设施以及文化从业人员配置、基层队伍培训时长和文艺团队、文化志愿者数量建设标准;编制各类服务规范,形成“X”个单项服务标准及评估规范,尤其是《乡镇(街道)公共文化服务规范》,是全国第一个镇级公共文化服务评估规范地方标准;依托“1”套绩效评估系统实现标准化管理,对全区22个镇街进行公共文化服务绩效评估。三是文化交流进一步加强。大力实施文化走亲活动,赴普陀、德清、余杭、长兴、临安等兄弟县(市、区)开展“文化走亲”活动。萧山绍剧、楼塔细十番应邀赴台参加演出。农民书画家协会应邀赴台进行文化交流。实施镇街间的文化走亲,实现了“周周有演出、场场有精品”。四是文化体制机制改革创新。推动公益性文化事业单位机构理事会制度建设,积极推进文化事业单位分类改革,创新运行机制,1月23日在全市率先成立了萧山文化馆、萧山图书馆理事会,迈出了文化事业单位法人治理结构建设的第一步。五是文化产业繁荣发展。年度登记在册的文化类经营企业1561家。文化体育类经营企业年销售规模147674万元,就业人数近2.5万。另外,还有登记在册的文化、体育类社会团体、民办非企业单位127家。六是文化遗产保护工作持续推进。是年,全区有全国重点文物保护单位3个、省级文物保护单位5个、市级文物保护单位52个,另有杭州市文物保护点70个。自2013年《杭州市萧山区文物保护修缮三年计划》启动以来,52处文物古建筑得以修缮保护。“一普”工作取得新进展。完成“一普”文物信息采集、离线登录和上报工作,其中系统内文物藏品3742件(套),系统外8家文物收藏单位文物482件(套)。萧山抗战纪念馆正式对外开放。纪念馆分上下两层,四大部分展示陈列，第一部分日军入侵、山河破碎，第二部分侵略罪行、不容淡忘，第三部分奋起抗战、日月重光，第四部分反思战争、永续和平。展示区有抗战时期的弹药、枪械、衣装等众多文物。是年，全区有非物质文化遗产名录项目 97 个，其中国家级 3 个、省级 10 个、市级 17 个、区级 67 个；非物质文化遗产代表性传承人 67 人，其中国家级 1 人、省级 10 人、市级 20 人、区级 36 人。吴桑梓等 9 人被公布为第 5 批杭州市非物质文化遗产项目代表性传承人，丝绸画缋项目被公布为第 6 批杭州市非物质文化遗产代表性项目名录。完成第 2 批区级非遗项目代表性传承人和第 6 批区级非遗名录申报评审工作，37 人被公布为第 2 批区级非遗项目代表性传承人，13 个项目被公布为第 6 批区级非遗项目名录。萧山花边、南宋官窑、丝绸画缋等项目参加中国(杭州)工艺美术精品博览会，王丽华工艺美术工作室、青龙花边手绣坊、南宋官窑研究所等单位的作品获一批金、银、铜奖。楼塔细十番协会参加 2015 年全国中老年文艺汇演夺得金奖。组织开展“文化遗产日”、非遗文化走亲活动。启动镇级非遗名录试点工作，试点单位定在河上镇。开展萧山区第六届非物质文化遗产展演暨非遗保护研讨会活动。七是文化市场安全有序。开展执法检查 1785 次，出动执法人员 7850 人次，检查各类场所 7896 家次，依法取缔无证照文化经营场所 289 家，查缴文化市场违法经营物品 3.25 万件；受理各类文化市场举报投诉 16 件，均按时办结；及时函告工商、公安、城管等部门 67 起；受到群众来电来函咨询 292 起；立案 77 起(包括简易程序 12 起)，办结 75 起(包括简易程序 12 起)，罚款总额 16.7 万元。打造智慧网络监管平台，完成一、二期投资建设。中心下设互联网网站巡查系统、12318 举报处理平台、执法过程全记录系统等 10 多个子系统。推行全区网吧分级管理。全区 240 家网吧初次评级工作顺利结束，42 家网吧列入观察单位(因设立时间不足 6 个月或正值行政处罚立案调查期)，198 家网吧中 A 级 17 家，占比 8.6%；B 级 162 家，占比 81.8%；C 级 19 家，占比 9.6%。在 C 级网吧安装场所监控设备，纳入大队智慧网络监管中心的实时动态监控体系。服务企业攻坚经营困局，组织了 9 场极具针对性的业务培训。全年参训企业 2065 家次。

《乡镇(街道)公共文化服务规范》 在全省率先出台《乡镇(街道)公共文化服务评估规范》，吸收区文化建设工作实践经验，参照国家和地方的相关文件及规定，是全区第一个社会服务类地方标准，为推广社会服务类地方标准提供重要参考。其评估指标、数据采集、数据复核、评估计算方法、评估结果等内容均做到有据可依，极具操作性和实用性，为统筹推进全区镇、街公共文化服务标准化建设提供抓手。

萧山区公共文化服务绩效评估系统 根据地方标准《乡镇(街道)公共文化服务规范》开发，通过从公共文化投入、公共文化设施、公共文化队伍、公共文化活动等 4 大类 26 项指标，全面衡量镇街公共文化服务工作。是年 7 月、12 月分两次对外发布了各镇街单项指标得分及总得分排名，为当地党委政府构建现代公共文化服务提供了决策参考。

(高飞飞、蒋校明、金志娟、李　萍、倪海萍)

【余杭区文化广电新闻出版局(体育局)】 内设职能科室 8 个，直属单位 12 个。2015 年末在编人员 211 人(其中：公务员 21 人，参公 27 人，事业 163 人；具有高级技术职务资格的 23 人，中级 75 人)。

2015 年，余杭区文化广电新闻出版局紧紧围绕“文化名区”发展战略，大力推进余杭文化繁荣发展。一是现代公共文化服务体系日趋完善。开展省文化强镇、省文化示范村(社区)等创建工作，星桥街道成功创建成为省文化强镇，塘栖镇被评为杭州市特色文化镇，仓前、南苑街道综合文化站创建成为杭州市示范综合文化站，崇贤街道鸭兰村创建成为省文化示范村。深入实施乡镇综合文化站服务效能提升工程，制定出台余杭区《乡镇(街道)综合文化站公共服务规范》地方标准，进一步提升服务绩效。推进智慧博物馆、数字图书馆建设，区首家自助图书馆开馆运行。区图书馆入选第六届全国服务农民、服务基层文化建设先进集体。举办“美丽洲”大型系列文化活动，参与群众 10 万余人次。全区滚灯操大赛将非遗项目“余杭滚灯”与健身结合，掀起全民参与热潮。“醉美余杭”原创歌曲展演活动获得业界专家和广大群众的一致好评。举办了“余杭好声音”等大型文化活动。二是文化遗产得到有效保护和利用。举办2015年“文化遗产日”系列活动。承办“中国梦·非遗梦”第十届浙江省非物质文化遗产节(杭州)主场城市展演活动,杭州、宁波、嘉兴、丽水等地的13个非遗名录项目参与演出,区文广新局荣获活动组织奖。启动镇级非遗名录试点工作,探索基层非遗保护运行机制。举办中泰竹笛制作拜师仪式等,指导传承人开展传承活动,帮助传承人利用互联网开拓新兴市场。推进非遗旅游景区建设,塘栖镇被评为浙江省非物质文化遗产旅游景区、省非遗主题小镇、首批杭州市非遗旅游经典景区。开展非遗进文化礼堂活动,助推全区“美丽乡村”建设。余杭纸伞、民间舞蹈《花篮花灯》等亮相国家和省、市级展演活动,深受专家和市民好评。三是余杭文化影响力进一步提升。舞蹈《窑山风情》参加“夕阳秀”2015“中韩友谊花歌节”表演获金奖。乔司街道三角村村歌《相爱一家》参加第七届全国村歌大赛荣获中国村歌十佳金曲、中国村歌好声音金奖、作词银奖、作曲银奖等多个奖项。区文化馆选手参加第三届全国故事邀请赛获一等奖。越剧《十八相送》获第十届浙江省非物质文化遗产节主场城市(杭州)展演金奖。民间舞蹈《高头竹马》、双人舞《离歌》获省群众舞蹈比赛创作金奖、音乐创作金奖。开展余杭·韦尔特文化艺术交流活动,包括余杭·韦尔特文化艺术交流展、双方艺术家合作创作等活动。余杭滚灯艺术团受省文化厅派遣赴美国参加亚太传统月庆祝以及文化交流活动,获得高度赞誉。与上饶、马鞍山、平阳、泰安、定海等地开展“文化走亲”活动,区文广新局荣获全省“文化走亲”先进单位,连续4年获该项殊荣。四是全区文化市场繁荣稳定。开展行政许可、非许可事项清理工作,简化审批程序、规范流程,确保审批工作“阳光”进行。开展“扫黄打非”“清源2015”“净网2015”“护苗2015”“秋风2015”等专项行动和歌舞娱乐场所、校园周边环境等专项整治行动,社会文化环境得到有效净化。通过向阿里巴巴淘宝网派驻执法人员,加强网上文化产品交易监管力度。探索著作权登记与维权激励政策,加强著作权保护宣传。对全区网络出版物市场进行清查,实现线上线下同步监管。加强区家纺行业、动漫产业等领域的版权保护,严厉打击各类侵权盗版行为,促进文化市场健康发展。五是事业发展活力进一步增强。成立杭州市余杭区“美丽洲”文化发展基金会,筹集民间资本支持与余杭相关的各类文化遗存的征集、研究、宣传、保护,资助公益文化事业发展,推动对外文化交流。推出“农民送戏进城”公共文化服务新模式,各镇街每年独立组织一台“文艺专场”进城演出,由区、镇街两级财政资金配套,区文广新局统一考核评比,激发了群众参与文化、享受文化的积极性,提升了业余文艺骨干素质,催生了一批原汁原味的地方特色文艺精品,展现了乡村文化反哺城市、城市需求点燃群众文化激情的新面貌。

(孙　艳)

【富阳区文化广电新闻出版局】 内设职能科室4个,直属事业单位6个。2015年末人员112人(其中:公务员18人,参公15人,事业79人;具有高级技术职务资格的30人,中级45人)。

2015年,富阳区文化广电新闻出版局紧紧围绕区委区政府中心工作,按照年度计划,积极有序开展各项工作。一是以深化文化遗产保护体制改革为契机,全面加强文化遗产保护力度。修缮孙氏家庙等农村历史建筑25处,局部维修受降厅等10处文物保护单位。为受降厅、文村老厅、臧氏宗祠等8处文物保护单位树立保护标志碑及说明碑。完成2015年第一次可移动文物普查工作任务,采集录入2540件馆藏和19件馆外藏品信息并上报。联合杭州市文物考古研究所,对大源溪流域和银湖区块进行地下文物考古调查。通过“富阳文博”微信公众号、公交广告等形式,开展“文化遗产日”宣传服务活动。泗洲造纸作坊遗址先后入选“杭州生活品质总点评十大现象”“2015杭州国际体验点”,保护大棚一期工程通过正式验收,二期工程进入前期考掘。全面升级改造郁达夫故居陈列设备。申报两浙公所等4处为第7批省级文物保护单位。新增市级文物保护点54处。组织开展非遗四级名录项目申报评审工作。组织非遗项目参加展示展演和文化交流活动。组织编撰《杭州市富阳区非物质文化遗产大观·民俗卷》,正式出版《富春江渔文化记忆》和《张氏骨伤疗法》。争取国家级补助资金43万元,省级补助资金35.3万元,市级补助资金5.85万元,富阳区下拨专项经费36.238万元。在洞桥镇开展镇级非遗名录建设试点工作，指导洞桥镇普查、挖掘整理非遗资源。开展第八个“服务传承人月”活动，内容包括向传承人发放津贴、走访慰问传承人等。开展第三批区民族民间艺术家申报评审工作，授予王一平等37人区第三批民族民间艺术家称号。组织开展第四批区代表性传承人申报评审工作，董柏源等28人被评为第四批区非遗代表性传承人。开展第五批杭州市非遗代表性传承人申报工作，华明坤等9人被评为第五批杭州市代表性传承人。推荐李仁贤申报第五批国家级代表性传承人。与上官乡联合举办首届区“上官杯”竹编竹雕大赛。“文化遗产日”举办区布文化艺术展。举办传统戏剧大赛富阳区选拔赛，推荐张琦和孙香娣参加杭州市传统戏剧大赛决赛，均获三等奖。组织华宝斋富翰文化有限公司赴德国“黑白艺术——纽伦堡地区的造纸和印刷艺术展”展示展演竹纸制作技艺和印刷技艺。组织富阳纸伞参加“非遗薪传”浙江传统纸艺彩扎精品展活动。与桐庐县联合举办“富阳·桐庐剪纸作品交流展”。与江西省景德镇市开展纸与瓷的非遗走亲活动。组织开展首批富阳区非遗生产性保护基地建设，确定杭州富春江宣纸有限公司等18家单位为首批区非遗生产性保护基地。组织开展第二批非遗传承教学基地建设工作。成立富阳竹纸文化保护与传承发展促进会。举办2015中国竹纸保护与发展研讨会。组织开展富阳竹纸制作生产状况调研。开展中国文房四宝行业特色区域——中国竹纸之乡申报工作。二是以推进公共文化服务标准化、均等化建设为载体，全面提升公共文化服务水平。全年组织举办各类文化活动900余场，参与人数9.06万余人，观看人数147.6万余人次。渌渚镇新港村、环山乡诸佳坞村、富春街道春晖社区创建“浙江省文化示范村(社区)”，通过评审、抽查等程序；灵桥镇综合文化站、新桐乡综合文化站获“杭州市示范乡镇(街道)综合文化站”称号。区文化馆全年举办、联办各类文艺演出130余场次，美术、书法、摄影比赛8次，新故事·小品征文比赛、群文理论研讨等活动5次，组织文艺骨干写生、采风等活动10余次；开展文化惠民服务，免费开设培训班30期100余次，参加学员3000余人；到企事业单位、乡镇(街道)、社区和农村辅导文艺节目130余次；承办杭州市第23届“三江歌手”大赛总决赛，区文化馆选送的无伴奏男声合唱《塞维利亚理发师序曲》获得组合组金奖，歌曲《高山流水》获得民族唱法组金奖，区文广新局获突出贡献奖，区文化馆获优秀组织奖。4月28日，由杭州富阳越剧艺术传习院根据富阳国家级非遗项目“孝子祭”主人公周雄事迹创编的原创越剧《孝子周雄》在富阳影剧院首演，以越剧艺术形式传承孝道文化；8月28日，局越剧艺术传习院以缅怀富阳龙门抗战英烈为题材创编的现代越剧舞台剧《孙晓梅》在富阳影剧院首演，以纪念中国人民抗日战争暨世界反法西斯战争胜利70周年。越剧艺术传习院还创作编排折子戏、越歌《爱歌》、舞蹈《家乡美》等10余个节目，极大丰富了演出内容和形式。区图书馆全年接待读者39.3万人次，书刊外借118.7万册次；专项购书经费110万元，新购图书4.37万册、2.22万种，订购报刊745种，收集地方文献97种、352册；向24个乡镇(街道)、村基层图书室赠送书刊1.2万余册；建立图书流通点15个，配置图书1.5万册；为全区276个农家书屋补充新书2.76万册；对大源地区的55个农家书屋管理员进行业务辅导培训；在6个乡镇(街道)新建图书分馆。举办富阳区第五届富春江读书节，其中，“循着富春诗路，重温乡愁之美”活动获得杭州市第九届西湖读书节优秀项目奖。举办暑期优秀电影展播，播放主题电影16场。举办“以史为鉴，面向未来”纪念中国人民抗日战争暨世界反法西斯战争胜利70周年宣传图片展等16期。全区农村数字电影放映4181场，其中“2131工程”公益电影放映4070场，观众37万余人次，超额完成放映3444场的任务，放映区域实现中心村覆盖率100%、数字化放映程度100%的“双百”工作目标。三是以确保文化市场稳定与有序为目标，全面规范文化市场服务与管理。是年底，全区有文化、广电、新闻出版经营单位695家。全年受理、办结各类事项1646件，其中即办率91.7%，上网审批率、办理准确率和按时办结率均为100%。开展“扫黄打非”专项整治行动以及平安浙江文化市场专项整治等。对出版物、互联网、校园周边等集中治理。全年出动执法人员1927人次，检查经营场所3049家次，受理举报82起，一般程序立案45起，做出行政处罚决定46起，简易程序处罚12起，办结案件57起。收缴罚没款

27.95 万元,停业整顿 6 家次。开展文物保护单位(点)全覆盖检查。全年印制、发放各类宣传资料 20000 余份(册),组织、参加各类宣传活动 3 次,组织召开全区性行业协会、文化市场业主培训会议、宣教会 5 次。开展境外电视网络接收设备专项整治。研究制定《杭州市富阳区境外电视网络接收设备专项整治行动实施方案》。通过全面清理排查、开展联合执法、加大宣传力度等手段,共查处案件 7 起,没收非法接收设备 20 套。四是紧跟步伐,权力清单全面梳理。按照浙江省政务服务网建设要求,核查本单位已入库的所有权力事项,并结合实际,对常用权力和非常用权力等相关内容进行了调整。是年共有行政权力 188 项,其中常用权力 46 项,非常用权力 142 项。此外,结合最新行政审批、简政放权,对责任清单内容作了进一步深化,重点做好"责任边界、事中事后监管事项、便民信息提醒服务"三个方面的梳理和补充完善工作。

抗日战争胜利浙江受降纪念馆开馆 5 月至 9 月,开展展品征集、整理等工作,参加抗战文物征集小组远赴云南省腾冲、昆明等地,征集头盔、刺刀等军事类抗战文物 220 项 500 余件,同时从全国各地征集抗战文物线索 27 项 119 件。9 月 3 日,抗日战争胜利浙江受降纪念馆正式对外开放,至年底开馆 76 天,参观人数 24 万余人次。

公共文化服务标准化、均等化试点工作 2 月,杭州市出台《杭州市推进公共文化服务标准化、均等化工作方案》,富阳区被确定为杭州市 5 个综合试点单位之一。5 月,区《关于加快公共文化服务体系建设的审议意见》(富人大〔2015〕11 号)文件出台。7 月,梳理制定了《富阳区公共文化服务标准化、均等化整改任务和具体工作》,严格执行杭州市《关于加快构建现代公共文化服务体系的实施意见》。制定《富阳区公共文化服务标准化、均等化实施意见》,明确工作协调、成员单位职责分工、工作运行机制等。

民办博物馆扶持 与陈志贤竹雕陈列馆、场口镇上村私塾博物馆、环山乡诸佳坞村胡震纪念馆等 5 家民办博物馆达成资金扶持意向。按照政策文件规定,对五家民办博物馆进行业务能力、馆藏登记、博物馆注意事项等基础项目的培训与审核,并核拨相关经费。根据《富阳市民办博物馆扶持办法》规定,分别对民办博物馆给予陈列展览一次性补助和免费开放、场地租用、外来展览等多方面多层次补助,基本实现民营资本介入公共文化设施投资后,利用政府补助资金维持博物馆、纪念馆的正常对外开放和基本维护。

(刘怡沙)

【建德市文化广电新闻出版局】 内设职能科室 4 个,下属事业单位 6 个。2015 年末人员 58 人(其中:机关 11 人,事业 47 人;具有高级技术职务资格的 14 人,中级 14 人)。

2015 年,建德市文化中心剧院逐步完善免费开放服务模式,活动实施形成制度化和常态化管理,全年对外提供免费服务 200 余场次。完成洋溪街道文化站和大洋综合文化站提升工程。寿昌影剧院第二期改造工程纳入"航空小镇"整体规划。建成洋溪街道图书分馆,实现全市乡镇(街道)图书分馆全覆盖。洋溪街道综合文化站、大洋镇综合文化站和李家镇综合文化站被评为市示范综合文化站。完成 26 家文化礼堂建设。梅城镇梅花社区和大同富塘村被评为省文化示范社区。市图书馆新增馆藏图书 4.85 万册;全年接待读者 33.9 万人次,借阅书刊 33.4 万册;乡镇(街道)图书分馆全年接待读者 10.2 万人次,借阅书刊 7.7 万册次。开展基层图书室建设,全年送图书下乡 3.1 万册。举办乡镇分馆图书志愿者及村级图书管理员培训 12 场。举行"新安讲坛"4 期,开展读者活动 42 次。完成浙江省古籍普查 A 项目工作,在古籍普查平台上登记著录数据 640 条。市文化馆策划组织实施公共文化服务活动 500 余场,其中专题文艺演出 50 余场、辅导培训 450 余场次、各项赛事 10 余场,受益人数 10 万余人次。主办了 2015 年建德市广场舞大赛、2015 年全市文化礼堂精品展演、"水之美"建德市少儿绘画大赛等文艺活动。举办市首届"婺剧进校园"精品节目展演,全市 8 所学校上演了《花头台》《辕门斩子》《天门发令》和《樊梨花巡营》等经典曲目。市新安江第三小学精心编排的《九龙阁》参加浙江省婺剧进校园精品汇报演出。指导航头镇政府主办了"魅力乡村和谐家园"儿童开蒙仪式、寿昌镇"第二届桂花节"文艺晚会等。全年完成送戏下乡200场次、送电影3432场、送图书3.1万册。与德清、路桥、江干、下城、绍兴、兰溪、金华、上城、龙游、缙云开展文化走亲10场次。以"加快构建覆盖城乡、惠及全民的电影公共服务体系"为目标，开展农村电影放映体制改革，制定出台了市农村电影放映体制改革实施办法。开展了"送爱国主义题材电影进校园"、廉政电影放映月、纪念抗战胜利70周年农村电影周等活动，同时开展了"五水共治"、反邪教等专题宣传活动。全年举办各类大型文化活动100余场次，仅春节期间各镇、村举办各类文艺晚会30余场次。大同镇、李家镇、航头镇等举办了"文化周"活动。出台特色文化补助办法，对6个乡镇特色文化补助60余万元。全面完成第一次全国可移动文物普查数据登录工作，实施新一轮历史建筑保护工程，修订出台《建德市历史建筑保护管理实施办法》，完成2014年跨年度历史建筑修缮工作及18处历史建筑保护重点修缮项目预算审核工作。联合市考古所，对大洋镇土墩墓进行考古调查，完成了寿昌江流域的文物调查和调查报告的编写。完成明清严州府南城墙考古发掘工作，历时7个月，初步完成了南城墙遗迹主体部分392米范围内的考古发掘，总发掘面积达2000平方米，发掘了大南门、小南门、瓮城基础、排水沟和房屋建筑等遗迹，出土了青花瓷残片、越窑青瓷残片、铜钱，少量带文字的青砖和石构件，以及"福运门"匾额1块。编制完成《梅城明清严州府南城墙发掘报告》。新叶全国首批传统村落保护工程有序实施，投入309.6万元，完成了崇智堂、雍睦堂、存心堂等5处重点历史建筑的修缮和21处抢救性维修。投入87万元收购新叶历史建筑产权10处，内部道路维修1400米，旧电线更换600米等配套工程；加快新区建设，实施周边配套项目工程，投入179万元实施了污水排放、自来水管埋设、外溪清理等项目，形成与新叶古民居风格统一的新村；将贻燕堂打造成土曲酒展示馆，西山祠堂打造成村史馆，文昌阁打造成耕读文化展示馆，崇仁堂打造成村规展示馆，双美堂打造成民俗生活展示馆，有序堂打造成戏曲展示馆等，并与旅投公司整合资源，投入资金300余万元，按照新叶村的风俗，将已收购产权的6处古建筑建成民宿。举办文化遗产日免费鉴宝活动。组织开展"扫黄打非"2015清源、净网、秋风、护苗专项整治行动，以网吧、歌舞娱乐场所、电子游戏等为重点，开展文化市场安全大检查。全年出动检查483次1386人次，检查文化经营场所2406家次，立案查处案件42起，办结案件38件，停业整顿6家次，警告32家次，罚款6.89万元，没收非法书籍1424册，非法音像制品626张，没收地面卫星电视接收设施3套，取缔无证地摊游商6家，辖区内未发现有政治性非法出版物。开展行业培训7期，与网吧、娱乐场所签订消防安全责任状100余份。探索建立以"抱团协作"代替"单打独斗"的市场监管机制，被省文化厅作为文化市场综合行政执法典型，并做经验交流。

出台多项文化惠民政策 先后出台了《建德市民营剧团扶持暂行办法》《建德市扶持民办公益类文化服务机构暂行办法》《建德市"文化走亲"扶持暂行办法》和《建德市"文化扶贫、文化低保"扶持暂行办法》等，全年对3家民营剧团补助10万元、3家民办书院补助6万元、"文化走亲"先进单位补助14万元，推动了社会力量参与文化建设，扩大了文化惠民的广度。

（翁 玲）

【临安市文化广电新闻出版局（体育局）】 内设职能科室5个，直属单位5个。2015年末人员93人（其中：机关22人，事业71人；具有高级技术职务资格的5人，中级23人）。

2015年，临安市文化广电新闻出版局紧紧围绕"中国梦"文化主题和市委市政府中心工作，努力拼搏、扎实工作，有力推进了文化事业快速健康发展。一是文化基础设施日臻完善。昌化镇白牛村成功创建省级文化示范村，板桥镇、清凉峰镇、昌化镇等文化站成功创建杭州市示范乡镇综合文化站。2个省级文化强镇和9个省级文化示范村通过复评。积极配合宣传部做好文化礼堂建设工作，新建文化礼堂18个。市文化馆获"杭州市文明单位"称号，复评国家一级馆，通过省级验收。博物馆、吴越文化公园建设项目前期工作持续深入推进，完成博物馆建筑设计和评审，并开工建设，编制完成博物馆内陈设计（初编），进入方案完善和决策审查阶段；吴越文化公园设计方案获国家文物局审批。市图书馆微信平台与移动图书馆相继投入使用，同时在人民医院与行政服务中心增设2个移动图书馆终端;新增天池部队分馆,配新书1000余册;全年送书下乡2万余册,建立7个村级公共电子阅览室,新增12处馆外流动书屋服务点;2000余册地方文献全部实现全文数据化,建立了地方文献数据库。二是文化服务活动高潮迭起。举办第六届钱王文化艺术节、“杭州爱乐乐团—青山管乐团”2015新年音乐会、临安市第十一届乡村青年文化节开幕式文艺演出等大型文艺活动,与嵊州、仙居、淳安、西宁等地开展文化走亲文艺演出10场,组织送戏下乡等活动300余场。市图书馆全年到馆55万人次,外借图书52.5万册次;围绕“世界读书日”“第九届西湖读书节”“第十一届未成年人读书节”等主题展开了形式多样、丰富多彩的读者活动;新推出“糖糖·抱抱”绘本亲子阅读课,每月一期,深受小读者和家长们的喜爱。三是文艺创作百花齐放。出版发行群文专著《天目山之中国民艺》《“天目风韵”杭州市文化走亲优秀书画作品集》《“唱响好家风”社会主义核心价值观作品集》等。创作小品《科长探母》、“好家风”故事《无言的教诲》、小品《收税》等。越剧小戏《晒棉袄》在2015年“大年小戏闹新春”视频节目征集展播活动中,被评为“观众最喜爱的十部小戏”入围作品;由吴晓武、宓国贤作词,何昕炜作曲的横岭村村歌《慢慢的幸福》获第七届全国村歌大赛“中国村歌十大金曲”奖;国家级非遗传承人钱高潮鸡血石雕作品《紫气东来》获“山花奖”。四是文物遗产保护卓有成效。农村历史建筑修缮项目按计划实施,确定修缮项目35个,竣工27处,现场技术交底31处。第一次全国可移动文物普查工作取得阶段性成果,完成系统外5家单位13件文物和文物馆收藏3484件文物的信息采集、照片拍摄、平台登录工作。记录档案编制工作进展顺利,第七批全国重点文物保护单位功臣塔及功臣寺遗址、普庆寺石塔、天目窑遗址群记录档案和第六批省保单位孝子祠、《民族日报》社旧址记录档案编制通过省文物局审查验收;秀峰塔、祈祥塔和白牛桥3处市保单位记录档案编制完成。全市各级文保单位保护范围、建设控制地带划定工作全面完成。文物宣传、利用成果丰硕,与政协文史委共同举办“朱学三先生应邀赴美参加‘杜立特轰炸东京50周年庆祝活动’资料捐赠仪式”,启动天目山军民营救美国飞行员媒体宣传,与央视合作摄制了6集纪录片《大营救》,接待河南、江苏、兵团卫视等10余家省级以上媒体采访报道。出版《“天目”国际学术研讨会论文集》,发表《临安馆藏晚唐水丘氏墓、五代康陵出土越窑青瓷器》等系列学术文章。应邀组织赴日本岩手大学作《吴越国佛教文化对日本文化的影响》讲座。五是非遗传承与创新相得益彰。在全市298个村全面铺开镇级非遗保护名录工作。培训普查人员600余名,并进镇进村指导普查。新增临安市级非遗项目代表性传承人23人、杭州市级非遗项目传承人11人;新增杭州市非遗代表性项目名录4项。太湖源头旅游风景区、浙西大峡谷被评为第一批杭州市非物质文化遗产旅游经典景区。在国家级核心刊物发表非遗论文2篇。编纂《钱王传说》。在法国公开发行《中国民间博物馆“非遗”选萃——鸡血石》法文版。六是文化市场管理安定有序。全年办理行政审批事项186件,其中行政许可事项32件。以“平安文化创建”为纲,通过抓安全生产培训教育、抓安全生产巡查等,严守安全生产底线,推动市场平安、有序、健康发展。充分发挥部门联动作用,借威借力,联合整治文化市场监管重点、难点问题,联合相关部门开展消防安全联合检查8次,联合查处“黑网吧”4家,取缔无证歌舞娱乐场所10家,无证电子游戏场所2家,无证出版物经营场所10家。出动检查383次,出动执法人员1387人次,检查经营单位2028家;办理案件33件,罚款人民币4.6万元;没收非法出版物2868件。12318受理举报14件。

(周佳波)

【桐庐县文化广电新闻出版局(体育局)】 内设职能科室6个,直属单位9个。2015年末人员115人(其中:机关15人,事业100人;具有高级技术职务资格的28人,中级36人)。

2015年,桐庐县文化广电新闻出版局围绕年度工作目标,文化事业取得长足发展。一是文化阵地建设。桐君街道江北邮电路和分水镇汾阳公园各新增一台24小时图书自助借还机。桐庐博物馆投入200万元改造临时展厅。县文化馆提升改造工程启动。分水镇投入8000余万元新建的图书馆、进士馆、革命历史馆等“八馆一中心”全部启用。横村镇投入2000余万元新建综合文体站，完成建筑主体及外立面装修。合村乡投入1200余万元新建民间文化艺术馆。钟山乡投入200余万元对文体站内部功能进行重新调整。横村镇、钟山乡创建2015年杭州市示范综合文化站并通过验收。是年，新建农村文化礼堂25个，提升第二批农家书屋19个。二是群众文化活动。全年组织系列群众文体活动200多场，举办展览展示活动42场，送文化下乡200场，送电影下乡2420场，举办桐江人文讲堂10期。承办全省"耕山播海"文艺精品会演。举办全国少儿舞蹈电视大赛桐庐赛区比赛。县文化馆、图书馆、非遗中心开展免费培训300多次，受训人数近7000人次。5月6日，桐庐县第三季"欢乐大舞台·幸福桐庐人"系列群众文化活动总决赛在桐庐剧院举行，全县47个节目参加总决赛，产生金奖2个，银奖10个，铜奖15个，优秀奖若干名。活动中累计举办村级海选、乡镇初赛、分片复赛、决赛88场，表演人数1万余人次，观众近10万人次。三是《春江花月夜》项目。9月30日，大型桐庐地域文化主题演出《春江花月夜》在桐庐剧院正式首演。4天公演5场，每场满座，观众3500多人。该剧指导单位为桐庐县文化广电新闻出版局，实施单位为桐庐文化传播有限责任公司。演出任务由桐庐文化传播有限责任公司和桐庐县越剧传习中心承担，演职人员近百人。四是文化遗产保护。开展第二批县级非遗传承基地、第三批县级非遗传承人评选以及第六批市级非遗名录和第五批市级非遗传承人申报工作，新增刘莲花、麻根英等6名市级传承人。开展非遗保护与旅游景区评选工作，富春江镇茆坪村入选第三批浙江省非遗旅游景区，江南古村落旅游区和红灯笼乡村家园景区被评为第一批杭州市非遗旅游经典景区。举办寻找传统年俗活动，组织学府小学等4所学校的1000多名小学生，走访桐庐剪纸、合村绣花鞋等民间手工艺人和民俗非遗专家，开展剪窗花等传统年俗民间文化活动。开展每月一期的非遗体验活动，全年开展体验活动12次。开展非遗"五进"(进农村、进学校、进社区、进机关、进军营)惠民活动，举办100场培训体验活动。组织剪纸艺人走进全县13个剪纸教学基地开展剪纸培训30场。承办浙江省剪纸非遗人才高级培训班。叶浅予艺术馆举办各类展示展览活动21场。是年，刘莲花创作的剪纸作品《潇洒桐庐》获第五届中国·浙江工艺美术精品博览会金奖，刘莲花被评为"首届浙江省工艺美术优秀人才"。桐庐剪纸、合村绣花鞋、深澳灯彩参加第七届非遗博览会获三金二银。合村绣花鞋赴印度、瑞士、南非参加非遗博览会。桐庐剪纸艺人刘连花赴南非参加浙江非遗现场展示表演。桐庐剪纸《富春山居图》参加瑞士联合国总部万国宫展览。继续实施农村历史建筑维修工程，完成农村历史建筑维修40幢。5月21日，桐庐县人民政府正式出台《桐庐县历史建筑保护管理办法》，10月底完成1200幢50年以上历史建筑的挂牌工作。开展方家洲遗址和小青龙遗址出土遗物整理工作。8月，分水镇派出所抓获合村乡岭源村高家塘古墓盗墓人3人，继而桐庐县文物管理委员会办公室对该古墓进行抢救性清理，出土文物有"淳化元宝""明道元宝"古钱币及其他文物。基本完成第一次全国可移动文物普查工作。7家国有收藏单位文物信息采集数据总量为2232条。完成可移动文物普查第二阶段数据采集离线登录工作并上报省普查办审核。四是文化市场管理。完成海陆区块14家娱乐场所整体搬迁工作。局权力清单实现"网上公开、网上咨询、网上办理"，方便群众对照查询。出台审批便民新举措，打造"审批最快捷、办事最方便"审批服务窗口。许可案件提前办结率、回访满意率均达到100%，受理、办结行政许可82项。是年，出动执法检查511次，检查人员1515人次，检查文化经营单位2098家次；收缴各类非法出版物160余本，非法音像制品80多张，非法印刷品100多件；取缔非法临时搭棚演出6起，无证出版物经营摊位12家，查扣非法地卫设施1套，取缔并收缴非法电台设备2套；受理各类投诉举报37个；行政处罚案件立案33件，结案32件，收缴罚没款人民币7.32万元，未出现行政复议和诉讼的情况。五是文化事业成果。挖掘地域文化，编撰出版《画中桐庐》，出版发行《桐庐民间传说故事集》。以村歌创作为载体，编创以桐庐为主题的原创歌曲30余首，为慢生活体验区创作歌曲16首。注重文化与旅游融合，推出自编、自导、自演的大型地域文化主题演出《春江花月夜》。筹备推出大型原创越剧《白云源》。配合央视《远方的家》栏目录制越剧大戏，提升桐庐越剧的知名度和影响力。组织6组选手参加杭州市第二十三届“三江”歌手大赛,获得一金两铜。创建成为浙江“唐诗西路”,“全国书法之乡”创建顺利通过验收。

(冷飞虎)

【淳安县文化广电新闻出版局】 内设职能科室4个,直属单位5家。2015年末人员49人(其中:机关11人,事业38人;具有高级技术职务资格的4人,中级11人)。

2015年,淳安县文化广电新闻出版事业持续发展。一是文化设施逐步完善。县图书馆(新馆)、县博物馆建设扎实推进,进入精装修和展陈设计阶段。建成千岛湖镇、汾口、威坪、姜家、枫树岭镇等14个乡镇图书分馆和屏门、浪川等14个乡镇电子阅览室。文昌、左口、浪川等3个乡镇综合文化站创建为市级示范综合文化站。汾口镇赤川口村被评为2015年度杭州市特色文化村。威坪镇汪川村创建为浙江省文化示范村。枫树岭镇下姜村、文昌镇王家源村、文昌镇西河村等9个村通过浙江省文化示范村复查。实施村级文化设施建设、农村历史建筑修缮工程,全面完成年度50处村大会堂新(修)建、第六轮15处农村历史建筑修缮。第七轮15处农村历史建筑修缮项目进入施工阶段。二是惠民服务扎实推进。开展“百千万”送文化下乡,完成送戏180余场、送电影3100余场、送图书40000余册。开展“百姓系列”公益培训,举办戏曲教学、绘画、商务礼仪等公益培训50余期,受训人数3000余人次。在汾口、姜家、大墅、临岐、威坪和千岛湖镇设立培训点,举办排舞师资推广等培训。组织赴县直机关、会计事务所、千岛湖啤酒厂、松城饭店等地开展公益教学活动。举办“淳安竹马”等“百姓讲坛”公益讲座10余期。深化农村电影体制改革,设立固定放映点,逐步推进农村电影放映由办向管转变。三是文化活动精彩纷呈。举办了民营剧团展演、歌手大赛、第十个文化遗产日系列宣传、“共筑中国梦”纪念中国人民抗日战争暨世界反法西斯战争胜利70周年书法美术创作大赛、配乐诗朗诵大赛、群众文化艺术节、文艺会演等大型群众文化活动。开展文化交流,组织赴江山、开化、嵊泗等地开展了8场文化走亲活动。设立秀水街大舞台,5月至9月旅游高峰期,每周六开展睦剧、竹马表演,全年演出20余场。歌曲《芹川情》参加全国村歌大赛获创作、演唱等4项金奖及中国村歌十大金曲称号。四是文化遗产保护得到加强。加强狮城水下古城保护,划定保护范围和建设控制地带,设置安装水面围栏,委托渔政部门对狮城水下古城水域开展日常巡查监管。继续做好第一次全国可移动文物普查工作,初步完成文物库房文物数据采集录入。加强睦剧保护传承,县政府召开会议专题研究睦剧保护工作。在千岛湖旅游集团水之灵演出公司的基础上,挂牌成立淳安县专业睦剧团。推动业余睦剧团建设,从安庆戏曲学院招聘2名年轻睦剧演员,新编排睦剧大戏《生死牌》《胭脂》等,深入农村、景区演出。全年播出睦剧名段欣赏电视栏目10余期。睦剧《心愿》获首届华东六省一市现代地方小戏大赛金奖,《南山种麦》获市传统戏剧大赛金奖,《鸳鸯马》赴台演出,睦剧入选“浙江最具地域特色民间戏曲”。加强非遗保护传承,在里商乡开展乡(镇)级非遗保护名录试点工作。制定下发了《淳安县非物质文化遗产项目代表性传承人认定和管理暂行办法》,起草并向人才办提交了民间工艺人才培养“燎原计划”实施方案,在千岛湖中职校开展民间工艺人才培训试点,在秀水街培育建立青溪龙砚传统工艺基地和农家生产生活场景展示馆(乡愁馆)。同时,举办了八都麻绣展,并组织八都麻绣参加第七届省非物质文化遗产博览会,组织青溪龙砚等项目参加省工艺美术“双年展”等。五是文化市场管理规范有序。加强文化市场监管,全年出动检查347次、769人次,检查820家次,立案查处各类违规行为为21起,下达责令整改通知书30份,取缔无证照游戏机房4家,取缔非法演出8起,收缴非法音像制品300余张,罚款2万余元;受理审批事项31件,满意率和提前办结率均达100%。开展非法卫星地面接收设施整治,发出整改通知书76份,拆除非法卫星电视接收设施100余座。

(张　昂)

宁波市文化广电新闻出版局

【概况】 内设职能科室11个，直属事、企业单位15个。2015年末人员1005人(其中：机关58人，事、企业947人；具有高级技术职务资格的137人，中级207人)。

2015年，宁波市文化广电新闻出版局按照习近平总书记视察浙江时做出的“干在实处，走在前列”的重要指示精神，紧紧围绕市委市政府实现“两个基本”、建设“四好示范区”的部署，深入实施“六个加快”战略，全力推进现代公共文化服务体系建设，努力提升文化遗产保护水平，加快推进新闻出版广电融合发展，不断壮大文化产业规模，积极引导文化市场繁荣有序发展，各项文化重点工作取得良好成效。

一、特色文化品牌持续打造

(一)荣膺2016“东亚文化之都”

9月29日，在文化部举行的“东亚文化之都”评选活动终审工作会议上，宁波成功当选为2016年“东亚文化之都”。11月1日，李克强总理在第五届中日韩工商峰会上的致辞里特别祝贺了宁波当选。12月20日，文化部部长雒树刚在青岛为宁波“东亚文化之都”授牌。

(二)舞剧《十里红妆·女儿梦》对外文化交流获成功

年初，舞剧《十里红妆·女儿梦》被中宣部、文化部选派到新西兰和澳大利亚进行海外商业巡演，6场演出票房总收入220万，直接观众1.2万余人。新西兰执政党主席、奥克兰市长、澳大利亚维多利亚州上议院议长及中国驻奥克兰、悉尼总领事等人前往观看并给予高度肯定。7月初，《十里红妆·女儿梦》圆满完成2015俄罗斯国际创新工业展“中国之夜”招待演出和开幕式主宾国表演任务，国务院副总理汪洋盛赞该演出“为重大国事活动增光添彩”。

(三)举办系列文化品牌节庆活动

积极参与第二届“市民文化节”，举办了第七届中国(宁波)农民电影节暨首届“阿拉电影周”活动、中国智慧城市博览会(宁波)、2015“阿拉音乐节”、第十四届宁波“海上丝绸之路”文化周、“甬上书香——2015宁波读书节”等多项活动，丰富群众生活。

(四)推进智慧文化建设工作

成立了局智慧文化工作领导小组，与市智慧办一起发布了《宁波市智慧文化发展规划》。制定了《2015—2017年智慧文化实施方案》，提出了“一云、二库、三展示、十大项目”的建设目标。由文化宁波公共服务平台、文化活动App、微信公众门户和城市文化艺术手册等4个载体组成的“文化宁波”正式上线运行。

(五)正式组建宁波交响乐团

认真调研起草了《宁波交响乐团组建方案》。宁波交响乐团(筹)承办了首届中国—中东欧国家投资贸易博览会招待演出，受到参会外宾和李强省长的高度评价。确定宁波交响乐团的体制及管理机制和运营机制，推进场地入住、人员招聘和器乐购买等组建工作，积极筹备2016年新年音乐会。

二、文化规划编制和文化体制改革全面推进

(一)认真开展十三五文化发展规划编制工作

提出了“十三五”期间文化发展规划指导思想、主要目标和重点任务，并形成1个总规划+5个子规划(公共文化服务体系、文化遗产保护和发展、新闻出版广播影视业、文化设施项目、文化广电新闻出版产业)的体系，形成了“十三五”文化改革发展规划和相关子规划初稿。宁波成为浙江省唯一入选文化部文化改革调研联系点的城市，报送了近10篇高质量的调研报告。

(二)认真开展法治机关建设

结合市政府法治政府建设意见要求，制定下发了法治机关建设实施意见和年度依法行政工作计划，在市级部门率先启动法治机关建设。获宁波市法治政府建设考核工作第一名，在宁波市法治政府建设推进工作会议上作为市直部门唯一代表介绍经验，在宁波市普法领导工作小组会议上作经验介绍。

(三)推进现代公共文化服务体系建设

牵头成立了由22个部门组

成的宁波市公共文化服务体系建设协调组，明确了各成员单位的工作职责，形成会商机制，并召开了宁波市现代公共文化服务体系协调组第一次会议。市委市政府下发了《关于加快构建现代公共文化服务体系的实施意见》。

（四）推进文化事业单位理事会制度建设

深化文化事业单位法人治理体系改革，以中国港口博物馆、宁波博物馆、宁波市文化馆、宁波市图书馆为试点，探索公共文化机构法人治理结构建设，组建了理事会，并在宁波市推广。

（五）推行文化行政审批县市同权同批模式

在保留市本级审批权限的同时，依法将市级本身的15个行政审批事项，委托到县(市、区)文广新局行使，该做法获省级部门信息采录推广，新华网、光明网等100多家媒体网站和省、市政府网站转载。同时，加强对行政审批规范化建设的监督管理和检查考核，制定下发《宁波市文化行政审批规范化建设标准》，组织开展了宁波市文化行政审批技能比武和宁波市十佳文化许可案卷评比。扎实做好权力清单梳理工作。市级文化行政职能从420项减至280项并向社会公布，全面开展文化行政权力"一站式"网上运行。

（六）推进文化市场综合执法改革和国有企业体制改革

推进宁波市文化市场综合执法规范化示范区试点工作，下发了《关于开展执法规范化示范区试点工作的通知》，制订了三年综合执法规范化试点行动计划。宁波市文化市场行政执法总队被文化部评为"全国文化市场综合行政执法先进集体"，被国家版权局评为"全国2014年度查处侵权盗版案件有功单位一等奖"；浙江省文化市场综合执法信息化与规范化建设现场会在宁波召开，推介宁波做法。加快推进电影公司深化改革，新建影院均引入社会资本，实现建立多元投融资体系的资本目标，完成6家新影院建设。积极促进"阿拉梦工厂"电影创新产业园区立项选址。宁波演艺集团深化院团管理改革。执法总队、演艺集团改革做法入围浙江省文化体制改革典型经验案例。

三、公共文化服务体系不断完善

（一）公共文化示范区建设稳步推进

以创建第二批宁波市公共文化示范区（项目）为抓手，全面提升基层公共文化服务水平。以江东区和北仑区为试点，启动文化馆总分馆建设，以镇海区基层公共文化规范制定为试点，推动公共文化服务标准化建设。开展了第三批市级群众性文化活动优秀品牌和优秀基层业余文艺团队评选活动，评选出37个基层文化活动品牌和67支团队。在南开大学举办了宁波市公共文化服务体系建设培训班。

（二）文化惠民工作扎实开展

推进"农村电影改革发展331工程"建设，建成100家公益电影放映基地，建成完善204家农村电影固定放映点，建成65个乡镇数字影厅，提前完成了三年的政府实事工程。提高农家书屋效用，全市农家书屋流转更新30.8万册次。开拓图书馆O2O服务新模式，架构图书馆移动阅读平台。市流动图书馆向社会推出"定制式"服务模式，开通电视图书馆，完成24小时自助图书馆二期建设，全市建有24小时自助图书馆(阳光房)27个。"天然舞台"和各县(市、区)"天天演"形成"1+X"送戏下基层模式。"天然舞台"送高雅艺术进基层近300场，全市送戏下基层6000余场次。"天然舞台"政府购买服务的做法在宁波市政府购买服务培训会议上获推广。

（三）文艺美术作品创作进一步丰富

在中国美术馆举办了"大道无极——胡朝霞书法艺术篆刻展"。演艺集团现代甬剧《雷雨》《最美阿姨》首演获好评，相继推出了《灰姑娘》和《美人鱼》两台儿童剧。甬剧情景剧《药行街》收视率高达8%，稳居宁波电视台各频道栏目之首。甬剧《赶海的女人》等5部舞台剧、《名阁名家名印》等3个美术项目、《天一阁藏书画精品图录》等2部图书被列入市精品创作三年规划。

（四）文化系列活动丰富多彩

"元旦""新春"期间的系列文化展、演、播活动精彩纷呈。举办了"书连法兰西——法国图书周暨鲁昂图书历史展""发现契丹——辽代文物精华展""撒哈拉的问候——非洲雕刻文物艺术展"、宁波市"龙狮争霸"大赛等展览和活动。开展了宁波市戏剧小品小戏曲艺会演、市美术书法摄影优秀作品展、市种文化活动成果展演、市农村文化礼堂文艺团队才艺大赛等活动。与市委宣传部、市教育局一起组建了宁波市合唱团，推进宁波市声乐普及工作。组织开展纪念中国人民抗日战争暨世界反法西斯战争胜利70周年系列活动。选送16件美术作品参加全国评选，在天一阁博物馆举办抗战题材美术作品展。举办了纪念中国人民抗日战争暨世界反法西斯战争胜利70周年主题歌曲合唱大赛。

（五）重要文化设施建设进展顺利

列入“市三年行动计划”的3个重点项目，艺术剧院（凤凰剧场）改造项目顺利完成主体结构竣工，进入设备安装、剧院精装修阶段；市图书馆新馆开工建设，完成所有桩基，进行地下室挖土；天一阁东扩工程加紧前期筹备，确定设计方案并完成初步设计。保国寺科技保护中心设计方案获批筹建，宁波博物馆顺利推进二次提升工程。

四、文化遗产保护工作稳步推进

（一）大运河申遗后续保护管理工作全面启动

成立宁波市大运河遗产保护管理委员会办公室。宁波市政府办公厅下发了《关于进一步加强宁波大运河遗产保护管理工作的通知》。完成大运河遗产和国保单位预警监测平台一期建设。

（二）海上丝绸之路申遗工作有序推进

认真梳理宁波市海上丝绸之路遗产，确定保国寺、永丰库遗址、天童寺、阿育王寺、上林湖越窑遗址等5处遗产重新申报国家海上丝绸之路遗产预备名单。小白礁Ⅰ号沉船打捞和宁波海上丝绸之路申遗工作成果入选国家文物局“十二五”全国文物保护成果展。宁波市承办了文化部首期阿拉伯国家文物修复专家研修班。召开了“海洋印痕——海图、海洋文化与海上丝绸之路”学术研讨会。天一阁顺利完成宁波市首个国际性文物保护技术文件《中国古籍修复导则》。联合国教科文组织在甬举办了东亚五国纸质文物保护指南成果发布会，并举行了东亚纸张保护方法和制造传统学术研讨会和成果专题展。

（三）名城保护和文物保护基础日益稳固

塔山遗址、鲻山遗址、永丰库遗址等8处文保单位的保护规划获国家文物局立项批准。全力推进天主教堂修缮工程和城隍庙、郡庙抢险加固工程、轨道交通和城际铁路等工程的报批和实施工作。鄞江镇荣膺第五批省级历史文化名镇。它山堰荣膺第二批世界灌溉工程遗产。基本完成“一普”第二阶段数据采集登录工作，完成101家国有收藏单位17.93万件藏品的数据采集登录，完成3.9万件/套的数据审核并报送至省普查办。

（四）田野水下考古发掘取得新成果

全年共完成抢救性考古调查项目38项、考古勘探与发掘项目22项，其中镇海九龙湖鱼山遗址获得河姆渡文化谱系重大发现成果。完成“宁波地区古代城址考古工作计划（2013—2016）”之鄞江古城野外考古工作。完善国家水下文化遗产保护宁波基地的建设与运行，与中国社科院考古研究所合作建立“科技考古·宁波讲坛”。成功举办宁波基地落成开放一周年系列活动。与上海方面合作开展并圆满完成“长江口Ⅰ号”水下考古调查项目。自行组织并实施完成宁波首个配合基本建设水下考古项目——三门湾大桥（宁波段）水下考古调查。

（五）博物馆发展相关工作呈现新突破

中国港口博物馆基本陈列获得2014年度全国博物馆十大陈列展览精品推介优胜奖；宁波博物馆和余姚河姆渡博物馆分别荣获浙江省博物馆免费开放最佳社会参与奖和最佳未成年人教育奖。新编制了市直博物馆文物借用、捐赠、征集3项管理办法。评选出非国有博物馆三星级博物馆3家、二星级博物馆6家、一星级博物馆3家。象山、慈溪积极筹备新馆陈列，奉化、宁海正式筹建国有综合博物馆。行业专题博物馆宁波教育博物馆开放，宁波党史馆、宁波水利博物馆、宁波甬剧博物馆等建馆与筹展同步进行。

（六）非遗保护工作有新亮点

宁波市政府发文命名了第四批宁波市非物质文化遗产代表性项目名录40个，同时建立了非遗保护项目传承人传承基地退出机制。完成年度“三位一体”非遗保护评估工作，以3年为期的252个宁波“三位一体”非遗保护基地的考评工作全部完成。举办了第三届“阿拉非遗汇”，汇聚宁波8家高校成立全国首个非遗保护高校联盟。出版《乡愁——非遗图典》和《甬剧优秀唱腔选集》。举办非遗生产性保护基地系列成果展、宁波非遗海外传播工程、非遗进机关等非遗传播活动。

五、文化产业繁荣发展

（一）推进骨干企业培育

民和影视、美麟文化、大汉印邦等3家企业在新三板挂牌上市，文化上市（含新三板）企业达到7家。建立文化产业发展重点项目库,3个项目入围2015国家动漫企业项目资源库,5个项目入围2015国家文化金融合作项目库,13个项目入围2015国家文化产业重点项目库。开展宁波市文化创新空间"双十佳"评选工作,宁波文化广场等被授予十大文化创新空间,117艺术空间被授予十大文化创意微空间。20家企业被认定为2015年宁波市重点动漫企业。联合湖南大学举办了2015宁波市文化产业发展高级研修班。

(二)推进文化金融合作

积极争创文化金融合作试验区,制定文化金融合作试验区创建方案,协调人民银行落实3亿资金"再贴现"支持小微文化企业发展,联合中国人民银行宁波市中心支行、宁波市科技局下发《关于加大政策支持力度深化科技金融融合和文化金融合作的意见》,宁波市在文化部文化金融合作试验区专题研讨会上介绍文化金融合作经验。配合财政、宣传部门做好国家文化产业专项资金项目的申报推荐工作。开展2015年度文化产业发展专项资金和动漫游戏产业专项资金申报工作。

(三)搭建产业推荐平台

先后组织宁波企业参加义乌文博会、杭州国际动漫节、深圳文博会、厦门海峡两岸文博会等展会,以及香港国际授权展、台湾文创论坛和德国科隆国际游戏展。荣获义乌文博会展会优秀组织奖一等奖。宁波市动画系列剧《布袋小和尚(第三季)》勇摘杭州动漫节金猴奖"最具潜力动画剧本奖",动画片《少年阿凡提》入选国家广电总局的"中非影视合作工程"。

六、文化行政管理规范有序

(一)优化文化市场管理机制

创新文化市场管理网格体系建设,推进网格管理信息化。完善文化市场主体守信激励和失信惩戒机制,逐步构建以信用管理为核心的文化市场事中事后监管体制。探索多种形式义务监督员队伍建设,深化文化市场社会化监督机制。做好网吧长效机制试点和转型升级试点政策宣传工作,确保政策平稳落地。召开上网服务场所转型升级推进会,开展宁波市"文明网吧"评选活动。开展文化消费调研。举办宁波市文化市场高级经营人才培训班。开展平安文化经营场所创建工作,评选出2014年度宁波市"平安文化经营场所"创建达标单位42家及复评达标单位18家。

(二)做好社团组织服务管理工作

成立宁波市文化社会组织联合会,指导成立了宁波郡庙文化基金会、宁波文化娱乐行业协会、宁波旗袍文化研究会等社团;建立局主管48家社团组织的档案信息;宁波市图书馆学会、群众文化学会被评为市社科联活动先进单位。指导网吧协会、娱乐协会、书刊业发行协会编撰了市场发展报告。

(三)抓好文化市场整治工作

完成"两节""两会"文化市场保障行动、网吧专项整治、演出市场专项整治、出版物清查、校园周边综合治理等专项执法检查行动。认真落实"扫黄打非"各项工作要求,深入开展"清源""净网""护苗""秋风""剑网""平安浙江"等专项行动,严厉打击文化市场各类违法违规行为,鉴定15批次2.52万册次非法出版物,查办案件310起,其中"余姚3·11特大网络贩卖淫秽视频牟利案""宁波4·29制售盗版少儿图书案""宁波'邓花'销售云盘账号传播淫秽物品牟利案"等3个案件被列为全国"扫黄办"督办案件。

七、文化队伍素质不断提升

(一)抓好干部和人才队伍建设

举办全市文化广电新闻出版系统领导干部素质能力提升高级研修班、中青年业务骨干综合素质提升班、事业单位新进人员培训班。新选拔配备了6名局属单位领导干部。6家事业单位招聘、引进各类人才18名。完成优秀人才选拔推荐工作,1人入选市杰出人才,2人入选市文化名家,5人入选市领军和拔尖人才第一、二层次培养人选;评选出11位文化人才享受2015—2016年高层次优秀人才享受岗位津贴。

(二)推进事业单位职称改革等工作

探索建立评审量化评价制度,制定了文物博物中高级专业技术资格量化评分标准。推进事业单位机构、人事制度改革,启动局属事业单位功能定位和编外用工总量核定工作。

【大事记】

1月

7日　奉化追回省级文保单位萧王庙被偷石础,同时被追回的还有西坞蔡氏宗祠里的石础、裘村阎家茶亭的石茶缸等。

10日　宁波市图书馆开设的音乐专题馆——天一音乐馆正式对外开放。

12日至14日　宁波市5家文创企业首次参加香港国际授权展，达成多项授权意向。

19日　宁波市鄞州区出台《关于引导和鼓励地方名人捐赠家藏文献的实施办法(试行)》。

23日　日本新潟地区"海上丝绸之路"记者访问团访问宁波博物馆。

27日　宁波市鄞州区业余文保员联合会成立，并通过《宁波市鄞州区业余文保员联合会章程》。

28日　宁波市动漫行业协会成立大会暨第一届一次会员大会召开，宁波全市30多家动漫游戏企业成为首批团体会员。

2月

1日　宁波熨斗博物馆在鄞州区文保单位潘火桥村蔡氏宗祠女祠开馆。

6日　宁波市文化广电新闻出版局与文化部政策法规司签订协议，成立文化部文化改革发展调研基地。

11日　宁波市文化广电新闻出版局系统单位文化建设总结表彰大会在宁波市图书馆召开，宁波市文物考古研究所、宁波市文化市场行政执法总队、宁波市图书馆等3家先进集体和12支最美团队、16名最美人物受到表彰。

12日　宁波市政府与北京外国语大学签署战略合作协议，共建学术研究平台"海上丝绸之路研究院"。

25日至3月12日　舞剧《十里红妆·女儿梦》在新西兰奥克兰及澳大利亚悉尼、墨尔本3站进行海外商演，票房总收入220万，直接观众1.2万余人。

28日　宁波市北仑区公布第五批区级文物保护单位。

是月　《宁波市智慧文化发展规划(2015年—2020年)》通过专家论证。

3月

7日至4月5日　宁波市文化馆117艺术中心举办"红了绿了——国际女性艺术展"，展出11个国家的影像、装置、雕塑、油画、水墨、版画等艺术作品。

13日　经浙江省文化厅研究并报文化部备案，确定宁波市为"上网服务场所管理长效机制试点"和"上网服务行业转型升级试点"城市。

16日　"中国航海学会航海科普教育基地"正式揭牌，庆安会馆成为宁波市首个全国航海科普教育基地。

19日　宁波文化广场、宁波民和惠风和畅文化产业园、宁波中国港口博物馆及东海水下考古基地、高新技术文化创意产品出口信贷和大丰文体创意及装备制造产业园建设5个项目入选2015年度文化金融合作项目库。

同日　宁波市文化广电新闻出版局组织召开2015年度宁波市文化市场管理工作会议，部署2015年宁波全市文化市场管理重点工作。

23日　宁波市文化广电新闻出版局、市市场监督管理局、市公安局、市通信管理局等4部门联合下发《关于完善管理政策促进互联网上网服务行业健康有序发展的意见》(甬文广新发〔2015〕23号)，调整互联网上网服务行业管理政策。

24日　宁波市文化广电新闻出版局召开2015年宁波全市文化产业工作会议，部署年度重点工作。

4月

2日　宁波市海曙区首家美术馆——月湖美术馆落户市级文保点杨宅。

9日　浙江省委常委、宣传部部长葛慧君一行到演艺集团调研院团改革情况。

16日　宁波市演出行业协会成立。

18日　由浙江省邮政公司宁波分公司、海曙区政府联合举办的"孙传哲纪念馆成立揭牌仪式"暨其遗作《瘦西湖》特种邮票首发活动在海曙区举行。

20日　宁波市11个县(市、区)统一开展侵权盗版及非法出版物集中销毁活动，共销毁非法图书、报刊、音像制品等非法出版物共7.4万余件。

27日　启动宁波市基层文化站文化市场管理业务轮训工作。

同日至30日　宁波市47家企业参加义乌文交会，展位118个，面积1000余平方米，宁波市文化广电新闻出版局被组委会授予"展会优秀组织一等奖"。

28日至5月3日　宁波全市20余家动漫游戏企业参加第十一届杭州国际动漫节，达成合作项目20余个，宁波大慈文化公司创作动画片《布袋小和尚》获得动漫节金猴奖"最具潜力动画剧本奖"。

29日　省委常委、宁波市委书记刘奇到中国港口博物馆视察。

同日至5月8日　"宁波友好城市——法国鲁昂市当代艺术作品展"在宁波美术馆展出，集结鲁昂市当代20位最优秀艺术家的作品80余件。

30日至5月4日　法国鲁昂音乐学院管弦乐团在宁波举办一系列文化交流活动，包括庆祝宁波—鲁昂建立友好城市关系25周年交响音乐会等4场演出和1场讲座。

5月

1日　全国政协副主席韩启德一行莅临中国港口博物馆视察。

6日至10月30日　宁波市开展“扫黄打非·清源2015”专项行动。

8日　宁波市文化娱乐行业协会成立。

同日　宁波市查获“宁波4·29制售盗版少儿图书案”，被全国“扫黄打非”工作小组办公室挂牌督办。

11日　宁波市人大常委会(甬人大常〔2015〕26号)决定：任命赵惠峰为宁波市文化广电新闻出版局局长；免去陈佳强宁波市文化广电新闻出版局局长职务。

12日　英国维多利亚埃尔伯特博物馆国际合作主任安娜丝·阿盖尔及英国诺丁汉大学艺术学部对外交流合作处经理萨拉·科尔与宁波博物馆开展合作培训业务交流。

14日　全国人大代表浙江第二小组视察团莅临宁波港口博物馆。

16日　宁波教育博物馆正式开馆，为全国第一家市级教育博物馆。

17日　浙江大学人文学院文物与博物馆学系和余姚市河姆渡遗址博物馆合作签约仪式在余姚市河姆渡遗址博物馆举行。

18日　中国港口博物馆“‘港通天下’中国港口历史陈列”获2014年度全国博物馆十大陈列展览精品推介优胜奖。

同日　宁波市宁海知青纪念馆正式对外开放。

同日至7月19日　“撒哈拉的问候：非洲文物雕刻艺术展”在宁波博物馆展出，共展出190件非洲撒哈拉以南地区17—19世纪的雕刻艺术品。

21日至22日　宁海大观园文化传媒有限公司、宁波华创有限公司等4家单位参加在台湾高雄举办的“两岸中小企业发展论坛”。

22日　宁波市文化广电新闻出版局和宁波日报报业集团主办，中国宁波网、江东区文化广电新闻出版局承办的“海商杯”宁波市文化创新空间“双十佳”评选活动举办。和丰创意广场、象山影视城等20家文化空间获“十大文化创新空间”和“十美文化创意微空间”荣誉。

26日　由宁波市天一阁博物馆承担联合国教科文组织项目《古籍与文书修复导则(中国部分)》第一次专家评审会在宁波市天一阁举行。

27日至11月10日　宁波市开展“扫黄打非·秋风2015”专项行动。

30日至6月7日　由宁波市人民政府新闻办、市文联、市文广新闻出版局、宁波中华文化促进会联合主办，宁波天一阁博物馆、宁波市书法家协会、韩国济州素墨会承办的第二届“中国宁波—韩国济州”国际书法交流展在宁波市天一阁书画院举行。

是月　中央电视台8集大型纪录片《海上丝绸之路》摄制组到宁波拍摄海上丝绸之路遗迹。

6月

1日　宁波市文化广电新闻出版局正式在宁波市推开文化行政审批系统市县同权同批，推动文化行政审批制度改革。

同日　第二届“中国宁波—韩国济州”两地书法艺术交流展在宁波市天一阁博物馆举行，展出中韩双方书法家80幅作品。

6日　“漫游中东欧”音乐会在宁波文化广场举行，波兰、匈牙利、保加利亚乐队与宁波本土乐队共同参与。

同日　由宁波市文化广电新闻出版局主办，宁波市文化馆、市非物质文化遗产保护中心、市非物质文化遗产保护协会及宁波大红鹰学院人文学院承办的第三届阿拉非遗汇·宁波市庆祝第十个文化遗产日暨宁波非遗保护高校联盟成立启动仪式在宁波大红鹰学院举行。

8日　中东欧国家美术馆馆长论坛在宁波举行，中东欧12位外宾和国内30多家美术馆馆长就“美术馆藏品管理”和“美术馆公共教育”两个主题进行交流探讨，并共同发表《中国(宁波)—中东欧国家美术馆合作共识》。

同日至16日　第二届中东欧国家当代艺术作品展在宁波举办，汇集中东欧16国19位艺术家74件作品，以雕版、油画、水彩、装置等多种表现形式呈现，观众人数达到2.5万人次。

9日　宁波市天一阁博物馆举办首届在甬外国人“我的中国梦”汉语大赛。

12日　宁波市鄞州发现海防长城遗产——狭石岭土城。这是迄今为止宁波地区发现最长、内容最丰富、设施最完备的古代军事类遗存。

同日　宁波市旗袍文化促进会成立暨第一次会员大会在宁波市联谊宾馆召开,70余名会员和嘉宾参加大会。

同日　宁波市微电影协会举行成立大会。

同日　宁波海关罚没文物移交仪式在宁波博物馆举行,宁波海关向宁波博物馆移交没收文物57件,主要包括战国刀币、宋代小平钱、木制生活用具、邮品税票等文物。

14日　世界最佳遗产组织主席托米斯拉夫·索拉教授专程赴宁波博物馆进行交流访问。

15日　宁波民和影视动画股份有限公司、宁波卡酷动画制作有限公司、宁波莱彼特文化传媒有限公司等20家企业被认定为2015年宁波市重点动漫游戏企业。

16日至7月16日　诺丁汉大学、AIESEC青年学生组织与宁波博物馆合作举办"当东方遇见西方"海外志愿者文化交流活动,28位海外志愿者在宁波博物馆学习中国文化并进行各项志愿服务工作。

18日　2015中国(宁波)海商文化国际论坛在江东举行。中、日、韩和台湾地区的30余位经济、海洋文化研究专家、学者谈海商文化传承和创新以及海商文化如何引领和推动港口城市经济社会发展等问题,并作一系列主旨演讲和交流发言。

26日　宁波市图书馆新馆项目举行开工仪式。宁波市副市长张明华,宁波市发改委、市财政局以及项目施工、代建、监理、审计、设计等单位相关负责人到场。

27日　宁波市规划局出台《鄞江历史文化古镇规划(草案)》。

29日　江东区文化广电新闻出版局、白鹤街道在白鹤桥举行"双七十"纪念活动暨侵占宁波日军受降地白鹤桥纪念长廊揭幕仪式。

7月

1日　《宁波市历史文化名城名镇名村保护条例》正式施行。

2日　宁波市人大常委会主任王勇一行到演艺集团调研文化产业发展情况。

3日至5日　由宁波市文物商店和上海文物商店联合主办的宁波市第17届文物艺术品展销会在宁波饭店举办。

4日至5日　应上海越剧院邀请,宁波市小百花越剧团携《烟雨青瓷》与青春版《何文秀》亮相上海天蟾逸夫舞台,作为庆贺上海越剧院成立60周年"越剧嘉年华"开幕演出剧目。

4日至9日　受文化部和商务部组派,宁波市演艺集团携舞剧《十里红妆》参加2015俄罗斯国际创新工业展"中国之夜"招待演出和开幕式主宾国表演,国务院副总理汪洋赞该演出"为重大国事活动增光添彩"。

14日　由全国人大常委会委员、浙江省人大常委会副主任姒健敏带领浙江省人民代表大会调研组到宁波博物馆调研。

23日　国家名城委专家组到庆安会馆考察。

同日　宁波市文化广电新闻出版局联合人民银行,实现"再贴现"政策资金支持小微文化企业发展。

同日　2015宁波国际青少年海洋文化夏令营开幕,美国、英国、俄罗斯、澳大利亚等20多个国家120多名青少年参加。

27日　宁波市艺术剧院(凤凰剧场)改造项目完成主体结构。

30日　台湾台南市善化庆安宫文化交流团一行7人来到鄞州区进行文化考察交流。

是月　宁波市普查办公布第一次全国可移动文物普查"百大新发现"。

8月

1日　《宁波原创舞剧〈十里红妆〉"红"到纽约　舞进主流社会》一稿在浙江省第十六届对外传播"金鸽奖"新闻报道评选中获三等奖。

5日　国家水下文化遗产保护宁波基地"小白礁Ⅰ号"沉船船体保护修复项目正式启动。

7日至16日　应宁波信远工业集团邀请,台湾艺术家林吉峰在宁波美术馆举办线条艺术创作展,展出作品88件。

14日　中国港口博物馆理事会正式成立,中国港口博物馆是宁波市第一家推行理事会制度国有博物馆。

16日　由宁波市委宣传部、宁波市文化广电新闻出版局主办,宁波市文化馆承办的"纪念中国人民抗日战争暨世界反法西斯战争胜利70周年"主题合唱大赛(决赛)在宁波市文化广场大剧院举行。

17日　宁波市图书馆新馆工程完成开工报告审批,正式开工。

21日至25日　宁波市文物保护管理所副所长黄浙苏赴韩国

参加由庆尚北道与韩国外国语大学主办的世界丝绸之路学会创立总会与第一届国际学术研讨会。

24日　鄞州区发现日寇侵略新罪证——上化山日军军事指挥所遗址。

同日　鄞州区樟村四明山烈士陵园入选国务院公布的第二批国家级抗战纪念设施遗址名录。

25日　宁波市查获“余姚3·11特大网络贩卖淫秽视频牟利案”“宁波‘邓花’销售云盘账号传播淫秽物品牟利案”2起案件被全国“扫黄打非”工作小组办公室挂牌督办。

28日　宁波民和影视动画股份有限公司在全国中小企业股份转让系统正式挂牌，为全市首家在“新三板”正式挂牌动漫公司。

31日　宁波市文物考古研究所与华东师范大学河口海岸国家重点实验室联合申报的“宁波姚江平原新石器遗址记录的全新世中期水涝灾害及古人类响应与适应对策”项目获得国家自然科学基金面上项目经费资助。

9月

1日　由奉化市文物保护管理所、奉化市委党史研究室等单位联合筹建奉化抗日战争纪念馆在奉化北门小洋房正式开馆。

同日　宁波市首个公共文化服务平台“文化宁波”正式上线。

5日　2015首届“海上丝绸之路”创意设计大赛在宁波正式启动。

9日　宁波市规划局公示《宁波历史文化名城保护规划》。

15日至16日　由中国图书馆学会主办、宁波市图书馆和宁波市图书馆学会承办的“现代图书馆与科技融合研讨班”在宁波市图书馆举办，全国各类图书馆代表200人参加研讨。

18日　浙东(四明山)抗日根据地旧址举行“国家国防教育示范基地”揭牌仪式。

同日至9月20日　“星云大师一笔字书法2015年中国大陆巡回展(宁波)”在奉化雪窦寺展出星云大师作品43幅。

19日至10月8日　“星云大师一笔字书法2015年中国大陆巡回展(宁波)”在宁波美术馆展出星云大师一笔字作品100幅。

21日至24日　宁波博物馆代表团赴法国鲁昂进行工作访问，参加在克罗地亚杜布罗夫尼克举办的2015“最佳文化遗产”大会。

22日　镇海区在古籍普查中发现清代画家郑板桥著《板桥集》残卷。

23日　由中国电影集团公司、中国电影发行放映协会、宁波市人民政府主办，宁波市委宣传部、市文化广电新闻出版局、市文学艺术家联合会承办的第七届中国(宁波)农民电影节暨首届阿拉电影周活动开幕。

25日　宁波市吉他协会成立大会暨第一次会员大会召开。协会汇集了从事吉他艺术教学培训人员、创作演奏专家、吉他音乐爱好者等60余名会员。

28日　宁波市艺术剧院(凤凰剧场)改造项目完成中间结构验收(主体结构和基础结构)。

29日　宁波以第一名成绩当选为2016年“东亚文化之都”。

是月　宁波市智慧办、宁波市文化广电新闻出版局联合发布《宁波市智慧文化发展规划(2015年—2020年)》，将智慧文化纳入智慧城市建设体系。

10月

8日　宁波市甬剧情景剧《药行街》杀青，52集全部拍摄完毕。

9日　河海大学学生学习实训基地揭牌仪式在中国港口博物馆举行。

同日　宁波市文化馆理事会和宁波市图书馆理事会成立大会在宁波市图书馆举行。

11日至15日　应香港贸易发展局邀请，宁波市演艺集团有限公司一行26人赴香港参加2015甬港经济合作论坛开幕式演出活动。

12日　2015年度“匠心营造·聚焦斗拱”中国古建筑摄影大赛主题外拍活动启动仪式在宁波市保国寺古建筑博物馆举行。

同日　国际灌排委员会第66届国际执行理事会全体会议公布2015年入选的世界灌溉工程遗产名录，鄞州区千年它山堰与诸暨桔槔井灌工程、寿县芍陂一起入选。

15日至19日　宁波市文学艺术界联合会组织中华文化促进会国乐飘香艺术团“江南丝竹”乐队一行16人赴韩国参加大邱艺术节，在大邱文化艺术会馆演出3场。

16日　中国港口博物馆举行“港博之夜——中国港口博物馆开放一周年”系列活动，同时成立宁波首个公众考古活动基地。

17日　鄞州区洞桥镇举办首届全祖望文化节，同时全祖望故居经过两年修缮扩建后重新对外开放。

21日　宁波博物馆理事会成立。

22日　宁波市艺术剧院(凤凰剧场)改造项目完成优质工程检测。

同日至25日　第十九届宁波国际服装节首次增设动漫授权展区,民和影视、千懿文化、尚方影视等10家宁波重点动漫企业参展。

28日　宁波市公共文化服务体系建设协调组成立暨第一次全体会议在宁波市行政会议中心召开。

30日至11月2日　宁波市8家文创企业参加"第八届海峡两岸(厦门)文化产业博览交易会",获得优秀组织奖。

31日　由沈光文课题研究委员会和宁波市委党校教授乐承耀历经三年联合编著的《台湾文献初祖沈光文研究》一书在宁波市鄞州区举行首发仪式。

同日　由宁波市文化广电新闻出版局、宁波市教育局、宁波市妇女联合会、宁波日报报业集团、宁波广播电视集团主办,宁波市图书馆、宁波新华书店、各县(市、区)文广新局承办的"书香宁波——2015宁波读书周"在宁波文化广场开幕。开幕式上,宁波电视图书馆开通并向公众开放,公布"十佳阅读推广人""最美阅读空间"评选结果。

同日　宁波市政府台湾事务办公室、宁波市文化广电新闻出版局、鄞州区人民政府联合举办"2015年甬台两地沈光文文化研究鄞州高端论坛"。

11月

10日　宁波博物馆启动"'眺望彼岸——中国人看外国、外国人看中国'摄影比赛暨'眺望彼岸'"多国摄影展。

同日至20日　宁波市委外宣办、宁波市文化广电新闻出版局共同推出"跟着师傅学技艺——国际友人体验非遗"系列活动,推出学习四明内家拳、书画传统装裱、体验金银彩绣、学做宁波菜、体验泥金彩漆5次活动,吸引30多个国家200多人参加。

11日　宁波市规划局公示首批历史建筑推荐名单,共涉及7个区域424处历史建筑,其中11处已属于濒危历史建筑。

同日　宁波市北仑区梅山盐场纪念馆正式开工建设。

18日　宁波市鄞州鱼文化博物馆迁址鄞江镇鲍家墈村,新馆建设后重新向公众开放。

19日　宁波卡酷动画制作有限公司动画电影《回马亭》入选2015年弘扬社会主义核心价值观动漫扶持计划创意类项目名单。

20日　第十四届宁波"海上丝绸之路"文化周在宁波博物馆开幕,系列活动包括学术研讨、临特展、人文讲座、公众评选、创意设计等20项。

同日至12月8日　由文化部外联局、浙江省文化厅、宁波市文化广电新闻出版局主办,宁波博物馆、宁波海上丝绸之路研究院承办的首届"阿拉伯国家文博专家来华研修班"在宁波市举办,埃及、阿联酋等10个国家的19名专家参加研修。

23日　由文化部外联局、浙江省文化厅、宁波市文广局主办,宁波博物馆、宁波海上丝绸之路研究院、北京外国语大学承办的"首期阿拉伯国家文物(纸质)修复专家研修班"在浙江万里学院举行开班仪式。

25日至12月6日　"两岸书画展"在宁波美术馆开幕,展览汇聚台湾28位书法家及爱好者和宁波8位书画家的60余幅作品。

12月

1日　"天一阁博物馆"App推出,天一阁博物馆内实现无线网络全覆盖。

3日　"镇海鱼山·乌龟山遗址考古成果新闻通报会暨远古的微笑——镇海鱼山·乌龟山遗址考古成果特展"在宁波帮博物馆举办。

5日　当代著名作家、书画家、中国文联副主席冯骥才参观余姚河姆渡遗址博物馆。

8日　联合国教科文组织"纸张保护:东亚纸张保护方法与纸张制造传统"项目成果发布会暨展览在宁波市天一阁博物馆举办。联合国教科文组织和东亚五国100余名专家、学者出席成果发布会暨展览开幕式。

同日　宁波市公布28个第三批宁波市历史文化名村名单。

10日　中国文化遗产研究院院长刘曙光一行视察中国港口博物馆。

14日　宁波市北仑区文化市场管理("扫黄打非")工作领导小组办公室荣获第六届全国服务农民、服务基层文化建设先进集体,受中共中央宣传部、文化部、国家新闻出版广电总局联合发文表彰。

15日　浙江省"扫黄打非"工作领导小组办公室发文表彰2015年浙江全省"扫黄打非"工作先进集体和个人,宁波市"扫黄打非”工作领导小组办公室、宁波市公安局治安支队、慈溪市“扫黄打非”工作领导小组办公室被评为浙江省“扫黄打非”工作先进集体，曹剑、黄金婷被评为浙江省“扫黄打非”工作先进个人。

同日　“宁波文化遗产保护网”运行十周年。

16日　由宁波市文化广电新闻出版局主办，宁波市文物保护管理所承办的最美文保员颁奖暨《宁波市全国重点文物保护单位图录》首发仪式等活动在庆安会馆大殿举行。

20日　第七次中日韩文化部长会议在青岛举行，宁波市副市长张明华代表宁波市政府参加授牌仪式，从中国文化部部长雒树刚手中接过“东亚文化之都·中国宁波”的授牌。当天，还举行了2016东亚文化之都(宁波、济州、奈良)市长见面会。

23日　宁波大慈文化传播有限公司制作动画电视片《布袋和尚》入选2015年国家动漫品牌建设和保护计划项目名单。

同日　2015年度宁波全市文物信息工作会议在宁波饭店召开，会议由宁波市文物保护管理所召集组织，各县(市、区)和市直文博单位文物信息员、负责不可移动文物数据库建设的业务人员参加会议。

同日至24日　全国“扫黄打非”工作小组办公室组织中央电视台、中国教育电视台和《中国新闻出版广电报》《中国文化报》以及中新社、新华网等13家中央新闻媒体记者一行，到宁波就“扫黄打非”工作进行集中采访。

25日　中国港口博物馆被浙江省委、省政府命名为第九批省级爱国主义教育基地。

27日　象山县博物馆正式开馆。

28日　宁波市文化社会组织联合会召开成立大会暨第一次会员大会。选举出第一届理事会及第一届监事会。

同日　宁波市文化社会组织联合会成立。48个协会、学会、研究会、基金会、民办非企业单位和个人成为首批会员。

(应霞艳)

宁波市县(市、区)文化工作概况

【海曙区文化广电新闻出版局】 内设职能科室2个，直属单位4个，2015年末人员7人(其中：机关4人，事业3人；无具有高、中级技术职务资格的人员)。

2015年，海曙区文化广电新闻出版局紧紧围绕“文化软实力领跑全市”的工作目标，坚持改革，立足创新，以深入推进文化管理体制改革和运行机制改革为抓手，不断整合中心城区社会资源，一手抓事业发展，一手抓产业提升，在文化事业、文化产业、文化遗产、文化市场繁荣发展等方面取得了新突破。一是全面推进文化事业发展。文化治理扎实开展。制订出台《海曙区政府采购公共文化服务项目管理试行办法》，按照“以项目核拨经费”原则，建立稳定的公共文化投入保障和增长机制。据不完全统计，区财政和街道直接投入公共文化服务和遗产保护专项工作的经费超过2500万元，比2014年增长近1倍。完成“社区综合公共文化服务中心建设”专题调研，以鼓楼街道秀水社区等7个社区为试点，推进综合文化服务中心试点工作。积极探索公共文化服务综合协调机制，海曙区文体中心向社会推出19个免费服务项目，图书馆图书借阅量同期增加3倍，场馆其他配套招商、装修和进驻全面完成。深化文化体制改革，基本完成区文化馆、区图书馆理事会建立工作。加快建立宁波和美文化艺术发展中心现代化企业制度，制定《宁波和美文化艺术发展中心深化改革初步方案》，促使文化国企形成新的经营管理机制、内部激励约束机制和企业文化。文化团队蓬勃发展，根据《海曙区业余文艺团队扶持和管理办法》，推进区、街道、基层三级业余文艺团队梯队建设。加强公共文化队伍建设，探索建立《海曙区基层文化干部理论、实务培训档案》，推动专业文化干部提升学习的常态化、制度化。文化惠民多元拓展，文化活动丰富多彩，全年流通图书37.48万册次，接待到馆读者36.5万人次；举办各类文化惠民活动462场，参与人次达10万以上；获得省、市、区级文艺精品奖项28个。二是全力推动文化产业发展。加大扶持力度，以重大项目、产业园区、历史街区为载体，以创新提升为主线，以改革发展为动力，加快推进文化产业集约化、规模化、专业化、融合化发展。据统计，是年底，海曙区拥有文化产业法人单位超过2200家，文化产业实现增加值29.98亿元，占GDP比重约5.27%。114家规模以上文化企业实现营业收入118.62亿元，实现利税总额6.68亿元；新增文化产业企业638家，注册资金

17.08亿元,其中注册资金在500万元以下的515家,500万—1000万元的92家,1000万元以上的31家。与2014年相比,新增文化产业企业数量增加了32.6%。不断夯实基层基础工作。修订《海曙区文化产业发展考核办法》,完善海曙区文化产业发展重点项目库,实时跟进项目建设情况。宁波大慈文化传播有限公司在第十一届中国国际动漫节上,凭原创系列动画片《布袋小和尚(第三季)》勇摘动漫节"金猴奖单项奖""最具潜力动画剧本奖";宁波龙泰影视公司投拍的宁波首部纪念中国人民抗日战争暨世界反法西斯战争胜利70周年的电影《激战黎明》和都市电影《时尚女郎之女人江湖》11月6日在全国院线上映。依托城区文化资源优势,通过加快更新改造步伐、加大文化企业招商力度和调整街区、园区内部业态,初步形成业态互补、定位各异的文化产业集聚区。历史街区因文创而焕发活力。南塘老街二期进一步加大非遗老字号、文化创意设计和特色文化商业业态引进力度,截至是年12月,已签约入驻商户100家,小店铺54家,开业以来日均流量2.43万人次。启动郡庙—天封塔历史文化街区产业提升项目,完成城隍庙整体修复设计、展陈设计和区域业态定位研究方案以及宁波市郡庙文化发展基金会注册,募集资金280万元。搭建文化产业培训交流平台。继续执行文化企业创意文化策划能力提升计划,鼓励企业"走出去"发展。三是加强文化遗产保护工作。全面完成全国第一次可移动文物普查信息采集、登录等各项工作。是年,有各级文保单位、文保点139处,保护完好率继续保持在95%以上。文保单位"四有"工作逐一落实,区级以上文保单位保护范围与建设控制地带完成划定。统筹文物历史建筑优化利用。在宁波全市率先出台《海曙区区管文物和历史建筑适度利用统筹管理办法》,按照公益性和开放性要求,通过政府公共资源平台,公开征集文化项目,实现了"在保护中利用,在利用中保护"的遗产保护和事业发展多方共赢。积极推进名人故居保护利用工作,辖区内20多处名人故居基本得到有效保护,实施公益性开放的近10处。完成区级文保单位董孝子庙的重建选址。协助市规划局开展辖区第一次历史建筑的调查、核对工作。做好省级文保单位鼓楼日常管理移交相关衔接工作。推进非遗保护载体建设。完成非遗展厅布展,展出各级非遗项目实物171件,照片83张,全天候免费开放。组织省级项目"寿全斋中医药文化"、市级项目"宋氏妇科"参加宁波市非遗"三位一体"评估工作,均通过考核。完成国家级非遗项目"四明南词"和董氏儿科国家级非遗传承人申报工作。加强文化遗产对外宣传。2014年至2015年,投入250万元,与宁波电视台教育科技频道合作完成百集电视文献片《千年海曙》的拍摄和播出。开展"寻海丝·知海曙"系列文化活动,通过"游海曙""拍海曙""讲海曙""画海曙""访海外"等6大系列15项"海丝"宣传文化活动,进一步扩大了宁波"海丝"城市文化影响力。举办"月湖书生——徐时栋诞辰200周年"纪念活动,整理出版徐时栋撰《烟雨楼诗集》。组织专家编纂出版了《中国民间故事全书·海曙卷》和《甬城藏书楼》。四是提升文化市场管理水平。扎实推进文化市场监督管理,开展"扫黄打非""清源""净网""秋风""护苗"等专项行动,有效开展"剑网""清朗"等网络文化市场整治工作,做到有计划、有部署,工作到位、措施有力、成效明显。全年出动执法人员1233人(次),检查文化经营场所1467家次,受理举报17起,立案20起,结案19起,没收非法出版物、盗版音像制品2113本,处罚没款9.25万元。积极探索"执法+协会"模式。在宁波全市率先运用"执法+协会"模式,解决了KTV行业著作权侵权纠纷,补充完善了先行版权保护制度。全面提速"一站式"审批。通过推行"一窗受理、网上流转、一窗办结"办证模式,平均压缩了原来1/2以上的工作日,确保审批再次提速增效。扎实推进综合智能执法。建成浙江省首家县级文化市场智能执法监管平台,整合了区内公安、城管、工商、教育等部门的视频资源,730个摄像头实时视频监控全区各类文化场所、文保单位(点),提高了文化市场违法违规行为处置响应速度,提升了综合执法效率。"智能执法"系统还在全省率先研发了KTV曲库远程监管系统,自动扫描各KTV场所曲库文件,杜绝传唱违禁曲目。实施网吧转型升级,重塑行业形象。鼓励网吧多元发展,做好创新增值服务,优化服务环境。重点开展网吧转型升级工作,提出"大转型"和"小升级"两个概念,进行分类指导,区54家网吧成功转型 43 家。

(毛　培)

【江东区文化广电新闻出版局】 内设职能科室 4 个,下属单位 4 个。2015 年末人员 70 人(其中:机关 4 人,参照公务员编制 9 人,事业 23 人,企业 34 人;具有高级技术职务资格的 2 人,中级 13 人)。

2015 年,江东区文化广电新闻出版局以“两强两品”战略为指导,圆满完成年度各项工作任务,并在主题文化品牌打造、公共文化服务体系建设、文化遗产保护、文化产业和文化市场等方面取得新发展,核心区文化品位和都市魅力显著增强,都市文化特色区基本建成,并以总分第一的成绩获得省公共文化服务体系综合性示范项目创建资格,有力推进了江东文化大繁荣大发展。一是海商主题文化建设深化推进。成功举办 2015 宁波海商文化周系列活动。紧扣时代主题,举办 2015 宁波海商文化国际论坛,开展宁波夏至音乐日、中东欧文化艺术交流展,成立国际文化交流中心,与波兰驻华大使馆和匈牙利北京文化中心签订文化交流战略合作协议。注重与产业融合,成立“海上丝绸之路”创新设计产业联盟,邀请潘云鹤院士进行主旨演讲,海上丝绸之路创新设计产业联盟和海上丝绸之路指数研究中心落户江东。举办进口商品展览会,达成交易额 7.38 亿元,海商文化助推产业经济发展成效初显。突出积累与落地转化,首次开展了“海商杯”宁波市文化创新空间“双十佳”评选活动,举办“好戏在江东”展演等活动 30 余场,惠及群众 6 万余人次。启动海商文化三年研究成果汇编。二是现代公共文化服务体系加快构建。深入推进一体化公共图书馆服务体系建设。实施一体化公共图书馆服务体系标准化试点工作,制定电子阅览室和“一卡通”总分馆服务规范。完善一体化公共图书馆服务网点,新设立 24 小时街区自助图书馆 1 家,“一卡通”分馆 6 家、图书流动站 4 家。推进特色图书馆建设,新建街道绘本图书分馆 7 家,建立社区“法律书屋”62 家,在宁波市率先实现社区法律书屋全覆盖。全面铺开社区居民记忆库工程征集工作。江东区图书馆荣获浙江省第十一届未成年人读书节创新奖、2015 年浙江省公共图书馆“两会”信息服务工作优秀服务奖,《“红领巾”阅读天使》阅读推广案例荣获 2015 中图学会案例创新奖;全年共接待读者 130 万余人次,图书借还 119.8 万册次,开展阅读活动 300 余场次,主要指标位居全市前列。推进江东区文化馆总分馆服务体系建设。制定《江东区文化馆总分馆服务体系建设实施方案》,开展文化馆国家一级馆创建工作,完成国家一级馆验收。建成 13 个公益电影放映基地,定期开展公益电影放映活动,获评组织工作“先进单位”。创新文化惠民服务方式。建立宁波市首个公共文化服务平台“阿拉文化空间”,成立公共文化资源库,吸纳社会文化单位(机构)36 家,推送产品和服务 1700 余场次,惠及群众 19 万余人次。培育打造 3 大“文化夜市”,完成东外滩书香文化公园建设。成立江东区图书馆、区文化馆理事会。公共文化品牌深入培育。举办第十届“韵升杯”社区文化艺术节、第五届阿拉宁波摄影节、第七届“书香江东”读书节和第十一届未成年人读书节,深入开展“百场文化进东部”“快乐·365”“艺陪风采大舞台”等系列文化活动 3300 余场。三是文艺精品创作工作深入开展。组织召开文艺精品领导小组会议,确定区重点文艺创作立项作品 21 件,4 件作品被列入市级文化精品工程重点项目。甬剧小戏《车位》入选全国第十七届“群星奖”戏剧(小戏)类初评。《江东文艺·作家文丛》3 本作品集出版。1 件书法作品获得浙江省第四届群星视觉艺术大展铜奖。是年,近 50 件作品在省、市比赛中获奖。四是人才队伍建设进一步加强。加强学术型研究人才引进力度,潘云鹤院士工作站落户江东。加大文艺创作指导队伍建设,建立公共文化师资库,与国家一级演员、梅花奖得主张小君等 73 位优秀文艺家签约。公开招募区民星艺术团成员,成立音乐、舞蹈、戏剧(曲艺)等团队,有效扩充艺术团阵容,在册成员 172 人。与文化广场艺术培训中心合作建立宁波文化广场艺术团。培育区妇联女干部合唱队、舞蹈队等基层文艺团队。举办专题培训班 5 期,800 余人次参训。五是文化产业发展加快推进。文化产业工作体系不断完善。新增特色书店引进培育等条款,完善文化产业考核指标体系,建立新引进企业季报、税收报送等机制。积极搭建文化产业交流平台,组织指导文化企业申报各级文化产业项目,兑现 2014 年文化产业扶持资金 1394.5 万元,同比增长 11.5%。宁波市演艺集团“海丝遗存·天然舞台重建”列入 2015 中央文化产业资金扶持项目。电影公司等 7 个项目(企业)获 2015 年宁波市文化产业专项资金补助。产业招商服务水平提升。制定江东区文化产业投资指南和重点招商目录,建立文化产业招商项目库,并赴上海、杭州招商。新增国标文化企业 29 家,占宁波市一半以上。是年,江东区规限上文化企业实现增加值 6.3 亿元,营业收入 69.05 亿元。据统计,江东区文化产业实现增加值 21.6 亿元,占江东区 GDP 比重 4.27%,居宁波市第 5 位。产业龙头培育成效明显。和丰创意广场成为省、市级文化产业园区,和丰创意广场、宁波文化广场、阿拉文化集(夜)市等 5 个园区(企业)获市文化创新空间“双十佳”称号。演艺集团成功创建“浙江省重点文化企业”。浙江吉博教育科技有限公司荣获浙江省国家文化出口重点企业和重点项目。宁波畅想软件在新三板挂牌上市。永麒光艺设计的“宁波镇海文化中心”光艺术项目摘得 IALD 卓越奖,填补了省内空白。真武魂文化传媒公司获厦门稳国资本 5000 万元风险投资。867 文化创意中心获得米兰世博会 2 项国际设计奖。六是文化市场综合执法规范化示范区试点创建稳步推进。江东区在宁波市文化市场管理(“扫黄打非”)工作绩效考核中被评为示范单位且位列第一,江东区文化广电新闻出版局、江东公安分局荣获宁波市文化市场管理(“扫黄打非”)工作先进集体。构建纵横监管体系。完善“区、街、社”三级基层执法监管体系,首创文化经营场所平安“星级”创建和网吧计分制管理,初步形成高标准执法监管体系,相关经验在浙江省文化市场综合执法信息化与规范化建设现场会上做专题介绍和成果交流,获张明华副市长批示肯定。加强文化市场审批规范化建设。制定《江东区文化行政审批规范化实施意见》,完善标准化工作流程,梳理行政权力清单 173 项,其中审批事项清单 44 项,设立首席审批员,在区内首家尝试部分项目网上审批,获 2015 年度市文化行政审批技能比武团体一等奖。深入开展“扫黄打非”进基层行动。扎实开展“净网”“清源”“秋风”“护苗”专项行动。实现监管网络、联动执法和宣传教育“三进”基层。配合市总队查获侵权盗版出版物 2.2 万余册,该案件列入国家版权局督办案件。首次收缴 2 套大功率非法无线电台。江东“扫黄打非”进基层工作经验《人民日报》、中央电视台等 15 家中央媒体集中采访报道。江东区综合执法在省、市考评中连续六年获“先进单位”。提升文化行业发展水平。成立行业联合工会,推进文化市场信用体系建设,以网吧行业为试点,建立行业诚信档案,完成转型升级网吧从年初的 12% 提升至 70%,首批“网咖图书馆”落户江东。“娘家人工作室”积极发挥作用,成功调解 24 家 KTV 版权诉讼案。七是文化遗产保护工作扎实推进。推进世界文化遗产大运河保护管理工作,完成大运河世界文化遗产点标志性雕塑设计、建设方案,获“大运河申遗工作先进集体”荣誉称号,2 人被评为申遗工作先进个人。渔轮厂旧址、太丰面粉厂旧址被公布为第一批宁波市历史建筑。推进宁静居宅院建设甬剧博物馆项目,完善项目维修方案设计、招标工作并开工。打造钱肃乐故居廉政文化阵地“正气堂”,并引入社会力量投资,建成甬之美艺术馆,举办“海上寻花”何水法中国画精品展等活动 17 场,参观群众 6500 余人次。完成第一次全国可移动文物普查数据报送工作。开展文物安全巡查 320 人次。累计完成文物保护单位(点)日常维护指导 143 次,日常维护指导率 100%。策划开展第十个中国文化遗产日主题宣传活动。积极培育非遗阵地,指导东郊街道非遗馆、白鹤街道楼茂记主题展厅和丹顶鹤社区非遗展厅等建设工作,做好非遗项目申报,成功申报市级名录 3 项,楼茂记香干制作技艺顺利通过“三位一体”评估,“钟益堂”成功列入“三位一体”创建体。八是“十三五”文化发展规划编制有序推进。走访调研上海黄浦区、杭州余杭区、苏州姑苏区等地区,完成《关于率先构建现代公共文化服务体系的建议》《江东文化产业现状发展对策研究》等调研课题,形成“十三五”文化发展规划。

2015 宁波海商文化周 6 月 24 日,2015 中国(宁波)海商文化周开幕式暨“海上丝绸之路”创新设计产业联盟揭牌仪式在和丰创意广场举行。本届宁波海商文化周以“传承、创新、梦想”为主题,积极贯彻国家“一带一路”战略和助推宁波“港口经济圈”建设要求,主要围绕开(闭)幕式、国际论坛、经贸交流、文化活动四个版块,成立国际文化交流中心、海上丝绸之路创新设计产业联盟和海上丝绸之路指数研究中心,与波兰驻华大使馆和匈牙利北京文化中心签订文化交流战略合作协议,推出2015宁波海商文化国际论坛等活动30余场,惠及群众6万余人次。

(王帅锋)

【江北区文化广电新闻出版局】内设职能科室2个,直属单位5个,2015年末人员57人(其中:机关12人,事业45人;具有高级技术职务资格的3人,中级5人)。

2015年,江北区文化广电新闻出版工作抓重点、攻难点、出亮点,文化事业和文化产业双轮驱动,取得新进展、新成效。一是打造三大文化品牌,文化影响力进一步增强。扩大慈孝文化影响力。以"慈爱孝贤,和乐和美"为主题,推出10大活动。按照"日日有活动、周周有亮点、月月有高潮"要求,开展多元化、系列化、主题化文化品牌活动,集中举办上档次上规模"星期六·相约老外滩"活动29场,总场次363场,文化沙龙及社团活动70余场,线上线下受众人数200余万人次。世界风情街活动列入宁波市第二届市民文化艺术节市级活动,得到省委常委、宁波市委书记刘奇的高度肯定。提升群众文化社会影响力,举办第二届北岸文化艺术节,历时半年,精心组织了10大主体活动。二是夯实三大文化阵地,文化平台完成新拓展。建设农村综合文化中心。新建塘民、金沙等5个农村文化礼堂,并完成项目建设和区级验收工作。推出2015年农村文化礼堂文化惠民服务菜单,提供10余项文化惠民项目,惠及全区20个文化礼堂。完成全区69家农家书屋1万册图书补充更新流转工作。推进基层文化项目建设。洪塘街道成功创建省文化强镇,慈湖人家社区成功创建省文化示范社区。精心抓好宁波市公共文化服务示范项目创建工作,孔浦楼群文化工程列入2015年十个创建项目。三是狠抓文化产业发展,产业结构进一步优化。全方位打造老外滩城市时尚新地标。启动老外滩街区改造,排摸整合老外滩商圈招商资源库,建立时尚产业招商资源动态数据库,落实老外滩相关时尚文化项目的招引,改变老外滩业态单一现状。11月,老外滩获得2015年度唯一一个"中国著名商业街"称号。"文化+"模式打造老外滩时尚创意母港的做法得到省委常委、宁波市委书记刘奇批示肯定。全力培育文化产业重点项目。推出10个文化产业重点项目,其中8个项目入选宁波市三年行动计划重点工程项目,总投资超过50亿元。与浙江纺织服装职业技术学院签订战略合作协议,设立一期500万元产业基金。全面加强文化产业服务平台建设,组织文化企业参加第十届中国(义乌)文化产品交易会、上海宁波周、"海商杯"宁波市文化创新空间"双十佳"评选等活动,提高江北区文化企业和文化产品的市场知名度和竞争力。建立完善文化时尚产业网络交流平台。推动文化企业双向交流,组织重点文化企业、相关部门和街道赴外考察,同时引进浙报集团、中国美院、圣博华康、深圳华润等一批知名专业机构和企业进行项目合作。四是加强文化遗产保护,传承历史取得新进展。顺利完成天主教堂修缮。有序推进文化遗产保护。协调做好大运河小西坝姚江堤坝工程的文物试掘保护工作,获评大运河浙江段申报世界遗产先进单位。完成省保单位程氏庆余堂、区保单位应宅修缮工作。做好文物安全检查工作,组织联合安全检查3次。稳步开展文物普查工作。完成"江北天主教堂""江北岸近现代建筑"等四有档案的提交审核。开展文化遗产主题活动,全面加强文保宣传力度。积极参加宁波市"薪火相传"青年岗位能手技能比赛,获团体最佳组织奖。深入挖掘非物质文化遗产。区级项目"半浦民间故事"入选市级项目名录,慈城年糕被评为"三位一体"示范体项目。举办第七届"非常庙会"非遗展示活动。做好非遗知识推广工作,举办4期非遗课堂。五是提升公共文化服务,文化惠民迈上新台阶。探索公共文化服务体系标准化均等化建设,拟订《江北区关于加快构建现代公共文化服务体系的实施意见》,制订46条服务标准和保障标准。大力实施文化惠民活动,深入推进"千场电影进农村"工程,放映电影800多场,超额完成全年600场电影的放映任务。完成"天然舞台"文化惠民戏剧演出40场,送戏入村100场,实现"一村一年看一场戏"目标。英皇舞美、宁静社区、慈湖人家3家单位成功申报第二批宁波市公益性电影放映基地,其中慈城慈湖人家被评为宁波市公益性电影放映基地先进单位。以"请上来""送下去"相结合的方式,大力开展公益文化培训,基层文艺团队骨干"请上来"培训1000余课时，培训骨干200余人；文艺培训"送下去"200余课时，培训1000余人。积极推进特色文化建设。继续打造"一镇一节""一村一品"，积极引导村(社区)举办丰富多彩的文化活动，全年在《新江北》上公示的文化活动600多场，产生了数十个"一村一品"特色文化村(社区)。抓好基层文艺团队建设。深入推进千支团队培育和百佳团队打造，有各类文艺团队600余支、精品团队50余支，在册文化志愿者1000余人。评比产生了2015年度江北区8个基层优秀文化活动品牌、8支最佳特色文艺团队和81名优秀文化志愿者，文教街道"书香文教"文化艺术节和慈城镇"传承慈孝喜庆重阳"系列活动获评宁波市第三批群众性文化活动优秀品牌。庄桥街道孔家村舞蹈队等5支团队获评宁波市第三批优秀基层业余文艺团队。六是推进文化精品创作，文艺作品达到新高度。力抓文艺精品创作。《民间文化的慈风孝行》获第五届浙江省民间文艺"映山红奖"学术著作奖。学术著作《民间文化的慈风孝行》获得"2013—2014年度宁波市优秀文艺作品创作奖"。报告文学《半个世纪的牵手》列入2015年度宁波市文化精品工程扶持项目。《千年望族慈城冯家——一个宁波氏族的田野调查》完成出版。另外，约20件作品在各级各类比赛中获奖。群文创作取得突破。获国家、省、市各级群文创作奖的作品共有50余件。在文化部群星奖项目——全国全健排舞大赛中，洪塘街道荣获单位优秀组织推广奖，以及一个单项一等奖和两个单项二等奖。七是实施文化市场监管，市场繁荣呈现新局面。依法审批项目，受理行政审批项目85件，办结率和群众回访满意度100%。加强文化市场监管，深化文化市场"121"专项督查，完善重大案件联合查处机制、安全生产协作机制等，全年组织18次联合督查行动。持续推进"扫黄打非"工作，开展"清源""净网""护苗"治理行动，加强网吧专项整治，开展文物市场专项整治行动，组织文化经营场所安全隐患检查，出动执法人员2500余人次，检查1600余家次，办理案件14起，警告12家次，罚没4.7万元，没收非法出版物3300余册。完善监管网络，进一步健全纵向到底、横向到边的文化市场责任体系和监管网络，积极引导文化市场行业协会及各分会，发挥桥梁和纽带作用，加强行业自律和自我管理。八是完善公共文化机制，凝聚文化发展新合力。拟订《江北区"十三五"时期文化发展规划》和《江北区"十三五"时尚产业发展规划》，整体架构了江北五年文化发展指导思想、总体目标、发展战略、重点任务。推进文化体制改革，建立了由江北区委宣传部、共青团江北区委、江北区总工会等18个部门分管领导组成的江北区公共文化服务体系建设协调小组，建立协调组议事规则、协调组成员单位职责任务分工等相关机制。制定江北区文化馆、区图书馆章程，依章程组建理事会，构建江北区文化馆、区图书馆法人治理结构。提供经费、人才保障。投入1750万元用于天主教堂修葺，专列财政资金300万元用于第七届中华慈孝节，专列财政资金450万元用于相约老外滩活动，增加公共文化100万元用于北岸文化艺术节等。增加重大文化活动和精品文化创作投入比重。精心抓好文化管理队伍建设，在江北区文化中心挂牌成立"江北文艺之家"，宁波市电影家协会、市摄影家协会、市美术协会、书法协会等纷纷探索建立外滩艺术基地，共同推动江北文化大繁荣。

第七届中华慈孝节 8月至10月举办。开展了首届慈孝浙商评选、"翰墨飘香·抒怀慈孝之心"书画大赛、慈孝文艺演出下基层等慈孝系列活动，并邀请国际佛光会世界总会荣誉会长星云法师开展"慈悲与慈孝"讲座，用新颖的形式、接地气的内容再现江北慈孝魅力，进一步推进江北区"和乐和美"慈孝之乡建设，省委书记、省人大常委会主任夏宝龙在杭州会见了新当选的"浙江孝贤"个人和集体代表。

(陈　栋)

【北仑区文化广电新闻出版局(体育局)】 内设职能科室4个，直属事业单位5个。2015年末人员150人(其中机关12人，事业51人，编外87人；具有高级技术职务资格的8人，中级14人)。

2015年，北仑区文化广电新闻出版局围绕"理念更新、形式出新、做法变新、成效呈新"原则，不断强化服务功能，延伸拓展职能，推进文化事业稳步发展，荣获第六届全国"服务农民、服务基层"文化建设先进集体，全国文化科技卫生"三下乡"活动先进集体等国家级荣誉。一是抓文化体制改革,加快构建现代公共文化服务体系。文化机制改革全面推进。成立北仑区公共文化服务体系建设协调组。港口博物馆、北仑图书馆、北仑文化馆三馆理事会正式成立。出台《关于加快构建北仑区现代公共文化服务体系实施方案》,制定《北仑区基本公共文化服务标准》与《北仑区基本公共文化保障标准》。搭建“馆站联动”共建共享机制。建立区文化馆、图书馆、博物馆、街道(镇)文体站共建共享机制,打造馆站联盟,形成“资源共享、优势互补、区域联动”运行机制,使公共文化经费、设施、活动、服务最大程度发挥作用。二是抓文化阵地建设,提升文化地标引领作用。北仑图书馆发挥“城市客厅”作用,新增借阅卡 1.1 万张,借还图书 170 余万册次,接待读者 78 万人次,开展读书活动近 100 次,参与者 5 万多人次;校地共建管理模式进一步健全。港口博物馆发挥社会教育功能,年总参观人数 42 万余人次;通过省级爱国主义教育基地审核验收,并获“宁波中小学生社会实践大课堂资源基地”荣誉称号。成立宁波市港博文化经营有限公司,多渠道开发文创产品。对原北仑博物馆、原北仑图书馆部分区域、文化长廊区域进行改造提升,打造百姓艺术馆,于 9 月 1 日开馆。举行纪念中国人民抗日战争暨世界反法西斯战争胜利 70 周年宁波市专题美术作品展。三是抓文化品牌建设,文化活动精彩纷呈。持续推进北仑区“文化加油站”数字化服务平台建设,新华社、人民日报、中央电视台等 6 家中央媒体组团采访,并作专题报道。“港口文化”品牌知名度进一步提升,举办“港口文化月”系列活动,受惠群众近 10 万人次。“海享文化”品牌深入人心,举办 2015 北仑区排舞大赛、第十届“金莺”歌手大赛、企业文化月活动等 300 多场。举办北仑区首届文化集市活动,以赶集体验方式,让广大市民群众在逛、赏、品、尝、购中体验丰富多彩的港城文化。图文博 3 馆各类品牌讲座、交流活动丰富多彩。图书馆举办“九峰讲坛”公益讲座 22 期。博物馆举办“港博展台”9 期、“港博讲坛”10 期、“我与港博同成长”青少年活动 20 期。文化馆举办各类文艺沙龙、讲座 300 余场次。“未成年人读书节”品牌进一步提升,区图书馆承办浙江省第十一届未成年人读书节启动仪式暨浙江省未成年人“五水共治、两美浙江”故事大赛决赛,获第十一届浙江省未成年人读书节组织奖;参与“书香宁波——2015 宁波读书周”经典绘本剧创意表演大赛,作品《你看起来很好吃》荣获一等奖。打造精品团队,培育文艺人才。公开向社会招募团员,成立北仑合唱团。楼宇浩的《漆彩人生——“油漆工的故事”》斩获中国摄影金像奖。四是抓文化惠民工程,夯实基本公共文化服务。“送文化”好戏连台。全年送戏 500 多场,送书 3 万多册,完成电影放映 900 多场,开办低价惠民的快乐戏台 20 多场。做实农家书屋,促进图书流通。引进法国交响乐团、开心麻花等精品节目,满足不同群体文化需求。区文化馆获全国文化科技卫生“三下乡”活动先进集体,是浙江省唯一获此殊荣的单位。赴桐庐、义乌、三门、舟山等地走亲 10 余次。成功举办“浙江省优秀民间文艺大展演暨文化走亲活动”。五是抓文化传承利用,文化遗产保护显成效。推荐公布瑞庐、东岙山徐桴旧居等 5 处为区级文保单位(点)。以社会集资为主,投入近 100 万元,指导完成长沙汀庙、嘉溪庙修缮工作。制定《区文物保护委员会成员单位工作职责及工作制度》。申报郭巨村、四合村成为市级历史文化名村。加强博物馆藏品管理,全年新征集文物 53 件,接受“红帮裁缝”戴祖贻捐献的文物、文献资料 86 件(批),接受上海、内蒙古等地捐献文物 68 件,其中唐代胡人陶俑、明代墓志铭、清代木制纺织机等填补了馆藏空白。非遗活动好戏不断,开展“我们的节日”系列活动;举办了第十个非遗特色月系列活动;举行区内省、市非物质文化遗产项目代表性传承人集体收徒仪式;6 个非遗项目列入市级名录;3 个项目被命名为 2015 年度宁波市非遗“三位一体”保护达标项目。六是抓文化市场监管,文化产业发展健康有序。规范行政审批。严格按照“简政放权”要求,梳理浙江政务服务网权力事项库事项并做好录入、维护工作。开展“扫黄打非”及各类专项整治。以“三位一体·全程管理”为特色的北仑文化市场管理体系日趋完善,被中宣部、文化部、新闻出版广电总局评为第六届全国“服务农民·服务基层”文化建设先进集体,是浙江省文化市场管理战线唯一代表。坚持管理创新,推进科学有效监管。出台《关于进一步明确文化市场管理工作职责的若干意见》,建立完善工作机制。深化文化市场网格化管理，推进管理重心下移，落实相应的管理制度和人员，完善执法中队建设。实行较(重)大安全生产隐患单位分类监管，提高企业安全生产监管效力。强化法制意识，实现行业自律自管。依托北仑区文化行业协会，举办行业法制培训6期，全区800余家文化经营单位参训，参训率90%以上。开展行业规范经营等自查自纠活动30次，查纠面达100%。加强产业扶持引导。做好义乌文化产品交易会参展等工作。协助海伦钢琴等文化企业申报2015年市文化产业扶持引导资金。新增1000万以上文化企业2家。推进现有影视、动漫、游戏等文化企业升级，扩大产业规模、提升发展能级。

（郑　亮）

【镇海区文化广电新闻出版局】 内设科室4个，直属单位6个。2015年末人员59人(其中机关18人，事业41人；具有高级技术职务资格的2人，中级16人)。

2015年，镇海区文化广电新闻出版局坚持高举旗帜、围绕大局、服务人民、改革创新的总要求，以深入贯彻落实党的十八届四中全会、全国文艺工作座谈会精神为主线，深入推进省公共文化服务体系综合性示范项目创建工作，继续扶持文化创意产业做大做优做强，加强文化市场监管和服务能力，推动镇海区文化大发展大繁荣，为全面实施“六大战略”、全力建设“六个示范区”营造良好文化氛围。一是以浙江省示范项目创建为载体，公共文化服务水平进一步提升。文化阵地“建管用”齐头并进。构建“区—镇(街道)—村(社区)”三级公共文化网络体系，建成“十五分钟文化活动圈”。投资5.2亿元的现代化大型文化综合体——镇海区文化艺术中心落成，与深圳聚橙网达成模式合作经营初步协议。区图书新馆——镇海培菊图书馆正式开馆，区图书馆直属分馆改造提升工程全面完成，13台24小时自助图书馆全部投入正常运营服务。区文化馆正式入驻文化艺术中心，通过第四次全国文化馆评估定级验收，达到“一级文化馆”建设标准。新建11家农村文化礼堂。公共文化服务效能进一步增强。深化“雄镇大舞台”品牌建设。区第二届市民文化节全年开展大型展演、展赛活动28场次，全区百余支团队竞技亮相。承办浙江省曲艺新作大赛、宁波市农村文化礼堂种文化展演等大型文化活动。鼓励和引导社会力量参与公共文化服务体系建设。培育企业公益电影放映点，建成公益电影放映基地8个，室内固定放映点11个。培植民间文艺队伍发展壮大，出台《业余文艺团队扶持奖励办法》，鼓励上规模、有能力的业余文化团队向规范化、准职业化发展，海之韵艺术团、雅韵越剧团、扬炀工作室等一批业余文艺团队注册为民办非企业组织。强化文化服务供需对接，开拓数字文化服务平台，完善镇海文化服务网，实现电影放映和戏剧演出在线点单。推进“雄镇文韵”微信、微博平台建设，完善公共文化信息推送服务和文化互动。开展点单式服务，制定发布《公共文化服务配送菜单》。区文化事业单位、文化志愿者、文创企业面向基层提供服务项目总计172项539期。文化遗产保护与传承并重。做好“三普”成果保护工作。完成53处新增文保单位(点)的“二划”绘制会审和国保单位《镇海口海防遗址保护规划》立项报告草案编制。完成镇海鼓楼、澥浦月洞门等区级文保单位修缮保护工程。围绕重大主题和重点工作，策划开展大型展览、论坛活动。积极推进非遗传承保护工作，公布区第五批非物质文化遗产保护名录。“招宝山风物传说”入选宁波市第四批非物质文化遗产名录项目，“蛟川走书”通过宁波市“三位一体”非遗示范体创建评审。全年新增两家校园非遗保护志愿者基地。公共文化体制创新与发展并重。颁布实施《镇海区基层公共文化服务规范》，是宁波市发布的第一个公共文化服务地方性标准，是浙江省发布的第一个县(市、区)域公共文化服务综合类地方性标准。完善社会力量参与公共文化服务的引导机制，有序推进镇海区图书馆、文化馆法人治理结构试点工作。文艺精品创作水平提质增量。出台文艺精品创作三年行动计划，建立精品题材库，完善镇海区文艺精品扶持项目化管理工作。出版《衣衣魔幻岛》《血案迷踪》《大西迁1937》等长篇小说。完善《镇海区政府文化成就奖奖励办法》实施细则。二是以保障文化市场健康发展为重点，行政监管和服务水平进一步提升。文化市场监管力度进一步加强。围绕政治性领域监管、未成年人保护、文化市场安全、无证查处等重点，以内容管控为核心，深入开展文明创建和平安文化娱乐场所创建活动，深化“扫黄打非”专项行动,开展2015“清源”“护苗”“净网”等专项整治行动,切实规范文化市场经营环境。全年出动检查人员1350人次,检查文化经营场所1410家次,组织、参与联合行动13次,开展各类专项行动14次;取缔无证经营店(摊点)5家,查缴非法音像制品、书刊2841盘/册;行政处罚案件立案处理21件,共罚款3.6万元。文化市场服务能力进一步提升。将审批事项、设立依据、实施主体等对外公开,所有受理事项和办理结果及时通过省政务网站公开。开展审批窗口管理服务标准化建设,抓好首问负责、服务承诺、限时办结和责任追究等制度,不断提高窗口常态化管理水平。全年办理文化行政审批案件35件,办结率为100%,无超时办结、违规许可现象发生。文化市场触角进一步延伸。树立执法服务一体化理念,开展文化产业园区执法监管工作试点,成立“镇海区文化市场行政执法大队国家大学科技园区工作站”,集中行使文化产业园区的文化市场日常管理职能,通过归并文化审批、管理、执法职责,整合“行业”和“属地”两个体系管理部门的职能优势,将执法管理端口前移,变“事前审批为主”为“注重事中监管”、变“事后处罚违法”为“事中消除违法”。全年走访文化企业330余家次,建立“一企一档”300多个,发放法规宣传资料500余份、接受法规咨询30余次。三是以营造文化产业良好发展环境为目标,政策服务水平进一步提升。壮大产业规模,形成产业集聚效应。新引进文化创意企业330家,完成年度目标任务的132.00%,同比增长13.79%,合计注册资金146235万元,同比增长15.87%。盘活闲置厂房、楼宇14万平方米,形成以宁波市国家大学科技园为核心,辐射带动世贸广场、富尔顿大厦等文化产业集聚区共同发展的良好局面。完善扶持政策,打造产业五大平台。制定《镇海区文化创意企业财政政策资金奖励操作细则》,抓好新政策落实工作,提高扶持政策执行效力,加大对文化产业的资金引导和扶持力度。原创动画片播出补助181.25万元,“一企一策”政策资金823.43万元,市区两级文艺精品工程扶持资金50万,市级动漫游戏产业发展专项资金40万元,宁波市文化产业专项扶持资金20万元。持续推进文化产业发展平台品牌化建设,打造宁波市大学科技园、清华校友创业创新基地、西电宁波研究院等科技创新“五大平台”。健全服务体系,提升产业管理水平。践行“马上办”理念,为有意向落户的文化产业项目提供“全过程、全方位、一站式”代办服务。发挥镇海区文化创意产业联盟作用,定期举行产业信息交流会,搭建行业资源共享、企业交流合作平台。建立高层次人才服务联盟,实施高层次人才“梧桐卡”制度,为到镇海创业创新的高层次文化人才提供75项社会化服务。指导大学科技园文化企业服务站有序开展企业服务工作。构建产业生态链,推进产业融合创新。依托传统文化制造业基础,通过区文化创意产业联盟、区装备制造业联盟、区文化产业行业协会三方对接,构建文化创意产业生态链。配合做好“制造业+文化”融合发展研究课题,召开制造业、文化企业双边座谈会。加快区域文化与基础资源整合,鼓励文化企业开发传统文化遗产和文化资源,加快镇海区传统旅游的创意升级,组织区内影视企业与九龙湖风景旅游度假区、郑氏十七房景区进行交流对接。四是以素质建设为要求,“三支队伍”服务能力进一步提升。强业务,提升文化服务管理人才队伍素质。开办2015年度镇海区基层文化员培训班、公共图书馆管理员培训班,组织基层文化馆、站负责人参加全国基层公共文化员培训班,组织专业文化干部参加排舞等省级专项技能培训。制定《镇海区业余文艺团队扶持奖励办法》,推动基层文艺团队向规范化、可持续化发展,近20支团队参加展演考评。开展文化志愿者网上注册登记工作,进一步完善文化志愿者队伍建设。强效能,提升文化行政执法队伍素质。深化学习,提升执法水平。完善制度,推进执法规范。定期组织开展法律法规培训、业务技能比武、综合能力拓展等活动。做好与陕西省榆林市横山县对口交流协作工作。强技能,提升文化产业人才队伍素质。加快文创专业人才培养和引进,发挥区文联和基层创作基地作用,健全文化人才的培养考核机制。是年,文化创意从业人员近万人,其中“国家千人计划”人才7人、“省千人计划”人才14人、“市3315计划”人才10人、“市3315计划”团队4个。

(胡华峰)

【鄞州区文化广电新闻出版局】 内设职能科室7个,下属事业单位9个(其中参公事业单位2个),局属国企4个。2015年末人员187人(其中:机关27人,参公19人,事业93人,国企事业编48人;具有高级技术资格的25人,中级52人)。

2015年,鄞州区文化广电新闻出版局(风景旅游管理局、体育局)在区委区政府的正确领导和全系统人员的共同努力下,在加强全区公共文化建设、推进文化遗产保护、强化文化市场监管、促进文化产业发展等方面取得了新突破。一是公共文化事业繁荣发展。积极构建现代公共文化服务体系,继续位居浙江省基层公共文化服务评估前茅。在宁波市率先出台《关于全面构建现代公共文化服务体系的实施意见》及《2015—2020年鄞州区公共文化服务标准》,分别制定了5大重点发展目标和20多个项目、94个细项的详细服务标准。成立鄞州区现代公共文化服务体系建设协调组,出台协调机制,明确议事规则,落实责任分工,形成了工作合力。开展镇乡公共文体场馆运作模式研究,制定出台《关于加强基层公共文体场馆规范服务的指导意见》和《鄞州区镇级公共文体场馆服务规范》。开展公共文化社会化发展机制创新研究,为全面完善具有鄞州鲜明特色的现代公共文化服务新模式提供指导性意见。开展构筑"新城区文化圈"对策研究,推动建设七大文化功能区。开展数字文化馆—数字化总分馆建设研究,实现公共文化服务内容对受众的最大覆盖。正式启动智慧文化项目。探索文化事业单位法人治理结构改革,鄞州区文化馆、区图书馆理事会成立。深入打造"天天系列"、"悦读系列"、王应麟读书节等特色文化服务品牌。全年开展各类培训、展览、讲座、演出、电影放映6000余场次,惠及群众300万人次;流通图书140万册次,接待图书馆到馆读者131万人次;新创建公共文化明珠镇1个;新建镇级文体中心1个,总投资1.24亿元,面积14400平方米。浙江省首款"文化地图"实现文化活动线上线下索引。"天天演"文化惠民工程实现商业与公益分离。公益电影放映实现多元拓展,推出"公益流动电影娱乐系统",新增市级公益电影放映基地6个,建成首个军营电影放映基地。图书借阅实现宁波全大市通借通还。文化志愿者队伍实现纵深发展,制订了各志愿者分会开展活动的规范性要求准则。出台全省首个《关于引导和鼓励地方名人捐赠家藏文献的实施办法》,接受6位地方名人捐赠珍贵书籍7296册,并划出专区设立专柜进行存放。加强文化交流。举办"66国友人共画66朵牡丹花贺中华人民共和国66华诞"活动。在北京孔子学院总部开设"红牡丹驻华大使班"。与黑龙江省大庆市肇源县、广东省珠海市、福建省三明市、浙江省绍兴市上虞区及柯桥区等地开展了系列文化走亲活动。推动两岸文化交流,开展纪念沈光文系列活动,举办"2015年甬台两地沈光文文化研究鄞州高端论坛",出版发行《台湾文献初祖沈光文研究》。二是文化遗产保护扎实推进。它山堰荣获世界水利灌溉工程遗产。大西坝(浙东运河宁波段)被核定为全国重点文物保护单位。"鄞江宋元河道堤岸遗址"荣获浙江省十大考古新发现。鄞州区文管会获宁波市政府颁发的"大运河宁波段申报世界文化遗产工作先进集体"荣誉称号。新增省级历史文化名镇1个、市级历史文化名村8个。可移动文物"一普"顺利完工,上报文物数量总计20791件(套),其中新增珍贵文物98件。成立全国首个业余文保员联合会,下设7个专业协会。探索文保单位文保点保护利用新机制,将区级文保单位御史中丞第打造成"廉政文化礼堂";宁波锡镴器博物馆、宁波熨斗博物馆在区级文保单位蔡氏宗祠正式开馆;国内首个公益慈善综合体"善园"基地设在了文保单位慈善家严康懋故居。鄞州非遗馆装饰一新重新开馆,融作品展陈、现场技艺展示和非遗培训以及市民参与、体验于一体,室内外展示面积约3000平方米,汇集了区内22项代表性非遗传统项目。国有博物馆与非国有博物馆建设齐抓共管。为16家非国有博物馆发放965万余元补助经费,初步形成合作联办、民企民办、国助民办等多元化博物馆发展模式。社会力量兴办非国有博物馆势头良好,宁波水墨艺术馆开业,鱼文化博物馆完成迁建。着力加强非国有博物馆品质化、规范化日常管理,下发《关于加强非国有博物馆开放日常管理的通知》,8家民办博物馆获评首批市级星级博物馆。王升大博物馆获评浙江省优秀非国有博物馆。三是文化市场管理有效开展。坚持服务与监管并重,积极创新工作机制,不断强化制度落实,文化市场实现健康有序发展。94项行政审批事项100%进驻行政服务中心。新增

1个服务窗口,并增配1名工作人员,实现审批模式的标准化和审批效率的高速化,承诺期办结率100%,群众满意率100%,全年审批、备案、年检总件数1073件。积极开展"扫黄打非""秋风""护苗""净网""清源"及校园周边、演出市场、境外电视网络接收设备整治等各类专项行动,全年出动执法人员1114人次,检查各类文化经营场所2548家次,办理各类行政处罚案件32件,没收非法出版物4.67万件,取缔无证歌舞娱乐场所2家,确保文化市场良好率98%以上。新成立鄞州区文化娱乐协会、电竞协会。启动市县同权同批模式,将15个行政审批事项委托给县(市)区,实现审批环节市、县同权同批。抓平台建设,利用科技手段提高执法效能。引进网吧"基础管理现场检查系统",实现执法人员在办公室对网吧进行24小时远程监管。开展"文化市场技术监管平台"建设,一期工程投入使用,实现了网吧视频监管、网络巡查、视频会议等功能。配备4台移动执法终端,实现区文化市场智能化管理。抓牢安全生产底线,建立常态工作机制。四是文化产业发展态势良好。是年,全区有文化企业3000多家,其中新增文化企业107家,文化企业产值约250亿元,文化产业增加值约73.41亿,相较于2014年增长6.7%,占GDP比重达5.7%。鄞州区被评为省文化产业十强县(区)。重大项目建设进展顺利,罗蒙环球乐园年内投资8.6亿,开业项目4个月接待游客45.7万人次;环球银泰城开业;梁祝文化园年内完成投资1.3亿元,其核心项目之一梁祝天地开业;飞越时光建设主体工程完工。重点企业发展加快,莱彼特文化传媒股份有限公司及其子公司营业额超2000万元,比2014年同期增长一倍;广博集团电商销售同比增长300%。此外,宁波世游信息科技股份有限公司、宁波旷世智源工艺设计股份有限公司在全国中小企业股份转让系统正式挂牌上市。影视业成绩喜人,由工夫影业出品的青春电影《少年班》全国公映,悬疑动作片《鬼吹灯之寻龙诀》上映6天票房已突破8亿;基于微电影、网络剧等的新兴网络影视产业兴起,莱彼特文化传媒股份有限公司制作的微电影《黑暗之光》、网络剧《傲魂》在爱奇艺等视频网站获得较高的点击率;动画电影《回马亭》获文化部动漫创意奖。据统计,鄞州区8家商业电影院线放映场次10.6万场,同比增长55%;观众人次301万,同比增长46%;票房收入1.27亿元,同比增长50%。五是队伍建设稳步加强。机构职能调整起步有序。7月,鄞州区文化广电新闻出版局(体育局)与旅游局正式合署办公,创新推出"一岗三责"制度,要求局领导带头示范、全体机关干部在各自工作岗位上自觉主动地履行好"业务工作、党风廉政、安全生产"三重责任。机关效能建设稳步推进,以学习强效能,以制度促效能,以监管督效能。团队凝聚力逐步提升,开展"金点子"征集活动,以文化引领机关思想作风,营造积极向上的和谐机关文化。教育与学习并重,营造与打造并重,正风与肃纪并重,党风廉政建设快步跟进。

第三届人民文学新人奖颁奖仪式暨第五届王应麟读书节开幕式 4月27日在鄞州举行。举行了笛安、颜歌、王凯、王选、陈蔚文和宁波青年诗人高鹏程6人获奖。开幕式上,《鄞州文学》顾问聘请仪式、"最鄞州·最人民·最文学·走进文化礼堂——鄞州作家阅读之旅"第二季启动仪式、鄞州文学新锐表彰仪式等举行。本届读书节以"阅读·成长"为主题,活动从4月下旬一直延续到6月上旬,分活动、讲座、展览、"微"系列4大板块,含鄞州书市、中小学读书节等传统读书活动,悦读沙龙、名人家谱展等特色活动,并结合新媒体创新推出了"微"恋书房和"微"你朗诵等线上活动。

鄞州区全国重点文物保护单位它山堰成为宁波首个世界灌溉工程遗产 10月12日,在国际灌排委员会第66届国际执行理事会全体会议上,公布了2015年入选的第二批世界灌溉工程遗产名单,鄞州千年它山堰入选,成为宁波首个世界灌溉工程遗产。

(林　楠)

【余姚市文化广电新闻出版局】 内设职能科室9个,下属事业单位14个。2015年末人员278人(其中:机关48人,事业230人;具有高级技术资格的41人,中级104人)。

2015年,余姚市文化广电新闻出版局紧紧围绕建设美丽富裕幸福新余姚的综合追求,以建设更高水平文化强市为战略目标,以满足人民群众日益增长的精神文化需求为宗旨,全市文化工作进一步解放思想、开拓创新，圆满收官“十二五”文化发展规划，为启动“十三五”文化展望奠定坚实基础，整体事业发展实现新突破。一是以文化设施和文化活动为着力点，文化惠民乐民水平有新高度。着力提升基层文化设施建设水平。余姚市图书馆和余姚市文化馆通过国家一级馆复评。梁弄镇和市公共文化服务中心的公共文化服务配送机制列入第二批宁波市公共文化示范区（项目）名单。余姚市15个村（社区）提升改造村落（社区）文化宫，7个企业成功创建企业文化中心。大力丰富群众文化生活。重点围绕余姚市第五届全民读书节、第二届百姓文化节和第二十一届四明山电影节，组织开展余姚市企业文化中心排舞精英赛、余姚市民家庭阅读大展示活动、示范乡镇街道图书分馆和示范农家书屋评选活动等。组织开展四明阁欢乐大舞台“闹元宵、庆佳节”戏曲专场文艺演出、传统端午节暨杨梅节文化活动、国庆戏曲7天乐活动等，营造传统节日文化氛围。积极开展文化交流。赴海宁、三门、平湖开展文化走亲3次，余姚市姚剧团、越剧团应邀赴上海、杭州、绍兴等地演出，同时积极开拓演出市场，赴诸暨、绍兴、温岭、余杭、上海等地开展营业性演出。提升公共文化服务能力。公共文化中心创新工作机制，引进民间职业剧团评级考核制度，启动面对面静态文化服务配送工作，完成各类演出配送420场次。市文化馆做好主场馆和四明阁免费开放工作，外借场地43次，受惠人次500余人。四明阁“天天演”演出308场，受惠群众近5万人次。组织开展周末课堂75期，免费展览18期。市图书馆通过引进RFID图书馆智能化管理系统、添置2台自助借还机等举措，提升服务能力，接待读者近15万人次，外借图书近40万册次。扎实推进人才队伍建设。举办余姚市公共文化业务培训班、农村文化礼堂和欢乐大舞台管理骨干培训班、基层文化干部培训班等。开展余姚市优秀文化示范户评选活动，做好宁波市优秀文化活动品牌和优秀基层业余团队推荐申报工作，积极培育优秀基层文化队伍。二是以文化遗产保护和宣教为切入点，历史文化保护研究有新发展。加大文化遗产保护研究力度。完成《国家历史文化名城申报》文本的撰写工作并提请专家审稿。启动申报国家历史文化名城宣传片的拍摄和制作工作。举办余姚市历史文化名城保护与传承系列活动。配合做好《余姚市历史文化名城保护规划》《府前路历史文化街区保护规划》《余姚市城乡规划管理规定》修编工作。全面完成第一次全国可移动文物普查和浙江省古籍普查，输入可移动文物数据5617条，完成古籍普查8608册。新增文物藏品41件。全面完成省级以上文保单位保护范围和建设控制地带划定。做好国保单位黄宗羲墓、大运河（余姚段）和田螺山遗址“四有”档案修改和制作工作。完成前河头徐家大屋、应家大屋、瓜飏亭、叶氏宗祠和茅氏宗祠等文保单位维修工程的验收工作。完成第六批市级文保单位“两划”工作和标志碑安装工作。完成余姚市110余处古建筑文保单位（点）的安全排查工作。完成河姆渡遗址博物馆4D影院建设工程和影片拍摄制作工作。继续做好田螺山遗址出土文物整理工作，对40件出土木质文物进行冷冻脱水。做好朱舜水纪念堂陈列改造工作。充分发挥文化遗产宣传教育职能。河姆渡遗址博物馆、余姚博物馆、王阳明故居等文物开放点接待游客95万人次。河姆渡遗址博物馆获浙江省第二届博物馆免费开放最佳做法推介项目评选最佳未成年人教育奖。与浙江大学人文学院文物与博物馆系签订教学实践基地合作协议。王阳明故居荣获“宁波市中小学生社会实践大课堂资源基地”称号。课程《七千工坊》和《文博小课堂》入选宁波市中小学生社会实践大课堂首批优秀课程。组织策划黄宗羲逝世320周年纪念活动。举办“胜国宾师——朱舜水生平事迹”文本专家座谈会。承办田螺山遗址山茶属植物遗存研究成果论证会。举办“姚江文博讲坛”2期、临时展览20个。扎实推进非遗保护传承工作。余姚盘纽制作技艺、余姚风筝制作技艺成为宁波市第四批非遗名录项目。做好宁波市级以上非遗项目传承基地调整和法人代表登记工作。开展2015宁波市非遗“三位一体”保护综合体（示范体）创建工作，一人戏班、朗霞豆浆制作技艺2个项目被列为达标项目，精武拳（械）技被列为示范项目。做好非遗宣传展示工作。国家级非遗传承人沈守良自传《我的姚剧生涯》正式出版。组织举办姚剧代表性传承人收徒仪式。三是以规范审批和文化执法为关键点，文化市场稳定繁荣有新形势。有效规范文化行政审批工作。优化审批流程，精简审批环节，抓好行政审批制度改革相关工作。政务服务网审批受理系统试运行，实现行政许可事项网上受理、办理、查询。全年受理审批服务事项 129 件，按期办结率 100%，群众满意率 100%。新设立文化经营单位 102 家。加强文化市场监督管理。以春节、“两会”及重大节假日为重要时间点，以人员密集场所、城郊接合部为重点领域，以出版物市场、网络文化、文物安全等为重点检查对象，组织开展“扫黄打非”专项行动、印刷复印企业检查、文保单位安全检查等专项整治，出动执法人员 1086 人次，检查各类文化经营单位 2605 家次，开展联合执法 15 次，查处案件 22 个，罚款 6.64 万元。充分彰显文化单位经济实力，市姚剧保护传承中心积极开拓演出市场，演出 430 场，演出收入 454 万元。

(方其军)

【慈溪市文化广电新闻出版局(体育局)】 内设职能科室 5 个，直属单位 9 个。2015 年末人员 150 人(其中机关在编 21 人，原体委 4 人，参公 14 人，事业 111 人；具有高级技术职务资格的 12 人，中级 34 人)。

2015 年，慈溪文化工作以“继往开来”和“攻坚克难”为主基调，紧紧围绕慈溪市委、市政府“三城联创”“三改三治理”以及“二次创业”等中心工作，文化体制机制改革、文化惠民深入、文化产业发展、文化遗产保护、文化市场管理等工作取得新成绩。一是着眼“服务能力”升级，继续完善公共文化服务体系。扎实推进公共文化设施建设和阵地创建。完成慈溪大剧院演出、放映、运营管理及服务项目政府采购招标代理、博物馆新馆布展装修设计和施工一体化招标。市文化馆通过全国一级文化馆评估定级。逍林镇成功创建成为省文化强镇，掌起等 9 个镇(街道)通过省文化强镇复查验收，龙山镇西门外村创建成为省文化示范村。龙山镇被评为第二批宁波市公共文化示范区。农村公益电影放映基地创建工作成绩明显，2 个基地获宁波市优秀电影放映基地称号，慈溪市文化广电新闻出版局被授予公益电影放映基地组织工作奖。开展群众文化活动和文化惠民项目。成功举办慈溪市第十届艺术节，开展 5 大系列近 40 项活动，新增原创作品音乐会、“华彩慈溪”灯展、微电影拍摄和展映等。开展“上林之韵”系列广场文艺演出 28 场次。完成宁波“天然舞台”惠民演出 15 场。市文化馆“四百文化惠民”工程被评为宁波市公共文化示范项目，“百姓课堂”开展公益培训 770 余课时，“百姓舞台”举办公益演出 20 余场次，“百姓书场”举办活动 46 场次，“百姓展厅”举办展览活动 11 次。市图书馆“三北讲坛”“慈图展览”举办讲座、展览 49 场，“三北讲坛”作为浙江省社科普及基地被省社科联通报表彰。全年基层配送文艺演出 106 场、戏剧 1000 余场、电影 4900 余场、图书 5 万册。积极参加各类文化展示和“文化走亲”活动，在省文化馆举办为期 10 天的房企遐“城市·山水”中国画展，会同余姚市文化广电新闻出版局举办第三届余慈姚剧演唱大赛。推动文化内容形式创新和机制改革。深化公共文化电子商务平台建设，共有 29 个剧团 279 个地方剧目、78 个高雅戏剧剧目、7 台文艺演出、3 台高雅文艺演出和 11 个舞台设备套餐可供基层点购。主动适应网络信息宣传工作新形势，开通“文化慈溪”官方微信，并荣获“2015 年度慈溪市优秀政务微信公众平台”称号。积极推动公共文化事业单位理事会改革，市图书馆、市文化馆作为试点单位，《章程》已分别经职工代表大会表决通过，并在社会事业单位管理局备案。引导社会资本探索“互联网＋文化＋金融”平台，由慈溪焦点文化传媒有限公司与宁波银行、民生银行合作自主开发的慈溪首张文化领域的消费金融卡——慈溪文化卡正式发行，累计办卡近万张。注重先进文化引领和文艺精品打造。开展“弘扬慈孝文化·传承慈孝美德”创建中国慈孝文化之乡专场文艺巡演 18 场。举办纪念中国人民抗日战争暨世界反法西斯战争胜利 70 周年主题文艺会演、图片展、经典影片展映月等活动。大型瓯乐音乐剧《青瓷梦·窑工情》被列入宁波市文艺精品创作三年行动计划(2015—2017)。节目《慈孝中华》参加浙江省第十四届新人新作声乐大赛获得双银奖。市青瓷瓯乐艺术团被宁波市委宣传部评为第三批文化创新团队，古塘街道“古塘大舞台”等 3 个品牌活动和龙山镇水火流星艺术团等 8 支文艺团队被评为第三批宁波群众性文化活动优秀品牌和优秀基层业余文艺团队。二是着眼“地域特色”彰显，切实做好文化遗产保护工作。继续深入打造“青瓷文化”地域文化品牌。完成上林湖荷花芯窑址考古发掘工作，发掘面积1200平方米。后司岙窑址考古发掘项目获国家文物局批准并启动实施。上林湖越窑遗址申遗思路和路径基本明确。成功举办第三届越窑青瓷文化节。5月，市青瓷瓯乐艺术团作为浙江唯一特色文化项目代表入驻第十一届中国（深圳）国际文化产业博览交易会“丝绸之路”专馆，国内外众多媒体对青瓷瓯乐表演做了采访报道。扎实做好文物保护基础工作。第一次全国可移动文物普查第二阶段工作结束，完成3332件文物的信息采集、登录和本级审核。潮塘江元代古沉船保护与修复立项报告、锦堂学校旧址维修立项报告获国家文物局批准，潮塘江沉船保护维修方案已编制完成。完成崇寿袁可嘉故居、掌起灵龙宫戏台及厢房、龙山半壁凉亭等维修项目。完成双河堰等5处省级文保单位四有档案编制和数字化工作。完成12处2万余平方米的建筑类文保单位（文保点）的测绘工作。完成横河乌玉桥春秋战国墓考古发掘，发掘清理春秋至明代各时期古墓葬6座，窑址1处。文物征集工作成果丰硕，征集文物259件，其中越国青铜器32件。公布了慈溪市第四批文物保护点。推动非物质文化遗产保护。公布“伏龙山的传说”等12个项目为第六批慈溪市非物质文化遗产名录项目，公布第四批慈溪市非物质文化遗产传承基地12个、传承人14人、集体性传承队伍1支。市上越陶艺研究所的越窑青瓷烧制技艺获得2015年度宁波市非遗“三位一体”保护示范项目，车子灯、农民画、剪纸等5个项目（6个基地）被命名为保护达标项目。市越窑青瓷有限公司应联合国粮农组织邀请，赴罗马举办“中国—意大利青瓷与茶传统文化”展览。青瓷组合《五供》、面塑作品《董黯侍母》参加第七届中国（浙江）非物质文化遗产博览会获银奖。坎墩街道凭借省非遗项目（传统戏剧）姚剧荣获省第二批传统戏剧特色镇（乡、街道）。三是着眼“竞争水平”提档，有效推动文化产业升级。强化文化产业发展要素保障。建设慈溪市重点文化产业数据库平台，1800家文化产业单位入驻，同时进一步完善镇（街道）文化企业及三上企业统计报送机制。兑现文化产业扶持政策，为14家企业拨付2014年度文化产业扶持资金245.18万元。慈溪获浙江省文化产业十强县（市、区）称号。推进产业集聚和特色化发展。智巢慈溪文化创意园被评为宁波十大文化创新空间。探索打造“智巢”大园区品牌，成功引导民间资本投资开工建设公共服务平台，实现经营面积15000平方米，引进企业31家，注册资金5500万元。上林湖青瓷文化传承园项目正式开工建设，累计投入资金6000万元，完成1.5亿元融资计划。启动特色文化资源产业化“一镇一品”工作，第一期特色项目储备库入库项目24个。强化文化企业服务与引导。组织举办慈溪市首场文化创意行业专场招聘会，免费为40家文创类企业提供展位，推出工作岗位509个。加强产业招商引智，开展外出招商13次，洽谈项目15个，引进市外注册资金2250万元，完成招商引智“以企引企”重大动漫签约项目1个。深化校企合作基地建设，龙腾越窑青瓷研究所与中国美院基础手工教学部合作建立中国美院国学教育与实践基地，各校企合作基地与智巢文创园20多家企业开展项目合作，涉及合作金额近1700万元，其中，宁波暴风动漫有限公司与浙江传媒学院合作完成的78集3D动漫片《小鸡彩虹》获得第10届中国动漫“金猴奖”。四是着眼“治理能力”完善，确保文化市场规范有序安全。深化行政审批长效机制建设。持续推进联合审批，在网吧、娱乐场所试点成功基础上，新增电影放映单位联合审批。抓好“四张清单一张网”建设工作，开展行政审批权力事项梳理，修订、编制单个事项行政审批标准。贯彻“两简化，两创新”简政放权要求，全年办结审批事项160件，平均办理天数0.91天，比法定天数缩短96%。推进行政审批规范化，抓好审批保障、依法审批、文书制作、档案管理等工作，参评案卷连续5年被市政府法制办评为“十佳行政许可案卷”，两许可案卷荣获2015年度宁波市文化系统“十佳行政许可案卷”。提高文化市场违法行为打击力度。开展“清源”“净网”“秋风”“护苗”四大专项行动，慈溪市“扫黄打非”工作领导小组办公室被评为2015年浙江省和全国“扫黄打非”先进集体。开展新领域监管，开展境外电视网络接收设备专项整治，探索广播电视节目制作、经营活动市场监管。全年办理版权类、文物类处罚案件各1件。深化属地管理，强化对镇（街道）文化市场管理绩效考核，镇（街道）执法检查力度有效提升。注重发挥行业协会自我管理、自我服务的作用，完善文化市场义务监督员队伍定点监督、日常巡查、信息反馈、举报奖励等制度，社会化监管格局日益完善。全力做好文化市场安全生产工作。以文化市场“四类”人员密集场所为重点，确保文化市场“四类”人员密集场所每月不少于2次的日常巡查制度有效落实，全年文化市场安全生产检查出动1300余人次，检查经营场所1100余家次，检查文保单位(文保点)108家次。五是着眼“作风效能”提升，全面加强队伍战斗力建设。以局原主要领导离任审计为契机，全面推进机关内部管理规范化。成立由局主要领导为组长的局内部审计工作领导小组，制定出台《慈溪市文化广电新闻出版局内部审计制度(试行)》，建立内部审计工作机制。组织对市文管办和市文化馆进行内部审计，发现并督促整改问题13条。邀请市审计局专家对全系统中层以上领导干部及办公室主任、财务人员进行内部控制与审计专题培训。制定或修订《机关日常管理若干制度》《慈溪市文化广电新闻出版局财务管理制度(试行)》等内部规章制度。

第三届越窑青瓷文化节暨慈溪市第十届艺术节 11月2日晚，由慈溪市人民政府主办，慈溪市委宣传部、市文化广电新闻出版局承办的第三届越窑青瓷文化节暨慈溪市第十届艺术节开幕式在市体育馆举行。开幕式上，中国民间文艺家协会副主席刘华、中国陶瓷工业协会常务副理事长傅维杰分别向慈溪颁发“中国慈孝文化之乡”“中国陶瓷文化历史名城”牌匾。开幕式结束后，举行了“丝路扬帆梦想远航”大型文艺晚会。该文化艺术节于11月底闭幕，期间开展了10大系列50余项活动。

(任思帅)

【奉化市文化广电新闻出版局(体育局)】 内设职能科室6个，下属单位6个。2015年末人员116人(其中：机关14人，事业102人；具有高级技术职务资格的5人，中级18人)。

2015年，奉化市文化广电新闻出版局紧紧围绕“文化强市”总体部署，积极贯彻落实上级指示要求，抓住文化强市建设、文化民生幸福、文化遗产传承、文化产业提升、文化市场治理、文化人才培育“六大工程”，谋划文化发展，各项工作进展顺利。一是实施文化强市建设工程，文化阵地优化升级。积极谋划在原电厂地块建设包括奉化市博物馆、奉化市城市展览馆和奉化书城项目的奉化市文化广场项目，成立市文化街区项目建设领导小组。建设完成群艺展厅，开展“十二五”文化成果展。做好农村文化礼堂建设工作，以“群乐·艺学堂”为品牌，开启文化礼堂“私人订制”新模式，丰富农村文化礼堂内涵。开展浙江省文化强镇、宁波市公共文化示范区(项目)创建工作，市莼湖镇被评为浙江省文化强镇，“剡溪流动文化风景线”入选第二批创建宁波市公共文化示范项目，“岳林街道金钟广场夜文化”“文化欢乐行”“溪口镇青团农俗文化节”“巴人读书节”“蓝海莼湖休闲养生文化节”入选第三批宁波市群众性文化活动优秀品牌。制定出台《奉化市基本公共文化服务标准》及《奉化市基本公共文化服务实施方案》，推动基层公共文化管理工作。二是实施文化民生幸福工程，公共文化精彩不断。继续深化“和乐大舞台”“凤麓讲堂”“文化欢乐行”等文化品牌。组织首届市民文化艺术节，包括10余项子活动及各乡镇(街道)的30项配套活动。深入开展“千场电影百场戏剧进农村”活动，戏剧进农村演出250场。新增公益电影放映基地4家，电影进农村计划放映2600场，观影人数达48万。开展送文化进农村、进戒毒所、进敬老院和文化走亲活动50多场。继续开展“周周演”活动。深入推进文艺创作，在宁波第五届美术书法摄影比赛中获得美术2金3银、书法1金1银、摄影1银的最好成绩。选送作品《凝乡》获浙江省第四届群星视觉艺术大展优秀美术作品展银奖。三是实施文化产业提升工程，产业发展创新推进。完善政策规划，修订《奉化市加快扶持文化产业发展实施办法》。做好文化小微企业金融扶持工作。开展清理规范税收等优惠政策。鼓励企业转型升级，奉化市5家公司申报的“弥勒文化园(展示厅)”“溪口民国文化体验自驾游基地”“文化产品创意及设计延伸产业链的技术改造”等获得专项补助。四是实施文化市场治理工程，监管服务规范有序。开展“扫黄打非”“清源2015”“净网2015”“秋风2015”“护苗2015”“剑网”“清朗”等专项行动。严格查处安全隐患，与奉化市歌舞厅、卡拉OK厅、电子游戏厅、网吧、印刷复制单位等经营单位负责人签订《安全生产告知书》，并下发火灾突发事故应急预案和安全生产管理制度。建立健全审批制度，66 项行政审批事项全部进驻窗口，并 100%授予权窗口审批办理，共计办结行政审批事项 129 件，办结率 100%；梳理并公布行政审批权力清单，及时承接下放的行政审批事项，是年行政审批权力清单共计 66 项。五是实施文化遗产传承工程，传统文化有效弘扬。做好文物保护与管理。完成奉化市国有文物收藏单位藏品的信息采集、登录和离线报送工作，上报可移动文物 12457 件套，古籍 4430 部 31230 册。文物保护单位"四有"工作扎实推进。完成武岭学校部分建筑和巴人故居的"四有"测绘工作。对滕头新型建材公司有限公司原料堆场、奉化市西环线中段、奉化市西坞街道康亭五小村窑址、奉化惠政东路 1 号地块开展抢救性考古发掘。对万斯同墓二期、过街楼、摩诃殿、广济桥桥屋等各级文保单位进行维修和保养。对俞济时父墓亭、大堰白闾门、王钫故居中堂等各乡镇文物建筑的维修进行指导和补助。同时，对奉化区域内 6 条古道进行修复，选其中 2—3 条有文物价值的古道将其提升为文物保护点。做好非遗保护开发。四明松溪派内家拳、根雕(奉化根雕)、棠岙纸制作技艺列入宁波市级第四批非物质文化遗产代表性项目名录。奉化技工学校舞龙队舞狮队参加"梅山杯"甬城龙狮争霸邀请赛，获得舞龙最高奖项"龙狮奖"和舞狮银奖。奉化市条宅村舞龙队应邀参加"中国梦·非遗梦"第十届浙江省非物质文化遗产节暨 2015"文化遗产日"主场城市展演活动，获展演节目金奖。

奉化市首届市民文化艺术节

9 月 27 日晚上，由奉化市委宣传部、奉化市文化广电新闻出版局(体育局)联合主办的"奉化市首届市民文化艺术节"暨"中国梦，梨园情"中秋戏曲晚会在银泰广场举行，奉化市戏剧家协会、奉化市文化馆和尹派支会的艺术家献上了精彩的表演，丰富了市民的文化生活。

(阮敏娜)

【象山县文化广电新闻出版局(体育局)】 内设科室 5 个，直属单位 7 个。2015 年末人员 102 人(其中：机关 22 人，事业 80 人；具有高级技术职务资格的 12 人，中级 29 人)。

2015 年，象山县文化广电新闻出版局以打造文化品牌为支撑点，全力推动文化繁荣发展，各项工作取得新突破。一是巩固文化阵地，不断拓展公共服务功能。重点推进"两馆一园一场"建设，其中象山县图书馆新馆、海洋渔文化展示馆、塔山遗址公园进入政策处理和概念性设计阶段。县博物馆于 12 月 27 日正式开馆。二是凸显惠民理念，不断深化文化服务内涵。开展开渔节、三月三等各类大型文化活动 50 余场次，"文化走亲"10 次。探索"互联网+"强服务，推出官方微信平台，有效整合文化信息，文化赛事实现网络直播，促进文化服务转型升级。打造特色品牌，重点打造《让新房》《八女投江》《弹起我心爱的土琵琶》3 个精品，并在宁波市纪念抗战胜利 70 周年文艺会演中获二银一铜，总分列全市第二。精心打造渔区民乐十番锣鼓《开洋》，9 月底荣登国家大剧院，参演文化部音乐盛典"国乐风采"。探索实施"官方主办+民营承办""公益主导+商业运营"等运作模式，吸引社会力量参与举办象山好声音、达人秀、文艺快闪、国标舞大赛等时尚文化活动，并巡演 60 余场次；引导民间举办开洋谢洋节等 20 余个民俗活动，参与群众 30 余万人次。三是坚持多管齐下，不断扩大非遗传承影响。完善文化生态保护体系，完成市级以上 29 个非遗项目"三位一体"综合体创建工作。珠水溪母子龙和岑晁醋制作技艺入选宁波市第四批非遗代表性项目名录，同时将"白仙山的传说"等 28 个项目列为第四批县级非物质文化遗产代表性项目名录，进一步完善非遗项目体系。开展文化生态保护区数据库建设基础性工作，将 5 万余条线索、1400 余个调查项目资料等转换成数字格式，组建非遗保护志愿者队伍，推动建立非遗保护社会参与机制。进一步完善文化遗产保护奖励机制，推进非遗活态传承。举办"我们的节日"2015 春节非遗文化系列活动、正月"十四夜"活动，精心打造非遗精品节目 25 个，开展全县巡演 22 场次，象山非遗演出团代表宁波市参加福建泉州第十四届亚洲艺术节会演、2015 东亚文化之都·中国青岛活动年闭幕式会演。举办全国鱼拓书法邀请展。开办"非遗课堂"18 期，学员 1500 余人。四是突出地域特色，不断巩固文物保护实效。突出文物保护基础工作。完成"一普"第二阶段工作，采集国有收藏单位 4138 件文物和古籍善本信息、2000 多枚钱币信息。完成 2 处国保、4 处省保、32 处县保的"四有”档案编制。保护茅洋乡文山明清古塘坝。突出“乡村记忆”工程。成立象山县历史文化名镇名村保护委员会,成功申报南充村、樟岙村为第三批宁波市历史文化名村,建立了以镇乡(街道)为主体的文物安全管理机制,完成12个文保单位(点)维修保护。全国历史文化名镇石浦镇积极打造渔区“乡愁”小镇得到浙江省委常委、宣传部长葛慧君批示肯定。宁波市历史文化名村黄埠在古建筑修缮过程中形成“黄埠模式”,得到宁波市副市长张明华的批示肯定并在全市推广。将24处文保单位和19处文保点发掘成为群众文化活动场所,不断深化“乡村记忆”内涵。依托花岙兵营遗址,举行第二届苍水文化节及南田开禁140周年学术研讨会、图片展等活动。五是强化规范管理,保障文化市场平安有序。提高行政审批实效。实施市县同权审批模式,所有审批事项全面进入省权力运行系统运作。全面推行互联网服务营业场所管理长效机制试点和转型升级试点工作。简化审批流程、提升急办件数量,窗口群众满意度为100%。强化市场监管。全县139家规模以上歌舞、娱乐、网吧经营场所创建“平安文化经营场所”,达标率96%以上。与文化经营单位签订安全生产责任书209份,开展法律法规及安全生产教育培训8次,受训800余人次。全面开展“平安象山”文化市场专项整治行动,加强“扫黄打非”“八打八治”等整治行动力度。检查各类经营场所1470余家次,立案调查22件,取缔无证经营场所14家,集中销毁非法图书、音像、电子出版物4230余册(盘)。积极引导网吧行业加快结构调整和服务升级。创新市场监管行政约谈制度。

第十八届中国(象山)开渔节 9月8日至17日举办。内容包括开幕式暨开船仪式、第十一届中国海洋论坛、祭海仪式、妈祖巡安仪式、渔区民俗文化巡展等5项主体活动,以及广场文艺活动、网络美食文化节、“最美开渔”摄影大赛、海洋文化夜市、全国鱼拓书法邀请展等9项配套活动。

(黄文杰、孙　亮)

【宁海县文化广电新闻出版局】 内设职能科室5个,下属单位5个。2015年末人员88人(其中机关16人,参公9人,事业63人;具有高级技术职务资格的10人,中级28人)。

2015年,宁海县文化广电新闻出版局认真贯彻落实党的十八大及十八届三中、四中、五中全会精神,按照宁波市文化广电新闻出版局总体部署和考核目标,改革创新、攻坚克难,各项文化工作取得新进展、新成效。一是领导重视,财政保障,文化体制机制不断创新。认真谋划“十三五”文化规划。县财政继续加大对文化建设投入,其中文化惠民实事工程投入550万元,繁荣群众文化奖励500万元,文化产业发展补助500万元,文物、收藏和古建筑保护专项经费480万元。争取中央及市级文化资金补助2515万元。制定出台《宁海县关于加快构建现代公共文化服务体系的实施方案》和《宁海县基本公共文化服务实施标准(2015—2020)》。深化体制机制创新。建立健全文化人才队伍建设机制。着力实施“民间文化人才百人计划”,制定出台民俗文化人才、民间文艺人才、非遗传承人认定标准和管理办法,出台《民间文化人才培养措施》,完善民间文化人才选拔、培养、管理和利用制度。加强高层次文化人才引进。完善提升公共文化服务体系建设协调机制。成立公共文化服务体系建设协调组,出台县公共文化服务体系建设协调机制文件。创新基层公共文化管理机制。全面推进下属文化事业单位法人治理结构建设,分别组建理事会。全面落实基层公共文化管理“两员”制度。二是提升阵地,丰富活动,公共文化体系建设稳步推进。文化阵地创建稳步推进。成功创建第二批浙江省公共文化示范项目“民间特色活动机制建设”,力洋镇海头村获浙江省文化示范村称号。宁波市公共文化示范项目“文化社团建设及运行模式”(以广场舞为例)进展顺利。推进基层文化阵地提升工程,乡镇(街道)图书分馆借阅量、到馆人数分别为20.4万册次和9.4万人次,同比增长超过20%;农家书屋图书流转4.4万册,超额完成年度目标。改建扩建农村文化礼堂39家。文化活动开展如火如荼。中国徐霞客开游节、“宁海之春”春节联欢会、宁海县群众文化艺术节等大型群众文化活动深入人心。着重开展以纪念中国人民抗日战争暨世界反法西斯战争胜利70周年为主题的京剧演唱会、合唱音乐会、书画展、公益电影放映等活动。逐步形成了“一镇一节,一乡一品”的节庆文化品牌。新增市级群众性文化活动优秀品牌5个，市级优秀基层文化活动队伍8支。送电影下乡3622场，送戏下乡360场，“天天演”演出100场，宁波市“天然舞台”77场，实现“一村一年看一场戏”的目标。文化精品创作源源不断。排演越剧大戏《汉文皇后》《琼浆玉露》《红丝错》，复排平调传统大戏《白雀寺》。宁海平调《狸猫换太子·妆盒》赴上海参加“九州百戏——全国稀有剧种展演”。音乐作品《守望和平》参加文化部举办的“放歌中华”歌曲大赛获创作金奖；《天蓝蓝水清清》参加浙江省“五水共治”文艺作品创作大赛获创作银奖。平调大戏《柔石似水》列入宁波市委宣传部精品创作工程。三是突出重点，品牌带动，文化遗产保护成效显著。积极开展传统村落和历史文化名村申报工作。箬岙村、马岙村、麻岙村入选宁波市历史文化名村名录。组织申报第四批中国传统村落6个。圆满完成第一次全国可移动文物普查数据采集工作，申报藏品总数为5171件(套)，藏品报送进度达100%。做好石碾子、戊己桥、万年桥等第七批省级文物保护单位推荐申报工作，按计划完成第六批省级文保单位潘天寿故居的保护范围和建设控制地带划定工作。十里红妆博物馆、海洋生物博物馆分别被评为三星级、二星级非国有博物馆。新建得心坊艺术馆、根雕博物馆、许家山石文化博物馆3家民办博物馆。柔石纪念馆被评为“宁波市十佳党史教育基地”。黄才良、陈龙的泥金彩漆作品“十里红妆”系列获中国民间文艺山花奖，宁海(宁海平调)获“传统戏剧之乡”称号。龙宫村成功入选省第三批非遗旅游景区(民俗文化村)。木雕龙舟技艺等10个项目入选第四批市级非遗名录。泥金彩漆和宁海龙舞、粗十番分别通过宁波市“三位一体”示范体和综合体创建。开展诗词之乡创建活动，荣获“省诗词之乡”称号。参加第七届中国(浙江)非遗博览会，陈龙、胡亮亮作品《泥金彩漆红妆系列》获金奖。梅林陈舞狮队和西店樟树村舞龙获2015“梅山杯”甬城龙狮争霸赛金奖。认真做好非遗成果利用工作。继续推进“非遗课堂”进校园、进礼堂等活动。创建3支舞龙队和1支舞狮队。四是强化服务，严格执法，文化市场繁荣发展。深化“阳光执法”，向全社会公开执法标准、程序及24项一般程序办结行政处罚结果，提高行政执法工作的透明度。健全文化市场联合执法机制、行政执法与刑事司法衔接机制、执法结果信息公开机制、行政处罚案审及案卷评查机制，持续深化文化市场监管领域法治建设。以市场巡查、专项检查和举报督查相结合的方式，确保每天一组执法人员在市场巡查，实现执法检查力量全员额、场所全覆盖、时间全时段，全面打击非法经营活动。多方合力构建监管新貌。积极探索义务监督员管理新方法，邀请“五老”义务监督员参与文明城市创建迎检、暑期网吧专项整治等重点工作。高度重视农村文化市场管理，充分利用376名行政村文化管理员的联络、管理职能，及时掌握农村文化市场动态。同时，依托乡镇文化员、村级文化管理员、义务监督员3支队伍，完善县、乡、村三级文化市场管理体系。专项治理实现常态监管，全面净化社会文化环境。强化队伍建设。定期开展大队业务学习会，累计培训学习超1000学时。积极探索“中队＋”新模式，“中队＋乡镇”落实市场监管、“中队＋部门”开展联席协作、“中队＋三方”落实群策群防，护航农村文化市场。五是政府引领，项目带动，文化产业不断壮大。坚持平台引领。县财政安排500万元专项资金，用于推进文化与产业融合发展。完成县文化发展有限公司组建工作。筹建县文化产业发展基金，由县政府注资，吸引社会力量，共同参与文化项目投资、建设、管理。认真做好义乌文交会、厦门文博会等会展的参会组织和服务工作。搭建校企、企企联合创业平台，宁海家具产业联盟与宁波大学潘天寿艺术设计学院签署家具创意设计校企合作框架协议。坚持项目带动。建立县域重点文化项目库。得力产业园被授予省文化产业示范基地，并和非遗产业园入选国家文化产业重点项目库，大观文化园列入市重点文化项目(1235工程)。坚持创新发展。重点推进文化产业与旅游、科技、金融的融合发展，实现行业互促共赢。

(叶红仙)

温州市文化广电新闻出版局

【概况】 内设职能处室11个,直属单位17个,2015年末人员486人(其中:机关47人,参公21人,事业418人;具有高级技术职务资格的121人,中级106人)。

2015年,在市委、市政府的正确领导和上级有关部门的关心指导下,温州市文化广电新闻出版局围绕文化强市建设总目标,积极主动地推进全市文化建设,各项工作取得明显成效。

一、专业文化

(一)文艺精品创作

创作、演出戏剧、声乐、舞蹈、小戏小品等文艺作品520个,创作微电影260余部;新创排了瓯剧《混天珠》《奇巧案》、越剧《薛丁山三请樊梨花》《香莲案》《双玉蝉》《六月飞雪》、昆剧《赠书记》《墙头马上》《荆钗记》、木偶剧《西湖传奇》并公演;创排歌舞《晒蓝》《甜蜜的微笑》《YES》《妈妈的拨浪鼓》《乡村来了一群女教师》、话剧《嫁给经济适用男》《十面"霾伏"》、小品《最后一张票》等。青年作家蒋胜男创作并编剧的电视剧《芈月传》在各大电视台和乐视网、腾讯网热播。

(二)优秀作品获奖

《远乡谣》等10件音乐作品入选全省音乐新作大赛,《给梦想一点时间》等5个作品获创作金奖,《江南莲花谣》等3个作品获表演金奖;《夕阳义工队》等11个舞蹈作品入选全省舞台舞蹈及广场舞蹈大赛;《甜蜜蜜》等9件小戏小品作品入选浙江省小戏小品大赛。

(三)文艺人才培养

举办名师讲坛6期,邀请著名武生表演艺术家奚中路,作曲家陈均,声歌系教授赵光、邱淑玮等名师大家为"星辰计划"学员辅导培训,举办"星辰计划—美丽之路"培养对象回报社会活动15期。举办"公共文化服务标准化培训班"等"春风行动"培训4期,培训基层文化干部215名,全市培训社区文化管理员或社会团队文艺骨干5000名。开展声乐、器乐、舞蹈等12个门类的专业干部考核活动,全市206名群文专业人员参加考核。

二、社会文化

(一)第五届温州艺术节暨温州市第三届市民文化节

以温州城区为主要活动场地,延伸至各县(市、区)广场、剧场以及社区、农村,遍及全市城乡。举办第五届温州艺术节暨温州市第三届市民文化节开幕式与闭幕式、温州市第十三届戏剧节、温州市第十六届音乐舞蹈节、温州市第九届曲艺会演等100余场展演、赛事。设立声乐"五朵金花"和"四大天王"奖、舞蹈"红舞鞋奖"、戏剧"高则诚奖"、书法"墨池奖"、美术"黄公望奖",新创原创戏曲、舞蹈、声乐、小品作品与节目500余个,创作书法、美术、摄影作品1000余件,产生300多个奖项;直接参与的演职人员近2万人次,共吸引市民200余万人次参与。

(二)公共文化服务体系建设

每万人拥有群众文化设施建筑面积853平方米,实现全市公共文化设施全覆盖,人均文化事业费53.6元,每万人拥有公共图书馆建筑面积143.08平方米,人均拥有公共图书馆藏量为1.24册,馆藏文物4.1万余件。瓯海区被评为浙江省公共文化综合示范项目,鹿城区"民间力量参与基层文化设施管理"、乐清市"百姓舞台"被评为浙江省公共文化单项示范项目;平阳水头镇、瓯海仙岩街道、鹿城蒲鞋市街道入围2015年省文化强镇。

(三)文化惠民工程

送戏下乡2019场,送书下乡15万册(次),送讲座、展览153场,送电影下乡5.14万场,县域间文化走亲72次。市本级全年举办展览近100场,观展人数11余万人;举办讲座333场,惠及观众8.95万人;免费培训9期506个班,惠及学员1.45万人。在全市40个乡镇(街道)和235个社区文化中心开展"五有十化"标准化试点工作。继续固定电影放映点建设,新建100个固定放映点,提升改造115个。深化市图书馆法人治理结构试点工作,组建图书馆事业发展基金会。

(四)城市书网构建

以"三书一网"(城市书房、城市书站、城市书巴、城市知网)建设为主体、加速构建现代新型城市阅读服务体系，成功申报第三批国家公共文化服务体系示范项目。全年公共图书馆读者数、借阅量分别为305.3万人次、395.3万册次。全年新开放的10家城市书房总流通人次5.81万，外借2.93万册，办理借书证及开通市民卡4134张。打造温州“读书月”活动，举办活动160余场。

（五）公共文化服务方式创新

推进政府购买文化下乡和广场文化活动采购工作，市本级投入240万元购买送戏下乡、文化进社区、文化走亲等公益性演出184场，21个民间职业剧团和10个社会文艺团队成功中标，逐渐形成“政府买服务，社会力量参与公共文化建设，群众最终受益”的公共文化服务供需模式。

三、文化交流

（一）开展国内外各类文化交流活动

组织越剧《大唐骊歌》《荆钗记》参加第二届天津国际歌剧舞剧节展演，组织瓯剧《橘子红了》《西园记》赴上海天蟾逸夫舞台、上海宝山剧场、浙江省政协礼堂巡演，组织瓯剧艺术研究院、越剧演艺中心、流行乐团赴诸暨、绍兴、余杭等地进行文化交流。组织温州文化建设投资有限公司赴台举办文化产业产品展览，与湖州等地合作举办动漫展览。出借21件文物参与省博物馆、省美术馆展览；举办“紫玉金砂——浙江长兴紫砂茗壶特展”等15个展览，扩大温州历史文化影响力。

（二）“中国之美”欧洲展演

7月，组织“中国之美·温州书画、戏曲艺术欧洲巡回展演”，向匈牙利、奥地利、意大利等国家的观众朋友及华人华侨展示温州优秀艺术建设成果。

四、文化市场管理

（一）“扫黄打非”工作

组织2015“净网”“清源”“护苗”“秋风”等专项行动，有效规范文化市场秩序。全年出动检查1.87万人次，检查各类文化市场经营单位1.94万家次，受理举报（督查）65件，立案523件，办结案件533件，警告342家次，停业整顿27家次，罚款260余万元，收缴各类非法物品27.8万件。

（二）行政审批提速惠民

取消备案类现场勘察，缩减论证、勘察程序，缩短审批时间，审批率提速79%。完成87项权力清单的比对规范工作，所有项目录入浙江政务网运行。完善“责任清单”梳理，明确部门职责13项；推进政府职能向社会组织转移，实施第一批4个转移事项，确定第二批转移项目清单4项。

五、文化产业

（一）文化产业基础建设

新增文化产业投资28.22亿元，在建5000万元以上文化产业项目（园区）21个。命名非遗广场等5个市级文化产业园区。

（二）文化产业服务平台

举办温州国际时尚文化产业博览会、亚洲国际（温州）青年微电影展、温州第八届动漫节、第八届中国奇石（温州）博览会。组织39家企业分别参展第10届中国（义乌）文化产品交易博览会、第十一届中国（深圳）国际文化产业博览交易会，现场成交额2948.3万元。组织工艺美术协会参加第八届海峡两岸（厦门）文化产品博览会，展出作品68件，获金奖7个、银奖13个、铜奖14个。

（三）文化消费市场拓展

为市民文化消费提供15%的资金补助，市民在市本级定点影院、剧院、书店等场所用市民卡支付文化消费超过200万元，财政资金补贴30余万元。全市新增影院11家，新增银幕64块。全年放映电影54.6万场、观影人数891.21万人次、票房收入超3.3亿元，同比分别增长48%、48%、36%。温州大剧院、东南剧院共组织演出282场次，其中自营演出196场、公益演出57场，观众人数20余万人次。推动戏曲演出市场化运作，举办“瓯的一周·剧的时光”瓯剧艺术演出周活动，上座率达90%，票房总收入近10万元。

六、文化基础设施建设

（一）市级文化设施建设

市本级完成总投资额7616万元，完成年度投资计划的119%。建成市文化艺术大楼（文苑大楼）投入使用。完成32处古城记忆标识点建设。建成温州治水文化长廊。做好白鹿洲公园和杨府山公园文化提升工程。新建并开放南戏博物馆等10个文化驿站，建成城市书房10个。

（二）基层文化设施建设

县级“三馆”建设逐步完善，建成瓯海博物馆，苍南文化馆、博物馆，乐清图书馆，文成图书馆、文化馆并投入使用。新建文化礼堂208家，按照“五有十化”标准提升改善乡镇、社区文化中心231个。

七、文化遗产保护管理

（一）国家历史文化名城申报

国家住建部、国家文物局组织专家对温州市名城申报工作进行考察评估，考察组通过观看温州申名形象片，听取申名汇报报告，实地考察四大历史文化街区和江心屿历史地段，一致认为温州市古城环境风貌较为完整、历史文化遗存丰富、城市文化价值特点鲜明，基本符合申报国家历史文化名城的条件。

(二)文物维修管理

完成老城区第二批历史建筑的调查和资料整理工作。完成华盖山东南段城墙的考古清理和杨柳巷戚宅、七枫巷胡宅的环境整治。做好嘉会里巷、城西街、沧河巷、仓桥街等街区的整治。完成永嘉战时青年服务团旧址、田塘头红十三军革命遗址、飞鹏巷陈宅绿化及雕塑等维修工程。做好江心寺、天主教堂、永川轮船局及龙湾陡门、瓯海任桥等维修工程。认真开展文保单位“四有”工作，完成第七批国保、第六批省保“四有”档案编制任务，划定了全市第六批省保的保护范围和建设控制地带。

(三)专题馆建设管理

完成郑振铎纪念馆建设及陈列布展工程，于10月18日举行开馆仪式。新建永嘉县翔宇中华灯谜博物馆等民办博物馆。瓯海区“民博招商”新举措被评为全省基层宣传思想文化工作“三贴近”优秀案例。

(四)文化遗产宣传

围绕“国际博物馆日”“中国文化遗产日”，组织“温州市第二届民间藏品展”等活动16场，举办讲座8次，编辑出版专著2本。出台《温州市历史文化名城保护办法》《温州市历史文化街区管理办法》和《温州市历史建筑保护管理办法》，完成申报形象片、报告及系列丛书的拍摄、制作和编纂工作。

(五)可移动文物普查

可移动文物普查申报藏品数为42604件，完成所有文物信息的采集上报，可移动文物普查工作进度位列全省第一。

(六)考古发掘

完成温州市第七人民医院新院址、广化路和双南线道路建设工地、温州绕城高速西南线第4标段施工现场、瞿溪街道中岙村等基建项目施工区域古墓葬的发掘清理，出土青瓷钵、陶俑等数百件文物。完成苍南白湾堡城墙、壮士所城城墙的考古勘探。

(七)非遗保护传承

公布温州市第九批非物质文化遗产名录，共79个项目。举办“年味温州”非遗迎春展。温州市非遗馆被省委、省政府评为第九批省级爱国主义教育基地，成为全省首个列入省级爱国主义教育基地的非遗馆，全年接待德国黑森州吉森市中学生等参观团队和考察团100余个。组织10多项代表性非遗项目参加第七届中国(浙江)非遗博览会，黄杨木雕作品《中国梦》获得国家文化部颁发的工艺美术金奖，瓯塑作品、竹壳雕作品分别获得银奖和优秀奖。在“浙江省最具地域特色文化符号(民间戏曲)网络评选”活动中，瓯剧、永嘉昆剧、泰顺木偶戏3个项目入选。瓯剧经典剧目《高机与吴三春》入选浙江省第三批优秀保留剧目。

【大事记】

1月

1日　温州市“幸福生活，欢乐新春”专项文化艺术活动启动，在全市各地陆续开展，活动延续至农历元宵节，历时3个多月，内容包括市民文化、市民阅读、传统戏剧、观影(剧)惠民等方面的数百场活动。

2月

10日　被誉为“南曲之祖”的《南戏印象·琵琶记》在温州市南戏博物馆献演。该戏由永嘉县昆剧团演出，并由国家一级编剧施小琴创意编剧，浙江京剧团团长、国家一级导演翁国生执导。

是月　新春佳节期间，温州博物馆推出“天山往事——古代新疆丝路文明展”“三山——陈智安、方勇、徐钢山水画展”“紫玉金砂——浙江长兴紫砂茗壶特展”3大大型主题展览，受到市民欢迎。

3月

5日　温州市图书馆联合10余家县(市、区)公共图书馆及中心镇分馆，全市联动推出猜灯谜庆元宵系列活动。

20日　由温州市文化广电新闻出版局主办的“温州市第五届艺术节暨各县(市、区)视觉艺术精品系列展”首场在瑞安开展，此后陆续在各县(市、区)展出。

同日　温州市委副书记、市长陈金彪到温州市瓯剧艺术研究院视察指导工作，对瓯剧艺术研究院近年来在专业艺术创作、瓯剧人才培养、戏曲宣传推广等方面取得的成绩给予充分肯定和高度评价。

25日　省文化厅副厅长蔡晓春一行到温州调研指导文化市场综合执法工作，听取了温州文化市场管理和“十三五”规划编制工作情况的汇报，实地走访了温州市图书馆、市博物馆、温州大剧院等公共文化场所，对温州文化工作取得的成绩给予充分肯定和高度评价。

26 日　2015 温州国际时尚文化创意产业博览会在温州国际会议展览中心开幕。省委常委、市委书记陈一新，省委宣传部副部长唐中祥在开幕式上致辞。

31 日　副市长郑朝阳到非遗广场、县前 24 小时自助图书馆、广电监测中心、温州文化艺术大楼调研文化工作。

4 月

14 日　“墨池逸兴·温州书画院赴郑州交流展”在郑州美术馆开幕。

20 日　2015“书香温州，全民阅读”读书月活动启动。

24 日　“九山河·春草池——朱维明回乡美术作品展”在温州书画院展览厅开幕。

27 日至 30 日　第 10 届中国(义乌)文化产品交易会在义乌举行，温州市 29 家企业参展。

5 月

8 日　召开 2015 年全市“扫黄打非”和文化市场管理工作会议，全面部署“扫黄打非”和文化市场管理工作任务。

9 日　温州越剧演艺中心携《天要落雨娘要嫁》《胭脂》赴诸暨、绍兴、余杭 3 地巡演。

10 日至 13 日　“浙江省亲子阅读推广人公益培训”在温州市图书馆举办。

13 日　全市公共文化服务标准化建设现场会在平阳召开。会议贯彻了全省文化广电新闻出版局局长会议和全市宣传思想工作会议精神，研究部署了 2015 年重点工作。

14 日　第十一届中国(深圳)国际文化产业博览交易会开幕，温州市 10 家企业亮相，参展企业数量为历年之最。

15 日　副市长王祖焕、郑朝阳召集规划、文化、名城集团等职能部门对温州申报国家历史文化名城形象片(三稿)样片进行初审。

18 日　国际博物馆日，温州博物馆举办了丰富多彩的展览、讲座、鉴定活动，引导带动更多观众树立生态环保、可持续发展观念。

25 日　文化部人事司副司长汪志刚率文化部国家外交官一行 18 人到非遗广场参观调研。

同日　浙江省第四届青年歌唱家大赛暨“第十届中国音乐金钟奖声乐比赛浙江赛区选拔赛”在鹿城文化中心落幕。大赛吸引了全省各地 156 名优秀青年歌手报名，温州选手李勇君斩获民族组银奖，史海珍、刘婕获得民族优秀奖，陈波、易雄志获得美声组优秀奖。

28 日至 6 月 1 日　温州市文化广电新闻出版局在浙江大学举办了为期 5 天的“温州市历史文化名城名镇名村培训班”，各县(市、区)文化广电新闻出版局分管局长，文物保护考古所所长、副所长及各级历史文化名镇镇长、历史文化名村村长等 60 余人参训。

31 日　温州市委副书记、代市长徐立毅到市博物馆和非遗馆调研。

是月　《温州市文化创意产业规划(2015—2020 年)》出炉，计划通过两个阶段的发展，将文化创意产业发展成温州市国民经济重要支柱性产业，打响“时尚温州”品牌。

6 月

2 日　温州市人民政府发文公布《温州历史文化名城保护管理办法》《温州市历史文化街区保护管理办法》《温州市历史建筑保护管理办法》等 3 个名城规范性配套文件，同时完成申报形象片、报告、系列丛书及台账资料的制作整理。

12 日　“艺路同行瓯韵流芳”——2015 年温州传统戏剧曲艺精品展演活动在温州大剧院拉开帷幕，温州市人类非遗项目永嘉昆剧，国家级非遗项目温州鼓词、瓯剧、温州莲花、木偶戏等 9 个剧种上演。

24 日　省委书记夏宝龙，省委常委、省委秘书长赵一德一行，在浙江省委常委、温州市委书记陈一新陪同下，到访森马总部，参观了森马新产业孵化基地，并对梦多多小镇项目给予高度肯定。

同日　2015 温州工艺美术精品展在温州博物馆开幕。展览由温州市委宣传部、温州市文学艺术界联合会、温州市文广新局主办。

30 日　中国图书馆学会下发了《关于命名全民阅读示范基地、表彰 2014 年全民阅读优秀组织奖和先进单位奖获奖单位的决定》，温州市少年儿童图书馆榜上有名。

7 月

10 日　省文化厅下发《关于公布全省公共图书馆开展“两会”服务工作奖项的通知》，温州地区的温州市图书馆、文成县图书馆、苍南县图书馆、瑞安市图书馆 4 家图书馆榜上有名。

13日　“中国之美——温州书画、戏曲艺术欧洲巡回展演”首站走进布达佩斯，在当地哥白尼文化中心展览厅举行开幕式，正式拉开欧洲3城巡展序幕。

26日　“中国梦·我的梦”温州市第九届新温州人梦想演说电视大赛暨2015“书香温州·全民阅读”读书月颁奖典礼在温州广电中心演播大厅落幕，历时3个月之久的“书香温州·全民阅读”读书月活动就此圆满落幕。

28日　温州城市交响乐团正式成立，30日首演成功，9月推出首个音乐季，举办10余场音乐会。

是月　由温州市委、市政府组织编写的系列丛书“温州市申报国家历史文化名城文本”(5卷本)由中国民族摄影艺术出版社出版。

8月

6日　全市文化创意产业发展推进会上，9大文化产业项目签约，投资总额160.8亿元，涉及文创园、休闲农业、影视动漫等领域。

12日　温州市委副书记、代市长徐立毅召开座谈会专题调研文化、卫计、体育工作，听取各单位工作汇报，并提出了下步工作要求。

18日　省委常委、市委书记陈一新专题调研文化创意产业发展，察看部分文化创意产业园区、企业等，实地了解文化创意产业发展现状，听取企业意见建议，研究未来发展策略。

26日　“永远的凯歌”温州市纪念中国人民抗日战争暨世界反法西斯战争胜利70周年大型合唱朗诵交响音乐会在温州大剧院上演，近千名文艺精英奉献了一台集政治性、思想性、艺术性和欣赏性于一体的交响音乐会。

是月　温州市文广新局、温州市图书馆组织申报的“城市书网”公共图书馆现代服务体系项目入选第三批国家公共文化服务体系示范项目。

9月

11日　由中国美术家协会主办的“纪念潘絜兹诞辰100周年全国中国画作品展”获奖名单出炉，温州市女画家杨秀华大幅工笔人物画作品《梦回故里》荣获优秀奖(最高奖)。

21日至23日　浙江省公共图书馆读者服务技能竞赛在德清举行，温州地区代表队获二等奖，其中葛列炜获优秀个人奖。

24日　“塘河韵·瓯江情——温州书画作品香港展”在香港集古斋开幕，庆祝香港温州同乡会成立30周年。

29日　第五届温州艺术节暨第三届市民文化节开幕。活动持续至11月中旬，开展了舞台演出、群文活动、书画展等系列精彩文化活动。

10月

12日　由温州市委宣传部、温州市文化广电新闻出版局主办，温州市文化馆承办的“我的浙南美丽水乡”视觉艺术作品主题展在温州市文化馆开幕。

同日　温州市第九届曲艺会演在鹿城文化中心上演。

14日　由温州市人民政府主办，温州市委宣传部、市文化广电新闻出版局、市文联承办的温州市首届“黄公望奖”中青年美术作品大赛获奖名单正式揭晓。

18日　位于沧河巷的郑振铎纪念馆开馆。文化部党组成员、故宫博物院院长单霁翔受聘出任纪念馆名誉馆长。

20日　首届全国“文化杯”群艺馆(文化馆)优秀群文期刊评选活动落幕，温州市文化馆选送的期刊《温州文化》荣获优秀装帧设计奖。

23日　温州市首届“墨池奖”书法篆刻大赛作品展在温州书画院开幕，温州市书画爱好者等社会各界人士300余人参加了开幕式。

11月

2日至6日　温州市文化广电新闻出版局和温州市委党校联合主办了2015年“春风行动”全市公共文化服务标准化培训班，全市各县(市、区)文广新局社文科科长、乡镇文化站站长、文化员和社区文化干部共63人参训。

6日　温州市首届“黄公望奖”中青年美术大赛作品展在温州市文化馆开幕。开幕式上，对叶将等10位“黄公望奖”得主和郭远等20位“黄公望提名奖”得主进行了表彰。

8日　温州市第三届合唱节在温州大剧院音乐厅举行，全市各地21支合唱团近千名演员参演。温州大学音乐学院女声合唱团、温州市合唱团二团男声团、泰顺映山红合唱团挺进前三名。

9日　乐清市文化市场行政执法大队谢明显被文化部评为全国文化市场综合行政执法优秀个人。

12月

4日至5日　温州越剧演艺中心携《荆钗记》《大唐骊歌》亮相

天津大剧院，这是温州越剧首次赴天津演出。

11日　温州市人民政府发文公布第九批温州市非物质文化遗产名录(温政发〔2015〕66号)。

15日　温州新落成的7家城市书房同日开放。

同日　温州市区10家“文化驿站”城市休闲文化场所正式启用，实现都市时尚和休闲文化相融合、现代与传统相融合、艺术活动与社会交流相融合，丰富了市民文化生活。

是月　温州市文化广电新闻出版局执法指导处处长被全国“扫黄打非”工作小组评为2015年全国“扫黄打非”先进个人。

(苏义彪)

温州市县(市、区)文化工作概况

【鹿城区文化广电新闻出版局】

内设职能科室5个，综合执法机构1个，直属单位4个。2015年末人员83人(其中：局机关33人，事业50人；具有高级技术职务资格的9人，中级14人)。

2015年，鹿城区文化广电新闻出版局奋力争先，破难攻坚，扎实工作，积极推进全区文化事业和文化产业向健康、有序、和谐的方向发展。一是深化惠民体系建设。创成1个省级文化强镇，建设2个文化驿站、4个城市书房，1个图书馆分馆、4个图书流通点，11个省级农村电影放映示范点，完成3个街镇和27个社区文化中心的“五有”标准化建设。鼓励引导社会组织参与基层文化设施管理，加大政府购买公共文化服务力度，推动基层文化繁荣发展。区社会力量参与街(镇)文化中心管理先行试点成功申报为省级公共文化服务体系单项示范项目。文化体制改革深入推进。对农村电影放映项目进行政府招投标，成为全省首个实施农村电影放映机制改革任务的区县。区图书馆成立首届理事会，推行“理事会+监事会+管理层”法人治理新模式。二是开展公益文化活动。组织大型文艺演出322场，送戏下乡272场，文化走亲9场，百姓舞台活动342场，培训7449人次，举办展览讲座420期、社区文化活动5412场，放映农村数字电影1785场。每月为新居民免费提供文化大餐2—3次，并以草根选拔、团队竞争、作品编创等形式，全方位推动新居民文化、企业文化、家庭文化相融合，形成新居民自编自导自演的特色文化格局，全年举办文化活动143场次。以“亲民、惠民、乐民”为主题，以群众性艺术团队为主体，开展包含团队展演、社区文艺活动演出等109场次，观众10万多人次。全年创作声乐、舞蹈等文艺作品47个，获省级以上奖项15个，小品《立碑》冲刺全国“群星奖”。与温州日报传媒集团合作办刊《文化鹿城》，同步创办官方网站和微信平台，阅读量突破13万人次。开展“文化走亲”9场，组织指导乡镇、社区开展“文化串门”134次，被省文化厅评为全省“文化走亲”先进单位。三是传承非物质文化遗产。新增市级非遗项目5项。建成温州木雕、叶同仁中药等4个非遗生产性保护基地及温十四高、瓯菜烹饪技艺等非遗教学传承基地。开展非遗进校园、进社区、进企业、进军营、进机关等“非遗五进”活动254场。举办全区非遗传承人会议。彩石镶嵌专题节目在央视播出。四是实施“五水共治”水乡文化提升建设工程。制作“五水共治”宣传图片，创作并举办“五水共治”大型主题文艺演出，在全区街镇巡演9场。开展文化水乡提升工程，“吕浦人家”之“舟渚听曲”及“勤奋湾滨水公园改造提升工程”累计完成投资616万元，完成计划投资率124.99%。五是开展历史文化名城创建工作。新创建红欣盆景艺术、强达钟表文化等非国有博物馆。完成辖区内全国第一次可移动文物普查工作，申报藏品约2.1万件。六是助推文化产业发展。逐步推进落实权力清单梳理工作，受理办结审批188件，办结率100%，提前办结率95%。全区文创园总量增加，集聚明显，被授予首批“浙江省文化产业重点县(市、区)”。2家企业入选第二批市级重点文化企业，5人入选“文化温商”年度人物，中加友谊小镇入选全市首批特色小镇培育名单，全年受表彰总数居全市之首。七是强化文化市场监管服务。全面开展“打非治违”、“平安浙江”、文化经营场所安全生产暨消防工作自查自纠活动，召开安全生产及消防安全工作专题会议，与各经营场所签订工作责任书，确保文化场所安全。全年出动1540人次，检查文化经营场所2427家，立案查处违规经营行为69起，销毁各类非法出版物1.3万册。被省文化厅授予省先进执法单位荣誉称号。完善细化分级管理模式，建立执法队员、街镇工作人员、义务监督员三级监管网络，全面开展“扫黄打非”专项整治行动,对音像制品、图书销售、网络文化等领域开展大规模清查治理活动,收缴非法音像制品1101张,非法出版物1.2万余册,查处取缔非法歌舞娱乐场所21家,并与公安等部门联合查处了联合广场散发非法出版物案和三重查音像侵犯他人著作权案。是年,被温州市委、市政府授予创建全国文明城市先进单位。八是加强人才队伍建设。挖掘并协助申报公司外聘专家托马斯、夏乐平(Luigi Arcadu)为“省千外专”人才,通过省外专局资格复审。组织全系统文化干部和基层文化员开展业务培训,并就加快完善基层公共文化服务人才配备、使用、培养和激励机制提出合理建议。结合重大文艺赛事、重要文化活动、创作和实训基地建设等模式,发挥人才集聚优势。九是开展党建和廉政建设。建设“两代表一委员”工作室。开展审批窗口“党建引领审批服务提能效”活动,打造党建示范点。开展“百个支部结对,千名党员牵手”活动。开展“联村、包村、蹲村、强村”活动,在执法大队开展“争当先锋模范、助推破难攻坚”专项活动。深入开展“破两难、纠四不”专项整治行动,加大执纪问责力度,制定出台《落实党风廉政建设责任制情况抄告制度》《鹿城区文广新局作风效能责任追究办法》,并开出了党风廉政抄告第一单。

(程　红)

【龙湾区文化广电新闻出版局】 内设职能科室5个,直属单位4个。2015年末人员58人(其中:机关9人,参公9人,事业40人;具有高级技术职务资格的2人,中级10人)。

2015年,龙湾区文化广电新闻出版局按照年初确定的工作思路,抓重点、攻难点、求亮点,更加自觉、更加主动地推进全区文化建设,各项工作取得明显成效。一是夯实基础设施建设,促进基层公共文化服务标准化、均等化。投资近600万更新的区博物馆基本陈列展览于9月2日复馆试开放。区图书馆新馆、2个24小时城市书房、永昌堡文化驿站正式对外开放。持续推进3个新建街道综合文化中心,建设“五有”乡镇(街道)文化中心2个、社区文化中心15个,新建3个农村数字电影室内固定放映点,创建8个市级和5个区级精品农家书屋。文化体制改革持续推进,区图书馆启动法人治理结构改革试点工作,积极探索公益事业单位理事会管理机制,制定改制系列草案。助力美丽浙南水乡文化提升建设,编制完成《区水乡文化提升工程规划文本》。二是文化精品创作硕果累累。围绕“中国梦”“纪念中国人民抗战暨世界反法西斯战争胜利70周年”“五水共治”主题,积极创作编排音乐、舞蹈、小品等作品,摘得国家级奖项7个、省级奖项17个、市级奖项56个。三是推行“快速审批”等特色文化市场行政审批服务。创新开展特色审批工作,整合审批职能,优化审批流程,缩减审批时限,推行“快速审批”。推行阳光审批,利用文件、网站、媒体等载体,公开审批事项有关信息。加强“规范化”,继续进行“权力清单”整理,确保审批主体、条件、程序合法,明确行政审批事项的实施条件、程序和时限要求,完善各环节工作流程。全年受理审批186件,办结178件,无错件和涉诉件。选送的“文物保护单位修缮许可”审批案卷在市局组织的评比活动中,被评为优秀案卷。四是探索建立按需配送的公共文化服务供给体系。开展“群众点单、政府买单”自助餐式送戏下乡活动,送戏下乡429场,文化走亲5场,放映农村数字电影1580场。深入开展农村文化礼堂建设菜单式服务工作,除提供省级94份服务“菜单”外,还结合地方、节日特色等择优形成60份精品文化菜单,并建立“点单式”送戏下乡评价反馈机制。采取“你点单,我买单”的创新型送书形式,开展送书下乡活动23次,累计送书1.2万册。五是加强文化市场管理。召开全区“扫黄打非”和文化市场管理工作会议,进一步明确“扫黄打非”工作目标任务。开展2015“护苗”“清源”“净网”等专项行动,重点推广“绿书签”、安全生产月系列宣传活动。重点查办状元音像店非法音像制品案,缴获非法音像制品698盘。全年出动执法人员1904人次,检查1283家次,查处违规35家次,办理案件37起,罚没款7.1万元,移交司法机关1起,刑拘2人。查缴非法出版物1320册,查处打击非法流动图书摊点5个;配合工商等部门取缔黑网吧57家;查缴非法地面卫星接收设施6套。六是加快推进文化产业发展。出台文化产业扶持政策,抓好文化产业园区建设,拓展文化产业发展市场,全年完成文化产业投资额2.51亿元。制定出台《龙湾区(高新区)促进文化产业发展实施办法(试行)》,在资金投入、政策扶持、管理办法上作了明确规定。抓好红连文创园等重点文化产业项目建设，红连文创园二期1万平方米项目完成整体竣工验收，并启动第一阶段招商工作。温州市首个以慢文化为艺术特色的缦绿文化创意街区项目启动可入住式博物馆建设。此外，蓝江互联网文化产业园被评为市级重点文化产业园，浙江国技互联信息技术有限公司、温州红连创意设计开发有限公司被评为市级重点文化企业。完成2015年温州国际时尚文化创意产业博览会龙湾馆展出任务，参展主题"中国制笔之都"被评为最佳展示奖。坚持"走出去"战略，先后推荐本土4家文化企业参加第十届中国义乌文交会和第十一届深圳文博会。

（林碧纯）

【瓯海区文化广电新闻出版局】 内设职能科室4个，直属单位5个。2015年末人员58人（其中机关10人，事业48人；具有高级技术职务资格的2人，中级6人）。

2015年，瓯海区文化广电新闻出版局紧紧围绕年度目标和任务，精心谋划明思路，突出重点抓落实，打造亮点出特色，争先创优求实效，着力提升瓯海文化发展软实力和竞争力，各项工作取得新进展新成效。历史文化名城创建工作全面完成，省级公共文化服务体系综合性示范区申报工作全面推进，完成全国第一次可移动文物普查登录工作，出台《瓯海区文物保护和利用总体规划》。获2014年度全市文广新系统先进单位、全市创建全国文明城市工作先进集体等荣誉称号。一是文化设施建设方面。完成4个镇街综合文化站和13个社区文化服务中心的"五有十化"建设。娄桥街道、丽岙街道综合文化站实现整改提升，新桥街道综合文化站、潘桥街道潘北社区文化服务中心开展了社会化运营试点，并在全区推广。高标准建成开放"梦多多小镇"、南塘、瞿溪城市书房3家。在青灯山舍创成全市首批文化驿站1个。投入125万元专项资金，完成22个精品农家书屋创建工作。新建成免费农村电影固定放映点省级10个、市级5个。精心打造文化展示服务特色平台，有效整合全区文化资源，实现一键式点文化服务，全年为各镇街配送培训116场，戏剧、鼓词和综合文艺会演82场。二是群众文化活动方面。全年送戏下乡418场，观众30万余人次；县域间文化走亲7次；送书下乡4.5万册次；送电影下乡2733场，观众47万余人次；送讲座展览192场。配合全市第五届艺术节等大型活动，组织区、镇街地方特色重大群众文化艺术活动180场次，参与节目2880个。举办"幸福瓯海·百姓风采"镇街文化展演活动，初步组建瓯海草根文化人才作品库，建立瓯海文艺人才培育、文艺作品生产的政府购买机制。举办瓯海区首届文化艺术节，惠及群众10万余人次。成立瓯海区吹台书画社、瓯海区娄桥笙台艺社。三是文化产业发展方面。全区有印刷包装类企业278家，从业人员0.7万人，资产总额25.2亿元，年工业总产值19.3亿元，利润总额0.77亿元。传统产业进一步做大做强，东经集团、大东集团、宏印包装等印刷龙头企业投资总额达3.3亿元。文化创意园区建设深入推进，国智9号文创园、梧田老街、盘云谷、欧尚文化创意园等文创园区逐渐积累人气，森马集团的梦多多小镇国庆期间顺利开园并获评市级重点文化产业园。出台《瓯海区工艺美术文创园入园办法》，计划投资超过1亿元。四是文化市场管理方面。全年受理文化经营审批项目384件，办结率、提前办结率、群众满意度均为100%，简化审批程序，缩短审批时限，行政审批效率明显提高。全年出动检查1480次，联合执法6次，检查营业场所2462家次，查处办结案件33件，行政处罚13万元，查缴非法出版物771件、非法设施18件，处理各类举报9起；取缔无证电子游戏室16家，没收线路板34块，查处无证KTV3家，取缔无证演出2起，落实整改较大安全隐患37家。五是文物保护方面。相继完成泽雅传统造纸专题展示馆、泽雅纸山民俗文化专题展示馆、泽雅生态博物馆指示系统工程的提升改造工作，其中，泽雅传统造纸专题展荣获第九届浙江省博物馆陈列展览精品奖；泽雅传统造纸生态博物馆被评定为省级科普教育基地。新增区级文物保护点7处。强化文物安全属地管理机制，率全市之先推行区政府与各镇街签订文物保护责任书。探索文化遗产保护新途径，利用"治水公益基金"等300万元社会资金，保护整治永宁桥等10余座沿河古桥、古亭。六是非物质文化遗产保护方面。成功申报市级项目16项，居全市各县（市、区）榜首。建立区级非遗代表性项目、传承人与基地认定评审专家委员会,组织认定7家单位为区第二批非物质文化遗产传承基地,60人为区第一批非物质文化遗产项目代表性传承人。1月30日,中央电视台第7频道《农广天地》栏目播出电视专题节目《彩石镶嵌》。5月21日,区非遗传承人周万兴作为温州唯一受邀赴韩国的鼓词艺人,在敦煌学研究学研讨会上演唱鼓词。10月,百鸟灯、周岙挑灯参加第七届中国(浙江)非物质文化遗产博览会,获"非遗薪传"浙江彩扎精品展优秀展示奖。七是水乡文化工作方面。加快塘河流域民办博物馆建设,一期温州石刻造像博物馆、塘河篆刻文化艺术馆完成建设协议签订、政策处理、土地交付、初步方案设计及施工方案设计,被省委宣传部评为2015年度全省基层宣传思想文化工作"三贴近"优秀案例。开展梧田老街改造,完成投资额1310万。引用民资打造穗丰怀古公园,完成沿河立面改造及刘基御史楼主体9层结构建设。开展《美丽水乡文化提升工程规划》编制工作。创作鼓词《五水共治唱新篇》,荣获浙江省文化礼堂会演金奖。八是区图书馆建设。全年到馆人数57.08万余人次,图书借还84万余册,新办证1.7万余个,新增图书13.88万余册,藏书达到44.3万册,举办各类活动774场,参与人数18.1万人次,图书配送下乡37次4.9万余册;网站访问量11.6万余次。开展"金秋送读"百场阅读服务进文化礼堂活动。承担的省级课题塘河文化数据库通过验收。拍摄了公益宣传微电影《书缘》。《经典书目三维立体读书法项目——瓯海区图书馆公共文化建设创新案例》荣获中国图书馆学会颁发的"2015全民阅读优秀案例"二等奖。荣获全国"我爱我家"书香家庭微视频大赛优秀组织奖,"浙江省文明单位"称号,第十一届浙江省未成年人读书节创新奖、优秀服务奖,温州市"爱我家乡山水美"故事大赛优秀组织奖,温州市未成年人读书节"我爱我家,童手绘水乡"绘画比赛优秀组织奖等。九是区文化馆建设。建立以区文化馆创作为主,以民间、社团、学校联动创作为辅的"民、学、社"文艺精品创作长效机制,成立了乐团、声乐团、舞蹈团。全年完成文艺创作191件,荣获国家级奖项1个,省级奖项10个,市级奖项58个,其中《给梦想一点时间》荣获浙江省第十四届音乐新作演唱演奏大赛创作金奖,温州市"五个一"工程奖。承办、参与文艺活动200多场,参与人数上千人。举办各类文艺培训班350场,培训学员上千人。十是区博物馆建设。完成区第一次全国可移动文物普查登录工作,包括博物馆1791件文物与系统外63件文物。编制《瓯海区文物保护和利用总体规划》。面向社会征集购买164件各类文物,接收社会捐赠文物328件。协同温州市文物保护考古所,对梧田街道南村湾底自然村李浦王氏支脉家族墓地进行抢救性发掘、清理,调查土地面积约1200平方米,清理测绘墓穴24座,出土墓志9方,珠串1副,瓷器6件,铜钱1个。协同温州市文物保护考古所对瞿溪街道中岙村两座西晋墓葬进行抢救性清理,出土青瓷烛台、三足圆砚台、铁质兵器、金手镯、铜钱等器物。启动永宁桥修缮工程。

(刘若胜)

【洞头区文化广电新闻出版局(体育局)】 内设4个职能科室,直属单位1个,分支机构5个。2015年末人员51人(其中:机关9人,事业42人;具有高级技术职务资格的6人,中级7人)。

2015年,洞头区文化广电新闻出版局紧紧抓住撤县建区契机,抓重点、破难点、求亮点,有效提升了海岛文化软实力。一是抓阵地建设,海岛公共文化管理水平更优质。加大公共文体服务单位免费开放力度,强化市民活动中心、图书馆、街道乡镇文化综合站功能,对外开放"红色印迹馆"。开展乡村"百姓舞台"、文化中心"五有十化"创建工作,元觉街道文化中心、霓屿街道文化中心等7个文化中心通过"五有十化"验收;1个省文化强镇,7个省文化示范村(社区)通过复查;创成省文化示范村(社区)1个。二是抓精品创作,海岛群众文化赛事活动更丰富。举办洞头区第三届文化艺术节系列活动、中小学艺术节、第八届七夕海洋民俗风情节等各类群众文化活动。开展送文化下乡活动,完成送戏下乡160余场,送书下乡1.2万余册,送展览44次,送讲座110次,送培训辅导100余次。强化精品创作,创作美术、摄影、书法、小品、舞蹈、音乐等富有时代气息的海岛特色作品近200件,积极组织参加省市文化赛事活动,获国家、省、市级各类奖项近100项,其中渔民画《繁荣的渔村》获省文化礼堂才艺大赛金兰花奖;原创舞蹈《小海蜇的蓝色畅想》获浙江省少儿舞蹈大赛表演、创作兰花奖；原创舞蹈《烤船谣》获第五届温州艺术节、温州市第十六届音乐舞蹈节群舞比赛创作、表演金奖2个；排舞《相约洞头》作为区最具特色的原创排舞规定曲目，得到普及推广，并获得浙江省第九届排舞大赛新创组金兰花奖。三是抓培训提升，海岛公共文化人才队伍更壮大。下发《关于印发2015年洞头区文化队伍素质提升培训方案的通知》，成立"晚情合唱团"，优化渔民画基地、老年合唱团、职高文艺基地管理，积极组织文艺人才、基层文化员参加国家、省、市文艺骨干培训近20期次，参训200余人次。全年组织开展区农村文化员和文艺骨干培训班等56期，参训2600余人次。四是抓继承弘扬，海岛文化遗产保护氛围更浓厚。实施"守望行动123"工程，组织举办第十个文化遗产日活动，编制东沙妈祖宫等3处省级文保单位"四有"档案及区保单位记录档案，完成全国第一次可移动文物普查各项任务，上报952件(套)文物数据。新增海岛民居生活用具博物馆、古船木创意博物馆、大门镇文物陈列馆3个民间博物馆，文物件数近2000件。加强非遗传承与保护工作，组织传承人带徒、"洞头非遗那些年"进文化礼堂、非遗摄影获奖作品展进校园等文化遗产传承活动。开展第六届妈祖平安节、迎头鬃、放生节等民俗节庆宣传展示活动。海蜇舞、海岛过年习俗等5个项目入选温州市第九批非遗名录。洞头区和洞头区东屏街道被评为第二批省传统节日保护基地。《明春翠羽》和《五伦图》分获第五届中国(浙江)工艺美术精品博览会银奖和铜奖，贝雕传承人王卫东被评为温州市首席技师。五是抓文旅结合，海岛文化产业发展前景更美好。突出"海"字特色，在互联网时代强化"文化+"发展理念，做好文旅结合文章，大力培育文化娱乐休闲等文化服务业。实施区委办公室、区政府办公室《关于支持和促进文化发展的实施意见》，设立文化产业扶持资金200万元，着力扶持区文化产业发展。市民活动中心二期(产业园)全年累计完成投资额3800多万元。组织洞头贝雕、古船木等文化产品参加第十一届中国(深圳)国际文化产业博览交易会和第十届中国(义乌)文化产品交易会等省市文化交易展览活动，贝雕产业年产值达400多万元。六是抓规范执法，海岛文化市场秩序更规范。联合工商、广电、公安、网信办等部门单位深入开展"扫黄打非""清源""净网""护苗""秋风"等专项整治工作，出动346次876人次，检查419家次，办理案件21起，结案21起。加强平安建设和安全生产工作，开展文化市场消防安全大检查，召开全区文化市场安全生产工作会议暨文化市场法律法规培训会，签订责任书，文化市场、文保单位安全隐患排查率达95%以上，隐患整治率100%。强化文化市场法律法规宣传，推出全国首个文化市场"七要八不要"宣传口号，发放宣传品、宣传手册近2000份。强化行政审批"两集中两到位"，在全市行政许可案卷评选中1个案卷被评为优秀。七是抓项目提升，海岛水乡文化建设更靓丽。出台《洞头区美丽海岛水乡文化提升工程实施方案》，完善水乡文化景观设施管理制度，开工建设5个水乡文化提升工程，累计完成投资3290万元，完成年度率达165%。组织洞头区"百岛之夜"激情演艺广场——"五水共治"专场文艺演出，广泛宣传水乡文化建设，营造人人参与建设，爱护水乡氛围。

（卓桂枝）

【乐清市文化广电新闻出版局】 内设职能科室5个，直属单位9个。2015年末人员253人(其中：公务员19人，参公人员28人，事业编制206人；具有高级技术职务资格的36人，中级52人)。

2015年，乐清市文化广电新闻出版局围绕大局、服务中心，积极推动文化事业繁荣，促进文化产业发展，提升文化软实力，促进了全市经济社会发展。市文化馆林丹获全国"艺德标兵"称号，市文化市场行政执法大队谢明显被评为全国文化市场综合行政执法优秀个人。一是艺术创作。以第九届音乐舞蹈节为平台，新创文艺作品60个。全年创作视觉艺术作品122件。选送优秀节目参加省、市各项比赛，获温州奖项50余个，省级奖项20余个。二是社会文化。以乐清市第五届文化艺术节为平台，推出乐清市第三届市民文化节、第九届音乐舞蹈节、第三届排舞大赛、第三届好声音歌手大赛、柳川杯、虹桥杯、迎新春系列文艺活动以及地方特色文化活动品牌。全年镇街文艺演出1582场，市级大型文艺活动373场、文化馆大型文艺活动76场，骨干社团大型文艺活动148场。全年送戏下乡349场、送书下乡 1.96 万册、送电影下乡 8383 场、送展览讲座 182 场次,开展文化走亲活动 30 次。全年举办 11 期"梅溪讲堂"讲座、40 期"梅溪学堂"快乐周末活动、16 期文化公益课堂培训、2 期非遗公益课堂培训、12 场"周末剧场"演出。继续打造公众零门槛参与的"百姓舞台",举办市级"百姓舞台百姓乐"演出 24 场,其中 14 场送进村文化礼堂,其成功经验被文化部主办的《文化月刊》2015 年 5 月号(下旬刊)刊登推广,并被省文化厅评为浙江省公共文化服务体系单项示范项目。围绕"4·23世界读书日"举办系列读书活动。市图书馆接待到馆读者 30.34 万人次,图书外借 34.65 万册(片);新增藏书 5.60 册(片);新增文献 3.2 万种 5.60 万册;新增图书借阅证 3794 个;举办读者活动 174 场次,直接参与读者 2.96 万人次。三是"非遗"工作。6 个项目成功入选第九批温州市非物质文化遗产名录。乐清市柳市镇象阳后横村入选第三批浙江省非物质文化遗产旅游景区名单,被命名为黄杨木雕方向的非遗主题小镇。"文化遗产日"期间,以乐清首饰龙入选第四批国家级非遗名录为契机,举办"五朵金花绽放乐清"大型非遗广场活动,宣传展示市非遗保护工作成果。举办"木中象牙·巧夺天工"上海徐汇、浙江乐清黄杨木雕精品巡回展,展出两地 40 余件国家级、省(市)传承人创作的黄杨木雕精品,包括 21 件乐清黄杨木雕精品。组织乐清市黄杨木雕精品参加第十二届中国民间文艺"山花奖",浙江省工艺美术大师吴尧辉的黄杨木雕作品《大唐盛世》系列组雕获民间工艺美术作品奖。组织乐清黄杨木雕、乐清竹壳雕、乐清石雕等项目参加第十届中国(义乌)文化产品交易博览会。虞金顺黄杨木雕系列作品《今日中国》(一组共十件)获得文化部工艺美术金奖,这也是浙江省非遗展区唯一的金奖。组织乐清非遗项目参加第五届中国(浙江)工艺美术精品博览会,摘得 13 金、11 银、17 铜。组织参加中国工艺美术"百花奖"评选活动,省级工艺美术大师王艺的黄杨木雕作品《珠穆朗玛》获金奖。组织乐清细纹刻纸作品及相关传承人参加"非遗薪传"浙江传统纸艺彩扎精品展,5 件作品获银奖。组织乐清黄杨木雕作品参加第七届中国(浙江)非物质文化遗传博览会,吴尧辉的《走街串巷》、牟湘波的《牧归》获金奖;乐清市非遗中心获优秀组织奖。四是文化设施建设。推进市文化馆、图书馆、博物馆新馆和柳市文化中心等重点文化工程建设。加强基层文化阵地建设。出台《关于进一步规范我市基层公共文化服务工作的通知》,确定镇街文化站和社区文化服务中心共 34 个"五有十化"创建试点,完成标准化建设,并通过温州检查组考核验收。印发《关于社会力量参与基层公共文化设施管理试点工作的指导意见》,确定乐成街道、柳市镇、翁垟街道为社会力量参与办文化试点,并通过温州市考核。五是文化产业。继续落实《乐清市重点文化企业、成长型小微文化企业认定管理办法》《乐清市文化产业园区认定管理办法》等文化产业扶持政策,新修订《乐清市文化产业发展专项资金管理办法》,每年安排文化产业专项资金 500 多万元。推进文化产业园区建设。全年文化产业实际投资 3.69 亿元,新增 4 个落地项目。认定首批文化产业园区 3 家,第二批重点文化企业 6 家、第二批成长型小微文化企业 26 家。六是文物保护工作。推进第一次全国可移动文物普查工作,完成系统内 4270 件(套)可移动文物的普查采集、建档、信息登录工作。完成第七批全国重点文物保护单位、第六批省级文物保护单位、6 处市级文物保护单位的"四有"记录档案编制工作。完成市级文物保护单位芙蓉镇后垟村林氏二十九房宗祠、李显墓、吕岙路廊、章玄应墓及历史建筑能仁路廊维修工程,全年无文物安全事故发生。全年征集文物、资料 306 件(套),接收社会捐赠文物 17 件(套)。帮扶柳市镇后横村建设乐清市百工雕刻艺术博物馆,藏品 600 多件。召开乐清市 2015 年度文物保护工作会议。举办"5·18 国际博物馆日"大型鉴宝活动。参与承办抗战时期乐清新兴木刻作品展及张怀江、张远帆父子捐赠版画展。七是文化市场管理。加强行政审批窗口建设,提高服务质量,全年办结行政审批件 420 件。加强文化市场监管。坚持日常监管与专项行动相结合,发挥"12318"文化市场监督举报热线作用,加大重点时段和重点场所的监管。组织开展"清源""净网""秋风"、卫星电视广播地面接收设施等专项整治行动,重点清除各类政治性非法出版物、网络有害信息及非法卫星电视广播地面接收设施。全年出动检查 2190 人次,检查营业场所 2475 家次,立案 81 起,取缔无证经营单位7家、无证流动摊点16个,查缴非法音像制品9436盒、非法书报刊2910册、地面卫星接收设施107套,及时处理各类举报20起。召开全市"扫黄打非"和文化市场管理工作会议。组织乐清市文化市场监督员培训会、互联网上网服务营业场所负责人培训会。开展侵权盗版及非法出版物集中销毁活动,现场销毁10多万件非法出版物。

乐清市第五届文化艺术节、第三届市民文化节 8月3日至12月17日举行。由市委宣传部、市文广新局主办,市文化馆承办,乐清农商银行协办。作为乐清市规模最大、规格最高的艺术盛会,此届文化艺术节和市民文化节推出了市第九届音乐舞蹈节、市第三届排舞大赛、百姓舞台、公益培训、文化礼堂展演和各类艺术展览等百余场活动。

乐清市图书馆理事会 1月14日,乐清市图书馆成立理事会,成为全省首家推行法人治理结构试点工作的县级公共图书馆。来自文化教育界、工商企业界的人士及普通读者、文化志愿者和图书馆职工共11人担任首届理事。成立仪式后,召开了第一届理事第一次会议,审议通过了《乐清市图书馆章程》及相关制度,投票选举王绍旺为首届理事会理事长。

(周凡群)

【瑞安市文化广电新闻出版局】 内设职能科室7个,直属单位7个。2015年末人员210人(其中:公务员25人,参照公务员法管理26人,事业159人;具有高级技术职务资格的13人,中级26人)。

2015年,瑞安市文化广电新闻出版局各项工作成效显著。一是公共文化设施建设。完成5个镇街文化中心、34个社区文化活动中心"五有十化"建设。新建飞云、南滨等2个镇街图书分馆,创建瑞安首家24小时自助图书馆,开通汽车图书馆流动服务,并在"港瑞新玉海"创立温州地区首家商业综合体图书分馆,实现公共图书服务全覆盖。11月,顺利通过省文化厅第二批公共文化示范项目"书香瑞安三大提升工程"验收。二是文艺精品创作。创作文艺作品100余件,在各级各项文艺赛事中获得47个奖项,其中鼓词印象等3个作品参加全国群星奖选拔;排舞《串烧》获浙江省第九届排舞大赛金兰花奖,舞蹈《年年高》获"小荷风采"浙江省金奖;鼓词《杀庙》荣获第五届曲艺新作大赛暨第九届牡丹奖选拔赛表演金奖。三是文化惠民工作。开展送文化下乡演出、文化进礼堂450场,送书下乡4万册,送展览27场,送讲座39场,文化走亲7场,接待文化走亲回访2场,送电影下乡9045场;新建或改建提升省级农村电影固定放映点10个、温州市级固定放映点16个。建设示范农家书屋45家,精品农家书屋20家。深入开展"书香瑞安"工程,市图书馆新办理读者证1.6万个,接待读者135万人次,外借文献118万册(盘)次,书刊阅览120万册次。开展各类文艺辅导培训,举办50个培训班次,2000余人受训。四是文化遗产保护。加强文物保护。完成第六批、第七批国保和第六批省保记录档案编制任务;完成18处省保以上文保单位保护范围和建设控制地带的划定及上报工作。落实好文物保护单位消防安全和防盗工作,全年开展190次文物日常巡查,出动722人次,检查320家(次),无文物安全事故发生。圆满完成全国第一次可移动文物、古籍普查阶段性任务。完成6746件可移动文物、3.1万余册古籍数据录入工作。建立数字博物馆,率先开通了电脑、手机720度虚拟博物馆。做好非物质文化遗产保护工作。举办非遗传承活动15次以上。确定第五批瑞安市级非遗代表性传承人23人,新增徒弟80余名。五是文化产业发展。完成《瑞安市文化创意实践学校文创项目实施方案》编制工作,瑞安市文化创意实践学校12月4日正式运营开放。落实高楼镇"幸福谷"、"五谷小镇"与马屿镇"中华进士文化园"3个文化与旅游融合发展的文创园建设。林垟、高楼、马屿3个温州市文化水乡重点工程项目续建,全年投资8143万元,完成率达166.2%,获评瑞安市先进集体单位。加大文化产业招商引资和投资力度,实施"两个回归",引导促进文化消费,全年完成文化产业投资4.57亿元。六是文化市场监管。加强安全生产工作。切实开展文化市场平安创建工作,以百日维稳攻坚战为抓手,健全安全生产责任倒查机制,明确"谁主管、谁负责"的安全生产主体责任制。全年排查大小安全隐患文化经营单位39家,整改39家。加强文化市场监管。扎实开展2015"净网""清源""秋风""护苗"

等专项行动,出动执法检查 615 次、执法人员 2401 人次,检查各类文化经营单位 1885 家次,受理举报 10 件,行政处罚立案调查 56 件,罚款 10.59 万元。落实即办制、审批放权工作。受理各类审批件 419 件,办结率 100%,提前办结率 100%,审批件办理天数平均为 2 天,提前办理天数为 4 天,实际提前速率为 65%。推行市场风险公告制度,深化文化审批行政指导制度,在温州市行政审批规范化建设现场会上作典型发言。

瑞安市首届视觉艺术暨书法美术作品展 2 月 4 日在汀田街道川南文化礼堂首展,展出书法、美术作品近 100 件。活动前期征集到书法、美术作品 516 件,经过评选,最终确定入展作品在全市各地巡回展览,并结集出版。

瑞安首个海外回流文物特展 2 月 27 日在瑞安市博物馆展出 154 件遗失海外的珍贵文物,包括日用品、装饰品等,材质多样,有金银器、铜器、象牙、水晶、玉器、青瓷和粉彩瓷器等,年代多为明、清和民国时期。展览分为珍宝的流失、回家的珍宝、珍宝的归途 3 个单元,展品系瑞安市博物馆之友联谊会成员个人藏品,均竞拍、购买于德国、法国、荷兰。

(薛行顺)

【永嘉县文化广电新闻出版局】 内设职能科室 8 个,直属单位 6 个。2015 年末人员 197 人(其中:机关 39 人,事业 158 人;具有高级技术职务资格的 14 人,中级 39 人)。

2015 年,永嘉县文化广电新闻出版局紧紧围绕建设文化强县目标,不断巩固省级文化先进县创建成果,文化建设迈上新台阶,取得新成效。一是公共文化服务更加优质。县公共文化活动中心即将完工,公共文化设施更加完善。举办农民文化节系列活动,群众文化生活更加丰富。借助第六届中国昆剧艺术节、温州市第五届艺术节等赛事平台,大力开展精品创作,在省市各大赛事上屡获佳绩。全年创作各类文艺作品 52 个,选送精品节目在省市大赛中获得省级金奖 5 个、银奖 5 个、铜奖 6 个;市级金奖 5 个、银奖 5 个、铜奖 2 个。打造昆曲新剧目《赠书记》,排演了《南戏印象·琵琶记》《荆钗记》,复排《张协状元》,并参加"国家大剧院昆曲艺术展演周"活动。二是文化产业发展态势良好。受理行政审批办件 24 件,提前办结率 100%。落实权力清单工作。经清理,有行政许可事项 38 项、非行政许可事项 9 项,年检、备案、审核转报等其他行政审批权 7 项。完成省市行政审批规范化自查以及交叉检查工作。在温州市优秀案卷评选中,获评"优秀"案卷。落实重点文化项目建设。新增市重点项目"育才教育装备科技文化创意产业园"。组织企业参加温州国际时尚文博会、第九届中国(义乌)文化产品交易会。三是文化市场管理有序开展。加强文化市场综合执法,日常巡查出动执法人员 1138 人次,检查各类经营单位 1002 家次,受理群众举报、上级督查件 10 起,办理行政处罚案件 35 件。联合工商、公安部门取缔 18 家地摊(游商)、7 个无证演出大棚、15 家无证电子游戏室、6 家无证 KTV;收缴非法图书(刊)650 册,非法音像制品 3810 张,没收电子游(艺)机 31 台,地面卫星接收设备 35 套。四是非物质文化遗产工作有序推进。徐氏中医疗法等 13 项成功入选温州市第九批非物质文化遗产项目,入选项目数名列全市前茅。向县政府推荐了第八批县级非遗名录名单,内容涉及民间文学、传统舞蹈、传统美术、传统技艺、传统音乐、民俗等 6 个类别 53 个项目,并由县人民政府核准发文。启动第二批永嘉县非物质文化遗产项目代表性传承人申报工作,收到申报文本 20 多个。五是文物工作扎实开展。全面完成可移动文物普查第一阶段工作,第二阶段工作有序推进。落实普查经费 30 万,完成全县 488 家国有单位文物收藏情况的排查摸底,采集完善 140 多件馆藏文物基础信息。制定出台《加强文物保护和管理工作的实施意见》,成立文物保护专项经费。有效落实"四有"工作,突出重点,划定保护区域范围,建立记录档案。六是图书馆管理与服务取得实效。举办大型"猜灯谜,品元宵"主题系列活动,投放灯谜 9000 条,参与群众 6.3 万余人次。创建永嘉书院图书分馆,是全县首个设在旅游景区内的图书馆。做好读者服务活动,新增藏书 3.77 万册,新订报纸杂志等刊物 1086 种,接受社会各界捐赠藏书 1206 册次;举办各类读者活动 66 场次,参与人数 8.3 万人次;新增读者借阅证 4113 个;送书下乡(含赠送图书)12.35 万册次;帮助创办农村、社区、学校、企业等基层图书馆(室、分馆)6

家;建成文化共享工程基层示范服务点3家,县图书馆全年接待读者27万余人次。

(李安乐)

【文成县文化广电新闻出版局】 内设职能科室4个,下属单位10个。2015年末人员78人(其中:局机关12人,事业66人;具有高级技术职务资格的3人,中级13人)。

2015年,文成县文化广电新闻出版局加强基础设施建设,提高文艺精品创作力度,助推文化产业发展,各项文化工作取得进展。一是文化基础设施建设。建成县文化中心,影剧院、文化馆、图书馆并先后对外开放。基本完成乡镇文化站扩建,西坑、玉壶等综合文化站投入使用。建成精品农家书屋10个。创建峃口镇大垟口村和巨屿镇穹口村2个水乡文化宜居村。创成省级文化示范村(让川村)1个。配合县委宣传部建成文化礼堂15个。二是群众文化。举办(联办、协办)温州市第六届瓯越三月三畲族风情旅游文化节文艺演出等37场全县性大型群众文化活动。乡镇文化站开展地方特色文化活动60余场。利用"乡村小舞台,村社一台戏"平台,开展"文化相伴过大年"等文艺活动进文化礼堂40余场。全年组织送戏下乡212场、送展览讲座26场、文化走亲7场。三是精品生产。创作完成3个声乐、2个舞蹈、2个小品、1个小戏、12部微电影、168幅视觉艺术作品等,获得国家奖项2个,省级奖项15个,市级奖项26个。视觉艺术作品"蜂"荣获第五届全国农民摄影大赛金奖,小品《落叶归根》获省金兰花奖,独舞《冬天来了》获省银兰花奖,歌曲《超市里来了个打工妹》获得市级"五个一"工程奖,小品《吃饭请关手机》获浙江省第二十六届戏剧小品邀请赛创作一等奖、表演一等奖、最佳女演员奖并参加全国群星奖预赛。四是图书事业。县图书馆全年接待读者33.98万人次,外借书刊22.85万册次,新增图书5.34万册,征收地方文献426种,年末总藏书量为36.8万余册,年度增长13.58%。全年举办阅读活动100余场,直接参与人次逾2万,获浙江省"两会"信息服务工作优秀服务奖、温州市未成年人"爱我家乡山水美"故事大赛优秀组织奖,获评温州市文明单位。五是文化市场管理和行政执法。全年出动执法人员1066人次,检查文化市场经营单位760家次,举报受理1件,立案调查、办结案件15件。完成"权力清单"比对工作,全年行政审批办件72件,按时办结率100%。试行"网上预审查"、快递送达等审批受理、送达新方式,审批窗口5次被评为县行政审批中心红旗窗口。新培育微电影产业,获批浙江省首个微电影基地。与央视微电影频道达成五年战略合作协议,成为央视微电影频道拍摄基地。举办微电影高峰论坛活动,举办文成杯"记住乡愁"极拍48微电影国际大赛。成立县根雕艺术协会,举办首届根雕艺术作品展。召开全县摄影文化发展座谈会,谋划把文成建设成为浙南著名的摄影基地。建成1家注册资金500万以上文化企业4D影院,刘伯温文化园、天圣山药师文化园、文化中心多厅影院等3个重点文化产业项目完成投资5000万元。六是文化遗产保护。编制《文成县历史建筑保护与利用规划》,制定《关于加强历史文物保护和利用的实施意见》《文成县业余文保员管理办法(试行)》,文化遗产保护专项经费增加到200万元。全面完成第六批省级文物保护单位"四有"档案编制工作,完成省保保护范围和建设控制地带划定工作。玉壶中美合作所旧址、大会岭、道岭古道等省级文物保护单位完成维修工程的方案设计和技术设计。岙底文昌阁、依仁石拱桥、赵氏宗祠等县保单位严格按照维修方案和审批要求进行修缮。开展为期两个月的"全国第十个文化遗产日"系列活动。举办木偶戏展演等巡回展示展演活动20余场。国际亚细亚民俗学会在文成设立"中国刘伯温文化研究基地"。举办中国·温州刘伯温非遗(民俗)学术研讨会暨刘伯温文化高峰论坛活动。完成传承人收徒登记、太公祭、黄坦糖微视宣传等6项活动,完成非遗生产性保护项目5项。成立叶式太极拳研究会。博物馆陈列布展建设稳步推进。展品征集取得较大突破,藏品从2010年的230多件增加到7500件;举办抗战胜利70周年等主题展览5次,参展人数7.9万。指导浙南民俗博物馆、赵少忠青石艺术博物馆等民办博物馆建设。提前完成了第一次全国可移动文物普查第二阶段认定登录工作,进度居全市第二。

(王灵华)

【平阳县文化广电新闻出版局】 内设职能科室5个,下属单位6

个。2015 年末人员 141 人(其中:局机关 14 人,参公 15 人,事业 112 人;具有高级技术职务资格的 25 人,中级 50 人)。

2015 年是“十二五”发展的收官之年,平阳文化工作围绕平阳文化发展“十二五”规划和“文化强县”建设目标,全力抓好公共文化设施网络建设、文化惠民服务、文艺精品创作、文化遗产保护、文化体制机制改革等十大重点任务,克难攻坚,创新进取,各项工作取得显著成效。全年文化系统获国家级荣誉 13 项、省级 43 项、市级 34 项,浙江省历史文化名城创建和东门街省级历史文化街区通过省政府审核公布,获评浙江省传统戏剧之乡特色县,顺利通过省级文化强镇、示范村(社区)复查和创建验收,木偶戏《知县与轿夫》获全国金狮奖。一是公共文化基础设施建设。创成水头镇 1 个省级文化强镇、2 个示范村(社区)。苏步青励志教育馆于 12 月 18 日正式开馆。县新文化中心工程持续推进,其中新文化艺术中心完成三层建设,新博物馆展陈方案设计启动。完成老文化中心内部装修。建成 25 个文化礼堂、14 个农村数字电影放映点。县政府印发《关于加强平阳县基层公共文化服务规范化建设的实施方案》,明确 2015—2020 年全县公共文化服务体系建设目标任务,是年完成 50 个基层“五有十化”阵地建设。将农家书屋纳入全县图书服务网络,建成鳌江少儿图书馆、5 个图书三级分馆,启动 2 个 24 小时自助图书室建设工程,县、镇(乡)、社区(村)三级图书网络进一步完善。在全市率先建成镇(乡)公共文化服务体系动态评估系统,通过 30 项指标对基层文化实行动态监管。实施全县文化阵地免费开放工程,县级文化阵地每周开放 50 小时以上,基层文化阵地 40 小时以上。二是群众文化活动。举办以“文化引领、美丽平阳”为主题的第五届平阳县文化艺术节暨第二届市民文化节,56 个子项目 100 余场各类惠民活动覆盖全县 10 个镇(乡),参与群众超过 50 万人次。打造 10 个镇(乡)特色活动“一镇一品”,举办顺溪古屋文化节、萧江大鼓文化节、鳌江镇文化艺术节等。进一步深化“文化 T 台”打造,举办世界平阳人大会文艺会演、“梨园花正香”越剧专场等大型活动 20 场。开展“五水共治”基层巡演等主题宣传活动 10 场。深入实施“百千万”文化惠民工程,全年送戏 506 场、送书 3.9 万册、送电影 6000 场、送展览讲座 200 场,开展文化走亲活动 40 场。三是文艺创作。围绕“中国梦”、社会主义核心价值观、“五水共治”等主题,全年创作戏曲、小品、歌舞作品等 275 个,斩获各级赛事奖项 80 余个。承办温州市小品小戏大赛和视觉艺术精品展。加大平阳戏剧保护力度,县小百花越剧创排“五水共治”主题越剧《雁山春曲》,入选中国文化部剧本孵化计划。完成木偶童话音乐剧《西湖传奇》编排。扶持开展戏剧传承基地展演活动,加大向民间戏剧团队购买服务力度。推动戏剧精品走出去,廉政越剧《新双狮图》全省巡演 5 场。平阳木偶戏赴东阳、杭州、景宁等地展演。四是文化遗产保护。省级历史文化名城创建通过省政府审批公示。顺溪、腾蛟历史文化名镇和坡南街历史街区等 3 个保护规划通过省政府审批。成功申报顺溪古建筑群国家级消防安全项目,并完成项目规划编制。完成顺溪古建筑群新二份、老四份大屋维修工程,三年来已完成总工程量的 60%,争取上级经费 1600 余万元。完成县级以上文保单位“四有档案”工作、可移动文物普查 1173 件藏品登录工作。精心组织文化遗产日、国家博物馆日系列活动。帮扶建成民办博物馆子久茶博苑,出台民办博物馆扶持办法。完成苏步青励志教育馆展陈方案、鳌江胜利路公园建设提升规划、山门红军六道提升规划等,超额完成市级水乡文化项目任务。印发《关于进一步加强平阳国遗项目保护实施方案》,公布新一批县级非遗项目和传承人,开展“品非遗、逛庙会”、非遗基层展演、非遗进礼堂、非遗进校园等活动近 200 场,举办省级历史文化街区坡南街民俗系列活动,非遗传承人带徒 300 多人,开展平阳漆器制作技艺、平阳酿醋制作技术等 6 项非遗项目生产性保护工作,建立全县非遗数据库。加大苏步青、谢侠逊等平阳历史文化名人宣传。五是文化体制机制改革。整合小百合越剧团、木偶戏保护传承中心资源,成立平阳越偶演艺有限责任公司。成立县图书馆理事会,由来自社会各界的 11 位理事组成,负责县图书馆重大决策。加大政府购买公共文化服务力度,通过公开招投标向社会文艺团队购买惠民服务 80 场。结合“五有十化”建设,以政府购买服务方式,为基层文化阵地配备专职管理人员。配合宣传部完成镇(乡)文体站设立。六是文化产业转型发展。开展全县文化产业基础调查，全县在建文化产业项目22个，文化企业总数5663家。完成《平阳县"十三五"文化产业规划》《平阳县促进文化产业发展扶持细则》。举办平阳文化创意产品展。申报艾叶文化公司为省级文化产业示范基地、浙闽古玩市场为市级重点文化产业园区。九果文化公司成功Q版上市，浙江张臣木艺有限公司、浙江艾叶文化艺术有限公司挂牌"新三板"。全年文化产业投资额达2.8亿多元，平阳银泰、水头财富中心内文娱项目落地，滨海新区文化产业园部分企业投产，成功签约南雁文化休闲乐园等4个文化旅游项目。组织18家文化企业参加温州市第一节文博会、深圳文交会等大型展销会。帮扶平阳非遗项目青街漆器开拓东南亚市场，组织非遗产品参加浙江省非遗博览会，帮扶创建昆阳仙坛艺院温州蛋画生产性保护基地。七是文化市场管理。调整平阳县"扫黄打非"工作领导小组成员，召开全县部署会，开展2015"净网""打违"等5大专项行动，对文化市场进行网格化管理，将文化市场监管纳入全县基层社会治理"一张网"建设，全年出动执法检查390次，检查文化经营场所2034家次，查处取缔无证照经营场所78家次，行政立案41起，各项指标均符合《浙江省文化市场综合执法考评细则》要求，市场良好率达90%以上。健全12318监督举报体系，全年受理举报5件，办结5件。优化审批服务，全年受理审批办件402件，办结率100%。放宽网吧、电子游戏准入，同时引导理性投资和合理布局。八是文化人才队伍建设。落实苏步青励志教育馆独立机构和5个编制名额。深入实施"百名乡土文化骨干培育工程"，开展文化业务干部"六个一"下基层活动，结对帮扶基层文化人员1000人次。实施基层文化员"春风行动"，全年培训2000人次。引导公共文化支援服务1000人次，举办抗击"苏迪罗"赈灾义演，募集善款70余万元。完成中层干部跨部门竞岗交流工作。组织全县文化干部和百名乡土文化骨干50人赴上海复旦大学培训。

（王思思）

【泰顺县文化广电新闻出版局】 内设职能科室4个，下属单位11个。2015年末总编制95个（其中公务员编制22名，事业编制73名；具有高级技术职务资格的4人，中级19人）。

2015年，泰顺县文化设施建设稳步推进，文化活动丰富多彩，各项文化工作取得新进展。一是文化建设工程。泰顺县美术馆于11月8日开馆，省委常委、温州市委书记陈一新到场祝贺。泰顺图书馆新馆建设工程11月底完成主体工程施工，并开展内部器材采购等工作。二是群众文化活动。举办泰顺县"吉祥泰顺·百家福宴"文化风情节。文化风情节由泰顺县三魁镇政府主办，县非遗保护中心指导，于3月5日举办，直接参与人数6000人。举办泰顺县三月三畲族风情旅游节。旅游节由泰顺县司前镇人民政府、县文广新局主办，司前镇文化站、泰顺县文化馆承办，于4月21日在司前镇举行，观摩人数约5000人；由泰顺县竹里乡人民政府主办，竹里乡文化站、泰顺县文化馆承办的"竹里畲乡三月三篝火晚会"在竹里乡文化广场举行，观摩人数约3000人。举办泰顺县首届方言童谣大赛。大赛由泰顺县委宣传部、县妇联、县教育局、县文广新局主办，泰顺县文化馆承办，决赛于5月29日举办，观摩人数约2000人。举办泰顺县音乐啤酒节。由泰顺县旅游局、县文广新局主办，泰顺县文化馆承办，开幕式于5月29日在泰顺县莲云谷举行，观摩人数约1800人。举办泰顺县氡泉第二届重阳旅游节。旅游节由泰顺县旅游局、县文广新局、县工商联及雅阳镇政府主办，泰顺县文化馆承办，于10月21日在泰顺县雅阳镇举行开幕式，观摩人数约5000人。举办纪念"闽浙临时省委成立80周年"系列活动。举办泰顺县首届原创歌曲大型演唱会。演唱会由泰顺县委宣传部、县文化广电新闻出版局主办，泰顺县文化馆承办，11月9日在泰顺县泗溪廊桥文化园举行，观摩人数约1万人。举办泰顺县筱村古镇文化节。文化节由泰顺县文广新局、县风景旅游局及筱村镇人民政府主办，泰顺县文化馆承办，11月20日在筱村镇新东洋文化礼堂举行，观摩人数约5000人。举办第六届中国·泰顺廊桥文化旅游节。11月9日在泰顺县泗溪廊桥文化园广场举行，温州市副市长郑朝阳宣布开幕，当天还召开了第五届中国（泰顺）廊桥文化研讨会。举办第三届泰顺县木偶戏会演。举办"山间行走——王贻正工笔花鸟画回乡作品展"及泰顺县首届印石展。7

月,选送泰顺县文化馆专业干部叶崇昌音乐作品《绿谷风吹》参加浙江省第十四届音乐新作大赛,荣获创作铜奖、辅导铜奖、表演铜奖。三是非遗交流活动。3月18日至26日,组织木偶戏传承人参加在土耳其埃斯基谢希尔市举行的2015世界木材日·国际木文化节。4月2日,泰顺县传统民俗文化走进中央电视台演播室,参加央视国际频道《城市1对1——中国泰顺VS瑞士琉森》节目录制,全面展示了泰顺廊桥、药发木偶等独有的地方文化。4月27日至30日,组织非遗项目参加第10届中国(义乌)文化产品交易会。5月16日,组织参加“上海茶博会——三杯香”推荐会活动。6月15日,泰顺木偶头雕刻、木偶戏、车木工艺等非遗项目参加在瑞士汝拉州德莱蒙举办的“美丽浙江·浙江省非物质文化遗产展”。10月23日至28日,组织泰顺木偶戏参加“2015年美丽浙江·南戏源头——第九届台湾·浙江文化节”活动。10月,泰顺县仕阳镇龟湖村(泰顺石雕方向)成功入选第三批浙江省非物质文化遗产旅游景区非遗主题(实验)小镇。12月15日,省文化厅副厅长、省文物局局长陈瑶一行到泰顺督查基本公共文化服务标准化重点县建设和文物保护工作,先后督查了罗阳镇下洪社区、三魁镇西旸社区公共文化服务建设工作,考察了泰顺县胡氏大院、廊桥文化园及图书馆新馆、县文化馆、县美术馆建设情况,并召开泰顺县公共文化服务标准化重点县建设情况督查会。

(陈海平)

【苍南县文化广电新闻出版局】 内设职能科室6个,直属单位7个。2015年人员179人(其中行政编制46人,事业人员133人;具有高级技术职务资格的17人,中级30人)。

2015年,苍南县文化广电新闻出版局(文物局)按照省、市文化工作总体要求和年初工作目标,紧紧围绕县委县政府中心工作,积极进取、务实创新,全力推进文化工作顺利开展,各项工作取得明显成效。一是县级公共文化设施全面建成,发挥作用。总建筑面积2万多平方米的县文化馆新馆、县博物馆新馆、县非遗馆全面建成,并于1月免费对外开馆服务,同县图书馆“四馆”相连,与中心湖文化广场一起形成苍南标志性文化景观带,为开展公共文化服务提供了优质场所。县图书馆读者借阅量42.21万册次,新办理有效证件1.11万个,举办展览20多场、各类讲座8场。县文化馆举办展览24场、公益文艺演出30多场。县博物馆举办展览6场、专业知识讲座4场。据不完全统计,县文博馆开馆以来接待观众30多万人次,省政府副省长郑继伟、省文化厅副厅长陈瑶等莅临调研,成为苍南文化宣传的重要窗口。二是公共文化服务标准化建设点面结合,开局良好。制定苍南县《关于加快构建现代公共文化服务体系的实施意见》,促进全县基本公共文化服务均衡发展。根据全市基层公共文化服务“五有十化”建设要求,完成5个“五有”乡镇、27个“五有”社区文化中心创建工作。灵溪、金乡2个乡镇顺利通过浙江省“文化强镇”复评验收;灵溪镇宕顶村、钱库镇金处村等10个行政村通过浙江省“文化示范村”复评验收。继续推进农村宗祠改建文化中心,完成50所改建任务。投入专项补助经费43.2万元,完成30家精品农家书屋的创建和提升。常态化推进文化惠民活动,举办了“平安祥和·快乐新春”“五水共治·锦绣家园”“中国梦·幸福年”等7个主题的文化下乡系列巡演活动,全年送戏下乡演出289场,开展文化走亲活动6场,送书下乡1.3万册,送讲座展览下乡50场,送电影下乡9317场。成功举办为期3个多月的县第七届文化艺术节,举办苍南县第四届读书节、“红杜鹃学堂·湖滨雅集”系列读书活动。县文化馆举办公益培训60多期,培训约3500人次。加大文艺创作奖励扶持力度,7件文艺作品获国家级奖项,38件作品获省级奖项,61件作品获市级奖项,其中王大禾书法作品获“全国第十一届书法篆刻作品展览”优秀作品奖;原创歌曲《幸福就像鞋和脚》获“浙江省新农村题材音乐新作展演暨第十四届音乐新作演唱、演奏大赛”创作银奖、表演金奖;县文化馆创作的群舞《家的呼唤》获“2015省舞台舞决赛专场”金奖。三是文化遗产全面保护传承,成效显著。文物基础工作全面加强,完成国保“四有”档案制作、审核及全国第一次可移动文物普查工作,加强文物消防安全巡查整治。新增矾山镇溪光炼矾旧址、金乡镇白玉潭摩崖题刻群、灵溪镇下官堂桥等5处县级文保单位。完成壮士所城和白湾堡城墙考古勘探工作,基本完成金乡博物馆布展工程及苍南畲族博物馆陈列方案设计。重点文物修缮工程顺利推进。矾山福德湾传统民居二期修缮工程基本完成,共修缮古民居 64 间。碗窑古村落修缮工程完成民居修缮 6 座 52 间。蒲城历史街区改造工程完成 43 间古民居修缮和立面改造,壮士所城东段城墙、护城河维修工程全部完工。完成蒲城张琴故居、谢香塘故居、陈宅维修保护工程。非物质文化遗产传承发展。新增蛮话歌谣、老渊棒法、刻字艺术等非遗名录项目 16 项,县级非遗项目代表性传承人 32 位,县级非遗传承基地 10 个。面向社会公开招募非遗保护志愿者 20 名。积极开展特色民间民俗和非遗展演活动,在全县 12 个乡镇开展庆祝第十个文化遗产日民俗文艺巡回演出 20 场次。组建非遗讲师团到全县文化礼堂开展非遗讲座 12 场,开展"非物质文化遗产进校园"大型公益活动 14 场。成功举办第四届浙台(苍南)妈祖文化节活动、第二届海峡两岸(台湾—苍南)杨府侯王信俗文化交流活动。历史文化研究有新进展。整理出版了《苍南旧体诗精选集》《苍南人物(第二卷)》、《蛮话词典》、闽南语民间故事集《陌间集》等苍南历史文化系列丛书。举办陈高诞辰七百周年座谈会,出版首发《陈高集》。开展"玉苍讲坛"地方文献研究座谈会等学术交流活动,出版《苍南历史文化》4 期。四是文化市场监管水平不断提升,稳定有序。推动审批制度改革创新,进一步简化放权。开通网络审批系统,拓宽审批途径,实现线上线下同步审批。简化审批制度和格式文本,规范档案管理,建立文化审批电子档案,实现档案永久保存。开通苍南文化审批微信公众号,打造新型综合性服务平台,实现便民服务。全年受理书面行政审批 602 批次,没有发生行政审批投诉、复议和诉讼,实现即办件当场办结、承诺件提前办结率 100%。加大文化市场日常监管,推行文化执法工作月志制度。积极联合县公安局等部门开展联合执法行动,形成工作合力。全年出动车辆 374 次,检查人员 1516 人次,检查各类文化经营单位 1356 家次,办理案件 72 件,罚没款累计 98.72 万元,取缔无证经营歌舞娱乐场所 63 家,无证无照音像游商地摊 7 家,无证无照书报刊亭 5 家,非法地卫销售店 1 家,非法歌舞娱乐演出活动场所 2 家。保持"扫黄打非"和文化市场管理工作高压态势。开展 2015"净网"、"护苗"、"清源"、知识产权保护等专项整治行动,查获一批印刷涉假、假冒商标、网络涉黄等违法案件,取得明显成效。开展文化市场安全隐患清剿"百日攻坚"行动。五是文化产业格局基本形成,势态良好。根据《苍南印刷行业转型升级科技支撑三年行动计划》,实施创新驱动发展战略,推动一批龙头包装设计、印刷、复制骨干企业向科技型企业、高新技术企业、创新规范企业方向发展,提升印刷企业综合实力。积极组织文化企业参加各种大型文化展会活动,组织举办第十届中国(温州・金乡)台挂历礼品展览会、2015 中国(龙港)印刷与文化产业博览会,提升全县传统文化产业品牌知名度和影响力。加快培育新兴文化产业,推动一批以文化元素为核心的休闲观光旅游成为新的经济增长点,发挥示范引领作用,实现了从文化产业到产业文化的转变。编制完成《苍南县文化创意产业发展规划(2016—2020)》。文化产业投入不断加大,新设立包装印刷、歌舞娱乐场所、电影放映企业等各类文化产业企业 62 家,全年完成文化产业投资额 30183 万元。县文化创意产业发展基金共为 10 家企业 13 个项目下达专项补助资金 74 万元。

(姜雪寒)

湖州市文化广电新闻出版局

【概况】 设职能处室6个,内设机构1个;下属事业单位7个。2015年末人员183人(其中机关21人,事业单位162人;具有高级技术职务资格的24人,中级56人)。

2015年,湖州市文化工作以"以文化人、以文惠民、以文兴业、以文铸城"为目标导向,扎实开展"深入生活、扎根人民,做群众欢迎的文化工作者"主题活动,以深化文化体制改革为动力,进一步提升公共文化服务水平,不断加强文化遗产保护与利用,大力发展文化产业,为湖州市生态型滨湖大城市建设提供强有力的文化支撑。据"浙江省文化发展指数(CDI)"统计显示,湖州在全省排名第四。据"浙江省基层公共文化服务评估指标"统计显示,湖州市综合排名全省第三。

一、公共文化服务体系建设扎实推进

(一)健全公共文化服务设施网络

德清县俞平伯纪念馆正式开馆。安吉县博物馆启动浙江省自然博物园核心区主馆建设。推动太湖博物馆(长兴博物馆)建设。德清县雷甸镇、长兴县煤山镇、安吉县梅溪镇、吴兴区八里店镇、南浔区和孚镇通过2015年浙江省文化强镇评比。扎实推进农村"文化礼堂·幸福八有"保障工程,完成80个文化礼堂建设任务。数字图书馆建设全面推进。完成"文化有请、专家有约"湖州市公共文化服务网平台建设,并投入试运行阶段。

(二)提升公共文化服务水平

组织开展"送戏、送书、送电影下基层"等活动。全市完成基层文艺演出2000余场,送书下乡7万余册,送展览讲座下乡350场,送电影下乡1.2万余场。举办"全民读书节"。深入推进"博物馆在行动"计划,举办第39个"国际博物馆日"主场城市庆典活动。召开"博物馆公共文化服务体系建设"经验交流会,推出"湖州博物馆联盟馆藏集萃展"。湖州大剧院以"名剧、名角、名团"为标准,引进优质商演40场,平均上座率为65%。

(三)开展各类群众文化活动

推进"湖城春晓""文化街景""农民文化节"等重点品牌活动,组织开展新春团拜会、"千盏灯会闹元宵"广场活动、2015湖州全民排舞大赛等群众文化活动。全国农村精神文明建设现场会、全省文化礼堂建设现场会在湖州召开。县(区)"文化进礼堂"活动开展如火如荼,省委宣传部、省文化厅在安吉县上墅乡上墅村文化礼堂举办2015"我们的中国梦"文化进万家文艺演出。加大对外交流力度,长兴百叶龙赴英国参加2015年爱丁堡皇家军乐节,羽毛扇、紫砂壶和湖笔等手工艺参展"第九届台湾·浙江文化节",安吉县竹乐艺术团赴法国巴黎参加联合国教科文组织成立70周年庆祝音乐会。推动社会力量参与公共文化服务,组建城市文化联盟,打造共建共享新格局。

(四)繁荣文艺精品创作

加大"中国梦·清丽湖州"题材的《衣裳街轶事》等地方特色精品创作力度,举办"黄河大合唱"大型合唱交响音乐会,并与华东师范大学联袂在上海东方艺术中心演出。完成湖剧新编大戏《赵孟頫》剧本。《德清嫂》《德清谣》以及湖州三跳新作《英台担水》多次荣获省级以上比赛金奖。面向全国举办"中国梦·清丽湖州"歌词征集活动,评选出《天下湖笔》等10首获奖作品。

(五)推进文化人才队伍建设

举办各类培训班10个,培训各类文化人才、文艺骨干600余人(次)。启动"文化人才工作室"建设,深入实施文化人才工作导师制。"南太湖"音舞作品创作团队、湖剧创作团队和湖州城市合唱创新团队等入选湖州市第二批宣传文化优秀创新团队。

二、文化遗产保护工作成效显著

(一)钱山漾遗址被命名为"世界丝绸之源"

6月25日,"世界丝绸之源"命名暨闪耀米兰世博会仪式在京举行,湖州市钱山漾遗址被命名为"世界丝绸之源"。钱山漾遗址保护规划通过国家文物局立项。启动《钱山漾遗址保护规划》编制前期准备工作。

(二)世界文化遗产大运河(南浔段)保护有序

完善大运河(南浔段)部分标志标识系统,稳步推进大运河(南浔段)遗产监测中心建设。结合"中国文化遗产日"活动,开展系列宣传教育拓展工作。

(三)"一普"第二阶段工作走在全省前列

文物信息采集登录进展顺利。全市国有文物收藏单位58家,全部完成平台账号注册、信息维护和单位信息完善。藏品登录报送进度居全省前列。省文物局给予湖州"一普"工作"认识有高度、工作有力度、宣传有广度、成果有亮度"的评价。

(四)文物保护基础工作扎实有效

启动《下菰城遗址保护规划》,修改完善《陈英士墓》保护规划。编制省级考古遗址公园《安吉古城保护利用规划》。安吉县2处国保单位独松关和安城城墙、独松关和古驿道竖立公示牌,成为浙江省文物保护宣传的一项创新举措。开展昆山遗址考古发掘,全力配合昆山遗址考古公园建设。德清县发现旧石器文物点8处,调查结果显示德清县有人类活动历史可上溯至12万年前,对于研究浙江地区旧石器时代人类的发展演变具有重要意义。

(五)文物保护和经济建设双惠双赢

配合推进太嘉河、环湖河道整治和清水入湖三大水利工程建设,同时,做好工程中涉及的文物保护项目。完成9处文物保护项目和7处文物古迹的搬迁、加固和拆迁工作。实现文物保护和社会发展双惠双赢。德清县配合大型项目建设,对16个项目进行前期文物勘察。配合做好长兴县国防教育主题公园建设项目。

三、文化产业发展实效明显

(一)完善产业政策,切实加强规划扶持

制定《关于加快湖州影视城发展的若干意见》,推动湖州影视文化产业快速发展。指导、组织文化企业参评参选各类奖项,争取政策支持。德清欧诗漫集团入选2015年度文化部特色文化产业重点项目,并获得中央文化产业专项资金扶持。全面推动政府部门由办文化向管文化转变。建立并完善对国有文化集团2015年度目标责任制考核办法,指导文化发展集团建立完善现代企业制度和运作机制,赋予其更多的法人自主权。

(二)积极构建平台,深入开展招商引资

精心编制《湖州文化产业招商手册》,整理汇总30个竞争力强、成长性好和带动力强的招商引资项目,服务湖州文化产业"走出去,引进来"。组团参展第十届中国(义乌)文化产品交易会、第十一届中国(深圳)国际文化产业博览交易会,实现现场交易额47.05万元,达成销售意向522.5万元。湖州展团被第十一届深圳文博会组委会授予优秀展示奖。组织丝绸、绫绢和湖笔等6家文化企业赴台湾地区参展海峡两岸文创展。

(三)加强服务对接,项目建设推进有序

通过汇总、整理、筛选等方式,新确定40个文化产业重点建设项目,项目总投资259.68亿元,其中湖州市文化创意中心、长兴"海洋城"和安吉天使乐园等项目推进顺利。旅游休闲项目风生水起,天使乐园项目对外营业,德清莫干山御庭休闲度假项目、安吉欢乐风暴乐园和长兴太湖欢乐水岸项目推进有序。拉风传媒集团、上影(安吉)影视基地为代表的影视基地项目陆续落户湖州,湖州市在影视拍摄、制作等领域的集聚效应初现端倪。

四、文化市场管理规范有序

(一)以内容安全为红线,扎实推进"扫黄打非"工作

强化组织领导、协调统筹,深入开展各类专项行动,督办查办重点案件,确保文化市场平稳有序。细化查缴非法出版物、查处网络淫秽色情信息、校园周边专项整治和印刷企业源头治理等重点领域的检查要点,扎实开展"扫黄打非"专项行动。通过领导小组办公室督查、协调,督促、督办县(区)和相关成员部门查处重大案件。建立健全成员单位之间互通、互报的信息机制,提高"扫黄打非"整体工作效率。

(二)以场所安全为底线,维护安全稳定的良好局面

落实安全生产管理责任,加大安全培训和宣传力度,确保全市文化市场安全稳定有序的良好局面。将安全生产工作纳入党委重要议事日程,与业务工作同步研究、部署和落实,更好地履行了安全生产"一岗双责"。联合市消防部门多次开展文化市场安全隐患专项排查行动,检查娱乐场所、网吧和印刷企业等文化市场经营单位的消防设施、应急安全通道等,对排查出的问题,组织"回头看"行动。

(三)深入推进文化市场简政放权,进一步促进行业转型升级

继续按照浙江省人民政府办公厅《关于印发2015年浙江省深化“四张清单一张网”改革 推进简政放权放管结合转变政府职能工作方案的通知》、文化部文化市场行政审批事项清单,再次对审批项目进行梳理减并,实现与省级部门行政许可事项的对接。通过取消、转移、下放和整合,原有的58项审批项目减少至34项,减幅42%,形成省、市、县三级许可事项统一,全部挂到“浙江政务服务网”上公开。

(四)扎实推进网吧行业“两个试点”工作

取消网吧、游艺娱乐场所总量控制,放开单体网吧审批。全市新增网吧数量较之前增加1/3以上。新增网吧以中小型为主,环境优美、多种经营,引入电子竞技、网吧+咖啡和网吧+餐厅等多种经营模式。着重就经营面积200平方米以下、农村自建房规范审批做了积极探索,分布于城乡接合部的黑网吧通过政策引导取得合法主体资质,纳入正常监管范围。坚持“因地制宜、分类指导、以点带面、整体推进”的工作思路,充分发挥试点场所的典型示范作用,仅市本级就有接近1/3的网吧实现转型升级。

湖州钱山漾遗址被命名为“世界丝绸之源” 6月25日,经专家评审,中国湖州钱山漾文化遗址因发现了世界上最早的绸片而被正式命名为“世界丝绸之源”。该遗址位于湖州市城南7公里的潞村古村落,是人类丝绸文明史上极其重要的一个古文化遗址,出土的绸片和丝带被确认为人工饲养的家蚕丝织物。经权威鉴定,这批织物距今已有4200年至4400年,是世界上迄今发现最早的家蚕丝织品。同日,钱山漾的《吴兴赋》和《百年世博》两件丝绸精品随“中国梦·丝路梦”互联互通丝路行考察团,跨越亚欧万里长路,亮相米兰世博会。

【大事记】

1月

12日 纪念新四军苏浙军区成立70周年座谈会在槐坎乡江南红村举行。新四军历史研究会专家、新四军老战士及后代代表等50余人在座谈会上缅怀了先烈。

13日 长兴县纪念新四军苏浙军区成立70周年暨大型系列纪录片《红色地标》走进浙江开拍仪式在长兴县槐坎乡江南红村报告厅举行,中国新四军研究会专家及新四军后代代表参加。

同日 全国红色旅游协调小组办公室同意在长兴图书馆纪念馆分馆设立“全国红色旅游书屋”。

2月

18日 央视中文国际频道特别策划《传奇中国节·春节》安吉非遗民俗闹春祈福活动,面向全球华人连线直播安吉国家级非物质文化遗产项目上舍化龙灯、省级非遗项目竹叶龙和女子竹乐闹春祈福的场景。

3月

9日 省委宣传部、省文化厅在安吉县上墅乡上墅村文化礼堂举办2015“我们的中国梦”文化进万家文艺演出。

4月

21日至22日 全省农村文化礼堂建设工作现场会在德清召开,交流两年来全省农村文化礼堂建设的成效经验,研究部署下阶段任务。副省长郑继伟出席,省委常委、宣传部长葛慧君,湖州市委书记裘东耀一同考察。

25日 《吴昌硕全集·篆刻卷》首发仪式在首届浙江书展上举行。

是月至10月 吴兴区文体局与湖州电视台合作开展“车间好声音”个人及团队演唱大赛,该项目被评为2015浙江省文化厅“三以六区”创新案例。

是月至10月 举办面向全国的“世界遗产地——南浔·新世界”杯诗歌征文大赛和“千年古镇看南浔”报告文学作家采风活动。

5月

18日 湖州市深入推进“博物馆在行动”计划,举办第39个“国际博物馆日”主场城市庆典活动,并召开“博物馆公共文化服务体系建设”经验交流会,推出“湖州博物馆联盟馆藏集萃展”。

6月

3日 湖州市面向全国举办“中国梦·清丽湖州”歌词征集活动,评选出《天下湖笔》等10首获奖作品。

5日 省文化厅厅长金兴盛莅临长兴县文化馆调研指导。

10日 俞平伯纪念馆建成开放。

25日 “世界丝绸之源”命名暨闪耀米兰世博会仪式在京举行,湖州市钱山漾遗址被新华社等单位命名为“世界丝绸之源”。

8 月

1 日至 31 日　长兴百叶龙应英国邀请、受文化部委派，作为 2015 中英文化交流年中国文化季的一个重要项目赴英国参加世界第一大军乐节——爱丁堡皇家军乐节演出。在英演出期间，百叶龙共演出 27 场，现场观看人数 24 万人次，通过电视等各类媒体收看演出的人数达到了 3 亿人。在英期间，中国驻英国大使刘晓明，文化部党组副书记、副部长杨志今慰问了百叶龙艺术团领队，并观看了百叶龙在爱丁堡的演出。

是月初　以"绿水青山就是金山银山"为主题，反映德清的自然生态美、人文山水美，展现"两美德清"建设丰硕成果的大型舞台剧《德清谣》在会展中心成功首演。

9 月

2 日　由长兴县新四军苏浙军区纪念馆、长兴县摄影家协会、长兴县文化馆主办的纪念中国人民抗日战争暨世界反法西斯战争胜利 70 周年"寻找红色记忆"新四军在长兴革命史迹大型摄影比赛获奖作品展在长兴县文化馆展出，展出作品 40 余幅。

19 日　湖州市举办大型合唱交响音乐会《黄河大合唱》，并与华东师范大学联袂登上上海东方艺术中心舞台。

10 月

9 日　2015"美丽浙江・水之韵"海报招贴画大赛等省级文化赛事在湖州举办。

14 日　浙江省纪委书记任泽民到长兴新四军苏浙军区纪念馆考察，湖州市委书记裘东耀一同考察。

19 日　大型现代越剧《德清嫂》再次走进国家大剧院进行汇报演出，新华社、人民日报、中国文化报等媒体进行了报道。

23 日　羽毛扇、紫砂壶和湖笔等手工艺赴台湾地区宜兰参展"第九届台湾・浙江文化节"。

11 月

5 日　戏曲电影《德清嫂》开拍。

11 日　安吉县承办浙江省村歌大赛，协调全省 10 个县市 59 支队伍 600 名金嗓子参与比赛角逐。

13 日　长兴文化馆组织参加浙江省第九届排舞比赛决赛，天能集团舞蹈队获系统行业组金奖、龙山街道获串烧组银奖、和平镇获中年组银奖、雉城街道获新创组铜奖。文化馆业务干部柳世林获浙江排舞推广优秀指导老师称号。

24 日　长兴新四军苏浙军区纪念馆"浙西丰碑"基本陈列展览工程顺利通过省文物专家组验收。此次布展工程投入 350 万元，展厅由基本陈列"浙西丰碑"、特色展厅"红色标杆"和临时展厅"红色记忆"组成，展出文物 205 件，珍贵历史照片 240 张。

12 月

4 日　湖州市成功承办 2015 浙江省群众舞蹈大赛。

11 日　安吉县承办"特色小镇・非遗之光"浙江省非物质文化遗产电视春晚，特邀全省各地 26 支经典非遗项目集中演示，安吉县国家级非遗项目"安吉白茶手工炒制技艺""上舍化龙灯"等 5 个节目精彩演绎，全面展示了安吉县深厚的历史文化和美丽乡村建设文化建设成果。

16 日至 17 日，德清县图书馆被评为"2015 最美基层图书馆"。

24 日　安吉县竹乐艺术团赴法国巴黎参加联合国教科文组织成立 70 周年庆祝音乐会。

（梅　菊）

湖州市县（市、区）文化工作概况

【吴兴区文化体育局】　内设职能科室 4 个，直属单位 2 个，2015 年末人员 20 人（其中机关 7 人，参照公务员法管理 9 人，事业 4 人）。

2015 年，吴兴区文体局把握发展主线，突出文化惠民，全力完善现代公共文化服务体系，积极推进各项文化事业创新发展，不断满足人民群众精神文化需求，有力促进了全区文化事业科学发展。一是文化发展普惠民生，突出均等共享。紧紧围绕"五水共治"、平安建设、全国农村精神文明现场会、纪念抗战胜利 70 周年等省市区中心工作、重大活动，有针对性地组织文艺创作和赛事。承办浙江省"五水共治"海报招贴画大赛及展出、围绕"五水共治"新创作小戏《七彩河》等。重点推进区文体中心规划设计建设，成功创建省级文化强镇 1 个、省级文化示范村（社区）1 个，市级"文化街景"示范点 5 个。加快推进文化礼堂建设管理，完善"建、管、用"机制，全年建成文化礼堂 20 个。做好送戏、送书、送电影工作，组织开展"幸福星期六""我们的家园"等文体活动 1000 余场，赴江西鹰潭、台州仙居等地开展

"文化走亲"80余场。探索开展"点餐式"公共文化服务模式,推进全区基本公共文化服务均等化。推进省级公共文化服务体系示范项目"车间好声音——公共文化助推社会管理创新平台建设"提升验收,与湖州电视台合作开展"车间好声音"个人及团队演唱大赛,被评为2015浙江省文化厅"三以六区"创新案例。成功承办2015浙江省群众舞蹈大赛、2015"美丽浙江·水之韵"海报招贴画大赛等省级文化赛事。发挥群团资源、拓展"区校合作"模式,新创作舞蹈《金龙银凤》、戏曲《英台担水》、舞蹈《不能离开你》等,其中舞蹈《模糊线》获得长三角排舞邀请赛金奖,"湖州三跳"作品《英台担水》获得"薪火传承"浙江省曲艺大赛金奖,舞蹈《七朵莲花》获得浙江省文化礼堂排舞大赛金奖。加强地域特色文化传承基地建设,新建成区级非物质文化遗产传承教育基地5个。拓展区非遗项目名录,成功申报市级第六批非遗项目名录4项。举办"文化遗产日"系列活动。加强属地文物古迹保护。二是文化市场健康有序,注重监管服务。行政审批标准规范。放宽市场准入,取消对上网服务场所和游艺场所的总量、布局要求和对上网服务场所计算机数量的限制。推进审批制度改革,开展网吧试点工作,确定3家网吧为省级上网服务场所管理长效机制试点场所,创新推动互联网上网服务行业转型升级。全年审批各类文化经营户51家。市场监管水平提升。加强日常巡查,全年出动执法人员933人次,检查各类经营场所1507家次,立案23起,查缴非法书报刊1920册,非法音像制品2780张,拆除"非法地卫接收设施"35套,受理12318、12345等电话举报75起。加强行业自律,全年召开网吧协会联席会议3次,成立吴兴区娱乐场所协会。强化社会监管,安排文化市场义务监督员和监管员队伍23人定期巡查市场。开展"扫黄打非"专项检查,在"净网""护苗""清源""秋风"四大专项行动中,检查出版物销售店(摊点)120多个(家)、印刷企业300多家次,取缔或关闭店(摊点)50多个。联合公安、市场监管、消防取缔无证网吧45家次、无证电子游戏厅5家次、非法户外演出21起、无证地摊19起。市场安全管理优化。加强人员聚集场所日常巡查和专项治理,开展"清剿火患""平安浙江"等多项安全专项检查,重点加强对小型文化市场经营场所消防安全管理,对存在重大安全隐患的14家网吧场所及时予以处理。贯彻新修订的《安全生产法》,与辖区内所有文化市场经营业主签订《湖州市文化市场安全生产管理责任书》,人员聚集场所检查覆盖率达到100%,整改各类消防安全隐患99处。三是文化产业发展融合创新。组织13家文创企业参加第10届中国(义乌)文化产品交易博览会,首次设立吴兴文创设计与制造专区,起到了示范效应。与金融机构合作搭建政银企合作平台,根据文化企业特点有针对性地引导民营资本进入文化企业,为全区8家文化企业融资1690万元。围绕"丝绸小镇""世界丝绸之源"建设,搭建文化旅游平台,引进上湖画会策划的"菰城艺气"全国中青年名家邀请赛等,着力培育壮大特色产业,注重产业集聚发展。做好申报指导工作,推荐湖州多媒体产业园申报文化产业省级示范区、王一品笔斋申报省级文化产业示范基地。

(王　奕)

【南浔文化体育局】 挂"湖州市南浔区广电新闻出版局"牌子,内设职能科室4个,下属事业单位6个。2015年末人员33人(其中:机关7人,事业26人;具有高级技术职务资格的2人,中级2人)。

2015年,南浔区文化体育局开拓创新、扎实工作,各项事业取得明显成效。一是公共服务体系不断健全。创建南浔古镇—水上婚礼、华润万家—舞动周末等3处文化街景(文化休闲林)。建成石淙蚕花文化馆、双林绫绢传承馆。启动辑里湖丝馆改造工程。建成19个农村文化礼堂。指导和孚镇成功创建省级文化强镇、善琏镇和平村创建省级文化示范村。成功申报双林镇、和孚镇获港村为第三批浙江省非遗旅游景区和民俗历史文化村。推进图书馆内部服务提档升级,推出电子阅报机、全省公共图书馆馆际互借和乡镇分馆通借通还业务。二是文化活动丰富多彩。举办"书香南浔,智慧人生"第三届南浔全民阅读节,开展"最美图书馆""浔图夏令营"等活动。全年开展读者活动37场,借阅图书18.4万册次,实现读者服务达到27万人次。开展南浔"文化走亲·美丽非遗"专场公益演出季15场,受益观众1万多人。组织开展基层文化活动291场、送戏下乡115

场,文化走亲95场,举办各种讲座展览182场,基层放映电影2780场。南浔大剧院承接区“两会”等各类重大会议、讲座16场次,引进各类文艺团队演出12场次。建成图书流通点24个,服务读者约1万人。发挥图书馆报告厅功能,承办各种题材讲座14场,为读者免费放映电影20场。三是文艺精品创作成果丰硕。选送的创作歌曲《从爱出发》、小品《规矩》参与浙江省新农村题材音乐新作展演活动、浙江省“群星奖”评选活动,《从爱出发》获兰花银奖,《规矩》获“群星奖”。举办面向全国的“世界遗产地——南浔·新世界”杯诗歌征文大赛和“千年古镇看南浔”报告文学作家采风活动。力推“嘉业”品牌,精心打造“嘉业讲堂”、《嘉业》杂志、《浔根丛书》,举办“嘉业讲堂”14场,出刊《嘉业》杂志2期。出版《浔根丛书》第二辑和国遗丛书《辑里湖丝制作技艺》。四是文物保护成效显著。双林镇、菱湖镇成功列入省级历史文化名镇。成立南浔区大运河保护管理办公室,完善大运河(南浔段)标志标识系统。完成小莲庄刘氏私塾修缮工程、尊德堂东轴线建筑修缮等项目报批。申报省文物保护专项资金项目储备库11项,争取省级文保专项资金262万元。推进南浔区第一次全国可移动文物普查,完成8家国有单位94件(套)可移动文物信息采集、录入和审核工作。完成双林三桥、大运河、幻溇古桥群等国保、省保单位“四有”档案编制工作。新增市级文物保护单位21处。五是文化市场管理规范有序。深化简政放权,切实提升审批效能,加快“一张网”建设,清理许可事项4项,受理行政审批事项45项。加强一线执法巡查,出动执法人员744人次,检查经营单位916家次,处理立案28件。以“扫黄打非”为重点,开展2015“清风”“护苗”等专项行动。成立区娱乐行业协会,切实发挥行业自律作用。推进农村电影转型升级,完成10个农村室内固定放映点试点村建设,新增中心镇数字电影院线2家。

（胡巍巍）

【德清县文化广电新闻出版局】 内设职能科室9个,直属单位5个。2015年末人员103人(其中:机关19人,参公13人,事业71人;具有高级技术职务资格的5人,中级34人)。

2015年,德清文化工作坚持“用格局说话、用数字说话、用项目说话、用品牌说话”,紧紧围绕“唱响主旋律,唱出好声音”工作总基调,积极主动,努力作为,文化工作呈现出许多新亮点,有力助推了“两美德清”建设,为加快实现德清新崛起做出了新贡献。一是文化惠民辐射力进一步增强。文体设施更加完善。俞平伯纪念馆建成开放,县文化馆、陆放艺术馆加快推进,指导(扶持)禹越、钟管2个乡镇综合文化站、1个农村室内影院、11个文化街景和11家民办馆建设。文化服务更上水平。县图书馆被评为“2015最美基层图书馆”(全省唯一,全国十家),通过实施“驻馆作家”计划、开展“春晖讲堂”等活动,实现惠民服务100万人次,“书香德清——以乡镇特色分馆建设带动公共文化服务均等化”项目被列入第三批创建浙江省公共文化服务体系示范项目。加强文化礼堂长效管理,出台《德清县农村文化礼堂星级评定奖补办法》,通过开展百名司仪礼仪培训、推广“三礼一歌”“书家风·传家训”和推出“每月文化礼堂活动早知道”等服务,累计举办各类文化活动575场次,参与、受惠村民3万余人次。文化活动更加丰富。举办德清县纪念中国人民抗日战争暨世界反法西斯战争胜利70周年文艺晚会、新春团拜会等重点文化活动,深化“周周有约”“走读德清”等品牌活动,全年开展送戏下乡151场,文化走亲158场,送电影下乡2078场,送书下乡2.52万册。文化队伍更有活力。加强文化队伍公益培训,免费开办排舞、钢琴、舞蹈培训班,开展“乡镇充电宝”“书香巡讲”“聚焦家风”等基层辅导;扶持民间文艺人才,出台《德清县民间文艺团队星级评定办法(暂行)》,对32支“草根艺术团”进行扶持补助。二是文艺精品创作生命力进一步彰显。《德清嫂》再次走进国家大剧院进行汇报演出,新华社、人民日报、中国文化报等媒体进行了报道。戏曲电影《德清嫂》开拍。创作大型舞台剧《德清谣》。以“绿水青山就是金山银山”为主题,展现“两美德清”建设丰硕成果,8月在会展中心成功首演。三是文化遗产保护影响力进一步扩大。实施“博物馆在行动”计划。启动“江南水乡古镇”联合申遗工作。开展文物消防安全专项检查。实施文物维修工程。做好洛舍镇东衡村汉代砖室墓等抢救性考古发掘。开展“护文物、四季行”系列活动,春节期间举办的“护文物，送平安”活动得到了国家文物局局长励小捷的关注。举办送春联、教唱戏曲、民乐欣赏、知识科普等文博活动，打造“百姓自己”的博物馆。开展第三次文物征集，成功征得35件套原始瓷器以及德清窑瓷器。成立“非国有博物馆专家指导组”。完成陆有仁中草药博物馆二期提升改造工程。重视非遗传承。策划开展“中国梦·非遗梦·前溪缘”首届德清县非物质文化遗产节系列活动，配合做好浙江省农村文化礼堂建设工作现场会非遗展示工作。举办“民俗风·乡村韵”德清县非物质文化遗产晚会。深化传承队伍服务，推进项目名录申报，“龙凤花烛制作”“后坞年猪饭”等10个项目列入市第六批非物质文化遗产代表作名录。四是文化市场监管力进一步完善。优化行政审批。做好“四张清单一张网”建设，推进行政审批承诺制和预审制，优化行政审批服务，共办理行政审批事项102件。强化市场监管。深入开展“扫黄打非”，推进“清源”“净网”“秋风”“护苗”“固边”“四区两站”等专项行动，深化“平安德清”创建，确保市场稳定有序，全年出动检查831人次，检查经营单位1646家次，查处违规61起，立案查处21起，排查安全隐患65起，收缴各类非法出版物1853册(张)。组织开展“美丽网吧”创建活动。正式启用文化市场网络监管平台。五是文化产业增长动力进一步增强。全县文化产业增加值为33.5亿元，同比增长11.4%，占GDP比重达8.54%，增加值总量和GDP占比位居全市第一，其中，欧诗漫珍珠文化产业园成为“省级文化产业示范基地”，欧诗漫珍珠文化旅游开发建设项目入选文化部2015年度特色文化产业重点项目，由美国《探索》频道、德清御庭旅游开发有限公司和上海APAX公司共同打造的全球首个“探索极限基地”项目落户德清，“象月湖”户外休闲文化创意产业园开工建设。

(朱国辉)

【长兴县文化广电新闻出版局】 内设职能科室8个，直属单位6个。2015年末人员83人(其中：机关25人，事业58人；具有高级技术职务资格的8人，中级19人)。

2015年，长兴县文化广电新闻出版局以推进公共文化服务标准化建设为目标，坚持以人民为中心的工作导向，落实服务基层创优年和队伍素质提升年各项举措，进一步开拓创新，服务大局，全面开展全县文化工作，获得“浙江省‘文化走亲’先进单位”“2015年度全省文化市场综合执法先进集体”“2015湖州全民排舞大赛优秀组织奖”等多项荣誉称号。一是建设文化阵地。长兴县博物馆与太湖博物馆两馆合一，计划兴建于太湖新城新塘太湖口，项目计划投资约2.5亿元，已完成名称注册、概念设计、建筑设计任务书，与加拿大设计师马歇尔签约博物馆框架建筑设计。长兴县国防教育主题公园建在新四军苏浙军区纪念馆前，项目一期工程完工。二是健全图书网络。推进乡镇图书馆、城市社区图书馆以及各级分馆图书网络建设，逐步完善网络移动图书馆和乡镇图书自动化系统。泗安镇分馆、煤山镇分馆分别在全国农村精神文明建设工作现场会和全省文化强镇评选中获得好评。建立行政服务中心图书室、海信集团专题性图书室。三是创评文化荣誉。煤山镇以全省第一的成绩成功创建省级文化强镇，雉城街道高阳桥社区成功创建省级文化示范村，水口乡获评省级非遗主题小镇，泗安镇上泗安村获评省级民俗文化村，同时，泗安镇文化站被评为全国优秀文化站，“长兴县乡村文艺辅导团”成功申报省级公共文化服务体系单项示范项目，大唐贡茶院被省旅游局、省文化厅命名为第一批浙江省文化旅游示范基地。四是发展文化产业。通过资源整合，存量挖掘，招商引资和扶持培育，全县文化产业有了较快发展，增幅达两位数。组织10家文化企业参加第十届义乌文化产品交易会，获得2金2银，创历史新高。五是出台扶持政策。出台《长兴县文化产业发展三年行动计划(2015—2017年)》和《关于加快文化产业发展的若干政策意见》，从财政、税收、土地、人才等方面加强政策扶持。文化产业发展专项资金增加到500万元/年，以奖代补扶持一批项目。六是有序推进招商引资。引进注册资金1000万元的浙江艾她生物科技有限公司和注册资金400万元的百叶龙文化创意有限公司。投入120万元，启动长兴百叶龙文化长廊项目建设，完成城展馆提升、百叶龙文化广场“欢乐长兴”游乐项目建设并开放，完成“品味长兴”和睦塘小木屋建设及招商，全力打造融传统民俗、生态旅游、旅游集散、现代休闲和创新创意于一体的特色文化长廊。全年新注册文化企业106家，重点推进文化产业项目26个。启动紫砂工作室聚集平台和紫砂产品网络营销平台建设，完成紫砂大师园的设计初稿和长兴紫砂网的设计制作及运行。七是可移动文物普查项目。完成长兴县文博系统外所有“第一次全国可移动文物普查”国有单位馆藏文物的数据采集及平台上传工作。完成系统内所有离线数据的采集录入及上报工作，提前完成省文物局下达任务。八是实施文物维修工程。合理规划古建筑保护管理专项资金，扎实推进全县第三批古建筑维修项目：开展长兴龙山街道西峰坝东汉画像石墓的保护论证和环境整治工作，完成招投标工作，进入施工阶段；洪桥镇古桥梁“鸿桥”及太湖街道“光阳桥”，完成维修设计及地勘阶段；投入专项资金800万，对纪念馆进行整体维修，对基本陈列“浙西丰碑”、廉政教育展厅“红色标杆”和临时展厅“红色记忆”进行改版设计，于9月1日正式对外开放。九是成立长兴县历史文化研究会。文化遗产日期间，积极创建“和文化”县域品牌，由长兴县博物馆为主力，成立长兴县历史文化研究会，并召开大会筹备会议及首次会员代表大会。十是突出“扫黄打非”，推进专项整治。深入开展“扫黄打非”“清源2015”“净网2015”“秋风2015”“护苗2015”等行动，以查堵政治性非法出版物为重点，严厉打击非法出版、淫秽色情、侵权盗版、网络污染等违法行为。重点围绕未成年人保护，开展对校园周边文化市场环境的整治。坚决查处网吧、电子游戏经营场所接纳未成年人等各种违法经营活动。以促进网络文化健康、有序发展为目标，开展专项行动30次。十一是安全生产紧抓不懈。组织执法人员对辖区内户外大屏幕播放点进行专项检查2次。局主要领导与局各直属单位一把手签订平安综治、安全生产（消防）年度目标责任状7份，召开文化市场安全生产工作会议及培训9次，并充分利用各种平台进行全方位宣传。全年开展文化经营场所安全生产专项检查行动10次，安全大排查13次，排查隐患数93条，均已整改完毕。十二是举办原创文艺作品展览。成功举办浙江省优秀视觉艺术团队——长兴县文化馆“影路人生”摄影团队优秀作品展、2015“欢天喜地贺羊年”新春文化系列活动“空中看长兴”摄影展、2015年湖州视觉艺术大展——优秀美术作品长兴巡展、“吕钟尧先生书法展”等展览活动。十三是乡镇文体协会全面覆盖。成立泗安镇、煤山镇、水口乡、雉城街道、开发区管委会和太湖图影文体协会等18个具有独立法人资格的乡镇（街道、园区）文体协会，实现乡镇文体协会全覆盖，形成“1＋X”模式。组织开展戏曲、书法、舞蹈、太极拳等各类公益辅导，全年开展公益文体辅导下基层、进文化礼堂680场次，受益人数达1万余人。采取“政府采购、企业赞助、社团运作、全民共享”方式，成功举办“文体活动进文化礼堂”“全民排舞大赛”等品牌活动。

（史佳琪）

【安吉县文化广电新闻出版局】 内设职能科室6个，局属单位6家。2015年末人员78人（其中公务员13人，工勤2人，参公8人，事业55人；具有高级技术职务资格的5人，中级23人）。

2015年，安吉县文化广电新闻出版系统紧紧围绕全局工作，以项目建设为抓手，以创新发展为关键，按照“我带头、争一流”的要求，干在实处，走在前列，全县文化工作考核位列全省第4名（一类地区第1名），争取各类资金补助2000万元。群众文化活动、文艺精品创作、非遗保护和文物保护等均得到了发展。一是推进重点文化项目建设。浙江自然博物园项目建设进入新阶段。自博园综合服务中心子项目主体工程结顶完工。全力协调主馆工程项目开工，项目整体建设进入新阶段。文物保护开发实现项目化落地。推动绿城集团保护性开发省级考古遗址公园。通过对兰田村窑山及良朋村墙山上遗址的考古调查，发现遗址四周有城墙及绕遗址一周的护城河遗迹，疑似越国古城左右“丞相基”遗址，该发现被列为2015年浙江考古十大发现。昌硕文化品牌建设影响扩大。《吴昌硕全集》编纂项目取得重要成果，出版了《吴昌硕全集·篆刻卷》。围绕吴昌硕故居申报亚太地区文化遗产保护奖目标，以故居修缮提升和历史文化村落建设为重点，协助编制昌硕故里古村落总体规划，推动昌硕故里文化项目建设。二是加强文化服务载体建设。群众文化活动丰富多彩。承办浙江省村歌大赛，协调全省10个县市59支队伍600名金嗓子参与比赛角逐。承办“特色小镇·非遗之光”浙江省非物质文化遗产电视春晚，特邀全省各地26支经典非遗项目集中演示，国家级非遗项目“安吉白茶手工炒制技艺”、“上舍化龙灯”等5个节目精彩演绎，全面展示了安吉县深厚的历史文化和美丽乡村文化建设成果。对外交流活动日益频繁。联合国教科文组织高级官员两次访问安吉，协调有关方面落实12项重点任务，正式启动亚太地区文化遗产保护奖申报工作。在联合国教科文组织成立70周年之际，12月19日，安吉竹乐艺术团受邀赴法访问演出。农村数字影院建设全国领先。全县农村数字影院总数达到33家，成为全国数量最多、标准最高的文化惠民新平台。出台中国首个《农村数字电影院建设地方标准》，受到文化部、国家电影总局的关注。以农村数字电影院为依托，农村文化礼堂建设不断扩面延伸，全县总数达到71家，文化礼堂的建、管、用、活长效机制初步形成，成为浙江省文化礼堂建设先进示范县。三是加强公共文化服务体系建设。公共文化三级联动全省领先。实施优雅竹城文化街景、风情小镇文化靓景、美丽乡村文化盆景工程，打造美丽安吉地域文化风貌和特色文化景致，形成一街一色、一乡一韵、一村一品，公共文化带动多种业态聚合的特色受到各界肯定。马家弄村被列为全国文化干部现场教育基地。指导梅溪镇的省级文化强镇、溪龙乡的非遗主题小镇、上舍村和大河村的非遗民俗村、鄣吴村的省级文化古村落验收命名。推动8个乡镇(街道)文化综合体建设。竹文化研究工作形成体系。与竹有关的竹刻画、竹贴画、竹根雕、竹炭雕、竹编织、竹制扇等全部入选非物质文化遗产名录，以竹为素材开发的文化创意产品7大类300余种。建成一批竹乐、竹叶龙、竹雕、竹编织、竹制扇等的教学传承与宣传展示基地。文化艺术精品创作全市领先。安吉竹乐参加CCTV-4(中文国际频道)“城市1对1”节目之“清香满城中国安吉·法国普罗旺斯”对话活动。国遗项目化龙灯完成提升，获浙江省群星奖金奖。原创村歌在省级大赛中获1金2银，安吉排舞表演队在省级大赛获1金1铜。全县文化艺术领域创作成果丰硕，先后有220个团体和个人在音乐、舞蹈、书画、文学、摄影等领域获得政策性奖励。四是强化文化惠民项目。百项承诺强服务。以“我带头、争一流”主题实践活动为总抓手，精心组织“村歌嘹亮”“故鄣讲堂”“草根明星”等10大主题文化活动。组织成立安吉县为民服务特色文艺团队和文化部门义务服务专家组等100项公共文化服务事项。坚持惠民、利民公共文化服务，持之以恒实施“万册图书千场电影百场戏”工程，组织承办省文化厅“中国梦·文化进万家”启动仪式、百场好戏话平安系列文艺晚会、好莱坞世界电影名曲交响音乐会等大型文化活动。举办“天目茗华”安吉建县1830年纪念展、中国花鸟画大师吴拂之艺术作品展等，县生态博物馆、吴昌硕纪念馆全年接待参观1750批次45万余人。全县累计送文化下乡563场、举办大型活动229场、文化走亲95场、完成电影放映任务3113场次，举办展览讲座165次、培训213次，实施送书下乡15.2万册。全县每个村(社区)平均享有15场公益电影、2次讲座展览、5场下乡演出、700余册图书，拥有3支业余团队。围绕大事强服务。纪念习总书记发表“绿水青山就是金山银山”重要思想十周年之际，举办大型原创展览“安吉县建县1830周年纪念展”和“践行两山重要思想十周年成果展”，充分展示安吉建县的千年历史进程及文明成果。推进余村村文化综合体建设，建成余村电影院、文化礼堂和农家书屋。主办中国诗歌地理万里行走进浙江安吉著名诗人安吉行活动，推出《国家诗歌地理·安吉专刊》。五是加强非遗文物保护。争取央视中文国际频道特别策划《传奇中国节·春节》安吉非遗民俗闹春祈福活动，面向全球华人连线直播县国家级非物质文化遗产项目上舍化龙灯、省级非遗项目竹叶龙和女子竹乐闹春祈福的场景。CCTV-7频道对县非物质文化遗产平安灯会做了报道。创新模式、延伸触角、优化方式，及时修编《安吉县文物保护利用总体规划》(2005—2020)和《安吉县农村土地综合整治涉及文保单位(点)目录》。完成天子湖工业园区D14大型土墩的考古发掘，基本完成04省道兰田至良朋段扩建涉及的古墓葬抢救性考古发掘工作。高质量完成全县可移动文物普查。推动非遗传承“六进”展演、“电商”入市和体验课堂，开展非遗活动进乡村礼堂、进旅游景区、进美丽校园、进知名展会等；在全省率先推行非物质文化遗产进驻电商网络，开办淘宝网“特色中国·安吉馆”非遗专区，并上线运营；开设非遗体验公益课堂“春秋私塾”，实现非遗大众化传播。六是加强文化市场监管。部门联动强协作。扎实履行县文化市场管理工作领导小组办公室工作职责，实施2015“清源”“净网”“秋风”“护苗”等文化市场管理专项整治行动。全年出动巡查1865人次，检查1381家次，查处举报56起，行政处罚案件28起，处罚款11.3万元，没收违法所得2049.8元、违法物品752件，并责令停业整顿2家次、警告17家次。取缔出售非法出版物及音像制品游商摊贩16家次，收缴非法出版物、音像制品1150册(盒)。管理手段抓创新。首次推行“平安文明示范网吧”考评奖励机制，以行政激励机制，促进网吧自身建设。首次采用动静结合的方式，动态视频与静态文书相互印证。首次借助第三方平台，采取政府购买服务方式，对网吧、歌舞娱乐场所开展安全生产社会化服务。审批改革强服务。建立《局行政审批事项监督管理制度和行政许可监督检查办法》，完善行政许可办事指南、内部和外部流程。完善权力清单梳理工作，完成441个行政权力事项清理整合，审批许可事项从77项减少到40项。组织开展“一线办审批、驻企送服务”活动，对资质具备、条件成熟的文化市场经营单位或企业，当场办理审批，现场即报即批。主动服务“大年初一”风情小镇旅游综合体所属文化经营项目审批，开辟预许可绿色通道，上门指导对接许可事项。

(夏 琛)

嘉兴市文化广电新闻出版局

【概况】 内设职能处室8个,下属单位9个。2015年末人员170人(其中机关49人,事业编制121人;具有高级技术职务资格的34人,中级60人)。

2015年,嘉兴市文化系统紧紧围绕中心工作和年初目标,扎实推进国家公共文化服务体系示范区创建、文化遗产保护、文化精品创作、文化产业发展、人才队伍建设等各项工作,取得明显成效。国家公共文化服务体系示范区创建主要工作全面完成,十大创新受到文化部领导及专家高度肯定,文化发展指数位居全省第三(其中绩效考核指数全省第二),成功举办第七届中国·嘉兴国际漫画双年展,被省政府评为大运河申遗工作先进集体。

一、公共文化服务体系建设

(一)国家公共文化服务体系示范区创建全面达标

规划指标达标率100%,其中7个指标完成率150%以上。文化发展指数绩效考核列全省第二。制度设计研究以优异成绩通过文化部验收评审。着力推进重点文化设施建设,嘉兴市非物质文化遗产展示馆正式对外开放,嘉兴博物馆二期项目主体工程结顶,嘉兴市图书馆二期项目完成调增资金工作。

(二)公共文化服务"嘉兴模式"成为全国样板

在示范区创建中创造了很多"嘉兴经验""嘉兴模式",被《人民日报》等主流媒体宣传报道,得到文化部领导和专家高度肯定,《中国文化报》整版宣传推广嘉兴十大创新工作。率先在全国示范区创建城市中出台市委市政府《关于全面构建现代公共文化服务体系加快推进国家示范区创建的实施意见》,印发《关于构建城乡一体化文化馆总分馆服务体系的实施意见》,并发布《嘉兴市基本公共文化服务实施标准》及两个行业标准,有效推进基本公共文化服务标准化均等化,树立了全国样板。创造农家书屋与公共图书馆融合发展的"嘉兴经验",建立起统一的公共阅读资源体系。首创文化馆总分馆服务体系"嘉兴模式",出台国内首个公共图书馆中心馆—总分馆服务体系标准,为全国提供示范样本。全国首创的基层公共文化队伍"两员"制度,即各县(市、区)文化馆向每个镇(街道)文化站下派1名文化员,每个村(社区)配备1名享受政府补贴的专职文化管理员,实现全覆盖并在全省推广。以"文化礼堂"为载体打造基层综合性文化服务中心新样板,实现了农村文化阵地"建得好、用得上、活起来"。嘉兴成为全国公共文化服务体系建设培训基地,全年有26个城市组织赴嘉兴学习考察公共文化建设。

(三)"文化有约"成为公共文化"互联网+"创新平台

文化有约服务项目实现互联网电脑端、手机客户端、数字电视端同步运行,文化系统内外和市县两级公共文化场馆整合共用,新增17家社会文化机构参与,形成了以群众需求为导向的综合性、一站式公共文化服务平台,全年开展项目(活动)3000余个4555场次,网站总访问量突破316万次,在全国公共数字文化建设工作会议、国家示范区创建论坛等全国性会议上作典型经验介绍。

二、文化遗产保护传承工作

(一)世界遗产长效管理与申报工作有序推进

发挥部门协作机制,实现对大运河遗产的长期、动态、科学管理。依托嘉兴大运河遗产监测中心,对运河遗产点进行24小时实时监控。开展长虹桥安全检测,落实相应保护措施。进一步挖掘运河文化内涵,积极打造运河国际旅游休闲城市。嘉兴市文化广电新闻出版局被省政府评为大运河浙江段申报世界文化遗产工作先进集体。启动乌镇、西塘联合申报江南水乡古镇世界遗产工作,完成保护规划编制和价值评估等前期工作。

(二)文化遗产保护取得新进展

一是重点保护工程得到推进。《嘉兴马家浜遗址保护规划》获省政府批复,马家浜文化博物馆概念设计方案通过评审。子城遗址考古发掘工作全面开展,文生修道院等一批文物保护单位得到维修整治。二是古桥保护修缮取得阶段性成果。在历时3年的古桥保护专项工程中，对全市70多座(其中市本级24座)古桥进行保护修缮。三是文物保护利用再上新台阶。汪胡桢故居、金明寺、嘉兴血防史料陈列馆等完成布展并对外开放。积极推进文保单位保护利用，修复后的文生修道院引进文化艺术创作、培训机构，并举办美术展览。四是非遗保护传承有新突破。新增嘉兴市级非遗名录37项，入选国家级非遗传承人候选人7名。出版《嘉兴传统音乐》《漫画嘉兴非遗》《我们的故事——嘉兴市非物质文化遗产项目代表性传承人口述实录》等书籍。开展第十个“中国文化遗产日”宣传活动，提高全社会文化遗产保护意识。

(三)文博单位工作基础和服务能力不断强化

第一次全国可移动文物普查进展顺利，如期完成全市国有文物收藏单位的信息采集及报送工作。嘉兴博物馆“禾兴之源——史前时期的嘉兴”陈列获全国十大陈列展览精品推介优胜奖。成功举办赵冷月书法作品捐赠仪式，受捐作品100件(170幅)。与市教育局联合主办“探‘禾’溯‘源’——走进嘉兴的史前文化”小学生陶艺大赛暨征文比赛，30所学校的323名学生参与，博物馆社会教育功能得到有效发挥。

三、文化品牌建设和精品创作

(一)文化品牌建设再上新台阶

成功举办第七届中国·嘉兴国际漫画双年展、第六届中国少年儿童合唱节、“大地情深”国家级院团走进嘉兴公益演出等活动。协力打造中国·嘉兴端午民俗文化节、乌镇戏剧节、秀洲农民画等文化品牌。端午节庆文化“嘉兴模式”国际研究、国际漫画学术研究和“嘉兴书学”全国研究取得重大进展。推动全民阅读活动，打造“书香嘉兴”品牌，嘉兴全民阅读指数位居全省第二。

(二)文艺精品创作有新突破

与市委宣传部联合召开全市文化精品工作会议，建立百名专家库，组织专题座谈，重点抓好一部长篇小说(《七天七夜·1937》)、一部长篇纪实文学(《我的抗战——嘉兴抗战亲历者口述实录》)创作以及越剧《五姑娘》精品创演。张界愚长篇小说《绝响》被中国作家协会列入2015年重点作品扶持项目。嘉兴5部文学作品获2012—2014年度浙江省优秀文学作品奖。认真贯彻落实习近平总书记在文艺工作座谈会上的重要讲话精神，广泛开展以“深入生活、扎根人民”为主题的“学、采、送、种”四大系列实践活动。开展纪念抗战胜利70周年系列文艺创作展演活动，举行“凝眸历史”美术作品、曲艺原创作品展览展演等活动。

(三)文化交流活动有新拓展

继续实施文化“走出去”战略，“中国漫画展”在日中友好会馆后乐美术馆举办，扩大了嘉兴漫画的影响力。继续开展“文化援疆”活动，在嘉兴端午民俗文化节期间，邀请新疆阿克苏地区沙雅县文工团到嘉兴交流演出、走亲联欢，10月组织嘉兴市文艺工作者走进沙雅县，增强民族交流和文化交融。进一步拓展丽水和嘉兴两地山海协作领域，开展“山·海·人”丽水—嘉兴文艺协作交流五年成果展演活动。

四、发展文化产业，提升管理水平

(一)文化产业发展壮大

一是文化产业要素集聚效应凸显。影视产业快速发展，形成影视制作、发行、放映等全要素、全产业链。海宁影视基地新增企业58家，入区企业共255家，实现营业收入20.3亿元。建成国家级文化产业园区1个、省级文化产业园区3个、市级文化产业园区17个。二是文化与其他产业实现融合发展。以“文化+”为突破口，传统行业不断实现转型升级，浙江依爱夫游戏装文化产业有限公司等企业通过创意设计与服装行业的融合，努力形成文化理念与时尚产业的增值模式和完整产业链。全市1483家印刷企业，实现工业总产值170多亿元，其中10家通过绿色印刷资质认证，居全省第二，浙江茉织华印刷股份有限公司成为国家印刷示范基地。全市新开设网吧130家、游艺娱乐场所18家，发展势头较好。三是文化产业走出去步伐加快。27家文化企业参展第10届义乌文交会，实现洽谈交易额350余万元。嘉兴电影集团赴湖州等地新建3个影城，投资4700多万元。嘉兴大剧院积极推进高雅艺术进校园、进企业、进社区，并努力开发与演出相关的文化衍生产品。

(二)管理水平提升显著

高度重视意识形态管理，深入开展“扫黄打非”工作，切实加强文化、广电、新闻出版行业管理，针对乌镇峰会等重要保障期开展专项行动,确保全年文化市场平安稳定、规范发展。全市共出动检查人员6848人次,检查经营单位1万余家次,受理举报38件,取缔无证摊点17处,行政立案调查134件,办结案件126件,罚款69.14万元,停业整顿7家次,较好地促进了文化市场规范有序繁荣发展。

【大事记】

1月

1日 "碑风帖韵——嘉兴书法三百年特展"在嘉兴博物馆举行,展出包括朱彝尊、陈邦彦、张廷济、朱为弼、蒲华、沈景修、沈曾植、金蓉镜等40余位大家共100多幅书法作品。

5日 嘉兴市图书馆被浙江省文化厅公布为第一批省级古籍修复站,全省共有11家单位。

15日 嘉兴市文化广电新闻出版局被评为全国文化系统先进集体,平湖市图书馆馆长马慧被评为全国文化系统先进工作者。

同日 浙江省文化厅转发《文化部关于命名2014—2016年度"中国民间文化艺术之乡"的通知》,秀洲农民画、嘉善田歌、硖石灯彩、海盐滚灯名列其中。

17日 嘉兴市文化广电新闻出版局、市文学艺术界联合会、嘉报集团主办的2014嘉兴"文化双十"评选活动揭晓。此次活动共有64个文化事件、68个文化品牌获得各界提名、推荐。经筛选,有22个文化事件、18个文化品牌成为本次评选的正式候选项。经专家评委和广大网民投票,最终评出2014嘉兴"文化双十"。

23日 国家文物局副局长童明康一行赴嘉兴市乌镇、西塘两个古镇考察申遗工作。省文化厅副厅长、省文物局局长陈瑶一同考察。童明康对两个古镇的保护申遗工作表示肯定,并要求正确处理好古镇保护与旅游发展的关系,明确江南水乡古镇联合申遗的组织架构和工作机制,制定联合申遗的技术路线和实施步骤,积极有序推进申遗工作。

25日 "道在通会"嘉禾八老书法篆刻精品展在嘉兴市文化馆开幕,展出嘉兴市8位老艺术家创作的书法篆刻作品100余件(组)。

26日 省文化厅转发文化部《关于表彰全国文化先进单位(先进县、市、区)的决定》和《关于全国文化先进单位(先进县、市、区)复查结果的通报》,嘉兴市五个县(市、区)全部通过复查。

2月

10日 嘉兴市非物质文化遗产项目代表性传承人技艺展示活动在嘉兴市国际中港城举行,各县(市、区)10多个非遗项目及相关传承人参加展演,参演人数近80人。

22日至24日 "中信杯"嘉兴市区迎春广场文艺演出分别在梅湾街、华庭街、江南摩尔3个广场举行。

是月 在全市范围内开展网吧两项试点工作,要求切实加强网吧环境整治和转型升级,改善上网服务场所环境,提高上网服务行业管理和服务水平,鼓励上网服务场所丰富经营业态,同时进一步降低网吧准入门槛,试点地区上网服务场所距中学、小学校园距离由最近直线距离改为出入口最低交通行走距离不低于200米;上网服务场所不得在居民住宅楼(院)内设立,调整为不得在居民住宅楼内设立;农村地区依法取得消防安全手续的合法用房可以设立网吧。

3月

5日至6日 省委常委、宣传部长葛慧君到嘉兴市调研基层宣传思想文化工作,对嘉兴市农村文化礼堂、文化活动中心、图书馆、博物馆等公共文化场馆进行了实地走访考察。

6日至20日 2015嘉兴市第九届女画家作品提名展在嘉兴美术馆举行,共展出作品60多幅。

13日 嘉兴市副市长柴永强一行赴嘉兴博物馆进行专题调研。

17日 《中国端午节》一书获得嘉兴市第十二届精神文明建设"五个一工程"入选作品奖。

18日 省文化厅副厅长蔡晓春一行赴嘉兴博物馆进行公共文化调研。

同日 嘉兴市委书记鲁俊对全市国家公共文化示范区创建做出重要批示:"我市启动示范区创建以来,全市上下共同努力,取得了较好的工作成绩,在新的一年里,我们要以创建工作深入推进为契机,优亮点、补弱点,把工作做实,为嘉兴市民提供更好的文化服务。"

19日 省文化厅厅长金兴盛深入调研海盐县基本公共文化服务工作,海盐县委书记沈晓红等一同调研。

同日 嘉兴市召开全市文物工作会议,部署安排2015年重点工作。各县(市、区)文物部门分管局长、文物科长、博物馆馆长及市属文博单位负责人近30人参会。

20日　嘉兴市国家公共文化服务体系示范区创建工作领导小组第二次全体会议召开，审议了《中共嘉兴市委　嘉兴市人民政府关于全面构建现代公共文化服务体系　加快推进国家示范区创建的实施意见(征求意见稿)》《嘉兴市人民政府关于构建城乡一体化文化馆总分馆服务体系的意见(征求意见稿)》。

同日　嘉兴市委宣传部、市文化局、市文联召开全市文化精品创作工作会议。会议表彰了第十二届嘉兴市精神文明建设“五个一工程”奖，印发了《关于建立嘉兴市文化精品评审专家库的通知》。市、县两级宣传部、文化局、文联负责人，嘉兴经济技术开发区、嘉兴港区、嘉报集团、嘉广集团负责人，市文联下属各协会负责人，文艺界代表等50余人参会。

23日　嘉兴市政协主席高玲慧一行考察文生修道院。

30日　嘉兴市非物质文化遗产展示馆揭牌。该馆坐落在南湖西岸揽秀园内，展线长约1700米，展出实物734件，通过实物展示、场景再现、文字图片等不同方式，全面展示了嘉兴市优秀传统文化。

4月

2日　著名水利专家、中科院院士汪胡桢故居正式免费对外开放。

同日　位于月河历史文化街区的血防史料馆正式免费对外开放。该馆占地面积约300平方米，分六个展厅，采用声光电等现代科技手段，展出了大量珍贵历史资料、实物，全景式展示了嘉兴血吸虫防治历史的辉煌业绩。

3日　“我的抗战”嘉兴市纪念抗战胜利70周年文艺界采风活动启动仪式在嘉善举行，推出两部长篇原创文学作品，大型纪实文学《我的抗战——嘉兴抗战亲历者口述实录》和抗日题材长篇小说《七天七夜》创作活动及3个展览1个展演活动，再现中国抗日战争波澜壮阔的历史和嘉兴人民不懈抗争的精神。

7日　首届浙江全民阅读节暨浙江书展新闻发布会正式发布了2013年6月至2014年5月浙江省居民阅读状况，嘉兴以74.42的阅读指数排名全省第二。

11日　“追影取像——嘉兴博物馆馆藏古代人物画精品展”在嘉兴博物馆开展。

12日　韩国光复70周年纪念事业委员会委员长郑钟旭一行6人，参观了嘉兴金九避难处、韩国临时政府要员住址和褚辅成史料陈列室。

15日　“流淌着的运河民俗——2015中国·王江泾江南网船会”在秀洲区王江泾镇莲泗荡景区开幕。

18日　由文化部、中央文明办主办的“大地情深”国家艺术院团志愿服务走基层活动在嘉兴大剧院举行。活动由中国煤矿文工团举行专场文艺演出，有声乐、舞蹈、杂技、相声、戏剧等多种节目形式。全市基层文化工作者、业余文艺团队代表、新居民、残疾人、老年人、青少年、妇女儿童、职工代表等1400余人观看了演出。

19日　文化部公共文化司司长张永新到嘉兴调研指导嘉兴市国家公共文化服务体系示范区创建工作，实地察看了嘉兴市图书馆免费开放、数字化建设、24小时自助图书馆等项目，详细听取了图书馆总分馆建设及运行情况介绍，对城乡一体化公共图书馆服务体系的“嘉兴模式”给予充分肯定。

20日　嘉兴市2015年侵权盗版及非法出版物集中销毁活动在嘉兴中山影城广场举行。活动现场集中销毁了非法音像制品8.2万余张、非法书报刊2.4万余册，侵权纺织品布料91匹。同时举行了“绿书签行动”签名活动、“扫黄打非”和出版物市场行政执法工作图片展等活动。

21日　“天蓝蓝·水清清”嘉兴市农村文化礼堂视觉巡展系列“优雅海盐”摄影作品展在嘉兴市文化馆展厅展出，展出的68幅作品是中国摄影报“走进海盐”影友联谊会活动的获奖照片。

22日　“海上风——嘉兴博物馆馆藏海派书画精品展”在贵州黔东南州民族博物馆开幕，展出藏品46件。

同日至24日　嘉兴市农村文化礼堂摄影技能培训班在嘉兴市文化馆举办，共有40人参加培训，结束后组织培训人员赴松阳创作采风。

23日　由嘉兴市委宣传部、市文明办、市教育局、市文化广电新闻出版局主办，嘉兴市图书馆、市新华书店承办的嘉兴市首届“书香嘉兴”读书节活动在嘉兴市图书馆开幕。

27至30日　组织全市30家企业参展第十届义乌文博会，设65个展位，共实现洽谈交易额350余万元。在工艺美术奖评选中,嘉兴市参展企业获2项工艺美术金奖、1项银奖、2项铜奖。嘉兴展团获优秀组织二等奖。

28日　全国文化干部培训现场教学基地签约授牌仪式在嘉兴市图书馆举行。

29日　嘉兴市人民政府办公室出台《关于构建城乡一体化文化馆总分馆服务体系的实施意见》(嘉政办发〔2015〕26号)。

30日　全市文化馆总分馆暨基层“两员”建设工作推进会在海盐县澉浦镇召开。会议邀请国家公共文化服务体系专家委员会专家巫志南到会作现场点评。

同日　由浙江省漫画家协会、嘉兴画院、嘉兴市美术家协会主办的“以画说话”王慧玲漫画作品展在嘉兴美术馆开展。

5月

5日至7日　省人大常委会委员、教科文卫委员会副主任委员吴天行一行11人,就制定《浙江省公共文化服务保障条例》到嘉兴开展专题调研。

6日　嘉兴市农村文化礼堂建设工作推进会在嘉兴市文化馆3楼阅览室召开。

7日　组织召开马家浜文化博物馆建设方案专家论证会,邀请浙江、江苏两省的文物、考古、建筑等方面专家参加会议。

14日至18日　嘉兴市组织了9家文化企业参展第十一届中国(深圳)国际文化产业博览交易会,并获优秀展示奖。

15日至16日　2015网络文化创新与新媒体发展论坛在桐乡乌镇举办,中国互联网协会网络文化与新媒体工作委员会、浙江传媒学院互联网与新媒体研究院同时成立。

16日　“我的视界我的梦”嘉兴市第三届残疾人摄影展在嘉兴画院开幕,展出60幅(组)获奖作品。

18日　第39个“国际博物馆日”,嘉兴举办了文物特展、陶艺大赛、征文活动等活动。

同日　嘉兴博物馆“禾兴之源——史前时期的嘉兴”荣获第十二届(2014年度)全国博物馆十大陈列展览精品推介优胜奖。

21日至24日　“秦风浙韵”嘉兴画院、咸阳画院书画精品交流展在咸阳029艺术区开幕。交流展由嘉兴市文化广电新闻出版局和陕西省咸阳市文化广电新闻出版局主办,展出两地书画家精品108幅。

25日　在嘉兴市委党校举办基层公共文化发展培训班,各县(市、区)文化系统相关人员近90人参加培训。国家公共文化服务体系建设专家委员会副主任、北京大学信息管理系教授李国新,浙江省行政学院教授孙雄分别做了讲座。

同日　2015年度国内外最新流行设计文献图片展在嘉兴市图书馆开展。

26日　全市农村文化礼堂管理员培训班在嘉兴市委党校举行,各县(市、区)的农村文化礼堂管理人员300余人参训。

27日　《嘉兴市公共图书馆中心馆——总分馆服务体系标准》公布,明确了公共图书馆总分馆建设的基本原则,明确界定了中心馆、总馆功能,固化了主要指标和基本制度,成为嘉兴公共图书馆提高综合服务效能、规范内部管理的有力保障,也是国内第一个图书馆总分馆建设的专门标准。

28日　嘉兴选送60幅优秀漫画作品赴日本东京日中友好会馆举办“中国漫画展”活动,展期一个月,展出作品包括中国漫画大师张乐平、丰子恺的作品。

29日　召开嘉兴市“扫黄打非”工作领导小组会议。会议通报2014年度全市的“扫黄打非”工作情况,布置2015年工作任务。

是月至6月　开展了第四次全国文化馆评估定级工作嘉兴市评估工作。举办第四次全国文化馆评估定级工作培训班,并对各馆进行实地核查和评估。最终,市文化馆得分为1035分,南湖区、秀洲区、嘉善县、平湖市、海盐县、海宁市、桐乡市等7家县级文化馆得分分别为1019分、1022分、1026分、1021分、1016分、1043分、1018分。

6月

1日至20日　开展嘉兴市文化市场交叉执法检查,采取交叉对口执法检查的形式,市场随机抽查的方式进行,以繁华街区、校园周边、汽车站(火车站)等地段为重点检查部位,要求各地检查文化市场经营场所不少于15家,严查文化市场各类违法违规行为。

8日　中共嘉兴市委、嘉兴市人民政府正式出台《关于全面构建现代公共文化服务体系　加快推进国家示范区创建的实施意见》(嘉委发〔2015〕15号)。

10日　嘉兴古桥保护成果图片展在嘉兴博物馆开幕。

12日　为迎接第10个“文化遗产日”,围绕“中国梦·非遗梦”主题,在嘉兴市区凌公塘文化主题公园举办精彩非遗连连看："非遗十年"嘉兴市非遗传承教学基地展示展演活动。当天，嘉兴市非遗保护的两本重要著作《漫画嘉兴非遗》《我们的故事——嘉兴市非物质文化遗产项目代表性传承人口述实录》举行了首发式。

13日　举办第十个文化遗产日系列活动，以"保护成果全民共享"为主题，推出"天下一统——大秦帝国文物特展""衣袭华美——百年海派旗袍的前世今生展""禾风桥韵——嘉兴古桥保护成果图片展""乐龄开怀——民俗文化摄影展"4个专题展览；"弯弓射箭""手工编绳""博古书画"等10个主题活动，惠及416户家庭，参加人数达1200余人次。

16日　嘉兴市图书馆被浙江省环保厅评为第五批浙江省生态文明教育基地。

同日　"我们的精神家园"浙江省国家级非物质文化遗产图片展在嘉兴市文化馆展出。

19日至20日　21世纪民俗节庆文化发展及"嘉兴模式"探索国际学术研讨会在嘉兴举行，海内外的40余位专家学者出席研讨会。

20日　以希腊伯罗奔尼撒大区政府佩特罗斯·塔图里斯主席为团长的访问团一行到嘉兴市访问，举行文化艺术交流座谈会。

21日　由嘉兴市援疆指挥部和嘉兴市文化广电新闻出版局主办的"沙雅·嘉兴"两地文化走亲文艺晚会在嘉兴大剧院举行。嘉兴市社会各界人士，包括历届援疆干部及其家属在内的400多人观看了演出。

22日至26日　以嘉兴农民画和舟山渔民画为展览内容的"美丽浙江——浙江农风渔俗画展"在捷克举办，展出浙江具有代表性的农民、渔民画作品60幅。开幕式上，省委常委、宣传部长葛慧君向捷克贵宾赠送了嘉兴市农民画家张觉民《南湖菱歌》等画作。

25日　"红船向未来"首都文艺志愿联盟走进嘉兴公益演出在嘉兴大剧院举行。姜昆、戴志诚、戴玉强等国内知名艺术家，以及中央芭蕾舞团、中国国家交响乐团、国家大剧院管弦乐团等国家级艺术团走进禾城。这是首都文艺志愿联盟在5月底正式成立后走进地方的首场演出。嘉兴市人大常委会主任刘冬生等市领导和嘉兴市道德模范、优秀志愿者及各类先进典型代表一起观看了演出。

28日　"嘉兴杯"全国端午文化摄影大展面向国内外征稿截稿，共收到应征作品14998幅，评选出金质收藏作品2幅，银质收藏作品5幅，铜质收藏作品10幅，优秀作品100幅。

7月

2日　副省长郑继伟带领省卫生计生委、省文化厅、省政府办公厅教卫处等有关部门负责人专题调研嘉兴市图书馆总分馆体系建设。嘉兴市委副书记、代市长林健东，副市长柴永强等一同调研。

9日、8月6日　嘉兴籍著名书法家赵冷月子女分两次将赵冷月书法作品捐赠给嘉兴博物馆。

14日　由省"扫黄办"组织，省"扫黄打非"领导小组成员单位参加的督查组赴嘉兴，对嘉兴市是年专项行动开展情况进行督导检查，肯定了嘉兴市"扫黄打非"工作，并对下阶段工作提出要求。

20日　嘉兴博物馆组织藏品20件，参加在韩国国立济州博物馆举办的"李朝名儒崔傅的中国见闻"展览活动，包含二级文物9件、三级文物4件。

22日　《中国文化报》通版刊登《嘉兴十大创新加速公共文化服务现代化进程》，大篇幅报道嘉兴创建国家公共文化服务体系示范区创新经验。

23日　省委宣传部副部长唐中祥莅临参观了嘉兴市级文物保护单位范蠡湖。

24日　嘉兴市首届吉他演奏弹唱大赛在海盐县绮园文化广场举行，南湖区文化馆选送的节目获得古典组金奖，嘉兴市经济开发区社发局选送的节目获得民谣组金奖。

25日　嘉兴市2015排舞大赛暨浙江省第九届排舞大赛选拔赛在秀洲·中国农民画艺术中心文体广场举行。

29日　嘉兴市召开全市网吧管理工作会议。

是月下旬至9月上旬　开展全市国家公共文化服务体系示范区创建工作专项督查，对7个县(市、区)、嘉兴经济技术开发区、嘉兴港区和19个市级相关部门(单位)的创建工作开展专项督查，实地抽查镇(街道)9个、村(社区)9个，个别谈话89人。截至8月底，创建工作的37个规划指标已完成33个，达标率为89.2%。

8月

4日　嘉兴市副市长柴永强一行对王店镇省级文保单位曝书亭，市级文保单位沈曾植墓、米厂苏式圆筒粮仓群进行实地调研，并听取了市本级文物保护工作专题汇报。

7日至9日　由文化部主办，文化部公共文化司、浙江省文化厅、嘉兴市政府、嘉兴市南湖区政府、中国合唱协会承办的第六届中国少年儿童合唱节暨第十三届南湖合唱节在嘉兴大剧院举行，来自全国26个省(区、市)36支少儿合唱团的1600多名少年儿童为观众展现了合唱艺术的魅力。

9日　中央纪委驻文化部纪检组组长、党组成员王铁一行赴嘉兴，先后走进嘉兴博物馆、海盐县文化馆澉浦镇分馆等地，对嘉兴市公共文化服务体系建设工作进行专题调研。文化部公共文化司司长张永新、副司长周广莲，浙江省文化厅厅长金兴盛、副厅长柳河，嘉兴市副市长柴永强等参与调研。

11日　"向祖国献礼——全市残疾人优秀摄影作品巡回展"首场南湖区站在嘉兴市图书馆开幕。

18日至25日　平湖市舞蹈《打菜油》应邀参加日本国际艺术节，获日本大阪国际艺术节群舞类金奖。

19日　浙江省普查办主任、省文化厅副厅长、省文物局局长陈瑶率领督查组，赴桐乡博物馆实地督查嘉兴市第一次全国可移动文物普查工作，详细了解了嘉兴市普查工作情况，听取了相关工作汇报，并深入"一普"工作现场察看文物拍照、数据采集登录等工作流程。

20日　在嘉兴月河举办2015月河·月老杯中国大陆暨香港、澳门、台湾爱情诗大赛。

29日　由嘉兴市文化局、市文联主办，嘉兴市图书馆承办的"稀见嘉兴"抗战图片展开幕式暨《稀见嘉兴抗战旧影集》首发式在市图书馆举行。

是月　嘉善"辣妈宝贝"应邀赴西班牙参加龙达国际民间艺术节，演出了具有中国特色、江南水乡韵味的舞龙、二胡独奏、水乡舞蹈等8个节目。

是月　30幅嘉兴农民画被日本中国文化中心收藏。

9月

1日　嘉兴市图书馆启动电视图书馆项目。

5日　"纪念中国人民抗日战争暨世界反法西斯战争胜利70周年"嘉兴市书画作品展在嘉兴美术馆开展。

11日　桐乡市匋艺术院组织藏品74件(组)，参加在澳门举办的"吴赵风流——吴让之、赵之谦书画印特展"。

17日至20日　文化部公共文化司在嘉兴举行华东片区经验交流活动。国家公共文化服务体系建设专家委员会有关专家作现场点评。嘉兴市、山东省烟台市、江苏省无锡市、安徽省安庆市、福建省三明市、上海市浦东新区做经验交流。

21日至22日　为期2天的嘉兴地区公共图书馆业务工作培训在嘉兴市图书馆开幕，近100名全市公共图书馆基层馆员参训。

22日　浙江省公共图书馆服务技能竞赛落幕，嘉兴市公共图书馆代表队以总分第一的成绩获金奖。

同日　"丝乡行——嘉兴、绍兴、湖州、苏州美术作品联展"在嘉兴美术馆开幕，共展出作品50幅。

23日　由中编办事业单位登记管理局副局长陈长生、文化部人事司副司长王太钰等组成的调研小组，到嘉兴博物馆调研嘉兴市事业单位法人治理结构建设。

28日　嘉兴市政府将"秦始皇传说"等37个项目列为第五批嘉兴市非物质文化遗产代表性项目名录。

29日　"凝眸历史"纪念中国人民抗日战争暨世界反法西斯战争胜利70周年嘉兴市美术作品展览开幕式和曲艺作品展演活动在嘉兴市文化馆举行。

10月

14日　《嘉兴市人民政府关于公布第五批嘉兴市非物质文化遗产代表性项目名录的通知》(嘉政发〔2015〕71号)下发，新塍镇的纸凉伞灯彩、瞎叉三馄饨制作、新塍羊肉烧制技艺(新塍羊肉打包共同申报)和王江泾镇的公泰和传统糕点制作技艺4个项目同时入选。

15日　第三届乌镇戏剧节开幕，来自12个国家和地区的20台顶尖剧目共73场演出在乌镇上演，其中多部剧目是首次访华。本届戏剧节还新增了"戏剧小课堂"。

同日　嘉兴市第七届嘉兴大学生电影节在华庭国际影城开幕。

同日至21日　由嘉兴市文化广电新闻出版局组织的"文化走亲"团一行17人，前往新疆沙雅县进行了为期一周的文化交流活动。

16日至23日　法国当代油

画艺术作品巡展在嘉兴美术馆举办，共展出了埃尔韦·特勒伊等5位法国当代油画艺术家的作品。

23日　第十三届嘉兴市“社区之声”文艺调演——优秀戏曲节目展演在嘉善影剧院举行。活动由嘉兴市文明办、市文化广电新闻出版局、市委社会工作委员会办公室主办，16个社区戏曲节目参演，评出奖项16个，南湖区南湖街道桂苑社区选送的京剧《贵妃醉酒》等3个节目获金奖。

25日　由中国美术家协会和嘉兴市政府联合主办的2015第七届中国·嘉兴国际漫画双年展开幕。本届双年展以“我的梦”为主题，收到来自33个国家和地区的1701件漫画作品，其中国外作品424件，是历届展览征集作品数量最多的一届。经评审，来自25个国家的120件作品入展，其中优秀作品30件，入选作品90件，并特邀了19件国内漫画名家作品入展。嘉兴作者吕佳的主题漫画《牛市梦》和王慧玲的自由创意漫画《白骨铺就的T台》被评为优秀作品，嘉兴另有2件作品入选。本届双年展共有六大活动项目。嘉兴与希腊伯罗奔尼撒大区签订了建立文化艺术交流友好关系意向书。

31日　受文化部邀请，嘉兴市文化广电新闻出版局局长金琴龙以“‘文化有约’——打造公共文化‘互联网＋’的创新平台”为主题，在2015年中国文化馆年会“国家公共文化服务体系示范区论坛”上做典型交流。

是月至11月　由嘉兴市文化广电新闻出版局、市教育局主办的嘉兴市第八届“石榴奖”校园文化艺术节举行。本届艺术节以“民族魂·中国梦——阳光下成长”为主题，由中小学生才艺表演大赛、电子书制作大赛、现场书法大赛3项活动组成，评出奖项125个。

11月

6日　由嘉兴市人民政府主办，嘉兴市文化广电新闻出版局承办的“赵冷月书法作品捐赠仪式”在嘉兴博物馆举行，“鸳湖流韵——赵冷月书法作品捐赠展”同时开展。《鸳湖流韵——赵冷月书法作品捐赠图录》首发式同时举行。

15日　2015浙江省第九届排舞大赛暨排舞推广十周年成果颁奖盛典在桐乡举行。

18日至19日　第四届中国(海宁)·徐志摩诗歌节在海宁举行。

26日　第六届秀洲·中国农民画艺术节暨2015嘉兴秀洲经贸洽谈会在嘉兴市秀洲·中国农民画艺术中心开幕。

30日　由浙江省文物局指导，浙江省博物馆学会、浙江自然博物馆组织开展的“2015年度全省博物馆青少年教育十佳项目”推介初评会在杭州召开。经过初评专家实名评选，全省有20个教育项目入围参加终评，嘉兴博物馆的“陶瓷文化进校园”成为入围项目之一。

是月中旬起　嘉兴市在全市范围内开展打击非法销售卫星地面接收设备专项行动，未发现非法销售卫星地面接收设备的违法行为。

是月至12月　第九届嘉兴市乡村文化艺术周系列活动在嘉兴市有关乡镇及文化礼堂举行。活动由嘉兴市委宣传部、市文化广电新闻出版局主办，以“文化礼堂·精神家园”为主题，举办了2015嘉兴市村级专职管理员才艺大赛暨第九届嘉兴市乡村文化艺术周开幕式、“美丽乡村”文化礼堂视觉艺术作品展和第九届嘉兴市乡村文化艺术周闭幕式暨2015嘉兴市乡村排舞大赛等3项活动，评出2015嘉兴市村级文化专职管理员才艺大赛金奖3名、银奖5名、优秀奖8名；“美丽乡村”嘉兴市农村文化礼堂视觉艺术作品展金奖6件、银奖12件、铜奖18件；2015嘉兴市乡村排舞大赛金奖3个、银奖5个、优秀奖7个。

12月

2日　第十二届中国民间文艺山花奖颁奖典礼在海宁举行，由海宁皮影艺术团选送的剧目《水漫金山》荣获民间艺术表演奖。

6日　“学院的力量”中国油画名家邀请展在文生修道院揭幕。展览由嘉兴市委宣传部、市文联、市文化广电新闻出版局、中国美术学院绘画艺术学院联合主办。展出作品近80幅，均从全国征集而来。

16日　嘉兴市文化广电新闻出版局局长金琴龙代表嘉兴市政府，出席文化部全国公共数字文化建设工作会议，并就“文化有约”项目建设作典型经验交流，嘉兴是唯一一个第二批示范区创建城市。

17日至22日　“长三角地区中国书画名家作品邀请展”在嘉兴市文化馆开展，展出60余位书画名家的110余幅作品。

（潘筱凤）

嘉兴市县(市、区)文化工作概况

【南湖区教育文化体育局】 内设职能科室8个,直属事业单位7个(其中文化事业单位1个)。2015年末人员68人(其中:公务员12人,事业56人;具有文化类高级技术职务资格的2人,中级8人)。

2015年,南湖区文化工作以推进国家公共文化服务体系示范区创建和持续打造特色文化品牌活动为重点,全区文化工作实现新的跨越。一是以示范区创建为契机,提升公共文化服务体系建设整体水平。区非遗展示中心正式对外开放,新建4个文化活动中心,改(扩)建8个文化活动中心,新建文化礼堂10个,全年新增文化活动场所面积8337平方米。7月,在全省率先开展文化下派员人事制度改革,通过政府购买服务方式招聘11名文化下派员,到各镇、街道开展基层文化工作。9月,城乡一体化文化馆总分馆服务体系成立。农村文化活动"158"计划扎实推进。全年完成农村电影放映1308场,农村演出254场,农村文体活动488次。开展《群众业余文艺团队建设机制与管理模式创新研究》制度设计课题研究。新丰镇被省政府评为浙江省文化强镇,凤桥镇永红村和余新镇金星村等4个行政村、南湖街道桂苑社区等5个城市社区被省政府确定为新一批"省文化示范村(社区)"。二是坚持基本服务与品牌活动相结合,丰富公共文化产品供给。实现农家书屋和图书馆系统资源整合,投入15.14万元为各农家书屋点更新书籍和各类报刊。承办杭嘉湖地区农家书屋工作现场会暨培训活动。开展区域内文化走亲活动218场(次);完成广场文艺演出569场,观众39万人次;戏曲歌舞演出725场,观众40.3万人次。承办第六届中国少年儿童合唱节和第四批全国新创少儿歌曲征集活动,36支合唱团荣获"南湖"杯荣誉称号,1513件作品中评选出优秀作品30件。继续构建"小广场+大舞台"群众文化新模式,开展"365天天欢乐大舞台活动"392场。启动第五届城乡文体十大联赛,完成综合太极、现场墙体绘画、村歌(社区)之歌等赛事。承办2015中国·嘉兴端午民俗文化节"五芳斋杯"端午庙会、南湖踏白船表演赛和"颂歌献给党"南湖朗诵会等系列文化活动。举办校园文化艺术节,完成"童心向党"中小学生合唱比赛、新推幼儿组唱、表演唱大赛。圆满完成第27届嘉兴市区"第九区·萌芽杯"少儿绘画大赛和"兰亭奖"少儿书法大赛。与嘉兴广电集团、区委宣传部、南湖新区管委会联合举办"家有好声音"南湖区原创歌曲演唱大赛及原创音乐发布会,专辑收录了近年来由南湖区文化馆组织区内外音乐人创作的16首原创歌曲,所有作品均以嘉兴南湖的风土人情、乡邦文物为创作题材,歌曲创作立足于展现嘉兴水乡的婉转秀美,既融合本地音乐元素,又融合了当代气息,风格多变、易于传唱,注重本土性、时尚性、通俗性和艺术性的有机融合。继续与FM88.2和秀洲区教文体局联合举办第二届"最美童声"少儿歌唱大赛和"最美童声"经典诵读活动。评选出重大文化精品项目10项、星级团队49支,南湖区文学艺术奖39个,补助文化艺术类人才10人,落实文化扶持资金103.1万元。是年,南湖区公共文化建设总投入2411万元,人均投入为45.49元。三是坚持业余与专业培训并举,提高基层文化队伍素质和服务能力。启动"文化公益课堂"系列培训工程,举办少儿茶艺、少儿书法、业余文体团队负责人培训等区级公益培训12期,讲座26场,培训2400人次。各基层文化站及村(社区)文化活动中心举办公益类培训368期,培训2.58万人次。为期三年的南湖区合唱指挥高级研修班顺利结业。加强"两员"队伍培训,通过举办群众文化活动组织与策划培训班、邀请公共文化专家开展业务讲座等多种方式,将"两员"队伍培训工作纳入日常业务管理考核,举办"两员"队伍业务培训25期515人次。四是坚持保护和传承并重,非遗工作成果显著。"南湖画舫制作技艺"入选第五批嘉兴市非物质文化遗产代表性项目名录。组织开展嘉兴市非遗传承教学基地展示展演活动暨南湖非遗馆开馆仪式等活动。组织非遗传承人参加嘉兴首届网络春晚录像、嘉兴市非物质文化遗产项目代表性传承人技艺展和网船会等活动。承办第四届中国掼牛争霸赛,来自国内10个省、市的107位掼牛勇士和来自美国、比利时、德国等的选手积极参与,并开展了相关学术研讨。

(陆雅菊、程跃川)

【秀洲区教育文化体育局】 内设职能科室9个,直属单位3个。

2015年末人员48人(其中:机关17人,事业31人;具有高级技术职务资格的15人,中级10人)。

2015年,秀洲区教育文化体育局重要活动及取得的成绩:一是示范区创建难点有所突破。制定了国家公共文化服务体系示范区创建工作薄弱环节整改方案,并逐一落实。区委、区政府出台《秀洲区全面构建现代公共文化服务体系的实施意见》《秀洲区构建城乡一体化文化馆总分馆服务体系的实施意见》。文化馆试行理事会制度。镇、街道综合文化站标准化建设成效明显。扎实推进"两员"队伍建设,村(社区)文化专职管理员实现全覆盖,采用政府购买服务的方式向各镇(街道)下派文化员。二是公共文化服务供给得到优化。全年围绕"送文化""种文化""育文化""秀文化"落实农村文化活动"158"工程。深入开展"新农村嘉年华""田园新秀洲"及"一镇一品"等特色活动,"百姓微舞台"成为基层文化新品牌,全年开展70多场。全年推出少儿戏剧培训、书法培训、手工制作等"文化有约"项目104项。组织开展"2015中小学生(幼儿)校园文化艺术节"系列活动。坚持原创作品,讲好"秀洲故事",新创编、展示村歌14个,原创音乐作品《今夜运河最美》获浙江省第十二届"五个一"工程入选作品奖。三是农民画品牌建设成效显著。成功举办第六届秀洲·中国农民画艺术节,开展丝府梦·丝路情——2015中国农民画"丝路行"作品展、第三届秀洲·中国廉政农民画创作大赛、秀洲农民画"走出去"海外展、全国农民画精品展网络微展、"画乡记忆"农民画乡土展暨"我们画农民画"非遗体验行等系列活动。23幅农民画作品入展在捷克展出的浙江农风渔俗画展。四是文化遗产保护工作扎实开展。开展全区不可移动文物情况摸底调查,实施了洪合镇永兴桥、王江泾镇宜观桥、新塍镇张敦礼堂和知青点维修工程,启动了王店曝书亭维修计划。加强非遗保护传承工作,对区非遗展示馆展陈进行重新设计布置。开展2015年"文化遗产日"文化遗产保护宣传系列活动,在莲泗荡举行2015网船会暨"民间民俗·多彩浙江"主题文化活动,新塍元宵节、七月七香桥会等也吸引了众多观众和媒体。油车港镇获评浙江省非遗主题小镇(农民画方向)。非遗丛书"江南网船会"出版。五是文化市场保持稳定有序。加强文化市场管理,受理并完成文化市场行政许可申请44件,开展了"上网服务场所管理长效机制试点"和"上网服务行业转型升级试点"两项试点工作,转型升级网吧占比近75%。加大文化市场执法力度,规范执法行为,行政处罚案件回访制度被文化部文化市场司《文化市场信息摘报》刊登。

第六届秀洲·中国农民画艺术节 11月26日,第六届秀洲·中国农民画艺术节暨2015嘉兴秀洲经贸洽谈会在嘉兴市秀洲·中国农民画艺术中心开幕。本届艺术节秉承创新、融合的办节理念,实现事业产业、网上网下、国内国外、动态静态结合,艺术节分设展示交流、理论研究、产业拓展、推广体验四大板块,共开展了8项活动。艺术节还安排"百名画家绘秀洲"农民画现场绘画、农民画服装走秀等配套活动。作为本届艺术节的重点项目,2015中国农民画"丝路行"作品展共收到全国56个画乡(其中"一带一路"画乡36个)593幅作品,经专家评选,238幅作品入选,80幅获评优秀作品。

(周剑锋)

【嘉善县文化广电新闻出版局】

内设职能科室7个,直属事业单位10个。2015年末人员109名(其中行政编制11人,事业编制98人;具有高级技术职务资格的4人,中级职称33人)。

2015年,嘉善县文化系统深入贯彻落实科学发展观,坚持以基层为重点,以需求为导向,努力提升公共文化服务水平,进一步挖掘和保护历史文化资源,努力继承和发扬优秀文化传统,不断提升全县文体软实力,促进文化事业大繁荣大发展。一是加强队伍建设,深入推进文化系统作风建设。以党的群众路线教育实践活动成果为基础,进一步加强和改进干部队伍建设。提高窗口服务质量,受理各类审批项目305件,均在期限内办结。深入基层开展"服务村村行"行动,参与"三方红色联盟"共建活动,认真落实"一创建三复评"工作,特别是"千人进社区百日大整治"、巡街活动,局系统出动人员117人次。二是立足服务民生,进一步完善公共文化服务体系。不断加快文化基础设施建设步伐,文化惠民项目完成立项,博物馆、图书馆新馆开工建设;文化艺术中心、文化站、图书馆旧馆改造工程进展顺利;新建、改建10多家村级文化礼堂;开展镇(街道)综合文化站新一轮提档升级工作。推进公共文化服务示范区创建,制订下发《关于开展嘉善县公共文化服务品牌项目评选活动的通知》《关于建立嘉善县基层文化建设督导机制的实施方案》等文件。同时,争取资金600万元,为创建工作提供强有力保障。积极推行文化下派员制度,加强县文化馆总分馆建设,落实《嘉善县文化下派员制度实施方案》,起草《关于构建城乡一体化文化馆总分馆体系的实施意见》。出台《乡镇综合文化站建设标准》和《乡镇(街道)综合文化站公共服务规范(试行)》等文件。全县村级文化专职管理员实现全覆盖。三是加大惠民力度,努力开创文化发展新局面。参与"春节"文艺晚会等活动,反映全县经济社会事业全面发展新面貌、新成就,进一步集聚和谐发展正能量。巩固省示范项目的可持续建设,进一步强化"1+9+X"模式,运用"行政主导、市场运作、文企联姻、群众参与"的方式,在城市和农村广泛开展群众文化活动。参与举办全民读书月活动,举办了全民读书月开幕式及"十佳阅读之星"评选、少儿故事比赛等活动。举办"周末大舞台""文化四季"活动。开展文化交流活动,组织举办跨县文化走亲活动,并积极"走出去"演出或参赛,嘉善田歌组队参加"中国民间文化艺术之乡"民歌、山歌展演,嘉善田歌合唱团参加首届"中国和之声"声乐比赛演出,舞蹈《鱼儿》参加日本·大阪国际艺术节舞蹈大赛并荣获优秀教师指导奖以及编创奖,群星艺术团排舞社团参加2015年"缤纷长三角·浦东潍坊杯"排舞邀请赛,节目《七朵莲花》获单曲排舞金奖,《乡村爵士乐+不能依靠你》获串烧排舞银奖。四是发掘历史文化内涵,建立文化遗产保护新机制。加强非遗保护规范管理,深化田歌"八个一"保护措施,加强非遗项目、传承人、传承基地"三位一体"保护传承模式,推进嘉善县非遗展示馆建设步伐。组织开展国家级、省级和市级非遗名录项目申报工作,实施濒危项目代表性传承人多媒体抢救性记录活动,推进文化礼堂非遗馆建设。加快非遗保护传承弘扬成果转化,组织举办非遗展示与演出等活动。研讨国遗项目嘉善田歌的保护与传承。开展《五姑娘》音乐剧旅游版本的创作工作。启动嘉善非遗系列丛书出版工作。组织举办第十个"文化遗产日"系列活动。五是切实做好全县文物保护工作。开展文保单位"四有"及第一次全国可移动文物普查工作,按期完成现有2935件藏品的信息采集、录入和报送工作。加大文物保护、修缮、维修、保养和年检力度,文保单位和文保点修缮、维修保养用资13万元;除原有单位外,还对新增的孙道临电影艺术馆、东方美术馆、东方博物馆、嘉善浙北民间收藏博物馆进行了年检。做好文物宣传、安全工作。六是规范文化市场经营秩序,落实市场监督管理新举。强化市场专项整治和平安建设,出动检查人员484人次,检查经营单位900家次,办理行政处罚14件,结案12件,罚款22800元,查获违法经营的音像制品1500张(盒),非法书籍210册。开展"扫黄打非""清源""秋风""净网"等一系列专项行动。安排专人进行网络巡查,实现网上网下一起抓。组织全面清查,强化出版物市场监管,加大对印刷经营单位的检查力度。坚持开展整治网吧违规接纳未成年人专项行动,优化未成年人成长环境。开拓思维,探索创新管理模式,完善"嘉善县文化市场管理系统",建立积分管理系统,及时反映场所动态管理信息;抓好局信息监控中心建设,实现远程监控、实时动态监管。加强执法队伍建设和制度建设,加强执法人员业务培训,执法人员全年培训时间不少于60学时。深入实施阳光政务制度,实现多载体、多渠道信息公开。

(曹　琦)

【平湖市文化广电新闻出版局】 内设职能科室7个,分支机构1个,直属单位8个。2015年末人员114人(其中,机关16人,事业98人;具有高级技术职业资格的13人,中级36人)。

2015年,平湖市文化广电新闻出版局获浙江省第十七届公共文化论坛优秀组织奖、浙江省文化市场综合行政执法考评优秀单位。一是加强公共文化服务体系建设。国家级公共文化服务体系示范区创建工作有序开展。图书馆总分馆体系建设不断深化,文化馆总分馆体系初步建立。举办了"悠悠东湖水·浓浓家乡情"2015平湖市迎春文艺展演。文化馆在全国文化馆等级评估中被评定为一级馆。率先建成全省首家数字文化体验馆,市图书馆数字休闲书吧;全市率先完成公共图书馆资源与农家书屋的资源整合。配置嘉兴首部县级流动图书服务车。市镇两级全年送戏下乡342场次、送电影下乡1699场、送书9万余册次、送讲座200场次、送展览109场次、文化走亲84场次。文化下派员、村级文化员队伍建设不断加强,全年集中培训2次,文化馆常年开设文化员戏曲、舞蹈和群文理论培训班,开展村社区文化专职管理员评优评先和才艺展示活动。10个村(社区)通过浙江省文化强镇、省文化示范村(社区)复评,钟埭街道、广陈龙萌村第一次跻身其列。文化馆围绕"五水共治"主题专门创作了音乐快板《四个婆婆夸媳妇》、群舞《菱花歌》、打鼓说唱《我爱家乡清清水》等文艺节目。发展公共图书事业。图书馆新增藏书61938册。市、分馆接待读者122.70万人次,书刊文献外借91.68万册次,办理各类借阅证件近3万张。"你点书,我买单"服务深受读者欢迎,全年687人次点书,成功点书1382册。市馆为镇(街道)分馆补充新书3次2.11万册,为馆外服务点送书87次2.17万册。图书馆总馆与各镇(街道)分馆共举办各类展览34次,举办现场、视频讲座98场,培训7次;积极走进文化礼堂,举办"五水共治"演讲比赛9次,开展讲座展览6次。二是加大文化遗产保护和管理力度。平湖市人民政府将"明巡检司城遗址"等20处不可移动文物公布为第八批文物保护单位。省人民政府发文将平湖市南混堂弄公布为省级历史文化街区。平湖市景兴包装材料有限公司向平湖市文物局申请认领沈庄桥、胡家桥、观音桥3座古桥的养护工作,在现场树立标识,并全面推广"文物古桥社会认领行动"。出台市"不可移动文物修缮五年(2015—2019)行动计划",计划投入1200万元,用5年时间完成30处不可移动文物的修缮。完成沈庄桥、游抚庙正殿、后新街周宅、陆稼书家族祠堂、钟南仁寿桥等的修缮和验收工作。联合省考古所对平湖市钟埭街道新群村的书包尖遗址、独山港镇聚福村的施家桥遗址进行抢救性考古发掘。全年各博物馆举办展览100余次。公布平湖市第四批非物质文化遗产名录项目9个,"耘稻山歌"等7个项目被列入嘉兴市非遗保护名录。作为平湖西瓜灯文化节项目,举办了"平湖琴韵·大雅国风"音乐会、西瓜灯创意大赛、精品瓜灯展、在平客商观展与西瓜灯雕刻体验活动等。三是加强文化市场管理。文化市场结构日趋合理,市场体系逐步完善,基本涵盖文化、新闻出版、广电三大门类九大市场。是年末,全市有文化市场经营单位577家。全市文化市场经营单位(网吧、娱乐场所、演出场所、出版物零售单位)实现营业额8253.74万元,实现利润1176.65万元。印刷企业实现工业值25.35亿元,实现利润1.23亿元,上缴税金0.24亿元。全市文化市场出动执法人员1096人次,检查经营单位1726家次,受理举报12件,开展联合行动21次,办理行政处罚案件23件(办结21件),罚没款12.03万元,没收违法物品3450件,停业整顿3家次,吊销网络经营许可证1家次,取缔无证经营单位22家,收缴非法"抓烟机"16台,全市文化市场良好率达到98%。四是推动电影事业发展。电影事业稳步发展,有电影城3家(平湖银河电影城、平湖新世纪电影城、乍浦华夏金艺电影城),放映厅16个,座位1919个,从业人员62人,建筑面积5500平方米,全年观众72.56万人次,放映电影2.14万场次,营业额2817.89万元。放映广场电影97场次,受益观众2.75万人次;为学生放映电影103场次,观众5.82万人次。农村电影工作继续以"千场电影下乡"活动为载体,实施农村数字电影"2131"工程,全市9个镇(街道)95个行政村和49个社区居委会共放映公益性农村电影1699场次,超额完成了上级下达的1272场次的任务,市、镇两级财政补助资金49.32万元,放映电影759部,受益观众24.63万人次。

(顾　怡)

【海盐县文化广电新闻出版局】 内设职能科室6个,直属单位10个。2015年末人员106人(其中:机关22人,事业84人;具有高级技术职务资格的10人,中级34人)。

2015年,海盐县文化广电新闻出版局各项工作稳步推进,文化事业持续健康发展。一是群众文化丰富多彩。大力开展群众文化活动。以"优雅海盐、欢乐四季"为主旋律,强化文化惠民活动品牌培育,组织开展各项大型文化活动。举办各类文艺演出477场,其中大型文化活动62场。加强基层公共文化服务体系建设。继续开展全县万人公益性大培训,培训学员两万余人次。继续开展送书下基层活动,做好企业、村(社区)图书流通点流通工作,送书11.90万册。"万册图书大家选”“涵芬讲坛”“涵芬展览”“涵芬沙龙”等品牌服务形成影响力，文化共享工程各项活动正常开展。抓好各级文化阵地建设。元通街道综合文化站正式对外开放，西塘桥街道文化站进入内部装修阶段，武原街道综合文化站开工建设。继续深化文化馆总分馆服务体系建设。继续深化城乡一体化公共图书馆服务体系建设，加强镇(街道)、村(社区)两级图书馆分馆建设，提升分馆社会效益。是年，全县有镇(街道)图书分馆7个，村(社区)图书分馆10个。加快全县文化礼堂建设步伐，是年底，全县有农村文化礼堂61个，其中新增34个。指导澉浦镇成功创建浙江省文化强镇，元通青莲寺村成功创建省级文化示范村。二是加强非遗保护。加强非遗保护传承体系建设。7个非遗项目被列入第五批嘉兴市级非遗代表性项目名录，成为历年来入围项目数量最多的一次。完成国家级非遗专项资金申报，通过文化部审核，获批40万非遗专项资金。开展非遗保护工作主要数据整理，完成省级非遗数据平台首次填报。开展省级非遗项目海盐骚子、五梅花、海盐腔等濒危项目的抢救工作，并借助杭州师范大学、县摄影家协会等力量，记录相关影像和文字资料。开展非遗活态传承建设。组织开展浙江省第八个“服务传承人月”活动。3月，举办“感受非遗魅力，欢度元宵佳节”海盐滚灯专项系列活动。6月，举行了非遗系列活动。9月，举办了“迎中秋，诵经典”诗歌散文朗诵会。深入开展“非遗”进校园工作，指导海盐县天宁小学参加省级非遗传承教学基地优秀案例评选活动，入围优秀案例。加强非遗品牌活动建设。打造国家级非遗项目海盐滚灯文化品牌，10月，联合杭州余杭区、上海奉贤区、江苏太仓市借滚灯联谊会平台进行四地民间文化交流，在海盐县体育馆举办2015中国·长三角滚灯联谊会展演，展示各地滚灯艺术保护和发展成果。打造“传统戏剧之乡”，11月，海盐县被省文化厅命名为第二批“浙江省传统戏剧之乡”特色县。三是强化文物保护与管理。推进文保单位“四有”工作。完成省级文物保护单位漂母墩遗址的记录档案6卷，并基本通过省文物局审查验收。开展43个县级文物保护单位建档工作，编制完成记录档案文史卷。落实20处古遗址文保界桩的立桩工作。完成第一次全国可移动文物普查第二阶段任务。基本厘清全县范围内4434件/套国有可移动文物的分布、保存状况和使用管理等情况。云岫庵修缮工程开工。维修范围为庵内文物建筑金刚殿、观音殿及东西配殿和移建古建筑藏经阁、古戏台。钱家祠堂内部布展装修完工。四是发展公共图书馆事业。张元济图书馆总分馆接待读者120万人次，外借文献67.8万余册次，新增图书7.1万余册。全年征订报刊805种，办理借书卡10715张，举办讲座、沙龙127期，展览73场，公益性培训24期，开展各类活动300余次。创新服务，推出“万册图书大家选”张元济图书馆星级读者新华书店借书活动。是年，共发放一星级读者证500张，新华书店流通点外借图书7422册。加强社会合作，与更多社会单位合作，联合开展宣传活动，联合主办展览12场；与学校合作，开展“悦读汇”“英语角”等少儿阅读推广活动。五是规范文化市场管理。是年，有文化体育经营单位441家。全年办理许可审批事项585件。深入开展文化市场监管和“扫黄打非”工作，规范市场秩序，打击违法违规行为。增加县委政法委、县民宗局、县交通运输局、县综合行政执法局等单位为“扫黄打非”工作成员单位，进一步明确各成员单位职责，共同推进“扫黄打非”工作。根据地域管辖原则，将“扫黄打非”工作纳入对镇(街道)考核。出台《海盐县“五老”网吧义务监督员管理办法》，强化和提升社会监督。充分发挥文化经营行业协会作用，开展对外交流和展示活动，组织行业系统开展“拒绝未成年人进网吧”“拒绝非法出版物”等行动，提升行业形象，促进行业自律。全年开展检查196次，会同相关部门联合执法27次，出动检查人员510人次，检查文化经营场所1092家次；发出责令整改通知书14份；收缴各类非法音像制品580张、非法书刊918册；取缔无证经营场所19家；办理案件16件。县文化市场行政执法大队被评为2014—2015年度嘉兴市文化市场优秀办案单位。六是增加电影放映。全县3家城市多厅影院实现票房收入1706万元，放映2.6万场次，观众51.6万人次，三项指标均创历史新高。深入推进农村电影放映提质增效工程，制定《海盐县2015年农村公益电影放映实施方案》，全年放映农村电影1316场次，观众6.9万多人次。探索推进室内外固定放映点建设工作，下发《关于推进农村电影室内外固定放映点建设的通知》，确定室内固定放映点11个，安装室外固定放映点龙门架6个。

（沈玲丽）

【海宁市文化广电新闻出版局】 内设职能科室7个，局属单位8个。2015年末人员172人（其中：机关16人，事业156人；具有高级技术职称资格的18人，中级60人）。

2015年，海宁市文化广电新闻出版局全面完成文化建设各项工作任务，被省政府授予大运河浙江段申报世界文化遗产工作先进集体，被省文化厅评为2014年度“文化走亲”先进单位。一是公共文化服务体系建设全面深化。新建24个村（社区）公共电子阅览室。顺利推进国家级公共文化服务体系示范区创建工作，指标完成率97.3%，在2015年度嘉兴市创建国家公共文化服务体系示范区目标责任制考核中位列优秀第一名。文化馆总分馆服务体系正式建立，公共图书馆“中心馆—总分馆”目标人群覆盖率大幅提高，“一馆一车”指标落实并完成招标采购工作。是年，有数字影院4家，放映电影5.43万场次，观众人数117万人次，票房收入3597万元。放映农村公益电影2429场，观众37.74万人次。市、镇（街道）两级财政分别补贴每场200元，全年用于电影放映的经费87.36万元，其中市财政投入43.68万元。农村文化礼堂与村（社区）文化活动中心（室）实现融合管理，为5支农村电影放映队解决电影放映定位设备，实现全市农村电影放映GPS监控全覆盖，有效场次统计实现实时监控。二是各类文化系列活动有序开展。成功举办第六届文化艺术节，开展13大项50余小项活动。“美丽海宁大舞台”品牌效应不断提升，开展演出活动67场次。持续开展“文化有约”活动，开展辅导培训1773次，免费展览173期次，免费讲座81场，公共文化场馆节假日免费观影1671场，以预约方式面向企事业单位免费开放各类活动场所495次。政府购买公共文化服务力度不断加大，开展文艺演出下乡45场，越剧下乡100场，皮影戏下乡100场，并创新形式，在文艺下乡演出中扩大购买范围，购买省内剧团演出服务24场次。组织开展文化走亲活动200余场。加大群文精品创作，获国家级奖项1项，省级奖项34项，嘉兴市级奖项25项。三是全市图书事业健康发展。召开图书馆理事会成立大会，建立嘉兴市首个图书馆理事会。全市图书藏量151.7573万册，其中17个分馆藏书量48.23万册。全年接待读者261.18万人次，其中分馆接待读者96.24万人次。图书借阅流通448.83万册次，其中分馆借阅流通245.10万册次。新增借书证353899张，其中一次性开通市民卡33.68万张。完成文献购书经费433.20万元，数字资源经费15万元；新增入编图书11.03万种16.61万册；征订报纸期刊2760种；收集地方文献357种944册；接收赠送图书文献524种842册。修补图书1551册次。举办紫微讲坛30期，听众2750余人。组织放映资源共享工程优秀视频资源1504场次，观众9651人次。全面实现“免费开放”，实施了12项免费开放项目。推出“潮阅读”“星阅读”两大品牌近20项活动，开展各类阅读活动737次，参与读者21.27万人次，分别比去年增长33.27%和196.43%。其中，总分馆联动活动140次，总馆独立活动491次，分馆独立活动76次。农家书屋与公共图书馆服务体系资源实行整合，农家书屋图书编目和设备采购工作顺利推进，完成编目23.83万册。四是文化遗产保护工作扎实推进。全面推进国家历史文化名城申报工作，统筹推进海宁海塘申遗工作，开展大运河（海宁段）申遗点段专项保护规划工作，深入开展全国第一次全国可移动文物普查工作。文保建筑维修项目完成竣工验收6处，公布了第七批市级文物保护单位，市博物馆举办各类展览活动，不断提高基层公共文化服务水平。“乾隆与海宁的传说”和“刘猛将庙会”入选第五批嘉兴市非物质文化遗产代表性项目名录，硖石灯彩有限公司被认定为浙江老字号，商标“硖石灯彩”被认定为浙江省著名商标。海宁市职业高级中学产品研究基地正式挂牌成立，硖石灯彩作品《小台灯》《圆形花鸟台灯》《长方形花鸟台灯》《山水台灯》获外观专利设计证书。发放非遗保护传承（教学）基地、生态保护区和传统节日保护基地补助经费9万元，代表性传承人传承津贴6.6万元，专（兼）职学徒津贴13.8万元。举办宋振华灯彩展示进校园、进社区21场，非物质文化遗产进文化礼堂3场，海宁皮影戏下村（社区）100

场。完成6部海宁皮影戏传统经典剧目的录音录像工作。举办"知清明承传统"礼俗体验活动等具地域特色的文化节庆活动。五是对外文化交流和获奖数量再创新高。组织硖石灯彩、海宁皮影戏、风筝制作参加第十二届中国民间文艺山花奖评选、第四届全国木偶皮影剧(节)目展演和第15届亚洲艺术节等活动,获全国优秀节目奖2项,嘉兴市级以上金奖12项,银奖10项,铜奖13项,单项作品奖2项,其中海宁皮影戏《水漫金山》获第十二届中国民间文艺山花奖"民间艺术表演奖"。六是文化市场管理健康有序。是年,全市有各类文化经营单位972家,较去年增加98家。行政审批办件255件。文化市场出动检查2079人次,检查文化经营单位3117家次,立案调查32件。

城乡一体化文化馆总分馆服务体系成立 8月10日,出台《海宁市人民政府办公室关于构建海宁市城乡一体化文化馆总分馆服务体系的实施意见》(海政办发〔2015〕101号),《海宁市城乡一体化文化馆总分馆服务标准(暂行)》一并出台。9月22日,海宁市城乡一体化文化馆总分馆服务体系成立大会在盐官镇文化中心举行,为全市12个镇(街道)文化分馆授牌。总分馆体系的建立进一步强化了文化馆(站)的服务职能,总馆、分馆、支馆三者服务标准统一,服务资源整合,服务水平提高,解决了公共文化服务"最后一公里"问题。

海宁市图书馆新馆启用 1月1日正式启用。新馆位于学林街62号,建筑面积19900平方米。新馆启用期间,推出了"百年馆史"展、3D电影体验、寻找幸运读者、童心故事会等20余场读书活动。

(沈敏凯)

【桐乡市文化广电新闻出版局】 内设职能科室9个,直属单位12个。2015年末人员134人(其中:公务员27人,事业107人;具有高级技术职务资格的9人,中级41人)。

2015年,桐乡市文化部门贯彻落实党的十八届四中、五中全会精神和省委十三届七次全会精神,围绕"人文名城"建设目标任务,以公共文化服务示范区创建为重点,以"能力建设年"为载体,统筹城乡发展,提升公共服务水平,加强文化管理,繁荣文化事业。一是加强公共文化设施建设。夏家浜公共文化设施(吴蓬艺术院)完成工程80%。启动图书馆新馆建设,完成旧房拆除,概念性方案通过规划委员会审批。君匋艺术院景区化改造提升工程完成审批立项、图纸设计。文化艺术服务中心新设排练厅、创作室、小剧场等设施。吴蓬艺术院开工建造,占地2900平方米,分吴蓬艺术院和桐乡书画院两部分,具有文化传承、学术研究、艺术交流、教育创作功能。二是拓宽文化惠民广度。开展"我们的节日"系列活动,内容包括非遗年俗展演、元宵民俗体验、端午民间饰物展示等。实施"文化与群众零距离"工程。开设"文化夜宵"活动。组织广场文化活动80余场、文化惠民助力百千万文化下乡活动400多场、2131工程电影放映3000多场。三是加强公共文化人才队伍建设。启动"两员"建设,采取"新招一批、调剂一批、选拔一批"的方式,从文化馆、文化艺术服务中心等抽调12名人员到各镇(街道),开展文化服务,并制订《桐乡市文化下派员双重管理考核办法》;以政府购买劳务的形式,招募191名文化专职管理员到191个村(社区)工作,实现191个村(社区)文化专职管理员全覆盖。四是深化群众文化品牌建设。浙江省排舞师资培训班、浙江省第九届排舞大赛暨"激情十载舞动梦想"浙江排舞推广十周年颁奖盛典活动在桐乡举办。举办江浙沪现代小戏会演、"桐乡好声音"等活动,其中桐乡好声音大赛历时3个月,开展海选、复赛活动近30场,6人获得金音奖,入选"桐乡好声音"的文化服务团,还赴各镇(街道)开展国家级公共文化服务示范区创建巡演活动。五是打造文物保护品牌,挖掘非物质文化遗产资源。完成第一次全国可移动文物普查信息采集登录工作。开展"6·13中国文化遗产日"主题活动。举办非遗年俗活动,举办非遗传习班,出版了《桐乡高杆船技》。协助省考古研究所对全国重点文物保护单位谭家湾遗址进行小范围发掘。市博物馆主题展"凤栖梧桐——桐乡历史文化陈列"获省博物馆陈列展览精品奖。六是科学规范审批程序,强化文化市场管理。实行行政审批改革,正式运行首席代表制。规范文化市场秩序,开展上网服务场所管理长效机制试点和上网服务行业转型升级试点。开展“净网”“秋风”“剑网”“护苗”等专项整治行动。

吴蓬 2000 多幅(件)书画作品捐赠家乡 7 月 28 日,吴蓬捐赠书画作品仪式在市博物馆举行。吴蓬捐赠书画作品 2000 多幅,包括山水长卷、册页、书法等。

举办丰子恺逝世 40 周年系列纪念活动 9 月 15 日,纪念丰子恺逝世 40 周年暨丰子恺纪念馆馆藏书画精品展开幕式在桐乡市丰子恺纪念馆举行。中国美术家协会漫画艺术委员会主任徐鹏飞、副主任黎青,省政协文化卫生体育委员会主任钟桂松等参加纪念会。纪念活动至 10 月 15 日结束,期间举办六大书画展,其中丰子恺纪念馆馆藏书画精品展展出作品 34 幅,含丰子恺书画真迹 7 幅;丰子恺《护生画集》作品展展出真迹 60 幅,为首次在桐乡展出。

(颜剑明)

绍兴市文化广电新闻出版局

【概况】 内设职能处室9个，直属单位9个。2015年末人员693人(其中：机关25人，事业355人，企业313人；具有高级技术职务资格的140人，中级115人)。

2015年，全市文广新系统紧紧围绕市委、市政府中心工作，以文化强市建设为目标，以改革创新为动力，各项工作进展顺利并取得新的成绩。制订出台《关于加快现代公共文化服务体系建设的实施方案(2016—2020年)》，对全市公共文化服务体系建设做出总体部署。绍兴市文化中心开放运行情况良好，全年到馆人次逾150万。越城区图书馆、诸暨市图书新馆建成开放，全市公共图书馆实现全覆盖和数字资源共享。圆满承办第27届中国戏剧梅花奖(绍兴)现场竞演，搭建了艺术交流、为民惠民的有效平台。越剧《钗头凤》等4个剧目首次入选国家舞台艺术基金资助项目，数量位列全省地市级城市首位。演员吴凤花荣获中共中央、国务院颁发的“全国先进工作者”和中宣部“全国中青年德艺双馨文艺工作者”称号。演员施洁净荣获第27届中国戏剧“梅花奖”。绍兴市文广新局荣获第10届中国(义乌)文化产品交易会优秀组织一等奖。新昌县(新昌调腔)被命名为第二批省级传统戏剧特色县。上虞区崧厦镇成功创建省级文化强镇。

一、以政策为抓手，积极推进现代公共文化服务体系建设

(一)调研起草全市公共文化服务体系建设实施方案

认真贯彻落实中办、国办《关于加快构建现代公共文化服务体系的意见》和省委、省政府《关于加快构建现代公共文化服务体系的实施意见》精神，结合绍兴实际，在深入调研基础上，制订出台《关于加快现代公共文化服务体系建设的实施方案(2016—2020年)》。建立市公共文化服务体系建设协调组，由分管副市长担任协调组组长，市级相关部门为成员单位，协调组办公室设在市文广新局，加强对全市公共文化服务体系建设的协调、督查和指导。

(二)公共文化服务设施建设稳步推进

推进公共图书馆建设。越城区图书馆正式开馆，诸暨市图书新馆建成开放，实现全市公共图书馆全覆盖，全市公共图书馆和乡镇分馆均实现“一卡通”服务和数字资源共享。进一步推进全市省级中心镇图书馆分馆建设，皋埠镇图书分馆正式建成开放。完善非遗设施建设。嵊州市非物质文化遗产馆建成并对外开放，全面展示嵊州优秀非遗资源。柯桥区建成“莲花书场”，成为曲艺演出重要平台。加强镇村文化阵地建设。全市新建农村文化礼堂119家。做好农村文化礼堂菜单“点单配送”工作，制订了包括公益类78项和市场类29项的“服务菜单”，有效满足农村文化礼堂需求；为越城区、柯桥区、上虞区150家农村文化礼堂配送数字电视高清互动机顶盒，加强数字化服务。全市农家书屋新增图书18万册，组织开展以农家书屋为平台的征文比赛、巡展巡讲等活动，进一步提升实效。上虞区崧厦镇成功创建省级文化强镇。

(三)公共文化服务水平显著提高

免费开放服务进一步深化。提高文化中心服务效能，全年组织活动1000余场，接待人次逾150万(其中图书馆80万余人次，文化馆70万余人次)。绍兴图书馆读者自助图书馆于7月正式开放。张桂铭艺术馆、何水法美术馆举办了“粉墨·社戏——2015中国戏曲人物画名家邀请展”“桂香铭心——张桂铭先生纪念展”等20余场重要艺术展览和交流活动，参与群众7万余人次。市、县图书馆、文化馆、非遗馆等公益性场所免费开放工作不断深化。文化惠民力度进一步加大。深入开展文化“三送”下乡，全年完成送书16万余册，送戏1300余场，送电影2.6万余场。开展文化走亲75场。深入开展春节、元宵、端午等节日期间群众文化活动，有效增添了节日氛围。全年举办“绍剧周末剧场”29场次、“《越乡莲歌》大舞台”68场次、“周末广场电影”135场次。进一

步做好绍兴大剧院"文化卡"惠民活动。公共文化服务方式进一步创新。扩大深化网络平台信息化服务,与微博、微信等网络新媒体建立联动关系,发挥文化服务信息预告及需求反馈等功能。绍兴图书馆创新开展"好书天天荐"线上线下荐购活动,读者可通过馆网站、微信、手机 App 或新华书店现场荐购图书,充分享受图书采购权,全年成功荐购图书 1.2 万余册。数字图书馆有序运行,点击使用人次超过 438 万。"电视图书馆绍兴模式"课题项目通过专家论证,出台了制度设计成果,进行第三次改版提升。市非遗网站和文化馆网站进行了全面改版,有效整合数字文化资源。进一步扩大政府购买文化服务范围,面向社会购买公共文化服务,基本实现重大节日文化活动和进文化礼堂惠民演出由政府买单。

二、以"争梅"为契机,着力提升文艺精品创作生产

(一)圆满承办第 27 届中国戏剧梅花奖(绍兴)现场竞演

有效搭建艺术交流与文化惠民平台。竞演活动承办期间(4 月 16 日至 25 日),来自全国 12 个省(自治区、直辖市)的 15 个专业院团到绍兴竞演,近 1.7 万名观众欣赏了优秀剧目。摄制"梅开朵朵,为民放歌"3 集主题演出并在央视戏曲频道播出。与中央新影集团联合举办"梅花绽放"新影经典戏曲电影广场展演周活动,在市区越王城等广场免费放映戏曲电影 18 场,现场观众近万人。同时在剧院周边广场举办了 10 场群众性戏曲广场演出活动,现场观众近 4 万余人,搭建起艺术交流借鉴、为民惠民的有效平台。"梅花奖"获奖取得新突破。绍剧艺术研究院国家一级演员施洁净以位列第 4 名的优异成绩荣获第 27 届中国戏剧梅花奖。积极发挥"梅花奖"后续效应,召开绍剧艺术振兴工程成果新闻发布会,举办 2 场绍剧惠民演出以及"梅花奖"演员剧目展演月等活动,进一步推动绍兴戏剧事业繁荣发展。

(二)文艺创作"出人出戏出精品"进一步加强

强化文艺创作统筹规划。会同市委宣传部、市文联共同印发《绍兴市文艺创作规划(2015—2017)》,重点明确三年内全市新创剧目。起草制订《绍兴市 2016—2020 年舞台艺术创作规划》,进一步加强精品剧目创作的针对性、实效性。精品创演捷报频传。越剧《钗头凤》、越剧《屈原》、绍剧小戏《奈何桥》、越剧《梁山伯与祝英台》(巡演)等 4 个剧目首次入选国家舞台艺术基金资助项目,获得国家艺术扶持资金共 620 万元,数量位列全省地市级城市首位。绍剧《于谦》入选浙江省第三批优秀保留剧目。越剧《马臻太守》入选浙江省文化精品扶持工程第十批项目。根据杭兰英故事改编的越剧《乡村好支书》全市巡演,有力配合了全市"三严三实"专题教育活动。绍剧研究院施洁净、应林锋、周泽泽分别荣获第 25 届上海白玉兰主角奖、新人主角奖和新人配角奖。此外,在省青年演奏员大赛、省音乐舞蹈节、省曲艺杂技节等 3 个省级专业比赛中,取得了 4 金 4 银 7 铜的良好成绩。搭建文艺表演展示平台。举办了"2015 绍兴市戏剧折子戏大赛",全市近百名选手参加角逐,成为绍兴市专业艺术赛事史上规模最大、参赛人员最多的比赛。举办"绍兴市戏曲新生代优秀演员折子戏汇报演出",宣传推介绍兴新生代优秀演员,培育戏迷观众。举办第六届绍兴市排舞比赛、第五届绍兴市器乐(民乐)比赛、第八届绍兴市合唱比赛、第九届绍兴市乡镇(街道)文艺会演等全市性群众文化赛事和展演活动,有力提升了基层文化队伍活力。提升艺术教育教学水平。绍兴艺校专业学科建设得到有力提升,拥有省级示范专业 1 个,市级示范专业 1 个,市级特色(新兴)专业 2 个,并被列入绍兴市首批中等职业教育现代学徒制试点学校。学校在 2015 年高考共有 83 人被录取,录取率和综合升学率较去年分别提高了 8% 和 5%;浙江省专业联考通过率 100%,创历年最优成绩。绍剧传习班完成了学员九年级文化课程和乐理、美术、书法等综合选修课教学,学员在全市戏剧折子戏大赛中荣获 2 金 1 银 2 铜,成果喜人。

(三)积极拓展精品文艺演出和交流

着力加强文化演出交流。绍兴大剧院引进儿童剧《木偶奇遇记》《小飞侠》《绿野仙踪》,大型歌剧《伤逝》,冰岛吉他小提琴钢琴三重奏音乐会等国内外精彩演出,进一步丰富了市区文艺演出市场。柯桥区小百花越剧艺术传习中心赴港参加"越剧经典名剧名家展演",嵊州市越剧艺术保护传承中心赴新加坡开展经典越剧传统大戏展演,新昌调腔保护传承发展中心赴台参加"2015 年台湾亚太艺术节"交流演出,进一步宣传弘扬了绍兴地方戏曲艺术,提升了“戏曲之乡”的美誉度。积极打造精品演出品牌。举办第13届“江浙沪经典越剧大展演”,15家国内著名越剧团上演了《屈原》《双飞翼》《孔雀东南飞》等经典越剧大戏27场,并推出历届最低演出票价,让更多戏迷享受越剧“盛宴”。由市演出公司和福建芳华越剧团联合打造的越剧明星版《女驸马》在全国22个城市巡演24场,观众达2万余人次,还成功亮相国家大剧院,并入选“央视百台精品剧目”。

三、以服务为重点,有力推动文化产业发展

(一)切实履行文化产业管理职能

加强对全市文化产业管理工作的指导。重视履行好文化产业社会管理政府职能,着重做好文化产业的基础工作和服务工作。协助市委宣传部制订文化产业工作考核办法,细化了文化产业的考核项目和内容。协助召开全市文化产业发展推进会和市文化产业促进会一届二次会议,部署全年文化产业工作。会同宣传部开展了“十三五”文化产业发展规划专题研究。组织好文化产业展会参展组织工作。积极组织全市文化企业组团参加文化展会,推介绍兴文化产品,组织53家企业参加第10届中国(义乌)文化产品交易会,荣获展会优秀组织一等奖。协助举办“GACG·中国绍兴首届水城动漫创意文化节”,全国20家动漫企业集中展销,4天累计销售额270余万元,吸引观众及游客1.1万余人次。做好文化产业推进和服务工作。积极开展文化产业调研,落实局领导联系重点文化企业制度,走访全市10多家重点文化企业,帮助提供政策咨询和相关服务。组织文化企业申报文化产品出口重点企业和重点项目、国家级和市级文化产业专项扶持资金,全市6家文化产业单位共获中央财政文化产业专项扶持资金1570万元。指导绍兴东城智库文化创意园建设工作,指导绍兴市动漫爱好者协会筹办中国绍兴首届水城动漫创意文化节。进一步完善政府购买文化服务的运行模式,使市区文化产品供给和服务水平得到进一步提升。

(二)有效推动国有文化企业做大做强

抓好市直文化系统的企业管理。按照文化体制改革要求,抓好大剧院(演出公司)、文化发展集团、文物公司规范管理,做好直属企业年度经营目标和经营者年薪制考核相关工作。加强联系、服务、协调和指导,推进企业内部机制改革,激发产业活力,增强市场竞争能力,产生了良好的经济效益和社会效益。3家企业综合经营状况实现基本稳定。指导协助直属企业开拓文化产业项目。积极争取并指导协助直属企业抓住机遇、开拓项目,为做大做强企业创造条件。绍兴文化发展集团实现票房收入5137万元,比去年同期增长31.55%;新昌世贸电影城开业,截至年底票房收入达到760万元;鲁迅电影城4楼艾米电影街建成开业。绍兴大剧院积极推进越剧传承发展计划,启动筹建中国(绍兴)越剧演出推广有限公司。文物公司尝试开展了艺术品网上拍卖和销售,取得20万元的拍卖和销售收入。电影市场、演出市场和文物艺术品市场的开拓经营取得了经济效益和社会效益的双赢。

四、以传承为主线,逐步完善文化遗产保护体系

(一)做好非遗申报工作

开展第六批市级非遗名录申报、认定工作,全市共有35个项目被列入第六批市级非遗项目,8个项目被列入扩展项目。新昌县(新昌调腔)被命名为第二批省级传统戏剧特色县;柯桥区安昌镇、新昌县小蒋镇南洲村分别被评为省级非遗主题小镇和省级民俗文化村。

(二)组织开展“文化遗产日”系列活动

以非遗教学传承基地为重点,组织绍兴童谣专场演出、绍兴市优秀校本教材(读本)评选活动。以非遗生产性保护为重点,组织绍兴非遗集市,全市共有66个项目亮相,以展示、销售的形式,吸引市民参与。以非遗品牌为重点,组织绍兴市“文化遗产日”庆祝活动10年回顾展、绍兴师爷讲故事全市比赛、水乡社戏专场展演等活动。

(三)积极开展非遗普及性传承

组织面向未成年人的非遗手工体验课,开展面塑、棕榈叶编织等技艺普及工作。继续组织传统曲艺培训班,开办绍兴平湖调、莲花落、摊簧传习班,培训学员近200人。组织开展传统节日习俗传承推广活动,在元宵、清明、中秋、七夕等传统佳节组织庆祝活动。充分发挥非遗传承志愿者作用,制订了2015年度非遗服务菜单,向基层提供非遗讲座、手工技艺体验课、短期传习班等4类共

40多课(次)的点单服务，推动非遗进校园、进社区、进文化礼堂。

五、以依法行政为保障，切实加强文化市场管理

(一)积极履行文化市场监管职能

加强市级与越城区管理体制调整衔接后的指导工作。创新监管方法和手段，积极实施分类监管、分级监督和过程管理。加强源头治理，组织开展了文化经营单位业主准入培训、岗位培训等，指导其依法依规开展经营活动。推进工作项目化管理，确定“扫黄打非”、网吧监管、营业性演出市场等重点工作，细化任务，形成“人人肩上有担子，一级抓一级”的良好工作格局。

(二)深入推进“扫黄打非”专项整治

积极开展“净网”行动，严查网络淫秽色情信息。开展“清源”行动，净化出版物市场。开展“秋风”行动，严打假媒体、假记者站、假记者。开展“护苗”行动，集中整治校园周边环境。全市全年共出动检查9687次，检查文化经营单位14595家次，立案查处违法违规经营单位201家，取缔无证出版物游商地摊122个，收缴非法音像制品18502张(盒、部)、非法书刊3480册，有效维护了文化市场安全秩序。

(三)着力提升全民法规意识

根据文化部统一部署，开展了“3·18”文化市场法制宣传日和“4.26”反侵权宣传教育活动，向群众宣传文化市场相关法律法规。高度重视文化市场从业人员的法规培训和教育，先后召开网吧、歌舞娱乐、电子游戏、演出场所等各类文化市场经营业主政策法规培训会。做好全局法制工作，对执法支队依法处罚的案卷进行审核，确保处罚公正公平。

【大事记】

1月

6日　由绍兴市文广新局主办、绍兴市文化馆承办的“文化进校园”惠民演出在浙江越秀外国语学院镜湖校区举行。

7日至9日　全省文化馆长联席会议在绍兴市文化馆举行，全省各地市的文化馆馆长，有关县(市)文化馆、乡镇(街道)文化站、部分农村文化礼堂代表等80余人参加会议。

15日　诸暨市文化馆、绍兴大剧院(绍兴市演出公司)董事长兼总经理裘建平分别荣获全国文化系统先进集体、劳动模范称号。

16日　召开全市文化市场统计年报会议，部署全市文化市场基础信息采集工作。

23日　绍兴市文广新局、绍兴市关心下一代工作委员会联合召开了全市“五老”网吧义务监督员聘任暨表彰大会。聘任40名“五老”网吧义务监督员。

29日　由浙江省非遗保护中心、省非遗保护协会，绍兴市文广新局、市文联主办的浙江非遗“传承与创新”塑艺陶艺大师“走进绍兴”主题系列活动在绍兴黄酒博物馆启动。省文化厅副厅长柳河出席开幕式。

2月

7日　2015绍兴市文化馆新春文化惠民季——“青春梦想·激情飞扬”绍兴市青年歌手大赛获奖选手新年演唱会在绍兴市文化中心文化馆剧场举行。

10日　由绍兴市艺术研究院主办的“粉墨·社戏——2015中国戏曲人物画名家邀请展”在张桂铭艺术馆举行。

13日　由绍兴文化发展集团有限公司投资2500万元兴建的新昌世贸电影城开业(试营业)。

15日　绍兴文化发展集团有限公司被评为“2014年度服务业龙头骨干企业突出贡献奖单位”。

25日　绍兴市文化馆新春文化惠民季之“金羊闹春”综艺文艺演出在文化中心百姓剧场上演。

28日　美盛文化创意股份有限公司入选文化部发布的第六批国家文化产业示范基地名单，成为绍兴市首个国家级文化产业示范基地。

3月

5日　由绍兴特立宙电脑动画有限公司制作的《少年师爷》第五部、第六部共52集在中央电视台少儿频道播出。

6日　省文化厅副厅长蔡晓春等到绍兴调研文化市场管理和文化制改革工作。

13日　由绍兴兔兔文化传播有限公司制作的52集原创动画片《兔兔》第一季《真假公主》在中央电视台少儿频道动画剧场播出。

同日　绍兴市文化馆馆长会议在柯桥区文化发展中心召开。

17日　绍兴市文广新局荣获创建全国文明城市创建工作先进单位，文广新系统共有4人被评为创建全国文明城市创建工作先进个人。

25日　绍兴图书馆、上虞区

图书馆、诸暨市图书馆、新昌县图书馆被命名为绍兴市第一批全民阅读示范单位。

同日　绍兴市文化馆学雷锋志愿服务队被评为2014年度绍兴市优秀志愿服务集体。

31日　浙江绍剧艺术研究院演员施洁净获第25届上海白玉兰戏剧表演艺术奖主角奖,应林锋、周泽泽获新人奖。

4月

2日　绍兴市非遗工作会议在诸暨市举行。会议交流了2014年度各县(市、区)非遗保护工作亮点和2015年工作重点,部署了全市非遗工作。

8日　第27届中国戏剧梅花奖现场竞演(绍兴)执委会在绍兴饭店召开新闻发布会。

9日　“梅花朵朵为民放歌——绍兴行”戏曲综艺演出在绍兴市文化馆进行。

15日　“梅花绽放——新影戏曲电影放映周”启动仪式在市区越王城广场举行,至20日晚,市区越王城广场、治水广场、袍江财富中心广场等3个广场共免费放映越剧电影18场。

16日　第27届中国戏剧梅花奖现场竞演在绍兴大剧院启动,由承办地绍兴的绍剧《佘太君》拉开帷幕。中国剧协分党组书记、驻会副主席季国平,绍兴市市长俞志宏,中国剧协副主席白淑贤,省文化厅厅长金兴盛等出席启动仪式。

同日至25日　第27届中国戏剧梅花奖(绍兴)现场竞演在绍兴举行。来自北京、江苏、上海、湖北、浙江等12个省(自治区、直辖市)的15个专业院团在绍演出,近1.7万名观众欣赏了15场国家级艺术水准的优秀剧目。同期,群众性戏曲综艺专场演出在越城区、柯桥区演出10场。

20日　开展以“拒绝盗版,人人参与”为主题的“绿书签行动”系列宣传活动,并集中销毁音像制品75118张,电子出版物293张,书报刊9381册,游戏机1台,电路板86块,其他15件。

27日　2015“新松计划”浙江省青年演职员大赛结果公布,绍兴市选手荣获1个二等奖,4个三等奖。

同日至30日　组织53家企业102个展位参展第10届中国(义乌)文化产品交易会,达成现场交易额287万余元,意向交易额567万余元,并连续五年蝉联展会优秀组织一等奖。

30日　绍兴市文化馆学雷锋志愿者小组被市精神文明建设委员会评为2014年度优秀服务志愿组织,被团市委命名为市优秀志愿服务集体。

5月

9日　绍兴市文化馆、浙江农业商贸职业学院举行合作签约仪式,双方在每周六下午开展茶艺表演,并共同举办茶文化专题讲座,弘扬保护茶文化。

20日　第27届中国戏剧梅花奖现场竞演颁奖仪式在广州大剧院举行。浙江绍剧艺术研究院国家一级演员施洁净荣获第27届中国戏剧梅花奖。

26日　召开绍剧艺术振兴工程成果新闻发布会,通报了绍剧艺术振兴工程的实施情况。

6月

5日至14日　“我们的精神家园”浙江省国家级非物质文化遗产图片展在绍兴市文化馆举行。

6日　第十三届“越商杯”江浙沪经典越剧大展演在绍兴开演。展演期间,江浙沪闽15家国内著名越剧院团上演《屈原》《双飞翼》《孔雀东南飞》《西厢记》等经典越剧和新创大戏27场。

11日至12日　省文化厅副巡视员李莎一行4人到绍兴开展对外文化贸易调研。

13日　绍兴市非遗集市在绍兴市文化中心镜湖广场举行,绍兴各县(市、区)66个非遗项目集中亮相。

15日至16日　绍兴市文物有限公司在华夏收藏网举行首场网络瓷杂专场拍卖,共有100件瓷器、杂项等艺术品参与拍卖,70件拍品成交,成交金额13万余元。

18日　越城区文化旅游局与绍兴市文化馆(绍兴市非遗中心)联合举办了“我们的节日·端午节”节日文化传播行动暨越城区第六届“古越遗韵”非物质文化遗产庆祝活动。

23日　“梅花竞演·古城惊艳”第27届中国戏剧梅花奖(绍兴)现场竞演专题摄影展在绍兴市非遗中心展出。

7月

7日　副省长郑继伟一行6人到绍兴调研,市委书记陈金彪一同调研。调研组一行先后实地考察了绍兴市文化中心、何水法美术馆、绍兴博物馆等地。

9日　根据党的群众路线教育实践活动中涌现出来的全国先进典型、上虞祝温村党支部书记杭兰英先进事迹创作的越剧《杭兰英》在绍兴大剧院举行首场公演。

15 日　市人大常委会主任对市文化产业发展情况进行了专题视察和审议，实地视察了越生文创园、东城智库文创园和金德隆文化创意园，并听取了全市文化产业发展情况汇报。

28 日，由文化部与浙江省人民政府共同主办，省文化厅承办的"情系青春——两岸青年吴越行"交流活动走进绍兴。

8 月

13 日　绍剧《于谦》入选浙江省第三批优秀保留剧目。

14 日　全市公共图书馆馆长会议在绍兴图书馆召开，会议签署了绍兴市公共图书馆一卡通服务协议。

24 日　由市委组织部、市委宣传部组织，绍兴市文广新局具体实施，绍兴小百花越剧团创作的越剧《乡村好支书》在绍剧艺术中心剧场拉开全市巡演序幕。巡演在市直及各县（市、区）共演出 13 场。

29 日　绍兴图书馆"百万元图书大家荐"活动启动常态化模式，绍兴图书馆长期进驻新华书店迪荡书城。

9 月

6 日至 7 日　浙江省农村文化礼堂文化员才艺大赛在绍兴市举行。全省各地的 156 名文化礼堂文化员和 106 名助演人员参加比赛。

9 日　4 个舞台剧目作品入选文化部国家艺术基金 2015 年度立项资助项目。

12 日　绍兴市第五届器乐（民乐）比赛在市文化中心举办，共有 43 个节目参赛，评出（合）重奏组金奖 4 个，独奏组金奖 5 个。

17 日　"浙江好腔调——开演了"传统戏剧青年传承人专场演出在市文化馆剧场举行，省文化厅副厅长柳河观看演出。同日，举行了 2015"浙江好腔调"传统戏剧保护传承研讨会。

22 日至 23 日　2015 年浙江省群众音乐论坛在绍兴市文化馆举行。

23 日至 26 日　2015 绍兴市戏剧折子戏大赛在绍剧艺术中心剧场举行，全市 91 个折子戏参赛。

24 日　2015 绍兴市大学生电影节在鲁迅电影城开幕，电影节为期两个月，9 万大学生参与各项活动。

26 日　"大禹风"第八届绍兴市合唱比赛在绍兴市文化馆剧场举行，全市各行各业的 18 个合唱团近千人参加比赛。

10 月

1 日　绍兴市上虞区文光越剧团、绍兴人文图书有限公司、新昌县美盛文化股份有限公司 3 家文化产业单位获中央财政资金 950 万元的奖励。

同日至 4 日　"GACG 中国绍兴首届水城动漫创意文化节"在奥体中心展览馆举行。

3 日至 5 日　绍兴市国庆广场文化系列活动在绍兴市城市广场举行，组织了群文综艺、越剧大戏、地方曲艺等 3 场专场演出。

17 日至 19 日　绍兴市文化走亲走进湖州、嘉兴、杭州 3 地，带去具有绍兴地方特色的专场演出，并展出绍兴非遗主题展板，开展了手工技艺现场展示。

18 日　绍剧表演艺术家、绍剧电影《孙悟空三打白骨精》中沙僧的扮演者傅马潮病逝，享年 83 岁。

22 日至 23 日，由省文化厅、省公安厅消防总队、禁毒总队、杭州文化市场行政执法总队组成联合检查组，对绍兴市文化市场消防、禁毒安全及"平安浙江"专项整治行动开展情况进行专项检查。

30 日　柯桥区安昌镇（水乡年味方向）和新昌县小蒋镇南洲村成功入选第三批浙江省非物质文化遗产旅游景区（民俗文化村）名单。

11 月

1 日　省文化厅公布了第二批省级传统戏剧之乡名单，共命名 20 个传统戏剧之乡，新昌县（新昌调腔）成功创建为传统戏剧特色县。

2 日　市政府发文公布了第六批绍兴市非遗名录，共 43 个项目榜上有名，其中"绍兴谜语"等 35 项为新入选的项目，"刘阮传说"等 8 项为扩展项目。

10 日至 11 日　组织绍剧《相国志》、绍剧目连五折赴上海交流演出。上海市委宣传部副部长朱英磊，上海市文联党组书记宋研等观看演出。

15 日　绍兴市文广新局、绍兴市非遗保护中心获得省文化厅 2015"浙江好腔调"传统戏剧系列展演活动优秀组织奖。

12 月

1 日　绍剧新编历史剧《两袖清风》在绍剧艺术中心举行开排仪式。

10 日　省文化厅公布了 2015 年"浙江省优秀民营文艺表演团体"名单，嵊州越剧艺术中心被评为2015年“浙江省优秀民营文艺表演团体”。

15日　绍兴市文化市场行政执法支队被评为浙江省2015年度“扫黄打非”工作先进集体，诸暨市文广新局郭士奇、上虞区文化市场行政执法大队唐巧娟被评为浙江省2015年度“扫黄打非”工作先进个人。

23日　“绍兴市戏曲新生代优秀演员折子戏汇报演出”在绍剧艺术中心剧场举行。

25日　绍兴图书馆历史文献馆开馆。

(屠静琪)

绍兴市县(市、区)文化工作概况

【越城区文化广电新闻出版局(旅游局)】　内设职能科室5个，直属事业单位3个，镇街文化站8个。2015年末人员41人(其中，行政9人，事业32人；具有高级技术职务资格的2人，中级18人)。

2015年，越城区文化广电新闻出版局紧紧围绕区委、区政府“两美越城”和“三区”建设总目标，认真贯彻党的十八大和十八届四中全会精神，以服务大局、服务基层、服务群众为主线，围绕文化阵地拓展、群众文化繁荣、文化市场管理提升，稳步推进越城文化方面各项工作。一是文化阵地拓展工程实现新突破。区级公共文化场馆设施建设顺利推进。区图书馆接收绍兴图书馆划转馆舍，面积约为5000平方米，并于5月1日正式对外全面开放。区文化馆建设纳入2015年区政府工程项目，在原塔山街道办事处机关办公场地规划、建设总面积1900多平方米的区级综合性文化活动中心，已初步完成装修。基层公共文化服务体系建设稳步推进。建立塔山街道塔山村和灵芝镇大树港村2个农村文化礼堂。基层文化活动室建设“全覆盖”，全区行政村(社区)均建有100平方米以上的文化活动室(含办公用房)，并配有图书阅览、影视播放、教育培训、综合文体活动等服务功能。二是文化队伍壮大工程有了新发展。文化干部培训品种多。开展文化站干部再继续教育培训。举办基层文化宣传员培训。组织市文化馆业务干部结对越城区社区文化角，下社区、进学校对基层文化工作者、文艺骨干以及爱好者进行培训指导，平均每月活动4次，每次不少于半天。文化人才挖掘项目多。设计“越城文化直通车”活动载体，开设“越城文化大讲堂”“越城文化大教室”“越城文化大舞台”，挖掘基层文艺人才。通过越城区文化馆微博平台和镇街文化站的推荐，吸纳各方面优秀文艺人才，参与送戏下乡等活动，同时也为组建越城区艺术团奠定人才基础。三是群众文化繁荣工程取得新成果。打造“越城文化直通车”区级文化品牌，搭建越城文化大讲堂、越城文化大教室、越城文化大舞台3个平台，让群众参与文化活动，培育本土文化人才，全年举办40次活动，举办越城文化大教室10期、越城文化大讲堂2期。打造“大树下”阅读活动品牌，共举办“大树下”亲子故事会3期、讲座11期、听故事活动4期、手工活动2期、国学课堂3期。打造“一镇一街一品牌，一村一社一特色”镇(街)文化品牌，共计22个镇街、村(社区)文化品牌被确立为扶持对象，对其进行为期3年的资金扶持和师资扶持，同时又确立了10个村、社区级文化品牌为新增的扶持对象，予以重点培育。丰富文化活动内容，赛事成绩斐然。传统节会活动推陈出新。与绍兴市非遗中心、绍兴中专和越城区文化馆联合主办“我们的节日”2015年传统节日习俗传承推广活动。以元宵节为主题，成功举办第二届越城区农民元宵灯会。以重阳节为主题，举办第三届老人节。以清明节为主题，开展第六届“古越遗韵”非物质文化遗产展演活动。精心指导“送文化、种文化”活动。全年送戏88场。联合市区两级相关部门单位，邀请专业老师与50支文化团队进行“文化结对”，对文艺骨干进行帮扶指导；对文化志愿者进行经常性培训，全年举办各类讲座12期，大讲堂4期。特色文化活动扎实开展。结合越城区重点工作，开展“携手‘五水共治’，同创‘洁净越城’，合力‘三改一拆’”为主题的文艺巡演8场，联合宣传部开展农村文化礼堂“送文化”活动，组织目连戏巡演12场，举办越城文化走亲12场，举办各类文化下乡(民间人才)展示活动近100场。各类比赛活动成绩喜人。在绍兴市绍兴师爷讲故事比赛中荣获一等奖1名，二等奖2名，三等奖2名；在绍兴市第五届排舞大赛中，获得4个一等奖；在绍兴市第五届(民乐)比赛荣获1个一等奖，2个二等奖和3个三等奖的好成绩；参加绍兴市第八届合唱比赛分获二等奖和三等奖各1个。四是文化市场管理提升立足新长效。文化市场管理工作格局日渐完善。召开全区"扫黄打非"工作领导小组工作第三次会议，部署落实全年扫黄打非工作职责。在全区范围内牵头开展了"净网""清源""秋风""护苗"等四大专项行动。继续深化文化市场网格化管理，将全区范围内所有广电新闻出版经营单位纳入镇街网格化管理，纳入对镇街的考核，并建立联系人制度。做好关键时间段文化市场管理工作。文化市场审批工作逐步规范。提升窗口工作人员综合业务能力和服务素养。是年共办理文化经营场所变更、新批92家次，办结会计证798件。切实加强对权力清单、网上审批等新制度的完善落实。加强网上审批制度建设，努力实现审批无纸化。着力破解审批中的难点、热点问题，提出新举措新方法。文化产业提质增效得到强化，促进了产业转型升级。注重对文化产业现状的调查研究、谋划发展思路。编制完成"十三五"期间越城区文化产业发展规划。起草制订对印刷企业、民营影剧院等的经济扶持政策，经区委区政府审核已正式出台，并促使省、市奖励政策落地。坚持以规范促繁荣，建立健全长效管理机制。充分发挥行业协会的桥梁纽带作用。越城区网吧行业协会、越城区印刷行业协会分别于6月5日、10月23日正式成立。完善齐抓共管的工作格局，充分发挥"扫黄打非"工作领导小组牵头协调作用，形成部门合力，同时组建文化市场义务监督员队伍，对辖区内文化经营单位的情况、动态进行及时掌握。坚持日常监管与专项治理相结合，加大文化市场执法力度。增强政府的服务意识，加强对文化产业的指导引导。简化、规范行政审批流程。鼓励、促进辖区内文化企业评优评奖。创新工作方法，加强与重点文化企业的联系，加强服务和指导。

(何灵灵)

【柯桥区文化广电新闻出版局】 内设职能科室6个，直属单位4个。2015年末人员182人(其中：机关28人，事业154人；具有高级技术职务资格的45人，中级58人)。

2015年，柯桥区文化广电新闻出版认真贯彻"四个全面"战略布局，把以人民为中心作为工作导向，以助力"时尚柯桥、印象柯桥、幸福柯桥"建设为工作主题，紧紧围绕区委、区政府中心工作，以文化惠民生，以文化聚合力，以文化增效益，着力提质文化工作，高标准、高质量完成了各项目标任务，实现了文化工作的新跨越。一是文化品牌提升惠民服务。"幸福水乡才艺秀"提质升级，全新推出"3＋1"模式，增设讲故事比赛板块及之江学院、机关干部两类参赛对象，全年共开展活动122场，1万多名才艺达人、300多支业余文艺团队参与各类别比赛，观众近25万人次。"百花大舞台"再续精彩，全年引进国内外各类精品剧目52场，吸引观众达5万人次。"文化走亲"提标扩面，开展镇街层面文化走亲活动164场次，赴衢州江山等开展区域间文化走亲30场次，全年共为基层送演出202场，放映电影3728场。同时，编制出台《关于加快构建现代公共文化服务体系的实施意见》，并提交区政府常务会议审议通过。二是曲艺精品彰显文化影响。改编自上虞区祝温村党总支书记杭兰英先进事迹的纪实越剧《乡村好书记》开展全市巡演13场。青春版越剧《洗马桥》完成首演。新编历史剧《鉴水吟》(马臻治水)于12月31日首演。新编越剧《屈原》入选上海国际艺术节。成功举办第四届中国(柯桥)曲艺高峰论坛，并以此为契机开展了中国曲艺牡丹奖艺术团柯桥惠民演出。新创作绍兴莲花落剧目12个，其中莲花落《一念之差》在第三届"岳池杯"中国曲艺之乡曲艺大赛中获金奖，在浙江省第五届曲艺新作大赛中获创作、表演双金奖；莲花落《一甏水》入选浙江省群星奖参赛曲目；三人莲花落《敲锣民警》在浙江省公安题材会演中获得唯一金奖。柯桥区小百花越剧艺术传习中心演员部荣膺"全国五一巾帼奖状"桂冠，成为我省唯一获此殊荣者，并获得全国"工人先锋号"荣誉称号。"国遗·绍兴小百花实验曲艺团"(筹)成立。三是"文化种子"深扎基层一线。文化发展格局从"种文化"升级为"晒文化"，扩建升级稽东镇、马鞍镇等2个镇级文化活动中心，建成文化礼堂27家。加强区、镇工作互动，重点组织"群众文化带头人"系列培训班，强化文化指导员联镇工作，确定25名业务干部对口联系16个镇街，开展"订单式"服务，培育文艺骨干5500人次，培育基层文艺团队102支。四是遗产保护构建长效体系。推进文物长效化保护，根据"平安工程"实施计划，完成国保单位印山越王陵消防设施整修工程、将台山越国贵族墓山体边坡抢险加固工程前期工作,启动国保单位柯岩造像及摩崖题刻一期工程。协助有关部门做好阳明园项目方案编制工作。基本完成首次全国可移动文物普查工作,共登录文物信息5200余件。全区建立监控平台的国保单位增加到7个。非遗做好活态化传承,全年开展非遗项目传承展示活动33场次。新增市级非遗项目6项,全区非遗项目达72项,居全市第一。曲艺演出场所莲花书场投入使用。齐贤镇兴浦村扇文化馆、杨汛桥镇仁里王村书法艺术馆相继建成开放。湖塘街道香林村“香林人家”非遗馆在全省美丽乡村暨农村精神文明建设现场会中,被列为考察点之一。安昌镇成为全市首个省级非遗主题小镇。绍兴王星记扇远赴南非,参加了“天工遗风——浙江省非物质文化遗产精品展”。五是文化市场繁荣稳定。切实强化文化市场管理,牵头开展2015“扫黄打非”“净网”“清源”“秋风”三大专项行动。全年共出动执法检查399次,出动执法人员1223人次,检查经营单位1938家次,办理行政处罚案件27件。大力扶持文化产业发展,《小猪班纳》等5部影视作品拍摄完成。限额以上文化产业增加值增长21.7%,柯桥区被评为浙江省文化产业“十强”县(市、区)。

(祝妍春)

【上虞区文化广电新闻出版局】 内设职能科室4个,下属直属单位9个,乡镇(街道)文化站20个。2015年末人员165人(其中:机关11人,事业132人,其他22人。具有高级技术职务资格的31人,中级53人)。

2015年,上虞区文化广电新闻出版局紧紧围绕“人文上虞”建设三年行动目标要求,进一步创新优化发展思路,统筹争取各方支持,狠抓各项工作落实,推动了上虞文化工作繁荣发展。一是传承发展青瓷文化。禁山越窑遗址荣获2014年度中国十大考古新发现。凤凰山考古遗址公园完成规划概念方案设计及省级评审。与清华大学美术学院现代陶艺研究所共建的“上虞青”现代国际陶艺中心正式运营,接纳3位国外艺术家入驻创作。《上虞青》杂志出刊2期,中英文网站、公众号上线运行。与上虞电视台合作创办“文化之旅”栏目。开展第二届秘色瓷研发座谈会并组织评比,秘色瓷仿制技术有较大提升。职教中心青瓷班基地建设实质性启动。与景德镇学院建立战略合作关系,选送10位年轻制瓷工匠和学校教师完成进修。二是推动公共文化发展。制定《关于加快构建上虞区现代公共文化服务体系实施方案(2015—2020年)》并由区两办发文公布。指导崧厦镇创建为省文化强镇,百官街道路东村创建为省文化示范村。完成崧厦镇、丰惠镇两个图书分馆建设。建立“阳光文化”行动定级评估机制,全年采购200余场“阳光文化”演出。成立文化志愿者队伍,首期270名,以点带面推动群众文化发展。全年完成阳光文化下乡206场,送戏60场,送电影5500场,送图书3万册。举行“虞舜文化节”10项活动,积极组织开展第四届五四青年歌手大赛、“娥江之春”文艺晚会、全民舞台秀特色品牌活动,开展“人人崇尚美 个个奉献爱”主题教育巡演20场。开辟城区阳光剧场,引进各类低票价高雅艺术12场。开设免费培训班3期,培训2000余人次。三是加强文化遗产保护。建立文物监察大队上浦联络点,对重点类窑址进行常态化巡查保护。完成2万余件可移动馆藏文物和系统外文物的文字和图片数据采集、整理、上传工作。完成博物馆消防设施维修改造工作。完成曹娥庙御碑亭加固修缮。组织评选14名上虞区第四批非物质文化遗产代表性传承人并发文公布。深入开展全国第十个非物质文化遗产日活动,牵头组织梁湖年糕糕塑(泥塑)制作大赛。四是规范培育文化市场。制定《关于加快文化产业发展的若干政策意见》,由区两办发文公布。积极开展文化市场“两创一整治工作”。开展“清源”“净网”“秋风”“护苗”等四大“扫黄打非”专项行动及“护航中高考”文化市场专项整治行动共12次。全年共检查文化经营场所2034家,查处违规单位34家,其中立案查处案件34件;取缔非法大棚演出6起、无证流商摊点7个、非法广播电台1个,收缴非法音像制品941张、非法书刊86册。组织4家文化企业参加义乌文交会。完成年度十佳文化企业、十大文化经营人才、评选奖励。

(陆佳锋)

【诸暨市文化广电新闻出版局】 内设职能科室5个,直属单位7个,镇乡(街道)文化站27个。2015年末人员231人(其中:机关15人,事业177人,文化站事业39人;具有高级技术职务资格的28人,中级71人)。

2015年度，诸暨市文化广电新闻出版局以贯彻落实党的十八届三中、四中全会和习近平总书记在全国文艺座谈会上的讲话精神，巩固党的群众路线教育实践活动成果为主线，扎实开展贯彻落实“四个全面”战略布局、开展“新常态新举措新发展”讨论活动，坚持“以文化人、以文惠民、以文强市”的工作目标，“拓展工作格局，推进工作转型”的工作理念，“政府主导、群众主体、社会主动”的工作机制，构建目标主题化，项目品牌化，管理法制化，运作多元化的工作体系，使文化工作适应新常态，扩展正能量，顺利完成了各项目标任务。一是推进公共文化服务建设。开展市镇村三级公共文化设施、公共文化服务项目与内容、队伍与经费保障的达标建设，制订了诸暨市基本公共文化服务标准草案提交市委市政府审核。深入开展“我们的文化”系列群文活动，完成“文化诸暨、美丽家园”文化下乡巡演108场次、文化走亲31场次。举行纪念抗战胜利70周年系列文化活动、第六届“舞动诸暨”腰鼓舞、排舞展演、第六届镇乡(街道)文艺调演等，参演人员达到3万余人次。提高文化馆、图书馆、博物馆等公共文化场所免费开放和文化艺术培训水平，开展群众文化讲座15期，设立长期固定培训班8个，全年完成培训256场次，培训学员8960人次，同时完成各类短期专项培训50场次，培训学员1500人次。开展流动课堂进企业、进学校、进农村活动，全年完成下乡培训82场次，培训文艺骨干2590多人次。二是实施文化惠民实事工程。完成送戏下乡100场，电影下乡7296场，周末剧场演出52场，展览下乡15场，图书下乡2.7万册。三是加强文化遗产保护。调查国有单位认定文物181件，完成1146件文物信息采集工作，基本摸清全市国有可移动文物分布状况。投资398万余元，进行全国和省级文保单位集中成片私宅传统古村落保护利用工作。争取省级专项资金247.9万元，进行年度文物保护工程和古民居传承保护工程建设。有序推进非遗保护工作，审核公布诸暨市第六批非遗名录。“东白湖七夕节”“马剑小年”“诸暨南孟风教”成功入选浙江省传统节日保护基地。首部非遗电影《嗨，东白湖》获得国家广电总局公映许可证。以“手工记忆”为主题拍摄的25集文化遗产纪录片在市电视台专题播出。深入开展百工百匠保护工作，掌握了全市20余个传统手工技艺项目资源，建立了60余人的百工百匠人才库，举办了传统手工技艺大赛暨精品邀请展。四是推进文化产业发展。配合宣传部门，参与制定了《诸暨市文化产业发展规划2015—2020》。组织32家企业62个摊位参加义乌文交会，实现现场成交额32万元，意向成交额300万元。积极摸排文化产业项目和文化产业园区，认真调研文化产业外贸基本情况，努力争取文化产业扶持资金，多种形式帮助企业建设。浙江玉丰玉文化产业园(浙江玉丰玉文化发展有限公司)投入资金1000万元，完成管理用房等基础施工和部分道路平整工作。浙江逸乐城置业有限公司的逸乐城文化广场项目投入资金10006万元，完成主体结构。浙江欢乐世界旅游发展有限公司总面积为23338.8平方米的诸暨欢乐世界建设项目投入资金4100万，完成总体项目工程的40%。诸暨市越都置业有限公司的长弄堂商业文化街市政工作全面完成。诸暨中青投文化产业有限公司总投入资金5亿元。由浙江互众文化传播有限公司投入500万元的电影《古越沧桑》完成了在诸暨、绍兴等地的前期取景拍摄，进入后期制作阶段。此外，诸暨大剧院设计后续和建设工作按计划进展顺利。10个农村电影室内固定放映点的25万省专项放映设备补助资金到位。引导网吧协会、文化艺术品市场管委会等协会加强自我管理，积极开展活动，发挥作用。指导影视文化协会、模特协会、娱乐协会等专业文化产业协会开展组织注册工作。五是保障文化市场安全。积极探索文化市场社会化治理。通过推广店口镇文化市场规范经营示范区建设试点工作经验，扎实推进全市文化市场规范经营示范区建设。行政审批高效运行。深入改进行政审批服务，解放思想，优化服务，行政审批各环节高效运行。全年办理各类文化行政审批项目113件，指导镇乡审批分中心办理审批事项16件，所有审批事项都已进入浙江政务网诸暨市电子审批系统，对所有受理项目，均能提前办结，未出现行政复议和行政诉讼。编写《行政审批委托实施事项培训资料》，对27个乡镇(街道)审批分中心有关工作人员进行了业务培训。依法行政加强市场监管。认真开展扫黄打非各类专项行动和校园周边文化市场专项检查、中小学教辅读物专项检查、网吧专项整治等专项行动。进行文化市场错时检查,实施市场夜查制度常态化,出动执法人员1769人次,检查经营单位1847家次,当场处罚5件,立案调查案件21件,办结案件17件,收缴非法音像制品2678张(盒)、非法图书出版物3277册,罚款5.25万元。通过96345服务平台及其他途径,接受各类群众举报12起,均做到有报必查,迅速落实,力求群众满意。

(徐可良)

【嵊州市文化广电新闻出版局】 内设职能科室5个,直属单位11个,乡镇街道文化站21个,经济开发区文化站1个。2015年末人员290人(其中:机关14人,参公11人,事业265人;具有高级技术职称资格的48人,中级71人)。

2015年,嵊州市文化广电新闻出版局积极抓好越剧传承发展、公共文化提升、文化事业建设、文化活动平安等工作,并取得了长足进展。一是加快越剧事业传承与创新发展。制订《嵊州市越剧事业传承与创新发展三年行动计划(2015—2017)》,着力推进越剧传承发展。积极申报"中国越剧诞生地——嵊州越剧文化生态区"和"国家级非遗保护利用设施建设储备项目——嵊州越剧展演传习场"。积极参与策划嵊州越剧小镇建设,提出建设甘霖越剧风情小镇、黄泽越剧产业小镇、崇仁越剧体验小镇的思路。市越剧保护传承中心(市越剧团)全年赴各地城乡巡演90多场,其中上海、武汉、杭州等城市演出9场,观众7.5万人次。7月,启动越剧现代戏《袁雪芬》创编,于11月完成一度创作。筹建嵊州博物馆(中国越剧博物馆、嵊州博物馆、非遗展示馆三馆合一),列入嵊州市"十三五"社会事业发展规划重点建设项目。制订立体式构建城乡联动的越剧风景线,营造嵊州越剧城市氛围。第一批越剧文创产品,含小学生教科书越剧元素封皮、越剧花伞、越剧万能贴、越剧鼠标垫等,已投放市场。市越剧团完成中央电视台戏曲音乐频道《越乡越韵》折子戏片段摄录,并落实2016央视《走进嵊州看越乡》《越剧过把瘾》等专题的录制与播出。申办"2016年—2018年中国越剧小梅花集体节目荟萃活动"获得成功,计划于2016年8月在嵊州举办。越剧博物馆积极推广微信公众平台,通过"越音润物"越博移动厅,赴天津、新昌举办临展,扩大嵊州越剧知名度。提升和优化"中国越剧网",开通"越剧之乡"微信公众号,每天发布越乡文讯。第14届嵊州·中国民间越剧节以创新为主题,组织开展了广场"三新"(新人、新剧目、新形式)、城乡"三进"(进剧场、进城乡、进社区)、越剧"三展"(展览、展示、展销)三大系列和全国越剧票友"相约越乡"擂台赛等10项活动。嵊州越剧艺术学校获教育部、文化部等14个部委颁发的中外优秀传统文化最佳传承奖,并在全国中职学校技能大赛中获二银一铜。举办教育系统音乐教师和"准大学生"(学前)越剧培训班。扶持大学越剧社团,开设"越剧空中课堂"。"越剧进校园"和越剧小梅花培养工程不断深化,与市教体局对接,从2016年起实施嵊州越剧考核(级)中考加分政策。市区越剧戏迷角延伸到乡镇,全市已拥有越剧戏迷角26个。深入开展"越剧惠民演出月月看"活动,市越剧团每月"惠民演出日"、嵊州越剧艺校每月"校园开放日活动"实现常态化,全年演出24场,受众1.5万人次。新创作10首适合学生演唱的越剧新唱段《的笃的笃走天下》《长大要当艺术家》《九斤姑娘遍剡溪》等。二是扎实推进公共文化服务体系建设。贯彻落实《浙江省关于加快构建现代公共文化服务体系的实施意见》,开展深入调研,草拟《嵊州市关于加快构建现代公共文化服务体系的实施意见》。积极推进全市公共文化体系建设,完善提升对乡镇街道的文化考核办法,全市公共文化服务体系专项资金2993万元。市文化馆、图书馆、越剧博物馆和全市乡镇(街道、开发区)文化站,以及农村文化礼堂,全面实现免费开放。各类文化协会、戏迷角建设进一步规范健全,活动经常化。举办全市乡镇、街道文化站长、文化员、图书馆业务人员等业务培训活动12期,培训568人次。加强图书馆建设,进一步完善城乡图书管理网络,积极推进智化建设,推出"超星移动图书馆"客户端,开通微信公众平台服务号。安装电子图书借阅机,开展电子图书借阅服务。完善绍兴地区公共图书馆"通借通还"和"一卡通"服务。全年收集地方文献110种,其中收集新修宗谱6种,拍摄《晋溪姚氏宗谱》《嵊城袁氏宗谱》各16册,共计4500张照片。市图书馆被中国图书馆学会评为"2014全民阅读先进单位"。三江街道桥里村、长乐镇开元四村被评为省级文化示范村(社区)。公布城乡26个越剧戏迷角名单,其中市区10个,乡镇16个。新成立古筝(琴)协会、文化礼仪协会。三是积极推进文化建设成果共享。深化文化"种、送"活动,坚持"我们的节日"系列活动。送戏下村170场;送电影5000多场,观众38万人次。创新文化惠民活动,组织戏迷协会、越剧联谊会、民营剧团等民间社团和越剧艺校开展"周末剧场乡村行"138场。全年开展"文化走亲"6场。组织"我要上村晚"文艺演出14场,近千人走上舞台演出,新编自编自演节目80多个,观众4.5万人次。举办"魅力嵊州"当代油画名家油画邀请展。组织"广场舞专题培训""越剧山水风情游""梅花朵朵开"绍兴展演等有关活动。紧紧围绕"倡导全民阅读,建设书香嵊州",对40个基层、农村图书流通站开展送书下乡服务,每月每站送书200册,一季度交换图书一次,累计全年送书下乡2.14万册;全年接待读者13.2万人次,流通图书32.3万册次,办理借书证2515本。举办4.23世界读书日和"全民读书月"暨"第十一届未成年人读书节"活动。举办嵊州市千人排舞比赛。编印出版《嵊州市公共文化亮点集·用智慧耕耘文化》(中国言实出版社)、《唱响嵊州·嵊州市村歌集》(中国文史出版社);完成《浙江通志·嵊州公共文化卷》《浙江通志·嵊州舞台艺术卷》《浙江通志·嵊州非遗卷》编撰。四是切实加强文化遗产保护传承。积极开展文物古建筑"消防安全重点隐患整治年"行动。全国重点文物保护单位马寅初故居二期和崇仁村建筑群之老屋台门、当典台门、文园台门等4处修缮工程竣工,其中当典台门、文园台门通过市级验收;马寅初故居二期、老屋台门通过省级验收。崇仁村建筑群之沈家台门、员外台门启动修缮。省保单位玉成桥加固工程、太平邢氏宗祠修缮工程完成招投标工作;王羲之墓墓亭、墓道坊实施维修保护;鹿门书院、玉成桥下游硬坝完成抢修。市级文保单位瞻山庙戏台、湖清庙二期、清风庙(厢房)以及市级文保点天竺寺、多仁元帅庙、竺绍康故居、王金发故居完成抢修或维护、整治。文保单位"四有"工作进展有序,完成9处新增市级文保点标志牌的制作与上墙工作,初步划定绍兴会稽山古香榧种植园(嵊州市域)保护范围。同时,分别设置了4处国保、9处省保、22处市保单位保护范围、建控地带及文物保护相关说明牌。制定出台《嵊州市文物管理处文物藏品征集管理办法》,并安排30万专项文物征集经费,成立了文物征集小组。全年征集到战国暗菱纹青铜剑、战国原始瓷提梁盉等16件珍贵文物。第一次全国可移动文物普查第二阶段的平台报送工作全面完成。完成《中国出土青铜器全集·浙江卷》(嵊州部分)和《浙江通志·文物卷》(嵊州部分)的撰写工作。全国第十个"文化遗产日"系列活动丰富多彩,包括2014年度嵊州市非遗先进个人颁奖、嵊州农村合作银行文化创意贷款授信、嵊州市非物质文化遗产传承基地授牌等。新建剡山小学(嵊州吹打)、逸夫小学(嵊州泥塑)、金庭镇下任小学(金庭高跷)3家教学性传承基地和嵊州市越乡工艺竹编厂(嵊州竹编)、嵊州市紫砂工艺厂(嵊州紫砂工艺)2家生产性传承基地。推进美丽非遗乡村行动和美丽非遗进礼堂活动。组织参加第十届义乌文化产品交易会、诸暨市非遗文化展示交流、2015绍兴市非遗集市(参展项目获得绍兴市销售冠军)等活动。进一步加强非遗研究,参加全国非遗剧种(越剧)艺术研讨会、召开绍兴目连戏座谈会、开展中央民族乐团对接"嵊州吹打"艺术交流等活动。承办"2015浙江省濒危剧种青年传承人培训班"。"嵊州榨面工艺""嵊州生漆脱胎技艺""接骨伤膏"等10个项目公布为第六批绍兴市级非遗名录。五是健全完善文化市场长效监管机制。按照"方便管理、提升效能、无缝隙全覆盖"的原则,以精细化管理为抓手,将全市文化市场划分成三大执法责任区域(网格),对所有经营单位采取分类建档、信息化统计、网格化管理的方法,形成全方位网格化的执法管理网络。每个网格实行定人、定岗、定责。实施"管理目标、职责分工、案件办理"三位一体的市场管理模式。同时,编制网格化管理地图,直观、清楚地显示网格内执法相关数据。建立日常巡查制度,形成快速反应体系。与各乡镇(街道)分别签订了《2015年度文化市场(文物)目标管理责任书》。积极引导文化市场行业各类协会开展行业自律和自我管理活动。组织开展了2015"清源""净网""秋风""护苗"等专项行动,结合实际适时组织开展了"两节""两会"文化市场集中整治等行动,截止到年底,全市共有各类文化经营单位592家;全年出动检查

491 次,检查各类经营单位 2123 次,查处各类违规案件 44 件,取缔非法大篷演出 10 起,收缴书刊 1 万余本,罚款 23.58 万元,音像制品 133 盒。查获制作、传播淫秽色情下载案(移交公安机关办理)1 起,取缔无证出版物摊贩 2 个,查处擅自从事出版物发行商店 2 家。同时,协助公安机关办理全国扫黄打非督办案件“嵊州不雅视频案”1 起。嵊州市文广新局被评为 2015 年度全省文化市场综合执法先进集体。

(唐忠建)

【新昌县文化广电新闻出版局】 内设职能科室 4 个,下属单位 9 个,乡镇(街道)文化站 16 个。2015 年末人员 111 人(其中:机关 10 人,事业 101 人;具有高级技术职务资格的 6 人,中级 33 人)。

2015 年,新昌县文化广电新闻出版局以推动文化大发展大繁荣为目标,立足文化新常态,抓重点,抓创新,抓服务,扎实推进各项文化工作向纵深发展。一是文化赛事奖项硕果累累。共获得部级奖项 1 项、省级奖项 20 项、市级奖项 27 项,共 48 项,被评为国家一级演员的 1 名。参加浙江省首届文化礼堂文化员才艺大赛绍兴市选拔赛,新昌县文化馆获优秀组织奖,小将镇南洲村胡炎彬《美猴王》获一等奖,镜岭镇楼基村潘爱怀《农民生活真当好》获摄影一等奖,文化馆杨春蕾获优秀辅导奖。南明街道新民村排舞《一点一点》、常青舞蹈队《真的好想你》参加浙江省第九届排舞比赛绍兴赛区获一等奖。九盛艺术团《云之南》节目参加第五届绍兴市器乐(民乐)比赛获金奖。南明街道女子群舞《怀念》、男子群舞《扬帆远航》参加第九届绍兴市乡镇(街道)文艺会演分获金奖、银奖。天工坊俞秋红砖雕《龙凤呈祥》获第 10 届中国(义乌)文交会铜奖。文化馆潘玉论文《浅谈建立村歌档案的意义、原则与策略》获第七届浙江省艺术档案理论征文大赛一等奖、《现代公共文化惠民服务的新昌样本》获浙江省第十七届公共文化论坛一等奖。图书馆杜艳艳获浙江省文化厅公共图书馆读者服务技能竞赛优胜奖。调腔保护传承发展中心王嘉瑜、俞臻杰获绍兴市戏剧折子戏大赛表演金奖。县调腔保护传承发展中心王莺被评为国家一级演员。二是公共文化服务日臻完善。组织开展文化下乡,全年送戏下乡 180 场次,送电影 3054 场,送书下乡 3 万册,放映广场电影 400 场。组织开展“阳光文化进礼堂”文艺演出活动 12 场,文化走亲活动 6 次,文化沙龙 10 次,公益性展览和“公民讲堂”讲座 58 场。举办排舞、书法培训班 18 期;农村文化礼堂管理员培训 1 期,受训 113 人;戏曲表演艺术与唱腔技巧培训 1 期,受训 120 人。开展第九届农民文化节活动,承办中国茶叶大会“大佛龙井·天姥红茶之春”开幕式等文艺活动。举行的迎国庆群众文化月系列活动“炫动新昌”舞蹈专场、“欢歌石城”声乐专场和“沃洲天籁”器乐专场等活动,吸引了 60 余家机构、团队及数十万人次参与演出、观看节目。全力推进公共文化场所免费开放,图书馆接待读者服务 49.87 万人次,办理借书证 1 万余本,借阅图书 39 万余册次;博物馆历史文化展厅共接待游客 15 万人次。文化基础设施不断完善,县文化馆顺利通过国家二级馆验收,复评成功,建成农村文化礼堂 17 家,农家书屋“示范点”4 家,敬老院“爱心书屋”和浙江康立自控科技有限公司“员工书屋”图书流通服务点 2 处。三是文物保护工作卓有成效。与各乡镇、街道签订文物保护属地管理责任书。钦寸水库库区文物迁建工程兴仁庙复建完成并通过验收。完成大佛寺石塔防风化及弥勒大殿无量桥拱券防渗工程、沙溪真诏大庆桥、黄田坪杨家祠堂维修工程。开展可移动文物第二阶段普查工作,完成博物馆及有关单位持有文物信息采集、登录 200 余件,收到征集文物 21 件,接受市民捐赠文物 30 件。完成国保单位大佛寺石弥勒像和千佛岩造像“四有”档案编制,并顺利通过省文物局验收。四是非遗保护传承稳步推进。“四绕弯棋”“俞氏中医内科”“茶祭”3 个项目列入第六批新昌县非物质文化遗产代表性项目名录。小将镇南洲村被评为第三批浙江省非遗民俗文化村。出台《新昌调腔保护振兴计划》,开展新编廉政调腔《甄清官》进校园专场演出活动,全年开展调腔各类演出活动 70 余场。举办第十个文化遗产日系列庆祝活动,组织选送调腔剧目“男吊”“美猴王”等节目参加省、市“文化遗产日”展演。推出主题为“盛世梨园·天姥戏韵”的新昌调腔国庆演出周活动,上演 5 台调腔大戏,平均上座率在 80%以上,是新昌调腔开展商业演出的一次成功尝试。新昌调腔受邀赴台参加“第九届台湾·浙江文化节"与"亚太艺术节"演出，举办了《程婴救孤》选段和元杂剧《践别》等7处折子戏8场演出和1场调腔推广讲座。新昌被浙江省文化厅公布为第二批浙江省传统戏剧之乡。五是文化产业有新发展。出台《关于加快文化产业发展的若干意见》《新昌民办博物馆扶持办法》等文件。组织双明乐器参加中国(深圳)国际文化产业博览会，组织6家文化企业参加中国(义乌)文交会，全方位展示了县二胡制作、特色服饰、砖雕等文化产品。俞柏青木雕艺术馆、淳丰古沉木艺术馆、九如石道艺术馆3家民办博物馆对实行免费开放。六是文化市场健康有序。组织开展"扫黄打非"净网、清源、秋风等专项活动13次，联合整治行动4次，出动执法检查406次、执法人员1791人次，检查文化经营单位1963家次；立案调查20件，办结案件15件，收缴罚没款7.65万元；举报受理9件，结案9件；取缔无证书摊16家、无证音像摊点5家，收缴非法出版物539册、非法音像制品199张(盒)，销毁非法出版物2000余册、非法音像制品780张(盒)，文化市场良好率在95%以上。开展文化市场安全隐患排查，共排查公众聚集场所619家次，发现安全隐患35项，发出责令整改通知书12份，查封存在重大消防隐患的场所工作间1处，开展消防安全现场技能培训3次。开展"普法进广场"、"普法进校园"活动5次，分发各类宣传资料1.5万余份。行政服务审批提速，全年办理行政许可事项119件。

(俞克媚)

金华市文化广电新闻出版局

【概况】 内设职能处室6个，直属单位8个。2015年末人员272人(其中，机关22人，参公14人，事业236人；具有高级技术职务资格的95人，中级74人)。

2015年，金华市文化广电新闻出版局认真落实省委省政府及市委市政府决策部署，紧紧围绕中心，服务大局、服务群众，抓建设、抓管理、抓落实，各项文化工作取得良好成效。

一、文化服务大局

以浦江县开展“五水共治”为故事原型，创排大型婺剧《清澈的梦想》，在全市巡演100场，宣传五水共治工作成果。紧扣“五水共治”“两美金华”“信义金华”等中心工作，开展文艺创作扶持。纪念中国人民抗日战争暨世界反法西斯战争胜利70周年，全市文化系统组织各类主题活动近50场，营造了团结奋进、昂扬向上的良好社会氛围。主动与浦江文化局对接，助推浦江县贯彻“四个全面”战略布局试点县建设。

二、文化基础设施

出台《市区公共文化服务两年提升计划》，促进现代公共文化服务均等化、标准化发展。推进金华名人馆筹建，义乌市博物馆新馆、义乌市美术馆工程等11个项目工程开工建设，总投资6.3亿元，浦江仙华文景园工程顺利推进，武义县博物馆新馆(投资5000万元)主体工程8月开工建设。创建市级文化示范村25家，11个单位推荐申报省级文化示范村(社区)。市、县数字图书馆联通工程取得突破，全市图书借阅实现省内“通借通还”。完成全市文化馆评估定级工作。配合市委宣传部建成农村文化礼堂126家。

三、文化惠民活动

积极探索公共文化供需对接机制，全市完成送戏下乡1647场，公益性展览讲座1159场，文化活动374场，文化走亲70场；市本级举办“欢乐金华”百姓文化节，组织开展全民捐书活动，建设书香婺城，组织“美丽非遗进文化礼堂”活动120场。各县(市、区)文化惠民特色化发展，浦江举办“月泉艺苑”，东阳着力打造“特色广场文化”“百姓文化茶坊”等惠民文化品牌，“唱响壶山，舞动熟溪”幸福武义大舞台、永康“百村千人公共文化均等化计划”文化民生工程促进文化接地气。

四、文艺精品创作

积极搭建平台，组织举办青歌赛、舞蹈大赛、少儿器乐大赛、排舞大赛等专业赛事，提升整体水平，全年全市群文作品获省级金奖10个，银奖4个。组织创排金华特色广场舞《茶山春》，被列为文化部“全国优秀广场舞教学片”在全国推广。舞蹈《跳魁星》获第十届中国舞蹈荷花奖“展演十佳作品”称号，为我省民族民间舞唯一获奖作品。剧目《宫锦袍》获国家艺术基金250万元。剧目《清澈的梦想》被列入省第十批精品扶持工程。剧目《穆桂英》被列入第三批省保留剧目。精品婺剧折子戏《小宴》入选2015年浙江省传统戏剧经典剧目展演。义乌组织拍摄制作了婺剧连续剧《鸡毛飞上天》。

五、非遗保护工作

完成第四批国遗项目保护单位确认工作及19项省级非遗民俗类项目信息核查工作。成功承办“浙江好腔调”大学生专场活动。完成市级非遗名录项目和非遗代表性传承人评审，新增40个市级项目和80位市级非遗传承人。扎实开展2015“服务传承人月”活动，加强传承人队伍建设。组织春节、元宵、“文化遗产日”等节假日期间各类非遗展演活动，获得群众好评。

六、文化服务基层

开展企业大走访活动，为文化企业送政策、送服务、送信息、送活动。简化办事程序，推行网上审批，提升审批效率，实施行业投资温馨提示制度，加强对网吧投资的指导，132家网吧审批办结。组织“情系建设者”慰问演出，为金华城市建设者鼓干劲。

七、文化对外交流

组织赴南非、马拉维、赞比亚3国参加“欢乐春节”巡演活动，演出13场，观众近4万人，并于3月参加第九届“台湾·浙江”文化节演出，完成演出27场，促进两岸文化交流。磐安民间艺术团首次赴法国出演获组委会唯一奖项。婺剧《白蛇传》选段作为我省唯一入选节目首次亮相2016年新年戏曲晚会。

八、文化市场监管

实行12318举报电话24小时值班，举报查实、首问负责、限时办结等制度，建立了交叉检查、错时检查、异地检查、日常监管与专项整治结合、明察与暗访结合、暗访通报、案件公示等制度，加大日常监管力度。全市出动执法人员9310人次，出动3137次，检查14171家次。加强对全市文化市场的执法指导监督，开展全市行政审批规范化建设大检查，组织全市文化行政审批工作业务培训会。

九、文化产业发展

推动出台《文化影视时尚产业三年行动计划(2015—2017)》和《金华市加快文化产业发展的若干政策意见》，进一步完善扶持政策。助推各类交易展示平台提档升级，完成第十届义乌文交会100个展位组展工作，获评"展会组织一等奖"，工艺美术金奖1个，银奖3个、铜奖1个；举办中国(东阳)木雕竹编工艺美术博览会、浦江书画节。推动文化资源和金融资源有效对接，推动文化产业融资平台建设，帮助金华银行完成文创银行组建。16家企业列为浙江省2015—2016文化出口重点企业，7个项目列为浙江省2015—2016文化出口重点项目。

【大事记】

1月

1日　金华市少儿图书馆新馆正式开放。

5日　金华市委书记徐加爱到市非遗馆开展专题调研。

13日　金华市副市长林丹军协同全市文教卫口分管领导一行视察了金华市少儿图书馆新馆大楼。

18日　是日起，"婺韵留香新声绽放——快乐戏园演唱会"连续三个周日下午在中央电视台戏曲频道播出。

28日　浙江婺剧艺术研究院受文化部委派，赴南非、马拉维和赞比亚非洲3国参加为期13天的"欢乐春节"活动。

30日　金华市全市文化局长会议召开。

是月　由金华市图书馆与金华市档案馆合建的"金华方言数据库"在市图书馆官网正式上线，分为方言概述、语音视频、说唱视频、区域特点、地区分布五个版块，有声展示金华下属10个县(市、区)的地方方言。

是月　正式启动"十三五"时期金华文化发展规划编制工作。

2月

7日至8日　以"走进新金华，品赏老年味"为主题的2015金华非遗项目精品年货展在金华万达广场举行。活动由金华市文化广电新闻出版局主办，金华市非遗保护中心、金华晚报等联合承办。

26日　艾青纪念馆新馆正式开放。

3月

11日　浙江婺剧艺术研究院应邀赴台湾佛光山佛陀纪念馆开展为期13天的演出活动，并参加第九届台湾·浙江文化节。

31日　浙江婺剧艺术研究院演员朱元昊荣获第25届上海"白玉兰"奖主角奖。

4月

27日至30日　完成第十届中国义乌文交会50家金华市文化企业100个展位的组织参展工作。

5月

20日　浙江婺剧艺术研究院青年婺剧演员杨霞云摘得第27届中国戏剧梅花奖。

26日　全市推进文化机制体制创新专题研讨班开班，100位文化干部分两期参加了为期4天的集中学习。

27日　金华市政府公布第六批市级非物质文化遗产名录项目40项。

6月

5日　省文化厅副厅长柳河率厅相关处室负责人到浦江对接"四个全面"战略布局试点工作。

7月

3日　浙江婺剧艺术研究院赴新加坡开展为期一周的商业演出。

30日　中国作家协会，金华市委、市政府联合举办的纪念艾青诞辰105周年——"我爱这土地"《艾青抗战诗集》出版首发式举行，同时举行了艾青抗战诗歌朗诵会。

是月　开启传承人微电影(纪录片)拍摄工作。

8月

3日　"中国非遗传承人群研修培训计划"(瓷器烧制技艺类)传承人培训班在浙江师范大学开班。

7日　浙江省宣传文化系统助推浦江"四个全面"战略布局试点县建设座谈会在浦江召开。省委宣传部部长葛慧君、常务副部长胡坚，省文化厅厅长金兴盛及副厅长、省文物局局长陈瑶，省文联党组书记、副主席田宇原,省文联副主席马锋辉等出席会议。

同日　金华市文艺创作扶持项目《跳魁星》获第十届中国舞蹈荷花奖“展演十佳作品”称号。

24日　“多情的土地”施光南文化艺术周开幕。

27日　婺剧《穆桂英》入选浙江省第三批优秀保留剧目。

是月　金华市图书馆“金华抗日战争数据库”正式上线

是月　金华市文化广电新闻出版局、旅游局联合公布了首批金华市非物质文化遗产旅游景区名单,其中非遗主题小镇10个,民俗文化村9个。

是月　《文化金华》创刊号正式对外发行。

9月

8日至9日　省文化厅党组书记、厅长金兴盛一行到武义县调研公共文化服务和文化产业发展情况。

23日　金华市市长暨军民调研市区文化产业,市委常委、宣传部长何杏仁,副市长林丹军参加调研。

28日　金华市文化广电新闻出版局主办,金华市非遗中心、金华帝壹城承办的“走进非遗——2015金华金秋购物节非遗展”在金华帝壹城举办。

是月　《金华市本级公共文化服务标准化两年提升计划》正式下发。

是月　“金华文化”微信公众平台正式推出。

10月

是月　完成《金华文化地图》编制。

11月

5日　金华市委宣传部与金华市文化广电新闻出版局在文化馆群星剧场联合举办“文化地标,精神家园”2015年金华市农村文化礼堂农民才艺展演。

9日　“书香满城　爱心接力”捐书活动正式启动。

是月　蒋堂文化大院成为金华市首个中国文化网络电视试点场所。

是月　《金华市文化影视时尚产业政策意见》正式下发。

12月

10日　金华市非遗保护协会成立大会在市文化中心召开。浙江省政府参事杨建新、金华市人大常委会副主任江跃进、金华市政府副市长林丹军等出席会议。

17日　《金华市文化影视时尚产业专项资金管理办法》正式下发。

18日　《金华市文化影视时尚产业十强企业、十佳成长型企业评选办法》正式下发。

25日至31日　浙江省文化馆、金华市文化广电新闻出版局主办的浙江省“五水共治”摄影大赛暨浙江省“农村文化礼堂”摄影大赛优秀作品展在市文化馆群星展厅举行,大赛共收到全省各地参赛作品800余件,评出金奖5幅,银奖10幅,铜奖20幅,优秀作品80幅。

28日　江南滩簧新生代展演活动在中国婺剧院举行。

30日　婺剧《白蛇传》选段亮相2016年新年戏曲晚会。

同日　金华市文化馆召开首届理事会成立大会,选举产生了金华市文化馆首届理事会和监事会。

是月　金华新创排舞《茶山春》被评为全国优秀广场舞教学片。

是月　金华青年剧团获浙江省民营“优秀剧团”称号。

(朱致远)

金华市县(市、区)文化工作概况

【婺城区文化体育新闻出版局】 内设职能科室4个,下属单位6个。2015年末人员32人(其中:机关3人,事业单位29人;具有高级技术职务资格的4人,中级12人)。

2015年,婺城区文化体育新闻出版局围绕“文化强区”战略,进一步解放思想,开拓工作新思路,整合资源,夯实基础,各项工作取得新进展。一是抓项目,促发展,加强公共文化服务标准化建设。完善婺城区公共文化服务体系建设,完成婺城区《关于加快构建现代化公共文化服务体系的实施方案》及《婺城区公共文化服务标准化两年提升计划》。区文化馆参加全国第四次文化馆评估定级工作,建立了文化馆网站和微信平台,实现馆内WIFI全覆盖,小剧场、练歌厅、舞蹈教室、美术工作室等全部投入使用,音乐、舞蹈、喜剧小品、美术、书法、摄影等专业工作室全部对外开放。完成14个村级公共电子阅览室建设,做好电子阅览室管理软件的安装、服务以及基层管理人员培训工作。二是贴群众,重民生,有序开展文化活动。结合“两美婺城　信义金华”“平安婺城”等主题活动,通过送文化下乡、才艺大赛等形式,开展各类巡回演出30场,开展送戏下乡138场,文化走亲6场,送电影下乡3300场等。

围绕区中心工作举办各类大型文艺活动和比赛19场。举办文化培训37期,参训人数1318人次。送展览38场,送讲座59场,参与人数达1.5万人次。打造全民阅读工程,送书下乡6762册。举办“五水共治·两美浙江”大型诗朗诵比赛。举办婺城区第十一届未成年人读书节系列活动。建成箬阳文化站、乾西小学、区网络经济发展局等图书流通点,及驻金部队共建图书流通站。在全区范围推出“您看书我买单”暑期图书赠阅励读活动。组织创作《农家书屋》现代婺剧小戏,首次将农家书屋宣传推广搬上舞台并在全区文化礼堂巡回演出。三是有规划,早准备,积极开展文物非遗保护活动。顺利完成婺城区全国第一次可移动文物普查第二阶段工作,完成将军殿、白沙庙、上阳存义堂修缮工作。加强与农办合作,确定祝村宣德堂、新垄申公墓牌坊、长山东村井等为农村散落历史建筑维修项目。落实各项文物安全保护措施,多种形式开展非遗传承保护工作,举办“传统技艺进校园”“美丽非遗文化礼堂百村行”活动11场、婺城非遗保护成果展示展演专场、金华斗牛宣传展演活动。积极创建非遗展示展演馆舍,在金奥花园创建婺州窑培训基地、在蒋堂文化大院创建婺城非遗培训传承基地、在开化村创建婺城剪纸展馆。四是高标准,严执法,促进文化市场健康稳定。开展“两节”期间、全国“两会”期间的文化市场监管和消防安全专项检查。会同工商等部门开展无证电子游艺机(抓烟机)专项取缔行动。会同区文物办对全区文物保护单位进行安全检查及校园周边环境整治行动。加强对网吧、出版物市场、音像店等文化市场日常巡查力度,出动执法检查人数618人(次),检查文化经营单位885家(次),查处违规经营单位20家,市场良好率为96%,其中立案9家,罚没款66500元。取缔黑网吧2家,收缴赌博机2台;取缔无证地摊游商7家,收缴盗版VCD光盘405张、不健康书报刊78册。受理12318电话举报12家。办结行政许可证证件553件。

(金　耀)

【金东区文化体育局】 内设职能科室7个,直属事业单位3个。2015年末人员23人(其中:机关10人,事业13人;具有高级技术职务资格的5人,中级5人)。

2015年,金东区文化体育局紧紧围绕“希望田野 美丽金东”建设目标,有计划、有步骤地开展全区文化工作,各项工作稳步推进,文化事业繁荣发展。一是大力推进公共文化服务体系标准化建设。拟制《金东区公共文化服务标准化两年提升计划》,不断加大全区公共文化服务体系建设投入,建成金华市木版年画博物馆,金东区公共图书馆正式对外开放,区非遗展览展示中心完成布展。是年,全区建成文化礼堂66家、公共电子阅览室57家,创新性建设光南文化舞台6个。二是文化四进初显成效,各类创建有条不紊。在全区开展文化四进活动,把传承、弘扬金东历史文化与景区旅游发展有机结合,以文化提升景区品位,丰富旅游景观内容。把民营企业文化建设纳入大文化视野,帮助民营企业设立文化阵地、丰富文化元素、挖掘文化内涵、提炼企业精神,树立良好的企业形象。挖掘各地乡土元素,丰富乡村文化内涵,展示新农村文化魅力。让更多优秀传统文化走进校园,促进传承发展。孝顺镇中街村被授予“浙江书法村”称号,锦林佛手文化园成功创建首批金华市文艺创作采风基地,澧浦镇成功创建市非遗小镇,蒲塘村、岭五村成功创建市民俗文化村,琐园成功申报省文化示范村,孝顺镇金三村、塘雅镇下吴村成功申报市文化示范村。三是文化活动丰富多彩,节庆盛会轮番上阵。举办金东区2015廉政教育晚会、迎新春施光南新年音乐会。组织“希望田野 美丽金东”首届施光南音乐节、“我爱这土地”艾青诗歌朗诵会。协助举办第五届源东桃花节、大佛寺首届文化节、第二届江东桑葚节及海外名校走进金华古村落活动。在全区范围内开展送文化、种文化系列活动。组织开展廉政教育进文化礼堂、非遗百村行、文艺晚会乡村行、区庆“六一”中小学生(幼儿)器乐大赛、区婺剧戏迷大赛等活动。大力推行“走出去”“请进来”战略,开展县市间文化走亲活动,金东区教育(文化体育)局被评为2014年度“文化走亲”先进单位。全年送戏下乡208场、送电影下乡3928场,同时积极举办各类业务培训班,全年累计培训1.06万人次。四是实施文艺精品战略,艺术创作成果喜人。注重文艺精品创作,组织参加省、市各项比赛,在第14届浙江省音乐新作演唱演奏大赛中,声乐作品《想起你就唱你写的歌》获演唱金奖、辅导金奖,器乐作品《故乡行》获创作演奏双金奖和辅导金奖，区文化馆获优秀组织奖；排舞《芝士蛋糕》获省文化礼堂排舞大赛银奖；男声小组唱《希望田野》、快板《村规明约》分获市文化礼堂才艺展演金奖、银奖；声乐《假如今天你还在》获市“施光南杯”第十届青年歌手大赛民族组银奖。同时，涌现出了众多高质量的美术作品，多幅美术作品入选国家级、省级美术作品展，其中作品《家珍之三》获悲鸿精神全国中国画作品展优秀奖，《山民》获2015“古蜀文脉·墨韵天府”全国中国画作品展优秀奖。五是积极推进文物事业，非遗传承成效明显。配合区政府中心工作，落实施光南纪念馆室内陈展方案制定、现场勘察等相关工作。注重辖区内文物保护工作。积极进行“爱忠堂”保护相关工作。开展大佛寺修缮工作，配合完成大佛寺旅游文化周活动。金华佛手炮制技艺等6个项目通过区第六批非遗名录评审，付村蛇拳成功申报市级非遗名录。确定胡云钱等7人为区级非遗项目代表性传承人，胡云钱、尹根有成功申报第三批市级非遗项目代表性传承人。成功举办庆元宵木版年画展、非遗保护图片文化礼堂巡展、“婺风遗韵·中国梦非遗情——金华市非遗精品项目展示展演”金东区专场展演。巧借金华道情、木版年画等非遗项目实施“以文治水”活动。六是文化市场平稳有序，安全得到保障。认真开展各类专项整治行动，文化市场健康平稳，全年出动检查450人次，检查文化经营单位1052家次。以消防安全工作为重点，对全区文化企业和网吧进行安全工作突击检查。召开文化市场安全管理工作会议，确保“两会”、春节期间文化市场安全稳定。开展文化市场安全工作专项检查。组织召开节前“扫黄打非”工作联席会。加强演出市场及印刷行业监管，完善印刷企业网格化管理工作。强化涉外演出监管和无证大篷演出取缔工作。

（程慧群）

【兰溪市文化广电新闻出版局】 内设职能科室5个，直属单位8个。2015年末人员188人（其中：机关16人，事业单位172人；具有高级技术职务资格的24人，中级37人）。

2015年，兰溪市文化广电新闻出版局对市文化馆进行了改造提升，非遗馆正式建成开馆，通过省级文化示范村复评，新创建省级文化示范村和金华市级文化示范村各1个。启动基层综合文化示范点创建，首批创建了兰江街道姚村、上华街道马鞍徐村、马涧镇马坞村、梅江镇塔山村、诸葛镇厚伦方村、黄店镇三峰殿口村6个村。全年组织开展了兰溪星舞台、迎省级示范文明城市复评宣传演出、纪念抗战胜利70周年暨撤县建市30周年文艺演出等大型文化活动40余场，参与群众5万余人次。同时，开展送戏下乡152场，送书下乡1.3万余册，展览讲座90场，公益培训115期，共计培训1.45万余人次，接待外地文化走亲5场。举办“古境今鉴”绍兴出土铜镜展、“海派名家”书画展、馆藏书画精品展、“敝帚自珍”丰子恺漫画展、“千峰翠色”绍兴出土越窑青瓷展等20个临展。放映农村、广场公益电影4852场。组队参加了浙江省第九届排舞大赛、“美丽浙江 幸福乡村”2015年浙江省“文化礼堂”乡村排舞大赛、2015年“缤纷长三角·浦东潍坊杯”排舞邀请赛、2015金华市农村文化礼堂农民才艺展演等各级各类赛事，分别获得了少儿组金奖第一名及中年组银兰花奖、金奖、银奖等五项大奖，其中少儿舞蹈队夺得国家级舞蹈大赛金奖，走上了央视舞台。公布第七批兰溪市级非遗代表性目录和传承基地，成立首个非物质文化遗产保护协会。开展了婺风美丽非遗百村行和文化遗产日非遗进校园活动。

创立首个村级文化艺术馆 1月22日，首个村级文化艺术馆在马涧镇东叶村创立。该馆由叶氏宗祠改建，占地1700余平方米，馆内布局合理、装点一新，设有叶庆文雕塑、叶剑鸿书画、东叶风土人情、东叶村规民约和土特产等内容板块。

兰溪市非物质文化遗产展示馆开馆 2月4日，兰溪市非物质文化遗产展示馆正式开馆。该馆地处兰溪文化馆内，馆舍面积300多平方米。内容以瀫水记忆为主线，分为曲苑拾遗、异彩奇工、岁月留痕三个版块，分别展示了戏曲、曲艺、手工制作技艺、民俗、民间舞蹈等项目内容。

天福山入选国家首批历史文化街区 4月，住房城乡建设部、国家文物局公布第一批中国历史文化街区名单，兰溪市天福山历史文化街区名列其中。天福山历史街区位于兰溪古城核心保护区，占地9.23公顷，街区内拥有各级文物保护单位12处，登记不可移动文物52处，已公布历史建筑9处，非物质文化遗产72项，其历史遗存、风貌格局和空间形态肌理，集中反映了明清至民国时期江浙一带商埠码头、店铺作坊、传统民居等为主的城市多元文化。

入选首批徐霞客游线标志地　5月18日，徐霞客科考线路标志地认证现场终评会在宁海县举行，浙江省兰溪市、福建省将乐县、河南省登封市等全国5个省的7个县(市、区)经过考证后，成为首批徐霞客游线标志地。

获评"中国黄蜡石之乡"　6月30日，兰溪在全国观赏石之乡评审会上摘得"中国黄蜡石之乡"称号。

(金泽荣)

【义乌市文化广电新闻出版局(体育局)】　内设职能科室6个，直属单位8个。2015年末人员187人(其中，局机关21人，参公21人，事业编制145人;具有高级技术职务资格的36人，中级51人。)

2016年义乌市文化广电新闻出版局紧紧围绕各上级部门、市委市政府重大决策部署，主动适应文化新常态，推进文化事业供给侧改革，认真梳理谋划文化建设重点和方向，努力提升文化软实力，全市文化工作取得新成效。一是服务大局，文艺创作呈现新气象。围绕义乌经验10周年、"五水共治"、"三改一拆"等主题中心工作创作了《心聚》《花开义乌》《甘蔗地的孩子》等30余首歌曲，创排婺剧《花餐厅》《过山车》。以义乌民间故事"颜乌葬父"为题材创作的婺剧《乌孝祠》首获国家艺术基金立项资助，获资助资金250万。响应"清廉商城"建设创新编排《海瑞罢官》《徐文清公》反腐倡廉剧目。以讲述义乌兴商建市发展历程的婺剧连续剧《鸡毛飞上天》登陆央视，获第二十六届浙江省电视"牡丹奖"入围作品奖。二是坚持共建共享，公共文化服务体系建设打开新局面。相继出台《关于加快构建现代公共文化服务体系的实施意见》《关于进一步加强镇街综合文化站建设的实施意见》，成立义乌市公共文化服务体系建设协调小组。建成市、镇、村三级图书借阅联网，实行总馆和各分馆、流通站点之间图书通借通还，完成14个镇街图书分馆、10个图书流通站、40个村级图书流通站建设，共计送图书18万余册，其中购置新书13万册。完成2016年农家书屋整合提升，共补充图书1.05万册，音像制品2.17万张。全年完成送戏下乡150场，公益电影放映6154场，引导新农村数字电影院线公司投资建成2家农村影院。举办"蒲公英群文课堂"公益培训128期次，培训人员6177人次。举办义乌市第25届文化艺术节、第25届青年歌手演唱大赛等市级文艺赛事10余场，开展"送温暖送祝福——文化志愿者在行动"、"曲艺宣讲进文化礼堂"巡回演出、文化科技卫生三下乡演出等文化惠民活动210场次。精心谋划浙江省未成年人读书节、义乌市读书节等活动，举办"图书馆之夜"活动、中小学生"书香伴我成长"主题读书活动、"阅读与'一带一路'文化"留学生体验活动等23项。承办并参加浙江省少儿音乐大赛，荣获浙江省十大城市戏曲演唱联赛团体金奖，选送的少儿音乐作品《花开义乌》荣获创作金奖、表演金奖。推进智慧文化项目，常态化运营"文化义乌"微信公众号，实现信息发布和浏览量20倍以上增长，创新打造一周文体资讯、文化日历等微信宣传品牌，拓展与民互动渠道，荣获义乌市十佳政务微信微博。三是坚持保护利用，优秀文化遗产传承取得新进展。完成古建筑抢修三年行动计划，实施古月桥、双林铁塔等重要文物的修缮保护工程，全年完成古建筑续建工程15项，启动新建工程10项，投入资金3200多万元。围绕吴晗、陈望道、冯雪峰等"义乌三杰"挖掘、整理、整合名人资源，修缮吴晗故居，开展陈望道故居概念性规划编制论证、冯雪峰故居保护与特色小镇规划编制等工作。深化文物保护安全监管与执法监察，全年为各级文保单位更换灭火器材3100只，配备35KG推车式干粉灭火器46台，灭火器箱565只，安装消防指示牌1604块，累计出动文物执法检查930人次，巡查各级文保单位511家次，对省保以上文保单位巡查2次以上。深化非遗保护工作，持续开展美丽非遗进校园、进社区、进农村展示展演30余场，举办迎清明包清明馃、龙舟比赛等民俗赛事4场。推进各类保护载体申报工作，新公布非遗教学传承基地10个，生产性基地1个和宣传展示基地1个，"三溪堂中药炮制技艺"、"朱丹溪中医药文化"两个项目通过第五批省级非遗项目公示。四是坚持转型升级，文化产业实现新突破。举办第11届文交会，展会以“传统文化与时尚生活”为主题，设国际标准展位3360个、展位面积6万平方米，共有来自15个国家和地区及国内19个省市的1300家企业参展，吸引了93个国家和地区的11.65万名客商及观众到会；实现洽谈交易额52.04亿元。展会同期举办了文化产业创业创意人才扶持计划系列活动等20余项高品质的文化经贸活动。央视《新闻联播》报道了展会盛况，新华社、中国新闻网、凤凰卫视、台湾联合报等国内外媒体予以重点关注，各类网络、微信累计点击、阅读量超过700万人次。扶持培育文化产业行业龙头企业，新光集团被评为“省级文化产业示范基地”。支持佛堂古镇老街、“老车站—1970”、良库等文化产业园区发展文化艺术创意及其服务等与传统行业相融合的新兴产业，指导“丝路小镇”培育动漫游戏、影视制作、衍生品开发等新业态。义乌市博物馆试水衍生品开发，以博物馆藏品为创意设计元素，设计开发17类衍生品。五是坚持创新驱动，文化体制改革走出新里程。推进审批改革向纵深发展，进一步严格“四张清单一张网”，简化优化投资项目文物保护勘察等前置审批事项，年内取消行政审批事项7项，调整审批事项2项，修改完善其他权力事项3项，累计办理行政审批事项361件、许可证换证253件，年审1134件，指导完成统计年报603件。建立企业投资项目网上并联核准制度，为企业办理年检换证1030件，办理艺术品经营单位备案83件。七是坚持万国文化，积极打造对外文化交流新“丝路”。畅通在义外商、外来建设者参与本地文化活动渠道，邀请在义外国人参与文化活动，选拔阿马尔等外籍人士入选文化志愿者，共享共惠发展成果。持续开展万国迷你音乐节、迎新春关爱外来建设者活动、在义外国友人迎新春晚会、中外友人包粽子比赛等品牌活动，有效提升城市文化吸引力和感召力，增强新老义乌人的归属感和认同感。紧扣“一带一路”国家战略，举办“义新欧 · 丝路行”全国美术名家主题创作展览，央视、新华社、光明日报等中央媒体聚焦，各大媒体播发新闻报道百余篇。市婺剧保护传承中心参加巴黎中国戏剧节，参演的婺剧《吕布与貂蝉》《美猴王》剧目、演员双双获奖。八是坚持优化监管，文化市场监管出新招。紧紧围绕“平安护航G20”和“扫黄打非”中心工作，深入开展“清源”“净网”“护苗”“打违”等专项行动，坚持高压态势打击涉外演出、非法出版物、非法大篷演出等，全力抓好文化经营场所安全生产工作，全市文化市场总体规范有序。全年共出动执法检查3353人次，检查文化市场经营场所3105家次。行政处罚立案52件，罚没款36万余元，收缴各类违法物品9000余件(册)。及时处理举报案件，共受理各类举报146件，查处率和回复率达100%。强化安全生产，结合安全生产宣传月活动，累计培训文化系统人员320余人次，从业人员1800余人次。积极开展G20峰会文化文物安全大排查大整治，出动3141人次，检查文化场所3051家次，整改消防隐患102处。

(龚俊玮)

【东阳市文化广电新闻出版局】 内设职能处室4个，直属文化单位10个。2015年末人员249人(其中机关23人，下属文化单位226人；具有高级技术职务资格的25人，中级54人)。

2015年，东阳市文化广电新闻出版局积极推进国家特色文化产业示范区创建、不断提高公共文化服务水平、扎实推进文化遗产保护利用、促进文化市场健康有序发展，全市文化工作取得成效。一是积极推进国家特色文化产业示范区创建。健全文化产业管理运行机制，开展调查研究，积极制订木雕产业发展政策。做好创建国家特色文化产业示范区相关资料准备工作。代省政府草拟了《关于促进雕刻产业发展的若干意见》政策文本。有效整合东阳市博物馆与中国木雕博物馆，制订木雕博物馆23项工作制度，拓展木雕博物馆旅游功能，推出中国家训木雕精品展，成为“学家训、立家规、树家风”社会教育场所和廉政教育基地，开放仅一个月，参观人数就达万余人次。做好东阳木雕工艺美术特色产业宣传推介工作，设立第10届中国(义乌)文化产品交易会东阳专馆，并在东阳设立中国(义乌)文化产品交易会分会场——第一届中国(东阳)木雕 · 红木家具交易博览会；与中国人民大学报刊复印资料《文化创意产业》合作，刊登东阳木雕相关图片和数千字的特色工艺美术产业介绍，进一步提升东阳木雕的知名度。8月，委托国家行政学院文化政策与管理研究中心组织相关专家，就东阳木雕产业创意提升和跨界融合发展等相关问题进行专题调研，提出专家咨询意见和规划指导意见。高标准做好卢宅民俗文化街项目，确定卢宅文物保护区以东、木雕巷以西一带为未来非遗馆，并初步确定了非遗馆各区块的功能布局。拓展卢宅旅游营销工作新思路，全年接待游客32800人次，门票收入130万元。初步形成以东阳木雕、横店影视、文化旅游为主体、文化服务业为新兴增长点，门类比较齐全的综合型文化产业体系，文化产业核心竞争力充实提高。全市有各类文化企业4800多家，从业人员16万余人，是年，被评为浙江省文化产业重点县(市、区)。二是不断提高公共文化服务水平。起草了东阳市加快构建现代公共文化服务体系的实施方案，明确公共文化服务体系建设方向。基本形成了覆盖市、镇乡(街道)、村三级的公共文化服务网络，全面实现"各镇乡(街道)建有综合文化站，村村(行政村)建有文化活动场所"的目标。有博物馆2个(中国木雕博物馆和东阳市博物馆)，总面积3.1万余平方米。国家一级图书馆1个，新增馆藏23559册，图书流通量19.46万册次、17.45万人次。剧院1个，乡镇综合文化站18个，农村文化礼堂91家，农家书屋390家，村(社区)文化活动室390个，区域文化活动中心62个，省级"文化强镇"1个(湖溪镇)，省级文化示范村(社区)9个，金华文化示范村32个。着力打造"百姓文化艺术节""特色广场文化""百姓文化茶坊"等特色文化品牌。探索"文化节目进景区""非遗项目进景区"活动，促进文化、旅游融合发展。按照"政府补贴、低价惠民"的原则开办"周末惠民剧场"，于6月19日首演，演出32场，观众近3万人，上座率提高至80%左右，在文化惠民的同时，有效盘活了文化资产。全年举办大型文化活动23场次，组织县市间"文化走亲"5次，各类培训及展览56次，参与群众逾10万人次。持续提升公共文化平台的供给能力和服务品位。继第十届全省戏剧节后，精心排演的《情殇》《薛丁山与樊梨花》《英王徐策》连续3次获得"剧目大奖"。反腐倡廉剧目《残月》参加巡回演出100余场。道情《八猫图》获2015浙江省农村文化礼堂文化员才艺大赛戏剧曲艺类兰花奖。在公共文化场馆设置无障碍通道、建立残疾人阅览室，方便老年人和残疾人参与文化活动。每年举办未成年人读书节、百姓文化艺术节，开设中老年电脑培训班、残疾人数字阅读班，提升了老年人、残疾人、外来务工人员的文化惠及感。继续实施文化队伍素质提升工程，全年培训农村文化干部和文艺骨干8000余人次。创新文化组织模式，11月，成立东阳市文艺团队联合会，统一管理全市800多支业余文艺团队。实施文化志愿服务计划，成立东阳市"文化志愿者"队伍，登记在册的文化服务志愿者400余名。全年安排公共文化服务建设补助资金811.4万元，开展送书、送戏、送展览、送讲座等"种""送"结合的系列文化服务活动。送映农村电影7341场，观众27.87万人，送映校园电影312场，观众6.9万人，并在9个农村文化礼堂设立固定电影播放点；送戏下乡400多场；送书下乡11448册次；举办公益讲座21次，展览11次。三是扎实推进文化遗产保护利用。全年投入850多万元，实施了城区四本堂、傅家巷5号与6号等古建筑的修缮保护，落实卢宅古建筑群的日常保护修缮工作。平稳推进卢宅保护利用项目一期回迁区安置房、旅游服务中心、公建区域等建设工程和异地安置房建设。实施可移动文物普查第二阶段工作，完成古籍普查数据登录、馆藏文物普查数据采集和离线登录工作。组织"博物馆日"和"文化遗产日"系列宣传活动，举办临时展览7个，全年接待国内外游客10.4万余人次，团队48批次，4000余人次。开展非遗馆建设前期准备工作，初步确定方案框架。推进各类保护载体的申报工作，重点关注濒危非遗项目保护，东阳市获省传统戏剧(侯阳高腔)之乡称号，蔡宅村获省级非遗旅游景区称号；东阳竹雕、东阳核雕、草编墙纸制作技艺、雕花家具制作技艺、李宅荷花灯入选金华市级非遗名录，卢宅景区、李宅村、蔡宅村入选金华市级非遗旅游景区，新增19位金华市级非遗代表性传承人。扩大宣传展示力度，开通东阳市非物质文化遗产保护中心微信公众平台；参加国际非遗展1次、国家展2次、省级非遗展4次、金华市级展6次；与木雕城合作开办"非遗学堂"，联合举办"记住乡愁"2015东阳市非物质文化遗产展；开展美丽非遗进文化礼堂活动20场，吸引观众2万余人次。四是促进文化市场健康有序发展。做好行政许可和非行政许可报批，以"便民、高效、廉洁、规范"服务为宗旨，全年受理申请151件，办结151件。发放文化经营场所规范化经营制度牌850块。坚持日常监管和专项整治相结合，全年出动执法检查816人次，检查经营场所1234家次，取缔无证出版物摊点14家、无证游戏室6家、非法大篷演出17个，查缴非法音像制品5061张、图书报刊301本、游戏机电路板36块、地下电台设施设备1套。立案查处违规经营案件27件，收缴罚没款15.6万元。加大对农村和城郊接合部文化市场的监管力度，召开各类安全生产培训会议7次，累计培训业主及从业人员550余人次，组织消防安全模拟演练2次。

东阳市文化广电新闻出版局与市委宣传部合署办公 4月3日，根据中共东阳市委《关于中共东阳市委宣传部(市文化广电新闻出版局)主要职责、内设机构和人员编制规定的通知》(东委发〔2015〕28号)文件精神，东阳市文化广电新闻出版局与市委宣传部合署办公，以中共东阳市委宣传部(东阳市文化广电新闻出版局)的名义主管全市意识形态领域工作和文化、广电、新闻出版工作，保留东阳市文化广电新闻出版局称号，简称东阳市文化局，总行政编制23名。东阳市文化局局长由宣传部副部长兼任。

(韦恋华)

【永康市文化广电新闻出版局】 内设职能科室2个，下辖事业单位5个。2015年末人员67人(其中，机关6人，事业61人；具有高级技术职务资格的6人，中级22人)。

2015年，永康市文化广电新闻出版局围绕中心，服务大局，加快文化建设步伐，坚持文化惠民宗旨，文化工作取得长足进步，获得婺文化生态区建设和省级以上非遗项目保护工作考核一等奖、“欢乐金华”百姓文化节优秀组织奖等多项荣誉。一是公共文化服务体系建设有新进展。文化服务阵地进一步拓展。实施“百村千人公共文化均等化服务”工程，组织农村文艺骨干培训班80余次，培训学员1700余名，为155个行政村配置了文化器材。“永城文化会客厅”鲁光艺术馆开馆。修订《民办博物馆考核办法》，加强民办博物馆管理。打造“质量图书馆”，完成龙山、芝英、古山3个省级中心镇图书分馆和“公共数字阅读平台”建设。完成10个农村室内固定电影放映点的基础设施配套建设。完成永康影城装修改造，新增天行国际影城和大光明电影院。文化惠民服务持续供给。送文化下乡200余场，送书1.88万册，送电影下乡、进校园6600场。市文化馆开设免费培训班70多个，培训学员1400余名。市图书馆开展阅读推广活动80多场，参与读者5万人次。非遗中心开展“婺风·美丽非遗百村文化礼堂行”活动，送演32场。市博物馆举办12个展览，接待群众约28万人次。文化服务形式加快创新。探索政府购买公共文化服务模式，引导社会力量参与文化服务和活动。实行文艺干部联系业余团队制度，加强优秀文艺团队的联系和指导。举办文艺团队会演，搭建展示平台，培育了22个有影响力的民间文艺团队。二是特色文化影响力有新提升。文化精品不断涌现。非物质文化遗产“调花钹”、打罗汉“滚叉舞”搬上了第30届、31届永康“华溪春潮”舞台。录制了《桃溪雪》《玉连环》《连环宝刀记》等鼓词唱本。出版《鲁光先生捐赠作品集(一)》《永康味道》《永康打罗汉》等书画作品，收集整理《永康市古村落历史文化村故事》52篇。特色文化“走出去”开放发展。组织文化走亲到长兴、安吉、东阳。排舞《凤仙花》《再多一天、性感又疯狂》在“浙江省‘文化礼堂’乡村排舞大赛”和浙江省第九届排舞大赛中获兰花奖。十八蝴蝶、拱瑞手狮等30个永康特色非遗项目参加“中国梦·非遗梦”第十届浙江省非物质文化遗产节等22个非遗节庆展演。中月五星民乐团获得“浙江省第四届社会文艺团队展演”金兰花奖，与此同时，该乐团在全省范围内开展了35场“五水共治、垃圾分类”宣传巡演。宣传新平台《永康文化》破土生长。9月，季刊《永康文化》杂志创刊。三是文化遗产保护和传承有新成效。历史文化遗产保护收效明显。开展文物平安工程及文物执法监管系统建设。推进应均故居异地迁移保护工程。完成全国第一次可移动文物普查工作的信息登录、第六批省保单位保护范围及建设控制地带上报、第六批省保单位“四有”档案等工作。扎实开展文物维修和考古文献工作。仁盛公祠维修工程完成验收。完成石溪村南朝古墓、长恬东晋古墓考古发掘工作。新增地方文献书柜30个，收集照片500多幅、文献160多册。非物质文化遗产保护成绩突出。开展麻酥制作技艺、永康鼓词、醒感戏传统剧目、调花钹的保护挖掘。开展第八个“服务传承人月”活动和各类非遗项目宣传展示交流。永康木交椅制作技艺等6个项目被列为第六批永康市级非物质文化遗产保护名录，永康铸铁等5个项目被列入第六批金华市非物质文化遗产保护名录，潘大林等19人被列入第三批永康市非遗项目代表性传承人，舒有岳等10人被列入金华市第三批非遗项目代表性传承人。四是文化活动形态有新活力。成功塑造"文化艺术周""永康阅读""永康文博"3项文化品牌。首届"文化艺术周"活动，邀请义乌、东阳、云和、武义等县市参与演出，组织了23项不同地域、不同种类、不同形式的节目活动。"永康阅读"活动包括第11届未成年人读书节、"欢乐金华，书香永康"全民阅读大赛等活动。"永康文博"建立馆校合作机制，立足本土文化，培养红领巾讲解员，开展了"永康文博之星"夏令营活动。节庆民俗活动有声有色。结合春节、元宵等节庆开展"情暖回乡路"系列文化活动、中秋戏曲晚会等。举办"国际博物馆日""文化遗产日"系列活动。各镇(街、区)节庆活动丰富多彩。五是文化执法监管有新推进。规范审批和创新服务齐头并进。推进简政放权，实施"先照后证"制度。开放网吧审批，建立网吧投资温馨提示制度。全年受理295件审批件，办结295件。文化市场行政监管有力。全年出动执法检查695人次，检查文化经营场所1096家次，受理举报34起，取缔无证音像地摊3家，收缴各类音像制品1355张，取缔非法大篷演出11起，办理案件18起，罚没款9.2万元。成功破获"4.16"光碟案，收缴非法音像制品10个品种100万余张碟片。同时，组织开展"扫黄打非"2015"净网""护苗""清源""秋风"专项行动。组织开展境外电视网络接收设备专项整治行动、校园周边文化市场和出版物市场专项整治行动和"禁毒宣传月"等专题工作。

鲁光艺术馆开馆 5月16日，鲁光艺术馆正式开馆。这是永康市首次以政府名义为个人设立艺术馆。鲁光、中国作家协会副主席高洪波，浙江省、金华市、永康市有关领导，及永康市宣传、文化、教育各界近200人参加开馆活动。

(黄绕龙)

【武义县文化广电新闻出版局】 内设职能科室4个，直属事业单位5个。2015年末人员59人(其中：机关10人，事业49人；具有高级技术职务资格的11人，中级14人)。

2015年，武义县文化局坚持文化事业和文化产业双轮驱动，文化工作成效明显。一是服务中心工作积极有为。积极主动服务"五水共治"工作。利用"唱响壶山，舞动熟溪"幸福武义大舞台这一载体，通过举办县、乡、村三级"五水共治"专题文艺百花会、"以文化人·助推治水"文艺巡回演出、"五水共治，美丽武川"美术书法摄影作品展等活动，助推"五水共治"工作深入开展，举办主题文艺百花会29场，巡回演出57场。积极主动服务"旅游富县"战略。发挥文化部门优势，创作编排地方特色文艺节目，在"温泉节""养博会""三月三""乡村文化旅游节"等活动期间，举办各种文化活动，较好地发挥了"文化搭台，旅游唱戏"的作用。同时通过赴青海等地文化走亲、赴台文化交流等形式，展示武义特色文化，推介武义形象。积极主动服务群众文化生活。成功举办第六届武川艺术节系列群众文化活动，以及金东区、衢州市衢江区文化走亲文艺晚会、"茶香泉城"千人品茗雅会、全县婺剧戏迷演唱大赛颁奖晚会等多场演出，观众3万余人次。首次举办6场"武义县民间绝技绝活展演"，观众2万余人次。湖畔公园仿古戏台常年安排民间业余文艺团队演出，全年演出170余场，观众6.8万人次。二是文艺工作进一步繁荣发展。文艺创作及各类参赛成绩喜人。文化馆创作编排的昆曲茶艺《江南茶缘》和地方婺剧小戏《柿子红了》受邀参加第九届"台湾·浙江文化节"活动。文化馆辅导、编排的以抗战胜利70周年为主题的情景剧《骨气》，在市第八届曲艺小品大赛上获得表演和创作两项银奖。婺歌《刀马旦》荣获2015年"耕山播海"农村文艺骨干展演优秀奖及优秀指导老师奖。舞蹈《阿媚啧……》荣获2015年省第四届社会艺术团队省中老年舞蹈类文艺会演表演、创作银兰花奖。省级文化礼堂示范村东垄村的情景剧《大山号子》受邀参加2015年金华市文化礼堂农民才艺展演并荣获银奖。"施光南杯"第十届青年歌手大赛中，两位选手分获专业组和业余组铜奖；文化馆荣获优秀组织奖。金华市第三届少儿器乐大赛中，8位选手进入总决赛，夺得1金、3银、4铜的好成绩。东垄村排舞队和文化馆艺术团分别夺得市级排舞大赛金奖和银奖。中央戏曲频道《过把瘾》栏目举办的婺剧争锋活动中，两名选手入选“全国十佳戏迷”，小戏迷王宇晨勇摘头筹。三是现代公共文化服务体系建设稳步推进。超额完成2015年度26个县市文化工作考核指标。全年完成送戏下乡172场，送电影下乡3840场，送书下乡2.6万册，文化走亲7场，非遗进文化礼堂10场。积极加强公共文化基础设施建设。博物馆新馆建设进展顺利。作为2015年县政府十大民生实事项目之一的“移动图书馆”投入运行，与县图书馆OPAC系统完成无缝链接。集音乐欣赏、艺术书籍查阅、休闲娱乐等功能于一体的“艺术鉴赏中心”正式对外免费开放。举办各类文艺骨干培训。以浙江省“耕山播海”农村文艺骨干免费培训活动为依托，精心打造武义县“民星讲堂”品牌，举办各类培训16期，培训文艺骨干2000多人次。推进免费开放服务。图书馆全年接待读者29.8万人次，利用书刊66.5万册次，有效持证读者8957个；全年举办“明招人文讲坛”35场，“绿拇指故事会”41期。四是文化遗产保护成效明显。重点文保项目建设稳步推进。延福寺保养维护和环境景观提升工程进展顺利。完善《吕祖谦及家族墓文物保护规划》《明招文化园规划及核心区概念性设计方案》编制。启动国家文保单位集中成片传统村落——俞源文物保护利用工作。完成陈家厅等4处省保单位修缮方案设计。文物和历史建筑保护利用工程顺利实施。完成5处文物和历史建筑修缮工作。以“民办公助”形式，修缮26处县保单位、文保点及历史建筑。配合做好武义古城两点一线试点建设技术指导工作。可移动文物普查工作取得新成果。完成3000余件馆藏文物基础数据整理、初审及上传工作。对文物系统外5家国有收藏单位209件文物进行认定，在普查平台上建立帐号并统一维护。对历史原因未入账的近6000件文物进行清理、分类筛选，按照规范予以编号入账。县可移动文物普查工作在全市文物工作会议上作典型发言。非遗传承与保护取得新进展。深入开展非遗进校园、进文化礼堂等活动。积极申报省市级非遗项目，武义大漆髹饰技艺、伍仙亭泥茶壶制作技艺、谢氏骨科3个项目入选第六批市级非遗名录。柳城畲族镇江下村被公布为第三批浙江省非物质文化遗产旅游景区[非遗主题(实验)小镇和民俗文化村]，桃溪镇陶村被列入第二批浙江省传统戏剧之乡。五是文化产业和文化市场有序发展。推进文化产业发展。启动实施武义县文化产业转型升级“六大计划”，起草《武义县文化产业发展扶持政策》并提请县政府审议通过，明确了对文化产业园、非遗传承保护开发等项目的扶持政策。指导帮助文化企业做大做强，促进县文化产业与旅游融合发展。文化市场和行业监管健康有序。梳理权力部门清单，进一步规范行政审批制度。全面取消电子游艺场所和互联网上网服务营业场所的总量和布局规划。是年底，全县有文化经营单位(户)473家。积极探索新形势下行业和文化市场有效管理方法，建立健全文化市场三级监管网络长效管理机制。加大“扫黄打非”工作力度，规范县文化市场经营秩序。六是文化队伍建设进一步加强。干部队伍整体素质得到提升。全面推进“从严管理落实年”各项工作，以贯彻落实“四单一评”工作为总抓手，充分发挥“干事清单”指挥棒作用，不断加强文化系统干部队伍建设工作。制定完善《2015年度农村文化工作考核办法》《2015年度局属单位工作考核办法》，扩大考核结果运用范围。首次组织乡镇分管领导、乡镇文化站干部到省艺术职业学院培训，提高基层文化干部队伍整体素质。

(王浙峰)

【浦江县文化广电新闻出版局】 内设职能科室4个，直属单位11个。2015年末人员94人(其中：机关10人，事业84人；具有高级技术职务资格的6人，中级27人)。

2015年，浦江县文化广电新闻出版局坚决贯彻县委、县政府部署，以党建引领推动中心工作，秉承“文化是灵魂　文化是一种力量”的理念，以“文化进万家”为载体，抓重点、攻难点、求亮点，各项工作取得较好成效。一是全力推进“四个全面”试点任务。积极主动与省文化厅对接，于8月7日正式签订《省文化厅助推浦江县贯彻“四个全面”战略布局试点县建设　2015—2017年文化共建框架协议书》，省文化厅推出5大领域30项具体扶持工作计划，其中“推进上山文化保护研究和宣传”“郑义门古建筑群之郑宅镇区传统村落文物保护工程”等一批项目被列入省重点扶持项目。同时，提出8项文化领域全面深化改革任务，创新文化机制，先后制定《浦江县文化影视时尚产业发展三年行动计划》《关于进一步推进文化强县建设的若干政策意见》《浦江县公共文化服务标准化、均等化工作实施方案》《浦江县文艺精品文化人才奖励扶持办法》。坚持从严治党，出台《浦江县文化局"守规矩提效能"规章制度》，持续抓好局系统"正风肃纪"活动。二是全力培育区域"文化品牌"。培育"上山文化"品牌。启动上山省级考古遗址公园核心区实施利用工程建设项目，编制完成《上山考古遗址公园规划》，并通过省文物局评审论证。修改完善《上山遗址公园及博物馆建设工程》项目建议书，启动上山遗址核心区保护与利用一期工程，同时积极筹划2016年世界稻作农业起源暨"上山文化"命名十周年国际学术研讨会。培育"书画文化"品牌。与中国美术家协会签订"万年浦江"全国中国画系列作品展战略合作协议，约定2015年至2019年期间每年在浦江举办一届以"万年浦江"为主题的全国中国画系列作品展。成功举办"2015浦江·第八届中国书画节"、"万年浦江"全国中国画山水作品展、"第十届书画展销周"、"五水共治·两美浦江"全国摄影大展。中国美术家协会浦江写生创作基地、浦江中国美术图书馆(筹)挂牌成立。培育好"群众文化"品牌。每年一届"农民文化艺术节"，东山公园"群文大舞台"、"月泉艺苑"5月起每周一场形成常态，全年演出60余场。建立了"文艺人才库"和"优秀文艺节目库"。三是全力建设特色"文化阵地"。大力完善"文化设施"。仙华文景园融书画文化、自然生态、多元复合功能于一体，成为浦江文化新地标。构建县、乡、村三级文化阵地，成功创建国家一级图书馆和国家一级文化馆；完成30个基层文化活动室提升工作；提升文化礼堂内涵，新建的29家农村文化礼堂均设有非遗展示馆、图书流通站，图书配置率达100%；新创建省级示范村1家(仙华街道红旗村)，市级文化示范村3家(岩头镇胜建村、大畈乡湃桥村、郑宅镇东明村)。努力建设"数字文化"。做好农村数字电影下乡工作，在城区、乡镇中心村建立30余个固定放映点，实现电影放映从室外到室内、流动到固定的转变，并新增市民点播功能。打造数字化图书馆，普及"浦江移动图书馆"，让群众享受文化资源"零距离"。建设"浦江文化"网络平台，开通远程数字文化服务。开通"浦江文化"微信公众平台，推送文化信息420余篇。四是全力打造精品"文化活动"。以"文化进万家"党建品牌建设为载体，深入开展"文化育民、文化惠民、文化乐民"系列活动，局机关支部"文化直通车"、县文化馆支部"文化相伴夕阳红"两大文化党建品牌，取得了较好的社会效应。深入开展"四送三进"文化下乡系列活动，完成送图书3万册、送电影3800场、送戏120场。大力开展"文化走亲"活动，被评为全省"文化走亲"先进单位。围绕中心工作创作文艺作品，编创各类精品节目30余个，其中用婺剧音乐和地方非遗小吃"一根面"为创作素材的少儿舞蹈《面儿香·面儿长》受邀参加中央电视台戏曲频道节目录制。五是全力传承"历史文脉"。郑义门古建筑群之郑宅镇区传统村落被列入第二批"全国重点文物保护单位和省级文物保护单位集中成片传统村落保护利用工作"实施项目，其文物修缮、环境整治、展示利用、安防、消防等五项工程均通过国家文物局立项审批，可争取中央财政扶持经费5000万元。继续实施"百幢历史建筑保护利用工程项目"，自2013年启动以来累计完成工程修缮65幢，修缮面积5万平方米，修缮完成的工程项目60%被用为农村文化礼堂等文化阵地。提升非遗传承力度，郑宅镇、杭坪镇分别入选省级和市级非遗主题小镇，杭坪村被列为市级民俗文化村。推进一根面、麦秆贴等非遗文化产业化。编制《浦江县文化地图》。10月10日，金华市委书记徐加爱在《浦江文化地图》上做出批示："请市委宣传部牵头，编印这样的金华市文化地图"。

（王夏旎）

【磐安县文化广电新闻出版局】 内设职能科室4个，下设机构1个(文化市场行政执法大队)，局属单位5个。2015年末人员45人(其中：机关公务员12人，事业人员33人；具有高级技术职务资格的7人，中级11人)。

2015年，磐安县文化广电新闻出版局以基本公共文化服务体系标准化建设为龙头，以推进文化、旅游互融发展为目标，走文化"惠民、乐民、富民"之路。一是文化阵地建设日益完善。县文化馆破格创建国家二级馆，新建昌文展览馆、高照马展示馆与昌文艺术培训中心。县图书馆新建亲子阅读体验中心，完善了尖山图书分馆设施建设。安排100多万元专项经费，提升了15个文化礼堂和10个省市文化示范村，创建17个基层综合性文化服务中心。创建省级文化示范村1个，市级文化示范村3个。新建磐安文化网，在磐安电视台娱乐频道开设“昌文大舞台”专栏。二是群众文化活动丰富多彩。举办第二届百姓(农民)艺术节，含排舞大赛、民间绝技绝活展演、原创歌曲演唱大赛等7大板块，历时8个多月，参赛人数600人，参演群众4000多人，创作节目及作品900多件，惠及城乡20万群众。围绕县中心工作，完成茶文化节、第九届药交会文艺演出、纪念抗日战争胜利70周年等文艺活动。在榉溪孔氏家庙举办首届弟子规培训班，指导完成孔子诞辰2566周年祭孔大典活动。开展文化“六送”工作，全年送戏168场、送电影2500场、送书15209册、送培训178场、送公益性展览讲座188场。展演非遗节目35场，开展文化走亲16场次，举办大型文化活动30场次。开展“百家书屋阅读征文比赛、百家书屋阅读摄影比赛、百幅书屋阅读图片巡展”等3大读书活动。举办第十一届未成年人读书节。三是文化队伍建设有成效。重视业余文艺团队建设，支出专项经费130万元用于团队补助和奖励。扶持培育特色文艺团队30支，特色非遗团队12支。组建154人的文化志愿队伍，“乡音辅导员”全年送培训150次，受益80支团队。全年提供村队补助43个。四是非遗保护和利用有突破。深化习总书记在磐指示精神，结合“非遗百村行”，开展“非遗三进”活动10场。打亮“中国·磐安非遗文化品牌”，挖掘整合12个非遗精品节目，首次走出国门参加第三十二届法国瓦龙国际民间艺术节演出。组织参加2015年上海茶文化节开幕式及闭幕式展演、金华市非遗年货展、金华市西市街民俗文化节文艺展演，并赴多地进行非遗文化走亲。全年累计投入非遗保护和利用专项经费200万元。五是文物保护工作有进展。整修孔氏家庙东边三合院。完成榉溪孔若钧墓主体修复。开展全国可移动文物普查年度工作。修缮尚湖岭干花厅、新渥杨氏宗祠、尖山张氏宗祠等古建筑。健全茶博馆管理机构，核定茶博馆人员编制及正常运行经费，全年接待观众约15万人次。六是大力发展影视文化产业。对接横店集团，创建磐安影视拍摄外景基地10个。引进20家影视制作公司，在磐拍摄《母爱笔记》《时光守猎人》等影视作品12部。制作《磐安光影》影视宣传画册。组织3家文化企业赴义乌文交会进行7个展位的展示与评比，恒佳画材有限公司获得省级“工艺美术展示奖”，金茂富士工艺品有限公司获得市级“工艺美术奖”。七是文化市场管理进一步加强。开展网吧、歌舞厅突击检查和“三考”护考行动，打违26家次。全年出动执法人员617人次，检查文化市场经营单位420家次，收缴各类非法出版物477件，取缔关闭违规经营店档摊点6个，收缴老虎机1台，查办出版物案件1起，确保了全县文化市场平稳有序。

磐安非遗赴法展演　6月26日至7月7日，磐安县民间艺术团应邀参加第32届法国瓦龙国际民间艺术节，在开幕式上演出了“非遗”节目“磐安金龙”。在法期间，艺术团演出13场次，获组委会唯一奖项“最佳表演奖”，并组织了唯一一个国家主题日的展演。该项活动被23家媒体报道，网站点击率突破百万人次。

祭孔大典　9月28日上午，纪念孔子诞辰2566周年祭孔大典在磐安县盘峰乡榉溪村举行。祭孔大典由中国国学院专家委员会特约专家、省民间艺术研究会会长吴露生任总策划及导演，浙江省儒学会会长吴光诵读并供奉祭文。祭孔流程有“呈三牲”、“鸣鼓乐”、“九记锣”、“迎圣人”、跳“六佾舞”等。以传统的十二时辰计时。祭品为猪、牛、羊“三牲”，并配“五谷”“四果”。最后，孔氏后代小学生齐声朗诵《论语》。

(黄妙园)

链接

磐安县以习近平总书记指示精神为指引成功闯出落后山区非遗保护“县域样本”

2006年6月13日，时任浙江省委书记的习近平同志视察磐安县“国保”单位玉山古茶场时指出：“一定要保护开发好玉山古茶场，主要是保护好，在保护中也有一定的利用，在开发中继续弘扬。”10年来，磐安县坚定不移地以习总书记的指示精神为引领，投入大量人力财力开展保护和传承工作，使得一批珍贵濒危的非物质文化遗产得到抢救、保护和传承，于2011年成功获称“浙江省民间艺术之乡”。是年6月，磐安县代表国家赴法国参加了第32届法国瓦龙国际民间艺术节，一举斩获此次艺术节的唯一奖项“最佳表演奖”，并展演了唯一国家专题节目晚会——“中国主题日”，成为我国文化外交的“金名片”。世界非遗秘书长赵学勇专程向磐安县发来贺电。

一、强保护，注重“本真性”

一是强化工作保障。专门成立由县政府领导领衔的非遗保护中心，将其纳入全额事业单位管理，负责统筹指导全县的非遗保护工作。全县19个乡镇均明确由分管宣传文化工作的领导班子成员为具体负责人，建立非遗普查领导小组。编制《民族民间艺术保护规划》，实现非遗保护工作有章可循、有据可依。同时，依照“一个口子科学集约管理、一个目标发挥最大效益”思路，统筹安排并逐年增加非遗保护资金。截至目前，先后已投入非遗保护各类资金657万元。

二是细化非遗普查。组建由75名乡镇普查员、268名村级普查员构成的普查队伍，严守“本真性”这一非遗保护的基本原则，对散落在各乡各村且文化价值较高、基础条件较好、处于濒危状态的重点民俗项目进行充分挖掘和系统整理。先后组织开展2次全县域普查，搜集非遗线索12591条，调查非遗项目1686项，挖掘出各级重点非遗项目710项，发现各级非遗代表性传承人48位。

三是申报各级名录。通过“一个省级以上项目配备一名专家、一部分工作人员、一名相关传承人或负责人”的“四个一”模式，积极推动非遗项目申报，并对具体申遗工作开展全方位指导。连续公布4批69个县级非物质文化遗产名录，20个项目入选市级非遗名录，民间舞蹈“炼火”“跌牌坊”等10个项目列入省级非遗名录，“赶茶场”于2008年入选国家级非遗名录。

二、抓传承，着眼“可持续”

一是抓早抓小，创新打造非遗传承教学阵地。树立以“非遗保护工作从娃娃抓起”的思路，创新性地在中小学校开设非遗课程，建成节目保护、传承教学、宣传展示等各类非遗基地10个，力求非遗传承普及化、低龄化。如在深泽乡墅安希望小学开设“寿龟奉茶”“铜钿鞭”等高价值非遗项目教学课程，通过邀请省、市两级非遗专家和县级非遗传承人开展常态化指导，培育了100余名非遗“小传人”，深泽乡于2011年获称“中国民间文化艺术之乡”。二是以人为本，大力关心关爱非遗传承人。坚持“用真挚感情留住人才，用实在关怀呵护技艺”，把非遗传承人纳入“本土人才”“实用人才”进行管理，并在全县“拔尖人才和百名创业创新人才”等评选中，对非遗传承人单列奖项，设立专门扶持条款。是年，磐安县还计划在“本土特色人才培养项目”中，单独为非遗传承人开展帮扶计划。此外，制定县领导与非遗传承人结对制度和访问报告制度，由县领导与48位非遗传承人结对。三是“以旧修旧”，全力修缮非遗项目及其举办场地。一方面，对习近平总书记曾经到访的“玉山古茶场”等一批非遗活动举办场地进行修缮，坚决避免“破坏性”修补，已累计投入修缮资金2953万元。另一方面，充分发挥农村老干部、老教师、老艺人、老工匠等“四老”作用，对已失传或即将失传的非遗活动组织开展“修复重生”工作，大力鼓励引导新人学习和传承。如通过大量努力，最终成功帮助因演绎者年迈而一度中断的“寿龟献茶”项目找到传承人，使该项活动得以延续，并随团赴法展演，受到外国友人和在法华人华侨的热烈欢迎和强烈反响。

三、谋发展，保持“生命力”

一是推陈出新，创新演绎形式。在深度挖掘非遗文化内涵的基础上，邀请省非遗专家在尊重群众朴素非遗情感，保持非遗传承“不失真”的基础上，推陈出新，用群众喜闻乐见的演绎形式谋求非遗活动在传承中的新发展。组织专家对10余个非遗项目进行筛选分析，成功赋予这些非遗项目以新的生命力。

二是“联姻”旅游，推进融合发展。将现有非遗资源与旅游发展进行深度融合，有效构建了“旅游搭台、非遗唱戏”的良性互动格局。成功创建高二乡和双峰乡2个非遗旅游景区，并将其打造成华东地区旅游目的地。总投资近2亿元的大型非遗活动展演基地前期工作正有序开展，该基地建成后将定期展演具有浓郁乡土特色的“炼火”“迎大旗”等系列非遗活动，集中展现非遗民俗文化。同时，充分借助景区资源，利用微信、网页、宣传片、磐安非遗电视剧、游客视频图片等多种形式，全方位、多角度地开展非遗文化项目“活态化”宣传，有力增强了非遗项目的“造血活力”。

三是全力“走出去”，打造文化品牌。积极组织非遗活动“走出去”,探索利用各类新媒体渠道,对有着“磐安烙印”的非遗活动进行多样化宣传,先后组织一大批优秀非遗项目走出浙江、走向全球参展参演。组织非遗项目外出交流展示近百次,相继参加了全国非物质文化遗产保护成果展、长三角非物质文化遗产保护项目“迎世博·扎灯大赛”“第十一届中国民间文艺山花奖·民间灯彩大赛”等;荣获国家级金奖3次,省级以上金奖11次,其中“高照马”获得了国家级最高奖项“山花奖”。

在探索落后山区非物质文化遗产保护方面,磐安县主要有以下三点启示:

一是做好非遗工作,要妥善处理好保护、利用和传承的关系。保护是前提,传承是目的,利用是手段。磐安县严格按照《国务院办公厅关于加强我国非物质文化遗产保护工作的意见》(国办发〔2005〕18号)提出的“保护为主、抢救第一、合理利用、传承发展”非物质文化遗产保护工作方针。通过在“本真性”保护的基础上,创新一些传承方式和非遗表现形式,激发出非遗“现在时”的强大活力,特别是在和旅游的融合发展过程中,通过深度挖掘整合非遗地域性特色文化、提炼非遗文化项目、规划建设大型非遗展演基地、送非遗节目进景区、借助景区平台微宣传等多种形式,助推全县非物质文化的生态化、绿色化发展。

二是做好非遗工作,要十分重视“人”的核心作用。非物质文化遗产是以人为载体,以“口授心传”为主要传承方式。传承人的消失无疑是非物质遗产最大的损失。磐安县在面对非遗项目普遍面临的“人走艺绝”威胁时,深入普查摸底,不仅掌握了全县具有重要价值的民俗文化活动的基本情况,也掌握了老一辈民俗艺人的详细情况。同时,出台相关扶持政策,引导非遗老一代传承者“回归祖业”,寻觅培养新生代的传承人,特别是以“非遗保护工作从娃娃抓起”为原则,在多所小学开设非遗课程,让非遗根植于年轻一代。此外,通过积极开展丰富多彩的活动,搭建大量非遗展演平台,可以有效提升非遗传承者和学习者的技能。

三是做好非遗工作,要巧妙借助新兴平台实现更为广泛的传播。非物质文化遗产是需要代代传承的民族文化,进行更为广泛的传播有利于其代代相传、广为人知。磐安县以“打破非遗地域性传播,打造‘全球化’培育”为目标,根植物联网,充分运用互联网平台和微信、微博等新媒介,直接推动了非遗文化在全县、全省以及全国的传播,特别是积极实施非遗“走出去”战略,主动向全球各地展示其本土文化,甚至成为国家文化外交的一张“金名片”,对非遗文化的传承和发扬而言,具有十分重要的意义。

衢州市文化广电新闻出版局

【概况】 内设职能处室7个，下属单位7家。2015年末人员136人(其中：机关23人，事业113人；具有高级技术职务资格的64人，中级38人)。

2015年，衢州市文化广电新闻出版局积极促进文化事业和文化产业"双轮驱动"，被评为2015年度满意单位，获市委、市政府综合考核优秀等次，文化工作再上新台阶。

一、基本公共文化服务标准化提升工作扎实推进

衢江、柯城、龙游、开化被列入省基本公共文化服务标准化10个重点市县。以"提升短板，促进均衡"为目标，对照公共文化服务标准化提升各类指标，及时召开全市基本公共文化服务重点县工作推进会、座谈会，制定《关于加快构建现代公共文化服务体系的实施办法》，下发《关于印发衢州市本级公共文化服务标准化提升两年计划(2015—2017年)的通知》，争取省财政资金1750万元，组织推进"两县两区"基本公共文化服务标准化提升项目建设。柯城区文化中心明确项目选址(荷五路健身公园西侧)，总建筑面积约8500平方米，完成立项、岩土工程招标、设计方案招标；衢江区图书馆装修工程完成项目申报、场地租赁、平面设计、经费预算、招投标等工作。完成为民办实事项目，全年送戏1327场、送书11.52万册、送电影2万场，建成文化礼堂128家。

二、儒学文化产业园区建设不断深化

成立由市委书记任组长的领导小组和由市长任主任的管委会，制定两年行动计划，明确各部门职责分工，委托中国传媒大学编制园区业态规划。5月，通过了文化部对产业园区的巡检。北门历史文化街区完成二期建设，启动业态规划和招商工作。水亭门历史文化街区基本完成一期建设，启动业态规划和招商工作、天王塔遗址展厅布展方案设计工作、二期建设规划设计工作。基本完成中国儒学馆项目建设，完善中国儒学馆运行策划方案，形成通过开展一系列儒学活动，扩大儒学文化影响力，打造中国儒城衢州的初步方案。

三、文艺精品创作再创佳绩

出版发行毛芦芦创作的《如菊如月》《流亡的天使》《小女兵》等6部抗战题材儿童小说，邀请专家召开毛芦芦文学创作座谈会，进一步扩大毛芦芦作品的社会影响。继续抓好以"中国梦"为主题的文艺创作，大型婺剧现代戏《快乐橘乡人》被列入省精品扶持项目，主创班底搭建完成。市文化馆短篇小说《姐姐》获得《少年文艺》"周庄杯"全国儿童文学短篇小说奖。编辑出版《衢州黄蜡石》《衢州水文化》等丛书，完成《衢州区域文化集成》与《衢州名人集成》第一批共10种书籍，挖掘、弘扬地方特色文化。

四、文化产业发展步伐加快

积极组织全市文化产业主体申报中央补助文化产业发展专项资金，3家企业获得1150万元补助。组织参加"2015海峡两岸文化创意与传统艺术展"，柯城沟溪乡农民文化创作协会与台湾日月潭景区旅游公司达成长期合作意向，由沟溪乡农民文化创作协会为日月潭景区创作作品，并在日月潭景区内开设专营店进行宣传销售；江山西砚堂雕刻厂与台湾一家房地产企业达成合作意向，在台北开设中国西砚博物馆；浙江千叶印刷有限公司取得迪士尼台湾地区版权。联合衢州日报社举办衢州市第二届黄玉博览会，200多个展位参展。

五、文化遗产保护不断加强

首次承办2015年文化遗产日浙江主场城市活动开幕式，现场开展了"舌尖上的文物"、文物鉴定、市数字博物馆上线启动仪式等10多项活动，全面展示了衢州市深厚的历史文化底蕴。完成衢州城墙北段和周宣灵王庙两个国保单位维修工程立项并向国家文物局争取到工程资金320万元。完成市本级第六批省保保护范围和建设控制地带划定工作，并由市政府报省政府核定公布。基本完成第二、三、四批市保的保护范围和建设控制地带划定工作。研究制订周宣灵王庙、水亭门城楼、神农殿和赵抃祠等文保单位的业态与展陈提升方案。制定《衢州市历史文化街区民间博物馆准入标准》,推进民办博物馆进街区。精品线装书《论语集注》《三衢道中》全面完成,两套图书印刷用纸选用国家级非物质文化遗产项目龙游皮纸,地方特色鲜明。

六、文化市场监管规范有序

积极探索以信息化推进文化市场监管的现代化,推行综合应用省部平台、广泛运用智能终端、实时监控远程动态、整合开发区域平台四大举措,初步实现监管内容、监管机制、监管手段、监管方式等的"智慧监管"。全市共接入省、部监管系统平台3个,建立数据库5个,内容涵盖文化、广电、新闻出版市场及文保单位4大门类2300余家场所信息;配备小米移动执法终端21部,平均2人一部,全部实现现场巡查信息100%智能录入;自主搭建首期监管平台1个,市本级3家演艺吧、5家影院、6家省保以上单位纳入24小时实时监测;全市网吧经营管理技术措施(净网先锋)安装率95%,在线率90%以上。开展2015"清源""净网""护苗"等"扫黄打非"专项行动,对互联网开展全方位清查活动。积极参与文明城市创建活动,强力开展网吧整治工作,出动检查人员406人次,检查场所1341家次,罚款20余家,停业整顿2家。

衢州市文化广电新闻出版局机构改革 8月,根据中共浙江省委办公厅、浙江省人民政府办公厅《关于印发〈衢州市人民政府职能转变和机构改革方案〉的通知》(浙委办发〔2015〕4号)精神,设立衢州市文化广电新闻出版局,挂衢州市文物局牌子,内设办公室、人事处(挂法规处牌子)、行政审批服务处(挂文化产业处牌子)、文化艺术处、文化遗产处、广播影视处、新闻出版处(挂版权处牌子)等7个职能处室。下辖市文化市场行政执法支队、图书馆、文化馆(非物质文化遗产保护中心)、博物馆(文物保护管理所、市文化艺术研究院)、西安高腔传习所(农家乐大篷车艺术团)、广播电视监测中心、文化投资发展有限公司等7家单位。

【大事记】

1月

29日 在博物馆举办周国芳版画捐赠仪式,市四套班子相关领导参加活动。

是月 "承办全国基层公共文化服务现场经验交流会"获得2014年度外宣活动项目类"金桂奖"。

2月

4日 国务院国有资产监督管理委员有关人员一行35人视察衢州城墙水亭门城楼,市委书记陈新陪同。

同日 启动假期社区义务监督员进网吧巡查试点工作。社区义务监督员由"五老"人员组成,首批以府山、蛟池街2个社区为试点,以寒假放假学生进网吧为监督对象,由社区组织每天分组安排人员对区域内8家网吧进行重点巡查劝导。

9日 省文化厅厅长金兴盛到衢调研农村文化体系建设。

23日 省文化厅副厅长蔡晓春到衢调研文化执法工作。

4月

20日 开展全市违法物品销毁活动,销毁各类非法音像制品和非法出版物3000余盘/册。

5月

4日至8日 省文化厅厅长金兴盛一行到衢开展"百名部长基层宣传思想文化工作大调研"活动。

15日 省文化厅副厅长黄健全受文化部委托率巡检组到衢,考核国家级文化产业试验园区建设情况。

6月

8日 衢州数字博物馆项目通过验收。

13日 2015年中国文化遗产日浙江主场城市活动在衢州市博物馆举行,省直各文博单位、各设区市及有关县(市、区)文物部门负责人、专家以及衢州市社会各界代表和群众参加活动。

同日 在市青少年宫举办手风琴世界冠军"瓦卢让·沙什耶夫"专场音乐会。

7月

15日至16日 副省长郑继伟到衢州调研公共文化服务重点市县提升工作。

16日至21日,参加环球自然日决赛,衢州赛区得到5个一等奖,1个二等奖,2个三等奖的好成绩。

8月

28日 在巨化会展中心举行纪念中国人民抗日战争暨世界反法西斯战争胜利70周年2015衢州市群众经典歌曲合唱大赛,全市15支队伍参加决赛。

是月 出版首期《中国儒城——衢州》杂志。

9月

21日 举办"最美衢州"

2015 衢州市第三届排舞大赛。

28 日　韩国大田文化财团团长朴赞鳞一行 6 人到衢开展文化交流。

10 月

16 日　在江山市大陈村举办"生态家园,幸福生活"衢州市首届原创村歌大赛。

30 日　召开《流动文化服务和管理规范》市地方标准立项评审会,流动文化服务地方标准制定工作正式启动。

11 月

2 日至 6 日　在浙大华家池校区举办衢州市文化产业专题研修班。市级有关单位分管领导,各县(市、区)宣传部分管部长、文广新局局长、市文广新局直属各单位及各处室负责人及市"128"文化企业负责人、部分文化产业促进会成员 75 人参训。

5 日　省委书记、省人大常委会主任夏宝龙在市委书记陈新等陪同下视察水亭门城楼。

11 日至 16 日　组团赴台参展"2015 海峡两岸文化创意与传统艺术展",加强了与台湾之间的文化创意产业交流。

19 日至 20 日　举办 2015 衢州市农村文化礼堂建设指导员培训班,全市 80 多位农村文化礼堂指导员参加。

23 日至 27 日　委托浙江大学光华培训中心举办衢州市现代公共文化服务体系建设研修班,市文广新局及各县(市、区)公共文化服务单位干部和市文化志愿者联合会理事单位部分代表 55 人参训。

27 日至 12 月 5 日　在衢州市会展中心举办第二届黄玉博览会。

12 月

15 日　省文化厅厅长金兴盛一行到衢督查公共文化服务标准化重点市县提升工作。

(杨仁敏)

衢州市县(市、区)文化工作概况

【柯城区教育体育局(文化局)】 内设职能科室 2 个,直属单位 2 个。2015 年末人员 11 人(其中:机关 6 人,事业 5 人;具有高级技术职务资格的 1 人,中级 3 人)。

2015 年,柯城区文化局各项工作取得新进展。一是抓基础,公共文化服务标准化建设步伐加快。启动柯城区文化中心建设。中心选址在衢州市区南区,规划用地面积 7000 平方米,建筑占地面积 4500 平方米,总建筑面积约 8500 平方米,其中文化馆约 4000 平方米,公共图书馆约 4500 平方米,室外建有文化活动广场 1500 平方米。工程总投资约 6050 万元。已经完成立项、岩土工程招标、设计方案招标。全面完成文化重点项目建设专项工作。建成 3 个"幸福影院"、13 个农村电影室内固定放映点和 5 个农村文化广场,打造精品农家书屋 5 个。深化文化百千万工程。全年送戏下乡 204 场、送电影 3700 场、送书 1.25 万册,周末文化广场演出 24 场次,举办衢州市合唱指挥骨干、柯城区业余民间戏曲团队骨干、排舞骨干等培训班,培训学员 600 余人。二是抓精品,文化艺术活动丰富多彩。以"原创"为抓手开展群众文化赛事。举办柯城区第二届农民讲书大赛、原创村歌大赛、民间剧团小戏 PK 赛等活动,突出柯城原创文化特色,原创文化对外影响力不断提升。同时,提高群众的参与度,充分满足群众日益增长的精神文化需求。深入开展各类文化活动。举办第十二届"幸福柯城——相约星期五"周末文化广场演出、柯城区首届乡村休闲旅游文化节演出等活动,为区委、区政府中心工作唱足文化大戏。积极创作文艺精品。涌现出一大批精品力作,其中,府山街道养老服务中心老年艺术团及衢化街道"幸福之声"合唱团在 2015 衢州市群众经典歌曲合唱大赛上分别获得一金一铜;排舞《土耳其的欢乐》在衢州市第三届排舞大赛上荣获农村组金奖,在浙江省第二届文化礼堂乡村排舞大赛上获老年组金奖;在衢州市第七届群众文艺会演中,小品《过年》获小品类比赛专场创作表演双金奖,音乐《唯你最美》获音乐类比赛专场创作银奖、表演银奖,女声小组唱《绿水青山》获创作、表演双金奖,舞蹈《碧影花香》获舞蹈类比赛专场创作银奖、表演银奖;《花样沟溪》《一汪清水育墩头》《幸福皂角》在"生态家园·幸福生活"衢州市首届原创村歌大赛中荣获银奖;曲艺道情节目《支部就是一面旗》代表衢州市参加浙江省第八届曲艺新作大赛,荣获创作、表演双金奖。三是抓重点,文化遗产保护成效明显。成功举办三大民俗节。继续举办"女儿节"、九华立春祭、畲族"三月三风情文化节"等民俗活动,区非物质文化遗产得到很好的传承和发扬。加强文物保护工作。省保九华乡土建筑之郑氏民居、谷口世家牌坊修缮工程完成初验,省保麻蓬天主教堂之西式教堂修缮工程基本完工。对全区各级文物保护单位业余文保员进行调整,进一步落实文物安全责任制,做好文物安全工作。划定第四批市级文物保护单位保护范围和建设控制地带并上报市文物局。完成柯城区第一次全国可移动文物普查,普查单位177家。四是抓规范,文化市场管理扎实有效。行政审批改革工作稳步推进。完成权力清单、责任清单梳理及网上政务大厅建设等工作,实现所有审批事项均在网上流转,做到优质服务、便民高效。是年受理行政许可申请6件,办结3件。新增注册资本150万元,从业人员4名。审批事项按时办结率100%,群众满意率100%。取消网吧、游艺娱乐场所总量控制,积极引导企业转型升级,推进文化市场繁荣发展。严格执法,规范文化市场经营秩序。强化法律法规宣传教育,召开网吧经营业主会议2次,与所有网吧业主签订《守法经营责任书》,增强业主依法经营管理的责任心和自觉性。坚持错时工作制,重点加强午间、周末和节假日的监管,不定时分头检查或集中执法。全年出动执法检查人员218人次,对所有网吧进行了突击检查,查处违法网吧3家,停业整顿1家,处罚3家,罚款6000元。全面规范娱乐市场管理秩序,开展专项整治4次,联合执法检查4次,出动执法人数40人次,检查电子游艺场所15家次,警告5家。与公安建立联动机制,借助公安网络监控平台对全区动漫城经营行为进行有效规范。认真做好"扫黄打非"专项工作。充分发挥职能作用,采取自行执法检查和组织联合执法检查两种形式,认真开展"清源""净网""护苗"3个专项行动。加强文物监察。加强重点文物管理,健全考核机制,确保文物安全。对发现问题的单位以督办单的形式要求整改。当年发生文物安全隐患的,在年底区政府文化线考核时对所在地政府作扣分处理。积极介入省保单位九华乡土建筑、石梁麻蓬天主教堂维修安全工作,检查10余次,提出维修中存在的安全问题及建议5处,当场要求整改3次,为文物维修安全保驾护航。

(姜　曦)

【衢江区文化广电新闻出版局】 内设3个职能科室,局属事业单位5个。2015年末人员32人(其中:机关编制人员10人,事业编制19人,劳务派遣人员3名;具有高级技术职务资格的5人,中级4人)。

2015年,衢江区文化广电新闻出版局各项工作持续推进,文化事业稳步发展。一是突出文化惠民,公共文化服务全面深化。统筹推进公共文化活动。围绕文化强区"八个十"工程,倾力打造"雏燕争春""民星争辉""梨园争霸"等10个群众文化活动品牌,制订工作清单,实施挂图作战,责任到人。紧扣区委区政府中心工作,组织"以文治水"主题文化活动、衢江区"最美"微宣讲进文化礼堂活动。开展"小乡村·大舞台"美丽村晚、"民星争辉·安全生产杯"衢江区第二届民间艺人才艺大赛等丰富多彩的群众文化活动,极大地丰富了群众文化生活。运用"流动文化馆""流动图书馆""流动舞台车"等流动服务平台,面向偏远山区、特殊群体开展流动"文化加油站"工作,深入推进"农家书屋""廉政图书角"建设,实现"农家书屋""廉政图书角"272个行政村全覆盖,完成送戏下乡268场,送图书下乡1.9万册。全力打造"流动风情"衢江区文化走亲等文化交流活动品牌,全年开展县外文化走亲8次,送文化展览培训9次。全面加强文化阵地建设。继续推进网上文化预约点评互动,向各乡镇(街道、办事处)分管领导、文化员等发放流动文化惠民服务指南手册4700册。完成网络流动文化服务平台创建,实现文化活动节目预约,点评互动。稳步实施公共文化服务两年提升计划,公共图书馆建设有序推进,图书馆装修工程完成项目申报、场地租赁、平面设计、经费预算、招投标等工作。图书馆人员编制由自收自支转为全额拨款,并调入两名工作人员。加强省级中心镇文化设施建设,部署建设廿里、高家两个省级中心镇图书馆分馆。着力提高乡镇综合文化站达标率。全区21个乡镇(街道、办事处)建成乡镇综合文化站18家,剩余3个乡镇(街道、办事处)文化站完成选址。广泛开展文化培训活动。全年开设婺剧、舞蹈、美术、钢琴培训,为机关干部、教师等群体提供培训平台;扎实开展文化干部"六个一"活动,推进辅导进村、进社区活动,全年举办培训143次,共计277学时,受惠2540人。选送参赛作品参加全省农村文化礼堂文化员才艺大赛,喜获2银4铜佳绩。《文林流韵万年长》参加全省村歌大赛获创作银奖、表演金奖。二是突出传承利用,文化遗产保护不断加强。全国文物普查工作有序推进。完成衢江区第一次全国可移动文物普查第二阶段工作，对库房内682件(套)文物进行信息采集、登记上报。完成文保单位保护范围和建控地带划定工作，划定区第七批国保单位1处、第六批省保单位7处以及2014年新增市级文保单位13处的保护范围和监控地带。完成安装文保单位、文保点标志碑(牌)工作，共安装27处文保单位标志碑、74处文保点标志牌以及2处古遗址和古窑址界桩。完成国家级重点文保单位吴氏宗祠四有档案编制工作。重点文物保护项目全面实施。加强对濒危文物的抢救工作，做好省级文保单位的修缮保护，完成下埠头天后宫修缮和竣工验收工作，李泽李氏大宗祠修缮工程正式施工，云溪乡黄甲山塔保护工程进入招投标阶段。做好市级文保单位、区文保点的修缮保护工作，排出2015年度文物修缮项目等21项。非遗传承保护利用推陈出新。依托"传承基地学校"，做好区《茶灯戏》《木偶戏》《马灯戏》3个省遗传统戏剧的保护传承工作。周家乡宋家村获评浙江省第二批传统戏剧特色村。公布第六批区遗名录项目(含扩展项目)17项。开展记忆中乡愁非遗普查工作，开展非遗宣传进课堂、非遗展板进社区、非遗展示进礼堂、非遗培训进农村等"四进"系列活动。通过非遗走亲、央视七套走进衢北重阳节等活动，加强非遗对外交流宣传。文化遗产保护宣传深入民心。召开全区文化遗产保护工作会议。精心筹备文化遗产日活动，举办文化遗产培训班，宣传《文物保护法》。开展传承人服务月系列活动，走访、慰问全区12位省级非遗人。完成《衢江文化地图》《衢江文物》《衢江民俗志》《衢江宗祠》编撰工作。完成乡愁地图制作、"乡愁记忆库"非遗部分资料的申报等工作。三是突出产业发展，文化市场繁荣有序。行政审批核验效能提升。规范行政审批程序，所有审批事项做到材料齐全，手续完备，现场审核，建档及时。全年窗口零投诉，月月被评为区中心常驻部门五星级窗口。文化市场监管有力。重点抓好文化市场日常巡查工作。采取错时、突击、联合、明察暗访等多种检查方法，坚决打击一切违法乱纪行为和违法经营行为。召开创建全国文明城市暨安全生产工作会议，对网吧业主进行《互联网上网服务营业场所管理条例》和安全生产相关案例培训。出动检查724人次，检查各类经营场所316家次，处罚违规经营单位16家，罚款3.65万元，受理并办结各类举报3件，取缔非法演出场所1起。扎实开展文保单位执法检查，做好文物安全消防检查。积极组织开展"绿书签"活动及"秋风""护苗"等专项行动，加强文化市场监管。文化产业逐步发展壮大。做好2014年度文化产业政策兑现工作，增强文化经营业主兴办文化企业的积极性。组织区8家文化企业分别参加2015海峡两岸文化创意与传统艺术展、第十届义乌文博会等。做好项目的命题申报工作，共申报项目21个，其中14个入选区项目库。有序推进全旺陶谷"三陶轩"建设，依托省级文保单位两弓塘窑址群，整合、挖掘以宋瓷为主要代表的陶瓷文化艺术，做大文化产业，弘扬南孔文化，打造宋瓷文化的朝圣地和当代陶瓷研究交流的重要平台。

(徐昕犇)

【江山市文化广电新闻出版局】 内设职能科室4个，下属单位7个。2015年末人员68人(其中行政编制11人，事业编制57人；具有高级技术职务资格的31人，中级21人)。

2015年，江山市被评为浙江省传统戏剧特色县；江山市文化广电新闻出版局被评为浙江省文化市场综合执法先进集体，取得江山市机关部门工作目标综合考评社会管理类良好等次，"天天阅读　天天向上"全民阅读项目被列入第二批省公共文化服务示范项目，"江山村歌，中国乡村好声音的流行曲"项目入围第三批创建浙江省公共文化服务体系示范项目。一是创新传统文化产权保护模式。借助申报国家知识产权试点城市契机，成功以"传统文化旅游知识产权保护与开发"为特色主题定位，助推江山成功申报国家知识产权试点城市。二是举办"三山"艺术节30周年庆祝活动。由江山、常山、玉山联合举办的边界文化走亲盛事"三山"艺术节迎来30周年。9月28日，"三山"艺术节30周年边界文化交流研讨会在江山举办；"江山如此多娇"2015第三十届"三山"艺术节文艺晚会在江山电影院举办。三是加强公共文化服务体系建设。注重"四个统筹"。软硬统筹，中国蜜蜂博物馆(浙江馆)在江山落成，为全省首个蜜蜂行业主题馆；投入100万元资金对市文化馆、图书馆进行馆舍提升改造;市博物馆充分发挥普及教育、宣传推介作用,全年举办临时展览6个,观众21.5万人次。新旧统筹,在文化礼堂建设、文物保护利用中注重发挥新旧设施的多重功能;发挥老艺人传帮带作用,注入新骨干传承创新作用。城乡统筹,发挥文化站在乡镇文化事业中的桥头堡作用,各乡镇文化站根据实际情况,安排专人负责日常开放工作,基本实现每周开放5天,完善设备登记与外借制度,采取内引外联方式开展文体活动,吸引群众广泛参与;开展以"流动文化加油站""文化赶集"等为载体的公共文化服务,全年送电影下乡4242场,送戏下乡172场,送书下乡2.6万册,汽车图书馆下乡100次,送培训下乡76次,文化走亲10场次;面向市民开展声乐、舞蹈等系列文化培训项目,免费培训160多个课时,服务逾5000人次。远近统筹,致力于完成当下工作,又认真谋划"十三五"规划,做到当前长远两不误。四是做好非物质文化遗产保护与传承。依托江山婺剧研究院,创新性设立江山市非遗传承专业团,集人才培养、展演展示、项目创新为一体,创设集中传承与分散传承相互结合,专业传承与民间传承相互补充的新模式,让非遗传承刚性化、日常化、永续化。以婺剧元素对经典诗词进行谱曲改编,编辑出版《诗词婺韵》,作为全市中小学乡土教材进行推广,为婺剧进校园创设新载体。木偶戏学子祝德华将廿八都木偶戏与江山坐唱班有机嫁接,自主创新研发木偶打击道具,组成"一个人的木偶坐唱班",增加了廿八都木偶戏的可看性、趣味性和便捷性。组织非遗项目参加第十届(中国)义乌文化产品交易博览会,西砚"关爱"荣获义乌文交会"铜奖";组织参加中国(浙江)第五届工艺美术精品博览会,西砚"问路"获博览会"金奖";组织优秀非遗项目参加"非遗薪传"浙江曲艺展演展评、浙江传统纸艺彩扎精品展等活动。五是提高文物保护与利用水平。坚持"最小干预,最大兼容"理念,即在保护修缮上最小干预,在管理使用上最大兼容。突破文保单位修缮瓶颈。三卿口制瓷作坊保护工程(一期)争取到国家文物局资金121万元,黄氏宗祠、碗厂20—22号、碗厂56号等建筑修缮设计方案获批复同意。完成省保单位新塘边姜氏宗祠等10余处文保单位、文物点修缮工程。加强文物保护管理力度。充分发挥文保员作用,确保每季度开展一次文保单位巡查活动。3月,四都镇四都村发现一座古代墓葬,初步鉴定为明代古墓。全年向省财政厅、文物局争取到文物专项资金304万元,为历年省补文物资金最多的一年。有序推进第一次全国可移动文物普查工作,共采集4085件(套)文物信息。提升文保单位开放利用率。南坞杨氏宗祠是"南坞三月三"民俗文化活动的主阵地,贺村徐氏宗祠、廿八都戴氏宗祠、张村黄氏宗祠、溪东王氏宗祠等作为农村文化礼堂、村文化活动中心对外开放。六是加强文化市场监管。开展"扫黄打非"2015"净网""护苗""清源""秋风"、非法地卫整治、歌舞娱乐场所整治等专项行动10余次。开展文化市场经营业主培训2次。全年出动执法人员543人次,检查850家次,发现违规16家次;举报(督查)受理1件,属实案件1件;行政处罚立案调查15件,办结案件13件,警告8家次,罚款14700元,吊销许可证1家,没收违法物品2889件。完善网吧长效管理机制,加强文物行政监察工作,基本实现了文化市场"繁荣、健康、有序、平安"的目标。七是宣传推介服务中心。围绕中心,发挥优势,配合市、乡、村各级开展工作。组织、参与、指导了在省自然博物馆展出的江山市生态文明成果展暨乡村休闲旅游推介会、第十二届浙江山水旅游节暨第二届衢州江郎山旅游节、第三十届"三山"艺术节文艺晚会等40余个文艺活动。配合文化礼堂建设成果展示年,积极开展各类文化礼堂辅导工作,开展文化礼堂巡回演出58场。诠释大陈乡夏家村村民王书根"忠园"建筑群的艺术价值、建筑价值和科学价值,得到江山市政府的高度认可,建筑群最终得以保留保护。

(周江晶)

【常山县文化广电新闻出版局】 内设职能科室5个,直属单位6个。2015年末人员51人(其中机关13人,直属单位38人;具有高级技术职务资格的3人,中级11人)。

2015年,常山县文化广电新闻出版局按照县委、县政府和上级部门的部署,紧紧围绕"实力工业、休闲城市、美丽乡村"战略目标,着力打造文化常山,促进全县文化事业、产业共同发展,各项工作稳步推进,取得阶段性成果。一是深入挖掘和调研常山创业文化。组织开展常山创业"招贤现象"调研工作，形成《常山创业"招贤现象"及其品质特征》调研报告，并在《衢州日报》《今日常山》开设专版专题宣传。组织多个研讨会、座谈会，提炼出"贤良贤商，德业共树"贤商文化核心精神，以及"一船当先、从流弄潮、逆水撑篙、众人划桨、厚德载舟"贤商文化基本内涵，得到社会各界的高度肯定。二是深入推进公共文化服务体系示范项目建设。将创新开展的"群众文化活动'三唱三红'模式"，即"常山之歌天天唱""越剧专场周周唱""激情广场月月唱""春节元宵开门红""主题活动年年红""一乡一节处处红"，申报国家公共文化服务体系示范项目。加大"三唱三红"品牌宣传力度，通过《衢州日报》、《中国文化报》、常山电视台等媒体进行广泛宣传，提高了常山文化的知名度和影响力。持续开展"三唱三红"品牌文化活动。创作编排《常山胡柚》《常山三宝》等凸显常山元素的文艺节目充实文化馆节目库，利用"流动文化馆""流动大篷车"等形式，将优秀原创节目送到基层，推进常山优秀原创歌曲天天唱。深入开展"常山艺苑周末越剧免费专场"演出活动，全年演出50余场。在农村文化礼堂中心广场开展"激情广场月月唱"活动近20场。扎实开展"我们都是常山人"全县排舞大赛，举办初赛、复赛、决赛22场，参赛队伍47支，参赛人员1000多人，评选出金奖5个、银奖10个、优秀组织奖4个。三是开展各类群众文化惠民活动。开展送戏下乡106场，送书下乡1.33万册，送电影下乡3200场，送展览讲座下乡12场。开展廉政越剧《清简樊莹》大戏派送下乡演出42场，观众30余万人次。开展文化走亲活动7场，观众2万人次。做好农家书屋长效管理，投入80.91万元采购资金，为全县68家重点农家书屋补充更新图书设备。此外，还为基层文化站、业余文化队伍采购赠送了音响、器乐、摄影器材等420余件(套)。指导并配合做好2015常山县"春漫常山·金花飘香"金花节活动开幕式演出等相关文艺活动。四是有效推动全民阅读。开展"引领夜读·走进书香"夜读活动，将每周免费开放49小时提升至63小时。举办"五水共治，两美常山"城区五所小学生朗诵比赛活动。积极整合资源，与新华书店联合推出"你淘书、我买单"活动，有效提高了图书馆图书借阅率。五是扎实开展文化培训。加强与大学院校和省级培训咨询机构联系，组织县、乡、村宣传文化骨干赴杭州等地参加常山县公共文化骨干培训班，培训骨干120多人。重点开展以"常山三宝"为主题曲目的全县排舞大赛骨干培训活动，培训排舞骨干700多人。组织开展传统榨油技艺、排舞、二胡器乐、文化礼堂图书管理等10场文化集中培训。开展"流动文化馆"培训，采取对口辅导的方式，深入乡镇、街道做好业余文艺队伍培训辅导，全年培训群众6000余人次。六是加强文艺精品创作。围绕"美丽徐村我的家"主题，邀请省文艺专家团队参与"学士故里·乡愁情韵"徐村实景文艺专场演出策划编排工作，并在县青少年宫首演，得到了县领导和广大观众的好评。积极推进"常山三宝"和"我们都是常山人"歌曲创作征集活动。开展越剧《琼奴与苕郎》二度创作工作。完成"金川浪花文化丛书"之《常山传统民居》《常山记忆·常山老照片集》等书籍出版工作。邀请中国音乐家协会会员、浙江省知名词曲作家组成创作团队，创作乡歌村歌14首。是年，荣获省级比赛金奖4个，银奖1个，铜奖3个；市级比赛金奖7个，银奖8个，尤其是舞蹈《常山三宝》以总分第一名的成绩获得全省第九届排舞大赛金奖。七是有效推进文化遗产保护传承工作。扎实开展非物质文化遗产保护与传承工作。加强国家级非物质文化遗产代表性项目"常山喝彩歌谣"的保护、传承和发展，开展了"为企业家喝彩"主题原创彩词作品征集活动，征集各类相关彩词100余篇，评出一、二、三等奖42篇；开展《为常山喝彩》采访撰编工作，编辑出版《为常山喝彩》报告文学集。加强"戏剧传承非遗"的研究、创编和宣传推广工作，完成省级非遗项目大型原创越剧《琼奴与苕郎》并在衢州学院首演，在《中国文化报》开展专版宣传；开展廉政越剧《清简樊莹》等大戏派送活动，在14个乡镇(街道)演出42场。编辑出版《武当太乙拳(宋氏门)》套路书。成立常山婺剧(戏剧)促进会，首批会员68人。开展全国第一次可移动文物普查及古籍整理工作，完成全部藏品的信息采集工作，共计1500件(套)。完成第一次全国可移动文物普查第二阶段工作。开展古籍库房改造和古籍普查工作,基本完成县图书馆馆藏 3365 册古籍的普查工作任务。大力实施文物维修和平安工程建设。认真做好省保单位底角王氏宗祠(含世美坊)维修工程收官工作。积极实施省保单位"徐氏旧宅"维修一期工程建设,投资招投标额为 165 万元。完成 11 处县保单位的现场勘查和 38 处文物保护标志碑的竖立工作。加强安全管理措施,完成县级以上重点文保单位安全消防器材配送,与 24 处古建筑类文保单位签订"文物保护单位安全责任书",完成全县 16 处古桥梁类文保单位的摸底调查。八是积极扶持加快文化产业发展。助推浙江泓影·常山越剧团发展,投入 100 余万元,开展政府向浙江泓影常山越剧团购买公共文化服务;支持剧团开展越剧大戏《琼奴与苕郎》二度创作和集中编排大戏 6 部,组织剧团开展 2 场"文化走亲"活动。同时,鼓励剧团大胆送戏出县,应邀到东阳横店送戏 6 场。有效推进中国观赏石博览园建设,帮助成立龙腾观赏石研究院;完成县地质博物馆地质展品有机融入观赏石博览园的协议签订,并一次性划 100 万元补助资金;设立观赏石专题图书馆(县图书馆青石分馆),落实书籍、设施购置资金 130 万元;启动石博园创建常山喝彩歌谣传承基地前期工作。推动文化产品"走出去",组织 4 家文化企业参加第十届中国(义乌)文化产品交易会。九是确保文化市场安全稳定。召开全县文化市场"扫黄打非"工作领导小组会议,深入部署和开展"扫黄打非"专项整治工作。依法销毁招贤镇古县畈村废旧破损佛经书籍等 15 吨非法出版物及历史遗留的 11.7 万张非法音像制品。做好重大节假日期间文化市场稳定工作。不断提升文化市场管理和审批的规范化水平。完善和减少行政审批工作程序,全年受理行政许可事项 43 件,办结 43 件,办结率 100%。县文广新局窗口有 11 个月被评为"模范红旗窗口"。加强文化市场执法检查力度,围绕"扫黄打非",娱乐场所、文化场所安全等 5 个重点领域,组织开展各类专项集中整治活动和多部门联合执法活动,检查经营单位 432 家次,出动检查人员 229 人次,受理电话举报 4 次。

(徐　洋)

【开化县文化旅游局】 内设科室 5 个,下属事业单位 8 个。2015 年末人员 72 人(其中:机关 14 人,事业 58 人;具有高级技术职务资格的 5 人,中级 23 人)。

2015 年,开化县文化旅游局紧紧围绕中心工作,按照抓重点、出亮点、显特色的要求,大力推动公共文化服务体系建设,取得明显成效。一是文化活动丰富多彩。以国家公园建设为主题,开展"文化大舞台"一月一演、"百姓大舞台"广场巡演、"乡村大舞台"一乡一节等 3 大活动,基本形成了"月月有主题,周周有活动,次次有亮点"的格局。民俗文化活动形式多样。指导乡镇挖掘地方文化品牌,开展地方特色民俗文化活动,全年各乡镇举办各类节庆活动 70 余次,形成民风民俗活动品牌,助推风情小镇建设和乡村旅游发展。文艺展演活动精彩纷呈。举办开化国家公园·乡村大舞台新春文艺展演,350 人参演。在县文化艺术中心举办"东方杯"开化县纪念中国人民抗日战争胜利 70 周年合唱大赛,全县 16 支代表队 1000 余人参赛。二是推进现代公共文化服务体系不断完善。被列入浙江省基本公共文化服务标准化建设重点县,编制了《开化县基本公共文化服务标准化建设提升计划》。扎实开展为民办实事项目,建成 20 个农村文化礼堂和 20 个农村文化广场。流动文化加油站品牌深入实施,全年完成送书下乡 1.53 万册,送电影下乡 3225 场,送戏、送演出下乡 265 场。队伍培训有效开展,举办 2015"舞动开化国家公园"排舞培训班,对全县各乡镇 49 个无排舞队的行政村文艺骨干进行培训,为全县实现排舞队全覆盖打下了扎实基础。以"馆站共建"活动为抓手,深入基层开展文化活动和文化队伍培训。芹阳办城西社区、长虹乡桃源村被省政府命名为文化示范社区、文化示范村。三是文化遗产保护利用成效明显。结合旅游景点和乡村旅游开发,实施何田晴村思本堂、华埠镇联丰村侍御公祠、大溪边乡方田村太和堂、音坑乡青山头村三治堂、马金镇正大村永言堂 5 个"一祠一品"文化旅游项目,打造旅游人文景观。完成全国第一次可移动文物登录和第六批省级文物保护单位保护范围、建设控制地带划定工作。霞山古村落保护工程民居修缮完成 40 栋,完成永锡堂、启瑞堂陈列布置;做好各级文保单位的修缮维护。深入挖掘非物质文化遗产。

完成15首满山唱作品的谱曲、录音、制作等工作。长虹民俗苑建设完工并开放。完成马金茗博园之龙顶茶传统工艺开发与体验中心设计方案。对接上海复旦大学中华古籍研究院，建立常态合作关系，争取国家图书馆古籍保护科研基地项目，建设开化纸传统技艺展示中心（院士工作站）。开展开化非遗走进乡村旅游活动，在下淤等景区村演出，提升乡村旅游文化内涵。四是文化产业和文化市场实现新发展。甲壳虫动漫文化产业园一期工程有序推进，四大动漫主题场馆及附属场馆全面启动，未来音全息体验馆开业。根缘小镇列入全省首批特色小镇并完成控制性详细规划。以甲壳虫动漫产业园为核心的动漫产业小镇和根缘小镇一起列入第一批市级特色小镇。开化—桐乡山海协作生态旅游文化产业示范区共建协议签约并举行揭牌仪式，编制了《开化—桐乡山海协作生态旅游文化产业示范区控制性详细规划》。组织根雕、陶艺等企业参加义乌文交会，设12个展位。做好文化产业政策兑现工作，兑现2015年度文化奖励金额22.99万元。加大文化市场执法力度，健全市场巡查，规范日常监管机制，坚持日常检查与突击检查、明查和暗访相结合，强化与综治办、公安、市场监管等部门联合执法力度，开展了"扫黄打非"、2015"清源""净网""护苗"、卫地设施、公共视听载体整治等专项行动。狠抓安全生产，全年未发生文化市场安全事故。

（汪　佳）

【龙游县文化广电新闻出版局】 内设职能科室4个，下属参公单位1家、事业单位4家。2015年末人员45人（其中机关8人，参公6人，事业31人；具有高级技术职称的4人，中级13人）。

2015年，龙游县文化工作紧紧围绕"两化两游"中心工作，以基本公共文化服务标准化重点县建设为抓手，改革创新，大力推进公共文化服务体系建设、文化遗产保护、文化产业发展、文化市场监管等工作。龙游县文广新局荣获全省"扫黄打非"先进集体、全省文化市场综合执法先进集体。一是完善政策、优化平台，公共文化服务提质增效。围绕基本公共文化服务标准化重点县建设，深入贯彻《关于加快构建现代公共文化服务体系的实施意见》精神，着力"补短板、填空白、抓特色"。加强顶层设计，完成《龙游县"十三五"文化发展规划》编制工作；下发《龙游县基本公共文化服务标准化提升计划》，出台《龙游县业余文艺团队业务管理办法（试行）》《龙游县乡镇（街道）综合文化站建设和免费开放经费补助办法》《龙游县村（社区）文化活动中心建设和经费补助办法》等。进一步推进县乡村三级公共文化服务阵地建设，完善公共文化服务网络。投资150余万元的文化馆剧场完成改造升级。县图书馆对场地进行调整装修，拓展对外开放场地。据统计，县文化馆全年无偿提供场地100余次，提供设备40余场次；县图书馆全年接待读者9.1万人次，图书流通8.1万册次，较2014年分别增长25%和15%。完成10个乡镇（街道）综合文化站建设。推进基层综合性文化服务中心建设，完成农村文化礼堂建设22个，开展活动315场。湖镇镇、溪口村、天池村等12个镇村通过省级文化强镇和省级文化示范村验收。全面推进文化下乡、"激情广场月月演""文化大篷车"等文化服务品牌建设，全年送书1.2万余册，送戏下乡100场，送电影下乡3100场，开展展览讲座活动37场，开展县、乡级文化走亲活动27场；免费培训3200多人次。"激情广场月月演""魅力青年"等群众文化活动品牌建设成效显著，其中"魅力青年"才艺大赛分7个赛区，历时3个月，举办演出11场，吸引600多名选手参赛，网络点击量54万次。结合地方特色，以横山镇天池村、沐尘乡社里村、庙下乡严村村等乡村文化旅游重点村为突破口，打造"一乡一节""一村一品"农村特色节会活动，进一步促进文旅融合发展。文艺精品创作结硕果，举办"幸福乡音　美丽龙游"首届原创村歌大赛，26个行政村的450余名普通农民登台献艺；文艺精品在省市各类大赛中获得金奖8个、银奖7个、铜奖2个。二是弘扬传统、规范管理，文化遗产保护全面加强。以博物馆新建项目为重点，全面推进文化遗产保护工作。完成《龙游县文物保护规划》编制，实现文物保护有据可依。同时，舍利塔、民居苑、小南海石室等国保单位的专项保护规划编制报省文物局立项。完成国保单位7处10点，省保单位16处29点，县保单位141处160点的地形图测绘，划定了保护范围和建设控制地带。完成国保单位6处9点和省保单位16处29点"四有"档案工作，并通过省文物局验收。完成92处县级以上文保单位的标志碑和51处标志牌的制定和安装工作。博物馆和荷花山遗址公园2个项目为县政府“四重双百”项目，其中博物馆完成陈列大纲、建筑设计等工作，荷花山遗址完成核心保护范围和建设控制地带的测绘和划定工作。三门源村列入“国保省保集中成片传统村落整体保护利用”计划，总体方案通过省文物局审批。完成县级以上文保单位修缮保养工程21个；完成天池村、泽随村等22户村民三普重点登记古建筑保旧建新房审批工作。完成不可移动文物信息采集录入3979件，其中系统内3964件，系统外15件。开展非物质文化遗产保护工作，《婺剧》《龙游徽戏》和《龙游皮纸制作技艺》被列入专项经费保护项目。加强非遗项目交流活动，组织龙游发糕等3个项目参加第七届中国（浙江）非物质文化遗产博览会，其中蓑衣和草鞋项目荣获优秀奖；湖镇新光村《硬头狮子》和石佛乡《貔貅》参加2015年浙江省农村文化礼堂展演活动暨浙江省文化会亲免费开放展示活动；桥下小学婺剧节目《一对紫燕》在浙江省婺剧进校园成果展演中获优秀展演奖。县戏曲爱好者参加中央电视台“婺星争锋”比赛，8人进入决赛，2人进入20强，荣获“百姓戏迷之星”称号。利用春节、文化遗产日等契机，开展婺剧（徽戏）迎新春、婺剧进礼堂等活动，全年组织婺剧下乡70场。开展“百工风流”龙游县非遗手工技艺展示活动，展出10余个非遗项目。加大对优秀民间文艺团队的扶持力度，免费为乡镇（街道）综合文化站和农村婺剧座唱班配送价值20余万元的器乐设备；举办了为期7天的农民婺剧培训班；出资10万元在湖镇初中建起第一个婺剧展示馆。科力博物馆、宣纸展示馆建设有序推进。深入实施文物平安工程，16个项目列入文物库房安全项目、安全防范系统项目、消防安全系统项目、古塔防雷工程等4个类别的平安计划清单。强化文物监管执法，补充灭火器100余只。严厉打击文物犯罪行为，2起盗墓行为由公安机关立案，其中溪口余端礼墓附近盗墓案件成功破获，抓获犯罪嫌疑人5人。三是强化服务，注重监管，文化市场管理规范有序。深化简政放权，全年办理各类审批事项18件，新增注册资本1850万元。接待来人来电咨询300人次，办结率100%，群众满意率100%，本年度星级考评均为五星级。31项行政许可及非许可事项，206项其他八大事项及51项便民服务事项接入县行政服务中心统一平台，为群众办事提供方便。深化“扫黄打非”，有效净化文化市场。深入开展文化市场专项整治，联合公安、市场监管等部门开展了“元旦春节期间出版物市场及网络文化环境”等7大专项整治行动。全年开展文化市场检查674人次，检查784家次，收缴非法音像制品3275张，非法出版物43本，非法地卫设施330套，立案15起。充分发挥网吧协会、印刷行业协会作用，加强行业自律，为行业发展创造良好发展环境。召开印刷行业协会年会、网吧协会理事会，开展行业法规知识培训，提高文化市场经营业主的守法经营意识。

（方燕飞）

舟山市文化广电新闻出版局(体育局)

【概况】 内设职能科室10个，直属单位14个。2015年末人员303人(其中：机关18人，事业242人，企业43人；具有高级技术职务资格的59人，中级75人)。

2015年，舟山市文化广电新闻出版工作围绕舟山市委市政府中心工作，紧扣建设新一轮海洋文化名城目标，以满足海岛百姓的文化需求为根本任务，各项工作有力推进，成效明显。

一、文化体制机制改革不断深化

(一)大力推动公共文化服务标准化、均等化

开展国家级、省级公共文化服务标准化试点工作，重点推进城乡均等、区域均等和特殊群体均等。成立舟山市公共文化服务体系建设协调组，拟定《舟山市关于加快构建现代公共文化服务体系的实施意见》。4月27日，成立全省首个广场舞指导中心，制定《舟山市广场舞指导中心服务标准》《广场舞文明公约》等制度。截至是年底，212支广场舞队伍到广场舞指导中心登记并签署活动公约，中心成立以来实现"零投诉"。新成立普陀双屿艺术团、岱山民间魔术团等26个文艺团队。探索公共文化产品和服务社会化运作模式。出台《舟山市关于引导和鼓励社会力量举办公共文化服务活动的补助办法》。"淘文化"网内容不断扩展、项目不断增多，3月29日《人民日报》进行了专题报道，并被评为浙江省公共管理创新案例优秀奖。至是年底，"淘文化"网共有注册用户793家，提供服务单位97家，各类服务项目877个，成交791笔。实践大型公共文化活动项目公开招投标模式。以中国海洋歌会等为载体，通过公开招投标将活动交给社会团队承办，积极培育市场主体，实现了公共文化服务效益和财政资金使用效益的最大化。

(二)推动文化事业单位改革

以舟山市图书馆为试点推进以理事会制度为核心的法人治理结构建设。成立事业单位法人治理结构建设试点工作领导小组，制定《舟山市图书馆法人治理结构工作实施方案》《舟山市图书馆章程》等相关配套制度。成立舟山市图书馆理事会，积极吸纳社会力量及专业人士作为理事参与管理。通过运行舟山市文化馆艺术指导委员会，对馆内重点工作和重大活动进行科学论证。

(三)深化行政体制改革

完成省市县三级行政权力事项基本目录修订工作。是年底，行政权力已从300项精简到226项，其中，非行政许可审批事项全面取消。市、县两级其他8类行政权力事项全面实现行政审批网上运行。深入实施"先照后证""行政审批层级一体化"等改革举措，加强与县区、企业的对接和联络，推进省级审批权限落地，办理各类审批件214件，办结率和群众满意率100%。

(四)创新文化产业投融资渠道

拓展舟山市文化体育发展有限公司各项业务。以"淘文化"运营中心建设为抓点，引进营销、设计、新媒体等方面专业人才，拓展重点项目。大幅提升影城营业额，舟山影城全年营业额1168万余元，超额完成年初设定的任务。

二、公共文化服务能力明显增强

(一)完善基层文化阵地功能

积极推进文化礼堂"建管用"一体化建设。新建文化礼堂33家。依托"淘文化"平台，确保每个礼堂每年免费送戏2场。指导选拔优秀文艺节目参加省级大赛，渔歌《带鱼煮冬菜》、船模"绿眉毛"获浙江省农村文化礼堂群众文艺展演活动金奖。举办文化礼堂负责人、管理员各类培训班。

(二)实施惠民工程

提升群文活动品牌。全年送戏下乡667场，送书下乡10.4万余册，开展各类培训、辅导班1363期，举办各类讲座、展览245场，开展文化走亲35场，开展各类阅读推广活动245场，放映公益电影5165场次。深化"全民阅读"活动，推动农家书屋走进文化礼堂，开展"送书进渔船进渔村"、"专家巡展巡讲"、全国书香之家评选等活动。强化农村电影室内

固定放映点建设,推出菜单式供片服务等。

(三)办好重大活动

“2015年舟山群岛·中国海洋文化节”作为“中国·希腊合作年”的重要文化活动之一,成为国家级节庆活动。在一个月时间内,举办中希城市海洋文明交流对话、国际海岛摄影展、中国海洋歌会等16项活动,20多个国家和地区的艺术家及作品和市内外观众近14万人次参加。有60多家省级以上媒体、400多篇报道、7万多条网页信息宣传本届海洋文化节和舟山群岛新区。举办首届舟山群岛新区越剧节及海洋动漫节。各县区也举办了丰富多彩的主题活动。

(四)提升文艺创作水平

协助浙江京剧团创作京剧《东极英雄》,被定为浙江省以及舟山市委市政府纪念抗战胜利70周年大戏,并在全国巡演。完成大型原创越歌剧《观音》、电影《双屿宝图》(暂名)剧本初稿。11月,舟山市80余幅渔民画作品赴中国美术馆展览。创作表演节目获国家级奖项5个,省级奖项14个。

三、新区文化产业发展势头良好

(一)加快重点工作落实

组织6家企业参加首届舟山市海洋文化衍生品展示会,36家文化企业参加深圳、义乌等文交会,展位规模达50多个,获得意向性订单额300余万元。文化产品和服务贸易出口额占外贸出口额比重较上年提高16.4%。

(二)加快重点项目推进

在舟山港综合保税区成立浙江联合文化艺术品交易平台,以挂牌交易形式,以文化版权、股权、物权、债权等各类文化产权为交易对象,为文化企业提供投融资服务,探索建立文化产业多层次的资本市场和金融服务体系。继续推进新城怡岛路文化街项目,落实政策扶持资金188万元。普陀海洋文化创意产业园区、舟山国际沙雕有限公司、普陀岑氏木船作坊3家单位被命名为全国海洋文化产业示范基地。推进定海区新建社区南洞艺谷文化小镇、普陀海洋文化创意产业园区等项目建设。

四、海洋文化遗产保护工作得到加强

(一)启动“海上丝绸之路”申遗工作

成立“海上丝绸之路”(舟山段)保护与申报世界文化遗产工作领导小组和专家委员会,邀请国家文物局相关专家对部分申遗点进行实地考察,遴选相关申报文物点。与浙江海洋学院中国海洋文化研究中心、浙江省海洋文化研究会联合举办“舟山群岛与海上丝绸之路国际学术论坛”。

(二)开展水下文物调查

“国家文物局水下文化遗产保护中心舟山工作站”正式授牌。围绕普陀区东极镇海域“里斯本丸”号沉船及周边海域开展两阶段的水下考古调查。中国第一艘水下考古专用船“中国考古01”首次到东海海域开展作业。

(三)做好文物保护工作

进一步理顺文物管理职能。12月,舟山市与定海区的文物保护职能正式移交,至此,舟山市各县(区)都能依法履行文物保护职能。做好不可移动文物管理、“四有”档案建立、可移动文物普查等工作。做好第六批省级文物保护单位保护区域划定协调工作,组织专业力量对尚未建档的第六批省级文物保护单位开展四有建档工作,积极推进全国重点文物保护单位综合管理系统的数据报送工作。全市12家单位完成“全国可移动文物信息登录平台”账号注册和维护工作,其中系统内收藏单位3家,系统外收藏单位9家。

(四)做好非遗保护工作

加强制度建设。起草《舟山市非遗代表性传承人、传承基地、传承教学基地考核办法》,着手拟定《关于推进非遗展示馆建设的实施意见》。推进载体建设。会同舟山市教育局公布第三批舟山市级非遗传承教学基地,涉及6大门类,共14个。舟山市岱山县东沙镇入选第三批浙江省非物质文化遗产旅游景区(非遗主题实验小镇),定海区双桥街道办事处、岱山县岱西镇青黑村2家单位入选第二批浙江省传统戏剧之乡。开展宣传展示活动。编印和发放《千岛遗风——舟山市非物质文化遗产保护宣传册(六)法规篇之二》。在岱山举行国家级非遗项目谢洋大典和魅力夜东沙——渔家千人宴暨全市非遗展示展演展销活动。举办第十个“文化遗产日”、“5·18”国际博物馆日、元宵节等系列宣传展示活动,组织参加各类博览会。

(五)推进博物馆工作

舟山博物馆新馆试开馆以来,累计参观人次18万,比2014年增长10倍。提供免费讲解836场,接待团队210个。引进“国宝华光——清代佛像艺术展”等临(特)展12场;实现新馆展览首次"走出去",近百幅馆藏扇面册页亮相西湖博物馆。鼓励扶持非国有博物馆发展。开展徐正国个人藏品展示馆前期筹备工作。对民办馆妙有堂艺术馆开展对口帮扶。推进普陀区海洋系列(民间)博物馆体系建设,启动"五公里文博服务圈"服务,全年接待参观人数23.5万人次。

五、文化市场管理更加规范

全年出动执法人员2780人次,检查各类文化经营单位5212家次,立案35件,办结案件33件,收缴物品1.1万余件,罚款19.44万元。深入开展"扫黄打非"集中行动,联合公安查处微信卖淫嫖娼案。全面推进"扫黄打非""清源、净网、护苗、秋风"等专项行动。联合公安、网信办开展打击网络侵权盗版"剑网2015"专项行动。开展严厉打击非法境外电视网络接收设备专项整治行动,取得阶段性成效。开展"执法理论讲堂"学习活动,通过法律法规学习、案卷讨论、交叉执法等方式,全面提高了舟山市文化市场管理执法业务能力和理论水平。

2015舟山群岛·中国海洋文化节 6月15日,2015舟山群岛·中国海洋文化节开幕式在岱山县鹿栏晴沙海坛举行。本届文化节由国家海洋局、浙江省人民政府主办,舟山市人民政府、浙江省文化厅、浙江省海洋与渔业局、浙江省旅游局等单位承办。以"蓝色文明互融互通"为主题,历时一个月。举办了休渔谢洋大典、中国海洋歌会、缤纷彩虹慢跑、中国舟山——希腊莱夫卡达海洋文明对话、希腊摄影家采风活动、世界海岛摄影作品展、全国首届海洋文化公开课等16项海洋文化、海洋旅游、海洋经济等相关内容的活动。

第十七届中国舟山国际沙雕节 9月28日晚在普陀区朱家尖开幕。由中国国际文化交流中心和舟山市人民政府主办。本届沙雕节以"一沙一世界"为主题,作品内容主要包括西北丝绸之路、海上丝绸之路、海岛旅游三大部分。在长200米,宽50米的"一沙一世界"的主题公园内,共有单体作品50余个,用沙量2万立方,由来自中国、美国、荷兰、比利时、西班牙、捷克的30余名沙雕手用时15天创作完成。开幕式首次在沙雕区域用实景演出形式,以游客穿梭历史隧道,重走丝绸之路的"奇遇"为主要内容,打造了一台以"丝绸文化"为主线的"实景体验秀"。

第十三届中国普陀山南海观音文化节 11月11日,由普陀山佛教协会主办的第十三届南海观音文化节在南海观音圣像之基开幕。本届观音文化节秉承"自在人生,慈悲情怀"主题,继续发扬"关切人生、觉悟人生、积极入世"的"人间佛教"精神,营造"人心和善、家庭和乐、人际和顺、社会和睦、文明和谐、世界和平"的六合愿景,向世界展现普陀山的名山胜境、禅意境界、历史文化和佛国风情。文化节为期3天,举行了"弘法利生"讲经法会、"点亮心灯"传灯祈愿法会、"心灯·心愿"观音灯会、"佛顶顶佛"朝拜法会、普陀山文化丛书首发仪式等一系列活动。

【大事记】

1月

1日至11日　水灵意韵——林绍灵水彩艺术作品展在舟山美术馆举行。

10日　舟山市女摄影家艺术研究会年会暨作品研讨会在舟山市文化馆举行。

11日　由舟山市文化馆、市音乐家协会主办的"迎新年音乐会"在舟山市青少年活动中心举行。

16日　文化部在宁波举行2014—2016年度"中国民间文化艺术之乡"命名授牌仪式,定海区白泉镇入选。

是月底　"舟山市文体地图"上线试运行。"舟山市文体地图"(网址 http://map.zswh.gov.cn)涵盖全市公共文体设施数据,并覆盖了市、县(区)、乡镇(街道)、社区(村)四级公共文化服务网络。

是月　舟山市新农村数字电影院线公司开展"中国梦、舟山梦、我的梦,电影传递正能量"主题放映活动,拉开2015年农村公益电影放映工程的序幕。

是月至3月上旬　开展舟山市第八个"服务传承人月"活动。

2月

1日　由国家博物馆和舟山博物馆主办的"国宝华光——清代佛像艺术展"在舟山博物馆开展,展期3个月。展品甄选自国家博物馆馆藏清代藏传佛教金铜造像,有佛、本尊、菩萨、女尊、护法、声闻、祖师7大类60件。

4日至5日　文化部文化市场司处长高平到舟山市进行"深化文化市场综合执法改革及文化

市场综合执法立法研究”课题调研。

6日至3月6日　“大海的召唤”舟山渔民画新作品展在舟山美术馆举行。

9日　由南京博物院和舟山博物馆主办的“美食美器——清代宫廷食用瓷器展”在舟山博物馆开展。展出的50余件高端瓷器均选自南京博物院藏品。

10日　“2015潮涌暖冬——幸福回家路”微演出活动在普陀城北汽车站上演。

3月

5日　举办“新区景·元宵情”2015舟山群岛新区元宵游艺活动。

8日至22日　舟山市渔民画家蒋德叶个人作品展在杭州山郎艺术空间举办，展出海沙渔民画11幅，丙烯布面渔民画35幅。

13日至15日　2015舟山摄影创作骨干数码(PS)培训班在舟山市文化馆举行。

16日至4月初　国家文物局水下文化遗产保护中心会同舟山市文物保护考古所组成联合调查队，在舟山群岛普陀区、嵊泗县海域实施水下考古调查探测，初步发现5处水下文物疑似点。

19日　“淘文化”公共文化产品和服务社会化运作平台被《人民日报》第19版专题报道，同年获评浙江省公共管理创新案例优秀奖。

同日　开展2015年舟山市第一场和谐社区公益电影放映，全年放映63场。

24日　中央民族乐团一行16人与普陀区文艺工作者进行民乐艺术座谈交流。

4月

17日　2015年嵊泗县“全民乐和节”活动启动仪式暨“幸福像花儿一样”主题秀活动在嵊泗县望海广场举行。

20日　舟山市广场舞(健身舞)协会成立暨2015舟山市美好训练营排舞教师组培训班在舟山市文化馆举行。

同日　舟山市在定海文化广场开展2015年侵权盗版及非法出版物集中销毁活动，销毁盗版音像制品16700盘、盗版书报刊960册(本)、违规电子游戏机16台、电路板20块、非法地面卫星接收设施500余套。

同日至22日　嵊泗县图书馆参加在福建晋江举办的中国图书馆学会第五届百县馆长论坛，服务案例“书香上船头文化泽船民”获一等奖。

23日　舟山职业技术学校与舟山市艺术剧院签订联合办学协议书，联合开办三年全日制“舟山小百花越剧班”。同时，“舟山市艺术剧院戏曲(越剧)人才培养基地”和“舟山职业技术学校艺术专业实训基地”挂牌成立。

25日　由舟山市文化广电新闻出版局、浙江海洋学院中国海洋文化研究中心、浙江省海洋文化研究会主办的“舟山群岛与海上丝绸之路国际学术论坛”在浙江海洋学院举行。舟山市副市长徐燕峰出席开幕式并致辞，浙江海洋学院各级领导，中国社科院及中日韩三国相关研究学者、专家近200人参加了论坛，就深入研究和展现舟山群岛在海上丝绸之路上的历史地位和作用、挖掘海上丝绸之路(舟山段)的历史遗迹和文献记载、舟山群岛在“一带一路”建设中的未来展望等进行了深入探讨。

26日　舟山影城“阳光电影卡”授卡活动结束，是年共发放2000张“阳光电影卡”。

27日　舟山市成立全省首个广场舞指导中心，制定了《舟山市广场舞指导中心服务标准》《广场舞文明公约》等。截至是年底，已有200余支队伍到中心登记并签署活动公约，并实现“零投诉”。

同日至30日，组织渔民画、贝雕、书雕、船模等产品亮相第十届中国义乌文化产品交易博览会。36家文化企业参加，展位50多个，现场销售额近8万元。贝雕《蓝哥儿高中》、渔民画《捕旺叫鱼》等作品获奖。

28日　“新区梦·劳动美”唱响定海集结巡礼暨迎“五一”慰问演出在舟山长宏国际船舶修造有限公司举行，拉开了2015“唱响定海·炫动全城综艺SHOW”的序幕。2015年“唱响定海”推出了炫动全城综艺SHOW、“我的青春·我的舞台”、“星动宝贝”等活动。

同日　岱山县礼堂好节目暨百姓文化节启动仪式在县文化广场举行。是年，百姓文化节推出了最亲“惠”民风、最“赞”礼堂风、最“炫”民俗风、最“靓”展示风等活动。

5月

3日　完成“嵊泗县渔俗文化特色数据库建设计划书”项目申报，被浙江省文化信息资源共享工程立项。

4日　SBS(韩国首尔电视台)摄制组为韩国父母节(5月8日)录制节目，就“沈清”孝文化到普陀区博物馆(沈院)取景拍摄。

9日　第十一届舟山市未成年人读书节启动仪式在舟山市图书馆举行。

13日　舟山市文体名人工作室授牌仪式在舟山市文化馆举行。

同日　舟山市组织市文化市场综合执法支队及县区大队部分业务骨干，赴陕西商洛开展文化市场综合执法对口交流协作活动。

中旬　原“中国国家博物馆水下考古舟山工作站”更名为“国家文物局水下文化遗产保护中心舟山工作站”。

17日　由达西·纳姆达科夫艺术文化资助基金会、中华世纪坛世界艺术馆、舟山博物馆主办的“布里亚特的神灵——俄罗斯艺术家达西作品展”在舟山博物馆开幕，展出68件作品，其中雕塑56件，绘画12件。

19日至22日　舟山市渔农村文化礼堂负责人培训班在舟山市文化馆举行。

28日　《普陀县志》《普陀区志》主编蒋文波将部分个人藏书捐赠给舟山市图书馆。捐赠图书以八九十年代普陀区文献为主，共计395种463册，其中舟山地方文献267种334册。

6月

9日　与舟山市教育局联合印发《关于公布第三批舟山市非物质文化遗产传承教学基地名单的通知》，公布14个市级非遗传承教学基地，涉及民间文学、传统音乐、传统舞蹈、传统美术等6大门类。

13日　“保护成果 全民共享”庆祝全国第十个文化遗产日系列活动在定海文化广场举行，包括2015舟山市非遗传承教学基地成果展演、2015定海区非遗传承教学基地成果展演、非遗保护成果衍生产品展等。

14日　2015年度舟山水下考古调查项目启动暨“中国考古01”首航舟山仪式在临城长峙岛码头举行。项目工作重点位于舟山市普陀海域，共计40天。

15日　2015舟山群岛·中国海洋文化节开幕式在岱山县鹿栏晴沙海坛举行。

同日　舟山市文化部门与岱山县合作举办魅力夜东沙——渔家千人宴暨全市非遗展示展演展销系列活动。

17日至8月10日　“海上藏珍——舟山博物馆馆藏扇面册页展”在杭州西湖博物馆举办，展出舟山博物馆馆藏扇面册页近百幅。

19日　位于岱山县竹屿新区的“海之坊”文化街对外营业。

同日至25日　普荟书贤——普陀山·峨眉山佛教名山书法联展在舟山美术馆举行。

20日至22日　2015舟山群岛·中国海洋文化节首届舟山市海洋文化衍生品展示会在新城体育馆举办，采用O2O模式，将线下的商务机会与互联网结合，现场交易额11.5万元。

28日至7月15日　世界海岛摄影作品展览在舟山美术馆举行。

7月

14日　“风从东海来”舟山普陀渔民画展在浙江美术馆开幕。省文化厅副厅长杨越光宣布开幕。

21日　舟山博物馆携手宁波帮博物馆推出“浩然正气——抗战时期的宁波帮专题展”，在新城、普陀、岱山、嵊泗等地进行了6站巡展。

22日　浙江省副省长黄旭明到浙江美术馆参观“风从东海来”普陀渔民画展。

29日　“网络书香·数字图书馆建设与服务”宣传推广项目（浙江站）系列活动启动仪式在舟山市图书馆举行。省文化厅副厅长柳河出席仪式。活动面向全省各级各类图书馆馆长、业务骨干，开展有关数字图书馆的专业化培训。

是月　舟山影城月票房157.4万元，41060人次观影，创历史记录。

8月

1日至9月20日　杭州南宋官窑博物馆、舟山博物馆联合推出“芙蓉出水——清代康雍时期外销青花瓷精品展”。

14日　“有才你来秀”舟山市社会组织优秀文艺节目颁奖典礼暨展演在定海海滨公园举行。

15日　中国人民银行舟山市中心支行联合舟山市钱币学会、舟山博物馆举办“铭记历史 开创未来——舟山市纪念抗日战争胜利70周年钱币展”，展出各种边币、抗币、法币、地方银行币、日伪币、公债等实物240多张（枚）以及大量史料。

19日　普陀文化合作协会召开第一届会员大会，普陀保利大剧院、舟山市普陀印象旅游发展有限公司、舟山东经文化传播有限公司等13家文化企业成为会员单位。

20日至10月10日　由浙江自然博物馆、舟山博物馆联合主办的“海洋瑰宝——珊瑚特展”

在舟山博物馆展出。

21日　国家海洋局宣传教育中心命名6家单位为第二批全国海洋文化产业示范基地,普陀海洋文化创意产业园区、舟山国际沙雕有限公司、普陀岑氏木船作坊3家单位榜上有名。

28日　“这潭湖·那片海”杭州—舟山文化走亲文艺演出在舟山剧院举行。活动由杭州市文化广电新闻出版局、舟山市文化广电新闻出版局(体育局)共同主办,表演团队汇集了国际艺术节声乐大赛、中国曲艺牡丹奖、中国魔术金菊奖等的金奖获得者。这也是杭州“文化走亲”首次走进舟山。

同日　展茅革命史迹陈列馆开馆。该馆位于普陀展茅街道柴家村长山顶上,由原位于展茅街道文化中心的展茅革命史迹陈列室迁建而成,占地面积120平方米,展陈内容由组织沿革、定海沦陷、展茅人民开展抗日斗争、烈士名录等部分组成,收集了近百件抗日战争和解放战争时期的实物。

30日　“有一种力量在凝聚”纪念中国人民抗日战争暨世界反法西斯战争胜利70周年·2015舟山合唱音乐会在舟山市青少年活动中心举行。

9月

10日　由浙江京剧团、浙江省重点艺术创新团队“《多艺斋》戏剧工作坊”创作,舟山市文化广电新闻出版局(体育局)协助创作的大型原创现代京剧《东极英雄》在普陀保利大剧院首演。《东极英雄》取材于舟山东极渔民拯救英国战俘的真实历史事件。

同日　黄龙开捕节文艺演出在嵊泗县黄龙举行。

16日　省文化厅副巡视员李莎一行6人对普陀区文化产品和服务对外贸易情况展开调研,先后走访了普陀岑氏木船作坊、普陀渔民画发展中心、普陀渔墨斋画廊和普陀艺扬绘韵画廊。

17日　韩国谷城郡郡守柳根起带领13人交流团参观普陀区博物馆(沈院)。

19日　浙江省文化共享工程农村文化礼堂行启动暨2015年春雨工程——文化共享志愿者边疆万里数字文化长廊行授旗仪式在岱山县高亭镇枫树社区举行。

21日　舟山地方文献研究中心在舟山市图书馆挂牌成立,将建立舟山地方文献专家人才库。

23日　“畲乡渔都情山海一家亲”景宁·普陀文化走亲文艺晚会在普陀保利大剧院上演。

28日　舟山群岛新区首届越剧节拉开帷幕,一个月内上演14台越剧大戏,包括浙江小百花越剧团的《西厢记》、上海越剧院红楼越剧团的《甄嬛》、嵊州越剧团的《汉文皇后》等。

同日至10月15日　浙江省第四届群星视觉艺术大展优秀美术作品展在舟山美术馆展出。

29日至30日　普陀区保利大剧院管理公司通过ISO9001：2008质量管理体系监督审核。

是月至12月　对非法销售、安装地面卫星接收设施开展专项整治行动,共收缴、撤除地面卫星接收设施352台(套)。

10月

1日　由中国铁道博物馆、舟山博物馆主办的“激情燃烧的岁月——蒸汽机车摄影展”开展,专题展出铁路蒸汽机车爱好者摄影作品50件。

13日至18日　日中写真交流15周年纪念展在日本姬路市举行,包丽霞40幅摄影作品参展。

14日至19日　岱山县东沙古渔镇代表舟山市参加在杭州白马湖国际展览中心举行的第七届中国(浙江)非物质文化遗产博览会浙江特色小镇非遗主题馆展示活动。

15日　普陀区舟山锣鼓受邀参加以“中国梦·让农民出彩”为主题的第五届农民歌会。

16日　2015国际海岛旅游大会——“夜东沙”海岛民俗集市活动在岱山县东沙古镇举行。

同日至19日　舟山市组织渔民画、剪纸等非遗项目参加由中国非物质文化遗产保护中心、浙江省文化厅、杭州市人民政府主办的中国(浙江)非物质文化遗产博览会并获多项奖项。

20日　舟山市第十五届老年文化艺术周开幕式暨文艺晚会在普陀保利大剧院举行。

同日至12月8日　杭州西湖博物馆、舟山博物馆联合推出“锦里西湖胜画图——民国西湖织锦展”。展览介绍了织锦历史、织锦技术,并展出了展现西湖风光的织锦精品50余件。

27日　舟山市岱山县东沙镇入选第三批浙江省非物质文化遗产旅游景区(非遗主题实验小镇)。

31日　2015舟山群岛新区第一届动漫节开幕,在定海文化广场和舟山市艺术剧院大厅设置近20个展位。活动于11月7日结束。

是月底至12月初 国家文物局水下文化遗产保护中心、浙江省文物考古研究所、宁波市文物考古研究所、舟山市文物保护考古所联合在普陀区六横岛开展田野考古调查，发现了一批16世纪东亚贸易圈历史遗迹的标本和遗物。

11月

6日 浙江省文化厅公布第二批浙江省传统戏剧之乡入选名单，舟山市定海区双桥街道（定海布袋木偶戏）、岱山县岱西镇青黑村（岱山布袋木偶戏）榜上有名。

同日 新城社区艺术节在舟山市政府广场举行。

10日至12月20日 由舟山博物馆、中国扇博物馆主办的“文心情缘——雅俗共赏的折扇艺术”展在舟山博物馆展出。

11日至17日 “舟山市图书馆走进新建社区文化礼堂——舟山非遗项目展”在定海区新建社区南洞文化礼堂举行。活动由舟山市图书馆、舟山非物质文化遗产保护中心联合承办，展出翁洲走书、跳蚤会、舟山锣鼓等23个非遗项目。

20日至12月6日 叶文清摄影作品回顾展在舟山市美术馆举行。

21日至28日 “中国现代民间绘画——舟山渔民画展”在中国美术馆举行，展出80余幅作品。

23日 浙江省商务厅、浙江省委宣传部等4部门联合公示2015—2016年度浙江省文化出口重点企业名单，普陀岑氏木船作坊再次入选，这是舟山市唯一一家连续三年入选的文化企业。

12月

4日 舟山市文化系统推进以理事会制度为核心的法人治理结构建设，试点为舟山市图书馆，成立试点工作领导小组，制定《舟山市图书馆法人治理结构工作实施方案》《舟山市图书馆章程》等。成立舟山市图书馆理事会，吸纳社会力量及专业人士作为理事参与管理。

同日 2015年舟山市渔农村文化礼堂群众文艺展演活动在临城举行，以“最美礼堂 幸福守望”为主题，12个节目参演。渔民画、摄影等静态类作品同时展出。

7日 岱山县文体广电新闻出版局被中国风筝协会授予2015年赛事活动优秀组织奖。

12日至17日 “梦想飞翔”2015年舟山市文艺作品创作节目展演在舟山剧院举行。

16日 淘文化优秀业余团队汇演在舟山剧院举行。

27日 2015普陀区渔农村文化礼堂“我要上村晚”总决赛在普陀保利大剧院上演，小教场村、蟑螂山村、万金村文化礼堂等17个渔农村文化礼堂选送的节目参加了总决赛。

31日 舟山市新农村数字电影院线有限公司超额完成全年放映任务，共放映5165场，60万余人次观影。

（张 迦）

舟山市县（市、区）文化工作概况

【定海区文化体育新闻出版局】 内设职能科室6个，下属单位5个。2015年末人员75人（其中：行政20人，事业47人，依参照8人；具有高级技术职务资格的2人，中级13人）。

2015年，定海区文化体育新闻出版局以构建现代公共文化服务体系、文化产业发展体系为重点，以设施建设、活动创新、队伍培育为突破口，在文化事业、文化产业等方面取得了新的成绩，为打响定海城市名片、实现新区时代定海现代化建设提供了有力的文化支撑。公共文化与美丽乡村融合发展模式被列为省第三批创建公共文化服务体系示范项目，“学分乐园”知识币积分系统列入省委宣传部三贴近创新案例，双桥街道入选第二批浙江省传统戏剧之乡。一是文化设施建设扎实推进。新建综合文化楼1座、农家书屋示范点3家、乡镇图书分馆2家、图书流通点8家。启用数字文化馆。二是群众文化活动有声有色。2015“唱响定海”开展“我的青春·我的舞台”“星动宝贝”“跃动先锋”“我的文化我的团”四大板块主体活动和“唱响定海”精品集结巡演、“我的文化我做主”农村文化礼堂种文化成果展演两大配套活动，推出“唱响定海”电台版活动，全年共举办本级赛事20余场。“书香定海”以知识币为基础，全年开展“智在必得”知识竞猜大奖赛、亲子国学经典阅读等系列图书活动98场，近7万人参与。三是公共文化服务拓展深化。开展“文化惠民·情系百姓”党的群众路线教育实践、“文化定海·幸福相伴”等送戏下乡活动104场，放映公益电影1512场，配送图书及网上赠书1.5万余册。推进“百姓课堂”培训内容实效化，新推烘焙、“书香传家”传统文化经典诵读等培训，全年开设各门类培训320期次,5181人次受益。实施"十百千"文化培育工程,打造镇(街道)民间民俗表演团队14支,组建欢庆锣鼓队44支。与浙江艺术职业学院签订战略合作框架协议,组织45名基层文化人才赴浙艺院培训。四是文化遗产保护工作成效显著。12月,从市文化部门接管定海区文物保护管理职能,开展三忠祠、瞭望楼、御书楼产权交接及文保单位(文保点)排查工作。大丰中心小学、城东小学、白泉中心小学、舟山职业技术学校4家基地列入第三批市非物质文化遗产传承教学基地。夏雨缀获得中国民间文艺家协会"全国第六届艺人节最受欢迎的艺术家"称号。木偶戏《见义勇为肖金林》获最具地域特色文化符号(民间戏曲)奖。定海渔歌号子队助演参加央视"星光大道"比赛,获得一次周冠军及月冠军,并登上国家大剧院参加由文化部主办的"国乐风采——土地与生命的赞歌"专题文艺演出。螺钿镶嵌、贝雕作品《龙城自有飞将在》《录神》《吴越艺乐园》《红楼诗会》在全国工艺美术精品展览会、博览会上获得4个金奖;贝雕、船模作品参加第二届浙江工艺美术双年展,获浙江省民间文艺"映山红"奖;彩色烙铁画作品《老渔民》获第七届中国(浙江)非物质文化遗产博览会金奖;贝雕作品《兰哥儿高中》获文化部工艺美术银奖。成功举办2015"闹元宵"广场民俗会演、2015舟山市暨定海区庆祝全国第十个文化遗产日系列活动等。五是文化产业发展步伐加快。引进全市首家动漫企业——浙江彩田社动漫有限公司,启用以其为核心的舟山市海洋文化动漫产业服务平台。定海伍玖文化创意产业园区项目完成主体工程建设,步入招商阶段。新建社区南洞文化小镇建设进展顺利,举办渔民画、剪纸等培训班,建成火车书吧,对壁画村进行了彩绘改造。六是文艺创作硕果累累。创作"定海好故事"220篇,"画家画定海"作品120幅,并分别编辑成册。创作编辑《中国民间故事集成·定海区卷》《白马长诗选》《傅世风书法作品集》等文艺作品。各门类作品频获省级及以上奖项,其中摄影作品《黄岗村妇》获第十七届全国艺术摄影大赛优秀奖,《贻贝丰收之夜》《沙滩暮色》入选中国海洋摄影家协会"海上丝绸过去与现在摄影大展";书法作品《苏东坡·记游定惠院》入展第十一届全国书法篆刻展览,2幅书法作品获全军书法大展优秀奖,8幅书法作品入展第七届省中青年书法展;美术作品《建设者》入展浙江省第四届群星美术展览;舞蹈作品《阿花义工团》获浙江省第四届社会团体舞蹈赛创编金奖、表演银奖。七是文化市场监管规范有力。发布《互联网上网服务营业场所管理条例处罚自由裁量标准》《娱乐场所管理条例处罚自由裁量标准》《营业性演出管理条例处罚自由裁量标准》等12部自由裁量标准。开展行政权力清单上网并线和行政审批工作,梳理调整行政许可24项、行政处罚137项、行政确认5项、其他行政权力33项,受理并办结申请35件,联合踏勘18件。抓好文化市场监管和安全生产工作,开展暑期网吧、游艺娱乐场所等专项整治检查工作和"打黄扫非""清网、护苗、打违"等行动,全年共出动执法人员522人次,检查各类文化经营单位995家次,取缔无证经营场所46家次,收缴非法书刊715本、非法音像制品10638盘,受理举报32件,立案查处违规经营14起。

局属单位电影放映站撤销

7月,因事业单位机构改革,下属单位电影放映站撤销。

(方优维)

【普陀区文体广电新闻出版局】

内设职能科室7个,直属单位3个。2015年末人员74人(其中:行政13人,参依照9人,事业52人;具有高级技术职务资格的4人,中级13人)。

2015年,普陀区文体广电新闻出版局立足文化发展新常态,着力构建"七大体系",成功创建省公共文化服务体系综合性示范项目,被文化部评为"中国民间文化艺术之乡",全面完成"十二五"各项目标任务。一是"欢乐海洋"品牌体系基本构建。举办"欢乐海洋"群众文体活动145场次,《浙江日报》对活动做了专题报道。创建基层群众性文体活动品牌,举办各级各类基层文体活动212场次,形成了"一区一品牌,一镇(街道)一特色,一村(社区)一亮点"的群众文化活动新格局。二是现代公共文化服务体系逐步形成。实施公共文化基础设施建设"提标工程"。文化馆完成新增场馆建设,并通过国家一级馆复评。美术馆主体结构完工。六横文化中心建设工程完成主体结构的70%。朱家尖街道综合文化站改建工程完工。打造了41家基层综合性公共文化服务中心。推进“五个一”村落文化建设，建成小教场村等一批特色文化村。完善各类公共文化场馆管理制度，沈院实现全年免费开放。文化馆公益培训4335人次，图书馆接待读者16万余人次，海洋系列博物馆接待观众23.5万余人次。六横镇、虾峙镇和展茅沙井社区等11个社区(村)分别通过省文化强镇和省文化示范社区(村)验收复评。开展公共文化服务供给提质工程。完善公共文化服务供需对接机制，拓宽社会力量办文化路径。完成送戏下乡87场次，送讲座、展览下乡63场次，送书下乡5.12万册次，送电影下乡1660场，文化走亲20场次。继续打造四大公共文化服务品牌，举办百姓大舞台30场次、人文大讲堂26场次、文化大展厅18场次、艺术大课堂112场次。推进公共文化数字化建设，开展文化馆、图书馆、博物馆数字化建设，着力打造“普陀公共文化”微平台升级版。进一步创新区际、镇际、村际文化联动模式，开展了“畲乡渔都情　山海一家亲”等文化走亲活动，与浙江海洋学院人文学院开展了文体共建。继续完善镇(街道)公共文化服务动态评估机制，进一步激发镇(街道)参与公共文化服务体系建设的积极性。《中国文化报》专题报道区公共文化服务体系建设成效。实施公共文化产品生产提升工程。建立专业艺术评论队伍，普陀渔民画首次走进浙江美术馆，黄旭明副省长到馆参观，并自1987年后再次亮相中国美术馆。舟山锣鼓应邀参加第五届中国农民歌会。举办普陀原创海洋文艺精品展演，全年有56件作品获市级以上奖项。三是传统文化传承体系日趋完善。完成省级文物保护单位“定海测候所旧址”的记录档案编制和第一次全国可移动文物普查第二阶段工作。开展文物安全巡查，举办全区文物古建筑及宗教场所消防安全培训班。配合国家文物局水下文化遗产保护中心、市文保所在六横和东极海域开展了水下文物考古工作。推进海洋系列(民间)博物馆体系建设，推出“五公里文博服务圈”服务。公布第五批普陀区非遗代表性项目名录。成功申报普陀东港中学等5所学校为第三批舟山市非物质文化遗产传承教学基地。完善普陀东港中学非遗分馆建设。启动第二批名师带徒活动。举办非遗“进礼堂、进课堂、进店堂”活动。编印完成《舟山船拳》资料书籍。普陀区在第三届浙江省美丽乡村建设中非遗保护工作现场推进会上进行经验交流。加强非遗产品对外推介，组织铜雕、渔民画等参展第七届中国(浙江)非遗博览会。四是海洋文化产业发展体系逐步成型。出台《舟山市普陀区文化产业发展规划(2016—2025)》。普陀海洋文化创意产业园区累计完成投资2.0959亿元，签约企业16家。举办第五届东海音乐节并成功打造东海音乐剧场，举办演出19场。扶持特色精品文化产品开发与营销，开展第四届普陀区精品文化产品展评活动，组织重点文化企业参加各类文博会。成立普陀文化合作协会。做大做强普陀保利大剧院和印象普陀。普陀海洋文化创意产业园区、舟山国际沙雕有限公司、普陀岑氏木船作坊3家单位被命名为全国海洋文化产业示范基地。五是文化市场监管体系日渐完善。完善审批程序，新推出延时服务等各项便民服务措施。办理各类业务87件，办结率100%。做好六横相关行政审批、管理权限下放工作。出动执法人员578人次，检查各类文化经营单位1240家次，取缔无证娱乐场所1家、无证游戏厅4家，立案查处违规单位6家。开展了“扫黄打非”清源、净网、护苗、秋风及平安普陀打非打违等专项行动12次，联合综合执法局、市监局等单位检查8次。

(王潮楚)

【岱山县文体广电新闻出版局】 内部职能科室8个，直属单位9家，其中全额拨款事业单位6家，国有企业3家。2015年末人员279人(其中：行政编制6人，参照人员7人，事业编制人员166人；具有高级技术职务资格的4人，中级48人)。

2015年，岱山县文体广电新闻出版局围绕海洋文化名县建设目标，坚持文化为民、文化惠民，不断推动全县文化大发展大繁荣，各项工作稳中有进、成效显著。一是文化品牌打造取得新进展。百姓文化节品牌打造重心下移。推进“百姓文化节”进社区，大力扶持和鼓励社区自办自演文艺活动，成功策划举办各种大中型文化活动39场，组织和扶持社区开展文化活动40场。海洋非遗品牌打造再写新篇。成功配合举办2015舟山群岛·中国海洋文化节开幕式暨休渔谢洋大典和海岛非物质文化遗产展示暨第六届东沙弄堂节，策划开展2次“夜东沙"活动,共设置9大版块,涉及70余个项目。东沙古镇非遗一条街建设扎实推进,引入岱山海洋非遗特色项目40余项,开展非遗定时定点展演18场次,参与展演人数达1800余人次。二是文化惠民工作取得新成效。文化"三下乡"稳步推进。共送戏下乡64场次、赠送和流通图书2万册、送电影1212场次,新设立图书流通站(点)5个。文化延伸服务不断深入。强势推出"三月海"公众号,打通文化线上服务,粉丝量突破6.3万人。圆满完成首届"百姓文化奖"评选工作,评选出4名最佳个人奖、15名优秀个人奖,评选出最佳团队奖6个、优秀团队奖10个、特色项目奖5个。"图书进村居""万册图书大漂流"、每周书香等活动稳步开展,累计送图书707册、漂流图书3000余册;举办百姓讲堂6场,听众1000余名。全面实施"春耕·夏种·秋收·冬暖"计划,全年进社区、军营、学校等基层开展各类文化培训65期,受惠3000余人;开展种文化辅导员展演、新居民方言大赛、沙滩排舞展演等汇报演出10余场。"文化低保"推出影视惠民,实行政府补贴票价优惠政策,累计放映232场,观众人数4477人次。文化阵地建设稳步推进。投资1亿元建成岱山县广电文化中心。配合县委宣传部新建文化礼堂7家,并组织成立文化礼堂业务指导员团队,统一制作文化礼堂服务菜单,通过点单式服务,满足基层群众文化需求。文化走亲常态化。与嘉兴秀洲、上海新场、青海海西州等地开展文化走亲交流活动8场。三是文化产业发展稳步推进。积极落实《岱山县文化产业三年推进计划(2014—2016年)》(岱委发〔2014〕32号),推进文化产业一条街建设,共有21家商户入驻。加强文化产品对外推介,组团参加第十届中国(义乌)文化产品交易会和舟山市首届海洋文化衍生品展示会。四是文化遗产保护工作稳中有进。全面完成岱山县国有第一次可移动文物普查数据采集上报工作和省级文物保护单位"四有"档案工作,完成对东沙菜市场、东沙海产品加工作坊两处省级文保单位的资料整理工作。做好博物馆对外免费开放工作,县海洋文化展览中心开放233天,举办各类展览及其他活动20余次。公布第四批县级非物质文化遗产名录项目,至此全县有县级非遗名录69项。岱山县衢山万良中心小学、岱山县青少年宫被列入第三批市级非物质文化遗产传承教学基地。岱西镇青黑村(布袋木偶戏)入选浙江省第二批传统戏剧之乡,东沙镇(东海渔文化方向)入选第三批浙江省非物质文化遗产旅游景区,并代表全市参加第七届中国(浙江)非物质文化遗产博览会浙江特色小镇非遗主题馆的展示活动。积极做好服务传承人工作,组织开展传承人展示展演服务活动30余场次。五是文化市场管理进一步加强。全面做好行政审批工作,共受理行政审批21件、变更5件,办结率100%。扎实开展行政许可项目清理,共有行政许可项目37项、其他行政权力32项、行政确认9项、审核转报2项。加强文化市场管理。重点开展网吧专项整治、游艺娱乐场所专项整治、扫黄打非等专项行动4次。开展错时检查23次,外岛检查26次,联合执法12次。共出动执法人员485人次,检查各类文化经营单位885家次,取缔无证经营场所14家,收缴非法音像制品5470盘,查获黑网吧1家,收缴电脑10台,无证电子游戏室1家,非法营业演出活动1起。立案查处违规经营单位2家,发放责令整改通知书9份。

(凌素梅)

【嵊泗县文体广电新闻出版局】 内设职能科室5个,直属单位6个。2015年末人员74人(其中:机关15人,事业59人;具有高级技术职务资格的2人,中级13人)。

2015年,嵊泗县文体广电新闻出版局以"美丽海岛"建设、"新一轮海洋文化强县"为目标,加大投入,加快建设,加强创新,不断满足广大群众日益增长的文化需求,为全县"美丽海岛"建设提供强大的精神动力。一是公共文化服务体系建设进一步健全。下拨专项资金70.7万元用于7个乡镇10个社区(村)文化活动设施设备配置、文化基础设施建设等。结合文化礼堂"管、用"长效机制建设和文化礼堂"月月有活动"要求,以整合资源,创新和拓展农家书屋活动载体为目的,通过政府购买服务的形式,组织开展由各乡镇认领农家书屋活动进文化礼堂的试点工作。依托渔农村文化礼堂阵地,投入20万元对全县4个乡镇6个文化礼堂固定放映点配置数字电影放映设备,逐步推进改善自主放映条件。进一步加大全县"两馆一站"免费开放力度。县文化馆加大培训辅导力度，全年举办各门类艺术培训班145次，受训人数5403人；主动对接县教育部门“青少年体艺素质提升工程”项目，将大型渔俗风情歌舞剧《东海谣》纳入县职业技术学校本土化课程，并成功组织复排。县图书馆充分利用文化信息资源共享工程和网站数字资源平台，进一步完善读者服务工作，共接待读者3.12万人次，外借4万余册次，阅览4.36万册次，新增借书证445本，馆内举办讲座19场，展览23场，受众人数1万余人次；开展嵊泗渔俗文化特色数字化工作，完成“嵊泗县渔俗文化特色数据库建设计划书”项目申报，并被浙江省文化信息资源共享工程立项。县影剧院接待各类会议、举办各类演出48场，并安排47.5万元引进高质量、高品位的艺术剧团演出8场次；多措并举加大电影放映创收力度，实现电影小厅放映观众人次、放映收入、发行收入三大业务指标与去年同期相比上升30%以上。文化惠民实施力度不断加大。开展送戏下乡58场，受众人数2.52万人次，渔农村电影下乡395场，送书下乡1万余册，图书流通3589册次，讲座40场，展览30场；坚持“船头图书”海上流动特色文化服务，为全县7个乡镇105只船头图书流通书箱赠送图书1575册，碟片2100张，杂志3150册，该项目荣获中国图书馆学会“第五届百县馆长论坛”一等奖，并积极申报省公共文化服务体系单项示范项目。依托“淘文化”公共文化产品和服务社会化运作平台，开展“订单式”和“菜单式”服务创新，实现文化惠民供需有效对接。实施政府向社会力量购买文化服务政策，组织优秀业余文体团队深入边缘悬水小岛、外来务工人员及困难群体，开展送文体活动23场次，受众人数1.56万人。重点开展以传统节日、主题宣传、文化品牌为主的群众文化活动。主办、承办、协办各类大中型群众文体活动58场次；利用世界读书日、未成年人读书节、图书馆服务宣传周等契机，组织举办读书活动22场，受众人数1.82万人次。加大对各乡镇“一乡一品”基层群众文化品牌活动的指导、扶持力度。紧紧围绕“中国梦”、“五水共治”、美丽海岛建设和党的群众路线教育等主题，创作各类文艺精品50件，其中，小组唱《妹妹甜在春里厢》参加浙江省新农村题材音乐新作展演活动暨第十四届音乐新作演唱、演奏大赛荣获创作表演双金奖；嵊泗渔歌《带鱼煮冬菜》被省文化厅推荐参加全国群星奖比赛。深入开展文化交流活动。与上海市黄浦区宣传部签署“与沪同城”合作意向协议，推动建立两地长效合作机制。鼓励发动各乡镇开展县内文化礼堂间走亲活动。推进嵊山—枸杞两地文化同城发展。加强县外文化交流，全年组织开展文化走亲活动17场次。二是文化遗产保护工作进一步深化。加强对文物保护单位的安全监管和巡查工作。继续推进第一次全国可移动文物普查。完成“山海奇观”摩崖题记的资料收集和整理工作，形成档案。进一步梳理全县抗战文物信息，加强对茶园山侵华日军炮台群、五龙鱼雷洞等抗战文保单位的保护。突出重点，狠抓非遗保护传承工作，完成第一批县级非遗传承基地、传承教学基地的申报、认定、公布工作，公布县第一批非物质文化遗产传承基地2个、传承教学基地4个。加强非遗进校园工作，继续在浙江海洋学院开设《嵊泗海洋剪纸》和《渔用绳索结编织技艺》公共选修课，在嵊泗菜园三小开设嵊泗渔歌社团课程。推进非遗理论研究，联合县海洋文化研究会，举办“海洋非遗的活态传承和动态管理”非遗论坛，编撰《嵊泗非遗少儿读本（丛书）》等。依托第十个“文化遗产日”系列活动，组织开展嵊泗县非遗保护十年成果展演、全市非遗传承教学基地成果展演活动等。三是文化市场监管力度进一步加大。落实各级“扫黄打非”工作精神，组织召开全县“扫黄打非”工作会议，严厉打击查缴含有封建迷信、淫秽色情、凶杀暴力等的非法出版物。规范校园周边市场经营秩序，切实保障未成年人合法权益。大力推动知识产权保护，组织举办知识产权保护政策法规的宣传活动。开展境外电视网络接收设备专项整治工作及偏远外岛乡镇文化市场专项整治行动。加强重大节庆敏感时段监管工作，重点围绕2015年“清源”“净网”“秋风”“护苗”行动及“绿色护考”等专项整治行动，集中开展无证无照经营场所、营业性演出监管和安全生产隐患排查等各类文化市场重点领域专项整治，全年共出动检查人员369人次，检查各类经营场所797家次，办理行政处罚案件6起，罚款3万元。行政审批工作不断规范，完成浙江省行政审批网上政务服务平台运行工作，行政许可事项列录省政府网站。严格落实行政审批制度和行政审批程序各项要求，新增娱乐场所行政许可3家、变更4家。四是文化与旅游的融合进一步加快。全力参与全县精品社区打造、渔家民居风貌改造、美丽海岛样板村建设等工作。争取文化产业发展专项补助资金力度有了新突破，“海上敦煌——田岙渔民画特色旅游文化村落”建设项目获市级文化产业补助资金20万。实施渔民画复兴行动，制定出台《嵊泗渔民画复兴行动的实施意见》和《三年推进计划》，开展渔民画展览进景区宣传活动，征集17幅县优秀渔民画作品赴中国美术馆参加舟山渔民画展览，建立渔民画创作培训基地，举办渔民画培训班。组织开展文化产业发展课题调研，撰写完成《全县文化产业现状调研报告》。积极参加义乌文博会、首届舟山市文化衍生产品展销会交流活动。五是文化人才队伍进一步壮大。鼓励专业人员参加培训，并做好人才推荐，1人被评为市委宣传部“五个一批”人才和市委组织部优秀专业技术人才，推荐3人为县级优秀专业技术带头人，4人为百名优秀专业技术后备人才等。业余文化队伍培育日趋规范，成立广场舞指导分中心，加强对全县登记备案的20支广场舞队伍的业务指导和服务。同时，继续实施全县业余文化团队等级评定工作，并安排10万元用于“以奖代补”，全年新增业余文体团队15支。多形式、多步骤、多层次开展各门类的培训辅导，落实基层文艺骨干综合文化技能培训班、专业技能培训项目，进一步提升基层文化干部整体素质。文化结对帮扶工作深入推进，共达成协议结对帮扶单位78家，进一步推进文明共建、文化共享。

（韩依妮）

台州市文化广电新闻出版局

【概况】 内设职能处室5个,下属单位7个。2015年末人员92名(其中:机关19名,事业73名;具有高级技术职务资格的14名,中级21名)。

2015年,台州市文化广电新闻出版局紧紧围绕文化大市建设总体目标,以加强公共文化服务体系建设和文化产业发展为重点,以全面实施文化惠民工程为抓手,自觉主动推动文化工作,各项重点工作项目和活动进展顺利。

一、加强文化设施建设,优化公共文化服务

(一)加强文化设施建设

台州市博物馆内部装修和陈列布展工程有序推进,展厅内模型展台、造型施工完成60%。调整台州市大剧院项目规划和筹建建议方案。黄岩区博物馆完成主体工程结顶,临海市博物馆进入陈列布展阶段,温岭市博物馆完成土建工程,天台县非遗展示馆即将开馆,三门县大剧院处于内部装修阶段。大力推进基层文化设施建设,是年全市建成221家,完成率162.5%。

(二)优化公共文化服务

抓公共文化示范区创建。推行向社会购买公共文化服务模式。温岭市探索制定《向演艺机构购买低票价剧场型高雅艺术演出的实施办法(试行)》,鼓励社会力量引进优秀文艺精品演出,并以低票价方案确保惠民。推进特色文化志愿者队伍建设,路桥区召开区文化志愿者成立大会,有注册会员500名。进一步丰富公共文化服务和产品,深化"台州市公共文化服务指南"服务品牌,推出"文化超市""文化订单"等服务项目。天台县推出"一乡一品一节""天天大舞台"等特色品牌活动。抓文化惠民工程。继续实施送电影、演出、展览、图书下乡活动,全年累计放映公益数字电影6000余场,观影人数20万人次,完成235场文艺演出、22个主题展览和1.8万册图书的下乡任务。"文化超市""台州市民讲堂""名家讲师团"等形成品牌效应。文化活动蓬勃开展。举办台州市农民文化节、台州本土新春音乐会、台州市第二届器乐大赛等活动。参加浙江省农村文化礼堂文化员才艺大赛,台州选手获得4金9银3铜佳绩,与温州并列第一,台州文化馆荣膺组织奖。参加浙江省第三届青年歌手大赛,两名选手代表分别获得铜奖和优秀奖。继续办好文艺名家展演工程,6个项目入选。举办林安娇古筝音乐会等一系列精品演出,均向市民免费开放。"台州市民讲堂"品牌效应进一步彰显,全年46场讲座场场爆满,听众超过7800人次。"世界读书日"等系列阅读推广活动参加人数近13万人次。全民读书月系列活动获得市民广泛好评。开展"我与图书馆"征文活动,并将征文结集出版。举办图书交换活动,设14个摊位,成功交换图书306册,参与近千人次。全民读书月期间推出4场展览,7场讲座,1场书友会活动,6场"童萌汇"小书坊活动,以及2场"真人图书"活动和5期"英语角"活动。全面完成第四次全国文化馆评估定级工作。

二、加强引导和扶持,促进文化产业发展

编制完成《台州市十三五文化产业发展规划》征求意见稿。重点扶持台州老粮坊文创园建设。台州心海文化生态园开工建设。全国首家以环境艺术设计研发为主题的台州设计创意产业园,营业额超1亿元。台绣文化创意设计产业园基本建成。台州古玩商城明确选址。台州博物馆群、中国刺绣小镇等项目开展了前期调研。第二届创意设计大赛确定大赛方案,筹备有序进行。组织40余家优秀文创企业及个人作品参加第十届义乌文交会和中国—东盟博览会文化展等文创展会,获得义乌文交会十佳展商、最佳展示奖和3项工艺美术金奖等,台州市获优秀组织奖。

三、加强挖掘和保护,做好文化传承

(一)推动文化遗产保护和传承工作

命名了第四批台州市非遗保护项目传承人,是年总数达到124人。创建台州市第三批非物质文化遗产传承基地。认定台州市第四批非物质文化遗产传承教学基地和地方文化教育特色学校，是年总数达145所。承办“浙江好腔调——开锣了”濒危剧种传统剧目专场活动，台州市文广新局、台州乱弹剧团获“优秀组织”奖。举办第十个文化遗产日系列活动。在全省率先制定出台《台州市非物质文化遗产项目代表性传承人认定与管理办法》《台州市非物质文化遗产代表性项目管理暂行办法》《台州市非物质文化遗产资金管理实施办法》。继续做好第一次全国可移动文物普查工作，全市申报藏品总数28633件(套)。积极争取民办博物馆扶持政策，推进民办博物馆建设。积极申报第七批省级文物保护单位，全市筛选了31处不可移动文物作为申报对象。

(二)做好台州文献编纂工作

出版《台州府志》影印本、点校本。完成《赤城志》《台州札记》《天台山全志》等10部古籍的版本拍摄工作。正式出版《台州文化研究丛书第一辑》。“开门办丛书”活动征集到8本书稿，其中《黄绾年谱简编》《越南天台宗》进入终审环节。

(三)编创台州乱弹大戏《戚继光》

台州乱弹大戏《戚继光》5月13日举办开排仪式及新闻发布会，7月7日首演，演出得到了台州市市长张兵等领导和多名业内专家的高度肯定。

(四)推进海上丝绸之路申报世界文化遗产工作

成立由台州市市长张兵任组长的海丝申遗工作领导小组，制定具体工作方案，摄制专题宣传片，整理出版了两部共50万字的研究成果集。完成台州海上丝绸之路文化遗产点遴选工作，向国家文物局提交天台国清寺、临海千佛塔、黄岩沙埠青瓷窑址等3处海上丝绸之路遗产点储备清单。编辑完成《丝路物语——“台州与海上丝绸之路”故事汇》《丝路遗珍——台州“海上丝绸之路”文化遗存选粹(图文版)》《丝路探踪——“台州与海上丝绸之路”研究集萃》，计33万字。

四、深入开展“扫黄打非”工作，强化文化市场监管

把确保文化市场内容安全、秩序稳定作为文化行政执法工作的主线，加强市场监管。积极开展“平安浙江”“净网2015”等各类专项整治行动，全年检查文化经营单位1.16万家次，查处违法案件193起。同时，抓好“扫黄打非”工作。继续做好农家书屋工程管理工作。开展行政许可和行政处罚案卷评查、评析活动。选送的“网络游戏”案卷被文化部评为“十佳”案卷，位列第二名。完成文广新系统行政权力清单制度，清单事项达581项。组织2015年侵权盗版及非法出版物集中销毁行动。

五、深化文化体制改革

市电影发行放映公司、市人民影剧院改制工作基本完成。不断优化网吧管理准入办法，取消网吧、电子游戏室指标化管理，让市场在资源配置中起决定性作用。

六、加强文化人才队伍建设

加强文化人才队伍建设和推动文艺精品创作，努力形成出人才出成果的互动双赢格局。设立专项资金，扶持队伍发展和精品创作。做好“四个一批人才”、文化名家工作室、文化创新团队等评选工作。加强干部队伍培训，实施文化队伍素质提升工程。

【大事记】

1月

29日　在市文化艺术中心剧场举办台州2015新春音乐会。

2月

5日　举办台州市第二届器乐大赛。

10日　召开全市文化馆馆长联席会议。

同日至3月10日　举办“迎新春”台州市摄影艺术作品展。

11日至3月10日　举办2015迎新年张秀娟剪纸作品展。

15日　举办2015台州市春节团拜会。

26日　举办台州市文艺名家展演工程——林安娇古筝音乐会。

3月

3日　举办台州乱弹新春专场汇报演出。

11日　召开全市文化馆业务工作会议。

17日　台州市图书馆与上海图书馆签订“展览资源共建共享交流合作条例”。

20日　完成《台州市互联网上网服务场所长效管理试点方案》和《台州市互联网上网服务行业转型升级试点工作方案》制订工作。

4月

13日　召开全市文化市场管理暨“扫黄打非”工作会议。

20日　开展2015年侵权盗版及非法出版物集中销毁活动。

同日至28日　举办《观·自

然》陈虹、吴志猛绘画作品展。

28日　举办上海书画院·上海书画院画师年展(台州站)开幕式暨上海书画院·台州书画交流基地挂牌仪式。

5月

13日　举行台州乱弹《戚继光》大戏开排仪式。

15日　在玉环大剧院举办台州市文艺名家展演——陈晓红戏曲演唱会。

29日至6月1日　组织11家文化企业参加中国—东盟博览会文化展,台州市获优秀组织奖和最佳展示奖。

6月

2日至9日　举办纪念抗日战争胜利70周年台州市美术作品展。

11日　举办"中国梦·非遗梦"台州非物质文化遗产优秀项目展演。

16日至23日　举办台州市非物质文化遗产10年保护成果图片展。

7月

2日至3日,文化部国家公共文化服务体系建设专家委员会副主任、北京大学教授李国新,上海社会科学院文学研究所研究员巫志南等做"如何构建现代化公共文化服务体系"专题讲座,并赴温岭和玉环文化站考察调研。

6日　召开"扫黄打非"工作会议。

7日至8日　在椒江剧院进行浙江台州乱弹剧团改编历史大剧《戚继光》首演。

8月

18日　举办文化超市美术、书法、摄影教学成果展。

9月

2日　出台《关于全面构建现代公共文化服务体系加快推进国家示范区创建的实施意见》,制定《台州市基本公共文化服务实施标准(2015—2020)》。

5日至6日　浙江省农村文化礼堂文化员才艺大赛上,台州选手获得4金9银3铜佳绩,与温州并列第一,台州文化馆荣膺组织奖。

18日　召开全市创建国家公共文化服务体系示范区动员大会暨基本公共文化服务标准化建设部署会。

同日　举办台州市—江山印社书画印作品展。

29日至10月13日　举办2015年文化交流"尽精微·致广大"王贻正·顾炫工笔花鸟画精品展。

10月

1日至15日　举办"魅力台州摄影艺术展"。

15日至19日　组织台州非遗项目参加"第七届中国(浙江)非物质文化遗产博览会"。

16日　博物馆公共空间精装修施工招标工作完成。

17日　浙江省第三届青年歌手大赛在义乌组织举办,台州选手徐阳阳(民族唱法)、陈佳佳(通俗唱法)分别获得铜奖和优秀奖。

19日至20日　开展台州市国家公共文化服务体系示范区创建工作骨干培训班。

11月

10日　《戚继光》参加上海国际艺术节演出。

23日至24日　组织召开2015年公共文化服务全国巡讲台州市创建示范区(图书馆)培训班。

26日　举办浙江省第四届视觉艺术作品展览,并召开作品研讨会。

12月

3日　完成台州大剧院筹建策划方案。

8日　举办台州市"乡村文化大使"大赛。

同日　在台州市书画院举行台州市文艺名家展演工程——"零点起飞"张林忠书法艺术展开幕式。

17日至26日　举办台州市名家展示项目——夏建国作品展览。

22日　举办台州市第五届青年舞蹈大赛。

28日至1月9日　举办中国民进成立70周年台州市民进成员书画作品展览。

30日　举办2016台州市新年音乐会。

(赵永江)

台州市县(市、区)文化工作概况

【椒江区文化广电新闻出版局】 内设职能科室4个,直属单位8个。2015年底在职人员84人(其中行政人员12人,参公管理10人,事业人员62人;具有高级技术职务资格的8人,中级26人)。

2015年,椒江区文化广电新闻出版局大力实施"文化强区"战略,攻难克艰,求真务实,积极有为,各项工作取得了新成效。一是文化惠民活动持续进行。积极开展文化"四下乡"工程,全年完成送戏下乡126场，电影2608场，图书1.25万册，展览24场。继续实施“四馆”免费开放，累计举办公益讲座19场，评书55场，各种沙龙19场次，相声3场；开展音乐、舞蹈、美术、泥塑制作、老年人电脑培训等公益培训活动473场。为民办实事工程扎实开展，新建成16家文化礼堂，文化站1家，文化广场11个。二是群文活动丰富活跃。组织举办了“朝霞映海天，盛世耀羊年”春节元宵广场文艺汇演、海峡两岸大陈乡情文化节、“中国旗袍会椒江区域旗袍秀”、区第六届全民读书月、区第十一届未成年人读书节等系列活动。成功承办2015浙江省青年演奏员大赛决赛（民族乐器）。引进儿童剧《雪国精灵》和浙江越剧团的《双轿接亲》《胭脂》《碧玉簪》3场经典越剧。三是文艺精品创作硕果累累。致力于打造“文化精品”项目，扶持台州乱弹打造《戚继光》历史大戏，在椒江剧院首演获得广泛好评，受邀参演第十七届中国上海国际艺术节并登陆国家大剧院演出，展示了台州传统文化精髓，提高了台州椒江的美誉度和知名度。“枫山”系列做优做强。成功举办“枫山大舞台”系列活动，“我的乡村记忆”农民摄影大赛、“最炫乡村风情”农民排舞大赛、首届村歌创作演唱比赛等系列活动，提升了城市形象，枫山书院获浙江省社科联通报表彰。四是文化遗产保护扎实推进。顺利完成区全国第一次可移动文物普查的数据登录工作。完成区省保“一江山岛战役遗址”实地勘查报告，制定了“一江山岛战役遗址”保护规划，上报省政府对外公布。新发现不可移动文物点洪家街道王桥村水井和上洋邱村旗杆石两处。引导规范民间习俗“送大暑船活动”，保证活动顺利安全进行。继续开展“文化遗产进乡村、进学校”活动，进一步加强群众遗产保护意识。出版了椒江地方乡贤《邱韵舫诗词选》和《蒲华年谱》。完成了《戚继光民间故事选》《戚继光抗倭铜钟画册》。五是文化产业实现新突破。下发2014年度文化产业发展专项资金105.71万元；积极争取市文化产业发展专项扶持资金80万元。浙江台绣服饰有限公司被评为第六批国家文化产业示范基地。积极组织文化企业参展第10届中国（义乌）文交会、2015东盟博览会等。大力推进文化旅游“310”重点项目。以“文化旅游推进年”为抓手，狠抓落实，台州心海生态文化园完成建筑方案及扩初设计，开始进场勘探地质；台州老粮坊文创园即将建成开园；台绣文化创意设计产业园建成投产；台州古玩商城完成规划选址等。六是文化市场管理安全有序。规范行政审批程序，深入实施依法治文、探索行政服务便利化，完成审批工作54件，无一件超时限完成。树立法治思想，全面落实文化市场星级管理工作，此项工作经验在全省推广。对辖区游艺娱乐场所进行教育、监管、专项整治三手抓，进一步深化“扫黄打非”工作，积极开展“净网”“护苗”“打违”等专项行动，全年出动执法人员817人次，检查文化经营单位943家次，取缔无证电子游戏室3家，无证网吧2家，无证演出2家，无证出版物6家，收缴非法音像制品2706张，非法图书3176册，行政处罚一般程序立案22起，罚款13.5万元，销毁市、区两级“扫黄打非”工作缴获的非法出版物、电子游戏机等各类违禁物品20余万件。全区文化市场继续保持安全生产无事故。

（徐　汉）

【黄岩区文化广电新闻出版局】 内设职能科室4个，直属单位7个。2015年末在编人员89人（其中：机关14人，参照公务员10人，事业65人；具有高级技术职务资格的8人，中级18人）。

2015年，黄岩区文化工作顺应大趋势，坚守主阵地，弘扬主旋律，呈现出整体推进，重点突破，全面提升的良好发展态势。一是文化惠民活动持续推进。扎实推进文化惠民工作，开展送戏、送书、送电影、送展览下乡活动，全年送戏130场，送书3.4万册，送电影2700场次，送展览15场，送讲座8场。开展“文化阳光”活动，元旦至元宵期间邀请全区低保户、残疾人免费看电影，在北城街道新黄岩人文化礼堂推出针对外来民工子弟的艺术培训，为特殊群体送上精神食粮。二是群众文化活动蓬勃开展。举办“九峰·古韵书香”“区第十四届社区艺术节暨春节广场文艺展演”“百姓大舞台”“首届新黄岩人文化节”等活动，为群众搭建了文化活动舞台。举办“九峰书院人文讲座”6场，组织“文化走亲”10场，并参加2015台州市文化馆际联动巡演“山海情一家亲”文艺晚会，促进全市区域内公共文化服务项目的交流互动。三是文化服务能力不断提升。举办文化礼堂管理员培训班2期，全区63家农村文化礼堂管理员参训。同时，组织文化业务干部深入全区各文化礼堂进行巡回辅导培训，相继对新前街道、沙埠镇、北城街道等当地文艺骨干和文化礼堂管理员开展了越剧、广场舞、排舞等辅导培训活动，提高了农村文化自我发展能力。四是公共文化设施不断增加。博物馆新馆土建工程竣工，有序推进陈列布展设计、施工等相关工作。完成图书馆新馆工程前期各项筹备工作，与西城街道、南区指挥部密切配合，加快新馆用地征迁工作。区行政大楼24小时自助图书馆正式投入使用。九峰文化大院(九峰古民居)和非遗展示馆装潢、布展工作有条不紊。宁溪、院桥、头陀图书分馆建成开放。五是文化礼堂建管用机制逐步完善。为推动农村文化礼堂长效机制的建立，起草并以“两办”名义出台了《关于建立健全农村文化礼堂“建管用”一体推进机制的指导意见》，从探索推广法人化治理的理事会负责制入手，统一制定理事会一系列标准化规定。与民政部门积极沟通，繁荣村等5家文化礼堂获得法人资格。区农村文化礼堂理事会负责制的有关做法，在全省文化系统会议上作了经验介绍，获得省委常委、宣传部长葛慧君批示肯定，并列入浙江省第三批公共文化服务体系单项示范项目名单。新建文化礼堂25家，超额完成建设任务。六是文化遗产保护不断推进。开展第一次全国可移动文物普查，在普查登录平台上登录文物8162件。实施国家级文保单位瑞隆感应塔维修和省级文保单位黄岩孔庙消防安全工程，对委羽山大有宫、林蔚旧居、北斗宫等文物单位进行抢救性修缮。完成第七批省级文保单位申报工作。组织优秀非遗项目参加台州市非物质文化遗产优秀项目展演。以传承中华文脉、弘扬优秀传统文化为主题，在新前街道中心小学组织师生开展了“第十个文化遗产日庆祝活动”。七是文化体制改革工作稳妥完成。重新拟定区电影公司、区影剧院体制改革方案，妥善处理好改革发展与稳定的关系，积极与各相关部门协调，完成了区电影公司和影剧院体制改革工作。八是文化市场管理规范有序。组织开展全区网吧营业场所、音像市场、中小学校周边环境等专项整治活动、“扫黄打非”专项行动和文化娱乐场所安全生产大检查活动。全年开展联合整治行动7次，进一步加强部门间执法联动。日常检查出动977次，检查经营场所1165家次，取缔大棚非法演出活动11起，取缔非法广播电台4个，立案调查并结案19起。与区市场监管局、科技局等有关部门联合开展超市打假侵权专项检查，严厉打击假冒侵权违法行为。九是启动公共文化服务示范区创建工作。组织开展调查摸底工作，按照创建标准，找清差距，以区“两办”名义制定下发了区《关于全面构建现代公共文化服务体系加快推进国家示范区创建的实施意见》和《黄岩区基本公共文化服务实施标准(2015—2020年)》，明确责任分工，分解创建任务，围绕工作目标任务，有序开展创建工作。

(何　宁)

【路桥区文化广电新闻出版局(体育局)】 内设职能科室5个，直属单位5个。2015年末人员62人(其中：机关11人，参公7人，事业44人；具有高级技术职务资格的5人，中级8人)。

2015年，路桥区文化广电新闻出版局各项工作稳步推进，取得成效。一是加强文化阵地建设。区文化馆顺利通过国家一级馆评估，区图书馆开通“24小时街区自助图书馆”。全面完成村级文化基础设施建设三年行动计划扫尾提升工作，村级文化设施走在了全市前列。二是加强人才队伍建设。新成立2家文化名家工作室，着力开展精品创作和人才培养。率先出台《路桥区文化志愿者管理办法》，成立路桥区文化志愿者联合会，注册会员500多名。组织区文化干部赴浙江职业艺术学院参加业务培训，组织文化馆干部下基层举办排舞广场舞师资培训班等，提升村级文化管理员和基层文艺骨干的业务水平。三是大力扶持精品创作。18个作品在各级比赛中斩获殊荣，其中排舞《奇迹列车》获省第九届排舞大赛金奖，文化馆“越剧进校园”培养的小选手於含悠获第十九届“中国少儿戏曲小梅花”地方戏业余组金花称号。四是打造文化活动品牌。组织开展新年团拜会、新年音乐会、基层文化俱乐部会演、综合才艺大赛等活动，并创新推出“艺术之门”经典艺术品鉴、“微系列宣讲”进文化礼堂等活动，南官人文大讲堂受到省社科联的通报表彰，被评为“全国优秀社科普及基地”。五是深入推进文化惠民。开展重阳敬老文艺演出、未成年人读书节、送公益培训进民工子弟学校等活动。开设文化超市公益培训,面向全区群众免费提供国画、越剧、声乐等培训课程。深入开展文化三下乡活动,全年送演出 152 场,电影 2600 场,图书 1.5 万册,文化走亲 12 场。六是文化遗产保护和传承有效推进。全面完成国家第一次可移动文物普查工作,完成进度位居全市前列。认真开展非遗进校园、文化遗产日等活动。省级非遗项目气象谚语以油画的形式亮相第八届杭州艺术博览会。成功申报"梨园春戏具商行"、"章氏骨伤医院"为台州市第三批非物质文化遗产传承基地。七是文化市场保护稳步推进。开展文化市场"扫黄打非"工作,获市先进集体荣誉称号。开展安全生产专项检查行动,排查安全隐患,确保文化市场"零事故"。创新监管方式,开展印刷企业安全生产管理服务外包试点工作,在全市文化市场创新管理工作会议上作了经验交流。八是文化产业稳步发展。举办台州动漫节,组织文化企业参加第 10 届中国(义乌)文化产品交易会和第十届东盟博览会。

(叶祥青)

【临海市文化广电新闻出版局】 内设职能科室 5 个,直属单位 9 个。2015 年末人员 114 人(其中:公务员 15 人,参照公务员 11 人,事业 88 人;具有高级技术职务资格的 9 人,中级 25 人)。

2015 年,临海市文化广电新闻出版局获得浙江省"文化礼堂建设"先进单位和浙江省"文化走亲"活动先进单位。开通临海文化微信公众号。发现小芝新石器时期遗址,填补了临海市史前文化空白,是灵江流域最早的新石器时代遗址,也是迄今发现的浙江早期新石器时代遗址中纬度最南、经度最东、距海洋最近的遗址。一是文化遗产保护有新成绩。申遗工作顺利推进,《台州府城墙保护规划》顺利通过国家文物局评审。台州府城墙申遗项目获浙江省人民政府支持意见。参加中国明清城墙联合申遗推进会第三次会议,完善城墙申遗文本。完成小芝新石器时期遗址调查勘探工作,发现小芝峙山头遗址距今约 8500 年—7000 年,填补了临海市史前文化遗址的空白。修缮杨哲商故居等 12 处文保单位。完成全部文物信息采集工作,配合浙江省博物馆"中兴纪胜——南宋风物观止"展览,完成相关文物借展工作。出版《瓜瓞绵延山海间:临海传统宗祠研究》、地方历史文献《赤城新志》。台州府城刺绣博物馆正式开馆,建筑面积 3440 平方米,馆藏 9000 余件,藏品跨越明、清、民国,涵盖四大名绣及全国各地其他绣种。深化省级非遗综合保护试点县工作,非遗代表团赴韩参加横城郡文化交流并演出。建成并对外开放台州府刺绣博物馆、永利秤专题性陈列馆。二是文化事业服务有新拓展。以创建国家公共文化服务体系示范区为目标,深入实施文化惠民工程,加强文化设施建设,开展博物馆新馆、卢乐群艺术馆策展,新建农村文化礼堂 45 家。举办相声专场、越剧名段音乐会、纪念中国人民抗日战争暨世界反法西斯战争胜利 70 周年等文艺演出。完成崇和大舞台系列活动,活动总 200 多场次。策划临海山墙文化摄影展、"放飞"儿童画公益主题展、"台州 10+1"艺术展等大型展览。深入开展公益性文化设施免费开放服务项目,相继成立主持人沙龙、青年舞蹈社团,开展免费培训班。开展文化下乡活动,送戏下乡 386 场次,送书 3.2 万册,送讲座、展览 258 场次,跨市县文化走亲 6 场次,市域内乡镇间文化走亲 38 场次。三是文艺精品创作有新成果。积极实施文艺创作精品工程和文艺名家展演工程,江南丝竹《苏堤漫步》获浙江省第四节社团会演表演、辅导两大银兰花奖,摄影作品《绿色能源》获浙江省第四届群星视觉艺术大展摄影展铜奖,《台下十年功》获浙江省"农村文化礼堂"摄影大赛兰花奖,相声《我的太太是极品》获浙江省第五届曲艺新作大赛表演铜奖。组织选手参加浙江省首届农村文化礼堂文化员才艺大赛,获金奖 1 人,银奖 2 人。制定《临海市文化发展第十三个五年规划》。四是文化产业发展有新推动。全市文化产业增加值占 GDP 比重逐步增加,扶持开办台州方华包装等文化企业。制定出台《临海市人民政府关于加快文化产业发展的若干意见(试行)》《临海市文化产业发展专项资金申报办法》。筹建电影博物馆。拍摄英雄史诗大剧《抗倭英雄戚继光》并在 CCTV-1 黄金时间热播。大力培育微电影市场,摄制临海系列微电影《橘子红了》《韶光依旧》《临海之爱》,先后荣获亚洲微电影节、金丹若国际微电影艺术节多项大奖,其中《韶光依旧》《临海之爱》还在首届中马微电影艺术节上展播。五是文化市场管理有新气象。坚持一手抓繁荣，一手抓管理，规范文化市场发展。全年出动检查560次，出动执法人员1268人次，检查各类文化经营场所1746次，办结行政处罚案件19件，获得临海市青年文明号荣誉称号、台州市文化市场综合执法行政处罚案卷评比二等奖、台州市第三届文化市场行政执法技能比武团体三等奖。依法审批，推行容缺受理制度和异地受理制度，提高审批速度，全年提速70%。实行所有行政许可审批事项“一站式”办理。深化“四张清单一张网”改革。开展联合审批，送证下乡等便民活动。办理行政许可项目56件，被评为优胜窗口。

（陈　煜）

【温岭市文化广电新闻出版局】 内设职能科室4个，局属单位5个。2015年末人员151人（其中：机关12人，参照公务员15人，事业124人；具有高级技术职务资格的8人，中级27人）。

2015年，温岭市以“强基础、重改革、求规范、促发展”为主线，以完善公共文化服务体系建设为重点，按照“项目化、数字化、标准化、品牌化”要求，全面推进文化强市建设，取得明显成效。一是公共文化服务体系建设举措有力。开展国家公共文化服务体系示范区创建工作，制定系列政策，编制《温岭市文化发展“十三五”规划》。完成2014年度镇（街道）公共文化服务动态评估系统数据审核，通过绩效考核，梯队分配奖励资金。第二批浙江省公共文化服务体系示范项目“温岭市基层公共文化服务动态评估”高分通过验收。二是文化惠民工作深入推进。新建农村文化礼堂21个，指导农村文化礼堂规范化运行，组织全市文化礼堂管理员培训，补助规范化运行的农村文化礼堂每家1万元。以公开招标选择社会优质服务资源，实施公共文化配送项目，完成送戏下乡188场，送电影下乡5005场，送图书下乡2.87万册。实施“种越剧”“种故事”项目，在16个镇（街道）建立17个戏曲协会，在人口集中的村（社区）建立29个戏曲角，以集中培训、下乡辅导、名家讲座等方式，帮助全市戏曲爱好者提升技能。组织全市戏曲团队业务评比，给予相应奖励，并举办“越韵东海——全市戏曲团队展演”。组织全市曲艺名家成立温岭市东海曲艺俱乐部，组建“故事人”，创作“说书库”，在市文化馆前设立“紫藤书场”，在农村文化礼堂开展“百姓故事会”，共“种故事”70场。三是文化场馆服务水平持续提升。市文化馆围绕“安全生产”“五水共治”“三改一拆”等中心工作，组织业务干部创作、编排优秀主题节目，举办主题演出25场；举办节庆文艺展演39场，展览18期，巡展32期；邀请国家级、省级名家授课，举办“名家讲座”12期；举办“书香机关”免费艺术培训2学期26班，授课728课时，受训7299人次，并举办学员成果汇报展演展览；开展艺术培训下基层活动，培训30期、180课时，受训8622人次；开展免费开放文化服务品牌公众满意度问卷调查，群众满意率91%；通过第四次全国文化馆评估定级，为部颁“全国一级文化馆”。市图书馆建成开放亲子绘本室，开通RFID自助借还系统、万方数据中小学数字图书馆，推出借阅积分卡制度；开展阅读推广活动64场；全年服务读者291万余人次；新增藏书24万余册，外借图书65.18万册次；设立“两会”分会场服务平台，获“2015年全省公共图书馆‘两会’信息服务优秀服务奖”；提前完成古籍普查工作，普查古籍总数为711种9425册。王伯敏艺术史学馆举办精品展览10场。市博物馆工程通过钢结构和桩基子分部验收，幕墙工程完成62%。四是群众文化活动丰富多彩。开展“‘挖掘传统文化资源，增强本土文化自信’我为温岭文化强市建设建言献策”活动，召开文化名家、文化工作者座谈会，深入挖掘城市精神和文化底蕴，共征集到105篇建言献策文章，37篇获奖。举办纪念中国人民抗日战争胜利暨世界反法西斯战争胜利70周年系列活动。举办第三届市民文化节，启动当天共有80多项文化活动在全市各镇（街道）同步开展。市民文化节期间，在全市开展323项全民阅读推广、群众文艺展示活动。五是对外文化交流实现创新。举办“风从东海来”温岭书画作品巡回展，先后在杭州、上海、金华等地展出。全年开展“文化走亲”15场，荣获2014年度浙江省“文化走亲”活动先进单位称号。引进高雅艺术演出10场。制定《向演艺机构购买低票价剧场型高雅艺术演出的实施办法（试行）》，以政府部分采购方式，实现市民低票价享受文艺精品7场。六是文艺团队建设与精品创作成果丰硕。审批成立温岭市丹峰舞姿俱乐部、温岭市城北戏曲俱乐部、温岭市新河戏曲俱乐部。支持老年合唱团参加浙江省第七届老年合唱交流演唱会，协助教师合唱团赴香港参加2015第三届亚洲国际合唱节。推进本土文化精品“五个一”，召开原创越剧“石夫人”剧本研讨会，完成剧本第三稿；完成“大奏鼓”改编舞蹈《渔韵素影》创作，并参加省级舞蹈大赛；制作原创歌曲《阳光温岭》MV，拍摄制作《柳风梅骨写春秋》温岭文化专题片；出版《海风文学丛书》10册，编著《温岭市传统历史文化故事》。推进“一镇一品”文艺创作工程，16个镇(街道)创作本土文艺作品，举办“乡韵乡情”2015年温岭市镇(街道)原创作品文艺晚会，组织本土文艺精品欣赏。组织本土书法、美术、摄影名家开展文化大采风，举办采风成果展、视觉艺术作品下乡巡回展。全年获国家级奖项2件，省级奖项23件，地市级奖项13件。根据《温岭市文艺精品奖励实施办法》，对本土文艺骨干获得奖项进行奖励激励。七是文化遗产保护成效显著。完成全国第一次可移动文物普查登录工作。启动温岭市不可移动文物保护三年行动计划。完成新公布6处省级以上文保单位“四有档案”建设。编制6处文保单位维修方案。大溪东瓯古城遗址保护规划立项。实施三池窟大寨屋地质勘查与沉降数据测量。完成琅岙桥维修工程。出版《温岭历史文化丛书》12册，及《温岭民居》《温岭老桥》《温岭方言俗语》等专著。建成开放大奏鼓、小人节、海洋剪纸3个非遗主题展厅。完成大奏鼓、小人节2个国家级非遗项目“四个一”工程。开展文化遗产日、校园非遗传承大赛、七夕祈福礼、非遗说唱周等活动。在省级非遗保护工作现场推进会上介绍保护传承大奏鼓工作经验。编制《温岭市石塘文化生态保护区总体规划》，为全省镇一级文化生态区的保护提供范本。选送作品参加浙江纸艺彩扎精品展，获“一金两银两优秀”。八是文化产业持续发展。举办第四届温岭文博会，设6大展示交易区，参展企业201家，含市内企业129家。组织参加义乌文博会、中国—东盟博览会文化展、海峡两岸文博会，温岭藏碟玉器有限公司砗磲工艺品获义乌文博会银奖。全面开放电影市场，新开影院3家，全年票房收入6747.41万元，同比增长86.4%；观影214.74万人次，同比增长116.8%。积极扶持剧演市场，民营越剧团全年演出8000多场，营业收入4000多万元。开展上网服务场所转型升级试点工作，以网吧为基点，整合加注书吧、咖啡吧等功能元素，将原先单一的上网场所转变为集文娱、竞技、餐饮为一体的多功能文化服务场所，全市30多家网吧完成改造升级转型。继续深化行政审批改革，加大网上审批、预约上门、提前介入服务力度，全年受理行政许可96件，办结96件，提前办结率100%，市办证中心测评群众满意度100%。组织新办文化企业主上岗培训4期，19人通过考试。完成年度文化行政案卷整理工作，归档177份，并确保案卷标准化、规范化、准确性与全面性，积极参加案卷评审。九是文化市场安全有序。扎实开展文化市场消防安全工作。大力开展以“护苗”“净网”“清源”“秋风”为主要内容的“扫黄打非”专项行动和出版物市场专项整治行动12项。全年出动执法检查1668人次，检查经营单位1832家次，发现违规经营36家次，立案调查36件，吊销营业许可证4家，停业整顿2家，罚款22.43万元。制止非法大棚演出6起，取缔无证游商摊贩47起，查获各类以赌博活动为盈利的游戏机108台，收缴“小耳朵”等非法设备59件(套)，查获各类盗版光盘、图书和教辅材料6800多册。举行文化市场违禁物品集中销毁活动，销毁游戏机1608台、教辅材料96.81万张、地面卫星电视接收器371只、图书210本。

(郑　丽)

【玉环县文化广电新闻出版局】内设4个职能科室，下属8个事业单位、1个国有企业。2015年末人员89人(其中：机关12人，事业77人；具有高级技术职务资格的7人，中级22人)。

2015年，玉环县文化广电新闻出版局创新体制机制，加快公共文化服务体系建设，各项工作取得一定成效。乡镇综合文化站管理运营创新模式成功入选浙江省第三批公共文化服务体系示范项目创建名单，并荣获省“扫黄打非”工作先进集体。一是公共文化服务实现常态化。精心策划“海岛之春”“幸福暖冬”元旦春节元宵系列节庆活动，举办“以文治水”、第十一届未成年人读书节、第六届农民文化节、“走读玉环”等主题活动。完成送演出下乡151场、送图书3.29万册、送电影3300余场。举办6期“文化嘉年华”公益培训，开设排舞、摄影、声乐、小品表演与创作、越剧等课程。完成台州(县、市、区)文化馆际"文化走亲"巡演6场。举办桐乡—玉环书法篆刻精品联展、绍兴—玉环瓷画展。二是文化设施网络逐步健全。县图书馆新馆、县博物馆完成总工程量30%以上。书城、影城完成土建工程。玉环掌上图书馆(移动App)完成建设。全县50周岁以下市民卡数据成功导入图书馆系统,通借通还图书借阅服务点实现乡镇(街道)全覆盖。打造城乡公共阅读空间,建成3家乡镇图书馆分馆、8家"农信书吧"和客运中心"文化e站"。完成16家农村文化礼堂建设。三是文化遗产保护成效明显。第一次全国可移动文物普查取得阶段性成果,共采集登录文物数据742件/套(不含古籍)。修缮苔山等3个碉楼。完成省级以上文保单位"四有"档案。划定公布县级文保单位保护范围和建控地带。举办第十届文化遗产日系列活动、玉环剪纸进校园专题讲座等活动。开设竹篾编制、剪纸技艺2期民间文艺人才课堂。新增1个市级非遗传承基地和2名市级代表性传承人。四是文化人才培养不断加强。成功举办台州市文化名家展演——陈小红个人戏曲演唱会。新成立1个名家工作室。全年共有18项文艺作品或节目获得市级以上奖项,其中,县文化馆排舞队获省第九届排舞大赛(串烧组)金兰花奖、省排舞十年推广优秀团队;《柚乡柚香》获得省第六届中国梦·乡村诗歌兰花铜奖。五是文化市场管理服务并重。组织优秀文化企业参加第十届义乌文交会和中国—东盟博览会文化展。新增2家文化创意展馆。指导成立旗袍爱好者协会。引导社会资本注入文化产业,投资亿元的老铜匠铜制品文化创意基地建设稳步推进。注销文化经营单位71家。编制出台全省首个文化市场《阳光执法规范手册》。在全市率先建成文化市场执法综合视频监控平台,开展"净网、清源、秋风、护苗"四大专项整治行动,出动执法人员1393人次,检查1332家次;立案查处27件,受理并办结12318举报19起;依法取缔无证照场所48处、收缴非法音像制品6000余张、非法书报刊300余册、电子游戏机33台、卫星地面接收设施109个、机顶盒44个。

(庄　樱)

【天台县文化广电新闻出版局】 内设职能科室4个,下属事业单位6个。2015年末人员116人(其中:机关11人,参照公务员11人,事业94人;具有高级技术职务资格的2人,中级17人)。

2015年,天台县文化广电新闻出版局深入贯彻落实十八届四中、五中全会精神和科学发展观,紧紧围绕全县工作大局,以推进文化大发展大繁荣为着力点,以保障群众基本文化权益为目标,大力实施文化惠民各项工程,加快推进文化产业发展,抓重点、求深化、创特色、促和谐,各项工作取得了明显成效。一是蓬勃开展多项群众文化活动。开展"文化三下乡"活动,送戏下乡374场,送书5.62万册,送电影3740场,送展览81场,观众达到38万人次。文化走亲56场。举办各种大型活动82场,受益观众达15万余人次。参加浙江省第二届村歌大赛,节目《后岸踏歌》获创作金奖,表演银奖。参加浙江省第六届十大城市戏曲演唱联赛,越剧《红楼梦·葬花》(演唱:张婉珍)荣获个人赛银奖;越剧《追鱼·书馆》(演唱:李春燕、张婉珍)荣获联赛团体组合赛银奖;黄梅戏《牛郎织女·到底人间欢乐多》(演唱:张蓉)荣获个人赛优秀奖。参加浙江省第九届排舞大赛(中年组),节目《是》获金奖。参加市农村题材小品、小戏、曲艺作品征集活动,3件作品获二等奖。参加台州市第二届器乐大赛,1人获金奖。二是加强公共文化基础设施建设。建设农村文化俱乐部560家,建成率达90.7%。建设达标农家书屋295家。新增25家农村文化礼堂。14个乡镇(街道)文化站完成建设并投入使用。按要求完善全县各乡镇文化站功能配置,建好平桥、白鹤两个省级中心镇的图书分馆,并已投入使用,免费向群众开放。三是非物质文化遗产保护工作取得新进展。完成《台岳遗风——天台非物质文化遗产集萃》编印,以及电视宣传片《风正一帆悬——天台非遗特色小镇建设》拍摄工作。"天台山和合人间博物馆"6月正式对外开放。天台白鹤镇中心小学将当地非遗项目"皇都南拳""左溪花鼓""莲子行"等列入传统特色教育,聘请传承人到校传承。坦头镇榧树村老艺人整理、恢复了天台词调,并于春节期间演出了《八仙庆寿》《打妹封王》;雷峰乡潘岙杨村挖掘、整理该村非遗项目"囡节",弘扬慈孝文化,于6月28日在文化礼堂举办了"囡节"庆典活动。将非遗保护与区域文化建设相结合,建设非遗特色小镇。平桥镇张思村在古村落保护中,将传统手工技艺融入其中,打造“农耕记忆特色小镇”,20多项非遗项目进驻大院;白鹤镇皇都村打造“皇都南拳特色小镇”、街头镇挖掘“寒山拾得(和合二仙)传说”文化内涵,打造“和合文化特色小镇”等。街头镇“和合文化”成功入选第三批浙江省非物质文化遗产旅游景区“非遗主题(实验)小镇”名单。四是推进文化市场繁荣发展。认真开展日常监管和专项整治活动,严厉打击各类违法违规行为。开展“扫黄打非”2015“净网”“清源”“护苗”等专项行动。在中小学春季、秋季开学和“六一”国际儿童节前后,开展专项行动。开展“校园周边整治”“网吧百日整治”等活动。五是积极促进文化产业发展。组建农民艺术团,搭建“天天大舞台”演出平台,创作文化精品,提升送戏下乡的质量和数量,将民俗文化与旅游产业发展相结合。提升佛道音乐会使之成为常态化演出,以地方特色民俗文化节目吸引游客,打响做强文化旅游融合发展大品牌。重点打造中华文化高峰论坛——天台山论坛,整合提炼天台山文化当代价值,变资源优势为产业优势,把文化与旅游紧紧融合起来。组织天台山木雕厂和天台县济公宝斋参加2015中国—东盟博览会,其中天台山木雕厂荣获工艺美术文化创意奖;组织四家单位参加第10届中国(义乌)文化产品交易会,其中天台山佛教城选送的文殊普贤获三等奖,天台山木雕厂选送的金漆木雕四面佛像获得优秀奖。六是民办文化初显端倪。鼓励社会力量办文化,力促有场地、有物品的民间力量开办博物馆,让“家庭博物馆”成为城市的又一道亮丽风景线,实现“小县大城”建设提质增效。是年,全县建有民俗博物馆1处,一根藤艺术馆1处,正在筹建的各类博物馆、艺术馆2座。

(王　蔚)

【仙居县文化广电新闻出版局】

内设职能科室4个,下属单位10家。2015年末人员111人(其中:公务员10人,参照公务员管理15人,事业86人;具有高级技术职务资格的4人,中级16人)。

2015年,仙居县文化广电新闻出版局紧紧围绕县委、县政府打造“六张名片”建设“山水画城市”的工作目标,各项工作顺利开展。一是加强文化地标建设。积极配合开展图书馆、博物馆建设等前期工作,完成调整后的启明楼重新立项。仙居电影院多厅改造完成。文明楼新增古县城地形图沙盘、新修文明楼碑记和楹联等。新建文化礼堂13家,文化广场11家。二是创新精品文化活动。充分运用仙居自然、人文等优质元素,注重内容原创与形式创新相结合,成功举办“烟霞之韵”元宵文艺晚会。举办各类音乐会。邀请浙江越剧团、浙江京剧团、嵊州越剧二团等省市院团到仙居演出。做好文化三下乡活动,全年送戏下乡255场,送书下乡2万册,送电影下乡3572场,送展览69场。同时,进一步拓展图书馆、文化馆等公共文化服务免费开放的内容与范围,图书馆完成通借通还市、县、乡三级垂直服务体系建设并开通数字图书馆与移动图书馆;文化馆开设14个文艺类公益免费培训班,并组织开展文化关爱活动和下乡文艺辅导,积极编排与组织优秀节目参与各级赛事,小品《紧急呼叫》获台州市好故事宣讲大赛金奖。三是推进文化遗产保护工作。启动下汤遗址勘探工作,历时5个月,进一步明确该遗址的分布范围、断代,将仙居人类活动历史至少向前推进了3000年。《全国重点文物保护单位——仙居古越族岩画群保护规划(新编)立项报告》通过省文物局审核。采集登录可移动文物1086件,筛选7处县级文物保护单位。积极探索县、乡、村以及文物保护单位所有权人和使用权人的文物延伸监管模式。朱溪小方岩凿磨岩画区成功获得全国首批岩画遗存地认证,是获得认证的13个岩画片区之一,也是浙江省唯一一个进入首批认证名单的岩画区。国家级非物质文化遗产仙居花灯参加漫步中国·2015中韩文化节备受关注。九狮挪球灯吸引央视拍摄。四是提升行政审批与文化市场管理水平。建立微信公众号“仙居文化窗”,并正式向社会公众推广使用。推进文化市场行政审批权力公开透明运行,行政审批受理办结140件;经营许可证验证、换证128家。文化市场以“扫黄打非”工作为重点,畅通举报渠道,提高违法经营成本,有力打击违法经营活动。全年日常巡查出动检查1142人次,检查783家次,违规74家次;举报(督查)受理2件;行政处罚立案调查28件,办结案件22件,公开案件1件,警告19家次,停业整顿3家次。

(朱益霆)

【三门县文化广电新闻出版局】 内设职能科室 5 个，直属单位 7 个。2015 年末人员 100 人（其中，局机关干部 11 人，下属单位事业 89 人；具有高级技术职务资格的 7 人，中级 22 人）。

2015 年，三门县文化系统深入学习贯彻习近平总书记系列重要讲话精神，紧紧围绕县委、县政府中心工作，以创建浙江省基本公共文化服务标准化示范县、台州市国家公共文化服务体系示范区为目标，以“三严三实”为要求，主动适应文化新常态，着力抓好文化建设重点任务，各项工作取得明显成效，“十二五”时期确定的各项任务圆满收官，为“十三五”时期文化改革发展打下来了坚实基础。一是现代公共文化服务体系建设打开新局面。制订《三门县关于加快构建现代公共文化服务体系的实施意见》和《三门县基本公共文化服务实施标准（2015—2020 年）》，成立三门县现代公共文化服务体系建设协调小组。围绕《公共文化队伍建设标准研究》和《农（渔）村数字文化广场》两个台州市公共文化服务研究课题，结合实际深入开展制度设计研究。组织开展文化走亲 8 场，送戏下乡 218 场，送书下乡 1.2 万册，送书进农家书屋 1.8 万册，送电影下乡 3228 场，新建成农村电影室内固定放映点 10 个，建成 21 个农村文化礼堂、5 个县级示范村、3 个村史馆。健跳镇入选浙江省文化强镇、海游街道悬渚村入选浙江省文化示范村。引进资金筹建健跳中心镇多厅影院，探索公益电影市场化运作发展模式。编辑“三门五水共治巡礼”专题信息窗。县图书馆获得浙江省公共图书馆“两会”信息服务工作优秀信息产品（编辑）奖；新增两台超星移动图书馆，开展数字化阅读，购置少儿触摸一体机，增设了自助亲子阅览室、读者自修室。建成健跳镇文化站及图书分馆。组织实施农村文化队伍素质提升工程，组织全县农村文艺骨干参加排舞等培训 800 余人次。举办各类文艺演出、展览、评奖活动 32 次，培训讲座 18 期（次）。美术、书法、摄影、戏剧等艺术门类在市级以上展览、发表、演出或获奖的作品 161 件（篇），其中国家级 17 件（篇），省级 42 件（篇），市级 102 件（篇）。海游街道代表队获浙江省“文化礼堂”乡村排舞大赛金奖，亭旁镇排舞队获铜奖。组织近 40 位省内外知名词曲作家汇聚三门，举办再寻《渔光曲》词曲创作采风活动，其中 20 首歌词在《中国词刊》上发表，34 首歌词在省音乐词刊《花港》上刊登。开展周末剧场演出 30 场，免费为全县中心学组织开展浙江省“雏鹰计划万里行”优秀剧目送戏演出活动 40 场。组织开展国家舞台精品工程资助剧目、第十届中国艺术节文华新剧目奖作品——浙江京剧团新编历史京剧《飞虎将军》等经典剧目演出，全年总演出场次 90 场，观众总人数 7 万人次。二是文化产业实现新发展。组织文化企业参加中国（义乌）文交会、中国东盟博览会和海峡两岸文交会等大型展会，浙江三门贝特工艺品有限公司获第 10 届中国（义乌）文交会工艺美术银奖、2015 年中国—东盟博览会文化展“工艺美术文化创意奖”、第八届海峡两岸（厦门）文化产业博览交易会银奖；三门县蛇蟠石窗发展有限公司获 2015 年中国—东盟博览会文化展“工艺美术文化创意奖”。通过举办再寻《渔光曲》歌曲创作采风等活动，推进省音乐家创作培训基地，进一步加快蛇蟠创意园区建设，2015 国际旅游度假目的地创新发展论坛评选活动中，蛇蟠岛入选“最具文化创意旅游海岛”。积极承办台州市第二届创意设计大赛，促进文化产业与旅游、创意等相关产业融合发展。通过政策引导和扶持，促进小微文化企业发展，做强做大文化产业项目，完成年度文化产业专项资金的申报和拨付工作。做好文化体制改革工作。三是文化遗产保护成效明显。三门县博物馆可移动文物普查统计及资料登记上传完成率 100％，4 家国有文物收藏单位共登录可移动文物 1666 件/套，已全部登录到可移动文物登录平台。完成亭旁起义旧址、三门宗祠群、健跳所城遗址（含蒲西巡检司城）、祁家祁宅等 4 处省级文物保护单位“四有档案”审查验收工作。加强文保单位保护工作，完成省保单位任家宗祠和县保香山宗祠、石滩宗祠修缮工程，完成吴岙吴氏宗祠、王家宗祠修缮方案设计。博物馆展厅做好免费开放工作，举办临时性展览 6 个，接待参观 5 万余人次，开展未成年人生态教育行动巡展进校园、乡镇（街道）活动，走进全县 16 所中小学，参观人数 1.84 万人，发放回收调查问卷 1579 份。配合国家非遗中心做好二十四节气（三门祭冬）申报联合国非遗代表性名录。亭旁镇入选浙江省传统戏剧特色镇。启动三门县非物质文化遗产展示馆建设。创作新编民间历史传奇剧《戚家军传说》,参加“浙江好腔调——开锣了”濒危剧种传统剧目专场活动,参加省文化厅首批全省民营文艺表演团体优秀剧目评选并获奖。开展送民间艺术下乡活动,送非遗专场下乡巡回演出30场;建立“周末书场”传统曲艺书场,并下乡巡回演出62场;花桥龙灯入选第七届中国·浙江非物质文化遗产博览会“非遗薪传”浙江纸艺彩扎精品展及作品评选活动。四是文化部门行政能力进一步增强。深化平安三门建设,深入开展“扫黄打非”,开展“秋风”“清源”“净网”“护苗”四大专项行动,净化文化市场环境。县文化市场行政执法大队出动检查人员649人次,检查文化市场经营单位699家次,受理举报3起,查处文化市场违法违规案件13起。积极探索文化市场综合执法信息化、规范化监管创新机制,县文化广电新闻出版局被评为2015年文化市场综合执法工作优秀单位,位列全市考核第2。审批服务进一步优化,办理案件11件,接待上门咨询群众80多人次,现场踏勘20多场次。强化制度建设,规范窗口现场管理。积极推行首问首办制、服务承诺制、工作落实和督促检查责任制三项制度,着力强化中心内部管理。

(陈澍冰)

丽水市文化广电新闻出版局

【概况】 内设职能科室8个，下属单位7个。2015年末核定编制106人(其中市局机关21人，事业85人；具有高级技术职务资格的21人，中级31人)。

一、公共文化服务体系建设

(一)文化示范创建工程建设

开展国家级、省级文化示范创建申报。丽水乡村春晚被列入第三批全国公共文化服务体系示范项目；缙云、云和、遂昌、松阳等4县的文化先进县创建工作受到省政府表彰；市本级"乡村春晚"、景宁县"五权圆梦"通过第二批省级公共文化服务体系示范项目创建验收并获省政府命名表彰；龙泉乡村漫游项目被省政府列为第三批全省公共文化服务体系示范项目；缙云县壶镇镇、龙泉市小梅镇、松阳县西屏街道、遂昌县石练镇、青田山口镇被评为省级文化强镇。市政府首次命名表彰了全市19个镇(乡、街道)为"市级文化强镇(乡、街道)"。

(二)文化机制建设

启动"1＋9＋X"模式公共文化服务机制研究，市本级制定下发《丽水市创建国家公共文化服务体系示范项目实施计划》，成立创建领导小组，9县(市、区)出台相应的县级公共文化服务标准和协调机制，缙云"婺剧嘉年华"、松阳文化志愿者"文化圆梦大使"等公共文化个性化服务标准逐步完善。建立全市公共文化服务城乡联动机制，制定印发《丽水市公共文化服务城乡联动暨"四个一"结对帮扶工作方案》。按照省委、省政府公共文化服务重点市县建设要求，全面推进莲都、遂昌、庆元等3个省公共文化服务重点县(区)建设。

(三)公共文化社会化服务拓展

引进社会力量参与公共文化建设，开展绿谷大舞台购买社会化服务试点，18个社会文化团体22个项目参与竞标，最终14个团队14个项目入选。启动第二轮购买社会服务，以项目建设申报、适当资金扶持模式，带动一批社会非营利性文化组织参与公共文化服务，推动全民阅读、公共文化特色乡镇、特色村落建设，编制政府购买社会文化产品服务项目库。以竞争性磋商方式完成政府采购，成功签订丽水大剧院第二轮委托经营管理合同，在实现演出场次和档次双提高的同时，实现政府补助价格明显降低，五年为政府节省资金500万元。开展"城墙书吧"试点建设，省内第一家"城墙书吧"在南明门城楼开业，老年人休闲书吧改建并开业。

(四)文化数字化建设

以"互联网＋"形式，着手进行"文化订制"信息工程建设，全市形成一张"文化订制"信息网。依托丽水网平台，建立完善"乡村春晚"数据库。市本级和4个县(市、区)建立文化工作微信公众平台，形成全市文广联盟微信集群，为市民提供便捷的公共文化服务信息。莲都区文化馆获得全国数字文化馆试点单位资格，推进县一级数字文化服务建设。

二、文艺精品创作成果

(一)外宣性文艺精品创作

创作大型音乐剧《畲娘》，将作为浙江省唯一剧目赴京参加2016年第五届全国少数民族文艺会演。缙云大型婺剧《县令李阳冰》成功首演，赴东阳、建德、金华、衢州巡演，并被评为全省首批民营文艺表演团体"优秀剧目"。松阳越剧《张玉娘》、遂昌音乐剧《平昌遗爱》等剧作启动创作。推进反映丽水风土人情和丽水精神的精品电视剧创作，完成剧本大纲创作。11月，创作反映里东救援抢险的歌曲《最美的手》。6月12日，市美术馆开馆，同时承办浙江省第十四届水彩、粉画展。

(二)示范性文艺精品创作

10月，松阳县成功承办2015浙江省文化礼堂乡村排舞大赛，丽水市获得4金4银3铜。3位书法家作品入选全国第十一届书法篆刻展览。作家流泉组诗《晚风吹》荣获全国首届大观文学奖。歌曲《江南莲花谣》获浙江省第十四届音乐新作演唱(奏)大赛创作金兰花奖，《夫妻》获创作银兰花奖，《绿谷风吹》获创作兰花奖。

(三)惠民性文艺精品创作

举办第八届乡村文化艺术节，在青田县、庆元县和缙云县举办三个片区比赛，缙云县代表队

《弦乐声声奏婺曲》和戏曲《阳河练兵》,遂昌县代表队小组唱《淤弓,精彩如虹》,松阳县代表队舞蹈《老家》获得“特金奖”。举办“寻找丽水好声源”第二季全市歌手大赛。举办丽水市纪念中国人民抗日战争暨世界反法西斯战争胜利70周年群众合唱大赛暨第三届丽水市合唱节。通过“三赛一展”,即首届原创小戏小品大赛、第二届原创舞蹈大赛、第十届原创歌曲大赛,各地开展唱村歌、跳村舞、行村礼、演村戏4个系列农民文艺精品展演,创作出一批惠民性文艺精品。

三、文化遗产保护工作

(一)文化遗产保护传承

《丽水市城市紫线规划》由市城规委审批通过;《丽水历史文化名城保护规划》等4个规划通过初评,为保护工程的开展提供了依据。组织开展“5·18”国际博物馆日活动,开展文化遗产保护宣传。庆祝第十个文化遗产日,组织一次文物为民服务、一个文化遗产保护图片展、一次博物馆生态之旅体验活动、一系列非遗节目展演等“六个一”系列活动。与市档案局联合举办丽水市纪念抗战胜利70周年影像图片(文物史料)展,展示丽水文化遗产保护成果。松阳县被国家文物局列为全国唯一的传统村落保护利用试验区。

(二)可移动文物普查工作

完成第一次可移动文物普查数据输入和初审工作,全市在全国第一次可移动文物信息登录平台注册并维护收藏单位账号47家;全市申报藏品总数33062件/套,已登录藏品总数33081件/套。

(三)文物保护工程

全面完成谭宅文物保护工程并实现住户回迁。正式启动省级文保单位处州府城行春门城墙保护修复工程。完成全国重点文保单位三岩寺摩崖石刻环境整治工程及富岭齐村粮仓群、青林村古门楼、处州中学三好楼等市级文保单位(点)维修工程。做好国家重点工程金温铁路扩能改造工程和330国道塔下隧道扩建工程线路文物保护工作。组织开展市区双渠弄、接官亭建筑工地古墓抢救性清理工作。指导完成青田县腊口镇古墓葬发掘清理工作。推进全国重点文保单位和省级文保单位“四有”工作,其中全国重点文保单位南明山摩崖题刻、省级文保单位吕步坑窑遗址和巾山塔“四有”记录档案通过省文物局审查。

(四)“非遗”保护传承工作

开展传统戏剧保护工作,全市10个项目列入全省56个传统戏剧非遗项目保护名录。缙云县、松阳县玉岩镇、景宁县英川镇英川村入选第二批省传统戏剧之乡。完善非遗名录体系建设,开展全市第六批非物质文化遗产名录评审工作。挖掘整理非遗资源,编写出版《非遗印记——丽水非遗传承人口述文史》。抓好传承基地建设,制定《全市非遗传承基地考核办法》。加强非遗传承人保护,开展“非遗名师带徒”系列活动,景宁和青田确定为全市首批“非遗名师带徒”示范点。促进非遗与旅游融合发展,缙云县壶镇镇金竹村、松阳县望松街道吴弄村被评为第三批省非遗旅游景区民俗文化旅游村。

(五)博物馆体系建设

市博物馆新馆陈列展览工程全面完成,并向社会正式开放。在市博物馆开馆期间举办“圆明园国宝展暨南北朝石刻佛像展”,展览期间参观总人数达10万余人次,平均日参观人数近1万人次;接待各类预约团队近80个3350人次。积极帮扶民办博物馆发展,较好完成景宁县民俗博物馆展览提升工程,指导景宁县晓琴畲族民间陈列馆布展方案修改。稳步推进民办博物馆建设,“世界钟表文化中心”项目完成项目审议和土地评估,“瓯江文苑”项目已招募并完成9家拟办馆的藏品评审工作,《丽水市区民办博物馆布局规划》初稿完成。

四、“扫黄打非”和文化市场管理

(一)“扫黄打非”工作

通过完善综合协调、部门联动、考核督查等系列工作机制,推进“清源”“净网”“秋风”“护苗”四大专项行动,守好文化安全和意识形态安全“底线”。获评2015年全国和全省“扫黄打非”工作先进集体。协调办结全国督办的“三色网”色情网站案件,2名犯罪嫌疑人被依法追究刑事责任;协调办结全省十大重点督办的“蒋志武假记者(站)案”,案犯被判处有期徒刑两年半,该案被全国“扫黄打非”办列为全国“秋风2015”行动七大典型案例。妥善处置万地广场不雅视频事件,将社会负面影响降到最低程度,得到全国、省“扫黄打非”办肯定。协调破获网上传播淫秽色情物品刑事案件22起,收缴非法出版物3万余张,查处全市首个微领域传播淫秽物品案件。

(二)文化市场监管

开展“上网服务场所管理长

效机制试点”和“上网服务行业转型升级试点”，在全市范围内确定20家转型升级试点场所。与陕西省铜川市建立文化市场综合执法对口交流协作结对关系，开展文化市场综合执法对口交流活动。开展文化市场“平安丽水”专项行动，全市文化市场行政处罚立案164件，办结161件，罚款61.9万元，没收违法物品3178件。全市文化执法巡查频率和案件办案力度两个指标全省第一。获评全省文化市场综合行政执法考评优秀单位。

（三）文化产业推介

组团参展第十届义乌文交会，组织66家企业参展，同比增长32%；展位数达113个，同比增长74%；现场交易额150余万元，意向交易额350余万元，获展会组织一等奖；1家企业获义乌文交会十周年系列活动之“十佳企业”称号，4件文化精品获得展会工艺美术奖。与北京保利博物馆联合在北京举办“石刻千年 万物永恒”青田石雕大师作品特展。鼓励各类文化企业、基地、园区争创国家和省级文化产业示范项目、基地、园区，助推文化产业转型升级。龙泉宝剑生产工艺传承基地入选2015年度国家级特色文化产业重点项目。青瓷、宝剑、石雕三个产业入选全省十大经典文化产业。浙江郑氏刀剑有限公司、浙江木玩动漫文化有限公司被列入全省文化出口重点企业名单。

“百台特色乡村春晚”联建工作会议暨丽水乡村春晚文化漫游活动 2月2日在云和县崇头镇举行。副市长戚永远出席活动。开幕式上，举行了10名“乡村春晚”特色村村主任“我要办春晚”斗宝活动、10台特色乡村春晚进驻丽水旅游旗舰店启动仪式、“咱要办村晚——百台特别乡村春晚”联办活动签字仪式、“非遗赶集”体验暨年俗文化展示活动等。此外，还在崇头镇文化礼堂举行“乡村春晚”品牌建设论坛，戚永远对“乡村春晚”与农村旅游发展融合提出了具体意见。

“丽水十大城市文化标志性建筑”评选活动 3月，丽水日报社、丽水市文化广电新闻出版局、丽水市住房和城乡建设局联合启动“丽水十大城市文化标志性建筑”评选活动。通过各县（市、区）文物部门和广大读者的积极推荐，评选活动专家委员会热烈讨论，从全市推荐的48处标志性建筑中，最终确定20处候选建筑名单。4月21日，主办单位在南明门前组织了“丽水十大城市文化标志性建筑”评选大型采访活动启动仪式，以一个候选建筑一个介绍版面的形式对20处候选建筑进行展示。6月2日，丽水十大城市文化标志性建筑评选组委会在第二次评委会议上根据网络和专家投票结果，确定并公布评选名单，处州府城墙、应星楼、黄帝祠宇、咏归桥、延庆寺塔、留槎阁、孔庙、鞍山书院、巾山和厦河双塔、华严塔等入选丽水十大城市文化标志性建筑。

丽水市贯彻落实中办、国办《意见》暨丽水市创建国家公共文化服务体系示范项目动员大会 12月7日，丽水市召开贯彻落实中办、国办《意见》暨丽水市创建国家公共文化服务体系示范项目动员大会。省文化厅副厅长柳河出席会议并讲话。会议由副市长戚永远主持。会上，宣读了丽水市近年基层文化工作先进集体与个人名单，就贯彻落实中办、国办《意见》和国家公共文化服务体系示范项目创建做工作部署。省文化厅相关处室负责人；各县（市、区）政府分管文化领导、宣传部副部长；市直单位示范项目创建工作领导小组成员；市文广新局班子成员，市文化馆、市图书馆全体人员；各县（市、区）文广新局局长、分管副局长、社文科长、文化馆馆长、图书馆馆长；19个市级文化强镇主要领导；各县（市、区）工作满30年以上基层文化员代表参会。

【大事记】

1月

5日至7日　组织开展全市文化工作实地检查，分三组对9县（市、区）2014年度省级文化示范创建工作和市五星级农家书屋等内容进行检查。

6日　副市长戚永远对谭宅维修工程、处州府城行春门城墙保护工程、市博物馆新馆等文化建设项目进行专题调研，并在市文化馆召开座谈会听取相关文化建设项目情况汇报。

9日　2015年丽水市规划委员会第1次专题会议原则审批通过了《丽水市城市紫线规划》，对丽水市城市区域内已公布的3处历史文化街区、28处各级文物保护单位和87处历史建筑，划定紫线范围并制定相应的保护控制要求。

13日　“美丽中国·梦想丽

水”丽水市首届原创小戏小品大赛在龙泉大剧院举行,全市各文化馆选送的14个小戏小品参加大赛,决出2个金奖,4个银奖,8个铜奖,缙云县文化馆选送的小戏《老鼠娶亲》和龙泉市文化馆选送的《墙》获得金奖。

15日　2014年度农村电影放映先进集体和个人名单公布。莲城影视文化传媒有限公司、景宁县畲乡影视传媒有限公司被评为先进集体,景宁的周利斌等10人被评为先进个人。

28日　2015年丽水十台“最美乡村春晚”评选活动启动。活动在浙江在线、丽水网、文化丽水微平台上公开展示各地推荐上报的20台村晚材料,利用网络评选和专家评选相结合的方式产生丽水10台“最美乡村春晚”。

同日至29日　文化部副部长、国家文物局局长励小捷一行到丽水市松阳、缙云等地调研传统村落及文物保护相关工作。省文化厅副厅长、省文物局局长陈瑶,副市长戚永远等一同调研。励小捷一行实地考察了松阳县界首村、大东坝六村、杨家堂村等,并召开座谈会听取两地传统村落及文物保护工作汇报。

2月

4日　“文化丽水”微信公众平台正式上线运行,设置有文化前沿、市县动态、文化经纬、品牌文化、括风瓯韵、美丽非遗、瓯江艺苑、资讯速览、便民信息等栏目。

5日　浙江省2014年度市级文化馆绩效考评结果揭晓,丽水市文化馆以1328分的成绩,连续两年获全省市级文化馆业务绩效考核第一名。

6日　省级文保单位谭宅维修项目竣工并实现住户回迁。

13日　中央电视台新闻联播节目头条播出景宁县东弄村“乡村春晚”精彩节目片段,展示了畲家农民的文化生活和精神风貌。

15日　市“扫黄打非”办发文,组织开展全市春节前出版物市场专项整治行动。

27日　副市长戚永远带领调研组到市文广新局调研指导2015年文化工作,并召开座谈会。

3月

3日　部署开展文化市场专项行动,要求全市各地文化行政执法机构在全国“两会”期间开展一次文化市场专项检查工作,做到全面整治不放松。

4日　全市文化工作会议在龙泉市召开。会议回顾总结2014年全市文化工作经验和成绩,研究部署2015年全市文化工作思路和任务。副市长戚永远出席会议并讲话。市文广新局班子成员;各县(市、区)政府分管文化工作负责人及文广新局(体育局)主要负责人参会。

同日　全市文化广电新闻出版局长会议在龙泉市召开,部署2015年各块工作。市文广新局领导班子,各县(市、区)文广新局局长,市文广新局直属各单位、局机关各处室负责人参会,市电影公司、丽水保利大剧院管理有限公司主要负责人列席会议。

9日　印发《丽水市农家书屋管理员评价指标(试行)》,在全省率先建立农家书屋管理员评价机制。

20日　市文化系统开展绿色生态发展暨“清单”制度建设“全员轮训”动员大会召开。副市长戚永远出席会议并做动员辅导。市本级文化系统全体干部职工参加学习。

24日　省文化厅副厅长蔡晓春一行3人到丽水市调研指导文化市场综合执法和十三五规划编制工作,听取了工作汇报,进行了座谈,并实地检查了市区网鱼网咖和市博物馆陈列布展工程。

4月

7日　丽水市龙泉宝剑生产工艺传承基地(浙江龙泉市宝剑厂有限公司)入选2015年度国家级特色文化产业重点项目名单。

9日　省委书记、省人大常委会主任夏宝龙在省委常委、省委秘书长赵一德,副省长黄旭明,市委书记王永康等的陪同下,到景宁“中国畲族博物馆”调研指导博物馆提升工程。夏宝龙强调,畲族博物馆提升要按照“一馆三区”的大博物馆总体建设要求,加快做优“山哈宫”等配套项目建设,尽快形成文化带展示效应,打造全国畲族“祭祖”圣地,提高博物馆文化吸附力。

10日至23日　“与你在一起的美丽同行·中国丽水文化艺术交流访问韩国日本汇报展”在市文化馆举行。展览由市外侨办、市文新局主办,市文化馆、处州书画院承办,展出作品90余件。

15日　市政府组织召开世界钟表文化中心项目落地协调会。会议听取了世界钟表文化中心项目有关情况汇报,并就项目红线、滨江变改线项目、刘英小学校门前通道等问题形成专题会议纪要。

20日　2015年丽水市侵权盗版及非法出版物集中销毁活动在市区纳爱斯广场主会场举行，销毁全市一年来收缴的各类侵权盗版、非法出版物1.27万件。

22日　下发《关于开展上网服务场所管理长效机制和上网服务行业转型升级试点工作的通知》，选择全市20家不同发展程度的上网服务场所开展转型升级试点。

5月

14日　市区双渠弄内河改造工地发现古墓。该墓应为明清时期墓葬，对丽水古代民风及葬俗等具有一定的研究价值。

17日　开展"5·18"国际博物馆日活动，内容包括《博物馆条例》等文物相关法律法规的宣传，义务鉴宝、解答咨询等为民服务活动等。

22日　发文公布2015年全市"十台最美乡村春晚"和"百名大师"拍春晚、"百名作家"写春晚获奖作品名单。莲都区老竹镇沙溪村晚等被评为全市"十台最美乡村春晚"；潘世国的《与雨共舞》、郁华的《"村"晚》获"百名大师"拍春晚一等奖；练云伟的《白龙闹春》获"我看丽水村晚"散文大赛一等奖。

同日　组织召开全市"扫黄打非"暨文化市场管理工作座谈会。会议部署了下半年重点工作，并讨论《2015年全市"扫黄打非"工作考评办法(征求意见稿)》和《2015年全市文化市场综合执法考评细则(征求意见稿)》。

23日　丽水市首届婺剧进校园优秀剧目在丽水大剧院举行。活动由市文广新局、市教育局和市婺促会主办。莲都区、缙云县、遂昌县等10余个学校的316位演员表演了传统折子戏、现代戏和器乐表演等节目。

28日　丽水市"乡村春晚"项目在北京通过文化部专家组评审，成为丽水市首个获全国公共文化服务体系示范项目创建资格的项目。

6月

12日　市美术馆开馆典礼暨浙江省第十四届水彩、粉画展开展仪式举行，入展作品298件，丽水市入选作品33件。

13日　组织开展文物惠民服务、"发现——丽水考古成果展"、博物馆生态之旅体验活动等系列活动庆祝第十个文化遗产日。

14日　"木偶情缘"2015丽水市提线木偶戏展演首场演出在市区文保单位观音阁举行。大展演为期13天，全市6个县的13支提线木偶剧团参演。

18日　全市文广新系统信息工作暨办公室主任会议召开。会议总结2014年度全市系统信息工作，表彰2014年度信息宣传、政务微博工作先进集体、先进个人，部署2015年信息工作和办公室工作。

22日　市本级文化行政审批事项全面实现在线办理。

25日　组织召开党风政风行风监督员座谈会暨聘任会，22位社会各界人士成为市文广新系统党风政风行风监督员。

26日　2015年丽水市"绿谷大舞台"系列活动购买社会团队文化服务演出正式启动，首场演出——丽水市吉他专业委员会20周年回顾音乐会在市文化馆举行。

7月

10日　浙江省公共图书馆"两会"服务工作奖项评选结果揭晓，市图书馆连续第三年荣获全省公共图书馆"两会"服务工作优秀服务奖。

15日　省文化厅副厅长、省文物局局长陈瑶率专家组到丽水指导文物保护工作。

22日　国家公共文化服务体系示范区(项目)创建工作领导小组正式发文，公布了第三批创建国家公共文化服务体系示范项目名单，丽水市"乡村春晚"成功入选。

23日至24日　丽水市公共图书馆第八届馆长联席会议在松阳县会议中心召开。会议主题是公共图书馆阅读推广服务。

24日　浙江省最具地域特色文化符号(民间戏曲)网络评选活动获奖结果公布，丽水市推荐的菇民戏、包山花鼓戏和松阳高腔获"浙江最具地域特色民间戏曲"奖，市文化馆获单位优秀组织奖。

8月

5日　市"扫黄打非"办公室召开成员单位专题会议，对万地广场不雅视频事件处置工作进行部署，并在全市范围内部署开展公共视听载体、楼宇电视、户外视频广告专项整治检查，深化"净网2015"专项行动。

13日至14日　全市"扫黄打非"暨文化市场执法业务培训会召开。市"扫黄打非"工作领导小组成员单位、各县(市、区)"扫黄打非"工作分管领导、联络员及执法工作负责人等50余人参训。

17日至21日　全市小品表

演提升培训班在市文化馆开班，各县(市、区)文化馆(站)语言类业务干部、社会文艺骨干30多人参训。

18日　丽水市第一家公益性书吧"南明书苑"正式向市民免费开放。

19日　市委宣传部、市文广新局联合印发《关于举办丽水市第八届乡村文化艺术节暨农村文化礼堂才艺擂台赛系列活动的通知》，分缙云、青田、庆元三个片区开展擂台赛，分别于9月16日、22日和24举行；排舞大赛于9月29日在市区纳爱斯广场举行。

21日　台州市副市长陈才杰一行10人到丽水大剧院考察大剧院项目建设和委托运营工作。

同日　全市"扫黄打非"工作领导小组(扩大)会议召开，传达贯彻中央、省委和全国、省"扫黄打非"办关于处置"不雅视频"有关精神，通报了万地广场"不雅视频"事件处置情况，研究部署了开展户外电子屏幕、公共视听载体专项整治行动和下阶段全市"扫黄打非"重点工作。市"扫黄打非"工作领导小组成员，各县(市、区)"扫黄打非"工作领导小组组长及办公室主任参会。

同日至30日　"穿越百年的握手"丽水巴比松油画赴法交流作品汇报展在市美术馆举行。展出了丽水巴比松油画首次赴法国巴比松市美术馆展出作品。

26日　丽水大剧院第二轮委托经营(2016—2020年)竞争性磋商在市招标采购中心举行，北京保利剧院管理有限公司中标。

9月

1日　由市委宣传部、市直机关党工委、市文广新局联合举办的"民族魂·中国梦"丽水市纪念中国人民抗日战争暨世界反法西斯战争胜利70周年合唱音乐会在丽水大剧院举行。市四大班子领导，抗战老战士、老同志代表，市级以上道德模范、省市好人代表、劳动模范代表，驻丽部队官兵代表，市、区机关党员干部代表以及各界群众代表聆听了音乐会。本次合唱音乐会共分"祖国颂""民族魂""中国梦"三个篇章。

3日　由市委宣传部、市文广新局主办，市文化馆承办的丽水市"纪念中国人民抗日战争暨世界反法西斯战争胜利70周年群众合唱大赛"在丽水大剧院举行，缙云县仙都之声合唱团等5支队伍获得特金奖；市直属机关工作委员会、丽水职业技术学院、市文化馆、莲都区委宣传部获得大赛组织奖。

6日至7日　全省农村文化礼堂文化员才艺大赛在绍兴市文化馆举行，丽水市的叶先高(美术)、杨继芬(声乐)、李景丽(声乐)3人荣获金兰花奖。

9日至11日　省文化厅厅长金兴盛带队分别到龙泉市调研龙泉青瓷、龙泉宝剑等历史经典产业发展，到青田县调研雕刻文化产业发展情况。省文化厅副厅长蔡晓春，副市长戚永远等一同调研。

15日　出台《2015年度丽水市文化工作考核办法》。

16日至19日　市文广新局、丽水农民学院联合举办2015全市木偶戏表演培训班，全市10多个提线木偶剧团的近40名学员参训。

17日　全市第八届乡村文化艺术节暨农村文化礼堂才艺擂台赛在缙云县新建镇笕川村开幕。莲都区、松阳县、青田县农民代表队参赛。青田代表队的非遗展演《瑞狮呈祥》等4个节目获得金奖。

同日　松阳县被列为国家文物局传统村落保护利用试验区。

29日　副市长戚永远专题调研市博物馆新馆开馆筹备情况。

10月

12日至14日　国家文物局副局长童明康一行到松阳县调研传统村落及文物保护相关工作。省文化厅副厅长、省文物局局长陈瑶等一同调研。

13日　全市第八届乡村文化艺术节排舞大赛在市区纳爱斯广场举行，莲都区文化馆的《快乐猕猴峡》、松阳县文化馆的《塞西莉亚》、青田县文化馆的《芝士蛋糕》荣获金奖。

15日　丽水市博物馆开馆暨圆明园国宝展开幕式在市博物馆新馆举行。省政府副秘书长李云林宣布丽水市博物馆开馆、圆明园国宝展开展。省文化厅副厅长、省文物局局长陈瑶，市人大常委会副主任陈志雄为丽水市博物馆揭牌。

同日至25日　"圆明园国宝暨南北朝石刻佛像展"在市博物馆展出。展品包括圆明园国宝以及14件南北朝时期的精美石刻佛像，参观人数达10万余人次。

21日　印发《丽水市公共文化服务城乡联动暨"四个一"结对帮扶工作方案》，对指导思想、百名艺术骨干组成、帮扶形式内容、实施步骤、组织保障等内容进行了明确。

同日　印发《丽水市首批“公共文化讲师”和乡村春晚“四个100”人才培训工作实施方案》，对指导思想、实施内容、培训内容等进行了明确。

24日至25日　“美丽浙江、幸福乡村——2015浙江省‘文化礼堂’乡村排舞大赛”在松阳县举行。丽水市选送的11个文化礼堂排舞队获得4金4银3铜的好成绩。市文化馆、松阳县文化馆获组织奖。

27日　省政协副主席、省委统战部长孙文友和省人大常委、省人大民侨委副主任、省侨联党组书记岑国荣一行到市博物馆参观。

同日　市中级人民法院工作人员在该院会议室向市博物馆移交了18件北宋龙泉窑青瓷、象牙佛像等涉案文物。

29日　省级文物保护单位处州府城行春门城墙保护修复工程正式动工。

31日　市图书馆与万象书院合作的“万象书苑”在市区万象山南园举行揭牌仪式。

11月

2日　市文广新局和丽水学院合作联建的丽水市公共文化研究（人才培训）基地正式揭牌成立，全市首批30多位公共文化讲师参加公共文化理论培训。

同日　全国政协委员、中国青年政治学院党委书记、中国青年政治学院新农村发展研究院理事长倪邦文一行8人到市博物馆参观考察。副市长陈重等一同参观。

6日　省文化厅发文公布第二批省传统戏剧之乡名单，丽水市共有3地入选，入选数与温州、衢州并列第一。其中，缙云县被评为传统戏剧特色县（申报项目：缙云婺剧），松阳县玉岩镇被评为传统戏剧特色镇（申报项目：松阳高腔），景宁县英川镇英川村被评为传统戏剧特色村（申报项目：菇民戏）。

9日至11日　省文化厅副巡视员李莎一行7人组成的调研组到丽水市调研对外文化贸易情况。

10日　组织召开全市文化市场视频会议，就全市开展县城乡镇互联网上网服务营业场所专项整治工作进行部署。

11日　丽水市数字化安全监测指挥调度系统通过专家组竣工验收并投入正式使用。

16日至18日　组织举办百名特色“乡村春晚”骨干培训班，各县（市、区）文化馆工作人员参加培训。

23日至29日　大型历史婺剧精品《县令李阳冰》到建德、金华、衢州等地开展文化走亲活动。

24日　市政府办公室发文，命名表彰19个市级文化强镇（乡、街道），其中，龙泉、松阳、景宁各有3个，莲都、云和、庆元、缙云各有2个，青田、遂昌各有1个。

26日　市政府办公室印发《丽水市创建国家公共文化服务体系示范项目实施计划》。

12月

4日　新编婺剧《县令李阳冰》在丽水大剧院首演。本次演出由市文广新局、市五水共治办共同主办，市婺剧促进会承办。该剧以李阳冰治水、反腐和与乡绅恶霸斗智斗勇为主线，歌颂、弘扬正能量。

7日　丽水市召开贯彻落实中办、国办《意见》暨丽水市创建国家公共文化服务体系示范项目动员大会。

8日　省文化厅副厅长柳河到莲都区文化馆视察指导工作。

同日　由市文广新局主办，市文化馆、市京剧票友联谊会承办的“绿谷大舞台　戏曲更精彩”丽水市首届京剧票友演唱会在市文化馆举行。

10日　丽水市首届文化礼堂文化员戏曲才艺大赛在市文化馆举行。遂昌、云和代表队获得一等奖。

15日　省“扫黄打非”工作领导小组办公室发文表彰2015年全省“扫黄打非”工作先进集体和先进个人，市文广新局被评为全省“扫黄打非”工作先进集体。

同日　全市剧院安全管理与运营业务培训会召开。市、各县（市、区）文广新局分管领导，丽水大剧院管理处、各县（市、区）大型影剧院主要负责人及“百姓大舞台”演员代表50余人参加会议。

16日　《丽水市历史文化名城保护规划》《高井弄历史文化街区保护规划》《刘祠堂背历史文化街区保护规划》《酱园弄历史文化街区保护规划》讨论会召开。市历史文化名城保护委员会成员单位有关人员参加。会议认为规划基础资料翔实、内容较为全面、思路明确、层次清晰、保护措施较切合实际，符合丽水实际情况，具有很强的可操作性。

同日　丽水市第八届乡村文化艺术节闭幕式暨农村文化礼堂

才艺擂台赛总决赛在遂昌县云峰街道湖边村文化礼堂举办。缙云代表队的《弦乐声声奏婺曲》和戏曲《阳河练兵》,遂昌代表队的小组唱《淤弓,精彩如虹》,松阳代表队的舞蹈《老家》获得"特金奖",其他节目获得金奖。

23日　省委宣传部、省商务厅、省文化厅、省新闻出版广电局联合发文公布2015—2016年度浙江省文化出口重点企业和重点项目,丽水市2家企业浙江木玩动漫文化有限公司、浙江郑氏刀剑有限公司入选。

24日　市纪委派驻市文广新局纪检组进驻。

25日　丽水市第二届原创舞蹈大赛在丽水大剧院举行。9县(市、区)以及丽水学院、丽水幸民省级舞蹈培训基地的16支代表队参赛。莲都区文化馆选送的《爸爸的自行车》、云和县文化馆选送的《歇力咯!》、丽水学院选送的《明日的呼唤》获创作金奖。

27日至28日　全市文化馆长联席会议在景宁县召开。会议回顾总结了丽水市2015年群众文化工作,就丽水市加快构建公共文化服务体系建设问题进行了探讨研究。

28日　丽水市第十届原创歌曲大赛在景宁县举行。全市10支代表队参加比赛。景宁代表队的《爱上一座城》、庆元代表队的《美丽绽放》、云和代表队的《云中天堂》、松阳代表队的《喜事来》获得创作金奖;青田代表队的《仁川之恋》、云和代表队的《春天恋歌》、莲都代表队的《八百里瓯江流天边》、云和代表队的《云中天堂》获得演唱金奖。

同日　丽水市全面完成全国第一次可移动文物普查信息登录工作。

29日　与市档案局联合举行《英雄不老》主题音乐歌曲光盘发布会暨抗战老兵摄影作品赠送仪式。市文广新局、市档案局、市委老干部局、莲都区委老干部局等单位干部职工、抗战老兵和亲属代表等50余人参加仪式。

30日　省旅游局、省文化厅命名首批8家"浙江文化旅游示范基地",龙泉披云青瓷文化园为丽水市唯一被命名基地。

(吴　海)

丽水市县(市、区)文化工作概况

【莲都区文化广电新闻出版局(体育局)】　内设职能科室5个,下属单位13个。2015年末在职人员144人(其中局机关12人,下属事业单位132人;具有高级技术职务资格的11人,中级46人)。

2015年,莲都区文化广电新闻出版局认真贯彻上级有关文化发展的文件精神,以提高公共文化服务水平和文化品位、服务旅游发展、服务美丽乡村建设、推动民宿经济为重点,积极开展文化各项工作,取得了明显成效。一是文化设施阵地建设。完成区文化馆项目,建筑面积10941平方米,正式投入使用,并积极实施全国数字文化馆试点项目——莲都区数字文化馆。完成区文化中心项目,于年初正式投入使用。莲都区文化馆被评为国家一级馆,并积极实施全国数字文化馆试点项目。开展莲都区公共图书馆项目建设,将原丽水市城市规划馆使用权划归莲都,用作改建莲都区公共图书馆,总投资1831万元,建筑面积4600平方米。推进乡镇街道文化站项目建设。完成大港头综合文化站建设项目,并投入使用。新建老竹文化站项目开工建设。加强村级文化设施建设。提升村级文化设施规模和档次,合理布置礼堂、讲堂和展示廊,新建农村文化礼堂13个。加强室外文化活动场所建设,新建"天天乐"文体广场活动点44个、乡村戏苑11个。雅里村和南山村被评为省级文化示范村。二是开展文化活动。成功举办"喜气洋洋闹新春"系列文化活动、文化馆开馆系列文化活动、"欢乐家庭"才艺大比拼等大型群众文化活动45场。积极组织群众参与全市第八届乡村文化艺术节。承办全市第八届乡村文化艺术节排舞大赛。积极开展文化展示和交流,全年完成文化走亲13场。全区举办乡村春晚77台,其中老竹沙溪村晚和碧湖南山村晚入选丽水市2015年"十台最美乡村春晚"。举办莲都区畲汉民俗村晚,实现21个国家直播,进一步提升了升莲都知名度和美誉度。三是文化惠民工作。坚持送文化和种文化相结合的原则,积极开展送文化下乡活动,全年送戏下乡475场,送电影下乡2818场,送书下乡2.57万册,送讲座、展览171次,惠及群众30多万。四是艺术培训和作品获奖。积极开展区、乡、村三级业余文艺骨干培训,全年培训497场次,培训2.55万人次。举办为期5天的莲都区农村实用人才"天天乐"文艺骨干排舞培训,各乡镇(街道)180名农村业余骨干参训。举办乡镇(街道)文化干部文艺作品加工会,创作加工作品37件。全年选派49名文化干部参加省市举办的各类文艺培训。组织莲都区文化干部参加各类文体比赛,获得国家、省、市级奖项作品102件,其中国家级4件,省级36件,市级27件。

(李 薇)

【龙泉市文化旅游委员会(体育局、文物局)】 内设职能科室9个,下属参公单位1个、事业单位8个、国有企业1个。2015年末在编人员101人(其中:机关18人,事业83人;具有高级技术职务资格的5人,中级35人)。

2015年,龙泉市文化旅游委员会认真贯彻落实党的十八届三中、四中全会和习近平总书记系列重要讲话精神,特别是把宣传贯彻习总书记在全国文艺座谈会上的讲话精神作为首要任务,紧紧围绕文化建设"235",即"围绕两个更高,开展三大创建,完善五大体系"的工作目标和市委、市政府"五水共治""三改一拆""六边三化三美"等中心工作,践行"绿水青山就是金山银山"的绿色生态发展战略,坚持"五措并举",重点做好强基础、提素质、重服务、抓活动、建制度等方面工作,积极努力,开拓创新,推动文化工作走在丽水各县(市、区)前列。文化工作在全省基层公共文化服务评估考评(2015年度)获第21名(丽水市第二名),欠发达地区全省第5名的好成绩,并荣获2014年度全市"比学赶创、争先进位"综合考核二等奖。一是创建工作喜结硕果。小梅镇荣获省政府首次命名的"浙江省文化强镇"称号;上垟镇五都楼村被评为省政府首次命名的"浙江省文化示范村";"乡村文化漫游"成功入选省公共文化服务体系示范项目,成为丽水市本届唯一入选项目。二是文化事业长足发展。服务基层有新提升。组织"五水共治""六边三化三美""三改一拆"等主题送戏下乡活动150多场次,送电影下乡2800多场次,送书下乡2万余册。组织基层文化骨干参加省、市各类培训20余人次。举办免费培训班36期,培训3700余人。建成盲人图书室和标准化视障电子阅览室,RFID图书自动借还系统、移动图书馆、24小时自助借还室、歌德电子书借阅机、电子报刊阅读机等,数字化服务工作居丽水前茅。博物馆实行免费对外开放,共接待国内外游客55万人次,进校入村开展活动30余次。文艺创作有新突破。市文化馆选送的戏剧小品《墙》获丽水市首届小戏小品大赛创作、表演、优秀男演员三项金奖,排舞《燃烧的脚步》《奥秘》《梦幻小姐》获浙江省第二届文化礼堂乡村排舞大赛银奖、浙江省第九届排舞大赛银兰花奖,非遗类节目《啰啰唻》荣获丽水市第八届乡村文化艺术节暨农村文化礼堂才艺擂台赛(庆元赛区)金奖。举办活动有新成效。完成文化走亲9场。成功承办丽水市首届小戏小品大赛,名人名家进龙泉——知名音乐家进龙泉创作采风等系列活动。成功举办龙泉市乡村春晚摄影大赛、乡村春晚征文大赛等系列活动。春节期间,全市44个行政村举办乡村春晚39场,其中塔石街道上坞村被评为丽水市十佳春晚。三是文化产业快速提升。抓住青瓷文化创意基地二期入选国家级特色文化产业重点项目契机,大力推进青瓷文化创意基地二期建设,超额完成青瓷文化创意园基地二期全年投资任务,固定资产投资达到7500万元。成功组织22家文化企业参加第十届义乌文交会,展位数达33个,比上一届增长了38%。做好中国青瓷小镇、宝剑小镇配合对接工作,协助青瓷小镇入选浙江省特色文化小镇。持续推进龙泉宝剑锻制技艺申报人类非遗和龙泉青瓷窑址申报世界文化遗工作。逐步完善青瓷窑址世界文化遗址申报前期项目《大窑龙泉窑考古遗址公园规划》,积极申报国家考古遗址公园,溪口窑和金村古运码头展陈保护方案进入专家论证环节。四是文化市场稳中求进。文化市场管理确立"管而不死,活而不乱"的管理思路,切实履行文化市场综合执法职能,一手抓繁荣,一手抓管理,重点开展2015"清源""秋风""净网""护苗"以及春节和"两会"期间文化市场维稳等专项整治工作,为全市文化产业健康发展保驾护航。五是文化遗产传承保护成效显著。完成第三批龙泉市非物质文化遗产代表性传承人评审工作,评定93名非遗代表性传承人。完成推荐第四批龙泉非遗代表性项目有关工作,评审通过6项龙泉市非遗代表性项目。举行龙泉市第三批非遗传承人、第四批非遗代表性项目授牌仪式。参加第十二届中国(无锡)国际设计博览会,《江南烟雨》等四件作品获奖。完成浙江省保护单位龙南菇民建筑群《龙井菇神庙》维修工程、浙大分校旧址电路维修改造工程等。完成《溪口瓦窑垟抢救性保护展示工程》《金村码头遗址保护展示工程》方案设计。完成大窑龙泉窑考古遗址公园前期部分土地征用30余亩。深化文保单位安全防范,开展汛期文保单位安全检查,建立大窑文保检查站,定期、不定时对文保单位进行巡查。严厉打击各种盗掘窑址及买卖瓷片活动,全面保护大窑龙泉窑遗址的完整性及历史风貌。

新组建成立龙泉市文化旅游委员会(体育局、文物局) 6月30日,为加强文化与旅游融合发展,深化政府机构改革和职能转变,将龙泉市文化广电新闻出版局(体育局、文物局)与龙泉市风景旅游局合并,新组建成立龙泉市文化旅游委员会。

(赵　婕)

【青田县文化广电新闻出版局(体育局)】 内设机构3个,直属事业单位9个。2015年末在岗人员73人(其中:行政16人,事业57人;具有高级技术职务资格的4人,中级18人)。

2015年,青田县文化广电新闻出版局以十八届四中、五中全会及习近平总书记系列重要讲话精神为指导,对照"十二五"规划各项任务目标,扎实推进公共文化服务体系建设,广泛开展群众文化活动,着力打造特色文化品牌,为全县文化事业发展做出了新贡献。一是公共文体设施建设再上新台阶。文化基础设施建设不断完善。县文化会展中心工程完成投资额3928万元,大剧院、临时展览馆完成装修并投入使用;完成县文物和非遗展示馆设计、施工、布展项目的公开招投标工作;完成10个电影下乡室内固定放映点建设;山口林宅、夏超旧居修缮项目的设计方案顺利通过省文物局审核,完成方山吴乾奎旧居修缮项目工程量的50%,3个项目均被列入县2016年固定资产投资项目;东源镇图书分馆和起步企业图书分馆完成建设并正式对外开放。文化示范项目创建扎实推进。山口镇成功申报省级文化强镇,成为全市首批省政府命名的五个省级文化强镇之一。组织高湖镇高湖村申报省级文化示范村,东源镇红光村参加省级文化示范村复评工作。文化产品服务供给更加优质。开展文化下乡服务,完善文化定制服务菜单,送戏下乡192场、送电影下乡4300余场、送图书下乡2万余册。向乡镇街道配送了110套天天乐文化广场移动音响。逐步完善章旦民乐基地、江南小学民乐基地等教学基地,开展培训187期,培训6789人次,共计692个学时。举办艺术展8场次。县图书馆到馆读者13.85万人次,流通图书2.52万册,分别同比增长了224%和267%。文化数字化工程进一步提升。"文化青田"、青田图书馆微信公众号和青田文化馆网站正式上线运行。对借阅室18万余册图书进行了整编,加入数据库,并实现了移动化资讯获取、书目检索、借还查询。二是文化活动开展实现品牌化、常态化。文化品牌活动丰富多彩。成功举办第三届"寻找青田好声源"青少年歌手大赛、首届文化礼堂村歌大赛、首届瓯江歌手大赛等。承办市第八届乡村文化艺术节暨农村文化礼堂才艺擂台赛等。以展示乡镇特色文化为主题,组织了文化走亲、乡乡一台戏、乡村春晚系列活动;开展了"美丽非遗进礼堂·精神家园更芬芳"展演、龙舟节民俗表演、第十个"文化遗产日"等系列活动。文化艺术创作收获丰厚。组织拍摄的第一部电影《华侨村官》首映。选送的乡村春晚小品《家和万事兴》、非遗舞蹈《瑞师呈祥》获丽水市第8届乡村文化艺术节暨农村文化礼堂才艺擂台赛金奖。广场舞《芝士蛋糕》荣获2015年丽水市排舞大赛金奖。推荐裘梦南参加第二季"寻找丽水好声源"全市歌手大赛荣获冠军。文化员洪梦兰获全省首届文化礼堂文化员才艺大赛戏剧曲艺类节目兰花奖。县园丁合唱团获丽水市抗战胜利70周年群众合唱大赛特金奖。继续深入开展"文化礼堂"村歌创作,创作出16首村歌。对外文化交流不断加强。由意大利籍演员表演的青田鱼灯舞参加"2015年意大利米兰世博会中国国家馆日活动"表演,国务院副总理汪洋出席活动,并为精彩表演点赞。市级非遗项目青田龙凤灯舞作为"文化使者"赴西班牙演出。深入开展跨县域文化走亲,与全市其他8个兄弟县市联合举办了"中国石都·世界青田"文化走亲晚会,与温州市瓯海区联合举办了"瓯海·青田"书画走亲联展,与温州市洞头县联合举办了"青田·洞头"渔民画展;参加"第五届中国成都国际非物质文化遗产节——中国传统手工技艺展"活动。在浙江省文化馆举行了青田石雕新生代艺术家作品展活动。三是文化遗产保护工作取得显著成效。文物保护工作扎实开展。积极开展全国可移动文物普查工作,全面完成县国有收藏单位文物认定工作。四有档案编制工作有序开展,石门洞摩崖题刻、毓秀桥等两处国保单位的四有档案顺利通过省文物局审核验收。陈宅古桥群、北山吴氏宗祠等省保单位的“四有”档案编制顺利完成。加大文保单位修缮保护补助力度,补助文保单位修缮、维护款18.8万元。加强文物安全检查,巡查文保单位65家次,发现安全隐患37处,并监督当地乡镇整改落实到位。非遗传承保护力度加强。加强非遗项目申报,将“江南核雕创作艺术基地”扩展为第二批青田县非物质文化遗产传承基地。对海溪乡等27个县级非物质文化遗产传承(教学)基地进行补助,补助经费45.5万元。青田风筝放飞习俗等5个新项目和2个扩展项目入选第六批青田县非物质文化遗产代表性保护名录。积极开展民俗展示活动。与县文联联合推出《刘基故事连环画》。扎实开展传承培训活动,举办首期“国遗项目‘青田鱼灯’传统技艺”专题培训班;联合青田鼓词协会举办“青田鼓词技艺培训班”。四是文化体制改革不断引向深入。以完善机制为保障,推动发展创新。完成文化体育事业发展“十三五”规划初稿。制定出台青田县《关于加快构建现代公共文化服务体系的实施意见》,明确了部门协调、统筹推进的文化建设管理制度和协调机制。起草《社会力量购买公共文化产品和服务管理办法》,为民办文化加快发展提供保障。以优化服务为抓手,提升审批效能。全局所有行政审批事项进驻行政审批中心。全面核查、修改完善局行政审批和便民服务事项,将201项权力清单内容上传至省政务服务网。办理审批、备案、年检等业务97件,接受群众咨询60多人次,办结率、群众评议率均达100%,并实现提速90%以上,即办件达到55%以上,行政效率显著提高。五是文化产业市场逐步发展壮大。文化产业发展取得新进展。逐渐形成以石雕文化市场、歌舞游戏场所等传统文化产业为依托,欧陆风情式文化旅游和商品购物为新支撑的文化产业发展格局。引导地方企业兴办倪东方石雕艺术博物馆,项目总投资3亿元,展区达面积3000平方米。文化市场秩序健康稳定。坚持以“扫黄打非”工作为主线,结合“平安青田”“双城复评”工作,加强明察暗访、重点整治、交叉执法等形式的执法监督,先后开展了“清源、净网、护苗、秋风”等专项行动。全年出动日常检查人员888人次,检查文化经营场所999家次,行政处罚立案调查10件,办结案件10件,罚款8.73万元,没收非法所得9185元,参加县、市两级的非法出版物集中销毁活动,销毁依法收缴的非法音像制品和书刊900件、游戏机55台。强化法制宣传和安全培训,开展知识产权活动日、绿书签行动等活动。召开全县娱乐场所管理工作会议、网吧消费安全培训会议。六是文化服务中心工作积极主动。着力推进欧陆风情文化外墙改造工程。围绕县“六边三化三美”“五水共治”“三改一拆”等重点工作,举办了“聚力五水共治·共建美丽青田”“清风知廉意·家和万事兴”等系列文艺晚会,开展了“美丽环境、美丽经济、美好生活”“规范提升·优化环境”等系列送戏下乡巡回演出,有力助推了县各项工作的开展。

(曹柳晓)

【云和县文化广电新闻出版局(体育局)】 内设机构4个,下属单位6个。2015年末在职人员50人(其中:局机关7人,事业单位43人;具有高级技术职务资格的9人,中级18人)。

2015年,云和县文化广电新闻出版局以学习宣传贯彻党的十八大及十八届三中、四中全会精神为主线,大力挖掘地方文化内涵,创新文化发展方式,推动文化产业发展。以培育文明风尚、筑牢精神家园、建设文化强县为目标,各项文化工作取得新突破,文化软实力显著增强。一是树立惠民理念,民生工程扎实推进。积极推进文化“三下乡”活动。继续开展送百场戏、千场电影、万册图书下乡活动,加大对偏远山区的文化辐射力度,开展偏远山区文艺巡演52场。致力于打造云和地方精品戏剧种,新编《福妈嫁囡》《箍桶囡》《雪梨花》等包山花鼓灯戏,到各文化礼堂、农村巡演102场。率先在全市完成12个农村电影室内固定放映点建设任务。开展送电影下乡1600场,送图书下乡2.17万余册。新建养老院图书室1个,新增图书流通点13个。全年农家书屋新增图书1.5万余册。着力推进文化设施免费开放。加强对文化馆、图书馆管理与维护,坚持免费对外开放。县图书馆新增图书2万余册,接待读者11万人次,外借图书10万册次,举办讲座、辅导培训、展览83场次。县文化馆接待群众7200人次，举办戏剧沙龙、培训97次，参与学员7000余人次，开展文艺下乡辅导190次。有效推进全民阅读活动开展。举办“4·23世界读书日”“图书宣传周”等10多项主题读书活动。完善云和县图书馆移动图书馆平台建设，深入开展数字阅读推广活动，推动全民阅读工程建设。二是推进乐民工程，面向群众办好文化。打造知名文化节庆品牌。组织开展第二届包山梨花节等演出活动17场。春节期间开展元宵灯会等十大文化活动。组织各乡镇(街道)开展“乡村春晚”系列活动，举办乡村春晚20场。承办丽水市“百台特色乡村春晚”联建工作会议暨丽水首届乡村春晚文化漫游开幕式，受到好评。

创新地方精品文化活动。创新文化活动方式，举办“童话大舞台，有艺你就来”系列广场文艺活动。全年举办仙宫民乐戏曲艺术团专场演出、首届戏迷演唱会等演出12场。举办纪念中国人民抗日战争暨世界反法西斯战争胜利70周年群众文艺展演等大型文艺演出15场。开展文化走亲活动10场。组织参加丽水市第八届乡村文化艺术节等文艺赛事，选送的原创小组唱《红色梅湾》、舞蹈《顺倒采茶》分获村歌、村舞类两项金奖。原创畲族群舞《歇力咯》获丽水市第二届原创舞蹈大赛创作、表演双金奖。《云中天堂》获丽水市第十届原创歌曲大赛创作、演唱双金奖，《春天恋歌》获创作银奖、表演金奖。大力发展特色文化产业。形成文化用品销售聚集区，打造文化销售服务一条街，提升了云和城市的文化品位。组织企业参加第十届义乌文博会，提升县木玩产品品牌认知度。不断丰富旅游景区文化内涵，成立文艺小分队，国庆开始每周末赴云和梯田景区表演，演出近50场。三是严格落实监管，文化市场规范有序。加强文化市场监管。认真开展“扫黄打非”2015“清源”“净网”“护苗”“秋风”等四大专项检查，强化日常“扫黄打非”巡查与打非治违“六打六治”、校园周边文化市场环境、网吧整治“零点”行动等专项整治行动相结合。与全县各文化娱乐场所业主签订《经营业主守法经营责任书》，认真做好文化市场经营监管和安全监管工作。全年出动行政执法人员422人次，检查文化经营户514家次，受理群众举报5次，立案调查11次，办结案件11起。查处违规经营网吧7家，收缴非法出版物300多本，盗版光碟3600张(盒)，整治存在安全隐患的文化经营场所4家，取缔流动书摊、音像摊点5家、罚款2.97万元，有效净化全县文化市场。推进文物巡查执法。定期对文物保护单位进行巡查，全年出动检查62人次。加强文化市场义务监督员队伍建设，推动实行文化市场行业自律与社会监督双重监管。加强文化法律宣传。开展“4·26”世界知识产权宣传周活动，发放文化市场法律法规宣传册500余份。组织“安全生产月”宣传系列活动。开展扫黄打非“绿书签”系列宣传活动。组织文化行业协会在全市率先开展老年人“夕阳红”系列文化娱乐活动。扎实推进“四张清单一张网”建设，顺利通过省文化市场行政审批检查，全年受理行政审批、服务事项申请18件，办结18件。四是弘扬优秀传统，做好遗产保护利用。文物保护力度不断加大。积极开展吴氏宗祠、插花殿等文保单位修缮工作。完成云和银矿遗址、云和梯田等国家重点文物保护单位、省级文物保护单位“四有”资料编制工作。完成省级以上文物保护单位“两划”工作。继续推进第一次全国可移动文物普查工作，完成藏品系统录入和审查核对工作，录入藏品345件(套)，普查工作进度位居全市前茅。非遗传承工作成绩斐然。包山花鼓戏荣获浙江省最具地域特色文化符号(民间戏曲)称号。完成云和县第五批非物质遗产保护名录、第一批非物质文化遗产代表性传承人的申报、评选工作，评选出县级非遗传承人40人，非遗传承基地5个。扎实做好非遗进校园工作，在3所学校设立非遗教学传承基地。组织非遗项目“汀州吹打”进文化礼堂演出12场。举办“讨火种”民俗活动。开展“服务非遗传承人月”活动。认真做好“文化遗产日”系列宣传工作。古籍修复工作扎实推进。修复古籍380余册，《云和县图书馆古籍普查登记图目》正式出版。县图书馆成为浙江省首家完成图目出版的古籍普查单位，并被列入全省第一批古籍修复站。完成《云和抗战文化》抗战数据库建设工作。深入开展地方文献征集工作，征集地方文献320余种640余册。

(廖和燕)

【庆元县文化广电新闻出版局(体育局)】 内设职能科室4个，直属事业单位9个。2015年末人员73人(其中：机关14人，事业

59 人;具有高级技术职务资格的 5 人,中级 35 人)。

2015 年,庆元县文化广电新闻出版局坚持以科学发展观为指导,深入贯彻党的十八大及十八届三中、四中、五中全会精神,紧紧围绕县委、县政府决策部署,以列入公共文化服务标准化重点县为契机,以创建省级文化先进县为目标,以艺术精品创作和品牌建设为中心,以文化改革创新为动力,以文化人才队伍建设为保障,全力提升文化软实力和公共文化服务水平,各项工作有序推进。一是项目建设有序推进。公共文化服务中心确定选址于县城元帅公庙区块,编制完成建设方案,总用地面积约 80 亩,建设内容包括图书馆(建筑面积 5000 平方米)、文化馆(建筑面积 5000 平方米)、剧院(建筑面积 6000 平方米)、松源文化中心(建筑面积 2000 平方米)等。二是体制改革持续深入。完成庆元电影公司改制,同时成立国有独资企业"庆元县电影有限公司",新公司实行收支两条线管理,所有收入按相关规定上交县财政,人员工资及其他运行费用由县财政保障。积极探索政府买服务新模式,拨付 10 万元向社会买服务开展送戏下乡 30 场,逐步形成以文化馆、文化站干部为骨干,以民营文艺队及其他社会演出团体为补充的农村演出长效机制。采用电影公司落实 1200 场放映任务,向社会买服务 2000 场的方式落实农村电影放映工作,全年放映农村公益电影 3250 场。三是文化活动精彩纷呈。群众文化活动蓬勃开展,戏曲、歌舞、民间小调、器乐等春节专场演出深受群众喜爱;"乡村春晚"好戏连台,全县各乡村共举办了 81 场;以乡镇为单位举办第八届农村文艺会演,每个乡镇(街道)演出两场,累计参演农民 2000 余人次,观众 10 余万人次;香菇始祖吴三公朝圣广场系列文艺演出等主题演出丰富多彩,贯穿全年。积极打造文化艺术精品,获得市级以上文化综合赛事国家级铜奖 1 个,省级金奖 2 个、银奖 2 个、铜奖 1 个,市级金奖 1 个、银奖 5 个、铜奖 2 个。文化交流活动蓬勃开展,开展形式多样的"文化走亲"活动 12 场。文化下乡活动成果丰硕,全年组织开展送戏下乡 111 场,送电影下乡 3250 场,送书下乡流通 1.04 万册,送讲座展览 30 余场次,受益群众 20 余万人次。同时,积极参与文化强乡镇建设,屏都街道成功创建市级文化强镇,屏都街道菊水村被评为省级文化示范村。四是遗产保护进展顺利。可移动文物普查工作做到人员、资金、目标"三到位",在线登录文物 905 件,完成可移动文物普查信息录入,创建完善庆元 6 家文物收藏单位信息,对平台进行维护。加大文物修缮经费投入,启动卢福神庙修缮工作和如龙桥修缮的招投标工作;投入 50 余万元用于全县各廊桥的修缮和日常维护;投入 30 余万元对大济古民居、后洋坑村吴氏宗祠等文物保护点进行修缮。全面完成第六批省级文物保护单位档案编制工作,并通过省文物局评审。邀请央视《探索发现》到庆元拍摄淤上银坑洞纪录片,进一步扩大了庆元的知名度和美誉度。菇乡文化内涵不断丰富,以香菇博物馆、廊桥博物馆为依托,扩大菇乡文化品牌的知名度、美誉度,两馆主办或承办临时展览 5 个、主题巡展 3 个,共接待游客 40 万余人次,免费讲解 400 余场次;开发各类博物馆衍生产品 10 余种,其中"木拱廊桥拼装模型——如龙桥"获得国家知识产权局颁发的外观设计专利证书及第十届中国(义乌)文化产品交易会工艺美术优秀奖。非遗工作有新突破,整理完成 15 篇传承人口述材料,涵盖了 13 位省市级代表性传承人和 2 个省市级传承基地;非遗基地建设成效显著,全年开展各类非遗展示展演活动 15 次,开展"名师带徒"系列活动 8 次。县江滨小学被评为第二批浙江省非物质文化遗产传承教学基地(廊桥文化),县城东小学被评为丽水市首批非物质文化遗产传承基地(香菇功夫),庆元县虹景廊桥有限公司被评为丽水市非物质文化遗产传承基地(木拱桥传统营造技艺)。五是文化市场建设规范高效。加大检查力度,强化市场监管。出动执法人员 740 人次,检查各类经营单位 809 家次,收缴各类物品 600 多件,立案 14 起,办结 16 起。受理群众举报 19 起,办结 19 起。召开业主负责人会议 6 次,文化市场义务监督员会议 1 次,举行各类业务知识培训、讲座 8 次。创新执法体制,深化约谈制度。制作约谈笔录 20 多份,并在全省文化市场综合执法信息化与规范化建设现场会、浙陕两省文化执法交流会上作了典型发言,编入《浙江省文化市场综合行政执法典型经验汇编》在全省推广交流。推进依法行政,规范行政行为。把安全生产作为日常检查的重要内容,做到市场管理日常化、制度化、规范化,坚持日常稽查"扫黄打非"和集中行动相结合,每周开展监督检查工作不少于6次,其中夜查不少于1次,双休日不少于1次,并连续开展假日、周末、凌晨等突击行动,对各类文化经营单位实行不定期抽查;在方式方法上规范案件整理归档工作,在实施有效监管的同时,以提高案卷质量和数量为切入点,立足执法与服务,着实研究解决制约企业发展存在的问题,促进文化产业大发展。强化联动机制,发挥监管职能。会同公安、工商、消防、城管、卫生、质监等部门联合整治网吧市场、娱乐场所、出版行业、印刷业、校园周边环境等,取缔无证游戏机室3家,黑网吧1家,全县文化市场健康、繁荣、有序发展。

(吴婷婷)

【缙云县文化广电新闻出版局(体育局)】 内设机构7个,下属单位6个。2015年末人员121人[其中公务员21人(含参公),事业100人;具有高级技术职务资格的14人,中级33人]。

2015年,缙云县文化广电新闻出版局紧紧围绕县委、县政府中心工作,着力在惠民生、强保障、重创新、优服务上抓落实、见成效,提升文化惠民实效。一是以品牌建设为重点,扩大特色文化影响力。"乡村春晚"品牌进一步打响,春节期间举办123场"乡村春晚",数量之多在全市名列前茅。"婺剧文化"品牌进一步深化,婺剧小戏《老鼠娶亲》在丽水市首届原创小戏小品大赛中荣获金奖,并入选全国第17届"群星奖"候选节目;新编大型历史婺剧《县令李阳冰》获评省文化厅优秀剧目,并组织到丽水、金华、建德、衢州等地巡演。"美丽非遗"品牌进一步提升。组织举办"美丽非遗"系列比赛。助力缙云打响烧饼非遗品牌,做好缙云烧饼申报省非遗项目资料整理工作,组织缙云烧饼参加第十届义乌文交会,情景剧《烧饼缘》喜获丽水市商标品牌故事金奖。二是以文化乐民为目标,开展丰富多彩的群众文化活动。送文化下乡深入开展,开展了"建设和谐美丽好缙云"文艺巡演暨乡乡一台戏、村村有节目活动,送戏197场,送电影4900场,送图书3.1万册。大型活动引领群众文化,承办了"学习道德模范建设美德缙云"第四届缙云县道德模范颁奖晚会,开展了全县中青年歌手比赛、缙云县小戏小品比赛、全县广场舞展演。精品节目屡创佳绩,组织选手参加2015"小演奏家"浙江赛区总决赛喜获4金1银的好成绩,选送节目《弦乐声声奏婺曲》《阳河练兵》获丽水市第八届乡村文化艺术节暨农村文化礼堂才艺擂台赛特金奖。文化交流内容丰富,完成文化走亲19场,积极引进浙江昆剧团、浙江越剧团、东阳市婺剧团等优秀剧团演出。三是以提升效能为抓手,提高文化服务均等化。完善公共文化服务网络。县图书馆完成装修改造与整体搬迁,建立移动图书馆和读者自助式24小时"市民书房"。县博物馆启动馆舍陈展提升工程。配合县委宣传部建设文化礼堂17个。扎实开展图书服务工作,创建了工业分馆(壶镇书院)和后塘分馆(赵狄旧居书屋)两个图书馆分馆;完成古籍普查工作;积极开展第十一届未成年人读书节系列活动。扎实开展创建工作,积极推进文化机制创新,县公共文化服务体系建设取得较大进步被省政府通报表彰;成功入选省文化厅公布第二批浙江省传统戏剧之乡,壶镇镇被评为省级文化强镇。积极培养基层文艺人才,举办"缙云县农村劳动力转移培训(婺剧、乐队、乐器、表演)培训班"等,培训学员800多人;组织开展2015年"缙云图书馆仙都学堂"网上读者培训活动,全年培训3000多人。四是以挖掘资源为重点,推进文化遗产保护利用。夯实博物馆服务社会功能,积极开展馆际合作,举办8场精品展览;积极与6所学校互动,开辟科普"第二课堂",开展了3次"小小讲解员"专题培训讲座。加强文物单位保护工作,做好省保单位"道门进士第"(一期)修缮、"前岙卢氏民居"抢险加固工程方案的编制和报批工作;协助仙都管委会完成国保单位"仙都摩崖题记"抢险加固工程方案编制;积极做好"文保"档案编制工作,完成了国保单位"河阳村乡土建筑"27栋单体建筑的"四有"档案工作;完成省文物局规定可移动文物普查工作任务。加强非遗传承保护,进一步完善乡土文化人才数据库建设;组织开展第六批缙云县非物质文化遗产名录申报工作;加大非遗展示宣传力度,文化遗产日期间,县省级非遗项目《钢叉舞幡》受邀参加"中国梦·非遗梦"第十届浙江省非遗节暨2015"文化遗产日"主场城市(杭州)展演活动并荣获金奖;深入开展非遗进校园活动,开展婺剧进湖川小学、迎罗汉进左库小学、张山寨七七会表演项目进胡源小学等活动。五是以加强监管为抓手，规范文化市场秩序。加强"扫黄打非"力度，重点开展"净网、清源、秋风、护苗"文化市场专项行动，检查经营单位831家次，收缴非法音像制品2014盒，非法书刊1386本，受理各类群众举报8件，办结率、满意率均为100%，实施各类行政处罚案件33起。开展专项整治行动，加大对全县网吧、歌舞娱乐场所及游戏游艺场所和印刷复制企业的专项检查力度。重点加强对校园及周边出版物检查力度。获评省文化厅文化市场综合行政执法考评优秀单位。

（陈俊杰）

【遂昌县文化广电新闻出版局(体育局)】 内设职能机构5个，下属单位6个。2015年末在职人员53人(其中局机关9人，文化市场行政执法大队7人，事业37人;具有高级技术职务资格的9人，中级17人)。

2015年，遂昌县文化广电新闻出版局着力推进文化事业发展，文化工作开创了新局面。一是大力推进浙江省基本公共文化服务标准化重点县建设。制定下发《遂昌县推进基本公共文化服务体系标准化建设实施方案》《遂昌县公共文化服务体系建设协调组成员单位职责分工》等文件，明确了基本公共文化服务水平提升的内容、项目、措施及完成时间。开展文化示范创建工作，成功创建1个省级文化强镇(石练镇)和1个省级文化示范村(垵口乡徐村村)。城市文化综合体项目进展顺利，进入装修阶段。推进公共文化设施免费对外开放工作。二是城乡文化活动丰富多彩。举办了16场"民星大拜年"新春文化广场系列演出活动，含婺剧、越剧、民间艺术等精彩节目。联合浙江越剧团免费演出两场音乐诗画剧《牡丹亭》。全县61个村举办了"乡村春晚"，比去年增加了34个村。积极开展"淘春晚"活动，纳入"淘宝门店"的大田村"春晚"产生"春晚红利"20余万元，大田村春晚被评为"全市十大最美春晚"。同时，对全县各村春晚进行了评比，评出了一、二、三等奖。举办"奔跑吧，遂昌2015新春团拜会""抗战胜利70周年暨'共铸民族魂，唱响中国梦'红歌大赛"等活动。承办"遂昌县第二届视觉艺术创作群体优秀作品展""遂昌记忆"老照片展等，累计1万余人参观。组织"五水共治·五美遂昌暨水之美人之梦"朗诵比赛，开展了第11届未成年人读书节活动。三是文化惠民有声有色。全年新增12个图书流通点，送图书进乡镇、进企业、进校园等1.66万余册，出借图书6万余册，进乡镇送春联、年画年历3000多幅;全年送文艺下乡146场，送电影下乡1809场，惠及群众17万余人，数字电影宣传片《聚力五水共治，打造五美遂昌》在乡村引起较好反响。接待龙游县、新昌县、钱江浪花艺术团及陕西交流考察团等到县文化走亲，组团赴温州、友邻县(区)文化走亲21场，举办了第九届浙闽毗邻六乡镇革命老区文化节暨岩樟·七夕红豆漫游节文化走亲活动。四是"汤显祖文化"品牌打造有声有色。设立汤显祖文化研究中心、汤显祖书吧、汤显祖主题邮局，发行《中国古代文学家(四)》首日封、《汤显祖》首发纪念封、《中国古代文学家(四)》雕刻版明信片等。开展汤显祖纪念馆建馆20周年系列庆祝活动，举办汤公主题文化艺术展，展出作品200余件。配合做好了汤显祖纪念馆周边和内部环境的美化提升工作。五是文化创作捷报频传。创作摄影、油画、歌曲等作品100余件，其中，原创歌曲《老百姓和共产党》在全国"群文杯"大型原创词曲展评活动中荣获铜奖，《草堂话旧图》竹编画荣获"第七届中国(浙江)非物质文化遗产博览会"金奖，摄影作品《工地掠影》荣获浙江省走进"南孔圣地 休闲衢州"摄影抓拍赛金奖，作品《山水如画》和《觅食》在"2015丽水摄影节暨首届国际摄影研讨会"上分别获特等奖。六是文物非遗工作卓有成效。完成第一次全国可移动文物普查登录工作，共登录藏品3220件。做好4处古建筑保护登记点异地迁移保护工作和苏村苏氏大屋维修工程。严格落实文物保护点日常检查维护制度，为王坞村王氏宗祠、大洞源林氏宗祠、上定郑氏宗祠等配送灭火器38只。举办第十个"中国文化遗产日"暨遂昌2015年"牡丹亭杯"昆曲曲友演唱大奖赛活动，吸引了香港、广东、福建等地的昆曲爱好者。首次在全县开办昆曲十番人才等级认证培训班，对90名从事昆曲十番演艺的人才进行了等级认证。组织对非遗传承基地进行评审，公布了13处县非物质文化遗产传承教学基地。七是文化市场安全稳定。全年办结行政许可事项79件，抓好"扫黄打非""净网""未成年人保护年"专项行动、经营场所安全生产等工作。全年受理举报7件,出检324人次,检查经营单位558家次,查获违规经营单位11家次,责令改正9家次,一般程序立案调查11件,办结11件,没收违法物品600余件。积极开展文化市场法律法规宣传活动,发放文化市场法律法规宣传册300余份。开展2015文化经营场所消防安全演练,实行约谈制度,纠正轻微违法行为6次,责令改正5家次,确保文化市场稳定发展。

(曾凌燕)

【松阳县文化广电新闻出版局(体育局)】 内设机构4个,下属单位6个。2015年末人员69人(其中行政11人,参公9人,事业49人;具有高级技术职务资格的6人,中级29人)。

2015年,松阳县文化广电新闻出版局围绕"文化名县"战略目标,坚持"惠民为本、传承为脉、融合为要"原则,认真贯彻落实中央、省、市关于文化建设的决策和部署,深入实施"田园文化"培育提升工程,田园文化品牌迸发新活力,成为全省公共文化服务体系建设取得较大进步县(区)之一,松阳文化真正进入"创新发展、融合发展、繁荣发展"的大时代。一是文化发展环境进一步优化。首次将"文化名县"战略纳入"四县并举"发展战略体系,并首次将文化工作列入乡镇(街道)年度考核内容。制定出台《松阳县加快构建现代公共文化服务体系的实施意见》《文化名县暨文化事业十三五规划》,从体制机制上为全县文化事业发展保驾护航。二是公共文化服务体系更加健全。文化阵地日益增多。县级文化基础设施实现质的飞跃,形成以县文化中心、博物馆、图书馆(数字影院)为核心的市政广场文体区。文化礼堂和农家书屋实现村级全覆盖,19个乡镇街道综合文化站全部达省规定标准要求。创建"茶乡天天乐"活动点50个,采购"天天乐"器材55套。西屏街道被省委、省政府命名为省级文化强镇。文化队伍蓬勃发展。拥有县级以上非遗传承人61人,培育各类业余文艺团队850支,寻找到各类传统工匠293人,各类本土民间手工艺大师257人。成立松阳县"田园松阳·文化圆梦大使团"。文化下乡惠及百姓。举办县级大型文化活动25场,送戏下乡活动216场;送书下乡1万余册,送电影下乡2177场,完成文化走亲10场,春节期间举办文艺晚会及舞龙灯等民俗活动93场。三是文化精品创作成果丰硕。民俗节庆扎根乡土。首次实现"乡乡有节会、村村有节目、月月有活动"展演机制,举办乡村春晚、村级民俗活动52场,成为宣传"田园松阳"品牌的新平台和重要窗口。文化赛事彰显魅力。以田园风光为特色,以大型赛事为平台,大力推动文化与旅游等相关产业的融合发展,成功举办浙江省文化礼堂乡村排舞大赛等大型赛事。精品创作层出不穷。着力创作《大美松阳》《盛世茶韵》《张玉娘》等极具本土特色的文化精品节目,并与浙江音乐学院(筹)签订协议,对叶法善道教音乐进行提升挖掘。全县5个代表队获得省文化礼堂乡村排舞大赛3金2银的好成绩;高腔小戏《野柿子红了》获2015江浙沪现代小戏邀请赛表演金奖、创作银奖、优秀演员奖和优秀导演奖及2015耕山播海农村文艺骨干优秀展演奖。四是文化遗产保护利用取得成效。文物保护亮点纷呈。对列入保护名录的80个传统村落和1042座传统建筑实施挂牌保护,制定了保护修缮计划。指导修缮宗祠、廊桥及其他挂牌历史文化建筑近40座,下拨补助经费110余万元。非遗文化活态传承。吴弄村入选第三批省非遗旅游景区民俗文化村,玉岩镇被评为浙江省传统戏剧之乡,松阳高腔入选2015浙江省最具地域特色文化符号,新增县级非遗传承基地6个。全市首个县非遗馆实现常态化开放,日均人流量百余人,免费演出场次57场,免费放映电影50场。传统村落焕发魅力。成为全国传统村落保护发展示范县、传统村落保护利用试验区、传统村落私人产权文物建筑保护利用项目的整县推进实施地,全面开展拯救老屋行动。五是文化市场繁荣发展。特色项目推进有序。全力推进重点文化产业项目建设。玉石文化城完成投资5200万元,完成年度投资计划101%。田园文化创意园完成投资8300万元,完成年度投资计划104%。文化执法措施有力。坚持"一手抓繁荣,一手抓管理"的方针,建立健全现代文化市场体系,着力开展"扫黄打非"和文化市场综合执法工作,市场良好率96%。

(李为芬)

【景宁畲族自治县文化广电新闻出版局(体育局)】 内设职能科室5个,直属单位7个,国企2个。2015年末在编人数73人

(其中:行政7人,参公5人,事业61人;具有高级技术职务资格的12人,中级16人)。

2015年,景宁县文化广电新闻出版局坚持"文化引领"理念,实施"文化名县"战略,在公共文化建设、文化精品创作、畲族文化弘扬等方面取得长足进步,为打造全国畲族文化总部,实现走在全国民族自治县前列打下坚实基础。一是密集出台政策法规。制定出台了《贯彻落实〈中共浙江省委办公厅 浙江省人民政府关于加快构建现代公共文化服务体系的实施意见〉方案》《景宁畲族自治县现代公共文化服务体系建设协调机制》《景宁畲族自治县关于实施"文化引领"建设"文化高地"推动文化发展走在全国民族自治县前列的若干意见》。完成《景宁畲族自治县公共文化服务保障条例》初稿,并已进入省级立法库。二是积极开展示范创建工作。县文化馆通过国家一级馆复评,荣获第六届全国服务农民、服务基层文化建设先进集体。省级公共文化服务示范项目"文化自治·五权圆梦"顺利通过省文化厅评估验收。创建2015年全市乡村春晚示范县,一年来举办乡村春晚133台,实现了"村晚"数量全市第一,其中"包凤春晚""东弄春晚"荣获丽水市十佳春晚,"东弄春晚"还登上了央视"新闻联播"头版头条。三是加强文化设施建设。加快推进博物馆主体扩建工程建设,博物馆外互动区项目建设任务完成。民间博物馆一期项目推进顺利。影城总体修缮项目完成。县图书馆英川镇分馆、东坑镇分馆先后落成并投入使用。在全市率先开展"特色书屋"建设,建成士兵书屋、景区书屋、庄稼书屋等特色书屋。国保时思寺完成整体修缮工作。8条国保廊桥视频监控安装完成并投入使用。县孔庙荣获"丽水市十大城市文化标志性建筑"。四是丰富文化活动。成功举办2015中国畲乡三月三暨惠明茶荣获巴拿马万国博览会金奖100周年纪念活动晚会、中国少数民族工艺品设计制作大赛作品展、"畲家霓裳精华展"历届获奖畲族服饰展等重大节庆活动。召开全县文化大会,承办浙江省《关于加快构建现代公共文化服务体系的意见》学习贯彻会以及浙江省幼少儿舞蹈大赛、丽水市原创歌曲大赛、丽水市文化馆馆长联席会。举办县级大型项目申报答辩会两场,全县21个乡镇(街道)和91个业余文化团队共425个项目现场参加申办答辩,项目补助资金达336.4万元。全年定期刊发文化预报12期,预报文化项目856项。举办"马仙民俗文化旅游节""马坑'爱在心田'文化节""章坑尝新节"等30余个"一乡一品"特色节事活动。五是推进文化遗产保护。非遗保护继续领跑。持续巩固"中国民间文化艺术之乡"品牌形象,英川镇英川村被评为浙江省传统戏剧特色村,东坑尝新节被选为第二批省传统节日保护基地;积极创建国家级畲族文化生态保护区,多次召开县内意见征求会,对保护区规划初稿进行优化提升;在县国学教育基地孔庙开展学子祭拜祈福等"国学品牌"系列活动8次;畲族彩带《56个民族》荣获七届中国(浙江)非物质文化遗产博览会银奖;参加第十届中国(义乌)文化产品交易会,展示了近两千件畲族服饰、银饰和陶艺展品;县非遗项目《彩带情丝》和《畲族民歌》受邀参加"特色小镇·非遗之光"2016浙江省非遗电视春晚。文物事业有力推进。完成第一次全国可移动文物普查数据的离线审核和离线平台登录及全部在线登录。博物馆展示实现"动静结合",馆内增设彩带编织、纳鞋底、民族体育等互动项目,在畲族文化广场建起畲药铺、陶艺坊、根雕屋、银饰轩、草鞋寮五个非遗主题小木屋,是全国第一个实现"组团式、活态化、常态化"的畲族非遗文化展示窗口;馆藏文物增加517件,文物征集工作取得阶段性成果。六是强化文化精品创作。根据省委书记夏宝龙重要指示,完成《印象山哈》剧目提升工作,十月、十一月游客量达到2955人,同比增长60%,市场反响良好,观众"追剧"热度持续走高。畲山梦剧场系列之二《传奇凤凰装》畲族魔幻服饰秀进入集中排练阶段。全国第一部由县级单位制作的畲族音乐剧《畲娘》在丽水大剧院举办专家汇报演出,获得了高度评价和肯定。畲族舞蹈《畲妞戏竹》荣获浙江省幼少儿舞蹈大赛创作、表演双金奖。非遗作品《彩带之源》在2015年浙江省农村文化礼堂群众文艺展演活动中荣获表演金兰花奖。舞蹈《萨米啦》获浙江省第九届排舞大赛银奖。畲族表演唱《畲家米酿》获丽水市第八届乡村文化艺术节金奖。七是提升文化惠民力度。县文化馆积极开展"畲家飘歌"进校园活动,受训人数达4000余人。开展"凤舞畲山大舞台"系列活动61场,参与演员达1.5万人次,观众近18万人次。开展文化走亲 17 场。县图书馆强化阵地服务，全年服务读者 24.51 万人次，借阅 12.54 万册次，送书下乡 1 万余册。积极建设“县、乡、村”图书三级服务网络。推进乡镇图书馆分馆、特色书屋建设。歌舞团、业余团队开展送戏下乡、送戏进社区 150 场。送电影下乡 1710 场。县博物馆免费接待各类团体 600 余个，观众 26.70 万人次，全程讲解 630 余场。八是提高文化执法水平。日常检查与集中行动相结合、现场检查与网络监管相结合、独立执法与联合执法相结合，不断加大全县文化市场检查频度、密度和力度，全年检查各类文化经营场所 642 家次，立案 10 起，结案 10 起；接到群众举报 3 起，全部办结。坚持法治和德治并行，大力开展法规宣传教育，开展“安全生产月”等主题宣传活动，举办全县文化经营单位大型消防安全演练，召开全县文化市场经营业主会议 4 次。

首届中国少数民族工艺品设计制作大赛 4 月 20 日下午，“首届中国少数民族工艺品设计制作大赛作品展”开展仪式在县文化中心举行，展出 200 余件优秀作品。大赛由浙江省工艺美术行业协会与景宁县共同主办，历时 5 个月，受到社会各界高度关注。据统计，大赛组委会共收到海内外参赛作品 1000 余件。通过专家评审，大赛产生了畲族饰品类、畲族陶艺类、畲族旅游工艺品类、畲族元素纹样设计类四个类别的金、银、铜奖 36 个及优秀奖若干。

(张　凯)

文献资料

ZHEJIANG CULTURE YEARBOOK

博物馆条例(国务院令第659号)

中华人民共和国国务院令

第659号

《博物馆条例》已经2015年1月14日国务院第78次常务会议通过,现予公布,自2015年3月20日起施行。

总　理　李克强

2015年2月9日

博物馆条例

第一章　总　　则

第一条　为了促进博物馆事业发展,发挥博物馆功能,满足公民精神文化需求,提高公民思想道德和科学文化素质,制定本条例。

第二条　本条例所称博物馆,是指以教育、研究和欣赏为目的,收藏、保护并向公众展示人类活动和自然环境的见证物,经登记管理机关依法登记的非营利组织。

博物馆包括国有博物馆和非国有博物馆。利用或者主要利用国有资产设立的博物馆为国有博物馆;利用或者主要利用非国有资产设立的博物馆为非国有博物馆。

国家在博物馆的设立条件、提供社会服务、规范管理、专业技术职称评定、财税扶持政策等方面,公平对待国有和非国有博物馆。

第三条　博物馆开展社会服务应当坚持为人民服务、为社会主义服务的方向和贴近实际、贴近生活、贴近群众的原则,丰富人民群众精神文化生活。

第四条　国家制定博物馆事业发展规划,完善博物馆体系。

国家鼓励企业、事业单位、社会团体和公民等社会力量依法设立博物馆。

第五条　国有博物馆的正常运行经费列入本级财政预算;非国有博物馆的举办者应当保障博物馆的正常运行经费。

国家鼓励设立公益性基金为博物馆提供经费,鼓励博物馆多渠道筹措资金促进自身发展。

第六条　博物馆依法享受税收优惠。

依法设立博物馆或者向博物馆提供捐赠的,按照国家有关规定享受税收优惠。

第七条　国家文物主管部门负责全国博物馆监督管理工作。国务院其他有关部门在各自职责范围内负责有关的博物馆管理工作。

县级以上地方人民政府文物主管部门负责本行政区域的博物馆监督管理工作。县级以上地方人民政府其他有关部门在各自职责范围内负责本行政区域内有关的博物馆管理工作。

第八条　博物馆行业组织应当依法制定行业自律规范,维护会员的合法权益,指导、监督会员的业务活动,促进博物馆事业健康发展。

第九条　对为博物馆事业作出突出贡献的组织或者个人,按照国家有关规定给予表彰、奖励。

第二章　博物馆的设立、变更与终止

第十条　设立博物馆,应当具备下列条件:

(一)固定的馆址以及符合国家规定的展室、藏品保管场所;

(二)相应数量的藏品以及必要的研究资料,并能够形成陈列展览体系;

(三)与其规模和功能相适应

的专业技术人员；

（四）必要的办馆资金和稳定的运行经费来源；

（五）确保观众人身安全的设施、制度及应急预案。

博物馆馆舍建设应当坚持新建馆舍和改造现有建筑相结合，鼓励利用名人故居、工业遗产等作为博物馆馆舍。新建、改建馆舍应当提高藏品展陈和保管面积占总面积的比重。

第十一条 设立博物馆，应当制定章程。博物馆章程应当包括下列事项：

（一）博物馆名称、馆址；

（二）办馆宗旨及业务范围；

（三）组织管理制度，包括理事会或者其他形式决策机构的产生办法、人员构成、任期、议事规则等；

（四）藏品展示、保护、管理、处置的规则；

（五）资产管理和使用规则；

（六）章程修改程序；

（七）终止程序和终止后资产的处理；

（八）其他需要由章程规定的事项。

第十二条 国有博物馆的设立、变更、终止依照有关事业单位登记管理法律、行政法规的规定办理，并应当向馆址所在地省、自治区、直辖市人民政府文物主管部门备案。

第十三条 藏品属于古生物化石的博物馆，其设立、变更、终止应当遵守有关古生物化石保护法律、行政法规的规定，并向馆址所在地省、自治区、直辖市人民政府文物主管部门备案。

第十四条 设立藏品不属于古生物化石的非国有博物馆的，应当向馆址所在地省、自治区、直辖市人民政府文物主管部门备案，并提交下列材料：

（一）博物馆章程草案；

（二）馆舍所有权或者使用权证明，展室和藏品保管场所的环境条件符合藏品展示、保护、管理需要的论证材料；

（三）藏品目录、藏品概述及藏品合法来源说明；

（四）出资证明或者验资报告；

（五）专业技术人员和管理人员的基本情况；

（六）陈列展览方案。

第十五条 设立藏品不属于古生物化石的非国有博物馆的，应当到有关登记管理机关依法办理法人登记手续。

前款规定的非国有博物馆变更、终止的，应当到有关登记管理机关依法办理变更登记、注销登记，并向馆址所在地省、自治区、直辖市人民政府文物主管部门备案。

第十六条 省、自治区、直辖市人民政府文物主管部门应当及时公布本行政区域内已备案的博物馆名称、地址、联系方式、主要藏品等信息。

第三章 博物馆管理

第十七条 博物馆应当完善法人治理结构，建立健全有关组织管理制度。

第十八条 博物馆专业技术人员按照国家有关规定评定专业技术职称。

第十九条 博物馆依法管理和使用的资产，任何组织或者个人不得侵占。

博物馆不得从事文物等藏品的商业经营活动。博物馆从事其他商业经营活动，不得违反办馆宗旨，不得损害观众利益。博物馆从事其他商业经营活动的具体办法由国家文物主管部门制定。

第二十条 博物馆接受捐赠的，应当遵守有关法律、行政法规的规定。

博物馆可以依法以举办者或者捐赠者的姓名、名称命名博物馆的馆舍或者其他设施；非国有博物馆还可以依法以举办者或者捐赠者的姓名、名称作为博物馆馆名。

第二十一条 博物馆可以通过购买、接受捐赠、依法交换等法律、行政法规规定的方式取得藏品，不得取得来源不明或者来源不合法的藏品。

第二十二条 博物馆应当建立藏品账日及档案。藏品属于文物的，应当区分文物等级，单独设置文物档案，建立严格的管理制度，并报文物主管部门备案。

未依照前款规定建账、建档的藏品，不得交换或者出借。

第二十三条 博物馆法定代表人对藏品安全负责。

博物馆法定代表人、藏品管理人员离任前，应当办结藏品移交手续。

第二十四条 博物馆应当加强对藏品的安全管理，定期对保障藏品安全的设备、设施进行检查、维护，保证其正常运行。对珍贵藏品和易损藏品应当设立专库或者专用设备保存，并由专人负责保管。

第二十五条 博物馆藏品属于国有文物、非国有文物中的珍贵文物和国家规定禁止出境的其他文物的，不得出境，不得转让、出租、质押给外国人。

国有博物馆藏品属于文物的，不得赠与、出租或者出售给其他单位和个人。

第二十六条 博物馆终止的，应当依照有关非营利组织法律、行政法规的规定处理藏品；藏品属于国家禁止买卖的文物的，应当依照有关文物保护法律、行政法规的规定处理。

第二十七条 博物馆藏品属于文物或者古生物化石的，其取得、保护、管理、展示、处置、进出境等还应当分别遵守有关文物保护、古生物化石保护的法律、行政法规的规定。

第四章 博物馆社会服务

第二十八条 博物馆应当自取得登记证书之日起 6 个月内向公众开放。

第二十九条 博物馆应当向公众公告具体开放时间。在国家法定节假日和学校寒暑假期间，博物馆应当开放。

第三十条 博物馆举办陈列展览，应当遵守下列规定：

（一）主题和内容应当符合宪法所确定的基本原则和维护国家安全与民族团结、弘扬爱国主义、倡导科学精神、普及科学知识、传播优秀文化、培养良好风尚、促进社会和谐、推动社会文明进步的要求；

（二）与办馆宗旨相适应，突出藏品特色；

（三）运用适当的技术、材料、工艺和表现手法，达到形式与内容的和谐统一；

（四）展品以原件为主，使用复制品、仿制品应当明示；

（五）采用多种形式提供科学、准确、生动的文字说明和讲解服务；

（六）法律、行政法规的其他有关规定。

陈列展览的主题和内容不适宜未成年人的，博物馆不得接纳未成年人。

第三十一条 博物馆举办陈列展览的，应当在陈列展览开始之日 10 个工作日前，将陈列展览主题、展品说明、讲解词等向陈列展览举办地的文物主管部门或者其他有关部门备案。

各级人民政府文物主管部门和博物馆行业组织应当加强对博物馆陈列展览的指导和监督。

第三十二条 博物馆应当配备适当的专业人员，根据不同年龄段的未成年人接受能力进行讲解；学校寒暑假期间，具备条件的博物馆应当增设适合学生特点的陈列展览项目。

第三十三条 国家鼓励博物馆向公众免费开放。县级以上人民政府应当对向公众免费开放的博物馆给予必要的经费支持。

博物馆未实行免费开放的，其门票、收费的项目和标准按照国家有关规定执行，并在收费地点的醒目位置予以公布。

博物馆未实行免费开放的，应当对未成年人、成年学生、教师、老年人、残疾人和军人等实行免费或者其他优惠。博物馆实行优惠的项目和标准应当向公众公告。

第三十四条 博物馆应当根据自身特点、条件，运用现代信息技术，开展形式多样、生动活泼的社会教育和服务活动，参与社区文化建设和对外文化交流与合作。

国家鼓励博物馆挖掘藏品内涵，与文化创意、旅游等产业相结合，开发衍生产品，增强博物馆发展能力。

第三十五条 国务院教育行政部门应当会同国家文物主管部门，制定利用博物馆资源开展教育教学、社会实践活动的政策措施。

地方各级人民政府教育行政部门应当鼓励学校结合课程设置和教学计划，组织学生到博物馆开展学习实践活动。

博物馆应当对学校开展各类相关教育教学活动提供支持和帮助。

第三十六条 博物馆应当发挥藏品优势，开展相关专业领域的理论及应用研究，提高业务水平，促进专业人才的成长。

博物馆应当为高等学校、科研机构和专家学者等开展科学研究工作提供支持和帮助。

第三十七条 公众应当爱护博物馆展品、设施及环境，不得损坏博物馆的展品、设施。

第三十八条 博物馆行业组织可以根据博物馆的教育、服务及藏品保护、研究和展示水平，对博物馆进行评估。具体办法由国家文物主管部门会同其他有关部门制定。

第五章 法律责任

第三十九条 博物馆取得来源不明或者来源不合法的藏品，或者陈列展览的主题、内容造成恶劣影响的，由省、自治区、直辖市人民政府文物主管部门或者有关登记管理机关按照职责分工，责令改正，有违法所得的，没收违法所得，并处违法所得 2 倍以上 5 倍以下罚款；没有违法所得的，处5000元以上2万元以下罚款；情节严重的，由登记管理机关撤销登记。

第四十条 博物馆从事文物藏品的商业经营活动的，由工商行政管理部门依照有关文物保护法律、行政法规的规定处罚。

博物馆从事非文物藏品的商业经营活动，或者从事其他商业经营活动违反办馆宗旨、损害观众利益的，由省、自治区、直辖市人民政府文物主管部门或者有关登记管理机关按照职责分工，责令改正，有违法所得的，没收违法所得，并处违法所得2倍以上5倍以下罚款；没有违法所得的，处5000元以上2万元以下罚款；情节严重的，由登记管理机关撤销登记。

第四十一条 博物馆自取得登记证书之日起6个月内未向公众开放，或者未依照本条例的规定实行免费或者其他优惠的，由省、自治区、直辖市人民政府文物主管部门责令改正；拒不改正的，由登记管理机关撤销登记。

第四十二条 博物馆违反有关价格法律、行政法规规定的，由馆址所在地县级以上地方人民政府价格主管部门依法给予处罚。

第四十三条 县级以上人民政府文物主管部门或者其他有关部门及其工作人员玩忽职守、滥用职权、徇私舞弊或者利用职务上的便利索取或者收受他人财物的，由本级人民政府或者上级机关责令改正，通报批评；对直接负责的主管人员和其他直接责任人员依法给予处分。

第四十四条 违反本条例规定，构成犯罪的，依法追究刑事责任。

第六章 附 则

第四十五条 本条例所称博物馆不包括以普及科学技术为目的的科普场馆。

第四十六条 中国人民解放军所属博物馆依照军队有关规定进行管理。

第四十七条 本条例自2015年3月20日起施行。

国务院办公厅转发文化部等部门关于做好政府向社会力量购买公共文化服务工作意见的通知

国办发〔2015〕37号

各省、自治区、直辖市人民政府，国务院各部委、各直属机构：

文化部、财政部、新闻出版广电总局、体育总局《关于做好政府向社会力量购买公共文化服务工作的意见》已经国务院同意，现转发给你们，请结合实际，认真贯彻执行。

国务院办公厅

2015年5月5日

关于做好政府向社会力量购买公共文化服务工作的意见

文化部　财政部　新闻出版广电总局　体育总局

党的十八届三中全会提出，要完善文化管理体制，推动公共文化服务社会化发展。十八届四中全会提出，要深入推进依法行政，加快建设法治政府，依法加强和规范公共服务，规范和引导各类社会组织健康发展。今年《政府工作报告》对深化文化体制改革、逐步推进基本公共文化服务标准化均等化作出明确部署。政府向社会力量购买公共文化服务，既是深入推进依法行政、转变政府职能、建设服务型政府的重要环节，也是规范和引导社会组织健康发展、推动公共文化服务社会化发展的重要途径，对于进一步深化文化体制改革，丰富公共文化服务供给，提高公共文化服务效能，满足人民群众精神文化和体育健身需求具有重要意义。根据《国务院办公厅关于政府向社会力量购买服务的指导意见》(国办发〔2013〕96 号)有关要求，为加快推进政府向社会力量购买公共文化服务工作，现提出以下意见：

一、指导思想、基本原则和目标任务

(一)指导思想

以邓小平理论、“三个代表”重要思想、科学发展观为指导，深入贯彻习近平总书记系列重要讲话精神，按照党中央、国务院决策部署，以社会主义核心价值观为引领，按照深入推进依法行政、深化文化体制改革和构建现代公共文化服务体系的目标和要求，转变政府职能，推动公共文化服务社会化发展，逐步建立起适应社会主义市场经济的公共文化服务供给机制，为人民群众提供更加方便、快捷、优质、高效的公共文化服务。

(二)基本原则

坚持正确导向，发挥引领作用。以人民为中心，坚持社会主义先进文化前进方向，将政府向社会力量购买的公共文化服务与培育践行社会主义核心价值观相结合、与传承弘扬中华优秀传统文化相融合，发挥文化引领风尚、教育人民、服务社会、推动发展的作用。

明确政府主导，完善政策体系。加强对政府向社会力量购买公共文化服务工作的组织领导、政策支持、财政投入和监督管理，按照相关法律法规要求，坚持与文化、体育事业单位改革相衔接，坚持与完善文化、体育管理体制相衔接，制定中央与地方协同配套、操作性强的政府向社会力量购买公共文化服务政策体系和管理规范。

培育市场主体，丰富服务供给。进一步发挥市场在文化资源配置中的积极作用，推进政府向社会力量购买公共文化服务与培育社会化公共文化服务力量相结合，规范和引导社会组织健康发展，逐步构建多层次、多方式的公共文化服务供给体系。

立足群众需求，创新购买方式。以满足人民群众基本公共文化需求为目标，突出公共性和公益性，不断创新政府向社会力量购买公共文化服务模式，建立“自下而上、以需定供”的互动式、菜单式服务方式，推动公共文化服务供给与人民群众文化需求有效对接。

规范管理程序，注重服务实效。按照公开、公平、公正原则，建立健全政府向社会力量购买公共文化服务的工作机制，规范购买流程，稳步有序开展工作。坚持风险和责任对等原则，规范政府和社会力量合作关系，严格价格管理。加强绩效管理，完善群众评价和反馈机制，切实提高政府向社会力量购买公共文化服务的针对性和有效性。

(三)目标任务

到 2020 年，在全国基本建立比较完善的政府向社会力量购买公共文化服务体系，形成与经济社会发展水平相适应、与人民群众精神文化和体育健身需求相符合的公共文化资源配置机制和供给机制，社会力量参与和提供公共文化服务的氛围更加浓厚，公共文化服务内容日益丰富，公共文化服务质量和效率显著提高。

二、积极有序推进政府向社会力量购买公共文化服务工作

(一)明确购买主体

政府向社会力量购买公共文化服务的主体是承担提供公共文化与体育服务的各级行政机关。纳入行政编制管理且经费由财政负担的文化与体育群团组织，也可根据实际需要，通过购买服务方式提供公共文化服务。

(二)科学选定承接主体

承接政府向社会力量购买公共文化服务的主体主要为具备提供公共文化服务能力，且依法在登记管理部门登记或经国务院批准免予登记的社会组织和符合条件的事业单位，以及依法在工商管理或行业主管部门登记成立的企业、机构等社会力量。各地要结合本地实际和拟购买公共文化服务的内容、特点，明确具体条件，秉持公开、公平、公正的遴选原则，科学选定承接主体。

(三)明确购买内容

政府向社会力量购买公共文化服务的内容为符合先进文化前

进方向、健康积极向上的，适合采取市场化方式提供、社会力量能够承担的公共文化服务，突出公共性和公益性并主动向社会公开。主要包括：公益性文化体育产品的创作与传播，公益性文化体育活动的组织与承办，中华优秀传统文化与民族民间传统体育的保护、传承与展示，公共文化体育设施的运营和管理，民办文化体育机构提供的免费或低收费服务等内容。

（四）制定指导性目录

文化部、财政部、新闻出版广电总局、体育总局制定面向全国的政府向社会力量购买公共文化服务指导性目录。各地要按照转变政府职能的要求，结合本地经济社会发展水平、公共文化服务需求状况和财政预算安排情况，制定本地区政府向社会力量购买公共文化服务的指导性目录或具体购买目录。指导性目录和具体购买目录，应在总结经验的基础上，及时进行动态调整。

（五）完善购买机制

各地要建立健全方式灵活、程序规范、标准明确、结果评价、动态调整的购买机制。结合公共文化服务的具体内容、特点和地方实际，按照政府采购有关规定，采用公开招标、邀请招标、竞争性谈判、竞争性磋商、单一来源等方式确定承接主体，采取购买、委托、租赁、特许经营、战略合作等各种合同方式。建立以项目选定、信息发布、组织采购、项目监管、绩效评价为主要内容的规范化购买流程。根据所购买公共文化服务特点，分类制定内容明确、操作性强、便于考核的公共文化服务标准，方便承接主体掌握，便于购买主体监管。加强对服务提供全过程的跟踪监管和对服务成果的检查验收，检查验收结果应结合服务对象满意度调查，作为付款的重要依据。建立购买价格或财政补贴的动态调整机制，根据承接主体服务内容和质量，合理确定价格，避免获取暴利。

（六）提供资金保障

政府向社会力量购买公共文化服务所需资金列入财政预算，从部门预算经费或经批准的专项资金等既有预算中统筹安排。逐步加大现有财政资金向社会力量购买公共文化服务的投入力度。对新增的公共文化服务内容，凡适于以购买服务实现的，原则上都要通过政府购买服务方式实施。

（七）健全监管机制

加强对政府向社会力量购买公共文化服务的监督管理，建立健全政府购买的法律监督、行政监督、审计监督、纪检监督、社会监督、舆论监督制度，完善事前、事中和事后监管体系，严格遵守相关财政财务管理规定，确保购买行为公开透明、规范有效，坚决遏制和预防腐败现象。财政部门要加强对政府向社会力量购买公共文化服务资金的监管，监察、审计等部门要加强监督，文化、新闻出版广电、体育部门要按照职能分工将承接政府购买服务行为纳入监管体系。购买主体与承接主体应按照权责明确、规范高效的原则签订合同，严格遵照合同约定，避免出现行政干预行为。购买主体应建立健全内部监督管理制度，按规定公开购买服务的相关信息，自觉接受审计监督、社会监督和舆论监督。承接主体应主动接受购买主体的监管，健全财务报告制度，严格按照服务合同履行服务任务，保证服务数量、质量和效果，严禁服务转包行为。

（八）加强绩效评价

健全由购买主体、公共文化服务对象以及第三方共同参与的综合评审机制；加强对购买公共文化服务项目的绩效评价，建立长效跟踪机制。在绩效评价体系中，要侧重服务对象对公共文化服务的满意度评价。政府向社会力量购买公共文化服务的绩效评价结果要向社会公布，并作为以后年度编制政府向社会力量购买公共文化服务预算和选择政府向社会力量购买公共文化服务承接主体的重要参考依据。

三、营造政府向社会力量购买公共文化服务的良好环境

（一）加强组织领导

政府向社会力量购买公共文化服务，是保障和改善民生的一项重要工作，事关人民群众切身利益，也是进一步转变政府职能、创新文化与体育管理方式的重要抓手。各地要高度重视，切实加强组织领导，建立健全政府统一领导，文化、财政、新闻出版广电、体育部门负责，社会力量广泛参与的工作机制，逐步使政府向社会力量购买公共文化服务工作制度化、规范化和科学化。

（二）强化沟通协调

各地要建立健全政府向社会力量购买公共文化服务的协调机制，文化、财政、新闻出版广电、体育部门要密切配合，注重协调沟通，整合资源，共同研究政府向社会力量购买公共文化服务有关重要事项，及时发现和解决工作中出现的问题，统筹推进政府向社会力量购买公共文化服务工作。

（三）注重宣传引导

各地要充分利用各种媒体，广泛宣传实施政府向社会力量购买公共文化服务工作的重要意义、主要内容、政策措施和流程安排，精心做好政策解读，加强正面舆论引导，主动回应社会关切，充分调动社会参与的积极性，为推进政府向社会力量购买公共文化服务营造良好的工作环境和舆论氛围。

（四）严格监督管理

建立政府向社会力量购买公共文化服务信用档案。对在购买服务实施过程中，发现承接主体不符合资质要求、歪曲服务主旨、弄虚作假、冒领财政资金等违法违规行为的，记入信用档案，并按照相关法律法规进行处罚，对造成社会重大恶劣影响的，禁止再次参与政府购买公共文化服务工作。

附件：政府向社会力量购买公共文化服务指导性目录

附件

政府向社会力量购买公共文化服务指导性目录

一、公益性文化体育产品的创作与传播

（一）公益性舞台艺术作品的创作、演出与宣传

（二）公益性广播影视作品的制作与宣传

（三）公益性出版物的编辑、印刷、复制与发行

（四）公益性数字文化产品的制作与传播

（五）公益性广告的制作与传播

（六）公益性少数民族文化产品的创作、译制与传播

（七）全民健身和公益性运动训练竞赛的宣传与推广

（八）面向特殊群体的公益性文化体育产品的创作与传播

（九）其他公益性文化体育产品的创作与传播

二、公益性文化体育活动的组织与承办

（一）公益性文化艺术活动（含戏曲）的组织与承办

（二）公益性电影放映活动的组织与承办

（三）全民阅读活动的组织与承办

（四）公益性文化艺术培训（含讲座）的组织与承办

（五）公益性体育竞赛活动的组织与承办

（六）全民健身活动的组织与承办

（七）公益性体育培训、健身指导、国民体质监测与体育锻炼标准测验达标活动的组织与承办

（八）公益性青少年体育活动的组织与承办

（九）面向特殊群体的公益性文化体育活动的组织与承办

（十）其他公益性文化体育活动的组织与承办

三、中华优秀传统文化与民族民间传统体育的保护、传承与展示

（一）文化遗产保护、传承与展示

（二）优秀民间文化艺术的普及推广与交流展示

（三）民族民间传统体育项目的保护、传承与展示

（四）其他优秀传统文化和传统体育的保护、传承与展示

四、公共文化体育设施的运营和管理

（一）公共图书馆（室）、文化馆（站）、村（社区）综合文化服务中心（含农家书屋）等运营和管理

（二）公共美术馆、博物馆等运营和管理

（三）公共剧场（院）等运营和管理

（四）广播电视村村通、户户通等接收设备的维修维护

（五）公共电子阅览室、数字农家书屋等公共数字文化设施的运营和管理

（六）面向特殊群体提供的有线电视免费或低收费服务

（七）公共体育设施、户外营地的运营和管理

（八）公共体育健身器材的维修维护和监管

（九）其他公共文化体育设施的运营和管理

五、民办文化体育机构提供的免费或低收费服务

（一）民办图书馆、美术馆、博物馆等面向社会提供的免费或低收费服务

（二）民办演艺机构面向社会提供的免费或低票价演出

（三）互联网上网服务场所面向社会提供的免费或低收费上网服务

（四）民办农村（社区）文化服务中心（含书屋）面向社会提供的免费或低收费服务

（五）民办体育场馆设施、民办健身机构面向社会提供的免费或低收费服务

（六）其他民办文化体育机构面向社会提供的免费或低收费服务

国务院办公厅
印发关于支持戏曲传承发展若干政策的通知

国办发〔2015〕52号

各省、自治区、直辖市人民政府，国务院各部委、各直属机构：

《关于支持戏曲传承发展的若干政策》已经国务院同意，现印发给你们，请结合实际认真贯彻执行。

国务院办公厅

2015年7月11日

关于支持戏曲传承发展的若干政策

戏曲具有悠久的历史、独特的魅力和深厚的群众基础，是表现和传承中华优秀传统文化的重要载体。为促进戏曲繁荣发展，弘扬中华优秀传统文化，丰富人民群众精神文化生活，现制定以下政策。

一、总体要求

（一）指导思想

全面贯彻落实党的十八大和十八届二中、三中、四中全会精神，按照党中央、国务院决策部署，坚持“二为”（为人民服务、为社会主义服务）方向、“双百”（百花齐放、百家争鸣）方针，坚持以人民为中心的创作导向，坚持以社会主义核心价值观为引领，坚持扬弃继承、转化创新，保护、传承与发展并重，更好地发挥戏曲艺术在建设中华民族精神家园中的独特作用。

（二）总体目标

力争在“十三五”期间，健全戏曲艺术保护传承工作体系、学校教育与戏曲艺术表演团体传习相结合的人才培养体系，完善戏曲艺术表演团体体制机制、戏曲工作者扎根基层潜心事业的保障激励机制，大幅提升戏曲艺术服务群众的综合能力和水平，培育有利于戏曲活起来、传下去、出精品、出名家的良好环境，形成全社会重视戏曲、关心支持戏曲艺术发展的生动局面。

二、加强戏曲保护与传承

（三）开展地方戏曲剧种普查

2015年7月至2017年6月，在全国范围内开展地方戏曲剧种普查。建立地方戏曲剧种数据库和信息共享交流网络平台。

（四）实施地方戏曲振兴工程

加强地方戏曲保护与传承，

振兴戏曲艺术，并将其纳入国民经济和社会发展“十三五”规划。鼓励地方设立戏曲发展专项资金或基金，扶持本地戏曲艺术发展。鼓励将符合条件的地方戏曲列入非物质文化遗产名录，实施抢救性记录和保存。中央财政对老少边穷地区地方戏曲保护与传承工作予以支持。

（五）传承保护京剧、昆曲

继续安排资金支持京剧、昆曲保护与传承。实施中国京剧像音像集萃计划。实施当代昆曲名家收徒传艺工程，做好优秀昆曲传统折子戏录制工作。

三、支持戏曲剧本创作

（六）加大剧本创作扶持力度

实施戏曲剧本孵化计划，文化产业发展专项资金对戏曲企业的优秀戏曲剧本创作项目予以支持。中央财政支持开展“三个一批”优秀戏曲剧本创作扶持，通过“征集新创一批、整理改编一批、买断移植一批”，调动全社会戏曲剧本创作积极性、主动性，推出一批优秀戏曲剧本。国家艺术基金加大对优秀戏曲剧本创作的扶持力度。

四、支持戏曲演出

（七）加大政府购买力度

根据当地群众实际需求，将地方戏曲演出纳入基本公共文化服务目录，通过政府购买服务等方式，组织地方戏曲艺术表演团体到农村为群众演出。把下基层演出场次列为地方戏曲艺术表演团体考核指标内容。

五、改善戏曲生产条件

（八）改善戏曲创作生产场地条件

把简易戏台纳入村级公共服务平台建设范围。在城镇建设和旧城改造中，合理布局文化特别是戏曲演出空间，注重保护利用古戏台，鼓励有条件的历史建筑、工业遗址等，在符合城乡规划、土地利用总体规划和相关保护法律规定的前提下，通过合理利用成为特色鲜明的戏曲演出聚集区。县级以上（含县级）的群艺馆、文化馆建设按照国家颁布的用地标准和建设标准，综合设置戏曲排练演出场所。鼓励群艺馆、文化馆（站）等，通过资源共享、项目合作等方式，为戏曲艺术表演团体免费或低价提供排练演出场所。继续安排资金支持国家级非物质文化遗产保护利用设施建设，增加戏曲类保护利用项目的比重。鼓励采取灵活的产权形式，或以政府购买演出场所的演出时段、提供场租补贴等形式，帮助戏曲艺术表演团体解决演出场所问题。

（九）实行差别化的戏曲教学排练演出设施用地政策

进一步完善有关用地标准和建设标准，提出戏曲教学排练演出场所建设要求。戏曲教学排练演出设施独立用地，符合《划拨用地目录》的，可以划拨方式提供。支持现有戏曲教学排练演出设施改造建设，在符合城乡规划、土地利用总体规划的前提下，现有戏曲教学排练演出设施改造可兼容一定规模的商业、服务、办公等其他用途，并按协议方式补充办理用地手续。严格戏曲教学排练演出设施用地供后监管，需改变合同约定的土地用途的，必须取得出让方和市、县人民政府城市规划行政主管部门同意，其中单独建设戏曲教学排练演出设施用地应在用地合同和划拨决定书中明确，改变用途应由政府依法收回后重新供应。

六、支持戏曲艺术表演团体发展

（十）重点资助基层和民营戏曲艺术表演团体

文化产业发展专项资金对符合条件的县级以下（含县级）转企改制国有戏曲艺术表演团体和民营戏曲艺术表演团体，在购置和更新服装、乐器、灯光、音响等方面给予资金支持。根据基层实际，在为转企改制戏曲艺术表演团体配备流动舞台车的基础上，中央财政出资为县级划转为研究类或传承保护类机构且未配备过流动舞台车的戏曲艺术表演团体配备流动舞台车。

（十一）实行财政配比政策

鼓励地方财政参照中央财政的做法，对地方国有戏曲艺术表演团体捐赠收入实行财政配比政策。

（十二）落实税费优惠政策

落实转企改制戏曲艺术表演团体有关优惠政策。落实暂免征收部分小微企业增值税和营业税、小型微利企业所得税优惠，以及免征部分小微企业教育费附加、残疾人就业保障金等各项已出台的税费优惠政策，支持符合条件的小型微型戏曲艺术表演团体发展。

（十三）鼓励和引导社会力量支持戏曲表演团体

鼓励和引导企业、社会团体或个人通过兴办实体、资助项目、赞助活动、提供设施、建立专项基金等形式参与扶持地方戏曲的传承发展，营造有利于社会力量支持戏曲艺术表演团体的良好环境，发挥好政府引导和社会参与的综合效益。

七、完善戏曲人才培养和保障机制

（十四）加强学校戏曲专业人才培养

研究制定新形势下加强戏曲教育工作的意见。对中等职业教育戏曲表演专业学生实行免学费。地方各级财政部门应切实落实大中专戏曲职业教育生均拨款制度。鼓励戏曲表演类民间艺人、非物质文化遗产传承人参与戏曲职业教育教学，建立非物质文化遗产传承人“双向进入”机制，设立技艺指导大师特设岗位，鼓励有条件的戏曲职业院校成立大师工作室。支持戏曲艺术表演团体与戏曲职业院校合作，建立学生学习（实践）基地及人才培养基地。国家艺术基金加大对优秀戏曲创作表演人才培养项目的支持力度。

（十五）完善戏曲艺术表演团体青年表演人才培养机制

实施“名家传戏——戏曲名家收徒传艺”计划，支持各级各类戏曲艺术表演团体、学校、研究机构采取“一带一、一带二”等方式传授戏曲表演艺术精粹。建立戏曲院校青年教师与戏曲艺术表演团体青年骨干“双向交流”机制，为培养新一代青年拔尖人才创造良好条件。

（十六）畅通引进优秀戏曲专业人员的通道

保留事业性质和划转为研究类、传承保护类机构的戏曲艺术表演团体，在公开招聘戏曲专业技术人员时，可按照国家关于事业单位公开招聘有关要求，结合本地区本单位实际和戏曲专业人员特点，注重人才的思想政治素质、专业素养和艺术成就，合理确定招聘方式，按照特人特招、特事特办原则引进优秀专业人员。

（十七）扩大职称评审范围

将转制为企业的戏曲艺术表演团体和民营戏曲艺术表演团体中的专业技术人员纳入职称评审范围。

（十八）切实保障戏曲从业人员社会保障权益

戏曲艺术表演团体应按国家有关规定为职工办理社会保险，有条件的可购买商业保险，切实维护戏曲从业人员合法权益。鼓励社会团体、社会资本等对戏曲武功伤残、患职业病等特殊人员进行救助，有条件的可以发起设立戏曲从业人员保障公益基金会。

八、加大戏曲普及和宣传

（十九）加强学校戏曲通识教育

结合学校教育实际，强化中华优秀传统文化特别是戏曲内容的教育教学。大力推动戏曲进校园，支持戏曲艺术表演团体到各级各类学校演出，鼓励大中小学生走进剧场。大中小学应采取多种形式，争取每年让学生免费欣赏到1场优秀的戏曲演出。向中小学生推荐优秀戏曲。严把到学校演出和向学生推荐的戏曲剧目的内容质量关。鼓励学校建设戏曲社团和兴趣小组，鼓励中小学与本地戏曲艺术表演团体合作开展校园戏曲普及活动。鼓励中小学特聘校外戏曲专家和非物质文化遗产传承人担任学校兼职艺术教师。

（二十）扩大戏曲社会影响力

实施优秀经典戏曲剧目影视创作计划，鼓励开设、制作宣传推广戏曲作品、传播普及戏曲知识的栏目节目。鼓励电影发行放映机构为戏曲电影的发行放映提供便利。发挥互联网在戏曲传承发展中的重要作用，鼓励通过新媒体普及和宣传戏曲。各级新闻媒体要加大戏曲宣传力度，报道戏曲创作演出优秀剧目，报道传承发展戏曲的好经验、好做法，报道戏曲界树立新风、弘扬美德、服务人民的精神风貌。

九、加强组织领导

（二十一）抓好贯彻落实

各省（区、市）人民政府要高度重视，加强指导，精心部署，做好政策落地和督查工作。国务院有关部门要认真落实关于支持戏曲传承发展的各项政策，积极推进相关配套政策措施。各级文化部门要切实强化责任意识，认真抓好具体实施工作，确保取得实效。各级文联协助做好实施工作。

国务院办公厅关于推进基层综合性文化服务中心建设的指导意见

国办发〔2015〕74号

各省、自治区、直辖市人民政府，国务院各部委、各直属机构：

为贯彻落实《中共中央办公厅 国务院办公厅关于加快构建现代公共文化服务体系的意见》精神，推进基层公共文化资源有效整合和统筹利用，提升基层公共文化设施建设、管理和服务水平，经国务院同意，现就推进基层综合性文化服务中心建设提出如下意见。

一、推进基层综合性文化服务中心建设的重要性和紧迫性

基层是公共文化服务的重点和薄弱环节。近年来，我国公共文化服务体系建设加快推进，公共文化设施网络建设成效明显，基层公共文化设施条件得到较大改善。但随着我国新型工业化、信息化、城镇化和农业现代化进程加快，城市流动人口大幅增加，基层群众的精神文化需求呈现出多层次、多元化特点，现有的基层文化设施和服务已难以满足广大人民群众的实际需要。一是基层特别是农村公共文化设施总量不足、布局不合理。尤其在西部地区和老少边穷地区，基层文化设施不足的问题突出。二是面向基层的优秀公共文化产品供给不足，特别是内容健康向上、形式丰富多彩、群众喜闻乐见的文化产品种类和数量少，服务质量参差不齐。三是由于缺少统筹协调和统一规划，公共文化资源难以有效整合，条块分割、重复建设、多头管理等问题普遍存在，基层公共文化设施功能不健全、管理不规范、服务效能低等问题仍较突出，总量不足与资源浪费问题并存，难以发挥出整体效益。

党的十八届三中全会明确提出"建设综合性文化服务中心"的改革任务。推进基层综合性文化服务中心建设，有利于完善基层公共文化设施网络，补齐短板，打通公共文化服务的"最后一公里"；有利于增加基层公共文化产品和服务供给，丰富群众精神文化生活，充分发挥文化凝聚人心、增进认同、化解矛盾、促进和谐的积极作用；有利于统筹利用资源，促进共建共享，提升基层公共文化服务效能。要从战略和全局的高度，充分认识加强基层综合性文化服务中心建设的重要性和紧迫性，增强责任感和使命感，为巩固基层文化阵地、全面建成小康社会奠定坚实基础。

二、指导思想、基本原则和工作目标

（一）指导思想

全面贯彻党的十八大和十八届二中、三中、四中全会精神，按照党中央、国务院决策部署，以保障群众基本文化权益为根本，以强化资源整合、创新管理机制、提升服务效能为重点，因地制宜推进基层综合性文化服务中心建设，把服务群众同教育引导群众结合起来，把满足需求同提高素养结合起来，促进基本公共文化服务标准化均等化，使基层公共文化服务得到全面加强和提升，为实现"两个一百年"奋斗目标和中华民族伟大复兴中国梦提供精神动力和文化条件。

（二）基本原则

坚持导向，服务大局。发挥基层综合性文化服务中心在宣传党的理论和路线方针政策、培育社会主义核心价值观、弘扬中华优秀传统文化等方面的重要作用，推动人们形成向上向善的精神追求和健康文明的生活方式，用先进文化占领基层文化阵地。

以人为本，对接需求。把保障人民群众基本文化权益作为工作的出发点和落脚点，把群众满意度作为检验工作的首要标准，建立健全群众需求反馈机制，促进供需有效对接，真正把综合性文化服务中心建成服务基层、惠及百姓的民心工程。

统筹规划，共建共享。以中西部地区和老少边穷地区为重点，从城乡基层实际出发，发挥基层政府的主导作用，加强规划指导，科学合理布局，整合各级各类面向基层的公共文化资源和服务，促进优化配置、高效利用，形成合力。

因地制宜，分类指导。综合考虑不同地区的经济发展水平、人口变化、文化特点和自然条件等因素，坚持试点先行，及时总结不同地区建设经验，发挥典型示范作用，推动各地形成既有共性又有特色的建设发展模式。

改革创新，提升效能。围绕建设、管理、使用等关键环节，改革管理体制和运行机制，创新基层公共文化服务的内容和形式，鼓励社会参与和群众自我服务，提高综合服务效益。

（三）工作目标

到2020年，全国范围的乡镇（街道）和村（社区）普遍建成集宣传文化、党员教育、科学普及、普法教育、体育健身等功能于一体，资源充足、设备齐全、服务规范、保障有力、群众满意度较高的基层综合性公共文化设施和场所，形成一套符合实际、运行良好的管理体制和运行机制，建立一支扎根基层、专兼职结合、综合素质高的基层文化队伍，使基层综合性文化服务中心成为我国文化建设的重要阵地和提供公共服务的综合平台，成为党和政府联系群众的桥梁和纽带，成为基层党组织凝聚、服务群众的重要载体。

三、加强基层综合性文化服务中心建设

（四）科学规划，合理布局

在全面掌握基层公共文化设施存量和使用状况的基础上，衔接国家和地方经济社会发展总体规划、土地利用总体规划、城乡规划以及其他相关专项规划，根据城乡人口发展和分布，按照均衡配置、规模适当、经济适用、节能环保等要求，合理规划布局公共文化设施。

（五）加强基层综合性文化设施建设

落实《国家基本公共文化服务指导标准（2015—2020年）》，进一步完善基层综合性文化设施建设标准，加大建设力度。基层综合性文化服务中心主要采取盘活存量、调整置换、集中利用等方式进行建设，不搞大拆大建，凡现有设施能够满足基本公共文化需求的，一律不再进行改扩建和新建。乡镇（街道）综合性文化设施重在完善和补缺，对个别尚未建成的进行集中建设。村（社区）综合性文化服务中心主要依托村（社区）党组织活动场所、城乡社区综合服务设施、文化活动室、闲置中小学校、新建住宅小区公共服务配套设施以及其他城乡综合公共服务设施，在明确产权归属、保证服务接续的基础上进行集合建设，并配备相应器材设备。

（六）加强文体广场建设

与乡镇（街道）和村（社区）综合性文化设施相配套，按照人口规模和服务半径，建设选址适中、与地域条件相协调的文体广场，偏远山区不具备建设条件的，可酌情安排。文体广场要建设阅报栏、电子阅报屏和公益广告牌，并加强日常维护，及时更新内容。配备体育健身设施和灯光音响设备等，有条件的可搭建戏台舞台。

四、明确功能定位

（七）向城乡群众提供基本公共文化服务

着眼于保障群众的基本文化权益，按照《国家基本公共文化服务指导标准（2015—2020年）》和各地实施标准，由县级人民政府结合自身财力和群众文化需求，制定本地基层综合性文化服务中心基本服务项目目录（以下简称服务目录），重点围绕文艺演出、读书看报、广播电视、电影放映、文体活动、展览展示、教育培训等方面，设置具体服务项目，明确服务种类、数量、规模和质量要求，实现“软件”与“硬件”相适应、服务与设施相配套，为城乡居民提供大致均等的基本公共文化服务。

（八）整合各级各类面向基层的公共文化资源

发挥基层综合性文化服务中心的终端平台优势，整合分布在不同部门、分散孤立、用途单一的基层公共文化资源，实现人、财、物统筹使用。以基层综合性文化服务中心为依托，推动文化信息资源共建共享，提供数字图书馆、数字文化馆和数字博物馆等公共数字文化服务；推进广播电视户户通，提供应急广播、广播电视器材设备维修、农村数字电影放映等服务；推进县域内公共图书资源共建共享和一体化服务，加强村（社区）及薄弱区域的公共图书借阅服务，整合农家书屋资源，设立公共图书馆服务体系基层服务点，纳入基层综合性文化服务中心管理和使用；建设基层体育健身工程，组织群众开展体育健身活动等。同时，加强文化体育设施的综合管理和利用，提高使用效益。

（九）开展基层党员教育工作

结合推进基层组织建设，把基层综合性文化服务中心作为加强思想政治工作、开展党员教育的重要阵地，发挥党员干部现代远程教育网络以及文化信息资源共享工程基层服务点、社区公共服务综合信息平台等基层信息平台的作用，广泛开展政策宣讲、理论研讨、学习交流等党员教育活动。

(十)配合做好其他公共服务

按照功能综合设置的要求，积极开展农民科学素质行动、社区居民科学素质行动、法治宣传教育和群众性法治文化活动，提高基层群众的科学素养和法律意识。要结合当地党委和政府赋予的职责任务，与居民自治、村民自治等基层社会治理体系相结合，根据实际条件，开展就业社保、养老助残、妇儿关爱、人口管理等其他公共服务和社会管理工作，推广一站式、窗口式、网络式综合服务，简化办事流程，集中为群众提供便捷高效的服务。

五、丰富服务内容和方式

(十一)广泛开展宣传教育活动

围绕新时期党和国家的重大改革措施及惠民政策，采取政策解读、专题报告、百姓论坛等多种方式，开展基层宣传教育，使群众更好地理解、支持党委和政府工作；开展社会主义核心价值观学习教育和中国梦主题教育实践，推进文明村镇、文明社区创建和乡贤文化建设，利用宣传栏、展示墙、文化课堂、道德讲堂以及网络平台等方式开展宣传，举办道德模范展览展示、巡讲巡演活动，通过以身边人讲身边事、身边事教身边人的方式，培养群众健康的生活方式和高尚的道德情操，引领社会文明风尚；弘扬中华优秀传统文化，利用当地特色历史文化资源，加强非物质文化遗产传承保护和民间文化艺术之乡创建，开展非物质文化遗产展示、民族歌舞、传统体育比赛等民族民俗活动，打造基层特色文化品牌；积极开展艺术普及、全民阅读、法治文化教育、科学普及、防灾减灾知识技能和就业技能培训等，传播科学文化知识，提高群众综合素质。

(十二)组织引导群众文体活动

支持群众自办文化，依托基层综合性文化服务中心，兴办读书社、书画社、乡村文艺俱乐部，组建演出团体、民间文艺社团、健身团队以及个体放映队等。结合中华传统节日、重要节假日和重大节庆活动等，通过组织开展读书征文、文艺演出、经典诵读、书画摄影比赛、体育健身竞赛等文体活动，吸引更多群众参与。加强对广场舞等群众文体活动的引导，推进广场文化健康、规范、有序发展。工会、共青团、妇联等群团组织保持和增强群众性，以基层综合性文化服务中心为载体开展职工文化交流、青少年课外实践和妇女文艺健身培训等丰富多彩的文体活动，引导所联系群众继承和弘扬中华优秀传统文化，自觉培育和践行社会主义核心价值观。

(十三)创新服务方式和手段

畅通群众文化需求反馈渠道，根据服务目录科学设置“菜单”，采取“订单”服务方式，实现供需有效对接。实行错时开放，提高利用效率。为老年人、未成年人、残疾人、农民工和农村留守妇女儿童等群体提供有针对性的文化服务，推出一批特色服务项目。广泛开展流动文化服务，把基层综合性文化服务中心建成流动服务点，积极开展文化进社区、进农村和区域文化互动交流等活动。充分发挥互联网等现代信息技术优势，利用公共数字文化项目和资源，为基层群众提供数字阅读、文化娱乐、公共信息和技能培训等服务。推广文化体育志愿服务，吸纳更多有奉献精神和文体技能的普通群众成为志愿者，在城乡社区就近就便开展志愿服务活动。探索国家和省级文化体育等相关机构与基层综合性文化服务中心的对口帮扶机制，推动国家及省级骨干文艺团体与基层综合性文化服务中心“结对子”。

六、创新基层公共文化运行管理机制

(十四)强化政府的主导作用

县(市、区)人民政府在推进基层综合性文化服务中心建设中承担主体责任，要实事求是确定存量改造和增量建设任务，把各级各类面向基层的公共文化资源纳入到支持基层综合性文化服务中心建设发展上来；宣传文化部门要发挥牵头作用，加强协调指导，及时研究解决建设中存在的问题；各相关部门要立足职责、分工合作；公共文化体育机构要加强业务指导，共同推动工作落实。

(十五)建立健全管理制度

加强对乡镇(街道)综合文化站的管理，制定乡镇(街道)综合文化站服务规范。建立村(社区)综合性文化服务中心由市、县统筹规划，乡镇(街道)组织推进，村(社区)自我管理的工作机制。结合基本公共文化服务标准化建设，重点围绕基层综合性文化服务中心的功能定位、运行方式、服务规范、人员管理、经费投入、绩效考核、奖惩措施等重点环节，建立健全标准体系和内部管理制度，形成长效机制，实现设施良性运转、长期使用和可持续发展。严格安全管理制度，制定突发事件应急预案，及时消除各类安全隐患。

(十六)鼓励群众参与建设管理

在村(社区)党组织的领导下,发挥村委会和社区居委会的群众自治组织作用,引导城乡居民积极参与村(社区)综合性文化服务中心的建设使用,加强群众自主管理和自我服务。健全民意表达机制,依托社区居民代表会议、村民代表会议和村民小组会议等,开展形式多样的民主协商,对基层综合性文化服务中心建设发展的重要事项,充分听取群众意见建议,保证过程公开透明,接受群众监督。

(十七)探索社会化建设管理模式

加大政府向社会力量购买公共文化服务力度,拓宽社会供给渠道,丰富基层公共文化服务内容。鼓励支持企业、社会组织和其他社会力量,通过直接投资、赞助活动、捐助设备、资助项目、提供产品和服务,以及采取公益创投、公益众筹等方式,参与基层综合性文化服务中心建设管理。率先在城市探索开展社会化运营试点,通过委托或招投标等方式吸引有实力的社会组织和企业参与基层文化设施的运营。

七、加强组织实施

(十八)制定实施方案

各省(区、市)政府要把加强基层综合性文化服务中心建设发展作为构建现代公共文化服务体系的重要内容,对接相关规划,结合本地实际,尽快制定实施方案,明确总体思路、具体举措和时间安排。市、县两级政府要结合农村社区建设、扶贫开发、美丽乡村建设等工作,抓紧制定落实方案。

(十九)坚持试点先行

要稳步推进,先期确定一批基础条件较好的地方和部分中西部贫困地区进行试点,并逐步在全国范围推广实施。支持试点地区因地制宜探索符合本地实际、具有推广价值的基层综合性文化服务中心建设发展模式,创新服务内容和提供方式,拓宽优秀公共文化产品和服务供给渠道。

(二十)加大资金保障

地方各级政府要根据实际需要和相关标准,将基层综合性文化服务中心建设所需资金纳入财政预算。中央和省级财政统筹安排一般公共预算和政府性基金预算,通过转移支付对革命老区、民族地区、边疆地区、贫困地区基层综合性文化服务中心设备购置和提供基本公共文化服务所需资金予以补助,同时对绩效评价结果优良的地区予以奖励。发挥政府投入的带动作用,落实对社会力量参与公共文化服务的各项优惠政策,鼓励和引导社会资金支持基层综合性文化服务中心建设。

(二十一)加强队伍建设

乡镇(街道)综合文化站按照中央有关规定配备工作人员,村(社区)综合性文化服务中心由"两委"确定1名兼职工作人员,同时通过县、乡两级统筹和购买服务等方式解决人员不足问题。推广部分地方基层文化体育设施设立文化管理员、社会体育指导员等经验。鼓励"三支一扶"大学毕业生、大学生村官、志愿者等专兼职从事基层综合性文化服务中心管理服务工作。加强业务培训,乡镇(街道)和村(社区)文化专兼职人员每年参加集中培训时间不少于5天。

(二十二)开展督促检查

把基层综合性文化服务中心建设纳入政府公共文化服务考核指标。由各级文化行政部门会同有关部门建立动态监测和绩效评价机制,对基层综合性文化服务中心建设使用情况进行督促检查,及时协调解决工作中的各种问题。同时,引入第三方开展公众满意度测评。对基层综合性文化服务中心建设、管理和使用中群众满意度较差的地方要进行通报批评,对好的做法和经验及时总结、推广。

国务院办公厅
2015年10月2日

住房城乡建设部　国家文物局
关于公布第一批中国历史文化街区的通知

建规〔2015〕51号

各省、自治区住房城乡建设厅、文物局(文化厅),直辖市规划局(规划委)、文物局:

为了更好地保护我国优秀历史文化遗存,完善历史文化遗产保护体系,进一步做好历史文化街区保护工作,按照《住房城乡建设部 国家文物局关于开展中国历史文化街区认定工作的通知》(建规〔2014〕28号),在各地推荐的基础上,经专家评审和主管部门审核,住房城乡建设部、国家文物局决定公布北京市皇城历史文化街区等30个街区为第一批中国历史文化街区(见附件)。

请你们督促各地做好中国历史文化街区保护工作,依法编制保护规划并严格实施,完善保护管理工作机制,及时协调解决保护工作中出现的问题。要积极改善历史文化街区基础设施和人居环境,激发街区活力,延续街区风貌,坚决杜绝违反保护规划的建设行为。

住房城乡建设部、国家文物局将对中国历史文化街区的保护工作进行指导、监督和检查,并建立动态维护机制;对由于保护管理工作不力,致使历史文化街区历史文化价值受到破坏、已经不再符合规定条件的,住房城乡建设部、国家文物局将撤销其中国历史文化街区的称号。

各地应积极组织开展省级历史文化街区认定工作,扩大保护范围,完善保护体系,加强历史文化街区保护利用工作。工作中有关情况及时报住房城乡建设部和国家文物局。

附件:第一批中国历史文化街区名单

中华人民共和国住房和城乡建设部

国家文物局

2015年4月3日

附件

第一批中国历史文化街区名单

1.北京市皇城历史文化街区

2.北京市大栅栏历史文化街区

3.北京市东四三条至八条历史文化街区

4.天津市五大道历史文化街区

5.吉林省长春市第一汽车制造厂历史文化街区

6.黑龙江省齐齐哈尔市昂昂溪区罗西亚大街历史文化街区

7.上海市外滩历史文化街区

8.江苏省南京市梅园新村历史文化街区

9.江苏省南京市颐和路历史文化街区

10.江苏省苏州市平江历史文化街区

11.江苏省苏州市山塘街历史文化街区

12.江苏省扬州市南河下历史文化街区

13.浙江省杭州市中山中路历史文化街区

14.浙江省龙泉市西街历史文化街区

15.浙江省兰溪市天福山历

史文化街区

16.浙江省绍兴市蕺山(书圣故里)历史文化街区

17.安徽省黄山市屯溪区屯溪老街历史文化街区

18.福建省福州市三坊七巷历史文化街区

19.福建省泉州市中山路历史文化街区

20.福建省厦门市鼓浪屿历史文化街区

21.福建省漳州市台湾路—香港路历史文化街区

22.湖北省武汉市江汉路及中山大道历史文化街区

23.湖南省永州市柳子街历史文化街区

24.广东省中山市孙文西历史文化街区

25.广西壮族自治区北海市珠海路—沙脊街—中山路历史文化街区

26.重庆市沙坪坝区磁器口历史文化街区

27.四川省阆中市华光楼历史文化街区

28.云南省石屏县古城区历史文化街区

29.新疆维吾尔自治区库车县热斯坦历史文化街区

30.新疆维吾尔自治区伊宁市前进街历史文化街区

文化部网络安全和信息化领导小组办公室关于调整文化部网络安全和信息化领导小组及其办公室成员的通知

文网办函〔2015〕2号

各省、自治区、直辖市文化厅(局),新疆生产建设兵团文化广播电视局,各计划单列市文化局,本部各司局、各直属单位,国家文物局办公室:

文化部网络安全和信息化领导小组于2014年10月正式成立。根据工作需要和人员变动情况,经报文化部党组同意,对领导小组及办公室组成人员作了相应调整。

调整后,文化部网络安全和信息化领导小组人员组成如下:

组　长:

雒树刚　党组书记、部长

副组长:

杨志今　党组副书记、副部长

励小捷　党组成员、副部长,国家文物局局长

项兆伦　党组成员、副部长

丁　伟　党组成员、副部长

成　员:

于　群　办公厅主任

饶　权　政策法规司司长

张雅芳　人事司司长

赵　雯　财务司司长

诸　迪　艺术司司长

于　平　文化科技司司长

陈　通　文化市场司司长

吴江波　文化产业司司长

张永新　公共文化司司长

李　雄　非物质文化遗产司司长

谢金英　对外文化联络局(港澳台办公室)局长

刘长权　机关党委常务副书记

单　威　驻部纪检组副组长

熊远明　离退休干部局局长

都海江　办公厅副主任、机关服务局局长

洪永平　文化部信息中心主任

李　游　国家文物局办公室主任

文化部网络安全和信息化领导小组办公室人员组成如下:

主　任:

洪永平　文化部信息中心主任(兼)

副主任:

陈发奋　办公厅副主任

陈丁昆　办公厅副主任

李　蔚　文化科技司副司长

刘　强　文化市场司副司长

蒲　通　对外文化联络局(港澳台办公室)

党委书记、副局长

杨　郑　文化部信息中心副主任

罗洪涛　文化部信息中心副主任

领导小组办公室日常工作由文化部信息中心承担。

特此通知。

文化部网络安全和信息化领导小组办公室

2015年3月25日

文化部办公厅关于公布第四批国家级非物质文化遗产代表性项目保护单位的通知

办非遗发〔2015〕13号

各省、自治区、直辖市文化厅(局),新疆生产建设兵团文化广播电视局:

为进一步加强国家级非物质文化遗产代表性项目保护工作,明确和落实保护责任,按照《国家级非物质文化遗产项目保护与管理暂行佃法》(中华人民共和国文化部令第39号),文化部在各地申报基础上,经专家评审、社会公示等程序,对464家第四批国家非物质文化遗产代表性项目保护单位进行了认定,现予以公布。

请各有关省(区、市)文化厅(局)按照《中华人民共和国非物质文化遗产》的有关规定,加强管理,指导各项目保护单位认真做好国家级非物质文化遗产代表性项目保护工作。

特此通知。

附件:第四批国家级非物质文化遗产代表性项目保护单位名单

文化部办公厅

2015年4月28日

附件

第四批国家级非物质文化遗产代表性项目保护单位名单

序号	省区	省内序号	项目编号	项目名称	申报地区或单位	文化部认定的保护单位
1	北京	1	Ⅰ-126	卢沟桥传说	北京市丰台	北京市丰台区文化馆
2		2	Ⅱ-112	太子务武吵子	北京市大兴区	北京市大兴区榆垡镇太子务村股份经济合作社
3		3	Ⅴ-115	数来宝	北京市东城区	北京市东城区第二文化馆(北京市东城区非物质文化遗产保护中心)
4		4	Ⅵ-73	通背拳	北京市西城区	北京市武术运动协会
5		5	Ⅵ-82	幻术(傅氏幻术)	北京市朝阳区	北京魔幻久久文化传播有限公司
6		6	Ⅶ-110	京绣	北京市房山区	北京京都绣娘手工艺品专业合作社

续 表

序号	省区	省内序号	项目编号	项目名称	申报地区或单位	文化部认定的保护单位
7	北京	7	Ⅷ-224	传统香制作技艺(药香制作技艺)	北京市西城区	北京乾恒雅斋文化传播有限公司
8		8	Ⅷ-225	一得阁墨汁制作技艺	北京市西城区	北京一得阁墨业有限公司
9		9	Ⅱ-34	古琴艺术	北京市大兴区	北京钧天坊古琴文化艺术传播有限公司
10		10	Ⅲ-2	秧歌(延庆旱船)	北京市延庆县	北京市延庆县文化馆
11		11	Ⅵ-11	太极拳(吴氏太极拳)	北京市大兴区	北京大兴鸣生亮武学研究会
12		12	Ⅶ-47	泥塑(北京兔儿爷)	北京市朝阳区	北京汉唐双起翔文化传播有限公司
13		13	Ⅸ-2	中医诊疗法(清华池传统修脚术)	北京西城区	北京翔达投资管理有限公司
14		14	Ⅸ-4	中医传统制剂方法(安宫牛黄丸制作技艺)	北京市东城区	中国北京同仁堂(集团)有限责任公司
15		15	Ⅹ-71	元宵节(千军台庄户幡会)	北京市门头沟区	北京市门头沟区大台地区文化遗产保护协会
16	天津	1	Ⅴ-116	梅花大鼓	天津市	天津市曲艺团
17		2	Ⅰ-34	杨家将传说(杨七郎墓传说)	天津市宁河县	宁河县文化馆
18		3	Ⅱ-122	津门法鼓(香塔音乐法鼓)	天津市西青区	天津市西青区文化馆
19		4	Ⅴ-5	西河大鼓	天津市	天津市曲艺团
20		5	Ⅵ-11	太极拳(李氏太极拳)	天津市武清区	天津市武清区文化馆
21		6	Ⅷ-160	传统面食制作技艺(桂发祥十八街麻花制作技艺)	天津市河西区	天津桂发祥十八街麻花食品股份有限公司
22		7	Ⅸ-4	中医传统制剂方法(安宫年黄丸制作技艺)	天津市南开区	天津中新药业集团股份有限公司
23		8	Ⅸ-4	中医传统制剂方法(隆顺榕卫药制作技艺)	天津市南开区	天津中新药业集团股份有限公司
24		9	Ⅸ-4	中医传统制剂方法(益德成闻药制作技艺)	天津市红桥区	天津市益德文化用品有限公司
25		10	Ⅸ-4	中医传统制剂方法(京万红软膏组方与制作技艺)	天津市西青区	天津达仁堂京万红药业有限公司
26		11	Ⅹ-36	妈祖祭典(葛沽宝辇会)	天津市津南区	天津市津南区文化馆

续 表

序号	省区	省内序号	项目编号	项目名称	申报地区或单位	文化部认定的保护单位
27	河北	1	Ⅰ-127	鬼谷子传说	河北省临漳县	临漳县文化馆
28		2	Ⅵ-74	戳脚	河北省衡水市桃城区	衡水市燕杰文化武术学校
29		3	Ⅶ-110	京绣	河北省定兴县	定兴县燕都刺绣工艺品制造有限公司
30		4	Ⅶ-111	布糊画	河北省丰宁满族自治县	丰宁满族自治县非物质文化遗产保护中心
31		5	Ⅶ-113	水陆画	河北省广平县	广平县文化馆
32		6	Ⅷ-213	刑窑陶瓷烧制技艺	河北省邢台市	邢台市邢烧瓷制技艺研究院
33		7	Ⅱ-139	道教音乐(花张蒙道教音乐)	河北省定州市	定州市文化馆
34		8	Ⅳ-39	乱弹(南岩乱弹)	河北省高邑县	高邑县万城乡南岩乱弹剧团
35		9	Ⅵ-91	皮影戏(乐亭皮影戏)	河北省乐亭县	乐亭县文化馆
36		10	Ⅵ-11	太极拳(王其和太极拳)	河北省任县	任县王其和式太极拳研究会
37		11	Ⅷ-43	景泰蓝制作技艺	河北省大厂回族自治县	大厂回族自治县京东工艺品有限公司
38		12	Ⅷ-100	传统棉纺织技艺(威县土布纺织技艺)	河北省威县	威县老纺车精布制品有限公司
39		13	Ⅸ-2	中医诊疗法(中医络病诊疗方法)	河北省石家庄市	河北以岭医院
40		14	Ⅸ-2	中医诊疗法(脏腑推拿疗法)	河北省保定市	保定市脏腑推拿研究会
41		15	Ⅸ-4	中医传统制剂方法(金牛眼药制作技艺)	河北省定州市	河北万通金牛药业有限公司
42		16	Ⅹ-71	元宵节(抡花)	河北省滦平县	滦平县非物质文化遗产保护中心
43	山西	1	Ⅰ-145	广禅侯故事	山西省阳城县	山西省阳城县文化馆
44		2	Ⅲ-113	左权小花戏	山西省左权县	左权县民歌研究中心
45		3	Ⅳ-159	线腔	山西省芮城县	芮城县蒲剧线腔艺术研究所
46		4	Ⅴ-117	弹唱	山西省吕梁市离石区	吕梁市离石区弹唱保护协会
47		5	Ⅷ-222	铜器制作技艺(大同铜器制作技艺)	山西省大同市城区	大同市天艺昌工艺品有限责任公司
48		6	Ⅷ-237	古建筑模型制作技艺	山西省太原市	山西古典艺术研究院
49		7	Ⅱ-37	唢呐艺术(临县大唢呐)	山西省临县	临县大唢呐培训活动中心
50		8	Ⅱ-123	锣鼓艺术(软槌锣鼓)	山西省万荣县	万荣县软槌锣鼓研究会
51		9	Ⅳ-18	晋剧	山西省晋中市	晋中市晋剧艺术研究院
52		10	Ⅶ-16	剪纸(静乐剪纸)	山西省静乐县	青乐县文化活动中心
53		11	Ⅶ-53	面花(岚县面塑)	山西省岚县	岚县文化馆
54		12	Ⅶ-58	木雕(永乐桃木雕刻)	山西省芮城县	芮城县理天木雕文化研究所

续　表

序号	省区	省内序号	项目编号	项目名称	申报地区或单位	文化部认定的保护单位
55	山西	13	Ⅷ-61	酿醋技艺（小米醋酿造技艺）	山西省襄汾县	山西三盛合酿造有限公司
56		14	Ⅷ-67	皮纸制作技艺（平阳麻笺制作技艺）	山西省襄汾县	襄汾县邓庄丁陶麻笺社
57		15	Ⅷ-98	陶器烧制技艺（平定砂器制作技艺）	山西省平定县	平定县冠窑砂器陶艺有限公司
58		16	Ⅷ-98	陶器烧制技艺（平定墨釉刻花陶瓷制作技艺）	山西省平定县	阳泉市张文亮刻花瓷文化有限公司
59		17	Ⅷ-99	蚕丝织造技艺（潞绸织造技艺）	山西省高平市	山西吉利尔潞绸集团织造股份有限公司
60		18	Ⅷ-117	金银细工制作技艺	山西省稷山县	稷山县杰忠金银铜器传统制作研究中心
61		19	Ⅷ-127	漆器髹饰技艺（稷山螺钿漆器髹饰技艺）	山西省稷山县	稷山螺钿漆器研究中心
62		20	Ⅸ-4	中医传统制剂方法（安宫牛黄丸制作技艺）	山西省太谷县	山西广誉远国药有限公司
63		21	Ⅸ-4	中医传统制剂方法（点舌丸制作技艺）	山西省新绛县	山西双人药业有限责任公司
64		22	Ⅹ-54	民间社火（南庄无根架火）	山西省晋中市榆次区	榆次区文化馆
65		23	Ⅹ-84	庙会（蒲县朝山会）	山西省蒲县	蒲县人民文化馆
66	内蒙古	1	Ⅱ-165	阿斯尔	内蒙古自治区镶黄旗	镶黄旗文化馆
67		2	Ⅱ-167	蒙古族汗廷音乐	内蒙古自治区阿鲁科尔沁旗	阿鲁科尔沁旗文化馆
68		3	Ⅱ-169	潮尔（蒙古族弓弦乐）	内蒙古自治区通辽市	通辽市科尔沁潮尔协会
69		4	Ⅵ-71	布鲁	内蒙古自治区库伦旗	库伦旗文化馆
70		5	Ⅵ-72	蒙古族驼球	内蒙古自治区乌拉特后旗	乌拉特后旗文化馆
71		6	Ⅶ-118	蒙古文书法	内蒙古自治区	内蒙古自治区非物质文化遗产保护中心
72		7	Ⅷ-226	奶制品制作技艺（察干伊德）	内蒙古自治区正蓝旗	正蓝旗文化馆
73		8	Ⅹ-147	察干苏力德祭	内蒙古自治区正蓝旗	乌审旗非物质文化遗产保护中心
74		9	Ⅹ-148	搏格达乌拉祭	内蒙古自治区扎赉特旗	扎赉特旗文化馆
75		10	Ⅹ-154	达斡尔族服饰	内蒙古自治区呼伦贝尔市	呼伦贝市尔群众艺术馆（呼伦贝尔市民族民间艺术研究所；呼伦贝尔市非物质文化遗产保护中心；呼伦贝尔市美术馆）
76		11	Ⅹ-155	鄂温克族服务	内蒙古自治区陈巴尔虎旗	陈巴尔虎旗文化馆
77		12	Ⅰ-27	格萨（斯）尔	内蒙古自治区巴林右旗	巴林右旗文化馆

续 表

序号	省区	省内序号	项目编号	项目名称	申报地区或单位	文化部认定的保护单位
78	内蒙古	13	Ⅱ-3	蒙古族长调民歌(巴尔虎长调)	内蒙古自治区新巴尔虎左旗	新巴尔虎左旗文化馆
79		14	Ⅱ-36	蒙古族四胡音乐	内蒙古自治区科尔沁右翼中旗	科尔沁右翼中旗文化馆
80		15	Ⅵ-16	蒙古族搏克	内蒙古自治区东乌珠穆沁旗	东乌珠穆沁旗文化馆
81		16	Ⅶ-81	蒙古族刺绣	内蒙古自治区苏尼特左旗	苏尼特左旗文化馆
82		17	Ⅸ-4	中医传统制剂方法(鸿茅药酒配制技艺)	内蒙古自治区城县	鸿茅药酒文化研究会
83		18	Ⅸ-12	蒙医药(科尔沁蒙医药浴疗法)	内蒙古自治区科尔沁右翼中旗	科尔沁蒙医文化研究会
84		19	Ⅹ-108	蒙古族服饰	内蒙古自治区正蓝旗	正蓝旗文化馆
85	辽宁	1	Ⅶ-116	琥珀雕刻	辽宁省抚顺市	抚顺市琥珀泉艺术品有限公司
86		2	Ⅷ-227	辽菜传统烹饪技艺	辽宁省沈阳市	辽阳市艺术馆
87		3	Ⅴ-35	二人转	辽宁省辽阳市	辽阳市艺术馆
88		4	Ⅶ-59	核雕(大连核雕)	辽宁省大连市西岗区	大连市西岗区文化馆
89		5	Ⅷ-133	砚台制作技艺(松花石砚制作技艺)	辽宁省本溪市	本溪市群众艺术馆(本溪市非物质文化遗产保护中心)
90		6	Ⅸ-6	中医正骨疗法(海城苏氏正骨)	辽宁省海城市	海城市正骨医院
91		7	Ⅹ-5	中秋节(朝鲜族秋夕节)	辽宁省铁岭市	铁岭市朝鲜族文化艺术馆
92	吉林	1	Ⅲ-114	博舞	吉林省前郭尔罗斯蒙古族自治县	前郭尔罗斯蒙古族自治县革原文化馆
93		2	Ⅷ-228	泡菜制作技艺(朝鲜族泡菜制作技艺)	吉林省延吉市	延吉友谊有限公司
94		3	Ⅴ-35	二人转	吉林省梨树县	吉林县梨树县地方戏曲剧团有限责任公司
95		4	Ⅸ-3	中药炮制技艺(人参炮制技艺)	吉林省通化市	康美新开河(吉林)药业有限公司
96		5	Ⅸ-3	中药炮制技艺(人参炮制技艺)	吉林省通化市	通化福参源特产产品有限公司
97		6	Ⅸ-4	中医传统制剂方法(平氏浸膏制作技艺)	吉林省九台市	九台市正泰中医药文化科技发展有限公司
98	黑龙江	1	Ⅷ-229	老汤精配制	黑龙江省哈尔滨市阿城区	黑龙江省调味品工业协会
99		2	Ⅶ-69	麦秆剪贴	黑龙江哈尔滨市	哈尔滨市工艺美术有限责任公司
100		3	Ⅶ-80	满族刺绣	黑龙江省牡丹江市	牡丹江市群众艺术馆
101		4	Ⅶ-80	满族刺绣	黑龙江省克东县	克东县北方满绣艺术研究所
102		5	Ⅸ-4	中医传统制剂方法(枇杷露传统制剂)	黑龙江哈尔滨市南岗区	哈尔滨市康隆药业有限责任公司

续 表

序号	省区	省内序号	项目编号	项目名称	申报地区或单位	文化部认定的保护单位
103	黑龙江	6	Ⅸ-4	中医传统制剂方法（老王麻子膏药制作技艺）	黑龙江省哈尔滨市道外区	哈尔滨福庆堂医药保健用品有限公司
104		7	Ⅹ-139	婚俗（赫哲族婚俗）	黑龙江省同江市	同江市群众艺术馆
105	上海	1	Ⅴ-118	浦东宣卷	上海市浦东新区	上海市浦东新区周浦镇文化服务中心
106		2	Ⅵ-75	精武武术	上海市虹口区	上海精武体育总会
107		3	Ⅵ-76	绵拳	上海市杨浦区	上海杨浦区江浦社区文化活动中心
108		4	Ⅷ-220	古陶瓷修复技艺	上海市长宁区	上海高古陶瓷修复有限公司
109		5	Ⅷ-230	上海本帮菜肴传统烹饪技艺	上海市黄浦区	上海老饭店
110		6	Ⅷ-160	传统面食制作技艺（南翔小笼馒头制作技艺）	上海市嘉定区	上海南翔老街建设发展有限公司
111		7	Ⅸ-2	中医诊疗法（顾氏外科疗法）	上海市	上海中医药大学附属龙华医院
112		8	Ⅸ-2	中医诊疗法（古本易筋经十二势导引法）	上海市	上海传承导引医学
113		9	Ⅸ-6	中医正骨疗法（上海石氏伤科疗法）	上海市	上海中医药大学附属曙光医院
114	江苏	1	Ⅰ-128	东海孝妇传说	江苏省连云港市	连云港市孝文化研究会
115		2	Ⅲ-115	洪泽湖渔鼓	江苏省洪泽县	洪泽县老子山镇文化广播电视服务站
116		3	Ⅲ-115	洪泽湖渔鼓	江苏省泗洪县	泗洪县文化馆
117		4	Ⅷ-238	传统造园技艺（扬州园林营造技艺）	江苏省扬州市	扬州古典园林建设有限公司
118		5	Ⅰ-13	宝卷（吴地宝卷）	江苏省苏州市	苏州市非物质文化遗产保护管理办公室（苏州市文化研究中心）
119		6	Ⅱ-27	薅草锣鼓（金湖秧歌）	江苏省金湖县	金湖县文化馆
120		7	Ⅱ-138	佛教音乐（金山寺水陆法会议式音乐）	江苏省镇江市	镇江金山江天禅寺
121		8	Ⅱ-139	道教音乐（茅山道教音乐）	江苏省句容市	句容市茅山道院
122		9	Ⅶ-18	苏绣（扬州刺绣）	江苏省扬州市	扬州刺绣研究所有限公司
123		10	Ⅶ-27	象牙雕刻（常州象牙浅刻）	江苏省常州市武进区	常州剑波雅刻艺术品有限公司
124		11	Ⅶ-94	盆景技艺（如皋盆景）	江苏省如皋市	如皋市花木盆景协会
125		12	Ⅷ-98	陶器烧制技艺（宜兴均陶制作技艺）	江苏省宜兴市	宜兴均陶工艺有限公司

续 表

序号	省区	省内序号	项目编号	项目名称	申报地区或单位	文化部认定的保护单位
126	江苏	13	Ⅷ-153	晒盐技艺(淮盐制作技艺)	江苏省连云港	江苏金桥盐化集团有限责任公司
127		14	Ⅸ-2	中医诊疗法(丁氏痔科医术)	江苏省南京市秦淮区	南京市中医院
128		15	Ⅸ-2	中医诊疗法(扬州传统修脚术)	江苏省扬州市	扬州陆琴脚艺三把刀发展有限公司
129		16	Ⅹ-2	清明节(茅山会船)	江苏省兴化市	兴化市茅山镇社会事务服务中心
130		17	Ⅹ-84	庙会(秦伯庙会)	江苏省无锡市	无锡市新区泰伯庙文物保护所
131		18	Ⅹ-84	庙会(苏州轧神仙庙会)	江苏省苏州市姑苏区	苏州市姑苏区文化馆
132		19	Ⅹ-84	庙会(金村庙会)	江苏省张家港市	张家港市塘桥镇文化体育服务中心
133	浙江	1	Ⅰ-129	刘阮传说	浙江省天台县	天台山文化研究会
134		2	Ⅰ-155	深山喝彩歌谣	浙江省常山县	常山县文化馆
135		3	Ⅴ-119	丽水鼓词	浙江省丽水市莲都区	莲都区非物质文化遗产保护中心
136		4	Ⅷ-214	婺州窑瓷炼制技艺	浙江省金华市婺城区	金华婺州窑陶瓷研究所
137		5	Ⅷ-231	传统制糖技艺(义乌红糖制作技艺)	浙江省义乌市	义乌市五亭现代农业开发有限公司
138		6	Ⅰ-78	童谣(绍兴童谣)	浙江省绍兴市	绍兴市文化馆(绍兴市非物质文化遗产保护中心)
139		7	Ⅱ-139	道教音乐(苍南正一派科仪音乐)	浙江省苍南县	苍南县玉音乐团
140		8	Ⅲ-4	龙舞(鳌江划大龙)	浙江省平阳县	平阳县鳌江大龙文化研究会
141		9	Ⅲ-44	竹马(淳安竹马)	浙江省淳安县	淳安县文物管理委员会办公室(淳安县文物保护管理所、淳安县非物质文化遗产保护中心)
142		10	Ⅲ-45	灯舞(上舍化龙灯)	浙江省安吉县	安吉县上舍龙舞艺术团
143		11	Ⅲ-45	灯舞(青田百鸟灯舞)	浙江省青田县	青田县非物质文化遗产研究保护中心
144		12	Ⅳ-87	目连戏(绍兴目连戏)	浙江省绍兴市	绍兴市文化馆(绍兴市非物质文化遗产保护中心)
145		13	Ⅵ-6	线狮(草塔抖狮子)	浙江省诸暨市	诸暨市文化馆
146		14	Ⅶ-16	剪纸(桐庐剪纸)	浙江省桐庐县	桐庐县非物质文化遗产保护中心
147		15	Ⅶ-44	木偶头雕刻(泰顺木偶头雕刻)	浙江省泰顺县	泰顺县方圆木偶工艺有限公司
148		16	Ⅶ-50	灯彩(乐清首饰龙)	浙江省乐清市	乐清市非物质文化遗产保护中心
149		17	Ⅷ-24	蓝印花布印染技艺	浙江省桐乡市	桐乡市文化馆(桐乡市金仲华纪念馆、桐乡市非物质文化遗产保护中心)

续　表

序号	省区	省内序号	项目编号	项目名称	申报地区或单位	文化部认定的保护单位
150	浙江	18	Ⅷ-71	竹纸制作技艺（泽雅屏纸制作技艺）	浙江省温州市瓯海区	温州市瓯海区文化馆
151		19	Ⅷ-77	水版水印技艺	浙江省杭州市下城区	杭州十竹斋艺术馆
152		20	Ⅸ-2	中医诊疗法（董氏儿科医术）	浙江省宁波市海曙区	宁波市中医院
153		21	Ⅸ-3	中药炮制技艺（武义寿仙谷中药炮制技艺）	浙江省武义县	金华寿仙谷药业有限公司
154		22	Ⅸ-4	中医传统制剂方法（方回春堂传统膏方制作技艺）	浙江省杭州市上城区	杭州方回春堂国药馆有限公司
155		23	Ⅸ-5	针灸（杨继洲针灸）	浙江省衢州市	衢州市中医医院
156		24	Ⅹ-68	农历二十四节气（三门祭冬）	浙江省三门县	三门县非物质文化遗产保护中心
157		25	Ⅹ-71	元宵节（河上龙灯胜会）	浙江省杭州市萧山区	杭州市萧山区河上龙灯胜会协会
158		26	Ⅹ-71	元宵节（前童元宵行会）	浙江省宁海县	宁海县文化馆
159		27	Ⅹ-85	民间信俗（孝子祭）	浙江省富阳市	富阳市周雄孝文化研究会
160		28	Ⅹ-85	民间信俗（潮神祭祀）	浙江省海宁市	海宁市文化馆（海宁市非物质文化遗产保护中心）
161		29	Ⅹ-90	祭祖习俗（诸葛后裔祖）	浙江省兰溪市	兰溪市诸葛旅游发展有限公司
162		30	Ⅹ-139	婚俗（畲族婚俗）	浙江省景宁畲族自治县	景宁畲族自治县非物质文化遗产保护中心
163	安徽	1	Ⅰ-130	孔雀东南飞传说	安徽省怀宁县	怀宁县文化馆
164		2	Ⅰ-130	孔雀东南飞传说	安徽省潜山县	潜山县文化馆
165		3	Ⅰ-131	老子传说	安徽省涡阳县	涡阳县文化事业发展中心
166		4	Ⅶ-120	刻铜（杜氏刻铜）	安徽省阜阳市	阜阳市杜氏刻铜艺术研究有限公司
167		5	Ⅷ-232	豆腐传统制作技艺	安徽省淮南市	淮南市八公山豆制品有限责任公司
168		6	Ⅷ-232	豆腐传统制作技艺	安徽省寿县	安徽八公山豆制口有限公司
169		7	Ⅱ-37	唢呐艺术（灵璧菠林喇叭）	安徽省灵璧县	灵璧县文化馆
170		8	Ⅲ-4	龙舞（手龙舞）	安徽省绩溪县	绩溪县文化馆
171		9	Ⅲ-7	傩舞（跳五猖）	安徽省郎溪县	梅渚民间文化艺术推进会
172		10	Ⅳ-50	四平调	安身省砀山县	砀山县文化馆
173		11	Ⅶ-46	竹刻（徽州竹雕）	安徽省黄山市徽州区	黄山市竹溪堂徽雕艺术有限公司
174		12	Ⅷ-200	毛笔制作技艺（徽笔制作技艺）	安徽省黄山市屯溪区	黄山市徽笔工艺研究所
175		13	Ⅸ-2	中医诊疗法（西园喉科医术）	安徽省歙县	黄山市西园喉科药物研究所
176		14	Ⅹ-90	祭祖习俗（徽州祠祭）	安徽省祁门县	祁门县博物馆

续 表

序号	省区	省内序号	项目编号	项目名称	申报地区或单位	文化部认定的保护单位
177	福建	1	Ⅰ-132	陈三五娘传说	福建省泉州市洛江区	泉州市洛江区文化馆
178		2	Ⅱ-166	莆仙十音八乐	福建省莆田市涵江区	福建省莆田市涵江区文化馆
179		3	Ⅲ-116	龙岩采茶灯	福建省龙岩市新罗区	龙岩市新罗区岩采茶灯研究会
180		4	Ⅳ-160	平讲戏	福建省福安市	福安市平讲戏艺术传承中心
181		5	Ⅵ-77	咏春拳	福建省福安市	福安市平讲戏艺术传承中心
182		6	Ⅶ-121	错金银	福建省莆田市涵江区	华昌珠宝有限公司
183		7	Ⅹ-152	马仙信俗	福建省柘荣县	柘荣县文化馆
184		8	Ⅶ-16	剪纸(浦城剪纸)	福建省浦城县	浦城县文化馆
185		9	Ⅶ-46	竹刻(莆田留青竹刻)	福建省莆田市城厢区	莆田市云起香材有限公司
186		10	Ⅶ-51	竹编(安溪竹藤编)	福建省安溪县	安溪工艺品同业商会
187		11	Ⅷ-40	银饰锻制技艺(畲族银器锻制技艺)	福建省宁德市	福建盈盛号金银饰品有限公司
188		12	Ⅷ-45	家具制作技艺(仙游古典家具制作技艺)	福建省仙游县	福建省古典工艺家具协会
189		13	Ⅷ-138	水密隔舱福船制造技艺	福建省泉州市泉港区	泉港区文体旅游服务中心
190		14	Ⅷ-147	花茶制作技艺(福州茉莉花茶窨制工艺)	福建省神州市仓山区	神话海峡茶业交流协会
191		15	Ⅷ-179	闽南传统民居营造技艺	福建省厦门市湖里区	厦门市湖里区闽南传统建筑营造技艺传弱中心
192		16	Ⅹ-85	民间信俗(三平祖师信俗)	福建省平和县	平和县三平风景区管理委员会
193		17	Ⅹ-139	婚俗(畲族婚俗)	福建省霞浦县	霞浦县福宁文化艺术交流中心
194	江西	1	Ⅰ-146	解缙故事	江西省吉水县	吉水县文化馆
195		2	Ⅲ-117	宜黄禾杠舞	江西省宜黄县	宜黄县文化馆
196		3	Ⅳ-161	永修丫丫戏	江西省永修县	永修县文化馆
197		4	Ⅳ-162	东河戏	江西省赣县	江西省赣县文化馆
198		5	Ⅴ-120	客家古文	江西省于都县	于都县文化馆
199		6	Ⅴ-121	永新小鼓	江西省永新县	永新县文化馆
200		7	Ⅵ-78	井冈山全堂狮灯	江西省井冈山市	井冈山市文化馆
201		8	Ⅷ-215	吉州窑陶瓷烧制技艺	江西省吉安市	吉安市吉州窑瓷炼制技艺研究院
202		9	Ⅷ-239	古戏台营造技艺	江西省乐平市	东平市文化馆
203		10	Ⅷ-240	庐陵传统民居营造技艺	江西省泰和县	泰和县文化馆
204		11	Ⅹ-149	稻作习俗	江西省万年县	万年县民间民俗文化协会
205		12	Ⅹ-151	匾额习俗(赣南客家匾额习俗)	江西省会昌县	会昌县非物质文化遗产保护中心
206		13	Ⅱ-123	锣鼓艺术(花镲锣鼓)	江西省丰城市	丰城市非物质文化遗产研究保护中心

续 表

序号	省区	省内序号	项目编号	项目名称	申报地区或单位	文化部认定的保护单位
207	江西	14	Ⅱ-139	道教音乐(龙虎山正一天师道道教音乐)	江西省鹰潭市	鹰潭市道文化研究会
208		15	Ⅲ-5	狮舞(黎川舞白狮)	江西省黎川县	江西省黎川县文化馆
209		16	Ⅳ-87	目连戏(江西目连戏)	江西省	江西省艺术研究院
210		17	Ⅶ-58	木雕(东固传统造像)	江西省吉安市青原区	青原区非物质文化遗产保护中心
211		18	Ⅶ-62	锡雕(莲花打锡)	江西省莲花县	莲花县文化馆
212		19	Ⅶ-77	民间绣活(夏布绣)	江西省新余市	新余市渝州绣坊有限责任公司
213		20	Ⅷ-28	客家居民营造技艺(赣南客家围屋营造技艺)	江西省龙南县	江西省龙南县文化馆
214		21	Ⅷ-148	绿茶制作技艺(赣南客家擂茶制作技艺)	江西省全南县	江西省全南县文化馆
215		22	Ⅷ-148	绿茶制作技艺(婺源绿茶制作技艺)	江西省婺源县	婺源县非物质文化遗产保护中心
216		23	Ⅸ-3	中药炮制技艺(樟树中药炮制技艺)	江西省樟树市	江西樟树天齐堂中药饮片有限公司
217		24	Ⅹ-5	中秋节(吉安中秋烧塔习俗)	江西省安福县	江西省安福县文化馆
218	山东	1	Ⅰ-133	胡峄阳传说	山东省青岛市城阳区	青岛城阳流亭峄阳文化园
219		2	Ⅰ-134	孟母教子传说	山东省邹城市	邹城市文化馆
220		3	Ⅴ-122	山东花鼓	山东省菏泽市	菏泽市艺术研究所
221		4	Ⅵ-79	徐家拳	山东省新泰市	新泰市泰山徐家拳研究所
222		5	Ⅶ-117	传统玩具(郯城木旋玩具)	山东省郯城县	郯城县文化馆
223		6	Ⅷ-233	德州扒鸡制作技艺	山东省德州市	山东德州扒鸡股份有限公司
224		7	Ⅷ-234	龙口粉丝传统制作技艺	山东省招远市	烟台双塔食品有限公司
225		8	Ⅰ-8	孟姜女传说	山东省莱芜市莱城区	莱芜市艺术馆
226		9	Ⅴ-85	山东落子	山东省金乡县	金乡县文化馆
227		10	Ⅵ-83	螳螂拳	山东省青岛市南区	青岛鸳鸯螳螂俱乐部
228		11	Ⅶ-15	内画(鲁派内画)	山东省淄博市张店区	张广庆内画艺术研究院
229		12	Ⅷ-90	琉璃烧制技艺	山东省淄博市博山区	淄博爱美琉璃制造有限公司
230		13	Ⅷ-90	琉璃烧制技艺	山东省曲阜市	曲阜市琉璃瓦厂有限公司
231		14	Ⅷ-98	陶器烧制技艺(德州黑陶烧制技艺)	山东省德州市	德州梁子黑陶文化有限公司
232		15	Ⅷ-153	晒盐技艺(卤水制盐技艺)	山东省寿光市	山东默锐盐盟化工有限公司
233		16	Ⅷ-169	酱肉制作技艺(亓氏酱香源肉食酱制技艺)	山东省莱芜市莱城区	山东省亓氏酱香源食品有限公司

续 表

序号	省区	省内序号	项目编号	项目名称	申报地区或单位	文化部认定的保护单位
234	山东	17	Ⅸ-4	中医传统制剂方法(二仙膏制作技艺)	山东省济宁市任城区	山东方健制药有限公司
235	山东	18	Ⅸ-6	中医正骨疗法(新泰孟氏正骨疗法)	山东省新泰市	新泰孟氏医院
236	山东	19	Ⅹ-71	元宵节(淄博花灯会)	山东淄博市张店区	淄博市张店区文化馆
237	山东	20	Ⅹ-85	民间信俗(东镇沂山祭仪)	山东省临朐县	临朐县沂山风景区管理委员会
238	河南	1	Ⅰ-131	老子传说	河南省灵宝市	灵宝市文化馆
239	河南	2	Ⅰ-135	河图洛书传说	河南省洛阳市	洛阳市文化馆(洛阳市非物质文化遗产保护中心)
240	河南	3	Ⅰ-136	杞人忧天传说	河南省杞县	杞县人民文化馆
241	河南	4	Ⅲ-118	耍老虎	河南省焦作市	焦作市群众艺术馆(焦作市非物质文化遗产保护中心)
242	河南	5	Ⅷ-216	登封窑陶烧制技艺	河南省登封市	登封窑瓷苑科技有限公司
243	河南	6	Ⅷ-217	当阳峪绞胎瓷烧制技艺	河南省焦作市	焦作市群众艺术馆(焦作市非物质文化遗产保护中心)
244	河南	7	Ⅱ-120	古筝艺术(中州筝派)	河南省	河南省文化艺术研究院
245	河南	8	Ⅱ-123	锣鼓艺术(大铜器)	河南省遂平县	遂平县文化馆
246	河南	9	Ⅳ-112	花鼓戏(光山花鼓戏)	河南省光山县	光山县人民文化馆
247	河南	10	Ⅳ-123	罗卷戏	河南省邓州市	邓州市孔庄罗卷戏戏剧团有限公司
248	河南	11	Ⅵ-11	太极拳(和氏太极拳)	河南省温县	温县和式太极拳学会
249	河南	12	Ⅶ-47	泥塑(淮阳泥泥狗)	河南省淮阳县	淮阳县文化馆
250	河南	13	Ⅶ-69	麦秆剪贴	河南省清丰县	清丰县非物质文化遗产保护中心
251	河南	14	Ⅷ-37	宝剑锻制技艺(棠溪宝剑锻制技艺)	河南省西平县	西平县棠溪剑业有限公司
252	河南	15	Ⅷ-148	绿茶制作技艺(信阳毛尖茶制作技艺)	河南省信阳市	信阳市茶叶商会
253	河南	16	Ⅸ-2	中医诊疗法(买氏中医外治法)	河南省周口市川汇区	周口市买氏中医文化研究会
254	河南	17	Ⅸ-2	中医诊疗法(毛氏济世堂脱骨疽疗法)	河南省新蔡县	新蔡县毛氏济世堂药业有限公司
255	河南	18	Ⅹ-84	庙会(浚县正月古庙会)	河南省浚县	浚县人民文化馆
256	湖北	1	Ⅰ-137	三国传说	湖北省	湖北省群众艺术馆
257	湖北	2	Ⅰ-138	伯牙子期传说	湖北省武汉市	武汉市群众艺术馆
258	湖北	3	Ⅰ-139	尹吉甫传说	湖北省房县	房县文化馆
259	湖北	4	Ⅴ-123	跳三鼓	湖北省石首市	石首市群众艺术馆
260	湖北	5	Ⅵ-81	武汉杂技	湖北省武汉市	武汉杂技艺术有限责任公司

续 表

序号	省区	省内序号	项目编号	项目名称	申报地区或单位	文化部认定的保护单位
261	湖北	6	Ⅰ-99	苏东坡传说	湖北省黄冈市	黄冈市群众艺术馆(黄冈市民俗博物馆)
262		7	Ⅱ-123	锣鼓艺术(老河口锣鼓架子)	湖北省老河口市	老河口市群众艺术馆
263		8	Ⅲ-4	龙舞(潜江草把龙)	湖北省潜江市	潜江市群众艺术馆
264		9	Ⅲ-18	土家族撒叶儿嗬	湖北省五峰土家族自治区	五峰土家族自治县文化馆
265		10	Ⅲ-18	土家族撒叶儿嗬	湖北省巴东县	巴东县文化馆
266		11	Ⅲ-45	灯舞(郧阳凤凰灯舞)	湖北省十堰市郧阳区	十堰市郧阳区文化馆
267		12	Ⅳ-27	越调	湖北省谷城县	谷城县文化馆
268		13	Ⅳ-58	楚剧	湖北省孝感市	孝感市群众艺术馆(孝感市非物质文化遗产保护中心)
269		14	Ⅵ-35	岳家拳	湖北省黄梅县	黄梅县文化馆
270		15	Ⅶ-58	木雕(通山木雕)	湖北省通山县	通山县文化馆
271		16	Ⅶ-69	麦秆剪贴	湖北省仙桃市	仙桃市群众艺术馆、仙桃市非物质文化遗产保护中心
272		17	Ⅷ-148	绿茶制作技艺(恩施玉露制作技艺)	湖北省恩施市	恩施玉露茶产业协会
273		18	Ⅷ-152	黑茶制作技艺(赵李桥砖茶制作技艺)	湖北省赤壁市	湖北省赵李桥茶厂有限责任公司
274		19	Ⅹ-2	中医诊疗法(镇氏风湿病马钱子疗法)	湖北省咸宁市咸安区	咸宁麻塘风湿病医院有限公司
275		20	Ⅹ-3	端午节(泽林旱龙舟)	湖北省鄂州市	鄂州市群众艺术馆
276		21	Ⅹ-4	七夕节(郧西七夕)	湖北省郧西县	郧西县七夕文化传承中心
277	湖南	1	Ⅰ-140	苏仙传说	湖南省郴州市苏仙区	郴州市苏仙区文化馆
278		2	Ⅰ-151	盘王大歌	湖南省江华瑶族自治县	江华瑶族自治县文化馆
279		3	Ⅱ-156	土家族民歌	湖南省湘西土家族苗族自治州	湘西土家族苗族自治州非物质文化遗产保护中心
280		4	Ⅱ-157	渔歌(洞庭渔歌)	湖南省岳阳市	岳阳市岳阳楼区文化馆
281		5	Ⅱ-168	浏阳文庙祭孔音乐	湖南省浏阳市	浏阳市文化馆
282		6	Ⅲ-119	棕包脑	湖南省洞口县	洞口县非物质文化遗产保护中心
283		7	Ⅴ-124	湖南渔鼓	湖南省	湖南省群众艺术馆(湖南省非物质文化遗产保护中心)
284		8	Ⅵ-80	梅山武术	湖南省新化县	新化县梅山传统武术协会
285		9	Ⅲ-18	土家族撒叶儿嗬	湖南省桑植县	桑植县非物质文化遗产保护中心
286		10	Ⅳ-89	傩戏(临武傩戏)	湖南省临武县	湖南省临武傩戏剧团
287		11	Ⅳ-157	阳戏(上河阳戏)	湖南省怀化市鹤城区	怀化市鹤城区阳戏保护传承中心
288		12	Ⅴ-32	鼓盆歌	湖南省海澧县	澧县非物质文化遗产保护中心
289		13	Ⅶ-56	石雕(沅洲石雕)	湖南省芷江侗族自治县	芷江侗族自治县文化馆

续 表

序号	省区	省内序号	项目编号	项目名称	申报地区或单位	文化部认定的保护单位
290	湖南	14	Ⅷ-71	竹纸制作技艺(蔡伦古法造纸技艺)	湖南省耒阳市	耒阳市蔡伦纪念馆
291		15	Ⅷ-71	竹纸制作技艺(滩头手工抄纸技艺)	湖南省隆回县	隆回县非物质文化遗产保护中心
292		16	Ⅸ-6	中医正骨疗法(新邵孙氏正骨术)	湖南省新邵县	新邵县中医医院
293		17	Ⅹ-68	农历二十四节气(安仁赶分社)	湖南省安仁县	安仁县文化馆(非物质文化遗产保护中心)
294		18	Ⅹ-68	农历二十四节气(苗族赶秋)	湖南省花垣县	花垣县非物质文化遗产保护中心
295		19	Ⅹ-87	抬阁(珠海抬故事)	湖南省涟源市	涟源市文化馆
296	广东	1	Ⅱ-157	渔歌(汕尾渔歌)	广东省汕尾市	汕尾市城区文化馆
297		2	Ⅶ-112	抽纱(汕头抽纱)	广东省汕头市	中国抽纱汕头进出口公司
298		3	Ⅶ-112	抽纱(潮州抽纱)	广东省潮州市	潮州市抽纱公司
299		4	Ⅷ-218	潮州彩瓷烧制技艺	广东省潮州市	潮州市工艺美术研究院
300		5	Ⅷ-219	陶瓷徽书	广东省汕头市	汕头市王芝文陶瓷徽书艺术馆
301		6	Ⅷ-224	传统香制作技艺(莞香制作技艺)	广东省东莞市	东莞市尚正堂莞香发展有限公司
302		7	Ⅹ-153	寮步香市	广东省东莞市	东莞市寮步镇文化广播电视服务中心
303		8	Ⅱ-110	瑶族民歌	广东省乳源瑶族自治县	乳源瑶族自治县文化馆
304		9	Ⅱ-123	锣鼓艺术(八音锣鼓)	广东省佛山市顺德区	佛山市顺德区杏坛镇文化站
305		10	Ⅳ-36	粤剧	广东省吴川市	吴川市粤剧南派艺术传承中心
306		11	Ⅶ-66	彩扎(麒麟制作)	广东省东莞市	东莞市清溪镇文化广播电视服务中心
307		12	Ⅷ-98	陶器烧制技艺(枫溪手拉朱泥壶制作技艺)	广东省潮州市枫溪区	潮州市枫溪区文化工作办公室
308		13	Ⅸ-2	中医诊疗法(一指禅推拿)	广东省珠海市	珠海韩竞生一指禅推拿中医诊所
309		14	Ⅸ-2	中医诊疗法(贾氏点穴疗法)	广东省深圳市	深圳市中医院
310		15	Ⅸ-4	中医传统制剂方法(太安堂麒麟丸制作技艺)	广东省汕头市	广东太安堂药业股份有限公司
311		16	Ⅹ-85	民间信俗(贵屿双忠信俗)	广东省汕头市潮阳区	汕头潮阳区贵屿镇街路棚理事会
312		17	Ⅹ-85	民间信俗(冼夫人信俗)	广东省茂名市	茂名市文化馆
313		18	Ⅹ-139	婚俗(瑶族婚俗)	广东省连南瑶族自治县	连南瑶族自治县文化馆

续　表

序号	省区	省内序号	项目编号	项目名称	申报地区或单位	文化部认定的保护单位
314	海南	1	Ⅱ-109	苗族民歌	海南省琼中黎族苗族自治县	琼中黎族苗族自治县文化馆
315		2	Ⅹ-36	妈祖祭典(海口后天祀奉)	海南省海口市	海口市妈祖文化交流协会
316		3	Ⅹ-85	民间信俗(冼夫人信俗)	海南省海口市	海口市群众艺术馆(海口市非物质文化遗产保护中心)
317		4	Ⅹ-85	民间信俗(冼夫人信俗)	海南省定安县	海南省安定县文化馆
318		5	Ⅹ-85	民间信俗(冼夫人信俗)	海南省澄迈县	澄迈县文化馆
319	广西	1	Ⅰ-147	壮族百鸟衣故事	广西壮族自治区横县	横县文化馆(横县非物质文化遗产保护中心)
320		2	Ⅱ-162	凌云壮族七十二巫调音乐	广西壮族自治区凌云县	凌云县文化馆
321		3	Ⅲ-120	瑶族金锣舞	广西壮族自治区田东县	田东县文化馆
322		4	Ⅴ-125	桂林渔鼓	广西壮族自治区桂林市	桂林市群众艺术馆
323		5	Ⅲ-26	铜鼓舞(南丹勤泽格拉)	广西壮族自治区南丹县	南丹县非物质文化遗产保护传承中心
324		6	Ⅳ-36	粤剧	广西壮族自治区南宁市	南宁市民族文化艺术研究院(南宁市戏剧院、南宁市非物质文化保护中心)
325		7	Ⅷ-152	黑茶制作技艺(六堡制作技艺)	广西壮族自治区苍梧县	苍梧县文化馆
326		8	Ⅹ-12	三月三(壮族三月三)	广西壮族自治区武鸣县	武鸣县文化馆
327		9	Ⅹ-67	瑶族服饰	广西壮族自治区龙胜各族自治县	龙胜各族自治县文化馆
328		10	Ⅹ-68	农历二十四节气(壮族霜降节)	广西壮族自治区天等县	天等县文化馆
329		11	Ⅹ-85	民间信俗(钦州跳岭头)	广西壮族自治区钦州市	钦州市非物质文化遗产传承保护中心
330		12	Ⅹ-122	中元节(资源河灯节)	广西壮族自治区资源县	资源县文化馆
331	重庆	1	Ⅰ-149	广阳镇民间故事	重庆市南岸区	重庆市南岸区文化馆
332		2	Ⅲ-121	玩牛	重庆市右柱土家族自治县	石柱土家族自治县文化馆
333		3	Ⅱ-109	苗族民歌	重庆市彭水苗族土家族自治县	彭水苗族土家族自治文化县文化馆
334		4	Ⅹ-84	庙会(宝顶架香庙会)	重庆市大足区	重庆市大足区非物质文化遗产保护中心
335		5	Ⅹ-84	庙会(丰都庙会)	重庆市丰都县	丰都县文化馆
336	四川	1	Ⅰ-141	毕阿史拉则传说	四川省金阳县	金阳县文化馆
337		2	Ⅰ-152	玛牧	四川省喜德县	喜德县文化馆
338		3	Ⅱ-158	西岭山歌	四川省大邑县	大邑县文化馆
339		4	Ⅱ-163	毕摩音乐	四川省美姑县	美姑县文化馆

续 表

序号	省区	省内序号	项目编号	项目名称	申报地区或单位	文化部认定的保护单位
340	四川	5	Ⅲ-122	古蔺花灯	四川省古蔺县	古蔺县文化馆
341		6	Ⅲ-123	登嘎甘㑇(熊猫舞)	四川省九寨沟县	九寨沟县文化馆
342		7	Ⅶ-114	毕摩绘画	四川省美姑县	美姑县文化馆
343		8	Ⅹ-156	彝族服饰	四川省昭觉县	昭觉县文物管理所
344		9	Ⅱ-30	多声部民歌(阿尔麦多声部民歌)	四川省黑水县	黑水县文化馆
345		10	Ⅱ-128	洞经音乐(邛都洞经音乐)	四川省西昌市	西昌市邛都洞古乐协会
346		11	Ⅲ-82	堆谐(甘孜踢踏)	四川省甘孜县	甘孜县文化馆
347		12	Ⅳ-92	木偶戏(中型杖头木偶戏)	四川省资中县	四川省资中县木偶剧团
348		13	Ⅳ-157	阳戏(射箭提阳戏)	四川省广元市昭化区	广元市昭化区文物管理所
349		14	Ⅶ-51	竹编(道明竹编)	四川省崇州市	崇州市文化馆
350		15	Ⅷ-100	传统棉纺织技艺(傈僳族火草织布技艺)	四川省德昌县	德昌县文化馆(县非物质文化遗产保护中心、县美术馆)
351		16	Ⅷ-110	地毯织造技艺(阆中丝毯织造技艺)	四川省阆中市	四川银河地毯有限公司
352		17	Ⅷ-154	酱油酿造技术(先市酱油酿造技艺)	四川省合江县	合江县先市酿造食品有限公司
353		18	Ⅹ-85	民间信俗(康定转山会)	四川省康定县	康定县文化馆
354		19	Ⅹ-90	祭祖习俗(凉山彝族尼木措毕祭祀)	四川省美姑县	美姑县文化馆
355	贵州	1	Ⅱ-156	土家族民歌	贵州省沿河土家族自治县	贵州沿河土家族自治县文化馆
356		2	Ⅲ-124	阿妹戚托	贵州省晴隆县	晴隆县文化馆
357		3	Ⅲ-125	布依族转场舞	贵州省册亨县	册亨县文化馆
358		4	Ⅸ-22	布依族医药(益肝草制作技艺)	贵州省贵定县	贵定县文化馆(贵定县非物质文化遗产保护中心)
359		5	Ⅹ-150	仡佬族三幺台习俗	贵州省道真仡佬族苗族自治县	道真仡佬族苗族自治县文化馆
360		6	Ⅲ-157	布依族服饰	贵州省	贵州省非物质文化遗产保护中心
361		7	Ⅹ-158	侗族服饰	贵州省黔东南苗族侗族自治州	黔东南州非物质文化遗产保护中心
362		8	Ⅲ-23	苗族芦笙舞	贵州省普安县	普安县文化馆
363		9	Ⅳ-89	傩戏(庆坛)	贵州省金沙县	金沙县文化馆
364		10	Ⅶ-16	剪纸(水族剪纸)	贵州省黔南布依族苗族自治州	黔南布依族苗族自治州非物质文化遗产保护中心(黔南布依族苗族自治州文物管理保护研究所)
365		11	Ⅷ-148	绿茶制作技艺(都匀毛尖茶制作技艺)	贵州省都匀市	都匀市文化馆

续　表

序号	省区	省内序号	项目编号	项目名称	申报地区或单位	文化部认定的保护单位
366	贵州	12	Ⅹ-12	三月三(报京三月三)	贵州省镇远县	镇远县非物质文化遗产保护中心
367		13	Ⅹ-19	苗族鼓藏节	贵州省榕江县	榕江县文化馆
368		14	Ⅹ-85	民间信俗(屯堡抬亭子)	贵州省安顺市西秀区	安顺市西秀区文化馆
369		15	Ⅹ-142	规约习俗(侗族款约)	贵州省黎平县	黎平县文化馆
370	云南	1	Ⅰ-153	黑白战争	云南省丽江市古城区	古城区非物质文化遗产保护管理中心
371		2	Ⅱ-164	剑川白曲	云南省大理白族自治州	剑川县文化馆
372		3	Ⅲ-126	耳子歌	云南省大理白族自治州	云龙县文化馆
373		4	Ⅲ-127	铓鼓舞	云南省建水县	建水县文化馆
374		5	Ⅲ-128	水鼓舞	云南省瑞丽市	瑞丽市文化馆
375		6	Ⅲ-129	怒族达比亚舞	云南省福贡县	福贡县文化馆
376		7	Ⅷ-235	蒙自过桥米线制作技艺	云南省蒙自市	蒙自市文化馆
377		8	Ⅹ-146	苗族花山市	云南省屏边苗族自治县	屏边苗族自治县文化馆
378		9	Ⅹ-156	彝族服饰	云南省楚雄彝族自治州	楚雄彝族自治州文化馆
379		10	Ⅲ-21	热巴舞	云南省迪庆藏族自治州	迪庆藏族自治州非物质文化遗产保护中心
380		11	Ⅷ-40	银饰锻制技艺(鹤庆银器锻制技艺)	云南省鹤庆县	鹤庆县文化馆
381		12	Ⅷ-149	红茶制作技艺(滇红茶制作技艺)	云南省凤庆县	云南滇红集团股份有限公司
382		13	Ⅸ-4	中医传统制剂方法(昆中药传统中药制剂)	云南省昆明市	昆明中药厂有限公司
383		14	Ⅸ-19	彝医药(拨云锭制作技艺)	云南省楚雄市	楚雄老拨云堂药业有限公司
384		15	Ⅹ-85	民间信俗(梅里神山祭祀)	云南省德钦县	德钦县文化遗产保护所
385		16	Ⅹ-85	民间信俗(女子太阳山祭祀)	云南省西畴县	西畴县民族文化群众艺术馆
386		17	Ⅹ-107	茶俗(白族三道茶)	云南省大理市	大理市非物质文化遗产保护管理所
387	西藏	1	Ⅶ-115	彩砂坛城绘制	西藏自治区日喀则市	西藏日喀则扎什伦布寺
388		2	Ⅹ-145	望果节	西藏自治区	基本自治区群众艺术馆(区非物质文化遗产保护中心)
389		3	Ⅱ-21	藏族拉伊(那曲拉伊)	西藏自治区那曲地区	那曲地位群众艺术馆
390		4	Ⅱ-138	佛教音乐(雄色寺绝鲁)	西藏自治区曲水县	西藏自治区拉萨市曲水县文化广播电影电视局
391		5	Ⅲ-22	羌姆(桑耶寺羌姆)	西藏自治区错那县	山南地区桑耶寺管理委员会

续 表

序号	省区	省内序号	项目编号	项目名称	申报地区或单位	文化部认定的保护单位
392	西藏	6	Ⅲ-22	羌姆(门巴族拔羌姆)	西藏自治区错那县	西藏错那县文化广播电影电视局
393		7	Ⅲ-22	羌姆(江路德庆曲林寺尼姑羌姆)	西藏自治区日喀则市	西藏日喀则市文化广播电影电视局
394		8	Ⅲ-22	羌姆(林芝米纳羌姆)	西藏自治区林芝县	西藏自治区林芝地区林芝县文化广播电影电视局
395		9	Ⅲ-39	卓舞(琼结久河卓舞)	西藏自治区琼结县	西藏琼结县文化广播电影电视局
396		10	Ⅲ-80	宣舞(札达卡尔玛宣舞)	西藏自治区阿里地区	阿里地区群众艺术馆
397		11	Ⅶ-64	藏文书法(尼赤)	西藏自治区	西藏图书馆
398		12	Ⅷ-124	民族乐器制作技艺(扎念琴制作技艺)	西藏自治区拉孜县	西藏自治区拉孜县文化广播电影电视局
399		13	Ⅸ-9	藏医药(山南藏医药浴法)	西藏自治区拉孜县	西藏自治区拉孜县文化广播电影电视局
400	陕西	1	Ⅰ-142	仓颉传说	陕西省白水县	白水县文化馆(白水县非物质文化遗产保护中心)
401		2	Ⅰ-142	仓颉传说	陕西省洛南县	洛南县文化馆
402		3	Ⅱ-159	旬阳民歌	陕西省旬阳县	旬阳县文化馆
403		4	Ⅵ-82	幻术(周化—魔术)	陕西省	陕西省杂技艺术团有限公司
404		5	Ⅰ-125	谚语(陕北民谚)	陕西省榆林市	榆林市群众艺术馆
405		6	Ⅳ-92	木偶戏(陕西杖头木偶头)	陕西省	陕西省民间艺术剧院有限公司
406		7	Ⅳ-99	眉户	陕西省戏曲研究院	陕西省戏曲研究院
407		8	Ⅶ-56	石雕(富平石刻)	陕西省富平县	富平古石刻保护研究中心
408		9	Ⅶ-56	石雕(绥德石雕)	陕西省绥德县	绥德县文化馆
409		10	Ⅸ-4	中医传统制剂方法(马明仁膏药制作技艺)	陕西省西安市碑林区	西安明仁医药保健品有限公司
410		11	Ⅹ-71	元宵节(彬县灯山会)	陕西省彬县	陕西省彬县
411		12	Ⅹ-85	民间信俗(迎城隍)	陕西省西安市	西安市群众艺术馆(西安市非物质文化遗产保护中心)
412		13	Ⅹ-90	祭祖习俗(徐村司马迁祭祀)	陕西省韩城市	韩城市文化馆
413	甘肃	1	Ⅷ-241	古建筑修复技艺	甘肃省永靖县	甘肃古典建设集团有限公司
414		2	Ⅱ-20	花儿(张家川花儿)	甘肃省张家川回族自治县	张家川县文化馆
415		3	Ⅳ-91	皮影戏(通渭影子腔)	甘肃省通渭县	通渭县文化馆
416		4	Ⅶ-16	剪纸(定西剪纸)	甘肃省定西市	定西市民族民间文化保护中心
417		5	Ⅷ-35	生铁冶铸技艺	甘肃省永靖县	永靖县文化馆
418		6	Ⅷ-110	地毯织造技艺(天水丝毯织造技艺)	甘肃省天水市秦州区	天水市秦州区文化馆
419		7	Ⅹ-85	民间信俗(岷县青苗会)	甘肃省岷县	岷县文化馆

续 表

序号	省区	省内序号	项目编号	项目名称	申报地区或单位	文化部认定的保护单位
420	青海	1	Ⅰ-143	骆驼泉传说	青海省循化撒拉族自治县	青海省循化撒拉族自治县文化馆
421		2	Ⅰ-154	祁家延西	青海省互助土族自治县	互助土族自治县文化馆
422		3	Ⅱ-160	撒拉族民歌	青海省循化撒拉族自治县	青海省循化撒拉族自治县文化馆
423		4	Ⅲ-130	锅哇(玉树武士舞)	青海省玉树藏族自治州	玉树藏族自治州民间文化艺术协会
424		5	Ⅷ-221	藏族鎏钴技艺	青海省	青海藏医药文化博物馆
425		6	Ⅱ-105	蒙古族民歌	青海省海西蒙古族藏族自治州	海西蒙古族藏族自治州群众艺术馆
426		7	Ⅱ-115	藏族民歌(藏族酒曲)	青海省海南藏族自治州	海南州群众艺术馆
427		8	Ⅸ-9	藏医药(藏医放血疗法)	青海省	青海省藏医院
428		9	Ⅹ-113	藏族服饰	青海省海南藏族自治州	海南州群众艺术馆
429	宁夏	1	Ⅰ-144	回族民间小故事	宁夏回族自治区泾源县	泾源县文化馆
430		2	Ⅴ-126	宁夏小曲	宁夏回族自治区银川市	银川市文化艺术馆(银川市群众艺术馆)
431		3	Ⅳ-16	秦腔	宁夏回族自治区	宁夏演艺集团秦腔剧院有限公司
432		4	Ⅶ-16	剪纸(回族剪纸)	宁夏回族自治区	宁夏回族自治区文化馆(宁夏回族自治区非物质文化遗产保护中心,宁夏回话自治区展览馆)
433		5	Ⅶ-38	砖雕(固原砖雕)	宁夏回族自治区固原市	固原市群众艺术馆
434		6	Ⅷ-111	滩羊皮鞣制工艺(二毛皮制作技艺)	宁夏回话自治区	宁夏回族自治区文化馆(宁夏回族自治区非物质文化遗产保护中心、宁夏回族自治区展览馆)
435		7	Ⅸ-17	回族医药(陈氏回族医技十法)	宁夏回族自治区吴忠市	宁夏伊康回族医药研究所(有限公司)
436		8	Ⅹ-85	民间信俗(同心莲花山青苗水会)	宁夏回族自治区同心县	同心县文化馆
437	新疆	1	Ⅰ-148	阿凡提故事	新疆维吾尔自治区喀什地区	喀什地区文化馆
438		2	Ⅰ 150	西王母神话	新疆维吾尔自治区阜康市	新疆天池管理委员会(新疆天山天池风景名胜区管理委员会、新疆天池博格达峰自然保护区管理局)
439		3	Ⅱ-161	锡伯族民歌	新疆维吾尔自治区察布查尔锡伯自治县	察布查尔锡伯自治县文化馆
440		4	Ⅱ-170	蒙古族托布秀尔音乐	新疆维吾尔自治区博尔塔拉蒙古自治州	博尔塔拉蒙古自治州歌舞团
441		5	Ⅲ-131	纳孜库姆	新疆维吾尔自治区吐鲁番市	吐鲁番市文化馆
442		6	Ⅴ-127	托勒敖	新疆维吾尔自治区尼勒克县	尼勒克县文化馆
443		7	Ⅶ-119	满文、锡伯文书法	新疆维吾尔自治区乌鲁木齐市	新疆格吐肯文化传播有限公司

续 表

序号	省区	省内序号	项目编号	项目名称	申报地区或单位	文化部认定的保护单位
444	新疆	8	Ⅶ-121	错金银	新疆维吾尔自治区乌鲁木齐天山区	乌鲁木齐市天山区文化馆
445		9	Ⅸ-236	坎儿井开凿技艺	新疆维吾尔自治区吐鲁番市	吐鲁番市文化馆
446		10	Ⅹ-23	哈萨克族医药(布拉吾药浴熏蒸疗法、卧塔什正骨术、冻伤疗法)	新疆维吾尔自治区阿勒泰地区	新疆阿勒泰地区哈萨克医医院
447		11	Ⅱ-159	柯尔克孜族服饰	新疆维吾尔自治区乌恰县	乌恰县文化馆
448		12	Ⅱ-116	维吾尔族民歌	新疆维吾尔自治区伊宁市	伊宁市文化馆
449		13	Ⅱ-116	维吾尔族民歌	新疆维吾尔自治区库车县	库车县文化馆
450		14	Ⅲ-96	赛乃姆(和田赛乃姆)	新疆维吾尔自治区于田县	于田县文化馆
451		15	Ⅵ-16	蒙古族搏克	新疆维吾尔自治区乌苏市	乌苏市文化馆
452		16	Ⅵ-43	赛马会(哈萨克族赛马)	新疆维吾尔自治区富蕴县	富蕴县文化馆
453		17	Ⅸ-21	维吾尔医药(沙疗)	新疆维吾尔自治区吐鲁番市	新疆吐鲁番地区维吾尔医医院
454	新疆生产建设兵团	18	Ⅳ-16	秦腔	新疆生产建设兵团	新疆生产建设兵团猛进秦剧团
455	香港	1	Ⅱ-34	古琴艺术	香港特别行政区	蔡昌寿及蔡昌寿斲琴学会
456		2	Ⅱ-139	道教音乐(全真道堂科仪音乐)	香港特别行政区	蓬瀛仙馆
457		3	Ⅲ-43	麒麟舞(西贡坑口客家舞麒麟)	香港特别行政区	香港西贡坑口区传统客家麒麟协会
458		4	Ⅹ-85	民间信俗(黄大仙信俗)	香港特别行政区	啬色园
459	澳门	1	Ⅹ-36	妈妈祭典(澳门妈祖信俗)	澳门特别行政区	澳门妈阁永水陆演戏会
460		2	Ⅹ-85	民间信俗(澳门哪吒信俗)	澳门特别行政区	澳门柿山哪吒古庙值理会
461						澳门大三巴哪吒庙值理会
462	中直单位	1	Ⅶ-122	赏石艺术	中国观赏石协会	中国观赏石协会
463		2	Ⅷ-223	古代钟表修复技艺	故宫博物院	故宫博物院
464		3	Ⅶ-32	金石篆刻	中国艺术研究院	中国艺术研究院

中共浙江省委办公厅　浙江省人民政府办公厅印发《关于加快构建现代公共文化服务体系的实施意见》的通知

浙委办发〔2015〕46号

各市、县(市、区)党委和人民政府,省直属各单位:

《关于加快构建现代公共文化服务体系的实施意见》已经省委、省政府领导同志同意,现印发给你们,请结合实际认真贯彻执行。

中共浙江省委办公厅
浙江省人民政府办公厅
2015年7月8日

关于加快构建现代公共文化服务体系的实施意见

为弘扬社会主义核心价值观,提高城乡公共文化服务水平,根据《中共中央办公厅国务院办公厅印发〈关于加快构建现代公共文化服务体系的意见〉的通知》精神,结合我省实际,现就加快构建现代公共文化服务体系提出如下实施意见。

一、总体要求

(一)指导思想

以邓小平理论、“三个代表”重要思想、科学发展观为指导,贯彻落实党的十八大和十八届三中、四中全会精神,贯彻落实习近平总书记系列重要讲话精神,始终坚持社会主义先进文化前进方向,牢固树立以人民为中心的工作导向,以改革创新为动力,以基层为重点,着眼于促进基本公共文化服务标准化、均等化、社会化、效能化,着力构建体现时代发展趋势、符合文化发展规律、适应社会主义市场经济、具有浙江特点的现代公共文化服务体系,为推动“四个全面”战略布局在浙江的实践、坚持和深化“八八战略”、建设“两富”“两美”浙江提供强大的精神动力和文化支撑。

(二)基本原则

坚持正确导向。以人民为中心,以社会主义核心价值观为引领,发展先进文化,创新传统文化,扶持通俗文化,引导流行文化,改造落后文化,抵制有害文化,巩固和发展基层文化阵地,促进在全社会形成积极向上的精神追求和健康文明的生活方式,努力提升全民文化素质。

坚持政府主导。建立公共文化服务统筹协调机制,强化公共财政支撑,加强公共文化产品和服务供给,按照一定标准推动实现基本公共文化服务均等化,切实保障人民群众基本文化权益,促进实现社会公平。

坚持供需对接。准确把握人民群众的精神文化需求,提升公共文化服务品质,优化公共文化资源配置,完善公共文化服务评价工作机制,努力做到按需配送,全面提升公共文化服务水平。

坚持社会参与。进一步简政放权,减少行政审批项目,引入市场机制,激发各类社会主体参与公共文化服务体系建设的积极性,鼓励群众自办文化,增强公共文化发展活力,形成共建共享格局。

坚持改革创新。加快转变政府职能,完善公共文化服务管理体制和运行机制,创新公共文化服务内容和形式,促进文化与科技深度融合,推动实现文化治理体系和治理能力现代化,提升公共文化服务效能。

(三)主要目标

到2020年,基本建成城乡一体、区域均衡、人群均等的现代公共文化服务体系。文化设施网络进一步完善,管理利用水平明显提升;文化产品和文化服务更加丰富,按需供给水平明显提高;公共文化服务能力明显增强,公共文化服务机制进一步健全,政府、市场、社会共同参与公共文化服务体系建设的格局逐步形成,整体水平继续走在前列。

二、统筹推进公共文化服务均衡发展

(四)促进城乡基本公共文化服务均等化

把城乡基本公共文化服务均等化纳入国民经济和社会发展规划及城乡规划。推动公共文化设施、产品供给、服务提供、队伍建设、资金保障与城镇化发展、城乡常住人口基本匹配,有效利用各类闲置的公共设施,进一步提升送戏送电影送出版物下乡、文化走亲等文化惠农质量,加大对民间文化艺术扶持力度。健全“三农”出版物体系和发行网络,提升广播电视涉农节目质量,加强农村题材文艺作品创作,充分配备山区、海岛广播电视用户接收设备,合理安排农村广播电视维修服务网点。进一步提高以县文化馆(图书馆)为中心的乡镇分馆建成率,实现流动文化服务和数字文化服务全覆盖,基本形成农家书屋与公共图书馆互通互联机制,提升管理绩效。深入开展城乡结对子、种文化,促进城乡文化资源互动共享。

(五)推动重点区域公共文化建设跨越式发展

按照省委、省政府推进淳安等26县加快发展的决策部署,有针对性地制定公共文化发展规划,研究落实机制、人才、科技、文化资源发掘利用等方面的政策措施,促进淳安等26县文化建设与社会经济协调发展。重点推进泰顺、磐安、龙游、开化、天台、庆元、遂昌等7个公共文化建设整体提升重点县实现基本公共文化服务标准,推进金华、衢州、丽水等3个市市本级农村公共文化发展,按照精准扶贫的要求,通过转移支付、结对帮扶等方式,集中实施一批文化设施、广播电视、数字服务等重点项目,有效提升重点区域的文化建设短板。加大对山区、半山区、偏远海岛、革命老区、少数民族聚居区的扶持力度,持续开展流动文化服务,加强文化队伍培训,全面提升公共文化服务水平。支持上述地区发掘、开发、利用民族民间文化资源,丰富公共文化服务内容,发展地方特色文化,促进当地经济社会发展。

(六)保障特殊群体基本文化权益

根据老年人、未成年人、残疾人、农民工、农村留守妇女儿童、生活困难群众等群体的不同文化需求,开展针对性服务,充分保障特殊群体基本文化权益。以老年大学、青少年宫为主阵地,进一步完善老年人、未成年人的公共文化服务,各级文化馆(站)、图书馆、博物馆、纪念馆、美术馆、科技馆、自然馆等公益性文化单位,要为老年人、未成年人提供专项文化产品和服务。开展学龄前儿童基础阅读促进工作和向中小学生推荐优秀出版物、影片、戏曲工作。建立激励机制,鼓励互联网文化企业、网站等研制开发传播有利于青少年身心健康成长的优秀作品。将中小学生定期观看民族戏曲表演、开展民间文化艺术活动和参观博物馆、纪念馆、美术馆、科技馆、自然馆纳入教学活动计划。有效落实青少年体育活动促进计划。乡村学校须建有文体活动设施。公共文化机构应为残疾人提供无障碍设施。丰富盲文出版项目和视听读物,鼓励建设有声图书馆。有条件的电视台要在节目中加配手语或字幕。加大对残疾人文化艺术指导培训的支持力度,组建艺术团体,开展文化活动,力争残疾人社区活动参与率达到70%以上。将农民工文化建设纳入常住地公共文化服务体系,以公共文化机构、社区、用工企业为主体,满足农民工群体尤其是新生代农民工的基本文化需求。

(七)建立基本公共文化服务标准体系

按照国家标准确定的原则和范围,建立与我省经济社会发展水平相适应的包括省级基本标准、行业服务标准和项目技术标准等的浙江省基本公共文化服务标准体系,明确各级政府和公益性文化单位的文化服务内容、种类、数量和水平,以及应具备的公共文化服务基本条件和政府需要提供的保障底线,形成动态调整机制,适时调整提高具体指标。县(市、区)政府是落实基本公共文化服务标准体系、实现基本公共文化服务均等化的责任主体,要结合国民经济和社会发展“十三五”规划的制定实施,确定基本公共文化服务标准化均等化的时间表、路线图。

三、进一步完善公共文化设施网络

(八)加强公共文化设施建设

健全公共文化设施布局、土地使用、建设规模、设计和施工规范以及技术要求等标准,按照城乡人口发展和分布,坚持均衡配置、严格预留、规模适当、功能优先、经济适用、节能环保的原则，合理规划、建设、使用公共文化设施。市政府所在地要建成公共图书馆、文化馆、博物馆、美术馆、非遗馆、青少年活动中心、科技馆等大型公共文化设施，县级政府所在地要建成公共图书馆、文化馆、博物馆、非遗展示场所（馆）等公共文化设施，其中公共图书馆、文化馆达到部颁二级以上标准，博物馆达到部颁三级以上标准。县级以上政府所在地建有公共体育场、广播电视机构和广播电视发射（监测）台。实现标准化的乡镇综合文化站、广电站和村（社区）文体活动中心、广播室全覆盖。推动所有公共文化设施落实无障碍设施改造。实施应急广播工程，完善应急广播覆盖网络，打造基层政务信息发布、政策宣讲和灾害预警应急指挥平台。合理规划公园、绿地、广场等公共场所的全民健身器材设置。

（九）推进以农村文化礼堂为代表的基层综合性文化服务中心建设

按照“五有三型”标准，整合村现有文化阵地，因地制宜、分类推进农村文化礼堂建设。推动提升农村文化综合体品牌建设，在全省建成一大批集学教型、礼仪型、娱乐型于一体的农村文化礼堂。围绕“精神家园”的目标，大力培育礼堂文化。完善文化专家定点定期辅导机制和文化礼堂活动展示机制，确保农村文化礼堂周周有活动、月月有演出。丰富农村文化礼堂的活动内容和形式，加强内容配送、平台配送和项目配送，把农村群众需要的文化产品送进文化礼堂。开展农村文化礼堂系列展示活动，通过团队展示、活动展示等方式，塑造农村文化礼堂的品牌形象。科学规划和建设城市文化公园，加快构建数量达标、分布均衡、功能完备、品质优良的文化公园体系。充分利用现有城乡公共设施，统筹建设集宣传文化、党员教育、科技普及、普法教育、体育健身等多种功能于一体的基层公共文化服务中心，配套建设群众文体活动场所。

（十）提升公共文化设施的管理、利用与服务水平

按照“建、管、用”并重原则，健全公共文化设施管理与服务标准，做到建设规范、管理科学、运营高效。不断强化公共文化设施免费开放的保障力度，深入推进公共图书馆、博物馆、文化馆、纪念馆、美术馆等免费开放工作。鼓励将非国有博物馆、行业博物馆纳入免费开放范围。科技馆、工人文化宫、妇女儿童活动中心、青少年校外活动场所逐步增加免费基本公共文化服务项目。创新公共文化设施管理模式，探索开展公共文化设施社会化运营试点，对于政府建设的公共文化设施，在明晰产权的基础上，提倡通过公开招投标，以承包、联营、合资、合作等方式，由具备一定资质的社会组织、企业或有能力的个人等民间资本运营或管理。党政机关、国有企事业单位和学校的各类文体设施应向社会免费或低收费开放。

（十一）推进公共图书馆、文化馆总分馆建设

充分发挥县级以上公共图书馆、文化馆的资源辐射作用，鼓励市、县两级公共图书馆、文化馆向农村和社区延伸服务，建立完善公共图书馆、文化馆的分层服务机制。推进公共图书馆总分馆制，探索文化馆总分馆制，制定公共图书馆和文化馆总分馆建设管理服务标准，不断提升公共图书馆、文化馆整体服务效能。倡导各级各类公共图书馆、文化馆以行业联盟的形式，开展馆际合作，推动公共文化资源有效整合和互联互通。

四、增强公共文化服务发展动力

（十二）培育和促进文化消费

统筹考虑人民群众的基本文化需求和多样化文化需求，推动公共文化服务向优质服务转变，实现标准化和个性化服务的有机统一。广泛开展公益性文化艺术活动，培养人民群众健康向上的文化休闲习惯。进一步完善政府采购公益性演出政策，扩大采购范围，提高对民营文艺表演团体的采购比例。完善公益演出补贴措施，推动更多文艺表演团体、演出场所开展公益性演出。探索建立适度竞争、择优扶持新机制，鼓励有条件的地方补贴居民文化消费，推动在更多的商业演出和电影放映中安排低价场次和门票，出版更多适应群众购买能力的图书报刊，鼓励网络文化运营商开发更多的低收费业务。鼓励有条件的公共文化机构挖掘特色资源，加强文化创意产品研发，创新产品和服务内容。推动经营性文化设施、非物质文化遗产传习场所和传统民俗文化活动场所等向公众提供优惠或免费的公益性文化服务。积极发展与公共文化服务相关联的教育培训、体育健身、演艺会展、旅游休闲等产业，引导和支持各类文化企业开发公共文

化产品和服务，满足人民群众多层次的文化消费需求。

（十三）鼓励社会力量参与

进一步简政放权，减少行政审批项目，简化行政审批程序，提高行政效率，改善投资环境，引导更多民间资本投入公共文化建设。制定相关政策措施，鼓励和引导民间资本通过投资或捐助设施设备、兴办实体、资助项目、赞助活动、提供产品和服务等方式参与公共文化服务体系建设。将民间资本举办文化机构和建设公共文化设施纳入经济社会发展规划、城乡建设规划、土地利用规划、年度土地利用计划，合理安排用地需求，符合划拨用地目录的依法划拨。落实政府购买公共文化服务政策，公布购买目录，完善购买机制。政府购买公共文化产品、项目、岗位的资金列入财政预算。推动政府与社会在资本、项目、产品研发等多方面合作，促进公共文化服务提供主体和提供方式更加多元，服务机制更加灵活。健全公开透明的社会捐赠管理制度，建立引导社会力量参与的激励机制。

（十四）培育和规范文化类社会组织

按照加强引导、鼓励发展、明确定位、完善功能、规范管理、依法运营的原则，培育和规范文化类社会组织，完善文化类社会组织运作机制。倡导各类公共文化服务单位成立行业协会、学会、联盟，扶持各类基金会、民办非企业单位健康发展，充分发挥其在行业自律、行业交流、行业发展中的积极作用。行政机关必须与文化行业协会完全脱钩，将适合由社会组织提供的公共文化服务事项交由社会组织承担，加大政府向文化类社会组织购买服务的力度。完善社会组织年检制度和信息公开制度，强化运营绩效与社会信用评估，规范政府管理和社会监督，实现依法管理、依法运营。

（十五）大力开展文化志愿服务

通过加强宣传、榜样示范、荣誉激励等方式，大力弘扬志愿服务精神。健全各级各类文化志愿服务组织，完善注册招募、服务记录、管理评价、激励保障机制，形成科学高效的文化志愿服务运作体系。招募更多的专家学者、艺术家、优秀运动员等社会知名人士参加文化志愿服务，构建以省文化志愿者总队为骨干，市、县文化志愿者和行业文化志愿者队伍为基础，社会各界人士参与广泛、内容丰富、形式多样、机制健全的文化志愿服务体系。健全文化走亲、结对子、种文化等工作机制，推动艺术院团、体育运动队、文体院校下基层，广泛开展内容丰富、形式多样的文化志愿活动。加强文化志愿队伍的培训教育，不断提高整体素质和服务水平。

五、加强公共文化产品和服务供给

（十六）提升公共文化服务效能

以数字技术为核心，运用多种方式，健全群众文化供需对接平台，准确把握群众文化需求，制定公共文化服务供需目录，开展“菜单式”“订单式”服务。深化“浙江文化通”“文化有约”“淘文化”等公共文化品牌建设，促进公共文化资源跨部门、跨行业、跨地域融合，形成规模更大、成本更低，特色鲜明、层次丰富的服务项目体系。加强基层广播电视播出机构服务能力建设，利用广播、电视、网络为便民服务提供窗口和平台。

（十七）丰富优秀公共文化产品供给

改革完善文艺作品评奖方式，优化艺术、出版等专项资金的使用绩效，创作生产更多传播当代中国价值观念、体现中华文化精神、反映中国人审美追求，思想性、艺术性、观赏性相统一的精品佳作。深入实施“浙江省传统戏剧保护振兴计划”，加强对 56 个浙江传统戏剧非遗项目的保护传承。持续开展优秀文化遗产、高雅艺术进校园、进社区、进企业、进务工人员集聚区，提升送戏、送电影、送书下乡的绩效，更加广泛地开展优秀出版物推荐活动。改善网络文化产品和服务供给能力，使更多传统文化瑰宝和当代文化精品通过网络传播。继续加强对畲族等少数民族的广播电视传播和网络站点建设。深入开展“扫黄打非”，全面加强知识产权保护，杜绝非法产品进入公共文化服务供给体系。大力发展公益广告，培育广大群众的公益慈善价值理念和行为方式。

（十八）深入实施流动文化服务

坚持公共文化资源向基层倾斜、向偏远地区倾斜、向特殊群体倾斜，结合实际合理配置流动文化设备，培育一批不同层次、各具特色的流动文化服务品牌。制定流动文化服务标准，建立流动文化服务供给目录，深化和提升“流动文化加油站”等富有浙江特色的流动文化样式。建立完善科学规范的流动文化服务工作机制和管理模式，使流动文化服务成为现代公共文化服务体系建设的重要组成部分。推动流动文化服务社会化运作模式，采取政府采购等方式送戏下乡、引戏进城。

（十九）活跃群众文化生活

深入开展全民阅读活动，让更多优秀出版物进入家庭、社区、校园、农村、企业、机关，有效提高群众的阅读兴趣，形成全民阅读的社会风尚。积极开展艺术普及、全民健身、全民科普、群众性法治文化活动。实施基层特色文化品牌建设项目，形成基层群众文化品牌群。引导广场文化活动加快、规范、有序发展。推进民间文化艺术之乡建设，开展特色文化小镇建设。深入开展“千镇万村种文化”“我们的节日”等系列主题活动，调动群众自办文化的积极性。传承发展民族民间传统体育，广泛开展形式多样的群众性体育活动。加强培训、辅导、信息等服务，支持成立各类文化团队。通过展演、走亲、才艺比武等多种平台，促进群众性文化团队交流。推动红色文化、社区文化、乡土文化、校园文化、企业文化、军旅文化、家庭文化建设。加强与少数民族地区的文化交流交融。加强群众性文化活动的国际交流。

六、推进公共文化服务与科技融合发展

（二十）大力推进文化科技创新

围绕构建现代公共文化服务体系的科技需求，积极推进文化与科技融合发展，确定重点，落实项目，把科技与文化融合专项纳入全省科技发展规划。结合实施国家文化科技创新工程，尽快形成一批公共文化服务科技创新成果。探索建立公共文化创新与科技研发的协同机制，推动公共文化机构与科研院所、高科技企业合作攻关，加强文化专用设备、软件、系统的研发应用，加强科技成果向应用领域转化。依托公共文化服务体系示范区（项目）、高新技术园区、可持续发展实验区，开展文化科技融合示范工作。

（二十一）建立公共文化服务数字化系统

结合“宽带中国”“智慧城市”等重大信息工程建设，加快推进公共文化服务数字化建设。统筹数字图书馆、数字文化馆、数字博物馆、数字农家书屋、文化信息资源共享工程、电子阅览室（屏）、直播卫星广播电视公共服务、农村数字电影放映等项目，建立分布式资源库群，实现数字化公共文化服务的互联互通、共建共享，生产更多特色鲜明的数字文化产品，提高数字信息供给能力。建设数字版权公共服务平台，全面保护数字知识产权。健全公共文化大数据采集、存储和分析处理。推广“一站式”服务，扩大数字文化资源在智能社区中的应用。

（二十二）提升公共文化服务现代传播能力

综合运用宽带互联网、移动互联网、广播电视网、卫星网络等手段，拓展公共文化资源传输渠道。实施“三网融合”，更好地利用高清电视、互动电视、交互式网络电视、手机电视，借助数字智能终端、移动终端等新型载体，打造与现代社会经济发展相适应的公共文化服务传播系统，实现文化信息广覆盖、高效能、更安全地快捷传播。扩大数字出版，建立数字出版物传播平台。加强广播电视台、发射台（站）、监测台（站）建设，继续实施高山无线发射台站建设工程。全面实施电视网络数字化改造，实现直播卫星和地面数字电视覆盖和广播电视户户通，完善应急广播覆盖网络，全面建设基层政务信息发布、政策宣讲和灾害预警应急指挥平台。

七、完善公共文化管理体制和运行机制

（二十三）建立公共文化服务体系建设协调机制

完善党委领导、政府管理、部门协同、权责明确、统筹推进的公共文化服务体系建设管理制度。省、市、县三级建立公共文化服务体系建设协调机制，充分发挥各有关部门职能作用和资源优势，形成全省统一配套的现代公共文化服务协调体系，在规划编制、政策衔接、标准制定和实施等方面加强统筹、整体设计、协调推进。推进省级公共文化服务体系示范区（项目）创建，形成一批深化改革、开拓创新、在现代公共文化服务体系建设中成效优异、引领方向的成果。发挥基层党委、政府的作用，建立统一的基层公共文化服务平台，加强各类重大文化项目的统筹实施。

（二十四）深化公益性文化事业单位改革

按照转变职能、管办分离的要求，加快推进分类改革，进一步理顺政府与公益性文化事业单位关系，形成政府加强管理、公益性事业单位自主发展的有效机制。按照全面释放创新发展活力，文化服务提质增效，国有资产保值增值的原则，积极探索符合浙江实际，适合不同类别公益性文化事业单位的法人治理结构，逐步推进公共图书馆、文化馆、科技馆、博物馆等组建理事会，吸纳有关方面代表、专业人士、各界群众参与管理，健全决策、执行和监督机制。深化公益性事业单位人事制度、收入分配制度、社会保障、经费保障制度改革。完善年度报告、信息披露、公众服务等基本制度，进一步规范管理。加强公益性事业单位党组织建设，发挥好基层党组织的战斗堡垒作用和共产党员的先锋模范作用。

（二十五）创新基层公共文化管理机制

鼓励乡镇、街道等基层文化单位探索法人治理等适合自身发展的管理体制。推动公共文化服务参与式管理，通过评议、建议、表决等方式，建立畅通有效的民意表达渠道，引导城乡群众参与公共文化项目规划、建设、管理和监督，有效保障群众的文化选择权、参与权和自主权。将公共文化服务纳入基层社会服务网格管理，鼓励区域内的单位、企业和社会组织参与基层公共文化服务体系建设，开展社区文化志愿服务。推动城乡文化互动，丰富文化资源供给，增强基层文化发展活力。

（二十六）健全公共文化服务评价机制

以效能为导向，把公共文化服务绩效纳入科学发展考核体系，作为考核评价领导班子和领导干部政绩的重要内容。完善公共文化机构绩效考核评价制度，考评评价结果作为确定预算、收入分配与负责人奖惩的重要依据。加强对重大文化项目资金使用、实施效果、服务效能等方面的监督和评估。完善服务质量监测体系，研究制定公众满意度指标，建立群众评价和反馈机制。探索建立公共文化服务第三方评价机制，增强公共文化服务评价的客观性和科学性。

八、加大公共文化服务保障力度

（二十七）加强组织领导

各级党委、政府要充分认识加快构建现代公共文化服务体系的重大意义，把加快构建现代公共文化服务体系纳入本地区国民经济和社会发展规划，列入重要议事日程，切实加强组织领导，结合实际完善相关配套政策，制定实施方案、规划或行动计划，明确责任，狠抓落实，务求实效。要做好宣传和舆论引导工作，有效动员广大群众和各界力量支持参与现代公共文化服务体系建设。

（二十八）落实财税政策

合理划分各级政府基本公共文化服务支出责任，建立健全公共文化服务财政保障机制，按照基本公共文化服务标准，落实提供基本公共文化服务项目所必需的资金，保障公共文化服务体系建设和运行。按照省级基本公共文化服务的保障标准，由县（市、区）政府落实本地公共文化服务所需的经费。省财政通过专项转移支付，对基本公共文化服务保障资金予以补助，根据绩效考核对成绩优秀的县（市、区）予以奖励，并向淳安等26县特别是7个公共文化建设整体提升重点县、3个市本级农村文化提升重点市和山区、半山区、偏远海岛倾斜。支持以文化礼堂、文化公园为代表的基层公共文化设施建设，实现城乡居民公平享有基本公共文化服务。进一步拓展资金来源渠道，加大政府性基金与一般公共预算统筹力度。完善创新公共文化服务投入方式，通过政府购买、项目补助、定向资助、贷款贴息等政策措施，支持文化企业和各类社会文化机构提供公共文化服务。对社会组织、机构和个人用于公益性文化事业的捐赠支出，按规定落实好税前扣除政策。加大对公共文化服务资金管理和使用情况监督审计力度，全面开展绩效评价。

（二十九）加强队伍建设

完善公共文化服务人才培养、引进、使用和激励机制，全面加强公共文化服务队伍能力建设，着力培养一支结构合理、体系健全、素质较高，能够适应现代公共文化服务体系建设与发展需要的人才队伍。根据业务发展状况和工作需要确定公共文化机构编制并进行动态调整。对实行免费开放后工作量大量增加、现有机构编制难以满足工作需要的公益性文化事业单位，要结合实际和财力，合理增加机构编制。每个乡镇综合文化站配备编制人员1—2名，规模较大的乡镇适当增加。推广县级文化员下派、村（社区）文化管理员制度，村（社区）公共服务中心设立由政府购买服务的公益文化岗位。将公共文化服务专业人才培养纳入国民教育体系，探索建立学科体系。进一步加强公共文化服务队伍培训，实施在岗人员轮训制度，做好新增人员上岗培训工作。乡镇综合文化站从业人员应熟悉广播电视技术，具备组织群众文化活动等方面的服务能力。加强基层公共文化服务人员激励和保障机制建设。完善乡土文化人才建设机制。发展壮大社会体育指导员队伍。

（三十）提升公共文化服务法治化水平

全面落实国家公共文化服务相关法律法规，有效对接文化体制改革重大政策，制定实施浙江省公共文化服务保障条例等地方性法规规章，为现代公共文化服务体系建设提供法治保障。强化文化法治思维，依法推进公共文化服务体系建设，依法保障公民的基本文化权益。加强公共文化服务相关法治宣传，增强人民群众的文化法治观念，营造良好的公共文化服务法治环境。

附件：浙江省基本公共文化服务标准（2015—2020 年）

附件

浙江省基本公共文化服务标准（2015—2020 年）

一、服务项目与内容

项目	内容	标　　准
基本服务项目	读书看报	1. 公共图书馆免费开放，每周开放时间不少于 56 小时；乡镇公共电子阅览室开放时间不少于 28 小时；农家书屋每周开放时间不少于 40 小时。
		2. 县级公共图书馆人均藏书 1 册以上，或总藏量不少于 50 万册；人均年新增藏书量不少于 0.05 册。农家书屋图书不少于 1200 种、1500 册，报刊不少于 10 种，年新增图书不少于 60 种。
		3. 市、县（市、区）公共图书馆每年组织送书下乡 1 万册次；县级公共图书馆对乡镇图书分馆每年流通不少于 4 次。县级以上人民政府每年指导举办 1 次全民阅读活动。
		4. 在城镇主要街道、公共场所、居民小区等人流密集地点设置阅报栏或电子显示屏，提供时政、三农、科普、文化、生活等方面的信息服务。
	收听广播	5. 乡镇有线广播联网率达到 100%，有线对农广播覆盖率达到 80%；农村有线广播村村响每天播出次数不少于 2 次，每次不少于 30 分钟。
		6. 为全民提供突发事件应急广播服务。
		7. 通过直播卫星，免费提供 17 套广播节目，通过无线模拟，免费提供不低于 6 套广播节目，通过数字音频，免费提供不低于 15 套广播节目。
	观看电视	8. 有线电视联网率达 100%（海岛包括微波方式），农村有线数字电视实际入户率达 90% 以上；电视自办对农栏目每周达 3 档（含）以上，平均每档不少于 10 分钟。
		9. 通过直播卫星提供 25 套电视节目，通过地面数字电视提供不低于 15 套电视节目，未完成无线数字化转换的地区，提供不少于 5 套电视节目。在城市和有线电视通达的农村地区，为城乡低保户免费提供基本有线（数字）电视节目。
	观赏电影	10. 为农村群众提供数字电影放映服务，合理调整放映结构，其中每年国产新片（院线上映不超过两年）比例不少于 1/3。
		11. 为中小学生每学期提供 2 部爱国主义教育影片。
	看戏	12. 根据群众需要，通过政府采购等方式，平均每年为每个乡镇（街道）送地方戏曲等文艺演出 5 场以上。
		13. 国有剧院每年举办公益性演出不少于 12 场。

续 表

项目	内容	标　准
基本服务项目	设施开放	14.公共图书馆、文化馆(站)、公共博物馆(非文物建筑及遗址类)、公共美术馆等公共文化设施免费开放,基本服务项目健全。
		15.未成年人、老年人、现役军人、残疾人和低收入人群参观文物建筑及遗址类博物馆实施门票减免,文化遗产日免费参观。
		16.公园、绿地等公共场所全民健身器材免费使用。
		17.学校、工人文化宫、体育馆、青少年宫、妇女儿童活动中心、科技馆等文体设施向公众免费开放,开放时间和免费项目由地方政府制定。
	文体活动	18.每个县(市、区)每年组织开展群众文体活动不少于12次;每个乡镇(街道)每年举办文化节、读书节、运动会等文体活动不少于6次;每个村(社区)每年组织群众性文体活动不少于2次。
	展览展示	19.公共博物馆、公共图书馆、文化馆、公共美术馆每年分别举办免费展览不少于4次。
	文化走亲	20.市、县(市、区)每年组织跨区域文化走亲5次。
	数字文化	21.县(含)以上公共文化设施内免费提供Wi-Fi,公共电子阅览室免费提供上网服务。
		22.通过手机、电脑等网络终端可以享受到数字文化服务。
	培训讲座	23.公共图书馆、文化馆每年举办公益培训或讲座不少于12次;乡镇综合文化站每年举办公益培训不少于6次。
		24.公共博物馆、公共美术馆每年举办公益培训或讲座不少于6次。
硬件设施	图书馆(室)	25.市政府所在地常住人口超过150万的设置一座大型公共图书馆;其他市设置中型公共图书馆。
		26.县(市、区)政府所在地设置一座独立建制、部颁二级以上的公共图书馆。
		27.省级中心镇或常住人口超过10万的乡镇(街道)设立图书分馆。
		28.村(社区)设置图书室(含农家书屋)。
		29.乡镇(街道)、村(社区)建有标准配置的公共电子阅览室或文化共享工程基层服务点。
	文化馆	30.市设置中型文化馆。
		31.县(市、区)政府所在地设置一座独立建制、部颁二级以上的文化馆。
	博物馆 非遗馆	32.市、县(市)建有一座国有公共博物馆,其中市博物馆建筑面积6000平方米以上,县(市)博物馆建筑面积4000平方米以上。
		33.市、县(市、区)设立独立建制的非遗展览展示场所(馆)。
	美术馆	34.市建有公共美术馆。
	乡镇综合文化站	35.乡镇(街道)建有单独设置的综合文化站。
		36.服务人口在5万人(含)以上的乡镇(街道)综合文化站,建筑面积不低于1500平方米,其设备配置、活动开展、人员配备、综合管理等达到《乡镇(街道)文化站建设标准》;服务人口3—5万的乡镇(街道)综合文化站,建筑面积不低于1000平方米,室外活动场地不低于600平方米;服务人口3万人以下的乡镇(街道)综合文化站,建筑面积不低于500平方米,室外活动场地不低于600平方米。
	文化礼堂(文化活动室)	37.村建设农村文化礼堂,面积不少于200平方米,其中讲堂不少于50平方米,具备演出、展览、科普、广播、阅读、影视、信息共享、体育健身等功能;尚未建设文化礼堂的村,结合基层服务综合设施建设,整合闲置中小学校等资源,建有建筑面积不少于100平方米、室外活动场地不少于300平方米、因地制宜配置器材的文化活动中心。
		38.社区建有面积不低于100平方米的文体活动中心,具备条件的建有文化公园。
	广电设施	39.县级以上设立符合建设标准的广播电视播出机构和广播电视发射(监测)台。
		40.乡镇设广电站(含有线电视机房和广播站),村建成广播室,设备配置达到省颁标准。
		41.137千瓦功率(含)以上大中型海洋捕捞船,安装接收中星9号直播卫星电视设备。

续 表

项目	内容	标　　准
硬件设施	体育设施	42. 全省人均公共体育设施 1.5 平方米。县级以上设立公共体育场；乡镇（街道）建设全民健身中心，省级中心村建设全民健身广场，社区（居住区）建设健身点（可与文化礼堂或文化活动中心合建）。
	流动设施	43. 开展流动文化服务。根据实际配备流动文化设施设备。
	辅助设施	44. 公共文化场所为残疾人配备无障碍设施。有条件的公共文化场所配备安全检查设备。
人员配备	人员编制	45. 县级以上公共文化机构按照职能和当地人力资源社会保障、编委办等部门核准的编制数量配齐工作人员。
		46. 乡镇（街道）综合文化站配备编制人员 1—2 名，规模较大的乡镇适当增加；村（社区）公共服务中心设立由政府购买服务的公益文化岗位。
	业务培训	47. 县级以上公共文化机构从业人员每年参加脱产培训时间不少于 15 天；乡镇（街道）、村（社区）基层文化专兼职人员每年参加集中培训时间不少于 5 天。
	文化团队	48. 各乡镇（街道）拥有相对稳定并经常开展活动的各类文体团队不少于 3 支；每个村（社区）至少建立 1 支经常性群众文体团队。
	文化志愿者	49. 市、县、乡三级建立具有一定数量的文化志愿者队伍。

二、标准实施

1. 本标准是我省颁布的底线标准，各市、县（市、区）要按照本标准，制定实施方案，确保标准实施落到实处。标准以县为基本单位推进落实。

2. 本标准从 2015 年起开始实施，各相关部门要根据职责分工，分别制定公共图书馆、文化馆、广播电视、新闻出版、体育等领域的行业标准，全面提升行业服务水平。按照简明、易行、科学、规范的要求，制定全民阅读活动、大型文化活动、文化走亲、送戏下乡等公共文化服务项目标准。

3. 各级政府依据本标准提供相应的资金保障；省财政通过专项转移支付对基本公共文化服务保障资金予以补助；省财政根据绩效考核情况对成绩优秀的县（市、区）予以奖励。

4. 建立浙江省公共文化服务标准化动态评估系统，对县（市、区）基本公共文化服务在设施建设、服务供给、资金投入等方面工作情况进行年度评估。建立群众评价和反馈机制，制定群众公共文化服务满意度指标，探索实施公共文化服务第三方评价机制。评价每年开展一次，并发布评价报告。鼓励县（市、区）对乡镇公共文化服务标准化建设实施动态评估。

浙江省人民政府关于加快特色小镇规划建设的指导意见

浙政发〔2015〕8 号

各市、县（市、区）人民政府，省政府直属各单位：

特色小镇是相对独立于市区，具有明确产业定位、文化内涵、旅游和一定社区功能的发展空间平台，区别于行政区划单元和产业园区。加快规划建设一批特色小镇是省委、省政府从推动全省经济转型升级和城乡统筹发展大局出发做出的一项重大决策。为加快特色小镇规划建设，现提出如下意见：

一、总体要求

（一）重要意义

在全省规划建设一批特色小镇，有利于推动各地积极谋划项目，扩大有效投资，弘扬传统优秀文化；有利于集聚人才、技术、资本等高端要素，实现小空间大集聚、小平台大产业、小载体大创新；有利于推动资源整合、项目组合、产业融合，加快推进产业集聚、产业创新和产业升级，形成新的经济增长点。

(二)产业定位

特色小镇要聚焦信息经济、环保、健康、旅游、时尚、金融、高端装备制造等支撑我省未来发展的七大产业,兼顾茶叶、丝绸、黄酒、中药、青瓷、木雕、根雕、石雕、文房等历史经典产业,坚持产业、文化、旅游"三位一体"和生产、生活、生态融合发展。每个历史经典产业原则上只规划建设一个特色小镇。根据每个特色小镇功能定位实行分类指导。

(三)规划引领

特色小镇规划面积一般控制在3平方公里左右,建设面积一般控制在1平方公里左右。特色小镇原则上3年内要完成固定资产投资50亿元左右(不含住宅和商业综合体项目),金融、科技创新、旅游、历史经典产业类特色小镇投资额可适当放宽,淳安等26个加快发展县(市、区)可放宽到5年。所有特色小镇要建设成为3A级以上景区,旅游产业类特色小镇要按5A级景区标准建设。支持各地以特色小镇理念改造提升产业集聚区和各类开发区(园区)的特色产业。

(四)运作方式

特色小镇建设要坚持政府引导、企业主体、市场化运作,既凸显企业主体地位,充分发挥市场在资源配置中的决定性作用,又加强政府引导和服务保障,在规划编制、基础设施配套、资源要素保障、文化内涵挖掘传承、生态环境保护等方面更好发挥作用。每个特色小镇要明确投资建设主体,由企业为主推进项目建设。

二、创建程序

按照深化投资体制改革要求,采用"宽进严定"的创建方式推进特色小镇规划建设。全省重点培育和规划建设100个左右特色小镇,分批筛选创建对象。力争通过3年的培育创建,规划建设一批产业特色鲜明、体制机制灵活、人文气息浓厚、生态环境优美、多种功能叠加的特色小镇。

(一)自愿申报

由县(市、区)政府向省特色小镇规划建设工作联席会议办公室报送创建特色小镇书面材料,制订创建方案,明确特色小镇的四至范围、产业定位、投资主体、投资规模、建设计划,并附概念性规划。

(二)分批审核

根据申报创建特色小镇的具体产业定位,坚持统分结合、分批审核,先分别由省级相关职能部门牵头进行初审,再由省特色小镇规划建设工作联席会议办公室组织联审、报省特色小镇规划建设工作联席会议审定后由省政府分批公布创建名单。对各地申报创建特色小镇不平均分配名额,凡符合特色小镇内涵和质量要求的,纳入省重点培育特色小镇创建名单。

(三)年度考核

对申报审定后纳入创建名单的省重点培育特色小镇,建立年度考核制度,考核合格的兑现扶持政策。考核结果纳入各市、县(市、区)政府和牵头部门目标考核体系,并在省级主流媒体公布。

(四)验收命名

制订《浙江省特色小镇创建导则》。通过3年左右创建,对实现规划建设目标、达到特色小镇标准要求的,由省特色小镇规划建设工作联席会议组织验收,通过验收的认定为省级特色小镇。

三、政策措施

(一)土地要素保障

各地要结合土地利用总体规划调整完善工作,将特色小镇建设用地纳入城镇建设用地扩展边界内。特色小镇建设要按照节约集约用地的要求,充分利用低丘缓坡、滩涂资源和存量建设用地。确需新增建设用地的,由各地先行办理农用地转用及供地手续,对如期完成年度规划目标任务的,省里按实际使用指标的50%给予配套奖励,其中信息经济、环保、高端装备制造等产业类特色小镇按60%给予配套奖励;对3年内未达到规划目标任务的,加倍倒扣省奖励的用地指标。

(二)财政支持

特色小镇在创建期间及验收命名后,其规划空间范围内的新增财政收入上交省财政部分,前3年全额返还、后2年返还一半给当地财政。

各地和省级有关部门要积极研究制订具体政策措施,整合优化政策资源,给予特色小镇规划建设强有力的政策支持。

四、组织领导

(一)建立协调机制

加强对特色小镇规划建设工作的组织领导和统筹协调,建立省特色小镇规划建设工作联席会议制度,常务副省长担任召集人,省政府秘书长担任副召集人,省委宣传部、省发改委、省经信委、省科技厅、省财政厅、省国土资源厅、省建设厅、省商务厅、省文化厅、省统计局、省旅游局、省政府研究室、省金融办等单位负责人为成员。联席会议办公室设在省发改委,承担联席会议日常工作。

（二）推进责任落实

各县（市、区）是特色小镇培育创建的责任主体，要建立实施推进工作机制，搞好规划建设，加强组织协调，确保各项工作按照时间节点和计划要求规范有序推进，不断取得实效。

（三）加强动态监测

各地要按季度向省特色小镇规划建设工作联席会议办公室报送纳入省重点培育名单的特色小镇创建工作进展和形象进度情况，省里在一定范围内进行通报。

浙江省人民政府
2015年4月22日

浙江省人民政府关于加快发展时尚产业的指导意见

浙政发〔2015〕15号

各市、县（市、区）人民政府，省政府直属各单位：

时尚产业是具有高创意、高市场掌控能力、高附加值特征，引领消费流行趋势的新型产业业态。我省时尚产业基础条件良好，发展空间广阔。为加快时尚产业发展，现提出如下指导意见：

一、总体要求和发展目标

（一）总体要求

以深化改革和创新发展为动力，紧紧把握个性化、多样化消费的新常态和"互联网＋"发展趋势，按照"强化两端、优化中间、重点突破、示范引领"的思路，加快构建具有时代特色的时尚产业链，着力提升时尚产业创新设计能力、营销渠道掌控能力和智能制造水平，充分发挥重点城市和重点产业基地示范引领作用，切实提高企业品牌知名度和市场占有率，加快形成时尚产业发展的新业态、新模式，为我省经济持续健康发展注入新的活力。

（二）发展目标

到2020年，力争把时尚产业培育成为规模超万亿元的大产业，形成以设计、营销为核心，以智能制造为基础，以自主品牌为标志的时尚产业体系，加快建设以创新设计引领的时尚产业创造中心，努力成为国内时尚产业发展的先行区和示范区。具体目标如下：

——产业规模和效益显著提高。到2020年，全省以自主设计、自主品牌为标志的时尚产业销售收入达到6500亿元以上，时尚产业全产业链销售收入达到10000亿元以上；产业销售利润率实现较大幅度提高。

——时尚产业名城和基地建设取得显著进展。杭州市、宁波市、温州市基本形成设计引领、品牌荟萃、消费集聚、市场活跃、在国内外具有较大影响力的时尚产业名城；形成一批具有较强创新设计能力和品牌影响力的特色时尚产业基地。

——知名时尚品牌企业竞争力显著增强。形成10家左右年销售收入超百亿元的时尚品牌龙头企业、100家左右年销售收入超十亿元的时尚品牌骨干企业、1000家左右年销售收入超亿元的时尚品牌创新型企业，并努力培育若干个具有国际影响力的自主品牌。

——时尚创新设计能力显著提升。培育一批设计研发人员超百人、设计水平居全国前列的时尚设计机构，培养100个时尚设计领军人才，形成由创新设计引领带动时尚产业发展的新局面。

二、产业重点

顺应世界产业发展趋势，依托我省时尚产业基础和优势，重点发展时尚服装服饰业、时尚皮革制品业、时尚家居和休闲用品业、珠宝首饰与化妆品业、时尚消费电子产业等五个领域。

（一）时尚服装服饰业

依托现有基础，重点发展丝绸、毛衫、纺织面料和女装、男装、童装、休闲装等，努力建成国际丝绸时尚中心、具有国际先进水平的时尚服装服饰基地和时尚纺织面料基地。

（二）时尚皮革制品业

依托现有基础，重点发展一批时尚皮鞋、皮衣及皮具制品，努力建成集设计、制造、交易、发布为一体的全国时尚皮革中心、国际知名的时尚皮革产业基地。

（三）时尚家居和休闲用品业

围绕现代生活品质需求，重点发展时尚家具、家用纺织品、厨具、照明灯具、户外休闲用品及工艺美术等产品，努力建成全国重要的时尚家居和休闲用品产业基地。

（四）珠宝首饰与化妆品业

依托现有基础，加快发展高档黄金首饰、珍珠饰品及其他饰品和化妆品等，努力建成全国流行饰品中心，培育形成若干国内珠宝首饰与化妆品知名品牌。

（五）时尚消费电子产业

适应未来发展趋势，积极发展智能家电、可穿戴电子产品等新型消费电子产品，培育一批数字家庭产业基地。

三、平台建设

（一）开展时尚产业名城建设试点

在杭州市、宁波市、温州市开展时尚产业名城建设试点。各试点城市要按照产城融合的要求，统筹考虑区位条件、资源禀赋、产业基础等因素，加强时尚产业发展规划，合理布局一批时尚产业发展平台，集聚时尚产业高端要素，成为时尚文化浓厚、时尚产业发达、时尚活动丰富、能够引领时尚潮流的时尚产业名城。

（二）开展特色时尚产业基地建设试点

充分发挥我省产业集群优势，不断提升产业集群创新设计能力和品牌创新能力，建设一批特色时尚产业基地，推进时尚产业做大做强。重点推进柯桥面料、海宁皮革制品、诸暨珍珠饰品、义乌饰品、临海休闲用品、嵊州领带服饰等产业集群开展特色时尚产业基地建设试点，打造国内外具有较大影响力的特色时尚产业示范基地。

（三）规划建设一批特色小镇

按照企业主体、资源整合、项目组合、产业融合的要求，在时尚产业重点发展领域规划建设一批产业特色鲜明、体制机制灵活、人文气息浓厚、生态环境优美、多种功能叠加的特色小镇，打造产业、文化、旅游“三位一体”的时尚产业发展新载体，推进时尚产业集聚、创新和升级。

（四）规划建设一批时尚产业园

顺应网络时代大众创业、万众创新的新趋势、新特点，规划新建或利用工业厂房、仓储用房等存量房产、土地资源改扩建一批集设计研发、品牌创建、时尚发布和公共服务等功能于一体的时尚产业园，打造时尚产业“众创空间”和集聚高端资源的“时尚谷”。支持有条件的龙头企业建设时尚产业园。着力创建一批时尚产业示范园区，引领带动时尚产业发展。

四、培育名企、名品

（一）培育重点企业

强化企业在时尚产业发展中的主体作用，大力实施名企战略，着力培育引领时尚产业发展的知名企业。支持龙头企业利用产品、品牌经营与资本运作做大做强；支持企业实施全球化战略，收购国外研发机构、品牌和营销网络；支持企业向集设计研发、运营管理、集成制造、营销服务于一体的企业总部转变，通过产业链整合和延伸，实现大中小企业协同发展。将符合条件的时尚产业重点企业纳入“三名”工程予以培育，着力提升我省时尚产业企业竞争力。

（二）培育时尚品牌

大力实施品牌创新、质量创新和标准创新工程。鼓励企业加快制订品牌发展战略，形成一批具有自主知识产权的知名品牌，不断促进品牌提档升级，创建世界级品牌。鼓励有实力的企业收购国际知名品牌，支持国内品牌到境外注册商标，培育时尚产业省著名商标，大力支持时尚企业创建驰名商标。将具有良好质量基础和市场基础的时尚品牌纳入“三名”工程予以培育，着力打造国际知名时尚品牌。推动我省知名时尚品牌与国内具有较大影响力的知名商业零售终端企业对接合作，拓展知名品牌营销渠道，提高产品品牌知名度和市场占有率。

五、创新设计

（一）支持时尚产业省级重点企业设计院的创建

选择符合条件的时尚产业制造企业和设计企业开展省级重点企业设计院的创建工作，支持企业引进国内外高端设计人才和团队，加快提升时尚创新设计能力。对省级重点企业设计院，由省财政每家给予500万元资助。

（二）支持设计人才创办时尚设计企业

发挥特色小镇、省级特色工业设计示范基地、时尚产业园等的资源集聚和平台支撑作用，加强创业孵化，为时尚设计人才创业提供房租优惠、创业资本、市场开发以及设计数据库、设计软件与设计装备使用等支持和服务。推动建立时尚产业设计企业与制造企业的协同发展机制，开展订单式、契约式、股权式等多种形式的设计服务。鼓励各地出台支持时尚产业制造企业购买设计服务的政策,培育壮大设计服务市场,带动时尚设计企业发展。

(三)加强时尚产业人才培养

建立多渠道、多层次的时尚产业人才培养体系,支持和引导高等院校、中职学校培养时尚产业相关人才;加强对时尚产业人才的继续教育,充分利用大中专院校的教育资源和国内外各类教育培训机构、互联网平台等开展时尚产业人才的再培训、再教育;支持各类时尚企业自办培训机构,鼓励高等院校与企业合作建设时尚产业人才实习实训基地。实施时尚产业"名师培育计划",对列入时尚产业"名师培育计划"的人才予以相关政策支持和重点培养。

六、创新商业模式

(一)推进时尚设计模式创新

鼓励支持时尚设计机构或人才,通过线上线下平台承接国内外设计项目。鼓励时尚产业企业运用互联网思维创新设计研发方式,加快建立以用户为中心、平台化服务、社会化参与的新型设计组织模式,积极探索基于互联网的个性化定制、众包设计等设计创意模式。支持网络众创设计,鼓励以互联网为依托创建网络众创平台,建设一批时尚设计数据库,提供在线设计工具,打造在线创客平台和创客设计基地。

(二)推动时尚产品营销模式创新

鼓励时尚产业企业基于互联网创新产品营销模式,加快开展网络营销或电子商务,积极探索移动电子商务、众筹营销、网上定制等新型营销模式。支持依托大型电子商务平台创建集时尚名品展示、发布、交易等功能的"在线时尚产业带"、网上"时尚名品馆"。支持传统市场、商业街改造升级,打造一批线上线下融合,集产品设计、展示、体验、购物等功能为一体的时尚"街、廊、馆、店、场"。支持企业通过互联网形成专业化分工、协同创新和制造的产业联盟。

(三)推进时尚产业企业制造模式创新

加强传统工艺的保护和传承,重视挖掘运用传统手工技艺、加工方法打造时尚精品。鼓励采用高新技术和先进适用技术改造提升传统工艺,实现产品、工艺、技术的升级换代。支持时尚产业企业运用互联网、物联网、工业云、大数据等技术提高生产装备智能化、生产过程自动化、生产管控一体化、产业链协同网络化水平。支持有条件的企业在建立网络化、智能化制造体系的基础上发展小批量定制生产模式。

七、宣传推广

(一)支持举办大型时尚活动

按照专业化、市场化、国际化、品牌化发展的要求,重点支持杭州、宁波、温州等地举办国内外时尚流行趋势发布、时尚设计师大赛、时尚品牌展览展示、时尚论坛等系列活动,提升我省时尚产业和品牌在国内外的知名度和影响力。

(二)加强对时尚产业发展的宣传

加强主流媒体对时尚产业发展的舆论引导,鼓励广播、电视、报刊、网络等媒体开辟设置专门的时尚栏目,广泛传播现代时尚理念,宣传健康的时尚消费方式,加大对特色小镇、时尚产业企业、时尚品牌的宣传,提升我省时尚品牌知名度。着力树立和宣传一批时尚产业领军人物,引领和带动我省时尚产业发展。

八、政策措施

(一)加大财政扶持

省工业和信息化、战略性新兴产业、商务促进等专项资金要加大对时尚产业发展的支持力度,重点用于省级重点企业设计院的创建、大型时尚活动、整体宣传、人才培养和公共服务平台建设等。省转型升级产业基金、信息经济创业投资基金要通过股权投资等方式支持时尚产业发展。各市、县(市、区)政府要根据财力安排一定的扶持资金,结合实际有重点地支持本地时尚产业发展。

(二)加强用地保障

加强对时尚产业重大项目建设的用地保障。时尚产业特色小镇享受《浙江省人民政府关于加快特色小镇规划建设的指导意见》(浙政发〔2015〕8号)确定的土地要素保障政策。时尚产业园建设可作为整体列入省重点工程项目,各地要优先安排建设用地指标。鼓励用地单位在不改变用地主体、不重新开发建设等前提下,利用工业厂房、仓储用房等存量房产、土地资源开展研发设计和电子商务等业务。在符合城乡规划前提下,经规划、国土资源部门批准临时改变建筑用途的,其原土地用途可暂不变更,并按规定缴纳土地收益金。

(三)加大金融支持

加强时尚产业金融服务体系建设。鼓励金融机构根据时尚产业特点创新金融产品和服务,加快发展商标权质押等新型信贷业务;支持符合条件的时尚产业企业探索开办面向中小时尚产业企业的小额贷款公司;支持符合条件的自主品牌企业通过上市、发行债券等直接融资。

（四）加大品牌、技术、设计保护力度

加强创意设计、专利技术、商标品牌等知识产权的行政保护,鼓励企业对自主设计品牌进行知识产权登记,对线上线下产品的各种侵权行为开展多部门联合执法,形成企业自我保护、行政保护和司法保护“三位一体”、相互衔接的保护体系。

九、工作机制

（一）加强组织协调

建立由省经信委牵头的省时尚产业发展工作协调小组(以下简称省协调小组),省委宣传部、省发改委、省教育厅、省科技厅、省财政厅、省人力社保厅、省国土资源厅、省环保厅、省建设厅、省商务厅、省文化厅、省地税局、省工商局、省质监局、省新闻出版广电局、省统计局、省旅游局、省国税局、省金融办及人行杭州中心支行等相关单位参加,加强对时尚产业发展工作的组织领导和统筹协调。各地也要建立相应的工作推进机制。充分发挥时尚产业相关行业协会作用,适时建立时尚产业联盟(或联合会),促进时尚产业各领域之间的融合和跨界合作。

（二）加强统计监测

加快建立时尚产业统计指标体系和调查制度,健全相关信息发布机制。加强对本意见落实情况的监督检查和跟踪分析,适时对各地时尚产业推进工作与发展情况进行通报。

各地、各有关单位要根据本意见精神,抓紧制订加快时尚产业发展的具体政策措施,并抓好贯彻落实。

附件:重点任务分工表

浙江省人民政府

2015 年 5 月 29 日

附件

重点任务分工表

序号	重点任务	负责单位
一	平台建设	
1	推动杭州市、宁波市、温州市开展时尚产业名城建设试点。	各相关市政府,省协调小组成员单位
2	推进柯桥面料、海宁皮革制品、诸暨珍珠饰品、义乌饰品、临海休闲用品、嵊州领带服饰等产业集群开展特色时尚产业基地建设试点。	各相关市、县(市、区)政府,省协调小组成员单位
3	规划建设一批产业特色鲜明、体制机制灵活、人文气息浓厚、生态环境优美、多种功能叠加的特色小镇。	各相关市、县(市、区)政府,省协调小组成员单位
4	规划新建或利用工业厂房、仓储用房等存量房产、土地资源改扩建一批集设计研发、品牌创建、时尚发布和公共服务等功能于一体的时尚产业园。	各相关市、县(市、区)政府,省协调小组成员单位
二	培育名企名品	
5	强化企业在时尚产业发展中的主体作用,大力实施名企战略,着力培育引领时尚产业发展的知名企业。	省经信委等
6	支持龙头企业利用产品、品牌经营与资本运作做大做强。	省金融办
7	支持企业实施全球化战略,收购国外研发机构、品牌和营销网络。	省商务厅
8	支持企业向集设计研发、运营管理、集成制造、营销服务于一体的企业总部转变。	省经信委
9	将符合条件的时尚产业重点企业纳入“三名”工程予以培育,着力提升我省时尚产业企业竞争力。	省经信委

续 表

序号	重点任务	负责单位
10	大力实施品牌创新、质量创新和标准创新工程。	省经信委、省工商局、省质监局、省新闻出版广电局
11	将具有良好质量基础和市场基础的时尚品牌纳入“三名”工程予以培育，着力打造国际知名时尚品牌。	省经信委、省工商局、省质监局
12	推动我省知名时尚品牌与国内具有较大影响力的知名商业零售终端企业对接合作。	省商务厅
三	创新设计	
13	选择符合条件的时尚产业制造企业和设计企业开展省级重点企业设计院的创建工作。	省经信委、省委宣传部、省财政厅，各相关市、县(市、区)政府
14	支持设计人才创办时尚设计企业。推动建立时尚产业设计企业与制造企业的协同发展机制。鼓励各地出台支持时尚产业制造企业购买时尚设计服务的政策。	各相关市、县(市、区)政府，省经信委、省委宣传部
15	建立多渠道、多层次的时尚产业人才培养体系。	省教育厅、省人力社保厅、省经信委
16	实施时尚产业“名师培育计划”。	省经信委、省人力社保厅
四	创新商业模式	
17	推进时尚设计模式创新。	省经信委、省科技厅
18	推进时尚产品营销模式创新。	省商务厅、省经信委
19	推进时尚产业企业制造模式创新。	省经信委、省发改委、省科技厅
五	宣传推广	
20	重点支持杭州、宁波、温州等地举办一批在国内外具有影响力的时尚活动。	各相关市政府，省委宣传部、省经信委、省商务厅
21	加强主流媒体对时尚产业发展的舆论引导。	省委宣传部、省经信委
六	政策措施	
22	省工业和信息化、战略性新兴产业、商务促进等专项资金要加大对时尚产业发展的支持力度。	省财政厅、省经信委、省商务厅
23	省转型升级产业基金、信息经济创业投资基金要通过股权投资等方式支持时尚产业发展。	省财政厅、省经信委、省金融办
24	各市、县(市、区)政府要根据财力安排一定的扶持资金，结合实际有重点地支持本地时尚产业发展。	各市、县(市、区)政府
25	加强对时尚产业重大项目建设的用地保障。	省发改委、省国土资源厅，各市、县(市、区)政府
26	加强时尚产业金融服务体系建设。	省金融办、人行杭州中心支行、省工商局
27	加强创意设计、专利技术、商标品牌等知识产权的保护，形成企业自我保护、行政保护和司法保护三位一体、相互衔接的保护体系。	省科技厅、省工商局、省质监局、省新闻出版广电局
七	完善工作机制	
28	加快建立时尚产业统计指标体系和调查制度，健全相关信息发布制度。	省经信委、省统计局
29	加强对本意见落实情况的监督检查和跟踪分析，适时对各地时尚产业推进工作与发展情况进行通报。	省经信委

浙江省人民政府办公厅关于进一步推动我省文化产业加快发展的实施意见

浙政办发〔2015〕49 号

各市、县(市、区)人民政府,省政府直属各单位:

为贯彻落实《国务院关于推进文化创意和设计服务与相关产业融合发展的若干意见》(国发〔2014〕10 号)、《国务院关于加快发展对外文化贸易的意见》(国发〔2014〕13 号)、《国务院办公厅关于印发文化体制改革中经营性文化事业单位转制为企业和进一步支持文化企业发展两个规定的通知》(国办发〔2014〕15 号)等文件精神,推动我省文化事业又好又快发展,经省政府同意,提出如下实施意见。

一、大力培育文化产业主体

(一)支持和鼓励文化产业园区发展

制订文化产业园区认定和管理办法,推动园区服务规范标准化。认定的省重点文化产业园区建设项目,符合条件的优先列入省重大产业项目。推动文化产业园区加强公共技术、资源信息、投资融资、交易展示、人才培养、交流合作等服务平台建设,提高运营服务能力,发挥产业集聚优势。支持孵化型文化产业园区建设,完善创新创业服务体系,为入园文化企业提供“一站式”服务。

(二)推进国有文化企业股权制度改革

加快国有文化企业股份制改造,支持符合条件的新闻出版传媒企业按有关规定申请实行特殊管理股制度,结合文化领域许可证管理,制订完善配套机制。在允许非公有资本进入的国有文化领域,积极探索发展混合所有制。探索股权激励制度,支持国有控股上市文化企业开展股权激励试点。特殊管理股、混合所有制和股权激励等改革方案按程序报批。

(三)培育重点文化企业

支持文化企业跨地区、跨行业、跨所有制兼并重组,培育一批具有强大实力和竞争力、影响力的现代文化企业集团。落实鼓励和引导民间资本进入文化领域的政策,鼓励社会资本投资、兴办文化企业。支持文化企业上市融资、到全国中小企业股份转让系统和区域性股权交易市场挂牌交易。

(四)大力扶持小微文化企业发展

指导小微文化企业以创意创新为驱动,走“专、精、特、新”和与大企业协作配套发展的道路。鼓励小微文化企业依托电子商务、第三方支付平台拓展经营领域,利用互联网创业平台、交易平台等载体拓宽发展渠道。改善发展环境,完善基础设施,提供配套服务,支持小微文化企业集聚形成特色文化产业集群。鼓励省内综合性展会和各类文化产业展会面向小微文化企业提供有针对性的服务。积极发展文化中介服务组织,加快培育文化营销、技术评审、信息咨询、服务外包、资产评估、法务代理等一批文化中介机构。

二、积极推动文化产业融合发展

(五)加快发展文化创意和设计产业

大力推进文化创意和设计服务与信息经济、环保、健康、旅游、时尚、金融、高端装备制造等产业融合发展,文化创意和设计产业增加值占文化产业增加值的比重明显提高,对相关产业的贡献度显著提升。重点培育一批文化创意和设计服务与相关产业融合发展的骨干企业,打造一批示范城镇、知名品牌、试点园区、具有全国影响力的集聚区和服务平台。大力发展数字内容产业,加快推进示范基地建设,完善影视动漫游戏产业链,推动绿色印刷产业发展,培育文化创意信息融合新业态;大力发展文化旅游业,以文化创意推动旅游产业提升发展,重点开发文化旅游创意体验产品,重点打造文化旅游创新发展模式,加快拓宽旅游产业领域;大力发展体育产业,加强体育文化服务业品牌建设,做优体育竞赛表演产业,推动体育影视、体育传媒、体育动漫、电子竞技等产业发展。支持文化创意与工业设计、建筑设计、农业开发的深度融合，推动相关产业转型升级，提升竞争力。

(六)积极推进文化与科技融合发展

不断完善文化与科技融合发展的体制机制。加大对文化领域科技创新的支持力度，省、市、县各级科技计划要倾斜支持文化领域的技术创新。鼓励高校、科研机构及有条件的行业骨干企业开展文化创新研究开发，引导跨国企业和海外高端人才在我省设立文化技术服务机构。完善文化创意中介服务体系，建立健全共享机制，实现国家重点实验室、国家工程中心等技术平台向文化创意企业开放。加快推动传统媒体与新媒体融合发展，运用大数据、云计算等新技术，发展移动客户端、手机网站等新应用新业态。进一步支持杭州、宁波、横店三个国家级文化和科技融合示范基地建设，鼓励有条件的地区创建国家级示范基地。

(七)推动文化与金融对接

建立省级部门文化金融服务工作协调机制，加强各部门之间的政策协调和信息共享，定期发布文化产业投资目录指引，通过举办银企洽谈会、融资推进会等形式，促进银企对接。鼓励金融机构建立特色支行和文化金融专业服务团队，提高文化金融服务专业化水平。积极运用文化资源项目收益权质押、银团贷款等方式支持文化产业重点园区、重点项目建设，运用并购贷款等方式支持文化企业兼并重组。鼓励金融机构与电子商务平台等机构开展合作，运用互联网技术提升文化企业融资效率。鼓励银行、保险、证券、股权投资基金等采取投贷联动、股债结合等方式，为文化企业提供多元化融资支持。开发针对文化产业贷款的保险险种。探索建立全省文化企业信用信息数据库。

(八)促进文化消费升级

鼓励文化企业开发新技术、新产品、新业态和新商业模式，提供优质丰富的文化产品和服务，培育新的文化消费增长点。强化和规范新兴网络文化业态，创新新兴网络文化服务模式。进一步优化文化消费环境，健全公共文化服务体系，为文化消费提供完善的基础条件。加强文化市场执法，严厉打击侵害消费者权益的行为。

三、扎实推进特色文化建设

(九)培育一批文化小镇

把打造文化小镇作为促进县域文化产业发展的重要载体和抓手，重点培育一批文化元素特征突出、产业基础较好、产业融合潜力较大的文化小镇，符合条件的，可列入省重点培育特色小镇创建名单，享受相关政策。鼓励高校、科研院所与文化小镇结对帮扶，在发展规划、智力引进、项目推进等方面开展合作。整合省级新闻媒体力量，加强对文化小镇的宣传推介。

(十)打造特色文化品牌

鼓励发展特色文化产业，建设特色文化产业示范区，培育一批具有核心竞争力的特色文化企业、产品和品牌。实施文化产业品牌战略，制订文化产业品牌培育计划，结合我省历史文化、民俗文化、海洋文化、生态文化等资源优势，打造具有较高知名度和影响力的文化品牌。建立文化品牌评价体系，制订文化产业品牌评价办法，完善评价机制，引导文化企业积极注册商标。定期组织开展品牌评价和推广活动，不断推出优秀文化产品品牌、文化活动品牌、文化服务品牌、文化企业品牌、文化区域品牌。

(十一)加强历史文化村落保护利用

充分发掘和保护古代历史遗迹、文化遗存，优化美化村庄人居环境，适度开发乡村休闲旅游业，把历史文化村落培育成为与现代文明有机结合的美丽乡村。建立健全“政府主导、社会参与、群众自筹”的历史文化村落保护资金筹措机制。鼓励和支持社会力量采取捐资、投资、合作开发等办法，参与历史文化村落的保护利用。

四、加快发展对外文化贸易

(十二)扩大文化产品和服务出口

鼓励和引导文化企业加大内容原创力度，创作开发体现中国优秀文化和浙江传统文化、符合社会主义核心价值观要求的文化产品和服务，在编创、设计、翻译、配音和市场推广等方面给予重点支持。培育打造一批省级文化产品和服务出口基地，推进浙江文化服务贸易示范城市建设。完善鼓励文化产品和服务出口的扶持政策，加大对文化产品和服务出口、出口基地、文化服务贸易示范城市建设的扶持力度。

(十三)培育外向型重点文化出口企业

引导我省文化企业制订开拓国际文化市场的发展战略与规划，将经营国际化作为衡量业绩的重要指标纳入文化出口企业经营绩效考评体系。鼓励有条件的企业通过独资、合资、控股、参股、并购等多种方式在国外兴办文化经营实体，实现海外落地经营。鼓励和支持各种所有制文化企业从事国家法律法规允许的对外文化贸易业务，并享有同等待遇。健全浙江文化出口重点企业和项目目录年度发布制度，对列入目录的重点企业和项目给予重点扶持。

（十四）加强文化“走出去”平台渠道建设

继续办好中国国际动漫节、中国义乌文化产品交易会等大型综合性文化展会，积极组织参加各类国际性文化贸易活动或综合性服务贸易展览会，对文化出口企业参加国际性大型文化贸易展会，在名额和组团参展等方面给予支持。支持文化企业在境外开展宣传推广、培训研讨和投标等市场开拓活动，借助跨境电子商务等新兴交易模式拓展国际业务。支持文化出口企业加强与国际著名文化制作、经纪、营销机构合作，拓展境外文化市场。

五、落实相关优惠政策

（十五）推进文化行政审批制度改革

相关主管部门要进一步厘清权力边界，减少审批事项，放宽市场准入，确定文化领域行政权力清单、企业投资负面清单、财政专项资金管理清单、部门责任清单，不断完善文化市场准入和退出机制。构建行政审批标准化体系，对于涉及跨行业、跨层级的多个部门审批的事项，要整合创新，制订联审机制，向社会提供标准化“一站式”行政服务，及时公布行政审批信息，主动接受社会监督。

（十六）加大财政扶持力度

加大财政资金对文化产业发展的支持，探索文化产业基金制扶持方式，加强资金绩效评价，增强财政资金使用实效。财政科技资金、小城市培育试点专项资金等，要加大对文化产业的支持力度。将我省文化产品和服务目录纳入政府采购范围，鼓励在同等条件下优先采购。

（十七）落实税收优惠

继续执行中央和省关于支持文化单位转企改制和文化企业发展的扶持政策，确保文化企业增值税、所得税、营业税、出口文化产品退税等各项税收优惠落实到位。对广播电视运营服务企业收取的有线数字电视基本收视维护费和农村有线电视基本收视费免征增值税的执行期限延长至2016年12月31日。对市县营业税比上年增收上交部分的返还奖励，与年度文化产业发展目标完成情况挂钩，主要用于扶持发展文化产业。文化企业开发新技术、新产品、新工艺发生的研究开发费用，允许按规定在计算应纳税所得额时加计扣除。为承担国家鼓励类文化产业项目而进口国内无法生产的自用设备及配套件、备件等，按政策规定免征进口关税。文化创意和设计服务企业发生的职工教育经费支出，不超过工资薪金总额8%的部分，准予在计算应纳税所得额时扣除；符合条件的创意和设计费用，执行税前加计扣除政策。对国家重点鼓励的文化产品出口实行出口货物退（免）税政策，对文化服务出口实行营业税免税。逐步将文化服务行业纳入“营改增”试点范围，对纳入增值税征收范围的文化服务出口实行出口货物退（免）税政策。

（十八）完善土地政策

优先支持符合省重大产业项目申报及奖励管理办法相关规定的文化产业类项目纳入省重大产业项目库，优先兑现建设用地奖励指标。鼓励把“三改一拆”中的旧住宅区、旧厂区、城中村以及老城区原有工业功能区改造为文化产业园区，鼓励利用空余或闲置工业厂房、仓储用房等存量资源发展文化产业。需要改变土地用途并办理有偿使用手续的，在符合城乡规划的前提下，经市县政府批准，可按文体娱乐用途采取协议方式办理用地手续。新建单体剧院、影院、书店建设用地实行公开挂牌出让；改造现有剧院、影院、书店，在符合规划的前提下可兼容一定规模的商业、服务、办公等其他用途，并按协议方式补充办理用地手续。

（十九）重视人才引进培养

加大核心人才、重点领域专门人才、高技能人才和国际化人才的引进、培养、扶持力度，造就一批文化产业领军人物。探索文化人才基地化培养模式，推动高校、知名企业、园区、科研院所联合培养文化人才工作。实行学历教育与职业培训并举、创意和设计与经营管理结合的人才培养新模式，加快培养高层次、复合型人才。

（二十）加强版权保护

鼓励原创内容生产，制订原创内容生产奖励扶持办法，对产生较大市场影响力、具有较好社会效益的浙产原创内容产品给予奖励。创新完善我省艺术品交易、文化产权交易市场体系。改善版权公共服务，鼓励法人单位、非法人单位和个人进行全面版权登记。在全省培育一批版权产业示范园区(基地)、示范单位。加强版权保护，加大对盗版、侵权行为的打击力度。规范互联网版权市场秩序，推动软件、信息和相关互联网版权产业健康发展。

浙江省人民政府办公厅
2015年5月18日

浙江省人民政府办公厅关于推进丝绸产业传承发展的指导意见

浙政办发〔2015〕114号

各市、县(市、区)人民政府，省政府直属各单位：

丝绸是中华文明的象征和典范。我省在我国丝绸发展史上具有独特的地位和作用，素有“丝绸之府”的美称。丝绸产业是我省历史经典产业，有着近5000年的悠久历史和深厚的文化底蕴。近年来，我省大力推进丝绸产业结构调整，取得了积极成效，但仍存在创新设计能力不强、产品附加值不高、人才青黄不接等问题，同时也面临着替代纤维快速发展、消费需求深刻变化、桑蚕种养量缩质降等较大挑战。为推进我省丝绸产业传承发展，经省政府同意，现提出如下指导意见：

一、总体要求

(一)发展思路

顺应丝绸产业个性化、时尚化消费趋势和“互联网+”发展趋势，抢抓“一带一路”建设契机，以传承保护和创新发展为主线，按照原料基地化、技术高新化、品牌国际化、人才梯队化、产业和文化一体化的要求，着力推进丝绸原料基地建设、丝绸创新发展、名企名品培育、丝绸人才培养以及产业与文化的融合发展，进一步巩固和提高我省丝绸产业在全国的领先地位，促进我省从国际丝绸产品制造中心向创意中心、时尚中心和质造中心转变。

(二)发展方向

顺应世界丝绸产业发展趋势，推进我省丝绸产业向中高端和终端产品发展，重点发展一批高档丝绸服装服饰、高档丝绸及混纺面料、高档丝绸针织品、蚕丝被、家用纺织品、丝绸艺术品。鼓励我省杭州、湖州、嘉兴、绍兴等丝绸产业重点地区错位发展、特色发展，打造国内外具有较大影响力的高档丝绸特色产业基地。

(三)发展目标

到2020年，丝绸历史文化得到有效传承和保护，丝绸创新发展取得积极成效，努力成为创新设计能力强、智能制造水平高、品牌影响力大、能引领世界丝绸发展潮流的国际丝绸时尚中心。具体目标如下：

——规模效益稳步提升。全省丝绸产业销售收入达到800亿元，产业规模和效益在全国丝绸行业的领先优势持续提升。

——优质原料保障能力加强。在省内外建立相对稳定的优质蚕桑基地100万亩左右，蚕丝品质达到4A级以上，适应高档丝绸产品的蚕丝原料需求。

——创新设计能力显著提升。建成若干个丝绸产业省级重点企业研究院、设计院；建立较为完善的、适应丝绸产业创新发展需要的人才教育培训体系和人才队伍，培养50名研究开发、丝绸设计、经营管理领军人才。

——名企名品竞争力显著增强。形成一批国家级、省级著名品牌，拥有20个左右具有“高档丝绸标志”及一批“浙江制造”认证标志的丝绸精品品牌，培育3—5家年销售收入超50亿元的国际丝绸行业龙头企业。

——历史文化持续传承。形成若干个集产业、文化、旅游为一体的丝绸文化传承发展基地，一批丝绸传统技艺、历史遗迹、民俗文化等得到有效保护和传承，产业的文化含量显著提升。

二、加强优质原料基地建设

(四)推进省内优质原料基地建设

按照“整合一批、稳定一批、提升一批”的要求，推进蚕桑提升改造工程，支持桐乡、海宁、淳安、吴兴、南浔、德清、临安、建德、缙云等县(市、区)优质蚕桑基地建设,大力推广产业化的蚕桑企业基地、家庭农场、蚕农专业合作社等经营模式,积极探索"品牌企业+原料基地"经营模式,促进原料基地规模化、标准化、优质化、高效化发展。支持工厂化养蚕的创新研发,促进工厂化养蚕向产业化发展。建立健全桑园流转机制,通过转包、租赁、土地入股等形式,推进桑园向专业大户、龙头企业集中。蚕桑基地建设中配套的蚕室、小蚕共育室建设用地可享受农业设施用地政策。将桑园建设列入造林政策扶持的范围。

(五)推进省外优质原料基地建设

顺应"东桑西移"发展趋势,实施蚕桑"走出去"战略,引导龙头企业发挥市场、技术、管理及资金优势,到广西、云南、四川等中西部地区建设蚕桑、缫丝基地,打造省外优质蚕桑蚕丝基地。

三、加强丝绸产业创新发展

(六)推进丝绸技术和设计创新

加快丝绸行业关键共性技术攻关,重点推进工厂化养蚕、桑蚕新品种繁育、丝绸智能制造、印染后整理等技术装备的攻关研发。推进茧丝绸综合资源开发,加强以茧丝绸为原料的食品、化妆品、医疗用品、丝绸混纺交织品等新产品及旅游商品的开发。支持符合条件的丝绸企业创建省级重点企业研究院,每年实施一批省级以上重点科技攻关项目,加大对项目的扶持力度。选择符合条件的丝绸企业创建省级重点企业设计院,支持企业引进国内外高端设计人才和团队,加快提升丝绸创新设计能力和文化含量。

(七)推进丝绸营销创新

推进企业营销模式创新,积极探索线上线下、众筹营销、网上个性化定制等新兴营销模式。支持网上丝绸公共服务平台发展,打造集丝绸信息咨询、信息发布、产品交易、品牌展示等为一体的综合性网上专业服务平台。打造旅游购物丝绸营销创新平台。鼓励企业通过跨境电商平台加大丝绸产品出口,加快拓展国际市场。鼓励企业生产更多有文化含量的丝绸产品,促进丝绸消费。

(八)推进丝绸制造模式创新

鼓励采用高新技术和先进适用技术改造提升丝绸产业,加快丝绸制造智能化。支持丝绸企业运用互联网、物联网、工业云、大数据等信息技术提高生产装备智能化、生产过程自动化、生产管控一体化、产业链协同水平。支持有条件的企业在建立网络化、智能化制造体系的基础上发展小批量定制生产模式。每年组织实施一批具有示范性、带动性的智能制造和模式创新项目。

四、加强名企、名品培育

(九)培育丝绸名企

充分发挥企业推动丝绸产业发展的主体作用,大力实施名企战略,着力培育一批引领丝绸产业发展的知名企业。支持龙头企业利用产品、品牌经营与资本运作做大做强;支持企业实施全球化战略,收购国外研发机构、品牌和营销网络;支持企业向集设计研发、运营管理、集成制造、营销服务于一体的企业总部转型,通过产业链整合和延伸,实现大中小企业协同发展。将符合条件的丝绸产业重点企业纳入"三名"工程和"浙江制造"品牌企业予以培育。

(十)培育丝绸名品

大力实施文化创新、品牌创新、质量创新和标准创新工程。支持和培育一批丝绸与文化融合发展的知名品牌。鼓励优势企业制定品牌发展战略,支持企业收购国际知名丝绸品牌、在境外注册商标、创建驰名商标,培育一批丝绸产业省著名商标。推动企业按照《高档丝绸标志质量手册》的相应标准提高产品质量,加快推广使用"高档丝绸标志"。推进丝绸名品进名店,提高丝绸品牌知名度和市场占有率,加快研究制订先进的"浙江制造"丝绸产品标准,支持符合条件的丝绸产品进入"浙江制造"认证名录。加强对丝绸产品商标权、国家地理标志保护产品、茧丝绸科研成果专利权、丝绸创意设计成果专利权的申请、注册和保护,依法打击各类侵权行为。

五、加强丝绸产业人才培养

(十一)加快丝绸企业人才队伍建设

围绕丝绸产业创新发展,建立完善引人、用人和育人机制,落实人才培养各项政策,集聚、培养、吸引一批丝绸产业高端研发人才、设计人才及团队。结合我省企业家素质提升计划和职业经理人培育计划,打造一支优秀高级管理人才队伍。支持丝绸企业开展职工职业培训和教育,培养一批技术应用娴熟、技能工艺精湛、实践经验丰富的高技能人才。

(十二)推进丝绸人才专业培养基地建设

引导鼓励有条件的高等院校、中职学校围绕丝绸产业发展需求，调整和优化专业结构，建立若干个丝绸专业人才培养基地，通过企业委托培养、定向培养等方式，加快建设一支满足我省丝绸产业发展需求的专业人才队伍。重点支持浙江理工大学恢复丝绸专业教育，建立丝绸学院或在相关学院设立丝绸技术与产品设计专业。鼓励丝绸企业到高等院校、中职学校设立丝绸相关专业的奖学金、助学金和大学生创业创新基金。

六、加强产业和文化融合发展

(十三)保护和挖掘丝绸文化

加强对钱山漾遗址、桑基鱼塘、蚕花节(庙会)、蚕桑丝织传统技艺等丝绸历史文化遗迹、非物质文化遗产项目和丝绸老字号企业的保护。支持中国丝绸博物馆、民营丝绸博物馆和丝绸老字号企业等加强对丝绸文物收集、整理、修复、保护，综合运用声、光、电等现代传媒技术进行展示，推进丝绸历史文化遗产的数字化。深入挖掘丝绸文化的历史价值、艺术价值和科学价值，将历史文化信息全方位渗透到产品设计、生产、销售以及产业平台建设中，提升产业发展核心竞争力。

(十四)加强丝绸文化和产业宣传

加强主流媒体对丝绸文化的舆论引导，鼓励广播、电视、报刊、网络等媒体加大对丝绸文化、丝绸企业和品牌的宣传。按照专业化、市场化、国际化、品牌化发展的要求，支持杭州举办中国国际丝绸博览会，鼓励丝绸企业、行业协会开展丝绸流行趋势发布、设计师大赛、品牌展览展示、丝绸论坛、丝绸文化宣传等活动。

(十五)推进产业融合平台建设

加快推进湖州丝绸小镇创建，打造成为集产业发展、历史遗存、生态旅游为一体的复合型丝绸文化小镇。支持有条件的地区或企业规划新建或利用工业厂房、仓储用房等，改扩建一批具有设计研发、品牌展示、电子商务、旅游观光和文化创意等功能的丝绸文化时尚产业园。培育一批丝绸与文化融合发展的行业龙头企业。支持符合省重大产业项目申报及奖励管理办法相关规定的丝绸产业项目纳入省重大产业项目库。

七、加强组织协调和政策保障

(十六)强化组织协调

建立由省经信委牵头，省委宣传部、省发改委、省教育厅、省科技厅、省财政厅、省人力社保厅、省国土资源厅、省农业厅、省林业厅、省商务厅、省文化厅、省地税局、省工商局、省质监局、省统计局、省旅游局、省金融办、省国税局、人行杭州中心支行等相关单位参加的省丝绸产业传承发展工作协调机制，合力推进我省丝绸产业传承和发展。

(十七)加大政策支持

积极争取国家相关财政专项资金对我省丝绸重点项目的支持。省工业和信息化、战略性新兴产业、商务促进、重大科技、农业及文化产业等专项资金，要加大对丝绸产业的支持。省教育发展专项资金向高等院校丝绸专业和学科方向倾斜，并加大支持力度。充分发挥省转型升级产业基金的引导作用，吸引社会资本参与投资丝绸产业的创业创新项目，鼓励金融机构根据丝绸产业特点创新金融产品和服务。丝绸企业从县级以上财政部门及其他部门取得的应计入收入总额的财政性资金，符合有关税收政策规定条件的，可以作为不征税收入，在计算应纳税所得额时从收入总额中减除。各地在工业企业绩效评价中，对具有“中华老字号”等省级以上品牌或商标(商号)的丝绸企业，可予以适当放宽考核要求。各相关市、县(市、区)政府要制定相应政策措施，根据财力安排一定的扶持资金，结合实际支持本地丝绸产业发展。

(十八)加强行业组织建设

建立全省丝绸产业传承与发展专家指导委员会，加强对丝绸产业的研究、指导和发展评估。充分发挥相关行业协会作用，加强行业自律和行业服务工作，树立和宣传一批能引领和带动我省丝绸产业发展的科研设计、经营管理领军人才。支持我省丝绸龙头企业发起建立国际丝绸联盟，促进国内外丝绸行业的交流和合作。

本意见自公布之日起 30 日后施行。

浙江省人民政府办公厅

2015 年 11 月 16 日

浙江省人民政府办公厅
关于扶持木雕根雕石刻产业传承发展的指导意见

浙政办发〔2015〕121号

各市、县(市、区)人民政府,省政府直属各单位:

木雕、根雕、石刻作为历史经典传承技艺作品,是我省传统特色文化产业,在发展地方经济、提升生活品质、弘扬民族文化、加快新型城镇化建设等方面具有重要作用。为进一步推进木雕、根雕、石刻产业传承发展,经省政府同意,现提出如下意见:

一、总体要求和发展目标

(一)总体要求

按照保护传承民族经典文化、巩固行业优势地位、推动产业转型升级的思路,主动适应经济发展新常态和大众消费新特点,深入挖掘文化内涵,加快木雕、根雕、石刻产业结构调整,着力打造知名品牌,提升产品附加值,促进木雕、根雕、石刻产业与相关产业融合发展,在传承的基础上培植新的产业优势。

(二)发展目标

到2020年,形成以重点产区为中心、优势产业为支柱、重点企业为骨干、自主品牌为标志、融合发展为依托的特色鲜明、重点突出、布局合理、链条完整、效益显著的产业发展格局,使我省成为全国重要的木雕、根雕、石刻产地。具体目标如下:

——产业规模和效益显著提高。到2020年,全省木雕、根雕、石刻产业总产值达到500亿以上,比2015年至少翻一番,产业销售利润和税收实现较大幅度增长。

——产业集聚效应显著增强。到2020年,建成国内外有较大影响力的产业基地1个,国家级(雕刻类)特色文化产业示范区2个,全国有重要影响力的木雕、根雕、石刻产业名城3个以上,相关特色小镇若干个。

——品牌创建取得显著进展。大力实施品牌发展战略,加快构建品牌体系,形成一批具有全国影响力的木雕、根雕、石刻品牌。

——人才培育取得显著成效。加大木雕、根雕、石刻行业人才培育力度,推出若干木雕、根雕、石刻行业国家级、省级工艺美术大师和技艺非物质文化遗产代表性传承人,培养一批行业高技能人才,推动队伍整体素质不断提高。

——产业融合发展水平显著提升。木雕、根雕、石刻产业与相关产业全方位、深层次、宽领域的融合发展格局基本建立,对区域经济社会发展发挥明显拉动作用与辐射效应。

二、加快培育产业主体

(一)扶持一批小微企业

扶持木雕、根雕、石刻小微企业和创业个人,支持个体创作者、工作室等产业主体发展。指导木雕、根雕、石刻小微企业以创新创意为驱动,向专、精、新、特方向发展。鼓励依托电子商务、第三方支付平台拓展经营领域,利用互联网创业平台、交易平台等载体拓宽发展渠道。支持小微企业集聚形成木雕、根雕、石刻特色文化产业集群。鼓励省内综合性展会和各类文化产业展会面向木雕、根雕、石刻小微企业提供有针对性的服务。

(二)培育一批重点企业

大力实施名企战略,着力培育引领木雕、根雕、石刻产业发展的知名企业。支持龙头企业利用产品、品牌经营与资本运作做大做强。支持木雕、根雕、石刻企业以资本为纽带,跨地区、跨行业、跨所有制兼并重组,培育若干具有较强实力和竞争力的大型木雕、根雕、石刻企业集团。支持木雕、根雕、石刻企业上市融资,到全国中小企业股份转让系统和区域性股权交易市场挂牌交易。

(三)打造一批产业园区

规划新建或利用工业厂房、仓储用房等存量房产、土地资源改扩建一批集设计研发、品牌创建和公共服务等功能于一体的木雕、根雕、石刻产业园,打造相关产业"众创空间",提高运营服务能力,发挥产业集聚优势,为入园企业提供"一站式"服务。支持有条件的龙头企业建设木雕、根雕、石刻产业园。在重点产业地开展木雕、根雕、石刻产业示范园区建设试点，发挥示范辐射作用。

（四）创建一批特色小镇

按照企业主体、资源整合、项目组合、产业融合的要求，在重点产业地规划建设地域特色鲜明、体制机制灵活、人文气息浓郁、生态环境优美、多种功能叠加的木雕、根雕、石刻特色小镇。木雕、根雕、石刻特色小镇3年固定资产投资总量要求可适当放宽。

（五）支持一批重点区域

统筹考虑区位条件、资源禀赋、产业基础等因素，按照突出特色、链条完整、产城融合的要求，加强产业发展规划，在重点产业地开展木雕、根雕、石刻产业名城建设试点，合理布局一批产业发展平台，集聚产业发展要素，完善市场体系，使之成为文化浓厚、产业发达、活动丰富、引领潮流的木雕、根雕、石刻产业名城。

三、强化创意设计和品牌建设

（一）提高创意设计水平

以创意设计为核心，促进木雕、根雕、石刻创意设计与特色文化元素、传统工艺技艺、先进科技应用和现代消费需求相结合，丰富创意设计内涵，提升木雕、根雕、石刻产品附加值。选择符合条件的木雕、根雕、石刻产业生产企业和设计企业开展省级重点企业设计院的创建工作，支持企业引进国内高端设计人才和团队，加快提升创新设计能力。鼓励在重点产业地设立人才集聚、技术先进、功能全面的木雕、根雕、石刻创意设计研发基地。积极探索基于互联网的个性化定制、众包设计等设计创意模式。鼓励引入计算机辅助设计和3D打印等先进设计方法，改造提升传统木雕、根雕、石刻设计工艺。

（二）大力推进品牌建设

坚持“质量第一，品牌至上”的理念，深入实施品牌发展战略，鼓励木雕、根雕、石刻企业打造一批具有自主知识产权的知名品牌。鼓励企业申报驰名商标、省著名商标、省名牌产品等，积极打造多元丰富的品牌体系。到2020年，培育若干木雕、根雕、石刻行业驰名商标、省著名商标和省名牌产品。对获得省级以上著名商标、知名商号、名牌产品、老字号的木雕、根雕、石刻企业进行奖励。在省名牌产品申报评价中，按传统文化特色产品条件申报，适当给予倾斜。规范重要木雕、根雕、石刻地地理标志证明商标申报和使用，鼓励以大师姓名、工作室名称申请注册商标。加强知识产权保护，引导建立木雕、根雕、石刻产业知识产权保护联盟，加大对侵犯知识产权违法行为的打击力度。

四、加强科技和金融支持

（一）强化科技支撑

着力构建以企业为主体、市场为导向、产学研相结合的木雕、根雕、石刻技术创新体系。建设省级科技创新服务平台、重点实验室和企业研究院。组织技术攻关，突破产业发展中的关键技术和技艺，大力推进“机器换人”，促进精密仪器等先进技术的应用，提高木雕、根雕、石刻企业生产装备智能化、自动化水平。鼓励有条件的企业以高校、科研院所等作为技术来源和智力支撑，设立技术研发中心。鼓励以行业协会为主体创办与木雕、根雕、石刻行业相关的研发中心。鼓励选用污染小、节能环保、安全系数高的设备，配套建设专业环保设施。

（二）加大金融支持

引导和鼓励金融机构改进金融服务，增加对木雕、根雕、石刻产业的信贷投入。加强与金融机构合作，创建政、银、企合作平台，为木雕、根雕、石刻企业提供信贷授信、信用评级、资产评估、贷款担保“一条龙”服务。引导融资担保机构为木雕、根雕、石刻企业融资提供担保增信。支持符合国家产业政策、信誉良好、实力较强的木雕、根雕、石刻企业按照国家有关规定，发行企业债券、短期融资券和中期票据。鼓励支持开发适合木雕、根雕、石刻产业的信贷产品创新，推动著作权、专利权、商标权、收益权等权益质押贷款业务。

五、促进市场营销和融合发展

（一）创新营销模式

加快推进“互联网＋”木雕、根雕、石刻产业发展，鼓励木雕、根雕、石刻企业探索移动电子商务、众筹营销、网上定制等新型营销模式。支持木雕、根雕、石刻企业在境内外设立分支机构（产品专卖店）。支持木雕、根雕、石刻产品参加国内外相关展会，鼓励中国（义乌）文化产品交易博览会、中国杭州文化创意产业博览会、中国义乌国际森林产品博览会等展会设立木雕、根雕、石刻产品展示专区。支持在重要产业地定期举办国际性木雕、根雕、石刻产业博览会。鼓励木雕、根雕、石刻产品和服务出口，对列入国家级、省级文化出口重点企业和重点项目目录及中华老字号、浙江老字号的企业，给予资金支持。海关、检验检疫部门要进一步加强联系配合，对木雕、根雕、石刻原材料和产品实施“一次申报、一次查验、一次放行”等贸易便利化措施，推动木雕、根雕、石刻产品“走出去”。

(二)推动融合发展

充分发挥我省木雕、根雕、石刻种类多样性和丰富性的优势，深入挖掘木雕、根雕、石刻产业的独特资源，结合当地文化特色和自然生态，延伸木雕、根雕、石刻产业链条，拓展产业发展空间。在全省开辟产业观光旅游线路，择优扶持一批木雕、根雕、石刻产业特色鲜明的村镇开发旅游项目，推动木雕、根雕、石刻产业与文化旅游、教育培训、节庆会展、休闲购物、建筑装潢、家居装饰等相关产业融合发展，提升木雕、根雕、石刻产业全产业链竞争力，促进城镇居民、农村转移人口和农民就业增收。

六、加强队伍建设和宣传推广

(一)加快人才培养

鼓励和支持木雕、根雕、石刻技艺类工艺美术大师、非物质文化遗产代表性传承人设立工作室，带徒授艺。支持高等院校、职业学校与产业地联合创办木雕、根雕、石刻人才培训基地，逐步扩大相关技艺人才培养培训规模。到2020年，新增木雕、根雕、石刻产业省级技能大师工作室10家以上；培养若干木雕、根雕、石刻行业国家级、省级工艺美术大师和技艺非物质文化遗产代表性传承人，木雕、根雕、石刻高技能人才200名以上，技能人才2000名以上。创新人才引进机制，支持木雕、根雕、石刻领军人物来浙创业。

(二)加强传承推广

加强传统木雕、根雕、石刻技艺的保护和传承，支持木雕、根雕、石刻工艺美术大师、技能非物质文化遗产代表性传承人和传承基地开展保护和传承活动。鼓励开展木雕、根雕、石刻文化研究和艺术交流，支持在重要产地设立全国性文化研究中心，开展国内外木雕、根雕、石刻创意设计、技能交流和学术研讨活动。鼓励社会团体、工艺美术大师和其他个人创办木雕、根雕、石刻类博物馆、展示馆和收藏馆。支持国家级协会、国际组织举办全国性木雕、根雕、石刻技能比赛。充分利用各类媒体，大力宣传相关文化和产业发展成果。

七、保障措施

(一)加强组织领导

建立由省文化厅、省经信委牵头，其他省级相关部门参加的木雕、根雕、石刻产业发展协调机制，加强对产业发展的组织领导和统筹协调。进一步明确各地、各部门工作职责，形成牵头抓总、分工协作、上下配合，共同推进木雕、根雕、石刻产业提升发展的工作机制。

(二)加大财政扶持

各级财政部门要进一步深化财政专项资金管理改革，创新财政支持经济社会发展方式，通过现有相关专项资金加大对木雕、根雕、石刻产业培育发展的支持力度，重点在创意设计研发、技艺保护传承、品牌培育推广、专业人才培养和公共服务平台建设等方面予以支持。充分发挥省转型升级产业基金对产业转型升级的引导作用，推动产业地政府设立木雕、根雕、石刻产业子基金，引导社会资本、金融资本投资木雕、根雕、石刻产业。各市、县(市、区)政府要根据财力安排一定的扶持资金，结合实际有重点地支持本地木雕、根雕、石刻产业发展，加强相关珍贵用材资源培育。

(三)加强用地保障

加强对木雕、根雕、石刻产业重大项目建设的用地保障。木雕、根雕、石刻特色小镇享受《浙江省人民政府关于加快特色小镇规划建设的指导意见》(浙政发〔2015〕8号)确定的土地要素保障政策。加强对木雕、根雕、石刻产业重点项目的指导，各地对符合省重大项目申报条件的，可争取纳入省重大产业项目库，并由当地先行安排建设用地指标，在项目完成供地后，省按规定给予新增建设用地指标奖励。鼓励用地单位在不改变用地主体、不重新开发建设等前提下，利用工业厂房、仓储用房等存量房产、土地资源开展木雕、根雕、石刻研发设计和电子商务等业务。

(四)落实税收优惠

对规模较小的木雕、根雕、石刻企业，按规定享受国家和省的各项小微企业税收优惠政策。木雕、根雕、石刻企业从县级以上财政部门及其他部门取得的应计入收入总额的专项用途财政性资金，符合条件的，可以作为不征税收入，在计算应纳税所得额时从收入总额中扣除。木雕、根雕、石刻产业中文化创意和设计服务企业发生的职工教育经费支出，不超过工资薪金总额8%的部分，准予在计算应纳税所得额时扣除。经认定为高新技术企业的木雕、根雕、石刻文化创意和设计服务企业、电子商务企业，减按15%的税率征收企业所得税。对木雕、根雕、石刻产业企业发生的研发费用，未形成无形资产计入当期损益的，按研发费用的50%加计扣除；形成无形资产的按无形资产成本150%摊销。符合拓展海外市场概念的木雕、根雕、石刻企业，享受相关退税免税优惠政策。

（五）加强行业管理

逐步完善木雕、根雕、石刻技能人才职业资格证书制度，加快建立健全行业标准，规范木雕、根雕、石刻产业的市场秩序。支持设立木雕、根雕、石刻产业发展联盟，支持行业协会发挥其在行业自律、协调关系、规范行为等方面的作用。建立行业运行统计分析、生产信息发布和行业预警等机制。取消"一业一会"限制，允许木雕、根雕、石刻行业按产业链环节、经营方式和服务类型设立行业协会，承接政府转移职能，促进行业自我管理、自我服务。

浙江省人民政府办公厅

2015年12月10日

浙江省人民政府办公厅关于扶持文房产业传承发展的指导意见

浙政办发〔2015〕122号

各市、县（市、区）人民政府，省政府直属各单位：

笔、墨、纸、砚被誉为"文房四宝"，是中华民族独具特色的文化瑰宝。文房产业包括笔、墨、纸、砚的生产、流通、消费及其相关产业，在促进地方经济社会发展、传承弘扬民族文化、提升区域文化品位等方面具有重要作用。为进一步推进我省文房产业传承发展，经省政府同意，现提出如下意见：

一、总体要求和发展目标

（一）总体要求

坚持文化传承与产业提升并重、创新发展与跨界融合并举，主动适应经济发展新常态和大众消费新特点，深入挖掘文化内涵，加快文房产业结构调整，着力打造品牌，延伸产业链，扩大市场占有率，提升产品附加值，加快与相关产业融合发展，形成以重点产区为中心、特色传统产业为支柱、优势企业为骨干的产业体系，推动经济转型升级和文化传承发展。

（二）发展目标

到2020年，基本建立特色鲜明、重点突出、布局合理、链条完整、效益显著的产业发展格局，使我省成为全国文房产业的重要产地和毛笔制作生产的核心基地。具体目标如下：

——产业规模和效益显著提高。通过实施"文房产业倍增计划"，到2020年，全省文房产业产值达到10亿元以上，比2015年至少翻一番，在全国文房市场占有率达到15%以上。

——产业特色更加鲜明。深入挖掘和利用地方特色资源，推出一批具有浙江特色、全国影响力的文房企业和品牌，继续保持产业发展的明显优势，文房产业发展成为浙江重要的特色产业名片。

——产业人才队伍优化提升。加大文房行业名家培育力度，推出若干文房行业国家级、省级工艺美术大师和文房技艺非物质文化遗产代表性传承人，培养一批文房行业高技能人才，带动人才结构进一步优化，队伍素质整体提升。

——对经济社会发展的渗透、提升和带动能力明显增强。文房产业的社会影响力进一步扩大，与旅游、教育、休闲养生等产业实现深度融合，培育建成若干文房特色小镇，对区域经济发展、社会进步发挥明显的拉动作用与辐射效应。

二、主要任务

（一）加强主体培育

通过信贷支持、加强服务等多种形式扶持文房小微企业发展，鼓励文房小微企业参与市场规则和产业规划的制定，拓宽创业发展渠道。培育重点文房企业，鼓励做大做强。支持文房企业实施联合、兼并和重组，培育若干以资本为纽带，跨地区、跨行业、跨所有制的大型文房企业集团。搭建投融资平台，设立文房产业小额贷款担保基金，引导融资担保机构为文房企业融资提供担保增信；文房企业扩大再生产，获取商业银行贷款，可申请享受贷款贴息补助。鼓励文房产品和服务出口，对列入国家级、省级文化出口重点企业和重点项目目录及中华老字号、浙江老字号的企业，给予资金支持。

（二）推进集群发展

依托重点地区和资源优势，以湖州的制笔业、杭州的制墨业、富阳和龙游的造纸业、江山的制砚业等为代表，着力培育和壮大区域性特色产业。进一步发挥“中国湖笔之都”等地方区域品牌优势，形成以行业龙头企业为核心，众多小微企业配套协作的文房产业集群，建设一批国内具有相当影响力和知名度的文房产业基地。因地制宜建设文房产业园区，发挥产业集聚功能。文房特色小镇3年固定资产投资总量要求可适当放宽。

（三）完善市场体系

加快文房产业专业化高端市场建设，使之成为集原材料供应、产品交易、物流配送、商务商住等功能于一体的大型文房产业交易平台。鼓励文房企业实施“互联网＋”战略，创新营销模式，拓展网络销售渠道。支持文房企业在境内外办厂、设立分支机构（产品专卖店），参加国内外有关展示展销活动等市场拓展项目。支持在重要产业地举办全国性文房产业展会。

（四）培育知名品牌

鼓励企业制定品牌发展战略，打造一批具有自主知识产权的知名品牌。推动文房技艺标准的制定，鼓励企业申报驰名商标、省著名商标、省名牌产品、浙江老字号等，打造多元丰富的品牌体系。建设1个文房行业国家文化产业示范基地，2个以上省级文化产业示范基地，培育若干文房行业驰名商标、省著名商标和省名牌产品。对获得省级以上著名商标、知名商号、名牌产品、老字号的文房企业进行奖励。在省级名牌产品申报评价中，按传统文化特色产品条件申报，适当给予倾斜。依法加强品牌保护力度，规范地理标志证明商标使用。

（五）加快人才培养

培养若干文房行业国家级、省级工艺美术大师，国家级、省级文房行业技艺非物质文化遗产代表性传承人，100人以上省级文房行业高级技师。鼓励和支持文房技艺类工艺美术大师、非物质文化遗产代表性传承人设立工作室，带徒授艺。支持高等院校和职业学校开办文房行业相关专业，培养文房产业专业人才。鼓励校企合作，建立人才培养实训基地。加强在职培训教育，创新人才引进机制，支持文房产业领军人物来浙创业。支持举办文房行业工艺大赛，推动优秀作品和优秀人才脱颖而出。鼓励支持文房产业人才国际交流活动。

（六）推动技术创新

推动文房生产企业提高技术创新能力，开发更多具有地方文房传统特点和现代理念、适应现代需求的新产品、新品种。鼓励文房企业创建技术研发中心，及时将开发成果申请专利，支持文房企业将专利技术实现产业化，形成具有自主知识产权的文房产品。鼓励文房企业加大对产品制作技艺项目的发掘、抢救，对文房产业传统工艺技术、工艺流程革新、创新项目等予以支持。推广3D打印等先进技术在文房产业中的应用，大力推进“机器换人”，支持文房企业提高生产装备智能化、自动化水平。

（七）促进融合发展

发挥我省“书画之乡”的人文底蕴和资源优势，以诗书画艺等文房技艺为内容，加大对琴棋书画等传统文化艺术的保护和开发，在全省开辟文房产业观光旅游路线，择优扶持一批文房产业特色鲜明的村镇开发旅游项目，完善文房产业旅游景区的配套设施和服务机制，推动文房产业与旅游、休闲养生等现代产业的融合发展。深入挖掘文房产业的独特资源，融入城市建设，提升城市品位和形象。

（八）强化宣传推广

鼓励开展文房文化研究和艺术交流，加大文房文化的宣传力度。在全省义务教育阶段开好书法学习课程，在高等院校和职业学校办好书法及相关技艺专业。加强文房行业整体形象宣传，广泛利用报纸、电视、网络等大众媒体和各种宣传工具，宣传我省文房产业发展成果，展示文房企业和技艺人才的创业精神。支持创作、开发以文房行业为素材的文艺作品、动漫影视、主题乐园等其他文化产业项目，弘扬文房文化。鼓励企业参加重点区域和主要城市各类文房工艺品展示、展销等经贸活动。支持设立文房文化创意中心和文房博物馆。

三、加大政策支持

（一）加大财政扶持

各级财政部门要进一步深化财政专项资金管理改革，创新财政支持经济社会发展方式，通过现有相关专项资金加大对文房产业发展的支持力度，重点支持创意设计研发、技能保护传承、品牌培育推广、专业人才培养和公共服务平台建设等。充分发挥省转型升级产业基金对文房产业转型升级的引导作用，推动产业地政府设立文房产业基金，引导社会资本、金融资本投资文房产业。各市、县（市、区）政府要根据财力安排一定的扶持资金，结合实际有重点地支持本地文房产业发展。

（二）加强用地保障

加强对文房产业重大项目建设的用地保障。文房产业特色小镇享受《浙江省人民政府关于加快特色小镇规划建设的指导意见》（浙政发〔2015〕8号）确定的土地要素保障政策。要加强对文房产业重点项目的指导，各地对符合省重大项目申报条件的，可争取纳入省重大产业项目库，并由当地先行安排建设用地指标，在项目完成供地后，省按规定给予新增建设用地指标奖励。鼓励用地单位在不改变用地主体、不重新开发建设等前提下，利用工业厂房、仓储用房等存量房产、土地资源开展与文房产业相关的研发设计和电子商务等业务。

（三）落实税收优惠

对规模较小的文房企业，按规定享受国家和省的各项小微企业税收优惠政策。文房企业从县级以上财政部门及其他部门取得的应计入收入总额的专项用途财政性资金，符合条件的，可以作为不征税收入，在计算应纳税所得额时从收入总额中扣除。文房产业中文化创意和设计服务企业发生的职工教育经费支出，不超过工资薪金总额8%的部分，准予在计算应纳税所得额时扣除。经认定为高新技术企业的文房类文化创意和设计服务企业、电子商务企业，减按15%的税率征收企业所得税。对文房产业企业发生的研发费用，未形成无形资产计入当期损益的，按研发费用的50%加计扣除；形成无形资产的按无形资产成本150%摊销。符合拓展海外市场概念的文房企业，享受相关退税免税优惠政策。

四、加强组织保障

（一）加强组织领导

建立由省文化厅、省经信委牵头，其他省级相关部门参加的文房产业发展协调机制，加强对文房产业发展的组织领导和统筹协调。文房产业地政府要把提升发展文房产业纳入新型城镇化建设的整体工作布局，加强统筹谋划，落实主体责任，采取切实有效的政策措施，加大投入和推进力度，建立绩效考核评价机制。

（二）促进行业管理

鼓励和支持在重点产区成立文房行业协会，建立产业发展联盟，促进行业自我管理、自我服务。建立行业运行统计分析、生产信息发布和行业预警等机制。充分发挥相关行业协会的作用，促进各领域之间的跨界合作和融合发展，努力形成优势互补、相互拉动、共同发展的局面。

浙江省人民政府办公厅

2015年12月10日

浙江省文化厅
关于公布第一批省级古籍修复中心和古籍修复站的通知

浙文公共〔2015〕1号

各市、县（市、区）文化广电新闻出版局，省古籍保护工作联席会议成员单位，省属有关单位：

根据《浙江省“中华古籍保护计划”实施方案》要求，2014年，省古籍保护中心开展了首批省级古籍修复中心和古籍修复站的评选工作。经专家评审委员会评审，省古籍保护工作联席会议成员单位审核同意，确定杭州图书馆、绍兴图书馆为第一批省级古籍修复中心，浙江大学图书馆等

11家单位为第一批省级古籍修复站，现将名单予以公布。

希望各入选单位充分认识古籍保护工作的重要性，继续加强古籍修复工作，切实做好古籍的保护、管理和合理利用。

附件：1.第一批省级古籍修复中心名单

2.第一批省级古籍修复站名单

浙江省文化厅

2015年1月5日

附件1

第一批省级古籍修复中心名单

1.杭州图书馆

2.绍兴图书馆

附件2

第一批省级古籍修复站名单

1.浙江大学图书馆
2.嘉兴市图书馆
3.云和县图书馆
4.杭州市余杭区图书馆
5.宁波市图书馆
6.余姚市文物保护管理所
7.温岭市图书馆
8.绍兴市上虞区图书馆
9.台州市黄岩区图书馆
10.缙云县图书馆
11.临海市图书馆

浙江省文化厅　中共浙江省委宣传部　浙江省财政厅 关于印发《浙江省传统戏剧保护振兴计划》的通知

浙文艺〔2015〕1号

各设区市委宣传部、文化广电新闻出版局、财政局：

为进一步保护传承和振兴发展浙江传统戏剧，发挥传统戏剧丰富人民群众精神文化生活和弘扬社会主义核心价值观的优势作用，让丰富多样的浙江传统戏剧活起来、传下去，推动浙江文化强省和“两富”、“两美”浙江建设，省委宣传部、省文化厅、省财政厅共同研究制订了《浙江省传统戏剧保护振兴计划》。现印发给你们，请认真遵照执行。

浙江省文化厅

中共浙江省委宣传部

浙江省财政厅

2015年1月19日

浙江省传统戏剧保护振兴计划

传统戏剧是我国传统文化表现形式的重要组成部分，具有悠久的历史传统和独特的艺术魅力，既是表现和传承优秀传统文化的重要载体，也是人民群众喜闻乐见的精神文化生活方式之一。浙江是南戏的发源地，传统戏剧种类众多、土壤丰沃，有着悠久的戏剧传统和良好的群众基础，是传播和发展传统戏剧的重要区域。为进一步保护传承和振兴发展浙江传统戏剧，发挥传统戏剧丰富人民群众精神文化生活和弘扬社会主义核心价值观的优势作用，让丰富多样的浙江传统戏剧活起来、传下去，特制订《浙江省传统戏剧保护振兴计划》。

一、指导思想、基本原则和总体目标

（一）指导思想

贯彻落实党的十八大、十八届三中全会和省委十三届历次全会精神，高举中国特色社会主义伟大旗帜，以邓小平理论、“三个代表”重要思想、科学发展观为指导，遵循习近平总书记在文艺工作座谈会上重要讲话精神，坚持“二为”方向、“双百”方针和“三贴近”原则，坚持以人民为中心的创作导向，古为今用，推陈出新，创作更多更好的无愧于时代、无愧于人民、无愧于民族的优秀传统戏剧作品，传承中华优秀传统文化，丰富人民精神文化生活，弘扬社会主义核心价值观。

（二）基本原则

统筹兼顾，保护戏剧生态。兼顾不同戏剧种类、不同所有制戏剧艺术表演团体、不同戏剧传播形式，坚持全省现有的56个传统戏剧非遗项目整体保护，鼓励多种多样的传统戏剧传播形式创新实践。

分类指导，促进活态传承。区分不同戏剧种类的生存状况、传承条件和发展基础，因地制宜、因团制宜，科学定位、分类指导。坚持传统戏剧的活态传承，做到传统剧目挖掘整理与新编移植相结合、艺术行当整体培养与个体传承相结合、演艺形式实景演出与数字传播相结合，力求传统戏剧活起来、传下去。

分级落实，创新工作机制。坚持“当地传播、当地保护”，开展传统戏剧之乡命名活动，实现不同传统戏剧种类的个性传承和有效保护。构建省市县乡村五级工作体系，分级落实、逐级考核，实现我省现有的56个传统戏剧非遗项目分批命名、责任到位。

双效并举，激发发展活力。注重社会效益和经济效益双效并举，坚持将社会效益放在首位，充分发挥文化体制机制改革的推动作用，培育传统戏剧演出市场，完善文化市场管理机制，通过市场力量激发和形成传统戏剧可持续发展的内部活力与外部动力。

（三）总体目标

围绕建设浙江文化强省和“两美”浙江的任务要求，以中央保护地方戏曲工作思路为指导，以我省现有各种所有制传统戏剧表演团体和艺术院校、艺术研究机构为基础，凝聚各方力量，营造有利环境，大力加强传统戏剧保护振兴工作。以10年为周期，实现传统戏剧保护振兴“八个一批”目标：抢救一批濒危剧种，命名一批传统戏剧之乡，确立一批传承基地，扶持一批重点院团，推出一批优秀剧目，培养一批戏剧名家，开展一批重大活动，形成一批戏剧品牌，努力在2025年之前率先建成全国传统戏剧生态保护示范区、精品创作繁荣区、优秀人才集聚区、传播普及优异区和市场演出活跃区。

二、主要任务

（一）繁荣戏剧精品创作

坚持以社会主义核心价值观为引领，加强传统戏剧创作的题材和内容管理，抵制庸俗媚俗低俗之风，努力创作有筋骨、有道德、有温度的优秀作品。坚持以人民为中心的创作导向，倡导支持戏剧工作者进一步扎根生活、扎根人民，实施常态化、持续性的戏剧工作者深入生活采风活动。制订实施《浙江省传统戏剧精品创作生产规划（2015—2020年）》，面向省内外征集优秀传统戏剧剧本，推出5部左右原创精品剧目、5部左右优秀保留剧目。深入挖掘浙江改革开放和实现中华民族伟大复兴中国梦生动实践，推出5部左右立意高远、艺术精湛、群众喜爱的现实题材剧目。每年定期召开传统戏剧题材规划会和剧目加工会，引入社会力量参与举办浙江省戏剧节，构建面向观众、面向市场的传统戏剧展示平台。

（二）培养优秀戏剧人才

加强传统戏剧人才队伍建设，深入实施青年艺术人才培养“新松计划”、中青年创作人才扶持计划和舞台艺术拔尖人才培养计划，形成发现、培养、推出传统戏剧青年人才、创作人才和领军人才的工作机制，努力造就德艺双馨、人民喜爱的新一代浙江戏剧名家。加强民营剧团人才培养，搭建多种形式的学习、培训和展示平台，推动民营剧团人才队伍建设。注重和加强传统戏剧非遗传承人带徒授艺工作。

（三）推动戏剧团体发展

推动各种所有制传统戏剧艺术表演团体可持续发展，巩固壮大传统戏剧传承发展的主要载体。制订出台《浙江省传统戏剧创作演出重点院团评估指标体系》，确定一批省级传统戏剧创作演出重点院团，加大剧目创作、人才培养、展示演出等方面的扶持力度，创新运行机制，强化内部管理，深化体制机制改革，改善基础设施条件。鼓励支持民营剧团发展，放宽民营剧团市场准入标准，面向民营剧团采购公共文化产品和服务。加强民营剧团行业管理，支持民营剧团改善演出、排练条件，定期组织展示代表性民营剧团演出剧目。

（四）培育戏剧演出市场

研究制订《浙江省传统戏剧演出低票价补贴实施办法》，通过政府补贴，平抑演出票价，推动传统戏剧演出更好地走向市场。充分利用互联网技术，探索建立多方参与、供需对接的全省传统戏剧演出交易平台。统筹全省传统戏剧艺术表演团体和国有演出场馆资源，组织实施“浙江省传统戏剧精品演出季”。发挥戏剧演出中介作用，吸纳社会力量参与传统戏剧演出市场培育。持续举办中国越剧艺术节等传统戏剧品牌活动，扩大传统戏剧的辐射面和影响力，吸引和培育更多观众走进剧场。

（五）发展传统戏剧教育

加快浙江音乐学院（筹）、浙江艺术职业学院戏剧学科专业建设，鼓励在全日制教学、继续教育培训中探索校团合作办学、省地合作共建、订单式教学等办学新机制，带动相关附属学校（附中、附小）建设，逐步形成层次清晰、各具特色、覆盖完整的传统戏剧艺术教育体系。推动文化部、浙江省人民政府合作共建浙江音乐学院（筹），充分利用省内外优质资源，提升我省传统戏剧艺术教育办学水平。开展大中小学传统戏剧教育普及活动，将传统戏剧普及性教学纳入我省中小学校特色教育内容范畴，确立一批传统戏剧教学示范基地。依托浙江音乐学院（筹）、浙江艺术职业学院等艺术院校，加强高层次人才引进和领军型学科专业带头人建设，鼓励培养兼具课堂教学和舞台表演能力的双师型师资人才，推动我省传统戏剧名师打造计划。开发编写各剧种传统戏剧教材，探索数字化、远程化、网络化教学新模式，形成风格多样、各具特色的传统戏剧教材储备。

（六）实施文化惠民演出

大力实施传统戏剧文化惠民演出活动，将传统戏剧演出服务基层纳入浙江省基本公共文化服务标准化均等化范畴。构建全省统一的传统戏剧文化惠民演出数字化配送系统，各级政府面向各种所有制传统戏剧艺术表演团体，采购文化惠民演出服务，送戏下乡、引戏进城，推进传统戏剧走进校园、走进社区、走进农村文化礼堂，发挥传统戏剧寓教于乐、服务百姓的优势作用。

（七）保护传承非遗项目

开展传统戏剧濒危剧种守护行动，对我省现有的56个传统戏剧非遗项目进行分类保护，挖掘复排一批传统剧目，分门别类建立档案数据库，保存濒危剧种历史原貌。制定《浙江省传统戏剧分级保护分类管理实施办法》，公布一批省级传统戏剧文化生态保护区和保护示范单位，建设一批基层传统戏剧活动场所，确立一批基层传统戏剧传承基地，鼓励建立各类传统戏剧社团组织，开展多种形式的传统戏剧保护传承活动。开展“浙江好腔调”传统戏剧非遗项目保护传承系列活动，培育100个戏剧广场或戏剧角、100所戏剧传承学校、100家濒危剧种民间剧团剧社、100名濒危剧种青年传承人、100部濒危剧种传统剧目。

（八）命名传统戏剧之乡

开展浙江省传统戏剧之乡评选活动，在全省命名一批具有地域特性、戏剧特色、个性特点的传统戏剧之乡。制订出台《浙江省传统戏剧之乡申报命名实施办法》，按照省字号、市字号、县字号、镇字号、村字号不同层级，推进传统戏剧之乡命名授牌工作。采取省市支持、县乡落实、村为基础的方式，确保传统戏剧保护传承责任分级落实。

(九)抢救保护资料文献

搜集保存浙江传统戏剧丰富的文献资料和实物史料，研究整理浙江传统戏剧发展历史，及时抢救浙江传统戏剧濒临失传和毁损的传统技艺与文物遗存。开展《浙江省戏曲口述史》编纂工作，对省内现有的代表性戏剧名家进行抢救性的采访录音录像，整理保存散落在民间民俗中口口相传的传统戏剧珍贵史料。拍摄制作《浙江好腔调——56个传统戏剧非遗项目微纪录片》及《浙江戏剧名家》纪录片，举办"浙江好腔调"传统戏剧电视展播季，编辑出版浙江地方戏曲系列图书，记录和反映浙江传统戏剧发展脉络、主要成就和整体风貌。

(十)加强传播普及推广

鼓励传统戏剧艺术表演团体与新闻媒体开展合作，普及传统戏剧知识，宣传传统戏剧活动，培养年轻观众群体，不断加强全社会对传统戏剧的了解。加强传统戏剧多媒体资源库建设，以浙江省文化信息资源共享工程各级服务点为载体，多途径、多渠道扩大传统戏剧数字资源可服务范围，实现传统戏剧免费数据库、视频资源全省乡镇(街道)、行政村(社区)基层点全覆盖。加强戏剧评论工作，开辟评论阵地，优化评论手段，完善传统戏剧作品评价机制。

三、保障措施

(一)强化政府主体责任

各级地方党委政府应强化保护传承传统戏剧的主体责任意识，增加弘扬中华优秀传统文化、培育社会主义核心价值观的文化自觉和政治担当，将传统戏剧保护振兴工作摆在重要议事日程，作为一项战略性、长期性、艰巨性的工作来抓。发挥各级地方党委政府在传统戏剧保护振兴工作中的核心领导作用，坚持以人民为中心的工作导向，统筹协调社会各方力量，形成传统戏剧保护振兴的良好局面。

(二)加大扶持保障力度

加大各级财政对传统戏剧保护振兴的扶持力度，把传统戏剧保护振兴纳入财政扶持范围，建立对传统戏剧艺术表演团体的经费补助机制。按照"省里适当补助，市县为主投入"的办法，分步实施、分级负责，落实现有的56个传统戏剧非遗项目保护地的相关经费保障。加强对省级重点越剧院团的经费保障，扶持越剧名团，推出越剧名剧，打造越剧名家，打响越剧品牌，不断扩大浙江文化影响力。加快解决传统戏剧艺术表演团体排练场所问题，力争将省级传统戏剧创作演出重点院团"一团一(剧)场"建设目标列入省"十三五"规划内容范畴，支持有条件的民营剧团建设自有剧场。鼓励各类企事业单位通过多种形式参与传统戏剧保护传承，逐步完善企事业单位支持传统戏剧保护传承有关财税政策，汇聚各方力量参与传统戏剧的保护振兴。

(三)完善考核激励机制

加强对命名的传统戏剧之乡考核验收，重点考核传统戏剧资料发掘、剧目整理、人才培养、演出传播、制度建设等方面的工作实绩，实行扶持经费与考核结果挂钩、挂牌命名与验收成效相统一，确保现有的56个传统戏剧非遗项目保护传承工作落到实处。

(四)加强实施组织领导

各级地方党委政府要按照本计划意见要求，对本地传统戏剧资源进行充分的摸底调查，科学研究当地传统戏剧保护振兴工作，制定出台有利于本地区传统戏剧保护振兴的财税、金融等方面的扶持政策。要主动加强宣传、文化、教育、旅游、财政等部门之间的沟通协调，加强跨部门、跨行业协作，确保各项任务措施落到实处。要充分发挥各级各类文化艺术类行业协会的优势，团结广大戏剧工作者和爱好者，积极营造全社会支持传统戏剧保护振兴的良好氛围。

浙江省文化厅关于印发《省级文化系统重大事项请示报告制度》的通知

浙文人〔2015〕6号

省文物局，厅属各单位，厅机关各处室：

《省级文化系统重大事项请示报告制度》已经厅党组会议研究同意，现印发给你们。请结合单位实际，认真贯彻落实。

浙江省文化厅

2015年1月30日

省级文化系统重大事项请示报告制度

请示报告制度是党的一项重要制度，是严肃党的政治纪律和组织纪律的重要体现。中央和省委对严格落实重大事项请示报告制度十分重视，发出专门通知，对落实请示报告制度提出明确要求。为贯彻落实中央精神和省委要求，结合实际，制定省级文化系统重大事项请示报告制度。

一、厅管处级干部重要情况报告制度

1.处级干部（含厅属企业董、监事会成员、经理层高管人员，下同）应严格执行《关于领导干部报告个人有关事项的规定》（中办发〔2010〕16号）精神，于每年1月底前如实填写好《领导干部个人有关事项报告表》，向省文化厅报告。同时根据《领导干部个人有关事项报告抽查核实办法（试行）》（组通字〔2014〕1号）规定，接受组织部门核查。

2.处级干部出现严重伤病、离岗动向不明等重要情况，所在单位（处室）应及时口头向省文化厅报告。

3.处级干部出现因私出国（境）、配偶（或子女）被追究刑事责任，所在单位（处室）要及时了解掌握情况，并第一时间书面向省文化厅报告。

二、厅属单位领导班子重要情况报告制度

4.厅属单位领导班子出现党内政治生活不正常、班子内部严重不团结以及其他非正常情况，班子成员发生违反政治纪律、组织纪律、工作纪律，违反《中国共产党党员领导干部廉洁从政准则》或《国有企业领导人员廉洁从业若干规定》，违反中央八项规定和省委“六个严禁”精神，以及被纪检监察机关“双规”、检察机关立案侦查、公安部门拘留等情况，所在单位要在第一时间书面向省文化厅报告。

5.厅属单位主要负责人离开杭州，应提前1—2天将出差时间、地点、事由、外出期间由谁主持单位工作等情况口头向省文化厅报告。

三、厅属单位重要规章制度审核备案制度

6.厅属各单位制定出台规章制度要符合国家和省的政策法规和现行规定。制定出台本单位基本规章制度应报省文化厅备案。制定出台涉及职工切身利益的重要规章制度（如综合性财务制度、人事管理制度、收入分配制度等），应事先征求省文化厅意见并报备案。

四、厅属单位重大业务活动、决策报告制度

7.厅属单位举办重大业务活动、做出重要决策，应由领导班子集体研究决定。业务活动应符合国家政策法规规定，弘扬社会主义核心价值观；重要决策应符合相关法律法规和财经纪律，符合单位事业发展方向，符合保障国家和职工利益方向。举办在社会上产生较大影响、敏感性强、涉及面较广，或有重大安全要求的业务活动，应事先书面向省文化厅报告。领导班子做出影响单位生存、事业发展、重大国有资产投资、重大资金支出及其他影响国家和职工利益的重要决策，应事先书面向省文化厅请示。

8. 从事生产经营活动的单位，参照《浙江省省属国有企业重大财务事项报告制度（试行）》的规定，涉及应报批和报备的事项，均应书面报省文化厅同意。

五、厅属单位（处室）重大突发事件报告制度

9. 凡出现党员集体要求退党或公开声明退党，境外势力、敌对势力干扰单位活动，遭遇自然灾害发生人员伤亡、国有财产遭到较大损失，突发重大安全事故、群体性事件、重大网络舆情事件（如网络媒体上出现涉密文件资料、涉及各单位以及领导干部的重要言论），要在快速应对、妥善处理的同时，第一时间书面向省文化厅报告。

10. 本单位（处室）工作人员出现因公（私）出国（境）滞留不归或者脱团失踪、非正常死亡，配偶及其子女移居国（境）外等重要情况，所在单位（处室）应第一时间书面向省文化厅报告。

11. 厅属单位出现重大泄密事件，应按保密工作有关要求及时处置。

六、其他有关情况报告制度

12. 每年年底，厅属单位领导班子应书面向厅党组报告本年度履行党风廉政建设主体责任情况、单位主要负责人履行“第一责任人”职责的情况。

13. 厅属单位离休干部、老领导、老高知、老专家去世，在职高层次人才出现严重伤病等重要情况，所在单位应第一时间口头向省文化厅报告。

14. 厅属单位中层干部大规模调整、破格提任，领导干部的近亲属在本单位内提任重要岗位，或出现在职高层次人才要求调离、非正常死亡、犯错误受调查（处分）、被追究刑事责任等重要情况，应及时书面向省文化厅报告。

七、重大事项报告程序

15. 厅属单位发生重大事项，涉及干部问题的，向厅人事处、直属机关党委报告；涉及业务问题的，向厅（局）相关业务处室报告；对重大突发安全事故、群体性事件，在向厅相关业务处室报告的同时报厅办公室；特别重要的事项可直接向分管厅领导或厅长请示报告。

16. 厅（局）机关处室发生重大事项，应向分管厅领导请示报告，特别重要的事项可直接向厅长请示报告。

17. 请示报告重要事项，要注意做好保密工作，凡不宜公开的事项，应当以密传方式报告。

18. 突发重大安全事故、群体性事件、重大网络舆情事件，经研判将会对单位正常工作秩序造成严重影响的，要快速反应、分类处置，及时控制事态发展，并在第一时间将事件发展情况上报厅网络舆情应急处置工作领导小组。

八、其他事项

19. 做好重大事项请示报告是一项严肃的政治任务。各单位（处室）要重视做好这项工作，落实专人负责重大事项报告工作。各单位（处室）主要负责人应认真履行好请示报告工作第一责任人的职责。各单位（处室）应加强自查和监督检查，如发现应当请示报告而不请示报告，将视情做出严肃处理。

附件：重大事项请示报告受理分工

附件

重大事项请示报告受理分工

有关制度	报告事项	报告方式	受理处室
厅管处级干部重要情况报告制度	领导干部个人有关事项报告；	书面	人事处
	处级干部出现严重伤病、离岗动向不明。	口头	人事处
	因私出国(境)，配偶(子女)被追究刑事责任。	书面	人事处
厅属单位领导班子重要情况报告制度	领导班子出现党内政治生活不正常、班子内部严重不团结以及其他非正常情况，班子成员发生违反政治纪律、组织纪律、工作纪律，违反《中国共产党党员领导干部廉洁从政准则》或《国有企业领导人员廉洁从业若干规定》，违反中央八项规定和省委“六个严禁”精神，以及被纪检监察机关“双规”、检察机关立案侦查、公安部门拘留等情况。	书面	直属机关党委 人事处
	厅属单位主要负责人离开杭州。	口头	人事处
厅属单位重要规章制度审核备案制度	制定出台基本规章制度和涉及职工切身利益的重要规章制度	书面	相关职能处室
有关制度	报告事项	报告方式	受理处室
厅属单位重大业务活动、决策报告制度	举办在社会上产生较大影响、敏感性强、涉及面较广，或有重大安全要求的业务活动。	书面	办公室 相关职能处室
	领导班子作出影响单位生存、事业发展、重大国有资产投资、重大资金支出及其他影响国家和职工利益的重要决策。	书面	相关职能处室
	从事生产经营活动的单位，涉及《浙江省省属国有企业重大财务事项报告制度(试行)》规定的应报批和报备的事项。	书面	文化产业与科技处
厅属单位(处室)重大突发事件报告制度	出现党员集体要求退党或公开声明退党，境外势力、敌对势力干扰单位活动。	书面	办公室 直属机关党委
	遭遇自然灾害发生人员伤亡、国有财产遭到较大损失，突发重大安全事故、群体性事件。	书面	办公室 相关职能处室
	突发重大网络舆情事件，如网络媒体上出现涉密文件资料、涉及各单位以及领导干部的重要言论。	书面	办公室 厅网络舆情应急处置工作领导小组
	本单位(处室)工作人员出现因公(私)出国(境)滞留不归或者脱团失踪。	书面	外事处 人事处
	本单位(处室)工作人员出现非正常死亡，配偶及子女移居国(境)外。	书面	人事处
有关制度	报告事项	报告方式	受理处室
其他有关情况报告制度	履行党风廉政建设主体责任情况、单位主要负责人履行“第一责任人”职责的情况。	书面	厅党组
	离休干部、老领导、老高知、老专家去世；在职高层次人才出现严重伤病等重要情况。	口头	人事处
	单位中层干部大规模调整、破格提任，领导干部的近亲属在本单位内提任重要岗位，在职高层次人才要求调离、非正常死亡等重要情况。	书面	人事处
	在职高层次人才犯错误受调查(处分)、被追究刑事责任等情况。	书面	人事处 直属机关党委

浙江省文化厅关于印发《浙江省文化厅业务主管社会组织管理暂行办法》的通知

浙文人〔2015〕8号

厅管各社会组织，厅局机关有关处室：

为加强厅管社会组织的规范化管理，经厅党组研究，制定了《浙江省文化厅业务主管社会组织管理暂行办法》，现予以印发，请遵照执行。

浙江省文化厅
2015年3月2日

浙江省文化厅业务主管社会组织管理暂行办法

第一章 总 则

第一条 根据国务院《社会团体登记管理条例》、《浙江省社会团体管理办法》、《民办非企业单位登记管理暂行条例》、《浙江省民办非企业单位管理暂行办法》、《基金会管理条例》和有关文件精神，为加强省文化厅业务主管社会组织（以下简称“社会组织”）的建设和管理，促进社会组织规范健康发展，更好地发挥其在繁荣发展文化事业和文化产业中的积极作用，结合社会组织发展的特点和我省实际，特制定本办法。

第二条 本办法所称社会组织是指以我厅为业务主管单位、经省民政厅登记成立、具有独立法人资格、独自承担民事责任的冠以“浙江”字样的社会团体、民办非企业单位，以及基金会。

第三条 省文化厅负责社会组织（除民办博物馆、民办纪念馆外）成立、变更、注销登记前置审查工作，社会组织年检初审，社会团体和基金会换届审查等工作。省文物局负责民办博物馆（纪念馆）的成立登记前置审查工作。

第四条 省文化厅（省文物局）根据社会组织性质确定归口管理的业务处室，负责社会组织的业务指导和日常监管。

第二章 成立、变更和终止

社会组织的成立登记前置审查已列为行政审批事项，申请人必须通过“浙江政务服务网”递交成立申请材料。省文化厅、省文物局通过“浙江政务服务网”的统一审批平台审查受理社会组织的成立申请。

第五条 成立社会组织应具备的条件

（一）社会团体

1. 以促进文化艺术事业的发展繁荣为宗旨，符合社会组织布局结构要求。

2. 由文化企事业单位、团体法人或在文艺界有较高知名度的个人自愿发起，发起人应当不少于5人；单位作为发起人的，应当不少于3家；个人和单位混合发起的，总数不得少于5个以上；有50个以上的个人会员或者30个以上的单位会员；个人会员、单位会员混合组成的，会员总数不得少于50个。

3. 发起人或发起单位在本行业、学科、专业具有一定的权威性和代表性，拟任负责人具备在社会团体兼职的资质。

4. 属于省文化厅主管的业务范围，有规范的名称、组织机构、固定的住所和相应的专职工作人员，有独立承担民事责任的能力。

5. 有合法的、代表本社会团体成员意志的章程，章程的内容应符合国务院《社会团体登记管理条例》第十五条的规定。

6.有合法的资产和资金来源,注册资金不少于3万元人民币。

7.在同一行政区域内没有业务范围相同或者相似的社会团体。

8.会员名册,包括会员姓名、单位、职务、电话、户籍、本人签名等栏目。社会团体的个人会员应当具有本省户籍,或在本省领有《暂住证》并已居住1年以上;单位会员的住所地应当在本省。

9.省文化厅(省文物局)业务处室专业意见。包括是否同意作为业务主管处室,履行业务指导、监督管理职能,以及在专业上还存在哪些需要充实完善的地方等。

(二)基金会

1.为提供公共文化服务、促进文化艺术繁荣发展等公益目的而设立。

2.地方性公募基金会的原始基金不低于400万元人民币,非公募基金会的原始基金不低于200万元人民币;原始基金必须为到账货币资金。

3.属于省文化厅主管的业务范围,有规范的名称、组织机构、章程草案、固定的住所和相应的专职工作人员,能够独立承担民事责任。

(三)民办非企业单位

1.企业事业单位、社会团体和其他社会力量以及公民个人利用非国有资产举办的,从事非营利性文化服务活动目的而设立的。

2.属于省文化厅业务主管的范围,且在同一行政区域内没有业务范围相同或者相似的民办非企业单位。

3.具体条件依照《浙江省文化厅文化类民办非企业单位设立审查办法(试行)》(浙文人〔2008〕42号)执行。

第六条 成立社会组织需提交的材料

(一)社会团体

筹备成立申请书;章程草案;发起人和拟任负责人的基本情况、身份证明;会员名册;资金证明;住所证明;产权证明或租赁合同;业务处室意见。

(二)基金会

申请报告;基金会设立申请书;可行性评估报告;章程草案;拟任理事、监事名单,身份证明;法定代表人登记表;拟任理事长、副理事长、秘书长的简历;验资证明表(验资报告登记后再补);登记事项表;财务人员简历、身份证复印件、执业资格证明;住所证明;业务处室意见。

(三)民办非企业单位

申请报告;可行性评估报告;民办非企业单位名称预登记通知书;民办非企业单位(法人)登记申请书;章程草案;拟任法定代表人或负责人的基本情况、身份证明、申办地户籍证明及固定住址和联系方式;监事的基本情况、身份证明、申办地户籍证明及固定住址和联系方式;主要业务人员的从业资格证明;会计师事务所验资报告;住所证明;消防部门出具的有效证明;所在地文化行政部门的初审意见;业务处室实地勘察意见;相关的设备、器材和其他设施清单(申办民办博物馆、美术馆需提供相关藏品目录及合法来源说明)等。

第七条 成立社会组织的审查程序

1.申报材料受理。省文化厅人事处或省文物局博物馆处(负责民办博物馆、民办纪念馆的成立申请)对发起人(或发起单位)提交的申报材料进行形式审查,对符合要求的申报材料当即予以受理;对材料不完整、不齐全,应在5个工作日内一次性告知申请人。

2.提出初步审查意见。省文化厅人事处或省文物局博物馆处收到全部有效材料后,对成立社会组织的申请进行初步审查,并向有关业务处室书面征求意见,相关业务处室应在5个工作日内将意见书面反馈人事处。申请成立民办非企业单位的还需由申请受理处室会同相关业务处室组织实地勘察。

3.出具审查意见。省文化厅或省文物局应当在受理申请之日起20个工作日内做出是否同意成立的决定,并通过统一审批平台和书面形式回复发起人(或发起单位)。

第八条 社会组织成立

1.发起人(或发起单位)持省文化厅或省文物局批准文件及相关材料向省民政厅申请成立许可审批。

2.获得省民政厅批准成立的社会组织,要按规定时限完成筹备工作,并向省文化厅(或省文物局)、省民政厅提交登记备案材料。

第九条 未经注册登记的社会组织,不得以社会组织的名义对外开展活动。

第十条 社会组织分支机构

省文化厅不再受理社会组织分支机构(包括专项基金管理机

构)、代表机构的设立、变更、注销登记的设立初审。社会组织分支机构、代表机构的设立、变更和终止执行省民政厅相关规定。

第十一条 社会组织事项变更

社会组织变更下列事项,应报省文化厅审查同意,并向省民政厅申请变更登记:

(一)名称;

(二)业务范围;

(三)业务主管单位;

(四)法定代表人、会长、副会长、秘书长;

(五)住所;

(六)原始资金;

(七)其他需要业务主管单位审查同意的变更事项。

第十二条 社会组织注销

(一)社会组织有下列情形之一的,应报省文化厅审查同意,向省民政厅申请注销登记:

1.完成或改变章程规定的宗旨的;

2.分立、合并或自行解散的;

3.由于其他原因终止的。

(二)社会组织申请注销登记,应在省文化厅业务处室指导下,成立清算组织,完成清算工作。经省文化厅同意后,到省民政厅办理注销手续。社会组织在清算期间不得开展清算以外的活动。

(三)社会组织终止或有重大变更事项与原社会组织名称、宗旨、性质、业务范围等不一致的,不得再以原组织机构名义进行活动。

(四)社会组织应在完成变更、终止登记后10个工作日内,向省文化厅备案,由省文化厅向社会公布信息。

第三章 监督管理

第十三条 社会组织的换届、变更名称、法定代表人、住所、业务主管部门、注册资金、章程修改等重大事项,应依据章程履行民主程序,按规定事先报省文化厅审核同意后,向省民政厅申请变更登记。

(一)社会团体召开会员(代表)大会、基金会召开理事会进行换届,应按规定提前向省文化厅报送相关文件。因特殊情况确需提前或延期换届的,须由理事会表决通过,报省文化厅审核并经省民政厅批准同意。延期换届最长不得超过1年。未履行会员大会及换届审核程序,省文化厅对换届结果不予认可。

(二)社会组织秘书长以上领导职务如为党政领导干部兼任,应按照省委组织部有关规定,根据干部管理权限办理相应的报批手续。省文化厅、省文物局、省文物监察总队工作人员和厅属单位领导干部(包括在职干部和离退休干部),在社会组织兼任职务,须报文化厅人事处审批备案。

(三)法定代表人变更,应事先向省文化厅报送拟任人选情况材料。经审核同意后,按照章程规定程序进行表决,再报省文化厅和省民政厅备案。

(四)章程修改应符合示范文本的格式和内容,并履行规定程序提交会员(代表)大会审议,审议通过后须报省文化厅初审,再报省民政厅审批核准。

第十四条 社会组织应严格按照章程规定的宗旨和业务范围开展业务活动。

(一)社团开展年会、涉外活动或有重大社会影响的活动等,应提前7个工作日向登记管理机关书面报告活动的时间、地点、议程安排等有关事项;社团开展涉外活动或者有重大社会影响的活动,需要报批的,还应依法向有关行政部门办理报批手续。

(二)社会组织应对照“三个不得开展”(即中央和省委、省政府没有规定的不得开展,对推动工作没有实际意义的不得开展,不属于政府职能范围内的不得开展)的要求,严格控制评比达标表彰项目。开展评比达标表彰活动,需按有关规定和程序履行报批手续。

(三)社会组织要加强对主办的各类文化艺术活动的管理。不得只挂名收费、不参与管理;不得以承包或变相承包的方式将活动的组织工作转包。确需社会中介机构承担大型活动部分工作的,要通过与其签订具有法律效力的协议或合同明确各方权利、义务,将各项责任落实到位。对因管理缺位造成严重后果的,要严肃追究主办单位负责人的责任。

(四)社会组织不得擅自设立各种评比奖项,不得搞收费评比或以评奖为名变相敛财。

(五)社会组织举办活动对外宣传要客观、真实、准确,不得夸大其词、含糊其词,误导群众;不得擅自以省文化厅或其他政府部门的名义进行宣传。对外要规范使用本单位核定的名称,不得擅自在单位名称前冠以“浙江省文化厅”“浙江省文化厅直属”“浙江省文化厅主管”等误导性词汇。未经同意,不得擅自将党和政府领导列入活动组织机构进行宣传。

第十五条 社会组织兴办与其宗旨、业务相关的实体，应经理事会或常务理事会表决通过，并报省文化厅核准，省民政厅备案。社会组织不得接受社会有关实体的挂靠。

第十六条 社会组织主办的内部刊物、公开发行的报刊，应按期及时报送省民政厅。社会组织创办报纸、期刊和编辑发行出版物，须按国家和省新闻出版行政管理部门的规定办理批准手续。

第十七条 社会组织要加强财务管理，资产来源必须合法，任何单位和个人不得侵占、私分或挪用社会组织的资产。

(一)社会组织应依据国家财政部门有关规定，建立健全财务管理制度，聘用有执业资格的财务人员从事财务工作，定期公布财务收支情况。

(二)社会组织接受和使用捐赠、资助，必须符合章程规定的宗旨和业务范围，遵守国家有关规定，并接受我厅指定的会计师事务所进行审计。

(三)社会组织每年年终前要向理事会或常务理事会报告有关财务收支情况。

(四)社会组织的经费，以及开展活动所取得的合法收入，必须用于业务建设，不得在会员中分配。

(五)社会组织不得从事营利性经营活动。

第十八条 社会组织应建立健全党的基层组织，凡专职及驻会工作人员有正式党员3人以上的，应成立党的基层组织。

第十九条 社会组织应按有关规定积极参加等级评估工作。省文化厅每年对取得评估等级的社会组织予以通报表扬。

第二十条 社会组织应于每年2月底前，向省文化厅人事处和相关业务处室报送上一年度工作总结、本年度工作计划、财务报告。厅人事处负责将社会组织工作总结和工作计划在省文化厅官网（http://www.zjwh.gov.cn/)上予以公布，并会同相关业务主管处室，对社会组织的年度工作和财务情况进行抽查核实。

第二十一条 社会组织每年应按时参加年度检查。未参加年度检查的，按规定由有关部门给予相应处罚；对年检不合格的社会组织，商省民政厅给予相应处置。

第二十二条 社会组织应及时将动态资讯、基本信息、年度重大事项等内容及时录入浙江省文化厅官网“社会组织在线管理系统”，进一步加强自身信息化建设。

第二十三条 社会组织要接受业务主管处室的业务指导和监督管理，建立工作对接联动机制。

第二十四条 社会组织违反本办法有关规定的，视情节轻重，由省文化厅做出相应的处理。

第四章 附 则

第二十五条 本办法由省文化厅人事处负责解释。

第二十六条 本办法自2015年5月1日起施行。

浙江省文化厅关于印发《省级文化系统项目经费管理办法》的通知

浙文计〔2015〕47号

省文物局，厅属各单位：

为了进一步规范省级文化系统项目经费使用，提高项目经费使用绩效，保障文化工作的顺利完成，促进文化事业的稳步发展，同时加强省级文化系统内部控制制度建设，规范财政性资金的使用和管理。根据国家新《预算法》及省政府和相关职能部门关于预算管理的相关规定，重新修订了《省级文化系统项目经费管理办法》，现印发给你们，请遵照执行。

浙江省文化厅

2015年6月8日

省级文化系统项目经费管理办法

第一章　总　　则

第一条　为了进一步规范省级文化系统项目经费使用，提高项目经费使用绩效，保障文化工作的顺利完成，促进文化事业的稳步发展，提升省级文化单位的竞争力和社会服务能力，根据国家新《预算法》以及相关职能部门关于省级部门项目支出预算管理、结余资金管理等有关规定，结合省级文化系统实际，特修改制定本办法。

第二条　本办法适用于所有直接或间接取得财政性项目经费拨款的厅属单位。

第三条　“项目经费”是指文化系统行政事业单位（含改制院团）为完成其特定的行政工作任务或事业发展目标，在基本支出预算之外编制的年度项目支出计划所获得的经费。

第四条　省级文化系统项目经费由省文化厅、省财政厅共同管理。

第二章　项目经费申报

第五条　年度部门预算申报

1.根据省财政厅编制年度预算的要求，单位所需项目经费原则上均应列入部门预算申报。

2.单位根据履行行政职能的需要、事业发展的总体规划，在开展前期调研、论证的基础上，合理安排项目的立项和整合，需申报当年新增项目的，应首先考虑动用历年结余资金。

3.申报项目确定后，单位应根据部门预算要求，认真编制项目申报书、经费支出预算、政府采购（政府购买服务）预算、项目绩效目标、资产配置预算等，并在规定时间内上报省文化厅。

第六条　年中追加申报

1.按照财政规定，为强化项目经费预算约束机制，年度预算确定后，年中一般不予追加。但如遇突发性事项或管理办法中明确规定，需在年中申请追加或申报的，则申报单位须向省文化厅提出书面报告，书面报告包括申请理由和详细的经费支出预算等内容，其中经费支出预算须经单位财务部门审核并加盖预算审核章。

2.申报时间按照年度追加预算安排时间执行。超过申报时间或单位书面报告不符合上述要求的，省文化厅将对申报文件不作处理或予以退回。

第七条　根据财政对项目预算科学化、精细化以及绩效考核的要求，凡单位申报项目经费，其申报项目均必须有明确的绩效目标及实施计划，其中绩效目标包括实施项目预期的社会效益和经济效益等，并予以量化。对一些重要项目，如艺术投资、人才培养等，其绩效目标还要求细化，即同时明确评价指标及评价标准。

第八条　申报材料

1.申请报告（指年中追加申报的项目）。

2.省级部门项目申报书。

3.项目可行性论证报告、专家咨询意见（指新增发展建设类项目中金额在300万元以上或专业技术复杂的项目）。

4.项目经费支出预算。项目经费预算要细化到相关目级预算科目，并提供明确的计算依据、标准及过程。其中：房屋建筑物购建类项目、大型修缮类项目、信息网络购建类项目、设备购置类项目、物业管理费类项目还须按要求报送相关补充材料。

5.项目绩效目标。

6.其他有关材料。

第九条　项目经费申报材料的内容必须真实、准确、完整。

第十条　重大业务项目经费申请时，原则上应先征求厅分管业务处室的意见，并进行充分的可行性论证。

第三章　项目经费管理

第十一条　年度项目经费预算是经法定程序确定的，原则上不得调整，对未列入预算的不得支出。

第十二条　严格预算执行，项目单位要确保预算执行进度达到省财政要求，预算执行要按照序时进度做到均衡执行，防止“前松后紧”。预算执行率作为厅对各单位（包括厅局机关处室）年度目标责任考核的重要内容，并实行项目经费预算执行与预算安排挂钩办法。

第十三条 纳入政府采购及政府购买服务的项目经费,项目单位须严格按照省财政厅有关规定执行。

第十四条 项目经费是具有特定用途的财政性资金,单位进行会计核算时,应严格区别于正常经费,建立项目收支明细账,加强内部管理,确保专款专用。不得虚假列支,不得擅自改变项目经费的用途,严格控制不同预算科目、预算级次或者项目间的资金的调剂。确需调整使用的,应按照原预算审批程序规定办理。

第十五条 项目经费购置形成的资产属于国有资产,项目单位须将其纳入固定资产账户进行核算和管理,资产处置应严格按有关规定执行,防止国有资产流失。

第十六条 为了充分发挥国有资产的使用效益,必要时省文化厅、省财政厅可经规定程序对其资产进行统一调拨。

第十七条 严格执行省财政厅《浙江省省级部门财政拨款结余资金管理暂行办法》,单位形成的净结余资金包括项目已完成形成的结余,或某种原因项目中止或撤销形成的结余,以及某一预算年度安排的项目支出连续两年未使用完成形成的结余,均由省财政厅按相关规定收回。

第四章 项目经费监督与考核

第十八条 建立预算执行进度报告制度。为了解和掌握具体项目进展,项目单位须每月编制《省级文化系统预算执行进度表》,连同《省级事业单位月报表》于次月上报省文化厅。

第十九条 建立项目经费检查审计制度。项目单位对项目的启动、实施直至竣工,必须进行全过程的跟踪、监督和管理。省文化厅、省财政厅将不定期组织人员或委托中介机构对其项目执行情况进行检查,发现问题及时纠正。

第二十条 建立项目责任追究制度。对于弄虚作假、挪用、挤占项目经费,或用项目经费设立"小金库"等违反财务制度和财经纪律的,视情节轻重,按照有关规定采取停止拨款、终止项目等措施,并依照有关处罚条例,对有关责任人进行责任追究。

第二十一条 建立项目支出绩效评价制度。严格执行浙江省财政厅颁发的《浙江省财政支出绩效评价实施办法》(浙财绩效字〔2009〕5号),项目执行单位每年应选取一定数量的项目进行绩效自评,并在规定时间内将自评报告报省文化厅、省财政厅。

省文化厅根据有关部门要求或项目实际情况,每年也将抽取一定数量的项目列入部门绩效自评,并将自评报告报送有关部门。

第二十二条 建立项目经费考核制度。

1.项目经费预算执行进度和绩效评价结果,是省文化厅对单位和法人代表年度目标责任考核结果认定的重要参考依据,是省级文化系统部门预算、部门决算年度考核的重要条件,也是省文化厅审核申报各单位后续资金和以后年度项目经费的依据之一。

2.项目单位因财政预算拨款执行进度未达到省财政厅规定比例,而影响省级文化系统下一年度预算控制数的,省文化厅则将按省财政厅核减数额和比例相应核减项目单位下一年度的预算控制数。

第五章 附 则

第二十三条 本办法适用于省级文化系统所有企事业单位(含改制院团)。

第二十四条 本办法自颁布之日起实施。《省级文化系统项目经费管理办法》(浙文计〔2011〕32号)同时废止。

浙江省文化厅
关于印发《浙江省文化厅艺术委员会章程》的通知

浙文艺〔2015〕8号

浙属艺术单位：

为进一步推动我省艺术精品创作生产，加强统筹规划，发扬艺术民主，规范论证程序，提高决策水平，省文化厅研究制订了《浙江省文化厅艺术委员会章程》。现印发给你们，请遵照执行。

浙江省文化厅

2015年6月12日

浙江省文化厅艺术委员会章程

第一章　总　　则

第一条　为进一步推动我省艺术精品创作生产，加强统筹规划，发扬艺术民主，规范论证程序，提高决策水平，特制订本章程。

第二条　浙江省文化厅艺术委员会（以下简称“艺委会”）是浙江省文化厅党组领导下的艺术咨询、论证、评估机构，由有关部门领导、艺术专家、项目管理专家等组成。

第三条　艺委会坚持文艺“为人民服务、为社会主义服务”的方向、“百花齐放、百家争鸣”的方针和“贴近实际、贴近生活、贴近群众”的原则，坚持以人民为中心的创作导向和“统筹兼顾、突出重点、科学论证、注重绩效”的工作方法，突出主旋律，严把论证关，努力推出思想性艺术性观赏性俱佳、大力弘扬社会主义核心价值观的艺术精品，促进全省文化艺术事业可持续繁荣发展。

第二章　组织机构

第四条　艺委会组成人员包括主任、副主任、顾问、委员。设主任1名，由浙江省文化厅主要领导兼任；设副主任1—2名，由浙江省文化厅分管领导及知名艺术家兼任；设委员若干名。

第五条　艺委会实行主任负责制。艺委会主任主持艺委会全面工作，副主任协助主任开展相关工作。

艺委会下设办公室，负责艺委会日常工作。艺委会办公室设办公室主任1名，由艺委会主任委任。

第六条　按照代表性与多样性相结合、动态调整和专家自愿的原则，遴选德艺双馨、群众公认的艺术专家、项目管理专家等担任艺委会委员。

艺委会委员实行任期制，每届任期一年。新一届艺委会委员由艺委会办公室提名，艺委会主任审核批准后一年一聘。

第三章　工作职责

第七条　艺委会的主要职责：

（一）对全省文化艺术事业发展提出意见建议。

（二）对全省舞台艺术、美术、群众性文艺创作进行总体谋划，提出重大创作题材建议。

（三）为浙江省文化厅重大艺术决策提供咨询。

（四）对省属艺术单位艺术投资申报项目进行论证。

（五）对浙江省文化厅给予艺术投资补助的创作项目进行评估。

（六）浙江省文化厅委托的其他工作。

第八条　艺委会办公室的主要职责：

（一）汇总全省艺术精品创作年度规划。

（二）征求、汇总全省性重大创作题材建议。

（三）负责省属艺术单位创作项目申请艺术投资补助的申报受理、审核工作。

（四）负责艺委会会议的组织联络工作。

（五）艺委会主任交办的其他工作。

第四章　工作程序

第九条　会议制度：艺委会会议包括全体会议、专题会议和主任办公会议等。

全体会议由艺委会主任召集，每年召开1次，主要任务是：

（一）听取对全省文化艺术事业发展的意见建议。

（二）谋划年度全省艺术创作总体布局。

（三）聘任新一届艺委会委员。

（四）讨论浙江省文化厅交办的重要事项。

专题会议由艺委会主任或委托副主任召集，不定期召开，由艺委会相关专家参加，主要任务是：

（一）谋划省级重大艺术创作选题。

（二）论证浙江省文化厅指令性重点创作项目或艺委会办公室提交的省属艺术单位艺术投资申报项目。

（三）讨论艺委会主任或副主任交办的其他事项。

主任办公会议由艺委会主任或委托副主任召集，不定期召开，由艺委会办公室相关工作人员参加，主要任务是：

（一）检查艺委会全体会议或专题会议会务筹备情况。

（二）审定拟提交艺委会全体会议或专题会议讨论、论证的事项或项目。

（三）讨论艺委会主任交办的其他事项。

第十条　申报程序：

（一）艺委会办公室每年1月和7月受理省属艺术单位艺术投资申报项目。

（二）原则上每单位每次申报1个项目（浙江省文化厅指令性重点创作项目不占名额）。各单位申报的项目，须拥有知识产权和全国性艺术评比申报权，有本单位主创人员参与创作。

（三）申报项目须经本单位艺术委员会论证通过。本单位未组建艺术委员会的，可委托厅艺委会代为论证。

（四）申报项目应附创作文本、主创主演人员名单、本单位艺委会论证意见、经费预算、实施进度计划等相关材料。

（五）艺委会办公室对申报项目进行资格审查，符合申报条件的，提交艺委会工作会议审定。

第十一条　会议程序：

（一）由艺委会办公室事前拟订会议方案，提请艺委会主任办公会议审定。经批准同意后，提前7天向相关艺委会委员发出参会通知并寄送相关会议材料。

（二）召开艺委会全体会议，须有全体委员中三分之二以上委员到会；召开艺委会专题会议，须有实际通知委员三分之二以上委员到会。实际到会人员不足的，由艺委会办公室向艺委会主任或副主任提出会议延期建议。

第十二条　咨询程序：

（一）艺委会委员对全省文化艺术事业发展的意见建议和重大艺术创作题材的建议，由艺委会办公室整理形成会议纪要或委员直接以书面形式反馈咨询意见。

（二）艺委会办公室负责将相关咨询意见汇总后，报艺委会主任审定，供浙江省文化厅决策参考。

第十三条　论证程序：

（一）艺委会论证指令性重点创作项目或省属艺术单位艺术投资申报项目，采取到会委员现场讨论、评议并有记名投票表决的方式。表决选项包括：同意投排、同意立项、不宜立项、回避。

（二）同意投排票达到投票人数三分之二以上的（不含回避票）为论证通过，可以投排（酌情安排艺术投资）。

同意投排、同意立项票达到投票人数三分之二以上的（不含回避票）为立项通过，可以立项（酌情安排部分启动资金），待项目修改提高后再次提交论证。

同意投排、同意立项票达不到投票人数三分之二以上的（不含回避票）不予立项。

（三）论证项目与委员本人或其所在单位有直接利益关系的，该委员须对该项目投回避票。

（四）艺委会办公室对表决投票进行汇总统计，统计结果报艺委会主任审定，供浙江省文化厅决策参考。

（五）艺委会办公室负责将相关创作项目论证意见通报相关申报单位。

第十四条　评估程序：

（一）艺委会办公室组织相关委员，对接受浙江省文化厅艺术投资补助的创作项目，采取现场审看等方式，进行项目评估。

（二）艺委会办公室汇总相关委员的评估意见，形成项目评估报告，报艺委会主任审定。

第十五条 艺委会委员及工作人员不得泄露艺委会全体会议、专题会议或主任办公会议上讨论、表决的事项及相关内容。

第五章 附 则

第十六条 艺委会全体委员须严格遵守本章程，严于律己、恪尽职守，不得滥用职权、弄虚作假。有违反本章程规定的，报经艺委会主任批准同意，解除委员聘任。

第十七条 本章程由浙江省文化厅艺术委员会办公室负责解释。

第十八条 本章程自发布之日起实施。

浙江省文化厅
关于印发《浙江省文化厅规范化综合档案室和数字档案室建设实施方案》的通知

浙文办〔2015〕59号

省文物局，厅机关各处室：

《浙江省文化厅规范化综合档案室和数字档案室建设实施方案》已经厅长办公会议审议通过，现予印发，请遵照执行。

请厅属各单位根据实施方案要求，对本单位档案工作现状进行梳理，制定本单位规范化档案室和数字档案室建设目标和计划，于9月底前报送厅档案室。

请厅机关各处室确定1名熟悉业务工作、责任心较强的同志担任兼职档案员，名单请于9月底前报送厅档案室。

联系人：陈雪，电话：85211813，邮箱：8677982@qq.com。

浙江省文化厅办公室

2015年9月15日

浙江省文化厅规范化综合档案室和数字档案室建设实施方案

为全面贯彻落实省两办《关于加强和改进新形势下档案工作的实施意见》和省直单位档案工作会议、全省数字档案馆（室）建设推进会的精神，加快推进厅机关及厅属单位规范化综合档案室和数字档案室建设，根据《浙江省省直单位档案工作基本规范》和《浙江省数字档案室建设测评标准》，结合我厅实际，制定本方案。

一、工作目标

落实省直单位档案工作会议和全省数字档案馆（室）建设推进会精神，高质量完成“档案室规范化建设”和“数字档案室建设”两项任务，加强档案管理，依法规范厅机关和厅属单位档案工作，推动档案的有效利用，进一步提升档案管理和利用水平。

二、实施范围

厅机关和厅属各单位。

三、工作内容

1.加强档案管理制度建设。厅办公室牵头修订《浙江省文化厅机关档案归档范围和保管期限实施办法》，制订《浙江省文化厅档案工作制度》，提交厅长办公会议审议。厅属各单位要认真梳理本单位档案材料归档范围，规范档案工作制度。

2.实行厅机关档案统一集中管理。根据修订后的《浙江省文化厅机关档案归档范围和保管期限实施办法》,请各处室对以往的业务档案及其他应归档的材料进行整理,并移交厅档案室统一集中管理。确需由处室暂时保管的业务档案,由处室对档案进行清理登记,并将档案清单报送厅档案室。

3.建立档案管理专兼职队伍。一是厅档案室专职档案员负责指导、监督厅机关各处室、厅属各单位档案收集、整理、归档工作,组织培训兼职档案人员,承担厅机关各种门类和载体的档案接收、整理、管理、统计、提供利用和定期移交进馆等工作。二是各处室分别确定1名兼职档案员,负责本处室应归档材料的收集、整理和归档工作。厅属单位结合工作实际确定专兼职档案员。三是加强对厅机关和厅属单位专兼职档案员的业务培训,提升档案工作的业务水平。

4.把档案管理工作纳入年度考核。把档案材料收集、整理和归档工作的完成情况纳入各处室年度考核,各处室要严格按照《浙江省文化厅机关档案归档范围和保管期限实施办法》和《浙江省文化厅档案工作制度》贯彻执行。厅属各单位要加强档案管理工作,制定规范化档案室和数字档案室建设目标和计划。要加大对厅属单位档案工作的考核力度。

5.加大对档案工作的保障力度。实行厅机关档案集中统一管理后,要切实保障档案数字化加工、档案信息系统建设维护、档案设备采购、档案库房安全保障等所需经费,增加档案库房容量,满足实体档案安全存放要求。厅属各单位要配备符合国家标准的档案库房,确保档案工作所需经费、设施设备等,为切实做好档案工作提供保障。

6.加强档案信息化建设工作。厅机关和厅属各单位要加快推进资源建设,在实行各门类档案集中统一管理的基础上,做好归档纸质材料的数字化加工工作。根据电子文件管理的相关规定,对OA上生成的电子文件进行归档。要把档案信息化建设纳入单位信息化建设内容同步设计实施,确保档案信息化所需经费、技术支撑。建立健全单位档案信息化管理制度,加强规范管理。

四、实施步骤

时间	工作内容	责任单位
2015年9月	1.印发《浙江省文化厅规范化综合档案室和数字档案室建设实施方案》; 2.起草《浙江省文化厅档案工作制度》,把电子文件归档、电子档案管理等一并纳入。	厅办公室
	1.梳理本处室文件材料归档范围; 2.确定1名兼职档案员。	厅局机关各处室
	制定本单位规范化档案室和数字档案室建设目标和计划	厅属各单位
2015年10月	1.汇总厅机关各处室文件材料归档范围,明确归档文件材料的保管期限; 2.《浙江省文化厅机关档案归档范围和保管期限实施办法》和《浙江省文化厅档案工作制度》征求各处室意见。 3.会同省艺术档案学会抓好专兼职档案员的业务培训。	厅办公室
2015年11月	《浙江省文化厅机关档案归档范围和保管期限实施办法》和《浙江省文化厅档案工作制度》提交厅长办公会审议。	厅办公室
2015年12月	1.印发《浙江省文化厅机关档案归档范围和保管期限实施办法》和《浙江省文化厅档案工作制度》; 2.会同厅信息中心启动厅OA系统中电子文件归档工作。	厅办公室
2016年1—2月	将档案工作纳入对厅机关各处室的考核,加大对厅属各单位档案工作的考核力度。	厅机关各处室、厅属各单位

续 表

时间	工作内容	责任单位
2016年	整理、移交本处室应归档的文件材料	厅机关各处室
	1.开展对各处室档案整理、移交工作的指导、督促和服务； 2.继续加强对专兼职档案工作人员的业务培训； 3.做好各处室移交档案的接收、归档、数字化加工工作。 4.组织对厅属单位档案工作的交叉检查。	厅办公室
	根据本单位规范化档案室和数字档案室建设目标和计划做好档案工作	厅属各单位

五、工作要求

(一)高度重视,加强配合

厅机关各处室、厅属各单位要高度重视规范化综合档案室和数字档案室建设工作。厅属各单位要加强档案工作领导,把档案工作纳入本单位发展规划和年度工作计划并落实。各处室要配合厅办公室认真梳理本处室文件材料归档范围,做好应归档文件材料的整理、移交工作,确定兼职档案员,加强日常处室档案管理工作。厅办公室要主动开展对各处室档案工作的指导、监督和服务,加强对省级文化系统专兼职档案员的业务培训,提高档案工作业务水平。

(二)明确职责,加强考核

厅属各单位要把规范化综合档案室和数字档案室建设列入议事日程,根据省档案局"到'十三五'末完成档案室规范化建设任务,到2020年,全省县直机关以上、国有企事业单位全部建成数字档案室"的要求,制定规范化档案室和数字档案室建设目标和计划。要把档案工作完成情况纳入厅机关各处室和厅属各单位年度考核内容,加大考核力度。

(三)集中管理,加强保障

一要加大经费保障,确保档案数字化加工、档案信息系统建设维护、档案库房安全保障、档案业务培训等所需经费。二要加大人员保障,建立档案管理专兼职队伍网络。三要加大制度保障,制定档案归档范围,建立健全档案工作各项规章制度,并严格执行。四要加大档案工作安全技术保障,厅信息中心要积极提供安全技术支撑,把档案信息化纳入办公自动化系统同步设计实施。

浙江省文化厅关于公布第二批浙江省传统戏剧之乡名单的通知

浙文非遗〔2015〕30号

各市、县(市、区)文化广电新闻出版局：

为认真贯彻落实《中共中央关于繁荣发展社会主义文艺的实施意见》和《国务院办公厅关于支持戏曲传承发展的若干政策》,以及省委、省政府领导相关重要指示精神,大力促进我省传统戏剧的振兴,推动非物质文化遗产事业发展,传承弘扬优秀传统文化。根据《浙江省传统戏剧之乡申报与命名实施方案》,今年8月,我厅下发了《浙江省文化厅关于开展第二批浙江省传统戏剧之乡申报工作的通知》(浙文函〔2015〕49号),各地根据本地传统戏剧项目的保护传承情况,分别以市、县(市、区)、镇(乡、街道)、村(社区)为单位,积极踊跃地进行了申报。我厅经组织专家委员会认真评审,共评出第二批浙江省传统戏剧之乡共20个,其中,传统戏剧特色县(市、区)8个,传统戏剧特色镇(乡、街道)5个,传统戏剧特色村(社区)7个。经公示后无异议,现予以公布(名单见附件)。

附件:第二批浙江传统戏剧之乡名单

浙江省文化厅

2015年11月6日

附件

第二批浙江传统戏剧之乡名单(20个)

编号	项目名称	申报类别	申报地
1	宁海平调	传统戏剧特色县(市、区)8个	宁海县人民政府
2	永嘉昆曲		永嘉县人民政府
3	平阳木偶戏		平阳县人民政府
4	海盐腔		海盐县人民政府
5	新昌调腔		新昌县人民政府
6	侯阳高腔		东阳市人民政府
7	江山婺剧		江山市人民政府
8	缙云婺剧		缙云县人民政府
9	松阳高腔	传统戏剧特色镇(乡、街道)5个	松阳县玉岩镇人民政府
10	姚剧(姚北摊簧)		慈溪市坎墩街道办事处
11	廿八都木偶戏		江山市廿八都镇人民政府
12	定海布袋木偶戏		舟山市定海区双桥街道办事处
13	三门平调		三门县亭旁镇
14	哑目连戏	传统戏剧特色村(社区)7个	西湖区留下街道东岳社区居民委员会
15	南湖马灯戏		平阳县水头镇南湖前街村
16	项家皮影戏		安吉县孝丰镇大河村
17	武义昆曲		武义县桃溪镇陶村
18	衢州摊簧戏		衢州市衢江区周家乡宋家村
19	岱山布袋木偶戏		岱山县青黑村
20	菇民戏		景宁畲族自治县英川镇英川村

浙江省文化厅关于印发《浙江省文化厅调研工作实施办法》的通知

浙文法〔2015〕37号

各市、县(市、区)文化广电新闻出版局,厅属各单位,厅局机关各处室:

《浙江省文化厅调研工作实施办法》已经厅党组会议研究同意,现印发给你们,请结合实际,认真贯彻执行。

浙江省文化厅

2015年11月30日

浙江省文化厅调研工作实施办法

第一章 总 则

第一条 为进一步加强调研工作管理，提高调研工作质量，推动调研工作规范化、制度化、科学化，根据《文化部调研工作管理办法》(办政法发〔2014〕10 号)和《文化部关于加强文化系统调研工作的意见》(办政法发〔2014〕11号)有关要求，结合我省实际，制定本办法。

第二条 调研工作以邓小平理论、“三个代表”重要思想和科学发展观为指导，深入贯彻落实习近平总书记系列重要讲话精神，紧紧围绕落实中央和省委省政府对文化工作提出的新任务新要求，坚持围绕大局、服务决策，坚持面向基层、面向群众，坚持解放思想、实事求是。

第三条 建立完善的调研工作长效机制，形成省和地方、文化行政部门和文化单位、文化系统内和系统外，协同运作、优势互补、资源互通、成果共享的“大调研”格局。推动调研成果转化为工作思路、工作措施、政策法规，为“文化强省”建设提供智力支持。

第四条 本办法所指调研工作是指由省文化厅组织开展，根据一定时期的中心工作和面临的新情况、新问题确定调研课题，以了解情况、解决问题、促进工作为目的，在限定时间内进行调查研究、提出对策建议的活动。

第二章 工作制度

第五条 建立重大决策调研论证制度。各级文化行政部门和厅属各单位、厅局机关各处室要将调查研究贯穿于文化工作全过程，使其成为决策的必经程序。制订发展规划、出台政策法规、做出重大部署、解决重点难点问题，必须以深入调查研究为前提，做到不调研不决策、先调研后决策。

第六条 建立集中调研制度。每年，省文化厅组织一到两次综合性的集中调研活动，对贯彻落实全省文化工作会议、重点工作进展情况、完成年度目标任务情况、谋划下年度重点工作进行调研。集中调研活动可与督查工作相结合，并由厅党组成员带队，相关处室和单位实施。

第七条 建立调研工作重点联系制度。各级文化行政部门和厅属各单位、厅局机关各处室可选择具有代表性的基层单位作为调研联系点，了解实情，获得第一手资料；可选择具有较强科研能力的机构作为研究基地，就文化领域重大理论和现实问题进行协作攻关；可选择具有示范性、针对性的文化机构作为课题重点联系合作单位，开展联合调研。

第八条 建立调研协作制度。各级文化行政部门和厅属各单位、厅局机关各处室在调研工作中要相互协作，对其他单位(处室)调研课题涉及本业务工作的，及时提供相关文件、资料、数据等，并根据需要安排工作人员参加该课题调研活动。要注重发挥社会力量在调研工作中的作用，支持有关学会、协会等社会团体开展调研活动，邀请专家咨询委员会、高等院校、科研机构的专家学者作为调研成员参与重点调研工作。

第九条 建立调研成果利用转化制度。调研课题责任单位(部门)要及时将调研成果提交单位领导班子会议研究讨论，摘编形成专报供领导参阅。要将通过调研了解的情况、总结的经验作为部署工作、制定政策的依据，将通过调研得出的启示、提出的对策建议转化为推动文化改革发展的战略部署、方针政策、法律法规和重要举措。

第十条 建立调研成果交流共享制度。各级文化行政部门和厅属各单位、厅局机关各处室要积极搭建调研成果交流平台，及时汇总或编印调研成果，每年召开会议，研究总结调研经验。要充分利用网络平台，加大交流推广调查研究经验的力度，推动调研成果共享和调研水平提高。

第三章 课题管理

第十一条 制定调研计划。各级文化行政部门和厅属各单位、厅局机关各处室要根据当地党委政府重大决策部署，结合年度文化工作要点，研究制定调研计划。每年12月份，各级文化行政部门和厅属各单位、厅局机关各处室要提出来年调研课题，内容包括课题名称、课题负责人、执笔人、调研形式、参加人员、调研内容、时间安排、调研单位、完成时间等，报送厅政策法规处汇总，形成全省文化系统年度调研计划。厅属各单位、厅局机关各处室要认真研究确定年度调研工作计划方案，每年至少申报调研课题1个，并责任到人。

第十二条 确定调研课题。各级文化行政部门和厅属各单位、厅局机关各处室要围绕文化改革发展工作或上级交办的任务及根据全省文化发展中的重点问题选定调研课题。

（一）调研课题来源

1.文化部、省委、省政府、省委宣传部及上级有关单位布置的调研课题。

2.省文化厅和当地党委、政府、宣传部及相关厅局布置的调研课题。

3.各级人大、政协提出的建议、意见集中反映的问题。

4.各级党委、政府对文化工作的重大决策部署、中心工作和阶段性重点工作任务，有关文化工作的决策、政策、文件执行落实情况。

5.人民群众来信来访反映强烈以及社会普遍关注的文化工作重点、热点、难点或在工作中发现的问题。

（二）课题研究方向

1.战略性课题。主要研究文化发展战略、宏观调控、带有全局性、方向性的调查研究。

2.政策性课题。主要研究制定文化政策、执行政策和完善政策，为各级党委、政府科学决策文化改革发展提供可靠的依据。

3.阶段性课题。主要研究一定时期文化改革发展的中心工作、重要任务、重大课题的调查研究。

4.专题性课题。主要研究为掌握文化工作某一方面情况或解决某一方面问题所做的调查研究。

5.基本情况课题。主要研究文化行政部门某个单位、部门、行业、领域或某个事件、问题的基本情况、基本面貌、基本特征的调查研究。

（三）调研课题分类

1.重点调研课题。是指研究方向属于文化建设基础性、全局性、战略性、前瞻性的重大理论问题，制约文化改革发展的突出问题，人民群众普遍关心和反映强烈的文化领域热点问题；课题的研究框架合理，视角新颖，具有针对性和可行性。重点调研课题由厅领导主持，相关单位（处室）组织实施。每位厅领导每年至少承担一项重点调研课题。

2.一般调研课题。是指在文化工作实践中遇到的具体问题，由调研单位（处室）责任人或几个人合作，能在短期内取得成果的课题研究。一般调研课题由各单位（处室）提出，由各单位（处室）自行组织实施。

3.临时调研课题。是指上级交办的某项未列入日常调研计划的阶段性调研课题。临时调研课题由相关业务单位（处室）自行负责调研，自行起草报告并上报布置单位。调研课题涉及多个业务单位（处室）的，由承担主要内容的业务单位（处室）汇总后报送。

（四）调研课题确立：

每年1月份，厅党组会议研究厅政策法规处汇总整理的年度调研计划，确定年度调研课题，并确定1个设区市和所辖的1个县（市、区）文广新局作为厅领导挂钩联系点。课题一经确定原则上不得更改，因特殊原因需要变更或终止实施的，重点调研课题由责任人和所在单位（处室）提出书面意见，报请厅领导同意；一般调研课题由责任人和所在单位（处室）提出书面意见，报政策法规处备案。

第十三条 调研组织准备。主要是指确定责任单位（处室）、责任人和提前搜集素材。

厅领导牵头组织的调研，由厅党组会议研究决定成立调研组，由厅领导任组长，牵头单位（处室）负责人任副组长，协助单位（处室）负责人为成员。根据需要，可吸收有关专家、学者参与调研，增强调研成果的科学性、权威性。具体组织工作由牵头单位（处室）负责。各单位（处室）开展的调研，由单位（处室）自行确定责任人、自行组织开展调研。

在正式开展调研之前，调研人员要针对调研课题，通过浏览网络、报刊、媒体等方式，搜集国内外和省内外相关问题的经验做法资料；要学习了解相关的法律、法规及上级的政策文件，研究相关的业务知识，了解调研课题的背景、现状及需要解决的问题等，做到心中有数，带着问题开展调研。

第十四条 制定调研方案。各级文化行政部门和厅属各单位、厅局机关各处室应认真研究制定调研方案，内容包括调研主题、目的、范围、地点、对象、提纲、内容、人员分工、时间、步骤、方式方法和注意事项。调研方案要翔实可行，调研提纲要明确调研的重点和难点，要通过与调研单位的沟通联系，对调研活动开展的时间安排、地点路线选择、调研内容、调研形式、调研人员组成等进行确定，必要时，还需预先准备一些调查表格。

第十五条 调研方式方法。各级文化行政部门和厅属各单位、厅局机关各处室可根据调研目的、内容和对象，采取灵活多样的调研方式，把重点调研与全面调查、实地考察与会议座谈、专题调查与随机抽查、问卷调查与数据统计、明察与暗访等相结合。要善于抓住一个地区、一个方面开展典型调查，充分利用数据库和现代网络信息技术创新调研方式，提高调研的效率。

（一）调研方式

主要有：综合调研、重点调研、普遍调研、典型调研、抽样调研、专题调研、对比调研、统计调研等。

（二）调研方法

主要有：走访调研、座谈调研、个别调研、现场调研、延伸调研、文字调研、问卷调查、电话询问、其他方法等。

第十六条 组织开展调研。各级文化行政部门和厅属各单位、厅局机关各处室应按照调研方案开展调研。调研过程中，要加强与相关单位的协调配合。必要时，可根据调研需要，向相关省、市、县（市、区）或部门拟发调研函，并协调相关单位做好调研活动安排和准备工作。要加强对调研工作的协调和管理，落实人员，明确分工，确保按时优质地完成任务。

第十七条 撰写调研报告。调研报告是反映调研成果的重要载体，每完成一项调研任务都要形成调研报告。每年11月底，各级文化行政部门和厅属各单位、厅局机关各处室要将年度调研计划完成情况和调研报告及时报厅政策法规处。

重点调研课题由各承办、协办单位（处室）分工撰写，牵头单位（处室）负责协调统稿；一般调研课题由一人主笔负责。调研报告要做到：

1.实事求是

调研报告必须坚持实事求是，有喜报喜，有忧报忧。要有情况、有分析、有判断、有建议，符合实际，主题突出，观点明确，文字简洁，措施可行。反映问题的材料必须客观准确，严防误导、失实等现象发生。

2.深挖本质

要在掌握第一手资料和翔实可靠情况的基础上，认真分析、归纳和综合，提炼出具有典型性、能够推广和借鉴的经验启示，不能简单罗列问题或经验，停留于表面的文字表述。

3.操作性强

要善于借鉴外地成功经验，并结合本地实际，深入研究解决问题的新对策、新措施，对拟要解决的问题提出具体且可操作性强的对策建议，对策建议要符合上级要求和客观实际，具体实施部门及相关部门的责任要明确。

4.精益求精

调研报告初稿完成后，由调研课题小组成员集中进行讨论、审改，进一步修改完善，对涉及全局性、战略性、决策性、技术性问题，可邀请有关方面专家、学者进行咨询、论证，对调研报告进行修改，进一步充实、完善。形成送审稿。

第十八条 调研课题报送。各级文化行政部门和厅属各单位、厅局机关各处室应在规定的期限内完成调研报告或课题报送，因故须延期的，应在调研课题报送截止期限前，书面向厅政策法规处提出“调研课题延期申请”，重点调研课题经牵头厅领导同意后按规定延期时间完成调研工作。延期时间一般不超过30天，提出延期申请只能一次，如在延期时限内仍不能完成调研任务的，考核或评审时酌情扣分。

各级文化行政部门和厅属各单位、厅局机关各处室调研课题形成送审稿后，牵头单位（处室）送分管厅领导审阅并提出处理意见，形成定稿后，将调研课题一式六份并以电子文档形式，在规定的期限内报送厅政策法规处。对有深度、有价值的调研成果，牵头单位（处室）可呈报其他厅领导参阅，并及时向中央及省、部级有关刊物推荐。

第十九条 调研成果考评。各级文化行政部门和厅属各单位、厅局机关各处室要把调研工作纳入岗位目标责任考核和个人年终述职范围。调研成果考评实行评审制，每年对前一年度调研成果（各级文化行政部门和厅属各单位、厅局机关各处室报送的调研报告）进行评审，根据调研成果在领导决策中发挥参谋作用的大小，评出资料翔实、论述透彻、对策建议针对性强的优秀调研成果和课题组织周密有序、经费保障有力的优秀单位(处室)。评审可根据课题内容聘请有关专家、学者、相关单位(处室)负责人参加。评审程序为:

(一)初审

厅政策法规处对所提交的调研课题的题目、内容进行预审,符合条件的纳入初评范围。

(二)初评

纳入初评范围的调研课题由厅政策法规处分送评委进行初评。评委根据统一印制的调研课题评审意见表写出评审意见。厅政策法规处根据评委的评审意见,确定进入终评的调研课题。

(三)终评

对进入终评的调研课题由厅党组会进行集体审议,在充分讨论的基础上,确定分别获一、二、三等奖奖项的调研课题。

第二十条 调研成果奖励。对获奖的调研课题和相关单位(处室)给予通报表彰,获奖课题由厅政策法规处按年度汇编成册并根据要求,推荐到中央部委或省里参加调研课题评选。

第二十一条 调研成果转化。各级文化行政部门和厅属各单位、厅局机关各处室要切实加强对调研课题的跟踪反馈工作,促进调研课题成果落到实处,取得实效。领导对调研课题的批示,要求办理的,要跟踪了解有关承办单位办理情况的反馈意见、调研成果被采纳、采用和回复等情况;要跟踪了解调研成果转化为有关部门制定相关政策规定的依据情况,转化为相关文件或领导讲话内容的情况,在具体工作中发挥作用的情况;要跟踪了解调研成果提出的问题和建议解决落实情况或提请有关部门处理情况。

各级文化行政部门和厅属各单位、厅局机关各处室要及时摘编调研成果报厅政策法规处。厅政策法规处要积极推动调研成果的交流共享,选摘优秀调研成果在《浙江文化月刊》、文化厅简报或门户网站和相关媒体上予以发布,组织成果交流。

调研工作结束后要将重点调研课题或综合调研中的有关原始资料、抽样表册、编发的内刊等整理后,分门别类、编制目录、归档备查。

第四章 组织领导

第二十二条 省文化厅党组统一领导全省文化系统调研工作,指导全省文化系统开展调研。各级文化行政部门和厅属各单位、厅局机关各处室要切实加强组织领导,把调研工作列入重要议事日程,与各项业务工作同部署、同推进、同考核。厅属各单位、厅局机关各处室主要领导要对本单位(处室)调研工作负总责。

领导班子成员每年下基层调研时间依照中共中央办公厅《关于推进学习型党组织建设的意见》和省委省政府、当地党政部门的相关规定执行。各级文化行政部门和厅属各单位、厅局机关各处室负责人要身体力行,率先垂范,深入基层,调研情况,指导工作,解决实际问题。厅领导每年深入实际、深入基层、深入群众进行调研的时间原则上不少于20天,处级领导干部(特殊岗位除外)不少于25天,其他机关干部(特殊岗位除外)不少于30天。

第二十三条 各级文化行政部门和厅属各单位、厅局机关各处室要指定专门部门或人员负责调研工作的组织、协调和综合管理,尤其要加强重点调研课题的跟踪指导和调研力量的统筹整合。要加强与相关部门的沟通,加大对下级文化行政部门调研工作的指导,引导具有科研性质的文化单位紧密配合调研工作的总体部署开展相关研究工作,推动部门间、区域间的联动协作,整合资源,形成合力。

省文化厅由政策法规处负责调研工作的综合管理,做好调研活动组织、调研计划制定、课题任务审核和实施、课题报告汇总和评审、优秀调研报告评比公布以及优秀调研报告汇编成册等工作。主要职责是:

(一)建立健全调查研究工作制度;

(二)提出开展调查研究工作建议,编制汇总年度调研课题计划、调研成果,评选、编印优秀调研报告及文集;

(三)统筹协调综合性调研活动,指导和督促实施;

(四)开展调研工作交流和培训,向有关部门争取调研课题项目,推荐优秀调研成果;

(五)通报年度调研工作完成情况,促进调研成果转化和推广。

第二十四条 各级文化行政部门和厅属各单位、厅局机关各处室负责本单位(业务领域)调研工作的计划、组织和实施。主要职责是:

(一)负责与职责相关的调查研究工作;

(二)提出年度调研选题,拟定调研工作方案;

（三）组织开展专题调研，形成调研成果；

（四）及时报送调研信息和成果；

（五）推动调研成果转化；

（六）落实厅领导交办的调研任务。

各级文化行政部门和厅属各单位、厅局机关各处室要选配理论素质好、写作水平高、协调能力强的同志负责本单位（处室）调研管理工作。

第二十五条 各级文化行政部门和厅属各单位、厅局机关各处室要把调研工作所需经费作为必要开支列入年度预算，省文化厅为厅机关调研工作提供经费保障。对列入省文化厅年度重点调研课题和上级部门要求完成的课题，要予以重点安排，确保资金落实到位。调研经费的管理和使用，应当严格遵守有关规章制度。要进一步改善调研条件和手段，在工作场所、办公设备、图书资料等方面提供必要的保证。

第二十六条 调查研究工作要密切联系群众，深入基层、深入一线，防止走马观花、蜻蜓点水式的调研。调研期间，不得随意表态。调研内容涉密的，严格遵守相关保密工作制度。调研时要认真践行“三严三实”，严格遵守省委省政府和文化厅贯彻落实中央“八项规定”的具体措施，做到轻车简从、减少陪同、简化接待，不得接受下级部门和调研对象赠送的礼品或土特产，不得借调研之名大吃大喝或参与各种形式的娱乐活动。除工作需要外，不得去名胜古迹、风景区参观。

第二十七条 人员培养

1.加强培训。省文化厅定期举办调研人员培训班或会议，重点培训调研理论、方法和能力，同时进行信息交流。各地也要给调研人员提供培训机会。

2.实行交流。各级文化行政部门可选派调研人员到省文化厅边挂职边培训，省文化厅也可以选派调研人员到各地参与课题研究。

3.自主学习。调研人员要通过理论学习、业务培训、工作交流等多种形式，进一步提高自身的调研能力。

第五章 附　　则

第二十八条 各级文化行政部门和厅属各单位可按照本办法，制定完善本单位调研工作实施办法。

第二十九条 本办法实施中所涉及具体问题由厅政策法规处负责解释。

第三十条 本办法自发布之日起施行，《浙江省文化厅调查研究工作制度（试行）》（浙文办〔2008〕14号）《浙江省文化厅调查研究制度》（浙文办〔2013〕59号）同时废止，保留《浙江省文化厅领导干部联系基层制度》（浙文办〔2013〕59号）。此前发布的有关规定与本办法不一致的，以本办法为准。

浙江省文化厅关于成立浙江图书馆理事会的通知

浙文公共〔2015〕46号

省文物局，厅属各单位，厅机关各处室：

为深入贯彻党的十八届三中全会精神，进一步深化文化事业单位管理体制和运行机制改革，建立健全法人治理结构，根据文化部公共文化机构法人治理结构试点工作要求，决定成立浙江图书馆理事会，理事会组成人员名单如下（按姓氏笔画）：

王水福　西子联合控股有限公司董事长

仲建忠　浙江省文化厅公共文化处副处长

许　婷　浙江卫视首席主播

李方正　浙江大学人文学院中文系在校研究生

张涌泉　浙江大学文科资深教授、学者

陈三联　浙江省律师协会秘书长

陈　谊　浙江图书馆古籍部职员

季良纲　浙江省科学技术协会科普部副部长

钟桂松　浙江省政协文化卫生体育委员会主任

袁　敏　浙江省作家协会副主席、著名作家
徐晓军　浙江图书馆馆长
雷祥雄　浙江图书馆党委书记
潘丽敏　云和县图书馆馆长

本届理事会任期三年。

浙江省文化厅
2015 年 12 月 21 日

统计资料

ZHEJIANG CULTURE YEARBOOK

机构数、从业人员

（甲）		总计						按执行会计						
		机构数（个）	从业人员数（人）					事业						机构数（个）
				专业技术人才				机构数（个）	从业人员数（人）					
					正高级职称	副高级职称	中级职称			专业技术人才				
											正高级职称	副高级职称	中级职称	
（甲）		1	2	3	4	5	6	7	8	9	10	11	12	13
总计	A	16938	166063	22166	776	2093	4391	2188	27085	12167	705	1916	3991	14750
一、文化合计	B	16550	157742	19676	587	1694	3433	1813	18947	9763	518	1525	3063	14737
艺术表演团体	C	1024	31525	11185	267	674	1000	43	2513	2121	208	522	737	981
其中：公有制艺术表演团体	D	66	3961	3135	267	674	1000	43	2513	2121	208	522	737	23
艺术表演场馆	E	308	4374	1247	6	169	251	43	894	522	3	161	192	265
其中：公有制艺术表演场馆	F	68	1606	692	6	169	251	43	894	522	3	161	192	25
公共图书馆	G	100	3577	2108	55	277	993	100	3577	2108	55	277	993	
文化馆	H	102	2194	1805	121	347	717	102	2194	1805	121	347	717	
文化站	I	1315	4804	2117				1315	4804	2117				
其中：乡镇综合文化站	J	916	3224	1521				916	3224	1521				
艺术展览创作机构	K	10	137	67	8	8	32	10	137	67	8	8	32	
其中：美术馆	L	7	119	63	8	6	30	7	119	63	8	6	30	
艺术教育业	M	6	1129	747	89	171	298	6	1129	747	89	171	298	
文化科研机构	N	7	139	115	26	18	25	7	139	115	26	18	25	
文化市场经营机构（不包括非公有制院团和场馆）	O	13427	104654											13427
文化行政主管部门	P	103	2495					103	2495					
其他文化机构	Q	148	2714	285	15	30	117	84	1065	161	8	21	69	64
其中：文化市场执法机构	R	56	863	59			21	56	863	59			21	
二、文物合计	S	388	8321	2490	189	399	958	375	8138	2404	187	391	928	13
博物馆	T	224	4516	1567	115	253	607	224	4516	1567	115	253	607	
文物保护管理机构	U	96	2668	747	44	116	296	96	2668	747	44	116	296	
文物科研机构	V	5	166	82	24	20	24	5	166	82	24	20	24	
文物商店	W	9	91	22		1	9							9
其他文物机构	X	54	880	72	6	9	22	50	788	8	4	2	1	4

数综合年报(总表)

制度分类					按单位所属部门分类											
企　　业					文化部门						其他部门					
从业人员数(人)					机构数(个)	从业人员数(人)					机构数(个)	从业人员数(人)				
	专业技术人才						专业技术人才						专业技术人才			
		正高级职　称	副高级职　称	中级职称				正高级职　称	副高级职　称	中级职称				正高级职　称	副高级职　称	中级职称
14	15	16	17	18	19	20	21	22	23	24	25	26	27	28	29	30
138978	9999	71	177	400	2181	29034	12888	754	1925	4214	14759	137047	9279	22	168	177
138795	9913	69	169	370	1910	22057	10688	587	1553	3337	14640	135685	8988		141	96
29012	9064	59	152	263	57	3671	2995	267	674	996	967	27854	8190			4
1448	1014	59	152	263	57	3671	2995	267	674	996	9	290	140			4
3480	725	3	8	59	65	1305	451	6	30	159	243	3069	796		139	92
712	170	3	8	59	65	1305	451	6	30	159	3	301	241		139	92
					100	3577	2108	55	277	993						
					102	2194	1805	121	347	717						
					1315	4804	2117									
					916	3224	1521									
					9	123	65	8	6	32	1	14	2		2	
					7	119	63	8	6	30						
					6	1129	747	89	171	298						
					7	139	115	26	18	25						
104654											13427	104654				
					103	2495										
1649	124	7	9	48	146	2620	285	15	30	117	2	94				
					56	863	59			21						
183	86	2	8	30	271	6977	2200	167	372	877	119	1362	291	22	27	81
					110	3197	1278	93	226	526	116	1337	290	22	27	81
					94	2658	747	44	116	296	2	10				
					5	166	82	24	20	24						
91	22		1	9	9	91	22		1	9						
92	64	2	7	21	53	865	71	6	9	22	1	15	1			

机构数、从业人员数

按执行会计

		总计						事业						
		机构数(个)	从业人员数(人)					机构数(个)	从业人员数(人)					机构数(个)
				专业技术人才						专业技术人才				
					正高级职称	副高级职称	中级职称				正高级职称	副高级职称	中级职称	
(甲)		1	2	3	4	5	6	7	8	9	10	11	12	13
总计	1	16938	166063	22166	776	2093	4391	2188	27085	12167	705	1916	3991	14750
一、文化合计	2	1925	22756	11071	587	1694	3433	1813	18947	9763	518	1525	3063	112
公有制艺术表演团体	3	66	3961	3135	267	674	1000	43	2513	2121	208	522	737	23
公有制艺术表演场馆	4	68	1606	692	6	169	251	43	894	522	3	161	192	25
公共图书馆	5	100	3577	2108	55	277	993	100	3577	2108	55	277	993	
文化馆	6	102	2194	1805	121	347	717	102	2194	1805	121	347	717	
文化站	7	1315	4804	2117										
其中:乡镇综合文化站	8	916	3224	1521				916	3224	1521				
艺术展览创作机构	9	10	137	67	8	8	32	10	137	67	8	8	32	
其中:美术馆	10	7	119	63	8	6	30	7	119	63	8	6	30	
艺术教育业	11	6	1129	747	89	171	298	6	1129	747	89	171	298	
文化科研机构	12	7	139	115	26	18	25	7	139	115	26	18	25	
文化行政主管部门	13	103	2495					103	2495					
其他文化机构	14	148	2714	285	15	30	117	84	1065	161	8	21	69	64
其中:文化市场执法机构	15	56	863	59			21	56	863	59			21	
二、文物合计	16	388	8321	2490	189	399	958	375	8138	2404	187	391	928	13
博物馆	17	224	4516	1567	115	253	607	224	4516	1567	115	253	607	
文物保护管理机构	18	96	2668	747	44	116	296	96	2668	747	44	116	296	
文物科研机构	19	5	166	82	24	20	24	5	166	82	24	20	24	
文物商店	20	9	91	22		1	9							9
其他文物机构	21	54	880	72	6	9	22	50	788	8	4	2	1	4
三、市场合计	22	14625	134986	8605										14625
娱乐场所	23	4860	64099											4860
互联网上网服务营业场所(网吧)	24	8037	29868											8037
非公有制艺术表演团体	25	958	27564	8050										958
非公有制艺术表演场馆	26	240	2768	555										240
经营性互联网文化单位	27	167	8610											167
艺术品经营机构	28	286	828											286
演出经纪机构	29	77	1249											77

综合年报(总表)(市场)

制度分类					按单位所属部门分类											
企业					文化部门						其他部门					
从业人员数(人)					机构数(个)	从业人员数(人)					机构数(个)	从业人员数(人)				
	专业技术人才						专业技术人才						专业技术人才			
		正高级职称	副高级职称	中级职称				正高级职称	副高级职称	中级职称				正高级职称	副高级职称	中级职称
14	15	16	17	18	19	20	21	22	23	24	25	26	27	28	29	30
138978	9999	71	177	400	2181	29034	12888	754	1925	4214	14759	137047	9279	22	168	177
3809	1308	69	169	370	1910	22057	10688	587	1553	3337	15	699	383		141	96
1448	1014	59	152	263	57	3671	2995	267	674	996	9	290	140			4
712	170	3	8	59	65	1305	451	6	30	159	3	301	241		139	92
					100	3577	2108	55	277	993						
					102	2194	1805	121	347	717						
					1315	4804	2117									
					916	3224	1521									
					9	123	65	8	6	32	1	14	2		2	
					7	119	63	8	6	30						
					6	1129	747	89	171	298						
					7	139	115	26	18	25						
					103	2495										
1649	124	7	9	48	146	2620	285	15	30	117	2	94				
					56	863	59			21						
183	86	2	8	30	271	6977	2200	167	372	877	119	1362	291	22	27	81
					110	3197	1278	93	226	526	116	1337	290	22	27	81
					94	2658	747	44	116	296	2	10				
					5	166	82	24	20	24						
91	22		1	9	9	91	22		1	9						
92	64	2	7	21	53	865	71	6	9	22	1	15	1			
134986	8605										14625	134986	8605			
64099											4860	64099				
29868											8037	29868				
27564	8050										958	27564	8050			
2768	555										240	2768	555			
8610											167	8610				
828											286	828				
1249											77	1249				

民族自治地方文化机构数、

		总计						按执行会计						
		机构数（个）	从业人员数（人）					事业						机构数（个）
				专业技术人才				机构数（个）	从业人员数（人）					
										专业技术人才				
					正高级职称	副高级职称	中级职称				正高级职称	副高级职称	中级职称	
（甲）		1	2	3	4	5	6	7	8	9	10	11	12	13
总计	A	54	530	153	7	7	16	27	127	68	6	7	12	27
一、文化合计	B	52	506	140	6	4	13	25	103	55	5	4	9	27
艺术表演团体	C	9	286	85	1		4							9
其中：公有制艺术表演团体	D	1	29	14	1		4							1
艺术表演场馆	E													
其中：公有制艺术表演场馆	F													
公共图书馆	G	1	16	10	1	1	5	1	16	10	1	1	5	
文化馆	H	1	14	14	4	3	3	1	14	14	4	3	3	
文化站	I	21	45	29				21	45	29				
其中：乡镇综合文化站	J	20	42	26				20	42	26				
艺术展览创作机构	K													
其中：美术馆	L													
艺术教育业	M													
文化科研机构	N													
文化市场经营机构（不包括非公有制院团和场馆）	O	18	117											18
文化行政主管部门	P	1	26					1	26					
其他文化机构	Q	1	2	2			1	1	2	2			1	
其中：文化市场执法机构	R													
二、文物合计	S	2	24	13	1	3	3	2	24	13	1	3	3	
博物馆	T	1	19	8		2	1	1	19	8		2	1	
文物保护管理机构	U	1	5	5	1	1	2	1	5	5	1	1	2	
文物科研机构	V													
文物商店	W													
其他文物机构	X													

从业人员数综合年报

制度分类					按单位所属部门分类											
企业					文化部门						其他部门					
从业人员数(人)					机构数(个)	从业人员数(人)					机构数(个)	从业人员数(人)				
	专业技术人才						专业技术人才						专业技术人才			
		正高级职称	副高级职称	中级职称				正高级职称	副高级职称	中级职称				正高级职称	副高级职称	中级职称
14	15	16	17	18	19	20	21	22	23	24	25	26	27	28	29	30
403	85	1		4	28	156	82	7	7	16	26	374	71			
403	85	1		4	26	132	69	6	4	13	26	374	71			
286	83	1		4	1	29	14	1		4	8	257	71			
29	14	1		4	1	29	14	1		4						
					1	16	10	1	1	5						
					1	14	14	4	3	3						
					21	45	29									
					20	42	26									
117																
					1	26										
					1	2	2			1						
					2	24	13	1	3	3						
					1	19	8		2	1						
					1	5	5	1	1	2						

民族自治地方文化机构数、从业

		总计						按执行会计						
		机构数(个)	从业人员数(人)					事业						机构数(个)
				专业技术人才				机构数(个)	从业人员数(人)					
					正高级职称	副高级职称	中级职称			专业技术人才	正高级职称	副高级职称	中级职称	
(甲)		1	2	3	4	5	6	7	8	9	10	11	12	13
总计	1	54	530	153	7	7	16	27	127	68	6	7	12	27
一、文化合计	2	26	132	69	6	4	13	25	103	55	5	4	9	1
公有制艺术表演团体	3	1	29	14	1		4							1
公有制艺术表演场馆	4													
公共图书馆	5	1	16	10	1	1	5	1	16	10	1	1	5	
文化馆	6	1	14	14	4	3	3	1	14	14	4	3	3	
文化站	7	21	45	29				21	45	29				
其中:乡镇综合文化站	8	20	42	26				20	42	26				
艺术展览创作机构	9													
其中:美术馆	10													
艺术教育业	11													
文化科研机构	12													
文化行政主管部门	13	1	26					1	26					
其他文化机构	14	1	2	2			1	1	2	2			1	
其中:文化市场执法机构	15													
二、文物合计	16	2	24	13	1	3	3	2	24	13	1	3	3	
博物馆	17	1	19	8		2	1	1	19	8		2	1	
文物保护管理机构	18	1	5	5	1	1	2	1	5	5	1	1	2	
文物科研机构	19													
文物商店	20													
其他文物机构	21													
三、市场合计	22	26	374	71										26
娱乐场所	23	9	77											9
互联网上网服务营业场所(网吧)	24	9	40											9
非公有制艺术表演团体	25	8	257	71										8
非公有制艺术表演场馆	26													
经营性互联网文化单位	27													
艺术品经营机构	28													
演出经纪机构	29													

人员数综合年报(市场)

制度分类					按单位所属部门分类											
企业					文化部门						其他部门					
从业人员数(人)					机构数(个)	从业人员数(人)					机构数(个)	从业人员数(人)				
	专业技术人才						专业技术人才						专业技术人才			
		正高级职称	副高级职称	中级职称				正高级职称	副高级职称	中级职称				正高级职称	副高级职称	中级职称
14	15	16	17	18	19	20	21	22	23	24	25	26	27	28	29	30
403	85	1		4	28	156	82	7	7	16	26	374	71			
29	14	1		4	26	132	69	6	4	13						
29	14	1		4	1	29	14	1		4						
					1	16	10	1	1	5						
					1	14	14	4	3	3						
					21	45	29									
					20	42	26									
					1	26										
					1	2	2			1						
					2	24	13	1	3	3						
					1	19	8		2	1						
					1	5	5	1	1	2						
374	71										26	374	71			
77											9	77				
40											9	40				
257	71										8	257	71			

文化部门机构(文化、文物)

(甲)		本年收入合计(千元)	财政补贴收入	基建拨款	上级补助收入	事业收入	经营收入	附属单位上缴收入	其他收入	本年支出	基本支出	项目支出
		1	2	3	4	5	6	7	8	9	10	11
总计	A	10974307	7175366	602021	450982	700206	78333	1118	2568302	10450032	4119725	5184266
一、文化合计	B	8159607	5250087	367840	269901	206281	75434	504	2357400	7729949	2997071	3689979
艺术表演团体	C	867446	633439		24876	85244			123887	789434	390073	225981
艺术表演场馆	D	353796	134513	1770	7757	42681	19002	310	149533	339678	113791	52997
公共图书馆	E	996216	946257	93858	17476	12059	2004	114	18306	1003376	471172	530171
文化馆	F	717909	631259	3	30444	22956			33250	703719	419796	284211
文化站	G	1232628	1049010	196208	146720				36898	1231598	560863	642630
其中:乡镇综合文化站	H	811537	681692	152529	105230				24615	799114	344114	431274
艺术展览创作机构	I	72411	62434		50	9552			375	73818	19368	54450
其中:美术馆	J	71901	61974			9552			375	73227	18842	54385
艺术教育业	K	636308	548041		41570	32812	762		13123	510419	237861	271754
文化科研机构	L	133041	77744	42775		625	53666		1006	132822	29241	50545
文化行政主管部门	M	2156278	858872						1297406	2065713	588021	1477692
其他文化机构	N	993574	308518	33226	1008	352		80	683616	879372	166885	99548
其中:文化市场执法机构	O	164232	162865	1471	186	1			1180	163939	142237	21702
二、文物合计	P	2814700	1925279	234181	181081	493925	2899	614	210902	2720083	1122654	1494287
博物馆	Q	1042527	844597	119489	105726	41793	550	80	49781	1022692	371804	648183
文物保护管理机构	R	1091964	570965	102992	74286	417321	2349	534	26509	1042372	607202	433338
文物科研机构	S	86630	48849		1069	34811			1901	84465	53595	30870
文物商店	T	26982	91						26891	20565		
其他文物机构	U	566597	460777	11700					105820	549989	90053	381896

经费收支情况年报

合计（千元）											资产总计（千元）	
经营支出	工资福利支出	在支出合计中										
		商品和服务支出					对个人和家庭补助支出		其他资本性支出			
			差旅费	劳务费	福利费	各种税金支出		抚恤金和生活补助		各种设备购置费		固定资产原价
12	13	14	15	16	17	18	19	20	21	22	23	24
94424	2304788	3920318	69770	389600	70077	35298	851392	22166	1816722	646966	22681156	14302484
90881	1737538	2678967	53862	290126	46757	12194	668044	20337	1388966	597066	15550674	10200989
	267492	192620	17466	59803	5192	1834	93738	1886	62204	18134	1084263	555141
17762	55649	82878	1930	10543	2141	6245	31919	611	13898	1695	744777	639538
2033	324687	250196	4926	36361	9907	871	84366	530	343359	249762	2770584	2323828
	250369	286498	7078	61511	6590	478	104939	2990	56443	17595	692085	489780
17226	241334	558903					41529	3140	416377	119357	3787525	3212916
13914	163695	345084					27318	2593	238122	38749	2917482	2432023
	13649	50200	577	10748	574	341	1325		8644	1636	598561	467341
	13415	49879	575	10718	559	341	1310		8623	1636	597687	467283
804	140812	125476	4077	36440	7807	124	63260	1698	180067	160254	747052	514668
53036	19556	57021	1209	2974	571	1699	12725	25	43520	401	253843	52615
	304167	993606	14655	64259	11043	317	210348	8724	255978	24310	1304240	600311
20	119823	81569	1944	7487	2932	285	23895	733	8476	3922	3567744	1344851
	102495	34444	1398	2565	2559	90	20789	723	6197	3021	47462	37510
3543	567250	1241351	15908	99474	23320	23104	183348	1829	427756	49900	7130482	4101495
1711	231790	415338	7331	47350	6974	2521	57263	667	248684	26247	2811452	1846418
1832	265740	429387	4141	29194	11185	19935	101227	300	147056	13916	3837396	1985830
	17734	57121	2567	14270	839	566	4949		4661	2532	40430	33786
											84761	21522
	51986	339505	1869	8660	4322	82	19909	862	27355	7205	356443	213939

行政、事业单位主要

（甲）		机构数（个）	从业人员（人）	本年收入合计（千元）								本年支出	
					财政补贴收入		上级补助收入	事业收入	经营收入	附属单位上缴收入	其他收入		基本支出
						基建拨款							
（甲）		1	2	3	4	5	6	7	8	9	10	11	12
总　计	A	2188	27104	10027014	7105224	602021	472237	713434	105835	1492	1628792	9732858	4238141
文化艺术服务	B	1959	21701	6466407	5002128	557095	429039	680270	104650	1138	249182	6399094	3162564
文艺创作与表演	C	46	2531	693231	560025		24926	85249			23031	619058	391195
其中：艺术表演团体	D	43	2513	688507	555352		24876	85249			23030	616056	390075
艺术表演场馆	E	43	894	237780	118128	1770	7757	51211	19002	310	41372	230495	154969
文物及非物质文化遗产保护	F	110	2761	1125728	603462	102992	75018	417491	2349	534	26874	1083497	617944
博物馆、纪念馆	G	224	4516	1171343	905420	119489	125629	46316	27629	180	66169	1236837	444947
图书馆	H	100	3577	996216	946257	93858	17476	12059	2004	114	18306	1003376	471172
群众文化	I	1417	6998	1950537	1680269	196211	177164	22956			70148	1935317	980659
美术馆	J	7	119	71901	61974			9552			375	73227	18842
社会人文科学研究	K	12	305	219671	126593	42775	1069	35436	53666		2907	217287	82836
文化社会团体	L												
其他文化艺术	M												
艺术教育	N	6	1129	636308	548041		41570	32812	762		13123	510419	237861
文化、文物行政主管部门	O	151	3265	2671615	1314387	11700					1357228	2576313	674264
文化文物行政执法机构	P	57	872	167374	166007	1471	186	1			1180	166608	144310
其他	Q	15	137	85310	74661	31755	1442	351	423	354	8079	80424	19142

企业单位主要财务

（甲）		机构数（个）	从业人员（人）	资产、负债、所有者权益（千元）							损益		
				资产总计			负债合计	所有者权益总计			营业收入		营业
					固定资产原价	当年提取的折旧总额			实收资本			主营业务收入	
										国家资本金			
（甲）		1	2	3	4	5	6	7	8	9	10	11	12
总　计	A	14750	138978	35582428	845365	59897	1365166	2059739	1182255	709271	21428285	9897339	16909387
文化艺术业	B	1246	32492	3218134	393429	24946	266369	354610	227574	212844	2013924	1627195	1852198
文艺创作与表演	C	981	29012	1416651	182315	18462	128868	269802	157560	144560	1558696	1501354	1341518
艺术表演场馆	D	265	3480	1801483	211114	6484	137501	84808	70014	68284	455228	125841	510680
文化休闲娱乐服务	E	13427	104654	29560368							18640096	7725093	14362567
娱乐场所	F	4860	64099	10553102							7125643		5879010
互联网上网服务营业场所（网吧）	G	8037	29868	4669779							3000396		2191812
动漫企业服务	H	20	1018	1192022	69758	13182	459277	732745	424759		476018	475388	402803
文化用品、设备及相关文化产品的生产与销售	I	12	91	88202	24769	687	34460	53742	13191	13161	26411	23785	20758
其中：文物商店	J	9	91	84761	21522	514	31541	53220	12178	12178	26409	23785	20532
其他	K	45	723	1523702	357409	21082	605060	918642	516731	483266	271836	45878	271061

财务指标综合表

合计(千元)												资产总计(千元)		增加值(千元)
项目支出	经营支出	在支出合计中											固定资产原价	
		工资福利支出	商品和服务支出					对个人和家庭补助支出		其他资本性支出				
				差旅费	劳务费	福利费	各种税金支出		抚恤金和生活补助		各种设备购置费			
13	14	15	16	17	18	19	20	21	22	23	24	25	26	27
5301847	136203	2374551	4007735	72492	396240	72708	36724	869858	22978	1866879	650270	21042858	14405105	4390688
3088320	135042	1762902	2483893	50277	281919	46728	35946	553336	10913	1395299	454626	17754277	12179542	3236622
227863		268103	194869	17478	59962	5217	1834	93787	1886	62299	18134	732295	379485	448672
225981		267493	192620	17466	59803	5192	1834	93738	1886	62205	18134	690023	375596	447672
57584	17762	80127	89091	1990	11931	2940	6280	43832	1357	17059	3578	973735	596825	173840
463701	1852	272832	447111	4476	31734	11391	19965	102575	300	147387	13963	3870161	2010239	573643
746360	43133	274745	493204	9978	52458	8714	3912	63324	685	295571	27668	4035932	2612785	512643
530171	2033	324687	250196	4926	36361	9907	871	84366	530	343359	249762	2770584	2323828	549001
926841	17226	491703	845401	7078	61511	6590	478	146468	6130	472820	136952	4479610	3702696	852671
54385		13415	49879	575	10718	559	341	1310		8623	1636	597687	467283	45071
81415	53036	37290	114142	3776	17244	1410	2265	17674	25	48181	2933	294273	86401	81081
271754	804	140812	125476	4077	36440	7807	124	63260	1698	180067	160254	747052	514668	276130
1858550		353294	1332077	16335	72755	15199	399	229703	9586	282932	31180	1567842	807262	695095
22298		103937	35008	1506	2588	2648	90	21117	723	6532	3356	50676	39456	131333
60925	357	13606	31281	297	2538	326	165	2442	58	2049	854	923011	864177	51508

指标综合表

(千元)									工资、福利费、税金(千元)			增加值(千元)
成本				营业利润	营业外收入		营业外支出	利润总额	本年发放工资总额	本年支付的职工福利费	本年应交税金总额	
养老、医疗、失业等各种社会保险费	住房公积金和住房补贴	差旅费	工会经费			政府补助						
13	14	15	16	17	18	19	20	21	22	23	24	25
455708	67293	55029	10428	4518899	514819	326855	5405	5028313	5029843	76821	1264823	9732562
63497	8164	6004	2143	161728	202128	168609	1487	362369	1025887	8269	68643	1558281
47244	5020	5380	1572	217179	127880	103727	287	344772	880110	6178	38335	1315104
16253	3144	624	571	−55451	74248	64882	1200	17597	145777	2091	30308	243177
371973	53600	43358	7454	4277528	238349	113084		4515877	3884043	61379	1133075	7774563
165649				1246633				1246633	1852422		386974	3753191
66080				808584				808584	867694		86920	1864896
10403	1878	3251	210	73215	43148	29555	715	115648	70616	2016	29869	241232
939	217	403	81	5653	573	91	33	6193	4438	389	1219	14288
939	217	403	81	5877	573	91	33	6417	4438	389	1219	14115
8896	3434	2013	540	775	30621	15516	3170	28226	44859	4768	32017	144198

企业单位主要财务

		机构数（个）	从业人员（人）	资产、负债、所有者权益（千元）							损益		
				资产总计			负债合计	所有者权益总计			营业收入		营业
					固定资产原价	当年提取的折旧总额			实收资本			主营业务收入	
										国家资本金			
（甲）		1	2	3	4	5	6	7	8	9	10	11	12
总　　计	1	14750	138978	35582428	845365	59897	1365166	2059739	1182255	709271	21428285	9897339	16909387
文化艺术业	2	48	2160	620979	393429	24946	266369	354610	227574	212844	213934	126993	345537
文艺创作与表演	3	23	1448	398670	182315	18462	128868	269802	157560	144560	97959	81251	183410
艺术表演场馆	4	25	712	222309	211114	6484	137501	84808	70014	68284	115975	45742	162127
动漫企业服务	5	20	1018	1192022	69758	13182	459277	732745	424759		476018	475388	402803
文化用品、设备及相关文化产品的生产与销售	6	12	91	88202	24769	687	34460	53742	13191	13161	26411	23785	20758
其中：文物商店	7	9	91	84761	21522	514	31541	53220	12178	12178	26409	23785	20532
其他文化	8	45	723	1523702	357409	21082	605060	918642	516731	483266	271836	45878	271061
市场合计	9	14625	134986	32157523							20440086	9225295	15869228
娱乐场所	10	4860	64099	10553102							7125643		5879010
互联网上网服务营业场所（网吧）	11	8037	29868	4669779							3000396		2191812
非公有制艺术表演团体	12	958	27564	1017981							1460737	1420103	1158108
非公有制艺术表演场馆	13	240	2768	1579174							339253	80099	348553
经营性互联网文化单位	14	167	8610	11990396							7904694	7725093	5714199
艺术品经营机构	15	286	828	394424							108767		89850
演出经纪机构	16	77	1249	1952667							500596		487696

文化（文物）机构基本建设投资

		项目个数（个）	计划总投资（千元）	建筑面积（万平方米）	本年资金来源							
							本年资金					
						上年结合资金		国家预算内资金			国内贷款	债券
									中央	省级	地市级		
（甲）		1	2	3	4	5	6	7	8	9	10	11	12
总　　计	A	123	9565624	103.903	1614068	8484774	965455	668989	5800	118182	483577	5000	19760
文化合计	B	85	4265789	76.239	1290080	8407117	719124	457638		27347	385260	5000	19760
艺术表演团体	C	1	302551	2.508	183288	191728	－8440	－8440		－8440			
艺术表演场馆	D	1	2490	0.415	2541	2100	441	441			441		
公共图书馆	E	11	1249400	22.464	144505	19830	124675	119675			119675	5000	
文化馆	F	2	13618	0.477	1603	570	1033	1033		1030	3		
文化站	G	26	591041	13.035	249246	1870	247376	97806		1305	75720		
艺术教育机构	H	2	59830	2.832	66541		66541	63641			63641		
其他	I	42	2046859	34.508	642356	8191019	287498	183482		33452	125780		19760
文物合计	J	38	5299835	27.664	323988	77657	246331	211351	5800	90835	98317		
文物科研机构	K												
文物保护管理机构	L	17	858065	8.566	64076	2715	61361	61361	5800	520	55041		
博物馆	M	17	4301664	16.871	211844	74742	137102	120702		73715	30588		
文物商店	N												
其他	O	4	140106	2.227	48068	200	47868	29288		16600	12688		

指标综合表(市场)

(千元)									工资、福利费、税金(千元)			增加值(千元)
成本				营业利润	营业外收入		营业外支出	利润总额	本年发放工资总额	本年支付的职工福利费	本年应交税金总额	
养老、医疗、失业等各种社会保险费	住房公积金和住房补贴	差旅费	工会经费			政府补助						
13	14	15	16	17	18	19	20	21	22	23	24	25
455708	67293	55029	10428	4518899	514819	326855	5405	5028313	5029843	76821	1264823	9732562
20942	8164	6004	2143	−131603	145157	128137	1487	12067	127694	8269	17678	217690
14424	5020	5380	1572	−85451	92182	78153	287	6444	85074	6178	5769	138849
6518	3144	624	571	−46152	52975	49984	1200	5623	42620	2091	11909	78841
10403	1878	3251	210	73215	43148	29555	715	115648	70616	2016	29869	241232
939	217	403	81	5653	573	91	33	6193	4438	389	1219	14288
939	217	403	81	5877	573	91	33	6417	4438	389	1219	14115
8896	3434	2013	540	775	30621	15516	3170	28226	44859	4768	32017	144198
414528	53600	43358	7454	4570859	295320	153556		4866179	4782236	61379	1184040	9115154
165649				1246633				1246633	1852422		386974	3753191
66080				808584				808584	867694		86920	1864896
32820				302630	35698	25574		338328	795036		32566	1176255
9735				−9299	21273	14898		11974	103157		18399	164336
118431	53150	42043	7386	2190495	238349	113084		2428844	1023642	60430	624493	1890222
2845	450	1315	68	18916				18916	26244	949	2312	56075
18968				12900				12900	114041		32376	210179

综合年报

总计(千元)					各项应付款合计(千元)		自开始建设至本年底累计完成投资额(千元)		本年新增固定资产(千元)	竣工项目个数(个)	竣工项目面积(万平方米)
来源小计											
利用外资		自筹资金		其他资金来源		工程款		本年完成投资额			
	外商直接投资		单位自有资金								
13	14	15	16	17	18	19	20	21	22	23	24
		196449	171044	75257	366538	289137	2942429	782434	372671	48	13.041
		180049	154644	56677	271247	215042	1941019	548418	372658	39	11.241
					280		105278	33217			
					20		2544	441	2544	1	0.415
					581	37	424326	74057	16815	2	0.623
					11437	11437	2212	910	907	2	0.477
		149570	140135		130141	119819	480515	204875	55436	10	1.264
		2900			2658	1366	62561	119		2	2.832
		27579	14509	56677	126130	82383	863583	234799	296956	22	5.630
		16400	16400	18580	95291	74095	1001410	234016	13	9	1.800
					6113	5690	608947	71916		3	0.141
		16400	16400		54275	47642	338252	116887	13	4	1.503
				18580	34903	20763	54211	45213		2	0.156

艺术表演团体演出及收支

(甲)		剧团数(个)		从业人员(人)					本团原创首演剧目(个)	本团拥有知识产权数量(个)	演出场次(万场次)			国内演出观众人次(万人次)		本年收
			补贴团数		专业技术人才							国内演出场次				
						正高级职称	副高级职称	中级职称					农村演出场次		农村观众人次	
(甲)		1	2	3	4	5	6	7	8	9	10	11	12	13	14	15
总　计	A	1024	242	31525	11185	267	674	1000	53	436	21.823	21.770	18.658	15336.730	12640.720	2375084
按照登记注册类型分类	—	—	—	—	—	—	—	—	—	—	—	—	—	—	—	—
国有	B	52	50	3459	2921	266	661	960	52	36	1.156	1.119	0.656	1184.678	726.196	841272
集体	C	2	2	73	5			5			0.155	0.155	0.155	52.130	52.130	5615
其他	D	970	190	27993	8259	1	13	35	1	400	20.512	20.497	17.847	14099.922	11862.394	1528197
按隶属关系分	—	—	—	—	—	—	—	—	—	—	—	—	—	—	—	—
中央	E															
省、区、市	F	9	9	983	768	123	166	252	12	1	0.420	0.414	0.196	325.735	172.418	339094
地、市	G	13	13	1251	1109	84	270	327	15		0.317	0.279	0.093	338.775	112.069	315134
县、市、区	H	1002	220	29291	9308	60	238	421	26	435	21.085	21.078	18.369	14672.220	12356.233	1720856
按管理部门分	—	—	—	—	—	—	—	—	—	—	—	—	—	—	—	—
文化部门	I	57	55	3671	2995	267	674	996	53	36	1.317	1.264	0.761	1294.648	804.166	867446
其他部门	J	967	187	27854	8190			4		400	20.506	20.506	17.897	14042.082	11836.554	1507638
按剧种分	—	—	—	—	—	—	—	—	—	—	—	—	—	—	—	—
话剧、儿童剧、滑稽剧类	K	80	20	2028	585	8	18	19	10		1.490	1.489	1.135	993.105	815.204	121264
其中：儿童剧团	L	1		47							0.005	0.005	0.001	0.210	0.080	1650
歌舞、音乐类	M	122	21	3950	2206	59	129	232	8		1.976	1.958	1.268	1326.406	374.031	524156
京剧、昆曲类	N	31	7	1345	369	29	47	70	2	1	1.138	1.137	1.065	944.593	895.577	110921
其中：京剧	O	28	5	1187	252	12	21	27	1	1	1.080	1.080	1.027	911.013	866.217	77186
地方戏曲类	P	563	129	19037	6515	162	444	612	31	435	14.070	14.064	13.297	10410.515	9467.933	1309422
杂技、魔术、马戏类	Q	14	6	295	157	1	12	30	1		0.260	0.244	0.067	97.097	9.065	23996
曲艺类	R	41	17	525	233	2	7	12	1		0.720	0.713	0.490	290.666	230.222	26956
乌兰牧骑	S															
综合性艺术表演团体	T	173	42	4345	1120	6	17	25			2.170	2.167	1.335	1274.347	848.688	258369

情况综合年报

入合计(千元)		本年支出合计(千元)		资产总计(千元)		实际使用房屋建筑面积(万平方米)		实际拥有产权面积(万平方米)	流动舞台车演出情况			政府采购的公益演出活动情况			增加值(千元)
财政补贴收入	演出收入		人员支出		固定资产原价		排练练功用房		流动舞台车数量(辆)	利用流动舞台车演出场次(万场次)	利用流动舞台车演出观众人次(万人次)	演出场次(万场次)	演出观众人次(万人次)	演出补贴收入(千元)	
16	17	18	19	20	21	22	23	24	25	26	27	28	29	30	31
659079	1575001	1957861	1247519	2106674	557911	67.485	2.660	8.319	16	0.072	87.650	0.511	489.665	32670	1762776
—	—	—		—	—	—	—	—	—	—	—	—	—	—	—
624239	133945	766441	430724	1045363	549140	17.318	2.126	8.232	15	0.056	47.650	0.459	439.250	26616	557316
66	5483	5544	3600	1880	1060	0.065	0.045	0.035				0.002	0.685	66	3805
34774	1435573	1185876	813195	1059431	7711	50.102	0.489	0.052	1	0.016	40.000	0.050	49.730	5988	1201655
—	—	—	—	—	—	—	—	—	—	—	—	—	—	—	—
277121	41476	276663	128694	444477	216341	3.982	0.842	3.617	5	0.016	40.060	0.138	150.899	14255	186790
204736	64365	303509	169549	485727	229327	8.480	0.893	2.422	3	0.015	15.000	0.113	107.914	7396	222796
177222	1469160	1377689	949276	1176470	112243	55.024	0.926	2.280	8	0.041	32.590	0.261	230.853	11019	1353190
—	—	—	—	—	—	—	—	—	—	—	—	—	—	—	—
633439	143828	789434	443528	1084263	555141	18.577	2.583	8.232	16	0.072	87.650	0.502	484.690	32604	576460
25640	1431173	1168427	803991	1022411	2770	48.909	0.077	0.087				0.009	4.975	66	1186316
—	—	—	—	—	—	—	—	—	—	—	—	—	—	—	—
17900	90559	109189	75846	144906	34220	3.464	0.045	0.705				0.058	50.400	5467	99528
	750	150	70	1000		0.058									870
119398	369030	379045	157175	569083	183557	11.287	0.647	2.615	2		0.060	0.034	53.985	1981	375014
49859	55259	107019	80925	90977	39903	1.211	0.177	0.889	1			0.035	16.997	1580	97016
21718	52201	73123	59302	53003	20762	1.091	0.162	0.615	1			0.016	7.347	1180	69172
428717	831820	1119513	826859	810543	263433	34.254	1.325	3.877	11	0.056	47.590	0.325	308.203	17832	996707
4760	13263	17833	8221	24629	1588	7.033	0.417					0.017	10.080	1770	16088
5065	19807	21796	15189	16198	4499	0.607	0.040	0.130							20629
33380	195263	203466	83304	450338	30711	9.628	0.010	0.104	2	0.016	40.000	0.042	50.000	4040	157794

艺术表演团体基本情况

		剧团数(个)		从业人员(人)					本团原创首演剧目(个)	本团拥有知识产权数量(个)	演出场
			补贴团数		专业技术人员						
						正高级职称	副高级职称	中级职称			
(甲)		1	2	3	4	5	6	7	8	9	10
总　计	A	43	42	2513	2121	208	522	737	36	36	0.652
按照登记注册类型分类	—	—	—	—	—	—	—	—	—	—	—
国有	B	41	41	2493	2121	208	522	737	36	36	0.647
集体	C										
其他	D	2	1	20							0.005
按隶属关系分	—	—	—	—	—	—	—	—	—	—	—
中央	E										
省、区、市	F	5	5	537	432	89	97	135	3	1	0.070
地、市	G	9	9	770	708	66	200	227	8		0.186
县、市、区	H	29	28	1206	981	53	225	375	25	35	0.396
按管理部门分	—	—	—	—	—	—	—	—	—	—	—
文化部门	I	42	42	2493	2121	208	522	737	36	36	0.647
其他部门	J	1		20							0.005
按剧种分	—	—	—	—	—	—	—	—	—	—	—
话剧、儿童剧、滑稽剧类	K										
其中：儿童剧团	L										
歌舞、音乐类	M	3	3	311	251	21	37	83	2		0.034
京剧、昆曲类	N	3	3	222	195	29	47	70	2	1	0.051
其中：京剧	O	1	1	94	83	12	21	27	1	1	0.019
地方戏曲类	P	34	34	1929	1648	156	431	570	31	35	0.539
杂技、魔术、马戏类	Q										
曲艺类	R	1	1	26	24	2	7	12	1		0.018
乌兰牧骑	S										
综合性艺术表演团体	T	2	1	25	3			2			0.010

综合年报（事业）（一）

次（万场次）		国内演出观众人次（万人次）		本年收入合计（千元）									本年支出合计（千元）	
国内演出场次					财政补贴收入		上级补助收入	事业收入		经营收入	附属单位上缴收入	其他收入		
	农村演出场次		农村观众人次			基建拨款			演出收入					基本支出
11	12	13	14	15	16	17	18	19	20	21	22	23	24	25
0.635	0.413	814.527	548.992	688507	555352		24876	85249	73647			23030	616056	390075
—	—	—	—	—	—	—	—	—	—	—	—	—	—	—
0.630	0.408	810.887	545.352	687746	554596		24876	85244	73642			23030	615298	389317
0.005	3.640	3.640	3.640	761	756			5	5				758	758
—	—	—	—	—	—	—	—	—	—	—	—	—	—	—
0.068	0.025	68.542	43.686	253151	228440			20245	17233			4466	190933	92854
0.179	0.072	248.375	94.069	241057	182118		19636	28032	26801			11271	233670	146295
0.389	0.317	497.610	411.237	194299	144794		5240	36972	29613			7293	191453	150926
—	—	—	—	—	—	—	—	—	—	—	—	—	—	—
0.630	0.408	810.887	545.352	688502	555352		24876	85244	73642			23030	616054	390073
0.005	0.005	3.640	3.640	5				5	5				2	2
—	—	—	—	—	—	—	—	—	—	—	—	—	—	—
0.034	0.003	22.624	1.311	108601	79483		9799	14802	14799			4517	102847	49248
0.050	0.034	22.243	16.707	58663	49559			6283	3401			2821	61998	44093
0.019	0.015	8.863	6.547	26278	21418			4479	1693			381	29232	22625
0.533	0.364	751.260	520.334	502470	407542		15077	64159	55442			15692	432002	293799
0.011	0.007	11.000	7.000	3743	3743								3743	2529
0.008	0.005	7.400	3.640	15030	15025			5	5				15466	406

艺术表演团体基本情况

		本年支出合计(千元)											
				在支出合计中									
					商品和服务支出					对个人和家庭补助支出		其他资本性支出	
		项目支出	经营支出	工资福利支出		差旅费	劳务费	福利费	各种税金支出		抚恤金和生活补助		各种设备、交通工具、图书购置费
(甲)		26	27	28	29	30	31	32	33	34	35	36	37
总　计	A	225981		267493	192620	17466	59803	5192	1834	93738	1886	62205	18134
按照登记注册类型分类	—	—	—	—	—	—	—	—	—	—	—	—	—
国有	B	225981		267492	192606	17466	59803	5179	1834	92996	1777	62204	18134
集体	C												
其他	D			1	14			13		742	109	1	
按隶属关系分	—	—	—	—	—	—	—	—	—	—	—	—	—
中央	E												
省、区、市	F	98079		59292	57436	7218	20227	3073	705	32896	582	41309	2934
地、市	G	87375		98155	84767	7551	26861	1224	262	34186	200	16562	12030
县、市、区	H	40527		110046	50417	2697	12715	895	867	26656	1104	4334	3170
按管理部门分	—	—	—	—	—	—	—	—	—	—	—	—	—
文化部门	I	225981		267492	192620	17466	59803	5192	1834	93738	1886	62204	18134
其他部门	J			1								1	
按剧种分	—	—	—	—	—	—	—	—	—	—	—	—	—
话剧、儿童剧、滑稽剧类	K												
其中：儿童剧团	L												
歌舞、音乐类	M	53599		28848	55501	4748	28352	945	266	14410		4088	641
京剧、昆曲类	N	17905		25954	16276	1978	5305	1739	128	17091	452	2677	2299
其中:京剧	O	6607		11330	5550	767	1286	820	90	10762	364	1590	1590
地方戏曲类	P	138203		210143	106759	10583	25920	2504	1440	61991	1432	53109	14954
杂技、魔术、马戏类	Q												
曲艺类	R	1214		2143	1166	103	137			194	2	240	240
乌兰牧骑	S												
综合性艺术表演团体	T	15060		405	12918	54	89	4		52		2091	

综合年报（事业）（二）

资产总计（千元）		实际使用房屋建筑面积（万平方米）		实际拥有产权面积（万平方米）	流动舞台车演出情况			政府采购的公益演出活动情况			增加值（千元）
	固定资产原价		排练练功用房		流动舞台车数量（辆）	利用流动舞台车演出场次（万场次）	利用流动舞台车演出观众人次（万人次）	演出场次（万场次）	演出观众人次（万人次）	演出补贴收入（千元）	
38	39	40	41	42	43	44	45	46	47	48	49
690023	375596	13.609	1.604	4.577	11	0.052	43.640	0.327	304.132	18468	447672
—	—	—	—	—	—	—	—	—	—	—	—
689356	375008	13.380	1.594	4.577	11	0.052	43.640	0.327	303.852	18468	446998
667	588	0.229	0.010						0.280		674
—	—	—	—	—	—	—	—	—	—	—	—
277858	101336	2.032	0.467	1.267	2			0.039	26.957	6914	123441
277491	172183	6.063	0.386	1.348	3	0.015	15.000	0.088	90.334	3460	169110
134674	102077	5.514	0.751	1.962	6	0.037	28.640	0.201	186.841	8094	155121
—	—	—	—	—	—	—	—	—	—	—	—
689923	375496	13.559	1.594	4.577	11	0.052	43.640	0.327	303.852	18468	447664
100	100	0.050	0.010						0.280		8
—	—	—	—	—	—	—	—	—	—	—	—
92545	65559	0.948	0.209					0.011	8.522	1981	76656
65927	39903	0.725	0.177	0.889	1			0.035	16.997	1580	51488
28253	20762	0.615	0.162	0.615	1			0.016	7.347	1180	24804
499088	256928	10.152	1.168	3.559	10	0.052	43.640	0.279	276.813	14907	315964
5437	4499	0.130	0.040	0.130							2659
27026	8707	1.653	0.010					0.001	1.800		905

文化部门艺术表演团体基本情况

		剧团数(个)		从业人员(人)					本团原创首演剧目(个)	本团拥有知识产权数量(个)	演出场
			补贴团数		专业技术人员	正高级职称	副高级职称	中级职称			
(甲)		1	2	3	4	5	6	7	8	9	10
总　计	A	42	42	2493	2121	208	522	737	36	36	0.647
按照登记注册类型分类	—	—	—	—	—	—	—	—	—	—	—
国有	B	41	41	2493	2121	208	522	737	36	36	0.647
集体	C										
其他	D	1	1								
按隶属关系分	—	—	—	—	—	—	—	—	—	—	—
中央	E										
省、区、市	F	5	5	537	432	89	97	135	3	1	0.070
地、市	G	9	9	770	708	66	200	227	8		0.186
县、市、区	H	28	28	1186	981	53	225	375	25	35	0.391
按剧种分	—	—	—	—	—	—	—	—	—	—	—
话剧、儿童剧、滑稽剧类	I										
其中：儿童剧团	J										
歌舞、音乐类	K	3	3	311	251	21	37	83	2		0.034
京剧、昆曲类	L	3	3	222	195	29	47	70	2	1	0.051
其中：京剧	M	1	1	94	83	12	21	27	1	1	0.019
地方戏曲类	N	34	34	1929	1648	156	431	570	31	35	0.539
杂技、魔术、马戏类	O										
曲艺类	P	1	1	26	24	2	7	12	1		0.018
乌兰牧骑	S										
综合性艺术表演团体	T	1	1	5	3			2			0.005

综合年报（事业）（一）

次（万场次）		国内演出观众人次（万人次）		本年收入合计（千元）									本年支出合计（千元）	
国内演出场次			农村观众人次		财政补贴收入		上级补助收入	事业收入		经营收入	附属单位上缴收入	其他收入		基本支出
	农村演出场次					基建拨款			演出收入					
11	12	13	14	15	16	17	18	19	20	21	22	23	24	25
0.630	0.408	810.887	545.352	688502	555352		24876	85244	73642			23030	616054	390073
—	—	—	—	—	—	—	—	—	—	—	—	—	—	—
0.630	0.408	810.887	545.352	687746	554596		24876	85244	73642			23030	615298	389317
				756	756								756	756
—	—	—	—	—	—	—	—	—	—	—	—	—	—	—
0.068	0.025	68.542	43.686	253151	228440			20245	17233			4466	190933	92854
0.179	0.072	248.375	94.069	241057	182118		19636	28032	26801			11271	233670	146295
0.383	0.312	493.970	407.597	194294	144794		5240	36967	29608			7293	191451	150924
—	—	—	—	—	—	—	—	—	—	—	—	—	—	—
0.034	0.003	22.624	1.311	108601	79483		9799	14802	14799			4517	102847	49248
0.050	0.034	22.243	16.707	58663	49559			6283	3401			2821	61998	44093
0.019	0.015	8.863	6.547	26278	21418			4479	1693			381	29232	22625
0.533	0.364	751.260	520.334	502470	407542		15077	64159	55442			15692	432002	293799
0.011	0.007	11.000	7.000	3743	3743								3743	2529
0.002		3.760		15025	15025								15464	404

文化部门艺术表演团体基本情况

		本年支出合计(千元)											
		项目支出	经营支出	在支出合计中									
				工资福利支出	商品和服务支出					对个人和家庭补助支出		其他资本性支出	
						差旅费	劳务费	福利费	各种税金支出		抚恤金和生活补助		各种设备、交通工具、图书购置费
(甲)		26	27	28	29	30	31	32	33	34	35	36	37
总　　计	A	225981		267492	192620	17466	59803	5192	1834	93738	1886	62204	18134
按照登记注册类型分类	—	—	—	—	—	—	—	—	—	—	—	—	—
国有	B	225981		267492	192606	17466	59803	5179	1834	92996	1777	62204	18134
集体	C												
其他	D				14			13		742	109		
按隶属关系分	—	—	—	—	—	—	—	—	—	—	—	—	—
中央	E												
省、区、市	F	98079		59292	57436	7218	20227	3073	705	32896	582	41309	2934
地、市	G	87375		98155	84767	7551	26861	1224	262	34186	200	16562	12030
县、市、区	H	40527		110045	50417	2697	12715	895	867	26656	1104	4333	3170
按剧种分	—	—	—	—	—	—	—	—	—	—	—	—	—
话剧、儿童剧、滑稽剧类	I												
其中:儿童剧团	J												
歌舞、音乐类	K	53599		28848	55501	4748	28352	945	266	14410		4088	641
京剧、昆曲类	L	17905		25954	16276	1978	5305	1739	128	17091	452	2677	2299
其中:京剧	M	6607		11330	5550	767	1286	820	90	10762	364	1590	1590
地方戏曲类	N	138203		210143	106759	10583	25920	2504	1440	61991	1432	53109	14954
杂技、魔术、马戏类	O												
曲艺类	P	1214		2143	1166	103	137			194	2	240	240
乌兰牧骑	S												
综合性艺术表演团体	T	15060		404	12918	54	89	4		52		2090	

综合年报(事业)(二)

资产总计(千元)		实际使用房屋建筑面积(万平方米)		实际拥有产权面积(万平方米)	流动舞台车演出情况			政府采购的公益演出活动情况			增加值(千元)
	固定资产原价		排练练功用房		流动舞台车数量(辆)	利用流动舞台车演出场次(万场次)	利用流动舞台车演出观众人次(万人次)	演出场次(万场次)	演出观众人次(万人次)	演出补贴收入(千元)	
38	39	40	41	42	43	44	45	46	47	48	49
689923	375496	13.559	1.594	4.577	11	0.052	43.640	0.327	303.852	18468	447664
—	—	—	—	—	—	—	—	—	—	—	—
689356	375008	13.380	1.594	4.577	11	0.052	43.640	0.327	303.852	18468	446998
567	488	0.179									
—	—	—	—	—	—	—	—	—	—	—	—
277858	101336	2.032	0.467	1.267	2			0.039	26.957	6914	123441
277491	172183	6.063	0.386	1.348	3	0.015	15.000	0.088	90.334	3460	169110
134574	101977	5.464	0.741	1.962	6	0.037	28.640	0.201	186.561	8094	155113
—	—	—	—	—	—	—	—	—	—	—	—
92545	65559	0.948	0.209					0.011	8.522	1981	76656
65927	39903	0.725	0.177	0.889	1			0.035	16.997	1580	51488
28253	20762	0.615	0.162	0.615	1			0.016	7.347	1180	24804
499088	256928	10.152	1.168	3.559	10	0.052	43.640	0.279	276.813	14907	315964
5437	4499	0.130	0.040	0.130							2659
26926	8607	1.603						0.001	1.520		897

艺术表演团体基本情况

		剧团数(个)		从业人员(人)					本团原创首演剧目(个)	本团拥有知识产权数量(个)	演出场
			补贴团数		专业技术人员						
						正高级职称	副高级职称	中级职称			
(甲)		1	2	3	4	5	6	7	8	9	10
总计	A	23	15	1448	1014	59	152	263	17	400	0.945
按照登记注册类型分类	—	—	—	—	—	—	—	—	—	—	—
国有	B	11	9	966	800	58	139	223	16		0.509
集体	C	2	2	73	5			5			0.155
其他	D	10	4	409	209	1	13	35	1	400	0.281
按隶属关系分	—	—	—	—	—	—	—	—	—	—	—
中央	E										
省、区、市	F	4	4	446	336	34	69	117	9		0.350
地、市	G	4	4	481	401	18	70	100	7		0.131
县、市、区	H	15	7	521	277	7	13	46	1	400	0.463
按管理部门分	—	—	—	—	—	—	—	—	—	—	—
文化部门	I	15	13	1178	874	59	152	259	17		0.670
其他部门	J	8	2	270	140			4		400	0.275
按剧种分	—	—	—	—	—	—	—	—	—	—	—
话剧、儿童剧、滑稽剧类	K	3	3	163	100	8	18	19	10		0.122
其中:儿童剧团	L										
歌舞、音乐类	M	4	3	585	498	38	92	149	6		0.122
京剧、昆曲类	N										
其中:京剧	O										
地方戏曲类	P	11	6	464	258	6	13	42		400	0.420
杂技、魔术、马戏类	Q	1	1	88	67	1	12	30	1		0.037
曲艺类	R										
乌兰牧骑	S										
综合性艺术表演团体	T	4	2	148	91	6	17	23			0.245

综合年报(企业)(一)

次(万场次)		国内演出观众人次(万人次)		资产、负债、所有者权益(千元)							损益(千元)	
国内演出场次				资产总计			负债合计	所有者权益合计			营业收入	
	农村演出场次		农村观众人次		固定资产原价	本年折旧			实收资本(股本)			演出收入
										国家资本		
11	12	13	14	15	16	17	18	19	20	21	22	23
0.909	0.628	614.221	389.274	398670	182315	18462	128868	269802	157560	144560	97959	81251
—	—	—	—	—	—	—	—	—	—	—	—	—
0.489	0.248	373.791	180.844	356007	174132	16945	114859	241148	134560	134560	72983	60303
0.155	0.155	52.130	52.130	1880	1060	200	360	1520			5549	5483
0.266	0.225	188.300	156.300	40783	7123	1317	13649	27134	23000	10000	19427	15465
—	—	—	—	—	—	—	—	—	—	—	—	—
0.346	0.171	257.193	128.732	166619	115005	10524	58391	108228	92000	87000	33874	24243
0.100	0.021	90.400	18.000	208236	57144	6814	64050	144186	58000	50000	44066	37564
0.463	0.435	266.628	242.542	23815	10166	1124	6427	17388	7560	7560	20019	19444
—	—	—	—	—	—	—	—	—	—	—	—	—
0.634	0.353	483.761	258.814	394340	179645	18182	128428	265912	157560	144560	86828	70186
0.275	0.275	130.460	130.460	4330	2670	280	440	3890			11131	11065
—	—	—	—	—	—	—	—	—	—	—	—	—
0.121	0.045	114.900	39.300	89022	34220	2778	31504	57518	40000	32000	17640	11226
0.104	0.046	104.584	34.032	240021	117998	11405	73853	166168	75350	75350	49257	40138
0.420	0.403	236.435	219.365	11627	6505	769	6457	5170	2210	2210	18342	18167
0.021	0.001	12.600	0.600	15258	1588	12	4569	10689	10000	10000	3178	3050
0.244	0.132	145.701	95.977	42742	22004	3498	12485	30257	30000	25000	9542	8670

艺术表演团体基本情况

		损益(千元)									
		营业成本					营业利润	营业外收入		营业外支出	利润总额
			养老、医疗、失业等各种社会保险费	住房公积金和住房补贴	差旅费	工会经费			政府补助(补贴收入)		
(甲)		24	25	26	27	28	29	30	31	32	33
总　　计	A	183410	14299	5020	5380	1572	−85451	92182	78153	287	6444
按照登记注册类型分类	—	—	—	—	—	—	—	—	—	—	—
国有	B	150951	12058	3648	5222	1333	−77968	80543	69643	192	2383
集体	C	5544					5	66	66		71
其他	D	26915	2241	1372	158	239	−7488	11573	8444	95	3990
按隶属关系分	—	—	—	—	—	—	—	—	—	—	—
中央	E										
省、区、市	F	85637	10003	2729	4964	737	−51763	52069	48681	93	213
地、市	G	69714	3322	1747	262	724	−25648	30011	22618	125	4238
县、市、区	H	28059	974	544	154	111	−8040	10102	6854	69	1993
按管理部门分	—	—	—	—	—	—	—	—	—	—	—
文化部门	I	173093	14299	5020	5380	1572	−86265	92116	78087	287	5564
其他部门	J	10317					814	66	66		880
按剧种分	—	—	—	—	—	—	—	—	—	—	—
话剧、儿童剧、滑稽剧类	K	33391	3210	1411	994	349	−15751	19658	16436	136	3771
其中:儿童剧团	L										
歌舞、音乐类	M	92744	6658	1515	3062	882	−43487	44229	38798	59	683
京剧、昆曲类	N										
其中:京剧	O										
地方戏曲类	P	22856	793	442	90	80	−4514	5889	5854	51	1324
杂技、魔术、马戏类	Q	9972	1225	917	90	131	−6794	7079	3950		285
曲艺类	R										
乌兰牧骑	S										
综合性艺术表演团体	T	24447	2413	735	1144	130	−14905	15327	13115	41	381

综合年报(企业)(二)

工资、福利费、税金(千元)			实际使用房屋建筑面积(万平方米)		实际拥有产权面积(万平方米)	流动舞台车演出情况			政府采购的公益演出活动情况			增加值(千元)
本年发放工资总额	本年支付的职工福利费	本年应交税金总额		排练练功用房		流动舞台车数量(辆)	利用流动舞台车演出场次(万场次)	利用流动舞台车演出观众人次(万人次)	演出场次(万场次)	演出观众人次(万人次)	演出补贴收入(千元)	
34	35	36	37	38	39	40	41	42	43	44	45	46
85074	6178	5769	5.177	1.056	3.742	5	0.020	44.010	0.184	185.533	14202	138849
—	—	—	—	—	—	—	—	—	—	—	—	—
65342	4894	5407	3.938	0.532	3.655	4	0.004	4.010	0.132	135.398	8148	110318
3600			0.065	0.045	0.035				0.002	0.685	66	3805
16132	1284	362	1.174	0.479	0.052	1	0.016	40.000	0.050	49.450	5988	24726
—	—	—	—	—	—	—	—	—	—	—	—	—
35001	1505	2533	1.950	0.375	2.350	3	0.016	40.060	0.099	123.942	7341	63349
33238	3970	2901	2.417	0.507	1.074				0.025	17.580	3936	53686
16835	703	335	0.811	0.175	0.318	2	0.004	3.950	0.060	44.012	2925	21814
—	—	—	—	—	—	—	—	—	—	—	—	—
76350	5948	5765	5.018	0.989	3.655	5	0.020	44.010	0.175	180.838	14136	128796
8724	230	4	0.160	0.067	0.087				0.009	4.695	66	10053
—	—	—	—	—	—	—	—	—	—	—	—	—
13342	2059	900	0.968	0.045	0.705				0.058	50.400	5467	25066
41436	3009	4154	1.955	0.438	2.615	2		0.060	0.023	45.463		69371
15231	439	182	0.730	0.157	0.318	1	0.004	3.950	0.046	31.390	2925	18899
5524	69	114	0.916	0.417					0.017	10.080	1770	7998
9541	602	419	0.608		0.104	2	0.016	40.000	0.041	48.200	4040	17515

文化部门艺术表演团体基本情况

		剧团数(个)		从业人员(人)							演出场
			补贴团数		专业技术人员				本团原创首演剧目(个)	本团拥有知识产权数量(个)	
						正高级职称	副高级职称	中级职称			
(甲)		1	2	3	4	5	6	7	8	9	10
总　　计	A	15	13	1178	874	59	152	259	17		0.670
按照登记注册类型分类	—	—	—	—	—	—	—	—	—	—	—
国有	B	11	9	966	800	58	139	223	16		0.509
集体	C	1	1	33	3			3			0.078
其他	D	3	3	179	71	1	13	33	1		0.083
按隶属关系分	—	—	—	—	—	—	—	—	—	—	—
中央	E										
省、区、市	F	4	4	446	336	34	69	117	9		0.350
地、市	G	4	4	481	401	18	70	100	7		0.131
县、市、区	H	7	5	251	137	7	13	42	1		0.188
按剧种分	—	—	—	—	—	—	—	—	—	—	—
话剧、儿童剧、滑稽剧类	I	3	3	163	100	8	18	19	10		0.122
其中:儿童剧团	J										
歌舞、音乐类	K	4	3	585	498	38	92	149	6		0.122
京剧、昆曲类	L										
其中:京剧	M										
地方戏曲类	N	5	4	202	121	6	13	38			0.149
杂技、魔术、马戏类	O	1	1	88	67	1	12	30	1		0.037
曲艺类	P										
乌兰牧骑	Q										
综合性艺术表演团体	T	2	2	140	88	6	17	23			0.240

综合年报（企业）（一）

次（万场次）		国内演出观众人次（万人次）		资产、负债、所有者权益（千元）							损益（千元）	
国内演出场次				资产总计			负债合计	所有者权益合计			营业收入	
	农村演出场次		农村观众人次		固定资产原价	本年折旧			实收资本（股本）			演出收入
										国家资本		
11	12	13	14	15	16	17	18	19	20	21	22	23
0.634	0.353	483.761	258.814	394340	179645	18182	128428	265912	157560	144560	86828	70186
—	—	—	—	—	—	—	—	—	—	—	—	—
0.489	0.248	373.791	180.844	356007	174132	16945	114859	241148	134560	134560	72983	60303
0.078	0.078	27.370	27.370	900	500	100	200	700			2791	2758
0.067	0.027	82.600	50.600	37433	5013	1137	13369	24064	23000	10000	11054	7125
—	—	—	—	—	—	—	—	—	—	—	—	—
0.346	0.171	257.193	128.732	166619	115005	10524	58391	108228	92000	87000	33874	24243
0.100	0.021	90.400	18.000	208236	57144	6814	64050	144186	58000	50000	44066	37564
0.188	0.161	136.168	112.082	19485	7496	844	5987	13498	7560	7560	8888	8379
—	—	—	—	—	—	—	—	—	—	—	—	—
0.121	0.045	114.900	39.300	89022	34220	2778	31504	57518	40000	32000	17640	11226
0.104	0.046	104.584	34.032	240021	117998	11405	73853	166168	75350	75350	49257	40138
0.149	0.133	110.125	93.055	7837	3835	489	6037	1800	2210	2210	7982	7873
0.021	0.001	12.600	0.600	15258	1588	12	4569	10689	10000	10000	3178	3050
0.239	0.128	141.551	91.827	42202	22004	3498	12465	29737	30000	25000	8771	7899

文化部门艺术表演团体基本情况

		损益(千元)									
		营业成本					营业利润	营业外收入		营业外支出	利润总额
			养老、医疗、失业等各种社会保险费	住房公积金和住房补贴	差旅费	工会经费			政府补助(补贴收入)		
(甲)		24	25	26	27	28	29	30	31	32	33
总　计	A	173093	14299	5020	5380	1572	−86265	92116	78087	287	5564
按照登记注册类型分类	—	—	—	—	—	—	—	—	—	—	—
国有	B	150951	12058	3648	5222	1333	−77968	80543	69643	192	2383
集体	C	2786					5	33	33		38
其他	D	19356	2241	1372	158	239	−8302	11540	8411	95	3143
按隶属关系分	—	—	—	—	—	—	—	—	—	—	—
中央	E										
省、区、市	F	85637	10003	2729	4964	737	−51763	52069	48681	93	213
地、市	G	69714	3322	1747	262	724	−25648	30011	22618	125	4238
县、市、区	H	17742	974	544	154	111	−8854	10036	6788	69	1113
按剧种分	—	—	—	—	—	—	—	—	—	—	—
话剧、儿童剧、滑稽剧类	I	33391	3210	1411	994	349	−15751	19658	16436	136	3771
其中：儿童剧团	J										
歌舞、音乐类	K	92744	6658	1515	3062	882	−43487	44229	38798	59	683
京剧、昆曲类	L										
其中：京剧	M										
地方戏曲类	N	13207	793	442	90	80	−5225	5823	5788	51	547
杂技、魔术、马戏类	O	9972	1225	917	90	131	−6794	7079	3950		285
曲艺类	P										
乌兰牧骑	Q										
综合性艺术表演团体	T	23779	2413	735	1144	130	−15008	15327	13115	41	278

综合年报(企业)(二)

工资、福利费、税金(千元)			实际使用房屋建筑面积(万平方米)		实际拥有产权面积(万平方米)	流动舞台车演出情况			政府采购的公益演出活动情况			增加值(千元)
本年发放工资总额	本年支付的职工福利费	本年应交税金总额		排练练功用房		流动舞台车数量(辆)	利用流动舞台车演出场次(万场次)	利用流动舞台车演出观众人次(万人次)	演出场次(万场次)	演出观众人次(万人次)	演出补贴收入(千元)	
34	35	36	37	38	39	40	41	42	43	44	45	46
76350	5948	5765	5.018	0.989	3.655	5	0.020	44.010	0.175	180.838	14136	128796
—	—	—	—	—	—	—	—	—	—	—	—	—
65342	4894	5407	3.938	0.532	3.655	4	0.004	4.010	0.132	135.398	8148	110318
1700			0.030	0.020					0.001	0.360	33	1805
9308	1054	358	1.050	0.437		1	0.016	40.000	0.042	45.080	5955	16673
—	—	—	—	—	—	—	—	—	—	—	—	—
35001	1505	2533	1.950	0.375	2.350	3	0.016	40.060	0.099	123.942	7341	63349
33238	3970	2901	2.417	0.507	1.074				0.025	17.580	3936	53686
8111	473	331	0.651	0.108	0.231	2	0.004	3.950	0.051	39.317	2859	11761
—	—	—	—	—	—	—	—	—	—	—	—	—
13342	2059	900	0.968	0.045	0.705				0.058	50.400	5467	25066
41436	3009	4154	1.955	0.438	2.615	2		0.060	0.023	45.463		69371
6671	209	182	0.608	0.090	0.231	1	0.004	3.950	0.040	29.595	2859	9118
5524	69	114	0.916	0.417					0.017	10.080	1770	7998
9377	602	415	0.570		0.104	2	0.016	40.000	0.038	45.300	4040	17243

艺术表演场馆基本

		机构数(个)	从业人员(人)					座席数(个)	演(映)出场次合计(万场次)		
				专业技术人才						艺术演出场次	
					正高级职称	副高级职称	中级职称				惠民演出
(甲)		1	2	3	4	5	6	7	8	9	10
总计	A	308	4374	1247	6	169	251	174656	9.328	2.092	0.314
其中:附属剧场	B	123	1534	534	1	141	97	99533	1.672	0.797	0.051
儿童剧场	C	159	2721	553		1	5	97993	2.719	1.227	0.163
按登记注册类型分	—	—	—	—	—	—	—	—	—	—	—
国有	D	59	1325	578	6	166	208	54728	4.899	0.782	0.128
集体	E	1	17	7			1	985	0.065	0.025	0.017
其他	F	248	3032	662		3	42	118943	4.363	1.285	0.169
按管理部门分	—	—	—	—	—	—	—	—	—	—	—
文化部门	G	65	1305	451	6	30	159	60419	6.580	0.835	0.150
其他部门	H	243	3069	796		139	92	114237	2.748	1.257	0.165
按机构类型分	—	—	—	—	—	—	—	—	—	—	—
剧场	I	89	1980	762	5	165	181	58710	2.746	0.712	0.062
影剧院	J	22	309	98		3	45	14773	3.302	0.387	0.089
书场、曲艺场	K	3	15	6				440	0.079	0.079	
杂技、马戏场	L										
音乐厅	M	19	94	61	1		1	3015	0.235	0.167	0.002
综合性	N	42	445	83		1	24	21295	1.471	0.201	0.026
其他艺术表演场馆	O	133	1531	237				76423	1.496	0.547	0.135
按隶属关系分	—	—	—	—	—	—	—	—	—	—	—
中央	P										
省、区、市	Q	5	150	85	1	8	16	5358	0.673	0.058	0.010
地、市	R	17	526	182	5	20	67	16907	0.977	0.295	0.026
县、市及以下	S	286	3698	980		141	168	152391	7.678	1.739	0.277

情况综合年报

观众人次合计(万人次)		本年收入合计(千元)			本年支出合计(千元)		资产总计(千元)		实际使用房屋建筑面积(万平方米)		实际拥有产权面积(万平方米)	增加值(千元)
	艺术演出观众		财政拨款	艺术演出收入		人员支出		年末固定资产原值		演(映)出业务用房		
11	12	13	14	15	16	17	18	19	20	21	22	23
1300.809	328.389	767256	183010	129998	742375	271827	2775219	807939	112.970	50.571	26.433	414821
398.289	83.869	245899	46339	43164	225037	92433	1753706	180352	34.447	19.322	2.100	137112
501.754	1.607	355461	16390	73119	323709	97305	1536606	3750	43.205	20.004		158752
—	—	—	—	—	—	—	—	—	—	—	—	—
577.981	295.373	342911	143430	43712	331514	149486	1093136	737999	48.382	25.757	24.377	217271
32.000	18.700	2881	959	137	2773	1496	1611	1479	0.745	0.250	0.745	1936
690.828	14.316	421464	38621	86149	408088	120845	1680472	68461	63.843	24.564	1.311	195614
—	—	—	—	—	—	—	—	—	—	—	—	—
793.517	322.532	353796	134513	43361	339678	131173	744777	639538	52.247	27.814	24.333	204421
507.292	5.857	413460	48497	86637	402697	140654	2030442	168401	60.723	22.757	2.100	210400
—	—	—	—	—	—	—	—	—	—	—	—	—
551.970	251.438	440900	163365	71785	440795	162834	1165584	624282	65.677	26.492	17.452	242119
346.323	57.655	77526	10785	3427	74207	25947	143541	67629	10.907	4.883	5.371	42279
7.780	3.300	1958	855	1083	2184	1287	1377	561	0.255	0.175	0.035	1681
31.572	8.900	4874	200	3646	3492	2213	24977	872	2.774	1.696		4175
125.137	7.097	103776	7629	19733	96536	29745	170873	114595	10.068	5.201	3.575	46278
238.027		138222	176	30324	125161	49801	1268867		23.289	12.124		78289
—	—	—	—	—	—	—	—	—	—	—	—	—
65.341	44.264	52229		5864	49092	24215	198412	165695	3.238	1.863	1.557	39997
274.314	165.974	153232	84669	25996	146050	47600	237226	194609	19.724	9.952	7.767	79720
961.154	118.151	561795	98341	98138	547233	200012	2339581	447635	90.007	38.757	17.109	295104

艺术表演场馆基本

		机构数(个)	从业人员(人)					座席数(个)	演(映)出场次合计(万场次)		
				专业技术人才						艺术演出场次	
					正高级职称	副高级职称	中级职称				惠民演出
(甲)		1	2	3	4	5	6	7	8	9	10
总计	A	43	894	522	3	161	192	30241	1.893	0.521	0.102
其中:附属剧场	B	2	285	231		138	88	2272	0.009	0.006	0.005
儿童剧场	C	1	14	8		1	5	459	0.004	0.004	
按登记注册类型分	—	—	—	—	—	—	—	—	—	—	—
国有	D	40	851	497	3	161	179	29249	1.889	0.518	0.100
集体	E										
其他	F	3	43	25			13	992	0.003	0.003	0.002
按管理部门分	—	—	—	—	—	—	—	—	—	—	—
文化部门	G	41	605	291	3	22	102	28712	1.888	0.516	0.101
其他部门	H	2	289	231		139	90	1529	0.005	0.005	0.002
按机构类型分	—	—	—	—	—	—	—	—	—	—	—
剧场	I	26	678	433	3	159	153	20247	0.233	0.128	0.029
影剧院	J	13	166	62		1	24	8303	1.608	0.357	0.071
书场、曲艺场	K	1	4					120	0.030	0.030	
杂技、马戏场	L										
音乐厅	M										
综合性	N	3	46	27		1	15	1571	0.023	0.007	0.002
其他艺术表演场馆	O										
按隶属关系分	—	—	—	—	—	—	—	—	—	—	—
中央	P										
省、区、市	Q	2	120	77		7	15	2543	0.494	0.031	0.008
地、市	R	7	187	85	3	14	41	4414	0.077	0.046	0.004
县、市及以下	S	34	587	360		140	136	23284	1.322	0.444	0.090

情况综合年报（事业）（一）

观众人次合计（万人次）		本年收入合计（千元）								
	艺术演出观众人次		财政补贴收入		上级补助收入	事业收入		经营收入	附属单位上缴收入	其他收入
				基建拨款			演出收入			
11	12	13	14	15	16	17	18	19	20	21
272.294	138.365	237780	118128	1770	7757	51211	4158	19002	310	41372
5.090	4.100	54260	42621			7980				3659
1.607	1.607	2642	2092			550				
—	—	—	—	—	—	—	—	—	—	—
269.414	137.375	230055	113869	1770	6405	50338	4158	18579	36	40828
2.880	0.990	7725	4259		1352	873		423	274	544
—	—	—	—	—	—	—	—	—	—	—
269.187	135.258	191992	84529	1770	7757	42681	4158	19002	310	37713
3.107	3.107	45788	33599			8530				3659
—	—	—	—	—	—	—	—	—	—	—
130.940	97.210	176132	101679	441	3045	37902	2258	5093		28413
132.177	35.259	50979	8914	1329	3200	12498	1639	13486	36	12845
3.300	3.300	1058	855			203	203			
5.877	2.597	9611	6680		1512	608	58	423	274	114
—	—	—	—	—	—	—	—	—	—	—
37.786	29.420	45800				20211	1289			25589
40.696	29.768	58589	40390		1874	10089	58	1929		4307
193.812	79.177	133391	77738	1770	5883	20911	2811	17073	310	11476

艺术表演场馆基本

		本年支出									
			基本支出	项目支出	经营支出	在支出合计中					
						工资福利支出	商品和服务支出				
								差旅费	劳务费	福利费	各种税金支出
（甲）		22	23	24	25	26	27	28	29	30	31
总　计	A	230495	154969	57584	17762	80127	89091	1990	11931	2940	6280
其中：附属剧场	B	54308	44411	9897		24397	11547	69	652	813	35
儿童剧场	C	2719	1293	1426		1006	1562	1	736	45	
按登记注册类型分	—	—	—	—	—	—	—	—	—	—	—
国有	D	223480	149501	56394	17405	76801	88535	1986	11851	2794	6261
集体	E										
其他	F	7015	5468	1190	357	3326	556	4	80	146	19
按管理部门分	—	—	—	—	—	—	—	—	—	—	—
文化部门	G	184730	113791	52997	17762	55649	82878	1930	10543	2141	6245
其他部门	H	45765	41178	4587		24478	6213	60	1388	799	35
按机构类型分	—	—	—	—	—	—	—	—	—	—	—
剧场	I	171752	115522	50592	5458	61167	65104	1903	10188	2043	3429
影剧院	J	48153	31468	4738	11947	14109	21769	75	854	737	2796
书场、曲艺场	K	1154	914	240		492	295		147	26	55
杂技、马戏场	L										
音乐厅	M										
综合性	N	9436	7065	2014	357	4359	1923	12	742	134	
其他艺术表演场馆	O										
按隶属关系分	—	—	—	—	—	—	—	—	—	—	—
中央	P										
省、区、市	Q	42906	32108	10798		13417	16526	1054	3347	1278	2097
地、市	R	56999	28222	25273	3504	16172	32650	691	6359	236	1382
县、市及以下	S	130590	94639	21513	14258	50538	39915	245	2225	1426	2801

情况综合年报(事业)(二)

合计(千元)				资产总计(千元)		实际使用房屋建筑面积(万平方米)		实际拥有产权面积(万平方米)	增加值(千元)
对个人和家庭补助支出		其他资本性支出							
	抚恤金和生活补助		各种设备、交通工具、图书购置费		固定资产原价		演(映)出业务用房		
32	33	34	35	36	37	38	39	40	41
43832	1357	17059	3578	973735	596825	24.863	13.552	14.593	171644
15203	746	3161	1883	448824	165925	1.864	0.950		47014
151				3750	3750	1.100	0.065		2088
—	—	—	—	—	—	—	—	—	—
41988	1265	15770	3552	963297	590603	23.258	12.450	13.837	165911
1844	92	1289	26	10438	6222	1.606	1.102	0.756	5733
—	—	—	—	—	—	—	—	—	—
31919	611	13898	1695	522468	428424	23.363	13.087	14.593	127019
11913	746	3161	1883	451267	168401	1.500	0.465		44625
—	—	—	—	—	—	—	—	—	—
34609	1000	10528	2923	866360	533377	16.337	9.779	11.607	132990
7140	288	5135	655	94573	56637	6.341	2.718	2.951	30386
325	8			660	561	0.155	0.100	0.035	1059
1758	61	1396		12142	6250	2.030	0.955		7209
—	—	—	—	—	—	—	—	—	—
8386	1	4577	212	194020	164692	1.903	1.144	1.557	36509
6860	27	1317	29	189748	165017	6.268	3.780	5.088	37868
28586	1329	11165	3337	589967	267116	16.692	8.629	7.948	97267

文化部门艺术表演场馆基本

		机构数(个)	从业人员(人)					座席数(个)	演(映)出场次合计(万场次)		
				专业技术人才						艺术演出场次	
					正高级职称	副高级职称	中级职称				惠民演出
(甲)		1	2	3	4	5	6	7	8	9	10
总　计	A	41	605	291	3	22	102	28712	1.888	0.516	0.101
其中:附属剧场	B	1	10	8			3	1202	0.007	0.005	0.003
儿童剧场	C										
按登记注册类型分	—	—	—	—	—	—	—	—	—	—	—
国有	D	38	562	266	3	22	89	27720	1.884	0.513	0.098
集体	E										
其他	F	3	43	25			13	992	0.003	0.003	0.002
按机构类型分	—	—	—	—	—	—	—	—	—	—	—
剧场	G	25	403	210	3	21	68	19177	0.231	0.126	0.028
影剧院	H	13	166	62		1	24	8303	1.608	0.357	0.071
书场、曲艺场	I	1	4					120	0.030	0.030	
杂技、马戏场	J										
音乐厅	K										
综合性	L	2	32	19			10	1112	0.019	0.003	0.002
其他艺术表演场馆	M										
按隶属关系分	—	—	—	—	—	—	—	—	—	—	—
中央	N										
省、区、市	O	2	120	77		7	15	2543	0.494	0.031	0.008
地、市	P	6	173	77	3	13	36	3955	0.073	0.043	0.004
县、市及以下	Q	33	312	137		2	51	22214	1.321	0.442	0.089

情况综合年报(事业)(一)

观众人次合计(万人次)		本年收入合计(千元)								
	艺术演出观众人次		财政补贴收入		上级补助收入	事业收入		经营收入	附属单位上缴收入	其他收入
				基建拨款			演出收入			
11	12	13	14	15	16	17	18	19	20	21
269.187	135.258	191992	84529	1770	7757	42681	4158	19002	310	37713
3.590	2.600	11114	11114							
—	—	—	—	—	—	—	—	—	—	—
266.307	134.268	184267	80270	1770	6405	41808	4158	18579	36	37169
2.880	0.990	7725	4259		1352	873		423	274	544
—	—	—	—	—	—	—	—	—	—	—
129.440	95.710	132986	70172	441	3045	29922	2258	5093		24754
132.177	35.259	50979	8914	1329	3200	12498	1639	13486	36	12845
3.300	3.300	1058	855			203	203			
4.271	0.990	6969	4588		1512	58	58	423	274	114
—	—	—	—	—	—	—	—	—	—	—
37.786	29.420	45800				20211	1289			25589
39.089	28.162	55947	38298		1874	9539	58	1929		4307
192.312	77.677	90245	46231	1770	5883	12931	2811	17073	310	7817

文化部门艺术表演场馆基本

		本年支出合计(千元)									
			基本支出	项目支出	经营支出	在支出合计中					
						工资福利支出	商品和服务支出				
								差旅费	劳务费	福利费	各种税金支出
(甲)		22	23	24	25	26	27	28	29	30	31
总　　计	A	184730	113791	52997	17762	55649	82878	1930	10543	2141	6245
其中:附属剧场	B	11262	4526	6736		925	6896	10		59	
儿童剧场	C										
按登记注册类型分	—	—	—	—	—	—	—	—	—	—	—
国有	D	177715	108323	51807	17405	52323	82322	1926	10463	1995	6226
集体	E										
其他	F	7015	5468	1190	357	3326	556	4	80	146	19
按机构类型分	—	—	—	—	—	—	—	—	—	—	—
剧场	G	128706	75637	47431	5458	37695	60453	1844	9536	1289	3394
影剧院	H	48153	31468	4738	11947	14109	21769	75	854	737	2796
书场、曲艺场	I		1154	914	240		492	295		147	26
杂技、马戏场	J										
音乐厅	K										
综合性	L	6717	5772	588	357	3353	361	11	6	89	
其他艺术表演场馆	M										
按隶属关系分	—	—	—	—	—	—	—	—	—	—	—
中央	N										
省、区、市	O	42906	32108	10798		13417	16526	1054	3347	1278	2097
地、市	P	4307	54280	26929	23847	3504	15166	31088	690	5623	191
县、市及以下	Q	87544	54754	18352	14258	27066	35264	186	1573	672	2766

情况综合年报（事业）（二）

本年支出合计（千元）				资产总计（千元）		实际使用房屋建筑面积（万平方米）		实际拥有产权面积（万平方米）	增加值（千元）
对个人和家庭补助支出		其他资本性支出							
	抚恤金和生活补助		各种设备、交通工具、图书购置费		固定资产原价		演（映）出业务用房		
32	33	34	35	36	37	38	39	40	41
31919	611	13898	1695	522468	428424	23.363	13.087	14.593	127019
3441				1307	1274	1.464	0.550		4477
—	—	—	—	—	—	—	—	—	—
30075	519	12609	1669	512030	422202	21.758	11.985	13.837	121286
1844	92	1289	26	10438	6222	1.606	1.102	0.756	5733
—	—	—	—	—	—	—	—	—	—
22847	254	7367	1040	418843	368726	15.937	9.379	11.607	90453
7140	288	5135	655	94573	56637	6.341	2.718	2.951	30386
55	325	8			660	561.000	0.155	0.100	
1607	61	1396		8392	2500	0.930	0.890		5121
—	—	—	—	—	—	—	—	—	—
8386	1	4577	212	194020	164692	1.903	1.144	1.557	36509
1382	6709	27	1317	29	185998	161267.000	5.168	3.715	5
16824	583	8004	1454	142450	102465	16.292	8.229	7.948	54730

艺术表演场馆基本

		机构数(个)	从业人员(人)	专业技术人员	正高职职称	副高级职称	中级职称	座席数(个)	演(映)出场次合计(万场次)	艺术演出场次	惠民演出
(甲)		1	2	3	4	5	6	7	8	9	10
总　　计	A	25	712	170	3	8	59	33066	4.700	0.327	0.049
其中:附属剧场	B	8	77	30	1	3	9	7527	0.319	0.161	0.004
儿童剧场	C										
按登记注册类型分	—	—	—	—	—	—	—	—	—	—	—
国有	D	19	474	81	3	5	29	25479	3.010	0.264	0.028
集体	E	1	17	7			1	985	0.065	0.025	0.017
其他	F	5	221	82		3	29	6602	1.625	0.038	0.004
按管理部门分	—	—	—	—	—	—	—	—	—	—	—
文化部门	G	24	700	160	3	8	57	31707	4.692	0.319	0.049
其他部门	H	1	12	10			2	1359	0.008	0.008	
按机构类型分	—	—	—	—	—	—	—	—	—	—	—
剧场	I	15	456	124	2	6	28	19312	1.888	0.261	0.028
影剧院	J	6	140	33		2	21	5920	1.694	0.030	0.018
书场、曲艺场	K										
杂技、马戏场	L										
音乐厅	M	2	13	3	1		1	1245	0.041	0.035	0.002
综合性	N	2	103	10			9	6589	1.077	0.001	0.001
其他艺术表演场馆	O										
按隶属关系分	—	—	—	—	—	—	—	—	—	—	—
中央	P										
省、区、市	Q	3	30	8	1	1	1	2815	0.179	0.027	0.002
地、市	R	10	339	97	2	6	26	12493	0.900	0.249	0.022
县、市及以下	S	12	343	65		1	32	17758	3.621	0.051	0.024

情况综合年报(企业)(一)

观众人次合计(万人次)		资产、负债、所有者权益(千元)						
	艺术演出观众人次	资产总计			负债合计	所有者权益合计		
			固定资产原值	当年提取的折旧总额			实收资本(股本)	
								国家资本
11	12	13	14	15	16	17	18	19
527.318	190.024	222309	211114	6484	137501	84808	70014	68284
97.226	79.769	5334	14427	106	729	4605	1621	1621
—	—	—	—	—	—	—	—	—
308.567	157.998	129839	147396	1501	112702	17137	27049	27049
32.000	18.700	1611	1479	154	1717	—106	30	
186.751	13.326	90859	62239	4829	23082	67777	42935	41235
—	—	—	—	—	—	—	—	—
524.330	187.274	222309	211114	6484	137501	84808	70014	68284
2.988	2.750							
—	—	—	—	—	—	—	—	—
280.703	154.228	103064	90905	3772	39634	63430	52414	52414
214.146	22.396	48968	10992	2039	20917	28051	3940	2210
10.237	8.900	2097	872	21	319	1778	630	630
22.232	4.500	68180	108345	652	76631	—8451	13030	13030
—	—	—	—	—	—	—	—	—
27.555	14.844	4392	1003	31	708	3684	1350	1350
233.618	136.206	47478	29592	2093	25674	21804	11320	11320
266.145	38.974	170439	180519	4360	111119	59320	57344	55614

艺术表演场馆基本

		损益									
		营业收入		营业成本						营业外收入	
			艺术演出收入		养老、医疗、失业等保险费	住房公积金和住房补贴	差旅费	工会经费	营业利润		政府补助(补贴收入)
(甲)		20	21	22	23	24	25	26	27	28	29
总　计	A	115975	45742	162127	6518	3144	624	571	－46152	52975	49984
其中:附属剧场	B	21453	11122	18758	412	143	91	73	2695	172	
儿童剧场	C										
按登记注册类型分	—	—	—	—	—	—	—	—	—	—	—
国有	D	81525	39554	106988	4585	2327	486	369	－25463	31331	29561
集体	E	1922	137	2763	139	59	17	13	－841	959	959
其他	F	32528	6051	52376	1794	758	121	189	－19848	20685	19464
按管理部门分	—	—	—	—	—	—	—	—	—	—	—
文化部门	G	108999	39203	153748	6462	3089	552	571	－44749	52805	49984
其他部门	H	6976	6539	8379	56	55	72		－1403	170	
按机构类型分	—	—	—	—	—	—	—	—	—	—	—
剧场	I	71132	37995	114277	4039	1891	530	424	－43145	48764	47296
影剧院	J	23745	1788	26039	816	391	43	13	－2294	2802	1871
书场、曲艺场	K										
杂技、马戏场	L										
音乐厅	M	1322	896	1407	11	36	15	21	－85	2	
综合性	N	19776	5063	20404	1652	826	36	113	－628	1407	817
其他艺术表演场馆	O										
按隶属关系分	—	—	—			—	—	—	—	—	—
中央	P										
省、区、市	Q	6429	4575	6184	243	39	19	28	245		
地、市	R	49639	25938	88895	2932	1485	387	390	－39256	45004	44279
县、市及以下	S	59907	15229	67048	3343	1620	218	153	－7141	7971	5705

情况综合年报（企业）（二）

（千元）		工资、福利费、税金（千元）			实际使用房屋建筑面积（万平方米）		实际拥有产权面积（万平方米）	增加值（千元）
营业外支出	利润总额	本年发放工资总额	本年发放福利费总额	本年应交税金		演（映）出业务用房		
30	31	32	33	34	35	36	37	38
1200	5623	42620	2091	11909	30.984	15.927	11.840	78841
2	2865	5295	312	1154	5.407	3.591	2.100	11799
—	—	—	—	—	—	—	—	—
1046	4822	29417	1280	7245	25.124	13.307	10.540	51360
10	108	1439	57	74	0.745	0.250	0.745	1936
144	693	11764	754	4590	5.114	2.370	0.555	25545
—	—	—	—	—	—	—	—	—
1200	6856	41521	2084	11692	28.884	14.727	9.740	77402
	−1233	1099	7	217	2.100	1.200	2.100	1439
—	—	—	—	—	—	—	—	—
1179	4440	30167	1964	7483	22.492	10.602	5.845	54173
15	493	4585	113	3075	4.386	2.165	2.420	11893
	−83	1036	7	202	0.771	0.420		1415
6	773	6832	7	1149	3.335	2.740	3.575	11360
—	—	—	—	—	—	—	—	—
2	243	2300	112	489	1.335	0.719		3488
156	5592	23005	1563	6266	13.456	6.172	2.679	41852
1042	−212	17315	416	5154	16.192	9.036	9.161	33501

文化部门艺术表演场馆基本

		机构数(个)	从业人员(人)					座席数(个)	演(映)出场次合计(万场次)		
				专业技术人员						艺术演出场次	
					正高职职称	副高级职称	中级职称				惠民演出
(甲)		1	2	3	4	5	6	7	8	9	10
总计	A	24	700	160	3	8	57	31707	4.692	0.319	0.049
其中:附属剧场	B	7	65	20	1	3	7	6168	0.311	0.154	0.004
儿童剧场	C										
按登记注册类型分	—	—	—	—	—	—	—	—	—	—	—
国有	D	18	462	71	3	5	27	24120	3.002	0.256	0.028
集体	E	1	17	7			1	985	0.065	0.025	0.017
其他	F	3									
按机构类型分	—	—	—	—	—	—	—	—	—	—	—
剧场	G	14	444	114	2	6	26	17953	1.880	0.253	0.028
影剧院	H	6	140	33		2	21	5920	1.694	0.030	0.018
书场、曲艺场	I										
杂技、马戏场	J										
音乐厅	K	2	13	3	1		1	1245	0.041	0.035	0.002
综合性	L	2	103	10			9	6589	1.077	0.001	0.001
其他艺术表演场馆	M										
按隶属关系分	—	—	—	—	—	—	—	—	—	—	—
中央	N										
省、区、市	O	3	30	8	1	1	1	2815	0.179	0.027	0.002
地、市	P	10	339	97	2	6	26	12493	0.900	0.249	0.022
县、市及以下	Q	11	331	55		1	30	16399	3.613	0.043	0.024

情况综合年报(企业)(一)

观众人次合计(万人次)		资产、负债、所有者权益(千元)						
	艺术演出观众人次	资产总计			负债合计	所有者权益合计		
			固定资产原值	当年提取的折旧总额			实收资本(股本)	
								国家资本
11	12	13	14	15	16	17	18	19
524.330	187.274	222309	211114	6484	137501	84808	70014	68284
94.238	77.019	5334	14427	106	729	4605	1621	1621
—	—	—	—	—	—	—	—	—
305.579	155.248	129839	147396	1501	112702	17137	27049	27049
32.000	18.700	1611	1479	154	1717	—106	30	
—	—	—	—	—	—	—	—	—
277.715	151.478	103064	90905	3772	39634	63430	52414	52414
214.146	22.396	48968	10992	2039	20917	28051	3940	2210
10.237	8.900	2097	872	21	319	1778	630	630
22.232	4.500	68180	108345	652	76631	—8451	13030	13030
—	—	—	—	—	—	—	—	—
27.555	14.844	4392	1003	31	708	3684	1350	1350
233.618	136.206	47478	29592	2093	25674	21804	11320	11320
263.157	36.224	170439	180519	4360	111119	59320	57344	55614

文化部门艺术表演场馆基本

损益

		营业收入		营业成本					营业利润	营业外收入	
			艺术演出收入		养老、医疗、失业等保险费	住房公积金和住房补贴	差旅费	工会经费			政府补助(补贴收入)
(甲)		20	21	22	23	24	25	26	27	28	29
总　计	A	108999	39203	153748	6462	3089	552	571	－44749	52805	49984
其中:附属剧场	B	14477	4583	10379	356	88	19	73	4098	2	
儿童剧场	C										
按登记注册类型分	—	—	—	—	—	—	—	—	—	—	—
国有	D	74549	33015	98609	4529	2272	414	369	－24060	31161	29561
集体	E	1922	137	2763	139	59	17	13	－841	959	959
其他	F										
按机构类型分	—	—	—	—	—	—	—	—	—	—	—
剧场	G	64156	31456	105898	3983	1836	458	424	－41742	48594	47296
影剧院	H	23745	1788	26039	816	391	43	13	－2294	2802	1871
书场、曲艺场	I										
杂技、马戏场	J										
音乐厅	K	1322	896	1407	11	36	15	21	－85	2	
综合性	L	19776	5063	20404	1652	826	36	113	－628	1407	817
其他艺术表演场馆	M										
按隶属关系分	—	—	—	—	—	—	—	—	—	—	—
中央	N										
省、区、市	O	6429	4575	6184	243	39	19	28	245		
地、市	P	49639	25938	88895	2932	1485	387	390	－39256	45004	44279
县、市及以下	Q	52931	8690	58669	3287	1565	146	153	－5738	7801	5705

情况综合年报(企业)(二)

(千元)		工资、福利费、税金(千元)			实际使用房屋建筑面积(万平方米)		实际拥有产权面积(万平方米)	增加值(千元)
营业外支出	利润总额	本年发放工资总额	本年发放福利费总额	本年应交税金		演(映)出业务用房		
30	31	32	33	34	35	36	37	38
1200	6856	41521	2084	11692	28.884	14.727	9.740	77402
2	4098	4196	305	937	3.307	2.391		10360
—	—	—	—	—	—	—	—	—
1046	6055	28318	1273	7028	23.024	12.107	8.440	49921
10	108	1439	57	74	0.745	0.250	0.745	1936
—	—	—	—	—	—	—	—	—
1179	5673	29068	1957	7266	20.392	9.402	3.745	52734
15	493	4585	113	3075	4.386	2.165	2.420	11893
	−83	1036	7	202	0.771	0.420		1415
6	773	6832	7	1149	3.335	2.740	3.575	11360
—	—	—	—	—	—	—	—	—
2	243	2300	112	489	1.335	0.719		3488
156	5592	23005	1563	6266	13.456	6.172	2.679	41852
1042	1021	16216	409	4937	14.092	7.836	7.061	32062

公共图书馆基本情况

（甲）		机构数（个）	从业人员	专业技术人员	正高级职称	副高级职称	中级职称	总藏量	图书	盲文图书	古籍	善本	报刊	视听文献
		1	2	3	4	5	6	7	8	9	10	11	12	13
总　　计	A	100	3577	2108	55	277	993	6249.786	5355.265	4.330	192.687	21.272	411.804	218.697
其中：少儿图书馆	B	4	147	111	3	16	54	260.332	220.889	0.031			10.581	13.833
按隶属关系分：	—	—	—	—	—	—	—	—	—	—	—	—	—	—
中央	C													
省、区、市	D	1	345	219	13	50	125	648.536	466.231	0.456	83.783	14.500	88.217	9.991
地、市	E	14	1078	698	25	116	307	1901.421	1596.950	0.982	54.597	4.239	109.589	124.548
县、市、区	F	85	2154	1191	17	111	561	3699.829	3292.083	2.892	54.308	2.533	213.998	84.158
县图书馆	G	36	801	497	7	43	242	1189.572	1038.554	0.825	10.984	0.401	74.409	18.766

公共图书馆基本情况

（甲）		书刊文献外借册次（万册次）	为读者举办各种活动：组织各类讲座次数（次）	参加人次（万人次）	举办展览（个）	参加人次（万人次）	举办培训班（个）	培训人次（万人次）	开展基层培训辅导人次（万人次）	本单位受训人次（万人次）	计算机（台）	供读者使用电子阅览室终端数	图书馆网站访问量（页次）
		29	30	31	32	33	34	35	36	37	38	39	40
总　　计	A	5726.659	3633	72.248	2030	405.284	4793	35.014	2.643	1.043	20445	6599	64695386
其中：少儿图书馆	B	330.674	389	11.100	22	6.310	815	3.341	0.006	0.038	378	146	3525691
按隶属关系分	—	—	—	—	—	—	—	—	—	—	—	—	—
中央	C												
省、区、市	D	142.189	94	1.624	30	31.759	44	0.174	0.224	0.002	540	200	31811739
地、市	E	1907.591	1096	24.606	460	105.011	2672	11.591	0.288	0.143	2724	1430	17073704
县、市、区	F	3676.879	2443	46.018	1540	268.514	2077	23.249	2.132	0.899	17181	4969	15809943
县图书馆	G	1000.237	937	15.345	641	96.984	903	5.812	1.206	0.401	12119	1546	6932452

公共图书馆基本情况

（甲）		本年支出合计（千元）在支出合计中：商品和服务支出：劳务费	福利费	各种税金支出	对个人和家庭补助支出	抚恤金和生活补助	其他资本性支出	各种设备、交通工具、图书购置费	新增藏量购置费	新增数字资源购置费	资产总计（千元）	固定资产原值	实际使用公用房	书库面积
		57	58	59	60	61	62	63	64	65	66	67	68	69
总　　计	A	36361	9907	871	84366	530	343359	249762	145690	32124	2770584	2323828	95.083	19.345
其中：少儿图书馆	B	2669	477	1	5148	57	21487	9089	5075	382	96657	89918	2.362	0.266
按隶属关系分	—	—	—	—	—	—	—	—	—	—	—	—	—	—
中央	C													
省、区、市	D	2806	2543	316	12784	60	52498	43480	21937	15972	600030	509476	5.450	2.445
地、市	E	10968	3237	311	28693	130	158091	113067	55144	11915	965057	814097	26.902	4.906
县、市、区	F	22587	4127	244	42889	340	132770	93215	68609	4237	1205497	1000255	62.730	11.995
县图书馆	G	8109	1604	77	16553	127	35712	32343	23413	1603	352596	291195	17.551	3.710

综合年报(一)

(万册)					电子图书(万册)			书架单层总长度(米)	本年新增藏量(万册)	本年新增电子图书(万册)	当年购买的报刊种类(种)	有效借书证数(个)	总流动人次(万人次)	
缩微制品	其他	在藏量中			本馆自建	本馆外购	从其他机构免费共享							书刊文献外借人次
		开架书刊	少儿文献											
14	15	16	17	18	19	20	21	22	23	24	25	26	27	28
0.547	70.786	3564.893	753.780	39345.178	19.505	35292.255	4033.418	747578	642.739	24947.539	84358	16385975	7941.992	2253.081
	15.028	178.500	78.482	372.078		3.078	369.000	10952	34.899	0.400	2137	445842	267.813	109.717
—	—	—	—	—	—	—	—	—	—	—	—	—	—	—
0.306	0.008	136.713		160.655	0.500	160.155		62322	24.654	21.040	8397	64740	259.026	37.499
0.009	15.728	1082.781	270.256	34334.072	9.382	33934.490	390.200	272147	139.291	24391.378	25689	10210994	2037.725	803.156
0.232	55.050	2345.399	483.524	4850.451	9.623	1197.610	3643.218	413109	478.794	535.121	50272	6110241	5645.240	1412.426
0.003	46.856	673.534	150.236	897.005	2.653	490.051	404.302	142298	118.564	193.923	15141	944437	1561.491	383.043

综合年报(二)

本年收入合计(千元)									本年支出合计(千元)						
	财政补贴收入			上级补助收入	事业收入	经营收入	附属单位上缴收入	其他收入		基本支出	项目支出	经营支出	在支出合计中		
		基建拨款	购书专项经费										工资福利支出	商品和服务支出	
															差旅费
41	42	43	44	45	46	47	48	49	50	51	52	53	54	55	56
996216	946257	93858	150482	17476	12059	2004	114	18306	1003376	471172	530171	2033	324687	250196	4926
53005	52333	14319	5360					672	52068	22906	29162		14196	11237	783
—	—	—	—	—	—	—	—	—	—	—	—	—	—	—	—
130012	118036		30000		7779	2004		2193	134983	62156	70823	2004	41130	28571	541
377786	369348	55808	55702	70	2639			5729	380833	155133	225700		104923	89126	2078
488418	458873	38050	64780	17406	1641		114	10384	487560	253883	233648	29	178634	132499	2307
169331	155233	9317	21403	7152	660		114	6172	169369	100880	68489		67697	48913	1223

综合年报(三)

建筑面积(万平方米)			实际拥有产权面积(万平方米)	阅览室座席数(个)			志愿者服务队伍数(个)	志愿者服务队伍人数(人)	图书馆延伸服务情况				增加值(千元)
	阅览室面积				少儿阅览室座席数	盲人阅览室座席数			流动图书车数(辆)	流动服务书刊借阅人次(万人次)	流动图书馆车书刊借阅册次(万册次)	分馆数量(个)	
	书刊阅览室面积	电子阅览室面积											
70	71	72	73	74	75	76	77	78	79	80	81	82	83
22.987	18.571	3.515	45.788	60777	15207	1463	1420	14631	87	333.543	771.448	1058	549001
1.043	0.963	0.047	1.511	2351	2051		15	1441	3	36.840	113.293	46	26081
—	—	—	—	—	—	—	—	—	—	—	—	—	—
1.070	1.015	0.055	4.924	1570		120	3	157		24.890	35.774	19	79933
7.124	6.123	0.616	12.176	12933	4620	238	71	6331	15	122.244	261.748	192	180737
14.792	11.433	2.844	28.687	46274	10587	1105	1346	8143	72	186.409	473.926	847	288331
3.704	2.626	0.850	11.027	12450	3382	396	45	1273	21	57.803	160.545	194	105640

群众艺术馆、文化馆(站)基本

		机构数(个)	从业人员(人)					组织品牌节庆活动(个)	提供文化服务								
				专业技术人才						文化服务惠及人次(万人次)	组织文艺活动次数(次)					组织文艺活动参加人次(万人次)	
					正高级职称	副高级职称	中级职称					为老年人组织专场	为未成年人组织专场	为残障人士组织专场	为农民工组织专场		
(甲)		1	2	3	4	5	6	7	8	9	10	11	12	13	14	15	16
总计	A	1417	6998	3922	121	347	717	489	122803	5168.790	67323	1285	816	307	1417	3818.590	43279
文化馆	B	102	2194	1805	121	347	717	489	32758	1781.374	12262	1285	816	307	1417	1244.114	16423
其中:省级	C	1	64	44	14	21	8	8	192	6.648	34	3	3	1	2	4.630	139
地市级	D	11	434	348	38	81	144	67	7877	376.536	1463	63	91	25	70	251.610	5768
县市级	E	90	1696	1413	69	245	565	414	24689	1398.190	10765	1219	722	281	1345	987.874	10516
其中:县文化馆	F	36	687	566	24	92	227	169	7300	505.307	4222	412	266	96	314	408.713	2200
文化站	G	1315	4804	2117					90045	3387.416	55061					2574.476	26856
其中:乡镇文化站	H	916	3224	1521					45959	2215.654	27469					1676.738	13408

群众艺术馆、文化馆(站)基本

		本年收入合计(千元)	本年支出合计(千元)													
							在支出合计中									
								商品和服务支出					对个人和家庭补助支出		其他资本性支出	
		其他收入		基本支出	项目支出	经营支出	工资福利支出		差旅费	劳务费	福利费	各种税金支出		抚恤金和生活补助		各种设备、交通工具、图书购置费
(甲)		34	35	36	37	38	39	40	41	42	43	44	45	46	47	48
总计	A	70148	1935317	980659	926841	17226	491703	845401	7078	61511	6590	478	146468	6130	472820	136952
文化馆	B	33250	703719	419796	284211		250369	286498	7078	61511	6590	478	104939	2990	56443	17595
其中:省级	C	791	26299	13556	12743		7837	11514	342	2212	284		5209	34	1739	276
地市级	D	8113	166892	91127	75765		52280	79009	2078	17331	1646	341	23844	493	11156	4051
县市级	E	24346	510528	315113	195703		190252	195975	4658	41968	4660	137	75886	2463	43548	13268
其中:县文化馆	F	7148	185376	124241	61423		71585	73557	2561	14525	1727	13	27653	1003	10352	2966
文化站	G	36898	1231598	560863	642630	17226	241334	558903					41529	3140	416377	119357
其中:乡镇文化站	H	24615	799114	344114	431274	13914	163695	345084					27318	2593	238122	38749

情况综合年报(一)

次数(次)						藏书(万册)	计算机(台)	本单位受训人次(万人次)	本年收入合计(千元)							
举办训练班班次(次)		举办展览个数(个)		组织公益性讲座次数(次)						财政补贴收入			上级补助收入	事业收入	经营收入	附属单位上缴收入
培训人次(万人次)			参观人次(万人次)		参加人次(万人次)						基建拨款	业务活动专项经费				
	对业余文化队伍开展培训人次															
17	18	19	20	21	22	23	24	25	26	27	28	29	30	31	32	33
294.034	128.200	10043	1019.824	2158	36.342	2269.870	16025	15.020	1950537	1680269	196211	671753	177164	22956		
92.004	36.947	1915	408.914	2158	36.342	11.268	2332	0.501	717909	631259	3	231317	30444	22956		
1.180	0.690	11	0.780	8	0.058	0.890			24483	20953		20953		2739		
28.059	6.052	307	84.701	339	12.166	0.140	512	0.096	173160	155961	3	65930	3066	6020		
62.765	30.205	1597	323.433	1811	24.118	10.238	1820	0.405	520266	454345		144434	27378	14197		
16.695	6.113	512	73.446	366	6.453	1.294	680	0.178	192427	173677		48373	10280	1322		
202.030	91.253	8128	610.910			2258.602	13693	14.519	1232628	1049010	196208	440436	146720			
119.252	57.510	5082	419.664			1463.684	8781	9.416	811537	681692	152529	268147	105230			

情况综合年报(二)

资产总计(千元)		实际使用房屋建筑(万平方米)			实际拥有产权面积(万平方米)	流动舞台车演出情况			志愿者服务队伍数(个)	志愿者服务队伍人数(人)	由本馆指导的单位						增加值(千元)
	固定资产原值		业务用房面积			流动舞台车数量(辆)	利用流动舞台车演出场次(场次)	利用流动舞台车演出观众人次(万人次)			馆办文艺团体(个)			馆办老年大学(个)	群众业余文艺团队(个)		
				对公众开放阅览室面积								演出场次(场)	观众人次(万人次)			观众业务团队人数(人)	
49	50	51	52	53	54	55	56	57	58	59	60	61	62	63	64	65	66
4479610	3702696	375.234	285.523	4.519	202.503	40	2226	184.944	1257	47302	377	6519	501.648	22	35713	299013	852671
692085	489780	56.397	38.187	4.519	32.267	40	2226	184.944	1257	47302	377	6519	501.648	22	7505	299013	444450
30074	18136	0.826	0.642	0.008					1	700							16255
269160	220906	13.625	8.711	2.544	14.008	2	105	21.350	17	806	35	791	179.039	3	300	128518	104051
392851	250738	41.946	28.834	1.967	18.259	38	2121	163.594	1239	45796	342	5728	322.609	19	7205	170495	324144
172576	96173	17.746	10.955	1.100	9.369	26	1513	135.365	984	26696	134	2794	152.780	9	2753	72666	118570
3787525	3212916	318.837	247.336		170.236										28208		408221
2917482	2432023	224.274	178.683		127.247										17798		285686

文化站基本情况

		机构数(个)	从业人员(人)	专职人员	在编人员	专业技术人员	提供文化服务	文化服务惠及人次(万人次)	组织文艺活动次数(次)	参加人次(万人次)	举办训练班班次(次)	培训人次(万人次)	对业余文化队伍开展培训人次
(甲)		1	2	3	4	5	6	7	8	9	10	11	12
总　计	A	1315	4804	3238	2808	2117	90045	3387.416	55061	2574.476	26856	202.030	91.253
乡镇文化站	B	916	3224	2215	1935	1521	45959	2215.654	27469	1676.738	13408	119.252	57.510
街道文化站	C	399	1580	1023	873	596	44086	1171.761	27592	897.738	13448	82.778	33.742

文化站基本情况

		本年支出合计(千元)			在支出合计中				资产总计(千元)		实际使用房屋建筑面积(万平方米)	
		经营支出	工资福利支出	商品服务支出	对个人和家庭补助支出	抚恤金和生活补助	其他资本性支出	各种设备、交通工具、图书购置费		固定资产原值		文化活动用房面积
(甲)		26	27	28	29	30	31	32	33	34	35	36
总　计	A	17226	241334	558903	41529	3140	416377	119357	3787525	3212916	318.837	247.336
乡镇文化站	B	13914	163695	345084	27318	2593	238122	38749	2917482	2432023	224.274	178.683
街道文化站	C	3312	77639	213819	14211	547	178255	80608	870043	780893	94.563	68.653

综合年报(一)

次数(次)		藏书(万册)	计算机(台)	本单位受训人次(万人次)	本年收入合计(千元)					本年支出合计(千元)		
举办展览个数(个)						财政补贴收入			上级补助收入		基本支出	项目支出
	参观人次(万人次)						基建拨款	业务活动专项经费				
13	14	15	16	17	18	19	20	21	22	23	24	25
8128	610.910	2258.602	13693	14.519	1232628	1049010	196208	440436	146720	1231598	560863	642630
5082	419.664	1463.684	8781	9.416	811537	681692	152529	268147	105230	799114	344114	431274
3046	191.245	794.917	4912	5.103	421091	367318	43679	172289	41490	432484	216749	211356

综合年报(二)

实际拥有产权面积(万平方米)	本站指导群众业余文艺团队(支)	辖区内社区文化活动场所(个)		辖区内社区文化活动场所面积(万平方米)		辖区内村文化活动场所(个)		辖区内村级文化活动场所面积(万平方米)		辖区内社区个数(个)	辖区内行政村个数(个)	增加值(千元)
			社区文化活动室		社区文化活动室室内面积		村文化活动室		村文化活动室室内面积			
37	38	39	40	41	42	43	44	45	46	47	48	49
170.236	28208	10392	6211	1090.705	241.672	51452	28119	2156.135	769.437	3699	22498	408221
127.247	17798	4114	2495	276.196	110.741	43045	22088	1509.726	583.035	1589	17365	285686
42.990	10410	6278	3716	814.509	130.931	8407	6031	646.409	186.402	2110	5133	122535

文化部门教育机构基本

		机构数(个)	从业人员(人)						毕业生			
				双师型		专业技术人才				中职生人数		
						正高级职称	副高级职称	中级职称			升学人数	就业人数
(甲)		1	2	3	4	5	6	7	8	9	10	11
总计	A	6	1129	258	747	89	171	298	2332	913	491	79
高等院校	B	2	847	233	549	73	129	228	1702	341	335	5
其中:高等职业院校	C	1	460	113	266	29	77	158	1425	341	335	5
中等专业学校	D	4	282	25	198	16	42	70	630	572	156	74
文化干部学校	E											
其他教育机构	F											

文化部门教育机构基本

		本年收入合计(千元)					本年支出					
											在支出	
												商品
		上级补助收入	事业收入	经营收入	附属单位上缴收入	其他收入		基本支出	项目支出	经营支出	工资福利支出	
(甲)		27	28	29	30	31	32	33	34	35	36	37
总计	A	41570	32812	762		13123	510419	237861	271754	804	140812	125476
高等院校	B	41570	27033			10183	436425	188303	248122		109925	101459
其中:高等职业院校	C	41570				7983	180287	118296	61991		59728	69469
中等专业学校	D		5779	762		2940	73994	49558	23632	804	30887	24017
文化干部学校	E											
其他教育机构	F											

情况综合年报(一)

数(人)				在校生数(人)								本年收入合计(千元)		
高职生人数			招生数(人)								在校生中高职生人数(人)		财政补贴收入	
	升学人数	就业人数			戏剧类	戏曲类	舞蹈类	音乐类	美术类	其他				基建拨款
12	13	14	15	16	17	18	19	20	21	22	23	24	25	26
1142	52	1001	3055	7920	497	614	1054	3112	1064	1579	3053	636308	548041	
1084	52	1001	2270	5623	434	229	649	2478	852	981	2992	558869	480083	
1084	52	1001	1408	3954	426	229	452	1014	852	981	2992	192293	142740	
58			785	2297	63	385	405	634	212	598	61	77439	67958	

情况综合年报(二)

合计(千元)								资产总计(千元)		实际使用房屋建筑面积(万平方米)		实际拥有产权面积(万平方米)	增加值(千元)
合计中													
和服务支出				对个人和家庭补助支出		其他资本性支出							
差旅费	劳务费	福利费	各种税金支出		抚恤金和生活补助		各种设备、交通工具、图书购置费		固定资产原值		教学用房面积		
38	39	40	41	42	43	44	45	46	47	48	49	50	51
4077	36440	7807	124	63260	1698	180067	160254	747052	514668	60.335	32.086	19.483	276130
3036	29082	6520	124	49103	398	175938	156973	612356	468521	45.672	22.094	8.601	221435
1892	23055	5026	107	26882	398	24208	12394	331275	329373	12.095	7.480	8.601	127696
1041	7358	1287		14157	1300	4129	3281	134696	46147	14.663	9.992	10.881	54695

文化艺术科研机构基本

		机构数(个)	从业人员(人)					本年完成科研项目(个)				本年度科研项目获奖情况(个)		
				专业技术人才										
					正高级职称	副高级职称	中级职称		国家级	省级	文化科研项目		获国家级奖	获省部级奖
(甲)		1	2	3	4	5	6	7	8	9	10	11	12	13
总　　计	A	7	139	115	26	18	25	6		2		4	1	3
按行业分类	—	—	—	—	—	—	—	—	—	—	—	—	—	—
文化科技研究	B	4	105	81	16	7	16	6		2		3	1	2
综合性艺术研究	C	2	30	30	10	10	8					1		1
地方戏艺术研究	D	1	4	4		1	1							
其他科研机构	E													
按经费来源分类	—	—	—	—	—	—	—	—	—	—	—	—	—	—
科研经费	F	1	7	7	2	2	1							
文化经费	G	5	52	48	13	16	12	6		2		4	1	3
其他经费	H	1	80	60	11		12							
按隶属关系分类	—	—	—	—	—	—	—	—	—	—	—	—	—	—
中央	I													
省级	J	2	103	83	19	8	19					1		1
地级	K	5	36	32	7	10	6	6		2		3	1	2
县级	L													
按部门分类	—	—	—	—	—	—	—	—	—	—	—	—	—	—
文化部门	M	7	139	115	26	18	25	6		2		4	1	3
其他部门	N													

情况综合年报(一)

本单位拥有知识产权数量(个)	主导技术标准数量(个)	所办刊物(种)	申请专利数(个)	论文及资料		本年收入合计(千元)							
				专著数(册)	论文数(省级及以上刊物公开发表)(篇)		财政补贴收入		上级补助收入	事业收入	经营收入	附属单位上缴收入	其他收入
								基建拨款					
14	15	16	17	18	19	20	21	22	23	24	25	26	27
14		8		14	30	133041	77744	42775		625	53666		1006
—	—	—	—	—	—	—	—	—	—	—	—	—	—
		5		2	19	117757	63976	42775		25	53666		90
		2		2	11	14612	13096			600			916
14		1		10		672	672						
—	—	—	—	—	—	—	—	—	—	—	—	—	—
		1				2058	2058						
14		7		14	30	73762	72159	42775		625			978
						57221	3527				53666		28
—	—	—	—	—	—	—	—	—	—	—	—	—	—
		1		2	11	69775	14565			600	53666		944
14		7		12	19	63266	63179	42775		25			62
—	—	—	—	—	—	—	—	—	—	—	—	—	—
14		8		14	30	133041	77744	42775		625	53666		1006

文化艺术科研机构基本

		本年支出									
						在支出					
							商品和服务支出				
			基本支出	项目支出	经营支出	工资福利支出		差旅费	劳务费	福利费	各种税金支出
（甲）		28	29	30	31	32	33	34	35	36	37
总　计	A	132822	29241	50545	53036	19556	57021	1209	2974	571	1699
按行业分类	—	—	—	—	—	—	—	—	—	—	—
文化科技研究	B	117271	18693	45542	53036	14963	50597	975	1810	138	1624
综合性艺术研究	C	14879	9910	4969		4221	6369	226	1149	425	75
地方戏艺术研究	D	672	638	34		372	55	8	15	8	
其他科研机构											
按经费来源分类	—	—	—	—	—	—	—	—	—	—	—
科研经费	F	2058	1594	464		1006	650	17	194		
文化经费	G	74201	24120	50081		13302	8851	273	1469	571	75
其他经费	H	56563	3527		53036	5248	47520	919	1311		1624
按隶属关系分类	—	—	—	—	—	—	—	—	—	—	—
中央	I										
省级	J	69384	11843	4505	53036	8463	53239	1128	2266	425	1699
地级	K	63438	17398	46040		11093	3782	81	708	146	
县级	L										
按部门分类	—	—	—	—	—	—	—	—	—	—	—
文化部门	M	132822	29241	50545	53036	19556	57021	1209	2974	571	1699
其他部门	N										

情况综合年报(二)

合计(千元)				资产总计(千元)		实际使用房屋建筑面积(万平方米)		实际拥有产权面积(万平方米)	增加值(千元)
合计中									
对个人和家庭补助支出		其他资本性支出							
	抚恤金和生活补助		各种设备、交通工具、图书购置费		固定资产原值		科研房屋面积		
38	39	40	41	42	43	44	45	46	47
12725	25	43520	401	253843	52615	0.867	0.103	2.919	40300
—	—	—	—	—	—	—	—	—	—
8265	25	43446	331	248713	50050	0.781	0.024	2.790	29457
4219		70	70	5066	2514	0.079	0.079	0.130	10204
241		4		64	51	0.008			639
—	—	—	—	—	—	—	—	—	—
393		9	9	353	130				1599
8805		43243	124	113780	3682	0.165	0.100	0.130	24388
3527	25	268	268	139710	48803	0.702	0.003	2.790	14313
—	—	—	—	—	—	—	—	—	—
7353	25	329	329	144423	51187	0.781	0.082	2.919	22918
5372		43191	72	109420	1428	0.086	0.021		17382
—	—	—	—	—	—	—	—	—	—
12725	25	43520	401	253843	52615	0.867	0.103	2.919	40300

文化市场经营机构基本

		机构数（个）	从业人员（人）	资产总计（千元）	损益
					营业收入
（甲）		1	2	3	4
总　　计	A	14625	134986	32157525	20440087
按城乡分	—	—	—	—	—
城市	B	4221	40075	18970161	11219793
县城	C	6456	74937	10182865	7312753
县以下	D	3948	19974	3004499	1907541
按经营范围分	—	—	—	—	—
娱乐场所	E	4860	64099	10553102	7125643
互联网上网服务营业场所(网吧)	F	8037	29868	4669780	3000396
非公有制艺术表演团体	G	958	27564	1017981	1460738
非公有制艺术表演场馆	H	240	2768	1579175	339253
经营性互联网文化单位	I	167	8610	11990396	7904694
艺术品经营机构	J	286	828	394424	108767
演出经纪机构	K	77	1249	1952667	500596

娱乐场所基本

		机构数（个）	从业人员（人）	资产总计（千元）	损益
					营业收入
（甲）		1	2	3	4
总　　计	A	4860	64099	10553102	7125643
按城乡分	—	—	—	—	—
城市	B	1622	21885	3866333	2384166
县城	C	2133	31646	5073802	3732213
县以下	D	1105	10568	1612967	1009264
按经营类别分	—	—	—	—	—
歌舞娱乐场所	H	3580	60750	9861364	6867294
游艺娱乐场所	I	1271	3289	677415	247079
其他	J	9	60	14323	11271

互联网上网服务营业场所(网吧)基本

		机构数（个）	从业人员（人）	资产总计（千元）	损益
					营业收入
（甲）		1	2	3	4
总　　计	A	8037	29868	4669780	3000396
按城乡分	—	—	—	—	—
城市	B	2281	8392	1306865	824822
县城	C	2942	12162	2015289	1286063
县以下	D	2814	9314	1347626	889511

情况综合年报(总表)

(千元)

营业成本				营业利润	增加值(千元)
	养老、医疗、失业等保险费	本年发放工资总额	本年应交税金		
5	6	7	8	9	10
15869230	414530	4782236	1184040	4570857	9115154
—	—	—	—	—	—
8418568	221565	1983545	841136	2801226	3902752
5972581	151258	2234729	272802	1340172	4085208
1478081	41707	563962	70102	429459	1127194
—	—	—	—	—	—
5879010	165649	1852421	386974	1246632	3753191
2191813	66080	867695	86920	808584	1864896
1158108	32821	795036	32567	302630	1176255
348553	9736	103157	18399	-9300	164336
5714199	118431	1023642	624493	2190495	1890222
89851	2845	26244	2312	18916	56075
487696	18968	114041	32375	12900	210179

情况综合年报

(千元)

营业成本				营业利润	游戏游艺设备数量(个)	增加值(千元)
	养老、医疗、失业等保险费	本年发放工资总额	本年应交税金			
5	6	7	8	9	10	11
5879010	165649	1852421	386974	1246632	80289	3753191
—	—	—	—	—	—	—
1983729	64571	636150	169801	400437	43609	1325731
3064996	78733	936446	173114	667217	27108	1892415
830285	22345	279825	44059	178978	9572	535045
—	—	—	—	—	—	—
5669264	158198	1767841	376940	1198030	23071	3591980
200684	7331	80827	9001	46395	57082	154097
9063	120	3753	1033	2208	136	7114

情况综合年报

(千元)

营业成本				营业利润	经营面积(万平方米)	终端数量(个)	增加值(千元)
	养老、医疗、失业等保险费	本年发放工资总额	本年应交税金				
5	6	7	8	9	10	11	12
2191813	66080	867695	86920	808584	240.255	849577	1864896
—	—	—	—	—	—	—	—
612860	22278	227152	20438	211962	73.825	266423	493306
938141	24640	359886	40705	347923	97.932	335447	785134
640812	19162	280657	25777	248699	68.498	247707	586456

非国有艺术表演团体基本

		机构数(个)		从业人员(人)			国内演出场次(万人次)		国内演出观众人次(万人次)		经营	
											营业	
			补贴团数		专业技术人才	演员数		农村演出场次		农村观众人次		企业赞助收入
(甲)		1	2	3	4	5	6	7	8	9	10	11
总　计	A	958	185	27564	8050	18942	20.226	17.617	13907.982	11702.454	1460738	10466
按照登记注册类型分类	—	—	—	—	—	—	—	—	—	—	—	—
国有	B											
集体	C											
其他	D	958	185	27564	8050	18942	20.226	17.617	13907.982	11702.454	1460738	10466
按隶属关系分	—	—	—	—	—	—	—	—	—	—	—	—
中央	E											
省区市	F											
地市	G											
县市区	H	958	185	27564	8050	18942	20.226	17.617	13907.982	11702.454	1460738	10466
按管理部门分	—	—	—	—	—	—	—	—	—	—	—	—
文化部门	I											
其他部门	J	958	185	27564	8050	18942	20.226	17.617	13907.982	11702.454	1460738	10466
按剧种分	—	—	—	—	—	—	—	—	—	—	—	—
话剧、儿童剧、滑稽剧类	K	77	17	1865	485	1278	1.368	1.090	878.205	775.904	81392	1319
其中:儿童剧团	L	1		47			0.005	0.001	0.210	0.080	900	150
歌舞、音乐类	M	115	15	3054	1457	2150	1.820	1.219	1199.198	338.688	318881	2010
京剧、昆曲类	N	28	4	1123	174	985	1.087	1.031	922.350	878.870	51958	
其中:京剧	O	27	4	1093	169	960	1.061	1.012	902.150	859.670	50608	
地方戏曲类	P	518	89	16644	4609	11058	13.111	12.530	9422.820	8728.234	764587	3705
杂技、魔术、马戏类	Q	13	5	207	90	143	0.223	0.066	84.497	8.465	11358	800
曲艺类	R	40	16	499	209	315	0.702	0.483	279.666	223.222	21467	1320
乌兰牧骑	S											
综合性艺术表演团体	T	167	39	4172	1026	3013	1.915	1.198	1121.246	749.071	211095	1312

情况年报

情况(千元)										资产总计(千元)	实际使用房屋建筑面积(万平方米)	增加值(千元)
收入			营业成本				营业利润	营业外收入				
	演出收入			养老、医疗、失业等各种社会保险费	本年发放工资总额	本年应交税金总额			政府补贴			
	农村演出收入	城市演出收入										
12	13	14	15	16	17	18	19	20	21	22	23	24
1420103	979254	218584	1158108	32821	795036	32567	302630	35698	25574	1017981	48.699	1176255
—	—	—	—	—	—	—	—	—	—	—	—	—
1420103	979254	218584	1158108	32821	795036	32567	302630	35698	25574	1017981	48.699	1176255
—	—	—	—	—	—	—	—	—	—	—	—	—
1420103	979254	218584	1158108	32821	795036	32567	302630	35698	25574	1017981	48.699	1176255
—	—	—	—	—	—	—	—	—	—	—	—	—
1420103	979254	218584	1158108	32821	795036	32567	302630	35698	25574	1017981	48.699	1176255
—	—	—	—	—	—	—	—	—	—	—	—	—
79333	66672	12501	75662	2922	60445	1548	5730	2574	1464	55884	2.496	74462
750	150	600	150	30	70	20	750	750		1000	0.058	870
314093	56282	45301	183395	6733	69472	14622	135486	3188	1117	236517	8.384	228987
51858	48923	2925	45021	330	37880	281	6937	300	300	25050	0.486	45528
50508	47728	2780	43891	180	37210	161	6717	300	300	24750	0.476	44368
758211	716906	36795	664604	12879	539055	8004	99983	18134	15321	299828	23.372	661844
10213	3280	4104	7861	918	2628	1046	3497	2381	810	9371	6.117	8090
19807	17050	2452	18053	1103	12852	499	3414	1746	1322	10761	0.477	17970
186588	70141	114506	163512	7936	72704	6567	47583	7375	5240	380570	7.367	139374

非公有制艺术表演场馆

		机构数(个)	从业人员(人)		座席数(个)	国内演出场次(万场次)			国内演出观众人次(万人次)		经营	
							艺术演出场次				营业收入	
				专业技术人才				惠民演出场次		农村观众人次		艺术演出收入
(甲)		1	2	3	4	5	6	7	8	9	10	11
总　计	A	240	2768	555	111349	2.735	1.244	0.163	501.197		339253	80098
其中:附属剧场	B	113	1172	273	89734	1.344	0.630	0.042	295.973		163899	32042
儿童剧场	C	158	2707	545	97534	2.715	1.223	0.163	500.147		332151	73119
按登记注册类型分	—	—	—	—	—	—	—	—	—	—	—	—
国有	D											
集体	E											
其他	F	240	2768	555	111349	2.735	1.244	0.163	501.197		339253	80098
按管理部门分	—	—	—	—	—	—	—	—	—	—	—	—
文化部门	G											
其他部门	H	240	2768	555	111349	2.735	1.244	0.163	501.197		339253	80098
按机构类型分	—	—	—	—	—	—	—	—	—	—	—	—
剧场	I	48	846	205	19151	0.625	0.323	0.005	140.327		126434	31532
影剧院	J	3	3	3	550							
书场、曲艺场	K	2	11	6	320	0.049	0.049		4.480		890	880
杂技、马戏场	L											
音乐厅	M	17	81	58	1770	0.194	0.132		21.335		3200	2750
综合性	N	37	296	46	13135	0.371	0.193	0.023	97.028		72727	14612
其他艺术表演场馆	O	133	1531	237	76423	1.496	0.547	0.135	238.027		136002	30324
按隶属关系分	—	—	—	—	—	—	—	—	—	—	—	—
中央	P											
省、区、市	Q											
地、市	R											
县、市及以下	S	240	2768	555	111349	2.735	1.244	0.163	501.197		339253	80098

基本情况年报

情况（千元）							资产总计（千元）	实际使用房屋建筑面积（万平方米）		增加值（千元）
营业成本				营业利润	营业外收入					
	养老、医疗、失业等各种社会保险费	本年发放工资总额	本年应交税金总额			政府补贴			演（映）出业务用房	
12	13	14	15	16	17	18	19	20	21	22
348553	9736	103157	18399	－9300	21273	14898	1579175	57.123	21.092	164336
151969	4327	47226	7524	11930	6115	3718	1299548	27.176	14.781	78299
320990	9609	96148	17862	11161	20668	14298	1532856	42.105	19.939	156664
—	—	—	—	—	—	—	—	—	—	—
348553	9736	103157	18399	－9300	21273	14898	1579175	57.123	21.092	164336
—	—	—	—	—	—	—	—	—	—	—
348553	9736	103157	18399	－9300	21273	14898	1579175	57.123	21.092	164336
—	—	—	—	—	—	—	—	—	—	—
153587	4506	34927	8000	－27153	18438	14390	196160	26.848	6.111	54956
								0.180		
1030	114	470	28	－140	10		717	0.100	0.075	622
2085	420	1170	55	1115	350	200	22880	2.003	1.276	2760
66690	686	16789	2527	6037	255	132	90551	4.703	1.506	27709
125161	4010	49801	7789	10841	2220	176	1268867	23.289	12.124	78289
—	—	—	—	—	—	—	—	—	—	—
348553	9736	103157	18399	－9300	21273	14898	1579175	57.123	21.092	164336

经营性互联网文化单位基本

		机构数(个)	从业人员(人)	资产总计(千元)	营业收入					损益		
						网络游戏	网络音乐	网络动漫	其他		营业	
											养老、医疗、失业等保险费	住房公积金和住房补贴
(甲)		1	2	3	4	5	6	7	8	9	10	11
总　计	A	167	8610	11990396	7904694	5873885	96496	291673	1463039	5714199	118431	53150
按城乡分	—	—	—	—	—	—	—	—	—	—	—	—
城市	B	148	8272	11720296	7466195	5439511	96063	289923	1462387	5298125	114482	51879
县城	C	17	328	269450	437719	433724	413	1730	642	415374	3949	1271
县以下	D	2	10	650	780	650	20	20	10	700		
按经营类别分	—	—	—	—	—	—	—	—	—	—	—	—
网络游戏	E	13	348	654210	240228	9690	74072	7567	146439	159463	2053	616
网络音乐	F	110	6477	7263118	5657616	4751548	20974	20600	806091	3690710	86640	40881
网络动漫	G	28	1279	3402706	1435086	1112647		200	321878	1368039	20919	7561
其他	H	16	506	670361	571763		1450	263306	188631	495987	8819	4092

经营性互联网文化单位基本

		知识产权(种)			注册用户数(个)	运营网络文化				
							网络游戏数			
			拥有自主知识产权网络游戏数	拥有自主知识产权网络音乐数				PC端网络游戏数	移动端网络游戏数	进口网络游戏数
(甲)		22	23	24	25	26	27	28	29	30
总　计	A	3652	703	865	1730189478	8151425	3239	792	2443	3
按城乡分	—	—	—	—	—	—	—	—	—	—
城市	B	3582	665	865	1671197606	8131813	3180	762	2415	3
县城	C	70	38		58991647	19599	48	20	27	
县以下	D				225	13	11	10	1	
按经营类别分	—	—	—	—	—	—	—	—	—	—
网络游戏	E	106	12	63	131933811	4912639	3	2	1	
网络音乐	F	1935	679	801	1104871660	3234731	3161	756	2401	3
网络动漫	G	1530	9	1	191766906	1701	69	34	35	
其他	H	81	3		301617101	2354	6		6	

情况综合年报(一)

(千元)						工资、福利费、税金			经营面积(万平方米)
成本		营业利润	营业外收入		利润总额	本年发放工资总额	本年支付的职工福利费	本年应交税金总额	
差旅费	工会经费			政府补助					
12	13	14	15	16	17	18	19	20	21
42043	7385	2190495	238349	113083		1023642	60430	624493	16.039
	—	—	—	—	—	—	—	—	—
41159	7252	2168071	232755	108130		997127	59494	618015	15.208
884	133	22344	5504	4953		26215	926	6458	0.757
		80	90			300	10	20	0.074
	—	—	—	—	—	—	—	—	—
2060	195	80765	6200	5101		29402	928	29850	0.431
24955	4136	1966906	101452	77561		779269	45602	520008	11.699
10866	2392	67048	23011	20817		164558	10228	49603	3.180
4162	662	75776	107686	9604		50413	3672	25033	0.729

情况综合年报(二)

产品数(个)						出口情况		增加值(千元)
网络音乐数			网络动漫数					
	国产网络音乐数	进口网络音乐数		国产网络漫画数	进口网络动画数	出口额(千元)	出口网络文化产品数量(个)	
31	32	33	34	35	36	37	38	39
8143929	1799174	6344725	2389	2358	31	21490	13	1890222
—	—	—	—	—	—	—	—	—
8124580	1779825	6344725	2187	2156	31	21490	13	1850883
19348	19348		201	201				39009
1	1		1	1				330
—	—	—	—	—	—	—	—	—
4912621	1486861	3425760	15	15				63173
3231188	312223	2918965	16	15	1	21490	13	1478133
65	65		65	65				255958
55	25		2293	2263	30			92958

艺术品经营机构基本

		机构数(个)	从业人员(人)	资产总计(千元)	损益(千元)						
					营业收入	营业成本					营业利润
							养老、医疗、失业等保险费	住房公积金和住房补贴	差旅费	工会经费	
(甲)		1	2	3	4	5	6	7	8	9	10
总　计	A	286	828	394424	108767	89851	2845	450	1315	68	18916
按城乡分	—	—	—	—	—	—	—	—	—	—	—
城市	B	108	365	182131	65387	55376	2034	373	812	43	10011
县城	C	152	384	173617	36194	28801	661	77	503	25	7393
县以下	D	26	79	38676	7186	5674	150				1512
按经营类别分	—	—	—	—	—	—	—	—	—	—	—
艺术品销售	E	205	575	299142	94171	78359	1857	374	1142	56	15812
艺术品拍卖	F										
艺术品展览	G	3	34	69755	3493	3232	245		148		261
艺术品经纪代理	H	1	5	6880	1058	576	54	15	25	12	482
其他	I	77	214	18647	10044	7683	689	61			2361

演出经纪机构基本

		机构数(个)	从业人员(人)	资产总计(千元)	损益(千元)						
					营业收入	营业成本					营业利润
							养老、医疗、失业等保险费	住房公积金和住房补贴	差旅费	工会经费	
(甲)		1	2	3	4	5	6	7	8	9	10
总　计	A	77	1249	1952667	500596	487696	18968				12900
按城乡分	—	—	—	—	—	—	—	—	—	—	—
城市	B	62	1161	1894536	479223	468478	18200				10745
县城	C	14	85	53551	20573	18608	718				1965
县以下	D	1	3	4580	800	610	50				190

情况综合年报

工资、福利费、税金（千元）			经营面积（万平方米）	拍卖情况						增加值（千元）
本年发放工资总额	本年支付的职工福利费	本年应交税金总额		交易量（件）	交易金额（千元）	结算数量（件）	结算金额（千元）	展览/预展场次（次）	艺术活动数量（次）	
11	12	13	14	15	16	17	18	19	20	21
26244	949	2312	8.752	807	432886	764	432588	1510	348	56075
—	—	—	—	—	—	—	—	—	—	—
13911	657	1208	5.508	117	8002	112	8002	484	126	32496
9593	256	863	2.256	690	424884	652	424586	1026	222	18901
2740	36	241	0.988							4678
—	—	—	—	—	—	—	—	—	—	—
20371	884	2088	5.950	549	431130	506	430832	1304	311	45722
1138	40	37	2.170						30	1731
248	21	77	0.020	42	1058	42	1058	100	7	911
4487	5	109	0.612	216	698	216	698	106		7711

情况综合年报

工资、福利费、税金（千元）			演出项目数（个）				演出场次（万场次）		经营面积（万平方米）	增加值（千元）
本年发放工资总额	本年支付的职工福利费	本年应交税金总额		涉外项目	港澳台项目	内地项目		观众人次（万人次）		
11	12	13	14	15	16	17	18	19	20	21
114041		32375						471	23	210179
—	—	—	—	—	—	—	—	—	—	—
109205		31674						426	22	200336
4396		696						45	1	9158
440		5								685

艺术展览创作机构基本

		机构数（个）	从业人员（人）					藏品						
				专业技术人才					文物藏品数	非文物				
					正高级职称	副高级职称	中级职称				国画	油画	版画	雕塑
（甲）		1	2	3	4	5	6	7	8	9	10	11	12	13
总　计	A	10	137	67	8	8	32	25061	4	25057	3768	885	3571	309
其中：免费开放	B	10	137	67	8	8	32	25061	4	25057	3768	885	3571	309
按登记注册类型分	—	—	—	—	—	—	—	—	—	—	—	—	—	—
其中：国有	C	7	126	62	8	8	28	24421	4	24417	3548	885	3571	309
集体	D													
其他	E	3	11	5			4	640		640	220			
按隶属关系分	—	—	—	—	—	—	—	—	—	—	—	—	—	—
中央	F													
省区市	G	1	56	35	4	1	18	19284		19284	2414	597	2828	301
地市	H	3	60	22	3	7	8	4859		4859	1060	283	743	8
县市区	I	6	21	10	1		6	918	4	914	294	5		
按部门分	—	—	—	—	—	—	—	—	—	—	—	—	—	—
文化部门	J	9	123	65	8	6	32	25055	4	25051	3764	885	3571	309
其他部门	K	1	14	2		2		6		6	4			
按机构类型分	—	—	—	—	—	—	—	—	—	—	—	—	—	—
美术馆	L	4	104	55	6	4	28	24219	4	24215	3326	854	3546	309
画院	M	3	18	4		2	2	226		226	224			
美术馆（画院）	N	3	15	8	2	2	2	616		616	218	31	25	
剧目创作室	O													

情况综合年报（一）

（件/套）								年度展览总量（个）		参观人次（万人次）		学术成果		
藏品数														
水粉、水彩	设计	连环画、漫画	民间艺术	书法	摄影、多媒体	漆艺	陶艺		自主办展数量		未成年人参观人次	专著或图录（册）	论文数（篇）	学术活动（次）
14	15	16	17	18	19	20	21	22	23	24	25	26	27	28
603	1050	224	1110	2006	372	12	106	179	120	137.783	35.649	4	6	31
603	1050	224	1110	2006	372	12	106	179	120	137.783	35.649	4	6	31
—	—	—	—	—	—	—	—	—	—	—	—	—	—	—
603	1050	224	1110	2006	372	12	106	151	93	129.783	34.649	4	6	31
								28	27	8.000	1.000			
—	—	—	—	—	—	—	—	—	—	—	—	—	—	—
412		223	803	1179	318	8	72	63	43	80.000	30.000			
189	1050	1	307	753	54	4	33	72	35	45.633	4.063	1	3	13
2				74			1	44	42	12.150	1.585	3	3	18
—	—	—	—	—	—	—	—	—	—	—	—	—	—	—
603	1050	224	1110	2004	372	12	106	179	120	137.783	35.649	4	6	26
				2										5
—	—	—	—	—	—	—	—	—	—	—	—	—	—	—
587	1050	223	1110	1699	372	8	105	157	98	127.883	32.549	1	3	20
				2										5
16		1		305		4	1	22	22	9.900	3.100	3	3	6

艺术展览创作机构基本

		本年收入合计(千元)									本年	
			财政补贴收入			上级补助收入	事业收入	经营收入	附属单位上缴收入	其他收入		基本支出
				基建拨款	收藏专项经费							
(甲)		29	30	31	32	33	34	35	36	37	38	39
总　计	A	76625	66647		11869	50	9552			376	76229	19962
其中免费开放	B	76625	66647		11869	50	9552			376	76229	19962
按登记注册类型分	—	—	—	—	—	—	—	—	—	—	—	—
其中:国有	C	75308	65897		11869		9035			376	74806	18704
集体	D											
其他	E	1317	750			50	517				1423	1258
按隶属关系分	—	—	—	—	—	—	—	—	—	—	—	—
中央	F											
省区市	G	40067	35068		7689		4930			69	40782	11202
地市	H	34380	29968		4180		4105			307	33203	7197
县市区	I	2178	1611			50	517				2244	1563
按部门分	—	—	—	—	—	—	—	—	—	—	—	—
文化部门	J	72411	62434		11269	50	9552			375	73818	19368
其他部门	K	4214	4213		600					1	2411	594
按机构类型分	—	—	—	—	—	—	—	—	—	—	—	—
美术馆	L	66464	56843		11269		9552			69	67824	16901
画院	M	4724	4673		600	50				1	3002	1120
美术馆(画院)	N	5437	5131							306	5403	1941
剧目创作室	O											

情况综合年报(二)

支出合计(千元)

项目支出		经营支出	在支出合计中									
				商品和服务支出					对个人和家庭补助支出		其他资本性支出	
	收藏经费		工资福利支出		差旅费	劳务费	福利费	各种税金支出		抚恤金和生活补助		各种设备、交通工具、图书购置费
40	41	42	43	44	45	46	47	48	49	50	51	52
56267	11822		14025	52128	587	10877	584	341	1359		8717	1636
56267	11822		14025	52128	587	10877	584	341	1359		8717	1636
—	—	—	—	—	—	—	—	—	—	—	—	—
56102	11822		13318	51495	583	10805	534	341	1305		8688	1636
165			707	633	4	72	50		54		29	
—	—	—	—	—	—	—	—	—	—	—	—	—
29580	7678		7445	24927	288	1421	358	214	666		7744	957
26006	4144		5524	26123	284	9240	141	127	612		944	679
681			1056	1078	15	216	85		81		29	
—	—	—	—	—	—	—	—	—	—	—	—	—
54450	11749		13649	50200	577	10748	574	341	1325		8644	1636
1817	73		376	1928	10	129	10		34		73	
—	—	—	—	—	—	—	—	—	—	—	—	—
50923	11749		11825	46428	437	9595	515	341	1077		8494	1507
1882	73		610	2249	12	159	25		49		94	
3462			1590	3451	138	1123	44		233		129	129

艺术展览创作机构基本

		资产总计（千元）		实际使用房屋建筑面积（万平方米）				实际拥有产权面积（万平方米）	公共教育活动		
			固定资产原值		展览用房	库房面积	画室面积		讲座（次）	教育活动（次）	出版物（种）
（甲）		53	54	55	56	57	58	59	60	61	62
总　　计	A	639959	471172	7.838	2.499	0.471	0.063	3.400	58	271	10
其中免费开放	B	639959	471172	7.838	2.499	0.471	0.063	3.400	58	271	10
按登记注册类型分	—	—	—	—	—	—	—	—	—	—	—
其中：国有	C	638388	470982	7.228	2.194	0.461	0.037	2.700	53	271	10
集体	D										
其他	E	1571	190	0.610	0.305	0.010	0.026	0.700	5		
按隶属关系分	—	—	—	—	—	—	—	—	—	—	—
中央	F										
省区市	G	450958	427555	3.200	0.900	0.300			30	250	
地市	H	187027	43188	3.788	1.140	0.155	0.015	2.700	13	20	3
县市区	I	1974	429	0.850	0.459	0.016	0.048	0.700	15	1	7
按部门分	—	—	—	—	—	—	—	—	—	—	—
文化部门	J	598561	467341	6.696	2.039	0.471	0.063	3.400	58	271	10
其他部门	K	41398	3831	1.142	0.460						
按机构类型分	—	—	—	—	—	—	—	—	—	—	—
美术馆	L	593526	463286	5.940	1.685	0.461	0.018	2.700	46	265	3
画院	M	42272	3889	1.392	0.560	0.002	0.020	0.700			
美术馆（画院）	N	4161	3997	0.506	0.254	0.009	0.025		12	6	7
剧目创作室	O										

情况综合年报(三)

创作情况(个)			培训情况		志愿者服务队伍数(个)	志愿者服务队伍人数(人)	学术研究情况(个)			增加值(千元)
							本年承担课题、项目数			
创作项目数量	参加展览数量	获省部级以上奖项的作品数	组织培训次数(次)	培训人次(万人次)				省部级以上课题项目数	结项课题项目数	
63	64	65	66	67	68	69	70	71	72	73
106	514	9	100	0.027	10	545	1			46071
106	514	9	100	0.027	10	545	1			46071
—	—	—	—	—	—	—	—	—	—	—
106	509	7	97	0.015	10	545	1			45180
	5	2	3	0.012						891
—	—	—	—	—	—	—	—	—	—	—
										27225
6	9		96	0.014	8	530	1			17389
100	505	9	4	0.014	2	15				1457
—	—	—	—	—	—	—	—	—	—	—
106	514	9	100	0.027	10	545	1			45368
										703
—	—	—	—	—	—	—	—	—	—	—
					10	545	1			41912
	5	2	3	0.012						1000
106	509	7	97	0.015						3159

美术馆基本

(甲)		机构数(个)	从业人员(人)	专业技术人才	正高级职称	副高级职称	中级职称	藏品	文物藏品数	非文物	国画	油画	版画	雕塑
		1	2	3	4	5	6	7	8	9	10	11	12	13
总　　计	A	7	119	63	8	6	30	24835	4	24831	3544	885	3571	309
其中:免费开放	B	7	119	63	8	6	30	24835	4	24831	3544	885	3571	309
按登记注册类型分	—	—	—	—	—	—	—	—	—	—	—	—	—	—
其中:国有	C	6	112	60	8	6	28	24415	4	24411	3544	885	3571	309
集体	D													
其他	E	1	7	3			2	420		420				
按隶属关系分	—	—	—	—	—	—	—	—	—	—	—	—	—	—
中央	F													
省区市	G	1	56	35	4	1	18	19284		19284	2414	597	2828	301
地市	H	2	46	20	3	5	8	4853		4853	1056	283	743	8
县市区	I	4	17	8	1		4	698	4	694	74	5		
按部门分	—	—	—	—	—	—	—	—	—	—	—	—	—	—
文化部门	J	7	119	63	8	6	30	24835	4	24831	3544	885	3571	309
其他部门	K													

情况综合年报(一)

(件/套)								年度展览总量(个)		参观人次(万人次)		学术成果		
藏品数														
水粉、水彩	设计	连环画、漫画	民间艺术	书法	摄影、多媒体	漆艺	陶艺		自主办展数量		未成年人参观人次	专著或图录(册)	论文数(篇)	学术活动(次)
14	15	16	17	18	19	20	21	22	23	24	25	26	27	28
603	1050	224	1110	2004	372	12	106	179	120	137.783	35.649	4	6	26
603	1050	224	1110	2004	372	12	106	179	120	137.783	35.649	4	6	26
—	—	—	—	—	—	—	—	—	—	—	—	—	—	—
603	1050	224	1110	2004	372	12	106	151	93	129.783	34.649	4	6	26
								28	27	8.000	1.000			
—	—	—	—	—	—	—	—	—	—	—	—	—	—	—
412		223	803	1179	318	8	72	63	43	80.000	30.000			
189	1050	1	307	751	54	4	33	72	35	45.633	4.063	1	3	8
2				74			1	44	42	12.150	1.585	3	3	18
—	—	—	—	—	—	—	—	—	—	—	—	—	—	—
603	1050	224	1110	2004	372	12	106	179	120	137.783	35.649	4	6	26

美术馆基本

		本年收入合计(千元)									本年	
			财政补贴收入									
				基建拨款	收藏专项经费	上级补助收入	事业收入	经营收入	附属单位上缴收入	其他收入		基本支出
(甲)		29	30	31	32	33	34	35	36	37	38	39
总　计	A	71901	61974		11269		9552			375	73227	18842
其中:免费开放	B	71901	61974		11269		9552			375	73227	18842
按登记注册类型分	—	—	—	—	—	—	—	—	—	—	—	—
其中:国有	C	71094	61684		11269		9035			375	72395	18110
集体	D											
其他	E	807	290				517				832	732
按隶属关系分	—	—	—	—	—	—	—	—	—	—	—	—
中央	F											
省区市	G	40067	35068		7689		4930			69	40782	11202
地市	H	30166	25755		3580		4105			306	30792	6603
县市区	I	1668	1151				517				1653	1037
按部门分	—	—	—	—	—	—	—	—	—	—	—	—
文化部门	J	71901	61974		11269		9552			375	73227	18842
其他部门	K											

情况综合年报(二)

支出合计(千元)												
项目支出		经营支出	在支出合计中									
			工资福利支出	商品和服务支出					对个人和家庭补助支出		其他资本性支出	
	收藏经费				差旅费	劳务费	福利费	各种税金支出		抚恤金和生活补助		各种设备、交通工具、图书购置费
40	41	42	43	44	45	46	47	48	49	50	51	52
54385	11749		13415	49879	575	10718	559	341	1310		8623	1636
54385	11749		13415	49879	575	10718	559	341	1310		8623	1636
—	—	—	—	—	—	—	—	—	—	—	—	—
54285	11749		12942	49567	573	10676	524	341	1271		8615	1636
100			473	312	2	42	35		39		8	
—	—	—	—	—	—	—	—	—	—	—	—	—
29580	7678		7445	24927	288	1421	358	214	666		7744	957
24189	4071		5148	24195	274	9111	131	127	578		871	679
616			822	757	13	186	70		66		8	
—	—	—	—	—	—	—	—	—	—	—	—	—
54385	11749		13415	49879	575	10718	559	341	1310		8623	1636

美术馆基本

		资产总计(千元)		实际使用房屋建筑面积(万平方米)				实际拥有产权面积(万平方米)	公共教育活动		
			固定资产原值		展览用房	库房面积	画室面积		讲座(次)	教育活动(次)	出版物(种)
(甲)		53	54	55	56	57	58	59	60	61	62
总　　计	A	597687	467283	6.446	1.939	0.469	0.043	2.700	58	271	10
其中:免费开放	B	597687	467283	6.446	1.939	0.469	0.043	2.700	58	271	10
按登记注册类型分	—	—	—	—	—	—	—	—	—	—	—
其中:国有	C	596990	467151	6.086	1.734	0.461	0.037	2.700	53	271	10
集体	D										
其他	E	697	132	0.360	0.205	0.008	0.006		5		
按隶属关系分	—	—	—	—	—	—	—	—	—	—	—
中央	F										
省区市	G	450958	427555	3.200	0.900	0.300			30	250	
地市	H	145629	39357	2.646	0.680	0.155	0.015	2.700	13	20	3
县市区	I	1100	371	0.600	0.359	0.014	0.028		15	1	7
按部门分	—	—	—	—	—	—	—	—	—	—	—
文化部门	J	597687	467283	6.446	1.939	0.469	0.043	2.700	58	271	10
其他部门	K										

情况综合年报(三)

创作情况(个)			培训情况		志愿者服务队伍数(个)	志愿者服务队伍人数(人)	学术研究情况(个)			增加值(千元)
							本年承担课题、项目数			
创作项目数量	参加展览数量	获省部级以上奖项的作品数	组织培训次数(次)	培训人次(万人次)				省部级以上课题项目数	结项课题项目数	
63	64	65	66	67	68	69	70	71	72	73
106	509	7	97	0.015	10	545	1			45071
106	509	7	97	0.015	10	545	1			45071
—	—	—	—	—	—	—	—	—	—	—
106	509	7	97	0.015	10	545	1			44477
										594
—	—	—	—	—	—	—	—	—	—	—
										27225
6	9		96	0.014	8	530	1			16686
100	500	7	1	0.002	2	15				1160
—	—	—	—	—	—	—	—	—	—	—
106	509	7	97	0.015	10	545	1			45071

其他文化事业机构基本

		机构数(个)	从业人员(人)					本年收入合计(千元)								本年
				专业技术人才					财政拨款							
					正高级职称	副高级职称	中级职称			基建拨款	上级补助收入	事业收入	经营收入	附属单位上缴收入	其他收入	
(甲)		1	2	3	4	5	6	7	8	9	10	11	12	13	14	15
总　计	A	70	972	111	3	13	46	243537	233754	33226	276	352		80	9075	238706
其中：文化行政执法机构	B	56	863	59			21	164232	162865	1471	186	1			1180	163939
按隶属关系分类	—	—	—	—	—	—	—	—	—	—	—	—	—	—	—	—
中央	C															
省区市	D	1	5	4		1	3	3961	3610			351				3136
地市	E	14	232	68	3	11	22	105697	101831	33226	90			80	3696	102696
县市区	F	55	735	39		1	21	133879	128313		186	1			5379	132874
按部门分类	—	—	—	—	—	—	—	—	—	—	—	—	—	—	—	—
文化部门	G	70	972	111	3	13	46	243537	233754	33226	276	352		80	9075	238706
其他部门	H															

其他文化企业机构基本

		机构数(个)	从业人员(人)					资产、负债、所有者权益							损益	
				专业技术人才				资产总计			负债合计	所有者权益合计			营业收入	
													实收资本			
					正高级职称	副高级职称	中级职称		固定资产原价	当年提取的折旧总额				国家资本		
(甲)		1	2	3	4	5	6	7	8	9	10	11	12	13	14	15
总　计	A	44	631	124	7	9	48	1436098	356575	20833	591023	845075	515129	481649	223265	234501
第一产业	B															
第二产业	C	4	18	4		2	2	13845	4607	489	6651	7194	8283	1283	5522	5543
第三产业	F	40	613	120	7	7	46	1422253	351968	20344	584372	837881	506846	480366	217743	228958
按部门分	—	—	—	—	—	—	—	—	—	—	—	—	—	—	—	—
文化部门	J	44	631	124	7	9	48	1436098	356575	20833	591023	845075	515129	481649	223265	234501
其他部门	K															

情况综合年报

支出合计（千元）													资产总计（千元）		实际使用房屋建筑面积（万平方米）	实际拥有产权面积（万平方米）	增加值（千元）
基本支出	项目支出	经营支出	在支出合计中											固定资产原值			
			工资福利支出	商品和服务支出					对个人和家庭补助支出		其他资本性支出						
					差旅费	劳务费	福利费	税金支出		抚恤金和生活补助		各种设备购置费					
16	17	18	19	20	21	22	23	24	25	26	27	28	29	30	31	32	33
156521	82185		112939	63945	1614	4962	2761	255	22582	733	8180	3875	966946	900361	5.259	4.638	178958
142237	21702		102495	34444	1398	2565	2559	90	20789	723	6197	3021	47462	37510	2.284	0.098	129366
—	—	—	—	—	—	—	—	—	—	—	—	—	—	—	—	—	—
1152	1984		807	1977	24	179	40	3	236		116		4159	1888			1415
40981	61715		28324	32100	732	1684	757	241	6802	160	4424	1678	924348	868371	3.170	4.100	72430
114388	18486		83808	29868	858	3099	1964	11	15544	573	3640	2197	38439	30102	2.089	0.539	105113
—	—	—	—	—	—	—	—	—	—	—	—	—	—	—	—	—	—
156521	82185		112939	63945	1614	4962	2761	255	22582	733	8180	3875	966946	900361	5.259	4.638	178958

情况综合年报

和分配（千元）									工资、福利费、税金（千元）			实际使用房屋建筑面积（万平方米）	实际拥有产权面积（万平方米）	增加值（千元）
营业成本				营业利润	营业外收入		营业外支出	利润总额	本年发放工资总额	本年支付的职工福利费	本年应交税金总额			
养老、失业等保险费	住房公积金和住房补贴	差旅费	工会经费			政府补助（补贴收入）								
16	17	18	19	20	21	22	23	24	25	26	27	28	29	30
8142	2737	1098	532	－11236	30537	15516	2916	16385	33565	3726	25113	7.578	4.155	111404
168	36	265		－21			5	－26	791	65	118	0.361	0.303	1887
7974	2701	833	532	－11215	30537	15516	2911	16411	32774	3661	24995	7.217	3.852	109517
—	—	—	—	—	—	—	—	—	—	—	—	—	—	—
8142	2737	1098	532	－11236	30537	15516	2916	16385	33565	3726	25113	7.578	4.155	111404

文化行政主管部门基本

		机构数（个）	从业人员（人）		本年收入合计（千元）							本年		
				事业编制人员		财政补贴收入	文化类经费		在文化类经费中				基本支出	项目支出
								基建拨款	行政运行	一般行政管理事务	文化活动等经费			
（甲）		1	2	3	4	5	6	7	8	9	10	11	12	13
总　　计	A	103	2495	588	2156278	1954020	1455871	85795	404997	86405	772467	2065713	588021	1477692
中央	B													
省区市	C	1	62		62877	62577	44971	600	13879	7115	2400	53356	22424	30932
地市	D	11	444	36	347564	328058	289529	12689	100101	7688	161785	340060	148249	191811
县市区	E	91	1989	552	1745837	1563385	1121371	72506	291017	71602	608282	1672297	417348	1254949

文化行政主管部门基本

		本辖区内非物质文化遗产名录（个）								本辖区内非物质文化遗产代表性					
		国家级项目		省级项目		市级项目		县级项目		国家级代表性传承人		省级代表性传承人		市级代表性传承人	
			保护单位个数		保护单位个数		保护单位个数		保护单位个数		学徒人数		学徒人数		学徒人数
（甲）		28	29	30	31	32	33	34	35	36	37	38	39	40	41
总　　计	A			788	970	1954	1875	7052	4533			936	17500	1580	1055
中央	B														
省区市	C	217	233	788	970					122	2400	936	17500		
地市	D	153	148	629	591	1954	1875			86	622	622	2658	1580	1055
县市区	E	171	158	769	549	2921	2022	7052	4533	80	985	669	5333	1960	11312

情况综合年报(一)

支出合计(千元)										资产总计(千元)		实际使用房屋建筑面积(万平方米)	实际拥有产权面积(万平方米)
在支出合计中													
工资福利支出	商品和服务支出					对个人和家庭补助支出		其他资本性支出			固定资产原值		
		差旅费	劳务费	福利费	税金支出		抚恤金和生活补助		各种设备购置费				
14	15	16	17	18	19	20	21	22	23	24	25	26	27
304167	993606	14655	64259	11043	317	210348	8724	255978	24310	1304240	600311	14.271	10.016
11368	31919	776	1014	1220		8166	246	1903	788	56389	33488	0.551	0.671
66345	158451	4421	9257	2352	115	52032	1649	33055	9252	146173	78183	1.002	0.551
226454	803236	9458	53988	7471	202	150150	6829	221020	14270	1101678	488640	12.719	8.794

情况综合年报(二)

传承人(人)		辖区内非物质文化遗产生态保护区(个)				非物质文化遗产保护专项经费投入(千元)						增加值(千元)
县级代表性传承人		国家级	省级	市级	县级		中央财政投入	省级财政投入	市级财政投入	县级财政投入	其他投入	
	学徒人数											
42	43	44	45	46	47	48	49	50	51	52	53	54
4126	15632		9	103	76	159666	38815	57220	19972	40129	3530	606358
		1	9			55616	21890	33726				22911
		3	63	103		37242	4380	7299	18593	6970		131862
4126	15632	3	21	37	76	66808	12545	16195	1379	33159	3530	451585

文物业基本情况

		机构数(个)	从业人员(人)						登记注册志愿者(人)	文物藏品(件/套)			
				专业技术人员				安全保卫人员			一级品	二级品	三级品
					正高级职称	副高级职称	中级职称						
(甲)		1	2	3	4	5	6	7	8	9	10	11	12
总　　计	A	388	8321	2490	189	399	958	1449	13697	1331284	4141	12125	79512
按单位类型分	—	—	—	—	—	—	—	—	—	—	—	—	—
文物科研机构	B	5	166	82	24	20	24	19		15142	51	236	1280
文物保护管理机构	C	96	2668	747	44	116	296	288	2219	102638	232	671	5140
博物馆	D	224	4516	1567	115	253	607	1142	11478	1186230	3830	11126	71996
文物商店	E	9	91	22		1	9			21205		13	400
其他文物机构	F	54	880	72	6	9	22			6069	28	79	696
按隶属关系分	—	—	—	—	—	—	—	—	—	—	—	—	—
中央	G												
省区市	H	10	607	350	71	94	103	55	700	300976	1308	5706	36530
地市	I	90	3858	1027	71	168	436	556	5187	302278	1021	2951	16958
县市区	J	288	3856	1113	47	137	419	838	7810	728030	1812	3468	26024
按部门分	—	—	—	—	—	—	—	—	—	—	—	—	—
文物部门	K	269	6959	2199	167	372	877	1131	12317	1008525	2860	11444	77773
其他部门	L	119	1362	291	22	27	81	318	1380	322759	1281	681	1739

文物业基本情况

		本年收入合计(千元)					本年支出						
											在支出		
		上级补助收入	事业收入	经营收入	附属单位上缴收入	其他收入		基本支出	项目支出	经营支出	工资福利支出	商品和	
													差旅费
(甲)		28	29	30	31	32	33	34	35	36	37	38	39
总　　计	A	200984	498618	29978	714	230133	2950105	1196175	1605464	44965	610413	1319317	18560
按单位类型分	—	—	—	—	—	—	—	—	—	—	—	—	—
文物科研机构	B	1069	34811			1901	84465	53595	30870		17734	57121	2567
文物保护管理机构	C	74286	417491	2349	534	26509	1055750	607580	446338	1832	265948	429487	4146
博物馆	D	125629	46316	27629	180	66169	1236837	444947	746360	43133	274745	493204	9978
文物商店	E					26891	20565						
其他文物机构	F					108663	552488	90053	381896		51986	339505	1869
按隶属关系分	—	—	—	—	—	—	—	—	—	—	—	—	—
中央	G												
省区市	H		40586			52141	358787	112129	212117		64081	124248	5895
地市	I	171777	453905	2630	614	129407	1597609	781506	750335	2603	339173	709614	6756
县市区	J	29207	4127	27348	100	48585	993709	302540	643012	42362	207159	485455	5909
按部门分	—	—	—	—	—	—	—	—	—	—	—	—	—
文物部门	K	181081	493925	2899	614	210902	2720083	1122654	1494287	3543	567250	1241351	15908
其他部门	L	19903	4693	27079	100	19231	230022	73521	111177	41422	43163	77966	2652

综合年报(一)

在藏品数中(件/套)			本年修复藏品数(件/套)				基本陈列(个)	临时展览(个)	参观人次(万人次)		门票销售总额(千元)	本年收入合计(千元)		
本年新增藏品													财政补助收入	
	本年从有关部门接收文物数	本年藏品征集数		一级品	二级品	三级品				未成年人参观人次				基建拨款
13	14	15	16	17	18	19	20	21	22	23	24	25	26	27
78833	4310	17983	4915	16	85	288	691	1218	6855.410	1447.867	280660	2946737	1986310	234181
—	—	—	—	—	—	—	—	—	—	—	—	—	—	—
154	148	6	182				1	1	40.000	15.000		86630	48849	
16531	735	371	322			1	120	78	2238.264	214.274	250342	1092342	571173	102992
62148	3427	17606	4367	16	83	285	570	1139	4577.145	1218.594	30318	1171343	905420	119489
												26982	91	
			44		2	2						569440	460777	11700
—	—	—	—	—	—	—	—	—	—	—	—	—	—	—
7213	2338	4875	3173	6	11	116	19	53	587.786	259.290		386666	293939	76915
24136	251	2733	422	3	24	46	156	343	3090.563	543.347	261122	1641792	883459	82951
47484	1721	10375	1320	7	50	126	516	822	3177.060	645.230	19538	918279	808912	74315
—	—	—	—	—	—	—	—	—	—	—	—	—	—	—
75293	4310	15069	4538	7	29	195	431	1043	5556.535	1281.857	262882	2814700	1925279	234181
3540		2914	377	9	56	93	260	175	1298.875	166.010	17778	132037	61031	

综合年报(二)

合计(千元)							资产总计(千元)		实际使用房屋建筑面积(万平方米)			实际拥有产权面积(万平方米)	增加值(千元)
合计中													
服务支出			对个人和家庭补助支出		其他资本性支出								
劳务费	福利费	各种税金支出		抚恤金和生活补助		各种设备、交通工具、图书购置费		固定资产原值		展览用房	文物库房		
40	41	42	43	44	45	46	47	48	49	50	51	52	53
104597	25095	24495	189444	1847	474678	51321	8359144	4868143	158.975	65.573	10.915	88.427	1254270
—	—	—	—	—	—	—	—	—	—	—	—	—	—
14270	839	566	4949		4661	2532	40430	33786	1.948		0.552	0.093	40781
29209	11220	19935	101262	300	147091	13916	3837396	1985830	30.000	11.685	0.744	10.461	561144
52458	8714	3912	63324	685	295571	27668	4035932	2612785	118.417	53.888	9.535	72.164	512643
							84761	21522	0.444		0.085	0.077	14115
8660	4322	82	19909	862	27355	7205	360625	214220	8.166			5.632	125587
—	—	—	—	—	—	—	—	—	—	—	—	—	—
20916	3368	739	21741	375	114176	15080	896577	549043	8.199	3.592	1.372	1.770	165784
42513	13386	22547	125992	606	216315	17436	5818712	3153877	61.717	22.369	3.600	32.816	737966
41168	8341	1209	41711	866	144187	18805	1643855	1165223	89.059	39.612	5.944	53.841	350520
—	—	—	—	—	—	—	—	—	—	—	—	—	—
99474	23320	23104	183348	1829	427756	49900	7130482	4101495	123.274	49.376	8.583	69.252	1161136
5123	1775	1391	6096	18	46922	1421	1228662	766648	35.701	16.197	2.332	19.175	93134

文物行政主管部门基本

		机构数(个)	从业人员(人)		编制数(人)		藏品数(件/套)				在藏品数中(件/套)			本年修复文物		
				实有文物从业人员数		文物从业人员编制数		一级品	二级品	三级品	本年新增藏品	本年从有关部门接收文物数	本年藏品征集数		一级品	二级品
(甲)		1	2	3	4	5	6	7	8	9	10	11	12	13	14	15
总　　计	A	48	770	173	677	165	6069	28	79	696				44		2
中央	B															
省区市	C	1	18	18	19	19										
其中:独立编制文物局	D	1	18	18	19	19										
行政部门内设机构	E															
地市	F	8	168	52	204	82										
其中:独立编制文物局	G	3	51	42	37	37										
行政部门内设机构	H	5	117	10	167	45										
县市区	I	39	584	103	454	64	6069	28	79	696				44		2
其中:独立编制文物局	J	1	29	14	14	14										
行政部门内设机构	K	38	555	89	440	50	6069	28	79	696				44		2

文物行政主管部门基本

		本年支出合计(千元)					资产总计(千元)		实际使用房屋建筑面积(万平方米)	实际拥有产权面积(万平方米)	对外交流情况				
		在支出合计中													
		各种税金支出	对个人和家庭补助支出	抚恤金和生活补贴	其他资本性支出	各种设备购置费		固定资产原值			与国外文博机构合作项目数(个)	与国外文博机构签署协议或备忘录数(个)	赴港澳台人员数(人次)	对港澳台交流项目数(个)	参加国际组织活动数(个)
(甲)		32	33	34	35	36	37	38	39	40	41	42	43	44	45
总　　计	A	82	19355	862	26954	6870	263602	206951	7.285	5.632			2		
中央	B														
省区市	C		2306	199	1034	877	19937	18314	0.327	0.327			2		
其中:独立编制文物局	D		2306	199	1034	877	19937	18314	0.327	0.327			2		
行政部门内设机构	E														
地市	F		5611	247	7369	752	124335	84364	3.834	2.594					
其中:独立编制文物局	G		1985	46	3433	644	56634	20728	2.891	2.088					
行政部门内设机构	H		3626	201	3936	108	67701	63636	0.943	0.506					
县市区	I	82	11438	416	18551	5241	119330	104273	3.125	2.711					
其中:独立编制文物局	J	78	292		53	37	3328	2452	1.541	1.541					
行政部门内设机构	K	4	11146	416	18498	5204	116002	101821	1.583	1.170					

情况综合年报(一)

数	本年收入合计(千元)							本年支出合计(千元)							
		财政补助收入									在支出合计中				
			文物类经费		在文物类经费中							商品和服务支出			
三级品				基建拨款	行政运行	一般行政管理事务	文物保护等经费		基本支出	项目支出	工资福利支出		差旅费	劳务费	福利费
16	17	18	19	20	21	22	23	24	25	26	27	28	29	30	31
18	515337	455515	298330	11700	12772	8318	224118	510600	86243	380858	49127	338471	1680	8496	4156
	11208	11208	8954		3790	4315		11455	6419	5036	3235	4880	451	701	316
	11208	11208	8954		3790	4315		11455	6419	5036	3235	4880	451	701	316
	268989	214555	195845		4626	2417	180370	268599	22489	202768	14949	186250	413	1796	280
	24986	17461	17161		4626	2287	1816	23449	9814	12262	6126	10531	187	1346	135
	244003	197094	178684			130	178554	245150	12675	190506	8823	175719	226	450	145
18	235140	229752	93531	11700	4356	1586	43748	230546	57335	173054	30943	147341	816	5999	3560
	6736	5856	320				320	6736	3322	3414	2851	3540	11	329	
18	228404	223896	93211	11700	4356	1586	43428	223810	54013	169640	28092	143801	805	5670	3560

情况综合年报(二)

本级举办业务培训情况		本辖区文物点(处)				本辖区对外开放的省级以上文物保护单位数(个)	本级财政专项安排文物保护经费(千元)	本级出台地方性文物业法规、规章(部)	出入境文物审核数(件/套)				文物拍卖标的审核数(个)		增加值(千元)
举办业务培训班(个)	培训业务人员数(人)		全国重点文物保护单位	省级重点文物保护单位	市县级文物保护单位					禁止出境文物数	临时入境文物审核数	临时出境文物审核数		禁止上拍文物标的数	
46	47	48	49	50	51	52	53	54	55	56	57	58	59	60	61
55	4026	73943	229	624	4824	775	670266	10	14861	200	219	329	36357	111	88737
11	695	73943	229	624	4824	680	170000		14861	200	219	329	36357	111	7120
11	695	73943	229	624	4824	680	170000		14861	200	219	329	36357	111	7120
21	1443					46	480800	5							25788
3	290					19	6000								10386
18	1153					27	474800	5							15402
23	1888					49	19466	5							55829
10	1000					11	320								3649
13	888					38	19146	5							52180

文物保护管理机构基本

		机构数（个）	从业人员（人）						登记注册志愿者人数（人）	藏品数（件/套）			
				专业技术人才				安全保卫人员			一级品	二级品	三级品
					正高级职称	副高级职称	中级职称						
（甲）		1	2	3	4	5	6	7	8	9	10	11	12
总　　计	A	96	2668	747	44	116	296	288	2219	102638	232	671	5140
按隶属关系分	—	—	—	—	—	—	—	—	—	—	—	—	—
中央	B												
省区市	C												
地市	D	25	2039	445	31	80	170	159	332	1111		2	14
县市	E	71	629	302	13	36	126	129	1887	101527	232	669	5126
按部门分类	—	—	—	—	—	—	—	—	—	—	—	—	—
文物部门	F	94	2658	747	44	116	296	288	2219	102618	232	671	5140
其他部门	G	2	10							20			
按机构类型分	—	—	—	—	—	—	—	—	—	—	—	—	—
区域性文物保护管理机构	H	75	1879	585	43	103	234	208	2036	101284	220	652	4846
专门为一处或几处文物保护单位设立的保护管理机构	I	21	789	162	1	13	62	80	183	1354	12	19	294

情况综合年报(一)

在藏品数中(件/套)			本年修复文物数(件/套)				基本陈列(个)	临时展览(个)	参观人次(万人次)		门票销售总额(千元)
本年新增藏品											
	本年从有关部门接收文物数	本年藏品征集数		一级品	二级品	三级品				未成年人参观人次	
13	14	15	16	17	18	19	20	21	22	23	24
16531	735	371	322			1	120	78	2238.264	214.274	250342
—	—	—	—	—	—	—	—	—	—	—	—
							48	21	1256.662	115.380	249343
16531	735	371	322			1	72	57	981.602	98.894	999
—	—	—	—	—	—	—	—	—	—	—	—
16531	735	371	322			1	118	77	1645.264	214.151	250342
							2	1	593.000	0.123	
—	—	—	—	—	—	—	—	—	—	—	—
16531	735	371	322			1	95	63	925.693	152.533	183211
							25	15	1312.571	61.741	67131

文物保护管理机构基本

		本年完成科研成果							本年收入				
									财政补助收入				
		省部级及以上科研课题数（个）	专利（个）	专著或图录（册）	论文数（篇）	古建维修、考古发掘报告（册）	获国家奖（个）	获省、部奖（个）			基建拨款	上级补助收入	事业收入
甲		25	26	27	28	29	30	31	32	33	34	35	36
总　计	A	2		3	25		1		1092342	571173	102992	74286	417491
按隶属关系分	—	—	—	—	—	—	—	—	—	—	—	—	—
中央	B												
省区市	C												
地市	D	2		2	16		1		800412	297029	42377	63536	416927
县市	E			1	9				291930	274144	60615	10750	564
按部门分类	—	—	—	—	—	—	—	—	—	—	—	—	—
文物部门	F	2		3	25		1		1091964	570965	102992	74286	417321
其他部门	G								378	208			170
按机构类型分	—	—	—	—	—	—	—	—	—	—	—	—	—
区域性文物保护管理机构	H	2		2	21		1		874045	441135	87616	69639	339249
专门为一处或几处文物保护单位设立的保护管理机构	I			1	4				218297	130038	15376	4647	78242

情况综合年报(二)

合计(千元)			本年支出合计(千元)										
					项目支出						在支出合计中		
												商品和服务支出	
经营收入	附属单位上缴收入	其他收入		基本支出		文物本体保护	藏品技术保护	展示利用等保护性设施建设	保护管理体系	经营支出	工资福利支出		差旅费
37	38	39	40	41	42	43	44	45	46	47	48	49	50
2349	534	26509	1055750	607580	446338	162500	2643	7304	21911	1832	265948	429487	4146
—	—	—	—	—	—	—	—	—	—	—	—	—	—
1490	534	20896	753629	533768	219166	25828	62	1503	20009	695	218577	310779	2995
859		5613	302121	73812	227172	136672	2581	5801	1902	1137	47371	118708	1151
—	—	—	—	—	—	—	—	—	—	—	—	—	—
2349	534	26509	1042372	607202	433338	149500	2643	7304	21911	1832	265740	429387	4141
			13378	378	13000	13000					208	100	5
—	—	—	—	—	—	—	—	—	—	—	—	—	—
950		23072	796917	473353	322378	147058	2643	3704	2089	1186	189246	333151	2955
1399	534	3437	258833	134227	123960	15442		3600	19822	646	76702	96336	1191

文物保护管理机构基本

		本年支出合计(千元)							资产总计(千元)		实际使用房屋建筑面积(万平方米)		
		在支出合计中								固定资产原值		展览用房	文物库房(含标本室)
		商品和服务支出			对个人和家庭补助支出		其他资本性支出						
		劳务费	福利费	各种税金支出		抚恤金和生活补贴		各种设备、交通工具、图书购置费					
甲		51	52	53	54	55	56	57	58	59	60	61	62
总　计	A	29209	11220	19935	101262	300	147091	13916	3837396	1985830	30.000	11.685	0.744
按隶属关系分	—	—	—	—	—	—	—	—	—	—	—	—	—
中央	B												
省区市	C												
地市	D	19578	10132	19878	90569	243	100346	5091	3699986	1916063	16.798	5.261	0.083
县市	E	9631	1088	57	10693	57	46745	8825	137410	69767	13.202	6.424	0.661
按部门分类	—	—	—	—	—	—	—	—	—	—	—	—	—
文物部门	F	29194	11185	19935	101227	300	147056	13916	3837396	1985830	29.575	11.678	0.744
其他部门	G	15	35		35		35				0.425	0.007	
按机构类型分	—	—	—	—	—	—	—	—	—	—	—	—	—
区域性文物保护管理机构	H	22698	7514	16633	76874	107	111787	13853	3115820	1573420	21.719	8.771	0.715
专门为一处或几处文物保护单位设立的保护管理机构	I	6511	3706	3302	24388	193	35304	63	721576	412410	8.282	2.914	0.029

情况综合年报(三)

实际拥有产权面积(万平方米)	文物保护规划和方案设计(个)	文物保护维修情况				进行考古发掘情况				主办刊物(种)	国际合作项目数(个)	增加值(千元)
		国保单位保护维修项目数(个)	保护维修面积(平方米)	省保单位保护维修项目数(个)	市、县保单位保护维修项目数(个)	考古发掘面积(万平方米)	出土器物(件/套)	原址保护展示面积(万平方米)	异地保护展示面积(万平方米)			
63	64	65	66	67	68	69	70	71	72	73	74	75
10.461	104	64	1043391	59	149	9.977	5018	0.060	0.080	1		561144
—	—	—	—	—	—	—	—	—	—	—	—	—
6.676	17	17	17258	13	18	0.330	2000			1		489460
3.785	87	47	1026133	46	131	9.647	3018	0.060	0.080			71684
—	—	—	—	—	—	—	—	—	—	—	—	—
10.461	102	63	1041841	59	149	9.977	5018	0.060	0.080	1		560851
	2	1	1550									293
—	—	—	—	—	—	—	—	—	—	—	—	—
7.195	86	41	1000926	48	135	9.667	5018	0.060	0.080			430124
3.266	18	23	42465	11	14	0.310				1		131020

博物馆基本

		机构数（个）	从业人员（人）						安全保卫人员	登记注册志愿者人数（人）	藏品数（件/套）			
				专业技术人才										
					正高级职称	副高级职称	中级职称					一级品	二级品	三级品
（甲）		1	2	3	4	5	6		7	8	9	10	11	12
总　计	A	224	4516	1567	115	253	607		1142	11478	1186230	3830	11126	71996
其中:免费开放	B	206	3926	1398	107	226	550		1024	10993	1085451	3718	10502	65709
按机构类型分	—	—	—	—	—	—	—		—	—	—	—	—	—
综合性	C	74	2244	902	62	153	363		595	4630	545493	1536	8532	59494
历史类	D	52	573	160	9	22	78		186	806	39617	941	790	1317
艺术类	E	40	461	169	10	13	54		86	3386	81744	274	546	3564
自然科技类	F	16	352	131	16	39	31		56	1754	324729	826	1041	1851
其他	G	42	886	205	18	26	81		219	902	194647	253	217	5770
按隶属关系分	—	—	—	—	—	—	—		—	—	—	—	—	—
中央	H													
省区市	I	3	380	228	47	72	70		49	700	300976	1308	5706	36530
地市	J	46	1520	549	37	84	255		386	4855	264820	970	2700	15264
县市区	K	175	2616	790	31	97	282		707	5923	620434	1552	2720	20202
按系统分类	—	—	—	—	—	—	—		—	—	—	—	—	—
文物部门	L	108	3179	1277	93	226	526		824	10098	863491	2549	10445	70257
其他部门	M	35	612	115	5	13	44		151	340	36533	9	29	450
民办	N	81	725	175	17	14	37		167	1040	286206	1272	652	1289

情况综合年报(一)

在藏品数中(件/套)			本年修复文物数(件/套)				基本陈列(个)	临时展览(个)	参观人次(万人次)		门票销售总额(千元)
本年新增藏品				一级品	二级品	三级品				未成年人参观人次	
	本年从有关部门接收文物数	本年藏品征集数									
13	14	15	16	17	18	19	20	21	22	23	24
62148	3427	17606	4367	16	83	285	570	1139	4577.145	1218.594	30318
44800	3405	17428	4260	16	68	267	530	1026	3731.451	1098.412	595
—	—	—	—	—	—	—	—	—	—	—	—
44230	1072	2726	803	1	16	69	245	640	1930.430	577.342	8885
5800		5655	65	1	14	25	105	132	1013.528	165.049	50
2370		2116	220	9	48	82	81	232	437.377	112.576	
7651	2344	5297	80	5	5		61	42	531.719	233.234	17629
2097	11	1812	3199			109	78	93	664.090	130.395	3754
—	—	—	—	—	—	—	—	—	—	—	—
7213	2338	4875	3173	6	11	116	19	53	587.786	259.290	
23982	103	2727	422	3	24	46	107	321	1793.901	412.967	11779
30953	986	10004	772	7	48	123	444	765	2195.458	546.337	18539
—	—	—	—	—	—	—	—	—	—	—	—
58608	3427	14692	3990	7	27	192	312	965	3871.271	1052.707	12540
597		587	35		8	10	77	92	407.746	88.199	17640
2943		2327	342	9	48	83	181	82	298.128	77.688	138

博物馆基本

		本年完成科研成果							本年收入				
		省部级及以上科研课题数（个）	专利（个）	专著或图录（册）	论文数（篇）	古建维修、考古发掘报告（册）	获国家奖（个）	获省、部奖（个）		财政补助收入		上级补助收入	事业收入
											基建拨款		
（甲）		25	26	27	28	29	30	31	32	33	34	35	36
总　计	A	19	3	92	277		13	19	1171343	905420	119489	125629	46316
其中：免费开放	B	18	3	89	270		13	19	1021635	803681	94008	117649	33650
按机构类型分	—	—	—	—	—	—	—	—	—	—	—	—	—
综合性	C	1		63	170		1	1	664066	541889	40574	78985	23056
历史类	D	1		9	11		1	2	70600	54491		4113	4936
艺术类	E	1	3	7	23		11	16	58801	49492	2000	1741	1586
自然科技类	F	11		4	56				135142	85548	10200	370	3900
其他	G	5		9	17				242734	174000	66715	40420	12838
按隶属关系分	—	—	—	—	—	—	—	—	—	—	—	—	—
中央	H												
省区市	I	15		25	105				266623	244095	76915		18229
地市	J	2		36	116		8	8	521429	359429	40574	107172	24524
县市区	K	2	3	31	56		5	11	383291	301896	2000	18457	3563
按系统分类	—	—	—	—	—	—	—	—	—	—	—	—	—
文物部门	L	18		79	266		7	8	1042527	844597	119489	105726	41793
其他部门	M			7	6				110355	56205		18784	4157
民办	N	1	3	6	5		6	11	18461	4618		1119	366

情况综合年报(二)

合计(千元)			本年支出合计(千元)										
					项目支出						在支出合计中		
经营收入	附属单位上缴收入	其他收入		基本支出		文物征集	馆藏品保护	陈列展览	教育与科研	经营支出	工资福利支出		差旅费
37	38	39	40	41	42	43	44	45	46	47	48	49	50
27629	180	66169	1236837	444947	746360	70502	23413	84180	15747	43133	274745	493204	9978
13904	180	52571	1081156	390535	673524	68094	21705	80273	14407	14700	241284	451128	9176
—	—	—	—	—	—	—	—	—	—	—	—	—	—
4523		15613	647101	250599	393565	35430	16591	48477	8063	1943	158722	258896	4285
330		6730	93069	54129	35263	1744	1271	5927	633	2314	25810	30811	969
1301	180	4501	102528	31445	69859	24834	1474	17038	769	1224	19664	72380	1813
13656		31668	141206	52513	60390	5740	3268	8001	5205	28303	24643	65758	1642
7819		7657	252933	56261	187283	2754	809	4737	1077	9349	45906	65359	1269
—	—	—	—	—	—	—	—	—	—	—	—	—	—
		4299	251916	67641	184275	11169	7163	22849	4700		45857	79988	3082
1140	80	29084	531234	209033	319299	26081	7561	24617	8464	1908	101582	194668	2980
26489	100	32786	453687	168273	242786	33252	8689	36714	2583	41225	127306	218548	3916
—	—	—	—	—	—	—	—	—	—	—	—	—	—
550	80	49781	1022692	371804	648183	42601	20714	62213	14201	1711	231790	415338	7331
18223		12986	142041	60812	49881	1226	455	6738	547	29985	26303	33162	809
8856	100	3402	72104	12331	48296	26675	2244	15229	999	11437	16652	44704	1838

博物馆基本

		本年支出合计(千元)							资产总计(千元)		实际使用房屋建筑面积(万平方米)		
		在支出合计中											
		商品和服务支出			对个人和家庭补助支出		其他资本性支出			固定资产原值		展览用房	文物库房（含标本室）
		劳务费	福利费	各种税金支出		抚恤金和生活补贴		各种设备、交通工具、图书购置费					
（甲）		51	52	53	54	55	56	57	58	59	60	61	62
总　计	A	52458	8714	3912	63324	685	295571	27668	4035932	2612785	118.417	53.888	9.535
其中:免费开放	B	46049	7675	3114	57500	649	221974	24298	3419294	2292913	107.669	48.846	8.314
按机构类型分	—	—	—	—	—	—	—	—	—	—	—	—	—
综合性	C	31104	4563	1836	40537	579	138440	15021	2116487	1243035	67.558	29.738	5.688
历史类	D	5236	1049	827	4340	83	16807	1302	347366	298144	16.527	7.384	0.848
艺术类	E	5533	858	156	4500	18	5616	883	227546	153156	12.365	5.778	0.624
自然科技类	F	4090	974	682	5309		45496	2162	648513	408911	8.585	4.085	1.416
其他	G	6495	1270	411	8638	5	89212	8300	696020	509539	13.383	6.902	0.960
按隶属关系分	—	—	—	—	—	—	—	—	—	—	—	—	—
中央	H												
省区市	I	8325	2276	739	15459	176	110612	13868	759034	498976	7.327	3.592	1.279
地市	J	19045	2825	2103	29008	116	106068	9061	1904831	1128509	38.578	17.108	3.093
县市	K	25088	3613	1070	18857	393	78891	4739	1372067	985300	72.513	33.188	5.163
按系统分类	—	—	—	—	—	—	—	—	—	—	—	—	—
文物部门	L	47350	6974	2521	57263	667	248684	26247	2811452	1846418	83.892	37.698	7.203
其他部门	M	3766	1134	1322	5595		38275	348	640058	292216	15.490	6.626	0.551
民办	N	1342	606	69	466	18	8612	1073	584422	474151	19.036	9.564	1.781

情况综合年报(三)

实际拥有产权面积(万平方米)	文物保护规划和方案设计(个)	文物保护单位维修情况				进行考古发掘情况				国际合作项目数(个)	主办刊物(种)	增加值(千元)
		国保单位保护维修项目数(个)		省保单位保护维修项目数(个)	市、县保单位保护维修项目数(个)	考古发掘面积(万平方米)	出土器物(件/套)	原址保护展示面积(万平方米)	异地保护展示面积(万平方米)			
			保护维修面积(平方米)									
63	64	65	66	67	68	69	70	71	72	73	74	75
72.164	58	17	259231	38	68	0.110	1100	0.068		6	29	512643
64.605	58	11	254901	37	67	0.110	1100	0.068		6	29	452288
—	—	—	—	—	—	—	—	—	—	—	—	—
38.281	42	14	256306	37	63	0.110		0.066		2	12	289898
13.300	10	1	1446	1			1100				1	49922
8.932	6									4	11	36960
2.182											3	52623
9.469		2	1479		5			0.002			2	83240
—	—	—	—	—	—	—	—	—	—	—	—	—
1.350											2	93501
23.469	2	5	3430	1	4	0.005		0.002		6	8	200420
47.344	56	12	255801	37	64	0.105	1100	0.066			19	218722
—	—	—	—	—	—	—	—	—	—	—	—	—
52.989	44	16	257785	38	66	0.110	300	0.066		4	20	421108
7.811		1	1446							2	3	53025
11.364	14				2		800	0.002			6	38510

文物保护科学研究机构基本

		机构数（个）	从业人员（人）						登记注册志愿者人数（人）	藏品数（件/套）			
				专业技术人才				安全保卫人员					
					正高级职称	副高级职称	中级职称				一级品	二级品	三级品
（甲）		1	2	3	4	5	6	7	8	9	10	11	12
总　计	A	5	166	82	24	20	24	19		15,142	51	236	1,280
按性质分类	—	—	—	—	—	—	—	—	—	—	—	—	—
考古研究	B	5	166	82	24	20	24	19		15,142	51	236	1,280
古建研究	C												
其他研究	D												
按隶属关系分类	—	—	—	—	—	—	—	—	—	—	—	—	—
中央	E												
省区市	F	1	114	51	18	13	11	6					
地市	G	3	39	18	3	4	7	11		15,142	51	236	1,280
县市区	H	1	13	13	3	3	6	2					
按经费来源分类	—	—	—	—	—	—	—	—	—	—	—	—	—
文物经费	K	4	154	79	24	20	22	11					
科研经费	L	1	12	3			2	8		15,142	51	236	1,280
其他经费	M												

情况综合年报(一)

在藏品数中(件/套)			本年修复文物数(件/套)				基本陈列(个)	临时展览(个)	参观人次(万人次)		门票销售总额(千元)	本年完成科研成果		
本年新增藏品														
	本年从有关部门接收文物数	本年藏品征集数		一级品	二级品	三级品				未成年人参观人次		省部级以上科研课题数(个)	专利(个)	专著或图录(册)
13	14	15	16	17	18	19	20	21	22	23	24	25	26	27
154	148	6	182				1	1	40.000	15.000				4
—	—	—	—	—	—	—	—	—	—	—	—	—	—	—
154	148	6	182				1	1	40.000	15.000				4
—	—	—	—	—	—	—	—	—	—	—	—	—	—	—
154	148	6					1	1	40.000	15.000				3
			182											1
—	—	—	—	—	—	—	—	—	—	—	—	—	—	—
			182				1	1	40.000	15.000				4
154	148	6												

文物保护科学研究机构基本

		本年完成科研成果				本年收入合计(千元)							
		论文数(篇)	古建维修、考古发掘报告(册)	获国家奖(个)	获省、部奖(个)		财政补助收入	基建拨款	上级补助收入	事业收入	经营收入	附属单位上缴收入	其他收入
(甲)		28	29	30	31	32	33	34	35	36	37	38	39
总　计	A	65	15			86,630	48,849		1,069	34,811			1,901
按性质分类	—	—	—	—	—	—	—	—	—	—	—	—	—
考古研究	B	65	15			86,630	48,849		1,069	34,811			1,901
古建研究	C												
其他研究	D												
按隶属关系分类	—	—	—	—	—	—	—	—	—	—	—	—	—
中央	E												
省区市	F	48	2			57,575	33,374			22,357			1,844
地市	G	7	3			25,935	12,355		1,069	12,454			57
县市区	H	10	10			3,120	3,120						
按经费来源分类	—	—	—	—	—	—	—	—	—	—	—	—	—
文物经费	K	65	15			85,746	48,378		696	34,811			1,861
科研经费	L					884	471		373				40
其他经费	M												

情况综合年报(二)

本年支出合计(千元)											
	基本支出	项目支出					经营支出	在支出合计中			
			文物征集	馆藏品保护	陈列展览	教育与科研		工资福利支出	商品和服务支出		
										差旅费	劳务费
40	41	42	43	44	45	46	47	48	49	50	51
84465	53595	30870	758					17734	57121	2567	14270
—	—	—	—	—	—	—	—	—	—	—	—
84465	53595	30870	758					17734	57121	2567	14270
—	—	—	—	—	—	—	—	—	—	—	—
56027	34259	21768	758					12130	38346	2173	11726
25318	16216	9102						4065	17917	368	2094
3120	3120							1539	858	26	450
—	—	—	—	—	—	—	—	—	—	—	—
83582	52783	30799	758					17006	57003	2562	14204
883	812	71						728	118	5	66

文物保护科学研究机构基本

		本年支出合计(千元)						资产总计(千元)		公用房屋建筑面积(万平方米)		
		在支出合计中										
		商品和服务支出		对个人和家庭补助支出		其他资本性支出			固定资产原值		文物库房(含标本室)面积	实验室面积
		福利费	税金支出		抚恤金和生活补贴		各种设备购置费					
(甲)		52	53	54	55	56	57	58	59	60	61	62
总　计	A	839	566	4949		4661	2532	40430	33786	1.948	0.552	0.397
按性质分类	—	—	—	—	—	—	—	—	—	—	—	—
考古研究	B	839	566	4949		4661	2532	40430	33786	1.948	0.552	0.397
古建研究	C											
其他研究	D											
按隶属关系分类	—	—	—	—	—	—	—	—	—	—	—	—
中央	E											
省区市	F	610		3422		2129		24765	24765	0.414	0.093	
地市	G	149	566	804		2532	2532	14233	7589	1.454	0.399	0.387
县市区	H	80		723				1432	1432	0.080	0.060	0.010
按经费来源分类	—	—	—	—	—	—	—	—	—	—	—	—
文物经费	K	828	566	4912		4661	2532	38337	32140	1.849	0.453	0.397
科研经费	L	11		37				2093	1646	0.099	0.099	
其他经费	M											

情况综合年报(三)

实际拥有产权面积(万平方米)	文物保护规划和方案设计(个)	进行考古发掘情况				国际合作项目数(个)	主办刊物(种)	增加值(千元)
		考古发掘面积(万平方米)	出土器物(件/套)	原址保护展示面积(万平方米)	异地保护展示面积(万平方米)			
63	64	65	66	67	68	69	70	71
0.093		2.881	10508	0.028				40781
—	—	—	—	—	—	—	—	—
0.093		2.881	10508	0.028				40781
—	—	—	—	—	—	—	—	—
0.093		1.530	8401					29619
		0.531	1125	0.028				8311
		0.820	982					2851
—	—	—	—	—	—	—	—	—
0.093		2.877	10495	0.028				39873
		0.005	13					908

其他文物事业机构基本

		机构数(个)	从业人员(人)					安全保卫人员	登记注册志愿者(人)	藏品数(件/套)				在藏品数中(件/套)		
				专业技术人才										本年新增藏品		
					正高级职称	副高级职称	中级职称				一级品	二级品	三级品		在本年从有关部门接收文物数	本年藏品征集数
(甲)		1	2	3	4	5	6	7	8	9	10	11	12	13	14	15
总　　计	A	2	18	8	4	2	1									
按隶属关系分	—	—	—	—	—	—	—	—	—	—	—	—	—	—	—	—
中央	B															
省区市	C	2	18	8	4	2	1									
地市	D															
县市区	E															
按部门分	—	—	—	—	—	—	—	—	—	—	—	—	—	—	—	—
文物部门	F	2	18	8	4	2	1									
其他部门	G															

其他文物事业机构基本

		本年收入合计(千元)	本年支出合计(千元)													
							在支出合计中									
				基本支出	基本支出	经营支出	工资福利支出	商品和服务支出					对个人和家庭补助支出		其他资本性支出	
		其他收入							差旅费	劳务费	福利费	各种税金支出		抚恤金和生活补贴		各种设备购置费
(甲)		34	35	36	37	38	39	40	41	42	43	44	45	46	47	48
总　　计	A	184	4848	3810	1038		2859	1034	189	164	166		554		401	335
按隶属关系分	—	—	—	—	—	—	—	—	—	—	—	—	—	—	—	—
中央	B															
省区市	C	184	4848	3810	1038		2859	1034	189	164	166		554		401	335
地市	D															
县市	E															
按部门分	—	—	—	—	—	—	—	—	—	—	—	—	—	—	—	—
文物部门	F	184	4848	3810	1038		2859	1034	189	164	166		554		401	335
其他部门	G															

情况综合年报(一)

本年修复文物数(件/套)				本年完成科研成果							本年收入合计(千元)						
	一级品	二级品	三级品	省部级及以上科研课题数(个)	专利(个)	专著或图录(册)	论文数(篇)	古建维修、考古发掘报告(册)	获国家奖(个)	获省、部奖(个)		财政补助收入		事业收入	上级补助收入	附属单位上缴收入	经营收入
													基建拨款				
16	17	18	19	20	21	22	23	24	25	26	27	28	29	30	31	32	33
											5446	5262					
—	—	—	—	—	—	—	—	—	—	—	—	—	—	—	—	—	—
											5446	5262					
—	—	—	—	—	—	—	—	—	—	—	—	—	—	—	—	—	—
											5446	5262					

情况综合年报(二)

资产总计(千元)		实际使用房屋建筑面积(万平方米)			实际拥有产权面积(万平方米)	文物保护规划和方案方案设计(个)	文物保护单位保护维修情况				进行考古发掘情况				国际合作项目数(个)	增加值(千元)
	固定资产原值		展览用房	文物库房			国保单位保护维修项目数(个)		省保单位保护维修项目数(个)	市、县保单位保护维修项目数(个)	考古发掘面积(万平方米)	出土器物(件/套)	原址保护展示面积(万平方米)	异地保护展示面积(万平方米)		
								保护维修面积(平方米)								
49	50	51	52	53	54	55	56	57	58	59	60	61	62	63	64	65
5978	3188	0.056														3883
—	—	—	—	—	—	—	—	—	—	—	—	—	—	—	—	—
5978	3188	0.056														3883
—	—	—	—	—	—	—	—	—	—	—	—	—	—	—	—	—
5978	3188	0.056														3883

文物商店基本情况

		机构数（个）	从业人员（人）					库存文物数（件/套）			
				专业技术人才							
					正高级职称	副高级职称	中级职称		一级品	二级品	三级品
（甲）		1	2	3	4	5	6	7	8	9	10
总　计	A	9	91	22		1	9	21,205		13	400
按隶属关系分	—	—	—	—	—	—	—	—	—	—	—
中央	B										
省区市	C										
地市	D	7	77	14			4	21,205		13	400
县市区	E	2	14	8		1	5				
按系统分类	—	—	—	—	—	—	—	—	—	—	—
文物部门	F	9	91	22		1	9	21,205		13	400
其他部门	G										

文物商店基本情况

		损益（千元）									
		营业成本					营业利润	营业外收入		营业外支出	利润总额
			养老、医疗、失业等各种社会保险费	住房公积金和住房补贴	差旅费	工会经费			政府补助（补贴收入）		
（甲）		20	21	22	23	24	25	26	27	28	29
总　计	A	20532	939	217	403	81	5877	573	91	33	6417
按隶属关系分	—	—	—	—	—	—	—	—	—	—	—
中央	B										
省区市	C										
地市	D	16302	939	217	403	81	5348	534	91	28	5854
县市	E	4230					529	39		5	563
按系统分类	—	—	—	—	—	—	—	—	—	—	—
文物部门	F	20532	939	217	403	81	5877	573	91	33	6417
其他部门	G										

综合年报(一)

资产、负债、所有者权益(千元)							损益(千元)	
资产总计			负债合计	所有者权益合计			营业收入	
	固定资产原价	当年提取的折旧总额			实收资本			主营业务收入
						国家资本		
11	12	13	14	15	16	17	18	19
84761	21522	514	31541	53220	12178	12178	26409	23785
—	—	—	—	—	—	—		—
71145	17071	368	30303	40842	10678	10678	21650	19026
13616	4451	146	1238	12378	1500	1500	4759	4759
—	—	—	—	—	—	—		—
84761	21522	514	31541	53220	12178	12178	26409	23785

综合年报(二)

工资、福利费、税金(千元)			实际使用房屋建筑面积(万平方米)			实际拥有产权面积(万平方米)	增加值(千元)
本年发放工资总额	本年支付的职工福利费	本年应交税金总额		营业用房	库房		
30	31	32	33	34	35	36	37
4438	389	1219	0.444	0.334	0.085	0.077	14115
—	—	—	—	—	—	—	—
3679	389	1219	0.304	0.254	0.025	0.077	12681
759			0.140	0.080	0.060		1434
—	—	—	—	—	—	—	—
4438	389	1219	0.444	0.334	0.085	0.077	14115

其他文物企业机构基本

		机构数(个)	从业人员(人)					资产、资产
				专业技术人才	正高级职称	副高级职称	中级职称	
(甲)		1	2	3	4	5	6	7
总　计	A	4	92	64	2	7	21	91045
按隶属关系分	—	—	—	—	—	—	—	—
中央	B							
省区市	C	3	77	63	2	7	21	86863
地市	D	1	15	1				4182
县市区	E							
按系统分类	—	—	—	—	—	—	—	—
文物部门	F	3	77	63	2	7	21	86863
其他部门	G	1	15	1				4182

其他文物企业机构基本

		损益						
		营业成本			投资收益	营业利润	营业外收入	
		住房公积金和住房补贴	差旅费	工会经费				政府补助(补贴收入)
(甲)		18	19	20	21	22	23	24
总　计	A	697	915	8		11787	84	
按隶属关系分	—	—	—	—	—	—	—	—
中央	B							
省区市	C	697	915			11443	84	
地市	D			8		344		
县市区	E							
按系统分类	—	—	—	—	—	—	—	—
文物部门	F	697	915			11443	84	
其他部门	G			8		344		

情况综合年报(一)

负债、所有者权益(千元)						损益(千元)			
总计		负债合计	所有者权益合计			营业收入		营业成本	
				实收资本					
固定资产原值	当年提取的折旧总额				国家资本金		主营业务收入		养老、医疗、失业等各种社会保险费
8	9	10	11	12	13	14	15	16	17
4081	422	16956	74089	2615	2600	48573	45878	36786	754
—	—	—	—	—	—	—	—	—	—
3800	356	14861	72002	1815	1800	45730	45640	34287	638
281	66	2095	2087	800	800	2843	238	2499	116
—	—	—	—	—	—	—	—	—	—
3800	356	14861	72002	1815	1800	45730	45640	34287	638
281	66	2095	2087	800	800	2843	238	2499	116

情况综合年报(二)

(千元)		工资、福利费、税金(千元)			实际使用房屋建筑面积(万平方米)		实际拥有产权面积(万平方米)	增加值(千元)
营业外支出	利润总额	本年发放工资总额	本年支付的职工福利费	本年应交税金总额		业务用房		
25	26	27	28	29	30	31	32	33
254	11617	11294	1042	6904	0.825	0.825		32967
—	—	—	—	—	—	—	—	—
254	11273	10627	959	6882	0.075	0.075		31661
	344	667	83	22	0.750	0.750		1306
—	—	—	—	—	—	—	—	—
254	11273	10627	959	6882	0.075	0.075		31661
	344	667	83	22	0.750	0.750		1306

文物拍卖企业基本

		机构数（个）	从业人员（人）	资产、负债、所有者权益（千元）							损益			
				资产总计				所有者权益合计			营业收入		营业	
					固定资产原价	当年提取的折旧总额	负债合计		实收资本			主营业务收入		养老、医疗、失业等各种社会保险费
										国家资本				
（甲）		1	2	3	4	5	6	7	8	9	10	11	12	13
总　计	A	7	106	182397	42369	2205	57859	124538	71500	6000	39468	39468	25173	894
按隶属关系分	—	—	—	—	—	—	—	—	—	—	—	—	—	—
中央	B													
省区市	C	6	84	166798	33631	1799	54862	111936	61000	6000	37282	37282	22812	782
地市	D	1	22	15599	8738	406	2997	12602	10500		2186	2186	2361	112
县市区	E													
文物拍卖经营资质类型	—	—	—	—	—	—	—	—	—	—	—	—	—	—
第一、二、三类文物	F	5	76	143282	39936	2031	49081	94201	51500		18974	18974	17445	528
第二、三类文物	G	2	30	39115	2433	174	8778	30337	20000	6000	20494	20494	7728	366
按登记注册类型分	—	—	—	—	—	—	—	—	—	—	—	—	—	—
国有	H													
集体	I													
其他	J	7	106	182397	42369	2205	57859	124538	71500	6000	39468	39468	25173	894

情况综合年报

（千元）								工资、福利费、税金（千元）			文物标的拍卖情况					经营面积（万平方米）
成本			营业利润	营业外收入		营业外支出	利润总额	本年发放工资总额	本年支付的职工福利费	本年应交税金总额	拍卖会场次（场）	上拍标的件数（件/套）	成交量（件/套）	成交额（千元）	佣金额（千元）	
住房公积金和住房补贴	差旅费	工会经费			政府补助（补贴收入）											
14	15	16	17	18	19	20	21	22	23	24	25	26	27	28	29	30
157	458	351	14295	72	3	39	14328	5183	335	5952	12	8489	5023	162778	28999	0.364
—	—	—	—	—	—	—	—	—	—	—	—	—	—	—	—	—
157	419	54	14470	7	3	30	14447	4352	224	5512	10	7616	4359	162180	28847	0.250
	39	297	－175	65		9	－119	831	111	440	2	873	664	598	152	0.114
—	—	—	—	—	—	—	—	—	—	—	—	—	—	—	—	—
19	434	303	1529	68	3	19	1578	2553	188	681	9	7859	4675	88737	8505	0.284
138	24	48	12766	4		20	12750	2630	147	5271	3	630	348	74041	20494	0.081
—	—	—	—	—	—	—	—	—	—	—	—	—	—	—	—	—
157	458	351	14295	72	3	39	14328	5183	335	5952	12	8489	5023	162778	28999	0.364

文物保护资金支持项目基本

		项目数（个）	项目总预算（千元）	累计拨入项目经费（千元）				本年
					中央补助	省级专项补助	市、县级补助	
（甲）		1	2	3	4	5	6	7
总　计	A	327	763596	357758	91278	118931	136211	264941
按部门分	—	—	—	—	—	—	—	—
文物部门	B	315	750044	352278	91278	116571	133091	259641
其他部门	C	12	13552	5480		2360	3120	5300
按文物保护单位级别分	—	—	—	—	—	—	—	—
全国重点文物保护单位	D	70	434320	153328	87276	51532	13959	64272
省级文物保护单位	E	99	135758	83863	2702	53199	27495	80683
市、县级文物保护单位	F	85	101925	50363	1300	5410	43023	48139
非文物保护单位	G	73	91593	70204		8790	51734	71847
按项目内容分	—	—	—	—	—	—	—	—
文物维修保护工程	H	279	674315	290424	55408	106061	117637	221493
文物考古调查、发掘	I	8	46331	33430	31710	1600	120	13300
安消防及防雷等保护性工程	J	10	6175	2980	500	2000	460	2980
可移动文物保护	K	8	8997	8997	580	6300	2117	8567
陈列展览	L	9	19618	13527	1200	1600	10727	11441
其他	M	13	8160	8400	1880	1370	5150	7160

情况综合年报

项目资金来源合计(千元)					本年支出合计(千元)	项目累计支出(千元)	维修面积(万平方米)	本年修复文物数(件)
财政拨款				其他资金				
	中央补助	省级补助	市、县级补助					
8	9	10	11	12	13	14	15	16
245787	38318	82918	124082	19075	187529	247049	52.366	3195
—	—	—	—	—	—	—	—	—
241567	38318	81818	120962	17995	181724	240344	50.390	3195
4220		1100	3120	1080	5805	6705	1.975	
—	—	—	—	—	—	—	—	—
64161	35816	18212	10133	111	68638	103776	31.860	3
79983	1702	54186	23628	700	36863	50658	7.561	4
41519	800	2270	38447	6620	39461	46270	5.931	8
60124		8250	51874	11644	42567	46345	7.013	3180
—	—	—	—	—	—	—	—	—
202389	21678	72618	107624	19025	154155	187175	51.395	52
13300	13180		120		12480	31010		
2930	500	2000	430	50	899	969	0.716	
8567	580	5870	2117		5337	5057	0.131	3143
11441	1200	1600	8641		7829	15309	0.093	
7160	1180	830	5150		6829	7529	0.030	

非物质文化遗产保护

		机构数(个)	工作人员数(人)							宣传展示			
				专职人员	在编人员	专业技术人才				举办展览(个)		举办演出(场)	
							正高级职称	副高级职称	中级职称		参观人次(万人次)		观众人次(万人次)
(甲)		1	2	3	4	5	6	7	8	9	10	11	12
总　计	A	102	392	253	236	238	20	55	91	1116	333.185	4151	294.787
中央	B												
省区市	C	1	13		8	7	3	3	1	30	43.300	10	5.400
地市	D	11	86	51	45	56	8	13	19	175	32.950	191	31.000
县市区	E	90	293	202	183	175	9	39	71	911	256.935	3950	258.387

非物质文化遗产保护

		展示传习场所								
		展示场所					传习场所			
		非物质文化遗产博物馆(个)		收藏实物数(件/套)	展示及演出面积(万平方米)	培训学徒(人)		民办传习所(个)	传习所面积(万平方米)	培训学徒(人)
			民办非物质文化遗产博物馆							
(甲)		27	28	29	30	31	32	33	34	35
总　计	A	502	335	279563	46.153	28620	611	438	27.270	31414
中央	B									
省区市	C									
地市	D	27	15	30989	2.996	9190	17	10	0.918	2796
县市区	E	475	320	248574	43.157	19430	594	428	26.352	28618

非物质文化遗产保护

		本年支出								
					在支出					
						商品和服务支出				
		基本支出	项目支出	经营支出	工资福利支出		差旅费	劳务费	福利费	税金支出
(甲)		45	46	47	48	49	50	51	52	53
总　计	A	10364	17363	20	6884	17624	330	2525	171	30
中央	B									
省区市	C	1561	8116		1102	8178	137	587	28	
地市	D	4032	571		2174	1877	49	617	55	
县市区	E	4771	8676	20	3608	7569	144	1321	88	30

情况综合年报(一)

培训活动						普查成果							
举办民俗活动(次)		开展非遗工作人员培训班班次(次)		开展传承人群培训班班次(次)		项目资源总量(累计)	征集实物(件/套)	征集文本资料(册)	录音资料(小时)	录像资料(小时)	调查报告(篇)	出版成果(册)	资源清单(册)
	参与人次(万人次)		培训人次(万人次)		培训人次(万人次)								
13	14	15	16	17	18	19	20	21	22	23	24	25	26
891	385.303	1212	6.219	768	2.644	307786	11611	5167	4339	4334	685	4336	1170
		4	0.045	2	0.017						1	2	
35	5.740	146	0.319	13	0.085	9697	1841	1150	577	516	125	2051	549
856	379.563	1062	5.856	753	2.542	298089	9770	4017	3762	3818	559	2283	621

情况综合年报(二)

本年收入合计(千元)								本年支出合计(千元)
	财政补贴收入		上级补助收入	事业收入	经营收入	附属单位上缴收入	其他收入	
		基建拨款						
36	37	38	39	40	41	42	43	44
33386	32289		732				365	27747
12872	12670		200				2	9677
4970	4700		270					4603
15544	14919		262				363	13467

情况综合年报(三)

合计(千元)				资产合计(千元)		实际使用房屋建筑面积(万平方米)	实际拥有产权面积(万平方米)	增加值(千元)
合计中					固定资产原值			
对个人和家庭补助支出		其他资本性支出						
	抚恤金和生活补助		各种设备、交通工具、图书购置费					
54	55	56	57	58	59	60	61	62
1313		296	47	3	2	4.974	3.113	12499
111				1		0.040		1946
387		165				1.573	0.576	3385
815		131	47	2	2	3.362	2.537	7168

非物质文化遗产保护中心

		机构数(个)	工作人员数(人)							宣传展示			
				专职人员	在编人员	专业技术人才				举办展览(个)		举办演出(场)	
							正高级职称	副高级职称	中级职称		参观人次(万人次)		观众人次(万人次)
(甲)		1	2	3	4	5	6	7	8	9	10	11	12
总　计	A	91	364	236	220	219	17	46	86	1033	309.083	4057	275.699
中央	B												
省区市	C	1	13		8	7	3	3	1	30	43.300	10	5.400
地市	D	9	78	50	44	51	7	9	19	162	20.850	180	27.500
县市区	E	81	273	186	168	161	7	34	66	841	244.933	3867	242.799

非物质文化遗产保护中心

		展示传习场所								
		展示场所					传习场所			
		非物质文化遗产博物馆(个)		收藏实物数(件/套)	展示及演出面积(万平方米)	培训学徒(人)		民办传习所(个)	传习所面积(万平方米)	培训学徒(人)
			民办非物质文化遗产博物馆							
(甲)		27	28	29	30	31	32	33	34	35
总　计	A	461	313	254451	43.804	27908	544	415	15.980	28090
中央	B									
省区市	C									
地市	D	26	14	27989	2.986	9070	14	7	0.386	2790
县市区	E	435	299	226462	40.818	18838	530	408	15.594	25300

非物质文化遗产保护中心

		本年支出								
					在支出					
						商品和服务支出				
		基本支出	项目支出	经营支出	工资福利支出		差旅费	劳务费	福利费	税金支出
(甲)		45	46	47	48	49	50	51	52	53
总　计	A	10364	17363	20	6884	17624	330	2525	171	30
中央	B									
省区市	C	1561	8116		1102	8178	137	587	28	
地市	D	4032	571		2174	1877	49	617	55	
县市区	E	4771	8676	20	3608	7569	144	1321	88	30

情况综合年报（一）

培训活动						普查成果							
举办民俗活动（次）		开展非遗工作人员培训班班次（次）		开展传承人群培训班班次（次）		项目资源总量（累计）	征集实物（件/套）	征集文本资料（册）	录音资料（小时）	录像资料（小时）	调查报告（篇）	出版成果（册）	资源清单（册）
	参与人次（万人次）		培训人次（万人次）		培训人次（万人次）								
13	14	15	16	17	18	19	20	21	22	23	24	25	26
356.923	1159	5.564	640	2.240	299024	10869	5068	4255	4189	658	4316	1164	
	4	0.045	2	0.017						1	2		
3.540	142	0.301	11	0.076	9577	1790	1120	510	460	113	2048	548	
353.383	1013	5.218	627	2.147	289447	9079	3948	3745	3729	544	2266	616	

情况综合年报（二）

本年收入合计（千元）								本年支出合计（千元）
	财政补贴收入		上级补助收入	事业收入	经营收入	附属单位上缴收入	其他收入	
		基建拨款						
36	37	38	39	40	41	42	43	44
33386	32289		732				365	27747
12872	12670		200				2	9677
4970	4700		270					4603
15544	14919		262				363	13467

情况综合年报（三）

合计（千元）				资产合计（千元）		实际使用房屋建筑面积（万平方米）	实际拥有产权面积（万平方米）	增加值（千元）
合计中					固定资产原值			
对个人和家庭补助支出		其他资本性支出						
	抚恤金和生活补助		各种设备、交通工具、图书购置费					
54	55	56	57	58	59	60	61	62
1313		296	47	3	2	4.929	3.103	12499
111				1		0.040		1946
387		165				1.573	0.576	3385
815		131	47	2	2	3.317	2.527	7168

对外、对港澳台文化交流活动基本

（甲）		演出团体机构数（个） 1	参与交流人员（人） 2	演展人员 3	演出（展览）天数（天） 4	演出（展览）场次（场次） 5
总　计	A	163	2205	598	2506	580
按交流活动性质分类	—	—	—	—	—	—
出访	B	132	1584	591	2440	574
来访	C	28	596	7	57	2
按交流活动分类	—	—	—	—	—	—
演出	D	42	1107	453	466	405
展览	E	49	350	140	1992	174
国际会议	F	20	465	1	3	
其他	G	50	280	4	45	1
按交流活动范围分类	—	—	—	—	—	—
国外	H	116	1517	458	1463	379
香港	I	16	299	31	68	16
澳门	J	8	95	7	197	3
台湾	K	21	291	102	778	182
按组团性质分类	—	—	—	—	—	—
商业	L	17	434	272	528	283
非商业	M	118	1377	323	1694	287
按主办方类型分类	—	—	—	—	—	—
官方	N	105	1322	478	2070	323
民间	O	49	732	120	420	248
按经费来源分类	—	—	—	—	—	—
国内财政拨款	P	163	2205	598	2506	580
外方负担	Q					
按比例分摊	R					
是否参与海外中国文化中心活动	—	—	—	—	—	—
参与	S	11	282	265	161	109
不参与	T	115	1183	304	2103	420

情况综合年报

演出观众(参观)人次(人次)	经费收入合计(千元)			
		财政补贴收入	演展收入	外方资助
6	7	8	9	10
852934	6353	4442	704	791
—	—	—	—	—
844164	5823	4362	704	341
8770	530	80		450
—	—	—	—	—
733100	4107	3462	386	68
119634	1593	850	318	200
	563	80		483
200	90	50		40
—	—	—	—	—
717070	5470	4292	296	791
5900	190		90	
29964	318		318	
100000	375	150		
—	—	—	—	—
610900	2302	1479	386	121
227052	3341	2963	158	220
—	—	—	—	—
566434	4758	4292	344	121
286500	1145	150	360	220
—	—	—	—	—
852934	6353	4442	704	791
—	—	—	—	—
247582	3366	2956	184	
575152	2067	1336	520	121

动漫企业基本情况

		机构数(个)	从业人员(人)		资产、负债、所有者权益(千元)						
					资产总计			负债合计	所有者权益合计		
				具有大专以上学历人员		固定资产原值	当年提取的折旧总额			实收资本(股本)	
											国家资本金
(甲)		1	2	3	4	5	6	7	8	9	10
总　　计	A	20	1018	802	1192022	69758	13182	459277	732745	424759	
按城乡分	—	—	—	—	—	—	—	—	—	—	—
城市	B	19	866	666	1123801	54283	11778	358736	765065	421759	
县城	C	1	152	136	68221	15475	1404	100541	－32320	3000	
县以下	D										
按登记注册类型分	—	—	—	—	—	—	—	—	—	—	—
内资企业	E	20	1018	802	1192022	69758	13182	459277	732745	424759	
港澳台商投资企业	F										
外商投资企业	G										
按部门分	—	—	—	—	—	—	—	—	—	—	—
文化部门	H	18	924	724	1131935	63506	12593	455070	676865	403759	
其他部门	I	2	94	78	60087	6252	589	4207	55880	21000	
按机构类型分	—	—	—	—	—	—	—	—	—	—	—
漫画创作企业	J	1	12	9	6502	558	30	36	6466	3000	
动画创作、制作企业	K	17	831	634	1115104	53177	11638	357721	757383	417759	
网络动漫(含手机动漫)创作制作企业	L	1	23	23	2195	548	110	979	1216	1000	
动漫舞台剧(节)目创作演出企业	M										
动漫软件开发企业	N										
动漫衍生产品研发设计企业	O	1	152	136	68221	15475	1404	100541	－32320	3000	

综合年报（一）

损益（千元）							
营业总收入			营业总成本				
	主营业务收入						
		自主开发生产动漫产品收入		养老、失业等保险费	住房公积金和住房补贴	差旅费	工会经费
11	12	13	14	15	16	17	18
476018	475388	332355	402803	10403	1878	3251	210
—	—	—	—	—	—	—	—
472059	471429	332355	388384	9347	1641	2598	202
3959	3959		14419	1056	237	653	8
—	—	—	—	—	—	—	—
476018	475388	332355	402803	10403	1878	3251	210
—	—	—	—	—	—	—	—
422881	422251	324751	374862	9060	1706	3086	190
53137	53137	7604	27941	1343	172	165	20
—	—	—	—	—	—	—	—
4998	4998	4998	4572	94		167	
455703	455073	316163	374526	9140	1641	2299	202
11358	11358	11194	9286	113		132	
3959	3959		14419	1056	237	653	8

动漫企业基本情况

		损益(千元)						工资、福利费、税金(千元)		
		营业总成本	营业利润	营业外收入		营业外支出	利润总额	本年发放工资总额	本年支付的职工福利费	本年应缴税金总额
		动漫产品研究开发经费			政府补助(补贴收入)					
(甲)		19	20	21	22	23	24	25	26	27
总　　计	A	47025	73215	43148	29555	715	115648	70616	2016	29869
按城乡分	—	—	—	—	—	—	—	—	—	—
城市	B	47025	83675	42788	29555	699	125764	64654	1842	29079
县城	C		−10460	360		16	−10116	5962	174	790
县以下	D									
按登记注册类型分	—	—	—	—	—	—	—	—	—	—
内　　资企业	E	47025	73215	43148	29555	715	115648	70616	2016	29869
港澳台商投资企业	F									
外商投资企业	G									
按部门分	—	—	—	—	—	—	—	—	—	—
文化部门	H	42818	48019	39968	26959	640	87347	62058	1962	29735
其他部门	I	4207	25196	3180	2596	75	28301	8558	54	134
按机构类型分	—	—	—	—	—	—	—	—	—	—
漫画创作企业	J		426	180	180	5	601	319		300
动画创作、制作企业	K	45059	81177	42173	28940	676	122674	63725	1779	28619
网络动漫(含手机动漫)创作制作企业	L	1966	2072	435	435	18	2489	610	63	160
动漫舞台剧(节)目创作演出企业	M									
动漫软件开发企业	N									
动漫衍生产品研发设计企业	O		−10460	360		16	−10116	5962	174	790

综合年报(二)

经营面积(万平方米)	本单位拥有知识产权数量(个)		原创漫画作品(部)	原创动画作品(部)	网络动漫(含手机动漫)下载次数(次)	动漫舞台剧演出场次(次)	增加值(千元)
		自主知识产权动漫软件					
28	29	30	31	32	33	34	35
3.150	2248	134	1211	68	7612099753		241232
—	—	—	—	—	—	—	—
2.270	2090	128	1053	67	7612099753		231559
0.880	158	6	158	1			9673
—	—	—	—	—	—	—	—
3.150	2248	134	1211	68	7612099753		241232
—	—	—	—	—	—	—	—
3.020	2207	134	1211	63	7612099753		205151
0.130	41			5			36081
—	—	—	—	—	—	—	—
0.050	115		30		6856518790		1180
2.200	1973	126	123	67	754280963		227243
0.020	2	2	900		1300000		3136
0.880	158	6	158	1			9673

文化产业示范（试验）园区和产业示范

		机构数（个）	从业人员（人）				资产、负债、		
				具有大学专科以上学历人员	具有中级职称以上人员	技术研发岗位人员	资产总计		
								固定资产原值	当年提取的折旧总额
（甲）		1	2	3	4	5	6	7	8
总　计	A	16	11012	3044	370	445	14944217	4438587	271663
按机构类型分	—	—	—	—		—	—	—	—
国家级文化产业示范园区	B	3	2764	248	38	117	2205009	168498	33593
国家级文化产业试验园区	C								
国家文化产业示范基地（单体企业）	D	12	8128	2695	317	328	12389222	3976227	219415
国家文化产业示范基地（集聚类）	E	1	120	101	15		349986	293862	18655
省级文化产业示范园区	F								
省级文化产业示范基地	G								
按隶属关系分	—	—	—	—		—	—	—	—
中央	H								
省区市	I								
地市	J								
县市区	K	16	11012	3044	370	445	14944217	4438587	271663
按部门分	—	—	—	—		—	—	—	—
文化部门	L	16	11012	3044	370	445	14944217	4438587	271663
其他部门	M								

基地基本情况综合年报(一)

所有者权益(千元)				损益(千元)					
负债合计	所有者权益合计			营业收入		营业成本			
		实收资本(股本)			主营业务收入		养老、医疗、失业等各种社会保险费	住房公积金和住房补贴	差旅费
			国家资本						
9	10	11	12	13	14	15	16	17	18
4497633	10446584	3233490	40500	5269510	4722917	3824693	46411	6047	19324
—	—	—	—	—	—	—	—	—	—
867901	1337108	526000		746493	321114	607003	2695		351
3403317	8985905	2627225	40500	4490637	4369423	3192971	43716	6047	18973
226415	123571	80265		32380	32380	24719			
—	—	—	—	—	—	—	—	—	—
4497633	10446584	3233490	40500	5269510	4722917	3824693	46411	6047	19324
—	—	—	—	—	—	—	—	—	—
4497633	10446584	3233490	40500	5269510	4722917	3824693	46411	6047	19324

文化产业示范（试验）园区和产业示范

		损益（千元）							
		营业成本		营业利润	营业外收入		营业外支出	利润总额	
		工会经费	技术研发经费			政府补助			净利润
（甲）		19	20	21	22	23	24	25	26
总　计	A	3,347	89,253	1,444,817	122,032	81,034	73,969	1,492,880	1,043,147
按机构类型分	—		—	—	—	—	—	—	—
国家级文化产业示范园区	B	6	13,093	139,490	29,161	2,233	30,345	138,306	101,338
国家级文化产业试验园区	C								
国家文化产业示范基地（单体企业）	D	3,341	76,160	1,297,666	92,801	78,731	43,361	1,347,106	941,809
国家文化产业示范基地（集聚类）	E			7,661	70	70	263	7,468	
省级文化产业示范园区	F								
省级文化产业示范基地	G								
按隶属关系分	—		—	—	—	—	—	—	—
中央	H								
省区市	I								
地市	J								
县市区	K	3,347	89,253	1,444,817	122,032	81,034	73,969	1,492,880	1,043,147
按部门分	—		—	—	—	—	—	—	—
文化部门	L	3,347	89,253	1,444,817	122,032	81,034	73,969	1,492,880	1,043,147
其他部门	M								

基地基本情况综合年报(二)

工资、福利费、税金(千元)			经营面积(万平方米)	获得国家级文化奖项数量(个)	向社会捐赠总额(千元)	获得著作权、发明专利总数(项)	辖区内单体企业数量(个)
本年发放工资总额	本年支付的职工福利费	本年应交税金总额					
27	28	29	30	31	32	33	34
452,807	24,176	412,743	95.517	36	3,580	600	180
—	—	—	—	—	—	—	—
58,660	198	24,106	2.571	10	523	59	4
393,681	23,836	388,111	82.357	24	3,057	476	28
466	142	526	10.589	2		65	148
—	—	—	—	—	—	—	—
452,807	24,176	412,743	95.517	36	3,580	600	180
—	—	—	—	—	—	—	—
452,807	24,176	412,743	95.517	36	3,580	600	180

文化产业增加值

		总产出（千元）	中间消耗（千元）	增加值（千元）
（甲）		1	2	3
总　计	A	31115906	16992656	14123250
艺术业	B	2829191	649398	2179793
其中：艺术表演团体	C	2131045	368269	1762776
艺术表演场馆	D	698146	281129	417017
图书馆	E	751742	202741	549001
群众文化	F	1629045	776374	852671
艺术教育	G	356975	80845	276130
文化市场经营机构	H	20440175	11325021	9115154
动漫企业	I	476018	234786	241232
文艺科研	J	91999	51699	40300
文物业	K	2446108	1191838	1254270
其他	L	2094653	2479954	－385301

经营性文化产业增加值

		总产出（千元）	中间消耗（千元）	增加值（千元）
（甲）		1	2	3
总　计	A	21428374	11695812	9732562
文化艺术服务	B	2013931	455650	1558281
文艺创作与表演	C	97959	－40890	138849
艺术表演场馆	D	115975	37134	78841
文化休闲娱乐服务	G	20440287	11325043	9115244
娱乐场所	H	7125667	3372476	3753191
互联网上网服务营业场所（网吧）	I	3000446	1135550	1864896
动漫企业服务	O	476018	234786	241232
文化用品、设备及相关文化产品的生产与销售	P	26411	12123	14288
其中：文物商店	Q	26409	12294	14115
其他	R	271838	127467	144371

综合年报

劳动者报酬（千元）	生产税净额（千元）	固定资产折旧（千元）	营业盈余（千元）
4	5	6	7
10174661	1453233	636072	1859284
1672717	76759	63843	366474
1365301	40168	33484	323823
307416	36591	30359	42651
455106	871	92952	72
700591	478	148090	3512
246881	124	20586	8539
5218440	1284759		2611955
85249	29869	13182	112932
35878	1699	2105	618
948793	32618	194629	78230
811006	26056	100685	−1323048

综合年报

劳动者报酬（千元）	生产税净额（千元）	固定资产折旧（千元）	营业盈余（千元）
4	5	6	7
5538897	1365542	59897	2768226
1107494	68645	24946	357196
111985	5769	18462	2633
54756	11909	6484	5692
5218512	1284765	12	2611955
2018089	386998		1348104
933826	86974		844096
85249	29869	13182	112932
6058	1219	687	6324
6058	1219	514	6324
62409	32017	21255	28690

文化部门增加值

		总产出（千元）	中间消耗（千元）	增加值（千元）
（甲）		1	2	3
总　　计	A	8589286	3767201	4822085
第一产业	B			
第二产业	C	6673	3837	2836
制造业	D		－172	172
建筑业	E			
第三产业	F	8582613	3763364	4819249
其中：文化产业	G	5232518	1979730	3252788
批、零、餐饮业	H	27686	13325	14361
房地产业	I	22502	4408	18094

文化部门文化产业增加值

		总产出（千元）	中间消耗（千元）	增加值（千元）
（甲）		1	2	3
总　　计	A	8589286	3767201	4822085
艺术业	B	962466	179389	783077
其中：艺术表演团体	C	659162	82702	576460
艺术表演场馆	D	303304	96687	206617
图书馆	E	751742	202741	549001
群众文化	F	1629045	776374	852671
艺术教育	G	356975	80845	276130
文艺科研	I	91999	51699	40300
文物业	J	2282016	1120848	1161168
其他	K	2515043	1355305	1159738

综合年报

劳动者报酬（千元）	生产税净额（千元）	固定资产折旧（千元）	营业盈余（千元）
4	5	6	7
3899608	115704	597596	209177
2016	118	499	203
		172	
3897592	115586	597097	208974
2644405	53783	473748	80852
6294	1223	516	6328
3080	5327	7619	2068

综合年报

劳动者报酬（千元）	生产税净额（千元）	固定资产折旧（千元）	营业盈余（千元）
4	5	6	7
3899608	115704	597596	209177
683950	25536	56823	16768
528485	7599	33200	7176
155465	17937	23623	9592
455106	871	92952	72
700591	478	148090	3512
246881	124	20586	8539
35878	1699	2105	618
891647	31205	163915	74401
885555	55791	113125	105267

附 录

ZHEJIANG CULTURE YEARBOOK

国家历史文化名城(浙江部分)

杭州　国家级　第一批 1982 年
绍兴　国家级　第一批 1982 年
宁波　国家级　第二批 1986 年
衢州　国家级　第三批 1994 年
临海　国家级　第三批 1994 年
金华　国家级　2007 年
嘉兴　国家级　2011 年
湖州　国家级　2014 年

浙江省级历史文化名城

温州　省级　第一批 1991 年
余姚　省级　第一批 1991 年
舟山　省级　第一批 1991 年
东阳　省级　第一批补 1996 年
兰溪　省级　第二批 2000 年
天台　省级　第二批 2000 年
松阳　省级　第二批 2000 年
瑞安　省级　第二批 2000 年
龙泉　省级　第二批 2000 年
海宁　省级　单独 2010 年
丽水　省级　单独 2014 年
平阳　省级　单独 2015 年

全国文化先进县(浙江部分)

1995 年　诸暨市、萧山市
1996 年　慈溪市、嵊州市
1997 年　东阳市、平阳县、海宁市、宁波市海曙区
1998 年　嘉善县、义乌市、宁波市镇海区、上虞市
2000 年　乐清市、宁波市北仑区
2002 年　鄞县、兰溪市、海盐县
2005 年　长兴县、桐庐县、德清县
2009 年　平湖市、临海市、杭州市拱墅区
2014 年　江干区、玉环县、瑞安市

全国文化工作模范地区

1995 年　余姚市、桐乡市

全国文化工作先进地区

1991 年　绍兴县、杭州市余杭区

浙江省文化先进县

1997 年

余杭市、萧山市、慈溪市、余姚市、宁波市海曙区、东阳市、嵊州市、绍兴县、诸暨市、海宁市、平阳县

2000 年

桐庐县、宁波市镇海区、宁波市北仑区、鄞县、乐清市、瑞安市、海盐县、上虞市、浦江县、兰溪市

2002 年

德清县、临海市、玉环县

2003 年

长兴县、平湖市、台州市椒江

2005 年

杭州市西湖区、富阳市、象山县、嘉兴市秀洲区、嘉兴市南湖区、永康市、舟山市普陀区

2007 年

杭州市拱墅区、温岭市

2009 年

杭州市江干区、建德市、奉化市、宁海县、安吉县、常山县

2011 年

龙泉市、景宁畲族自治县区

2013 年

杭州市下城区、临安市、宁波市江北区、宁波市江东区、温州市龙湾区、永嘉县、苍南县、文成县、武义县、开化县、江山市、岱山县、台州市路桥区、三门县

2014 年

温州市瓯海区、遂昌县、缙云县、云和县、松阳县

中国民间文化艺术之乡（浙江部分）

（2014—2016 年度）

绍兴市嵊州市	嵊州越剧
嘉兴市秀洲区	秀洲农民画
湖州市南浔区善琏镇	湖笔制作
湖州市长兴县	长兴百叶龙
嘉兴市嘉善县	嘉善田歌
舟山市定海区白泉镇	舟山锣鼓
温州市乐清市	细纹刻纸、黄杨木雕
丽水市景宁畲族自治县	畲族民间歌舞
杭州市萧山区瓜沥镇	萧山花边
杭州市西湖区蒋村街道	蒋村龙舟竞渡习俗
金华市永康市方岩镇	方岩庙会文化
温州市泰顺县	木偶戏
舟山市普陀区	渔民画
嘉兴市海宁市	硖石灯彩
宁波市象山县	象山竹根雕
湖州市德清县新市镇	蚕花庙会文化
嘉兴市海盐县	海盐滚灯
宁波市奉化市	奉化布龙

浙江省民间文化艺术之乡

（2014—2016 年度）

序号	地　区	类　别	申报项目名称	申　报　单　位
1	杭州市	表演艺术	淳安竹马	淳安县人民政府
2	宁波市	表演艺术	姚北滩簧	慈溪市坎墩街道办事处
3	宁波市	表演艺术	奉化布龙	奉化市人民政府
4	温州市	表演艺术	泰顺木偶戏	泰顺县人民政府
5	温州市	表演艺术	平阳木偶戏(单档布袋戏)	平阳县人民政府
6	湖州市	表演艺术	长兴百叶龙	长兴县人民政府
7	嘉兴市	表演艺术	嘉善田歌	嘉善县人民政府
8	嘉兴市	表演艺术	海盐滚灯	海盐县人民政府
9	衢州市	表演艺术	苏庄香火草龙	开化县苏庄镇人民政府
10	舟山市	表演艺术	布袋木偶戏	定海区双桥街道办事处
11	丽水市	表演艺术	畲族民间歌舞	景宁县人民政府
12	嘉兴市	造型艺术	秀洲农民画	秀洲区人民政府
13	嘉兴市	造型艺术	篆　刻	桐乡市人民政府
14	舟山市	造型艺术	渔民画	普陀区人民政府
15	舟山市	手工技艺	萧山花边	萧山区瓜沥镇人民政府
16	宁波市	手工技艺	象山竹根雕	象山县人民政府
17	温州市	手工技艺	细纹刻纸	乐清市人民政府
18	湖州市	手工技艺	湖笔制作	南浔区善琏镇人民政府
19	台州市	手工技艺	台州刺绣(为主)	椒江区前所街道办事处
20	台州市	手工技艺	仙居花灯	仙居县人民政府
21	台州市	民俗活动	龙　舟	西湖区蒋村街道办事处
22	宁波市	民俗活动	龙　舟	鄞州区云龙镇人民政府
23	温州市	民俗活动	太公祭	文成县南田镇人民政府
24	衢州市	民俗活动	马金灯日	开化县马金镇人民政府
25	台州市	民俗活动	送大暑船	椒江区葭沚街道办事处
26	绍兴市	表演艺术	嵊州越剧	嵊州市人民政府
27	舟山市	表演艺术	舟山锣鼓	定海区白泉镇人民政府
28	舟山市	表演艺术	渔　歌	岱山县人民政府
29	台州市	表演艺术	鳌龙鱼灯舞	玉环县坎门街道办事处

续　表

序号	地　区	类　别	申报项目名称	申　报　单　位
30	嘉兴市	造型艺术	硖石灯彩	海宁市人民政府
31	绍兴市	造型艺术	书　画	诸暨市人民政府
32	温州市	手工艺术	黄杨木雕	乐清市人民政府
33	舟山市	手工艺术	普陀船模	普陀区人民政府
34	宁波市	民俗活动	前童元宵行会	宁海县前童镇人民政府
35	温州市	民俗活动	周岙正月十三挑灯节	瓯海区泽雅人民政府
36	湖州市	民俗活动	蚕花庙会	德清县新市镇人民政府
37	嘉兴市	民俗活动	平湖西瓜灯会	平湖市人民政府
38	金华市	民俗活动	炼　火	磐安县深泽乡人民政府
39	宁波市	表演艺术	犴　舞	余姚市泗门镇人民政府
40	金华市	表演艺术	浦江乱弹	浦江县人民政府
41	衢州市	表演艺术	山　歌	江山市廿八都镇人民政府
42	温州市	造型艺术	书　法	龙湾区人民政府
43	湖州市	造型艺术	书　画	安吉县鄣吴镇人民政府
44	金华市	造型艺术	浦江剪纸	浦江县人民政府
45	金华市	造型艺术	浦江书画	浦江县人民政府
46	杭州市	手工艺术	竹　笛	余杭区中泰街道政府办事处
47	杭州市	手工艺术	合村绣花鞋	桐庐县合村乡人民政府
48	宁波市	民俗活动	孝文化	余姚市小曹娥镇人民政府
49	舟山市	民俗活动	渔民文化节	普陀区虾峙镇人民政府
50	绍兴市	表演艺术	上虞民间吹灯	上虞区人民政府
51	嘉兴市	民俗活动	网船会	秀洲区王江泾镇人民政府
52	金华市	民俗活动	方岩庙会	永康市方岩镇人民政府
53	丽水市	表演艺术	月山春晚	庆元县举水乡人民政府
54	台州市	表演艺术	朱溪灯舞	仙居县朱溪镇人民政府
55	衢州市	造型艺术	余东农民画	柯城区沟溪乡人民政府
56	台州市	民俗活动	花桥龙灯	三门县花桥镇人民政府
57	金华市	表演艺术	义乌道情	义包市人民政府
58	舟山市	造型艺术	渔民画	岱山县人民政府
59	台州市	造型艺术	摄　影	玉环县人民政府
60	绍兴市	表演艺术	长乐农民吹打乐	嵊州市长乐镇人民政府
61	杭州市	民俗活动	莪山“三月三”畲族文化节	桐庐县莪山畲族乡人民政府
62	嘉兴市	表演艺术	戏　剧	桐乡市人民政府
63	舟山市	手工艺术	渔绳结	嵊泗县黄龙乡人民政府

国家级非物质文化遗产生产性保护示范基地

企业或单位名称	项目类别	项目名称	批次(时间)
浙江省东阳市陆光正创作室	传统美术	东阳木雕	第一批（2011 年）
浙江省青田县二轻工业总公司	传统美术	青田石雕	第一批（2011 年）
杭州王星记扇业有限公司	传统技艺	制扇技艺(王星记扇)	第二批(2014 年)
湖州市善琏湖笔厂	传统技艺	湖笔制作技艺	第二批(2014 年)
金星铜集团有限公司	传统技艺	铜雕技艺	第二批(2014 年)

浙江省第四批国家级非物质文化遗产代表性项目保护单位

项目编号	项目名称	申报地区单位	文化部认定的保护单位
Ⅰ-129	刘阮传说	天台县	天台山文化研究会
Ⅰ-155	常山喝彩歌谣	常山县	常山县文化馆
Ⅴ-119	丽水鼓词	丽水市莲都区	莲都区非物质文化遗产保护
Ⅷ-214	婺州窑陶瓷烧制技艺	金华市婺城区	金华婺州窑陶研究所
Ⅷ-231	传统制糖技艺(义乌红糖制作技艺)	义乌市	义乌市五亭现代农业开发有限公司
Ⅰ-78	童谣(绍兴童谣)	绍兴市	绍兴市文化馆(绍兴市非物质文化遗产保护中心)
Ⅱ-139	道教音乐(苍南正一派科仪音乐)	苍南县	苍南县玉音乐团
Ⅲ-4	龙舞(鳌江划大龙)	平阳县	平阳县鳌江大龙文化研究会
Ⅲ-44	竹马(淳安竹马)	淳安县	淳安县文物管理委员会办公室(淳安县文物保护管理所、淳安县非物质文化遗产保护中心)
Ⅲ-45	灯舞(上舍化龙灯舞)	安吉县	安吉县上舍龙舞艺术团
Ⅲ-45	灯舞(青田百鸟灯)	青田县	青田县非物质文化遗产研究保护中心
Ⅳ-87	目连戏(绍兴目连戏)	绍兴	绍兴市文化馆(绍兴市非物质文化遗产保护中心)
Ⅵ-6	线狮(草塔抖狮子)	诸暨市	诸暨文化馆
Ⅶ-16	剪纸(桐庐剪纸)	桐庐县	桐庐县非物质文化遗产保护中心
Ⅶ-44	木偶头雕刻(泰顺木偶头雕刻)	泰顺县	泰顺县方圆木偶工艺有限公司
Ⅶ-50	灯彩(乐清首饰龙)	乐清市	乐清市非物质文化遗产保护中心

续　表

项目编号	项目名称	申报地区单位	文化部认定的保护单位
Ⅷ-24	蓝印花布印染技艺	桐乡市	桐乡市文化馆（桐乡市金仲华纪念馆、桐乡市非物质文化遗产保护中心）
Ⅷ-71	竹纸制作技艺（泽雅屏纸制作技艺）	温州市瓯海区	温州市瓯海区文化馆
Ⅷ-77	木版水印技艺	杭州下城区	杭州十竹斋艺术馆
Ⅸ-2	中医诊疗法（董氏儿科医术）	宁波市海曙市	宁波市中医院
Ⅸ-3	中药炮制技艺（武义寿仙谷中药炮制技艺）	武义县	金华寿仙谷药业有限公司
Ⅸ-4	中医传统制剂方法（方回春堂传统膏方制作技艺）	杭州市上城区	杭州方回春堂国药馆有限公司
Ⅸ-5	针灸（杨继洲针灸）	衢州市	衢州市中医医院
Ⅹ-68	农历二十四节气（三门祭冬）	三门县	三门县非物质文化遗产保护中心
Ⅹ-71	元宵节（河上龙灯胜会）	杭州市萧山区	杭州市萧山区河上龙灯胜会协会
Ⅹ-71	元宵节（前童元宵行会）	宁海县	宁海县文化馆
Ⅹ-85	民间信俗（孝子祭）	富阳市	富阳市周雄孝文化研究会
Ⅹ-85	民间信俗（潮神祭祀）	海宁市	海宁市文化馆（海宁市非物质文化遗产保护中心）
Ⅹ-90	祭祖习俗（诸葛后裔祭祖）	兰溪市	兰溪市诸葛旅游发展有限公司
Ⅹ-139	婚俗（畲族婚俗）	景宁畲族自治县	景宁畲族自治县非物质文化遗产保护中心

浙江省第四批国家级非物质文化遗产名录

序号	项目名称	类别	申报地区（单位）	备注
1	刘阮传说	民间文学	天台县	第四批
2	常山喝彩歌谣	民间文学	常山县	第四批
3	丽水鼓词	曲艺	莲都区	第四批
4	婺州窑陶瓷烧制技艺	传统技艺	婺城区	第四批
5	传统制糖技艺（义乌红糖制作技艺）	传统技艺	义乌市	第四批
6	童谣（绍兴童谣）	民间文学	绍兴市	第四批扩展
7	道教音乐（苍南正一派科仪音乐）	传统音乐	苍南县	第四批扩展
8	竹马（淳安竹马）	传统舞蹈	淳安县	第四批扩展
9	灯舞（上舍化龙灯）	传统舞蹈	安吉县	第四批扩展
10	灯舞（青田百鸟灯舞）	传统舞蹈	青田县	第四批扩展

续 表

序号	项目名称	类别	申报地区(单位)	备注
11	目连戏(绍兴目连戏)	传统戏剧	绍兴市	第四批扩展
12	线狮(草塔抖狮子)	传统体育、游艺与杂技	诸暨市	第四批扩展
13	剪纸(桐庐剪纸)	传统美术	桐庐县	第四批扩展
14	木版水印技艺	传统技艺	下城区	第四批扩展
15	竹纸制作技艺(泽雅屏纸制作技艺)	传统技艺	瓯海区	第四批扩展
16	龙档(乐清首饰龙)	传统技艺	乐清市	第四批扩展
17	木偶头雕刻(泰顺木偶头雕刻)	传统技艺	泰顺县	第四批扩展
18	蓝印花布印染技艺	传统技艺	桐乡市	第四批扩展
19	中医传统制剂方法(方回春堂传统膏方制作技艺)	传统医药	上城区	第四批扩展
20	中医诊疗法(董氏儿科医术)	传统医药	海曙区	第四批扩展
21	中药炮制技艺(武义寿仙谷中药炮制技艺)	传统医药	武义县	第四批扩展
22	针灸(杨继洲针灸)	传统医药	衢州市	第四批扩展
23	元宵节(河上龙灯胜会)	民俗	萧山区	第四批扩展
24	民间信俗(孝子祭)	民俗	富阳市	第四批扩展
25	元宵节(前童元宵行会)	民俗	宁海县	第四批扩展
26	龙舞(鳌江划大龙)	民俗	平阳县	第四批扩展
27	民间信俗(潮神祭祀)	民俗	海宁市	第四批扩展
28	祭祖习俗(诸葛后裔祭祖)	民俗	兰溪市	第四批扩展
29	农历二十四节气(三门祭冬)	民俗	三门县	第四批扩展
30	婚俗(畲族婚俗)	民俗	景宁畲族自治县	第四批扩展

浙江省第四批国家级非物质文化遗产项目代表性传承人名单

类别号	序号	姓名	性别	民族	出生年月	项目编码	项目名称	申报地区或单位
1	04-1512	郑云飞	男	汉族	1939.3	Ⅱ-34	古琴艺术(浙派)	杭州市
2	04-1513	徐晓英	女	汉族	1937.10	Ⅱ-34	古琴艺术(浙派)	杭州市
3	04-1563	汪妙林	男	汉族	1945.9	Ⅲ-16	余杭滚灯	杭州市余杭区
4	04-1595	叶全民	男	汉族	1956.10	Ⅳ-9	宁海平调	宁海县
5	04-1672	季桂芳	男	汉族	1942.1	Ⅳ-92	木偶戏(泰顺提线木偶戏)	泰顺县
6	04-1678	杨柳汀	男	汉族	1947.11	Ⅳ-107	甬剧	宁波市
7	04-1679	章宗义	男	汉族	1924.3	Ⅳ-109	绍剧	绍兴市

续　表

类别号	序号	姓名	性别	民族	出生年月	项目编码	项目名称	申报地区或单位
8	04-1680	刘建杨	男	汉族	1961.6	Ⅳ-109	绍剧	绍兴市
9	04-1681	张建敏	女	汉族	1963.8	Ⅳ-110	婺剧	金华市
10	04-1682	陈美兰	女	汉族	1964.9	Ⅳ-110	婺剧	金华市
11	04-1704	陈志雄	男	汉族	1937.10	Ⅴ-13	温州鼓词	瑞安市
12	04-1781	张爱廷	男	汉族	1939.2	Ⅶ-33	青田石雕	青田县
13	04-1787	虞金顺	男	汉族	1949.8	Ⅶ-42	乐清黄杨木雕	乐清市
14	04-1788	高公博	男	汉族	1949.10	Ⅶ-42	乐清黄杨木雕	乐清市
15	04-1789	吴初伟	男	汉族	1946.3	Ⅶ-43	东阳木雕	东阳市
16	04-1818	许谨伦	男	汉族	1948.2	Ⅶ-104	宁波金银彩绣	宁波市鄞州区
17	04-1822	黄才良	男	汉族	1957.7	Ⅶ-109	宁波泥金彩漆	宁海县
18	04-1833	夏侯文	男	汉族	1935.8	Ⅷ-9	龙泉青瓷烧制技艺	龙泉市
19	04-1834	毛正聪	男	汉族	1940.10	Ⅷ-9	龙泉青瓷烧制技艺	龙泉市
20	04-1850	汤春甫	男	汉族	1952.9	Ⅷ-53	天台山干漆夹苎技艺	天台县
21	04-1855	万爱珠	女	汉族	1951.4	Ⅷ-67	皮纸制作技艺（龙游皮纸制作技艺）	龙游县
22	04-1858	李法儿	男	汉族	1950.8	Ⅷ-71	竹纸制作技艺	富阳市
23	04-1900	岑国和	男	汉族	1956.1	Ⅷ-137	传统木船制造技艺	舟山市普陀区
24	04-1917	嵇锡贵	女	汉族	1941.12	Ⅷ-187	越窑青瓷烧制技艺	杭州市
25	04-1923	包文其	男	汉族	1951.9	Ⅷ-193	中式服装制作技艺（振兴祥中式服装制作技艺）	杭州市
26	04-1946	张玉柱	男	汉族	1947.12	Ⅸ-6	中医正骨疗法（张氏骨伤疗法）	富阳市
27	04-1956	陈其才	男	汉族	1942.12	Ⅹ-4	七夕节（石塘七夕习俗）	温岭市
28	04-1974	胡文相	男	汉族	1931.6	Ⅹ-84	庙会（张山寨七七会）	缙云县

第四批浙江省非物质文化遗产名录

民间文学（20项）

序　　号	申　报　项　目　名　称	申　报　地　区
1	海瑞传说	淳安县
2	皋亭山传说	杭州市江干区
3	梅城传说	建德市
4	孙权传说	富阳市

续表

序 号	申报项目名称	申报地区
5	玲珑山传说	临安市
6	上林湖传说	慈溪市
7	王十朋传说	乐清市
8	卖技(瑞安卖技)	瑞安市
9	洞头海岛气象谚语	洞头县
10	平阳童谣	平阳县
11	熊知县的故事	长兴县
12	陈霸先传说	长兴县
13	海盐钱氏传说	海盐县
14	绍兴古桥名传说	绍兴市
15	勾践传说	绍兴市
16	傅大士传说	义乌市
17	琼奴与苕郎	常山县
18	临海民间谜语	临海市
19	高机与吴三春传说	平阳县
20	刘阮传说	新昌县

传统音乐(7项)

序 号	项目名称	申报地
21	十番锣鼓(余姚十番、新桥十番)	余姚市、常山县
22	绍兴派古琴艺术	绍兴市
23	渔工号子	舟山市普陀山
24	畲族民歌	平阳县
25	山歌(乐清撞歌)	乐清市
26	吹打(丽水吹打)	丽水市莲都区
27	道教音乐(太极祭炼音乐、天台山道教南宗洞经音乐)	上虞市、天台县

传统舞蹈(17项)

序 号	项目名称	申报地
28	龙舞(梓树布龙、滚花龙、鄣吴金龙、横街草龙)	富阳市、龙游县、安吉县、临安市
29	红毛狮子	临安市
30	五凤朝阳	临安市
31	大陆花灯	杭州市余杭区
32	狮象舞(沃家狮象窜、狮象灯舞)	宁波市北仑区、开化县
33	大头和尚	宁波市鄞州区

续 表

序 号	项 目 名 称	申 报 地
34	车子灯	余姚市
35	鱼灯舞(洞头鱼灯、九龙鱼灯)	洞头县、景宁县
36	长兴旱船	长兴县
37	蔡宅高跷	东阳市
38	调花钹	永康市
39	乌龟端茶	磐安县
40	小蜜蜂	三门县
41	青田百鸟灯舞	青田县
42	马灯舞(跳马灯、洗马舞)	开化县、常山县
43	跳蚤会	舟山市普陀区
44	畲族貔貅	安吉县

传统戏剧(8 项)

序 号	项 目 名 称	申 报 地
45	滑稽戏	杭州市
46	花鼓戏	桐乡市
47	西吴高腔	金华市
48	徽戏	金华市、龙游县
49	缙云杂剧	缙云县
50	平调	三门县
51	姚剧(姚北滩簧)	慈溪市
52	提线木偶戏	丽水市、苍南县、衢州市衢江区

曲艺(6 项)

序 号	项 目 名 称	申 报 地
53	嘉善宣卷	嘉善县
54	浦江什锦	浦江县
55	鼓词(丽水鼓词、温州鼓词)	丽水市莲都区、温州市鹿城区、乐清市
56	绍兴莲花落	杭州市萧山区、上虞市
57	金华道情	东阳市
58	唱新闻	宁波市鄞州区、慈溪市

传统体育、游艺与杂技(17 项)

序 号	项 目 名 称	申 报 地
59	天罡拳	建德市
60	鹰爪功	杭州市下城区

续 表

序 号	项 目 名 称	申 报 地
61	十八般武艺	临安市
62	船拳(西溪船拳、南湖船拳)	杭州市西湖区、嘉兴市南湖区
63	龙舟竞渡	宁波市鄞州区、温州市
64	精武拳(械)技	余姚市
65	舞方天戟	桐乡市
66	赵家拳棒	诸暨市
67	大成拳	金华市金东区
68	武当太乙拳(宋氏门)	常山县
69	灵溪奚家拳	天台县
70	打油奏	天台县
71	小坑七心拳	三门县
72	菇民防身术	龙泉市、庆元县、景宁县
73	翻九楼	泰顺县
74	南拳(温州南拳)	温州市鹿城区、龙湾区
75	线狮(草塔抖狮子)	诸暨市

传统美术(12项)

序 号	项 目 名 称	申 报 地
76	失蜡浇铸技艺	宁波市鄞州区
77	“老虎鞋”制作技艺	慈溪市
78	鄞州竹编	宁波市鄞州区
79	温州发绣	温州市鹿城区
80	瓯海百鸟灯工艺	温州市瓯海区
81	民间绘画(秀洲农民画、普陀渔民画)	嘉兴市秀洲区、舟山市普陀区
82	草编工艺(余姚草编、温岭草编、岭根草编、桐屿草席编织技艺)	余姚市、温岭市、临海市、台州市黄岩区
83	米塑(苍南米塑)	苍南县
84	根雕(永康根雕)	永康市
85	剪纸(杭州剪纸、象山剪纸、温岭剪纸、玉环剪纸)	杭州市、象山县、温岭市、玉环县
86	船模艺术	象山县、舟山市定海区
87	石雕(钟山石雕、大隐石雕)	桐庐县、余姚市

传统技艺(60 项)

序　号	项 目 名 称	申 报 地
88	奎元馆宁式大面传统制作技艺	杭州市上城区
89	木版水印技艺	杭州市下城区
90	龙坞彩灯制作技艺	杭州市西湖区
91	青溪龙砚制作技艺	淳安县
92	富阳纸伞制作技艺	富阳市
93	合村绣花鞋制作技艺	桐庐县
94	中泰竹笛制作技艺	杭州市余杭区
95	严州府菜点制作技艺	建德市
96	严漆生产技艺	建德市
97	清刀木雕	宁海县
98	传统建筑营造技艺(桐庐传统建筑群营造技艺、慈溪传统建筑营造技艺、衢州祠堂营造技艺、三门源古民居营造技艺、南田民居营造技艺)	桐庐县、慈溪市、衢州市、龙游县、文成县
99	红铜炉制作技艺	慈溪市
100	宁波汤团制作技艺	宁波市海曙区
101	戏台螺旋娥罗顶营造技艺	宁波市鄞州区
102	瓯菜烹饪技艺	温州市鹿城区
103	湖州小吃制作技艺(“诸老大”粽子制作技艺、周生记大馄饨制作技艺、南浔传统糕点制作技艺)	湖州市吴兴区、吴兴区、南浔区
104	平湖糟蛋制作工艺	平湖市
105	海宁三把刀制作技艺	海宁市
106	新塍传统糕点加工技艺	嘉兴市秀洲区
107	杭白菊传统加工技艺	桐乡市
108	姑嫂饼制作技艺	桐乡市
109	绍兴银饰品制作技艺	绍兴市
110	绍兴石宕采凿技艺	绍兴市
111	绍兴菜烹饪技艺	绍兴市
112	小京生炒制技艺	新昌县
113	枫桥香榧采制技艺	诸暨市
114	东阳酒酿造技艺	东阳市
115	义乌枣加工技艺	义乌市
116	红曲传统制作技艺(义乌红曲、乌衣红曲)	义乌市、泰顺县
117	永康打金打银工艺	永康市
118	永康打铁技艺	永康市
119	高照马制作技艺	磐安县

续 表

序 号	项 目 名 称	申 报 地
120	古琴制作工艺	衢州市柯城区
121	江山三卿口传统制瓷工艺	江山市
122	传统家具制作技艺	开化县
123	齐詹记冻米糖制作技艺	开化县
124	舟山螺钿镶嵌制作工艺	舟山市定海区
125	戏剧服装制作技艺	台州市路桥区
126	台州府城传统小吃制作技艺	临海市
127	延蝇钓捕捞技艺	玉环县
128	通济堰营造技艺	丽水市莲都区
129	遂昌白曲酒酿造技艺	遂昌县
130	大漈罐制作技艺	景宁县
131	传统砖瓦制作技艺	新昌县
132	桥墩月饼制作技艺	苍南县
133	车木玩具制作技艺	泰顺县
134	萧山花边制作技艺	绍兴县
135	青田石雕	乐清市、泰顺县、温州市鹿城区
136	南宋官窑烧制技艺	杭州市上城区
137	泥金彩漆	杭州市江北区
138	木活字印刷术	苍南县
139	编梁木拱桥营造技艺	景宁县
140	雕版印刷术(瑞安纸马雕版印刷术)	瑞安市
141	萧山过江布	杭州市上城区
142	土布纺织技艺	杭州市下城区、缙云县
143	畲乡红曲酒酿制技艺	桐庐县
144	木杆秤制作技艺(戥秤制作技艺)	温岭市
145	香菇砍花法技艺	景宁县
146	绿茶制作技艺(平水珠茶制作技艺、天台云雾茶制作技艺、惠明茶手工制作技艺)	绍兴县、天台县、景宁县
147	传统造纸技艺(南屏纸制作技艺)	瑞安市

传统医药(7 项)

序 号	项 目 名 称	申 报 地
148	传统中医药文化(桐君中药文化、彭祖养生文化、天目山中药文化、武义寿仙谷中药文化、沈宝山中药文化)	桐庐县、临安市、临安市、武义县、台州市黄岩区
149	茶亭伤科	杭州市萧山区

续　表

序　　号	项　目　名　称	申　报　地
150	董氏儿科	宁波市海曙区
151	施氏针灸	嘉兴市
152	绍兴“三六九”伤科	绍兴县
153	磐五味生产加工技艺	磐安县
154	田氏传统接骨术	缙云县

民俗(48项)

序　　号	申　报　项　目　名　称	申　报　地
155	三月三(新叶三月三、泽国三月三、畲族三月三)	建德市、温岭市、泰顺县
156	龙门九月初一庙会	富阳市
157	“活金死刘”习俗	富阳市
158	十六回切家宴	桐庐县
159	传统婚礼(水乡婚礼、奉化婚礼)	杭州市余杭区、奉化市
160	过半年	临安市
161	太阳东平王庙会	临安市
162	灵峰寺葛仙翁信俗	宁波市北仑区
163	象山七月半	象山县
164	鄞江它山贤惠庙会	宁波市鄞州区
165	西岙行大龙	宁海县
166	迎头鬃	洞头县
167	刘伯温春秋二祭	苍南县
168	金乡清明祭	苍南县
169	太平龙迎新春	苍南县
170	苍南宗谱编修习俗	苍南县
171	舞阳侯会	德清县
172	做社	平湖市
173	潮神祭祀	海宁市
174	嘉善淡水捕捞习俗	嘉善县
175	护国随粮王信俗会	嘉善县
176	七月七香桥会	嘉兴市秀洲区
177	乌镇香市	桐乡市
178	曹娥庙会	上虞市
179	绍兴艺兰	绍兴市
180	浦桥潮神节	嵊州市
181	永康迎花烛	永康市

续 表

序 号	项 目 名 称	申 报 地
182	婺州南宗祭孔典礼婺	磐安县
183	高姥山七夕节	磐安县
184	女儿节	衢州市柯城区
185	清明祭祖灯会	龙游县
186	大溪边祈水节	开化县
187	保苗节	开化县
188	祭海	舟山市普陀区
189	温岭洞房经	温岭市
190	撒梁皇	仙居县
191	三门讨小海习俗	三门县
192	云和讨火种习俗	云和县
193	端午走桥习俗	庆元县
194	太平庙会	丽水市莲都区
195	迎关公案	缙云县
196	迎花树	金华市金东区
197	十里红妆	诸暨市
198	抬阁(李村抬阁、遂昌抬阁)	建德市、遂昌县
199	陈十四信俗	泰顺县
200	菇民习俗	庆元县
201	畲族服饰(畲族刺绣)	苍南县
202	妈祖信俗	苍南县

第四批浙江省非物质文化遗产项目代表性传承人名单

类别号	序号	姓名	性别	出生年月	项目编号	类别	确认年份	项目名称	申报地区
1	04-Ⅹ-923	朱兆源	男	1939-07		民俗	2013.11	水乡婚礼	余杭区
2	04-Ⅹ-922	傅叶茂	男	1937-12		民俗	2013.11	河上龙灯胜会	萧山区
3	04-Ⅸ-916	陈锦昌	男	1947-04		传统医药	2013.11	茶亭伤科	萧山区
4	04-Ⅷ-873	廖阿根	男	1936-07		传统技艺	2013.11	畲乡红曲酒酿制技艺	桐庐县
5	04-Ⅷ-872	陈爱华	男	1947-06		传统技艺	2013.11	合村绣花鞋制作技艺	桐庐县
6	04-Ⅷ-871	郎利方	男	1968-11		传统技艺	2013.11	天目云雾茶制作技艺	临安市

续 表

类别号	序号	姓名	性别	出生年月	项目编号	类别	确认年份	项目名称	申报地区
7	04-Ⅷ-870	吴荣奎	男	1952-01		传统技艺	2013.11	富阳纸伞制作技艺	富阳市
8	04-Ⅷ-869	蔡玉华	男	1954-06		传统技艺	2013.11	竹纸制作技艺	富阳市
9	04-Ⅷ-868	房金泉	男	1945-09		传统技艺	2013.11	余杭纸伞制作技艺	余杭区
10	04-Ⅷ-867	董仲彬	男	1949-08		传统技艺	2013.11	中泰竹笛制作技艺	余杭区
11	04-Ⅷ-866	赵锡祥	男	1936-10		传统技艺	2013.11	萧山花边	萧山区
12	04-Ⅷ-864	金益荣	男	1962-11		传统技艺	2013.11	南宋官窑烧制技艺	上城区
13	04-Ⅶ-831	朱维桢	男	1942-01		传统美术	2013.11	桐庐剪纸	桐庐县
14	04-Ⅶ-830	凌冬辉	男	1966-07		传统美术	2013.11	鸡血石雕	临安市
15	04-Ⅶ-828	金家虹	女	1969-12		传统美术	2013.11	杭州刺绣	杭州市
16	04-Ⅵ-816	魏立中	男	1968-06		传统技艺	2013.11	木版水印技艺	下城区
17	04-Ⅵ-816	沈庆漾	男	1954-10		传统体育、游艺与杂技	2013.11	西溪船拳	西湖区
18	04-Ⅵ-816	宋胜林	男	1936-11		传统美术	2013.11	杭州剪纸	江干区
19	04-Ⅵ-815	殷祖炎	男	1931-01		传统体育、游艺与杂技	2013.11	鹰爪功	下城区
20	04-Ⅴ-797	朱建萍	女	1964-05		曲艺	2013.11	杭州评话	杭州市
21	04-Ⅳ-777	叶志昌	男	1945-04		传统戏剧	2013.11	新叶昆曲	建德市
22	04-Ⅳ-776	叶金香	女	1941-07		传统戏剧	2013.11	新叶昆曲	建德市
23	04-Ⅲ-758	申屠振兴	男	1935-02		传统舞蹈	2013.11	九狮图	桐庐县
24	04-Ⅲ-757	郎国章	男	1942-03		传统舞蹈	2013.11	横街草龙	临安市
25	04-Ⅲ-756	周军胜	男	1965-09		传统舞蹈	2013.11	神兽花灯	临安市
26	04-Ⅲ-755	徐祖年	男	1941-11		传统舞蹈	2013.11	跳仙鹤	富阳市
27	04-Ⅱ-747	顾　骏	男	1938-01		传统音乐	2013.11	江南丝竹	杭州市
28	04-Ⅰ-740	孙文达	男	1934-10		民间文学	2013.11	孙权传说	富阳市
29	04-Ⅷ-889	程苗根	男	1946-02		传统技艺	2013.11	紫砂烧制技艺	长兴县
30	04-Ⅷ-888	周潮根	男	1949-05		传统技艺	2013.11	湖州“诸老大”粽子制作技艺	吴兴区
31	04-Ⅳ-787	肖明芳	女	1945-09		传统戏剧	2013.11	湖剧	湖州市
32	04-Ⅲ-762	陈龙泉	男	1942-11		传统舞蹈	2013.11	长兴旱船	长兴县
33	04-Ⅰ-744	王冰	男	1938-02		民间文学	2013.11	熊知县的故事	长兴县
34	04-Ⅷ-887	曹鉴清	男	1962-06		传统技艺	2013.11	杭白菊传统加工技艺	桐乡市
35	04-Ⅷ-886	尤明泰	男	1955-05		传统技艺	2013.11	平湖糟蛋制作技艺	平湖市
36	04-Ⅶ-854	沈华良	男	1945-02		传统美术	2013.11	嘉兴灶画艺术	桐乡市
37	04-Ⅶ-853	孙 杰	男	1968-03		传统美术	2013.11	硖石灯彩	海宁市
38	04-Ⅶ-852	张金泉	男	1946-06		传统美术	2013.11	民间绘画	秀洲区

续 表

类别号	序号	姓名	性别	出生年月	项目编号	类别	确认年份	项目名称	申报地区
39	04-Ⅵ-821	韩海华	男	1954-07		传统体育、游艺与杂技	2013.11	南湖船拳	南湖区
40	04-Ⅴ-803	袁云甫	男	1941-01		曲艺	2013.11	嘉善宣卷	嘉善县
41	04-Ⅴ-802	沈王荣	男	1946-06		曲艺	2013.11	嘉善宣卷	嘉善县
42	04-Ⅳ-786	屈娟如	女	1937-03		传统戏剧	2013.11	花鼓戏	桐乡市
43	04-Ⅱ-750	高建中	女	1964-01		传统音乐	2013.11	嘉善田歌	嘉善县
44	04-Ⅹ-927	董锡清	男	1949-10		民俗	2013.11	金华斗牛	金华市
45	04-Ⅹ-926	孔火春	男	1954-10		民俗	2013.11	婺州南宗祭孔典礼	磐安县
46	04-Ⅸ-921	李明炎	男	1960-04		传统医药	2013.11	寿仙谷中药文化	武义县
47	04-Ⅷ-901	应业德	男	1949-06		传统技艺	2013.11	永康铜艺	永康市
48	04-Ⅷ-900	陈益民	男	1948-10		传统技艺	2013.11	高照马制作技艺	磐安县
49	04-Ⅷ-899	杨新花	女	1948-10	Ⅶ-16	传统技艺	2013.11	浦江剪纸	浦江县
50	04-Ⅷ-898	应生林	男	1938-07		传统技艺	2013.11	永康钉秤制作技艺	永康市
51	04-Ⅷ-897	黄维健	男	1967-06		传统技艺	2013.11	金华酥饼传统制作技艺	金华市
52	04-Ⅷ-896	方锡潜	男	1949-07	Ⅷ-166	传统技艺	2013.11	金华火腿制作技艺	金华市
53	04-Ⅷ-895	吕敏湘	男	1953-07	Ⅷ-145	传统技艺	2013.11	金华酒酿制技艺	金华市
54	04-Ⅷ-894	盛一原	男	1964-10	Ⅶ-62	传统技艺	2013.11	永康锡艺	永康市
55	04-Ⅶ-861	徐土龙	男	1944-11	Ⅶ-43	传统美术	2013.11	东阳木雕	东阳市
56	04-Ⅶ-860	马良勇	男	1944-09	Ⅶ-43	传统美术	2013.11	东阳木雕	东阳市
57	04-Ⅶ-859	何大根	男	1954-01	Ⅶ-51	传统美术	2013.11	东阳竹编	东阳市
58	04-Ⅶ-858	胡正仁	男	1953-10	Ⅶ-51	传统美术	2013.11	东阳竹编	东阳市
59	04-Ⅵ-824	倪保强	男	1944-01		传统体育、游艺与杂技	2013.11	大成拳	金东区
60	04-Ⅵ-823	葛世华	男	1968-03		传统体育、游艺与杂技	2013.11	罗汉班	义乌市
61	04-Ⅵ-822	胡根基	男	1946-05	Ⅵ-6	传统体育、游艺与杂技	2013.11	九狮图	永康市
62	04-Ⅴ-809	吴洵梅	男	1954-07	Ⅴ-78	曲艺	2013.11	金华道情	东阳市
63	04-Ⅴ-808	吴一峰	男	1940-09		曲艺	2013.11	兰溪摊簧	兰溪市
64	04-Ⅳ-791	赵福林	男	1940-06		传统戏剧	2013.11	浦江乱弹	浦江县
65	04-Ⅳ-790	朱福龙	男	1940-10		传统戏剧	2013.11	跳魁星	金华市
66	04-Ⅳ-789	朱云香	女	1939-04		传统戏剧	2013.11	婺剧徽戏	金华市
67	04-Ⅲ-763	陈伟玉	男	1948-10		传统舞蹈	2013.11	乌龟端茶	磐安县
68	04-Ⅰ-745	邵雁南	男	1932-07	Ⅰ-39	民间文学	2013.11	黄大仙传说	兰溪市
69	04-Ⅹ-935	吴文德	男	1929-10		民俗	2013.11	太平庙会	莲都区
70	04-Ⅹ-934	李水松	男	1934-02		民俗	2013.11	遂昌台阁	遂昌县

续　表

类别号	序号	姓名	性别	出生年月	项目编号	类别	确认年份	项目名称	申报地区
71	04-Ⅹ-933	朱可风	男	1949-12		民俗	2013.11	遂昌台阁	遂昌县
72	04-Ⅹ-932	雷梁庆	男	1946-05		民俗	2013.11	畲族祭祀仪式	景宁县
73	04-Ⅸ-920	鄢连和	男	1963-04	Ⅸ-13	传统医药	2013.11	畲族医药	丽水市本级
74	04-Ⅷ-914	郑国荣	男	1964-04	Ⅷ-37	传统技艺	2013.11	龙泉宝剑锻制技艺	龙泉市
75	04-Ⅷ-913	郭家兴	男	1968-08	Ⅷ-37	传统技艺	2013.11	龙泉宝剑锻制技艺	龙泉市
76	04-Ⅷ-912	卢伟孙	男	1962-10	Ⅷ-9	传统技艺	2013.11	龙泉青瓷烧制技艺	龙泉市
77	04-Ⅷ-911	陈爱明	男	1962-12	Ⅷ-9	传统技艺	2013.11	龙泉青瓷烧制技艺	龙泉市
78	04-Ⅷ-910	徐定昌	男	1955-11	Ⅷ-9	传统技艺	2013.11	龙泉青瓷烧制技艺	龙泉市
79	04-Ⅷ-909	陈坛根	男	1949-09	Ⅷ-9	传统技艺	2013.11	龙泉青瓷烧制技艺	龙泉市
80	04-Ⅷ-908	张绍斌	男	1957-09	Ⅷ-9	传统技艺	2013.11	龙泉青瓷烧制技艺	龙泉市
81	04-Ⅷ-907	刘世祥	男	1936-05		传统技艺	2013.11	香菇手工技艺	景宁县
82	04-Ⅷ-906	胡森	男	1967-09	Ⅷ-175	传统技艺	2013.11	木拱桥传统营造技艺	庆元县
83	04-Ⅷ-905	吴复勇	男	1955-08	Ⅷ-175	传统技艺	2013.11	木拱桥传统营造技艺	庆元县
84	04-Ⅶ-862	张爱光	男	1959-08	Ⅶ-33	传统美术	2013.11	青田石雕	青田县
85	04-Ⅵ-826	吴昌明	男	1952-08		传统体育、游艺与杂技	2013.11	操石磉	景宁县
86	04-Ⅵ-825	吴辉锦	男	1936-02		传统体育、游艺与杂技	2013.11	菇民防身术	庆元县
87	04-Ⅴ-812	章永金	男	1940-02		曲艺	2013.11	丽水鼓词	莲都区
88	04-Ⅴ-811	黄景农	男	1931-10		曲艺	2013.11	丽水鼓词	莲都区
89	04-Ⅳ-795	胡金洪	男	1960-10		传统戏剧	2013.11	提线木偶戏	丽水市本级
90	04-Ⅲ-775	詹民清	男	1946-08		传统舞蹈	2013.11	青田百鸟灯舞	青田县
91	04-Ⅲ-774	郭秉强	男	1940-04	Ⅲ-45	传统舞蹈	2013.11	青田鱼灯舞	青田县
92	04-Ⅲ-773	武良满	男	1956-08		传统舞蹈	2013.11	处州板龙	丽水市本级
93	04-Ⅰ-746	叶则东	男	1949-10	I-38	民间文学	2013.11	刘伯温传说	青田县
94	04-Ⅸ-917	董幼祺	男	1953-02		传统医药	2013.11	董氏儿科	海曙区
95	04-Ⅷ-885	张立群	男	1964-10		传统技艺	2013.11	戏台螺旋蛾罗顶营造技艺	鄞州区
96	04-Ⅷ-884	郭永尧	男	1963-10		传统技艺	2013.11	传统木结构古建筑建造技艺	慈溪市
97	04-Ⅷ-883	郑飞民	男	1967-12		传统技艺	2013.11	红铜炉制作技艺	慈溪市
98	04-Ⅶ-851	金星乔	男	1950-10		传统美术	2013.11	大隐石雕	余姚市
99	04-Ⅶ-850	谢才华	男	1944-11		传统美术	2013.11	剪纸	象山县
100	04-Ⅶ-849	朱英度	男	1946-05		传统美术	2013.11	宁波灰雕	鄞州区
101	04-Ⅶ-848	史翠珍	女	1950-05	Ⅶ-104	传统美术	2013.11	金银彩绣工艺	鄞州区

续 表

类别号	序号	姓名	性别	出生年月	项目编号	类别	确认年份	项目名称	申报地区
102	04-Ⅵ-820	符永江	男	1928-06		传统体育、游艺与杂技	2013.11	余姚精武拳技(械)	余姚市
103	04-Ⅵ-819	水春华	男	1960-10		传统体育、游艺与杂技	2013.11	龙舟竞渡	鄞州区
104	04-Ⅵ-818	王耀国	男	1957-11		传统体育、游艺与杂技	2013.11	水火流星	慈溪市
105	04-Ⅴ-801	闻海平	男	1962-03	Ⅴ-58	曲艺	2013.11	宁波走书	鄞州区
106	04-Ⅴ-800	朱秀定	男	1937-10	Ⅴ-104	曲艺	2013.11	唱新闻	鄞州区
107	04-Ⅲ-761	刘永章	男	1944-11		传统舞蹈	2013.11	木偶摔跤	余姚市
108	04-Ⅲ-760	周翠珠	女	1952-01		传统舞蹈	2013.11	穿山造跌	北仑区
109	04-Ⅲ-759	马宝春	男	1943-02		传统舞蹈	2013.11	大头和尚	鄞州区
110	04-Ⅱ-749	杨松炎	男	1945-11		传统音乐	2013.11	余姚十番	余姚市
111	04-Ⅰ-743	杜松根	男	1954-08		民间文学	2013.11	上林湖传说	慈溪市
112	04-Ⅹ-931	赖正兴	男	1960-07		民俗	2013.11	保苗节	开化县
113	04-Ⅹ-930	余章雄	男	1948-04		民俗	2013.11	祈水节	开化县
114	04-Ⅹ-929	方顺隆	男	1940-05		民俗	2013.11	古佛节	开化县
115	04-Ⅹ-928	朱小良	男	1960-06		民俗	2013.11	清明祭祖灯会	龙游县
116	04-Ⅸ-919	金　瑛	男	1969-01		传统医药	2013.11	衢州杨继洲针灸	衢州市
117	04-Ⅷ-903	翁海金	男	1948-12		传统技艺	2013.11	三门源古民居营造技艺	龙游县
118	04-Ⅷ-902	沈华龙	男	1946-03		传统技艺	2013.11	古琴制作技艺	柯城区
119	04-Ⅴ-810	袁耀明	男	1944-01		曲艺	2013.11	金华道情	龙游县
120	04-Ⅳ-794	傅少程	女	1962-12		传统戏剧	2013.11	衢州摊簧戏	衢州市
121	04-Ⅳ-793	李　昂	男	1968-11		传统戏剧	2013.11	徽戏	龙游县
122	04-Ⅳ-792	翁柏根	男	1950-09		传统戏剧	2013.11	木偶戏(提线木偶戏)	衢江区
123	04-Ⅲ-771	程华德	男	1949-11		传统舞蹈	2013.11	香火草龙	开化县
124	04-Ⅲ-770	朱振龙	男	1936-06		传统舞蹈	2013.11	徐塘狮象舞	开化县
125	04-Ⅲ-769	朱传廉	男	1936-03		传统舞蹈	2013.11	徐塘狮象舞	开化县
126	04-Ⅲ-768	严水金	男	1936-06		传统舞蹈	2013.11	洗马舞	常山县
127	04-Ⅲ-767	吴根松	男	1951-06		传统舞蹈	2013.11	脱节龙	龙游县
128	04-Ⅲ-766	王允文	男	1938-04		传统舞蹈	2013.11	草龙	龙游县
129	04-Ⅲ-765	杨振国	男	1963-07		传统舞蹈	2013.11	滚花龙	龙游县
130	04-Ⅲ-764	黄基康	男	1947-12		传统舞蹈	2013.11	全旺板龙	衢江区
131	04-Ⅱ-753	王良勇	男	1940-06		传统音乐	2013.11	新桥十番锣鼓	常山县
132	04-Ⅸ-918	傅宏伟	男	1970-10		传统医药	2013.11	绍兴“三六九”伤科	柯桥区
133	04-Ⅷ-893	宋孔才	男	1935-12		传统技艺	2013.11	平水珠茶制作技艺	柯桥区
134	04-Ⅷ-892	茅天尧	男	1957-02		传统技艺	2013.11	绍兴菜烹饪技艺	绍兴市

续 表

类别号	序号	姓名	性别	出生年月	项目编号	类别	确认年份	项目名称	申报地区
135	04-Ⅷ-891	高秀水	男	1958-03		传统技艺	2013.11	绍兴黄酒酿制技艺	柯桥区
136	04-Ⅷ-890	邹慧君	女	1964-05		传统技艺	2013.11	绍兴黄酒酿制技艺	绍兴市
137	04-Ⅶ-857	王文俊	男	1959-01		传统美术	2013.11	绍兴花雕制作工艺	绍兴市
138	04-Ⅶ-857	王明星	男	1953-01		传统美术	2013.11	嵊州灰塑	嵊州市
139	04-Ⅶ-856	袁亚琴	女	1943-11		传统美术	2013.11	嵊州竹编	嵊州市
140	04-Ⅵ-827	赵伯林	男	1949-09		传统体育、游艺与杂技	2013.11	线狮(草塔抖狮子)	诸暨市
141	04-Ⅴ-807	叶传友	男	1927-01		曲艺	2013.11	绍兴宣卷	柯桥区
142	04-Ⅴ-806	沈包炎	男	1944-04		曲艺	2013.11	绍兴莲花落	柯桥区
143	04-Ⅴ-805	彭秋红	女	1954-08		曲艺	2013.11	绍兴平湖调	绍兴市
144	04-Ⅴ-804	沈 麟	男	1943-04		曲艺	2013.11	绍兴平湖调	绍兴市
145	04-Ⅳ-788	吴素英	女	1967-07		传统戏剧	2013.11	越剧	柯桥区
146	04-Ⅱ-752	董连根	男	1947-02		传统音乐	2013.11	道教音乐(太极祭炼音乐)	上虞市
147	04-Ⅱ-751	屠仲道	男	1945-03		传统音乐	2013.11	吹打(上虞吹打)	上虞市
148	04-Ⅷ-904	李阿益	男	1939-11		传统技艺	2013.11	延绳钓捕捞技艺	玉环县
149	04-Ⅲ-772	李孙谦	男	1943-04		传统舞蹈	2013.11	坎门鳌龙鱼灯舞	玉环县
150	04-Ⅹ-936	蓝瑞桃	女	1965-04		民俗	2013.11	畲族刺绣	苍南县
151	04-Ⅹ-925	刘妙柏	男	1960-10		民俗	2013.11	刘伯温春秋二祭	苍南县
152	04-Ⅹ-924	臧喜滔	男	1938-10		民俗	2013.11	抬阁(蒲岐抬阁)	乐清市
153	04-Ⅷ-882	曾家快	男	1973-10	Ⅷ-175	传统技艺	2013.11	木拱桥传统营造技艺	泰顺县
154	04-Ⅷ-880	钱云汤	男	1951-10		传统技艺	2013.11	蓝夹缬制作技艺	乐清市
155	04-Ⅷ-879	朱观呈	男	1961-07		传统技艺	2013.11	首饰龙制作技艺	乐清市
156	04-Ⅷ-878	尹寿连	男	1948-11		传统技艺	2013.11	南屏纸制作技艺	瑞安市
157	04-Ⅷ-877	黄其良	男	1958-01		传统技艺	2013.11	蓝夹缬技艺	瑞安市
158	04-Ⅷ-876	王志仁	男	1957-12		传统技艺	2013.11	木活字印刷术	瑞安市
159	04-Ⅷ-875	林志文	男	1957-02	Ⅷ-135	传统技艺	2013.11	泽雅屏纸制作技艺	瓯海区
160	04-Ⅷ-142	李先笔	男	1952-06		传统技艺	2013.11	木活字印刷技术	苍南县
161	04-Ⅶ-847	季天渊	女	1964-11		传统美术	2013.11	木偶头雕刻	泰顺县
162	04-Ⅶ-846	柯娟娥	女	1937-12		传统美术	2013.11	平阳太平钿剪纸	平阳县
163	04-Ⅶ-845	杨继昆	男	1950-01		传统美术	2013.11	米塑	苍南县
164	04-Ⅶ-844	黄 北	男	1969-08		传统美术	2013.11	乐清龙档	乐清市
165	04-Ⅶ-843	吴涛林	男	1963-11		传统美术	2013.11	竹壳雕	乐清市
166	04-Ⅶ-842	潘锡存	男	1943-06		传统美术	2013.11	青田石雕	乐清市
167	04-Ⅶ-841	余忠惠	男	1946-06		传统美术	2013.11	乐清细纹刻纸	乐清市

续 表

类别号	序号	姓名	性别	出生年月	项目编号	类别	确认年份	项目名称	申报地区
168	04-Ⅶ-840	虞定良	男	1950-12		传统美术	2013.11	乐清黄杨木雕	乐清市
169	04-Ⅶ-839	王笃芳	男	1947-02		传统美术	2013.11	乐清黄杨木雕	乐清市
170	04-Ⅶ-838	王钏巧	男	1956-08		传统美术	2013.11	纸马雕版印刷术	瑞安市
171	04-Ⅶ-837	谢炳华	男	1957-01	Ⅶ-85	传统美术	2013.11	彩石镶嵌	瓯海区
172	04-Ⅶ-837	周雄	男	1967-05		传统技艺	2013.11	瓯菜烹饪技艺	鹿城区
173	04-Ⅶ-836	陈顺德	男	1951-12		传统美术	2013.11	青田石雕	鹿城区
174	04-Ⅶ-835	李小红	女	1963-04		传统美术	2013.11	瓯绣	温州市
175	04-Ⅶ-834	黄香雪	女	1963-12		传统美术	2013.11	瓯绣	温州市
176	04-Ⅶ-833	陈茅	女	1968-05		传统美术	2013.11	瓯塑	温州市
177	04-Ⅶ-832	郑建琴	女	1951-12		传统美术	2013.11	瓯塑	温州市
178	04-Ⅵ-817	温从富	男	1938-08		传统体育、游艺与杂技	2013.11	南拳(平阳白鹤拳)	平阳县
179	04-Ⅴ-799	林彩琴	女	1961-02		曲艺	2013.11	温州莲花	鹿城区
180	04-Ⅴ-798	陈忠达	男	1958-06		曲艺	2013.11	温州鼓词	鹿城区
181	04-Ⅳ-785	徐细娇	女	1957-10	Ⅳ-92	传统戏剧	2013.11	提线木偶戏	泰顺县
182	04-Ⅳ-784	周开村	男	1929-05		传统戏剧	2013.11	马灯戏(南湖马灯戏)	平阳县
183	04-Ⅳ-783	应爱芳	女	1962-09		传统戏剧	2013.11	平阳木偶戏	平阳县
184	04-Ⅳ-782	陈光庭	男	1950-02		传统戏剧	2013.11	提线木偶戏	苍南县
185	04-Ⅳ-781	刘传代	男	1950-12	Ⅳ-92	传统戏剧	2013.11	单档布袋戏	苍南县
186	04-Ⅳ-780	陈尔白	男	1952-09	Ⅳ-92	传统戏剧	2013.11	单档布袋戏	苍南县
187	04-Ⅳ-779	孙来来	男	1942-01		传统戏剧	2013.11	瓯剧	温州市
188	04-Ⅳ-778	翁墨珊	女	1943-06		传统戏剧	2013.11	瓯剧	温州市
189	04-Ⅱ-748	苏立锋	男	1967-01		传统音乐	2013.11	东岳观道教音乐	平阳县
190	04-Ⅰ-742	王新棋	男	1948-08		民间文学	2013.11	王十朋传说	乐清市
191	04-Ⅰ-741	许道春	男	1934-04		民间文学	2013.11	瑞安卖技	瑞安市
192	03-Ⅷ-739	叶萌春	男	1958-11		传统美术	2013.11	黄杨木雕	鹿城区
193	04-Ⅴ-814	周剑英	女	1941-05	Ⅴ-05	曲艺	2013.11	苏州评弹	浙江曲艺杂技总团
194	04-Ⅴ-813	朱良欣	男	1943-12	Ⅴ-05	曲艺	2013.11	苏州评弹	浙江曲艺杂技总团
195	04-Ⅷ-915	夏雨缀	男	1945-12		传统技艺	2013.11	舟山螺钿镶嵌制作工艺	定海区
196	04-Ⅶ-863	钱兴国	男	1957-02		传统美术	2013.11	船模艺术	定海区
197	04-Ⅳ-796	王嘉定	男	1952-10		传统戏剧	2013.11	岱山布袋木偶戏	岱山县
198	04-Ⅱ-754	叶宽兴	男	1932-02		传统音乐	2013.11	渔工号子	普陀区

浙江省非物质文化遗产中华老字号保护传承基地

1	杭州胡庆余堂国药号有限公司	胡庆余堂中药文化
2	杭州王星记扇业有限公司	王星记制扇技艺
3	杭州张小泉集团有限公司	张小泉剪刀锻制技艺
4	杭州金星铜世界装饰材料有限公司	杭州铜雕技艺
5	杭州方回春堂国药有限公司	方回春堂传统膏方制作工艺
6	杭州信源银楼有限公司	杭州金银饰艺
7	杭州华东大药房连锁有限公司	张同泰道地材文化
8	会稽山绍兴酒股份有限公司	绍兴黄酒酿制技艺
9	浙江塔牌绍兴酒有限公司	绍兴黄酒酿制技艺
10	湖州王一品斋笔庄有限责任公司	湖笔制作技艺
11	浙江雪舫工贸有限公司	金华火腿腌制技艺
12	衢州市邵永丰成正食品厂	邵永丰麻饼制作技艺

中国历史文化名镇(村)(浙江部分)

中国历史文化名镇(20个)

第一批

桐乡市乌镇

嘉善县西塘镇

第二批

宁波市慈城镇

象山县石浦镇

湖州市南浔镇

绍兴县安昌镇

第三批

宁海县前童镇

绍兴县东浦镇

义乌市佛堂镇

江山市二十八都镇

第四批

德清县新市镇

富阳市龙门镇

永嘉岩头镇

仙居皤滩镇

第五批

景宁畲族自治县鹤溪镇

海宁市盐官镇

第六批

嵊州市崇仁镇

永康市芝英镇

松阳县西屏镇

岱山县东沙镇

中国历史文化名村

第一批

武义县武阳镇郭洞村

武义县俞源乡俞源村

第三批

桐庐县江南镇深奥村

永康市前仓镇厚吴村

第四批

龙游县石佛乡三门源村

第五批

建德市大慈岩镇新叶村

永嘉县岩坦镇屿北村

金华市傅村镇山头下村

仙居县白塔镇高迁村

庆元县松源镇大济村

乐清市仙溪镇南阁村

宁海县茶院乡许家山村

金华市汤溪镇寺平村

绍兴县稽东镇冢斜村

第六批

苍南县桥墩镇碗窑村

浦江县白马镇嵩溪村

缙云县新建镇河阳村

江山市大陈乡大陈村

湖州市和孚镇荻港村

磐安县盘峰乡榉溪村

淳安县浪川乡芹川村

苍南县矾山镇福德湾村

龙泉市西街街道下樟村

开化县马金镇霞山村

遂昌县焦滩乡独山村

安吉县鄣吴镇鄣吴村

丽水市雅溪镇西溪村

宁海县深甽镇龙宫村

说明：

第一批 2003 年 10 月 8 日公布

第二批 2005 年 9 月 16 日公布

第三批 2007 年 5 月 31 日公布

第四批 2008 年 10 月 14 日公布

第五批 2010 年 7 月 22 日公布

第六批 2014 年 2 月 19 日公布

中国历史文化街区（浙江部分）

杭州市中山中路历史文化街区　国家级　第一批　2015 年

龙泉市西街历史文化街区　国家级　第一批　2015 年

兰溪市天福山历史文化街区　国家级　第一批　2015 年

绍兴市蕺山（书圣故里）历史文化街区　国家级　第一批　2015 年

浙江省历史文化街区、名镇、名村

浙江省历史文化街区（20 个）

第一批

绍兴县柯桥

第二批

平湖市南河头

台州市路桥

第三批

台州市章安

海宁市南关厢

第四批
平阳县坡南街
2010 年
嘉兴市梅湾、月河、芦席汇、新塍、梅溪、一里街
2013 年
湖州市小西街、衣裳街、頔塘故道、南市河
2014 年
龙泉市西街、北河街
2015 年
平湖市南混堂弄
平阳县东门街

浙江省历史文化名镇(59 个)

第一批
余杭市塘栖
萧山市衙前
宁波市慈城
余姚市梁弄和横坎头
象山县石浦
永嘉县岩头
湖州市南浔
海宁市盐官
桐乡市乌镇
绍兴县东浦
绍兴县安昌
诸暨市枫桥
江山市二十八都
温岭市箬山
第二批
萧山市进化
富阳市龙门
临安市河桥
宁海县前童
慈溪市鸣鹤
永嘉县枫林
平阳县腾蛟
嘉善县西塘
嵊州市崇仁
金华县曹宅
义乌市赤岸
浦江县郑宅
温岭市新河
仙居县皤滩
舟山市马岙
第三批
瑞安市林垟
苍南县金乡
德清县新市
嘉兴市新塍
义乌市佛堂
兰溪市永昌
江山市清湖
龙游县湖镇
温岭市温峤
天台县街头
遂昌县王村口
岱山县东沙
第四批
富阳市新登镇
平阳县顺溪镇
泰顺县泗溪镇
泰顺县筱村镇
海宁市长安镇
平湖市新埭镇
永康市芝英镇
兰溪市女埠镇
玉环县楚门镇
龙泉市小梅镇
2009 年
景宁县鹤溪镇
2015 年
建德市梅城镇
宁波市鄞江镇
湖州市菱湖镇
湖州市双林镇
桐乡市崇福镇
永康市象珠镇
松阳县古市镇

浙江省历史文化名村(64 个)

第一批
乐清市南阁
永嘉县苍坡
遂昌县独山
第二批
建德市新叶

诸暨市斯宅
金华县山头下
武义县郭洞
武义县俞源
缙云县河阳
庆元县大济
松阳县石仓
第三批
淳安县芹川
奉化市岩头
温州市水碓坑、黄坑
永嘉县屿北
苍南县碗窑
泰顺县百福岩、塔头底
嵊州市华堂
嵊州市竹溪
武义县岭下汤
永康市厚吴
兰溪市虹霓山
浦江县嵩溪
江山市清漾
龙游县三门源
开化县霞山
仙居县高迁
丽水市西溪
松阳县界首
青田县阜山
龙泉市上田
第四批
宁海县许家山村
乐清市黄檀硐村
乐清市黄塘村
乐清市北阁村
永嘉县岩龙村
湖州市荻港村
安吉县鄣吴村
绍兴县冢斜村
金华市寺平村
武义县陶村村
武义县山下鲍村
武义县上坦村
义乌市倍磊村
义乌市田心村
浦江县新光村
磐安县榉溪村
磐安县管头村
磐安县横路村
磐安县大皿村
江山市大陈村
江山市南坞村
龙游县庙下村
龙游县泽随村
龙游县灵山村
舟山市里钓山村
舟山市大鹏岛
丽水市曳岭脚村
松阳县吴弄村
松阳县山下阳村
松阳县靖居村
松阳县横樟村
龙泉市大窑村
龙泉市下樟村

说明：

1.第一批：1991年10月7日公布，共18处(历史文化名镇15处、历史文化保护区3处)

2.第二批：2000年2月18日公布，共25处(当时称为历史文化保护区)

3.第三批：2006年6月2日公布，共35处(历史文化街区2处、历史文化村镇33处)

4.第四批：2012年6月18日公布，共45处(历史文化街区1处、历史文化名镇10处、历史文化名村34处)

5.2009年9月8日，单独公布景宁县鹤溪镇为省级历史文化名镇

6.2010年8月26日，公布嘉兴市梅湾、月河、芦席汇、新塍、梅溪、一里街等6个街区为省级历史文化街区

7.2013年10月17日，公布湖州市小西街、衣裳街、頔塘故道、南市河等4个街区为省级历史文化街区

8.2014年11月4日，省政府公布龙泉市西街、北河街等2个街区为省级历史文化街区

9.2015年2月17日，公布省历史文化街区2处、省历史文化名镇7处

浙江省全国重点文物保护单位分类名单

一、古遗址(42 处)

序 号	名 称	时 代	地 址	批次
1-1-1	七里亭遗址	旧石器时代	长兴县	7
2-1-2	上马坎遗址	旧石器时代	安吉县	7
3-1-3	乌龟洞遗址	旧石器时代	建德市	7
4-1-4	上山遗址	新石器时代	浦江县	6
5-1-5	跨湖桥遗址	新石器时代	杭州市萧山区	6
6-1-6	小黄山遗址	新石器时代	嵊州市	7
7-1-7	河姆渡遗址	新石器时代	余姚市	2
8-1-8	田螺山遗址	新石器时代	余姚市	7
9-1-9	鲻山遗址	新石器时代	余姚市	7
10-1-10	罗家角遗址	新石器时代	桐乡市	5
11-1-11	谭家湾遗址	新石器时代	桐乡市	6
12-1-12	马家浜遗址	新石器时代	嘉兴市南湖区	5
13-1-13	南河浜遗址	新石器时代	嘉兴市秀洲区	6
14-1-14	良渚遗址	新石器时代	杭州市余杭区、德清县	4
15-1-15	庄桥坟遗址	新石器时代	平湖市	7
16-1-16	新地里遗址	新石器时代	桐乡市	7
17-1-17	好川遗址	新石器时代	遂昌县	7
18-1-18	曹湾山遗址	新石器时代	温州市鹿城区	7
19-1-19	小古城遗址	新石器时代	杭州市余杭区	7
20-1-20	钱山漾遗址	新石器时代至周	湖州市吴兴区	6
21-1-21	塔山遗址	新石器时代至周	象山县	7
22-1-22	昆山遗址	新石器时代至周	湖州市吴兴区	7
23-1-23	德清原始瓷窑址	商至战国	德清县	7
24-1-24	富盛窑址	周至战国	绍兴县	6
25-1-25	茅湾里窑址	周至战国	杭州市萧山区	6
26-1-26	小仙坛窑址	汉	绍兴市上虞区	6
27-1-27	上林湖越窑遗址	东汉至宋	慈溪市	3、6、7
28-1-28	凤凰山窑址群	三国至晋	绍兴市上虞区	7
29-1-29	大窑龙泉窑遗址	宋至明	龙泉市、庆元县	3、7

续 表

序 号	名 称	时 代	地 址	批次
30-1-30	郊坛下和老虎洞窑址	宋至元	杭州市西湖区	6
31-1-31	天目窑遗址群	宋至元	临安市	7
32-1-32	铁店窑遗址	宋、元	金华市婺城区	5
33-1-33	泗洲造纸作坊遗址	宋	杭州市富阳区	7
34-1-34	大溪东瓯古城遗址	西汉	温岭市	7
35-1-35	城山古城遗址	东汉	长兴县	7
36-1-36	下菰城遗址	春秋	湖州市吴兴区	5
37-1-37	安吉古城遗址、龙山越国贵族墓群	春秋至南北朝	安吉县	6、7
38-1-38	临安城遗址	南宋	杭州市上城区	5
39-1-39	永丰库遗址	元	宁波市海曙区	6
40-1-40	小南海石室	宋至清	龙游县	7
41-1-41	云和银矿遗址	明	云和县	7
42-1-42	花岙兵营遗址	明至清	象山县	7

二、古墓葬(15处)

序 号	名 称	时 代	地 址	批次
43-2-1	浙南石棚墓群	商、周	瑞安市、平阳县、苍南县	5
44-2-2	东阳土墩墓群	周	东阳市	6
45-2-3	绍兴越国贵族墓群	春秋至战国	绍兴县	7
46-2-4	吕祖谦及家族墓	宋	武义县	7
47-2-5	宋六陵	南宋	绍兴县	7
48-2-6	东钱湖墓葬群	宋至明	宁波市鄞州区	5、7
49-2-7	高氏家族墓地	明	乐清市	6
50-2-8	印山越国王陵	春秋、战国	绍兴县	5
51-2-9	长安画像石墓	汉至三国	海宁市	7
52-2-10	吴越国王陵	五代	杭州市上城区、临安市	5、6
53-2-11	大禹陵	清	绍兴市越城区	4
54-2-12	岳飞墓	南宋	杭州市西湖区	1
55-2-13	赵孟頫墓	元	德清县	7
56-2-14	吴镇墓	元	嘉善县	7
57-2-15	于谦墓	明至清	杭州市西湖区	6

三、古建筑(122 处)

序 号	名 称	时 代	地 址	批次
58-3-1	台州府城墙	宋至清	临海市	5
59-3-2	衢州城墙	明至清	衢州市柯城区	6
60-3-3	安城城墙	明至清	安吉县	6
61-3-4	桃渚城	明、清	临海市	5
62-3-5	永昌堡	明	温州市龙湾区	5
63-3-6	蒲壮所城	明至清	苍南县	4、6
64-3-7	俞源村古建筑群	元至清	武义县	5
65-3-8	诸葛、长乐村民居	明、清	兰溪市	4
66-3-9	芙蓉村古建筑群	明至清	永嘉县	6
67-3-10	芝堰村建筑群	明至民国	兰溪市	6
68-3-11	寺平村乡土建筑	明至清	金华市婺城区	7
69-3-12	鸡鸣山民居苑	明至清	龙游县	7
70-3-13	河阳村乡土建筑	明至清	缙云县	7
71-3-14	新叶村乡土建筑	明至民国	建德市	7
72-3-15	崇仁村建筑群	清	嵊州市	6
73-3-16	斯氏古民居建筑群	清	诸暨市	5
74-3-17	郑义门古建筑群	清	浦江县	5
75-3-18	顺溪古建筑群	清	平阳县	6
76-3-19	东阳卢宅	明至清	东阳市	3
77-3-20	慈城古建筑群	明至清	宁波市江北区	6
78-3-21	泰顺土楼	清至民国	泰顺县	7
79-3-22	吕府	明	绍兴市越城区	5
80-3-23	七家厅	明	金华市婺城区	7
81-3-24	莫氏庄园	清	平湖市	6
82-3-25	黄山八面厅	清	义乌市	5
83-3-26	林宅	清	宁波市海曙区	7
84-3-27	雪溪胡氏大院	清	泰顺县	7
85-3-28	陈阁老宅	清	海宁市	7
86-3-29	马上桥花厅	清	东阳市	7
87-3-30	三门源叶氏民居	清	龙游县	7
88-3-31	王守仁故居和墓	明	余姚市、绍兴县	6
89-3-32	孔氏南宗家庙	南宋至清	衢州市柯城区	4
90-3-33	刘基庙及墓	明	文成县	5
91-3-34	榉溪孔氏家庙	清	磐安县	6

续 表

序 号	名 称	时 代	地 址	批次
92-3-35	关西世家	明	龙游县	7
93-3-36	绍衣堂和横山塔	明	龙游县	7
94-3-37	西姜祠堂	明	兰溪市	7
95-3-38	楠溪江宗祠建筑群	明至清	永嘉县	7
96-3-39	南坞杨氏宗祠	明至清	江山市	7
97-3-40	玉岩包氏宗祠	明至清	泰顺县	7
98-3-41	华堂王氏宗祠	明至清	嵊州市	7
99-3-42	世德堂	明至清	兰溪市	7
100-3-43	上族祠	明至清	兰溪市	7
101-3-44	积庆堂	明至清	兰溪市	7
102-3-45	余庆堂	明至清	兰溪市	7
103-3-46	吴氏宗祠	明至清	衢州市衢江区	7
104-3-47	三槐堂	明至清	龙游县	7
105-3-48	北二蓝氏宗祠	清	衢州市柯城区	7
106-3-49	宁海古戏台	清至民国	宁海县	6
107-3-50	青藤书屋和徐渭墓	明	绍兴市越城区、绍兴县	6
108-3-51	天一阁	明至近代	宁波市海曙区	2、5
109-3-52	文澜阁	清	杭州市西湖区	5
110-3-53	玉海楼	清	瑞安市	4
111-3-54	嘉业堂藏书楼及小莲庄	清	湖州市南浔区	5
112-3-55	白云庄和黄宗羲、万斯同、全祖望墓	明至民国	宁波市海曙区、奉化区、余姚市	6
113-3-56	庆安会馆	清	宁波市鄞州区	5
114-3-57	玉山古茶场	清	磐安县	6
115-3-58	胡庆余堂	清	杭州市上城区	3、6
116-3-59	兰亭	清	绍兴县	7
117-3-60	四连碓造纸作坊	明	温州市瓯海区	5
118-3-61	三卿口制瓷作坊	清	江山市	6
119-3-62	庙沟后、横省石牌坊	宋、元	宁波市鄞州区	5
120-3-63	南阁牌楼群	明	乐清市	5
121-3-64	金昭牌坊和宪台牌坊	明	永嘉县	7
122-3-65	舜王庙	清	绍兴县	7
123-3-66	周宣灵王庙	清	衢州市柯城区	7
124-3-67	西洋殿	清	庆元县	7
125-3-68	保国寺	北宋	宁波市江北区	1

续　表

序　号	名　　称	时　代	地　　址	批次
126-3-69	延福寺	元	武义县	4
127-3-70	天宁寺大殿	宋至元	金华市婺城区	3
128-3-71	时思寺	元至清	景宁县	5
129-3-72	阿育王寺	元至清	宁波市鄞州区	6
130-3-73	法雨寺	清	舟山市普陀区	6
131-3-74	国清寺	清	天台县	5
132-3-75	天童寺	明、清	宁波市鄞州区	6
133-3-76	凤凰寺	元至清	杭州市上城区	5
134-3-77	圣井山石殿	明至清	瑞安市	6
135-3-78	普陀山普济寺	清	舟山市普陀区	7
136-3-79	宁波天宁寺	唐	宁波市海曙区	6
137-3-80	功臣塔及功臣寺遗址	唐、五代	临安市	5、7
138-3-81	闸口白塔	五代	杭州市上城区	3
139-3-82	瑞隆感应塔	五代	台州市黄岩区	7
140-3-83	灵隐寺石塔和经幢	五代、北宋	杭州市西湖区	7
141-3-84	保俶塔	五代、明、民国	杭州市西湖区	7
142-3-85	湖镇舍利塔	宋	龙游县	5
143-3-86	松阳延庆寺塔	宋	松阳县	6
144-3-87	二灵塔	宋	宁波市鄞州区	7
145-3-88	国安寺塔	宋	温州市龙湾区	7
146-3-89	观音寺石塔	宋	瑞安市	7
147-3-90	护法寺桥和塔	宋	苍南县	7
148-3-91	东化成寺塔	宋	诸暨市	7
149-3-92	龙德寺塔	宋	浦江县	7
150-3-93	南峰塔和福印山塔	宋	仙居县	7
151-3-94	乐清东塔	宋	乐清市	7
152-3-95	八卦桥和河西桥	宋	瑞安市	7
153-3-96	栖真寺五佛塔	宋	平阳县	7
154-3-97	六和塔	南宋	杭州市上城区	1
155-3-98	飞英塔	南宋	湖州市吴兴区	3
156-3-99	普陀山多宝塔	元	舟山市普陀区	6
157-3-100	真如寺石塔	元	乐清市	7
158-3-101	普庆寺石塔	元	临安市	7
159-3-102	千佛塔	元	临海市	7

续 表

序 号	名 称	时代	地 址	批次
160-3-103	绮园	清	海盐县	5
161-3-104	镇海口海防遗址	明至近代	宁波市镇海区、北仑区	4
162-3-105	赤溪五洞桥	宋	苍南县	6
163-3-106	绍兴古桥群	宋至民国	绍兴市越城区、绍兴县	5、7
164-3-107	德清古桥群	宋、元、明	德清县	6、7
165-3-108	古月桥	宋	义乌市	5
166-3-109	西山桥	南宋	建德市	7
167-3-110	新河闸桥群	宋至清	温岭市	6
168-3-111	处州廊桥	明至民国	庆元县、龙泉市、景宁畲族自治县、青田县、松阳县	5、7
169-3-112	古纤道	明至清	绍兴县	3
170-3-113	潘公桥及潘孝墓	明至清	湖州市吴兴区	7
171-3-114	泰顺廊桥	清	泰顺县	6
172-3-115	仕水矴步	清	泰顺县	6
173-3-116	双林三桥	清	湖州市南浔区	7
174-3-117	通济堰	南朝至清	丽水市莲都区	5
175-3-118	它山堰	唐	宁波市鄞州区	3
176-3-119	狭猕湖避塘	明至清	绍兴县	7
177-3-120	盐官海塘及海神庙	清	海宁市	5
178-3-121	独松关和古驿道	宋至清	杭州市余杭区、安吉县	6
179-3-122	大运河	春秋至中华人民共和国	杭州市、宁波市、湖州市、嘉兴市、绍兴市	6、7

四、石窟寺及石刻（15处）

序 号	名 称	时代	地 址	批次
180-4-1	仙居古越族岩画群	春秋、战国	仙居县	7
181-4-2	安国寺经幢	唐	海宁市	6
182-4-3	法隆寺经幢	唐	金华市婺城区	6
183-4-4	龙兴寺经幢	唐	杭州市下城区	7
184-4-5	惠力寺经幢	唐	海宁市	7
185-4-6	梵天寺经幢	五代	杭州市上城区	5
186-4-7	大佛寺石弥勒像和千佛岩造像	南北朝	新昌县	7
187-4-8	飞来峰造像	五代至元	杭州市西湖区	2、6
188-4-9	柯岩造像及摩崖题刻	宋、清	绍兴县	7
189-4-10	宝成寺麻曷葛剌造像	元	杭州市上城区	5
190-4-11	南山造像	元	杭州市余杭区	7

续　表

序　号	名　　称	时　代	地　　址	批次
191-4-12	南明山摩崖题刻	晋至民国	丽水市莲都区	7
192-4-13	石门洞摩崖题刻	南北朝至民国	青田县	7
193-4-14	顾渚贡茶院遗址及摩崖	唐至宋	长兴县	6
194-4-15	仙都摩崖题记	唐至近代	缙云县	5

五、近现代重要史迹及代表性建筑物（36 处）

序　号	名　　称	时　代	地　　址	批次
195-5-1	太平天国侍王府	1861 年	金华市婺城区	3
196-5-2	乍浦炮台	清	平湖市	7
197-5-3	中国共产党第一次全国代表大会会址——嘉兴南湖中共“一大”会址	1921 年	嘉兴市南湖区	5
198-5-4	红十三军军部旧址	1930 年	永嘉县	7
199-5-5	浙东抗日根据地旧址	1942—1945 年	余姚市、慈溪市	6
200-5-6	新四军苏浙军区旧址	1943—1945 年	长兴县	5
201-5-7	蒋氏故居	清至民国	宁波市奉化区	4、6
202-5-8	绍兴鲁迅故居	1881—1898 年	绍兴市越城区	3
203-5-9	浙江秋瑾故居	1907 年（民国）	绍兴市越城区	3、6
204-5-10	蔡元培故居	近代	绍兴市越城区	5
205-5-11	章太炎故居	民国	杭州市余杭区	6
206-5-12	尊德堂	1877 年	湖州市南浔区	7
207-5-13	王国维故居	1886—1898 年	海宁市	6
208-5-14	茅盾故居	1896—1910 年	桐乡市	3
209-5-15	马寅初故居	清至民国	杭州市下城区、嵊州市	6
210-5-16	龙山虞氏旧宅建筑群	1916—1929 年	慈溪市	5
211-5-17	南浔张氏旧宅建筑群	1899—1906 年	湖州市南浔区	5
212-5-18	莫干山别墅群	清至民国	德清县	6、7
213-5-19	江北天主教堂	清	宁波市江北区	6
214-5-20	嘉兴文生修道院与天主堂	1903 年、1930 年	嘉兴市南湖区	7
215-5-21	曹娥庙	1936 年	绍兴市上虞区	7
216-5-22	陈英士墓	1916 年	湖州市吴兴区	6
217-5-23	钱塘江大桥	民国	杭州市西湖区	6
218-5-24	钱业会馆	民国	宁波市海曙区	6
219-5-25	浙江兴业银行旧址	1923 年	杭州市上城区	7
220-5-26	西泠印社	近代	杭州市西湖区	5
221-5-27	利济医学堂旧址	1885—1902 年	瑞安市	6

续 表

序 号	名 称	时代	地 址	批次
222-5-28	大通学堂和徐锡麟故居	清	绍兴市越城区	6
223-5-29	春晖中学旧址	清至民国	绍兴市上虞区	7
224-5-30	锦堂学校旧址	1909 年	慈溪市	7
225-5-31	之江大学旧址	民国	杭州市西湖区	6
226-5-32	笕桥中央航校旧址	民国	杭州市江干区	6
227-5-33	浙江大学龙泉分校旧址	1939 年	龙泉市	7
228-5-34	仓前粮仓	清至中华人民共和国	杭州市余杭区	7
229-5-35	浙东沿海灯塔	清至民国	舟山市定海区、普陀区、嵊泗县、岱山县，宁波市镇海区、北仑区、象山县	5、7
230-5-36	坎门验潮所	1929 年	玉环县	7

六、其他（1 处）

序 号	名 称	时 代	地 址	批次
231-6-1	西湖十景	南宋至清	杭州市西湖区	7

浙江省省级文物保护单位分类名单

一、古遗址（82 处）

序 号	名 称	时 代	地 址	批次
1	邱城遗址	新石器时代	湖州市白雀乡	2
2	郭家石桥遗址	新石器时代	海宁市庆云镇	3
3	大往遗址	新石器时代	嘉善县姚庄镇展幸村	3
4	洪城遗址	新石器时代	湖州市马腰镇洪城村	3
5	下汤遗址	新石器时代	仙居县横溪镇下汤村	3
6	大舜庙后墩遗址	新石器时代	岱山县岱山镇北二村	3
7	王坟遗址	新石器时代	海盐县西塘桥镇西塘村	4
8	安乐遗址	新石器时代	安吉县递铺镇	4
9	马鞍遗址	新石器时代	绍兴县马鞍镇寺桥村	4
10	凉帽蓬墩遗址	新石器时代	舟山市定海区马岙镇	4
11	塘山背遗址	新石器时代	浦江县黄宅镇	5
12	盛家埭遗址	新石器时代	海宁市盐官镇	5
13	普安桥遗址	新石器时代	桐乡市屠甸镇	5

续　表

序　号	名　　称	时　代	地　　址	批次
14	城堂岗遗址	新石器时代	桐庐县钟山乡	6
15	大麦凸遗址	新石器时代	桐庐县横村镇	6
16	童家岙遗址	新石器时代	慈溪市横河镇	6
17	名山后遗址	新石器时代	宁波市奉化区江口镇	6
18	刘家墩遗址	新石器时代	嘉兴市南湖区凤桥镇	6
19	戴墓墩遗址	新石器时代	平湖市乍浦镇	6
20	崔家场遗址	新石器时代	海宁市海昌街道	6
21	荷叶地遗址	新石器时代	海宁市周王庙镇	6
22	小六旺遗址	新石器时代	桐乡市屠甸镇	6
23	江家山遗址	新石器时代	长兴县林城镇	6
24	庙山遗址	新石器时代	永康市经济开发区	6
25	太婆山遗址	新石器时代	永康市古山镇	6
26	葱口洞穴遗址	新石器时代	衢州市衢江区上方镇	6
27	白坟墩遗址	新石器时代至春秋战国	嘉兴市凤桥镇	5
28	大坪遗址	新石器时代至商周	瑞安市北龙乡	6
29	凤山遗址	新石器时代至商周	平阳县腾蛟镇	6
30	楼家桥遗址	新石器时代至商周	诸暨市次坞街道	6
31	施家墩遗址	新石器时代至商周	海宁市长安镇	6
32	达泽庙遗址	新石器时代至商周	海宁市马桥街道	6
33	漂母墩遗址	新石器时代至商周	海盐县通元镇	6
34	空山遗址	新石器时代至商周	长兴县泗安镇	6
35	新安遗址	新石器时代至商周	长兴县泗安镇	6
36	台基山遗址	新石器时代至商周	长兴县雉城镇	6
37	张家桥遗址	新石器时代至商周	长兴县雉城镇	6
38	三合潭遗址	商周	玉环县朱港镇	5
39	西施山遗址	春秋战国	绍兴市五云门外	2
40	黄梅山窑址	商、周	湖州市青山乡	3
41	龙山窑址	西周至战国	长兴县林城镇	6
42	纱帽山窑遗址	春秋战国	杭州市萧山区进化镇	5
43	白洋垅窑址群	东汉	龙游县东华街道	6
44	溪口、涌泉窑址群	东汉晚期至南朝	临海市溪口乡、涌泉镇	3
45	鞍山龙窑遗址	三国	绍兴市上虞区上浦镇	5
46	吕步坑窑址	南朝至唐	丽水市莲都区	6
47	墅元头窑址	隋、唐	德清县洛舍镇	3

续 表

序 号	名 称	时 代	地 址	批次
48	方坦窑址	唐	龙游县东华街道	6
49	汉灶窑址	唐	金华市婺城区雅畈镇	6
50	歌山窑址	唐至北宋	东阳市歌山镇象塘村	3
51	九龙山窑址	唐至宋	长兴县水口乡	6
52	葛府窑址	五代、北宋	东阳市南马镇葛府村	3
53	窑寺前青瓷窑址	五代、宋	上虞市上浦镇	2
54	沙埠青瓷窑址	五代、宋	台州市黄岩区沙埠镇	2
55	正和堂窑址	五代、宋	温州市鹿城区下桥村	3
56	外山甲窑址群	宋	瑞安市梅屿乡外山甲村	3
57	大白山窑址	宋	建德市新安江街道	6
58	两弓塘窑址群	宋、元	衢州市衢江区金旺镇官塘村	3
59	大溪滩窑址群	宋、元	缙云县壶镇大溪滩村	3
60	达河窑址群	宋、元	江山市碗窑乡	4
61	潘里垄瓷窑址	南宋	庆元县竹口镇	6
62	安仁窑址	宋至明	龙泉市安仁镇	6
63	凤阳窑址	宋至清	苍南县凤阳乡	6
64	源口窑址	元	龙泉市道太乡源口村	3
65	越王城遗址	春秋战国	杭州市萧山区城厢镇	3
66	鉴湖遗址、大王庙	东汉至清	绍兴市、绍兴县	6
67	东湖石宕遗址	汉至民国	绍兴市越城区皋埠镇	6
68	长屿石宕遗址	六朝至中华人民共和国	温岭市新河镇	6
69	铜山铜矿遗址	唐	淳安县枫树岭镇	[81]
70	湖南银矿遗址	唐至明	衢州市衢江区湖南镇	6
71	湖州子城城墙遗址	唐至宋	湖州市吴兴区爱山街道	6
72	吴越郊坛遗址	五代	杭州市天真山	5
73	雷峰塔遗址	五代	杭州市西湖区	4
74	方腊洞	北宋	淳安县叶家山	2
75	牛头山军事遗址	宋	安吉县良朋镇	6
76	东园遗址	南宋	桐乡市石门镇	6
77	山皇城遗址	明	瑞安市仙降镇	6
78	健跳所城遗址(含蒲西巡检司城)	明	三门县健跳镇、六敖镇	6
79	安澜园遗址	明、清	海宁市盐官镇	6
80	通明堰遗址群	明、清	绍兴市上虞区丰惠镇	6
81	大隐石宕遗址(含山王庙)	明至民国	余姚市大隐镇	6
其他类	矾山矾矿遗址	明至现代	苍南县矾山镇	5

二、古墓葬(28 处)

序 号	名 称	时 代	地 址	批次
1	弁山墓群	西周至春秋	湖州市白雀乡、龙溪乡	4
2	笔架山墓葬群	春秋战国	安吉县安城镇	4
3	胜利山石室土墩墓群	春秋战国	绍兴市禹陵乡	5
4	马臻墓	东汉	绍兴市府山街道	2
5	王充墓	东汉	宁波市上虞区章镇林岙村	2
6	皇坟山墓葬群	东汉	嘉兴市秀洲区新城街道	6
7	西峰坝画像石墓	东汉	长兴县雉城镇	6
8	郑虔墓	唐至清	临海市大田镇白石村	4
9	叶适墓	宋	温州市鹿城区海坛山	3
10	王十朋墓	宋	乐清市四都乡梅岙村牛塘山	3
11	胡瑗墓	宋	湖州市道场乡	3
12	赵抃墓、祠	宋、清	衢州市衢江区、柯城区	6
13	朱丹溪墓	元	义乌市赤岸镇东朱村	3
14	荥阳侯夫人墓	元	衢江区九华乡下坦村	4
15	螃蟹形山墓群	明	义乌市赤岸镇乔亭村	4
16	大溪边余公墓	明	开化县大溪边乡	6
17	卜家岙李氏家族墓	明	仙居县南峰街道	6
18	卫匡国墓	明、清	杭州市留下镇	3
19	张煌言墓(含张煌言故居)	明、清	杭州市南屏山荔枝峰下、宁波市中山广场	1、5
20	卢金峰墓(含卢氏宗祠)	明、清	瑞安市永安乡	6
21	陈洪绶墓	明末清初	绍兴市鉴湖镇官山岙村	2
22	葛云飞墓(含葛云飞故居)	清	萧山区所前镇、进化镇	1、5
23	龚佳育墓	清	杭州市西湖区	4
24	王羲之墓	清	嵊州市金庭镇	4
25	陈傅良墓、祠	宋至清	瑞安市罗凤镇凤川村、瓯海区仙岩镇	4
26	张琴墓	清	苍南县马站镇山边村	4
27	同归域	清	舟山市定海区龙峰山	4
28	雅阳林一牧墓	清	泰顺县雅阳镇	6

三、古建筑(325 处)

序 号	名 称	时 代	地 址	批次	内涵备注
1	处州府城墙	元至清	丽水市市区	5	
2	新昌城墙	明	新昌县南明街道	6	

续表

序号	名称	时代	地址	批次	内涵备注
3	嘉兴子城	宋至民国	嘉兴市南湖区	5	
4	嵊县古城墙	明、清	嵊州市市区	5	
5	狮城水下古城	明、清	淳安县千岛湖	6	
6	崇德城旧址及横街	明至民国	桐乡市崇福镇	6	
7	游仙寨	明	象山县丹城镇赤坎村	3	
8	苔山寨城遗址	清	玉环县清港镇	6	
9	寨楼寨墙及张氏家族墓	清	洞头县大门镇	6	
10	总台山烽火台	明	宁波市北仑区郭巨镇	4	
11	公屿烽堠	明	象山县爵溪街道	6	
12	金鸡山炮台	清	象山县石浦镇	6	
13	昱岭关	宋至民国	临安市清凉峰镇	5	
14	银岭关、壕岭关	清	开化县杨林镇	6	
15	慈城大耐堂等古建筑	明、清	宁波市慈城镇	4	含刘家祠堂、大耐堂、姚馍宅、桂花厅、莫驸马宅、冬官坊、贞节坊、彭山塔
16	花坦古建筑群	明、清	永嘉县花坦乡	4	
17	李宅村古建筑群	明、清	东阳市城东街道	5	
18	长濂古建筑群	明、清	遂昌县云峰镇	5	
19	马金街古建筑群	清	开化县马金镇	6	
20	西塘建筑群	清、民国	嘉善县西塘镇	6	
21	龙南菇民建筑群	清、民国	龙泉市龙南乡	6	
22	紫微山民居	明	东阳市黄田畈镇	4	
23	爱敬堂、孙氏堂楼	明	兰溪市诸葛镇、女埠街道	5	
24	王村花厅	明	武义县白洋街道	6	
25	龙游楼上厅建筑	明	龙游县塔石镇、横山镇	6	
26	叶溥故宅	明	龙泉市西街街道	6	
27	刘氏祖居门楼	明	松阳县古市镇	6	
28	陈家大屋	明、清	遂昌县妙高镇北街四弄	4	
29	许家南大房	明、清	萧山区党山镇	5	
30	花街大夫第(含正心堂)	明、清	永康市花街镇	5	
31	张文郁旧居	明、清	天台县城关镇	5	
32	梅坦谷宅	明、清	永嘉县西源乡	6	
33	溪口李氏大屋	明、清	永嘉县溪口乡	6	

续　表

序　号	名　　称	时　代	地　　址	批次	内涵备注
34	鹤溪潘家大屋	明、清	景宁畲族自治县鹤溪镇	6	
35	志棠雍睦堂	明、清	龙游县横山镇	6	
36	福舆堂	清	东阳市巍山镇白坦一村	4	
37	务本堂	清	东阳市巍山镇白坦二村	4	
38	九进厅	清	缙云县壶镇工联村	4	
39	黄坛三堂	清	宁海县黄坛镇	5	
40	青街李氏、池氏大屋	清	平阳县青街乡	5、6	
41	谢林大宅院	清	文成县西坑镇	5	
42	钮氏状元厅	清	湖州市勤劳街	5	
43	上新居、新谭家民居	清	诸暨市斯宅乡	5	
44	新一堂、继述堂	清	诸暨市磺山镇	5	
45	古山胡氏旧宅	清	永康市古山镇	5	
46	新桥爱吾庐	清	台州市路桥区新桥镇	5	
47	谭宅	清	丽水市莲都区大众街	5	
48	山口林宅	清	青田县山口镇	5	
49	鸣鹤新五房	清	慈溪市观海卫镇	6	
50	矴步头谢氏民居	清	苍南县桥墩镇	6	
51	前坪张氏厝屋	清	泰顺县泗溪镇	6	
52	吴昌硕故居	清	安吉县鄣吴镇	6	
53	大有桥街章宅	清	桐乡市濮院镇	6	
54	魏塘叶宅	清	嘉善县魏塘街道	6	
55	长乐钱氏大新屋	清	嵊州市长乐镇	6	
56	方梅生故居	清	金华市婺城区罗店镇	6	
57	履坦徐氏民居	清	武义县履坦镇	6	
58	石板巷陈家厅	清	武义县武阳镇	6	
59	朱店朱宅	清	义乌市赤岸镇	6	
60	雅端容安堂	清	义乌市赤岸镇	6	
61	厦程里位育堂	清	东阳市虎鹿镇	6	
62	上安恬懋德堂	清	东阳市南马镇	6	
63	双峰清德堂	清	磐安县双峰乡	6	
64	石佛探花厅	清	龙游县石佛乡	6	
65	下田畈黄氏民居	清	龙游县湖镇镇	6	
66	灵下应氏民居	清	龙游县溪口镇	6	
67	刘家永和堂	清	龙游县模环乡	6	

续 表

序号	名称	时代	地址	批次	内涵备注
68	莲塘瑞森堂	清	龙游县塔石镇	6	
69	碧湖建筑群	清、民国	丽水市莲都区碧湖镇	6	
70	道门进士第	清	缙云县壶镇镇	6	
71	前岙村卢氏民居	清	缙云县壶镇镇	6	
72	黄沙腰李氏大屋(含李氏宗祠)	清	遂昌县黄沙腰镇	6	
73	敕木山村畲族民居	清	景宁畲族自治县鹤溪镇	6	
74	徐氏旧宅	清、民国	常山县球川镇	5	
75	黄家大院	清、民国	松阳县望松乡	5	
76	苏村苏氏大屋(含苏氏家庙)	清、民国	遂昌县北界镇	6	
77	石塘陈宅	清、民国	温岭市石塘镇	6	
78	西畈花门楼	清	丽水市莲都区太平乡	6	
79	滕氏宗祠	明	金华市琅琊镇	5	
80	忠孝堂	明	武义县壶山镇	5	
81	岭下汤石祠	明	武义县大田乡	5	
82	荻浦咸和堂	明	桐庐县江南镇	6	
83	上唐承庆堂	明	兰溪市黄店镇	6	
84	李泽李氏大宗祠	明	衢州市衢江区峡川镇	6	
85	高朱致福堂	明	开化县塘坞乡	6	
86	蔡氏宗祠(含钟英堂、下厅民居)	明、清	磐安县双溪乡	4、6	
87	吴清简祠	明、清	庆元县举水乡月山村	4	
88	白溪朱氏宗祠	明、清	长兴县雉城镇	5	
89	章氏家庙	明、清	兰溪市女埠街道	5	
90	生塘胡氏宗祠	明、清	兰溪市水亭乡	5	
91	嘉庆堂	明、清	兰溪市孟湖乡	5	
92	里择祠	明、清	常山县天马镇	5	
93	泗门谢氏始祖祠堂	明、清	余姚市泗门镇	6	
94	太平邢氏宗祠	明、清	嵊州市长乐镇	6	
95	石楠塘徐氏宗祠	明、清	金华市婺城区雅畈镇	6	
96	朱家绍德堂	明、清	兰溪市黄店镇	6	
97	黄余田杨氏宗祠	明、清	磐安县仁川镇	6	
98	楼山后骏惠堂	明、清	衢州市衢江区全旺镇	6	
99	底角王氏宗祠(含世美坊)	明、清	常山县东案乡	6	
100	西垣蒋氏宗祠	明、清	龙游县石佛乡	6	
101	霞山爱敬堂	明、清	开化县马金镇	6	

续　表

序　号	名　　称	时　代	地　　址	批次	内涵备注
102	小溪边余氏宗祠	明至民国	开化县村头镇	6	
103	霞山永锡堂	明至民国	开化县马金镇	6	
104	志棠邵氏宗祠	明至民国	龙游县横山镇	6	
105	边村祠堂	清	诸暨市同山镇	3	
106	徐震二公祠	清	永康市古丽镇武义街	4	
107	樊氏大宗祠	清	常山县五里乡	4	
108	申屠氏宗祠(含趺界厅)	清	桐庐县江南镇	5	
109	陈家祠堂	清	临安市马啸乡	5	
110	余氏、汪氏家厅	清	淳安县汾口镇	5	
111	严氏宗祠	清	金华市金东区孝顺镇	5	
112	陈大宗祠	清	永康市芝英街道	5	
113	占鳌公祠(含仁寿堂、慈孝堂、燕贻堂)	清	永康市古山镇	5	
114	张氏宗祠	清	浦江县浦阳镇	5	
115	孝子祠	清	临安市清凉峰镇	6	
116	张璁祖祠	清	温州市龙湾区永中街道	6	
117	王瓒家庙	清	温州市龙湾区永中街道	6	
118	溪下金氏宗祠	清	永嘉县溪下乡	6	
119	蓬溪谢氏宗祠	清	永嘉县东皋乡	6	
120	南湖赵氏宗祠	清	平阳县南湖乡	6	
121	吕家吕氏宗祠	清	诸暨市次坞镇	6	
122	蒲塘王氏宗祠	清	金华市金东区澧浦镇	6	
123	傅村傅氏宗祠	清	金华市金东区傅村镇	6	
124	后龚永锡堂	清	兰溪市赤溪街道	6	
125	郎家葆滋堂	清	兰溪市游埠镇	6	
126	山背吴氏宗祠	清	兰溪市赤溪街道	6	
127	塘下方大宗祠	清	义乌市后宅街道	6	
128	凤里姜氏宗祠	清	江山市凤林镇	6	
129	新塘边姜氏宗祠	清	江山市新塘边镇	6	
130	公淤丰氏宗祠	清	开化县大溪边乡	6	
131	正大永言堂	清	开化县塘坞乡	6	
132	大溪边余氏宗祠	清	开化县大溪边乡	6	
133	妙山陈氏宗祠	清	天台县赤城街道	6	
134	北山吴氏宗祠	清	青田县北山镇	6	
135	王家祠堂	清	云和县云和镇	6	

续表

序号	名称	时代	地址	批次	内涵备注
136	黄坛季氏宗祠	清	庆元县竹口镇	6	
137	霞山汪氏宗祠(含启瑞堂)	清、民国	开化县霞山乡	5	
138	楠溪江宗祠建筑群	明、清	永嘉县	6	含王氏大宗祠、文岩祠、谷氏大宗祠、胡氏小宗祠、乌府
139	三门宗祠群	清	三门县	6	
140	水南许氏宗祠群	清、民国	天台县福溪街道	6	
141	江心寺文天祥祠	宋	温州市鹿城区江心屿	2	
142	戚继光祠	清	椒江区戚继光路	3	
143	三忠祠	清	舟山市定海区	3	
144	烈妇祠	清	永康市西城街道	6	
145	琐园村乡土建筑	明、清	金华市金东区澧浦镇	6	
146	上吴方村乡土建筑	明至民国	建德市大慈岩镇	6	
147	李村乡土建筑	明至民国	建德市大慈岩镇	6	
148	厚吴村乡土建筑	明至民国	永康市前仓镇	6	
149	九华乡土建筑	明至民国	衢州市柯城区九华乡	6	
150	柴村乡土建筑	明至民国	江山市峡口镇	6	
151	张思村乡土建筑	明至民国	天台县平桥镇	6	
152	南垟村乡土建筑	清	永嘉县五尺乡	6	
153	屿北村乡土建筑	清	永嘉县岩坦镇	6	
154	碗窑村乡土建筑	清	苍南县桥墩镇	6	
155	藏绿乡土建筑	清	诸暨市五泄镇	6	
156	西溪村乡土建筑	清	丽水市莲都区雅溪镇	6	
157	蕉川乡土建筑	清	遂昌县新路湾镇	6	
158	石仓乡土建筑	清	松阳县大东坝镇	6	
159	张村乡土建筑	清、民国	江山市张村乡	6	
160	埭头村乡土建筑	清、民国	永嘉县大若岩镇	6	
161	大陈村乡土建筑	清至中华人民共和国	江山市大陈乡	5、6	
162	铁佛寺	宋	湖州市劳动路	2	
163	千佛阁(含镇海塔)	元至清	海盐县武原镇	3、6	
164	普陀山文化景观	元至清	舟山市普陀区普陀山	6	不含普济寺
165	德清云岫寺	明	德清县三合乡石井山	3	
166	白龙山石殿	明	乐清市虹桥镇	5	
167	圣寿禅寺	明、清	瓯海区仙岩镇南村	4	

续　表

序　号	名　　称	时　代	地　　址	批次	内涵备注
168	云岫庵	清	海盐县澉浦镇	5	
169	七塔禅寺	清	宁波市江东区	6	
170	江心寺	清	温州市鹿城区江心屿	6	
171	纯阳宫	清	湖州市吴兴区道场乡	5	
172	沃洲山真君殿大殿、配殿	清	新昌县大市聚镇	6	
173	杭州天主教堂	清	杭州市下城区天水街道	6	
174	月湖清真寺	清	宁波市海曙区月湖街道	6	
175	长兴孔庙	明、清	长兴县雉城镇	6	
176	黄岩孔庙	清	黄岩区城关镇	3	
177	平水王社庙	明	龙泉市龙渊街道	6	
178	汤和庙	明、清	温州市龙湾区海滨街道	6	
179	嵊县城隍庙及溪山第一楼	清	嵊州市城关镇	3	
180	汤溪城隍庙	清	金华市汤溪镇	3	
181	金华府城隍庙	清	金华市婺城区	4	
182	石浦城隍庙	清	象山县石浦镇	5	
183	礼贤城隍庙	清	江山市淤头镇	6	
184	忠训庙	清	平阳县腾蛟镇	4	
185	萧王庙	清	宁波市奉化区萧王庙镇	5	
186	枫桥大庙	清	诸暨市枫桥镇	5	
187	大乌石雷公殿	清	乐清市虹桥镇	5	
188	峡口大公殿	清	江山市峡口镇	5	
189	卢福庙	清	庆元县松源镇	5	
190	松阳三庙	清	松阳县西屏镇	6	
191	藻溪杨府宫	清	苍南县藻溪镇	6	
192	妈祖宫	清	洞头县北岙镇	4	
193	东门天后宫	清	象山县石浦镇	6	
194	天皇巷天后宫	清	衢州市柯城区	6	
195	下埠头天后宫	清	衢州市衢江区樟潭街道	6	
196	严子陵钓台	东汉	桐庐县富春江镇	2	
197	沈园	宋	绍兴市洋河弄	2	
198	金山飞亭	宋	苍南县马站镇	6	
199	花亭(含丽水桥)	明	永嘉县岩头镇下村	4	
200	丁鹤年墓亭	明	杭州市南山路	5	
201	罗阳石亭	明	泰顺县罗阳镇	5	

续 表

序号	名称	时代	地址	批次	内涵备注
202	西源三官亭	明	永嘉县西源乡	6	
203	爵溪街心戏亭	清	象山县爵溪镇十字街	4	
204	曝书亭	清	嘉兴市王店镇	2	
205	郭庄	清	杭州市西山路	3	
206	八咏楼	南朝创建	金华市八咏路	[81]	
207	五桂楼	清	余姚市梁弄镇学堂弄	3	
208	千甓亭(含皕宋楼)	清	湖州市月河街	4	
209	浩然楼	清	温州市鹿城区江心屿	6	
210	宁波鼓楼	清、民国	宁波市海曙区鼓楼街道	6	
211	鹿田书院	清	金华市双龙乡北山	4	
212	五峰书院	清	永康市方岩镇橙麓村	4	
213	戴蒙书院(含戴蒙故居)	清	永嘉县溪口乡	5	
214	会文书院	清	平阳县南雁镇	5	
215	仁山书院	清	兰溪市芝堰乡	5	
216	鹿门书院	清	嵊州市贵门乡	6	
217	鼓山书院	清	新昌县七星街道	6	
218	心兰书社	清	瑞安市玉海街道	6	
219	独峰书院	清	缙云县仙都风景区	6	
220	永康考寓	清	金华市婺城区	6	
221	文昌阁	清	江山市廿八都镇	4	
222	王守仁讲学处	清	余姚市龙泉山	5	
223	衍芬草堂	清	海宁市硖石街道	6	
224	尚德当铺	清	绍兴市蕺山街	5	
225	布业会馆	清	绍兴市越城区	6	
226	达源号钱庄	清	衢州市柯城区	6	
227	土库	明、清	浦江县白马镇	6	
228	詹宝兄弟牌坊(含市口进士坊)	明	松阳县西屏镇	3、5	
229	白茅云衢坊	明	缙云县前路乡白茅村	4	
230	独山石牌坊	明	遂昌县焦滩乡	4	
231	秋官里进士牌坊	明	绍兴县陶堰镇	6	
232	樊家尚书坊	明、清	常山县何家乡	6	
233	郭氏节孝坊	清	兰溪市灵洞乡洞源村	3	
234	张家堡双牌坊	清	苍南县龙港镇张家堡村	4	
235	灵芝塔	五代	安吉县递铺镇	3	

续　表

序　号	名　　称	时　代	地　　址	批次	内涵备注
236	双林铁塔	五代	义乌市塔山乡	4	
237	垟坑石塔	北宋	瑞安市仙降镇	5	
238	宝胜寺双塔	宋	平阳县钱仓镇	2	
239	大安寺塔	宋	义乌市稠城街道	6	
240	南屏塔	宋、清	临安市昌化镇	4	
241	灵鹫寺石塔	南宋	丽水市万象山	3	
242	净土寺塔	元	台州市黄岩区北洋镇南瑞岩村	4	
243	西天目山墓塔群	元至民国	临安市西天目山	5	
244	安洲山塔	明	仙居县城关镇管山村	3	
245	大善寺塔	明	绍兴市越城区	4	
246	发宝象龙塔	明	武义县武阳镇	4	
247	联魁塔	明	富阳市新登镇	5	
248	龙门塔(含余四山墓)	明	淳安县汾口镇	5	
249	瑞安东塔	明	瑞安市安阳真	5	
250	昌文塔	明	磐安县安文镇	5	
251	厦河塔	明	丽水市莲都区碧云山	5	
252	舒公塔	明	杭州市余杭区余杭镇	6	
253	南峰塔、北峰塔	明	建德市梅城镇	6	
254	含山塔	明	湖州市南浔区善琏镇	6	
255	香山寺塔	明	兰溪市香溪镇	6	
256	黄甲山塔	明	衢州市衢江区云溪乡	6	
257	龙游风水塔	明	龙游县	6	
258	兴贤塔	明	常山县球川镇	6	
259	水口石塔	明	台州市黄岩区茅畲乡	6	
260	巾山东大塔、南山殿塔	明、清	临海市巾山	5	
261	安乐塔	明、清	杭州市余杭区余杭镇	6	
262	江心屿东、西塔	明、清	温州市鹿城区江心屿	6	
263	占鳌塔	明、清	海宁市盐官镇	6	
264	丽水巾山塔	明、清	丽水市莲都区富岭街道	6	
265	香积寺塔	清	杭州市拱墅区	3	
266	报本塔	清	平湖市当湖镇鹦鹉洲	4	
267	文明塔	清	平阳县昆阳镇	5	
268	东村桥	北宋	金华市长山乡	5	
269	石门桥	宋	云和县云和镇	6	

续 表

序 号	名 称	时 代	地 址	批次	内涵备注
270	源洪桥	宋	湖州市吴兴区东林镇	6	
271	忠义桥	南宋	杭州市留下镇	5	
272	寺前桥	南宋	温州市鹿城区藤桥镇	6	
273	德清古桥群	宋、元、清	德清县乾元镇、武康镇、新市镇	5	含清河桥、万安桥、僧家桥、上邻桥、追远桥、德武桥、圣济桥
274	西岙石拱桥	宋至清	宁海县长街镇	5	
275	广济桥	元	宁波市奉化区江口镇南渡村	3	
276	九狮桥	元	绍兴市上虞区丰惠镇	4	
277	恩波桥	明	杭州市富阳区城关镇	4	
278	种德桥	明	湖州市菱湖镇	5	
279	南浦桥	明	建德市寿昌镇	6	
280	潮音桥	明	湖州市吴兴区朝阳街道	6	
281	梁村河桥	明	丽水市莲都区老竹镇	6	
282	仙都石梁桥	明、清	缙云县五云镇	5	
283	万桥	明、清	乐清市天成乡	6	
284	东安硐桥	明、清	瑞安市玉海街道	6	
285	陈宅古桥群	明、清	青田县阜山乡	6	含派岩桥、木廊桥、汇源桥、店前桥、上马桥
286	西跨湖桥	清	绍兴县湘塘街道	6	
287	五洞桥	清	黄岩区城关镇	3	
288	熟溪桥	清	武义县武阳镇	3	
289	迎仙桥	清	新昌县拔茅镇	4	
290	金清大桥	清	温岭市新河镇	4	
291	通洲桥	清	兰溪市墩头镇	4	
292	西津桥	清	永康市古丽镇	4	
293	玉成桥	清	嵊州市谷来镇	5	
294	慕义桥	清	缙云县前路乡	5	
295	百梁桥	清	宁波市鄞州区洞桥镇	5	
296	泰闽桥、红军桥、岭北水屋桥	清	泰顺县	5	
297	通济桥与舜江楼	清	余姚市凤山街道	6	
298	白云桥	清	余姚市鹿亭乡	6	
299	金华通济桥	清	金华市婺城区	6	

续 表

序 号	名 称	时 代	地 址	批次	内涵备注
300	贤母桥、竞爽桥	清	缙云县壶镇镇、东渡镇	6	
301	龙泉廊桥	清、民国	龙泉市	6	含双溪桥、蛟龙廊桥（含垟尾钟楼）、福善桥（含回龙寺院钟楼）、永庆桥、济川桥、遂龙桥、合兴桥、永安桥、坤德桥、宝车桥
302	濮院古桥群	清、民国	桐乡市濮院镇	6	
303	幻溇古桥群	清、民国	湖州市南浔区双林镇	6	
304	塔石溪桥群	清、民国	龙游县小南海镇	6	
305	九遮山垟桥群	清、民国	天台县街头镇	6	
306	庆元廊桥	清、民国	庆元县	6	含白云桥、济川桥、护龙桥
307	白沙堰	三国	金华市婺城区琅琊镇	6	
308	双河堰	唐至清	慈溪市桥头镇	6	
309	钱塘第一井	五代	杭州市大井巷	5	
310	铁栏井	宋	温州市鹿城区	4	
311	姜席堰	元	龙游县龙洲街道	6	
312	三江闸	明	绍兴市斗门镇	2	
313	新市河埠群及南圣堂	明、清	德清县新市镇	6	
314	镇海后海塘	明、清	宁波市镇海区城关东北	3	
315	萧绍海塘（绍兴段）	明、清	绍兴市孙端镇、马山镇、斗门镇、马鞍镇、安昌镇、上虞区	3	
316	杭州海塘	明、清	杭州市上城区、江干区、西湖区、余杭区	6	
317	李渔坝	清	兰溪市孟湖乡夏里村	3	
318	宏济桥码头	清	金华市婺城区城东街道	6	
319	钱氏船坞	清	嘉善县干窑镇	6	
320	五里渡斗门群	清	长兴县泗安镇	6	
321	小浃江碶闸群	清、中华人民共和国	宁波市北仑区小港街道、戚家山街道	6	
322	石灯柱	明	仙居县城关镇	4	
323	杉青闸遗址（含落帆亭）	北宋至民国	嘉兴市南湖区解放街道	6	
324	清水闸及管理设施	清、中华人民共和国	上虞市曹娥街道	6	
325	姚江水利航运设施及相关遗产群	清至中华人民共和国	宁波市江北区、余姚市	6	含姚江大闸、陆埠浦口闸、丈亭运口与老街

四、石窟寺及石刻(31处)

序号	名称	时代	地址	批次
1	通玄观造像	南宋	杭州市七宝山东南麓	3
2	大百丈岩画	宋、元	象山县鹤浦镇	6
3	建初买地摩崖题刻	东汉	绍兴县富盛镇乌石村	2
4	石马山岩刻	南朝	瑞安市林溪乡溪坦村石马山西坡	4
5	贺知章《龙瑞宫记》摩崖刻石	唐	绍兴市稽山街道望仙桥村	2
6	雁荡山龙鼻洞摩崖题记	唐至民国	乐清市雁荡山灵岩龙鼻洞	3
7	北山摩崖题记	唐至中华人民共和国	金华市婺城区罗店镇	6
8	刘光求雨摩崖题记	北宋	仙居县广度乡	6
9	司马光家人卦摩崖刻石	宋	杭州市南屏山北麓	2
10	大麦岭摩崖题记	北宋	杭州市大麦岭东麓	3
11	仙岩洞摩崖题记	宋	衢江区樟潭镇	3
12	石梁摩崖题记	宋至清	天台县石梁镇	5
13	太鹤山摩崖题记	宋至清	青田县鹤城镇	5
14	达蓬山摩崖石刻	宋至清	慈溪市龙山镇	6
15	海云洞摩崖题记	宋至民国	杭州市余杭区塘栖镇	6
16	翠阴洞摩崖题记	宋至民国	瑞安市汀田镇	6
17	董村水晶矿摩崖题记	元	新昌县沙溪镇	3
18	石佛山摩崖石刻	元	瑞安市高楼乡	6
19	山海奇观摩崖题记	明	嵊泗县枸杞乡	6
20	胡公岩摩崖石刻	明至民国	余姚市胜归山	5
21	双港桥贞节坊石刻	清	缙云县新建镇	4
22	纪恩诗摩崖题记	清	玉环县芦浦镇	6
23	浙江体育会摩崖题记	民国	杭州市云居山	3
24	杭州碑林	南宋	杭州市劳动路	1
25	吴芾“赐谥敕牒”碑	南宋	仙居县官路镇	6
26	西水驿碑	元	嘉兴市南湖区建设街道	6
27	宁波水利航运遗址碑	元、清	宁波市海曙区、江东区、镇海区	6
28	东湖谭纶画像及戚继光表功碑	明	临海市城关镇	2
29	界牌浙闽界碑	明	苍南县沿浦镇	6
30	塘栖乾隆御碑与水利通判厅遗址	明、清	杭州市余杭区塘栖镇	6
31	许村奉宪严禁盐枭扳害碑	清	海宁市许村镇	6

五、近现代重要史迹及代表性建筑物(143 处)

序 号	名 称	时 代	地 址	批次	内涵备注
1	金钱会起义遗址	1861 年	平阳县钱仓镇	1	
2	慈城大宝山朱贵祠	近代	宁波市慈城镇	2	
3	英国驻温州领事馆旧址	1894 年	温州市鹿城区江心屿	4	
4	中国共产党浙江省第一次代表大会会址——平阳冠尖及马头槓村	1939 年	平阳县凤卧村	1	
5	宁波市总工会旧址	现代	宁波市演武街	2	
6	亭旁起义旧址	民国	三门县亭旁乡胜和村	4	
7	中共浙皖特委旧址	1936—1937 年	开化县何田乡柴家村	4	
8	丽水中共浙江省委机关旧址	1939—1942 年	丽水市城区	4、5	
9	开化新四军整编旧址	1938 年	开化县城关镇、华埠镇	6	
10	衢州侵华日军细菌弹投放点旧址	1940 年	衢州市柯城区	6	
11	抗战时期浙江省政府及相关机构旧址	1938—1942 年	永康市方岩镇、芝英镇、前仓镇	6	
12	台湾义勇队旧址	民国	金华市婺城区城东街道	6	
13	玉壶中美合作所旧址	民国	文成县玉壶镇	6	
14	王村口革命纪念建筑群	1935—1937 年	遂昌县王村口镇	4	
15	龙泉革命纪念建筑群	民国	龙泉市安仁镇、住龙镇、城北乡、宝溪乡	6	
16	上甘塔红军标语	现代	武义县溪里乡上甘塔村	3	
17	抗日救亡干部学校旧址	现代	平阳县山门镇凤岭	3	
18	衙前农协旧址(包括李成虎墓)	现代	萧山区衙前镇	3	
19	丁家山毛泽东读书处	现代	杭州市丁家山	4	
20	金九避难处	1932—1936 年	嘉兴市梅湾街、日晖桥	5	
21	受降厅	1945 年	富阳市受降镇	4	
22	国民革命军陆军第八十八师淞沪抗日阵亡将士纪念坊	1946 年	杭州市西溪路	5	
23	一江山岛战役遗址	现代	台州市椒江区	1、6	
24	陈英士故居	清末	湖州市五昌里	5	
25	程让平祖居	清末	温州市鹿城区临江镇	6	
26	司徒雷登故居	清、民国	杭州市下城区天水街道	6	
27	张人亚故居	清、民国	宁波市北仑区霞浦街道	6	
28	童第周故居	清、民国	宁波市鄞州区塘溪镇	6	
29	周尧故居	清、民国	宁波市鄞州区塘溪镇	6	
30	潘天寿故居	清、民国	宁海县桃源街道	6	
31	吴超征故居	清、民国	永嘉县西溪乡	6	
32	岙内叶宅	清、民国	洞头县东屏镇	6	

续 表

序 号	名 称	时 代	地 址	批次	内涵备注
33	苏步青故居	清、民国	平阳县腾蛟镇	6	
34	沈曾植旧居	清、民国	嘉兴市南湖区建设街道	6	
35	张宗祥故居	清、民国	海宁市硖石街道	6	
36	陈建功旧居	清、民国	绍兴市越城区	6	
37	陶成章故居	清、民国	绍兴县陶堰镇	6	
38	竺可桢故居	清、民国	上虞市东关街道	6	
39	胡愈之故居	清、民国	上虞市丰惠镇	6	
40	邵飘萍旧居	清、民国	金华市婺城区	6	
41	陈望道故居	清、民国	义乌市城西街道	6	
42	陈诚故居	清、民国	青田县高市乡	6	
43	何文庆故居	近代	诸暨市赵家镇	2	
44	余秀松故居	近代	诸暨市次坞镇	5	
45	柔石故居	民国	宁海县城关镇西门柔石路	3	
46	翁文灏故居	民国	宁波市大书院巷	5	
47	夏鼐故居	民国	温州市鹿城区五马街道	6	
48	汪胡桢旧居	民国	嘉兴市南湖区建设街道	6	
49	徐志摩旧居	民国	海宁市硖石街道	6	
50	严济慈故居	民国	东阳市横店镇	6	
51	陈肇英故居	民国	浦江县黄宅镇	6	
52	华岗故居	民国	龙游县庙下乡	6	
53	黄绍竑公馆	民国	云和县云和镇	6	
54	夏超旧居	民国	青田县万阜乡	6	
55	裕堂别墅	民国	青田县阜山乡	6	
56	沙氏故居	民国、现代	宁波市鄞州区塘溪镇	5、6	
57	冯雪峰故居	现代	义乌市赤岸镇神坛村	4	
58	杨贤江故居	现代	慈溪市长河镇贤江村	4	
59	沈钧儒故居	现代	嘉兴市环城南路	4	
60	周恩来祖居	现代	绍兴市劳动路	4	
61	王任叔故居及墓	现代	宁波市奉化区大堰镇	5	
62	艾青故居	现代	金华市金东区傅村镇	5	
63	施复亮、施光南故居	现代	金华市金东区源东乡	5	
64	吴晗故居	现代	义乌市上溪镇	5	
65	北山路近代建筑群(含新新饭店中、西楼,第一届西湖博览会工业馆旧址,静逸别墅)	近代	杭州市北山路	5	

续　表

序　号	名　　称	时　代	地　　址	批次	内涵备注
66	江北岸近代建筑群	清、近代	宁波市江北区	5	（含浙海关旧址、英国领事馆旧址、谢氏旧宅、宁波邮政局旧址）
67	蒋庄	1901—1923年	杭州市西湖区	4	
68	三垟周氏旧宅	近代	温州市瓯海区三垟街道	5	
69	龙现吴氏旧宅（含家庙、宗祠）	近代	青田县方山乡	5	
70	澄庐	近代	杭州市南山路	5	
71	景村姚家大院	清、民国	安吉县天荒坪镇	6	
72	祁家祁宅	清、民国	三门县海游镇	6	
73	鲍氏旧宅建筑群	民国	绍兴市马山镇	5	
74	嘉欣园	民国	桐庐县富春江镇	6	
75	道路沿徐氏旧宅	民国	慈溪市逍林镇	6	
76	飞鹏巷陈宅	民国	温州市鹿城区五马街道	6	
77	阳岙朱宅	民国	永嘉县沙头镇	6	
78	鹤溪诸家大院	民国	安吉县递铺镇	6	
79	佛堂吴宅	民国	义乌市佛堂镇	6	
80	史家庄花厅	民国	东阳市巍山镇	6	
81	石佛胡氏民居	民国	龙游县石佛乡	6	
82	海山许氏民居	民国	舟山市定海区解放街道	6	
83	三池窟大寨屋	中华人民共和国	温岭市大溪镇	6	
84	东陈陈氏宗祠	清、民国	浦江县浦南街道	6	
85	祝宅祝氏宗祠	民国	兰溪市梅江镇	6	
86	城西基督教堂	1898年	温州市鹿城区城西街	4	
87	温州天主教总堂	清末	温州市鹿城区五马街道	6	
88	麻蓬天主教堂	清、民国	衢州市柯城区石梁镇	6	
89	基督教青年会会所旧址	1918—1919年	杭州市上城区	4	
90	秋瑾墓	近代	杭州市孤山西泠桥南	1	
91	杭州辛亥革命烈士墓群	近代	杭州市凤篁岭下	1、2	
92	章太炎墓	近代	杭州市南屏山荔枝峰下	2	
93	吴昌硕墓	近代	余杭区超山	3	
94	苦马塘岩葬墓群	民国	文成县黄坦镇	6	
95	张秋人烈士墓	1898—1928年	诸暨市牌头镇	[81]	

续 表

序 号	名 称	时 代	地 址	批次	内涵备注
96	刘英烈士墓	1906—1942 年	永康市方岩镇	[81]	
97	史量才墓	1936 年	杭州市西湖区	4	
98	陈安宝烈士陵园(含陈氏旧宅)	民国、中华人民共和国	台州市路桥区横街镇	6	
99	四明山区烈士纪念塔及墓	现代	宁波市鄞州区章水镇	2	
100	双烈园	现代	富阳市鹳山	3	
101	马寅初墓	现代	嵊州市浦口镇	4	
102	于子三墓	1952 年	杭州市万松岭	4	
103	朱明粮仓	中华人民共和国	永康市东城街道	6	
104	县前粮仓群	中华人民共和国	江山市双塔街道	6	
105	和丰纱厂旧址	清末	宁波市江东区福明街道	6	
106	灵桥	1936 年	宁波市三江口	5	
107	马厩庙大桥	民国	平湖市曹桥街道	6	
108	道德桥	民国	磐安县安文镇	6	
109	百岁亭	民国	乐清市南岳镇	6	
110	宁波中山公园旧址	民国	宁波市海曙区鼓楼街道	6	
111	双魁巷	民国	嘉兴市南湖区解放街道	6	
112	东沙菜市场	1953 年	岱山县东沙镇	6	
113	浙江省高等法院及杭县地方法院旧址	近代	杭州市延安路	5	
114	永川轮船局旧址	民国	温州市鹿城区江滨街道	6	
115	清泰第二旅馆旧址	1933 年	杭州市仁和路	5	
116	仁爱医院旧址	民国	杭州市环城东路	5	
117	华美医院旧址	民国	宁波市海曙区鼓楼街道	6	
118	求是书院	1897 年	杭州市上城区	4	
119	浙江图书馆旧址(含孤山馆舍和大学路馆舍)	近代	杭州市西湖孤山、大学路	3、4	
120	古越藏书楼	近代	绍兴市胜利西路	3	
121	伏跗室	近代	宁波市孝闻街	5	
122	总理纪念堂、中正图书馆旧址	民国	宁波市奉化区锦屏街道	6	
123	热诚学堂旧址	清、民国	绍兴市东浦镇	6	
124	武岭学校旧址	民国	宁波市奉化区溪口镇	6	

续　表

序　号	名　　称	时　代	地　　址	批次	内涵备注
125	善庆学校旧址	民国	绍兴县柯岩街道	6	
126	省立实验农业学校旧址	民国	金华市金东区塘雅镇	6	
127	浙江省第一师范旧址	现代	杭州市凤起路	2	
128	越剧诞生地旧址	清、民国	嵊州市甘霖镇	6	
129	《民族日报社》旧址	民国	临安市於潜镇	6	
130	谯楼	民国	温州市鹿城区五马街道	6	
131	乐清碉楼	民国	乐清市	6	
132	玉环碉楼	民国	玉环县楚门镇、芦浦镇、干江镇、清港镇、海山乡	6	
133	温岭碉楼	民国	温岭市坞根镇、石塘镇	6	
134	定海测候所旧址	民国	舟山市普陀区沈家门街道	6	
135	海山潮汐电站	中华人民共和国	玉环县海山乡	6	
136	江厦潮汐试验电站	中华人民共和国	温岭市温峤镇、坞根镇	6	
137	新安江水电站(含白沙大桥)	中华人民共和国	建德市新安江街道	6	
138	马渚横河水利航运设施	清至中华人民共和国	余姚市马渚镇	6	
139	钱塘江与运河运口水利航运设施	中华人民共和国	杭州市上城区、江干区	6	
140	红旗渡槽	中华人民共和国	天台县白鹤镇	6	
141	坦岐炼铁厂旧址	中华人民共和国	文成县珊溪镇	6	
142	梅山盐场旧址	中华人民共和国	宁波市北仑区梅山岛	6	
143	中美联合公报起草处旧址	1972 年	杭州市西湖风景名胜区	6	

六、其他(18 处)

序　号	名　　称	时　代	地　　址	批次	内涵备注
1	荆州、绿嶂太阴宫壁画	清	永嘉县大箬岩镇、上塘镇	5	
2	石湖坑村成氏民居壁画	1958 年	永康市唐先镇	6	
3	刘王庙戏台题记	清、民国	德清县新市镇	6	
4	大岭背古道	唐	衢州市柯城区石梁镇	6	
5	仙霞古道	唐至民国	江山市	2、6	
6	大会岭、道岭古道	元至民国	文成县	6	
7	大济古驿道	明、清	庆元县松源镇	5	
8	圣井	六朝	长兴县雉城镇	6	

续 表

序 号	名 称	时 代	地 址	批次	内涵备注
9	金山古井	南宋	苍南县马站镇	6	
10	泉井(含周氏宗祠)	明、清	江山市石门镇	6	
11	窑墩	清	嘉善县干窑镇	5	
12	和睦陶窑群	清至中华人民共和国	江山市清湖镇	6	
13	龙泉窑制瓷作坊	清至中华人民共和国	龙泉市八都镇、上垟镇、宝溪乡	6	
14	东沙海产加工作坊	1951年	岱山县东沙镇	6	
15	梅源梯田	宋至中华人民共和国	云和县崇头镇	6	
16	南尖岩梯田	清	遂昌县王村口镇	6	
17	俞家湾桑基鱼塘	约明至中华人民共和国	桐乡市市河山镇	6	
18	会稽山古香榧种植园		绍兴县、诸暨市、嵊州市	[13]	

[81]关于调整和重新公布省级重点文物保护单位的通知(浙政〔1981〕43号),1981年4月13日,浙江省人民政府

[13]关于将绍兴会稽山古香榧种植园列为省级文物保护单位的复函(浙政办函〔2013〕25号),2013年4月1日,浙江省人民政府办公厅

公共文化服务体系示范区(项目)名单

第一批国家公共文化服务体系示范区(项目)名单

(一)示范区

宁波市鄞州区

(二)示范项目

1. 嘉兴市:城乡一体化公共图书馆服务体系建设

2. 温州市:苍南农村文化中心建设创新模式

第一批浙江省公共文化服务体系示范区(项目)名单

(一)示范区

1. 杭州市余杭区

2. 慈溪市

3. 长兴县

4. 海宁市

5. 绍兴县

6. 诸暨市

7. 临海市

(二)示范项目

1. 杭州市上城区:文艺团队联合会运行机制与管理模式的创新

2. 桐庐县:城乡一体化公共电子阅览室建设

3. 宁波市北仑区:基层群众文艺团队建设机制

4. 安吉县:中国美丽乡村一农村地域文化展示馆工程

5. 嘉善县:以县带镇、打造乡村艺术团建设嘉善模式

6. 平湖市:欢乐平湖,城乡互动

7. 东阳市:东阳市农民工文化权益保障项目

8. 常山县:欠发达地区特色群众文化活动持续开展模式与机制

9. 舟山市定海区:大型群众文化活动参与机制创新

10. 丽水市莲都区:莲都区“天天乐”文体广场

第二批国家公共文化服务体系示范区(项目)创建名单

(一)示范区

嘉兴市

(二)示范项目

1. 杭州市余杭区:乡镇综合文化站服务效能提升工程

2. 绍兴市:电视图书馆绍兴模式

第二批浙江省公共文化服务体系示范区(项目)创建名单

(一)示范区

1. 杭州市拱墅区

2. 杭州市萧山区

3. 宁波市镇海区

4. 舟山市普陀区

5. 景宁畲族自治县

(二)示范项目

1. 杭州市下城区:社区文化动态评估体系

2. 宁海县:民间节庆机制建设

3. 瑞安市:"书香瑞安"三大提升工程

4. 平阳县:"文化 T 台"惠民品牌新模式

5. 吴兴区:"车间好声音"公共文化推进新居民管理创新平台建设

6. 海盐县:文化工作员下派制度建设

7. 江山市:"天天阅读天天向上"全民阅读节

8. 定海区:基层文化馆数字化建设

9. 温岭市:乡镇公共文化服务动态评估系统

10. 丽水市:乡村春晚

11. 景宁县:文化"自治"、"五权"圆梦——公共文化建设中的群众主体地位保障机制

第三批国家公共文化服务体系示范区(项目)创建名单

(一)示范区

台州市

(二)示范项目

1. 丽水市:乡村春晚

2. 温州市:"城市书网"公共图书馆现代服务模式

浙江省国家文化产业示范基地

杭州宋城旅游发展股份有限公司

华宝斋富翰文化有限公司

杭州金海岸文化发展股份有限公司

西泠印社集团有限公司

浙江中南卡通股份有限公司

海伦钢琴股份有限公司

宁波音王集团有限公司

杭州神采飞扬娱乐有限公司

衢州醉根艺品有限公司

龙泉市金宏瓷厂

浙江乐富创意产业投资有限公司

台州市绣都服饰有限公司

浙江大丰实业有限公司

浙江台绣服饰有限公司

美盛文化创意股份有限公司

华鸿控股集团有限公司

全国爱国主义教育示范基地(浙江部分)

浙江省第一批全国爱国主义教育示范基地名单(1997 年公布)

南湖革命纪念馆

鲁迅故居及纪念馆

镇海口海防遗址

禹陵

河姆渡遗址博物馆

浙江省第二批全国爱国主义教育示范基地名单(2001 年公布)

解放一江山岛烈士陵园

鄞县四明山革命烈士陵园

舟山鸦片战争纪念馆

浙江省第三批全国爱国主义教育示范基地名单(2005年公布)

侵浙日军投降仪式旧址(千人坑遗址)

浙江省第四批全国爱国主义教育示范基地名单(2009年公布)

浙江省博物馆、新四军苏浙军区纪念馆、温州浙南平阳革命根据地旧址群

浙江省在历届全国博物馆十大陈列展览精品评选中的获奖情况

第二届(1998年度)

"恐龙与海洋动物精品陈列"(浙江自然博物馆)

第四届(2000年度)

"浙江七千年"(浙江省博物馆)

最佳创意奖:

"宁波清代官宅陈列"(浙江省宁波天一阁博物馆)

最受观众欢迎奖:

"浙江七千年"(浙江省博物馆)

第五届(2001—2002年度)

"中国茶叶文化展"(中国茶叶博物馆)

第六届(2003—2004年度)

"中国丝绸文化陈列"(中国丝绸博物馆)

最佳内容设计奖:

"温州人"(温州博物馆)

最佳服务奖:

"江南水乡文化陈列"(杭州中国水乡文化博物馆)

第七届(2005—2006年度)

"吴兴赋——湖州历史与人文陈列"(浙江湖州市博物馆)

第八届(2007—2008年度)

"良渚文化——实证中华五千年文明"(良渚博物院)

最佳创意奖:

"东方'神舟'——宁波海上丝绸之路主题展"(宁波博物馆)

最佳服务奖:

"东方'神舟'——宁波海上丝绸之路主题展"(宁波博物馆)

第九届(2009—2010年度)

"'自然·生命·人'浙江自然博物馆基本陈列"(浙江自然博物馆)

"越地长歌——浙江历史文化陈列"(浙江省博物馆)

第十届(2011—2012年度)

"南湖革命纪念馆新馆基本陈列"(嘉兴南湖革命纪念馆)

"钱塘匠心·天工集萃——杭州工艺美术精品陈列"(杭州工艺美术馆)

"惠世天工——中国古代发明创造文物展"(浙江省博物馆)

优秀奖

"珍藏杭州——杭州博物馆馆藏文物精品陈列"(杭州博物馆)

第十二届(2014年度)

优胜奖

"港通天下"中国港口历史陈列(宁波港口博物馆)

"禾兴之源——史前时期的嘉兴"(嘉兴博物馆)

第十三届(2015年度)

"中兴纪胜——南宋风物观止"(浙江省博物馆)

"生命·超越——中原文化中的动物映像"(浙江自然博物馆)

优胜奖

"最忆是杭州——杭州通史陈列"(杭州博物馆)

2015 年度浙江省博物馆名录

序号	博物馆名称	联系方式		博物馆性质
		地址	电话	
杭州市				
1	中国财税博物馆	杭州市吴山广场 28 号	0571-87830731	国有博物馆
2	中国水利博物馆	杭州市萧山区水博大道 1 号	0571-82863666	国有博物馆
3	浙江省博物馆	杭州市孤山路 25 号、杭州市下城区西湖文化广场	0571-87971177	国有博物馆
4	浙江自然博物馆	杭州市下城区西湖文化广场 6 号	0571-88840700	国有博物馆
5	中国丝绸博物馆	杭州市玉皇山路 73-1 号	0571-87032060	国有博物馆
6	杭州博物馆	杭州市上城区粮道山 18 号	0571-87802660	国有博物馆
7	中国印学博物馆	杭州市孤山后山路 10 号	0571-87977149	国有博物馆
8	杭州南宋官窑博物馆	杭州市上城区南复路 60 号	0571-86083990	国有博物馆
9	中国茶叶博物馆	杭州市龙井路 88 号	0571-87964221	国有博物馆
10	良渚博物院	杭州市余杭区良渚街道美丽洲路 1 号	0571-88781528	国有博物馆
11	杭州工艺美术博物馆(杭州中国刀剪剑、扇业、伞业博物馆)	杭州市小河路 450 号、336 号、334 号	0571-88190577	国有博物馆
12	杭州南宋遗址陈列馆	杭州市上城区中山南路 199 号	0571-86062709	国有博物馆
13	杭州孔庙	杭州市上城区府学巷 8 号	0571-87062125	国有博物馆
14	杭州名人纪念馆(唐云艺术馆)	杭州市南山路 2-1 号	0571-87977383	国有博物馆
15	杭州西湖博物馆	杭州市上城区南山路 89 号	0571-87882333	国有博物馆
16	岳飞纪念馆	杭州市北山路 80 号	0571-87979129	国有博物馆
17	杭州市余杭区章太炎故居纪念馆	杭州市余杭区仓前街道仓前塘路 59 号	0571-89051626	国有博物馆
18	连横纪念馆	杭州市葛岭路 17 号	0571-87965695	国有博物馆
19	杭州京杭大运河博物馆	杭州市拱墅区运河文化广场 1 号	0571-88162058	国有博物馆
20	杭州市萧山跨湖桥遗址博物馆	杭州市萧山区湘湖景区湘湖路 978 号	0571-83869272	国有博物馆
21	马一浮纪念馆	杭州市西湖区杨公堤 10 号花港公园蒋庄内	0571-87967384	国有博物馆
22	韩美林艺术馆	杭州市西湖区玉泉桃源岭 3 号	0571-87972023	国有博物馆
23	西溪湿地博物馆	杭州市天目山路 402 号	0571-88872909	国有博物馆
24	浙江辛亥革命纪念馆	杭州市龙井路南天竺		国有博物馆

续　表

序号	博物馆名称	联系方式		博物馆性质
		地址	电话	
杭州市				
25	浙江革命烈士纪念馆	杭州市上城区万松岭路100-1号	0571-87010091	国有博物馆
26	龚自珍纪念馆	杭州市上城区马坡巷16号	0571-87063725	国有博物馆
27	杭州市余杭博物馆	杭州市余杭区临平南大街95号	0571-89167220	国有博物馆
28	桐庐博物馆	桐庐县城南街道学圣路646号	0571-64218582	国有博物馆
29	叶浅予艺术馆	桐庐县城南街道大奇山路519号	0571-64601011	国有博物馆
30	杭州市萧山区 博物馆	杭州市萧山区北干山南路651号	0571-83869211	国有博物馆
31	浙商博物馆	杭州市西湖区教工路149号	0571-81023538	国有博物馆
32	杭州西湖博览会博物馆	杭州市西湖区北山路41-42号	0571-87975111	国有博物馆
33	钱塘江大桥纪念馆	杭州市之江路6号	0571-56720295	国有博物馆
34	潘天寿纪念馆	杭州南山路212号	0571-87912845	国有博物馆
35	大韩民国临时政府杭州旧址纪念馆	杭州市上城区长生路55号湖边村内	0571-87064301	国有博物馆
36	浙江中医药博物馆	杭州市滨江区滨文路548号	0571-86613628	国有博物馆
37	杭州李叔同纪念馆	杭州市西湖区虎跑路39号虎跑公园内	0571-86086853	国有博物馆
38	俞曲园纪念馆	杭州市孤山路32号	0571-87979910	国有博物馆
39	浙江朱炳仁铜雕艺术博物馆	杭州市上城区河坊街211号	0571-85361214	非国有博物馆
40	马寅初纪念馆	杭州市庆春路210号	0571-87066658	非国有博物馆
41	杭州万事利丝绸文化博物馆	杭州市江干区秋涛北路72号三新银座19楼	15158885899	非国有博物馆
42	杭州西湖本山龙井茶叶博物馆	杭州市云栖路7号	0571-87311789	非国有博物馆
43	杭州市萧山区湘湖吴越古文化博物馆	杭州市萧山区文化路104号	0571-82661111	非国有博物馆
44	杭州市萧山区吴越历史文书博物馆	杭州市萧山区北干山南路650号	0571-82700315	非国有博物馆
45	杭州神博农家博物苑	杭州市萧山区宁围镇顺坝村402号	0571-82835822	非国有博物馆
46	胡庆余堂中药博物馆	杭州市上城区大井巷95号	0571-87839108	非国有博物馆
47	杭州江南锡器博物馆	杭州笕桥镇机场路250号3幢2楼	0571-88160109	非国有博物馆
48	杭州东方圆木博物馆	杭州市江干区五堡二区159号	13757132003	非国有博物馆
49	杭州江南明清古建筑博物馆	杭州西溪国家湿地公园西区	13805735580	非国有博物馆
50	杭州土火斋古陶瓷博物馆	杭州市江干区九堡镇杭海路1191号	0571-86580942	非国有博物馆
51	杭州高氏照相机博物馆	杭州市米市巷12-4-302、303	0571-88380695、85353052	非国有博物馆
52	杭州世界钱币博物馆	杭州市上城区河坊街178号	0571-87809600	非国有博物馆

续　表

序号	博物馆名称	联系方式		博物馆性质
		地址	电话	
杭州市				
53	杭州梅家坞周总理纪念室	杭州市梅家坞 211 号	0571-87091269	非国有博物馆
54	浙江观吟艺术博物馆	杭州市丽水路 126 号	0571-89975169	非国有博物馆
宁波市				
55	宁波博物馆	宁波市鄞州区首南中路 1000 号	0574-82815527	国有博物馆
56	宁波市天一阁博物馆	宁波市天一街 5 号	0574-87293526	国有博物馆
57	保国寺古建筑博物馆	宁波市江北区洪塘街道	0574-87586317	国有博物馆
58	北仑博物馆(港口博物馆)	宁波市北仑区新碶街道中河路 37 号	0574-86782020	国有博物馆
59	宁波服装博物馆	宁波市鄞州区下应街道湾底村西江古村	0574-87196099	国有博物馆
60	浙海关旧址博物馆	宁波市江北区中马路 542 号	0574-87357583	国有博物馆
61	宁波市张苍水纪念馆	宁波市海曙区苍水街 194 号	0574-87270335	国有博物馆
62	宁波帮博物馆	宁波市镇海区庄市街道思源路 255 号	0574-56800677	国有博物馆
63	镇海口海防历史纪念馆	宁波市镇海区沿江东路 198 号	0574-86254768	国有博物馆
64	浙东海事民俗博物馆	宁波市江东北路 156 号	0574-87700187	国有博物馆
65	慈溪市博物馆	慈溪市浒山街道寺山路 352 号	0574-63106729	国有博物馆
66	余姚博物馆	余姚市龙泉山西麓广场	0574-62634038	国有博物馆
67	余姚河姆渡遗址博物馆	余姚市河姆渡镇芦山寺村		国有博物馆
68	宁海潘天寿故居纪念馆	宁海县冠庄建设村	0574-65571244	国有博物馆
69	宁海柔石故居纪念馆	宁海县柔石路 1 号	0574-65551585	国有博物馆
70	开明街鼠疫灾难陈列馆	宁波市海曙区江厦街道华楼街 5 号	0574-87270335	国有博物馆
71	奉化市历史文物陈列馆	奉化市体育场路 56 号	0574-88973006	国有博物馆
72	奉化市溪口博物馆	奉化市溪口镇武岭西路 159 号	0574-88869776	国有博物馆
73	余姚农机博物馆	余姚市马渚镇	0574-62465158	国有博物馆
74	浙东革命根据地纪念馆	余姚市梁弄镇横坎头村	0574-62357165	国有博物馆
75	宁波市鄞州滨海博物馆	宁波市鄞州区滨海投资创业中心合兴路 188 号	0574-88197001	国有博物馆
76	王康乐艺术馆	奉化市溪口镇溪南园林路	0574-88855068	国有博物馆
77	象山县烈士革命纪念馆	象山县丹城镇北门东澄河路	0574-65785559	国有博物馆
78	宁波市鄞州区雪菜博物馆	宁波市鄞州区鄞县大道东吴段 58 号	0574-88334626	非国有博物馆
79	宁波市鄞州区婚俗博物馆	宁波市鄞州区石契街道冯家村	0574-88265249	非国有博物馆
80	宁波市鄞州区耕泽石刻博物馆	宁波市鄞州区高桥镇岐阳村下边 1 号	13806660666	非国有博物馆
81	余姚市看云楼科举文化博物馆	余姚市泗门镇东山弄 24 号	13606593909	非国有博物馆
82	余姚市大呈博物馆	余姚市梁弄开发区中兴路 1 号	0574-62577730	非国有博物馆

续 表

序号	博物馆名称	联系方式		博物馆性质
		地址	电话	
宁波市				
83	余姚市四明山书画院	余姚市大岚镇丁家畈村丹山路1号	0574-56312527	非国有博物馆
84	余姚市金桥奇石艺术馆	余姚市城区舜宇路84号	0574-62639092	非国有博物馆
85	浙江省浙东越窑青瓷博物馆	余姚市北滨江路43号	0574-62623788	非国有博物馆
86	慈溪市东方博物馆	慈溪市孙塘南路(南段)378-382号	13806648956	非国有博物馆
87	慈溪越韵陈列馆	慈溪市上林湖水库北	0574-63861044	非国有博物馆
88	慈溪市吴越青瓷博物馆	慈溪市桥头镇周塘路860号	13806643498	非国有博物馆
89	浙江中立古陶瓷博物馆	慈溪市坎墩大道155号	0574-63288204	非国有博物馆
90	慈溪市东方红像章博物馆	慈溪市横河镇泰堰村	13806640666	非国有博物馆
91	慈溪市上林湖越窑青瓷博物馆	慈溪市新浦镇老街路389号	13906746006	非国有博物馆
92	慈溪市上林遗风博物馆	慈溪市浒山街道世纪花园21号	13506780588	非国有博物馆
93	慈溪市珍丽民俗博物馆	慈溪市白沙路街道三北大街2323-2327号	13396601552	非国有博物馆
94	慈溪市民间古文化博物馆	慈溪市观海卫镇方家村	0574-63618601	非国有博物馆
95	慈溪市徐福红木博物馆	慈溪市龙山镇范市湖滨路北路工业开发区26号	13906749209	非国有博物馆
96	宁波市鄞州区知青博物馆	宁波市鄞州区鄞县大道横街段1699号	0574-88479887	非国有博物馆
97	宁波市鄞州区金银彩绣艺术馆	宁波鄞州区启明路818号创新128园区9幢68号	0574-88169688	非国有博物馆
98	华茂美术馆	宁波市鄞州区鄞县大道中段2号	0574-88211946	非国有博物馆
99	宁波鄞州紫林坊艺术馆	宁波市鄞州日丽中路666号	0574-82815008	非国有博物馆
100	宁波市鄞州朱金漆木雕艺术馆	宁波市鄞州区横溪镇横溪水库大坝西侧	13306688707	非国有博物馆
101	宁波市鄞州区王升大粮油工艺博物馆	宁波市鄞州区高桥镇新庄村新庄路185号	0574-87503067	非国有博物馆
102	宁波鄞州居家博物园	宁波市鄞州区高桥镇民乐村	13805872259	非国有博物馆
103	余姚市寿宝斋工艺藏品博物馆	余姚市城区丰山路358号4楼	13375847172	非国有博物馆
104	慈溪市赵府檀艺博物馆	慈溪市天元镇天潭路86号	0574-63452202	非国有博物馆
105	慈溪浙东陶瓷博物馆	慈溪市慈甬路1888号	0574-63820888	非国有博物馆
106	慈溪市上越陶艺博物馆	慈溪市白沙路街道新城大道南路432、434-436号	13858332898	非国有博物馆
107	鄞州陶瓷文化艺术馆	宁波市鄞州区云龙镇云莫路88号	0574-88342756	非国有博物馆

续　表

序号	博物馆名称	联系方式		博物馆性质
		地址	电话	
宁波市				
108	宁波市鄞州区地质宝藏博物馆	宁波市鄞州区钱湖南路928号	0574-87504628	非国有博物馆
109	宁波市鄞州区黄古林草编博物馆	宁波市鄞州区鄞县大道古林段312号	0574-56801828	非国有博物馆
110	宁波市鄞州区沧海农博园农具陈列馆	宁波市鄞州区首南街道桃江村	18067235721	非国有博物馆
111	奉化市湖广抗战名人纪念馆	奉化市溪口镇中兴中路149号	13805837867	非国有博物馆
112	宁海县十里红妆博物馆	宁海县徐霞客大道1号	0574-65566519	非国有博物馆
113	宁海东方艺术造像博物馆	宁海县跃龙街道桃园南路22号城隍庙	0574-65568057	非国有博物馆
114	宁海县海洋生物博物馆	宁海县强蛟镇旅游集散中心旁	0574-65168859	非国有博物馆
115	宁海环球海洋古船博物馆	宁海县强蛟镇	13906602310	非国有博物馆
116	宁海县江南民间艺术馆	宁海县打佳何镇佳何镇村	0574-65158199	非国有博物馆
117	德和根艺美术馆	象山县丹东街道东谷湖景区湖滨路1号	0574-65724776	非国有博物馆
温州市				
118	温州博物馆	温州市鹿城区市府路491号	0577-56988282	国有博物馆
119	温州文天祥纪念馆	温州市鹿城区江心屿	0577-88893278	国有博物馆
120	温州市瓯海区博物馆	温州市瓯海区将军桥繁新路1楼	0577-88587020	国有博物馆
121	温州市龙湾区文博馆	温州市龙湾区机场大道501号	0577-86879490	国有博物馆
122	泰顺县博物馆	泰顺县罗阳镇文祥一路科技文化中心4楼	0577-21218108	国有博物馆
123	瑞安市博物馆	温州市瑞安市罗阳大道瑞安广场东首	0577-65898177	国有博物馆
124	平阳县博物馆	平阳县昆阳镇西城下南路8号	0577-63183800	国有博物馆
125	苍南县博物馆	苍南县灵溪镇车站大道563-583号	0577-68702898	国有博物馆
126	乐清市博物馆	温州市乐清市乐成街道乐湖路26号	0577-62532702	国有博物馆
127	平阳县革命烈士纪念馆	温州市平阳县昆阳镇南丰村	0577-58102127	国有博物馆
128	洞头先锋女子民兵连纪念馆	温州市洞头县北岙街道海霞村	0577-56727607	国有博物馆
129	永嘉红十三军军部旧址纪念馆	温州市永嘉县岩头镇五尺村	0577-67178482	国有博物馆
130	平阳县闽浙边抗日救亡干部学校纪念馆	温州市平阳县山门镇凤岭山	0577-63802800	国有博物馆
131	永嘉县瓯渠民俗博物馆	永嘉县桥下镇前山村龙里湾巷9-5号	0577-67474011	非国有博物馆
132	永嘉县吴超征烈士纪念馆	永嘉县桥下镇韩埠村	18805778889	非国有博物馆
133	温州市采成蓝夹缬博物馆	温州市瑞安市马屿镇净水村	0577-65776238	非国有博物馆
134	瑞安市叶茂钱收藏馆	温州市瑞安市公园路84号	0577-65879195	非国有博物馆

续 表

序号	博物馆名称	联系方式		博物馆性质
		地址	电话	
温州市				
135	温州市醉壶楼紫砂博物馆	温州市龙湾区永中街道城北村新路胡宅巷38号	13806899187	非国有博物馆
136	乐清三科非物质文化博物馆	温州市乐清经济开发区纬十一路258号(三科集团内)	0577-62666258	非国有博物馆
137	瑞安市仙降革命斗争史纪念馆	瑞安市仙降镇横街村东岳路1号	13758760328	非国有博物馆
138	瑞安市抗美援朝历史教育馆	瑞安市西山烈士陵园内东侧	0577-65890293	非国有博物馆
139	瑞安市雷高升烈士纪念馆	瑞安市大南社区后垟村	13758773481	非国有博物馆
140	瑞安市季月泉纪念馆	瑞安市莘塍街道仙甲季村	0577-65089081	非国有博物馆
141	龙湾区永中白水民俗博物馆	龙湾区永中白水民俗博物馆	13587618898	非国有博物馆
142	苍南县刘基文化博物馆	苍南县桥墩镇莒溪社区桥南村刘基庙	13587832681	非国有博物馆
143	瑞安市叶适纪念馆	温州市瑞安市莘塍街道莘塍东街	0577-65176798	非国有博物馆
144	瑞安市维加斯服装文化博物馆	瑞安市经济开发区开发三路588号	0577-66878501	非国有博物馆
145	温州叶同仁中医药博物馆	温州市瓯江路望江公园	0577-89860002	非国有博物馆
146	苍南县鹅峰古籍馆	苍南县桥墩镇古树村181号	0577-64615677	非国有博物馆
湖州市				
147	湖州市博物馆	湖州市仁皇山新区吴兴路1号	0572-2399809	国有博物馆
148	德清县博物馆	德清县武康镇云岫南路7号	0572-8289101	国有博物馆
149	长兴县博物馆	长兴县雉城镇台基路9号	0572-6050571	国有博物馆
150	长兴县新四军苏浙军区纪念馆	长兴县槐坎乡温塘村55-1	0572-6078039	国有博物馆
151	安吉吴昌硕纪念馆	安吉县递铺镇天目路572号	0572-5024258	国有博物馆
152	安吉县博物馆	安吉县递铺镇东庄路2号	0572-5024606	国有博物馆
153	湖笔博物馆	湖州市莲花庄路258号	0572-2503478	国有博物馆
154	长兴金钉子地质博物馆	长兴县槐坎乡新槐村	0572-6078189	国有博物馆
155	安吉竹子博物馆	安吉县递铺镇城南	0572-5338988	国有博物馆
156	湖州菰城博物馆	湖州乌盆巷1弄3号	0572-2093555 0572-2130755	非国有博物馆
157	湖州知青博物馆	湖州市吴兴区妙西镇楂树坞村	0572-2076333	非国有博物馆
158	湖州天行健文化苑博物馆	湖州市衣裳街吉安巷3号	18105720000	非国有博物馆
159	德清蛇文化博物馆	德清县新市镇子思桥	13757213760	非国有博物馆
160	浙江省德清县陆有仁中草药博物馆	德清县武康镇舞阳街东段	0572-8065845	非国有博物馆
161	德清桃花庄博物馆	德清县武康镇临溪街778号	0572-8351118	非国有博物馆

续　表

序号	博物馆名称	联系方式		博物馆性质
		地址	电话	
湖州市				
162	德清水样年华婚俗文化艺术馆	德清县武康镇舞阳街939号	0572-8667967	非国有博物馆
163	湖州瑞一红色博物馆	湖州市望湖花园天韵三路21-25号	0572-2178567	非国有博物馆
164	德清县陆放版画藏书票馆	德清县莫干山镇黄郛西路48号	18005727177	非国有博物馆
嘉兴市				
165	嘉兴博物馆	嘉兴南湖区海盐塘路485号	0573-83677080	国有博物馆
166	嘉善县吴镇纪念馆	嘉善县魏塘街道花园路178号	0573-84023804	国有博物馆
167	嘉善县博物馆	嘉善县魏塘街道花园路178号	0573-84023804	国有博物馆
168	桐乡市钟旭洲钱币艺术博物馆	桐乡市振兴东路植物园内北侧	0573-83978293	国有博物馆
169	桐乡市茅盾纪念馆	桐乡市乌镇观前街17号	0573-88711377	国有博物馆
170	桐乡市丰子恺纪念馆	桐乡市石门镇大井路1号	0573-88611275	国有博物馆
171	君匋艺术院	桐乡市庆丰南路59号	0573-88103627	国有博物馆
172	桐乡市博物馆	桐乡市环园路399号	0573-88622093	国有博物馆
173	平湖市博物馆	平湖市当湖街道新华南路372号	0573-85136520	国有博物馆
174	平湖市李叔同纪念馆	平湖市当湖街道叔同路29号	0573-85012926	国有博物馆
175	平湖市莫氏庄园陈列馆	平湖市当湖街道人民西路39号	0573-85022020	国有博物馆
176	平湖市陆维钊书画院	平湖市当湖街道乐园路80-136号	0573-85119181	国有博物馆
177	嘉兴美术馆(嘉兴市蒲华美术馆、嘉兴画院)	嘉兴市南湖区中和街28号	0573-82051753	国有博物馆
178	海盐县博物馆	海盐县武原街道新桥北路122号	0573-86572702	国有博物馆
179	张乐平纪念馆	海盐县武原街道文昌东路10号	0573-86037085	国有博物馆
180	海宁市博物馆	海宁市西山路542号	0573-87046717	国有博物馆
181	钱君匋艺术研究馆	海宁市西山路493号	0573-87028078	国有博物馆
182	海宁市徐邦达艺术馆	海宁市建设路122号	0573-87041816	国有博物馆
183	海宁市张宗祥书画院(纪念馆)	海宁市仓基街41号	0573-87010238	国有博物馆
184	吴一峰艺术馆	平湖市当湖街道当湖东路161号	0573-86127477	国有博物馆
185	嘉兴南湖革命纪念馆	嘉兴市烟雨路186号七一广场前	0573-83685859	国有博物馆
186	嘉兴船文化博物馆	嘉兴市南湖区栅堰路278号	0573-82131992	国有博物馆
187	嘉兴地方党史陈列馆	嘉兴新塍中北大街11号	0573-83404508	国有博物馆
188	嘉善县孙道临电影艺术馆	嘉善县罗星街道人民大道567号	0573-84213681	国有博物馆
189	海宁市谢氏艺术收藏馆	海宁市西山路1000号	0572-87388988	非国有博物馆

续 表

序号	博物馆名称	联系方式		博物馆性质
		地址	电话	
嘉兴市				
190	嘉兴丝绸博物馆(浙江嘉欣丝绸股份有限公司)	嘉兴中山西路 2710 号嘉欣丝绸工业园嘉欣丝绸文化广场	0573-82790831	非国有博物馆
191	嘉兴粽子文化博物馆	嘉兴市月河街小猪廊下 61-67 号	0573-82209577	非国有博物馆
192	浙江东方地质博物馆	嘉兴市南湖区广益路 555 号国际中港城五楼	0573-83976699	非国有博物馆
193	嘉兴邮电博物馆	嘉兴市环城南路穆家洋房	0573-82092999	非国有博物馆
194	嘉兴毛泽东像章书画展览馆	嘉兴市海盐塘路市档案馆内	0573-83633308	非国有博物馆
195	海宁市晴雨楼藏砚馆	海宁市盐官观潮景区古邑路 9 号	13600569633	非国有博物馆
196	嘉兴电力博物馆	嘉兴环城西路 671 号	0573-82422123	非国有博物馆
绍兴市				
197	绍兴博物馆	绍兴市越城区偏门直街 75 号	0575-85096365	国有博物馆
198	陆游纪念馆	绍兴市鲁迅中路 318 号	0575-88064863	国有博物馆
199	绍兴市柯桥区博物馆	绍兴市柯桥区柯桥明珠路 398 号	0575-85282950	国有博物馆
200	上虞博物馆	绍兴市上虞区人民中路 228 号	0575-82111846	国有博物馆
201	诸暨市博物馆	诸暨市东一路 18 号	0575-80701790	国有博物馆
202	绍兴鲁迅纪念馆	绍兴市鲁迅中路 235 号	0575-85511799	国有博物馆
203	越剧博物馆	嵊州市百步阶 8 号	0575-83022152	国有博物馆
204	周恩来纪念馆	绍兴市劳动路 369 号	0575-85133368	国有博物馆
205	新昌博物馆	新昌县七星街道鼓山西路 130 号	0575-86338633	国有博物馆
206	浙江中鑫艺术博物馆	绍兴市上虞区舜耕大道 1111 号	0575-82535099	非国有博物馆
207	绍兴中国酱文化博物馆	绍兴市柯桥区平水镇新桥村	0575-85740598	非国有博物馆
金华市				
208	太平天国侍王府纪念馆	金华市将军路鼓楼里	0579-82338358	国有博物馆
209	何氏三杰陈列馆	金华市东市街 66 号	0579-82193081	国有博物馆
210	永康市博物馆	永康市文博路 1 号	0579-87117831	国有博物馆
211	义乌市博物馆	义乌市城中北路 126 号	0579-85540405	国有博物馆
212	浦江博物馆	浦江县浦阳街道新华东路 68 号	0579-84205518	国有博物馆
213	浦江县吴茀之纪念馆	浦江县浦阳街道书画街 5 号	0579-84110115	国有博物馆
214	东阳市博物馆	东阳市城南东路 77 号	0579-86683297	国有博物馆
215	金华市黄宾虹故居纪念馆	金华市八咏路 192 号	0579-82306051	国有博物馆
216	兰溪市博物馆	兰溪市横山路 11 号	0579-88886129	国有博物馆
217	磐安茶文化博物馆	磐安县玉山镇马塘村	0579-84155780	国有博物馆
218	潘絜兹艺术馆	武义县柳城畲族镇龙山公园	0579-87881508	国有博物馆

续　表

序号	博物馆名称	联系方式		博物馆性质
		地址	电话	
金华市				
219	严济慈纪念馆	金华市永康街 288 号	0579-82387420	国有博物馆
220	艾青纪念馆	金华市婺江东路 238 号	0579-82325322	国有博物馆
221	台湾义勇队纪念馆	金华市酒坊巷 84 号	0579-82303633	国有博物馆
222	永康市五金博物馆	永康市五湖路 1 号	0579-87282898	国有博物馆
223	金华满堂书画博物馆	金华市飘萍路 98 号	13616898692	非国有博物馆
224	金华严军艺术馆	金华市古子城熙春巷 39 号	0579-82316488	非国有博物馆
225	永康市一原锡雕博物馆	永康市总部中心金山大厦 25 楼	0579-87097218	非国有博物馆
226	永康市知新博物馆	永康市紫微中路 138 号永康市图书馆 3 楼	0579-89286692	非国有博物馆
227	浙江林炎古陶瓷博物馆	永康市武义巷 50 号	0579-87534186	非国有博物馆
228	永康市神雕铜文化博物馆	永康市望春东路 172 号	0579-89080390	非国有博物馆
229	金华市剪纸博物馆	金华市东市街 50 号	0579-89806767	非国有博物馆
230	浦江民间工艺博物馆	浦江县浦阳街道江滨西路 15 号	0579-84111181	非国有博物馆
衢州市				
231	衢州市博物馆	衢州市新桥街 98 号	0570-8586968	国有博物馆
232	江山市博物馆	江山市鹿溪北路 297 号	0570-4188133	国有博物馆
233	龙游县博物馆	龙游县东华街宝塔路 46 号	0570-7855430	国有博物馆
234	天章阁民俗博物馆	衢州市通荷路 159 号	18967038181	非国有博物馆
235	人文博物馆	衢州市柯城区九华乡沐二村	0570-8889598	非国有博物馆
舟山市				
236	舟山博物馆	舟山市定海区环城南路 453 号	0580-8235587	国有博物馆
237	舟山市普陀区博物馆	舟山市普陀区沈家门街道缪家塘路 50 号	0580-3052930	国有博物馆
238	岱山海洋文化博物馆	岱山县高亭镇人民路 97 号	0580-4962877	国有博物馆
239	舟山鸦片战争纪念馆	舟山鸦片战争遗址公园	0580-2380424	国有博物馆
240	舟山市普陀区五匠博物馆	舟山市普陀区展茅街道干施岙村中横路 1 号	0580-6023101	国有博物馆
241	定海马岙博物馆	舟山市马岙白马街 199 号	0580-8080154	国有博物馆
242	舟山名人馆	舟山市定海城区总府路 132 号	0580-2054411	国有博物馆
243	岱山县灯塔博物馆	岱山县高亭镇竹屿新区长剑大道 201 号	0580-4962877	国有博物馆
244	岱山海曙综艺珍藏馆	岱山县高亭镇银舟公寓 14 号楼(海曙楼)	0580-4062212	非国有博物馆
245	舟山市妙有堂艺术馆	舟山市定海区临城街道海月道 34 号	0580-8235211	非国有博物馆
台州市				
246	王伯敏艺术史学馆	温岭市太平街道锦屏公园内	0576-86123722	国有博物馆
247	天台县博物馆	天台县赤城街道田思村	0576-83958797	国有博物馆

续 表

序号	博物馆名称	联系方式		博物馆性质
		地址	电话	
台州市				
248	台州市椒江区戚继光纪念馆	台州市椒江区戚继光路100号	0576-88222908	国有博物馆
249	临海市郑广文纪念馆	临海市望天台24号	0576-85157507	国有博物馆
250	亭旁起义纪念馆	三门县亭旁镇杨家村	0576-83550780	国有博物馆
251	三门县博物馆	三门县海游镇玉城路8号	0576-83363974	国有博物馆
252	临海市博物馆	临海市东郭巷73号	0576-85115928	国有博物馆
253	椒江博物馆	台州市椒江海门老街87号	0576-88531537	国有博物馆
254	黄岩区博物馆	黄岩城关学前巷4号	0576-84112773	国有博物馆
255	台州市路桥区博物馆	路桥街道翼文苑38幢203室	0576-82589613	国有博物馆
256	临海市古城博物馆	临海市北山路2号	0576-85310098	国有博物馆
257	台州市心海书画艺术博物馆	台州市台州大道与市府大道交界处	0576-89816668	非国有博物馆
258	临海市国华珠算博物馆	台州市临海市深甫路117号	13905869907	非国有博物馆
259	台州刺绣博物馆	台州市椒江区前所椒北大街20号	0576-89080399	非国有博物馆
260	浙江启明艺术博物馆	三门县海游镇朝晖路71号	0576-83200611	非国有博物馆
261	临海市张秀娟剪纸博物馆	临海市紫阳街82号	0576-85885682	非国有博物馆
262	临海市羊岩山茶文化博物馆	临海市羊岩山茶文化园内	0576-89393288	非国有博物馆
263	临海市兰文化博物馆	临海市古城街道紫砂岙九畹兰花专业合作社	13058875776	非国有博物馆
264	临海市府城灯具博物馆	临海市古城街道灵江山	13326011826	非国有博物馆
265	临海市洞港青年农场文博馆	临海市洞港青年农场内	0576-85186330	非国有博物馆
266	台州府城民俗博物馆	临海市赤城路7号	13357602001	非国有博物馆
267	玉环县龙山民俗博物馆	玉环县玉城街道外马道村龙山乐园	0576-87207622	非国有博物馆
268	临海市梦宝来民俗博物馆	临海市望江门平海楼	13058856237	非国有博物馆
269	台州市黄岩区永宁书画博物馆	台州市黄岩区西城黄轴路159号	0576-84228308	非国有博物馆
丽水市				
270	丽水市博物馆	丽水市莲都区括苍路701号	0578-2271636	国有博物馆
271	遂昌汤显祖纪念馆	丽水市遂昌县北街四弄12-14号	0578-8122526	国有博物馆
272	庆元县香菇博物馆	丽水市庆元县咏归路6号	0578-6380912	国有博物馆
273	松阳县博物馆	松阳县文化广电新闻出版局(体育局)	0578-8063079	国有博物馆
274	景宁畲族自治县畲族博物馆	景宁畲族自治县鹤溪街道人民南路350号	0578-5096320	国有博物馆
275	庆元县廊桥博物馆	丽水市庆元县石龙街1-1号	0578-6050803	国有博物馆

续 表

序号	博物馆名称	联系方式		博物馆性质
		地址	电话	
丽水市				
276	缙云县博物馆	缙云县五云街道黄龙路140号	0578-3315103	国有博物馆
277	龙泉市博物馆	龙泉市剑川大道258号	0578-7129071	国有博物馆
278	青田石雕博物馆	青田县江南新区四号区块	0578-6963303	国有博物馆
279	丽水摄影博物馆	丽水市括苍路583号	0578-2133993	国有博物馆
280	丽水市处州青瓷博物馆	丽水学院东校区15栋1楼	0578-2687858	非国有博物馆
281	丽水市处州三宝博物馆	丽水市莲都区中山街1-9号	0578-2220116	非国有博物馆
282	景宁畲族自治县畲乡民俗博物馆	景宁畲族自治县红星街道人民北路37号	0578-5083179	非国有博物馆
283	景宁畲族自治县晓琴畲族民间陈列馆	景宁畲族自治县鹤溪镇体育路8号	0578-5979999	非国有博物馆
284	缙云县晨龙博物馆	缙云县壶镇镇	0578-3158999	非国有博物馆
285	遂昌竹炭博物馆	遂昌县上江工业园区炭缘路1号	0578-8185018	非国有博物馆

资讯录:浙江省文化机构简址

单　位	地　址	邮　编	主要负责人
浙江省文化厅	杭州市曙光路53号	310013	金兴盛
浙江省文物局	杭州市教场路26号	310006	陈　瑶
浙江省文物监察总队	杭州市教场路26号	310006	吕可平
浙江音乐学院(筹)	杭州市西湖区转塘街道浙音路1号	310012	褚子育
浙江艺术职业学院	杭州市滨江区滨文路518号	310053	朱海闵
浙江图书馆	杭州市曙光路73号	310007	徐晓军
浙江省文化馆	杭州市下城区武林路71号	310006	刁玉泉
浙江省文化艺术研究院	杭州市西溪路525号(浙大科技园C8楼)	310013	郑楚森
浙江美术馆	杭州市南山路138号	310002	斯舜威
中国丝绸博物馆	杭州市玉皇山路73-1号	310002	赵　丰
浙江省博物馆	杭州市孤山路25号	310007	陈　浩
浙江自然博物馆	杭州市西湖文化广场6号	310014	严洪明
浙江省文物考古研究所	杭州市假山路假山新村26号	310014	刘　斌
浙江省文物鉴定审核办公室(国家文物进出境审核浙江管理处)	杭州市教场路26号	310006	柴眩华

续 表

单　　位	地　　址	邮　　编	主要负责人
浙江省非物质文化遗产保护中心	杭州市环城北路22号包杭大厦5楼	310004	裘国樑
浙江省文化信息中心	杭州市曙光路53号	310013	高超云
浙江交响乐团	杭州市马塍路31号	310006	陈西泠
浙江小百花越剧院(浙江小百花越剧团)	杭州市教工路95号	310012	茅威涛
浙江小百花越剧院(浙江越剧团)	杭州市西湖文化广场C区8号	310006	陶铁斧
浙江京昆艺术中心(浙江京剧团)	杭州市莫干山路181号	310005	翁国生
浙江京昆艺术中心(浙江昆剧团)	杭州市上塘路118号	310014	周鸣岐
浙江歌舞剧院有限公司	杭州市曙光路33号	310007	陈正良
浙江话剧团有限公司	杭州市湖墅南路138号	310005	王文龙
浙江曲艺杂技总团有限公司	杭州市西湖文化广场C区8号1A/2A	310014	吴杭平
浙江省新远文化产业集团有限公司	杭州市体育场路370号浙江文化大厦10楼	310006	张　翼
杭州剧院	杭州市武林广场29号	310006	柯朝平
浙江胜利剧院	杭州市延安路279号	310006	沈振天
浙江新远文化产业集团新远国际影城分公司	杭州市西湖文化广场C区8号	310006	张　翼
浙江文化艺术品交易所股份有限公司	杭州市体育场路370号文化大厦10楼	310006	方德惠
杭州电影拍摄基地	杭州市教工路影业路2号	310012	翟继业
浙江新远文化创意有限公司	杭州市经济技术开发区福雷德广场B层A	310018	朱晓彤
浙江舞台设计研究院有限公司	杭州市滨康路680号	310053	方德惠
浙江文艺音像出版社有限公司	杭州市湖墅南路146号	310005	翟继业
浙江省演出有限公司	杭州市体育场路370号	310006	尤兴华
杭州市文化广电新闻出版局(版权局)	杭州市江干区富春路188号市民中心A楼	310016	钮　俊
上城区文化广电新闻出版局(体育局)	杭州市惠民路3号	310002	丁建华
下城区文化广电新闻出版局(体育局)	杭州市东晖路101号	310014	王仙桃
江干区文化广电新闻出版局(体育局)	杭州市江干区庆春东路1号	310016	步汉英
拱墅区文化广电新闻出版局(体育局)	杭州市拱墅区北城街55号	310015	郑晓天
西湖区文化广电新闻出版局(体育局)	杭州市古墩路413-1号	310012	王菡蓉
高新区(滨江)社会发展局	杭州市滨江区春晓路580号钱塘春晓大厦6楼	310051	王建志
经济技术开发区社会发展局	杭州市经济技术开发区金沙大道600号	310018	袁　月
萧山区文化广电新闻出版局(体育局)	杭州市萧山区市心中路958号	311203	董茶仙
余杭区文化广电新闻出版局(体育局)	杭州市余杭区临平邱山大街281号	311100	冯玉宝
富阳区文化广电新闻出版局	杭州市富阳区江滨西大道358号文化中心A座5-6楼	311407	周亦涛
建德市文化广电新闻出版局	建德市新安江街道国信路166号	311600	邱剑娟

续　表

单　　位	地　　址	邮　　编	主要负责人
临安市文化广电新闻出版局(体育局)	临安市广电路98号	311300	张发平
桐庐县文化广电新闻出版局(体育局)	桐庐县城南街道白云源路1388号	311500	方劲松
淳安县文化广电新闻出版局	淳安县千岛湖镇环湖北路651号规划展示中心2号楼	311700	汪雪梅
宁波市文化广电新闻出版局	宁波市海曙区解放北路91号3号楼	315000	赵惠峰
海曙区文化广电新闻出版局	宁波市海曙区县前街61号	315010	陈建东
江东区文化广电新闻出版局	宁波市演武街8号	315040	王　昱
江北区文化广电新闻出版局	宁波市江北区新马路61弄	315020	江　渊
北仑区文化广电新闻出版局(体育局)	宁波市北仑区四明山路775号	315800	陈胜蛟
镇海区文化广电新闻出版局	宁波市镇海区骆驼街道民和路569号A座10楼	315202	余维勤
鄞州区文化广电新闻出版局	宁波市鄞州区惠风东路568号区政府A楼	315100	蔡建泓
余姚市文化广电新闻出版局	余姚市南雷南路388号	315400	李岳定
慈溪市文化广电新闻出版局(体育局)	慈溪市新城大道北路99号	315300	虞卡娜
奉化市文化广电新闻出版局(体育局)	奉化市中山路138号	315500	柳一兵
象山县文化广电新闻出版局(体育局)	象山县天安路999号南部新城商务楼3号楼	315700	任先顺
宁海县文化广电新闻出版局	宁海县跃龙街道塔山路8号	315600	万吉良
温州市文化广电新闻出版局	温州市行政中心19楼	325000	吴东
鹿城区文化广电新闻出版局	温州市学院中路212号鹿城文化中心北幢	325000	周园
龙湾区文化广电新闻出版局	温州市龙湾区永中街道龙康路91号8楼	325000	潘旭宏
瓯海区文化广电新闻出版局	温州市瓯海区娄桥街道瓯海区行政管理中心3号	325041	姜小英
洞头区文化广电新闻出版局(体育局)	温州市洞头区北岙街道县前路12号	325700	甘海选
乐清市文化广电新闻出版局	乐清市行政管理中心3楼A区	325600	陈绍鲁　施旭晨
瑞安市文化广电新闻出版局	瑞安市万松东路安阳大厦13层	325211	黄友金
永嘉县文化广电新闻出版局	永嘉县行政中心18楼	325100	胡佐光
文成县文化广电新闻出版局	文成县文化中心6楼	325300	蒋海波
平阳县文化广电新闻出版局	平阳县昆阳镇天来巷8号	325400	吕德金
泰顺县文化广电新闻出版局	泰顺县罗阳镇洋心街132号	325500	雷国金
苍南县文化广电新闻出版局	苍南县行政中心3楼	325800	李晖华
湖州市文化广电新闻出版局	湖州市仁皇山路666号行政中心4号楼3楼	313000	宋　捷
吴兴区文化体育局	湖州市吴兴区行政中心1号楼10楼	313000	蒋立敏
南浔文化体育局	湖州市南浔镇向阳路601号图书馆3楼	313009	钱红梅
德清县文化广电新闻出版局	德清县武康镇千秋东街1号行政中心B座8楼	313200	姚明星
长兴县文化广电新闻出版局	长兴县稚城镇龙山新区广场路1号行政中心D座6楼	313100	曾善赐

续 表

单　　位	地　　址	邮　　编	主要负责人
安吉县文化广电新闻出版局	安吉县递铺镇祥和路新闻中心 6 楼	313300	彭忠心
嘉兴市文化广电新闻出版局	嘉兴市中山东路 922 号	314001	金琴龙
南湖区教育文化体育局	嘉兴市秀洲路 266 号	314000	俞新华
秀洲区教育文化体育局	嘉兴市大德路 368 号	314031	陈雅琴
嘉善县文化广电新闻出版局	嘉善县魏塘镇亭桥南路 248 号	314100	倪学庆
平湖市文化广电新闻出版局	平湖市当湖街道胜利路 380 号	314200	郑忠勤
海盐县文化广电新闻出版局	海盐县新桥北路 199 号	314300	郁惠祥
海宁市文化广电新闻出版局	海宁市海州西路 226 号行政中心 2 号楼 3 楼	314400	吴建林
桐乡市文化广电新闻出版局	桐乡市振东新区环园路 578 号	314500	吴利民
绍兴市文化广电新闻出版局	绍兴市越城区洋江西路 530 号	312000	徐之澜
越城区文化广电新闻出版局(旅游局)	绍兴市越城区前观巷 168 号	312000	蒋金耿
柯桥区文化广电新闻出版局	绍兴市柯桥区百花路 1 号	312030	吴坚祥
上虞区文化广电新闻出版局	绍兴市上虞区市民中心二路 1 号	312300	宋建明
诸暨市文化广电新闻出版局	诸暨市暨阳街道高湖路 39 号	311800	陈仲明
嵊州市文化广电新闻出版局	嵊州市剡湖街道百步阶 6 号	312400	陈　君
新昌县文化广电新闻出版局	新昌县江滨中路 7 号	312500	竺健庭
金华市文化广电新闻出版局	金华市双龙南街 801 号	321000	钟世杰
婺城区文化体育新闻出版局	金华市宾虹西路 2666 号	321000	郭梓军
金东区文化体育局	金华市光南路 836 号	321015	郭文洁
兰溪市文化广电新闻出版局	兰溪市李渔路 180 号	321100	蓝　峰
义乌市文化广电新闻出版局(体育局)	义乌市南门街 302 号	322000	楼小明
东阳市文化广电新闻出版局	东阳市行政服务中心 15 楼	322100	马景斌
永康市文化广电新闻出版局	永康市金城路 25 号	321300	丁月中
武义县文化广电新闻出版局	武义县解放北街 12 号	321200	章　航
浦江县文化广电新闻出版局	浦江县人民东路 38 号(老县府内)	322200	徐方镇
磐安县文化广电新闻出版局	磐安县安文镇海螺街 1 号	322300	潘玲玲
衢州市文化广电新闻出版局	衢州市新桥街开明坊 9 号	324000	王建华
柯城区教育体育局(文化局)	衢州市柯城区紫荆东路 81 号	324002	吴玉珍
衢江区文化广电新闻出版局	衢州市衢江区府前路 9 号	324022	刘华新
江山市文化广电新闻出版局	江山市中山路 30 号	324100	赵　敏
常山县文化广电新闻出版局	常山县天马街道定阳北路 18 号	324200	毕建国
开化县文化旅游委员会	开化县江滨南路 10 号	324300	齐忠伟
龙游县文化广电新闻出版局	龙游县文化东路 536 号	324400	方玉林
舟山市文化广电新闻出版局(体育局)	舟山市新城海天大道 681 号行政中心东二号楼 8 层	316021	陆深海

续　表

单　位	地　址	邮　编	主要负责人
定海区文化体育新闻出版局	舟山市定海区昌国路 61 号	316000	何　斌
普陀区文体广电新闻出版局	舟山市普陀区东港街道昌正街 169 号 3 号楼	316100	蔡敏波
岱山县文体广电新闻出版局	舟山市岱山县高亭镇兰秀大道 481 号	316200	徐武尧
嵊泗县文体广电新闻出版局	舟山市嵊泗县菜园镇菜圃路 88 号	202450	陈国军
台州市文化广电新闻出版局	台州市行政中心 2 号楼 6 楼	318000	徐友根
椒江区文化广电新闻出版局	台州市椒江区建设路 16 号	318000	何昌廉
黄岩区文化广电新闻出版局	台州市黄岩区政府大楼 15 楼	318020	朱　江
路桥区文化广电新闻出版局(体育局)	台州市路桥区腾达路 1300 号	318500	潘方地
临海市文化广电新闻出版局	临海市崇和路 299 号	317000	苏小锐
温岭市文化广电新闻出版局	温岭市星光路 28 号	317500	李东飞
玉环县文化广电新闻出版局	玉环县玉城街道三潭路科技文化艺术中心	317600	陈伟鹰
天台县文化广电新闻出版局	天台县玉龙路 1 号	317200	王正炳
仙居县文化广电新闻出版局	仙居县解放街 2 号	317300	朱文锋
三门县文化广电新闻出版局	三门县广场路 18 号行政大楼	317100	陈钱明
丽水市文化广电新闻出版局	丽水市莲都区花园路 1 号丽水市行政中心 19 楼丽水市文广出版局	323000	徐兼明
莲都区文化广电新闻出版局(体育局)	丽水市莲都区解放街 288 号 5 楼	323000	胡菊萍
龙泉市文化旅游委员会(体育局、文物局)	龙泉市中山路 114 号	323700	胡武海
青田县文化广电新闻出版局(体育局)	青田县鹤城街道新大街 58 号	323900	徐啸放
云和县文化广电新闻出版局(体育局)	云和县中山街 3 号	323600	黄克汝
庆元县文化广电新闻出版局(体育局)	庆元县云鹤路 24 号	323800	胡元胜
缙云县文化广电新闻出版局(体育局)	缙云县黄龙路 48 号	321400	杜新南
遂昌县文化广电新闻出版局(体育局)	遂昌县妙高街道上南门路 6 号体育馆内	323300	黄新园
松阳县文化广电新闻出版局(体育局)	松阳县西屏街道白露岭 29 号	323400	叶云宽
景宁畲族自治县文化广电新闻出版局(体育局)	景宁县鹤川路 1 号	323500	林旭红

索 引

ZHEJIANG CULTURE YEARBOOK

索　引

说　明

一、本索引采用主题分析索引方法编制。

二、本索引以汉语拼音为排序依据。

三、索引词后的阿拉伯数字表示内容所在的页码。

A

B

C

D

F

G

H

J

K

L

M

N

O

P

Q

Z